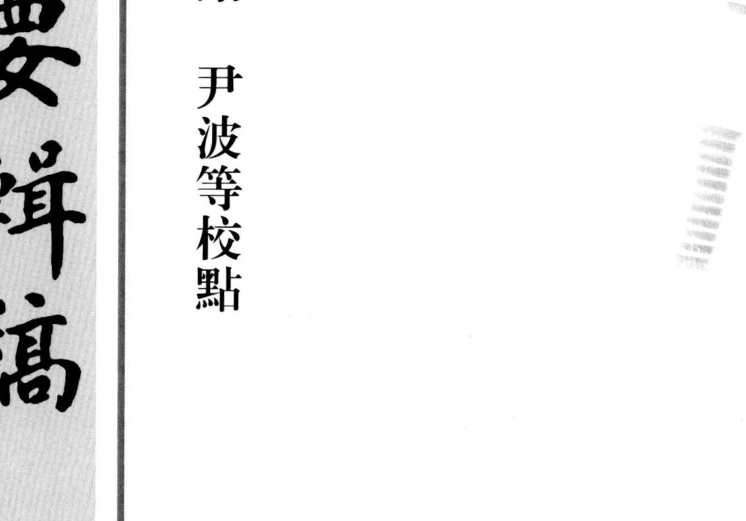

宋會要輯稿

6

劉琳　刁忠民　舒大剛　尹波等校點

上海古籍出版社

宋會要輯稿　職官八

吏部 一

【宋會要】

1 吏部舊有三銓，尚書主其一，侍郎二人各主其一，分銓注擬。其後，但存尚書銓，餘東、西銓印存而事廢。今但以朝官二人判流内銓，其吏部之職别以朝官二人主判，兼領南曹、格式司。但主京朝官叙緋紫、申請祠祭差官攝事及拔萃舉人。格式司主幕職州縣官格式、闕簿、辭謝。流外銓主考試附奏京百司人吏〔一〕。每年十月，諸司牒到承闕姓名，年終申奏，至春、夏差官考試。南曹主選人投下文字及過院判成過銓、選人受官出給曆子。甲庫主承受制敕、黄甲、給籤符、優牒及選人廢置改名。以朝官一員主判。今録四司雜事，餘見銓選門。尚書一人，總七司之事。其屬則有侍郎二人，分左、右選。尚書左選郎中一人，尚書右選郎中一人，侍郎左選郎中一人，侍郎右選郎中一人，司封郎中一人，司勳郎中一人，考功郎中一人〔二〕。

太宗太平興國三年十月十日，詔：「應諸司奉郊祀行事官等，並以前資官吏部黄衣選人充。曾犯除名及免所居官停任，未經恩宥人等，不在差補之限。」

六年五月，詔吏部黄衣選人宜爲白衣選人。

至道二年正月，詔：「今後京官着緑，至加恩前及二十周年者，許於吏部投狀，依朝官例磨勘，奏候敕裁。内曾犯入己贓及踰濫者不得施行。」

三年九月，詔：「京朝官於吏部投狀叙緋紫者，須牒問刑部、大理寺，會問有無停殿，審官院歷任中有無父母憂制，將出身已來文字磨勘，委合得章服别無虚誑，結罪保明以聞。」

真宗大中祥符二年四月，詔吏部：「京朝官叙服色者，依條磨勘，歷任如依赦格，即保明以聞。如涉鹵莽，官吏並重行朝典。」

三年八月，尚書吏部言：「請應京朝官準赦叙服色者，須將出身、告敕、逐任曆子、家狀，畫一開座着緑已來有無停叙、憂制、尋醫、假滿出落班簿，結罪收理，録 2 白呈納。如有異同欺詐，本犯官重行朝典〔三〕。若追官兩任、三任，雖有出身文書、解由曆子，别無告敕照證，即通除追官任數，至叙理授官月日磨勘。若曾除名，後來理雪，顯有得雪文字，即通理年月。如雖曾叙官，無顯然得雪文字〔四〕，即實理叙理後授官月日。應在任丁憂，准敕免持服不離任曆子、批書、聖旨及有付身文字，舊來便通使年月。其間亦有

〔一〕流外銓：原作「流内銓」，據《職官分紀》卷九改。
〔二〕以上文字原作小字書寫，按其内容乃總序性質，不當作小注，因改爲正文。
〔三〕行：原脱，據《補編》頁五二〇補。
〔四〕然：原脱，據《補編》頁五二〇補。

丁憂服未(闕)〔闋〕，或因貶降授官，所有服未滿月日，不在通理之限。若服未(闕)〔闋〕，非時特恩授官，即與通理服未滿授官月日。尋醫、假滿百日出落班簿損日〔一〕，及丁憂服未(闕)〔闋〕，亦有投狀者，望自今後牒問御史臺，免有欺詐。」並從之。

五年閏十月三日，户部判官劉鍇言：「吏部叙服色，各將歷任家狀及告敕、曆子照驗，依例會問。如丁憂及假故、停殿並除落外，實及年月者方始以聞。其間告敕並足，只少差敕、曆子一兩道者，雖年限過餘，未敢以聞，致本官進狀下，方會問審官院詣實。欲乞今後爲告敕、差勑、曆子、家狀點檢，除落停殿，丁憂、假故外，實及年限，曆子、差敕不全少者，便會問審官院，依州縣官去失文書格例，召清資官同罪委保以聞。如曆子、差敕俱無者，即依丁憂、停殿例除落年限。」從之。

仁宗天聖元年十二月十八日，詔南曹：「今後選人常例會問過犯，定公私罪名〔二〕，只仰會問刑部，疾速關報。」

康定元年八月四日，詔判南曹官除每季請厨料、茶米外，自今每【3】員增給添支錢七千。

皇祐三年八月，詔：「判吏部南曹自今以朝臣歷一任知州、館職一任通判者爲之，不得干託奏薦及有陳乞。」

《神宗正史·職官志》：舊制以審官東、西院、流内銓、三班院分治四選，復於尚書都省置司封、司勳、考功。南曹官自爲司〔三〕，職事不相聯屬。元豐中，酌古御今，名實始正。尚書從二品，侍郎從三品，郎中從六品，員外郎正七品〔四〕，參掌選事而分治之。凡序位有品，選官有格，分任有職，寓禄有階，皆以事稽考，審核其狀，擬定可否，質成於尚書、侍郎，而後行焉。凡文階官之等二十有五，武選官之等五十有六，而幕職州縣官之等七。總爲品十有八：從一品曰開府儀同三司，特進。正二品曰金紫光禄大夫。從二品曰銀青光禄大夫，左、右金吾衛上將軍，節度使。正三品曰光禄大夫。從三品曰正議大夫。正四品曰通議大夫，諸衛大將軍，節度觀察留後。從四品曰太中大夫，諸衛將軍。正五品曰中大夫，觀察使。從五品曰中散大夫，防禦、團練使，刺史。正六品曰朝議大夫。從六品曰朝請、朝散、朝奉大夫。正七品曰朝請、朝散、朝奉郎，皇城諸司使。從七品曰承議郎，皇城諸司副使。正八品曰奉議、通直郎，内殿承制，崇班，京府判官，京畿縣令，兩赤縣丞。從八品曰宣德，宣義郎，東、西(路)〔頭〕供奉官，節度、觀察、防禦、團練、軍事，軍監推判官，節度掌書記，觀察支使，府司録〔五〕，州司録事，京府諸曹參軍事，軍巡判【4】官，縣令、丞，兩赤縣主

〔一〕日出：原倒，據《補編》頁五二〇乙。

〔二〕「公」下原有「以」字，據《補編》頁五二一刪。

〔三〕南：原作「商」，據《補編》頁五二一改。

〔四〕品：原作「名」，據《補編》頁五二一改。又天頭原批：「寄案，自『員外郎正七品』至『總爲品十有八』，《大典》卷七千三百九同。」

〔五〕府：原作「用」，據《補編》頁五二一改。

簿，府諸曹，節鎮、上州諸司參軍事。正九品曰承事、承奉郎，左、右侍禁，左、右班殿直，京畿、赤縣主簿。從九品曰承務郎，三班奉職，借職，州參軍〔一〕，縣、城、寨主簿、尉。率考其功罪，辨其位秩，以序進之。尚書左選分案八，設吏三十；右選分案六，設吏十有六。侍郎左選分案十有五，設吏四十有三；右選分案八，設吏四十有七。曰主事，曰令（吏）〔史〕，曰書令史，曰守當官。而二十四司亦如之。《哲宗職官志》同。

神宗熙寧五年閏七月，詔吏部南曹併入流内銓。

元豐五年四月二十三日，翰林學士、承議郎李清臣試吏部尚書，通直郎、寶文（閤）〔閣〕待制、權判尚書兵部、兼知審官東院何正臣試吏部侍郎，太中大夫、集賢院學士、判尚書吏部蘇頌爲通議大夫、守吏部侍郎，仍詔頌管左曹。

二十八日，詔：「六曹尚書依翰林學士例，朝謝日不以權、行〔二〕、守、試，並賜服佩魚。罷職除他官日不帶行。」

五月二十七日，通直郎、試尚書吏部侍郎何正臣爲寶文閣待制、知潭州〔三〕。正臣爲吏部，職事疎畧，所注擬多抵梧。事聞，正臣以制法未善爲辭。王安禮曰：「法未善，有司所當請，豈可歸罪於法？」故罷之。田晝作安禮行狀〔四〕，載安禮論正臣曰：「朝廷建文昌，新一代官制，當簡人材以寘之。今姦回如正臣，乃得周旋其間。」上（領）〔頷〕之，黜正臣知宿州云。

六月十九日，詔：「尚書侍郎奏事，郎中、員外郎番次隨上殿〔五〕，不得獨留身。侍郎以下仍不得獨 5 乞上殿〔六〕。其侍郎左、右選奏事，非尚書通領者聽侍郎上殿〔七〕，以郎官自隨。秘書、殿中省、諸寺監長官視尚書，貳、丞以下視侍郎〔八〕。六曹於都省稟事亦准此。侍郎以下仍日過尚書廳議事。」

六年九月十九日，新知蔡州黃好謙言：「伏見尚書六曹，如吏部左、右選，事務皆爲繁劇，郎官自早至晚書押不絕，無暇省覽事祖〔九〕，多致差失稽違。乞兩員郎官處分，分案治事，所行符亦許員外郎簽押。」從之。

十二月二十六日，吏部侍郎陳安石等言：「乞以侍郎比類直學士例封贈父母。」從之，著爲令。

七年十一月二十六日，詔新除吏部侍郎領左選熊本與吏部侍郎領右選陳安石兩易其職。以本目疾，引見選人不能讀奏也。

〔一〕參：原脱，據《補編》頁五二一補。
〔二〕行：原作「衡」，據《宋史》卷一六三《職官志》三改。
〔三〕潭州：原作「渾州」，據《長編》卷三二六改。
〔四〕田晝：原作「田畫」，據《長編》卷三二六、《宋名臣言行録》後集卷一三改。行：原作「爲」，據《補編》頁五二一改。
〔五〕「隨」下原有「上同」二字，據《長編》卷三二七刪。
〔六〕得獨：原倒，據《長編》卷三二七乙。
〔七〕殿：原脱，據《長編》卷三二七補。
〔八〕丞：原作「承」，據《長編》卷三二七改。
〔九〕祖：原脱，據《長編》卷三三九補。

哲宗元祐二年十月六日，罷吏、户、刑部長貳保任郎官治狀法。初，文彦博建明〔一〕，朝廷爲之定令，諫官論其非是，罷之。

徽宗崇寧元年六月二十三日，詔曰：「哲王圖治，秉法則以馭群臣；顯考造邦，修官制以立庶政。故元豐刊定吏部四選注擬法度，總（竅）〔覈〕陞降，循考資序，敕令格式，精密備具，萬世遵承，守而勿失可也。向緣紛更，幾漸廢弛，遂致秉權藉勢，閥閲媚婭之家或趨競險詖，躁進貪鄙之輩潛肆機巧，宛轉干求。所有后妃戚里僥倖陳請，近五月四日已降指揮約束裁抑〔二〕。其三省、樞密院除舊有合係差除窠名外〔三〕，又復侵占吏部員闕，超躐等級，下部直差〔四〕。或已授差遣，待闕經隔歲月，忽改注別人；或 6 纔初到任，隨即衝罷。至有五七年間，尚不能成就一任。因使知廉恥、安分守介特寒士在部待闕、待注久次〔五〕，每以留滯爲歎。若不昭示儆勵，何以糾正官邪？自今後應舊屬吏部窠闕，並不許侵占取闕，下部直差。其已授未赴及纔到任人，亦不得改注衝罷。餘並檢會元豐法制取旨施行。宜遵成式，無輕違紊。」詔：「除大理正、諸寺監丞、太學武學律學博士、太學正録、大宗正丞、諸宮院并諸州教授依舊堂除外，餘並依今來詔旨施行。」

十一月十日，吏部尚書何執中奏：「委勘會官員印紙曆子〔六〕，依條每任出給一道。已得旨，應見任文武官更不逐任出給，只將最後一任已給印紙批書。如紙盡，於所屬用印續紙。本部今來除在京候告及初出官人已依此施行外〔七〕，所有應在外注授差遣選人及乞入遞官告之人，若行取索批書，竊慮往復留滯。欲乞似此選人候官告到部，即本部具新任合得請受則例，符下新任州軍照會。候到任，仰本州取索印紙，依上項指揮批書，更不從本部取索印紙。其官告依所乞去處，先行入遞給付，所貴不致往復。」從之。

三年七月二十一日，吏部狀：「檢會架閣官奏差到選人主管〔八〕，其選人條格須用考第薦舉，方得改官。今來本部無薦舉格，欲乞許令本部尚書每歲各舉一員，比附熟藥所等監當條奏舉改官體例，仍尚書、侍郎舉狀當爲監司。」詔：「除郎官不行外，吏部尚書每歲 7 各奏舉改官二員，餘部并六曹侍郎各一員。餘依所申。」

五年正月十八日，詔：「比降手詔，以冗員猥多，雖嘗曾裁損，其數尚繁。所有提舉鹽香、礬茶、買木、學事〔九〕、水利等司并縣丞、教授、市易官之類，宜子細相度，如徒費廪

〔一〕明：原脱，據《補編》頁五二二補。
〔二〕月：原作「旬」，據《補編》頁五二二改。
〔三〕係：原作「保」，據《補編》頁五二二改。
〔四〕直：原作「員」，據《補編》頁五二二改。
〔五〕次：原作「以」，據《補編》頁五二二改。
〔六〕子：原作「字」，據《補編》頁五二二改。
〔七〕「除」原作「京」，「此」原作「比」，據《補編》頁五二二改。
〔八〕管：原作「員」，據《補編》頁五二二改。
〔九〕學事：原作「學士」，據《補編》頁五二二改。

禄，於事無益，即可罷者罷之〔一〕、可兼者併省之，並疾速條具聞奏，務在簡易，利及公私。州縣免困文移，市户獲寬須索。其諸路提舉鹽香、礬茶、學事、買（本）〔木〕、水利等司並罷，内鹽香、礬茶、學事各令監司一員兼領。其萬户以上事繁縣分縣丞并（太）〔大〕郡及可置市易處依舊外，餘並罷。諸州教授雙員減一員，餘遠小養士不多去處並罷，令出身一員兼領。」

二月二十九日，詔：「哲王求治，選賢任能。爲官擇人，職修政舉。比來侵紊，廉耻道衰。倚藉姻婭，占據要途，遂使孤寒沉迹於下僚，誣罔同升於膴仕。欲革近弊，宜循舊章。應官制以來堂除差遣，並遵依格令施行。仍創造堂除簿〔二〕，每月一次進納，逐名下聲説出身歲月、歷任資序。如有功過，即述其要。仍具係與不係宰執有服親屬〔三〕。其舊法不係堂除窠闕，因後來漸積泛取，占却吏部闕次，並送還本部，令依格差注，庶伸公平，以抑儌倖。如有合行事件，一一措置，條析以聞。」

大觀元年正月十一日，詔曰：「國家承平垂百五十年，生齒繁庶，數倍於祖宗建國之日，法令增多，亦或稱是。而郡邑吏員尚沿舊制，人不勝任，事因不舉。比緣裁省，員多闕少，其崇寧 8 四年以前增置官中更併廢者，可令吏部檢舉注擬。」

宣和二年七月二十八日，吏部尚書蔣猷奏：「臣竊以吏部四選常患員多闕少，人或滯留，而别路闕官，久不差注，事致曠缺。臣昨已申明，立式行下。逐州遇闕官，令徑行分申四選。訪聞人或利於權攝，計會官吏，尚有遇闕還延不申者。欲乞許諸路監司廉訪，見得所部有闕官不曾申陳去處，畫時具事因申吏部使闕，當行人並令按治施行。」從之。

欽宗靖康元年八月一日，吏部尚書莫儔言：「有旨將四選條例編纂，其間事理一等而有予有奪，或輕或重，不可勝舉。今欲檢其事理相類而體例不侔者，委本曹郎官看詳，長貳覆定，歸于至當，庶幾不至散漫。」從之。

九月二十二日，詔：「吏部尚書莫儔〔四〕、户部尚書梅執禮爲任劇曹，免兼侍講。兵部尚書、兼侍讀孫傅改兼侍講。」

高宗建炎元年五月十九日，詔：「應官員轉官、磨勘、叙復、注授、差遣之類，應取旨及具鈔者，並令吏部就東京取會圓備，具鈔聞奏。」

七月二日，詔：「覃恩轉官，文臣職事官、武臣横行及帶遥郡人依侍從官例檢舉。在外令所在州軍保明，見在東京并行在人許自陳，到部限五日具鈔。」以尚書省言吏部不即施行，請立限日，故有是詔。

〔一〕罷之：原脱「罷」，據《補編》頁五二二補。
〔二〕「創」原作「剏」，「簿」原作「薄」，據《補編》頁五二二改。
〔三〕親：原重此字，據《補編》頁五二二删。
〔四〕「儔」下原有「言」字，據《補編》頁五二二删。

二年二月二十四日，臣僚言：「近年以來，州縣多闕官，有三五年不曾差人者，有一闕而兩人爭赴者。吏部文籍之弊，至此甚矣。往年吏部尚書盧法原嘗奏請令天下州府[9]各具闕次三本：一申尚書省，一申吏部，一申御史臺。然不立賞罰，故終亦侮玩。乞應諸州府候朝廷文字到，三日内申發。或供具不實，或數内隱落，許諸色人於本路轉運司告首，支賞錢一百貫，其當職官即重行竄責。轉運司受到本路州府申狀，類聚申尚書省、御史臺及吏部。」從之。

七月一日，吏部言：「檢會靖康元年十月十一日臣僚言〔一〕，自政和元年以後進書頌及不進書頌，直赴殿試之人，有官者宜奪其賜出身之勑，無出身者並追奪出身以來官職。今檢舉，欲乞承務郎以上罷任，到闕朝見訖，限五日齎出身文字，供脚色一本，令本部審驗，非追奪檢舉之人，方許召保參部。仍遍下諸路，取索見任、寄居官，依此施行。其未經審實，不許本路及別路差注、奏辟權局等。」從之。

二十五日，詔：「應堂除并已授堂除差遣之人，並許權替成資，二年爲任。」

十月二十五日，都省言：「近詔討論崇、觀後來冒濫功賞補官，訪聞有司取會供報考驗，遷延日久，應到部注擬、陞改、磨勘等官合行追改者少，例遭留滯者衆。乞止令逐人自供係與不係合討論之人〔二〕，結隱漏甘伏除名之罪〔三〕，親書文狀，如係前項色目，即審量取旨。」從之。吏部四選供到討論〔四〕：直赴殿試，有官無官、進書頌及不進書頌，不由科舉、進一書一頌而命以官，后妃、宰臣親戚門客徑赴廷試賜第〔五〕，虛作隨軍治河、因權倖保奏改京秩，賂賄權倖而宣賜袍帶，父兄秉政、無出身得貼職，蔡京父子、童貫、王黼、朱勔之家使臣補官減年，並令改正。

十二月二十二日，赦：「應命官酬賞，因犯公罪，須候一任[10]回方推恩者，若經今赦，合依無過人例，便許收使。」

三年三月六日，朝散大夫王琮言：「二浙州縣闕正官去處，類皆請託權攝，至有踰年不得代者。」詔吏部行下諸州，委通判開具見闕官處，限三日申尚書省。

四月十三日，户部尚書孫覿等奏：「參(祥)〔詳〕併省，内六曹吏部郎官三選各一員〔六〕，司勳、司封、考功各一員，吏人減三分之一。」以尚書省右僕射呂頤浩乞將元祐中司馬光等建請併省，召侍從赴都堂參詳故也。

四年二月二十八日，臣僚言：「近來州軍多有官員於他處毀失告身、料曆，召到保官，難以檢察。欲乞令保官同齎印紙赴長吏廳批書，仍於保狀内結除名罪。」從之。

〔一〕言：原脱，據《補編》頁五二三補。
〔二〕逐：原脱，據《補編》頁五二三補。
〔三〕伏：原作「狀」，據《補編》頁五二三改。
〔四〕供：原作「俱」，據《補編》頁五二三改。
〔五〕戚：原作「承」，據《補編》頁五二三改。
〔六〕各：原脱，據文意補。《補編》頁五二三作「名」，蓋形近之誤。

五月二十七日，中書省言：「吏部四選將來差注，竊慮内有已授下差遣，却緣事托故，不肯赴任，不惟本處闕官，又礙本部差注。乞將今後擬過官並自合滿赴任月日除程外，若違限半年，候官司報到，並作違年，聽本部使闕。」從之。

二十九日，權吏部郎官王縉言：「官員參部日衆，下諸路取闕，未見供到。今權宜措置，應闕官去處衆所共知者，許官員具詣實事狀供申，從本部審實，牓闕差注。如有已授下官，在限内許赴任。其後差人願承替先差人滿闕或成資者聽，庶幾無留滯之嘆。」從之。

六月二十八日，詔：「今後除行在州軍保奏去失付身、告劄、印紙，令吏部取索照驗外，其餘州軍並令經監司陳乞，委逐官取索保官付身、告劄、印紙，躬親審實，批鑿保奏。如非監司所在，【11】州軍陳乞，知通依此施行。仍吏部更切審覆。其差注、磨勘類恐去失文字之人多，止召保官二員施行。」

七月七日，詔：「河北、河東、陝西、京西、京東、淮南失守州軍去失付身之人，如有當時去失州軍給到干照，或但得別有照據文字一件，可以照使，即許於寄居所在州軍保奏。其保官二員，若無曾同任差遣，或同時出身，或同鄉里，但委識今來所保之人，即於狀内添入所保人曾任何官，便許收使。」

八月十六日，詔：「命官陳乞祖父母、父母老疾恩例，除依條召保外，見任人於所任州、非見任人於所居州陳乞[一]，勘會詣實，給據照驗。如詐冒者徒三年，未差注減二等，並許人告。」

九月十四日，臣僚言：「乞詔吏部闕自今後依籍認定外，如堂中或取者並須執守，不得供報，只作係是選闕，不該堂除回申，庶幾銓部得法守之公。」詔吏部常切遵守。

二十二日，尚書省言：「官員出身、歷任並載印紙，不可僞冒，係與告劄相爲表裏。今去失付身人有印紙可考而告劄中止是去失一、二件者，有告劄盡在而獨去失印紙者[二]，有印紙獨存而盡去失告劄者，皆可次第參照，即與全然去失及與去失印紙而告劄不全者不同。欲依近降指揮保奏降下外，與免吏部再奏，止令本部官勘驗，寫奏狀全文，長貳郎官列銜，出給公據訖[三]，申尚書省。其行在州軍保奏到官員，如降下吏部，遇保官事故，不在本州，令吏部別召保官，【12】批鑿審驗訖，本部徑行保奏。」從之。

紹興元年正月一日德音：「應官員犯罪，依赦已合依無過人例，如結斷未了，未合朝見礙者，並許先次朝見，放行差遣。」

二十六日，吏部侍郎李正民言：「之官違限一年[四]，

[一] 人於：原作「於於」，據《補編》頁五二三改。
[二] 盡：原作「書」，據《補編》頁五二三改。
[三] 訖：原作「乞」，據《補編》頁五二三改。
[四] 違：原作「遣」，據《補編》頁五二三改。

係是舊法。近緣建炎四年五月吏部申明，半年不到任，即行使闕，遂致陳乞紛然。今來半年之限既以蹙迫，況有降名次等罰，實恐難久〔一〕。欲乞止依舊法施行。」從之。

二月七日，吏部侍郎李正民言：「本部案籍散失，每遇朝廷取索品官職位、姓名，並無證據。乞自今應堂除官得替赴闕，及非泛特旨召赴行在審察上殿人，並令先具出身、歷任、家狀一本申部，出給（闕）〔關〕子，送閤門照會朝見。其審察人即（闕）〔關〕行首司報到，方許參堂。其因事到行在陳乞差遣，與見責降人遇赦，經刑部投狀乞敘復者，亦具家狀申部，照應施行。」從之，仍令將繳到家狀依舊置籍抄録。

二十三日，詔：「諸郡供申窠闕，如違限不到及隱匿漏落者，依建炎四年六月二日指揮，知通、當職官特降一官，人吏科徒二年罪，委提刑勾決。」從吏部請也。

四月二十七日，詔：「官員去失付身，免經監司陳乞保明，止經逐處州軍保奏施行。」時陳乞之人有不經由去處，往往再行下勘驗，注授、磨勘，滯留者多，吏部以言，故有是詔。

五月六日，詔：「官員去失出身以來文字〔二〕，給到公據內有見任告勑并宣劄，自合依舊作保外，所有全去失付身並使臣非參部歷任人，並不許委保官員去失文字。」同 13
日，詔：「有官人若全去失付身，止給到公據者，並不許召保陳乞。其去失見任告勑、宣劄、印紙，許依舊召保施行。」以臣僚言難於稽察，故有是詔〔三〕。

八（月）〔日〕〔四〕，詔：「有官人委保去失告勑、陳乞恩澤之人，所保年終共不得過五次。其餘作保名色，並依自來條法施行。」先是，吏部侍郎李正民言：「昨立定官員作保，年終不得過五次。緣召保名色不一，兼數事者用保至多，若限員數，通衮爲五次，深恐留滯。」故有是詔。

七月五日，詔：「去失印紙、告劄，諸州或監司保奏，如其他事件並已圓備，雖無躬親審驗之文，但聲說保明是實，並與行使。」以吏部侍郎高衛等言：「諸處申到，往往無知通躬親審驗之文，符下取會，遂致稽滯。」故有是詔。

九月六日，中書門下省言：「文臣轉官，舊法緣犯贓之吏混淆官品，無以區別。後來曾分有出身帶『左』字，無出身帶『右』字，贓罪更不帶『左』、『右』字，乞依舊法施行。」從之。

十二月二十五日，詔：「應到省文字內將初擬官并磨勘改官人等，若見得有無出身及贓罪，帶『左』、『右』字，其元文內不曾聲說出身人，且據文字行遣外，仍令尚書省及吏部出榜曉示。自來年正月一日，應官員陳乞狀詞、劄子及吏部上省文字，並遵依今降指揮。」先是，二十四日，詔文臣金紫光禄大夫至承務郎有出身人帶「左」字，無出身人帶「右」字。官員往往未知有

〔一〕實：原作「賞」，據《補編》頁五一三改。
〔二〕出：原作「其」，據《補編》頁五一四改。
〔三〕「故」字上原衍「故察」二字，據《補編》頁五一四刪。
〔四〕日：原作「月」，據《補編》頁五一四改。

新降指揮，於銜内未曾聲説。若逐一取索行遣，又恐留滯。尚書省有言，故有是詔。

二年閏四月二十五日，呂頤浩等言：「祖宗舊制，内外差遣付審官院、流内銓。堂除窠闕不多，士大夫自有調官之路，故請謁奔競之風息。近世以來，堂除闕多，侵占注擬，士人失職，廉恥道喪。欲乞除監司、郡守及舊格 14 堂除通判外，如諸路屬官、鹽場、坑冶、錢監等闕，並撥還吏部。自監察御史、省郎以上及祕書省書局編修堂除外，如寺監丞、法寺官、外路學官，亦乞令吏部按格注擬。」從之。後十月十二日，上謂輔臣呂頤浩曰：「比來差注如何？銓曹理會事若不爲吏舞文，便爲留滯，長貳、郎官肯閲文案，自然難欺。」頤浩曰：「臣昨任吏部尚書，備見情弊。若四選人吏作過，大者可流配，次者可斷勒。」上曰：「聞官員到部，多以細事阻難，動涉旬月，此不可不革。」

八月十一日，詔：「應已授差遣人而又就辟差理資任者，更不得占據所授闕。如闕到，合令以次人赴上。如無以次人，即令使闕。」從左司諫吳表臣請也。

九月二十一日，御筆：「應建炎以來臣庶上書，有一言條陳利害，皆朕親覽，而又付之朝廷審定，然後推恩，豈可復與前日交結權倖之人爲一律邪？其靖康上書人依此施行。」吏部照會，以臣僚請，應建炎以來上書直言而命以官及改轉之人特與免審量故也。

十月十六日，詔：「臣僚陳請不得任鄉部指揮。如有任鄉部人，限指揮到日令自陳。隱而不聞者，當科違制之罪。」

十一月三日，詔：「諸路州軍將官員到罷窠闕狀隨選分作四本，供申吏部。仍令開具里居不仕及流寓人〔一〕，隨吏部窠闕狀申尚書省〔二〕。」以中書舍人陳與義請修臺諫寺監之闕及悉召天下之才，然士大夫流落堙晦，不能自達，雖欲召用，而其遷徙不定，存亡莫知，故有是詔。

四日，臣僚言：「湖外、二廣諸縣舊係八路注授，後來歸部。自經兵火，人不肯注授，縱或注授，亦不肯往赴，是致闕官，多差權攝。無事則保守而苟禄，少警則求罷而脱去，更有未經出 15 仕或犯罪戾，或係右列而權攝者。望委本路提刑司限半月剗刷諸縣見闕官處，日下吏部注擬。仍令出闕日〔三〕，立限起發赴任。」從之。

十二日，詔應吏部破格差注有賞窠闕，任滿更不推賞。

二十日，吏部尚書沈與求言：「乞將八路闕除四川外，餘令本部再行借使差注一次。若未擬差間，却有本路定差到官，即先差定差人。」從之。

十二月二十六日，吏部尚書沈與求言：「乞從本部下諸路，不以見任、寄居、待闕、丁憂等官，並具脚色，委無隱漏增減，結除名廣南編置之罪，委逐路提刑司取索類聚，逐旋申部，以憑久遠照使。」從之。

三年二月一日，權吏部尚書席益言：「伏見魏、晉而

〔一〕開：原作「問」，據《補編》頁五二四改。
〔二〕隨：原作「隋」，據《補編》頁五二四改。
〔三〕出：原作「闕」，據《補編》頁五二四改。

下，甄綜人物，專任選曹。至唐而銓法密矣，猶不盡拘以微文，激濁揚清，時出度外。故杜淹表薦四十餘人，後多知名。韋思謙坐公事負殿，高季輔遞擢爲監察御史。國朝之初，猶存舊制。太祖皇帝乾德四年詔曰：『自今常調赴集注選人，吏部南曹取歷任中多課績而無闕失者，覩其人材，詢以吏術，可副陞擢者，具名送中書門下省引驗以聞，當與量加甄獎。』則是銓序之寄，尚或任人而不專任法也。其後官制釐改，典選者一切不得以意從事，振拔幽滯，無復聞焉。雖廊〔廟〕掄材，擢其髦穎，而寒遠之士沉迹下僚、廉退之賢甘心平進者，未有以識拔之也。望稽用乾德詔書，凡常調之中材行可取或課績優著者，許長貳具名以聞。」從**16**之。

三月七日，臣僚言：「吏部四選案籍散失，品官到部無所考驗〔一〕。竊見朝廷遣使宣諭諸道，乞令宣諭官立式，下所屬州縣取管下見任、待闕、宮觀、丁憂、停替、責降、安置、編管等官員，除曾任侍從、觀察使以上官外，每員各具夾細脚色家狀一本，五人爲一保，結除名之罪，州委官收納，編類成册，知通考驗，詣實保明。左選京朝官以上爲一籍，選人爲一籍；右選大使臣以上爲一籍，小使臣爲一籍。籍爲三本：一留本州照用，一留逐路轉運，以備取索，一候使人回日送吏部。其在軍下，令本將依此供具，依此注籍，一留軍中，一納樞密院，一送吏部。三省官司有官及入品吏人，令御史臺取責編類，一留所屬，一留本臺，一納吏部。見參部待差遣人，令臨安府取索，繳送浙西宣諭司。仍令吏部印牓，下諸道曉諭。品官須管於所在州縣結保投納家狀，將來到部狀內，分明聲説於某年月日某處注籍訖，本部據籍點磨無差誤，即與判成。或堂除舉辟，亦從本部參照，方許放行差遣。如有續次補官之人不及三人之數，難以自成一保，則召本色保官二員，本州依式注籍。」詔送吏部勘當。吏部乞如臣僚所請外，緣諸路宣諭官道里遠近不等，若待使人回闕，切恐稽滯。乞令本司依闕狀，即時赴部投下注籍之人。若須候脚色到部了日方許參部，顯見官員留滯日久，乞(令)〔令〕繳納脚色處先次給公據，赴部考驗放行。並**17**從之。

四月十九日，詔：「官員因事被責，送吏部注廣南監當或遠小處監當人，便行與闕，申尚書省點差施行。如後來却有礙鄉貫、三代等，即令本官自陳，從本部具鈔，改注本路一般差遣〔二〕。如有隱匿輒上，乞依避親輒之官法斷罪。」從尚書洪擬言也。

八月二十日，吏部侍郎陳與義言：「本部昨承指揮，令諸州軍(不)〔不〕以遠近，每月、每季隨官資四選各具闕狀一本申部，其諸司屬官未有取索到闕〔三〕，乞令逐路依紹興二年

〔一〕所：原脱，據《補編》頁五二五補。
〔二〕般：原作「盤」，據《補編》頁五二五改。
〔三〕司、到：原脱，據《補編》頁五二五補。

已得指揮施行。」從之。

十月二十六日，詔曰：「六官之長，是謂佐王理邦國者〔一〕，其惟銓衡乎。今自艱難以來，士夫流離契闊，有徒跣而赴行在所者，深可愍恤。訪聞邇來注授牓闕之際，姦弊百出，貨賂公行，寒士困苦，未有甚於此時者。安得如毛玠清公，使天下之士莫不以廉潔自勵；如陸慧曉，不容胥吏諮執。三省可行措置，除其弊，嚴立賞禁。仍選能吏以主之，栢臺常加糾察，當議重行懲誡。」三省措置下項：一、注擬之弊，謂以非次闕榜藏匿，或託故關會，以俟行賂之類。二、申請之弊，謂詞狀兩詞不決，受賂請囑，故作申請，希求特行之類。三、去失之弊，謂見存干照〔二〕，猶問難不已，直待賄賂，方肯保奏。或有僞冒，更不子細辨認〔三〕，取足貨賂，立便放行之類。四、刷闕之弊，謂闕簿滅裂〔四〕，只憑進奏官供具，致有差互，有誤注授之類。五、關會之弊，謂七司之事動輒相關〔五〕，每一勘會，各不即報，故作沮抑之類。六、審量[18]之弊，謂濫賞名色，條例具存，輒於疑似之間問難取會之類。七、給付之弊，謂官員干照不即給付，邀求常例；或差遣、循轉，承發親事官過有乞覓，經久不付，却致去失之類。八、保明之弊，謂功賞恩數合經所屬保明者，文字小有不圓，或小有不如式，輒行退難之類。詔令吏部七司同共措置，如有該載不盡積弊，亦仰一就措置，於見行條法之外，更作關防，條具申尚書省。先是，詔意以謂安得如皇甫鎛、陸惠曉之流，鈐制姦吏。上始用鎛事，既而以鎛後作姦利，遂改用毛玠，且謂宰臣朱勝非等（非等）曰：「他（時）〔時〕詔語有未當，可奏陳，復改定」云。

十一月四日，臣僚言：「近降詔書，以銓衡姦弊，寒士困苦，令三省措置弊源。繼嘗有所陳請〔六〕，詔令吏部勘當，尋開具申尚書省，但遷延不行。乞取吏部元勘當申省狀，委官看詳：一、昨緣川陝奏薦〔七〕、磨勘、封贈等文字，吏部拘於常法，有狀内不依式或小節未圓，即便符下，故爲沮抑。臣僚獻言，乞先次施行，若係大節妨礙，方許符下。尋奉旨依。其後吏部復講究，開析大節、小節事目，頒之川陝。推行既久，人以爲（使）〔便〕。欲乞其餘路分州軍文字亦依此施行。一、吏部七司人吏，比之舊額裁省過半，而事務不減。昔時雖窮日之功，行移亦未盡絶。屬者多緣都省、御史臺追唤，初無引帖，真僞難辨〔八〕，又部吏便私，計會前去。欲乞今後三省、御史臺追唤部吏〔九〕，令檢正都司及臺官押貼子追呼。如（檀）〔擅〕追及輒發遣，並坐違制之

〔一〕王：原作「邦」，據《補編》頁五二五改。
〔二〕干：原作「于」，據《補編》頁五二五改。
〔三〕辨：原作「辦」，據《補編》頁五二五改。
〔四〕闕簿滅裂：原作「闕薄減裂」，據《補編》頁五二五改。
〔五〕事：原脱，據《補編》頁五二五補。
〔六〕嘗：原作「常」，據《補編》頁五二五改。
〔七〕昨：原作「作」，據《補編》頁五二五改。
〔八〕辨：原作「辦」，據《補編》頁五二五改。
〔九〕吏：原脱，據《補編》頁五二五補。

罪。」詔吏部一就措置施行。

八日，吏部言：「本部侍郎左[19]選員闕，依格合分遠近去處。乞比附尚書右選，令以去行在駐驛處千里外爲遠地[一]，不及千里爲近地。又依條，州二萬户、縣五千户以(上)[下]爲小處，亦乞權將州以軍事、縣以下縣爲小處。」從之。

十二日，殿中侍御史常同言：「今後全失出身以來文字人，乞許召監察御史以上二員，結罪保識，仍立歲保員數，以防冒濫。」從之。

紹興四年正月十二日，詔：「吏部七司復置催驅司，每司於事簡案令選那手分、貼司各一名，罷本案職事，專一催驅點檢。」從員外郎鄭士彥請也。

二月二十五日，吏部言：「文臣全去失付身之人，除已有前項許召行在監察御史以上職事官委保指揮外，所有武臣全去失付身之人，合措置召保。今欲武臣去失付身，如無干照文字，許召行在見任武臣職事官二員謂殿前馬步軍司官、樞密副承旨、帶御器械官并知閤。結罪委保。其所召保官，每歲不得保過五次。今來全去失付身之人止憑保官，難以一例歲保不得過五次，今欲每歲不得過三次。」從之。

五月九日，知臨安府梁汝嘉言：「本府承官員陳理去失及保奏恩澤等，並取保官印紙、告劄批鑿，竊慮其間將死亡、事故印紙、告劄前來承代。欲乞止召在部官員及本府見任官委保。」從之。

二十日，吏部尚書胡松年言：「近臣僚乞廣南窠闕滿一季無人願就者，並送本路轉運司差注。左、右司看詳，乞令吏部隨闕措置，破格注授。緣本部見榜窠闕須滿[20]半年以上，欲乞(令)[今]後更不申明，便行破格差注。」從之。

六月二十日，吏部侍郎胡交修言：「近降細務指揮內一項：六曹長貳以其事治，有條者以條決之，無條者以例決之，無條例酌情裁決。蓋欲省減朝廷庶務，責之六曹也。(令)[今]欲乞令本部七司各置例册，法司專掌，諸案具今日以來應干敕劄、批狀、指揮可以爲例者，限十日盡數關報法司，編上例册。今後可以爲例事，限一日關法司鈔上，庶幾少防人吏隱匿之弊。」從之。

八月三日，吏部言：「契勘已授差遣待闕官員往往於諸路州縣鄉村等處寄居，多有已丁憂、身亡等事，本處不即申報所屬，遂致虛占窠闕，留滯士人。乞行下諸路監司郡守，有前項寄居官，如有諸般事故等，仰縣鎮鄰保地分即時關申所屬州軍，於每月每季合申發關狀內別項聲說。如有違滯，其本處知通、當行官吏，並依紹興元年已降刷闕踰限不到斷罪指揮施行。」從之。

五年閏二月二十八日，詔：「今後官員參部，許自録白合用告勅、印紙等真本，於書鋪對讀，別無僞冒，書鋪繫書，即時付逐官權掌。候參部審量日，各將真本審驗畢，便行

[一] 驛：原作「驛」，據《補編》頁五二五改。

給還。如書鋪敢留連者杖一百。」從左朝奉郎蔡道臣之請也。

五月四日，吏部尚書晏敦復言：「建炎四年六月十四日以前去失告勑等人，合召保官二員。欲乞自今後有合審實之人，若全無干照，欲於保官兩員內召見任監察御史以上官 21 一員委保陳乞，審實放行。」從之。

十五日，臣僚言：「契勘該載未盡濫賞名色、遇官員到部磨勘之類，吏部施行，申乞審量。訪聞部吏舞文，不能一槩盡公，陰爲縱舍，致有事體一同，行遣特異，士大夫不平。乞令吏部開具今日已前行過該載未盡濫賞名色，申尚書省看詳。其已後别有該載未盡，更不審實，庶免猾吏臨時乞取之弊。」從之。

二十三日，吏部尚書晏敦復等言：「檢會紹興二年十一月二十九日指揮，官員扯毁印紙内白紙，(今)〔令〕召陞朝官二員委保，於所在州軍保明，申部照驗，續紙用〔印〕外，緣其間有已批書處並無損動，留得白紙一全張以上，分明見得無隱匿事節，難以一槩召保。欲乞如有似此之人，令具扯毁因依結罪文狀。見任人(令於)所隸，非見任人令於所在州軍申陳，將真文印紙赴部，並依數續紙〔一〕，免召保。」從之。

七月十二日，吏部尚書晏敦復言：「檢准《紹興重修令》，諸堂除人願歸部而就本等合入員闕者，許陞壓同等名次人。(令)〔今〕乞應堂除願歸部乞陞壓之人，並理前一任差遣。」從之。

六年五月六日，臣僚言：「吏部保奏去失付身之人，止據本官所陳及保官署述出身，補授歷任因依，竊慮不實。乞應去失付身，令具家狀及逐任知通令佐或同官姓名脚色一本〔二〕，繳連保奏，令本部參驗。」從之。

七年閏十月二十一日，三省言：「昨來措置銓量之法，雖已立定資格，緣其間多有待闕日久或已致 22 仕之人，難以一例罷免。」詔：「今後差除，並依已立格法，其銓量指揮更不施行。」

八年三月十九日，詔吏部非次闕並依舊法施行。先是，吏部申請：「將每日合出非次闕權罷，置籍抄録，候次月一日併令在部人以恩例名次高下喝名集注。」臣僚言其不便者三：利於近而不利於遠，利於富而不利於貧，利於恩例而不利平進。行之累月，士人喧鬨不平，故有是詔。

同日，臣僚言：「吏部磨勘、關陞〔三〕、封贈、奏薦之類，皆有定法。比來吏緣爲姦，用情上下，賄賂公行，有自遠方而來，一字不圓而退難復回有經歲者；有磨勘、關陞偶有前累，不礙刑名，而堅執不行，至損所舉者；有條例甚明，託以檢尋公案不見〔四〕，留滯不爲予奪者〔五〕；甲乙事同，甲

〔一〕數：原脱，據《補編》頁五二六補。
〔二〕「逐」原作「遂」，「知」字原脱，據《補編》頁五二六改補。
〔三〕關：原作「闕」，據《補編》頁五二六改。下同。
〔四〕託：原作「記」，據《補編》頁五二六改。
〔五〕予：原作「子」，據《補編》頁五二六改。

已施行而乙乃退難者。選人改官，無可問難，非厚有常例，不敢投下，士夫留滯，無所告訴。乞立賞，許人告捕，仍令尚書省出榜曉諭。」從之。

同日，御史中丞常同言吏部人吏乞覓之弊，上曰：「官員到部，所費如此，則到官之後寧免貪取？何以責廉？令尚書省出榜部門，嚴行約束。」後十年四月二十一日，詔：「新復州軍官員到闕整會差遣之類，如所屬胥吏乞覓，並計贓重行科罪，不以赦原。許人告，賞錢五百貫。」

九年二月九日，御史中丞勾龍如淵言：「官府留滯，莫甚於吏部，雖朝廷明立罪禁，以約束於前，而吏習爲常，曾不得少戢。欲乞明戒諸曹郎官，使各察一曹之吏，而姦弊不容，各辨一曹之事，而淹滯必達。凡吏人文書字畫之謬誤、出入去來之早晚，許從薄罰，（余）〔餘〕並白長吏，送大理寺根究，重作施行。」詔劄與吏部，仍令臺諫覺察彈奏。

十一月七日，臣僚言：「國家 23 取人之路固非一端，而大要不過有二：曰堂除，所以爲不次之舉；曰銓選，所以待平進之士。行之既久，得人爲多。然近日有一綴仕籍，乃急於堂除而耻於赴部者，馳騖相先。望降睿旨，凡命官未曾歷任，並不許乞堂除。其間亦有安恬之士，雖已經堂除而情願參部者，舊法止許壓同等名次人，理宜更加優異，以示勸獎。欲乞曾兩任堂除以上，與先次注授，一任以上，與占射差遣各一次，餘依舊法。如此，庶幾可以銷馳騖之風，而機務亦清省矣。」從之。

十四日，詳定一司勑令所言：「本所今看詳刪修到諸命官移任，已受告勑、宣劄者解罷，若不因罪犯體量，而新任非過滿及見闕，願候替人或於百日內候考滿者聽，並申尚書吏部。新任未滿、未闕者不在却乞罷之限。」從之。

十年二月二十八日，臣僚言：「建炎四年六月指揮，開具濫賞名色十八項，紹興七年開坐二十四項，紹興八年六月又比類九項。凡到部參選、注擬、磨勘、奏薦等事，雖無僥濫，例以審量阨之，非惟暴（楊）〔揚〕前日過舉，亦使士大夫留滯愁嘆，動經年歲。欲乞罷吏部審量指揮。」從之。

十一月二十六日，臣僚言：「昨來指揮，應權官有擅去者，乞將時暫權攝職任到罷批書，因立法禁，而僻遠去處不曾被受，以故多不批書。及到部，有司執文，並不放行參選。」詔吏部檢元降指揮，牓門首曉示，仍遍牒諸路。

十二年九月十三日，詔應命官違年不赴任人，如未曾別差人，即許赴任。

十三年六月十日，臣僚言：「切見川廣 24 窠闕定差來上者往往抵捂，乞以吏部四選逐色置號簿各二扇，一納御史臺，一留本部，行下川廣，依准起置。遇川廣用字號定差差遣，以細狀申部，以逐號單狀申臺，各注於簿。」從之。

八月二十日，臣僚言：「勘會官員去失初補付身，係召監察御史以上職事官一員、常法陞朝官一員委保，而去失印紙之人止召陞朝官二員委保。切詳印紙照驗歷任有無罪犯，最爲緊切，欲乞依去失初補付身例召保施行〔一〕。」從之。

九月十四日，吏部勘會：「除二廣有非次經使闕、季闕、殘零闕外，四川運司見今止有季闕，若以四等置簿，委難檢察〔二〕。欲乞以守、倅、簽判、知縣、縣丞、監當、檢法官七色置簿二面，一納臺，一留部。如本處報到定差狀，以《千字文》爲號，於本部事（日）〔目〕下朱書行遣因依報臺。小使臣以親民、監當二色，選人以職官、令丞、録參、司理、司法、司户、簿尉、監當、帳司、檢法官十色，各置定差簿二面。」並從之。

十四年七月二十七日，詔：「京西、湖北、淮南州軍應有立定到任，任滿酬賞去處，如罷任在十三年終已前，並依舊格推賞。若在十四年已後到罷〔三〕，並依元格上減半推賞。」尚書省言：「州縣擾攘之後〔四〕，權宜立定賞格，顯屬太優。」故有是詔。

二十二年十一月十八日，南郊赦：「勘會官員犯罪，先次放罷，後來結斷，止係杖笞公罪，爲有再得指揮，仍舊放罷，吏部見理後來年月，降罰名次，可特與理先降指揮年月施行。」

二十六年正月二十六日，詔除去 25 吏部民事一條，百官注擬及公私贓罪並依舊制。先是，臣僚建言增置民事之科，應緣民事被罪並不得注擬。樞密院編脩官吳悌言其不便〔五〕，故有是詔。

閏十月十二日，御史中丞湯鵬舉言：「恭覩今年正月詔書節文，如已得差遣而屢求換易，不量資序而超躐干請，寖以成俗，恬不知愧，理宜懲革〔六〕。今後如有似此之人，當議降黜。聖詔初頒，數月以來，已聞有換易之請、超躐之求，必非孤寒疎遠之士，率皆恃權挾勢之徒任意所擇者也。望下有司，如降詔之後，已有差遣人曾經換易者，令吏部結朝典狀，盡數具姓名，依元降詔書特賜降黜。」從之。

十一月，御史中丞湯鵬舉言：「近日贓污之吏得旨放罷，未及半年之間已圖堂除。乞自今若既參部，經郊恩一赦，方許與在部人混同注授。」從之。

二十七年四月十三日，詔：「行在局務闕官〔七〕，已有差遣之人不許差權，見權人並罷。及合辟差窠闕，如不經辟正，其權過月日並不理爲正任。」

六月十六日，吏部言：「官員元舊有土著本貫之人，因祖父以來用別州軍户貫者，並合依本貫不許差注條法。其西北流寓及東南人，雖無産業，見今於佗州縣寄居已及七年以上，及雖未七年而有田産、物力及三等户以上，雖非居

〔一〕失：原脱，據《補編》頁五二七補。
〔二〕委：原作「季」，據《補編》頁五二七改。
〔三〕若：原作「君」，據《補編》頁五二七改。
〔四〕擾：原作「優」，據《補編》頁五二七改。
〔五〕「官」原作「宫」，「悌」原作「隸」，據《補編》頁五二七改。按吳悌又見《建炎要録》卷一六三。
〔六〕宜：原作「兩」，據《補編》頁五二七改。
〔七〕闕：原作「關」，據《補編》頁五二七改。

住去處，並不許注授。內堂除人亦合一體供具詣實〔一〕，方許陳乞差遣〔二〕。所有定差、辟差，亦乞依此施行。」從之。以國子監丞朱倬言：「銓選條法雖號詳密，然注擬之際，有關防所不及者，猶未能無弊也。往年四方士人用開封戶貫應進士舉〔三〕，不可勝紀也。今其子孫假此，無所顧憚，乃於鄉里守**26**官，而銓曹未有法禁也。又有久遠寄居佗郡，豐殖財產，而戶貫仍舊者。子孫遂敢於所寄居州縣守官，而銓曹亦未有法禁也。使之就家供職，挾弄權勢〔四〕，逞其平日之私，若縣令，若獄官，若倉官，其害尤甚。苟不懲革，則公私與受弊矣。望申飭有司，嚴立法禁。」故詔吏部看詳，而有是請。

二十八年五月一日，三省言：「諸路節鎮通判并諸州教官窠闕舊係堂除，兼通判職在按察，教官教養士子，皆當遴選。近緣從官以上及監司薦舉人才，內京朝官知縣合陞通判，差遣人有出身合陞教官，堂除無闕可入〔五〕。若止差幹官，未應薦舉之意〔六〕。今措置，將堂除幹官、准備差使對換吏部通判、教官闕。」從之。節鎮通判一十六處：婺州、湖州、嚴州、宣州、江州、贛州、廬州、舒州、鄂州、鼎州〔七〕、建州、泉州、閬州、潼川府〔八〕、遂寧府、蜀州。諸州教官二十處：南康軍、臨江軍〔九〕、興國軍、建昌軍、邵武軍、興化軍、衡州、永州、鼎州、嘉州、邛州、蜀州〔一〇〕、彭州、漢州、綿州、無爲軍、黃州、純州、邵州、盱眙軍〔一一〕，欲並堂除使闕。諸路安撫司幹辦公事一十六員，江東西路、福建路、湖南北路、廣西路各二員，廣東路、淮東西路、京西路各一員〔一二〕，欲撥歸吏部〔一三〕，注曾歷知縣、通判資序及第二任知縣資序人。諸路安撫司准備差使一十九員〔一四〕，江東西路、福建路、湖南北路各三員〔一五〕，廣西路二員，淮東路、廣東路各一員，欲撥歸吏部，注京官曾歷監當滿任、選人曾歷判司簿尉，關陞令錄資序以上人〔一六〕，仍並作選闕。

二日，詔：「今後堂除諸司屬官〔一七〕，幹辦公事以上並須曾任親民第二任知縣以上，准備差使京官須曾經歷監當，選人須曾任判司簿尉、令錄以上資序人。其見任并已差下人，如未歷州縣差遣，今任回令歸吏部，依格差注。」（以上《永樂大典》卷一四六一四）

吏部 二

【宋會要】

27 孝宗紹興三十二年已即位，未改元。六月二十四日，吏

〔一〕除：原脱，據《補編》頁五二七補。
〔二〕方：原作「力」，據《補編》頁五二七改。
〔三〕封：原作「方」，據《補編》頁五二七改。
〔四〕權：原脱，據《補編》頁五二七補。
〔五〕入：原作「人」，據《補編》頁五二七改。
〔六〕舉：原脱，據《補編》頁五二七補。
〔七〕鼎：原作「鼐」，據《補編》頁五二七改。
〔八〕川：原作「州」，據《補編》頁五二七改。
〔九〕江：原作「將」，據《補編》頁五二七改。
〔一〇〕蜀：原作「屬」，據《補編》頁五二七改。
〔一一〕眙：原作「貽」，據《補編》頁五二七改。
〔一二〕各：原脱，據《補編》頁五二七補。
〔一三〕欲撥歸：原作「備差使」，據《補編》頁五二七改。
〔一四〕准備差使：原作「淮路廣東」，據《補編》頁五二七改。
〔一五〕三員：原作「二員」，據《補編》頁五二八改。
〔一六〕「關」原作「闕」，「人」字原脱，據《補編》頁五二八改補。
〔一七〕諸：原脱，據《補編》頁五二八補。

部言：「該登極赦，文臣中大夫、武臣承宣使以上并其餘止法人，並依條回授。選人校副尉、下班祗應、在職任嶽廟人〔一〕，並與循一資。已係承直郎，候改官了日，減二年磨勘。」

二十七日，吏部狀：「該登極赦，數内文臣承務郎以上合轉一官。今欲將應侍從、卿監、郎官、監察御史以上，本部照應三代職位并太中大夫以上，合申省命詞給告。見任行在釐務以上并在部及應行在官，具狀經部陳乞。在外官除太中大夫以上，亦行照應三代職位擬申。餘官召本色保官一員〔二〕，委保經赦日不係丁憂、身亡、事故之人，經所在陳乞，保明申部。候到，具鈔擬轉，給降告命。」從之。

七月七日，吏部狀：「准四川、二廣定差文字到部，多有不依格式，是致取會。乞今後定差文字事節不圓〔三〕，行下所屬，將當行人吏依條施行。」從之。

八月，吏部言：「昨承紹興二十九年七月三日指揮，將四川因事到行在之人〔四〕，許本部將四川二年一季以上合入窠闕剗刷應副〔五〕。近來四川運司定差到人，往往却礙已注因事到行在之人，將四川運司定差人不該行下，緣元剗刷年限相去一季太窄，致有相妨〔六〕。乞候今降指揮下部日爲始，刷二年三季以上闕應副，亦權不引用礙注川人同任條法。始該指射，即排日行下本司照會，更不使闕，庶得不 28 誤四川定差之人。」從之。

十二日，吏部言：「該登極赦，應文臣承務郎、武臣承信郎以上并内臣及致仕官並與轉官。今措置，乞將在外并臨安府承務郎以上未經磨勘之人，(今)〔令〕召保官一員委保。其已經磨勘之人并行在見任官隨侍子(第)〔弟〕，雖未經磨勘，並免召保。」從之。

二十二日，詔：「吏部主事、令史、承闕書令史各減一選出官。」該遇登極赦，故有是詔。

十月九日，吏部言：「勘會依赦轉官，據諸州軍申到文字，若拘以小節行下，待其回報，竊恐滯留。今措置，欲將似此之人於前項所要付身内但曾録白到内一件，并供寫到朝典家狀〔七〕，見得出身來歷，即先次放行，具鈔案後行下取會。」從之。

十二月十一日，吏部言：「該登極赦，應諸路帥臣、監司、郡守許依例進貢推恩。訪聞諸處已奉表進貢，而有司拘以六月十一日不在任之人不該推恩，明行告示。乞付有司討論施行。」詔六月十一日在任人許推恩。

〔一〕嶽：原作「獄」，據《補編》頁五二八改。
〔二〕餘：原作「余」，據《補編》頁五二八改。
〔三〕後：原作「復」，據《補編》頁五二八改。
〔四〕「到」下原有「任」字，據《補編》頁五二八删。
〔五〕將：原脱，據《補編》頁五二八補。
〔六〕妨：原作「防」，據《補編》頁五二八改。
〔七〕「家」字疑衍。本書及他書中屢見「朝典狀」一詞，如《宋史》卷一五六《選舉志》二：「各從本職長官具朝典狀保明。」所謂「朝典狀」，即具結保證，如有虚妄，甘伏朝典。

隆興元年二月三日，詔：「除在内職事官、在外元係堂除知通、將副以上外，其餘堂闕，並令吏部差注。合行事件條具申尚書省取旨。」先是，中書門下省言：「近來吏部員多闕少，理宜措置。」既而臣僚上言：「吏部條具，惟當以賞格爲先，若闕次之遠近，則四選各不同〔一〕。乞詔吏部止定資格外，權將具到四選闕次不以闕之遠近，揭榜差注一次。其無人願就之闕，則謄入經使，又謄入破格。候差注一次畢日，即仍舊依見行四選闕次條法施行。」故有是命。

三月二十八日，詔：「應朝請大夫以上至中奉大夫，該遇去年六月十三日赦，未礙止法人，並特與轉行。」先是，户部郎中、【29】總領淮西江東軍馬錢糧李若川等狀：「伏覩登極赦恩内一項，應承務郎以上與轉官。今來吏部只作減四年磨勘出給公據。欲望以該遇太上皇帝覃恩轉行批送部，勘當申省。」本部言：「朝請大夫以上陳乞覃恩之人數多，未敢擬轉。」故有是命。

四月十五日，臣僚言：「竊見李若川等乞轉朝議大夫，援引建炎覃恩舊例，謂非止法，許其溢員。勘會建炎放行遷轉，妨朝士之年勞寸進者逮三十年，若今用例，轉行滋蔓，將來之沿襲遷階者何可勝計！檢准紹興賞令，諸朝請大夫以上因賞轉官者，以四年爲法格，計所磨勘收使。修(令)〔令〕之日在靖康、建炎之後，詳定已允，今日所宜遵守，則建炎覃恩轉官，不當引援明矣。欲將川等陳乞遷轉更不施行。」從之。

八月二十三日，詔：「六曹、寺監等處裁減員闕，見任人許滿今任，已差下人依省罷法，許限兩月陳乞前任一般待次窠闕。」

二年三月二日，臣僚言：「今入仕之數日以多，故注官之闕日以遠。吏公然受賂，無所忌憚；人亦公然賕吏，無所吝惜。其弊有三：一曰隱匿闕次之弊。宜令諸州通判專一主管，凡管内有非泛事故員闕〔二〕，即日供具，明立字號，入急置申發。候到進奏院，並即時齎赴本部長貳或郎官面拆，徑行曉示。二曰引例異同之弊。宜令七司吏人各將見用前後例盡底供出，委自逐司郎官〔三〕，擇公當可用者立爲定格。仍令長貳參酌，將其餘事同例異者盡行刊除，遇照用〔四〕，即不許更稱别有他例。三曰捃摘小節之弊。宜令各司郎官遇到部官齎到文字及由外處申發，除顯有罪犯【30】會到刑寺，有礙差注、磨勘等事，方許告示不行，其他雖有不圓，不許妄有告示。及既行告示，陰使陳訴，却稱合先次施行，續行勘會。臣謂凡今銓曹隨事生弊，蓋不止此。欲望睿明特賜詳覽，仍乞令本部長貳、郎官，如臣前項所陳之弊〔五〕，更行條具，務令詳盡。」從之。於是吏部條具革弊便宜：「應文武官曾經到部，已曾録出身以來文字在部，任滿止令録白參部後所授付身、印紙批書，同真本參選注授。内(闕)〔關〕陞人止録白差劄、印紙。脩武郎以上，令本選係籍書鋪户各置簿。遇官員到部，並令書鑿到鋪月日，立定限三日，供寫録白文字。須(令)〔令〕圓備，即時放行參選。四川因事到行在人，止

〔一〕四：原作「曰」，據《補編》頁五二八改。
〔二〕凡管、闕：原脱，據《補編》頁五二八補。
〔三〕逐：原作「遂」，據《補編》頁五二八改。
〔四〕遇：原作「愚」，據《補編》頁五二八改。
〔五〕臣：原作「神」，據《補編》頁五二八改。

依紹興十七年元降指揮，將不該定差窠闕應副。仍令本部不候有官、無官指射，便出牓行下本司照會，并一面出牓，許因事到行在人指射〔一〕。如榜一季無官願就，却行下本司，依舊定差。選人用恩例授闕〔二〕，若以私計不便，並與元用恩例同等者，方許對換。應選人參選文字，並限當日會問，親事官限三日内繳到，次日具檢呈長貳，限六日判成，關注擬案上名次榜示。文學任川廣差遣已成二考，第三考有賞典，若無礙收使，即與先次施行。選人任縣令，任滿無過犯，合得占射，更不關司勳審覆，便行一就收使判成。宗室添差，遇逐州申發到合使窠闕，(今)〔令〕掌闕案籍記，關生事案依條榜闕，限五日召宗室小使臣陳乞差注。内添差酒税官窠闕遵依總制司申請正額〔三〕，與添差官通不得過三員之數。小使臣如付身歲遠，印文暈淡不明，即追篆文官赴部看驗〔四〕。餘止令本部長貳或郎官照驗給還。宗室小使臣陳乞嶽廟，令衆書鋪各置闕(薄)〔簿〕，到任并已差人逐旋入鑿，仍押官用印。遇赴部陳乞，書鋪將所置闕籍同官員親自刷具合使窠闕。闕籍從本部每季取索點檢。」(照)〔詔〕依，仍常切遵守。

乾道元年三月二日，權吏部侍郎葉顒言〔五〕：「官員大禮奏薦、致仕、遺表、身後恩澤及恩賞陞改之類〔六〕，若於條法指揮實有相妨，或有可疑，長貳、郎官堂白申明。朝廷如批下，依條施行；或不從所請，已行告示者，當行下，不得隱匿已批下事理，妄持兩端〔七〕，致令本部官再行堂白申明。如有稍違犯，却重行斷 31 罪。」從之。

十七日，詔(今)〔令〕文武官功賞轉官合給告人，並命詞行下。

七月十四日，詔：「自今後應呈試出官大小使臣，未經呈試不許堂除。雖係御筆内批特差，亦許執奏不行。仍令吏部官每季前去，同共監試一次，餘依本部見行條法。内願試七書義人聽，仍附武學私試月分〔八〕，試七書義二道，依文臣銓試舊法，十人取七人，與免射弓。」

二十三日，詔：「今後添差官不得兼權州縣正官及公庫等職事，如有違戾，所請俸給並計贓坐罪。」

九月十二日，權吏部侍郎魏杞劄子：「凡陳乞恩澤、恩例之類，如有經臨安府陳乞之人，止用行在及浙西安撫司、兩浙轉運司、臨安府見任官并已參堂、參部官作保。仍依去失法，年終通不得過五次。餘官並不許作保。」從之。

二年七月十三日，吏部言：「乞將廣南東西路轉運司每季差過文武臣差遣文字從本司實封，隨案分專差使臣或差軍員一人管押〔九〕，赴省部投下。其該差所給付身，即從所屬部分限一日發放敕劄、告命去處，下都進奏院拘收類聚，當官對名件齎付元差來人收管，交付逐司〔一〇〕，不得衷私發放所有不該差注省符〔一一〕。其餘給付身去處，並依此

〔一〕事：原作「字」，據《補編》頁五二九改。
〔二〕授：原作「便」，據《補編》頁五二九改。
〔三〕正：原作「止」，據《補編》頁五二九改。
〔四〕看：原作「有」，據《補編》頁五二九改。
〔五〕郎：原脱，據《補編》頁五二九補。
〔六〕賞：原作「當」，據《補編》頁五二九改。
〔七〕持：原作「侍」，據《補編》頁五二九改。
〔八〕私：原作「呈」，據《補編》頁五二九改。
〔九〕「軍」下原衍「一」字，據《補編》頁五二九刪。
〔一〇〕司：原作「私」，據《補編》頁五二九改。
〔一一〕放：原作「故」，據《補編》頁五二九改。

施行。」從之。

三年正月六日，吏部狀：「應文武官及選人校副尉、下班祗應等人，該紹興三十二年六月十三日登極赦，並與轉一官資，到今陳乞，未見盡絶，若不申明，歲久別有冒濫。乞自今降指揮日立限半32年陳乞，如出違限，不許受理。」詔依。其四川限一年陳乞，從之。

三月二十一日，詔：「將四川不該定差礙注川人同任窠闕並令吏部出榜，召本貫内地而名籍見任四川差遣、因事到闕人注授。餘依見行條法，今後准此。」

四月十六日，詔：「近來諸路州郡添差差遣並無員額，可措置立定員數，以爲格法。令檢正都司將朕即位以來創立格法并革弊指揮，依樞密院編修成册，關送尚書省。」

八月五日，吏部侍郎李浩言：「先准乾道三年正月六日旨揮，文武官依赦陳乞覃恩、轉官，自今降旨揮日立限半年陳乞，合至今年七月初六日限滿。緣限外尚有諸處申到，至今未得盡絶，乞更與量展日限施行。」詔更與展限半年，仍自今降指揮日爲始。

十二月四日，成都府、潼川府、夔州、利州路安撫制置使、兼知成都軍府事汪應辰劄子奏：「竊見祖宗時，凡籍于銓曹者，必欲其入遠。所謂遠者，四川、二廣是也。熙寧三年，始定八路差官法，昔之籍于銓曹者，委之各路轉運司。如蜀中，則必以内地人參錯其間，若州若縣，各有員數。方天下全盛，仕進者衆，雖不拘以入遠之法，而内地之仕于蜀者尚不乏人，分注之法猶可行也。今蜀地僻遠險阻，非人之所樂趨。至於或隨牒、或避地而家於蜀者，類不下二十年，其實皆蜀人矣。乞行下川(陝)〔峽〕四路轉運司合使窠闕，更不分川人、内地人，只(令)〔令〕以名次依格法差注，實爲允33當。」從之。

四年二月八日，吏部言：「應四川因事到行在之人，許借四川轉運司定差窠闕，依條指陳三處，從本部會問進奏院。如係三年以上合入窠闕，即出榜令參部，依本部格法注授，所貴可以發遣歸川。」從之。

八月十七日，詔吏部將應監司、郡守按發放罷止係公罪之人，今後到部，止與放行注授。先是，叙復右朝散郎張光狀：「前任通判真州按罷，已奉聖旨改正。乞檢照近降旨揮，先次注授差遣放行。」本部照得：「近降旨揮，應監司、郡守按發所部官，先次放罷，後來勘得止係公罪，如係吏部差注，與先次注授。契勘官員前任堂除終滿願歸部者，依條兩任許先次注授，一任占射差遣。切詳前項旨揮蓋爲恤其當時枉被按發，許與先次放行注授，非謂與合得先次注授恩例。今來若與作恩例收使，即無過犯、有恩例及資序在上人皆被陛壓。」故有是命。

五年二月二十五日，詔吏部將文武臣轉官内有礙父祖名諱，合行寄理之人開具因依，出給公據，理作付身。

六年十月八日，吏部侍郎張津言：「契勘待闕應之官違一年，在舊法別差官。況今在部員多闕少，待次愈遠。乞自今除程外，並以半年爲限。如違，即許已注下次人赴部，給據前去交割。今檢會紹興六年五月十六日已降旨揮，淮南路已注授官應赴之(任)〔人〕違限半年，許報所屬別行差官。」詔依，其淮南州縣官限與減作一季。

十一月六日，南郊赦書：「應文武臣、校副尉、下班祇應昨來該遇覃恩，合該改轉官資之人，竊慮四川、二廣駐劄諸軍陳乞出違條限，并有限内申發到部，有司執文不與放行，甚非覃霈之意。可令吏部將限外已申發到部先次放行，其未曾[34]陳乞之人，自赦到日，與限一季，經所在州軍自陳，依已降赦文改轉。」

七年六月二十六日，詔：「訪聞赴部注授或求堂除，在旅日久之人尚多，仰三省、樞密院疾速照應，依格差注。仍令吏部措置注擬，毋得留滯。」從都省檢會乾道三年八月二十二日指揮，故有是命。

八年二月四日，詔吏部行下八路：「自今降指揮到日，並依舊法。其替闕不曾授到付身，自不合赴上；雖已成資，並不理任。如有在今降旨揮之前已成資之人，其所受差遣與資序一等，即與放行；如係越等，亦不理任。」從吏部侍郎汪大猷等請。

六月八日，詔令吏部長貳將尚右、侍左、侍右文武臣盡數括實置籍。先是，權尚書禮部侍郎李彥穎言：「天下文武官員數至多，其出身、履歷〔一〕、升改、功過等事，吏部合有名籍具載。惟尚左有籍，若侍左固已不備，如尚右、侍右兩選，自來不曾置籍，後省遇有詞命，必批問吏部，多是無之。間有根檢到日前脚色，率多斷落，或有終不可以尋討者。令本部長貳將各選文武官盡數括實〔二〕，如法置籍。遇有遷轉、差除、責罰、降黜等事件，專委逐曹郎官監督人吏，即時添注入籍〔三〕。仍於月終檢察遺漏，庶幾若文若武，入仕本末有所稽考。」故有是命。

九年六月六日，中書門下省檢正諸房公事、兼權吏部侍郎俞召虎言：「竊謂吏部之任號爲銓衡，品目繁多，又不能取必於一定之法，而傍出爲循習之例。其求於法而不得，則委曲引例以爲據。今四方之來者或以注擬，或以磨勘，或陳乞恩賞，或理雪過愆。軍功、死事、歸正、歸明，體尤不一，必由銓部，惟吏之聽。至有某事不應得，則引其例以予之；某事所應得，則引某例以沮之，以爲乞取之弊。當官者深思（孰）〔熟〕計，期有以革絶之。其如[35]前後申明、續降，歲月深明〔四〕，不可勝數。乞令吏部七司勒主令法司，將前後申明、續降、應見引用指揮體例各盡行供具，如有漏落不實，勒罷，永不收叙。結罪以後，或復創有引據，依違其間，覬遂私意者，即以所結罪罪之。儻更有所犯，刑名重者，自合依本條科斷。」從之。

九月四日，詔：「應文武官初參部及陞改，並録白出身文字，同真本赴部呈驗。」以本部言關防去失倚當之弊，故有是命。

同日，吏部言：「依法，之官違限一年除程不到者，報所屬別差官，未報間亦聽赴上。非次闕以得報日爲始。又

〔一〕歷：原作「經」，據《補編》頁五三〇改。
〔二〕數：原脱，據《補編》頁五三〇補。
〔三〕時：原作「特」，據《補編》頁五三〇改。
〔四〕深明：似當作「深遠」。

敕：淮南限一季，餘路限半年，除程不到之人〔一〕，並行使闕差人。見行遵守。緣目今選人並係三政窠闕，其間第一政滿，第二政因事故不合赴上，第三政官合行之任，本部雖已得報，緣第三政官未曾知稟本部，便行使闕差人。其地理遥遠去處稍涉半年，所差下人便論第三政官已是違年，詞訴不已。蓋緣法内止該説非次闕以得報日爲始〔二〕，未曾別作措置。今措置，如有改替非次窠闕之人，照應今政替人待闕去處行下本州〔三〕，取索本人知稟文狀申部，並騰上待報文簿，分明批鑿行下月日、書押郎官，其本處始選程限。三經舉催不報到文狀，即符本路就近監司究治〔四〕，將當行人斷罷。庶幾如期報應，不致虚閑闕次。」從之。

十七日，吏、兵部言：「殿前司諸軍已改正代名官兵，如已給吏部理任差帖印紙人〔五〕，將受敦減付身 36 日起理關陞。其已經陞帶外任人，如敦減作大使臣，合依舊帶外任差遣〔六〕；如敦減作小使臣，合行除落。修武郎以上在軍及三年，係親民資序，即許經本軍陳乞陞帶。」詔磨勘特與通理未改正以前歷過在職年月，放行磨勘，其關陞〔七〕、陞帶等並依。

【續宋會要】

淳熙元年四月二十八日，敕令所言：「改修《乾道重修雜令》，諸棄毁亡失付身、補授文書，係命官將校付身、印紙，所在州軍保奏，餘報元給官司給公憑。過限添召保官一員。如二十日外陳乞者，不得受理。因事毁而改正者準此給之。」先是，臣僚上言：「紹興令，去失在内限三日、在外限五日，經所屬陳乞，出限者不許受理。今來《乾道新書》限十日經所在官司自陳。又云『如三十日外陳乞者官司不得受理』，其文自相抵牾。」敕令所看詳：「欲將上條内『三十日』外陳乞者官司不得受理改作『二十日』，餘依舊文修立外，其前項紹興令條，緣本内限三日，在外限五日自陳日限，今照得係紹興參附吏部四選令條。緣本所見修吏部法，候修至本(係)〔條〕，即照應今來所立『三十日外陳乞不得受理』令條別行修入。」至是修立成法來上，從之。

六月三日，詔：「累降指揮，已有差遣人不得干求(唤)〔换〕易。比來約束更弛，日益奔競〔八〕。自今似此之人依已降指揮，三省具名聞奏，當議降黜。其已授差遣人朝辭訖，限半月出門。仍令臨安府出榜曉諭，御史臺彈劾。」

二十九日，吏部侍郎韓彦直言：「舊法，之官違年，不以有無疾故，三十日内報所屬別差官，未報間至者亦聽上。緣有失於分別，即於一年外不拘年月遠近，但州郡未報別差官間，並許赴上。其州 37 郡未申到闕狀，本部不敢作闕收使，愈見積壓在部人。乞自今遇有除程違之官條限更過三十日，不以已未報所屬，並不許放上，本部一面照限使

〔一〕程：原作「呈」，據《補編》頁五三〇改。
〔二〕説：原作「訖」，據《補編》頁五三〇改。
〔三〕應：原作「依」，據《補編》頁五三〇改。
〔四〕就：原脱，據《補編》頁五三〇補。
〔五〕部：原脱，據《補編》頁五三〇補。
〔六〕任差：原倒，據《補編》頁五三〇乙。
〔七〕「關」原作「闕」，又脱「陞」字，據《補編》頁五三〇改補。
〔八〕競：原作「兢」，據文意改。

闕。」從之。

十月十六日，詔：「四川添置嶽廟，專差曾經十三處立功之人，不以將佐，並(興)〔與〕差注，減半請受。四路州軍分上、中、下三等添置員數，仍下逐路轉運司定差使闕。」

二年五月五日，吏部侍郎蔡洸言：「諸處闕狀多不〔依〕限申到，每有事故，欲得其闕者往往計會本處，匿而不聞，俟其參選，方令申部。及闕出，幸人不知，便行指射，期於必得。今之在選者，以待右言之，亡慮千百計，每患無闕可處。自今諸州及轉運等司所具闕狀不依條限申發，計程違限千里以下一月、千里以上兩月，及諸州非泛事故闕，因人陳請，見得不曾申部，並許從本選具當職官職位、姓名，申尚書省取旨。」從之。既而淳熙三年三月十四日，吏部侍郎司馬伋言：「乞下諸路轉運司，州委通判，縣委縣丞，無通判、縣丞處委以次官，監司委屬官，專一申發闕狀。遇有到罷事故人，於當日内縣申通判，申本部〔一〕。監司屬官從本部徑申。如有稽遲流落，依法科罪。仍令四選掌闕案置籍，常切檢舉程限。」從之。

十一月二十七日，吏部尚書蔡洸言：「本部自來所有未得中者，合明行申明。一、本部見使四川諸司屬官窠闕，日經使曉示〔二〕，候及一年，如無官指射，並乞行下四川轉運司，依本部(是)〔見〕行格法差注一次。若本司兩經集注，無應選人願就，更不作選闕。候該差人給降付身訖，却依舊本部使闕。一、官員陳乞磨勘、轉官，38乞並行根檢，案證互照。如有隱減年甲，即從實聲説因依，寫入告身。曾經磨勘之人，告内已行書寫年甲，若有減落，仍從改正批鑿。一、官員録白付身，乞並不許添注貼改。州軍委官對讀，責所委官吏結罪保明無差漏狀申州，州繳連申部。將來或有異同，具所委官吏姓名，申取朝廷旨揮。一、應陳乞遺表、致仕恩澤等，如限内經州軍陳乞日，除程外限半年，須管申發到部，限外更不施行。一、臣僚日前合得恩例已給公據，後來責降，除見責授散官并安置居住人外，如繳到本部已給公據，並與依條收使施行。選人酬賞不即循轉，乞不許於改官後作減年收使。」並從之。

三年八月四日，詔：「應命官參部而年甲不實，欲冒注授者，與展名次半年。若磨勘而年甲不實，欲冒轉官者，與展磨勘一年。限一月許自首改正。」

四年五月二十七日，吏部言：「欲自今命官到部，會到刑寺有公罪流以下過犯未結絶者，令吏部告示本人，如願就刑寺結絶者，即(今)〔令〕開具三代、年甲、鄉貫、脚色所供詣實因依，甘伏朝典狀申吏部，經備所供，關刑寺，參照元犯，具事因申省結絶。如不願就刑寺供具，即聽候本處結絶施行。」從之。

五年二月二十五日，吏部尚書韓元吉言：「銓量之法最爲近古，乞自今應知州軍、知縣、縣令合銓量者，於癃老疾病之外，取其履歷。若有過犯，雖不曾推鞫，已經赦宥，

〔一〕此句疑有脱字。
〔二〕此句疑有誤。

並令長貳酌其情理輕重。若 39 難付以(川)〔州〕縣之寄者，詳具別次等差遣。仍具事因申都省及關牒御史臺照會。」從之。

三月二十七日，吏部言：「十三處立戰功已離軍人，已降指揮，創置破格嶽廟，每州差二員，減半請給。今乞改作添差，許修武郎以上指射。如親民資序人，與添差諸州軍兵馬都監；監當資序人，與添差監當場務。並不釐務。仍許添差兩任小使臣、校尉，每州亦差兩員。親民資序人與添差諸州軍兵馬監押，監當資序人與添差監當場務，校尉添差指使，並不釐務。大小使臣內有願作嶽廟者聽。」從之。其後六年二月二十八日，吏部又言：「四川(載)〔戰〕功破格嶽廟，亦乞改爲添差，下四川轉運司刷闕，出榜差注。」亦從之。

五月二十一日，敕令所重脩《吏部四選通用令》：「諸犯贓罪若私罪情重，拜未歷任〔一〕，承直郎以上未成考。或無舉主及停替未成資，並不在選限。即成資後，因前任過犯該停替，聽與選。」從之。以吏部侍郎司馬伋言，舊令不曾開注，故重別修定。

閏六月十三日，吏部言：「六部郎官就理闕陞條：諸郎官任內該闕陞者，並通實歷年限，聽理合入資序。本部契勘，郎官昨任外官日，雖已闕陞，其間於常格合用任數外，多有餘剩月日，若止自曾經闕陞之後別理考任〔二〕，不與收使，則與外官無異，而郎官就理闕陞專條遂爲虛設矣。」詔吏部依郎官見行條法施行。

十二月十五日，詔：「自今吏部窠闕並令銓曹(過)〔遵〕守見行條法，不得以堂除爲名。」先是，殿中侍御史江溥言：「 40 朝廷近發堂除通判〔三〕、幹官窠闕盡付銓部，堂中無闕可以差除。近來有資格不應差注之人，又復巧計經營取旨，徑作堂除，令注授吏部窠闕，致有部中以資格授下而復爲堂除所奪者。」故有是命。

六年正月十六日，吏部侍郎、兼權尚書程大昌言：「乞將已射闕該銓量人如實病不能赴銓，且於闕榜之側注說係某人射下，見病候銓量。不以是何假故，通過十日，許他人射注。」從之。先是，大昌言：「在法，大小使臣注應銓量差遣人許留一月外，方(今)〔令〕他人改射。緣此有三弊：凡注闕三員外不許別換，今既占定此闕，妄請病假，旋詢好弱，虛一月又却別授，是爲暗壞不許改換之法，一弊也。其人身實在遠，憑人代射，旋來赴銓，尚無大害；如不及赴，遂成虛占一月，方礙在部，二弊也。假如甲、乙、丙三人皆該此闕，甲不願射而丙實欲之，丙(知)〔資〕次恩例皆在乙下，遂已賂甲，令且占下，旋以病狀拖過月日。乙不知其爲倖也，遇闕即已別授，甲方退出，則丙遂得之，三弊也。」故有是命。

十六日，詔：「歸正官自今須要親身到部，有召保官二員，內須要今任滿罷日非歸正人而同在本州軍，在內知識

〔一〕拜：似當作「并」。
〔二〕自「其間」至「闕陞」凡二十三字，原重，據文意刪。
〔三〕發：似當作「撥」。

官一員。即雖同在一州軍，而任諸縣官者非。其初離軍人，亦於保官二員内召未離軍時同營官一員，並後所屬，結罪委保正身不係承代詐冒。到部須經長貳親加引問照驗，方得放行添差。」

九月十六日，明堂赦：「應官員任滿批書并四川、二廣陞改，考第、舉主、定差使闕恩例、名次有小節不圓〔一〕，取會留滯，並許就行在召本色官二員委保，先次放行。案後取會，如有違礙，依條改正。」自後郊赦同。

十二月五日，吏部侍郎芮煇言：「川廣擬官，以道路回遠，徑赴本路轉運司，參司注授，各不逐季申發，於是有積壓之弊。今乞令逐路應有參司官，每月先具所理恩例、名次申部，本部以所申置 41 籍抄轉，仍每歲參司官脚色置籍申部，庶幾定差文字到日，本部得以稽考。至於差注不公者，許集注官先經各路本司、次提刑、制置、經畧司陳訴，令各司受理互察。」從之。

十一日，詔：「自今諸路州軍非泛申發京官、選人、大小使臣身亡事故之類，並以每月所申闕狀實封，差人赴長貳廳投下，即付逐選施行。」先是，監察御史余端(理)〔禮〕言：「以諸路州軍非泛申到京官、選人、大小使臣身亡事故，謂之非次闕。吏取貨賂隱匿，從當得者已有差遣〔二〕，方行榜示。緣其申狀止是付開拆司，不即赴長貳廳投下。」故有是詔。

七年二月五日，吏部侍郎閻蒼舒言：「乞令諸路漕臣將所部州軍每州專委通判一員，三衙并駐劄諸軍令主帥各委將佐一員，將諸軍及外路州、軍、縣、鎮、鄉村使臣、校尉如遇身亡事故人當日專狀供申本部訖，仍取索付身，關報本州，批鑿身亡月日，給還本家。」上曰：「如此關防，則可絕僞冒承代之弊。」於是詔依所請。如有違戾，其所委通判并將佐取旨施行。

十四日，詔：「吏部四選各於歲首刷四川定差二年以下及見闕差遣共一百闕，以待因事到闕之人注授。」先是，利州路轉運司言：「近承淳熙三年指揮，吏部四選措置，將四川定差窠闕内每月刷三年、二年以下并見闕去處，許令因事到闕人注授。榜及一季，無人願就，即行下使闕定差。本司每遇集注，有名次該注某闕，其下名自知不可得，却急赴部先注。緣本司係代銓曹參選注授，兼照得《淳熙吏部四選通用令》，止將四川不該定差窠闕聽本部出一次，其前項指揮衝改上條，於四川漕司集注未便，乞參修條制。」本部言：「已降指揮，難以遽改。昨來措置，每季(遂)〔逐〕路各刷五闕(歲)〔截〕留，以待到闕之人。今乞改每季作每年，令四川各於歲首刷本路二年以下及見闕各十員，許因事到闕人注授。分明具闕次下逐路，權不定差上件窠闕。」故 42 有是詔。

八月十一日，臣僚言：「乞自今見任執政、臺諫子孫並與祠廟差遣，特許理爲考任者，即日並罷，應歷過月日，仍許他日通理。」詔吏部條具以聞。既而本部條具于後：「一、見任宰執、臺諫子孫，京官、監當并知縣資序并選人，並差嶽廟。一、見任宰執、臺諫子孫，京官、知縣資序或通直郎以上，並宮觀一任。見(任)宰執、臺諫子孫，元授内外釐務差遣，已到任人，即日許父祖陳乞改差，仍許通理前任月日。一、

〔一〕名次：原作「名狀」，據下條及後文職官八之四三、四五、四七改。
〔二〕從：似當作「俟」。

見任宰執、臺諫子孫，銓試中，入官年久及并任滿得替〔一〕，或已注授而未赴上者，並許父祖陳乞。一、宰執罷政，臺諫改除，其子孫已任嶽廟，願終滿者聽；或不願終滿而別授合入差遣者，亦許通理。一、見任宰執、臺諫子孫，見係知縣資序人，所得宮觀雖許理考任，（郎）〔即〕不得當實歷知縣。一、如遇陳乞祠廟，先關會吏部，於法不礙注授者方差。」從之。

十二月二十五日，詔：「四川屬官令吏部通差京朝官、選人。內選人須注關陞有舉主人。」先是，權吏部尚書王希呂言：「欲將四川屬官二十九闕復歸朝廷，其主管官以上則用京朝官，主管官以下則用選人。」故有是詔。

八年閏三月六日，詔：「吏部目今差注兩淮州軍差遣，令長貳精加銓量。」

八月一日，詔：「吏部陳乞陣亡恩澤及委保宗室女夫，不許離軍揀汰使臣作保。」

九年二月五日，詔諸注官不釐務非。不注本貫州。因父祖改用別州戶貫者同，應注帥司、監司屬官於置司州係於本貫者皆准此〔二〕。不係本貫而寄居及三年，或未及三年而有田產物力，雖非居住處，亦不注。宗室同。即本貫開封，惟不注本縣。先是，吏部條具宗室寄居及庶官流寓州縣不許注授差遣。上曰：「寄居不必及七十〔三〕，有田產不必及三等。凡有田產及寄居州縣，並不可注授差遣。可令敕令所參照舊法修立。」至是敕令所增修來上，故有是詔。

十一月二日，吏部言：「乞將利州路轉運司合刷窠闕自今每歲首止刬刷一年以上闕，因事到闕人指射，其見闕去處更不刬刷。」從之。

十二月三日，詔自今應不 43 釐務並不許薦舉作釐務。從臣僚請也。

十年正月十九日，臣僚言：「乞下二廣轉運司，所有定擬窠闕，須候省（剖）〔部〕給到差劄，方許赴上，不得先令就權。如有不可闕官去處，即於州縣見任官內選委，時暫兼權。」從之。

二月八日，詔：「自今吏部注授沿邊職官縣令、兵官、巡尉，並令照應格法，銓量人材。」先是，臣僚言：「朝廷除授，既重內地，遠塞窮邊，人所不樂，至吏部注授昏耄庸繆過犯之人，不得已而就焉，故州縣官吏多不稱職。」故有是命。

十一年九月二日，臣僚言：「添差之員，宗室、戚里、諸軍揀汰與夫近時十三處立戰功人、歸明、離軍、忠順官，非泛恩例，其類不一，宜痛加裁抑，縱未能盡削冗濫〔四〕。邇來添差中有元降指揮帶任滿更不差人者，及其任滿，仍再差人；有令再任，有差待闕，源源不絕。乞重行相度，今後遵依元降指揮不差，仍不創置。」從之。

十二年十月八日，臣僚言：「今年冬祀大禮，制敕所差朝士尚有餘者，而吏部所差官亦已備足，捨此之外，了無所用。而吏部自八月間即牒閤門，不許放京朝官朝辭，其見在部者，皆拘縻不使去。且以九月論之，至于暮冬，無慮百日。當此盛寒，羈旅桂玉之地，勞費無益。乞下吏部，將見

〔一〕及并：疑衍一字。
〔二〕係於：「於」字似衍。
〔三〕七十：似當作「七年」。
〔四〕「冗濫」下似有脫句。

今到堂并在部人除已差官數足外，其不係被差行事者，並聽辭謝而去。仍乞自（令）〔今〕如係大禮年分，並前期兩月盡數差定，倣此施行。」從之。

十一月二十二日，南郊（散）〔赦〕：「勘會官員任滿批書印紙多有小節不圓，見（擬）〔礙〕注授陞改。并四川、二廣陞改考44第、舉（王）〔主〕、定差使闕恩例、名次應得格法，緣本路轉運司行遣或州軍批書不依條式及小節不圓，致取會留滯，有礙參選。並許令就行在召本色官二員委保，先次放行。案後取會，如有違礙，依條改正。」十五年九月明堂赦（司）〔同〕。

淳熙十六年二月四日，登極赦：「應文臣承務郎、武臣承信郎以上并內臣及致仕官，依紹興三十二年赦文，並與轉官，不隔磨勘。仍依當月二十四日續降指揮，文臣中大夫、武臣承宣使以上，并其餘礙止法人，並依條回授。選人、校副尉、下班祗應在職任并嶽廟（入）〔人〕，並特與循一資。已係承直郎，候改官了日減二年磨勘。仰所屬曹部更切檢照當年已行體例，毋得增損漏落。應命官因臣僚論列，或監司守倅按發，不曾經取勘，一時約作過犯，可並與除落，依無過人例施行。」

八月九日，吏部尚書顏師魯言：「尚左見榜四百餘闕，而參選者纔二十五員；尚右見榜人百餘闕，而參選者三十六員。因而考究得縣令五十餘處，元係侍左窠闕，中間關借，因循未還。欲乞將尚左元借縣令闕悉歸侍左及尚右出闕。經及一年以上無人願就，即關侍右從條通差。庶幾四選通融，無不均之患。」從之。

二十四日，權兵部尚書、兼知臨安府張杓言〔一〕：「切見小使臣添差之闕，州郡皆有定員，總爲闕四千八百七十有九。今赴部注授者纔千餘人，尚左等處可以類推矣。若添差之人止令照闕注授，則於州郡未45爲甚害。今乃有特添差之說，投牒朝廷，徑指闕次，初非定員，亦無替官，惟（懌）〔擇〕近地州郡，源源而來，至於本府，尤所争趨。欲乞應添差官員亦（無）並令赴吏部照（關）〔闕〕差注。」詔：「諸州軍添差官除依條法指揮差注人外，今後不許創闕特差。見任人令終滿（令）〔今〕任，任滿更不差人。」

紹熙元年十月十七日，吏部尚書（言）鄭僑言：「慶壽赦至今已及五年，尚有陳乞理當公據者；登極赦至今將及二年，尚有未曾陳乞轉官者。欲乞將慶壽赦截日終，續有陳乞理當公據之人，並不許給。其登極赦與轉官資，乞自赦降日除程，以二年滿日爲限。過限陳乞，並不放行。」從之。

十二月一日，中書舍人倪思言：「吏部四選有名籍簿，凡文武臣僚鄉貫、三代、出身、歷任勞（續）〔績〕、過犯，莫不具載。每朝廷除授，吏部注擬，臺諫論列，給舍繳駁，皆於此有考。臣近者嘗取而參照，乃是數年前所定者。後來陞降與夫合書功過，咸不（許）〔詳〕備。欲乞再令吏部委各曹

〔一〕杓：原作「枸」，據《宋史》卷三六一《張浚傳》改。

郎官重加編類，自後或有陞降功過，以時注鑿，月爲點檢，庶幾不至差誤。」從之。

二年八月二十三日，吏部侍郎羅點言：「銓量之法，尚有古人遺意。欲乞今後應合銓量官並於三日内赴部，不許循習，歸鄉銓量，庶幾法意不至盡廢。」

十一月二十七日，南郊赦：「官員任滿批書印紙多有小節不圓[一]，見礙注授陞改。并四川、二廣陞改考第、舉主、定差使闕恩例、名次應得格法，緣本路轉運司 46 行遣或州軍批書不依式及小節不圓，致取會留滯，有礙參選。並許令就行在召本色官二員委保，先次放行。案後取會，如有違礙，依條改正。」

同日，赦：「應承務郎以上使臣，不因贓罪降充監當人，如後來別無贓私過犯，並與牽復差遣。或不因罪犯，乞折資注授，若無規避，理元資序者聽。」

同日，赦：「承務郎以下，已授差遣，未赴任間丁憂、服闋，并州府依條保明到選人陳乞祖父母、父母老疾，合得家便恩例，其間有不曾連到保明正身并勘驗公據，致礙參選注授之人，可令吏部特與放行。」

同日，赦：「承直郎以下犯公罪杖笞，赴部注授，會到寺，見有公案未結絶，合取旨之人，且與放行參選。後有特旨，即依特旨改正。」

三年六月七日，臣僚言：「京官、選人所注差遣許以私計不便，聽從兩易。其間有名次稍高者，得指射近地(住)〔注〕闕。待次之間，或以廢疾，或貧乏，規圖厚利，便欲與人對換。又有名次稍低，無闕可入，遂不問地之遠近，闕之高下，注擬而歸，恃其富厚，尋人兩易，有此姦欺。欲乞戒飭吏部，今後有兩易差遣人，須管親身赴部陳狀，長吏審驗諳實，方許對換。」吏部看詳：「欲從所乞外，仍須闕期相去一年之内，方得對換差遣。」從之。

十二月十日，吏部言：「看詳(當)〔福〕建安撫趙汝愚等乞減罷汀州冗官事，今乞將武平、清流兩縣(承)〔丞〕闕特從省罷。其上杭縣係有坑冶去處，既減罷檢踏官，就差縣丞兼檢踏官 47 職事，却減罷主簿一員。仍將添差福建路安撫司準備將領、汀州駐劄不釐務一員，并添差監押不釐務一員、添差監在城商税不釐務一員並行省罷。所是本州申乞將添差在城商税大使臣一員改注汀州訓練禁軍，小使臣二員，一員改注汀州寧化縣苦竹寨巡檢，一員改注汀州捉殺盜賊官闕，並從所申，與差注年未及六(年)〔十〕、曾立戰功人。内訓練禁軍一闕，先注曾立十三處戰功人，次注曾經隨軍被賞立功人，並須親民資序，年未六十。如榜及半年，無上件人指射，注親民資序應材武人。」從之。

紹熙五年七月七日，登極赦：「應命官犯公私杖以下罪，元(元)〔非〕贓濫者，可免理年舉主，並與依無過人例施行。」

[一] 印紙：原作「紙印」，據前文職官八之四三乙。

九月十四日，明堂赦：「文〔武〕官員犯罪先次放罷，後來結斷，止是笞公罪，爲有再得指揮，仍舊放罷，吏部見理後來年月降罷名次，可特與理先降指揮年月施行。」慶元三年南郊赦，嘉定八年、十一年、十四年明堂赦並如之。

同日，赦：「應命官酬賞，因犯公罪，須候一任回，方合推賞者，若經今赦，合依無過人例，便許收使。」慶元三年南郊赦亦如之。

同日，赦：「文武官陳乞奏薦，各有發奏期限，其間有未入限前發奏并不填實日，却係在應發奏月分，或保官漏行聲説作保次數〔一〕，並特與放行。」慶元三年南郊赦亦如之。

同日，赦：「應官員任滿批書印紙多有小節不圓，見礙注授、陞改；并四川、二廣陞改，考第、舉主、定差使闕恩例、名次應得格法，緣本路轉運司行 48 遣或軍州批書不依條式及小節不圓，致取會留滯，有礙參選。並令就行在召本色官二員委保，先次放行。案後取會，如有違礙，依條改正。」嘉泰三年南郊赦亦如之。

同日，赦：「應命官犯私罪徒經今十二年、贓罪杖以下經今二十年，有五人奏舉；公罪徒、私罪杖以下經今七年，或元因詿誤〔二〕，或法重情輕，並有三人奏舉者，許今後不礙選舉差注。其犯公罪徒、私罪杖以下經今十二年、公罪杖以下經今六年，有二人奏舉者，今後與依無過人例施行。若公、私罪不至勒停，特旨勒停，加舉主人一員；公罪徒合該勒停之人，與增展二年，并加舉主二員，亦許依無過人例施行。以上並須情理稍輕及〔被〕〔備〕坐後來各不曾犯贓、私罪，並聽於所屬自陳。内承直郎以下犯私罪徒、贓罪杖，不礙選舉差注。若舉主、考第比無過人例合磨勘者奏裁。其犯公罪流，非用刑慘酷及拷掠無罪人致死及失入死罪之人，如及二十年，不曾犯贓、私，更加舉主一員，在内於刑部，在外於所在州軍自陳，保明申奏，亦與依無過人例施行。」嘉泰三年南郊赦亦如之。

閏十月二日，中書門下省言：「三省堂除選人闕不及百數，而選人之在吏籍者一萬三千四百餘〔貫〕〔員〕，顧何以能盡滿其欲？徒長奔競之俗，興留滯之歎。今措置，欲將建康府轉般倉等五十闕並發下吏部，審定資格差注外，餘左藏東庫等四十五闕，其間多是與京官使臣通差，合依舊存留，三省使闕。仍 49 須公共遴選賢能，依條例差注。如不知其人，則臨時取旨委官薦。」從之。開〔其〕〔具〕闕次：建康府轉般倉，鎮江轉般倉，建康户部大軍倉門，鄂州户部大軍倉，鄂州户部大軍庫，行在草料，提領建康酒庫所，糯米糴場，南、〔面〕〔西〕、北惠民三藥局，排岸司，兩浙轉運司催買官，建康大〔挺〕〔榷〕場，鑄錢司檢踏官，鐵冶司幹官，淮東安撫司主管機宜文字，左藏封樁庫門，左藏封樁下庫門，婺州、明州、台州、温州、衢州、鎮江、平江府、常州、湖州、秀州、建康、寧國府、徽州、隆興府、福州、泉州、建寧府、通州、漳州、高郵、武岡軍、濠州、嚴州、江州、揚州、潭州、紹興府教授。

慶元元年二月十日，吏部言：「侍郎左選承直郎以下

〔一〕漏行：原作「滿行」，據文意、字形改。
〔二〕詿誤：原作「注誤」，據文意、字形改。

陳乞參選注授，會到刑部、大理寺有過犯，刑、寺引用乾道元年六月二十二日、乾道二年十月九日指揮，命官因州按發，不曾經推勘體究之人，並免約法。及引用紹熙五年七月七日登極赦文，應命官因臣僚論列，或監司、守倅按發，不曾經取勘，一時約作過犯，可並除落，依無過人例施行。應命官犯公、私杖以下罪，元非贓濫者，可免理年舉主，並依無過人例施行。本部照得官員雖該前項赦恩除落及免約法，其間却按章内贓數項目明白，或曾差官體究，却不曾取責本官伏辨文狀，及有曾追合干人供出貫伯，却無的確贓數，亦無交付何人收領，不顯緣公、緣私等，見行下大理寺約罪，及行下本處取會。未報到間，凖刑部關該遇赦恩除落及免約法。緣似此在部之人，本部若不與放行參選注授，緣已該大赦，曾經刑寺陳乞除落及免約法；若便與放行注授，竊慮收使恩例及理名次在上，陞壓無過犯人，無以分別。今措置，欲自今後令本部照應【50】似此罪犯之人，並與注降等合入差遣。如同日指射差注，在無過犯人之下。若有贓罪明白之人，亦不許注授掌財賦及收趁課利去處。」從之。

六月二十一日，臣僚言：「竊見宗子壓在部選人，仍有占射恩例。凡在部窠闕，例爲所占，至有一闕連三兩任，但是宗子，故在部孤寒選人雖欲指擬一闕，厥爲難哉！欲令吏部注官之際，有宗子主擬窠闕之處，須得外姓一任間之。儻其中間以外姓，而外姓適有事故者，亦聽其同姓爲代。」下吏部看詳：「欲從所請。今後如已隔政差下宗室，却中間外官一政或有非泛丁憂、事故，仍聽所差下宗室連併赴上。」從之。

十二月三日，刑部、吏部言：「（詔）〔紹〕熙五年七月七日登極赦：應命官因監司、守倅按發，不曾經取勘，一時約作過犯，並與除落，依無過人例施行。照得大赦前有命官在任犯贓，因監司、守倅按發，曾經體究，直降指揮降官放罷之人，例因大赦，經部陳乞除落過名。本部欲將似此不曾經取勘之人照赦與之除落，即係與無過人事體一同，終是曾經體究。兼凖今年三月二十六日從臣僚申請指揮，曾犯贓罪被劾降官罷任之人只許宮觀嶽廟，以此未敢照赦除落。乞明賜施行。」詔：「命官因臣僚論列，或監司、守倅按發，身不曾親被取勘，止泛言贓數，委無實迹，一時約作過犯之人，並令（曾）〔遵〕依大赦施行。如身不經勘，而曾約體究干連贓證，有實迹者，後來得旨【51】降官放罷，照應只許受宮觀嶽廟指揮施行。如命官犯贓，身經勘鞫招伏，事狀明白，並照見行條法。」

三年四月三日，詔：「復州、荊門軍係裹州軍，今後不作邊郡使闕。」

八月二十九日，中書門下省言：「已降指揮，諸路屬官今後並不作差注本貫及居止在本路者，見任人令終滿，已差人聽兩易。添差不釐務者非。」詔已授未赴上人，如無人兩易者，許於吏部退闕，先注授本等差遣。其坑冶司屬官止避本貫及居止處。

十一月五日，南郊赦：「文臣帶職朝奉郎以上，該遇大禮奏薦，合(齋)〔齎〕印紙，經保明州軍批鑿幾次。緣其間有漏行批書，若候行下批書訖具鈔，委是迂枉。如失於批書，本部見得不過次數，與先放行。」

四年二月三日，臣僚言：「國家銓選之法關防嚴密，載在令(申)〔甲〕，昭若日星。往往有司失於奉行，遂致姦〔弊〕百出。外而監司、州縣，沉軋闕帳，不即申發，而胥史邸吏(賞)〔賣〕弄闕次，專務隱藏。銓法之害，莫此爲甚。在外州縣官有到罷事故，寄居、待闕官有非泛事故，或闕到，合行之官而違限不赴，或見任去替半年，未曾注授替人之類，一時官吏隱而不聞，至有下政指論前官事實，而陳乞改替者。或有丁憂人，直至服(闕)〔闋〕參選而自告言者。或有見任官事故而監司、守臣差人權攝，利於兼局所得而不許入闕狀者。或有親戚待闕他州，知其事故，計囑不申，徑用占射恩例，作遠闕指射，而卒得近見之次。(沉)〔況〕在 52 法，不依限申部杖一百，吏人三犯勒停，當職官奏裁。諸州令轉運司從本部並申尚書省，如有情弊，根勘具奏。法非不嚴，而外之監司、州縣視爲文具，使選部無由得知，此所謂沉軋闕帳，不即申發之弊也。諸路有日申，有三日再申，有月五類聚別申，千里以上限一季申。多是無圖罷役書鋪或火下及代名守闕親事官，公然與在選吏貼并顧書人就前路或諸門接見承局，厚致賂遺，取買闕狀，收藏在家，作暗闕出賣。間有(齋)〔齎〕赴進奏院者，被院吏擅行開拆，以抄録照用爲名。或有州縣經闕，進奏院或報進奏官，亦與書鋪、選吏通同(賞)〔賣〕闕，候其當次，一射可得。況在法，應出闕而吏人漏落藏匿，各杖一百，仍降一資。又藏匿見行文書有情弊者，以盜論。諸盜文書徒二年，不以赦降原減。法非不嚴，而內之胥史邸吏故爲弊倖，使差注不行。此所謂賣弄闕次、專務隱藏之弊也。乞備坐條法，申嚴鏤板行下，務在遵守。外而監司、州縣，須管依條限申發闕帳；內而胥(吏)〔史〕邸吏，不得復行賣弄闕次。稍有違戾，依法斷遣，贓重者以枉法論，當職官依條從本部具奏取旨。庶得闕次流通，士夫免留滯之歎。」從之。

五年三月十一日，臣僚言：「乞初任通判人不許徑與州郡，京官注屬官人不許(喚)〔換〕選人闕〔一〕，合該堂除人不許送部越次注授，六部架閣人不許冗流得以充數，已降永不得與親民差遣指揮人不許復任監司、53 郡守，已經除授遠地不肯赴上之人不許別與近地差遣。」從之。

十二月二十五日，詔：「今後以恩例添差之人，每歷兩任，方許陞一等差遣，著〔爲成〕法。」以臣僚繳奏浙西兵馬都監傅昌世歷分未滿，而僥求驟陞路(銓)〔鈐〕，故有是命。

六年五月十四日，詔：「吏部長貳嚴行約束本部人吏，將應干見行及日後承受到文字須管先次疾速行遣，不得住

〔一〕不許：「不」字原缺，「許」字存殘筆，據前後文補。

滯〔一〕。如有小節未圓，續行取會改正。其餘曹部依此施行。」原本空□□字。慮恐當行人吏〔非〕理阻難，及將小節不圓一例不與放行，致使官員留滯等（侍）〔待〕，故有是命。

六月二十四日，臣僚言：「川廣定差之法，蓋爲地遠窠闕少人願就，故行下各路漕司就近差注，所以便遠方之人也。今在部注授之人見川廣窠闕内有見次，俸禄差厚，賞典又優，即求闕節指射，行下攘奪，使已定差之官狼（狠）〔狽〕而去。其間亦有内地急禄之人萬里經營，卒至失所者。乞（使）〔吏〕部將已發下川廣漕司定差窠闕，今後不許在部及干堂人指射攘奪，庶使定差格法不致廢壞。」從之。

慶元六年七月十三日，臣僚言：「寄居官或待闕丁憂、事故者，所（有）〔在〕州縣自合按月具申吏部，以憑用闕。今丁憂、從吉、事故已久，吏部尚不及知，人皆憚其遠次，故多不敢注授。見任官或有丁憂、事故者，所任州縣自合催促以次官，如〔期〕之任。今有占留正任之闕，應副親故之權攝，坐閲歲時之久，始迓受代之人。官吏到罷，自有定期，秩滿當去。今日京秩以上指日終 54 更，類多先期迎迓。若夫選調，則又不然。貪求舉削，既滿之後，復踰數月，遠涉歲時，始獲交承。若廢疾之人不堪赴上，自宜退闕，竢其到部，別與□□〔二〕。今限踰年之法，故前官欲解罷而不能，後政欲趣上而未及。夫是四弊，皆壅底銓曹之法。乞令吏部嚴行約束諸路州縣，如寄居丁憂、事故者，仰本州須管於當月申部。在任有丁憂、事故者，不得差人權攝，亦仰即時移文催促以次人赴官。如或違戾，監司覺察按劾，重寘於法。如在任既已終滿，不得巧計妄作補填，即仰催促後官赴上。至如疾病，有妨之官，乞行遵守條限，不得逗遛月日。若妄（係）〔稱〕篤廢疾，不能舉動者，闕到，不拘踰年之限，止限一季，許後官陳乞，勘會保明，申部赴上。」從之。

二十三日，吏部言：「選人初官注授差遣，未赴任間丁憂，服（闕）〔闋〕到部，在法仍許理元參部月日、名次并恩例別行注授，委實允當。今來契勘初官有元赴部注授差遣，待次六七年，已曾赴上，而未及一考丁憂罷任，服（闕）〔闋〕到部之人，既緣未及一年考，不許注破格經任窠闕，却又以其非未赴任之人，不許理元參部月日、名次、恩例，其在部注授盡在衆人之下，反不及未赴任之〔人〕，實爲可憫。今相度，欲將初官已到任未及一考丁憂、服（闕）〔闋〕到部之人，與比折未赴任人〔三〕，仍理元參部月日、名次、恩例注授，庶得均平。」從之。

嘉泰元年九月二十三日，臣僚言：「孝宗皇帝裁抑添差，載諸《聖 55 政》，永爲成憲，今日之所當遵守。比歲以來，私情倖進，不顧格法，干求添差，以希見次，夤緣競趨，尸禄者有濫授之嫌，釐務者有侵官之患。爲庶〔官〕者則不

〔一〕住：原作「注」，據文意改。
〔二〕「與」下原闕，據文意當爲「注授」二字。
〔三〕與比：原僅存殘筆，據文意補。

照條法之當否，爲戚里者則不問服屬之親疎，一槩攀援，委是冒濫。乞今後除授添差等官，如宗室、隨龍、歸正、離〔軍〕及朝士補外從條合行注授外，其餘越法踰制，悉行杜絶。如戚里等有特旨及自經朝廷陳乞添差之人，並送太常寺契勘服屬。如服屬已遠，即從大臣執奏，給舍繳駁，不得輕授。其他無添差恩例之人，並不得輒與添差。」從之。

三年五月六日，祕書丞、兼權尚右郎官鍾必萬言：「伏見諸州陳乞大禮奏薦與致仕、遺表恩澤，其弊莫甚於右選，而臨安爲多。且人之有無子孫弟姪，孰詳於鄰里鄉黨，今不保奏於本貫，而保奏於臨安，以爲寓居之久，其爲詐冒必矣，銓曹何從而察哉？所以據者保官也，覈實也。保官不以爲詐，覈實不以爲僞，銓曹雖欲不信，可乎？所謂覈實者，不過行下厢鄰，繆爲勘爾。若夫保任之人，又有不然者。凡武臣參選，印紙多留書鋪。一遇召保，書鋪徑將印紙批上，而保官初未必知也。欲望申嚴覈實保任之罰，犯者官則鐫斥，吏則決配，若書鋪擅將保官印紙批上者罪亦如之，庶幾少革冒濫之〔弊〕。」吏部勘當：「今後陳乞大禮奏薦、致仕、遺表恩澤，須行下陳乞之家所居厢鄰，官司責立罪狀，保明具申。仍召保官二員，並(給)〔結〕立降官 56 罷任之罪，批書保官印紙，本州官吏再行勘驗，方許申奏。所有武臣參選，從條合齎真本付身、印紙赴部呈驗，即時給還。書鋪更敢收留，擅將印紙批書作保〔一〕，乞行決配。」從之。

二十六日，監察御史陸峻言〔二〕：「尚書六曹皆號法守之地，條格品目，吏銓尤爲詳密。比年以來，銓法滋弊，人有倖心。臣嘗推原其故，其始蓋起於廢法而創例也。夫法不足而例興焉，不知例一立而吏姦乘之〔三〕，異時比附並緣，(寢)〔寖〕失本意，於是例用而法始廢矣。欲望申飭吏部，自今後一切遵用《淳熙重修七司勑令格式申明》，及當時臣僚所進表文後所乞事件外，所有前後循襲成例者，非有申請畫降聖旨，並不許承用，違者重寘典憲。」從之。

九月二十八日，吏部言：「臣僚奏請，乞將川廣漕司定差之闕不許在部及干堂人指射攙(等)〔奪〕。本部見遵從前項指揮，照得四川所榜選人窠闕止是教授、監當及四路運司主管帳司，其合得在外指射恩例之人，似恐入闕稍艱，無以應副。今欲照指揮内止該載在部之人不許指射定差窠闕外，乞將四川合得在外指射恩例之人亦許指射運司定差員闕，庶得四川在外指射人入闕稍寬。」從之。

十一月十一日，南(部)〔郊〕赦文：「應官員昨該遇覃恩轉官循資之人，立限已滿，竊慮其間偶緣事故出限，若在今赦已前申陳到部者，並與放行。」

二十六日，臣僚言：「諸軍機幕、參贊、幹辦等官專待

〔一〕印：原缺，據上文補。
〔二〕陸峻：原作「陸浚」，據《南宋館閣續録》卷八改。
〔三〕乘：原作「秉」，據下頁「開禧元年閏八月六日」條改。

右科57前名，此乾道之制也。比來納粟出官，或務、場終滿，冒授計議，乞行釐正。」詔：「計議官、主管機宜文字、幹辦公事依指揮差武舉人，其餘窠闕並照舊例施行。」

十二月十七日，考功郎官王聞禮言：「竊見近者臣僚陳請，選人歷四任十考而實歷監當、獄官、縣令各三考者，與改入官。見蒙朝廷行下本部，遵守施行。兹固足以振拔滯淹，收拾遺材。然而應格者終少，且縣令、獄官誠爲繁重，而監當蓋有優輕者。今有或爲縣令兩任、獄官兩任，以不曾經歷監當之故，四任十二考雖足，不敢放行。區區愚見，以爲有不任監當而曾任縣令或獄官兩任者，許理爲監當之數；如闕縣令、獄官一任，雖有監當兩任，不與通理，庶幾寔歷重（雖）〔難〕之人應得上件資格。伏乞詳酌施行。又近日陳乞四任十二考之人，任考雖足，其間縣令、獄官、監當任内偶因丁憂、事故，以理去官，一任之内，所少或一兩月，或十數日，便以不滿三考告示，不該放行，以故應格者尤艱。欲乞將曾歷過上項三任之人，每任實歷三十箇月，便許理爲一任。但須監當、縣令、獄官通滿九考[一]，方理爲實歷。如此則絶長補短，人被寬恩，天下無遺才之嘆。」從之。

開禧元年閏八月六日，臣僚言：「六曹之設，皆爲法守之司，而吏銓爲尤詳，條格品目，炳若日星。比年以來，創例廢法，循習滋久，流弊有不可勝言。試以一二言之。諸文學遇赦許注官，法也；今乃以公私58試曾中及已用覃恩幸學恩例陞甲推恩，後又欲用爲免待郊參部，果法乎？諸黄甲已授差遣丁憂、事故人，服闋到部，許同在部人注授差遣，法也；今必欲占射未便闕，果法乎？諸初注權官，任内不許循資，雖奉特旨收使者執奏不行，法也；今乃却於未赴任間多方圖謀酬賞資，徑欲作正官理爲考任，果法乎？初官不許差辟，法也；今乃却於部中注授差遣，後徑欲作經任人，以圖辟差遣[二]，果法乎？在法，應得循資以上酬賞不許留後收使。今有選人未轉至承直郎，改官後却欲將選人時所得酬賞作京官磨勘收使，果法乎？在法，諸已授闕，不許退换，擬定三日内，許换經使闕一次。今有已授差遣，出三日限，雖一兩月後，亦别作緣故退闕，仍欲占射非次闕，果法乎？凡若是者，得之者不以爲恩，不得者適以爲怨，吏姦乘之，比附並緣，請囑公行，祖宗成法蕩然無有。欲望申飭吏部，自今以往，凡有成法者，不得援例引用，庶幾倖門杜絶。」從之。

二年九月十三日，明堂赦文：「應命官管押綱運，偶緣元差官司失於照應，致有年及六十以上或無舉主，未曾到部，及課利場務監官并有進納雜流與夫特奏名，并差别路官管押，或陳乞釐革之人，但所押錢物别無少欠，見礙推賞，可特與放行一次。」

[一] 獄：原作「嶽」，據上文改。

[二] 遣：疑衍。

三年九月十一日，詔：「應任極邊差遣人不願循三〔次〕〔資〕，與減常員舉主兩員，次邊與減一員。恩科出官人一任理一考[59]者，極邊差遣與理兩考，次邊與理一考半。並及三考，方許引用。自今降指揮之後，如有赴部注授見闕之人，即欲與就部出給理當減員增年公據。如京朝官、選人、大小使臣應赴邊任，出違一季不之任人，日後參堂到部，並不得與授差遣。」

嘉定元年正月九日，臣僚言：「改官必班見，舊制也，或徑得差遣〔一〕，不妨趁班。改官必作邑，舊制也，或別得差遣，遂免作邑。至如班改之員已足〔二〕，特許附班；薦舉之章有礙，委曲收使；或闕已授而留鈔未上，別圖改注；或闕未出而先乞留闕〔三〕，阻遏後來；或不合奏薦而特與放行，既開方來之門，復令已往者援例；或不許收叙而特與改正，既使脱去罪籍〔四〕，仍還積下磨勘；辟差者不問實歷之有無，換闕者不問闕次之遠近；甚至出身定於補官之初，或扳援親屬而改換；進士限以科舉之制，或未嘗中選而出官。已往之事，誠難盡行追改，更化之後，豈容一切因仍？欲乞明詔中外，自今一遵祖宗成法，凡後來所行與成法相戾者，並不許放行。」從之。

三月七日，臣僚言：「欲節財用，當先汰冗濫之員；欲汰冗員，當先革添差之弊。數年以來，凡添差者皆寅緣而得之，尤爲冗濫。欲乞自今以始，除銓曹添差自有立定正條法差注外，所有堂除及特旨，應文武臣添差釐務、不釐務並行住罷。」詔各令所屬條具，取旨施行。

四年十二月二十八日，吏部言：「臣僚檢會，凡彈劾放罷之人，率[60]以二年爲限，方許授祠禄。祠禄任滿，然後取旨除授。乞下部，照累降指揮遵守。本部照得京官按劾之人以二年爲限，方授祠禄。其選人止有縣令限年參選指揮，餘官並無限年條法。今措置，欲將選人縣令任内經臣僚或監司、郡守按罷，如曾經推勘體究之人，罪狀顯著者，昨降指揮，放罷滿一年參選，今欲展作二年後，方許陳乞參選。内有雖不曾經取勘體究，〔兩〕〔而〕按章内聲説贓濫明白，自放罷後並合滿一年半，方許陳乞參選。其縣令爲監司、郡守一時按罷，按章内無贓濫等實迹，只是職事曠弛者，滿半年後參選。其餘選人任職官、縣丞、判司、簿尉、教授、屬官、監當等，内監司、郡守按罷，其贓濫明白者，雖不經〔取〕勘體究，欲自放罷後亦滿一年方許參選。除縣令外，餘官犯公罪，照差替元法降兩月名次，今展作一季名次，方許注授。」從之。

五年十一月二十日，南郊赦文：「應文武臣年七十以上，遇大禮合該奏薦之人，若從來未經蔭補者，可特與放行一次。」八年十一月明堂赦亦如之。

〔一〕徑：原作「經」，據劉宰《漫塘集》卷三三改。

〔二〕「班」原作「陞」，「足」原作「定」，據《漫塘集》卷三三改。

〔三〕留：原作「當」，據《漫塘集》卷三三改。

〔四〕使：原作「已」，據《漫塘集》卷三三改。

又赦文：「嘉定四年十二月二十八日指揮，承務郎以上，在任經臣僚或監司郡守按罷之人，比類侍左措置。如曾經推勘體究之人，罪狀顯著者，昨降指揮放罷滿一年參選，今欲展作滿二年方許參選。內有雖不曾經推勘體究，却緣按章內聲説贓濫證據明白，放罷後並滿一年半方許參選。按章內無贓濫等實迹，只是職事曠弛，61滿半年參選。今來既該郊恩，應犯在今赦以前，令吏部四選將上項展年參選人特與減年，許行參注一次。內元合候滿二年參選人，令減作一年；合候滿一年半參選人，減作半年；合候滿半年參選人，即與放行參選。其赦後有犯人，自照應元降指揮施行。」

又赦文：「使臣常程短使，舊法參部三月收入住程，被差之人三月一替。昨緣開禧修書將合該短使人止滿一月收入住程，纔遇住程，月日既滿，雖不曾差充短使，亦得自便。其已被差充短使人緣尚照舊法，却須候滿三月，方得交替，委有牴牾，遂使外方之人久成留滯，理宜優恤。可自今赦到日，令吏部將常程短使已滿一月，(既)〔即〕聽交替。」八年、十一年、十四年明堂赦亦如之。

六年六月二十八日，臣僚言：「初官不許占經任之闕，選人宗室許連授兩政；年及三十，經任有舉主人方許注選闕；年及六十，不許爲獄官；曾經改官年及人，止許補外郎簽判；或曾銓試不中年及人，止許注川廣殘零闕；捕盜改秩，必須先注縣丞、令録，打歸破格，方許集注；非闕期相近一年，不得互易差遣；按罷曾經鞫勘，一年方許參選；大使臣轉武翼郎，經郊方許奏薦；小使臣非曾關陞，難以親民。是豈立法之不善哉！自夫不能權之以人，部吏與書鋪相爲表裏，遇一暗闕，如獲寶貨，百端邀求。稍厭其欲，名曰榜示，其實未曾。及其出闕，不問前後資歷有無分數，密以爲地，俾之注擬而去。夫62銓選之法，以歷任淺深爲資序之高下，以分數多寡爲注擬之後先，可謂至公，了無欺弊。今也私意一萌，所當入者匿而不示其闕，所不當入者乃竊取而冒得。試詰其故，則曰此人某官(人)〔之〕親若故也，此人某官之兄若弟也。是豈立銓法之本意哉！乞下臣此章於吏部，俾確守成法，檢柅姦弊。如部吏與書鋪仍舊扶合欺謾，必重寘典憲。其或以(而)親族而(橈)〔撓〕法，以故舊而壞法，許御史臺彈劾以聞。」從之。

八月三日，臣僚言：「檢準嘉泰四年八月二十三日集議指揮，應文武官除磨勘轉官外，應以恩賞轉者，每年不得過兩官。注文：謂如今年八月二日已轉過兩官者，須候來年八月一日以後，別遇恩賞，方許轉官。如更有合轉官恩賞，並作磨勘收使。竊詳當來集議之意，正以謹重賞典，用革泛濫之弊，其欲永久施行，亦貴於法意與人情相合。今觀元來集議之文誠有窒礙，至於賞功之意，頗爲虧失，不容不加訂正。今照注文：謂如今年八月二日已轉兩官，須候來年八月以後，別遇恩賞，方許轉官。其所以明立一年條限，固爲嚴切，但失於照應初轉第一官月日，未免有礙一年不得過兩官之制。假如嘉定元年正月十五日轉第一官，八月二(十)〔日〕轉第二官，若直至來年八月二日方許轉第三官，即是一年七箇月方得轉第三官，此猶是日月差近。又如嘉定元年正月十五日轉一官，當年十二月轉第二[63]官，若依集議指揮，直至來年十二月滿一期，方轉第三官，却是始終兩年，止許轉兩官。其實每年止得轉一官，乃於一年不得過兩官元制委有抵牾。今乞朝廷詳酌，立爲定制。應文武官每歲自正月一日以後止十二月終以前，除磨勘轉官外，如有恩賞，止許轉兩官。其更有合轉官恩賞，並作磨勘收使。如此則限制截然，了無抵礙，庶可永久施行。乞下吏部、勑令所公共審詳，修立成法，實爲利便。」吏部、勑令所看詳：「嘉泰四年八月指揮，其每年不許過兩官注文委有未便。今欲從所乞，自正月一日至十二月終，除磨勘轉官外，許轉兩官，委是順便。所有元降指揮，如更有合轉官恩賞，並作磨勘收使。其注文欲只仍舊施行。」詔依吏部、勑令所看詳到事理，令吏部常切遵守施行。

八年二月十八日，吏部尚書李大性言：「吏部見行條令，諸福建路知通、録事、司理參軍、令佐不得差本路一州人。照得川峽路差注不許同任，向來亦有此法。其後乾道三年指揮已行衝破。蓋緣承平之日，在京去川峽、福建地里甚遥，遂一時如此措置。目今福建與昨來事體不同，兼相避之法引用不一，委是未便。照得在法，諸川峽知通、職官判司、兵官、令佐不並差川峽人，又令諸福建路知通、録事參軍、令佐不得差本路一州人。除川峽路不並差本路人條法已有紹興十七年十二月三日并乾道三年十二月四日指揮衝改，[64]權不引用上條外，所有前項福建路知通、録事、司理、令佐不得差本路一州人之法，未有承準指揮衝改。今欲將福建路知通、録事、司理、令佐不得差本路一州人條法，照川峽路已得指揮，權不引用上件條法施行。」從之。

二十四日，吏部尚書李大性言：「銓法舊來作縣罷黜人，不過兩三月再行到部，復注縣邑。至淳熙十三年七月，吏部遂行措置，畫降指揮，知縣、縣令爲監司、郡守及臣僚按罷，不曾經取勘及體究者，放罷後到部，不許注繁難大縣及選闕知縣、縣令，止(法)〔注〕其他小縣。惟是當來措置不曾分別，歲月滋久，姦弊甚多。如所謂繁難大縣，除四川外，不過有四十闕。此外又有望縣，有緊縣，有畿、赤縣，有選闕縣；又有上縣，有中縣，有中下縣，有下縣，皆出於邸吏供具，以爲《九域志》所載如此。採之(郡)〔羣〕議，稽之案祖，近年以來，作縣罷黜人有力者或行宛轉，或行計囑，間得復注緊縣與望縣者，與四十大縣無異。其貧困無力者，不過得窮僻下邑，以應復注小縣之文。兼邸吏所具下縣，除川廣之外，不及二十處，而侍左與侍右堪作縣人通差注，其尚左京官、尚右大使臣可注之小縣不過三數闕而已。以此差注不行，多是攀援前來不當之例，除四十大縣與選闕外，却於其餘見榜縣闕陳乞差注。竊謂作縣罷黜人既是一體，豈應有不均之弊。乞將大縣并望縣、緊縣、上縣、畿赤縣、選闕縣，其放罷人不65許差注外，有中縣、下縣，許令作縣放罷人差注施行，庶幾免致壅滯。目今縣分間有難易與舊來事體不同去處，今將緊縣内道州寧遠縣、營道縣、復州景陵縣並降作中縣；其上縣内贛州安遠降作下縣，隨州隨縣、汀州上杭縣、蘄州黄梅縣並降作中縣。其中縣内有可陞去處，太平州蕪湖縣、福州寧德縣、無爲軍巢縣並陞作上縣外，有進奏院供到十一縣，《九域志》内不曾該載望、緊，上、中、下縣去處。數内欲將撫州臨川縣作望縣，處州慶元縣、建昌軍廣昌縣、撫州崇仁縣、樂安縣、建昌軍新城縣並作上縣，武岡軍武岡縣、靖州永平縣、德安府雲夢縣、復州玉沙縣、蘄州羅田縣並作中縣。乞下吏部，照上件分定縣分高下，置籍遵守，差注施行。」從之。

同日，臣僚言：「選人舉主及格，避親離任之法，必限以一年，方得離任，猶之可也。未（畿）〔幾〕必欲二年成資，方聽離任。此令一行，士大夫求速化者始倚法以爲欺矣。至有初無男女而點綴爲姻，公肆謾誕，恬不爲怪。士夫明知其欺，銓曹明受其欺，初未嘗有成資離任者，是限以成資之法，不幾虚文乎！今欲凡舉主、考第及格，如無絓繫，聽令本州保明，批書離任。諸司屬官，隨所隸保明一體施行。其間如有部運、和糴、賑濟等差委，自合候竣事日方許放行。如此則人自不欺，法亦無弊。或止乞堅守一年離任之法，不許妄亂避親，亦足以杜絶欺僞。」詔：「今後選人如考66第、舉主及格之後，在任須滿一年，聽令離任參部，不得更以迴避親嫌陳乞解罷。」

九月十五日，明堂赦文：「諸軍揀汰離軍、曾經立功、重殘廢之人，朝廷優恤，不以付身圓與不圓，乾道八年、淳熙元年、慶元三年、開禧二年、嘉定八年五次各與添差，自後別無再行恩數，竊慮狼狽。可將似此添差五任已滿之人更與添差一次。」十一年明堂赦亦如之。

又赦文：「昨因臣僚奏請，不許離軍揀汰使臣作保參選，專爲冒名承代之人。其離軍揀汰使臣、校尉到部，尚慮一例阻節，各許召本色保參選注授。」十一年明堂赦亦如之。

又赦文：「知縣、縣令放罷後到部，從已降指揮，不許注繁難大縣及選闕知縣、縣令，止許注小縣并中縣、下縣知縣、縣令。似此之人如該今赦，令吏部開具元犯申尚書省，酌量事理（經）〔輕〕重。除不許注授繁難大縣及選闕外，特許注授見榜上縣并未應出闕中縣、下縣知縣、縣令一次。」十一年明堂赦亦如之。

又赦文：「應衝替命官，係事理重者，與減作稍重，稍重者減作輕，輕者與差遣，差替放罷者依無過人例，使臣比類施行。其緣公犯罪衝替，重降作輕，稍重者與本等差遣。」十一年明堂赦亦如之。

十一年九月十二日，明堂赦文：「（勸）〔勘〕會命官所得酬賞，在任公罪降官，不因本職或得替後被罷，行下約得刑名係是公罪杖以下，該遇（令）〔今〕赦，合依無過人例，特與照數放行一次。」十四年明堂赦如之。

又赦文：「在法，命官陳乞磨勘服色年限内，曾因罪編、羈67管、勒停、責授散官〔一〕、追官或居住，若除名後雖已改正過名，而無理元斷月日之文，其以前被罪年月並不許收使外，節次官司引用不明。自今後命官被罪以後至改正之前年月，並不許收使。其未被罪以前歷過年月，係是未有罪犯，合與放行。」

十四年六月十六日，德音赦文：「勘會蘄、黄州并管下縣鎮近以虜寇驚擾，其間有官之家或致因而失去付身、告勑之屬。自德音到日，限半年内許經（淮）〔淮〕西制置司陳乞，召文武陞朝官兩員結罪保明，備申所屬省部，即與出給公據，放行參注。」

九月十日，明堂赦文：「（酌）〔勘〕會見在部待次、不得與親民差遣人該遇今赦，令吏部開具元犯申尚書，酌量事理輕重，特與注授小軍州簽判及遠小縣縣丞一次。如犯在赦後，依已降指揮施行。」

十五年八月十六日，臣僚言：「竊惟入仕之途雜於弊倖之多端，而詐冒同姓，則其尤甚者也。軍功陣亡之澤，無子則許奏壻，所以示優恤之意。其無女者，乃售於多貲，而冒爲壻以補官。迺者陛下因廷臣之請，亦既嚴其禁矣，若詐冒同姓之弊，則未之革也。今軍功雜流有延賞而無嗣續者固多矣，姦民罔利，往往爲富室道地，恐之以離革之説，啗之以養贍之利，公爲契券，以貲鬻官，僞爲親子，奏補入仕，因得以不礙格，經營漕舉。僥倖换過，即經銓曹陳乞歸宗。更易〔再〕三，以僞爲（員）〔真〕，人不復可瑕疵之矣，名曰『脱胎换骨』。若此之比，實68繁有徒。然則奸法禁，亂選舉，冒官爵，敢（謂）〔爲〕是無忌憚者，蓋亦姦胥猾吏相爲表裏，舞法而慢令耳。厥今員多闕少，率一闕而待者數人，未免有賢愚同滯之嘆。屬曰慶賚告成〔二〕，霈恩曠蕩，内焉三學之士暨于京庠，皆得以免舉，外焉麾軺捧表，特奏末名，悉得推恩入官，占闕有增無損。如臣所陳，是亦澄源汰冗之一端也。欲望明詔有司，凡文武官已登仕版者，並不許陳乞歸宗，永著爲令，俾知遵守。革僞冒之弊，絶覬倖之心，誠非小補。」從之。

十六年八月十一日，吏部郎中汪立中言：「朝廷公論在銓曹，公道在法令。守法則人無倖心，破法則人得援例。蓋倖法之立，乃倖心之所由起。士大夫未嘗無倖心，以吾有公法制之爾。法既有倖，人心烏得而不倖耶？是知倖門不可開，倖例不可立也明矣。臣有愚見，冒昧敷陳〔三〕。竊惟本曹掌選人酬賞、循資，具有成法，不容紊亂。但邇來因該遇賚賞，如無資可循及舉員足於賚賞之前者，合與給

〔一〕散官：原作「赦官」，據文意及字形改。如《宋史》卷一八《哲宗紀》二：「范祖禹、趙彦若、黄庭堅坐史事責授散官。」

〔二〕屬曰：疑當作「屬者」，近者也。《建炎要録》卷六六：「屬者再遣樞臣，銜命出疆。」

〔三〕敷陳：原作「數陳」，據文意改。

據，候磨勘日久使。今乃有資可轉，却不即時陳乞，改秩後方行申給；或先以別賞猶至承直郎，或進賞而舉員才及格者，部吏通同計較作弊，亦欲出據。蓋其他賞典用於改秩之後者比折收使，竇賞得許全用改秩耳。凡有此等，若不申明，竊恐異日其弊如初。公朝名器，豈容輕畀，欲乞亟賜施行，庶幾銓部以爲遵守，則士大夫倖心亦可少革，是亦聖朝保全臣子之一端。」從之。（以上《永樂大典》卷一四六一五）

宋會要輯稿　職官九

司封（一）

【宋會要】

1 司封主封爵，以朝官一人主判。

太宗雍熙三年十一月，詔：「縣尉在任如三限捉獲劫殺賊，須子細批曆及劫獲時日、斷遣刑名。應書較考第，須考帳內事節分明，第一限獲者與折兩度不獲劫殺賊，第二、第三限獲者與折一度不獲賊。其三限內捉獲劫殺賊批書不全者，只折一度不獲，仍不理爲勞績。今後應罷任縣尉參選曆子如有捉獲賊，點檢批書，或有劫盜月日，無捉獲時日，有解送月日在限內者，即與施行。若捉賊推勘明是正賊，未斷遣會恩放者，亦與理爲勞績。應元授官告內有同催科者，點檢曆子，逐考罷任比到任，户税如虧欠逃折及分，依主簿例殿降；如户口增添，催税及限，亦依主簿例減選。應注在淮南、荆湖、江南、兩浙近處、河東官，並限敕申到庫年月出給曆子，江南、兩浙、荆湖遠處、西川近處限二十日，西川遠處、廣南、漳、泉、福、建限一月。如限滿不來出給，罰俸。如違四十日已上，奏裁。」

淳化元年十月，詔：「今後叙封、加勳官告並使本司印，所有逐司公事并印令吏部官主判。其合要主行人吏，即令於吏部舊主行人吏內抽差。應有合行條貫事件，仍委主判別具條奏。」

至道二年六月，詔：「今後諸處闕人，不得於考功、甲庫、祠部抽差，並令御史臺於閑慢諸司揀選。」

三年十二月，詔尚書考功依例許招院子一人，糧錢一千，**2** 以祠部公用錢支。

真宗咸平元年六月，詔：「選人用上考減選，即下考並合殿選。今後每年較考，敕下後具名牒門下省申銓，關報南曹，須八月已前報畢。」

三年七月，詔：「考功所較令、尉考第折除外，如兩度不獲劫殺賊，降考一等。今後從初縣尉失職，三限未滿間交與縣令捕捉，即據逐人所管目數分兩處書罰，各降考第。」

六年六月，詔：「選人不齎到單帳，即會問考功。如逐年本處已申考帳，較考分明者，更不守殿。如單帳、都帳俱不到者，加一選判成，更不候守殿滿赴集。自今選人或有書罰，並只依斷敕下月日施行。」

景德三年八月，詔：「今後臣僚薨卒合賜謚者，依舊葬前定謚，於祖奠時遣官讀誄賜之。」

（一）「司封」下原有「部」字，爲《大典》原有，但宋代只稱司封，明代始有「司封部」之名，今删。下卷「司勳部」、「考功部」並同。又此門所收神宗以前條文多有不屬司封而屬考功者。

大中祥符二年二月，詔廢考功綾紙庫，并入官告院綾紙庫。如考功要紙，依甲庫例，旋取五十副或百副使用。

三月，詔：「今後選人有追官、停任、充替人注司户參軍兼録參、司法，若有書罰，只依舊降考外，所有常調選人，如擬司户兼録參、司法，在任犯公罪杖已下責罰者，依録事參軍例較考。」

三年正月，詔：「選人有移官、對移，赴任後，前任事發，書罰在今任者，依例如前任末考批書。」

五年正月，詔：「文武官薨亡，準《唐六典》，諸職事三品以上、散官二品以上身亡者，佐吏録行狀申考功，責歷任勘校，送太常禮院擬謚訖，覆送考功，於都堂集省内官議定以聞。贈官同職事。自今如本家請謚，更[3]不先具聞奏，便依故事施行。」

二月，詔：「今後幕職州縣官到任便權司理、司法、録事，直至得替者，若考内有準敕公罪元犯杖已下書罰者，依例書常考。」

天禧三年十一月，詔司封：「自今給事中、諫議大夫、中書舍人母封郡太君，妻封郡君。」

四年三月，詔：「翰林學士至龍圖閣直學士已上母、妻，今尚書司封並依給、諫例擬封。」

嘉祐六年正月，詔：「判尚書考功、祠部、官告院，自今降敕差人，理合入資序，仍給添支錢十千。」故事：尚書省諸曹惟判刑部、吏部南曹許理資序，餘遇有（聞）〔闕〕，即申中書，判送某官，謂之送印。時以入堂除差遣者衆，又三曹皆有事守，故以敕差之。

《兩朝國史志》〔一〕：司封判司事一人，以無職事朝官充。凡封爵之制，一出於中書，本司但掌定謚，先期戒本部赴集而已，餘司准此。令史二人。元豐官制行，郎中、員外郎始實行本司事。郎中一人，掌封爵、叙贈、奏廕、承襲。案五：曰封爵，有三，曰知雜，曰檢法。吏額：主事一人，令史一人，書令史二人，守當官二人，正貼司四人，私名二人。

神宗元豐六年十二月二十六日，吏部侍郎陳安石等言：「乞以侍郎比類直學士例封贈父母。」從之，著爲令。

哲宗元祐元年閏二月二十八日，中書外省奏：「舊制，臣僚贈父母各有詞。欲今後依舊制，中大夫、防禦使已下用海詞外，其太中大夫、觀察使已上用專詞。」從之。

四月二十六日，三省言：「尚書六曹職事[4]閑劇不等，今欲減定員數，事至簡者以比司兼領〔二〕。司封、司勳各減郎官一員。」從之。

二年九月十五日，詔：「諸父及嫡繼母在，不得封贈所生母。雖亡而未有官封者，不得獨乞封贈所生母。若父及嫡繼母、所生母未有邑封者，不得獨乞封贈妻。」從吏部請也。

〔一〕此條原作小字且直接上條，今以意分條並改爲大字。

〔二〕事：原無，據《長編》卷三七六補。

紹聖元年七月八日，詔：「宗室換授文官身亡者，通直郎以上，於見任寄禄官上加贈三官。」

二年八月二十四日，詔：「寺監官以雜壓在寄禄官通直郎之上者，雖係宣德郎，遇大禮亦許封贈。」

四年四月十二日，三省言：「中書舊條，國名内有莒、郯、夔、芮、薛、鄖〔一〕、鄣、羅國。今來《司封格》内無此國名，乞行添立。」從之。

元符元年十一月十五日，司封言：「元豐法，中散大夫、大將軍、團練使、雜學士以上母、妻並封贈郡君，其餘陞朝官母、妻並縣君，銀青光禄大夫、太子少保、節度使以上郡夫人，開府儀同三司以上國夫人，並係用子官封叙。」詔封贈並依元豐法。

徽宗崇寧四年四月二日，司封員外郎余彦明劄子：「契勘自來不許封贈國、郡、鎮名，除已有令文外，有下項國、郡、鎮名，内端國、遂寧郡，亦不合封。今欲條内添入。」從之。

大觀元年七月七日，廣親北宅宗子博士葉莘等狀：「伏覩見行條令，大理評事叙位雜壓在國子博士之下，遇大禮並許封贈。今朝廷置立國子博士，與宗子博士叙位雜壓，即未有明文。如宗子合在國子之上，伏望詳酌，特許比類，遇大禮 5 封贈。」吏部狀：「契勘宣德郎任大理評事、國子博士，係寺監官，雜壓在寄禄官通直郎之上，遇大禮依條合該封贈外，其宗子博士序位班在太學博士之上，係在通直郎之下，不該封贈。兼契勘宗子博士亦不係寺監之官。」詔：「宗子博士序位立班在國子博士之上，餘依所乞。」

二年二月五日，吏部狀：「承大觀二年正月一日赦書，郡、縣君依封國法列爲三等。看詳到封國之法，自來以大、次、小分爲三等。今參酌擬定下項：將已曾經兩次封贈之人與改封大郡、大縣，已至大郡、大縣人後來再遇恩，許令於本等内改封。如允所乞，即已下到封贈文字便依此施行。并契勘國夫人已立三等，今承赦文，郡、縣君亦分三等，所有郡夫人未有明文，竊慮亦合依此分等。」詔：「郡夫人依國夫人分三等，餘並依。」

四年四月八日，内降指揮下議禮局：「臣僚之家霑被恩典，澤及祖先，最爲榮遇。其追贈官爵，雖是寵以虚名，緣直下子孫皆得用廕，及本户差科輸納之類，便爲官户。故所贈三代愈多，即所庇之子孫愈衆，不特虚名而已。今《司封格》三公以下至簽書樞密院初除，及每遇大禮，並封贈三代。節度使雖封三代，遇大禮方許封贈，尚不在初除封贈之例。其次官雖至東宮三師，階雖至特進，職雖至大觀文，亦止封二代，有以知祖宗以來慎惜名器之意。又高祖之上又有一祖，未有稱呼，可令議禮局看詳。」本局奏：「臣 6 等看詳家祭之禮，子孫所以致孝也，其世數之遠近，

〔一〕鄖：原作「勛」，據《長編》卷四八五改。

必視爵秩之高下以爲之等。是以或祭五世，或祭三世，或祭二世。封贈之制，朝廷所以廣恩也，其世數之遠近，亦必視爵秩之高下以爲之等。是以或贈三代，或贈二代，或贈一代。蓋朝廷之典以義制恩，人子之心奉先以孝，故遠近雖不同，乃所以爲稱也。今來家廟所祭世數儀注已遵依御筆修定，其封贈自合依《司封格》施行。至於高祖以上一祖稱呼，臣等檢詳《爾雅》曰父爲考，父之考爲王父，王父之考爲曾祖王父，曾祖王父之考爲高祖王父，至四世而止。按《禮記·王制》，諸侯五廟，二昭、二穆與太祖之廟而五。則所謂太祖者，蓋始封之祖，不必五世，又非臣下所可通稱。《祭法》，諸侯立五廟：曰考，曰王考，曰皇考，曰顯考，曰祖考，則祖考亦猶《王制》所謂太祖，不必五世者也。今高祖以上一祖欲乞稱五世祖，庶於禮經無誤。」從之。

政和三年正月五日，尚書省言：「內外命婦官稱，文武官並合依已降指揮施行。除今來元圭赦書合封贈者並依已降新官名封贈給告，其已封及未願再封之人若行改封，慮有煩費。欲只令吏部給與文字，改今來命婦，各隨其夫之爵秩。所有特封之人，其夫無官或非通直郎以上，則著姓名封贈。一、舊來非通直郎以上封贈者，如指揮使之類，並合依舊與著姓名。」從之。

二月二日，吏部劄子：「奉政和二年十二月二十二日**7**御筆，古者妻隨其夫之爵服。國家(乘)〔承〕襲五代，事不師古，因陋循舊，或未有革，(令)〔今〕命婦猶封縣君、郡君。昔在元豐，改作未就，小君之稱雖見於古，而裂郡縣以稱君，蓋非婦道。又等級既少，重輕不倫，全無差次。可依下項：通直郎以上初封孺人，朝奉郎以上封安人，朝奉大夫以上封宜人，中散大夫以上封恭人，太中大夫以上封令人，侍郎以上封碩人，尚書以上封淑人，執政官以上封夫人，並各隨其夫之官稱封之。武臣准此。若封母，則隨所封五等，謂如封南陽縣開國男，則隨其爵稱南陽縣男令人；封魏國公，則稱魏國公夫人之類，庶幾近古，不至差紊。今將雜壓與舊條參照措置，修立下項：勘會應婦人不因夫、子得封贈，謂命官非陞朝而母年九十以上，或庶士婦女年百歲，并特旨若回授者。或因子孫得封贈，而其夫至陞朝，或雖非陞朝官應封贈者，並孺人。」吏部申下項：「一、應已經封贈至國、郡夫人、郡、縣君者，欲國夫人與夫人，郡夫人與淑人，郡君與恭人，縣君與孺人。小貼子稱，已封贈郡夫人者，更乞賜詳酌。欲國、郡夫人並換夫人外，其郡君、縣君，自今隨其夫官爵高下對封。謂如承議郎以下換孺人，通侍大夫以下換恭人之類。一、宗室官卑，因襲封至國郡公、郡國王者，欲止依本身任官封贈，欲依舊。一、應納羅紙錢，並依見行條制。一、舊封贈祖母并母係國夫人、郡夫人、郡、縣君，若父祖亡，即**8**加『太』字。今來已降指揮別立新法，孺人至夫人即未有明文加與不加『太』字。欲因子孫得封贈而其父祖亡者，所封母并祖母並加『太』字。」詔：「內命婦國、郡夫人令尚書省講究，餘依擬定。」

十一月八日，臣寮上言：「臣伏覩近者臣僚陞辭敷奏，文武陞朝官贈母，乞除去『太』字，已奉聖旨依奏。然理有未安，事有未便者，臣請遂言之。令曰，所生母存而嫡母亡者，在所生母則加『太』字，而贈嫡母則去之。如此則以卑臨尊，以賤臨貴，稱呼之際，未愜至情，此理之未安者也。今吏部出贈母告，先冠以子之官稱，而繼之以安人或孺人某氏，如此則母、妻無別，人子之心實所不遑處。既除『太』字，亦當加母、妻二字以別之，此事之未便也。況加『太』字，乃因子贈母而已，本非爲父設也，於母固無存殁之異。則贈母不加『太』字，揆之人情可乎？邇者冬祀大禮霈恩，內外文武陞朝官當得封贈者衆，欲望聖慈下有司再加詳議，務歸至當。如合改正，即乞早賜睿旨施行。」詔於告內添入母、妻并祖母字。

十五日，新差知壽州劉安上奏：「竊惟國家肇新命婦名稱，德意美名，超軼前古，天下稱頌。然獨封贈之文有司奉行有疑誤者，臣冒昧言之。謹按令文：應因子孫得封贈而其父祖亡者，所封母并祖母用子孫官爵并加『太』字。臣看詳立法之意，惟封則加『太』字，贈則不用，其意甚當。有司緣承上文有『封贈』二字，遂於贈亦用，蓋失之矣。何者？**9**『太』者事生之尊稱也，封母而加之，所以致別於其婦也。既没并贈於夫，若加之尊稱，則是以尊臨其夫也，於名義疑若未正。伏望詔有司申明行下〔一〕，應命婦因子孫官爵封母、祖母者加『太』字，若父亡母加『太』字者，殁及進封，並合除去。所貴令文全備，有司奉行無或不當。」從之。以上《續國朝會要》。

高宗建炎二年十月四日，詔：「今歲冬祀，應封贈文武陞朝官並經所屬保明，其綾紙錢却於行在左藏庫送納給鈔，繳申司封奏鈔。」從吏部員外郎黃槩請也。

三年六月八日，詔：「應合納綾紙錢，並依舊法，於所屬州軍寄納，連鈔保明申司封。其二年十月四日指揮更不施行。」以襄陽通判胡孝寧言道路艱難，及陳乞之人類多貧乏，不能遠詣行在送納，故有是詔。

四年五月二十一日，詔：「文武陞朝官遇恩，母、妻雖不該遷改等，願再封贈者聽。」中書門下省言：「通直郎遇恩，母、妻合封孺人。後來父、子官皆未至朝奉郎，再遇恩止合封孺人，自不必再行封贈。若其子轉官，再遇恩日應改者，依元降指揮，不得遺母。切詳赦文已封贈者更與封贈，所以示朝廷寬大之恩，澤及存殁。今來若將願封贈之人一槩不行再封，顯是不霑恩霈。」故有是詔。

紹興元年三月十三日，詔：「應合納綾紙錢並令赴行在左藏庫送納。」先是，文武官陳乞建炎二年郊赦封贈，有已納綾紙錢而散失朱鈔，及已出元限而未曾納錢者。吏部以爲言，故有是詔。

10 六月九日，吏部言：「文武官陳乞封贈，有自京官及小使臣或白身借補陞轉，充修武、通直郎以上之人，恐録到告敕、付身節去『借補』二字，便作正官陳乞，欲並從本部具因依取旨。」從之。

〔一〕明：原脱，據文意補。「申明行下」爲宋代文書中常用語。

十一月十二日，詔：「應所在州軍申到官員陳乞封贈文字内，無知通審驗一節及小節不圓，先次放行，却行下取會。」先是，吏部言：「近降指揮，應乞封贈叙官，知通並審驗經赦日實係陞朝官及違礙事，緣道路阻滯，多未盡知。今來諸路陳乞，並無知通審驗一節，若並退回，恐致積滯。」故有是詔。

十一年五月九日，詔：「應官員遇恩該贈父祖文（質）〔資〕，如係有官、有出身與帶『左』字，無出身及白身並帶『右』字。」

九月十九日，詔：「應承受樞密行府劄付到官員等封贈加恩，繳到合用付身、朱鈔等已圓備之人，並與放行。内未圓者，即行下本處取會。」先是，吏部言：「應從軍該紹興四年明堂赦封叙之人，樞密行府劄付到文字，已照驗真本（府）〔付〕身。若便行下，令所屬陳乞，即慮往復。」故有是詔。

十二年五月二十八日，吏部言：「知臨安府俞俟近除敷文閣直學士，緣封贈格法未曾該載。雖准紹興十年五月指揮，敷文閣名在徽猷閣之下，未敢比類。」詔依徽猷閣直學士格法封贈。以上《中興會要》。

孝宗隆興元年八月五日，吏部狀：「依指揮併省吏額。司封見管主事一名，令史一名，書令史二人，守當官二人，貼司四人，私名二人，今欲（正）〔止〕貼司并私名人内各裁減一名。」11 詔依，見在人依舊，如將來遇闕，更不還補。

乾道元年正月一日，大禮赦：「應諸州軍申奏到文武官陳乞奏薦、封贈、加恩及致仕、遺表恩澤，録白真本，一切圓備，止是漏『保明』字，與作小節放行。案後行下取會，如有違礙，即行改正。内奏薦、申奏狀内不填實日，却係在前後日分内發奏者，亦與放行。」

三月二日，吏部言：「文武官陳乞封贈、加恩，其後軍人録白到見任告命，内有係赦前月日書填，如不連到審實告示，本部再行取索，方始放行，以致留滯。今乞將陳乞之人止據憑録白到已書填告命放行。」從之。

同日，吏部言：「封贈加恩文字如録到經赦日付身，不曾録白到赦後轉官告命，如止録到見任文字，却無經赦日付身，從來本部例皆取會。乞自今後如有似此陳乞之人，從本部關會所屬選分見任官因依，許與放行。若不曾録白到父、母、妻已封贈并加恩告命之人，亦乞檢照前赦已封贈加恩案檢，亦與放行。」從之。

六年五月四日，吏部狀：「司封見管吏額主事一人，令史一人，書令史二人，守當官二人，正貼司三人，私名一人，即無請受。今於守當官、正貼司内各減罷一人。」詔：「依擬定各從下裁減，將來見闕日，依名次擬填。其減下人願依條比換名目者聽。」

十二月二十八日，吏部言：「勘會本部掌行諸色人捕盜酬獎，依奏格合補下班祗應并進武校尉、承信郎，及柴氏子孫補官恩澤，自來係 12 司勳具鈔上省。今承前項令，四選并司封奏鈔作兩道擬奏。緣司勳係司封兼領，所上鈔目亦自希少，即未有該載明文。乞指揮，許令本部遇有合上鈔事件，依例亦行日上一鈔。」從之。

七年四月十一日，吏部言：「准赦文，文武陞朝官爲父後者，特與封父母一次。除父已有官封并父母係白身，未有官封，邑號依赦施行外，竊緣母已封孺人，若子係文臣未至朝奉郎，武臣未至大夫，其母並未該遷改。并母已隨夫官高封叙了當，或隨夫官，亦未該遷改，其赦文内即無『加』字。乞指揮行下本部，各於見今已封邑號上再行加封一等施行。」從之。

【宋續會要】

淳熙二年二月十五日，詔吏部奏擬文武臣封贈，每鈔(母)〔毋〕得過五人。中書門下省言：「已降指揮，吏部奏鈔文武臣依格擬官封贈，每選每日分作兩道擬奏。緣每鈔不限人數，至有四五十人作一鈔上者。若一人合有取會事，即例皆留滯。」故有是詔也。

八月二十二日，敕令所擬上《重修司封令》，諸小使臣以上帶御器械，依正侍至右武郎格法封贈，官高者從本格。從之。

十二月二十八日，吏部言：「已降赦書，應文武陞朝官父母及宗婦、宗女年七十以上與加封，禁軍都虞候、藩方馬步軍都指揮使父母年七十，並與封叙，已封叙者更與加封。契勘陞朝官其父每封進一官外，所有母并宗婦、宗女加封，若13依本部格法，止合隨夫、子之官爵。謂如夫、子見任承議郎、敦武郎以下，止合封孺人；任朝請郎、武功郎以下，合封安人之類。御前忠佐若將校帶遥郡，兩遇赦恩，母、妻並封叙安人。如初遇及不帶遥郡者，封叙孺人。若不該遷改，即不許再行封叙。謂如已封孺人，遇赦再命封叙孺人之類。緣上件赦書内有『加封』二字，今欲於合得官封上加封一等。」從之。既而淳熙十三年正月二十九日，(史)〔吏〕部言：「伏覩正月一日赦書節文，應文武官祖父母、父母並與封叙有差。本部勘會，在法諸文武臣應封母，父在隨父官。昨來行遣淳熙十年十二月十六日已降赦書加封文字，其間有父是見任未致仕之人，其子却行獨乞封母，本部遂將似此陳乞之人放行，加封了當。未審今來慶壽赦恩，其間若有申到似此父母具慶，係是見任未陳乞致仕之人，合與不合照應淳熙二年、十一年已降指揮施行。」詔依淳熙二年并十一年已降指揮施行。

三年三月二十五日，禮部尚書趙雄言：「慶壽赦，得解進士父母年七十以上，並與初品官，婦人與封號。竊慮有增加年甲、計囑州郡保明，若例與放行，僥倖爲多，恩賞泛濫。臣謂得解進士父母年甲猶有試卷、家狀可憑，紹興二十九年以前不可檢照，止憑州郡保明放行外，紹興二十九年至今已十八年，畧計進士父母年亦老矣，故便與放行。自紹興三十二年以後五舉試卷、家14狀尚全，猶可考按。已委郎官將舉人家狀内所載父母年甲盡入本名貢籍，如諸州保明到父母官封，並將貢籍點對，紐計父母年甲，至今若實及七十以上，立與具鈔放行。如年未及七十，不應赦，即與駁下。司封所掌亦如之。却會禮部取實年甲。仍下國子監，應上舍、内舍、外舍生父母准此。」從之。

八月四日，詔：「進士增改父母年甲以冒封爵者，坐以學規一等之罰，限一月自首改正。」從吏部尚書韓元吉請也。

六年七月十一日，詔吏部：「應以小吏出職、雜流補官選人，不得引例取旨，陳乞回授官資封贈。」從之。以右諫議大夫謝(廊)〔廓〕然言：「近來小吏出職及雜流補授選人至承直郎該賞，無用循習，却因先有貪緣，曾取特旨得封贈者，多援引陳乞回授。吏部用例取旨，特與放行。」故有是詔。

十年十二月十六日，慶壽赦：「應陞朝官以上祖父母、父母並與加封一次。祖父母年未七十以上及父母未有官封者，特與官封。京官、選人并使臣祖父母、父母年七十以上，亦與官封，已有官封者與加封。應禁軍都虞候以上并藩方馬步軍都指揮使祖父母、父母年七十以上，並與封敘，已封敘者更與加封。」

十一年二月十日，吏部言：「勘會淳熙十年十二月十六日赦書，應文武陞朝官、京官、選人、使臣并曾得解進士、士庶、太學、武學上舍、內、外舍生祖父母、父母封敘，所有保明奏狀體式、約束事件及立定限陳【15】乞年限等事，欲依淳熙二年十二月十七日慶壽赦恩申請到前後已得指揮施行。」從之。

十三年十二月九日，詔司封減私名一人。以司農少卿吳燠議減冗食，下敕令所裁定，故有是命。以上《孝宗會要》。

淳熙十六年四月五日，吏部言：「司封見行去年明堂大禮官員、將校等文字，止添差手分四名，貼司、楷書各三名。今登極赦恩，應文武官及都虞候以上並與封贈，文字浩瀚，乞更添差手分、貼司各二名，楷書一名，共一十五名，趁辦兩赦文字。並於本部私名內選差，從權名例，支破七分請(結)〔給〕。其理年乞自今年降赦日爲始，候及一年，先次減罷手分、貼司、楷書各二人，及一年各減罷二人〔一〕，又半年全罷。其添支食錢更不支破。」從之。

紹熙二年十一月二十七日，南郊赦：「諸州軍奏到文武官陳乞封贈、加恩及致仕、遺表恩澤，申發圓備，止是保官漏行聲説作保次數，或不曾聲説寄居因依，並與作小節放行。」以上《光宗會要》。

慶元元年三月四日，主管官告院張經等言：「紹熙二年南郊大禮，本院出給過文武臣封贈告命計二萬二千七十餘道。今來登極、明堂相繼兩赦封贈，秖以前郊數則爲倍給，合出告四萬四千一百五十餘道。乞將文武臣該遇登極、明堂兩赦未曾給告之人，許令吏部具鈔，作一併封贈，於告身內開説書寫，庶免留滯。」既而吏部看詳：「所陳委是利便，在臣僚之家不損恩例，在本部亦得如限行遣，免致積壓兩賞【16】陳乞。如蒙許從，乞自今降指揮下日，將見在部及以後陳乞之人並作併赦封贈施行。其已該登極封贈給告之人再陳乞明堂封贈，許與已封贈官上放行。仍令子細點勘，不致重疊。」從之。

嘉泰三年十一月十一日，郊祀赦文：「諸州軍奏到文武官陳乞封贈、加恩及致仕、遺表恩澤，申發圓備，止是保官漏行聲説作保次數，或不曾聲説寄居因依，並與作小節放行。」嘉定十四年明堂赦亦如之。

〔一〕及：疑當作「又」。

同日，赦：「應京官、選人并使臣父母年九十以上，許經所屬自陳，保明以聞，特與官封。士庶年百歲以上，並具名聞奏，男子特與初品官，婦人與封號。」以上《寧宗會要》。

（以上《永樂大典》卷一四六四四）

17《神宗正史・職官志》〔一〕：司封郎中、員外郎參掌官封、叙贈之事。宗室賜名授官，親王、内外命婦以下封爵，諸親保任其宗屬，陞朝官褒贈其祖、考、母〔二〕、妻，皆隸焉。列爵有九：曰王，曰郡王，曰國公，曰郡公，曰縣公，曰侯，曰伯，曰子，曰男。分國有三：曰大國，曰中國，曰小國。内命婦之品五：曰貴妃、淑妃、德妃、賢妃，曰大儀、貴儀、淑儀、淑容、順儀、順容、婉容、昭儀、昭容、昭媛、修儀、修容、修媛、充儀、充容、充媛，曰婕妤，曰美人，曰才人、貴人。外命婦之號九：曰大長公主，曰長公主，曰公主，曰郡主，曰縣主，曰國夫人，曰郡夫人，曰郡君，曰縣君。叙贈之制三：執政官、節度使三代，金紫、銀青光禄大夫二代，餘官一代，皆辨其位序以進之。加食邑、實封，則視其高下之品，以爲户數多寡之節。凡事之可否，與司勳通決於尚書、侍郎。分案三，設吏六。（以上《永樂大典》卷三七五）

〔一〕原有旁批：「寄案，《大典》卷三百七十五引。」又天頭原批：「夾注在『一人主判』下。首頁第一行。」按，徐松原稿輯《大典》此卷，除此一條外，俱被屠寄删去，今已無存。此條之後尚存「神宗元豐六」五字，即本卷職官九之三「神宗元豐六年十一月二十六日」條之殘文。

〔二〕母：原脱，據《宋史》卷一六三《職官志》三補。

宋會要輯稿　職官一〇

司勳〔一〕

【宋會要】

1 司勳官以朝官一人主判。

《兩朝國史志》：司勳判司事一人，以無職事朝官充。凡勳官之賜，一出於中書，本司無所掌。史二人。元豐官制行，郎中、員外郎始實行本司事。郎中一人，掌功勳酬獎、審覆賞格。案十：曰功賞，有四；曰勳賞，有三；曰檢法，曰知雜，曰開拆。吏額：主事一人，令史一人，書令史六人，守當官四人，正貼司八人，私名五人〔二〕。

哲宗元祐元年四月二十六日，三省言：「尚書六曹職事閑劇不等，今欲減定員數，至簡者以比司兼領。司封、司勳各減郎官一員。」從之。

十一月十五日，吏部言：「諸色人援引舊制，僥求入官者甚衆，小不如意，則經御史臺、登聞鼓院理訴。若不約束，恐入流太冗。請今後諸色工匠、舟人、伎藝之類初無法合入官者，雖有勞績，並止比類隨功力小大支賜。其已前未經酬獎者亦如之。則僥倖之路塞，而賞不濫。」從之。

八年六月二十七日，尚書省言：「昨勘會官員因恩賞與占射差遣者到部，凡在選久待名次之人皆被陞壓〔三〕，有及一二年已上未能注授者〔四〕，慮亦有可減，或與別等恩例，送吏部子細參照申。初謂占射差遣，亦有可減，或與別等恩例。仍爲事任不當得此酬獎，或已得轉官、循資而涉僥倖者，即與删削，或與改授、指射、陞名之類，非謂必欲全罷占射。今吏部一例改換減年磨勘〔五〕，却是歲增轉官蔭補請給，本部四選 2 合再行看詳〔六〕。」從之。

元符元年二月二日，權吏部尚書邢恕言：「乞八路知州、通判員闕，除廣南東路并其它路有煙瘴及邊蠻夷合得酬獎處依舊外，餘並收還本部注擬。」從之。

徽宗政和四年六月六日，翰林學士王甫等奏措置事件：「勘會尚書司勳依《官制格目》，係掌賜勳、定賞、覆有法酬獎。內一司一路所載酬獎，自來唯據所屬檢引條法審覆推賞。謂如招隸將禁軍專委將副招填，係在將官敕內，付之諸路，不曾頒降到部之類。本部並無編録條格，每有關申到該賞之人，類皆旋行取會所引法令有無衝改及係與不係見行，非惟迂枉留滯，設或官司檢引差誤，以至隱漏，故作欺弊，既無條法遵執，顯見無以檢察。今措置，欲乞令本部行下所屬，將一司

〔一〕「司勳」下原有「部」字，今删，理由見上卷校記。下文「考功」門同。
〔二〕地脚原批：「寄案：以上《大典》卷七千三百九同，注《續宋會要》。」
〔三〕壓：原作「厭」，據《長編》卷四八四改。
〔四〕有及：原倒，據《長編》卷四八四乙。
〔五〕今：原作「令」，據《長編》卷四八四改。
〔六〕部：原作「選」，據《長編》卷四八四改。

一路條制參照。內有係干酬獎條格，節録成册，委官點對無差誤，申送赴部編録照用。遇有續降更改，依此關申施行。」從之。

高宗建炎元年七月十四日，詔：「今後應殺獲强盜，別無生擒徒伴照證，令所屬州軍申提刑司勘驗詣實，即下所屬依條保奏，從吏部定奪。如有已保明而事節不圓，復經燒劫，無從取會，即令所屬委曹官一員根究，開具因依，結罪保明回申，依政和條格定賞。」先是，尚書路允迪言：「司勳掌行諸色告捕賞條格，依條據元勘案所犯情節、贓錢及斷遣刑名定奪推賞。近者州軍保明盡是獲到首級，無案款可驗，再下覆實 3 取會，多不能結絶。」故有是詔。

四年六月十一日，詔：「崇寧以後冒濫功賞轉官減年，今後更不許收使，其已收使人並行改(止)〔正〕，其已給付身並令拘收毁抹。」先是，詔討論崇寧以來濫賞。後有乞收使轉官者，如修蓋奉安神霄宮及除編脩敕令、修國史外，應緣修書及禮制等局減年轉官；西(域)〔城〕所措置田土及應奉祇應修蓋宣德樓、集英殿，創造池苑宮院艮岳，內外應干營造有勞，催促燕山府路免夫錢糧，進奉御前物色，催促伍局木植顏色，開河部夫及應副錢糧梢草，修築舊城之類，一時轉官減年；又駕幸省寺等處趁辦，開封府、大理寺獄空，主管臣僚御書閣推恩之類，所得占射差遣及減年轉官恩例。臣僚以爲言，故有是詔。

十一月十二日，禮部言：「諸路監司、守臣昨遇淵聖皇帝及今上皇帝登位，曾遣親屬奉表進禮物稱賀，自來引進司關到職位、姓名，本部節次關司勳審覆推恩。今有關到臣僚陳乞當時守土、進奉恩例，緣自渡江及遺火，案牘散失，無從取會。欲乞行下本路轉運司，取索當日別無在假、事故干照官吏，結罪保明，申部施行。」從之。

紹興元年四月二日，詔：「今後在任官已替離，不許保明功賞。」先是，臣僚言：「京西等路不通，合得功賞之人無從保明。或有舊曾任本處知州赴闕，便指姓名乞會問。緣逐官既久離任，即無案牘及人吏承行，可以參照當時功狀，深慮生弊。」故有 4 是詔。

二年七月八日，臣僚言：「靖康勤王及方臘、直達綱、鹽課增羨等賞，乞今後一切不行。」詔從之。其未降指揮已前給到吏部公據者，並令吏部驗實，依條收使。後三年六月二十八日，吏部申明：「其間副尉繳到賞據，係在昨來指揮之前，亦乞檢照收使。」從之。

十二日，吏部侍郎綦崇禮言：「近關到命官并諸色人酬獎有法者，所屬並自指定所該賞名，亦不勘當。無法者更不檢照體例，勘驗功狀及往疏問，却下元保明州軍，及回申又不看詳可否，即關司勳。若不立約束，不能結絶。欲乞所屬部分。其勘驗不圓者第一次上簿，第二次理第二等過，第三次許具因依申朝廷施行。」從之。

十一月十七日，吏部尚書沈與求言：「諸路保奏到捕賊酬賞有毁(夫)〔失〕元勘公案者，欲令監司選官，同本處官根究。如有當時招獲賊人情款草案單狀或不全，批書上有元獲謀劫姓名、贓錢數，許作照據，即委憲司審驗保奏，録白元據，送部推賞。如本部勘得所保明不依法，即許將當行人吏送別路從杖一百科罪。」從之。

三年七月二十六日，司勳員外郎王絹言：「近降指揮，諸白身人便作有官，或有官而低小便作高官，妄稱失去付身，經部給據或承代冒名授官注闕者，其點檢告獲人，並等第從所屬勘驗酬賞。緣未有勘驗官司，欲乞今後諸處保明到上件酬賞，並隨點檢告獲所許官名色，隨所屬選分勘驗，關司 5 勳審覆施行。」從之。

八月九日，吏部言：「自來告獲强盜酬獎，依條並所屬州軍保奏，并録元案赴部看詳，依條格定奪推賞。若所劫贓錢及十貫足，或持仗五貫足，并雖贓不滿，曾殺傷人，並作死罪計數理賞。若贓不滿，不曾殺傷人，亦合作徒流罪，比當死罪計賞。其告捕劫獲不得姓名、人（數）、財物，依定法不該賞格。近送下廣南路宣諭明橐申請〔一〕，廣南告獲强盜，須（佑）〔估〕贓五貫足以上及被主照認。若財主劫殺，須經官看驗，迹狀分明，方許推賞。本部契勘，欲止依見行條法施行。」詔從之，仍檢法保奏不實條法行下〔二〕，令二廣提刑司常切按察。其提刑官失覺察，取旨罷（點）〔黜〕。今後司勳定賞，將元案子細審覆施行。

十二月十三日，詔：「應承直郎以下因白身勞績或四授恩賞得轉一官，而元降指揮有言依條施行者，並與依條改官或循資，而回授者不得改官。如稱比類、比附、比折或依條比類與循資，即已至承直郎者，候改官了日收使。」

四年五月十五日，吏部言：「惠州保奏右宣教郎孟師尹任司士曹日，駁正無罪死囚，申部推賞。其奏狀見在，以在路污損，難以進入，乞依條推賞。」從之。

十一月，吏部言：「登仕郎不理選限常向先寄居虔州，因軍變，登城守禦，蒙朝廷具奏給到第一等賞公據，今乞許作理選限收使。」從之。又言：「從義郎鄭怲昨權幹辦，從衛牛羊司，在虔州應奉。因軍變，守城得全，蒙朝廷給到第二 6 等賞公據，乞推恩。」詔與轉修武郎。

五年七月二十一日，詔：「應臣僚有立定賞格，如養馬及千疋，及州縣官被差管押燕山免夫錢、部押人夫進築、運糧、開河、修城被賞之類，今後更不審量。」先是，文臣非依格轉官、改官者並合審量，緣其間實有勞効，難以例奪，臣僚以爲言，故有是詔。

二十三日，吏部言：「左從政郎劉希亮任洪州司理參軍日，驗獲詐冒忠翊郎人，得轉一官。緣元指揮無依條及比類之文，今乞比類止循一資施行。」從之。

八月一日，詔：「應宣和以前酬賞，如後苑作排辦彩山、撫定燕雲、定鼎押樂之類，其未收使者，今後不許陳請。已收使者，令吏部具申取旨。」先是，户部侍郎張致遠言：「執政大臣有陳乞宣和所得恩賞者，或從或繳，無以示訓。」故有是詔。

十二年七月二十三日，詔：「均州州縣官到任、任滿賞並依荆、襄七州軍已得指揮施行。」先是，均州兵馬都監彭筠等言：「伏覩襄、鄧、郢、隨、唐、信陽、漢陽、荆門軍應文武官到任並與減一年磨勘，任

〔一〕橐：原抄有此字，整理者圈抹，旁批「白」字，蓋不知「明橐」乃人名，以爲當作「明白」也。今從原抄。上年遣明橐宣諭廣南，見《建炎要録》卷六〇。

〔二〕檢法：似當作「檢會」。

滿依此。選人比類施行。契勘(筠)〔均〕州正係緊切極邊，與諸處事體一同，獨未霑賞。」武當軍保明，故有是詔。

二十二年十一月十八日，赦：「應命官酬賞，因犯公罪，須候一任回方許推賞者，並(因)〔依〕無過犯人例收使。」

三十一年九月二日，赦：「應四川、二廣奏辟定差通判以下差遣先次就權之人，任內開破應在官物及趁辦經總制無額上供酒稅、茶息 7 錢已及賞格，如不該差注、更不推賞之人，並與依正官減半推賞。」

紹興三十二年孝宗即位未改元。八月十八日，臣寮上言：「乞截自今日已後，應干扈從無券曆者並不推恩，以革僥倖。」從之。

十一月二十五日，吏部狀：「陝西路轉運司言，今來已收復陝西陷沒共一十三州軍，所有逐州軍並係極邊，累經殘破去處，少有人願就，若不申明立定賞格，無以激勸。乞本部看詳，優加賞典。今參酌，將陝西州縣官京朝以上官到任與轉一官，任滿更轉一官，餘依見行條法。內未受朝廷付身，時暫差權之人，即於今來賞內各減半推賞。如後來受朝廷正差付身，即與全賞施行。」從之。

孝宗隆興元年四月二十五日，吏部狀：「泗州申：本州係是久屬僞地，近方收復，與其他近裹、沿邊州軍不同，乞特賜優加推賞。本部勘當，欲依本州申請，候到任及一年方許推賞，依自收復後來到任年月爲始理賞施行。」從之。

七月二十九日，詔省併司勳郎官一員，以司封郎官兼領。以諫議大夫王大寶等議也。

八月三日，吏部狀：「依指揮併省吏額，司勳見管主事一人，令史一人，書令史六人，守當官四人，正貼司八人，私名五人，楷書一人。今減正貼司二人，私名貼司二人，楷書一人。」詔依擬定，各從下裁減。見在人且令依舊，如將來遇闕，更不遷補。

乾道二年六月二十七日，吏部侍郎李益謙言：「乞遍行下諸州軍監司，8 鈔録一司一路專降指揮到任、任滿酬賞，保明與見行無續降衝改，子細開具，立限申尚書省，著爲成法，頒降本部遵守。」詔吏部四選同共勘當，申尚書省。

三年正月二十六日，試禮部尚書周執羔言：「乞將京西、湖北、淮南州軍等處官員如罷任在乾道二年終已前，權依舊格推賞。若在乾道三年已後到任并應罷之人，並依昨降指揮，於逐處元立賞格上減半推賞施行。」從之。

十一月二日，大禮赦：「應命官酬賞，因犯公罪，須候一任回方合推賞，若經今赦合依無過人例，便許收使。」

十二月十七日，詔將州縣到任賞並候任滿日陳乞，依條推賞施行，仍自今降指揮日爲始。先是，有修職郎、前舒州司理參軍應綽乞推到任酬賞。本部照得本人陳乞已出違三年條限，若便作已出釐革條限告示，却緣本人係罷任之後，并經本司陳乞推到任、任滿賞之人〔一〕，難

〔一〕并：原作「併」，據文意改。

以拘三年釐革條限，欲將到任賞依任滿賞無釐革條限放行。故有是詔。

四年七月十六日，尚書吏部侍郎周操言：「瀘南安撫司奏，長寧軍指使楊大椿乞推任滿賞。本司檢坐到皇祐三年指揮，三年得替與轉一官，本人係二年成資滿替，陳乞降賞格二(年)〔等〕推賞。本部檢准賞格，長寧軍指使止是任滿轉一官，即無三年得替之文，其本司奏狀内檢引及二年降賞格二等條法，本部已行推賞了當。今承都省付下湖南安撫司奏，忠訓郎、武岡[9]軍武陽寨兵馬監押劉駿乞任滿賞，本司檢坐到熙寧元年指揮，三年爲一任，任滿日與減三年磨勘，免短使指射差使。照得本人係二年成資滿罷，即不曾聲説降等推賞。本部檢准紹興修立賞格，亦無三年爲任之文，如將本人依本部格法與推全賞，緣與長寧軍指使降等推賞事體一同，若便行降等，又本部格法即不該載三年爲任。今相度，自今後欲將諸路監司保奏到小使臣、校尉應以陳乞任滿賞，如本司檢坐到一司一路指揮以三年爲任，於本部賞格雖不曾該載三年爲任去處，並依長寧軍指使已行體例，於賞格上降二等推賞。」從之。

五年九月九日，詔：「浙東、福建路安撫司所起一番海船，緣在岸防把日月不多，與依格減半推賞。」

六年五月四日，吏部狀：「司勳見管吏額，主事一人，令史一人，書令史六人，守當官四人，正貼司六人，私名三人。今欲於書令史減罷一人，正額守當官減一人，正貼司減二人。」詔依擬定，各從下裁減，將來見闕日依名次撥填，其減下人願依條比換名目者聽。

八年正月十四日，詔：「滁州州縣官到任、任滿依次邊舒州州縣官推賞。」先是，權通判滁州范昂陳請，故有是詔。

四月十八日，詔：「川廣合得到任、任滿賞，仰吏部照應格法先次放行。鈔録到一州一路專法指揮，令勑所修立成法。其未到并未圓去處，疾速取會。」

八月五日，吏部侍郎張津言：「州[10]縣之吏合該賞典，司勳格目不一。比年旁緣法制，僥冒生姦。臣先以五事言之：州縣場務課息增羨内合起發上供，並無行在交納朱鈔，而推增剩賞。州軍禁卒係兵官同管，而乃巧作名目，分管人數無逃亡而推全賞。巡轄遞鋪使臣任内催過常遞，不具逐一件數經過時日，而推無稽違賞。縣邑興修水利，並無功料實迹，而推水利賞。近裏州軍非沿邊去處，而推控扼賞。欲望特降處分。日後州軍、監司更有保明泛濫，經由所屬已行，許司勳開具取旨，庶幾弊源可塞，實非小補。」從之。

十月七日，權吏部尚書張津劄子：「契勘侍郎左選參附令，漳州龍巖縣令三年替循一資，占射差一次。緣日前並係選人任上件差遣，任滿許行推賞，〔與〕京官任滿事體一同，緣未有許推賞明文，乞依此施行。」從之。

九年閏正月十一日，詔：「今後諸路州軍推勘强盜，須管將正賊根治，即不得徇情將平人勘鞫揍數結案。仰保奏官司將元案再行審實，如見得的無僞冒，方得申奏。仍將合改官人隨奏舉改官人班次引見，方許依條格改轉。或當職官吏依前違戾，監司按劾，重作施行。其保奏官審實滅裂，妄行申奏，依事詐不以實論。」

【宋續會要】

淳熙四年正月十九日，臣僚言：「近者修城壁，建(塞)〔寨〕屋，築堤堰，造軍器，類皆今日奏功，明日第賞。行之未幾，前功 11 俱廢。蓋由貪一時之功，不爲經久之計，冒受賞典，恬不知恥。乞自今姑令置籍，候經三年委實堅固，方許推賞。」詔除繕治器械外，餘依所奏。

六月五日，吏部侍郎司馬伋言：「二廣奏到州縣官授訖任滿推賞，緣闕名與賞格類多不同，本部無所勘驗賞格，並未推行。乞下敕令所早立成法，有闕名、賞格不同去處，看詳改正，庶幾法令歸一，有以遵守，使應被賞者早霑恩典。」從之。闕名與賞格不同，如吏部注官闕名有融州文村堡準備差使，《淳熙總類賞格》則云融州文村寨之類。

十四日，吏部侍郎司馬伋言：「臣昨任司勳郎官，將崇寧以來應係賞典格法取會類寫成册，編至乾道六年二月。自臣改除以後，不曾編類。所有法册見在司勳，乞下司勳〔一〕，令取會自乾道六年二月以後推賞指揮，接續編類檢照。」從之。

七月十八日，吏部侍郎司馬伋言：「自今小使臣、校尉應差重難短使，偶無籍定人，却差常程短使人前去。二廣、荆湖、淮南、福建路爲重難短使，如回日無縮繫，與比附四

川已得指揮，以地里遠近等第推賞。」從之。

二十一日，左司諫蕭燧言：「捕盗官應格改官，將以勸功，而姦生詐起，往往湊足人數，遷就獄情，求合法意。乞詔敕令所改修成法，止與循資，其能擒捕劇賊自立奇功者，取特旨改官。」從之。建寧府建陽縣尉陳伯和將百姓應千三十九人，第十一名誣伏强盗，結正解府，審問得實，伯和特降一資放罷。12 故有是命。

九月二十四日，吏部尚書韓元吉言：「捕盗之賞非特選人改官一事，自餘條目尚有數四。若今來止將選人改官減作循資，則輕重不均。若併數降削減，則捕盗之賞驟廢。今乞正官在假而暫權者，所獲盗賞止與循資。其捕劇賊及人數多者，聽奏裁。仍令本州及提刑司指定保明，其不實者守倅、監司一例坐罪。」從之。

五年五月二十八日，吏部言：「乞將選人合得循資酬賞存留後任收使者減半，其淳熙二年十一月二十九日指揮更不施行。」先是，吏部尚書蔡洸言：「乞自今選人酬賞不許於改官後收使。」從之。至是臣僚言：「選人勞績，遂成乾沒，乞別立法。」事下吏部看詳，故有是命。

七年二月二十五日，詔：「吏、户部行下外路官司，自今保明到任滿酬賞，並遵依新降專法供申，不得引例。」從中書門下省請也。

二十六日，吏部言：「諸處保明小使臣、校尉酬賞，今

〔一〕「乞下司勳」下屠寄批注：「四字寄據《大典》卷三千二百八十八校補。」

新修酬賞格法内有減損去處，係是今年正月頒行，其間却有到、罷在今降指揮前者，乞依舊法推賞。若在今來頒降條格之後，並從新格。」從之。

三月十九日，詔：「自今承直郎以下捕盜合得轉一官，與改次等合入官，每歲以八員爲額。若合得減三年磨勘，與循一資。餘一年磨勘，候改官畢日收使。其乾道賞令内承直郎以下捕盜改官條，令敕令所删修。」先是，宰執呈進重修縣尉捕盜賞格。上曰：「朕未嘗輕易改法，緣縣尉捕盜賞 13 前後臣僚論其太濫，不得不少嚴之，務要適中，可令敕令所依此删修。」故有是詔。

十二年九月四日，詔：「二廣監司及諸郡守倅、州縣鎮寨等官到任、任滿，依舊格推賞。」先是，廣西路安撫使詹儀之并臣僚申請乞依舊格復二廣賞典，奉旨令吏部看詳聞奏。至是本部勘會：「諸州所得到任、任滿酬賞，近緣勑令所删修淳熙一州一路到罷賞格，並各比之舊賞例行減損。今取到進奏院狀，稱二廣州郡内有瘴癘、沿邊沿海或水土惡弱及外接蠻猺去處，即與其餘裁減諸路州軍賞典不同。昨來勑令所將二廣諸郡酬賞一槩删修鐫削，是致間有連年無官願就，久闕正官，實爲利害。尚書、侍郎左、右選今同共看詳，欲照應詹儀之及臣僚奏請，將二廣監司及諸郡守倅、州縣鎮寨等官如到罷在今降指揮之前，自合遵從淳熙一州一路酬賞條格推賞。若到罷在今降指揮之後，其到任、任滿與悉依舊格推賞施行。」故有是命。

十三年十二月九日，詔司勳減書令史一人，貼司二人。以司農少卿吳燠議減冗食，下勑令所裁定，故有是命。

十四年八月十七日，詔：「應夔路沿邊差遣今後特依舊格推賞，其到罷人依十二年九月四日二廣已降指揮施行。」以權發遣夔州楊輔援二廣例建請，故有是命。

十五年九月八日，明堂赦：「應命官管押綱運，偶緣元差官司失於照應，未有舉主，見礙推賞。如交納別無少 14 欠，可與放行一次。」

紹熙二年十月二日，臣僚言：「捕盜之賞最爲優異，果有勞効，固無可議。然外路諸州未必詳審，其間巧於營圖，委曲裝飾，容亦未免。乞申嚴行下，精加究覈，結罪保明，無或鹵莽。如有違戾，或因事彰露，重寘于憲，庶幾不致虚授。」從之。

紹熙五年九月十四日，明堂赦文：「應命官管押綱運，偶緣元差官司失於照應，致有年及六十以上，或舉主未曾到部，但所押錢物別無少欠見礙推賞之人，可特與放行一次。」

慶元二年七月十二日，六部長貳看詳到：「吏部侍郎張抑言，守臣保奏到知縣、縣令，災傷最重處，各減三年磨勘，内二年磨勘比類合占射差遣一次。緣本部格法，恩賞循資並合移注，以降指揮日爲名次，又諸應得循資以上酬賞人不許留後任使。今選人動待遠次，豈肯以三年磨勘比類循資賞罷見任、反待遠闕之理。乞應似此比類一等酬賞，如在任人許任滿收使，或先循資，行下取問本官願與不願移注罷任，將來到部，更不破考。今看詳恩賞循資自有條法合行遵守外，若特旨恩賞，如今來賑濟推恩之類，内有因循資合該移注之人，欲從本官陳請，許就任循資，將來更不破考。仍先行下會問，如願移注者仍聽，庶幾朝廷特恩不致與常格酬賞一律施行。」從之。

開禧二年七月三十日，右正言朱質言：「檢準令，諸任滿酬賞而本任犯贓及私罪重，若公罪降官或本職曠闕者，不在酬賞 15 之限。即犯私罪稍重，降賞格一等。此酬賞本法也。今司勳審覆，有隱落過名、巧爲飾説而理賞者，其已經按劾或論奏，雖不曾推勘體究，固與善罷不同。有選人任左藏庫監官，不就任滿而引二年爲界先受賞者，其本任既未滿替，安保後無遺闕？有縣尉巡捉私茶鹽礬，鹽虧而以茶無透漏循轉者，其鹽即是本職曠闕，豈有更推茶賞？巧於營求，唯務相蒙。乞今後任内應得酬賞，並候任滿，關會所屬官司次第保明，無諸般違礙，方許審驗放行。其本任犯贓、私罪，但曾經按劾論奏，或公罪降官，或本職内有一事曠闕，並不許推賞。惟私罪稍重，則降等。」吏部勅令所看詳：「今後任内應得酬賞，並候任滿，關會所屬官司次第保明，無諸般違礙，方許審驗放行。」從之。（以上《永樂大典》卷一四六四五）

16《神宗正史·職官志》：司勳郎中、員外郎，參掌勳賞之事。凡勳級十有二：曰上柱國，曰柱國，曰上護軍，曰護軍，曰上輕車都尉，曰輕車都尉，曰上騎都尉，曰騎都尉，曰驍騎尉，曰飛騎尉，曰雲騎尉，曰武騎尉。《宋史·職官志》：上柱國，正二品；柱國，從二品；上護軍，正三品；護軍，從三品；上輕車都尉，正四品；輕車都尉，從四品；上騎都尉，正五品；騎都尉，從五品；驍騎尉，正六品；飛騎尉，從六品；雲騎尉，正七品；武騎尉，從七品。自從七品推而上之，至於正二品，三歲一遷，必因其除授以加之。凡賞有格，皆設於此，以逆其至焉。若事應賞，從其所隸之司考實以報，則審其狀，以格覆之。非格所載，則參酌重輕擬定，以上尚書省。録用前代帝系及勳臣之後，則考驗而奉行其制命。分案四，設吏十有九。哲宗《職官志》同[一]。

17 紹聖二年[二]，户部言：「元豐官制，司勳覆有法式酬賞，定無法式酬賞。元祐三年，有法式者止令所屬勘驗。自後應干錢穀，本部指定關司勳，則是户部兼司勳之職。願依元豐官制。」從之。（以上《永樂大典》卷三二八八）[三]

勳官

【宋會要】

18 勳官：上柱國，正二品；柱國，從二品；上護軍，正三品；護軍，從三品；上輕車都尉，正四品；輕車都尉，從四品；上騎都尉，正五品；騎都尉，從五品；上驍騎尉，正六品；上飛騎尉，從六品；上雲騎尉，正七品；上武騎尉，從七品。上凡十二等，率因舊制。凡賜勳者皆以制敕授之，司勳給告身。五代以來，初敘勳即授柱國。

[一] 原稿此下尚有「哲宗元祐元年四月二十六日三省言尚」等字，因此條已見本門首頁，屠寄删去，今亦删。

[二] 天頭原批：「此條原粘在本卷第二頁之前。」

[三] 按，徐稿所輯《大典》此卷之文，除以上二條及下「勳官」目諸條外，已被屠寄删棄。

太宗淳化元年，詔：「自（分）〔今〕京官、幕職州縣官始武騎尉，朝官始騎都尉，歷級而進。内殿崇班初授則騎都尉，三班及軍員、吏職並初授武騎尉。」

英宗治平三年十二月二十三日，詔：「應文武常参官子爲父後見任官者，賜勳一轉。」以立神宗爲皇太子也。

神宗元豐三年九月十七日，詔：「臣僚加恩並依舊勳，已至上柱國即併加食邑、實封。給、諫、待制許加寔封。省副、知雜許併加勳，勳已至上柱國加食邑。」詳見「封爵」門。

六年十二月一日，詔：「陞朝官加勳依宗室法，並自武騎尉始。」舊法陞朝官加勳，内殿崇班、内常侍賜勳，並自騎都尉始也。

徽宗政和三年二月八日，降授儒林郎、充詳定一司敕令所删定官李嘉奏：「伏覩朝廷以郎與大夫之名易武士之官稱，究其立意命名，皆有深旨，寔萬世不刊之成法。至于文臣雖選人亦以七階換見任官，亦正其名矣。若夫勳官之賜，自武騎尉至上護軍皆武臣之名，悉以爲恩數加之，有司沿襲舊制，而未之改，則[19]于名寔之際尚竊疑之。且有是名者必責之以（自）〔是〕寔也，今官爲文品，而勳帶武名，借如使相或賜户之官，而勳帶輕車、護軍之類，豈其所宜哉？名不正則言不順，有在于此，欲乞文臣賜勳如易武士之官稱，別命之名，使文武不相混淆，庶幾上副循名責寔之政。」詔文勳官並罷，令尚書省措置。

高宗紹興三年二月八日，詳定一司敕令所言：「見修司勳一司法令，其間該載逐等勳賜。今既見遵依政和三年三月三十日指揮，應文武臣勳並罷，欲行删去。緣又見依當年九月九日指揮，蕃官、蕃兵勳並依舊。其條内勳賜即難以删去，欲乞存留。」從之。（以上《永樂大典》卷三一八八）

考功

【宋會要】

[20]考功掌幕職、州縣、流外官年終考帳，次年三月奏較給牒據，仍申關銓曹，以定減殿選數；及掌覆太常擬謚、都省集議之事。

《兩朝國史志》：考功判司事一人，以帶職朝官或無職事朝官充。凡考課之法，分隸他司，或以他司專領，本司但掌覆太常擬謚及幕職〔一〕、州縣官、流外較考之事。令史五人。元豐官制行，郎中、員外郎始實行本司事。郎中一人，掌考課之法及應文武臣磨勘、關陞、資任、較考等事。案十二：曰六品，曰七品，曰八品，曰曹掾，曰令丞，曰從義，曰成忠，曰資任，曰檢法，曰校定，曰知雜，曰開拆。吏額：主事二人〔二〕，書令史十人，守當官一十人，正貼司八人，私名

〔一〕職：原作「府」，據《文獻通考》卷五二改。

〔二〕按，此文自「曰六品」至「主事二人」，徐稿原作「曰校定餘同宋史」，屠寄據《大典》卷一九四改，今從之。其餘屠氏校改之處並仿此，不再一一出校。

一十人。

《神宗正史・職官志》〔一〕：考功郎中、員外郎，參掌考課及名謚、碑碣之事，隨文武選分治。凡命官，隨所隸選〔二〕，以其職事具注於曆給之，於其屬州若司〔三〕，歲書其功過。應升遷選授者，驗曆按法而叙進之。有負殿，則正其罪罰〔四〕。凡考監司以七事，一曰勸農桑，治荒廢；二曰招荒亡，增户口；三曰興利除害；四曰劾有罪，平獄訟；五曰失案察；六曰屏盜賊；七曰舉廉能。考守令以善最：德義有聞，清慎明著，公平可稱，恪勤匪懈，爲四善。獄訟無冤，催科不擾，爲治事之最；農桑墾殖，水利興脩，爲勸課之最；屏除姦盜，人獲安處，賑恤困窮，不致流移，爲撫養之最。通算最分定三等：五事爲上，二事爲中，餘爲下。而擇其能否功過，著者别爲優劣，以詔黜陟焉。執政官、節度使、銀青光禄大夫以上若死而應謚，則覆太常所定行狀，考驗名實，報尚書集（議）以聞。舊置考課院，其定殿最，皆有考辭。至熙寧中及官制行，悉罷。分案十有七，設吏六十有八。《哲宗職官志》同〔五〕。

神宗元豐五年十月二十七日，尚書吏部言：「待制以上舊法六年遷官，今準新制三年一遷。其已滿三年磨勘外有剩年月，21 乞許通理磨勘。」從之。

哲宗元祐三年，詔：「知州考課法，吏部上其事于尚書省，送中書省取旨賞罰。劣等應罰而已衝改者，仍從衝降法。縣令以下，本部專行。」

四年五月八日，吏部言：「應在任官差出，除應副軍期、推鞠録問、驗尸〔六〕，并考試、部夫、權繁難及課利三萬緡以上場務、便糴、和糴、定奪公事外，餘事差出，每考通計過百日者，所餘月日並不理爲考任。即自陳有礙而不爲改者，杖一百，其月日與收理。」從之。

六年六月十二日，樞密院言：「元豐七年中書省條，堂除知州軍三年爲任，武臣依此。元祐元年指揮以成資爲任，武臣未曾立法。」詔：「武臣任六等差遣，川廣成資，餘並三十箇月爲任。」

元符元年三月八日，吏部言：「四選通用在任成資，不因罪犯、替移，許理爲任條制。欲入曾被對移破考，雖還本任，通及二年者不在此限。又差使、借差，雖未及二年，聽通理。若因事對移及衝、差替之類者，不在磨勘之限。」從之。

六月二十九日，吏部言：「官員係朝廷差出，除在任人自理在任月日，其非在任人緣軍期、邊事、刑獄及往水土惡

〔一〕此段原作小字，今改爲大字。
〔二〕隨：原作「皆」，據《文獻通考》卷五二改。
〔三〕於其：原作「統」，據《文獻通考》卷五二改。
〔四〕其：原作「具」，據《文獻通考》卷五二改。
〔五〕此下有屠寄批注：「『屏盜賊』，寄案《大典》卷一百九十四作『平盜賊』。又『考守令』以下至『以詔黜陟焉』，一百有八字，據《大典》卷一百九十四校補。」
〔六〕尸：原作「户」，據《長編》卷四二六改。

弱處，聽理爲任。若朝廷差委勾當餘事，如無稽遲，許以二日折一日，理爲考任。及三年以上者，申尚書省、樞密院審察。事體重者取旨，或與理爲一任。」從之。

二年二月二十二日，詔吏部：「守令課績在優上等，即關御史臺嚴加考察，如有不實，重行黜責。」從吏部請也。

閏九月八 22 日，吏部言：「差任未滿而朝廷升移者，許通理。前任滿日，雖在職，聽關陞。」從之。

徽宗宣和元年二月二十七日，臣僚上言：「臣竊見吏部牒，宣教郎、行國子小學録范致厚乞用選人時該磨勘後住滯月日，出給公據，已奉聖旨依所乞給還。臣竊詳吏部元勘當條制，係承務郎以上并大小使臣磨勘時官司住滯月日，隔礙磨勘，依條許行給還，即未有任選人日住滯、改官隔過月日許給還之文。伏望特賜詳酌施行。」詔改正。

高宗建炎二年十一月二十一日，赦：「應命官犯罪合該原免，如結斷未了，合朝見人，特許先次朝見。內合磨勘、改官、關陞、差注者，並與放行。」

二十二日，赦：「應今日以前不得差出之官〔一〕，因官司違法差出，本官失於限內申陳，致破考及不許通理考任者，並特許理爲資任。」

三年十二月二十二日，赦：「應承直郎以下因事合殿實年月日，並與放免。」

四年十一月十三日，神武左軍都統制韓世忠言：「見帶大小使臣並係軍興以來諸處踏逐抽差到見任、寄居、待〔闕〕〔闕〕并因功換官之人，不能參部注授差遣，乞與理爲資任。」從之。

紹興元年九月十九日〔二〕，赦：「命官緣燒劫州軍罷任，因批書不圓，合候到部降名者，仰本部長貳審量詣實，特與免降。」

二年五月八日，權考功員外郎樓炤言：「欲乞今後選人陞改，所用舉官內有未了過犯，若係已申朝廷降到指揮，許作舉官收使之人，依已 23 降指揮收使陞改。後有違礙，却行改正，庶免申稟重疊，陞改留滯。」從之。

十二月二十二日，吏部侍郎席益言〔三〕：「考功昨因遺火，文籍燒毀，內有陳乞磨勘、關陞等案牘，許經所在別行陳乞。其昨來繳到真本告勑、劄子、印紙、公據等，在部被火不存者，欲許元陳乞人結罪，具元投下文字、名件及歷任家狀、功過、請假、事故等赴部審驗詣實，關送逐選給據。仍立限半月赴部陳乞，限滿更不受理。」從之。其繳到真本文字，如本部有干照，參驗詣實，即具事理保明申尚書省，聽候指揮，方得給據。

三年正月二十一日，吏部勘會：「官員定謚、賜謚，出給謚告、命詞，別無立定專法，乞下有司參酌重輕，立爲定

〔一〕「之」下原衍一「之」字，今刪。
〔二〕十九日：屠寄旁批：「寄案《大典》卷一百九十四作『十八日』。」
〔三〕益：原作「蓋」。天頭原批：「寄案《大典》卷一百九十四作席益。」據改。

制。」至是中書舍人陳與義等言：「舊來百官謚不命詞，至政和、宣和以後有不經太常、考功議定，百官集議，而特賜謚者，始命詞。近來乃一槩命詞，欲乞改正。」詔今後特恩賜謚命詞給告外，餘給勑施行。

四月十五日，吏部言：「左朝請大夫、直秘閣虞沆係通判資序，有舉主三人，於靖康元年十月關陞，實及三任六考，無過犯，見有批書、印紙照驗。緣無當時案牘參照，乞比附去失告勑，召官委保詣實施行。」從之。

六月二十三日，吏部言：「監司、知通見在任官，昨降指揮不得申陳通理，止是欲革數易之弊。今來却有丁憂及朝廷改差已罷任之人，若不與通理歷過月日，遂與罪犯之人一等。欲將前任不因罪犯罷 24 任人，許通計前任考任施行，其見任官自合遵依已降指揮施行。」從之。

十一月三日，吏部言：「承務郎以上到部，遇有收使舉主之人，自來係用奏狀到部，方許理爲分數。如去失奏狀，許令舉官再發奏狀。所用奏檢係爲考功陞改，即本選未曾申明差注許用奏檢理爲分數指揮。一、侍郎左選。考功建炎三年六月十九日申請，去失奏檢，許舉官再發奏狀，〔奏〕檢仍用印。紹興元年四月四日敕：舉狀不到吏部，聽用奏檢，自紹興元年四月一日已後用真奏狀。紹興元年六月二十二日敕：京朝官、大小使臣收使舉主，亦依紹興元年四月四日已得指揮。〔二〕〔一〕、尚書右選。勘會昨紹興三年三月二十八日指揮，見行遵依外，緣大使臣到部，其舉主自來係用照牒收使，若係去失，出給朝廷付身或本部公據許行收使外，如係去失，未曾出給，依已降指揮，不合收使。一、侍郎右選。紹興三年十月十三日指揮已前，權許用奏檢照會差注。上件指揮日後奏狀到部，依條合該收使，用爲舉主差注。若舉狀不到之人，不許收使。」詔：「紹興三年十月十三日指揮已後，雖奏狀不到，如有用印奏檢，亦許收使。仍自來年正月一日，依已降指揮止用奏狀。如去失，許依諸選法再奏。」

十二月三十日，吏部言：「右宣教郎劉棆昨於建炎二年七月扈駕維〔楊〕〔揚〕，得旨轉一官，內承直郎與改官。棆係承直郎，無出身，於當年三月成六考，依 25 格合改通直郎。緣吏部不照考第月日，止改宣教郎，乞與貼轉。」從之。

四年五月二十三日，詔：「諸路幹當短使人若無前任大添支人，許將合入常程短使人差撥，仍立爲賞格。應係差川陝〔一〕，即依吏部再差綱運重格，廣南、荊湖路即依短使稍重格，淮南沿邊州郡即依短使稍輕格酬獎，候事平日依舊。」先是，小使臣、校尉前任請大添支者合差綱運。以綱運稀少，並籍定名次，差諸路幹當短使。侍郎鄭滋以大添支人少爲言，故有是詔。

九月十五日，赦：「應不得差出之官因官司違法差出，本官失於限內申陳，致破考及不許通理考任者，並聽理。」

五年閏二月十六日，吏部言：「右迪功郎、洪州新建縣

〔一〕川陝：疑當作「川峽」。川峽遙遠，故爲綱運重格，陝西則非也。

丞王真乞將江南西路安撫司差權并筠州高安縣尉月日，不曾被受朝廷付身，理爲考第。」詔依元降指揮許理爲任，今後更有似此之人依此。

十一月四日，中書門下省言：「史館昨該進書人，已降指揮轉官資，減半年〔磨勘〕。其未有名目并副尉、下班祗應，緣磨勘年限不同，未有該載。」詔：「未有名目人並候出職或有官日收使。年限不同人，依四年法比折。」

十二月一日，樞密院言：「諸軍已有指揮許理爲資任去處，其統領、將佐、使臣、部隊等若係朝廷差到有付身之人，自合理爲資任外，其餘使臣非朝廷差到、無付身之人，與二日折一日理爲考任。」從之。十二月六日指揮：「若二年成任，合[26]作四年，所有磨勘并初該磨勘合要住程年限，更不比折。」

九年五月五日，吏部言：「勘會選人陳乞陞改收使舉主，依條會問所屬有無責降、事故等因依，照條收使。若有降差遣之人，依見降職位理爲舉主。其間有舉主元任常調官，薦舉後除侍從官，因言章落職與宮祠，該赦叙復待制，又自陳宮觀。今欲將見任待制以上職任後自陳宮祠人，與作常調舉主收使。」從之。

六月二十一日，吏部言：「選人陳乞任修職郎，經嶽廟差遣一任回，依條關陞令録。竊詳嶽廟差遣止係朝廷優恤西北流寓、江南無産業及久勞於事任之人。今來選人才方出官，及因賞循入修職郎，便授嶽廟差遣，一任回許理爲考任，關陞令録，顯屬太優。今措置，乞將任修職郎嶽廟差遣一任回，及迪功郎用嶽廟兩任四考、兩任五考關陞令録之人，除曾歷州縣官及應任諸司職任差遣，任及二考成資以上之人與關陞令録外，其餘盡用嶽廟差遣理任者，更不許用上條關陞。」詔：「迪功、修職郎用嶽廟考任關陞令録之人，内須實歷州縣及諸司官屬等差遣及二考以上與關陞。」

十年四月二十五日，吏部言：「勘會選人陳乞通理，依條前任未滿，不因罪犯、體量、替移，別授差遣，願補前任者聽。仍到任半年内申本州，録報在京所屬依格資序一色，方許補滿前任，共成考任。其間却有見任帶官別領職任差遣，在任歷過考第，通[27]歷任用舉主關陞，依舊在任，未終滿罷間，後來或因省員廢併及改差，若丁憂罷任之人再授差遣，到任半年内陳乞通理，依條止合通理補前任，所有中間資序不同月日，依條不得通理作考第收使。本部官今看詳，選人陞改並係用實歷考第，謂如通理，須是補滿前任，方許通理，却與破壞考第，慮恐於理未盡。今相度，欲乞將選人任内因關陞許依舊在任未終滿罷之人，若緣不因罪犯罷任，別授差遣，願補滿前任者，到任限半年内申陳，與除豁資序不同月日外，將今任月日補滿前任資序，共成考任，庶使選人不壞考第，本部有以遵執。」從之。

十二年四月二十九日，幹辦行在諸司審計司閻大鈞言：「近乞依左藏庫官理當實歷。准考功告示，左藏庫係朝廷專法，四糧審院別無條格，難以施行。竊見紹興七年七月二十日已降指揮，糧審院官並理作實歷親民，乞檢照施行。」從之。

七月二十三日，詔：「均州依荆南、荆門、復州、漢陽軍、歸、峽七州軍例〔一〕，文武官到任與減一年磨勘，任滿更減一年。選人比類施行。」從閤門宣贊舍人、均州兵馬都監彭筠等請也。

十三年二月二十七日，吏部言：「右宣教郎、前任黔州黔江縣事李修劄子：『竊見四川選人元立法許展就三考、四考者，詳其立法之意，欲使有無出身人並就關陞也。次任再展考，通歷任有出身六考，無出身人七考，方應改官格法，使[28]其就改官考第。立法之意，豈不美哉！今來員多闕少，致選人更不問考第足與不足，逐任例皆展就三考、四考，原其本意，爲難得差遣，只要久占窠闕，使在部人難得闕次，顯屬未均。欲乞自今後有出身選人今任滿日已及六考、無出身選人今任滿日已及七考者，更不得展考，庶使差注流通，均得就禄。』送部勘當，申尚書省。本部欲依展考指揮條法，將合應關陞改官合用考第之人，許令依自來條限申陳展考外，餘並不許陳乞展考。」從之。

十四年正月十四日，吏部言：「右承議郎、添差通判建州趙令芹乞用武臣換授前考第比折收使關陞，本部即未曾行遣過試換京朝官體例，欲將武臣試換文資，其武臣理過考第依條兩考當一考收使。」從之。

二十六年七月九日，詔：「今後選人初改官，令吏部依法注知縣、縣丞差遣。奏補承務郎以上人須要實歷親民知縣、縣丞差遣一任，方許關陞通判。」

孝宗隆興元年四月七日，吏部言：「左迪功郎、臨安府富陽縣主簿章汝楫乞關陞。本人元係無出身右迪功郎上授今任差遣，於紹興三十年正月二十六日到任，准勑賜進士出身，在任成三考，有舉主三員。所有未賜出身以前歷過月日，乞依詹承家例，作有出身人用三考關陞。緣指揮内今後更有似此之人，逐旋申取朝廷指揮。」詔依詹承家例施行。

八月五日，吏部狀：「依指揮省併吏額，考功見管主[29]事二人，令史四人，守當官二十九人，貼司、私名一十八人。今於權守當官内減罷四人充貼司，權貼司内減六人。」詔見在人且令依舊，如將來遇闕，更不選補。

二年三月二日，吏部侍郎葉顒言：「條具革弊便宜，武臣任川廣有賞州郡，或窠闕元是文臣，後差武臣，其賞止係文臣格法；并小使臣有賞窠闕，後差大使臣，吏部往往稱不該載，並作不應推賞。格法不行，因緣請託，巧用别選賞格放行，其弊滋久。欲自今川廣州軍武臣任文臣有賞知州軍，并大使臣任（并）小使臣有賞差遣，並照應文臣并小使臣格法放行。」從之。

同日，葉顒又言：「官員陳乞磨勘服色，内有因罪犯編羈管、勒停，并責授散官、追官、指定州軍居住、除名之人，

〔一〕按，以上只有六州軍，疑有誤。

今措置應有前項罪犯，後雖改正，若無理元斷月日之文，以前年月並不許收使。」從之。

二十三日，詔：「今後以減年磨勘轉官者，須將實歷過年數對用，謂如一年實歷用一年減年。」

九月十五日，權吏部侍郎葉顒言：「廣南西路轉運司申，前權知廉州黄齊狀，於紹興三十二年正月初八日到任，至隆興二年正月初十日罷任，乞任滿減三年磨勘酬賞。本部契勘，廉州知州舊來係差武臣，緣目今却差文臣，於左選未有推賞之（人）〔文〕，伏乞朝廷詳酌指揮施行。」詔依武臣任滿與減三年磨勘（以）〔比〕折收使。

二十五日，葉顒又言：「紹興二十八年五月二十七日指揮，獲賊并私 30 茶鹽合推賞之人，只據得賞任内月日收使。續承當年八月二十九日都省降批狀，獲賊許收一任内月日循轉。本部（詔）〔照〕得兩項指揮内並不該載任内獲賞日前歷過考第、資序之文，又緣續降批狀係是一時指揮，難以衝改元降指揮，接續引用。今乞將選人任内獲賊并私茶鹽所得酬賞，若司勳勘驗審覆，關到日即從本部照應獲賞月日以前已歷過考第官序，許行收使循轉。如在獲（獲）賞月日以後歷過考第官序，並不許收使。」從之。

乾道元年四月十八日，詔：「文武官監當人依法合滿六年，到部關陞。近來陳乞稱已到堂，便理作到部，放行關陞，顯屬弊倖。今後並遵依見行條法，須候親身到部，方許關陞。人吏或有違犯，送所屬根究施行。」

二年正月二十四日，吏部侍郎陳天麟言：「選人係三年爲任，使臣以二年成任。使臣任内偶因被對移或衝差替、放罷之類，比附選人條法，止破犯時一考，庶幾文武臣陞改事體均一。」從之。

六月二十七日，吏部侍郎陳之茂等言：「伏准御筆降下集議等事，今議定下項：一、職事官以上係朝廷除人材，不拘親民。一、今後六院官須要曾經實歷知縣一任，方得除授。一、今後教官應堂除理當親民人，須要實歷知縣一任，方許關陞通判資序。若在任未滿一考，或尋醫侍養，並不許理爲任。一、見任官除在外場務監當窠闕，並送歸吏部，隨見任官四選詔定〔一〕，依本部 31 見行格法使闕差注。一、今後在京監當、主管尚書六部架閣文字等闕，如係京朝官以上任上件差遣，亦須實歷知縣一任，方許關陞通判。一、知縣除選人授知縣外，其京朝官並以二年爲任。」並從之。

同日，陳之茂等又言：「准御筆降下堂除理實歷親民知縣等事，今再集議定：今來改官人理知縣資序，兩任内一任實歷知縣，方得關陞通判。後來循襲，却將堂除差遣理當實歷知縣。士大夫往往不歷民事，越次關陞。今來欲乞將初改官人所歷兩任内須要實歷知縣一任外，一任如係内外堂除及到部或舉辟注授，並與揍理爲兩任關陞。宮觀嶽廟非。奏補承（承）〔務〕郎以上已關陞知縣，及宗室换授理親

〔一〕詔定：疑誤，或當作「議定」。

民人准此。仍自今降指揮日爲始。」詔從之。詳見「尚左」門。

三年十一月二(十)日〔一〕，大禮赦：「應命官犯罪案到刑寺，約定公私罪情輕，依今赦原免。不該取旨人，若擬斷未下，有妨朝見，特許先次朝見。內合磨勘、改官、關陞、差注者，除犯贓罪人外，並與放行。」

二十八日，中書門下省言：「四川文學參選并京朝官初該磨勘與關陞資序之人，各有合用舉主申發文字到部，動經歲月，批會有礙，不免符下，委是留滯。今欲比附選人關陞、改官體例，許據憑申發文字實日照驗施行。如舉主事故在申發之前，即不許收使；在申發之後者，許理作舉主，庶幾不礙注授陞轉。」從之。

六年五月四日，吏部言：「依指揮省併吏額，32 考功見管主事二人，令史四人，書令史一十人，守當官一十五人，私名一十人，正貼司八人。(令)〔今〕欲於書令史內減罷二人，守當官內二人，正貼司內五人。」詔依擬定，各從下裁減，將來見闕日依名次撥填。其減下人願依條比換名目者聽。

七年四月二十五日，詔明州制置司水軍大小使臣，自今後依諸軍例理任。

同日，詳定一司勑令所刪定官楊恂乞通理前任成三考，以後別理今任。詔將勑令所刪定官許依秘書省官條法，一體通理，別理今任。

【宋續會要】

淳熙元年七月二十七日，臣僚言：「乞將選人任嶽廟在任不理考少一年以下之人，許令通理爲任。」詔吏部勘當以聞。既而，本部言：「欲將選人未降乾道九年十月嶽廟不理考指揮以前，應曾經省部陳乞之人，量增兩月，許令通理成任；其不曾陳乞之人，止合通理半年以下成任，並別理爲任。」從之。

二年十二月十三日，詔考功置大小使臣年甲簿。從郎官王信請也。以信言：「舊大小使臣磨勘付身不曾填寫年甲，續因隆興二年二月指揮，方於告內書寫。及乾道八年指揮，又將出身以來文字批上紙背。然而減落歲數之弊，終不可革。乞下吏部架閣庫，將大小使臣昨來覃恩公案并以前磨勘奏鈔應干文字可照年甲者，以姓類聚三代、鄉貫、年甲置簿，33 委郎官點對印押，庶幾日後有所稽考。」詔王信同架閣庫官置簿籍定。

六年二月十三日，臣僚言：「昨來吏部侍郎張津陳請武臣除見從軍人及宗室且依自來關陞外，其餘人並於歷過考任內，須曾歷州縣職事或諸司官屬一任二考，方許關陞。竊詳津所謂緣不曾立定關陞名色，是致陳乞不一。兼在法，正、副使等蔭補引用關陞資序多有不同，有司無以遵執，并宗室及見從軍人亦未有定法。乞令吏部逐一措置指定，申尚書省。」既而本部指定如右：「合該關陞名色，在內九項：監左藏東、西、南庫，封樁庫，行在、建康府、鎮江榷貨務都茶場，行在省倉上、中、下界，豐儲倉，贍軍、激賞諸酒庫，草料場，雜買務，雜賣場。在外五十二項〔二〕：

〔一〕二日：原作「二十日」，眉寄旁批：「寄案《大典》卷一百九十四作『二日』。」今按，作「二日」是。據《宋史》卷三四《孝宗紀》二：乾道三年「十一月丙寅，合祀天地於圜丘，大赦」。丙寅即十一月二日。因改。

〔二〕按，以下所列實只四十二項，疑「五」爲「四」之誤。

制置司沿海統制，安撫司水軍統轄、水軍統領，轉運司酒庫，鑄錢司措置銅場、措置錫場檢踏官，總領所酒庫監倉庫，户部大軍倉措置糴買官，諸路州軍知縣、縣令、縣尉，正副將、準備將領，都巡檢使、都巡檢、巡檢、水陸巡檢、管界巡檢、同巡檢，巡捉私茶、巡捉私鹽，兵馬都監、駐泊兵馬都監，兵馬監押、駐泊兵馬監押，文州安昌寨駐泊，左、右江鎮寨兵馬盜賊公事，知寨、知城、知城堡寨，主管堡、同主管堡寨官，知關堡、同知關堡，軍使，監倉場庫務税，監院鎮（監）（鹽）井、排岸支鹽官，主管榷場官，文州南路鎮主管，（岩）（宕）昌寨買馬，銀銅場監轄使臣。內外諸軍一項：正將以上。本部今措置，使臣歷任實及六年，內 34 須曾歷前項名色四考，方許關陞親民。其武功至武翼郎入官三十年，內軍功換授止理十五年。正侍至右武郎轉授及一年。武功至武翼大夫遥郡同。入官及二十年，內軍（班）（功）換授止理十年。已上並曾經關陞，聽依條蔭補。通侍至右武大夫正任防禦使至刺史同。曾經關陞每遇大禮，未經關陞兩遇大禮，並聽蔭補。宗室歷任六考，雖非前項名色，亦許關陞，內二考許用宮觀嶽廟及不釐務差遣。見從軍曾立戰功人關陞蔭補，聽依舊法，無戰功人非。」從之，仍令勑令所修立成法。

三月九日，考功郎官葉宏言：「昨準指揮，令考功置大小使臣年甲簿。近來有年及七十以上之人赴部陳乞磨勘，或欲僥倖今冬郊禮奏薦。今欲將年及人於簿內本名用齪印云『淳熙六年校定到年及』，録示書鋪，遇有陳乞磨勘關陞，並不收接。及軍班換官付身自來不載年甲，每遇磨勘，隨意添減歲數。乞下軍頭司，許從本部徑於諸班直統制司，將日前應軍班換官人各具軍分、年月、鄉貫、三代、年甲，逐一鈔録，保（名）（明）申部。如遇有換官人，亦乞依此先次具報本部，以憑置籍，編類拘籍。」上曰：「簿籍分明，則可革僞冒，可從所請。如是六十九歲以前該磨勘關陞等人，已行申發文字到部。年已七十，並不許收接。」

二十三日，吏部言：「《淳熙令》，諸選人任不釐務差遣，如未頒降《淳熙令》之前罷任人，乞與依任嶽廟人分別前後指揮，35 作考第收使。」從之。

七月六日，詔：「路分都監、副都監職任與州都監一同，又在州都監之上，可聽關陞。其諸路總管、鈐轄、州總管、鈐轄、提刑、知州軍準此。」以吏部言：「成忠郎武侁任福建路副都監，陳乞關陞。本部照得關陞指揮，即無一路兵馬副都監之文。乞照考功及格法關陞。」故有是詔。

九月十六日，明堂赦：「選人先一任差遣未滿，因避親之類以理去官，第二任授嶽廟或不釐務差遣已滿，別注第三任，曾於限內陳乞通理，若作隔任，妨礙通理，可特許將第三任補滿第一任，理爲考第。」

十二月二十一日，吏部郎中朱佺言：「考功編類大小使臣年甲置籍，誠足革弊。然各選凡遇參部，每陳乞一事，必須關會，前後重疊，行移繁冗，孤寒滯留。乞自今大小使臣參部，先送考功整會的實年甲，給據付本人，許令終身照用，庶免重疊會問。」從之。

七年七月十八日，詔：「應百司出職人吏收使酬賞及磨勘轉官，歲不得過兩官。」吏部言：「出職人吏轉官未有格。」上曰：「三省都録事收使酬賞及磨勘轉官，每年不得過兩官，其餘百司出職人吏豈可過此數耶？」因有是詔。

八年閏三月十七日，詔勑令所於通判關陞知州條內，删去注文「堂除宫觀聽用一任，即不許理當實歷」一十五字，却修入「宫觀並不理任數」八字。先是，臣僚言：「本知縣關陞通判者必以實歷，而自通判關陞知州者乃或用宫觀月日以爲考任。36乞詔有司，自今通判資序人必實歷兩任然後關陞知州，其宫觀年月並依嶽祠例，不許收使。」故有是詔。

九年十二月二十六日，吏部言：「從軍人曾歷正將以上差遣四考，及曾立戰功，未經關陞，離軍後歷外任，添差不釐務者非。湊及六考，方許關陞。其不曾歷任正將以上差遣，又不曾立戰功，離軍後須歷立定名色差遣四考，方許通理在軍考任二考，湊成六考關陞。并外任人已歷立定名色差遣四考，從軍後任軍中差遣二考，湊成六考，方許關陞。其已歷立定名色差遣二考，從軍後再曆正將以上差遣二考，及軍中差遣二考，湊及六考，方許關陞。」從之。以本部言：「昨降關陞指揮内，不曾該載離軍後通理在軍考任及從軍後通理外任月日。」故有是詔。

十年七月十三日，詔：「曾任知州而爲郎官、卿監而復出爲監司之人陳乞關陞者，依兩任無人薦舉去處條例，特與免用舉主，理爲資序。」從臣僚請也。

十九日，詔：「皇太子宫主管左、右春坊係是選授，令吏部特在内差遣關陞。」

十月二十日，吏部侍郎賈選言：「乞將二廣申到選人、京朝官、大小使臣用考任關陞。如已經本路運司公參之人，並照四川已得指揮一體施行。」從之。先是，紹興十四年指揮：「四川選人、京朝官、大小使臣關陞，其依條到部陳乞之人，如已經本路運司公參月日，繳出身大字保明申部施行。」是時二廣不曾該載，故選及之。

37十一月十一日，吏部言：「選人任嶽廟已有立定條法，不許理爲考任，則京官亦合一體。(令)〔今〕措置，除見任宰執、臺諫子孫任宫觀嶽廟差遣已有淳熙七年八月十一日指揮，特許理任外，欲將承務郎以上應曾任宫觀嶽廟及不釐務差遣歷過月日，但理磨勘，不許理爲資任。」從之。既而十一年五月二十四日，吏部又言：「照對選人嶽廟關陞年月、京官初磨勘嶽廟年月，皆有指揮，分别前後。今來京官宫觀嶽廟關陞年月未曾分别指揮，如在淳熙十年十一月十一日指揮以前之人，許行收使。若在上件指揮之後，自合遵守。」從之。

十一年五月一日，吏部言：「乞將京官任知縣在任成二考，不因罪犯、偶因憂罷之人，與理當實歷知縣一任。照對本部京官在法雖知縣資序人，須實歷一任滿，方合理當實歷。其注文稱『若在任未滿二考改移，或尋醫侍養，並不許理爲一任』，即是兩考實歷，便合理當一任。今來承務郎以上官到部注授知縣差遣，在任已成二考，偶因丁憂罷任之人，服闋之後再行參部。緣見今知縣以三年爲任，本部却將似此之人作不曾實歷知縣一任，復令止注知縣差遣，委是未盡。」從之。

十二年六月一日，吏部言：「知(閣)〔閤〕門事張嶷乞關陞。照得張嶷所歷考任雖滿六年，其歷任差遣止有浙西副總管一任二考理名色考第外，有知閤門事二考。照得元降指揮在内止有監倉場庫務，38後承指揮，在外路分都監、鈐轄、總管、知州軍差遣之人，許理當名色關陞。今來張嶷任知閤門事，其元降指揮內雖未曾該載，緣知閤門事職任非內外監當、路鈐等差遣之比，今欲將張嶷任知閤門事二考理當名色關陞。」詔特與放行關陞。

十二月十六日，吏部看詳胡晉臣奏，許令宗室用釐務一任、不釐務四考關陞親民。先是，考功郎中胡晉臣奏：「竊見宗室關陞舊法，歷(雨)〔兩〕任六考，不以有無釐務，年三十以上，許令陞入親民資序。至淳熙六年，始立定名色指揮，內宗室止許用宮觀嶽廟兩考之外，仍須歷釐務四考，方得關陞。竊詳立法之意，本任之事，以觀其能。然酒稅務、錢穀去處已不許干與，巡尉、馬鋪等差遣又不許注射，且必欲以釐務限之，而無關以處之，猶欲其入而閉之門也。今縱未能還舊法，令歷一任釐務，許通用不釐務四考，或更展二考不釐務，通理八考，令陞親民，亦不爲僥倖。」得旨，令吏部長貳看詳聞奏。「竊詳宗室選法差注止有排岸、監作院、造船場、板木場監門釐務窠闕，皆注添差不釐務，少得任釐務考第及格之人。今來晉臣奏請，止令歷一任釐務，通用不釐務四考計，令關陞親民。校之祖宗成法，考任即無銜改，比之未降名色指揮之前皆用六考不釐務，可以酌中，使其能者關陞親民，不爲僥倖。」從之。

同日，臣僚申請奏辟礙格法之人不許以成資理任。先是，臣僚言：「諸八[39]路權注見闕而勘當應差者，所權月日聽理爲任。下文又云，舉辟官及雖不應注而注、各已成資者準此。則不應辟而辟、不應注而注，各以二年成資者並聽理任矣，不應注而權及二年亦聽理任固也。惟是吏部格法，非初任、非有過犯、非已注差遣、非資序越等之人方該辟差，給降付身。今求辟者鮮有不礙格法，辟書之上，吏部雖已疏下，緣有考功理任之法，多是藏匿省符，遷延歲月，以(資)待成資，遂其私計者。乞考功理任條令參照吏部格法，今後從辟之人，如係初任、曾有過犯，或已注差遣受朝廷付身，或資序越等者，雖已成資，不問替闕，皆不在理任之限，庶可以杜僥倖之門，一銓曹之法。」從之。

十三年八月二十八日，吏部言：「欲將使臣校尉所得慶典減年，除往程應格外，並與對半收使，其佗恩賞不得援例。」從之。

十二月九日，詔考功減守當官一人，私名二人。以司農少卿吳燠議減冗食，下勑令所裁定，故有是命。

十四年三月十五日，吏、刑部言：「令大理寺結絕公案批報，以革留滯之弊。」以考功員外郎鄭汝諧申請，吏部注擬、磨勘、陞改等事，並須截會刑寺有無過犯。緣大理寺人吏前後沿襲批報，至有將二十年前罪犯作未結絕、見作公案在寺者，亦許將公罪笞作不見得該與不該取旨者。甚至於一州有失出入之罪，不問官員已滿罷、已未到任，並作有一犯者，遂致吏部不敢[40]放行。間有官員留滯數年，無所控告。照得淳熙九年大理卿潘景珪申請，乞將日前未結絕公案，照明堂赦恩並行結絕，已奉旨依奏。今來本寺更不用此一項指揮，仍舊將經歷年深罪犯批報。乞下大理寺，照潘景珪元請，將淳熙十三年正月一日以前官員所犯，量其公私輕重，日下並行結絕批報，吏部施行，庶免留滯官員注擬、磨勘、陞改。」從之。

十五年九月十六日，詔：「永祐陵攢宮內外巡檢理當名色關陞，今後準此。」以浙西兵馬都監楊曠乞關陞，吏部言：「曠昨任攢宮內外巡檢成二考替罷，當來所降名色指揮不曾該載，雖有申請到徐德榮指揮，攢宮內外巡檢比類諸路州軍巡檢理當名色關陞，緣所降指揮內無今後比類收使之文，本部未敢施行。」故有是詔。

十六年正月二十九日，臣僚奏請諸軍承代之人更不施行相驗年貌指揮。以戶部侍郎、兼權吏部侍郎張杓言：「吏部侍郎右選昨自淳熙三年因臣僚奏請，創造考功編類使臣年甲簿籍，以革減落歲數之弊。自乾道八年諸軍冒名承代者與退減補正官資，至淳熙七年都省批狀指揮，其年甲照應未退減改正前年甲施行。蓋承代之人皆是以少承老，姑俾之從承代人年甲，庶年及不遠，可革磨勘蔭補之濫。至淳熙九年，本部申明畫降指揮，如無以前年甲干照之人，遇陳乞磨勘，從本軍次第結罪，主帥重加相驗年貌，保明 41 委無隱匿不實；如已離軍，亦令本州及知通保明。臣以爲冒名之人與之退減補正，固已爲優恩，所承代者豈無元來年甲？若不從實供報，不與施行磨勘可也；今乃因其不報，許令從權相驗保明，則是開其詐冒之路，然猶未嘗許其有干照重行相貌也。近準樞密院批下興元都統司保明到成忠郎程繪，鎮江府都統司保明到保義郎陳進，皆是承代補正，徑行貌驗年甲具申。尋行檢照簿籍，見得程繪、陳進其未改正以前年甲具有干照，即不應本軍擅行貌驗保明。今來程繪却減落一十三歲，陳進却減落一十一歲，乃知昨來申明貌驗之説，其流弊必至于此。今照得冒名承代者尚有萬五千人，若一一於其將年及之時徑自貌驗，減落歲年，以爲磨勘奏請之地，其僥倖冒濫，何有窮極？乞應諸軍冒名承代人並照應未遞減改正以前年甲，從淳熙七年批狀指揮，其淳熙九年申明貌驗指揮更不施行。」

七月二十八日〔一〕，考功員外郎楊經言：「選人在法前任令録、知令録，有職官舉主三員，非今任停替者，候參選與文林郎。又條帶官别領任與就任循正資序，謂迪功郎係判司簿尉任提刑司檢法官之類。今準慶典指揮，應就任循轉帶行舊任之人，雖有資序，不同月日，並與通理湊作實考收使。本部見已施行外，其間却有非帶官别領職任之人，到官止及兩三月，該遇慶典、赦恩循轉，後來已成三考，有舉主三員，乞將迪功郎月日豁出，依上條循轉。本部却未有施行 42 似此體例。」送部看詳，本部照對：「選人係迪功郎任判司簿尉差遣，到官後該遇慶典覃恩賞循轉修職郎之人，如授修職郎之後已有三考，可作修職郎一任回關陞。如不及三考之人，自合依見行條法。」從之。

紹熙二年二月七日，權考功郎官陳士楚言：「進武校尉在職任人，去歲該遇登極覃恩，合循一資，改轉承信郎。緣在法不是軍功、捕盜上用恩賞改轉，其校尉上歷過年月不許於承信郎上收使，所以似此之人不即陳乞覃恩循資。先用實歷住程年月并理當公據，湊滿五年，陳乞磨勘改轉承信郎，俟後却用覃恩轉承節郎，可以不壞校尉上所歷年月，本部未敢放行。乞指揮，應進武校尉在職任人該遇淳熙十六年二月四日登極赦恩，並合用覃恩改承信郎，却將二月四日以後歷過校尉月日，與作承信郎參選月日起理，如此則不容僥倖，亦不使有觖望。」吏部指定：「照得當來覃恩轉資無釐革年限，所以各人留下，未即收使。近承指揮登極赦與轉官資，以二年滿爲限，過限陳乞，並不放行。今指定，欲與量展半年爲限，所有校尉實歷在今來展限應滿之前及二年六箇月以上，貼用理當湊滿年限之人，從條於校尉上先以放行磨勘。如在展限滿日之後，實歷不及二年六箇月之人，自不許放行磨勘。其覃恩自合遵依展限，申明陳乞收使。」從之。

九月一日，權發遣郢州任世安言：「京西一 43 路六(部)〔郡〕之地，實與敵境相接，除襄陽府、均州、隨州、光化軍、房州五郡官吏任滿皆有恩賞外，止餘郢州一郡獨無推

〔一〕句首原有「十六年」三字，屠寄旁批：「寄據《大典》卷一百九十三校補三字。」按，前條已標「十六年」，今不取。

賞之令。乞與照別路次邊體例，特與放行恩賞。」詔依本路極邊州軍任滿推賞。

同日，吏、刑部言：「準指揮，閤門宣贊舍人依閤門舍人例與理關陞，令看詳聞奏。照得淳熙六年二月十三日降名色指揮之後，使臣須要名色差遣四考，通歷及六年放行關陞。如是武舉出身任閤門舍人，並從專法四考與關陞。本部自後即不曾將不係武舉出身任閤門舍人之人及閤門宣贊舍人理爲名色放行關陞，伏乞照已降名色指揮放行。」詔：「閤門舍人係是召試，與依武舉出身，放行關陞。餘依吏、刑部看詳到事理施行。」

慶元三年十月二日，詔：「選人初官所得關陞職令狀，比附經任人薦舉改官狀，到部日即時理作放散。」從右正言劉三傑請也。

六年閏二月三日，詔：「見任宰執、臺諫子孫宮觀嶽廟既已理爲考任，許令用前宰相舉狀充職司。」

十月十四日，吏部言：「選人歷十五考以上，無贓私罪犯，不拘職司員數，有改官舉主四員，與從減舉主條法放行改官。」從之。

嘉泰元年八月二十九日，詔：「新州縣丞、司理、知録、推官、簽判破格注授之人，許用五紙常員奏舉改官。」以守臣滕安言：「新州水土惡弱，在法教授、推官、縣令、録參係用舉主二員改官，獨破格縣丞、司理、知録、推官、簽判並係四紙 44 常員，一紙職司。今乞仍舊用舉主五員，與免職司。」故有是命。（以上《永樂大典》卷一四六四六）

宋會要輯稿　職官一一

審官東院

【宋會要】

1 淳化三年置磨勘京朝官院，四年改爲審官院〔一〕。又太平興國中置差遣院，至是併入。在宣德門外西北廊。掌考校京朝官之殿最，分擬内外之任而奏之。知院事二人，以朝官充。書令史七人，掌舍二人。熙寧三年，分東西院。《玉海》：五月丁巳二十八日，詔以審官院爲審官東院，置主簿二人。

太宗太平興國六年九月，詔：「應在京朝官、京官，宜差中書舍人郭贄、御史知雜滕中正、户部郎中雷德驤同考校勞績過犯，銓量材器，堪何任使。候要人差使，令中書送贄等定差，具姓名申中書奏呈。並須盡公採訪考校，如涉私徇，當加其罪。仍令贄等點檢班簿，務令齊整。」

八年六月，命刑部郎中楊徽之、庫部員外郎孔承恭同考校京朝官殿最。

雍熙二年四月，命右諫議夫夫、權御史中丞劉保勳同知京朝官考課。

十月，命右諫議大夫雷德驤同知京朝官考課。仍令所差朝官、京官，自今並具其人功過，引見取旨。初，太宗謂宰臣曰：「朕親閱班簿，擇堪河北轉運使者，而臣僚既衆，不能盡識，亦不知其履行。自今可令引對，既得漸識群臣，可以擇才委任，且使有官政者樂於召對，有事得以面陳，負瑕累者亦耻於顧問，懲惡勸善，於是在焉。」

端拱元年六月，以左諫議大夫劉蟠同知京朝官考課。

淳化四年二月，以考校京朝官院爲審官院〔二〕。

五月，以翰林學士錢若水、樞密直學士劉昌言同知審官院。先是，置京朝官考課院〔三〕，又別令校其殿最。至是併而爲一，命若水等主之。

十月，詔審官院：「自今初任京朝官，未曾歷州縣，不得擬知州、通判。」從翰林學士承旨蘇易簡之請也。

至道元年十月，詔：「今後自廣南迴京朝官，須在任及二周年已上者即與兩任近地，未滿二年者只與一任。」

真宗咸平元年六月，詔審官院：「自今知州、通判以不治代還者，並授閒冗釐務。」

四年二月，詔審官院：「京朝官父母年七十以上，合入遠官，無親的兄弟者，並與近地。如有親的兄弟年二十以上者，不在此限。」

四月十五日，審官院引對京朝官于崇政殿，遷秩有差。舊制，郊祀恩百僚多獲序進。真宗即位，諫官孫何、耿望上

〔一〕爲審官院：原無，據《長編》卷三四、《玉海》卷一六八補。

〔二〕考校：《長編》卷三四作「磨勘」，並云：「時金部員外郎謝泌言『磨勘』之名非典訓也，故易之。」則本作「磨勘」。

〔三〕考課院：《長編》卷三四作「差遣院」。

疏請罷之，以塞僥倖。於是郊祀行慶止加勳〔一〕、階、爵邑，而命有司考其殿最，臨軒黜陟之。

景德四年七月，詔：「審官院磨勘京朝官勞績，並限在任官三年已上者方得引對，未及者依例差使，如特令考校引對者不在此限。」初，審官院除在任不理及非時解替外，不限改官月日，考績引對，至是始定年限。

大中祥符八年八月，審官院言：「請以諸道轉運、提點刑獄臣僚差出年月較其遠近，先具磨勘。」從之。又詔令審官院以近地二年半已上〔二〕，遠地二年已上，權與差替，不爲久例。真宗以 2 京朝官候闕既久，奉朝請者頗多，故有是詔。

天禧元年三月，詔：「應緣衝罷降職，及年考而未磨勘者罷降〔三〕，或磨勘而不改官，其後又及二考，罪非踰濫及入己贓，悉條列以聞。」

十月，詔令審官院：「知州、通判、監當、知縣員闕，限一月內差人，仍每月具已差、未差名聞。」

二年四月，審官院言：「在院京朝官經兩次引問未就差遣者，乞一面勘會定差。」從之，仍令每問不得過十日。

三年三月，詔審官院：「西川、廣南得替迴幕職州縣官，因舉奏及特恩改授京朝官，今後且與一任近地差遣〔四〕，次任依例入遠。」

四年十一月，審官院言：「京朝官父母年八十已上者，乞更不問有無兄弟，並乞且與近地差遣。」從之。

五年七月，審官院言：「朝官係荆湖、江浙人者，望比類福建、淮南人，許歸本路守官。」從之。

仁宗天聖元年十月，審官院言：「乞自今在院祇應候差遣京官以疾患申院者，並據狀牒御史臺，依例差醫官看驗，如委實疾患，合與給假，即牒報當院。所貴得見詣實，免有非時妄託緣故規避差遣〔五〕。」從之。

二年九月，審官院言：「準大中祥符七年四月敕，廣南知州軍、通判、知縣到任，候及一年半差替。又準天禧四年四月敕，到任纔及一年半，便仰差替。如未有人差，逐旋擘畫移官往彼，不得有違元限，以此多是在任不滿二年便替。若依至道元年敕，只合入一任近地〔六〕，有此未便。今欲除在任不理及別因諸事未滿替迴人外，應係一年半替迴者，並與兩任近地。」從之。

三年五月十五日，詔：「今後京朝官在京勾當〔七〕，替罷無縮繫，須十日內赴院投納家狀，祇候差遣。如外任得替，令御史臺依遠近程限及有事故出到公據外〔八〕，如違限

〔一〕是：原置下文「邑」字上，據《補編》頁五三一乙。
〔二〕句末原有「者」字，據《補編》頁五三一刪。
〔三〕降：原無，據《補編》頁五三一補。
〔四〕後：原作「復」，據《補編》頁五三一改。
〔五〕時：原作「如」，據《補編》頁五三一改。
〔六〕入：原作「實」，據《補編》頁五三一改。
〔七〕勾：原作「勺」，據《補編》頁五三一改。
〔八〕遠：原作「達」，據《補編》頁五三一改。

兩月已上不到闕，令具事由申奏，當行取勘。」先是，京朝官在京釐務得替，有經三季不赴院納家狀即乞磨勘者，故有是詔。

五年七月，審官院言：「今年六月敕，丁憂服闋京朝官等，宜令審官院依合入差遣資序，並先次與差。本院參詳，若併有服闋官到院，並升先次，則久待闕人必恐難得差遣。今欲應得替京朝官如到院待闕已及三箇月已上者，其丁憂服闋人不許超越姓名，先次差遣，餘準令敕處分。」從之。

六年正月，詔：「今後京朝官須經三任知縣方得差充通判，經三任通判方得差充知州。如有殊常勞績及奏舉人數多者，令審官院取旨。」

三月，審官院言：「本院職掌魏中正隨江仲甫接伴賀乾元節人使，充書表祗應。乞自今審官院職掌，更不許入國并接伴使、副使指射抽差。」從之。

七年三月二十一日，審官院言：「欲自今除特與優便并指定差遣人外〔一〕，其餘官員到院公參日，各令先供欲求所向路分差遣文狀〔二〕。如有情願入遠及折資差遣者，亦各于狀內開說〔三〕。如遇有缺，不拘日限，但經兩度句請問當〔四〕。如 **3** 未就者，即一面勘會所乞路分合入遠近去處，依名次定差。內有自西川、廣南并沿邊不般家州縣得替及丁憂服闋人，許經三度句請後未就差遣，即依前項勘會定差。」從之。

八月，詔：「今後知州軍監、通判、知縣不因公事朝廷非次差移者，並許通計二年理爲一任。」

九月，詔審官院：「自今定差知州、知軍，引見後當日或次日，令到中書審驗。」《玉堂紀事》、《燕翼詒謀録》〔五〕：「審官院定差知州軍並以資歷，不容超越；資歷當得，不容不與。天聖七年九月辛巳，詔審官院定差並申中書，引上審視，若儒庸老疾不任事者罷之。今都堂審察，其遺意也。」

十二月九日，詔審官院：「今後京朝官兩任共計及三年半已上者，依年滿人例差替。」

八年八月，詔審官院：「自今得替京朝官如經知縣、同判兩任內，並無私罪并公過三度杖罪以下者，並與知州、同判差遣，更不用五人奏舉。如有私罪及公過三度內有徒罪已上，即依前降條貫施行。情理重者，奏取指揮。若三任內曾犯贓罪者，不在升陟之限內〔六〕，雖有奏舉不行。」

九年二月二十三日，審官院言：「廣南官請自今從京差者，須舊官在任一年半以上〔七〕；從江浙、荊湖、福建移授者，須二年。並前六十日差移〔八〕。」從之。

〔一〕便：原作「使」，據《補編》頁五三一改。
〔二〕供：原脱，據《補編》頁五三一補。
〔三〕說：原作「設」，據《補編》頁五三一改。
〔四〕句：《補編》頁五三一作「勾」，下文「三度句請」同。疑是。
〔五〕燕翼：原作「翼燕」，徑改。下文見該書卷三。
〔六〕陟：原作「徒」，據《補編》頁五三二改。
〔七〕句末原有「者」字，據《補編》頁五三二刪。
〔八〕「十」下原衍一「十」字，據《補編》頁五三二刪。

五月六日，審官院言：「京朝官有自本院移任，并計轉官及三期者，未委便理朝廷非次移任，爲復別須朝旨？」詔須自近入遠者，聽以三期爲限。

景祐三年三月十九日，審官院言：「在院見管官員九十二人，少得缺員，欲並以到任一年半使闕。候見任官滿三十月，許赴任交替。內元是丁憂、移任，及二年半許使闕，並候三年交替。」從之。

五年十月二十三日，審官院言：「乞今後京朝官受差遣時隱匿不言親戚妨礙〔一〕，到任後乞就移者，並與移遠路小處。」從之。

寶元元年十月，詔審官院，臣僚陳乞親屬差遣，如係京官，並須年及格，仍試書札、讀律，方聽出官。

二年正月二十八日，審官院言：「舊制，京朝官到院日，各指定所入三路。自景祐四年十二月詔，始不拘路分，而率意擇地，其闕官處擬奏不行。今請復令指定三路〔二〕，如經三問闕不就，並從本院據合入遠近定差〔三〕。若丁憂服闋并自不般家地分替者，更許一問。」從之。

慶曆四年正月，詔審官院，如批降旨揮後有合奏請事，令主判官別取旨。從判銓王質之請也。

二月，以天章閣侍講曾公亮刪定本院條貫。至和二年十二月，又令編修皇祐三年以後衝改者。

五年九月四日，詔審官院：「自今京朝官嘗爲監司體量、及半年無顯狀者，先奏上中書。」

皇祐五年九月，詔審官院，授差遣及半年者，毋得以堂除人衝之。

至和元年十二月，詔審官院：「內外官自酬獎處代還，毋得復入有酬獎處。」

二年五月八日，新差知河陽呂公綽言：「切見審官院
4 近歲以來爲守〔闕〕待差〔遺〕〔遣〕人衆，不住擘畫，預使向前員闕。臣今擘畫〔四〕，其預使員闕注擬依舊外，所有見在任官，即令審官院勘會作先朝合差替月日限之制，於差狀內開說，及期方降替敕。」從之。

嘉祐二年五月，詔審官院：「今後更不許自投文字磨勘。其任西川、廣南官歲滿前三月，餘路前兩月，令本院預舉行之。」

三年十月二十二日，審官院言：「見祗應差〔遺〕〔遣〕京朝官員多闕少，住京至一二年，深見不易。應在院未有差遣者，乞並許請假出外，等候缺次。所降劄子更不言定日限，候至名次稍高，任自參假赴院。」從之。

五年六月，詔審官院：「京朝官入西川、廣南、福建路差遣，而用薦舉規免者，委本院執奏之。」

七年三月，詔審官院：「奏補京朝官初該磨勘者，自今

〔一〕差：原作「使」，據《補編》頁五三二改。
〔二〕「三」下原有「任」字，據《補編》頁五三二刪。
〔三〕入：原作「實」，據《補編》頁五三二改。
〔四〕今：原缺，據《補編》頁五三二補。

須有舉主一人，方聽改官。」

英宗治平元年四月〔一〕，知審官院王珪奏新編本院敕十五卷。詔行之。《中書備對》：「審官東院差遣知院二員，主簿二員。」

審官西院

神宗熙〔寧〕三年五月二十八日，詔：「國家以西樞内輔，贊翊本兵，任爲重矣。而狃于舊制，自右職陞朝以上，必兼擇而除授之，是以三公府而親有司之爲，非所以遇朕股肱之意也。今使臣增員至衆，非張官置吏以總其事，則不足以一文武之法，而礪中外之才矣。宜以審官院爲審官東院，别置審官西院，差知院官兩員，專管閤門祗候以上諸司使磨勘、常程差遣。應有合行事件，並仰知院官條(例)〔列〕以聞。俾銓叙有常程，黜陟有常守，官修而紀律振，任專而考察精，庶熙治綱，咸體朕志。」以天章閣待制齊恢爲知院，兵部郎中韓縝同知。

是月，詔以太常禮院爲審官西院，從參政王安石、韓絳之言也。省樞密院六十有二事歸之。併禮院歸本寺。本院吏人依東院例抽差，本院公使錢及知院官請給、當直人等，並準東院例。

六月，以大理寺丞張靚、光禄寺丞趙子雲並爲西院主簿，從知院韓縝奏舉也。

九日，詔審官東、西院之印各六字爲文，令少府監鑄造，送禮部給付。

二十三日，詔：「本院日逐主判官員自早入局，須候中書、樞密院出方得出院。如有兼職去處，不在此限。本院不許接見賓客，諸司使已下至崇班并閤門祗候除整會差遣磨勘到院公參外，即不得擅入。司房應公報本院公文，並依東院例。」

二十五日，詔：「大使臣磨勘文字見在院祗候差遣之人〔二〕，依審官東院例引見，更不告謝。」

七月八日，樞密院劄子：「勘會大使臣脚色、年甲、歷任功過最係要切，照驗行使。若不住令將出入，切慮别致改易增減。今後候見密院貼子取索脚色，即時用複封印，差人供納。才候檢用畢，却令逐房副承旨封記書押，送還本院，當官交割。」

八月一日，西院言：「乞差軍頭司洒掃兵士五人，節級一名。」從之。

四日，西院言：「西京左藏庫副 5 使、衛州兵馬都監曹説，揚州管下瓜洲鎮沿江巡檢、内殿承制張文英，各爲本處奏病患，乞差官充替，已施行外，令候到闕體量，未委合屬何處。」詔西院(中)〔申〕宣(徵)〔徽〕院依條體量，仍今後應有年老病患替使臣準此。

〔一〕宗：原作「中」，據《補編》頁五三二改。
〔二〕臣：原作「陳」，據《補編》頁五三三改。

二十七日，編修中書條例所看詳：「奏舉大使臣、崇班以上内外監當差遣，自來係中書行遣，欲乞將應用條貫頒下西審官院。今後只批狀本院，仰檢用前後條貫，移問逐處官司，如别無違礙，即具奏差。仍開坐合行條貫及本官資序，委中書點檢施行，仍令本院一面申樞密院并牒三司。其受納守給應合行事件，仰三司檢舉，依例指揮，中書更不降劄子下逐處。」並從之。

九月，西院言：「沿邊三路選差官去處，其大使臣年少才武，有舉主而未歷邊任，故事不許選差，望許之。」從之。

十一月十五日，著作佐郎胡宗師爲審官西院主簿，代太常博士閻灝、將作監主簿沈遼。以同知院、尚書度支郎中王克臣奏灝等不職，故並罷之〔一〕，仍自今止置一員。

五年十二月六日，右諫議大夫、知審官西院事沈立等上新修本院條貫十卷，《總領》一卷。

七年十月二十六日，樞密院言：「今後元係路分都監、知州軍已上合降差遣，依舊令樞密院量情罪差注。看詳立條之意，蓋爲武臣有久歷任使，官序已高，或情理至輕，故令本院差注。然其間却有係小處知州軍及初入路分都監〔二〕，因事衝替、差替到闕，情理稍重，一例與本院差注，比之審官待闕，顯屬太優，無以懲戒。況文臣職事偶坐不職，尚送審官東院差遣，與此頗同〔三〕。欲今後大使臣任路分都監、知州軍已上合降差遣，除係横行使副以上及今來降充州鈐轄之類、審官無窠名闕次者，並依上項指揮外，其餘並量所坐輕重，臨時取旨與本院差遣，或送審官西院。其小使臣特旨責降，亦乞準此。」並從之，仍逐次擬進取旨。（以上《永樂大典》卷一六六六一）〔四〕

磨勘

6 太祖建隆二年五月十七日，右監門衛將軍魏仁滌等以監臨酒麴市征額外有羡利，並命遷秩。故事，文武常參官以曹事繁省爲月限，考滿則遷，慶恩止轉階、勳、爵、邑。太祖循名責實，非有勞者未嘗進秩，自是歲滿叙遷之典不復舉。

真宗咸平四年四月十五日，審官院引對京朝官于崇政殿，遷秩有差。舊制，郊祀恩百僚多獲序進。（太祖）〔真宗〕即位，諫官孫何〔五〕、耿望上疏請罷之，以塞僥倖。于是郊禮行慶止加勳、階、爵、邑，而命有司考其殿最，臨軒黜陟之。

五年六月二十二日，詔：「審刑院詳議官、大理寺權少

〔一〕並：原作「能」，據《補編》頁五三三改。
〔二〕初：原作「物」，據《補編》頁五三三改。
〔三〕與此頗同：原作「除係横行」，據《補編》頁五三三改。
〔四〕《大典》卷次原缺，陳智超據《永樂大典目録》定於卷一六六六一，今從之。該卷爲「院」字韻、「吏部選院等院」目。
〔五〕何：原脱，據《群書考索》後集卷一五補。

卿、詳斷官今後三年滿無遺闕，磨勘引對遷官。如任内曾遷者不在此限。」故事，凡本司官滿，方有叙遷之文。今刑法司悉是他官兼領，故特降詔以勸盡心焉。

八月十六日，以祕書丞、直史館、判三司度支勾院孫冕爲左正言，度支判官、祕書丞孫航爲監察御史，倉部郎中、直秘閣潘慎修爲考功郎中，都官郎中、直史館劉蒙叟爲職方郎中〔一〕，太常博士、直史館盛玄爲屯田員外郎，秘書（承）〔丞〕、直集賢院劉騭爲太常博士，著作佐郎、秘閣校理戚綸爲太常丞，光禄寺丞、直史館張庶凝爲著作佐郎，職如故。先是，京朝官任中外職事受代者〔二〕，考課引對，多獲叙遷，而計司、三館不預兹例，有久次者。内出姓名，故有是命。

十二月十三日〔三〕，詔：「審官院考較京朝官今任五年以上無贓私罪者以名聞，當議遷其秩。諸路轉運使副〔四〕，令中書進擬。」帝以郊恩，例加勳階，恐有久次宜旌别者，故降詔焉。

景德四年七月四日，詔：「審官（院）考較京朝官課績，見任官三年已上者方得引對。特令考課者不在此限，丁憂者除丁憂月日外及三年方得磨勘。」先是，京朝官代還無殿累者皆考覈引對，至是始定年限焉。

大中祥符（九）〔元〕年六月三日〔五〕，三司言：「準詔檢勘監榷貨務、香藥庫使安守忠，供奉官、閤門祇候黎守中監臨三年〔六〕，都收緡錢比未改法增八百四萬九千餘貫。」帝嘉其幹職而不擾（不），擢守忠叙州刺史，守中内殿崇班。

四年八月十五日，詔：「自今兩省、御史臺官須【7】文學優長，政治尤異者特加擢拜，遇慶恩不得以他官轉入。其東頭供奉官至閤門祇候，高品至殿頭，内供奉官至崇班，並不得一例遷授。其不預改者，當議優與差遣，增其俸給。」

八年正月一日，赦書：「應京朝官兼在京職任及監臨務局者轉官及三周年，並令審官院磨勘引對。外任官及三周年者，許具歷任功過申審官院檢勘以聞。」

二月，中書門下言：「舊例，臣僚奏舉幕職州縣官，並下流内銓勘會，復申中書，然後取及六考内令銓司磨勘引見。欲令後未及六考者，更不下銓。」從之

閏六月，詔：「應今後幕職州縣官得替無遺闕，止少一月以下不成考者，宜令銓司引見時貼出，仍具成考合入資叙一處取旨。」

九年八月三日，詔：「兩省官并龍圖閣待制、三司副使以上自汾陰後來未經遷轉者，並特與轉官。」翰林學士李維已下十人並進官，用是詔酬久次也。

〔一〕蒙：原作「家」，據《麟臺故事》卷四改。
〔二〕者：原脱，據《長編》卷五二補。
〔三〕十三日：按《長編》卷五三在二十五日丙戌。
〔四〕使副：原倒，據《長編》卷五三乙。
〔五〕元年：原作「九年」，據《長編》卷六九改。
〔六〕黎守中：《長編》卷六九作「黎守忠」。

九月二十七日，詔：「外任京朝官，故事代還方許考課引對。其或就移及過期不替，有累年不遷者，自今但轉官及三周年，雖在外，並磨勘以聞。」

天禧元年二月十三日，詔：「京朝官改秩至今年正月十一日及三歲，不限中外職任，但非曾犯入己贓，令審官院磨勘以聞，當議遷陟。」帝以昨經大禮加恩，止於勳、散、爵、邑，故優其歲滿及犯輕者，令考覆之。

三月十三日，審官院言：「準詔京朝官秩滿三年、歷任無贓者，磨勘以聞。今參詳內有非時衝替及因罪降差遣未滿一任，或曾經考課不轉官者，欲更不勘會。」詔應前項人俟更及三年、非贓濫者，悉許考校以聞。時帝謂宰臣曰：「京朝官有曠弛不治、衆所共知而無顯過者，考課之際，第以久次遷擢，非勸沮之道也，宜志之。」

八月二十二日，詔：「伎術人雖任京朝官，審官院不在磨勘之例。」

二年六月一日，詔三班使臣經汾陰轉官後及七年者，許令磨勘遷秩。

七月十日，赦書：「京朝官丁憂及勾當事就移經七年不改官者，審官院勘會，特與轉遷三年。」

三年六月二十四日，詔審官院：「應轉運使副、提點刑獄、內外帶職兩省、臺官并京朝官等，轉官及三年以上者[一]，如在外仰逐處收接歷任文狀，附遞送審官院磨勘進呈。內有得替到闕及在京見勾當者，亦與磨勘引見。如在京三年，已經磨勘改轉或尚且依舊勾當者，即直候得替更及三年已上，再合磨勘，依例施行。其內外有未磨勘間便遇朝廷差使者，如合該磨勘，即先次磨勘[二]。如昨已經勘會轉官及七年，曾具申奏，并因公事降差遣移任，無例磨勘者，不在此限。」

七月，審官院言：「準詔磨勘內外臣僚，合具申請。在京勾當臣僚已經磨勘轉官，仍舊勾當，即候得替更及三年再合磨勘者，參詳如見勾當未罷者，即準前詔，直候得替磨勘。如朝廷特更留一任或量留年限者，欲8望每任及三年亦與磨勘。又京朝官轉官雖及三周年，曾經磨勘引見及奏名，亦該七年申奏者，雖不轉官，亦望自磨勘後重敘三年，方得磨勘。如未經取旨，特旨別令磨勘者，不在此限。又勾當事京朝官自降勑以前差遣者，即準前詔一例磨勘。降勑後方就差遣，其間多有改官已及三周年者，參詳未勾當事以前雖不該磨勘，乞朝廷相度，如勾當後及一年或二年，若別無遺闕，即許將前來年限通理，亦與磨勘。」詔：「臣僚磨勘歷任文字，仰本院并將自前已磨勘歷任功過一處開拆進呈。降勑後就差遣者改官已及五年、勾當事及一年，并改官及三年、勾當事及二年者，並特與磨勘。餘悉依奏。」

[一] 轉：原脱，據《長編》卷九三補。
[二] 即先次磨勘：原脱，據《長編》卷九三補。

九月，審官院言：「京朝官在任三年以上未改轉者，磨勘到文字，欲送中書門下進呈。」從之。

十月，中書門下言：「三司判官、轉運使副秩滿當遷者[一]，但進士及第或帶館職者，欲皆授名曹[二]。」從之。

十一月十九日，赦書：「京朝官遷秩及三年者，並與改官。歷任曾犯贓罪經七年者，委中書門下取旨。掌事三班使臣及磨勘年限者，並與改轉。班行内曾犯贓罪經十年者，委樞密院取旨。掌事殿直已下至供奉官帶閤門祇候自今及五年未遷者，令樞密院考課以聞。其三班使臣年限合該磨勘，自今雖在外任，並與施行。」

四年五月八日，將作監丞、通判果州張觀言：「父居業見任越州支使，年踰耳順，猶滯選門。今蒙恩改秘書郎，願以回授。」詔流内銓召居業考課引對，其秘書郎告勑仍以授觀[三]。」

五年正月七日，宰臣言：「考較京朝官、幕職州縣官内有合該遷秩及定差遣恩例，伏緣多值假日，欲具舊例擬定進内。」從之。

二月七日，(該)〔詔〕内、外京朝官經磨勘不改官，後來無私罪通及四年者，並與遷官。

五月，詔審官院，自今京朝官考績及授任合引對者，並于資善堂呈引。

乾興元年仁宗已即位。三月八日，樞密院言：「赦書，閤門祇候並與加恩，勘會人數，並轉一資。供奉官至借職，欲令三班院具人數供申，候到，轉一資。内有年限已滿、自合改轉者，並轉兩資。寄班祇候使臣亦同此例。」並從之。

九月二日，司天監丞徐起等言：「遇真宗御樓及今上即位，兩覃慶澤，只蒙一次轉官及加階，乞援京朝官例遷秩。」詔今後司天監并諸色伎術等官，並不得依京朝官例磨勘、加階、轉官。

十二月，詔：「三班差使殿侍在外歲滿，許逐處取索功過文驗入遞，委三班院磨勘，當與就轉官，自今不得妄作名目差遣入京。」

仁宗天聖元年四月一日，中書門下言：「準中旨取内外文資陞朝官出身、歷任功過，令編寫班簿進内。所有郎中以下至京朝官係審官院磨勘差遣，見今本院供寫。其尚書丞、郎、給諫、兩制等官職崇進，備知才力，見委寄内外差任，更不編寫 [9] 歷任。」從之。

二年正月，吏部南曹言：「選人磨勘例問刑部有無過犯，定奪公私罪名，又恐其間曾有負犯或奏按在大理寺未經奏斷，即刑部無由得知，自今更乞會問大理寺。」從之。

八月十九日，帝問中書門下，凡銓曹磨勘選人中有私

〔一〕「秩」字原在「遷」字下，據《長編》卷九四乙。

〔二〕名：原作「命」，據《長編》卷九四改。按宋林駉《古今源流至論》前集卷六：「六部分二十四司，吏、户、禮三部及司封、度支、祠部爲左名曹，兵、刑、工三部及職方、都官、屯田爲右名曹。」

〔三〕仍：原無，據《長編》卷九五補。

罪者如何，宰臣曰：「所犯罪情理各有輕重，只如墜笏、失儀、趁衙謝不到，但不緣公事，皆爲私罪。」帝曰：「今後似此等私罪，並與相度陞陟。」

三年四月十二日，太常博士、直集賢院程琳言：「蒙恩改官今三周年，合該磨勘，緣差接送伴賀乾元節人使，乞依外任例，不候到闕，先次磨勘。」詔琳特與轉官。

十五日，審官院磨勘到秘書丞、秘閣校理陳詁歷任功過，引見。詁先爲王欽若辟充西京判官，後因欽若疾病，擅離任所，坐累降充襄州監酒，復滿三年，合該磨勘。詔詁特與轉官。

二十五日，流内銓磨勘引對翰林侍講學士孫奭所舉滑州觀察判官董儲。詔特與太子中允。儲進士策名，任兩使判官，資序合入太常博士。以歷任有過，曾笞決部民致死，特令近下除官。

五月十八日，中書門下言：「應合該磨勘京朝官并選人，欲今後更不擬定合與恩澤，只是歷任功過進入，旋取旨。」從之。

七月六日，權御史臺推直官、殿中丞程賁言：「轉官已三周年，審官院以爲權差未罷，不許校課引見。」詔與磨勘，今後在京差遣並准此。

二十七日，審官院言：「得益州路提點刑獄張逸狀，先授太常博士，改監察御史，通及三年。」詔依例磨勘。

九月六日，中書門下言：「應京朝官經登位覃恩轉官後及三年者，並依景德四年七月勑施行。其移任或不因公事非時除替及歲未滿别授差遣或特恩任使者，〔侯〕〔候〕轉官及四周年以聞。其天禧三年六月詔書更不用。」從之。先是，京朝官有任滿三年，不候到闕，於所在申發文字，便許磨勘改轉，考績之制頗爲濫易，故申明景德條制焉。

五年四月六日，三班院言：「先準敕，閤門祗候及未轉遷者並與磨勘，未審止其年當滿者，爲復今後以五年爲例〔一〕？」詔自今後經轉官及五年者並與磨勘。

五月十六日，左侍禁、閤門祗候潘承規、符惟忠言：「轉遷班行今已五年，昨因祗候失儀罷職，不曾停官，已復舊制，欲乞磨勘。」詔特與磨勘，不得爲例。

六年正月四日，詔：「閤門祗候經歷邊任及中外委使者特與五年磨勘，餘並具功過奏裁。」

二月，詔三班磨勘閤門祗候〔依〕京朝官例，進歷任脚色二本，一留中，一付樞密院。

三月十六日，詔：「見勾當事並帶職任京朝官該用景德四年七月勑條磨勘者自依前勑，其餘不以在京及外任，候轉官及四周年，令審官院磨勘以聞。」

九月十九日，審官院言：「國子博士尹熙古轉官六年，緣是御書院待詔除官，未敢以京朝官例磨勘。」詔：「熙古特許磨勘，今後待詔 10 出職只補班行，不得與文資。」

〔一〕爲：原無，據文意改。「爲復」，選擇疑問句連接詞。

七年二月，詔：「殿直至供奉官充閤門祇候者，自今勾當事或閤門祇候應實及五年，方許磨勘。內曾犯贓私罪、因事差替、年老、病患，並須奏裁。」

五月二十六日，詔：「如聞三班使臣磨勘，吏人邀滯，妄作會問，其令知院官自今置簿，依投狀名次編(绿)〔録〕，疾速按驗。如須會問，所至限一兩日回報。自投狀至引見與限半月，不得漏落功過。犯者稍涉弊倖，人吏當從決配。」

七月，直史館、判吏部南曹洪鼎等言：「幕職州縣官投納文字，南曹問諸處元定敕限，三司只許七日，動經月餘始報。欲乞依天禧二年劉楚起請，京朝官、使臣、幕職州縣官曾差專監場務，候替令逐州比較增虧，有無責罰，明書曆子及都帳，送勾磨勘，齎赴投納，一依敕條會問同否磨勘。如祇是提舉，元非專差監當，替日造帳，比較增虧。勾磨畢，齎赴闕，於審官院、三班院、流內銓投納，逐處據帳施行，更不會問三司，所貴簡便。」詔令三司詳定。既而上言：「京朝官、使臣、幕職州縣官差在外，比給曆子，各書功過，替日更給解由及都帳付本官親執赴闕。其審官院、三班院、流內銓並不用曆子，解由爲憑，更須會問三司、刑部、大理寺，枉成稽擾。今與大理寺、刑部、銓曹同議，欲自今在任監臨一界課績，令對比前界年月日收數。并立祖額，遞年比增虧并應合書事迹畫一，竝批上曆子。替日更令逐州造都帳入遞，至所磨勘處投納，便委審官院、三班院、流內銓磨勘施行，更不會問三司。或諸州有批書、造帳不如式，致有增減，並從違制定斷。其應內外官犯罪斷敕內，自今更請添寫一道，下審官院、三班院、流內銓照證磨勘，亦不更會問刑部、大理寺，往復爲勞。」從之。

十一月六日，詔：「京朝官磨勘，令審官院今後京朝官並依景德四年七月四日詔書，須到闕已前轉官及三周年者。如到闕未滿三期者，候及四周年亦與磨勘。其任西川、廣南並候及三周年，許令在任申發文字赴審官院磨勘。」

八年五月六日，詔審官院：「廣南、東西川見任京朝官，今後如歲滿合該磨勘，文字已到，不以在任、得替，並具殿最以聞。」先是，太子中舍、知大寧監尹仲宣自陳改官自去秋已滿三年〔一〕，雖賫伐閱上有司〔二〕，于今不報，如此則遠方官吏俟代乃得考校，常引歲月，與詔限不相應。因下此制。

八月六日，審官院言：「準去年十一月六日詔書，磨勘京朝官年限，參詳多有得替後轉官未及三周年，却準諸處公文差遣勾當〔三〕。在路託故拖延，候及三周年方始到闕乞磨勘。欲請自今京朝官並須得替已前及三周年即得磨

〔一〕監：原作「府」，據《長編》卷一〇九改。
〔二〕伐閱：原作「代關」，據《長編》卷三〇九改。
〔三〕遣：原作「官」，據下文重引同句改。

勘。其西川、廣南得替，在任不曾磨勘，到闕及三周年者，許與磨勘；如到闕未及三周年，即候次任及三周年日，許依例磨勘。又自來所差京朝官內，除西 11 川、廣南依例以到任月日爲始差替外，其餘不以遠近，並以授勑年月爲始，近地隔兩月，遠地隔一月，差人交替。其新授官員多是纔授勑便赴任，是致見任官未滿交割。欲望並令候見任官以受差勑年月，近地及三周年、遠地及三十箇月，滿日即得赴任，及乞於差勑明言替某人某年某月滿闕。所貴見在任官至得替、轉官未及三周年者，免有叙述陳乞。其遠地三十箇月得替，如在任不曾磨勘者，即候到闕及三周年，許與依例磨勘。又得替後轉官未及三周年〔二〕，却準諸處公文差遣勾當公事方及年限者，並不在磨勘之限。又京朝官先因公事并有因依替移及降差遣者，自來不以年限無例外任磨勘，須候得替到闕。其間或有朝廷就移任使三兩任者，本院自來別無條例。欲望自今以移替及降差遣年月爲始，後來及三周年，通計未移降差遣前轉官及五周年者，不以到闕、在任，並與磨勘。其在外京朝官在任未滿，不因公事朝廷非時移替，在任不曾磨勘轉官者，後來通計及三周年，不以到闕、在任，並與磨勘。如到闕未及三周年，即候次任及三周年，與依例磨勘。」並從之。

十二月十三日，審官院言：「準詔，京朝官在任未滿，不因公事移替，轉官及三周年，不以到闕，並與磨勘。欲乞應是因人陳乞，部内有妨礙替移差遣，依勑磨勘。如是因陳乞或奏舉陞陟非次擢任之人，不在通計(二)〔三〕年磨勘之限。」詔除因陳乞移替依奏外，餘如前詔。

十年二月，殿中丞、同判南安軍沈嘉言：「昨知福州長溪縣，就移今任，轉官已三年，審官以臣元是本院定差從遠入近，不該磨勘。若中書移授，縱自福建移近京，亦許磨勘。比方未均，望申條約。」詔自今後不以中書、審官，但多移者〔三〕，須自近移遠，即三年磨勘。

明道二年七月十七日，侍御史知雜事、權同判流内銓李紘言：「近勑臣僚奏舉幕職州縣官充京朝官，令銓司勘會，如已成資，抽來磨勘；如未成資，即候成資。欲乞並許抽來磨勘引見。」詔及六考已上，令銓司更不候成資，抽來磨勘引見。

十月十九日，太常丞、直史館鄭戩言，應内外勾當事京朝官乞依舊每三周年一次磨勘轉官。詔可。

景祐元年正月二十三日，中書門下言：「前詔，應勾當事京朝官轉官及三周年並與磨勘。欲令審官院，應差移入西川、廣南者，今後並許預先三兩月申發文字，候到本院，疾速磨勘；纔及三周年，便與申奏。諸處因公事移替係降差遣者，候轉官及四周年，即依例磨勘。」從之。

〔二〕「又得替」至「後轉官未及三周年」之間，原有「磨勘者，即候到闕及三周年，許與依例磨勘」數句，與「又得替」前數句爲重文，今據上文删。

〔三〕多：疑當作「就」或「差」。《長編》卷一一一叙此事云：「詔京朝官就移差遣，不拘以中書、審官，但自近移遠者，即及三年，並與磨勘。」

二月九日，詔：「今後諸司副使特轉正使，於見任副使額下五資除授〔一〕，磨勘即依條例。」

十月九日，龍圖閣直學士李若谷言：「三班使臣，臣僚奏舉，乞依舊例 12 引見。」詔自今後員外郎、諸司使已上方得依條奏舉，仍七人内須有轉運、提刑一員，即與磨勘。

二年五月十九日，詔大兩省官以上，今後轉官及四周年，逐旋取旨。如有殿罰者，候及五周年。

九月二十二日，詔：「内臣不得投進文字及御前陳乞轉官。如入仕三十年已上，曾累有勞効，經十年不曾（選）〔遷〕轉，勘會取旨。御藥院勾當轉官及五周年，與轉一資。如自轉官後來更在院勾當及三周年，不因過犯差替出院者，亦特與轉一資。」

二十七日，詔：「諸司使副至内殿崇班、内常侍、閤門祇候等，今後除依元定年限磨勘久來體例合該改轉外，不得輒進文字并於御前叙述勞績，求非次轉官差遣。」

十二月十五日，流内銓言：「乞今後如節察判官一任得替改轉，進士與太常寺丞，餘人即中允、贊善，經兩任已上方轉太（傅）〔博〕、殿丞。兩任判司簿尉，進士諸寺監丞，餘人大理評事。三任七考已上，進士與大理寺丞，餘人諸寺監丞。」詔（令）〔今〕後節察判官轉朝官依奏，餘不行。

十六日，審官院言：「準勑，内外勾當者京朝官並二年磨勘，因公事移替降差遣者四年，乞今後犯贓者五周年磨勘。」從之。

三年三月二十七日，審官院言，諸路提點刑獄得替磨勘，緣先來並差官置司。詔只令審官院依例磨勘。

四年九月二十二日，益州路提點刑獄樊守忠言：「伏見審官移入川廣京朝官該磨勘者〔二〕，許先三兩月申發文字。今後見任川廣諸司使副、三班使臣，乞如京朝官例。」從之。

五年八月二十五日，審官院言：「京朝官該三年磨勘，内有歷任犯贓私情重者未有條貫，乞今後別立貼黄述所犯情理，送中書省取旨。或未改轉，或添年限。」詔分明貼出取旨，不送中書。

寶元二年六月十一日，臣僚上言：「欲乞應奏舉官並須六考以上，方許銓司磨勘引見，内有曾犯私罪者量加一考。」詔除今月已前舉主人數已足者依舊外，餘如所請。

十月二十二日，審官院言：「欲乞奏廕子弟改官及五年，勾當事及一年，在任爲監當虧課利一分以下并公罪杖以下，並候勾當事三周年磨勘。其虧課利一分以上，私罪不計輕重，公罪至徒，並勾當事三周年磨勘〔三〕。」從之。

康定元年九月二十四日，權同判吏部流内銓吳育言：「銓司舉官條制内，有曾犯贓私罪不許奏舉，今請應選人曾

〔一〕資：原作「次」，據《長編》卷一一四改。
〔二〕「審官」下疑脱「院應差」三字。前文景祐三年正月二十三日條云「欲令審官院，應差移入西川、廣南省」云云，可證。
〔三〕三年：疑當作「五年」，參上文景祐二年十二月十六日條。

犯贓私罪，除情理重者無復在官，若所犯稍輕，叙用後經兩任别無私罪，顯有材能者，並許奏舉磨勘，比類流外選人换補班行。其選人歷任内有踰濫罪名者，更不引見。」詔令内外制臣僚與判銓官同共定奪以聞。遂請選人曾犯贓罪只是受湯藥酒食果茹之類，身非監臨，計贓不滿匹；買賣剩利非彊市者杖六十以下罪，後來兩任不曾有過私罪者，舉主十人，許與磨勘。曾犯踰濫，若只[13]因宴飲伎樂祗應偶有踰濫，須經十年已上，後來不曾更犯罪，並與引見。從之。

慶曆三年七月，陝西宣撫使韓琦、范仲淹言：「陝西、河東沿邊州軍及城寨主兵武臣例皆五年磨勘，既與内地勞逸不均，故多不願就邊任，以此將佐而下常患乏人。況戰守之地，責其死節，苟循常規，將何以勸？望令陝西、河東沿邊州軍及城寨主兵武臣在任滿三年者，並特轉一資。如經改官而舉留再任者，滿日更與轉一資，並不隔磨勘。」從之。

十月，詔曰：「唐虞稽古，建官惟百，能哲而惠，克明俊德，然猶三載考績，三考黜陟幽明。周制太宰之職，歲受百官府之會，以詔王廢置，三載則大計群吏之治而誅賞之。故考課之法舊矣。祥符之際，治致昇平，凡下詔條，主于寬大，考最則有限年之制，入官則有循資之格。及比事邊，因緣多故，數披官簿，審閲朝行，思得應務之才，知虧素養之道。然非褒沮善惡則不激礪，非甄别流品則不憤發，特頒程式，以懋官成。自今兩地臣僚非有勳德善狀，即不得非時進秩。或非次罷免者，仍不以轉官帶職爲例。兩省已上自來四年一轉官，今並具履歷取旨。京朝官磨勘年限内私罪人并歷任内曾犯贓，先具元犯入己不入己、情理重輕，并今磨勘年限内有無勞績及舉主人數，主判臣僚奏取旨。若磨勘後再及三年，内贓私罪杖以下經一次，取旨。徒以上經兩次，如能自新，於年限内别有勞績，及有同罪舉主三人，又無私過者，更不取旨。其到審官院人，于元指射路分内受差遣，及未到院以前并受差遣以後，待闕及得替赴任公程月日，並許通計磨勘。如於元指射合入路分有闕不就，則將守候差遣半年及得替赴任公程外住滯數日，並不得理入磨勘之限。其京朝官上章陳乞，并于中書、審官院求就京差遣者，並五年磨勘。如因省府等處保舉及用條選差在京勾當者勿拘此制，即不得舉選見任兩地并兩省、臺諫官有服紀之親。凡有善政異績，或勸農桑獲美利，或差鞫刑獄累雪冤枉，或在京監當庫務能革大弊，因而省費錢物萬數多者，量事跡大小不隔磨勘，或陞差遣。其選人未該磨勘而有上項勞績者，亦與比類陞擢。若朝官轉員外郎，須自歷陞朝官後有安撫轉運使、提點刑獄或清望官伍人同罪保舉，并三周年内無私罪者，方得磨勘。員外郎轉郎中，郎中轉少卿亦如之。其舉主不足者增二年。少卿監轉大卿監，并轉諫議大夫，並取聖(選)[旨]。」

慶曆四年正月，詔審官、三班院、流内銓磨勘轉官，如批降指揮後有合奏請事，令主判官别取旨。先是，判銓王質言：「伏見先朝審官院、三班院、流内銓引見磨勘差遣人，並臨時取旨。自天聖垂簾之後，皆前一日進入文字，内中批定指揮。其間雖有功過，[14]有司不敢復有所陳。今請如先朝故事，更不預進文字，並于引見日面與處分。」故下是詔。

二月十四日，詔審官院：「自今磨勘發運、轉運、提刑朝臣，更不限舉主人數，只據在任勞績取旨。」

六月五日，詔審官院：「應京朝官内外差遣合磨勘者，自近降敕到院日前轉官及一周年者，且依舊制年限磨勘一次，其餘改更今後且依新制。應守候差遣者，每月一度請問合入路分。内有闕不就及半年，則將守候差遣半年外月日不理入磨勘之限。得替赴任有押水路綱運并附綱到闕者，令在京排岸司點檢本綱行程曆，且在路計若干程，内阻滯月日顯有因依者，批入本官到任曆子。其陸路驛程并水路乘私下舟船元無行程文曆，若有阻滯月日因依者，限降指揮到日，即隨處州縣各出給公據，候至磨勘日，仰審官院點檢阻滯月日顯有因依文據者，並許理入磨勘。若以私故住滯日限，遠地累及一月已上、近地累及半月已上者，並不理入磨勘之限。朝旨給假者，除往來公程并元給假日外月日，不得理入磨勘。其元無日限者，除程外以一月爲限，如限外日數更不理入磨勘。如在任所顯有事故請假者，即許理入磨勘。」

十一月，審官院言：「三司判官、開封府推判官、天章閣待制及官職嘗任提點刑獄，各係清要資序，請自今磨勘改官更不限舉主人數。」從之。

五年正月二十六日，詔：「今後應諸處官員因被彈奏，雖不曾取勘責罰，但有因依非時改移差遣者，並四周年磨勘。」

六年五月八日，權御史中丞張方平言：「切見中書、樞密院近歲除官多預批旨，候半年或一二年與官，或改職。且遷除體例率有常制，其顯著勞効，理應甄賞，雖擢之非次，誰曰不然。若事出僥倖，因緣姑息，稍賒歲月，曷塞群言？譬之賈人交易于市，作爲契券，立期待賞，非惟上虧治體，實亦下乖公道。乞下中書、樞密院，今後有當轉改者，勘會如格，即行轉改，更不如此先批旨。若文武官攀引前例，妄有干請，乞明行降責，示人正範。」從之。

八月七日，同提點利州路刑獄公事柳涉言：「武臣乞依京朝官日限磨勘，於十日内會問奏上。」詔樞密院、三班院將元定限日各減三日申奏。

皇祐元年二月十一日，權御史臺推直官劉異言：「乞今後廕補京官初任勾當除有妨礙替移外，須候二年已上成任者，方得通理三年磨勘，如未成任者不得通理。」詔令審官院定奪聞奏。

三年十二月二十四日，詔：「文武官七十已上未致仕者不許磨勘。或于國有功，於民有惠，理當旌賞，不在此限。」

四年九月，詔：「文武官磨勘，私罪杖以下增一年，徒以上二年。雖犯杖而情重者奏聽裁。贓罪杖以下增二年，徒以上三年。」

五年五月四日，審官院言：「檢會將作監主15簿任逸皇祐二年九月明堂覃恩，以當年十月賜同進士出身，有詔依無出身人例轉官。今太常寺太祝鄭民彝今年四(年)〔月〕賜同進士出身，昨三月内合該磨勘，係未賜出身前已三周年。」詔民彝依進士出身人例轉官。

嘉祐二年五月二十七日，詔曰：「《傳》曰：能以禮讓，爲國乎何有？夫禮之本非朝廷安出，讓之節非臣工曷先？必在正其名分，處以廷直。上既與人者周，下之待己也重。然則躁競曷由而起，廉耻安得不明？深惟行義之首，是爲風化之端。凡我在公，共齊庶俗。稽于鈎考之法，益隆獎勵之方。開寶詔書，專察乎殿最；(詳)〔祥〕符恩旨，均限以歲日。懋功加惠，不既優乎？時則有司布下，便文自營，乃使人爲請，(巳)〔已〕陳治迹，頓然干進，恬不爲非。間有冲默之士，羞言名利，是使滯淹之士，累獨賢達。事戾若此，賞勸何觀！矧受爵弗辭，古人之所戒；循牆固避，前載〔之〕可師。朕嘉與庶官，共循彝訓，養育之道，廣裕以開，衒媒之譏，袚除之始，發揮朝美，表正人上〔一〕，則我祖考之謨烈，其永無(彊)〔疆〕之休。今後京朝官磨勘，更不令本官投下文字，宜令審官院舉行。武官合該磨勘者，亦依此指揮，令樞密院施行。播告多士，宜體至懷。」

九月，審官院言：「準詔，今後京朝官磨勘更不令投下文字，令審官院舉行。本院爲不見得授官月日，尋下諸處取出歷任轉官實日家狀，候到置簿抄上，以憑檢舉磨勘次。尚慮諸司住滯會問文字，欲乞承領本院公牒，限兩日内回報，違限三日以上，許令本院舉行住滯人吏，並科違制之罪。」從之。

三年十二月十三日，詔吏部流内銓：「自今選人磨勘，毋得叙勞績求先次截甲引見。若勞績重於改京官〔二〕，朝廷自賞擢之。」

四年九月十五日，審官院言：「應京朝官磨勘，在京者例須引見。今冬及來春京朝官磨勘年限俱滿，乞依外任人例更不引見。」從之。初，明堂覃恩，内外官同時改轉，自是每及三年則同時歲滿故也。

〔慶曆〕五年六月二十二日〔三〕，詔：「(令)〔今〕後京朝官須年及格方得依條磨勘，陳乞差遣〔四〕。并選人乞注官，如年未及格，不得施行。」時監簿王厚年未及格，從父素奏掌機宜三年爲歷任，乞磨勘，故下是詔。

〔一〕上：疑當作「士」。

〔二〕「京」下原有「朝」字，據《長編》卷一八八刪。

〔三〕慶曆：原無，據《長編》卷一五五補。以下二條蓋《大典》自他處抄來，脱去年號，誤補於此。

〔四〕遣：原作「選」，據《長編》卷一五五改。

六年十月〔一〕，詔：「磨勘選人歷任內曾失入死罪未決者，俟再任舉主應格聽引見。其已決者，三次乃許之。若失入二人以上者，雖得旨改官，仍與次等京朝官。」

英宗治平二年四月二十一日，詔曰：「天下之治，在於得人；人之賢愚，繫乎所舉。舉而失當，猥濫至多。今吏部磨勘選人，待次者二百五十餘人，須二年方克引對，留滯之弊，乃至于斯〔二〕！且歲限定員，本防其濫，而舉者不問能否，一切取足以聞，徒有塞詔之名，且非薦賢之體。以致奔競得售，而實才者見遺〔三〕；請託得行，而恬守者被棄。蓋其毀譽之是徇，殊非淑慝之能明，章交公車，充數 16 而已。以是濟治，其可得乎！宜令中外臣僚合舉選人者務在得人，不必滿所限之數。所貴材品辨別，士路澄清。惟爾輔臣，深體朕意。」

三年二月十九日〔四〕，翰林學士承旨張方平等言：「準中書送下臣僚上言：『伏見審官院京朝官以上磨勘轉官者，舉一歲中約有千數，其因職任陞擢者尚不與焉。按《國朝會要》，真宗皇帝朝因諫官孫何等上疏，遂罷郊祀序進之制，即令有司考其殿最，臨軒引對，親加陞黜；又令審官院考較京朝官〔五〕，今任五年以上磨勘無贓私罪，即以名聞，當議遷秩；又令在京臣僚已經三年磨勘改轉，後依舊勾當〔六〕，直至得替後更及三年，再令磨勘。當時條制雖前後不同，然大抵不限定三年，亦不以在任、得替，一例磨勘。今自寺監主簿以上率三歲一遷〔七〕，在外任者不俟替歸，居官職者亦無候替別限年磨勘之制〔八〕，至有待闕于家，動踰歲時，居無職事，祿廩不絕，苟及三年，則又磨勘。臣謂考課之弊無甚于今，而亦無速於今也。乞朝廷檢詳舊制，以見今內外京朝官及兩制以上磨勘之法別立中制，雖未盡如虞舜三考陞黜之典，且復祖宗之制〔九〕，亦庶幾抑僥倖之弊矣。望賜別委近臣檢詳典故，裁定施行。』詔令兩制詳定之間，續降下權御史中丞彭思永言：『乞今後前行正郎該磨勘，依轉大卿監例候四周年。及自歷正郎後，須得舉主五人，內有本路提轉及大兩省三人，方與改轉少卿監。』同知諫院傅卞言：『欲乞今後京朝官至員外郎且依舊年限磨勘外，其前行員外郎入正郎及正郎磨勘並限四年〔一〇〕，至前行郎中更不許磨勘。待制以上並乞五周年磨勘，至諫議大夫更不許磨勘。』殿中侍御史吳申言：『欲乞從今裁節，如有

〔一〕按此「六年十月」亦爲慶曆之六年十月，見《長編》卷一五九。
〔二〕乃至于斯：原作「至于失期」，據《宋大詔令集》卷一六六改。
〔三〕遺：原作「遣」，據《宋大詔令集》卷一六六改。
〔四〕二月十九日：《長編》卷二〇八載此條下文英宗之詔於九月十二日癸亥，並注云「此據《會要》」，疑此「二月十九」乃「九月十二」之誤倒。但《玉海》卷一一八略叙此事亦作「二月十九日」。
〔五〕「院」上原有「考」字，「朝官」原脫「官」字，據《長編》卷二〇八刪補。
〔六〕後：原作「候」，據《長編》卷二〇八改。
〔七〕今自：原倒，據《長編》卷二〇八乙。
〔八〕居官職者：《長編》卷二〇八作「在京者」。
〔九〕句首原有「而」字，據《長編》卷二〇八刪。
〔一〇〕正郎：原作「三郎」，據《長編》卷二〇八改。

前行郎中合轉少卿監者且令權住，先立定員數，候有闕即以次遷授〔一〕，仍以歷任年深無贓私罪，或曾歷職司差遣不經責降，或前後歷官可稱及素有文行者，先次遷轉。前行員外郎合轉郎中及博士合轉員外郎者，亦且權住，先立定員數〔二〕，候有闕即以次遷補。』監察御史裏行劉庠言〔三〕：『欲乞少卿監合磨勘大卿監者，如年已及七十以上，更不許磨勘。』監察御史裏行蔣之奇言〔四〕：『切見兩制以上皆四年轉兩資，比京朝官皆是二年一轉。欲乞兩制亦依京朝官例五年磨勘轉一官，至前行郎中後乃更添左司郎中一轉。』臣等檢詳祖宗朝中外官不立遷轉條限，大中祥符八年始降詔，京朝官並以三周年令審官院磨勘引對與轉官。是時仕路猶清，官員數少。厥後及今五十餘年，約祥符初畧計什倍，以故員多闕少，坐糜禄俸，才否無辨，差遣不行，考課之法難復施用，官制之弊無甚于此。今詳定，且欲自京朝官以上磨勘一例各展一年〔五〕，陞朝官至後行郎中更不磨勘。其有才望勞績〔六〕，或因繁難任使，即自朝廷甄17擢。蓋登仕陞朝累官至正郎，奏廕子孫，稍奉法循理，自應至州郡長吏，以此處常調，固已爲優厚〔七〕。其待制已上已處顯近，請遵祖宗故事，更不磨勘。若因事功寄任，上自聖衷推恩遷改。應見資品已高〔八〕，各據所居官止。自餘條例，一切仍舊。其見任卿監不曾歷職司差遣，只自常參官累遷者，並送審官院一例差遣。其以老或疾陳乞留臺、宮觀、監當者，更不磨勘。如此，則操柄歸于君上，勸沮行于朝廷，人材有所甄別，重難煩劇之地可以用人，事體均平，簡而易守〔九〕，比於祖宗之制猶爲優幸。」詔曰：「朕惟制治之本必始於官〔一〇〕，設官之方，其亦有擇。國家承累聖之祚，躋時丕平，既假省寺之官出釐庶務〔一一〕，復許以三祀俾之一遷〔一二〕。歲月既深，吏員猥積。雖海宇至廣，工師寔繁，以官率人，倍者數矣。肆我臺閣，數陳其故，玆用博議，審求臧謀。而封章亟來，請從更制，朕嘉與卿士，圖惟厥中，庶幾流弊，由此其息。一、待制以上今後並自轉官後及六周年，令中書檢會取旨。如無過犯，與改轉，有過犯者，依舊條展年，至諫議大夫止。京朝官並四年與磨勘，至前行郎中更不磨勘。少卿監仍以七十員爲定員〔一三〕；如定員內有闕，即檢會前行郎中內揀及四周年以上月日最深者遷補。其有過

〔一〕次：原脱，據《長編》卷二〇八補。
〔二〕數：原脱，據《長編》卷二〇八補。
〔三〕裏行：原脱，據《長編》卷二〇八補。
〔四〕裏行：原脱，據《長編》卷二〇八補。
〔五〕官：原脱，據《長編》卷二〇八補。
〔六〕有：原脱，據《長編》卷二〇八補。
〔七〕已：原脱，據《長編》卷二〇八補。
〔八〕應：原作「因」，據《長編》卷二〇八改。
〔九〕而：原脱，據《長編》卷二〇八補。
〔一〇〕治：原作「官」，據《長編》卷二〇八改。
〔一一〕既：原作「而」，據《長編》卷二〇八改。
〔一二〕許：原作「詔」，據《長編》卷二〇八改。
〔一三〕「仍以」原在「少卿監」上，據《長編》卷二〇八乙。

犯合展年及有勞績得減年磨勘者，並依舊制。少卿監以上更不檢會，取旨轉官。如別有勞績〔一〕，或因要重任使特旨推恩者，即不在此限。噫！公誠之心，期共濟于道；澄革之始，無或蔽爾私。況上自於要官，俾一從于新令，凡曰在位，咸體朕懷。」

〔治平二年〕五月六日〔二〕，樞密院言：「嘉祐三年詔：非軍職當罷橫行、歲滿當遷及有戰功殊績，皆不得除正任。正任當遷則改州名，或加檢校官、勳封、食邑。自降詔以來，正任刺史以上絕遷進之望。今欲自知繁要州郡或路分總管任使〔三〕，勘會及十歲，再經改州名，或加檢校官、勳、封、食邑，則與改官，至節度觀察使留後止。又嘉祐三年詔，客省、引進、四方館各置使一員，東西上閤門共置使四員，閤門、引進、客省共置副使六員，閤門通事舍人八員。閤門使須有闕乃補。今欲增置引進、四方館各使一員，閤門共使二員。閤門、引進、客省共副使二員，通（使）〔事〕舍人二員。所增置員須見任官當遷及有闕乃補。諸司副使兼閤門通事舍人，如在閤門供職轉七資，不供職即轉五資。又慶曆四年皇城使李繼忠乞磨勘，以繼忠爲遙郡刺史。而舊制皇城使不轉閤門、昭宣使，絕其磨勘則無叙進之望，遂除遙郡則壞法。（入）〔又〕舊制諸司副使當改官者陞五資除使〔四〕，則是一日而遷十五資。今欲皇城使改官及七歲，如曾任邊有本路安撫轉運使、總管五人以上舉，則與除遙郡刺史，至遙郡防禦使止。諸司副使因差使及有勞遷使如舊制，止因磨勘即不得過五資，有戰功 18 及殊績者不限。又舊制兩省都知押班及帶御器械内臣合磨勘者，臨時用例取旨，今欲如舊制。」詔自今皇城、宮苑副使當磨勘者〔五〕，各於本班使額自下升五資改諸司使。其自左藏庫副使以上因酬獎及非次改官者如舊制。餘皆如所奏。初，帝謂執政曰：「諸司副使當從供備庫使始，今對行陞五資太優〔六〕。」于是合議條奏而爲此制。

十八日〔七〕，樞密院言：「自今知州軍選歷任無贓私罪者。私罪杖以下及公罪體量衝替、降差遣，候經四任親民；贓私罪徒以上而嘗立戰功酬獎轉官者〔八〕，亦候經四任親民，臨時取旨。知州軍、路分都監、鈐轄等如有員闕，即與正差，不得陳乞理爲資序。」從之。

三年五月十一日，知制誥、同判流内銓蔡抗言〔九〕：

〔一〕「如」下原有「此」字，據《長編》卷二〇八刪。

〔二〕治平二年：原無，據《長編》卷二〇五補。又「五月六日」，《長編》繫於五月一日庚申。

〔三〕州：原作「知」，據《長編》卷二〇五改。

〔四〕陞：原作「降」，據文意改。副使降五資反除使，不可通，觀下文文意亦是陞五資。

〔五〕副使：原倒，據《長編》卷二〇五乙。

〔六〕陞：原亦作「降」，據文意改。《長編》卷二〇五作「改」，其意亦是陞。

〔七〕按，此條亦治平二年五月事，見本書職官四七之一一同條及《職官分紀》卷四一。

〔八〕以上：《職官分紀》卷四一作「以下」，疑是。

〔九〕蔡抗：原作「蔡杭」，據《長編》卷二〇八改。

「伏見係磨勘奏舉候次引對選人二百五十餘人，一歲所引不過百人，計須二年半方可引絶。檢會編勅，在朝文臣知雜御史以上、武臣觀察使以上，各許舉外任選人充京官，安撫、發運、轉運使副、提點刑獄、知州軍、通判各舉轄下選人充京官縣令。今將南曹逐年舉狀約一千九百員，被舉者既多，故磨勘者益衆，朝廷雖於引對之際限以班次，然内外舉官之數未嘗畧有裁損，本源未窒，徒抑其流，故待次選人日月滋引。且今天下吏員有限，每一官之闕，初授、已替并見任者率有三人，故使除授益艱，能否共滯，若不稍爲更改，恐久不勝其弊焉。欲乞權罷在朝文臣知雜御史以上、武臣觀察使以上每年所舉京官，其在外安撫使以下至通判逐年所舉京官縣令，各量本處在任吏員多少，於舊數十分内量減三五分，候員少即依舊。臣伏思朝廷更張法制，抑太甚之弊〔一〕，蓋有材者不患見遺，僥倖者則所不欲。況今來只是減損臣僚所舉人數，即不得增添選人考第、舉主，在人情亦無所觖望，乞委近臣參酌施行。」詔在京文臣知雜御史以上、武臣觀察使以上，每歲許舉幕職州縣官充京朝官二人，今後並罷。

治平四年二月十一日，神宗即位未改元。樞密院言：「寄班祗候及十年合落職者，如曾犯公罪徒以上及私罪杖情理重者不遷資，公罪杖於磨勘年限内減三年，私罪情理輕者減半，請依舊例。」從之。

三月，詔：「臣僚將孫作男奏授官，後因陳首降資改正，所有磨勘，與通理自磨勘來年月外，更展二年。」

九月十三日，刑部郎中、兼侍御史知雜事劉述以久不磨勘，特命爲吏部郎中。

神宗熙寧元年五月，詔審官西院，大使臣因酬奬得減年磨勘者，已過合減年限，許陳乞後次收使者聽。若無陳乞，即行磨勘，減外殘零年月不復收使。

二年二月十三日，樞密院言：「河北轉運司言，左藏庫副使、知安肅軍陳昉久不磨勘勞効，恬静難進，乞與陞擢。」上曰：「右職若効朝士養名，特加奬進，則今後 19 競習惰安，以爲高尚，非便也。俟其依格自陳，即與施行。」

十四日，權河北轉運副使、兵部員外郎張問以十年不磨勘，命爲禮部郎中。

八月八日，御史中丞呂公著言：「伏見英宗朝文臣磨勘轉官例展一年，至少卿監以上，更不磨勘遷轉。其武臣横行以上舊例四年一轉，使臣五年一轉，初出官二年便轉，當時並不曾比類施行。又仁宗朝嘗著令正任防團以上非有邊功不得轉遷。後來銜改，但及十年以來曾歷外任即許遷轉，亦不曾與少卿監以上比類施行。」詔大使臣至正任及横行改轉年限，令兩制詳定以聞。

十二月，審官院言：「國子監博士蘇究合該磨勘。勘會究是同知院蘇頌弟，嘉祐編敕，知院臣僚有親戚者，其差

〔一〕抑：原脱，據《長編》卷二〇八補。

遣、磨勘並牒同知院官施行；倶是親戚，即具申中書施行。」詔更不回避。審官院、流內銓今後應差注、升遷本司官親戚合回避者，無官可牒送，並依此施行。

三年六月二十五日，審官西院言：「在院磨勘差遣人，未審依與不依審官東院例引見？」詔今後磨勘大使臣依例引見，更不告謝。

十二月二十九日，知大宗正丞事李德芻言：「近據宗悌等狀奏〔一〕，各稱自嘉祐五年十二月內磨勘轉官，至今年十二月已周一十年，合依詔條磨勘轉官。檢會先準至和二年八月詔：『先朝舊制，皇族在班及十八年者具名取旨。今宜令中書、樞密院勘會皇族自明堂覃恩普轉後及十年者特具名取旨，當議依天禧元年二月宗正寺所定房院次第，各與遷轉。所有近因特恩改轉者，即須候及十年，別具取旨。』今來宗悌等稱依得詔條磨勘轉官，看詳前項詔書出於一時特旨，即無今後指揮。自嘉祐五年至今雖及十年，又緣其間兩經覃恩並轉官資，自覃恩後至今方及四年〔二〕，乞下中書看詳詔書，明降指揮。」詔自治平四年覃恩並轉後及十周年者特具名取旨，近因特恩改轉者，即須候特轉及十周年取旨。

四年二月二日，詔：「邊任使臣任滿合該減年磨勘者不因公事非次減罷。如在任及二年已上，內合減三年磨勘者減二年，合減二年者減一年，仍並免短使，先次指射差遣。」

十七日，詔：「應在京京朝官、大使臣依條合該磨勘者，令審官東西院並依外任官例，具歷任功過取旨，在京者更不引見。應有將轉官或減二年已上磨勘酬獎願換堂除差遣，並聽流內銓奏舉。選人合該磨勘者，內有過犯人即申中書，無過犯人並一面磨勘引見。其應有勞績，雖該磨勘，候改官日並與比類元條酬獎。」

十八日，中書檢正公事所言〔三〕：「近據宗悌等奏，各稱自嘉祐五年十二月內磨勘轉官後〔四〕，至今已是十年，依得詔條磨勘轉官。檢會至和二年八月二十七日詔書：自覃恩或特轉後及十年者，特具名取旨，各與遷轉，即無今 20 後指揮。近詔自治平四年覃恩普轉後及十周年特具名取旨，與前降詔敕指揮一般，緣並係特恩，即非定制。今來據宗厚等攀引克繼體例〔五〕，及稱治平四年正月赦書節文，文武職官並與轉官，合磨勘者仍不隔磨勘。看詳上項赦書稱合磨勘者不隔磨勘，緣宗室即無立定磨勘年限。其昨降敕文稱祖宗玄孫磨勘至觀察使止〔六〕，緣自有十年取旨指揮以來，宗室合轉官者即亦須磨勘前來授官年月及有無過

〔一〕悌：原作「弟」，據《長編》卷二一九改。下二處「悌」字並同。
〔二〕恩：原脫，據《長編》卷二一九補。
〔三〕按本書帝系四之二五作「十八日大宗正司言」，內容相同，但文字稍略。
〔四〕轉：原脫，據《長編》卷二二〇補。
〔五〕厚：原作「弟」，據《長編》卷二二〇改。
〔六〕玄孫：原作「元係」，據本書帝系四之二五改。

犯，有過犯即合展年〔一〕，故亦謂之磨勘，即與外官立定磨勘年限事體不同。其克繼昨來轉官，顯是有司誤有行遣。緣克繼已得旨與減五年轉官年限，若依近降指揮，即須更候一年方合改官。今來合不合與追奪，繫自朝廷指揮。所引令諼轉官告詞內稱宗室以十載爲定，緣元降指揮自無今後指揮，豈得攀引告詞爲據？欲乞下大宗正司告示，依前降指揮。」詔克繼去轉官日限只少一年，更不追奪。餘依所定。

十年十一月十四日，詔：「今後三司、諸寺監、銓院、開封界提點司、兵部等處丞簿、勾當公事如該取旨磨勘，並擬進施行。」

元豐元年七月二十五日，詔：「自今諸酬獎：第一等〔二〕，京朝官、大小使臣轉一官；選人判司、主簿、尉，五考；初等職官知令録，四考；兩使職官令録，三考；支、掌、防、團、節察判官并因軍功捕盜，不限考第，並轉合入京朝官；不及以上資考者，循兩資。第二等，減磨勘三年，選人循一資，與堂除差遣一次〔三〕，軍功捕盜轉次等合入京朝官〔四〕。第三等，減磨勘二年，選人循一資。第四等，免遠，免短使〔五〕，免試。無可免者，各與陞一年名次。第五等，各陞半年。該兩次已上酬獎者與併賞併陞，願留後任收使者聽。」

三年九月十六日，詳定官制所言：「開府儀同三司至通議大夫以上無磨勘法。太中大夫至承務郎應磨勘：待制以上六年遷兩官，至太中大夫止；承務郎以上四年遷一官，至朝請大夫止，候朝議大夫有闕次補。其朝議大夫以七十員爲額。選人磨勘並依尚書吏部法，遷京朝官者依今新定官，其《禄令》並以職事官俸賜禄料舊數與今新定官請給對擬定。」從之。

十二月六日，詔〔六〕：「應遷官除授者並即寄禄官除。大兩省、待制以上至太中大夫，餘官至朝請大夫，並通磨勘。進士八年，餘十年一遷，所理年月自降指揮日爲始。」自官制行，以舊少卿監爲朝議大夫，諸卿監爲中散大夫，祕書監爲中大夫。故事，兩制以上轉官至前行郎中即超轉諫議大夫，前行郎中於階官爲朝請大夫，諫議大夫於階官爲太中大夫，而兩制磨勘者舊不轉卿監，即於今制不當轉此三階。又舊制朝議大夫止以七十員爲額，餘官轉至朝議大夫，即須候有闕方許次補。至是因有司申明，乃降是詔。其大兩省、待制以上，自通直郎至太中大夫磨勘理三 21 年，承務郎以上至朝請大夫理四年〔七〕，自如舊制。

〔一〕有過犯：原脱，據《長編》卷二二〇補。
〔二〕一：原脱，據《長編》卷二九〇補。
〔三〕一次：原作「一資」，據《長編》卷二九〇改。
〔四〕盜：原作「資」，據《長編》卷二九〇改。
〔五〕免短使：原脱「免」字，據《長編》卷二九〇補。
〔六〕「詔」與下「應」字原互倒，據《長編》卷三一〇乙。
〔七〕上：原脱，據《長編》卷三一〇補。

五年十月二十七日，吏部言：「待制以上，舊法六年遷官，今准新制三年一遷。其已滿三年磨勘外有剩年月者，乞許通理磨勘。」從之。

十一月三日，給事中陸佃言：「讀吏部所上鈔〔一〕，内朝請郎、提舉玉隆觀吳審禮擬遷朝奉大夫，緣審禮以老疾乞宫觀，法不當遷。」詔寢之。

六年閏六月二日，詔中書、尚書省外取使臣等，勿著正官寄理磨勘資任遷補。

七年三月十三日，監察御史朱京降監興國軍鹽酒務〔二〕。初，京言：「朝請郎董揚休前任沂州衝替，法當與宫觀，展磨勘一年。考功言陳乞宫觀〔三〕、留臺，不許磨勘。揚休雖非陳乞，未有此例。御史臺定當依本法與磨勘，而朝旨不行。朝議大夫致仕宋彦緣事故差任宫觀，大畧與揚休相類，中書擬與磨勘。臣竊意大臣進擬有愛憎之私，望别定奪改正〔四〕。」中書門下言京所奏與事實不同，詔京具析，而京果言不實，故責之。

七月十三日，詔：「官員因公事上簿者，再上簿展磨勘一季，會恩免者以二當一。」

八年二月二十三日，門下省言：「中書録黄：前淮南節度推官呂公憲等狀，各磨勘當改官，乞下吏部先引驗。吏部已引驗四人，奏已降出，正月五日當引見，及未引驗八人，見磨勘十九人。」詔：「轉官人依例除官，餘候會問無違礙，依甲次先引驗訖聽旨。其引（念）〔驗〕後舉主有事故，並不**22**礙引見，候御殿日依舊。」

哲宗元祐元年六月十六日，右正言王覿言：「近制，通議大夫已上皆通行磨勘，故自推行官制以來，或以推恩，或以磨勘而轉一官，比舊有實轉兩官以至三四官者，非所以愛惜名器也。請自今官至太中大夫以上，毋以磨勘轉官。」詔：「文臣磨勘，待制、太中大夫已上至通議大夫止，餘官至中散大夫止。其中散大夫已上以勞績酬奬合轉官者，許回授子孫。特旨陞遷，不拘此制。」

八月一日，刑部言：「大理卿王孝先奏〔五〕，吏部考功因京朝官、選人、大小使臣磨勘并關陞或注授差遣，會問本寺有無過犯公案在寺。如係笞杖已該恩、或去官及覺舉自首原免者，欲乞並不作公案在寺回報，令吏部且與依例差注磨勘，後有特旨，即從改正。」從之。

二年二月十六日，詔吏部選人改官，每歲以百人爲額。從侍郎孫覺請也。

四月二十六日，三省言：「外庭臣僚至節度使即無磨勘改轉之法，宗室節度使自立磨勘法，後來亦有改轉體例。」詔宗室官至節度使更不磨勘，候實及十周年具名

〔一〕讀：原作「續」，據《長編》卷三三一改。
〔二〕「興」原作「與」，「鹽」原作「監」，據《長編》卷三四四改。
〔三〕功：原作「宫」，據《長編》卷三四四改。
〔四〕望别：原倒，據《長編》卷三四四乙。
〔五〕孝：原作「季」，據《長編》卷三八四改。

取旨。

八月四日，詔復進納人四任十考改官舊法，仍增舉者二人。

（二年）〔三年〕三月十九日〔一〕，龍圖閣直學士、左朝議大夫、知鄭州王克臣爲太中大夫。以克臣訴理隔磨勘十有八年，故特遷也。

六月八日，詔：「保甲補借差以上者初該磨勘，有本轄 23 官二員同罪奏舉陞陟，聽如常法磨勘。即無舉主、不足，犯贓若私罪徒，即展二年，應別格合展者並累展〔二〕。其元豐元年以後補授人，雖經磨勘改轉，內歷一任，元無舉主或不足者，將來磨勘亦如之。」

八月二日，詔：「吏部磨勘選人遇崇政殿坐，聽以次引見訖，赴內東門謝。」初，垂簾日乃謝，慮或滯留，故有是詔。

閏十二月八日，詔：「小使臣磨勘轉崇班，除賞功特恩外，歲不得過八十人。」

四年五月二十五日，尚書省言：「保甲出身補借差以上初該磨勘〔三〕，已降指揮用舉主；或無，即展二年磨勘。如已曾經磨勘改轉，準此。其補授殿侍或軍大將之類，即未有該說。」詔候至借差以上該磨勘日，並依借差初該法。

六年四月二日，三省言：吏部奏，供備庫副使趙思復乞以磨勘轉西京左藏庫副使一官，回授男三班差使希元轉借職。詔：「思復爲是趙普之後，特許回授，餘人毋得引例。」其後監察御史安鼎言：「思復乞將磨勘回授希元，固已違法。朝旨未下，思復丁憂，則又未嘗授官。其兄思齊復陳趙普勳勞，以申前請，朝廷遂從之。借職雖輕，賞命爲重，乞行改正。」吏部按：趙希元係元（祜）〔祐〕元年八月以差使參選，合至六年八月磨勘轉借職。詔：「趙思復不許回授，其希元已授借職特免追改，仍自今年八月後起理磨勘年限。」

六月二十七日，吏部言：「犯私罪徒，或 24 姦贓及失入死罪，磨勘改官後事發，並申改正。餘犯準幕職州縣官所展考任法磨勘，情重者奏裁。犯罪改官後事發，於法合改正，已經轉官者免改正。其私罪徒及姦贓更不在磨勘之限；失入死罪展年磨勘，情重者奏裁。」從之。

紹聖元年閏四月八日，詔：「引見磨勘改官人權依《元豐令》，五日引一甲，每甲引三人，每年不得過一百四十人，俟得次不及百人取旨。」

十二月三日，户部尚書蔡京等言：「看詳役法文字張行歷任已成七考，有改官舉主二人，合磨勘改官。緣在京別無舉選人改官臣僚，望依張元方例，以臣等爲舉主，與磨勘改官，依舊在任。」從之。

二年三月二十二日，户部言：「應沿路毀失宣告，許理

〔一〕三年：原作「二年」，據《長編》卷四〇九改。以下三條亦三年事，俱見《長編》。

〔二〕合：原作「令」，據《長編》卷四一二改。

〔三〕該：原作「改」，據《長編》卷四二八改。

元入遞，除程外理磨勘，即支破所改官請給。」從之。

四月四日，吏部請借差押綱使臣合得酬獎外，增減磨勘年、指射差遣、升名次恩例，以激勸之。詔可。

九月二日，詳定重修敕令所言：「諸軍功補授，因病在假落籍應叙者，未落籍已前年月，其磨勘聽通理。」從之。

七月〔一〕，三省言：「按元豐六年九月詔，應文武官係理七年以上及取旨并不磨勘者〔二〕，隨赦加恩，餘但遇給告即加。」從之。

三年四月七日，詔：「宣慶使、階州防禦使、内侍省内侍押班李祥，昭宣使、榮州團練使、内侍省内侍押班、權主管入内内侍省押班公事馮世寧，宣政使、瀛 25 州防禦使、内侍省内侍押班宋用臣，依例自授押班日與理磨勘。自今内臣横行初除兩省押班以上如之。」内臣昭宣使以上無磨勘法，唯押班以上例皆取旨，自餘理五年磨勘〔三〕，故因祥等著爲定法。

六月三日，考〔功〕員外郎何友直言：「承務郎以上及選人、大小使臣磨勘，請依元豐三年八月三班院申請約束指揮。」從之。元豐三年指揮檢未獲。

九月十四日，起居郎、兼權給事中蹇序辰言：「中書省送到姚勔磨勘轉承議郎録黄。按勔外雖寬夷，中實險賊，本緣身犯清議，勢不可進，遂即棄官。至元祐中，呂大防等當路，反以勔不仕前日爲高，躐處顯要。而勔愈不知耻，一意附會，專以詆訕先帝政事人物爲功，豈容使之與有勞無過之人以歲月序進？」詔勔永不磨勘。

元符元年五月二十四日，吏部侍郎徐鐸言：「傅坦之乞磨勘改官，緣坦之係堯俞親子，本部未敢便依常格引見磨勘。」詔傅坦之展一任，如將來任滿合該磨勘改官，仍降次等。

徽宗建中靖國元年十月十九日，詔：「侍從官落職充宫觀，許作舉主收使。」以吏部言：「前晉寧軍録事參軍張基、知威勝軍綿上縣許有功，乞依郭知章收使舉主鞠真卿例，收使舉主孫覽。勘會孫覽已復舊職，因陳宫觀，係理知州資序。」詔特許收使，仍有是命。

崇寧三年九月二十七日，吏部尚書何執中奏： 26 「伏見考功條貫，諸以老或疾乞宫觀若嶽廟及留臺、國子監者，不在磨勘之限。自來陳乞之人少有知得上條，其間巧於計會者，雖寔有老疾，於狀詞止叙年勞、履歷，或曾建利害，或稱婚嫁所迫，故於磨勘無所礙。有不預知之人，唯是急於得請，往往便以老疾爲言。洎至磨勘，有司始執文沮格，不以有無老疾實狀，例不許磨勘。蓋緣上條藏之有司，非外人所得知。今欲乞申明對修海行，貴使天下通知，不惟簡便行遣，兼吏曹亦不得緣而爲姦。」詔依奏。

〔一〕七月：疑當作「七日」。

〔二〕理：原無，據周必大《文忠集》卷八二《吏部趙尚書論侍從隨赦加恩劄子》引《司封令》補。「係七年」下原重「係七年」三字，據文意删。

〔三〕餘：原作「除」，據《宋史》卷一五八《選舉志》四改。

大觀元年十一月十一日，吏部狀：「勘會宗祀大禮赦文內，官員有不因贓罪過犯合展年季磨勘者，即未有恩旨。其非因贓罪展年磨勘，比之除名追停而得叙復之類，事體稍輕。所有不因贓罪添展年季，即未有免展之文。」詔私罪情輕并公罪添展磨勘人，並與免展。

（致）〔政〕和三年七月二十八日，尚書省言：「修立到諸承直郎至登仕郎六考、將仕郎七考，有改官舉主，內職司一員，與磨勘。公罪兩犯杖，兩犯笞比犯杖，或一犯徒以上，或私罪笞，止加一考；私罪杖加二考；私罪徒以上加三考，仍添舉主二員或職司一員。如權官者，依本資條。」從之。

八月十三日，尚書省檢會進武副尉臧守元狀：「先蒙內弓箭南庫申尚書都官乞磨勘未了當，遂經刑等處乞行催促〔一〕，亦不見結絶。其都官却將守元 27 先充舊格軍將、已經官司保明磨勘印紙內事件再行迂（往）〔枉〕取會，拖延一年有餘，並不關報吏部。」（照）〔詔〕今後副尉投下磨勘，並免通覆點磨已經磨勘月日，其合磨勘月日如致有差悮、隱漏、失當，人吏並科杖一百，仍不以赦降首失原減。其臧守元許依比先次磨勘。

九月十八日，臣僚上言：「契勘奉直、朝議大夫於法以七十員爲額，所以嚴名器、限資品也。然舊制理年磨勘與以恩特轉者通計員數，自朝廷興事造業以來，勸勞賞功特轉者稍多。見今係班簿者總七十七員，內磨勘轉授者纔二十員，而任朝請大夫滿七年合磨勘、以無闕著籍待次於吏部者已積三十一員，其間滿七年踰數歲者頗衆，用功賞減年至有逾十數年未磨勘者，以恩特轉者相繼入額。苟不措置，則積累資考之人卒未有轉授之期，實妨平進之路，乞立法施行。」詔朝議、奉直大夫更不立額。

四年十一月十五日，吏部奏：「顯謨閣直學士、中奉大夫、提舉亳州明道宮胡師文乞磨勘。在法，年七十或老疾陳乞宮觀、嶽廟、留臺、國子監之類，不許磨勘。師文前知泰州，以地卑濕足疾乞宮觀，與法稍異。」詔師文特許磨勘，自今太中大夫以上不用此令。

六年五月四日，詔今後承務郎若降一官，並展二年磨勘，不降充選人。

七年十二月二十七日，臣僚言：「近見選〔人〕改官約三 28 千七十有奇，是吏員浸多之本也。嘗考吏部磨勘依舊法外，有以任諸局減考第而改者，有以任川遠減舉官而改者，有因酬賞比類而改者，有託因事到闕而改者，有雖刑寺違礙先次而改者。用例既廣，僥求實繁，積之歲時，殆將復倍。伏望（照）〔詔〕三省詳加考議，並行措置。其於吏部舊有本條者一切遵守，不得用例，稍清冗流，以抑僥冒。」詔：「除川廣水土惡弱去處減舉官外，餘並依元豐法，崇寧四年指揮更不施行。其書局就任改官人，須候任滿，方許

〔一〕「刑」下疑脱「寺」字。「刑寺」即刑部、大理寺，本書中屢見。

替罷。」

宣和二年七月三十日，詔：「文武官磨勘、選人改官具有成法。近歲尚書省批狀令吏部先次與改官、與磨勘之類，并諸路選人許就任改官者頗多，皆有違彝憲。自今磨勘及改官可並遵依條法，應許就任改官、元豐法所不載者，更不施行，仰三省常切遵守。」

九月四日，吏部言：「常州申：顯謨閣待制、提舉杭州洞霄宮蔣静乞磨勘。本官見年七十一歲。《審官東院敕》，年七十或老疾陳乞宮觀、嶽廟、留臺、國子監之類，更不許磨勘。」詔依元豐法。

(二)〔三〕年二月二十八日〔一〕，赦書：「應干展年磨勘，除犯贓罪外，並與免展。」

四年五月十四日，吏部奏：「王純係無出身，宣和三年二月授奉直大夫，十月除直龍圖閣，用年勞合該磨勘轉一官。本部契勘，有出身任奉直大夫，因賜出身或除職後該磨勘，即無立定格 29 法。其王純元係奉廕出身，近除職，合依有出身人磨勘。緣本官見係奉直大夫致仕，本部未敢比附與轉中奉大夫。」詔與轉中奉大夫。

十二月二十五日，吏部言：「奉直、朝議大夫，舊制七十人爲額，若依久例將特恩轉行人充數，即積累年勞之人有妨磨勘。」詔磨勘并特恩共以八十人爲額。政和三年九月十八日詔不立額〔二〕，據此申請，則是後復限員，今乞添額。所有初復限員年月檢未獲。

七年四月八日，中書省、尚書省言：「從政郎、充皇后宅小學教授張宗奭奏：契勘先降聖旨添給人從，並比附元豐諸王府記室、講書例，所有改官未曾立法。竊緣臣在本宅供職成四考，别無所隸官司及都下選人職任，無薦舉改官。伏望下本宅保明，許依見任太學博士條考第，改合入官。」詔依太學正、録條改官。

五月十二日，吏部奏：「檢會去年七月二十九日敕，勘會承務郎以上及大小使臣已投下磨勘，於年六十九已前，因官司行遣會未到及遞中失墜等致年七十者〔三〕，並合除豁留滯迂枉失墜月日。」詔申明行下。

七月六日，臣僚上言：「選人磨勘改官法雖不一，其資任歲月悉有定格。祕書省法到任一年通及四考，書局法到任一年通及五考，皆許磨勘，所以優天下文學之士也。伏見新授宣教郎王闉歷任通及五考，官止於二員。初任編修道史局 30 檢閲官四考有餘，次任祕書省正字兼補完校正御前文籍，不數月而被黜。闉輒具劄目，援邊知章舊例，乞通理兼局日月。有司以舊例可用，兼局爲可通理，遂得改

〔一〕三年：原作「二年」，查諸史，宣和二年二月無大赦，當作「三年」。《宋史》卷二二《徽宗紀》四：宣和三年二月「癸巳，赦天下」。正爲二十八日。據改。

〔二〕以下原作正文大字，按此應是史官之注，今改爲小字。

〔三〕「會」下似脱「問」字。本書職官五之二八：「只是名目行遣會問，並不绝結。」

前件官。邊知章自敕局移會要局，未嘗隔絶，朝廷所以許其通用到任半年、通及三考舊法，所以得改官。闈罷道史四年，然後除正字，到任未及一年，於新法有礙，是與知章之例大不相似。」詔前降改官指揮更不施行。

八月二十二日，殿前司奏：「檢承宣和六年八月十八日赦書數内一項，應官員因犯罪，特旨及依吏部專法合該展年磨勘者，並特與放免。契勘祗應犯罪依條及特旨亦有合行展年磨勘之人，本司自承上件赦降後來，不住據祗應陳乞免展及乞比附副尉免展指揮施行。緣赦文内止爲命官犯罪合該展年，方許免展。及會到刑部申明指揮，應副尉合展年磨勘，除犯贓罪人外，奉聖旨免展，即不該載祗應亦與免展之文。雖累行告示，終不絶詞訟。」詔除犯贓罪人外與免展。

九月二十四日，吏部奏：「新提舉京東路常平楊逴奏：伏爲罷前任河北東路常平，竊慮吏部作非次放罷展兩季磨勘，乞免展。本部準今年正月二十日奉御筆手詔，應提舉常平官屬並罷。勘會本官前任提舉河北東路常平，在任準御筆手詔指揮罷任，於磨勘合依非時改授替罷但有 31 因依格，添展兩季磨勘。」詔免展，更有似此之人依此。

十月二十二日，詔：「今後内外官司非實理年勞、於法合該轉官，不得輒行陳乞，并大禮後陳乞轉官，並更不施行。雖奉御筆特旨，令中書省將所降處分繳進。」

高宗建炎元年五月一日，登極赦：「應文臣承務郎以上并内臣醫官、伎術官及致仕官，並與轉行一官。内文臣中大夫、武臣承宣使并回授與本宗有官有服親。武功大夫未帶遥郡人與轉行遥郡一官，已帶遥郡防禦使人與轉行右武大夫。選人與循資，已係承直郎與改次等合入官，校副尉、下班祗應人依格與轉官資，仍並不隔磨勘。」

二年正月六日，中書省言：「祖宗舊制，《審官西院敕》，諸司副使至内殿崇班及内殿承制、崇班帶閤門祗候轉官及五周年并與磨勘，候轉至皇城使後改官。及七周年，不許用減年指揮。曾歷緣邊任使，有本路安撫使、總管、轉運副使五人以上同罪保舉〔一〕，與磨勘轉遥郡刺史，以後並理十年磨勘轉遥郡團練使，轉遥郡防禦使止。今照《元豐尚書右選令》，諸司使副應轉官者擬五資，即磨勘而有戰功，謂身經戰罷以功轉官者，守城之類非。下條准此〔二〕。擬七資。至左（臧）〔藏〕使以上並擬皇城使，皇城使擬遥郡刺史。又照宣和七年十月十九日詔，今後武臣官未至通侍大夫，雖已至通侍大夫而未滿五年，並 32 不除正任；及未至武功大夫，不除遥郡。雖奉御筆特旨并軍功，亦不施行，令中書省將所降處分繳進。」詔今後遵守。

十月三日，吏部侍郎劉珏等言：「吏部方置司討論濫賞之弊，内有特賜出身，非泛補授，或冒濫爵賞，不合參部，

〔一〕副使：似當作「使副」。
〔二〕此小注原作正文，據文意改。

及蔡京、童貫、朱勔、王黼之家使臣出身，應緣四選合行削奪之人，應在闕合磨勘闕陞者，候討論批鑿印紙驗實畢日方行磨勘。在外曾承本部及本州已經討論保明不是追削之人，仍録白出身應所授文字，方許投下磨勘。」從之。

十一月二十二日，郊祀赦：「承直郎以下犯私罪徒、贓罪杖得不礙選舉差注者，若有舉主、考第，比無過犯人例，合磨勘者奏裁。」自後明堂、南郊及紹興十三年九月十三日赦並同此制〔一〕。

三年七月二十六日，吏部尚書劉珏言：「見該磨勘人如得替，值靖康元年以後京城圍閉〔二〕，乞與刻除月日，理作磨勘。」從之。

四年六月二十五日，吏部言：「内侍武功大夫蘇淵該遇淵聖皇帝覃恩，依赦合轉行一官，見任武功大夫，與遥郡。蘇淵該赦日係武節大夫，昨任熙河蘭廓路走馬承（授）〔受〕，本路殺退金人推恩，許轉兩官，於建炎三年内轉授武功大夫。係是赦後合該用兩次覃恩轉武功大夫，其殺退金人兩官依條回授。」從之。

十月十二日，吏部言：「契勘非宰相不除特進。金紫光禄大夫王革即不曾任宰相，33 今來覃恩轉官。」詔依條回授。

十一月十日，承議郎楊持言：「未换授文資以前，任忠翊郎、閤門祇候日，該遇淵聖皇帝登極覃恩，合轉一官，乞於見今官上轉行。」從之。

紹興元年九月十八日，明堂赦恩：「命官犯罪，依今赦合該原免。如因結斷未了，内（令）〔合〕磨勘、改官、闕陞、差注者，並與放行。」自後明堂、郊赦並同此制。

同日，明堂赦：「應命官下班祗應、副尉因罪特旨及依法合該展期或展年磨勘、降資、殿降名次、展年參選，如罰短使之類者，並特與放免。」自後明堂、（效）〔郊〕赦並同此制。

二年四月二十五日，臣僚言：「選人用舉主磨勘改官，在吏部法最爲嚴密，毫釐之差，輒遂報罷，故凡行移取會，皆有近限。然其間或因自身及舉主有公案在寺，雖（改）〔該〕赦恩或去官勿論，止緣未曾結案，難以約定刑名。在法當申朝廷，而朝廷例以爲常程，報應稽緩，不幸舉主一有差跌，終身無改官之望。乞應今後選人用舉主改官，吏部不得非理沮難，故作申明。或於法合申朝廷，並於申狀上寫『急速』二字，本房堂吏限一日呈稟宰執與決回報，庶免妨滯人材。」從之。

閏四月二十八日，故承議郎杜結妻孫氏狀：「夫結在日乞磨勘轉朝奉郎，依條式召保官申信州，點對圓備，即合保明申部。緣知州李尚行非理沮難，致疾身故。」詔委本路提刑司將元沮難官吏取勘，具因依申尚書省，34 杜結特與一子下州文學。

〔一〕此注原作大字，今改小字。
〔二〕「圍」字原有缺損，據文意補足。

六月十二日，詔：「吏部檢會磨勘應干條法及前後所降指揮全文，報川陝宣撫處置使司照會，遇有陳乞磨勘，令一面照應條法施行。候磨勘訖，先給公據照會，每月具磨勘過人數聞奏，出給付身告劄。」以右司郎中張公濟言遠道取會，有礙陞轉，故有是命。

十三日，（照）〔詔〕：「應選人任内因賞元得旨與改合入官，未曾收使，後來別賞改官者，與作減二年磨勘、指射差遣一次收使。」

三年四月十八日，權吏部尚書洪擬言：「應文武官磨勘，合自受告日起理年限。所有官司住滯隔過年月，依條並許給還。昨來京城圍閉月日，已詔許作磨勘。所有渡江遷徙程限，欲乞並理隔過磨勘月日，特與給還。」從之。

六月九日，吏部侍郎陳與義言：「建炎三年四月八日赦文，遵用嘉祐法。自赦降後，諸處奏舉選人改官，其監司舉改官員額若用嘉祐之數，係行增添，自合遵依元豐法。」從之。

四年四月十八日，詔：「選人前任嶽祠考第，依格合該磨勘，許用前宰執舉狀，與理當職司放行。」以權吏部侍郎劉岑等言選人嶽祠所任監司職事相干，別無薦舉故也。

十九日，詔：「選人展磨勘，候到部參選日，每展一日磨勘，對殿一日名次。」

五月十四日，權吏部侍郎劉岑等言：「迪功郎考第不滿，若改本等合入官，依格改承務郎；如與改 35 次等合入官，爲無等可降。本部未奉行《新書》以前，遵依元豐二年九月六日詔，例不降等，止與改承務郎。今來《紹興吏部一司法》内未有該載，欲乞依舊遵用。」從之。

六月五日，吏部尚書胡松年言：「元豐舊條，幕職州縣但得循資，未經收使，改官後依條循一資比減二年、兩資比減三年磨勘。緣《紹興新書》却有『被賞』二字，内官員任選人日該覃恩或恩例循資之人，皆非被賞，乞依舊法施行。」從之。

六年七月十日，詔：「應去失告敕無照驗者，其磨勘並依投狀陳理去失日爲始。如投狀月日不明，即以給公據日爲始。」從吏部請也。

七年閏十月十五日，尚書省言：「官員應展年磨勘之人，欲令吏部專一置籍。内行在人委所屬，在外令守臣取索印紙日下批書訖，關申吏、刑部、大理寺關防隱漏。」從之。

十年七月十二日，御史臺言：「朝議、奉直大夫依法以八十員爲額。今見管朝議、奉直大夫諸州二十五人，見闕五十五人。雖二廣、川陝未見報到，緣闕額數多，欲乞將見任朝請大夫依名次從上放行數十人磨勘外，量留二十餘員，候取會足日即依條施行。」詔令吏部先次放行三十員。

九月十六日，詔：「四川選人改官，令經本路運司公參，理當到部，就申宣撫司磨勘，無違礙，與放散舉主，保明聞奏，付吏部審驗詣實，奏鈔給告。選人并舉主若有罪 36

犯，且令出給先次放散舉主實日公據，宣撫司保明申奏，聲説放散月日，付部契勘。如舉主有事故、違礙，在未放散日以前，即依條施行；如在放散之後，即與收使。仍後授告，方許繫銜，候回鑾日依舊法。」

十一年九月十八日，權尚書吏部侍郎魏良臣等言：「紹興五年十一月初四日，詔歸明、歸朝官、選人無公私過犯，三考循資至承直郎，更五考即改宣教郎。蓋爲歸明、歸朝官、選人薦舉不及，無緣改官，故以三考無過犯循一資。謂如元得將仕郎，歷一任三考，與循一資，理筭至承直郎。前後歷官六任一十八考，更滿五考，便改宣教郎，即歷任二十三年，不用舉主改官，不爲僥倖。其餘用有賞循資之人，合及十考，通歷任十五考，與改宣教郎，庶免僥倖之弊。」從之。

十三年三月二十九日，吏部言：「諸軍大小使臣、校尉等已有理爲資任指揮，並不即時出給理任差帖印紙，經隔年歲，方始陳乞出給，却將以前理過考第一併批書數考，便行投下磨勘關陞。竊慮奸弊滋生，欲乞將未有差帖印紙之人限一季陳乞出給，候給到，並依限經所屬陳乞批書。如違限，止據批書年月出給到差帖印紙日起理磨勘，理任關陞。」從之。

十四年六月八日，詔權國子録師古特改承務郎〔一〕，與在外陞等差遣。古以幸學恩得旨改官，吏部以係文學，候正官日收使，監37學官有請，故有是詔。

十五年三月十三日，尚書省言：「選人任館職、編修、删定官、大理司直、評事、學官及諸州教官，方便就任磨勘〔二〕，成憲具載。比年以來，非前件職任之人亦乞就任磨勘陞改，有礙後官之任。」詔今後應選人就任磨勘陞改，悉依舊法。

十九年三月二十日，詔：「今後捕盜及獲私茶鹽之類，并選人依法應改官及四川換給酬賞改官之人，依删定改官體例，先次開具條法申尚書省，候指揮下部，依條格擬官奏鈔。内四川選人換給磨勘及就任磨勘改官之人，仍令考功依此具申。」從吏部所請也。

二十六年十二月十六日，明州觀察使、安定郡王令衿言：「早忝科名，入仕五十餘年，内歷郎曹監貳，外任郡守監司，有歷過磨勘減年，乞許收使。」詔特與轉行一官。

二十七年五月十六日，詔：「四川選人磨勘，見申朝省伺候告命者，不許諸司辟差。」以臣僚言〔三〕：「四川選人已就制置司放散舉主，不俟告下，以選人階銜干諸司辟，改權爲辟，冒辟爲奏。」故有是詔。

二十八年四月十八日，中書門下省言：「樞密院編修

〔一〕天頭原批：「『古』以上原空一字。」按「古」上並非有缺文，《建炎要録》卷一五一亦只作「師古」，並云「古即維藩也」。《宋史》卷四三三《高閌傳》：「維藩，眉山人，精《春秋》學，林栗其高弟也。」
〔二〕方便：似當作「方使」。
〔三〕「以」上原有「一」字，當是衍文，今删。

官、敕令所删定官、秘書省正字、博士、正、録，除内有自用吏部常格改官人外，依法合到任實歷一年，通理前任考第改官。近來多是到任未及一年，援例陳乞通理陞改，甚非朝廷涵養人材之意。」詔今後並遵依舊法施行。

二38十九年七月二十五日，中書舍人洪遵、中書舍人張孝祥、兼權給事中王晞亮被旨議敕令所删定官聞人滋所奏論選人改官法，議曰：「臣等竊詳選人改官之法，自祖宗以來行之二百年，法令章程，粲然備具。至於今日，不能無弊者〔一〕，非法之不善也，患在士大夫以私情汨之耳〔二〕。夫自一命以上，仕於州縣之間，雖有真賢實廉，勢不能以自達於上，故爲之立監司、郡守薦舉之法。必使之歷任六考，所以遲其歲月而責其赴功；必使之舉官五員，所以多其保任而必於可用。姦贓巨蠹者既有按治之科〔三〕，而齷齪冗懦之輩既無材可以被薦，又無過可以斥逐，寧予之幕職曹掾之禄，使足以代耕，至於没齒而不敢望致身於京官。所以分别材否，可謂至矣。舉之而非其人，有材而不見舉，是則監司、郡守之罪，所謂失舉之罰，必行之可也。今臣僚所建，欲以歷任十考，舉主不及格者與降等改官。揆之人情，雖爲至公，然恐此法一開，則有力者唯圖見闕，無材者苟冀終更，率不過出官十餘年，可坐以待京秩，此其不可一也。今欲約每歲改官之員，減其分數，以待無舉削者，則當被舉之人必有失職淹滯之歎。此其不可二也。京官易得，馴至郎位〔四〕，任子之恩愈不可減，非所以救入流之弊。此其不可三也。祖宗法度非有大害，不易輕議。今一（但）〔旦〕欲以二百年39之成法舉而易之，此其不可四也。有四不可，事理著明，難以如臣僚所請，竊謂如故便。」從之。

八月十二日，皇后宅教授林同言：「（無）〔元〕降指揮，請給、人從依諸王宫教授，諸王宫教授視太學博士例，通理循資。」從之。

三十年五月十六日，臣僚言：「平江府節推劉天民在任改差主管架閣文字，乃乞依教官法就任改官，然後赴新任。監行在排岸司許子中亦差主管架閣文字，復引天民例就任磨勘，皆憑恃貴勢，僥倖廢法。望明詔吏部，堅守成法，今後如劉天民、許子中例妄有攀引而官吏輒有與申陳者，皆重寘典憲，不以赦降原免。」從之。

七月十九日，臣寮言：「四川諸軍從軍大小使臣，自紹興九年正月三十日詔，今後許理爲資任。宣司未承指揮已前，以便宜依格並與放行磨勘，出給便宜付身。考功以當時未有理任指揮，例行改正。緣在軍供職歷過日月，實非僥冒，欲乞特免追改，並與放行换給。」從之。

三十一年十月二十三日，吏部侍郎凌景夏言：「欲將應選人任幕職官、令佐屬官之類，若成三考，有舉主、考第

〔一〕弊：原作「備」，據《建炎要録》卷一八三改。
〔二〕以：原作「之」，據《建炎要録》卷一八三改。
〔三〕巨：原作「臣」，據《建炎要録》卷一八三改。
〔四〕郎：原作「即」，據《建炎要録》卷一八三改。

應得磨勘格法，許繳連合收使舉主，吏部告示，經所屬陳乞，保明申部，方許不候替官罷任，赴部磨勘。或在任别有規避，妄稱舉主、考第應格，乞行罷任之人，從本部具因依及保明不實官司，申朝廷施行。內監當官願罷者，如無官物欠 40 少，所屬依此保明批書訖，亦不候替人，罷任赴部磨勘。」從之。

紹興三十二年六月十三日，孝宗已即位，未改元。登極赦書：「應文臣承務郎、武臣承信郎以上，并內臣及致仕官並與轉官，合磨勘者仍不隔磨勘。」

二十四日，中書門下省檢會登極赦書，文武臣並與轉官磨勘，緣該載未盡，理合續次施行。詔：「選人校副尉、下班祗應在職任并嶽廟人，並與循轉一官資。已係承直郎，候改官減二年磨勘。」

二十七日，吏部言：「登極赦書：文武臣並與轉官。今欲將應侍從、卿監、郎官、監察御史以上，檢照三代職位，并太中大夫以上合命詞給告。其見任行在釐務以上并在部及凡在行在官，許齎初末付身同録白，細具脚色一通，經部陳乞；在外官除太中大夫以上，亦照三代職位擬申。如無文字可見，檢舉未盡，即候許乞日續次擬申施行。餘官並録白初末付身，同真本朝典狀，（詔）〔召〕本色保官一員，委保經赦日非丁憂身亡事故之人，無冒詐一切違礙，經所在州軍陳乞勘驗，官吏結罪保（命）〔明〕申部，以憑擬轉給告。」從之。

七月七日，詔：「户部官催督諸軍賣酒息錢及二十萬貫，減磨勘一年。每歲減磨勘依已降旨，通不得過四年。」

十三日，吏部言：「選人循轉承前止憑出身以來付身印紙，即不召保。今欲將諸路州軍監縣鎮城寨等見任選人各經所在州軍，嶽廟 41 人自受付身日理任，經所在州軍，齎出身以來真本付身、印紙、家狀同録白具陳。仍本州委官點審，灼無冒僞事故，保明申部施行。外路諸司屬官亦依此經本司。行在京局見任及在外見在職任并嶽廟人、因事或省侍到行在選人，并齎真本出身以來付身、印紙、家狀，同録白，赴郡陳乞施行，庶得一體，不致留滯。」從之。

十月十五日，試給事中金安節言：「承指揮，成彦忠皇城司任滿賞并兩任翰林司任滿賞，特與遥郡上轉行兩官。按令，諸武功大夫實歷七年，曾歷邊任，有五人以上保舉，與磨勘轉遥郡刺史，已後並理十年轉遥郡團練使，至遥郡防禦使止。祖宗之法，不輕以授人如此。契勘成彦忠今年五月方轉遥郡刺史，抵今未及半年，遽用幹辦翰林司、皇城司任滿賞於刺史上轉兩官，則是二十年磨勘，五月之内一旦得之，於考績之法無乃戾乎？非所以示至公，使人知勸也。欲望將成彦忠所得任滿賞付之有司，依格施行。」從之。

隆興元年正月七日，臣寮言：「權知盱眙軍周淙乞通理轉官，有旨特依。竊見吏部勘當流目，初到官申朝廷，乞通計前任知楚州月日，已獲旨特依格減二年磨勘推賞，即無再許不願通計吏理任轉官條法。今不用有司勘當，特從所請，前後相戾，於義無當以示公。況後有事體相類者或攀援陳乞，理難獨違，42流弊滋多，不可不慮，欲望依吏部勘當事理施行。」從之。

三月十五日，左從政郎、權監榷貨務都茶場潘慈明初任三考〔一〕，次黃州教授二考七箇月丁憂，計少四箇月有奇，通成六考。乞用榷貨務都茶場減年賞比折補足月日，罷任磨勘。從之。

二十八日，明州言：「左儒林郎、昌國知縣王存之在(仕)〔任〕廉清，吏民信服，考第、舉官及格，乞就任磨勘改官再任。」從之。

四月五日，詔：「今後選人改官，每歲以八十員爲額，内以十員待歷任及十二考減舉主改官人數。如不足，並聽闕，仍自今年爲始。」

十五日，臣僚言：「切見李若川等乞轉朝議大夫，援引建炎覃恩舊例，謂非止法，許其溢員。勘會建炎放行遷轉，妨朝士之年勞寸進者逮三十年，若今日用例轉行滋蔓，將來之沿襲遷階者何可勝計。檢準紹興賞令，諸朝請大夫以上因恩賞轉官者以四年爲法，各計所磨勘收使。修令之日在靖康、建炎之後，詳定已允，今日所宜遵守，則建炎覃恩轉官不當引援明矣。欲望將若川等陳乞遷轉更不施行。」從之。

七月十九日，中書門下省勘會：「新制，自今選人改官每歲以八十員爲額，除十員充歷任及十二考減舉主改官人數，止係七十員。今方七月，吏部已引改官人六十四員，并見候引四員，止闕二員。切慮下半年改官人數亦不下六七十員，若積累數年，員43額拘礙，必致留滯者多。」詔吏部具依常年放行。

十月二十九日，詔(楊)〔揚〕州并安撫司官依舒州、無爲軍例推賞，内選人到罷及二年磨勘以上與一併收使。從知(楊)〔揚〕州向子固請也。

十二月十一日，詔陳康伯子安節久在選調，改合入官。

十七日，臣僚言：「前監鎮江府造船場沈作乂用舉主改轉右通直郎。按作乂頃爲船官，用官木修私船，言者論列，有旨吏部不得放行改官。今乃覬望，作乂前宰相之子〔二〕，更不遵依元旨，乞止於通直郎上降一官。欺罔朝廷，此而可恕，將何以懲，欲望追寢作乂改官成命。」從之。

二年三月二日，吏部侍郎葉顒條奏革弊便宜：「殿前馬步三司見從軍下班祗應依已獲旨，自受下班祗應起理十年磨勘，改轉進武校尉。今措置，似此陳乞磨勘之人，從三衙依自來例一面保奏，仍一就録白出身以來文字，保明申吏部，從本部候奏施行，庶革迂枉留滯之弊。」從之。又：「選人改官依條承直郎至修職郎用六考，迪功郎七考，舉主

〔一〕「潘慈明」下似當有「言」字。

〔二〕「作乂」上似當有「以」字。

應格，方許磨勘。近多囑託吏史，爲弊非一。自今並不許用迪功郎一色月日作六考，并用減年作實考及權攝月日放行磨勘。」從之。又：「選人陳乞磨勘改官，依見行條法，除諸州教授許就任陳乞外，其餘並不許。近多干求監司、郡守，將知縣、幹官乞就任放行磨勘。措置，今後並遵守舊法施行。」從之。44 又：「文武官關陞，監當人依專法須滿六年，到部聽關陞。近並不照應條法，止據許乞，稱已到堂，即理作到部放行。措置，自今並遵依見法，須候身到部，方許關陞。」從之。又：「官員陳乞磨勘服色，内有因罪犯編覊管、勒停，并責授散官、追官，指定州軍居住、除名之人。今措置，應有似前罪犯，後雖改正，若無理元斷月日之文，以前年月並不許收使。」從之。又：「醫官罷任限三日批書，其陳乞磨勘内有批書違限之人，依專法合該展年。却囑託吏史，往往先放行磨勘，却批書。措置，自今醫官磨勘，並遵依見行條限施行。」從之。

三月二十三日，臣僚言：「户部點檢所所立賞格，以諸庫賣到息錢爲額，雖於元額二十萬貫減一年磨勘，後添作二十三萬貫，然合諸庫賣錢歲不下百數十萬，若計數減年，則點檢所官二年之間當減磨勘者至十餘年。不與諸庫虧欠之責，而兼受諸庫合得之賞，其失於過而太濫，孰甚於此！欲望將點檢所官賞任滿日止與一官。又，文思院官任滿亦減五年磨勘。管督工作，自其本職，遇製非常禮物，因亦希闊〔一〕。賞太過如此，亦宜任滿減半推賞。其他似此之類，謂宜依倣條具施行。仍乞令吏部，自今遇以減年磨勘轉官者，須以實歷年數對用，則是合四年轉官者亦以二年轉也。」從之。

六月十九日，臣僚言：「右文林郎朱希説 45 陳乞磨勘。按希説先曾磨勘，緣任辰州司理將杖罪勘死，失入，法用十二考，再有舉官五員。希説隱蔽前犯，先次放行磨勘，爲言者論奏不行。今又赴部磨勘，其所用舉主皆係時暫差權所得。臣論奏今日用人之弊，本無舉官，假以朝旨時暫差權，數日之間舉官數足，即得改官。特蒙嘉納，以其言置政事堂。若將希説磨勘放行，不惟希説一人以不合磨勘，公然囑託，即所以置政事堂者遂爲虚文。希説磨勘望賜寢罷。」從之。

八月二十五日，詔：「左中奉大夫趙不溢合該覃恩轉行一官，令吏部照應止法人例施行。」先是，不溢言：「見官左中奉大夫，依法合用實歷七考轉中大夫〔二〕，不許貼用減年。欲作回授收使，又非止法人；虚得減四年磨勘，獨不霑被霈恩。乞依止法人例作回授收使。」詔特許貼理磨勘收使。言者論轉中大夫非兩制不許貼用減年，若放行不溢，恐開後比，再有是命。

乾道元年正月一日，南郊赦書：「承直郎以下犯私罪

〔一〕因：似當作「固」。
〔二〕「中」下原有「奉」字，據前後文及宋官階序遷之制刪。

徒、贓罪杖得不礙選舉差注者，若舉主、考第比無過人例合磨勘者，奏裁。」三年十一月二日、六年十一月六日、九年十一月九日南郊赦書並〔同〕此制。

八月十二日，册皇太子赦書：「應命官展年磨勘，除犯贓罪若私罪徒外，並與免展。」七年二月八日册皇太子赦書同此制。

十一月二十三日，吏部言：「左朝請[46]郎、新權知韶州汪杞乞磨勘。勘會杞昨乞推賞係六十九歲，户部行遣迁滯，致年及七十，有礙磨勘。切慮日後亦有似此年已七十〔三〕〔之〕人，故稱年未七十之前官司行遣留滯，巧妄陳乞，因誘冒濫。勘會欲遵依見條，今汪杞即不礙磨勘年限條法。」詔吏部特與放行。

十二月二日，詔：「武畧大夫、忠州防禦使、帶御器械趙志忠昨寄資日，於紹興二十三年三月磨勘轉敦武郎，後來磨勘特依徐伸等前後例，自轉授日起理磨勘外，餘剩月日仍許接續收使。」徐伸磨勘在紹興三十一年，其後帶御器械王槩、甘澤乾道二年七月並特磨勘，皆用前例也。

二年正月二十七日，吏部言：「右承直郎、前崇信軍節度推官兼司法張果之乞磨勘，雖考第、舉主及格，緣曾犯公罪杖衝替，依條合自朝廷指揮。」詔改次等合入官。

三月十七日，辛執言：「吏部長貳措置選人改官引見，令立班移近軒陛，一一宣名。其間聖意或有所疑，即乞指名宣諭吏部侍郎，令同至都堂審驗，有不中選，取旨別作施行。」上曰〔一〕：「如此施行，全在卿等盡公，方得其實。」洪适等曰：「〔階〕〔陛〕下既指定姓名，雖臣等子姪亦豈得容私？如果非才，即與改次等，或更一任回改官，仍重行謬舉之罰，庶冒濫改官者鮮矣。」

十月十四日，詔：「諸路州軍應起發糧斛綱運，差見任曹職官；如不足，差見任[47]文武官或寄居待闕官曾經到部、付身圓備人管押。一萬石一千里以上無失欠，減二年零八箇月磨勘；一萬五千石以上，紐計地里推賞，轉至一官止。」

三年正月二十九日，吏部言：「武德郎譚羽昨任武節郎，因募押袁州上供苗米，得減十年磨勘，乞於見任武德郎上磨勘收使。緣昨承紹興二十九年五月敕旨：今之貪官爵者例求綱賞，以遷官蔭子，自今應轉朝奉大夫、朝奉郎磨勘，無得以恩賞遷。見今遵守。譚羽見官武德郎，乞收使綱賞改轉大夫，合即蔭補，與轉朝奉大夫事體絕同。」詔依文臣初旨施行，敦武、武翼郎依此。

十月七日，臣寮言：「乃者吏部有請引見并行在職事官及外路就任改官人以百員爲額，四川換給改官人以二十人爲額，已頒旨施行。以郡計之，東南約三郡，則改官者二人；四川約六郡，則改官者二人。其多寡不均，灼然可見。欲望將引見并行在職事官〔二〕、外路就任、四川換給人通以

〔一〕「上」前原有「因」字，據《宋史全文》卷二四下删。
〔二〕官：原作「者」，據上文改。

百二十人爲額，並以取會圓備上鈔日爲先後之序，庶幾遠近均一。」從之。

十一月三日，南郊赦書：「應命官下班祗應、校副尉因罪，特旨及依法合該展期或展年磨勘、降資、殿降名次、展年參選、罰短使之類，并場務虧欠展任，並特與放免。」六年十一月六日、九年十一月九日南郊赦書並同此制。

四年八月二十二日，吏部言：「右監門衛 48 大將軍、和州防禦使士穆昨差（大）〔太〕廟行事遲緩，特降一官，今乞磨勘。緣外官武臣降官以前歷過月日，叙官後不許通理收使。士穆係南班環衛官，依宗司專法，即不該載降官不許通理磨勘之文。」詔士穆許通理降官以前歷過月日，令吏部放行磨勘。

十月三日，吏部言：「右宣教郎、知綿州巴西縣丞程敦（不）〔本〕繳告，因磨勘侵用丁憂月日轉右通直郎，乞改正別磨勘。尋照文（按）〔案〕，紹興三十一年七月眉州申發敦本磨勘前連家狀并親書格目狀等，並繫寫是年七月已放行，其磨勘內有丁憂月日，不應收使。昨陳乞，即係隱匿丁憂月日。」（照）〔詔〕程敦本特降一官。

十二月二十六日，詔右千牛衛將軍士矩特轉右監門衛大將軍。以堂兄宣州觀察使士歆乞用覃恩回授也。

五年二月二十二日，吏部言：「準詔，宗室士矩換元舊南班官日歷過磨勘轉官，特許以兩官比換南班一官收使。今士矩叙陳，昨造軍器并覃恩轉官係溥恩，即合一官比換一官，緣無該載。」詔右監門衛大將軍士矩特授蘄州防禦使。

三月二十八日，臣僚言：「修武郎、故太師楊和王府書表使臣李思奇乞任滿推賞。〔勘〕會楊存中畫一止稱幹辦主管使臣等，仍舊給使奉稟再任等，並依張俊已獲之旨。畫一即不明言任滿推賞乞依張俊。吏部放行減年，實失宜當。昨存中家許乞恩例 49 依張俊者非一，他日更用不明畫一繼請，朝廷既許行一事，其餘亦何以却之？倖門一開，不可復遏，故當謹之於始，以塞濫恩。」從之。

四月二十七日，吏部言：「右迪功郎、前權監潭州南嶽廟吳堯佐先補授吉州文學，捕獲强盜，該改合入官，依條候注正官收使。堯佐注權蘄州廣濟縣尉任回，緣驗屍失當，再注權官二考，侍養罷任，再注嶽廟，通理成三考。緣前兩任六考係文學出身，並理當權外官，別無考第，依格本等合改轉右承務郎。緣有前犯，欲於右承務郎上展四年磨勘。」從之。

五月二十七日，詔隨龍和安大夫、貴州團練使陳孝廉爲任皇子慶王、恭王府各實及六年，特轉均州防禦使。

九月十四日，臣寮言：「近降旨，選人任嶽廟者，所歷月日悉不理爲考第。然在法京官考任滿六年方許關陞，今乃使嶽廟月日，亦許理爲考任。夫選人困於選調，宜不得計奉祠月日，京官初無選調之厄，獨以祠祿理考，是何抑彼而予此耶？欲望將京官嶽廟亦不理爲考任。」從之。其後詔京官任嶽廟在乾道五年九月十四日新制以前月日許收使。

六年四月十八日，宗正司言：「皇叔祖均州防禦使士忞紹興三年年十五歲，合自其年起理磨勘，至紹興十二年七月換授武節郎，係在官實歷九年六箇月。緣非外官所歷月日，是以未曾收使，即無釐革條 50 法違礙，合自乾道四年十月授告日起理南班磨勘，至乾道五年四月實歷五箇月。其二次實歷通計十周年，依條實歷十年合該磨勘。」詔特轉隨州觀察使。

閏五月六日，臣僚言：「南班宗室自太子右內率府副率至正任承宣使十階，並用十年磨勘，轉行一官，至觀察使取旨。近歲南班官往往將所得轉官礙止法恩賞回授與一等南班收使，作一官轉行，顯太優幸。欲望將南班宗室所得轉官恩賞礙止法人，如回授與一般南班收使，即改給減十年磨勘。其承受減年若該磨勘，即照隆興二年三月制旨，對用實歷改轉。」從之。

七月二日，吏部言：「左中大夫、敷文閣直學士薛良朋磨勘。契勘《紹興參附令》，中大夫轉太中大夫，雖兩制即不許貼用減年，法意分明。良朋自轉左中大夫起程至今年六月止，實歷二年六箇月，却將昨任知徽州勞績減四年磨勘內收使一年六箇月，湊及三年，轉左太中大夫，於法顯礙。雖有放行王曮等例，並在乾道四年不許援例指揮之前。」詔良朋磨勘轉左太中大夫一官改正，吏部處當官吏具名取旨。於是敷文閣直學士陳彌作、吏部員外郎張（拭）〔栻〕、考功員外郎韓彥古降職、展磨勘年、降官有差，人吏王興祖等皆決杖，彌作先任兼權尚書故也。援例指揮已見《定格令》。

二十八日，詔：「德壽宮官吏、諸色人等，51 爲應奉有勞，已及五年，依已降旨並特與各轉一官資。礙止法人並依提舉官張去爲所乞例回授，階官未至止法人，並與階官上轉行。」

十一月六日，南郊赦書：「應文武臣、校副尉、下班祗應昨來該遇覃恩合該改轉官資之人，竊慮四川、二廣駐劄諸軍因而陳乞出違條限，并有限外申發到部，有司執文不與放行，甚非覃霈之意。可令吏部（汜申□）已申發到部先次放行。其未曾陳乞之人，自赦到日與限一季，經所在州軍自陳，依已降赦文改轉。」

七年二月八日，冊皇太子赦書：「勘會諸軍將校緣功賞合轉承信郎，偶不曾繳到付身及綾紙錢朱鈔及差漏三代名諱，致妨給告，止出轉官公據。後來因覃恩或他賞已轉承信郎以上，方行陳乞。吏部却引用八資法比折減三年磨勘，甚失當時立法之意。如有似此之人，仰吏部特與作一官資轉行。」同日，冊皇太子赦書：「應命官展年磨勘，除犯贓罪若私罪徒外，並與免展。」

九月二十四日〔一〕，總領湖廣江西京西財賦呂游問言：「襄陽在今日爲必守之地，務要廣積糧斛。緣鄂、郢州泝流至襄陽，悉皆灘磧，以致綱運留滯。押綱與舟人相通爲姦，限匿官物，利害至重。今措置，欲於郢州添置撥發船運官一員，如任内職事修舉，與減磨勘三年〔二〕。」從之。

十月三日，中書門下省勘會，吏部改官員數，每年通以百二十員爲額。今年員數已足，有溢額三十餘人，候來年引見。詔吏部：「52已散舉主人依條施行，其見待班次人具奏引見改官，今更不限定年額。」

十二月三日，吏部言：「奏舉改官人孫次襄依條合用六考。次襄前任靖州軍事判官，在任通理潭州衡山縣，户部贍軍酒庫，通成四考。緣選人止許通理成三考，合退豁外，雖有六考，將限外所得舉狀在合退豁考第上發奏。若朝廷許收使，於本部即無違礙。」詔從之，自今依此。

八年十一月六日，知潭州、充荆湖南路安撫使陳彌作、提舉荆湖南路常平茶鹽公事胡仰言：「湖南州縣荒旱，永州推官應材、永州司户羅全署、永州教授王阮、監潭州南嶽廟陳符、長沙知縣陳確、善化知縣呂行己、衡山縣尉對移湘陰知縣孫逢辰，究心賑濟，職事修（辨）〔辦〕，應材仍有運米往返措置協濟之勞。」詔應材轉一官，羅全署、王阮、陳符、陳確、呂行己、孫逢辰各減三年磨勘。

（十九日）〔十月十五日〕〔三〕，江西安撫使龔茂良條奏本路捄荒措置宣勞官僚。詔陳寅特轉一官，徐大觀、向士俊、翁蒙之各減磨勘三年，李宗質、王日休、江溥、向澹、戴達先、王滸、胡振、蒲堯仁、汪賡各減磨勘二年，謝鍔、劉清之、薛斐〔四〕、董述、黄旻、趙不比、王杞、鄭著、趙永年〔五〕、趙公迴各減磨勘一年。

九年四月二十九日，權兵部侍郎、兼臨安少尹沈度言：「皇太子領尹臨安，左司理楊坦等援引祖宗典故許乞改官，已得旨候今任滿改合入官。録事參軍黄衡53於法在諸曹官之上，與楊坦等事體寔同，未曾陳乞，欲望依楊坦等已降恩旨施行。」從之。

五月十四日，監察御史陳舉善言：「近覩右從政郎、充荆湖北路安撫司准備差使樓鍔乞就任磨勘，吏部指定，欲將鍔今任内所得舉狀揍用，依條磨勘。竊詳吏部勘當，即在法有所不許，今（返）〔反〕指定放行，委有異同，不知果何所據。若以爲葉衡申請，今衡所請不過乞令鍔用前任已足考第、舉主，即不請許用今任舉主揍滿。今鍔若用教授考第磨勘，則尚少舉主一員；若用今任葉衡舉狀，即宜候成資日陳乞，不應復用教官就任揍考之法。切恐自此人得爲

〔一〕二十四：本書食貨四四之一一作「二十二」。
〔二〕減：原脱，據本書食貨四四之一一補。
〔三〕十月十五日：原作「十九日」，據本書食貨五九之五二、六八之七三、《補編》頁五九九改。又，此條當上移。
〔四〕斐：原作「裴」，據本書食貨五九之五二改。
〔五〕趙：原作「張」，據本書食貨五九之五二、六八之七三、《補編》頁五九九改。

例，有廢祖宗銓曹成法。」詔令吏部依條施行。

二十八日，臣僚言：「左承議郎施元之磨勘，吏部勘會所乞年限雖滿，緣罷新任浙西提刑，若依非時改移替罷格展兩季磨勘，緣未到任，欲依大理寺約所犯公罪笞不礙磨勘放行。契勘外任別與差遣，不過以其才不稱職，初無罪累可言，猶展磨勘。若因事得旨罷任，即是顯有罪狀，當展磨勘無疑。今吏部既知格法不可，乃曲爲之辭，稱未到任。緣在法諸稱見任者，授訖未上同，顯紊成憲。」詔從之，仍令吏部長貳具析，於是吏部尚書李彦穎降兩官。

九月十七日，吏、兵部言：「殿前司諸軍已改正代名官兵，如已給吏部理任差帖印紙人，將受敦減付身 54 日起理關陞。其已經陞帶外任人，如敦減作大使臣，合依舊帶外任差遣；如敦減作小使臣，即合除落。修武郎以上在軍及三年，係親民資序，即許(輕)〔經〕本軍陳乞陞帶。」詔磨勘特與通理未改正以前所歷在職年月，放行磨勘，其關陞、陞帶等並依。

二十六日，詔：「靖州職官任滿無犯，舉主不用職司。如前任已有文字，通今任自有舉主三員，即依本州曹掾例循兩資，候磨勘後收使。教授任滿，亦依職官體例施行。」

十二月二十六日，吏部言：「武功郎、昭慈聖獻皇后攢(官)〔宮〕都監賈惟清乞磨勘。勘會賈惟清所乞係初磨勘，於乾道八年十一月内轉歸吏部，即無許與不許通揍未轉歸吏部以前年月收使明文。如不收使，緣係宣差睿思殿掌管簿書，已成六考有令〔一〕，止緣目前未曾申明，無以遵執。今參議，欲以未轉歸吏部以前就差年月與起理磨勘。」從之。（以上《永樂大典》卷一九四〇〇）〔二〕

【宋會要】

55 淳化三年〔三〕，置磨勘京朝官院，四年改〔爲審官院〕。又太平興國中置差遣院，至是併入。在宣德門外西北廊。掌考校京朝官之殿最，分擬内外之任而奏之。知院事二人，以朝官充。書令史七人，掌舍二人。熙寧三年，分東西院，始爲東院。詳「院」下。（以上《永樂大典》卷一四六一五）

尚書左選

尚書左選舊係審官東院，元豐五年改今名，其五年以前仍具載于此。

《兩朝國史(誌)〔志〕》：審官院知院二人，以御史知雜以上充，掌考校京朝官殿最，叙其爵秩而詔於朝，分擬内外任使而奏除之〔四〕。書令史七人。

〔一〕令：似當作「零」。
〔二〕《大典》卷次原缺，陳智超定於卷一九四〇〇（《解開宋會要之謎》頁二〇六），今從之。《大典》此卷爲「勘」字韻「磨勘二」目。
〔三〕按，此條與職官一一之一重。
〔四〕使：原作「吏」，據《宋史》卷一六三《職官志》三改。

郎中一人，掌考校京朝官以上殿最〔一〕，叙其爵秩，擬内外任使而奏除之。案十二〔二〕：曰六品，曰七品，曰八品、九品，曰注擬，曰名籍，曰掌闕，曰催驅，曰(申)〔甲〕庫，曰檢法，曰知雜，曰奏薦賞功司。吏額：主事一人，令史二人，書令史九人，守當官一十一人，正貼司一十六人，私名一十二人，楷書三人，法司一人。官告院六部監門隸焉，内六部監門通隸尚書左選。詳「選」下。

審官西院〔三〕

神宗熙寧三年五月二十八日，詔：「國家以西樞内輔，贊翊本兵，任爲重矣。而狃於舊制，自右職陞朝以上，必兼擇而除授之，是以三公府而親有司之爲，非所以遇朕股肱之意也。今使臣增員至衆，非張官置吏以總其事，則不足以一文武之法而礪中外之才矣。宜以審官院爲審官東院，别置審官西院，差知院官兩員，56專管閤門祇候以上諸司使磨勘常程差遣。應有合行事件，並仰知院官條(例)〔列〕以聞。俾銓叙有常程，黜(涉)〔陟〕有常守，官修而紀律振，任專而考察精，庶熙治綱，咸體朕志。」以天章閣待制齊恢爲知院，兵部郎中韓縝同知。詳「院」下。

尚書右選

尚書右選舊係審官西院，元豐五年改今名，其五年以前仍具載于此。

郎中一人，掌大使臣以上差注，材武人格有二十一，及破格出闕，較量功過，奏薦諸軍賞功。案十：曰大夫，曰副使，曰敦、修武，曰注擬掌闕，曰奏薦賞功，曰開拆，曰名籍，曰甲庫，曰法司，曰知雜。吏額：主事一人，令史二人，書令史九人，守當官一十二人，正貼司八人，私名一十人，法司一人。詳「選」下。

流内銓

流内銓本吏部尚書職。國初，張昭爲尚書，領選事，凡京官七品以下猶屬銓筦。自昭致仕，始用他官權判，頗變舊制，京官以上無選，並中書門下特除。又使府不許召置幕職，悉於銓授。今以選集者，故止自節度判官以下，州府判司、諸縣令佐按資格注擬，號流内銓。其流外選人亦用

〔一〕以上：原作「以下」，據《宋史》卷一六三《職官志》三改。

〔二〕十二：原作「十一」，據《宋史》卷一六三《職官志》三改。

〔三〕此題及文與前職官一一之四重，但在《大典》不同卷。

焉。詳「銓」(一)。

侍郎左選

侍郎左選舊係吏部流内銓，元豐三年改今名，其三年以前事仍具載于此。

《兩朝史志》：判流内銓事二人，以御史知雜以上充，掌節度判官以下、州府判司、諸縣令佐擬注對敭磨勘過之事。令史十一人，選院令史六人，驅使官三人。流外銓掌考試附奏諸司人吏而已，令史十57二人。

侍郎一人，郎中一人，掌承直郎以下、擬注州府判司、諸縣令佐、監當及磨勘功過之事。案十三：曰序丞，曰職官，曰入官，曰縣尉，曰格式，曰主簿上下，曰開(折)〔拆〕，曰名籍，曰甲庫，曰知闕，曰注擬，曰知雜，曰法司。吏額：主事二人，令史四人，書令史一十八人，守當官一十八人，正貼司二十人，私名十人，楷書十人。詳「選」下。

三班院

太宗太平興國六年二月，命御厨副使楊守素、供奉官蔚進(二)、韓令賓同檢點供奉官、殿直、承旨三班公事。

雍熙三年十二月，西上閤門使張平授(各)〔客〕省使，依前點檢三班公事。四年七月，詔置三班院，以崇儀副使蔚進掌其事。先是，供奉官、殿直、殿前承旨悉隸宣徽院。至是，以其衆多出使於外，有訴勞逸不均者，因命別置院考校殿最，引對便殿，定黜(涉)〔陟〕焉。詳「院」下。

侍郎右選

侍郎右選舊(保)〔係〕三班院，元豐五年改今名，其五年以前仍具載于此。

《兩朝國史志》：三班院勾當院官無常員，文臣以兩制以上、武臣諸司使以上充，常置籍以總使臣之名，均其出使釐務，定其任使遠近之等級，及考其殿最而上于朝，凡借職以上至供奉皆隸焉。勾押官一人，前行三人，押司官一人，後行十一人。

侍郎一人，郎中一人，掌校副尉以上較試、擬官、行賞、換官，考其殿最。案十五：曰從義，曰忠訓，曰成忠，曰承節，曰承信，曰進武，曰差注，曰生事上、下，曰掌闕，曰資次，曰知雜，曰催驅，曰甲58庫，曰法司，曰架閣。吏額：主事二人，令史四人，書令史一十五人，守當官一十八人，正貼司二十五人，私名七人，楷書一十人，法司一人。詳「選」下。

(一)天頭原批：「下接寫『流外銓』。」

(二)蔚進：原作「簿備」，據《長編》卷二二改。

格式司

格式司。太祖建隆元年十一月，詔：「天下縣除赤、(幾)〔畿〕、次赤、畿外，重升降地望。取四千户以上爲望，三千户以上爲緊，二千户以上爲上，千户以上爲中，不滿千户爲中下，五百以下爲下，自今每三年一次升降。」詳「司」。

流外銓

真宗咸平元年十二月，詔：「京百司今後如額内闕人處，吏部每歲一次於十月内曉示諸司，於見祗應私名入仕三年已上依次牒送，比試補填，叙理資考。若抽在别處祗應與計勞考者，不更充在司額。留司祗應者，亦於見定額内抽那，不得别補。所有歸司、不歸司諸色事故，並準《長定格》〔一〕，諸司内或(從)〔後〕來有添展闕額詔敕，一聽逐司存留。」凡門下省額二十五人，中書省十五人，起居院三人，諫院二人，尚書省五人，吏部十二人，銓二十人，南曹十人，甲庫四人，司封二人，司勳二人，考功五人，兵部十人，甲庫二人，職方三人，駕部二人，庫部二人，户部三人，度支二人，金部二人，倉庫二人，刑部八人加五人，都官二人，比部二人，司門二人，禮部三人，貢院八人，祠部四人，主客二人，膳部二人，工部二人，屯田四人，虞部二人，水部二人，御史臺二十五人，太常寺六人，禮院十三人，宗正寺十三人，光禄寺六人，衛尉寺十人〔二〕，大 59 理寺十二人加二十二人〔三〕，太僕寺八人，鴻臚寺三人，司農寺五人，太府寺四人，祕書省七人，殿中省五人，國子監五人，少府監六人，將作監三人，司天監五人，四方館三人，左右金吾、左右衛各三人〔四〕。（以上《永樂大典》卷一四六一五）

官告院

【宋會要】

60 兵、吏、司封、司勳官告院，國初於右掖門東廊置院，四司告身案並集于此，以備中書除改，本司郎官各主其事。淳化五年，始專置官局于省内〔五〕。凡官告各以本司告身印印之，文臣用吏部，武臣用兵部，王公命婦用司封〔六〕，加勳用司勳。掌文武官將校告身及封贈，以朝官一員主判，中書舍人一員提舉。餘綾紙庫入内侍一員管勾〔七〕。

〔一〕長定格：原作「長安格」，據《補編》頁一六〇改。
〔二〕十人：《職官分紀》卷九作「二人」。
〔三〕二十二：《職官分紀》卷九作「三十三」。
〔四〕衛：原作「街」，據《職官分紀》卷九改。
〔五〕置：原作「制」，據《職官分紀》卷九改。
〔六〕用：原脱，據《職官分紀》卷九補。
〔七〕按，據屠寄眉批，此條亦見《大典》卷一四六一五。

太祖乾德四年四月，詔重定官告院所用内外文武官告身綾紙、褾軸：尚書令、侍中、中書令、平章事、使相，用五色背金花綾紙，寶裝犀軸，銀鈎暈錦紅裏褾袋，紫絲網，銀帉錔〔一〕。樞密節度使已上〔二〕，用白背金花五色綾紙，寶裝犀軸，銀鈎暈錦紅裏褾袋，紫絲網，銀帉（踏）〔錔〕。參知政事、三師、三公、僕射、東宮三師，用無金花五色白背綾紙，銀鈎暈錦紅裏褾袋〔三〕，大牙軸。樞密副使、宣徽、三司使、留後、統軍、上將軍、檢（校）官至太保以上者，與參知政事一同。司徒已下者止用大花白綾紙，褾軸同上。端明殿、翰林、樞密直學士、東宮三少、尚書、内客省使、防禦、團練使已上，用大綾紙，紅裏銀鈎法錦褾，大牙軸。常侍、中丞、給諫、舍人、大卿監、賓客〔四〕、詹事、刺史、（主）客省、引進使、判四方館、閤門使〔五〕，用大綾紙，法錦褾〔六〕，大牙軸。祭酒、庶子、諸衛大將軍、内諸司使、副使、禁軍都虞候、起居郎、侍（衛）〔御〕史、少卿監、少詹事、司業、率更令、郎中、員外、太常博士、兩京少尹、四赤令、諸州行軍副使、節鎮馬步軍都指揮使，用大綾紙，大錦褾，大牙軸。諸將軍、率府率、副率、殿中侍御史、監察御史、國子五經博士、通事舍人、陞朝官、禁軍指揮使、京官、諸州防禦、團練、刺史、都指揮使已下、幕職州縣官、帶檢校官，用中綾紙，中錦褾，中牙軸。諸州幕職州縣官、無檢校官及内外副指揮使已下將校，用小花綾紙，小錦褾，木軸。

太宗太平興國六年十二月，詔：「官吏以告身及南曹曆子於買區權息錢者並禁，違者官爲取之，不償其直。」

淳化元年四月，詔：「自今中書降敕，門下省差令史一人，於承敕院畫領承受，抄上印曆，分付甲庫、官告院收掌，出給告身簽符。」

二年三月，詔：「官告院應降制，授官者使五色金花綾紙，寶裝犀軸；追贈者使白背五色無金花綾紙，銀鈎，暈錦紅裏褾，大牙軸。」

四年四月，詔官告院置寫告令史十人，須書札精熟者。又置綾紙庫，用朱膠綾紙錢物，差三司軍將一人爲專知官，應兵、吏部、司封合納綾紙錢並本庫收納，旋送左藏庫。每日輪令史二人，將預書綾紙於舍人院寫吉切官告〔七〕，令當直赴制告點檢，不得漏泄。其吏部選人除官，亦令甲庫實封，敕送官告院。寫告畢，送本院長官看讀無悮，即置曆給付。如人吏錯悮數多，委是怠慢，即量情責罰。

五月八日，詔：「官告院書寫官告或官司錯悮，隨[61]月破帖，候及百道即納作坊。若人吏錯悮，勒令陪納。其

〔一〕帉錔：原作「幡踏」，據《補編》頁五五〇改。《鶴林玉露》卷二述告命絲囊之制云：「絲囊之制，以小鈴十繫之，按式名曰帉錔。」
〔二〕節：原作「即」，據《補編》頁五五〇改。
〔三〕「銀鈎」原作「釣」，「袋」原作「裝」，據《補編》頁五五〇改。
〔四〕賓：原作「隨」，據《補編》頁五五〇改。
〔五〕閤：原脱，據《補編》頁五五〇補。
〔六〕錦：原作「藥」，據《補編》頁五五〇改。
〔七〕吉切：疑當作「急切」。

告身納僕射已下見任官，並預先取書收掌，準備除官。」

十一日，詔：「應給人已經照勘銓擬(受)〔授〕官，聞奏下，直付官告院出告身者，舍人院疾(連)〔速〕發遣。」

二十五日，詔百官爲父有官先曾降麻制授官者，納錢五千。

五年三月，詔官告院差吏部令(使)〔史〕二人與三司軍將同管勾綾紙庫，候官告院遺闕，守闕與正名各減一，選差令史二人出告身案及掌預書綾紙，亦減一。

十月，詔官告院一品已下至四品綾紙、褾軸各書三五通，於舍人院封鏁，準備使用。

十二月，詔官告院差守闕書令史三人，祇應日逐預書綾紙，月給千錢，米一石。

至道元年二月，詔：「應中書除授幕職州縣官，綾紙並令賜與，不更納錢。其吏部擬授四川官，亦免所納朱膠綾紙錢六貫四百五十。」

三月，中書門下言：「諸屯泊(木)〔本〕職將校每遇覃恩，並差人賫所授告身本職文字於殿前馬步軍司繳連，於中書呈驗，道路遥遠，慮有煩擾遺失。」詔：「在京諸軍加恩依例呈驗外，諸州止委知州已下取所授官告宣頭、補職文字録(自)〔白〕印縫連書，入遞聞奏。自今外道加恩官告並令入遞，不得差人至京請領。」

五月，詔官告院應除改畫官告，揩寫兩本，付本房進書。

真宗咸平三年九月，詔重定告身：宰相，親王，使相，用五色背金花綾紙，犀軸，暈錦褾袋，色帶。三師，三公，樞密使，及曾任宰相官至太子三師、僕射已上，嗣王，節度使〔一〕，用白背五色金花綾紙，犀軸，暈錦褾袋，色帶。參知政事，宣徽使〔二〕，樞密副使，太子三師，僕射，御史大夫，兩京留守，皇弟、皇子、皇姪、皇孫，用白背五色綾紙，暈錦褾袋，大牙軸，色帶。尚書，文明殿學士，太子三少，京牧，大都督、大都護，兩省侍郎，京尹，統軍，上將軍，兩使留後，觀察使，用白背五色綾紙，法錦褾，大牙軸，色帶。並十七張。三司使，翰林學士，侍讀、侍講學士，樞密直學士，尚書省、御史臺四品、兩省五品以上，諸司、東宮三品，王傅，中都督，諸府尹，上都護，下都督，昭文館、集賢院學士，左右庶子，詹事，諸衛大將軍〔三〕，防禦、團練、刺史，橫行諸使，昭宣使，樞密都承旨，及諸司使、軍職帶刺史者，用大綾紙，法錦褾，大牙軸，色帶。三司副使，陞朝官太常博士以上，京府少尹，赤縣令，王府長史〔四〕，司馬，諸司副使〔五〕，樞密副都承旨，節度行軍副使，兩使判官，檢校至常侍〔六〕、中丞以

〔一〕使：原作「師」，據《補編》頁五五〇改。
〔二〕宣：原作「先」，據《補編》頁五五〇改。
〔三〕衛：原作「位」，據《補編》頁五五〇改。
〔四〕史：原作「使」，據《補編》頁五五〇改。
〔五〕「諸司」下原衍「馬諸使」三字，據《補編》頁五五〇刪。
〔六〕至：原作「主」，據《補編》頁五五〇改。

上者，諸軍都指揮、御前忠佐都軍頭以上者，〔蕃〕方馬步軍都指揮使及供奉官軍職加爵邑者，用大綾紙、大錦褾、大牙軸、青帶，並七張。陞朝官五官正、郎將已上、內殿崇班及閤門祇候、京官帶館閣、三司職事者、防團副使、兩使判官、（幾）〔畿〕令、諸州別駕、幕職州縣官、檢校至員外郎者、中書、樞密主事以上、入內高班內品以上、諸軍都虞候、忠佐副都軍頭、諸班指揮使、藩[62]方馬步軍都虞候以上、供奉官以下，及三司勾復官以上、檢校至尚書者、伎術官至朝官同正者〔一〕，用中綾紙、中錦褾、中牙軸、青帶。京官靈臺郎、保章正、幕職州縣官、高班內品、翰林諸待詔、醫官、中書行首守當官〔二〕、樞密院主事、令史、法直、禮直官，用小綾紙、小錦褾、木軸、青帶，並五張。諸藩蠻子授大將軍、將軍、司階、司戈、司候、郎將等〔三〕，用大綾紙、大錦軸、法錦褾、色帶。

十二月二十日，詔京官供奉官、侍禁、殿直、祇候內品、內品，用小綾紙、水角貼金軸、紅地黃花錦褾、青帶。又詔皇親崇班以上用大綾紙。文武官封贈，凡降制追贈者用白背五色綾紙、銀鈎暈錦紅裏褾、大牙軸。宮掖官告用遍地銷金龍鳳羅紙，妃嬪及大長公主、長公主、公主用遍地銷金斜花鳳子羅紙，內命婦、國夫人用銷金團窠花羅紙，郡主、縣主同。已上並犀軸、暈錦褾袋、紫絲（綱）〔網〕、銀（幅）〔帉〕錔。諸王妻、宰相、樞密使、參知政事、樞密副使、宣徽使、節度使母妻，用團窠金花羅紙、犀軸、暈錦褾袋、紫絲網、銀帉錔。僕射、尚書丞郎、三司使、中丞、觀察使、內客省使母妻，用金花羅紙、犀軸、法錦褾袋、紫絲網、銀帉錔。防禦使〔四〕、刺史〔五〕、軍主、廂主、南北省五品、諸司使以上母妻用五色金花綾紙、牙軸、大錦褾袋。餘官母妻用中錦褾袋。其後郎中、諸司使以上母妻皆用金花五色羅紙、犀軸、法錦褾袋。自餘母皆同上，惟用玳瑁軸，妻用五色羅紙、大牙軸、大錦褾。學士以上母妻皆賜之，餘官則入其直。又有預印書紙在中書舍人院〔六〕，有除授則就寫之。

二十二日，詔：「文官曾任大卿監、丞郎、給諫，武官曾任大將軍、防禦團練使、刺史，內職曾任閤門使已上者，及因子孫追贈三代官至一品者，並用大綾紙、大牙軸、法錦褾。如曾降制授官，自依先降敕命。」

四年二月，詔：「見任將相在朝正一品官及中書、樞密官特追封三代外，應東宮一品以上，雖曾任皇朝將相者，只依編敕本品追封。其三代曾祖母、祖母、母，除中書門下三品及平章事在朝正一品、使相封國太夫人外，餘只封郡太夫人止，如舊有國號者依舊追封。今後如位極將相，勳業

〔一〕同正：原作「同上」，據《補編》頁五五一改。
〔二〕首：原作「省」，據《補編》頁五五一改。
〔三〕郎將：原作「軍將」，據《職官分紀》卷九並參本書蕃夷五之一三改。
〔四〕使：原作「司」，據《補編》頁五五一改。
〔五〕史：原作「使」，據《補編》頁五五一改。
〔六〕預：原作「餘」，據《補編》頁五五一改。

崇高，〔夢〕〔薨〕謝之時特恩追封王爵者依舊外，如因子孫追贈，雖功隆位極，並不追封王爵。應因子孫追贈，除祖父先居高位累贈至一品外，如子孫官高、祖父官低，今後祖父已贈五品者，須歷品贈官，方得贈至正一品。母妻所封郡縣依本姓望，不繫緊望關輔，至封國不拘此限〔一〕。

五年七月，令初除駙馬都尉用大綾紙、法錦褾。

十二月，詔：「臣僚加恩告勅如遞到日，本官有諸色事故及罷任、丁憂停任及爲公事見在推勘者，並不得給付，具事由奏聞。」其後天聖六年，編敕所奏定：犯事被推徒以上罪未給，仍奏聞；丁憂及以理去官，即給付身，死者給本家訖奏。

六年十一月，詔官[63]告院綾紙庫差三司軍將充專知官〔二〕，三年一替。

景德二年九月，官告院言：「奉詔重定諸蕃告身紙。其蕃官軍主、副軍主首領、化外刺史子承父任知州授銀青階者，請用大綾紙、法錦褾、大牙軸、色帶。化外幕職州縣官、上佐指揮使至副兵馬使、衙前職員請用中綾紙、中錦褾、牙軸、青帶。」從之。

三年二月，詔：「吏部郎中掌文官告身，司封郎中掌封爵，皇宗諸親、內外命婦告身，兵部郎中掌武官告身。贈官同正官。其封爵、命婦贈官，令用吏部、兵部告身印。內追封公主，亦合用司封告身印。今後兵、吏部及叙封、加勳，須各用逐使印。如違，官吏勘罪，重寘之法。其印壞綾羅紙，仍勒陪填。」

八月，詔官告院：「今後應該封贈投狀者須先取〔三〕，毋取已經叙封郡縣名，具録申堂。」

十二月，詔：「皇弟、皇子、皇姪、皇孫除官，並用白背五色綾紙十七張，暈錦褾、大牙軸、色帶。若授崇班已下，如三司使例。」

四年九月，詔官告院除見管私名外，無得出收，闕人奏裁。

大中祥符元年七月，詔官告院：「諸州衙前職員，今後川、廣、福建、荆湖路每覃恩，仰逐州保明合加恩人數。如已有官者，具録告白條例聞奏，下本院照會，敕關出給官告，付進奏院入遞，發往逐州，委長吏當面給散。其官錢只納軍資庫。自餘州軍差衙前因便都賫錢上京，於官告院送納，請領官告。」

二年二月，詔：「應該封贈文武臣僚，每覃恩，須畫時投狀。如隔驀不來，於後不得乞一併加恩。」

八月，詔官告院今後月支上色朱紅五兩，充印中書除改官告。

三年閏二月，詔今後學士院闕人，不得於官告院抽私

〔一〕「不」字原在下條「五年」下，抄寫者用點號標示添於此，今從之。
〔二〕專：原作「將」，據前文職官一一之六〇淳化四年四月條改。
〔三〕「須先取」以下疑有脱文。

名人揀試。

八月，詔：「官告院綾紙庫令三司與提舉司定逐色綾羅紙、褾軸各三副，印押充樣，分留兩作坊及本院。每送納之時，將元樣比類交納。」

四年十一月，詔官告院：「應選人注官，合納朱膠、綾紙錢，許選人情願就便送納。」

五年六月，詔進奏院：「今後官告院發到軍員告敕，畫時入遞，仍具道數，月日申本院。」

八月，詔：「陞朝官遇赦乞封贈者，今後立限二周年，限外不來，即便止絶。在外者申奏，在京於都省投狀。初叙封者須具父母存亡鈔寫告白及妻禮婚狀，經叙封者且累封告白〔一〕，隨狀投納。若文字不足，未得收接。」

九月，官告院言：「準中書劄子，軍員、諸州衙前每遇赦加恩，多住滯經年，令本院定奪聞奏。今請每覃恩赦到，限二周年内逐處録白申奏。若每遇新恩，更不許乞行已前恩澤。」從之。

八年七月，令官告院，自今大除授告身、賜外蕃書，仍舊用金花綾羅紙。時禁銷金，有司上請故也。

天禧元年八月，翰林學士晁迥、秘書監楊億、直龍圖閣馮元詳定叙封所生母及致仕官封贈母妻事：「臣等詳編敕儀制自有明文，若非嫡、繼，不合叙封。其致仕官封贈據《五代會要》及新編儀制，須曾任五品已上正官致64仕後，即據品秩施行。國朝已來，每因降赦，應預升朝，並許封贈，蓋是一時覃慶，固非定格。其致仕官須是郎中已上方該封贈，兼逐時敕文封贈亦不該説，然官告院二十餘年相承行遣。臣等議定，乞今後如遇恩澤，其陞朝官在堂無嫡、繼母者，許叙封所生母。其致仕(言)〔官〕於儀制難預恩澤，乞今後須曾任陞朝官後致仕者，亦許封贈，如自京官幕職州縣轉朝官致仕者不行。」官告院又言：「文武臣僚準赦封贈父者，當院點檢有右贊善大夫呂行簡叙封故事。准《六典》司封之職，凡庶子五品已上官皆封嫡母，無嫡母即封所生母。子有五品已上官，若嫡母在，所生之母不得爲太妃已下，無者聽之。漢天福十二年，嫡、繼即許封叙。如非嫡、繼，不在論請。大中(詳)〔祥〕符儀制，嫡母、繼母即許叙封。如非嫡、繼，不在論請之限。其致仕官如未致仕曾任五品已上，合追封者與據品秩施行，别無條貫。」乃詔自除上條外，今依所議施行。

四年二月，詔：「諸州御前諸軍將校所請加恩官告更不定年限。(今)〔令〕官告院候奏到，並依例施行，疾速出給，不得住滯。」

五年六月，流内銓言：「幕職州縣官擬授之後，逐甲具前銜所授替填員闕脚色狀申奏降下，出給告身。竊緣選人有遠地得替，或掌獄罷官、丁憂服闋理選年滿、遇恩放選等，自來只用放選告詞，一例脩寫官告。乞今後依黄甲體

〔一〕且：似當作「具」。

式，逐甲具狀聞奏，乞降下官告院依奏狀寫告，更不用詞。其合書官銜，即依除官體式繫書。」從之。

仁宗天聖四年七月，提舉官告院程(林)〔琳〕言：「選人官告小綾紙一副、木軸、小錦褾、青帶，合納錢一千；中綾紙一副、中牙軸、中錦褾、青帶，合納錢一千五百，並八十陌。欲望自今小綾紙納錢五百，中綾紙納錢一千，只於本院綾紙庫送納，若選人料錢十貫已下不納。」從之。

十一月，官告院言：「准中書札子，比試到今日已前私名待闕人王家説已下三十二人書札，次第勘會正貼番額七人。如有正名闕，依條於舍人院試寫官告，依例填闕。又有九人，舊充額外正權貼番名目，在院習學寫告，乞罷此名目，直候正貼番有闕，旋揀補填。綾紙庫告身案自來於守闕内選有家業行止四人，與三司軍將同勾當，三年交割，無欠少遺闕不了，即依敕補充正名。今後勾當者八人，並係守闕，不曾習寫官告。今試寫家狀及詩一首人，別一人供預書綾紙，一人守闕供預書綾紙，八人守闕告紙庫告身案，並在舍人院主掌習學帳籍公事、供應法物，不曾學寫告身。雖名試寫家狀及詩一首，比量低次。乞今後更不致守闕庫案名目〔一〕，據見勾當庫案人年滿即臨時依敕揀選有家業人勾當。」詔：「官告院正名自今以十五人、守闕私名人共以二十人爲額。今來見在人數權且依舊存留，候將來額内闕人65即得招收。今後勾當庫案寫官告，並須試驗人材書札，方得收留。其權貼番守闕庫案、守闕供預書綾紙，更不得置此名目。今後綾紙告身案得替補正名後，更令勾當三年，依天禧四年五月敕減選，候闕正名即得差有家業守闕勾當。」

六年，詔：「追官或除名，比限敕到日取宣敕告身，令逐處當職官吏注毀，所追奪因依限十日内納尚書刑部。」從編敕所奏定也。

十二月十六日，詔今後文武陞京朝已上告詞，並抄録一本。

皇祐四年九月八日，詔頒官告條制：自親王〔二〕、宰臣至皇姪、皇孫，並依舊制。觀文殿、資政殿大學士〔三〕，如文明殿學士及端明殿學士。侍講學士、閣學士、閣直學士、太子賓客、太常卿監、國子祭酒、司天監、初除駙馬都尉、四夷授郎將已上、蕃官授正副軍主并首領，及化外刺史身故〔四〕、子孫承襲以銀青階知州，並如三司使制。客省、引進、閤門副使並如太常博士以上制。内藩方都指揮使以上有帶遥郡者用錦褾。五府少尹、通事舍人、兩使判官、正畿令、防禦、團練使、率府率、副率、諸色京官、檢校官至員外郎以上、三司孔目、勾押〔五〕、勾覆官、諸司職掌官至諸州別駕、

〔一〕致：似當作「置」。
〔二〕王：原作「皇」，據《補編》頁五五二改。
〔三〕殿：原脱，據《補編》頁五五二補。
〔四〕化：原作「花」，據《補編》頁五五二改。
〔五〕押：原作「神」，據《補編》頁五五二改。

化外授上佐幕職州縣官、指揮使至副兵馬使、衙前職員等，並如陞朝官制。內樞密副承旨有至將軍以上〔一〕、中書堂後官至太博以上〔二〕、虞候加至爵邑者，並用大綾紙、大錦褾、大牙軸。正員京官用小綾紙、小角貼金軸頭〔三〕、紅地黃花錦褾、青帶。諸色京官、京主簿、諸州長史、司馬、中書録事、班行借職及諸軍指揮使以下、翰林待詔、書直、書藝、醫官，並如京官靈臺郎制。內禮直、法直授兩省主事及勒留官至别駕者〔四〕、諸州幕職州縣官檢校官至員外郎者、供奉官至指揮使以下檢校至尚書者、翰林待詔等陞朝官正官者，並用中綾紙、錦褾，牙軸。指揮使加爵邑，即更用大綾紙、錦褾、牙軸。諸司勒留官、諸州衙前官將，並用小綾紙。應宮掖并公主，並用遍地銷金斜花鳳子羅紙〔五〕。內命婦，銷金羅紙。郡、縣主，金花羅紙。國夫人〔六〕，銷金團花窠羅紙。郡夫人、郡君、縣太君，及遥刺正郎以上妻，並用五色銷金常使羅紙。餘命婦五色素羅紙〔七〕。其細衙自僕射、尚書、丞郎以下見任者〔八〕，令兵部、司封並於逐官預先書押〔九〕，以備中書取索。應曾降麻授恩者贈官，並用白背綾紙、大牙軸、法錦褾。降麻授官人身薨追贈者〔一〇〕，用白背五色綾紙、銀鈎暈錦紅裹褾、大牙軸。見任將相正一品及二府，追封三代。東宮一品以下，雖常任將相，各依本品追封。其曾祖母、祖母，惟中書門下二品、平章事正一品、使相封國太夫人外，餘封郡太夫人止，已有國號者依舊追封。應百官爲父贈官，如父曾降麻授官〔一一〕，贈官用白背綾紙。及贈至大將軍已上，並用大綾紙七張。陞朝官，中綾紙。諸（手）〔寺〕監丞、大理評事，小綾紙，並 66 各五張。應封贈文官曾任大卿監、丞郎、給諫，武臣大將軍、遥郡、（閤）〔閣〕使以上者，及因子孫追贈官至一品者，並用大綾紙七張，大牙軸、法錦褾。除大學士已上者用十七張外，但用七張、五張爲差。從權判尚書都省丁度等所議也。

嘉祐六年正月，詔判官告院自今降敕差人理合入資序，仍給添支錢十千。

元豐五年奉行官制，文武官告身屬吏部，蕃官屬兵部，封贈及內外命婦等告身屬司封〔一二〕，加勳并將校等屬司勳。官告院四部告身案及人吏隨事隸本部〔一三〕，逐部各有告身

〔一〕旨：原作「主」，據《補編》頁五五二改。
〔二〕博：原作「傅」，據《補編》頁五五二改。
〔三〕貼金：原重此二字，據《補編》頁五五二删。
〔四〕至：原作「制」，據《補編》頁五五二改。
〔五〕用：原脱，據《補編》頁五五二補。
〔六〕「國」上原有「用」字，據《補編》頁五五二删。
〔七〕「餘」字原脱，「五」原作「玉」，據《補編》頁五五二補改。
〔八〕丞：原作「承」，據《補編》頁五五二改。
〔九〕逐：原脱，據《補編》頁五五二補。
〔一〇〕身：原作「才」，據《補編》頁五五二改。
〔一一〕如：原作「以」，據《補編》頁五五二改。
〔一二〕「內外」下原衍「官」，據《群書考索》後集卷一二删。
〔一三〕案：原脱，據《群書考索》後集卷一二補。

案〔一〕。朝廷敕授差除，各隨本部書寫、給發，進納告身。七年，并司封、司勳告身案入吏部預書庫收掌〔二〕，司封、司勳告身印依舊逐部郎官主管〔三〕。

崇寧四年二月十四日，臣僚言：「吏部所給命婦等告造作滅裂，欲乞尚書吏部專置造官告一局，就差尚書都省門內臣，差架閣庫官專一主管。」從之。

六月三十日，詔：「應書寫告並隸尚書省制造官告局，候了送本案書印。發放漏泄等條並依舊。」

五年正月三十日，詔罷尚書省製造官告局，依舊令尚書右選主管。所有官告〔令〕〔合〕用綾紙、褾軸等，令所屬依新様製造。

大觀元年二月二十四日，詔〔覆〕〔復〕置官告局。

十一月二十三日，主管官告局許仿言：「本局被受差除録黄，修寫進告，多致漏泄。欲乞改製造官告局爲尚書省官告院，別擇處建置。應今後堂除、敕授差遣，書黄至尚書省，徑送本院給告，然後付録黄於吏部，於事爲便。」從之，仍隸左、右司。

三年六月，詔尚書省官告院復罷歸吏部。

政和三年六月十四日，詔依舊置官告院，仍於吏部置局，差官二員主管。

七月十四日，主管官告院王燮言：「本院朱記欲乞下少府監鑄造〔四〕，以『吏部製造告身案記』八字爲文。」從之。

十一月十六日，臣僚言：「諸令文，應因子孫得封贈而父祖亡者，所封母、祖母並加『太』字。臣看詳法意，封則加『太』字，贈則不用，其意甚明。而有司奉行，法難用〔五〕。欲乞應命婦因子孫官爵，父祖亡，封其母并祖母者加『太』字，歿者並除去。」從之。

十二月四日，官告院言：「奏授官告見係吏部告身案承鈔出給，欲乞依舊敕授例並隸本院。其本案人吏並乞撥歸本院，其出告訖〔六〕，敕鈔却發赴吏部逐案照會。」從之。

靖康元年二月二十三日，詔：「官告院官二員主管，依元豐五年已前舊制。其法物庫可廢罷，綾紙、褾、軸等並文思院作坊後苑作製造。」先是，政和七年二月置法物庫，以近降指揮罷〔七〕。熙豐製造局合罷者，左藏庫移牒拘收造告疋帛等。主管官吳震等以爲言，故有是詔。

神宗熙寧二年八月十八日〔八〕，官告院言：「久例，皇親副率以上即用白綾紙、暈錦褾、大牙軸、色帶子。若有例，依近敕比換文資出官者〔九〕。未委合依舊例與外官條

〔一〕部：原作「記」，據《補編》頁五五三改。
〔二〕身：原作「入」，據《群書考索》後集卷一二改。
〔三〕印：原作「即」，據《補編》頁五五三改。
〔四〕朱：原作「未」，據《補編》頁五五三改。
〔五〕法難用：《補編》頁五四四、五四八均作「於理有用」。
〔六〕訖：原作「乞」，據《補編》頁五四四改。
〔七〕近：原作「追」，據《補編》頁五四四改。
〔八〕自此以下，年代與上文不相接，疑是《大典》抄合《會要》不同門目之文。
〔九〕換：原作「渙」，據《補編》頁五五三改。

制？」詔依皇親例供使。

四年十二月二十三日，詔：「官告院 67 綾紙庫合納綾紙官錢赴左藏庫送納，所管綾紙專差使臣一員，月給食錢五千，添差三司軍大將一名充副知，只差本院守闕一名抄寫文字，月給食錢一千，更不拘收家業酬獎。皇祐編敕：本庫如無正名，於有(加)〔家〕業守闕人內差，候勾當三周年無遺缺，補充正名。候替滿日，再勾當三周年，減選出官。」

六年六月十二日，官告院言：「內殿承制無使紙條貫，不以有無食邑，例用大綾紙七張。緣本官自在殿中丞(不)〔下〕，乞改正用中綾紙、褾、軸，如有食邑者如舊。」從之。

七年五月二十二日，舍人院言：「檢會官告院條制，大學士已上並用白背五色綾紙、法錦褾，觀文殿學士只用大綾紙、法錦褾、大牙軸、色帶子。緣觀文殿學士乃在資政殿大學士之上，是舊制悞定，乞用如大學士例〔一〕。」從之。

元豐五年六月十三日，詳定官制所言，定到制授、敕授、奏授告身式。從之。

哲宗元祐元年五月六日，詔自今監司落「權發遣」及「權」字，毋給告。從中書省言也。

紹聖元年九月十五日，吏部言：「中書舍人朱服言：元豐五年條制，階官及職事官及選人凡入品者，皆給告身；其無品者，給黃牒。元祐六年改元豐五年專條，除職事官監察御史以上及除降官職依舊外，應內外差遣并職事官本等內改易或在任者，並給黃牒，乃與無品人等。」詔今後帥臣、監司并待制已上知州並給告，餘依舊條。

二十八日，三省〔言〕：「近詔帥臣、監司并待制已上知州並給告，餘依舊條。契勘除帥臣并待制以上知州給告外，其監司不係升入路分本等內改易者，止給黃牒。」從之。

三年七月二十三日，詔職事官監察御史以上因罪罷(點)〔黜〕並給告。從中書舍人葉祖洽請也。

元符元年十一月十五日，吏部侍郎黃裳言：「元豐官制，入品官皆給告身，其無品者給黃牒，故小使臣皆給告身。後來時務從簡〔二〕，遂行宣劄指揮〔三〕，於理未安。請自借職、奉職而上皆給告身，復元豐官制。」從之。又吏部言：「元祐法小使臣只降宣劄〔四〕，乞自承信郎而上依舊給告。」

徽宗政和三年十二月二十一日，詔：「大禮畢，宮人遷秩，日夕降告，內降録黃，似煩碎，不繫事體輕重。可令吏部出空頭官告，疾速進入『尚』字五道，『司』(事)〔字〕一十道，『典』字三十道，『掌』字五十道。」

四年正月四日，詔：「諸妃告身綾紙：四妃用雲龍，貴儀至婉容用葛藟、鸞，昭儀至充媛用蘭、燕，婕妤至美人用苻、魚。內命婦告身綾紙：內宰、副用遍地雲鳳，宮正、尚

〔一〕如：原作「知」，據《補編》頁五五三改。
〔二〕時：原作「待」，據《長編》卷五〇四改。
〔三〕宣：原作「先」，據《長編》卷五〇四改。
〔四〕宣：原作「先」，據《宋史》卷一六三《職官志》三改。

宮、內史、郡夫人，治中用雲朵鳳，國夫人用遍地雲鶴，寶林至掌樂、管勾仙韶公事用雲朵。」

宣和元年二月二十九日，中書省、尚書省言：「勘會官告院製告身、法物合用造綾紙，近已措置更定花樣名色。慮(名)〔民〕間私輒倣傚織造及買販服用，當立法禁止。今擬條項：諸官告院製造告身、法物應用綾錦，私輒倣傚織造及 68 買販服用者許人告，賞錢三十貫。」從之。

欽宗靖康元年九月二十三日，尚書省言：「官員付身敕劄係大程官承發，近多留滯，不依限發放。欲乞今後發出付身、告命，並當日具名件并發下月日及承受大程官報尚書省，都門下即時出牓。如有違滯，並許當行人吏並科杖六十罪。」從之。

高宗建炎元年五月十二日，詔：「恩轉官除文臣太中大夫、武臣正任觀察使及宗室南班以上，並命辭給告身，其餘令吏部具鈔降敕。」

三年二月二十三日，(官)詔：「應除授遷官等合出告身，並倣元年覃恩轉官例，餘並劄子內補授名目人，於所授敕劄上量行開說補授因依，候事定日依舊。」

三月九日，詔：「文武除授遷轉，並依舊給告。仍令官告院疾速製造法物，尚書省先次劄(官)下除授遷轉并已給敕官，候法物成日給告。」先是，除授遷官文武臣太中大夫、觀察使以下並給敕，緣臣僚言朝廷專降告命招撫及行軍給降空名官告之類，若但給敕，非惟難以示信，且事體削弱，故有是詔。

六月十八日，詔：「封贈官告如闕綾羅，即以絹充，仍於左藏庫支絹三百疋、次色錦五十五疋製造。」

二十一日，詔：「官告院依《禄令》支茶湯錢各十貫文，就料錢曆批請。其權官並依正官例。」從本院請也。

二十八日，詔：「今後文臣帶直祕閣、武臣帶遙郡以上給告，朝奉大夫、武翼大夫給敕，其初補官人依自來條例給付身。」

八月十日，尚書省言：「官告自來書尚書、左、右丞，今除參知政事，亦合通簽。」從之。

九月二十九日，詔：「刑部契勘應給降空名告劄等，先注籍，仍取會有無補授之人及姓名，因依銷簿。」先是，刑部郎中蘇恪言：「空名官告將以待有功，欲乞每遇給降，倣『度』字號置合開簿，俾銓曹堂〔一〕，其受之人乞令具事目及字號報掌簿官銷簿注籍，候參部(自)〔日〕審驗簿號，方許注授。」詔從之。

四年四月三十日，詔：「比年爵賞失實，名器浸輕，可自今後將帥、監司、守臣並不得陳乞空名告敕宣劄。如實有功人，仰保明申奏，以憑推賞。雖大臣出使，亦當遵守。」

六月八日，詔：「文臣朝奉大夫、武臣武翼大夫以上轉官給告，文臣通直郎、武臣武翼郎以上轉官給敕，選人初授

〔一〕堂：似當作「掌之」。

官給綾紙，改京朝官給告，換階官給敕。」先是，吏部侍郎綦崇禮言：「已降指揮，初補官人給付身。勘會選人有舊假官未入官者，並係初授敕或補牒，即未經出給告命，欲乞依初補官人例給告。」故有是詔。

九月二十五日，臣僚言：「奏補授官告敕自來不曾載三代、鄉貫、年甲，欲乞今後被蔭人告、敕並行書寫。」從之。

十一月五日，官告院言：「吏部簽發到奏鈔到院，其鈔內稱說年甲、鄉貫、(貫)三代，本院依本書寫外，其錄黃給告多無三代，或止有年甲、鄉貫，及全不稱說者。欲乞今後遇出給初補官人告命或無三代、鄉貫、年甲者，令大[69]程官齎告取索家狀，付院書填。」從之。

紹興二年三月二十七日，詔：「四品以上官及職事官監察御史以上官告並用錦褾外，其餘官并封贈權用纈羅代充。仍令所屬依舊制描樣開板製造，先裝背四軸，申尚書省。」

六月二日，詔：「給降空名官告綾紙，已(令)〔令〕官告院置簿。今後諸處補授，令書填官司限一日開具申吏部。應(告)空名官告綾紙，官司半年一次開具已未書填道數，申吏部照會。」先是，侍郎鄭滋言：「小使臣、校尉自來給降空名官告綾紙，即未有諸處申發到書填補授姓名、因依，無以考察僞冒。」故有是詔。

三年十二月十日，臨安府言：「武翼郎王傾遭居民遺火，燒毀高祖父超故任建雄軍節度使告一道、曾祖父德用皇祐四年授河陽三城節度使、同中書門下平章事告一軸，并嘉祐元年任忠武軍節度使告一軸。今錄白曾祖德用神道碑一本干照。」詔令王傾召陞朝官二員委保，是實王德用本家親的之孫，即依條出給。

四年六月二十一日，詔：「除授館職、職事官及帥臣、監司，並依舊法給告，惟計議官依編修官出敕。」先是。臣僚言五品以下命以敕劄，殊損國體。送部檢會，言：「舊法編修官出敕；館職、寺監丞、博士，御史臺檢法、主簿，命詞給告；承務郎以上磨勘轉官出告；特恩轉官仍命詞外，任差遣出敕；監司並合命詞給告。舊無計議官，未審是何付身。」故有是詔。

五年五月二十日，詔：「太師至尚書令綾紙，可降本格二等，用十五張色背五色綾紙，其餘官並遞降本格。太師至尚書令，左、右僕射至開府儀同三司，並用十五張色背五色綾紙。知樞密院事至宗室環衛官，觀文殿學士至觀察使，並用五張白背五色綾紙。宣奉大夫至侯用十張白綾紙〔一〕，給事中至伯八張白綾紙〔二〕，中大夫至子七張白綾紙。七寺少卿至和安大夫至翰林良醫，尚書諸司員外郎至翰林醫正，並用六張白綾紙。奉議郎至太子諸率府副率，

〔一〕侯：原作「侯」，據《補編》頁五五四改。

〔二〕「給」字上原衍「十」字，「張」原作「萬」，據《補編》頁五五四刪改。

秘書省校書郎至諸軍指揮使以下、遥郡刺史以上〔一〕，馬步軍都頭至蕃落馬步軍都指揮使，並用五張白綾紙。」以官告院言工部會告命品從數多，合行減損〔二〕。故有是詔。

六年二月十六日，詔僞（告）〔造〕綾紙度牒依詐爲制書法斷罪。先是，工部言：「官告院所用綾紙花樣不一，易以僞冒，乞下文思院別織一體花樣，仍於綾上織字號，專充官告。其倣傚制作之人，乞重立法。」故有是詔。

三月一日，詔文武官磨勘給告，並量收綾紙錢。先是，文思院織造告綾費用倍多，臣僚以爲言，故有是詔。

同日，詔官告院吏人入仕年月並依吏部侍郎右選理二十五年。先是，官告院言：「本院人吏選補並守熙寧法，近吏部申明將本院主事滿三年半外通入仕及三十年，方許出職，仍理其所少年限，勒令殿選。緣從來本院遵守舊法，近70吏部申明將滿三年半出職，別無理年殿選之文。況六曹所理入仕年月各以人額多寡理年，有理三十年處，及有二十五年處。各緣充主事年月不多，如刑部都官止充主事滿一年，或一年一季，止理二十五年出職。或遇大禮，又許解（法）〔發〕次名，三年半中約解發三人。本院緣守舊法，三年半止解發一名，更不理入仕年月。」故有是詔。

同日〔三〕，詔：「官告院官去替半年，方許差人。其已差替人，并見闕未到之人，並別與差遣。如願歸吏部注授之人，特依省罷法與指射差遣一次，願就宮（官）〔觀〕嶽廟者（職）〔聽〕。」

七年三月十三日，詔湖北京西宣撫使岳飛，所有立奇功除正任及轉橫行遥郡官告，日下給付，免進入。以飛辭，恐妨起發故也。

十一年十一月十日，吏部言：「措置官員轉官及封贈告制度，若依舊法製造，竊慮難以應辦，欲量增綾紙。」從之。一、文臣太中大夫、武臣正任觀察使以上轉官，並用雜色錦褾、絲帶、撥花大紅牙軸。文臣監察御史以上，并行在職事官、寺監丞簿以上，外路帥司、監司、轉運判官、提舉茶鹽、市舶、常平等以上，并除貼職之人中大夫至奉直大夫，武臣通侍大夫至右武大夫及帶遥郡，并武功大夫至修武郎以上〔四〕，並用雜色錦褾、絲帶、撥花中紅牙軸。文臣朝請大夫至通直郎，武臣武功大夫至修武郎以上，並用紅綾褾、碧綠綾帶、撥花中紅牙軸。陞朝官量行添軸，改造褾袋。一、綾紙錢：內文臣太中大夫、武臣觀察使以上並免，文臣中散大夫、武臣遥郡刺史以上二十貫，文臣朝奉大夫、武臣武翼大夫以上一十五貫，文臣通直郎、武臣修武郎以上一十貫：以上各欲增五貫。一、封贈綾紙錢：三公、三少，開府儀同三司，七貫五百文；東宮三師、三少，特進，太尉，金

〔一〕刺：原作「敕」，據《補編》頁五五四改。
〔二〕減：原作「滅」，據《補編》頁五五四改。
〔三〕同日，原作「官告院日」，據文意改。
〔四〕「并」字疑衍，「帶遥郡武功大夫」連讀。不帶遥郡之武功大夫至修武郎在下文。

紫、銀青光禄大夫，左、右金吾衛，左、右衛上將軍，節度使，承宣觀察使，六貫；宣奉、正奉、正義〔一〕、通奉大夫，左、右驍騎以下，諸衛上將軍，三貫五百文〔二〕；通議、太中大夫三貫；以上並欲增一倍。中大夫，中奉、中散大夫，防禦、團練使，諸州刺史，左、右金吾以下，諸衛大將軍，二貫六百文；朝議、奉直、朝請、朝散〔三〕、朝奉大夫，二貫三百文；朝請、朝散、朝奉、承議郎，諸衛將軍，太子諸率府副率〔四〕，一貫八百文；奉議、通直郎，太子諸率府副率〔五〕，一貫五百文；宣教郎以下，一貫；已上並欲增一倍。母及朝奉大夫，遥郡刺史以上妻，七貫二百五十文，欲增四貫七百五十文。餘妻六貫四百五十文，欲增三貫五百五十文。武功、武德、武顯、武節、武畧、武經、武義、武翼大夫，遥郡同。二貫三百文；武功、武德、武顯、武節、武畧、武經、武義、武翼郎，一貫八百文；訓武、修武、從義、秉義、忠訓郎，一貫五百文；以上並欲增一倍。從之。

十三年四月二十九日，詔：「文武官給告日並下吏部，於年月日前繫寫主管院官名銜。」先是，臣 71 僚言百官遷(政)〔改〕，惟官告院知其詳，其監官欲書名於綾紙背，以防冒僞。而主管院陳掞言，紙背書名，日久易以磨外〔六〕，故有是詔。

十四年三月二十二日，〔詔〕應今後告命並用新法綾紙。先是，尚書省言，換給封贈今用雜綾紙，恐生姦弊。故有是詔。

二十六年八月二十八日，詔外國告身合用褾、軸、銷金法物，並依舊制施行。

九月六日，詔內、外文武臣僚告敕並依大觀格製造。裁減吏額，共置二十九人。後降下官告樣十六軸，并物料等，(令)〔令〕有司製造。沈該等奏，依已得指揮，自來年正月爲始。上曰：「此是大觀式，朕已令各隨官品畫成(圓)〔圖〕册，他日可以按圖製造。」

二十七年二月二日，將作監奏：「契勘依近降官告法式，應內外命婦遷轉并贈封告命，並銷金。續承指揮，內命婦遷轉并封贈，外命婦封贈郡夫人以上，並依格用網袋外，其餘以次並權不給。竊慮告身銷金亦合參照，欲望除內命婦遷轉并封贈、外命婦封贈郡夫人以上依法式外，其餘並權住銷金。」從之。

五月三日，工部狀：「近降指揮禁止鏤金、銷金裝飾之類，所有文思院見造銷金告身綾羅紙、軸頭，今欲將文武臣僚并內命婦遷轉封贈、外命婦封贈郡夫人以上及外國封爵加恩告命等，並依已降大觀格製造給降行使。所有應合用

〔一〕義：原脱，據《補編》頁五五五補。
〔二〕「三貫」下原衍一「貫」字，據《補編》頁五五五删。
〔三〕朝：原脱，據《補編》頁五五五補。
〔四〕「太」字下原衍一「朝」字，據《補編》頁五五五删。
〔五〕副：原脱，據文意補（《補編》頁五五五有「副」字而脱一「府」字）。
〔六〕磨外：似當作「磨損」。

軸頭上貼鏤銷金，乞止用撥花滴粉生色。」從之。

三十二年六月一日，官告院言：「契勘本院先降到大觀格出告樣製，照得內、外命婦十等式內，除止有貴妃、淑妃、德妃、賢妃用十八張銷金羅紙，并親（用）〔王〕妻用十張銷金羅紙外，所有皇太子妃并一字王夫人羅紙法物亦未有該載立定格式。今欲將所出上件皇太子妃（此）〔比〕附四妃，王夫人比附親王妻羅紙張數、法物等，書寫出給投進。」從之。

紹興三十二年六月十九日，孝宗即位未改元。主管官告院魯（言）〔旹〕言：「節次承吏部發到敕黃，出給諸軍陣亡贈官告命，依法係宰執簽書。竊見大禮恩霈文武百官封贈，除見任兩府係宰執簽書外，其餘並是代書，欲權依大禮封贈例，免書宰執。」從之。

孝宗隆興元年七月二十四日，官告院言：「契勘本院應出給功賞轉官等告命，宰執、侍從、左司都事郎，官告院官依昨出給空名官告例代行簽書，續承指揮除宰執分書與院官親書外〔一〕，其餘官並代書。竊緣賞告代書數多，又恐日後無以稽考，欲乞將大使臣修武郎以上官親書吏部尚書、小使臣從義郎以下親書吏部侍郎外，其餘官並乞代書施行。」從之。

八月十七日，官告院言：「見管主、令各一人，書令史三人，守當官五人，貼書七人，楷書一十二人。又緣趁辦出給覃恩轉（管）〔官〕等告命，人力不及，若更行裁減，必至幹辦不前。乞將本院正額人數許行依舊存留，候將來出告稀少日別取指揮施行。見在人且令依舊，72將來遇闕，更不遷補撥填。」從之。

二年閏十一月二日，主管官告院劉貢等言：「契勘本院每日出給告命，又遇大禮天行出給宰執〔二〕、親王、侍從、文武百官加恩封贈及后妃、內命婦封贈三代諸色告命，其所用綾紙、法物並係文思院預期造納。今來左藏庫闕雜花綾，竊緣大禮在近，臨期難以辦集，欲將應合投進告命依舊用大觀格雜花綾出給投進外，其餘文武官諸色功賞及常程等告命並權用左藏庫見管制敕、官告、度牒，令文思院於本庫交跋〔三〕，衮同打背五張、六張、七張、八張代雜綾花紙，充告身使用，候將來支使制敕綾盡絕日，依已降指揮，並用雜花綾紙出給告命。」從之。

二十七（十）〔日〕，詔應軍功改正重疊告命，並特與免納綾紙錢。

乾道元年四月二十五日，詔：「令六部、三衙、官告院，

〔一〕執：原作「職」，據文意改。

〔二〕天行：疑有誤。

〔三〕交跋：原作「支跂」。按，依文意與字形，「支跂」當作「交跋」。「交跋」蓋宋人俗語，本書及《補編》中共十餘次出現此詞，其意大體爲接收、領取。如職官六之四二：「皮剝所馬皮，令殿前馬步軍司差人前去交跋。」食貨五一之二九：「仰左藏庫逐旋交跋。」《補編》頁四二一：恩澤錢「依例於左藏西庫交跋支散」。亦有言「請跋」、「取跋」者，其意均同。此處云「於本庫交跋」亦謂於左藏庫領取。

自今後出給功賞告命文帖等，子細聲説元具功官司，立功去處，是何等第，某軍、某將、某隊、某職名、某人。内合降宣命人，亦仰所屬依此開具，申樞密院給降。」

九月六日，詔：「吴璘今次起發諸路進馬二千匹到行在，將合轉官資之人並特與免綾紙錢。」

二年三月二十四日，詔：「應收捕盜賊立功不以常格推恩之人，内武臣與免納綾紙錢。」

三年二月七日，主管官告院任紳、羅鞏言：「契勘應文武陞朝官以上封贈母妻告命，昨於紹興二十七年已前係用七張五色絹紙〔一〕，紅、黄各二張，青、赤、緑絹紙各一張。自紹興二十六年已降指揮，文武官告式依大觀格製造，仍自紹興二十七年正月一日爲始。降到告式内，文武官封贈母、妻用七張五色羅紙書寫，紅、青各二張，赤、緑、黄羅紙各一張。數内黄紙舊係合用二張〔二〕，今却用一張；青紙合用一張，今却用二張，是致書寫告命黑、青一同，不見字跡。乞（今）〔令〕文思院下界，將見今封贈合用羅紙數内青羅紙二張〔三〕，依紹興二十七年已前體式用紅、黄各二張，青、赤、緑羅各一張，以憑書寫告命。及七張銷金五色羅紙，亦乞依此造作，庶得書寫，易爲（辦）〔辨〕認。」從之。

八月二十五日，主管（管）〔官〕告院言：「大小使臣因在外監司守臣按舉降官，並不命詞，止具罪由始末，載之告身。如係事干衆人，止坐本人一名所得罪犯因依書寫，免致紊煩。」從之。

十月十三日，兵部侍郎周操劄子：「契勘官告綾紙自命官九品而上給降之式，用五等葵花樣製，品則具在。自紹興二十六年已後，許用雜花、鳳綾二色，兼用已造下制敕綾參雜書填，制度蕩然，無復別識。欲望睿斷，盡復制敕綾紙舊制，將雜花、鳳綾二色並行住罷。」詔令文思院於左藏西庫雜花綾内且行關取，與見制敕綾相兼使用，候織到新制敕綾日住罷。

四年八月十一日，官告院言：「本院出給文武官并諸軍都虞候、御前忠佐封贈父、母、妻告命，用生色玳瑁軸〔四〕、生色玳瑁軸頭。其[73]文思院造納不繼，恐致留滯，欲乞將文武官母、妻及忠佐封母告依格支給生色玳瑁軸頭外，其諸軍都虞候封贈母告許用次等紅牙中軸充代。」從之。

五年三月四日，權工部侍郎姜詵劄子〔五〕：「先將文武官告身及僧道度牒從之舊式，間以『文思院制敕綾』六字織造〔六〕。復行舊法，庶幾絶姦僞，以爲〔制〕敕永久不易之利。」從之。

〔一〕色：原作「張」，據《補編》頁五四九改。

〔二〕係：原作「依」，據《補編》頁五四九改。

〔三〕青羅：原作「青數」，據《補編》頁五四九改。

〔四〕用：原作「合」，據《補編》卷五四九改。

〔五〕詵：原作「先」，據《補編》頁五四九改。

〔六〕敕：原脱。按據本書職官二九之四及《補編》頁五四九記載同一事，此六字「制」下有「敕」字而無「綾」字，今相參補「敕」字。

七年二月十六日，詔：「應諸軍該覃恩轉官之人，往往拘於綾紙錢留滯，未能祗授，並特與免納。」

六月二十二日，中書門下省言：「勘會已降指揮，文武官告身等並以文思院制敕綾制造。今來文思院已織到制敕綾一千二百七十四疋，并見在雜花綾三百三十四匹。」詔令吏部將僧道度牒、將仕郎助教綾紙並權用雜花綾充，仍自七月一日爲始。

十二月二日，三省、樞密院言：「三衙并在外諸軍應陳乞收使立功授到轉官公據，并改正冒授承代功賞及差錯付身，所給告命綾紙錢並特與免納，仍令諸軍出榜曉諭。」

八年十二月二十九日，主管官告院沈端節言：「乞於本部別置告身綾紙庫盛頓綾紙，仍令文思院據每歲合用之數製造，不得過數積壓，致有損壞官物。及將來驗到見在堪用告身綾紙，盡數交跋〔一〕，赴庫收掌。合置監官檢察出納，并手分行遣文字，監官就差六門監門兼行主管，并監門下手分兼行遣文字，合置專知官、庫子各一名。本院見有專、副二名，於内省罷一名，却改充告身綾紙庫專知官，請給依架閣庫專知官則例。庫子下文思院抽差，請給依本院則例。」從之。

淳熙元年六月七日，詔：「諸軍功賞轉官告命，令依舊簽書宰執、侍從等官〔二〕，隆興元年七月二十五日指揮更不施行。」以中書、門下省言：「諸軍功賞轉官告命昨因擁并，除力分書外〔三〕，餘並代書，恐無所稽考。」故有是命。

二十三日，詔：「自〔令〕〔今〕文武臣轉官、初補、循資、叙復、封贈之類，合納綾紙錢並與免納，仍令敕令所將綾紙錢條格删去。」

二年十二月二十八日，吏部言：「已降赦書，應文武陞朝官父母並與加封，各命詞給告〔四〕。今欲將太中大夫、觀察使以上合具奏外，其餘加封等第文字乞預降詞本，付官告院依體式書寫出給，庶省減行移，不致留滯。」從之。十年十二月復有此請。

十三年正月二十七日，吏部言：「吏部侍郎、兼太子詹事余端禮奏：『告身必書三代、鄉貫、年甲，所以辨同異也。今銓曹四選書告莫不皆然，而其間有所謂敕授告者，於三代、鄉貫、年甲獨畧而不書，惟書姓名而已。天下若姓與名適然同者多矣，以適同之姓名，而〔無〕三代、鄉貫、年甲以爲之辨，無怪乎詐冒之未能盡察也。乞今後應給告身〔五〕，並須明書三代、鄉貫、年甲，以絶姦弊，實銓法一助。』奉旨令吏部長貳勘當以聞。臣等勘當，文臣出給告命，欲照應自來給告格式施行。74 大、小使臣、校尉出給告命綾紙付

〔一〕交跋：原作「交跂」，據文意改。「交跋」之意見上文職官一一之七二校記。
〔二〕侍從：原作「從侍」，據文意乙。
〔三〕力：疑有脱誤。參見前文「隆興元年七月二十四日」條。
〔四〕各：原衍一「各」字，據文意删。
〔五〕句首原有一「無」字，然作衍文圈去。葉渭清眉批：「渭清按，『無』字在『而』字下（按，指上文「而三代」之「而」字），非衍文。」是也。

身，除官告院見今告身内已繫寫三代、鄉貫、年甲名色外，所有從來敕授并奏授未曾繫寫三代、鄉貫、年甲名色，乞令後於告後背批三代、鄉貫、年甲。如内有一時特旨并功賞等無家狀案證見得之人，先次出給告命，行下所屬給付去處取索家狀，亦於告後背批官押用印照會，將來到部注授或陳乞事節，照驗得若係今降指揮之後所給告命，付身，如未經所屬背批之人，從吏部照對家狀三代、鄉貫，背批押官用印施行。」從之〔一〕。

二月二十三日，工部侍郎、兼樞密都承旨李昌圖（圖）言：「文思院下界申，製造大禮并慶典告命制敕綾紙，約用制敕綾五、六萬道。今乞自從官及太中大夫以上並用制敕綾紙外，其餘權以雜花綾代用，庶幾不致闕誤。」官告院狀：「照得文思院所申事理未盡，乞將文臣監察御史以上并帶貼職人及武臣正使帶遥郡以上合投進告命，并應行在職事官差除，及文臣應初補官告，並用制敕綾紙出給。其餘應干轉官等告命，權以雜花綾充代。」從之。既而主管官告院曾三復、虞儔言：「於去年内緣慶典封敘、循轉官資等告命數目太多，文思院申明權以雜花綾紙（充）用。今來慶典封叙限滿已及兩月，止有理當磨勘，須三兩年内對用方得了絶，難爲一向衮同雜花綾紙。乞除大禮封贈仍舊用雜花綾紙〔二〕，自餘告命依元格並用綾紙制敕出給，庶幾可以防閑欺弊。」從之。

十二月九日，詔官告院減貼司一人，工匠一人，看管兵士二人。以司農少卿吳燠議減冗食，下敕令所裁定，故有是命。

淳熙十六年二月十五日，吏部言：「承登極赦，應文臣承務郎以上及致仕官並與轉官，并承直郎以下在職任并嶽廟人與循一資，乞中書後省降下轉官詞語定本訖，備坐去鈔，候畫聞下部日付官告院，依敕授體式命詞書寫，出給告命。」從之。

慶元三年十二月十二日，臣僚言：「舊格文武臣除侍從官以上〔三〕，及戰功、軍功、歸明、歸正換給補授等外，其餘循轉、封贈之類，並納官告綾紙錢。淳熙初元，修吏部七司法，至納綾紙錢條格一項，孝宗皇帝御筆圈訖，取逐年收到錢數以聞。於是得旨文臣轉官、初補、循資、叙復、封贈之類係是恩數，所有合納綾紙錢今後並與免納，仍令敕令所將綾紙錢條格删去。已是立爲成法，可謂坦然明白，士大夫每感朝廷寬大之恩〔四〕。自是以來，亦未見用度之不足也。近緣紹熙五年臣僚奏請〔五〕，失於契勘，元是孝宗聖旨蠲免，却於所乞項内止説後來偶行免納，致吏、户部指定，遂令復納。有司既不推本原，輕有衝改，給舍亦偶失皦

〔一〕從之：原無「之」字，據文意補。
〔二〕大禮：原作「大理」，據文意改。
〔三〕文武臣：原作「文臣武」，據文意乙。
〔四〕之：原作「夫」，據文意改。
〔五〕紹熙：原作「紹紹興」，據文意删改。

駁，再使舉行，其傷大體，損隆恩，莫甚於此。謂若數目稍多，國計所仰，猶曰不得已而行之。況今來指揮，比之舊法，又將從軍訓諫官以 75 下、歸正、歸明副使以下及校尉換給將仕郎初補並免納，則所收之數愈更鮮少。版曹常賦固有定數，儻使長貳郎曹心詳稍長〔一〕，不爲胥吏所（弊）〔蔽〕，及時拘催，諸路既無積欠，國用亦自周足，又何必與天下士夫較此毫無〔二〕，而失孝宗寬大之意乎？至於孤寒微官來自遠方，必困旅費，兼其他武臣資序雖高，多苦貧乏，宜加優恤，不堪重之以此。又況陪取小官綾紙之直，以補侍從以上官給告之費，恩意、事體兩失之矣。乞仍舊從孝宗皇帝聖旨指揮，永爲良法。矧今郊禋竣事，霈澤普行，使封贈循轉凡需恩數者率皆涵沐陛下隆天厚地之德，豈不休哉！」從之。

嘉泰元年五月十八日，都省勘會：「官員磨勘轉官及奏補告命，近緣文思院被火，權住織造制敕綾，已許用雜花綾書寫。其告院人吏乘勢作弊，留滯積壓至多，故行邀阻，致有録黄畫鈔下部月餘不得告者。不惟損折官員磨勘月日，亦恐暑月留旅。」詔官告院將見在合出告命，並限五日，須管一併出給。其日後到院文字，亦仰當月書寫給發，不得更有留滯。

嘉定六年九月二十六日，吏、刑部、敕令所看詳：「官告院寫告楷書祝椿年滿補進武副尉事，照得官告院楷書係大觀、政和年間一時指揮，七年補官，委是太近。紹興年間，劉思恭一名補授外，經今歲久，並不放行。今省部等處正貼司元法七年比換副尉，已於紹熙二年從長貳、後省看詳集議增三年，作十年爲限，每歲不得過四十人，合參照上件指揮施行。照得官告院楷書額管一十二名，昨於開禧元年十二月内承降指揮日同時撥正理年。今雖例（贈）〔增〕三年，則他時年及一十二名，盡該陳乞補授。今當立定限制，使有司得以遵守。乞降指揮，候將來十年限滿日，每歲止許從上幾人陳乞補授。如上名未願補授者，方許以次人陳乞。」詔：「官告院楷書今後補授依吏、刑部、敕令所看詳到事理，試中正額楷書之人以一十二名爲額。候滿十年日，每歲止許從上補授一名。如上名未願補授者，方許以次人陳乞，仍不得過每歲省、部、寺、監諸司人吏正貼司比換副尉四十人之數。」（以上《永樂大典》卷一六六六一）〔三〕

吏部格式司

【宋會要】

76 太祖建隆元年十一月，詔：「天下縣除赤、畿、次赤、畿外，重升降地望，取四千户以上爲望，三千户以上爲緊，

〔一〕心詳稍長：疑有誤字。
〔二〕毫無：疑爲「毫末」之誤。
〔三〕原無《大典》卷次，陳智超據《永樂大典目録》定於此卷，今從之。

二千户以上爲上，千户以上爲中，不滿千户爲中下，五百户以下爲下。自今每三年一次升降〔一〕。」

太宗太平興國三年六月，詔廣南縣五百户以下者止置主簿一員，兼令、尉事。

雍熙二年十二月，詔定幕職州縣官俸錢。

淳化五年七月，詔諸州木夾文解依格逐季申發，令進奏院即事收下，勿得稽滯。

至道二年四月，詔：「自今後初出官人便入初等幕職者，料錢止給七千。若已有入官資考，許請前任料錢。合入令録入初等幕職者，依本州録事例給奉。」

真宗咸平四年二月，詔：「格式司自今如有不切子細勘會升降户口、參定料錢，干繫人吏重行決罰。」

三月，詔：「逐季闕解，三年一次升降户口，令有司定式樣頒下。」

五月，詔：「吏部格式所轄木夾闕解帳，本司置籍，委主判官躬親點檢銷注，架閣收掌，無得散失。」

八月，詔：「廣南路幕職州縣官知州處，自今並差京官。其潯州録事參軍、貴州司户參軍及春州元（下）〔不〕置官外，其龔、白、南儀、鬱林、高、化、橫七州録事參軍依舊不置。」

六年七月，詔：「州縣官俸錢米麥並須經格式司升降則例支給，不得專擅增減。」

景德二年正月，詔：「廣南 77 試銜知縣、通判除合給録事俸錢外，更與添支。」

三年正月，詔：「格式司起請幕職州縣官、司士、文學參軍板簿，具録出身、歷任、鄉貫、三代。其外州所資寓居者亦抄録官名、替罷因依供申，令格式司別置得替官板簿點檢拘轄。如有改授及丁憂事故，即時批鑿銷注，委判銓官常切點檢。」

四月，詔：「自今如已是令録、知令録引見與幕職者，即注節察推官、軍事判官。其判司簿尉、司理參軍資考合入令録引見與幕職者，且注初等，給本州録事或倚郭令俸，不得過十五千。」

十一月，詔：「吏部銓所注幕職州縣官，令格式司每月具半年未上人名銜申銓，銓司上簿，移牒催促。若新授官身亡、丁憂不赴任者，所在根究，具事以聞，別行注擬。」

大中祥符二年十二月，詔：「自今銀臺司送下奏狀，但干員闕者，即送吏部銓上簿，送格式司勘會。如的是合收闕，即具狀上銓注官。若已注替，即批鑿狀後送銓。」

六年十月，權判吏部銓慎從吉言：「格式司用《十道圖》較郡縣上、下、緊、望，以定俸給。而户口歲有登耗，未嘗刊修，頗誤程品，乞差官校定新本，付本司行用。」從之〔二〕。事具「修書」門。

〔一〕天頭原批：「《大典》卷一千（九）〔一〕百七，又卷一萬四千六百十五。」
〔二〕天頭原批：「『修書』門可備考。」

乾興元年二月，流内銓言：「準敕定奪廣南州軍千户以上縣，各置官兩員，及令格式司自今應廣南諸縣候三年一度升降敕下，逐旋勘會。若有升及千户以上縣，即依今來所請置官兩員。如是降下户口不及千户縣，令即依舊例止置官一員。其有 78 減省下縣令，候成資日依得替人例放令罷任。」從之。廣南東、西路四十一縣，見合各置官二員，一員縣令，一員主簿兼尉。東路：廣州清遠、增城、懷集、四會，潮州潮陽，賀州桂嶺、富川，南雄州始興，梅州程鄉，連州陽山、連山，韶州樂昌、仁化，康州端溪，惠州歸善、博羅，端州高要〔一〕，英州浛光〔二〕，新州新興，恩州陽江。西路：桂州臨桂、永寧、荔浦、修仁、靈川，昭州平樂、恭城、龍平，宜州龍水，南儀州岑溪，白州博白，融州武陽，欽州靈山，廉州合浦，容州普寧、陸川，賓州上林，藤州鐔津〔三〕，蒙州立山，高州茂名、電白。

五月，（仁宗皇帝已即位，未改元。）流内銓言：「幕職、令録前任俸厚、今任薄者，欲望損舊俸而給之。凡二十千者給十八千，十八千者給十五千，十五千者全給。」從之。

神宗熙寧四年九月二十二日，中書門下言：「天下選人俸既薄，而又多少不一，恐不足以勸廉吏，請增逐月俸給。」詔依所定施行。（以上《永樂大典》卷一一〇八）〔四〕

甲庫

79 太宗至道三年十二月，詔：「吏部甲庫許置院子一人，月給錢，於祠部錢内支。」

真宗大中祥符五年四月，詔：「流内銓注官後日限：給帖過院，逐甲牒送門下省押定，送銓司七日，銓司送南曹兩日，南曹句勘印書復送銓一日〔五〕，銓牒門下省一日，門下省進内兩日，候内中降到中書，中書兩日再付門下省，門下省却給付都省承勑人一日〔六〕，送甲庫亦一日，甲庫出給籤符，關送南曹格式、官告院五日，南曹給曆子十五日，官告院給官告五日。」

七年八月，詔官告院：「應中書送門下擬官奏狀，並送甲庫，依黄甲例收管，准備諸處會問〔七〕。」

十一月，詔：「今後廢置司應收到事故合廢置選人官告文字，並畫時當廳批鑿，牒送刑部毁抹。」（以上《永樂大典》卷一四六一五）

〔一〕高要：原作「高安」，據《元豐九域志》卷九改。
〔二〕浛光：原作「滄光」，據《元豐九域志》卷九改。
〔三〕鐔津：原作「錦津」，據《元豐九域志》卷九改。
〔四〕按，此門首頁即職官一一之七六版心標《大典》卷數爲「卷一千一百七」，疑誤。
〔五〕印：原作「邸」，據《職官分紀》卷九改。
〔六〕門下省：原不重，據《職官分紀》卷九補。
〔七〕問：原稿筆畫缺損，據本書食貨五二之七補。

宋會要輯稿　職官一二

户部屬官〔一〕

【續宋會要】

1《兩朝國史志》：度支，判司事一人，以無職事朝官充。凡調度之費，皆歸於三司，本司無所掌。元豐官制行，郎中、員外郎始實行本司事。

【續宋會要】

《兩朝國史志》：金部，判司事一人，以無職事朝官充。凡庫藏出納之節，金寶財貨之用，皆歸於三司，而權衡度量之制主於太府寺，本司無所掌。元豐官制行，郎中、員外郎始實行本司事。

【續宋會要】

《兩朝國史志》：倉部，判司〔事〕一人，以無職事朝官充。凡倉庾受納租税、出給禄廩之事，皆歸於三司，而别置提點倉場官以督察之，本司無所掌。元豐官制行，郎中、員外郎始實行本司事。（以上《永樂大典》卷七三一二）

總制司

【宋會要】

2 高宗紹興五年閏二月二十五日，參知政事孟庾言：「準敕差提領措置財用，乞以『總制司』爲名。令禮部下文思院鑄印一面，以『總制司印』四字爲文。行移取索文字，並乞依三省體式。應本司措置事務，依例進呈，得旨并關申尚書省。總制司乞專一檢察内外官司應干錢物隱漏、失陷、侵欺、違欠之類〔二〕，並從本司一面擬定，取旨行下，仍申尚書省。其利害明白，事體稍重，今從宜更改。應内外主管財計官吏遇有員闕及不堪倚仗之人，並乞依聖訓與宰執商議施行〔三〕。行在并諸路州軍及内外諸軍合用錢物糧斛等，從來係户部與漕司應副，自合依舊。」並從之。

五月十八日，詔：「孟庾已除知樞密院事，所有見兼總制司自合依舊。」

七月八日，詔參知政事沈與求權行兼領總制司。以孟庾除知紹興府故也。

六年三月四日，詔：「沈與求已除知明州，總制司官候三省别除執政官取旨。」（以上《永樂大典》卷一一一一二）

〔一〕原無此題，屠寄批：「寄案，徐輯闕户部，其屬官見此。」今據補題。

〔二〕按，自此句以下，《建炎要録》卷八七作本年三月十四日丁亥孟庾之另一次奏請，並云：「庾初受命，乞本司事依例進呈，得旨關申尚書省。至是，上諭庾以事重者與宰執同議，故有是請焉。」此處將兩奏合而爲一，未知爲《宋會要》之誤，抑中間尚有脱文。

〔三〕訓：原作「調」，據《建炎要録》卷八七改。

禮部屬官〔一〕

3 籍〔二〕，給剃度受戒文牒而已。元豐改制，郎中、員外郎始實行本司事。

【續宋會要】

《兩朝國史志》：膳部，判司事一人，以無職事朝官充。凡供御之膳羞、內外饔餼隸御厨，以它官勾當陵廟牲豆、酒膳，諸司供奉口味，親王以下常食料，皆分領它司，本司無所掌。元豐改制，郎中、員外郎始實行本司事。

兵部屬官

【續宋會要】

《兩朝國史志》：職方，判司事一人，以無職事朝官充。凡城隍鎮戍、烽候防人、道路遠近、四夷歸化皆不與聞，本司但受諸州閏年圖及圖經而已。

【續宋會要】

《兩朝國史志》：駕部，判司事一人，以無職事朝官充。輿輦車乘隸於太僕，傳驛、給受一出於樞密院，廄牧之政總於群牧司，本司無所掌。元豐改制，郎中、員外郎始實行本司事。《神宗正史·職官志》。見《宋史》。

建炎三年，以駕部兼庫部，復併太僕寺歸駕部。隆興元年〔三〕，復裁內外官，於是駕部又當省，而郎適贊讀王府〔四〕，而詔聽留，需其遷勿補。厥後間或一置，而一員之制定矣。

【續宋會要】

《兩朝國史志》：庫部，判司事一人，以無職事朝官充。凡戎器分藏內藏庫及軍器庫，以它官及內侍典領〔五〕。鹵簿、儀仗。（以上《永樂大典》卷七三一三）

〔一〕此題及下題原無，據正文內容補。
〔二〕按，此是祠部殘文。見本書職官一三之一六。
〔三〕隆：原作「紹」，據《群書考索》後集卷八改。
〔四〕郎：原作「即」，據《群書考索》後集卷八改。
〔五〕侍：原脫，據《文獻通考》卷五五補。

宋會要輯稿　職官一三

禮部

【宋會要】

1 主都省集議奏狀，百官名表，補奏太廟、郊社齋郎，改補室長、掌坐，出給補牒，諸州奏祥瑞，出納内外牌印及制科舉人(一)。有名表印，每百官拜表用之。以朝官一員或二員主判。

《兩朝國史(制)〔志〕》：禮部判部事二人，以兩制及帶職朝官充。凡禮儀之事，悉歸於太常禮院，而貢舉之政領於知貢舉官，本曹但掌制科舉人、補奏太廟郊社齋郎、室長、掌坐、都省集議、百官謝賀章表、諸州申舉祥瑞、出納内外牌印之事，而兼領貢院焉。令史三人。元豐改制，所掌具《職官志》。

尚書一人，侍郎一人，郎官一人，通行四司事。分案有五：曰禮樂，掌五禮、大樂、鼓吹、晏樂、朝會、上壽、饗宴、上元張燈、祠祭、朝謁、朝拜、籍田、郊廟、陵園、壇域、蕃貢物，凡邦之禮樂制度、儀注、器服、牲牢、婚姻、喪葬、賻贈皆屬之。曰貢舉，掌學校，凡經籍、科舉發解、省試，及講筵、史官賜書、修書，皆屬之。曰宗正奉使帳案，掌皇后、皇子、公主、親王、諸妃以上聖節大禮恩澤，公主降嫁，及宗室冠、葬，試經藝并圖書，奉使押賜外國事，并點磨所轄官司文帳，皆屬之。〔曰〕封册表奏寶印案，凡册寶及封册禮命、章服、冠帔、旌節及恩賜，并奏表章，製造表詞，及圖書、祥瑞、旌表孝行之事，及寶印、朱記、給賜、牌印、關借、請納等，皆屬之。曰檢法，掌編類供檢禮、祠、主、膳四司條法。又有知雜、開拆。吏額：主事一人，令史一人。禮、祠、主、膳四司書令史、守當官共二十七人，通稱曰守分。禮部十三人，貼司十二人。太常寺、國子監隸焉(二)。

真宗咸平六年七月，判禮部盛玄言：「按《唐六典》禮部，内外百官皆給銅印一紐。今禮部給印不獨百司，應節度、觀察、防禦、團練、刺〔史〕已上並給隨身牌印一副。或因官改罷，或坐事除免，元給牌印多不送納，事無關決，理難追收。乞今後應請牌印官有改移替免，即御史臺具名，牒報禮部置簿追納。又按敕，應新舊牌印於都省廳置櫃封鏁，輪差人吏守宿。本司雖敕文，即未施行，尋勒本省令史具所管印記點檢入櫃，合有專典主持。雖是輪差吏人，終不專一。況所管牌印自南郊五使、諸王、節度使以下、刺史已上所干不少，或因事 **2** 立名，或垂久爲制，動繫軍旅、場務。儻守掌不勤，姦濫竊發，繩愆按罪，法實非輕。按《六典》禮部有掌固八人。掌固者，掌其(因)〔固〕藏之謂。乞

(一) 出納：原誤作「納納」，據下條改。
(二) 按，自此以上原作小字，今改爲大字。

依祠部朱紅錢專知官一人，逐季造帳拘收。每赴省請納牌印，即令史行按關刺，專知官據數給納入帳。」從之。

大中祥符五年九月，詔：「寺院宮觀士庶之家所用私記，今後並方一寸，雕木爲文，不得私鑄。」

六年七月，詔：「今後應齋郎，禮部給補牒，即赴太常寺祗應祠祭。如年幼隨父兄出外，亦須具奏聽裁。如遇恩放選〔一〕，須曾赴寺公參，祗應三次祠祭，即許投狀，餘不在援恩放選之例。」

仁宗慶曆三年十二月，詔諸祥瑞不許進獻〔二〕，聽申尚書禮部知。

嘉祐六年十一月二十七日，知宗正丞事趙慎微等言：「乞下禮部根刷見今未參選太廟室長、齋郎，關送當寺，準備五饗捧俎行事。仍乞今後禮部方給補牌充太廟室長、齋郎者，畫時具姓名關報本寺。其在京者，即仰隨牒赴寺公參。」從之。

《神宗正史·職官志》：尚書禮部掌禮樂、祭祀、朝會、燕饗、學校、貢舉、册寶、印記、圖書、表疏及祥瑞之事。凡禮樂有所損益，小事則同太常寺，大事則集侍從或百官議定以聞。若有事於南、北郊，明堂、籍田，禘祫、太廟薦饗、景靈宮酌獻、陵園及行朝貢、慶賀、宴樂之禮，則承詔舉其儀物，前期戒有司辦具。即上册寶及封册禮命亦如之。凡天下選士具注於籍，至三歲貢舉，則考驗無冒濫，乃聽預 3 試。凡大禮、生辰，后妃、親王以下所推之恩，公主下嫁、宗室冠婚、喪葬之制，及賜旌節、章服、冠帔、旌表孝行之法，例皆主行之。大祥瑞則朔參官詣閤門表賀，餘於歲終條奏。凡其屬有三：曰祠部，禮典、璽政、道釋、祠廟之事隸焉。曰主客，蕃國朝貢及契丹國信禮物之事隸焉。曰膳部，牲酒、膳羞、宴設、給賜之事隸焉。凡官十：尚書、侍郎各一人，四司郎中、員外郎各二人。《哲宗職官志》同。尚書掌禮樂、祭享、貢舉之政令，而侍郎爲之貳，郎中、員外郎參領之。凡講議制度、損益儀物，則審覆有司所上之狀，以次諮決，而質於尚書省。祠、膳、主客所治事應上請者亦如之。大祀則尚書同省牲、視滌濯，薦饌則奉籩豆簠簋及飲福徹之，朝會則奏蕃國貢物。齋戒晨祼禮畢則侍郎奏中嚴外辦，進熟望燎則郎中奏解嚴。分案十，設吏三十有五。

神宗熙寧三年十一月二十一日，詔貢院，聽期喪滿三月者應舉。時因大臣言應制舉陳知彦以期喪不赴召〔三〕，既特召試，因降是旨。

五年四月二十四日，中書言：「録事黄九章狀：乞下禮部，今後應有敕下本部合補齋郎之人，候敕到日便仰勘會本家所在州軍，先行告示知委。」詔付禮部施行。

九月二十二日，詔禮部每旬申已納未收奉使印，今後每季申樞密院。從承旨司之請也。

〔一〕放：原作「故」，據後文改。
〔二〕「詔」下原有「詳定」二字，據《長編》卷一四五删。
〔三〕「陳」字原脱，據後文職官一三之九同條補。

十年六月二十一日，詔：「今後禮部主判即兼領祠部、主客、膳部、禮部貢院，其兼領去處自合依條例管勾，所有主簿亦合準此。」從中書禮房所定 4 也。

元豐五年四月二十四日，通議大夫、知潭州、新除守户部侍郎謝景温改守禮部侍郎。侍郎自是始正除，尚書闕。

七月八日，詔：「譯經、潤文並罷，自今令禮部尚書領之，廢譯經使司印。」

六年閏六月十四日，尚書禮部言：「舊制，貢院專掌貢舉，其印章曰『禮部貢院之印』。遇鏁試，則知舉官總領。昨廢貢院，毀舊印，以其事歸禮部。準格，遇科場牒印并公事〔一〕。伏緣本部分曹治事凡十有五，貢舉乃其一事。若遇鏁試牒印，即他曹事實有闕，乞別鑄禮部貢舉之印〔二〕。」從之。

七年五月二十七日，尚書禮部乞六曹於所隸寺監〔三〕、寺監於所隸司局各許抽摘點檢稽違者，稱事書罰或上簿，上下半年各取索點檢。從之。

哲宗元祐元年六月二十六日，禮部言：「應須索官物合自下應副及有旨更不覆奏者，行訖，並乞奏審，隨事降付三省、樞密院照據。」從之。

七月六日，禮部言：「祠祭官致齋在本司及祠宮内，與同局及同行事官相見當勿用謁禁〔四〕。」從之。

五年十月七日，禮部言：「降送到空名假承務郎、州助教敕、齋郎補牒，以《千字文》爲號，印訖〔五〕，發下所屬官司。仍具注給降事因去處，候申到給訖因依，即行銷注。應敕、牒並置籍拘管，以事因注簿訖，關送吏部〔六〕，即行銷簿。應敕、牒不得下司，當職官晝時交點道數，實封印押收掌，出榜召人進納，當職官躬親書填給付，具姓名、鄉貫、三代、年甲、字號及年月，因依并見在道數申吏部〔七〕。應敕、5 牒如客人收販賣者〔八〕，指定所詣州，每道給公據照牒，以字爲合同號印押。其照牒實封入遞，敕、牒付客人，召合進納人承買〔九〕，經州投狀，依上法勘驗書填給付。其照牒公據批鑿毀抹訖，限兩日具姓名、鄉貫、三代、年甲、敕牒上字號報元承受處。」從之。

六年正月十二日，詔自今祠祭、游幸(每)〔毋〕用羔羊。從禮部請也。

四月二十二日，禮部言：「每歲宴賞共合用羊乳房約四

〔一〕「遇科」句：《長編》卷三三六作「遇科場即止牒禮部印用之」，義更明，似當從之。

〔二〕禮：原脱，據《長編》卷三三六補。

〔三〕所：原脱，據《長編》卷三四五補。

〔四〕勿：原作「物」，據《長編》卷三八二改。

〔五〕訖：原作「記」，據《長編》卷四四九改。

〔六〕關：原作「闕」，據《長編》卷四四九改。

〔七〕吏：原作「支」，據《長編》卷四四九改。

〔八〕販：原作「敗」，據《長編》卷四四九改。又「收」下似脱「買」字，《長編》無「收」字。

〔九〕納：原作「給」，據《長編》卷四四九改。

百五十餘斤，泛索不在其數。所用不急而傷生至衆〔一〕，深可惻也。請依羊羔例罷供，以他物代。」從之。

徽宗政和六年三月二十八日，常州刑曹翁彦約奏〔二〕：「竊以國家天覆萬國，化行方外，梯航輻湊，史不絶書。承平奕葉，神聖作興，禮備樂成，德洋恩普，聲教所暨，固已襲冠〔三〕，遣子弟，曠然大變其俗。至於遐陬殊裔，阻險憑深，三代所不能臣，漢唐所不能服，莫不嚮風馳義，重譯來賓。觀其贄幣、服飾之瓌奇，名稱、狀貌之詭異，多所未載。今其圖畫、表章藏在禮部〔四〕，歲月寖久，宜命有司編集成書，如周家《王會》之篇，以見中國至仁，彰太平之高致，誠天下之偉觀也。」詔令禮部逐旋編集。

宣和四年五月二日，禮部奏：「承吏部關，朝散郎許堯夫狀，昨在杭州居住，因兇賊侵犯州城，去失告敕等，數内賜緋魚袋敕一道不屬本部關請。勘合今來吏部關到許堯夫去失賜緋魚袋敕牒，緣本部即無許出給公據專一條法，未敢便依吏部條法本部出給公據，伏乞[6]朝廷詳酌指揮。如許令本部依吏部條法出公據，亦乞應江東、兩浙被賊州軍更有官員去失服色、敕牒，令所屬保奏，依此施行。」詔令禮部出給公據，餘依本部所申。

高宗建炎三年四月十三日，詔禮部郎官一員兼主客。同日，詔禮部吏人減半。同日，詔鴻臚寺、國子監（并）併歸禮部。五月十九日，光禄寺併歸禮部，以並罷寺監也。

紹興二十一年，詔：「禮部貢舉案許於省試前一年六月一日添差手分五人、貼司三人，通本案人吏行遣。其當行職級二人，并本案及添差到手分、貼司各八人，於見請外每人每日各添破别給錢二百文，内貼司減半，不理爲次數，於本曹四司職級、手分、貼司内選差，並罷身分文字，以次人承權。及自六月一日，許添支夾表連紙各一千張，於國子監息錢内收買應副。内别給錢係自十月一日起支，並至唱名了日住罷。」

二十八年二月四日，詔：「先降使人到闕樂語詞曲令學士院同禮部官看詳指揮更不施行。所有郊廟樂章，先令禮部等處看詳改撰訖，付學士院看詳改撰進呈，降下付所屬。」先是，學士院修撰修潤使人到闕應合用樂語詞曲。紹興十六年五月内王曮作禮部郎官日，合押應奉筵宴祗應人等，要見樂語詞曲，於學士院取索不得，遂乞降明旨同共看詳。自當年每遇天申節合用筵宴樂語，朝廷循習作例，令學士院同禮部官看詳。至是，學士院王綸有請，故有是命。

紹興三十二年孝宗即位未改元。十月十日，詔禮部四司主事、令史、承闕、書令史各減一年出官。該遇皇帝登寶〔位〕之故也。

孝宗隆興元年二[7]月二十一日，詔：「今舉諸科進

〔一〕至：原作「致」，據《長編》卷四五七改。

〔二〕刑：原作「荆」，據楊時《龜山集》卷三二《翁行簡墓誌銘》改。

〔三〕「冠」下似脱「帶」字。《漢書·終軍傳》：「殆將有解編髮、削左衽、襲冠帶、要衣裳而蒙化者。」

〔四〕禮：原脱，據《玉海》卷五六補。

士，務取學術深淳、文詞剴切、策畫優長之人。可令禮部將省試上十名策卷編類，繕寫成册投進，以備親覽。如有可行事件，當下三省取旨施行。」上初即位，從諫如流，求直言如渴，故有是命。

七月二十六日，詔六部長貳除尚書不常置外，禮部侍郎置一員，禮部、祠部郎官一員兼領。從右諫議大夫〔王〕大寶等請也。

八月三日，禮部言：「依指揮條具併省吏額，本部四司通額遷補見管主事一名，令史一名，書令史九人，守當官四人，貼司一十二人，私名三人；祠部主事一名，令史二人，守當官九人，貼司七人，私名六人；主客令史一名，守當官二人，貼司一名；膳部主事一名兼主客主事，令史一名，守當官三人，貼司二名。今減正貼司八人，入額私名四人。其減下人依名挨排，候將來見闕日，却依名次並從上撥填。」詔並依，見在人且令依舊，將來遇闕，更不遷補。

乾道元年十二月二十六日，中書門下省言：「近年士人公然受賂，冒名入試，致令（切）〔竊〕取解名，亦有登科者。今省試在近，理宜禁戢。」詔：「應令人代名及爲人冒名赴省試者，各計所受財依條坐罪外，並真決編配千里外州軍。同保知情人，依條永不得應舉。如士人告獲，與免一次文解〔一〕；諸色人告獲，支給賞錢三百貫。餘依見行條法施行，仍令尚書省出榜曉諭。」

二年六月五日，禮部侍郎周執羔言：「本部得旨討論典禮，看詳集議臣僚奏請改更 8 法令。緣渡江之後案牘不存，及累遭延火，燒毁案牘，無憑檢照。欲乞遇有討論、看詳集議事件，除禮部已有干照外，所有自元符三年至宣和七年有徽宗皇帝詔旨措置條法，欲具事目取會國史院；自建炎元年至紹興三十二年有太上皇帝詔旨措置條法，欲具事目取會國史日曆所。伏乞許人逐處檢照回報，亦許本部差人前去計會抄録。」從之。

五年三月二十九日，詔令尚書省將不赴唱名舉人楊子方等六人敕降付禮部收掌，候逐人痊安日各召保官二員，當官給付。

六年五月四日，禮部言：「依旨揮條具併省吏額，勘會四司通額遷補，目今見管六十一名爲額。今欲減罷書令史二人，守當官五人，正貼司五人，有請私名二人，楷書二人，通以四十五人爲額。」詔依，各從下裁減。將來見闕日，依名次撥填。其減下人願以條比換名目者聽。

二十四日，詔天申聖節齋筵禮部檢察樂次官主、令等，並不支破御厨喫食，今後准此。

七年正月十日，禮部言：「近引保，竊見進士命名有上同翼祖者，雖文字之間不諱祧廟，若遽以爲名，則有未安。欲望特降指揮，許之更易。并其他立名害理，乞從本部告示改正，明示四方，使士人通知。」從之。

〔一〕一次文解：原作「一名名解」，據本書選舉四之三八改。

貢院

掌受諸州解送九經、五經進士，通禮、三禮、三傳、毛詩、尚書學究、明法之名籍〔一〕，及家保狀、文卷，考驗户貫、舉數、年 9 紀而藏之〔二〕，以朝官一員主判。若遣官知貢舉，即主判官罷，舉事畢復別遣官。主判事具「貢舉」門。

真宗景德四年十月，翰林學士晁迥等上考試進士新格。詔曰：「甲乙設科，文章取士。眷惟較藝，素有常規。特用申明，聿加刊定。既遵程式，免誤學徒。庶敦獎善之懷，以廣至公之道。宜令崇文院雕印，送禮部貢院頒行。」

大中祥符八年四月，詔兵部侍郎趙安仁詳定權知貢舉起請事件，與陳彭年等編入貢院條制。

仁宗天聖八年正月，貢院言：「自來都省於諸司內差三人與手分同發遣祇應，今緣舉人稍多，欲乞更差有行止、能書劄二人同共祇應。」從之。

慶曆五年三月，詔禮部貢院增天下解額。是月，詔禮部貢院，進士所試詞賦，諸科所對經義，竝如舊制考校。先是，頒行宋祁等所定科場新制，既而上封者言其非便也。

（神）〔英〕宗治平二年正月二十七日，詔貢院如南省放牓。故事，合格者以名聞，俟敕下乃放牓。

熙寧三年十一月二十一日，詔貢院聽期喪滿三月者應舉。時因大臣言應制舉陳知彦以期喪不赴召，既特召試，因降是旨。

高宗紹興五年七月十七日，詔令今次省試舉人除合取人數外〔三〕，特更取十名〔四〕。有官鏁應宗子零分，特更取一名。

十二年二月四日，詔貢院：「別試合避親人內係孤經人〔五〕，止令就貢院與同經人一處收試，止避所避之官，令過落司送別位考校。」

十八年二月五日〔六〕，詔：「省試舉人計囑應試人换卷、代筆起草并書真卷，或冒名就試，或假手程文，10 自外傳入，就納卷處謄寫，除依條許人并就試舉人告捉，犯人從貢院先送所司，申朝廷重作施行，及告獲人優與推賞外，內士人該賞取旨補官，仍賜出身。」從禮部請也。

二十年九月十二日，侍御史曹筠言：「近來省試多以私意取專門之學，至有一州而取數十人，士子忿怨，不無遺才之歎。望下試院，使知德意，仍令監察御史出院日彈劾。」從之。

二十一年二月二日，殿中侍御史湯允恭言：「切聞前

〔一〕明：原作「名」，據《職官分紀》卷一〇改。
〔二〕紀：原作「幾」，據《職官分紀》卷一〇改。
〔三〕除：原作「降」，據本書選舉四之二五改。
〔四〕十名：原稿旁批：「寄案，一本作『一名』。」按，所云「一本」未見，本書選舉四之二五亦作「十名」。
〔五〕別試：原無，據本書選舉四之二七補。
〔六〕五日：原稿旁批：「寄案，一本作『六日』。」按，所云「一本」未見。

次省闈就試之士，或有憑藉多貲，密相賄賂，傳義假筆，預爲宴會期約，凡六七人共撰一名程文，立爲高價，至數千緡，僥冒苟得，欲占異等。寒苦之士，雖懷材抱藝，豈能與數人所撰較優劣於一日之間，徒爲忿懣歎恨而已。」詔令禮部嚴行禁止，許同試舉人陳告，取旨免省。

二十六年三月十九日，詔：「今後省試、太學國子監公試發解及銓試刑法，令國子監印造《禮部韻畧》、《刑統》律文、《紹興敕令格式》，並從官給。」先是，上謂宰執曰：「自來舉人許帶《禮部韻畧》入試院，致有司難以檢察。自今可令國子監多印造《韻畧》，並從官給，庶幾懷挾之弊可革，當得真賢碩能之士，以副選擇。」沈該等曰：「陛下精審灼見弊源如此，敢不謹遵聖訓！」故有是命。

二十二日，宰執進呈類試院人吏、兵士邀阻赴試人，乞取錢物。上曰：「此豈可不治！近日聞試院中整肅，士人極喜，自此有實學者進而寒畯之士伸，僞濫苟得者革而僥倖之風息矣。」上又曰：「祖宗貢舉之法無不周備，顧有司奉行之如何耳。可令類試所嚴行禁止，仍令禮部立法。」既而11敕令所修到法：「諸貢院人吏并把門兵級輒將赴試人邀阻，不即放出，及人吏收接試卷作弊，乞取錢物，罪輕者杖一百，贓重者自從重。」從之。

二十四日，内降手詔，戒飭試院欺弊。詔曰：「自昔願治之君急於求賢，以協濟事功，而當時之士亦各務修飭，以承休德。用能發揮所學，克副簡求，朕甚嘉之。自即位以來，率由祖宗之宏規，屢下三年之詔，詳延俊茂，縻以好爵，所以加惠多士，可謂無愧於古矣。是宜咸加策勵，以稱所求。而近年以來，士風寖薄，巧圖牒試，妄認户名，貨賂請求，重疊冒試。逮至禮闈，不遵繩矩，挾書代筆，傳義繼燭，種種弊欺，靡所不爲。不惟負國家教育選舉之意，兼使有素行、負實學之人俱蒙其恥。一至於此，豈所望哉！夫待之厚則責之深，出於禮則麗於法。儻名檢之全虧，實自干於邦憲。繼自今其克黜乃心，明聽訓言，無蹈非彝，以貽後悔。在外委漕臣及監司按察，在内令主司覺察，御史臺糾劾以聞，當重寘典憲，務在必行。故兹戒諭，想宜知悉。」

八月十六日，宰執沈該等奏曰：「今次科舉見已引試，聞試院中甚嚴肅，昨日有數人傳義者已依條施行。如前日宗子善積懷挾，亦令扶出，示天下至公，自此科舉之弊當盡革去。」上宣諭曰：「朕於此事極留心，異時宰執、侍從皆由此途出，若容冒濫，所謂拔本塞源也。」該曰：「陛下於貢舉如此，可謂知人材之所本矣。」

十一月二十六日，詔：「考試除六經依條通融相補外，其經義、詩賦兩科合格人如有餘、不足，内詩賦不得侵取經義文理優長合格人，有餘許將詩賦人材不足之數通融優取，仍以十分爲率，不得過三分。」吏部員外郎王晞亮言：「切見國家取士，詞賦之科與經義並行，取人之數，初不相過。比來學者憚試選革弊之嚴，去嚴就易，競習詞賦，罕有治經。臣(作)〔昨〕備員國子博士，每孟月課試學生，治經甚少，二《禮》纔兩三人。繼爲國子發解所點檢官，閲試學生九百人，習經義者僅二百人，《禮記》、《春秋》則不過十數，而《周禮》一經乃絶無有。」故有是命。

二十七年正月二十八日，詔以見任兩省、臺諫、侍從以上有服親爲權12要親族，候放榜了日，令禮部將過省合格人姓名取索有無上件服屬之人，開具奏聞。

二十八年四月二十六日，詔：「應因懷挾殿舉，並令實殿舉數，不以赦恩原免。如再犯，永不得應舉。」

二十九年三月二十八日，宰執進呈監試官、監察御史沈樞奏，乞少寬傳義之禁，慮有不實。上曰：「向來舉場縱弛太甚，此奏若行，又復前日之弊矣。是在今日似爲細事，朕所以區區必欲禁止者無他，以取士之原實在於此，異時公卿大臣皆繇此途出，其利害不爲不重。況挾書傳義，類非佳士，儻稍有實學、知廉恥者必不肯爲，樞此奏蓋欲沽士人之譽爾。」臣該奏曰：「其間語言，誠爲過當，乞更不施行。」從之。

三十年正月二十七日，禮部貢院言：「本院引試有官鎖應宗子三十四人，内一名公高治《春秋》，係是孤經。欲乞將公高試卷依公精加考校，如文理優長，即前期具合格真卷繳申尚書省，取朝廷指揮。如不合格，從本院一面黜落。如已後更有無官取應孤經之人，亦依此。」從之。

孝宗隆興元年正月十四日，右諫議大夫劉度言：「貢院爲赴試人衆，分作三場。乞將赴試人不拘中外得解、免解，互相參雜，只據經義、詩賦人數通融相補，分作三場，混同考校。」從之。

十六日，詔禮部貢院比前舉取過人數共添取一百人。

二十七日，禮部貢院言：「去年覃恩免解進士共二千八百三十八人，内有八百六十五人未來就[13]試，欲乞於近降指揮增添一百人額内指留三十人，充未到人合取之數。」從之。

乾道二年二月十二日，貢院申明有第三場策卷誤犯廟諱嫌名，從口從休。宰執洪适等奏曰：「前舉樓鑰誤犯廟諱舊名，從人從庸，得旨特與降充末等頭名。」上曰：「嫌名比舊名爲輕，可令依等第取放。」

五年正月十七日，禮部貢院言：「進士避親，依條牒送別試院收試。如別試所牒還避親孤經之人，許令止避所避之官，就貢院收試，互送別位，依公精加考校。其續到應有合避親之人，與別試所發回孤經之人同經，即從本院一面却行牒送別試所收試施行。」從之。

【續會要】

淳熙二年六月八日，臣僚言：「貢院封彌、謄録兩處須務謹密，乃免泄漏。所用貼司等人舊差省部、寺監、臨安府諸縣公吏，可所顧惜。近來皆是罷役游手人，每遇考試，占據代名，有至二十年者，内外結連作弊，乞嚴作禁戢。自今止許差省部、寺監及臨安府諸縣見役公吏正名，不得令遞年代名人入院，(乃)〔仍〕不許兩處私相往來。」從之。

六年四月二十四日，宰執進呈禮部狀乞修貢院，上曰：「歲久不修，恐致傾倒，可令漕司修蓋。」趙雄等奏曰：「秦檜蓋造如貢院、太學、秘書省等，大抵皆宏壯。」上曰：「秦檜亦有才，若能公而無私，便是賢相。」

十一年二月十三日，禮部貢院言：「逐舉省試開院後，合造上十人進册并副[14]本。除已從例，候開院了日計置修寫。」詔候開院日將上十人真卷先次進入。

十四年正月十九日，臣僚言：「仰惟國家三歲大比，郡國俊秀咸試于禮部，而事猶小有未便而當革者，謹具下項：一〔一〕、投納試卷雖分幕收接，及至昏暮，不免壅併紛拏。吏輩要求，轉加留難，擲棄地上。至夜收聚，多有足踐、油污及指爲不終場。竊見太學私試、別院武舉試並置木櫃，穴其上度可容試卷者數穴，使就人自投納其中。去秋臨安府解試，亦多置大櫃於逐幕安頓，委封彌官先自封鏁，至卷納絶，舁至封彌所驗視封鏁，親數試卷，謄上簿籍，各無毁失，委是利便。乞下臨安府取索元櫃，每幕各五六口，不足則令臨安府添造。一、謄録人皆是六曹、寺監、轉運司、臨安府九縣科差吏人，皆顧游手，本非正身，老弱殘患，僅能書寫。諸司雖給錢米，例爲吏人減尅。及謄録之所，上雨旁〔風〕，毁壞文卷。每至簾内催迫，以老病之人日夜抄寫，精神困弊，至多脱誤。或字數稍多，擅自節略，致無文理，枉遭黜落。今乞嚴減尅之禁，重節略之罪，增謄録之人，去老病之徒。若或顧倩老病及曾經作弊等人入院，其元差正名並乞重坐以罪。及謄録所務令夾截〔同〕〔周〕密，庶免風雨損壞之害。一、對讀雖有官，往往先令吏人點對，官員間抽摘二三，畧辨魯魚之誤。至簾内一有取索，方始子細對〔讀〕。今乞增對讀之官而厚〔其〕供給，嚴鹵莽之罰以警其惰偷。一、大院避親舉人牒送別院，取人最窄，或一經有二十餘人止取一名，其餘雖文理優長，皆在所出，考官但爲之太息而已。照得舊來別院零分却歸小院，初無定制，乞自今應有大院零分併歸小院，聽取一名。臣熟知其弊，不敢緘默。」詔對讀官添差二員，餘令禮部候鎖院日行下試院，措置約束施行。

淳熙八年二月十一日〔二〕，詔禮部候省試開院日，將上二十人真卷先次進入。

十年十月十六日，詔禮部申嚴約束，州郡文移、市肆牌額，不得輒犯廟諱。

十三年十二月九日，詔禮部減書令史二人、守當官一人、正貼司一人。以司農少卿吳燠議減冗食，下敕令所裁定，故有是命。（以上《永樂大典》卷一四六五九）

15 太宗太平興國三年九月甲申〔三〕，上御講武殿，親試禮部合格進士，得胡旦以下七十四人，並賜及第。先是，去年諸州已薦士〔四〕，遂詔罷貢舉〔五〕。上恐場屋間有留滯者，復下詔令郡國除三禮、三傳學究外，悉令今年八月至闕下，及是上親試而特放焉。故事唯春放榜，至是秋試，非常例也。既而盡賜緑袍、手版。

大中祥符元年〔六〕，詔禮部貢院：「諸科舉人雖初舉，

〔一〕以下文字原作小字書寫，以前後文字相連，故改作正文。
〔二〕按，以下三條非全關貢院，或是《大典》抄自《會要》另一門，故年次不相承接。
〔三〕天頭原批：「此〔一〕〔二〕條原夾在本卷第九頁内。」按，以下三條乃抄自《職官分紀》卷一〇。
〔四〕「年」下原衍一「去」字，據《職官分紀》卷一〇删。
〔五〕遂：《職官分紀》卷一〇作「遽」。
〔六〕元年：《職官分紀》卷一〇作「初」。

而藝業可取者，與其進場第〔一〕。」上因謂王旦等：「今歲舉人頗以糊名考校爲懼〔二〕，然有藝者皆喜於盡公。」旦曰〔三〕：「諸路發解拘限條制，慮遺才俊，當稍寬之。」馮拯曰：「進士以詩賦進退，不考文論。且江浙舉人專業詞賦，以取科名。今歲望令於詩賦合格人内兼考策論〔四〕。」上曰：「大凡文論可見其才識。南人喜誦詩賦，及就公試，或攘剽舊詩，主司能辨之乎？」旦曰：「古人警句非後進所及，苟竊用之，無難辨也〔五〕。」

五年，上親試禮部奏名進士於崇政殿。前一日，殿之廊廡分列位次，署其名氏，仍揭於榜，使無得移易。内出《鑄鼎象物賦》、《天險不可升》詩、《以人占天論》題，摹印以賜，官給紙起草。印題給紙，自此始也。（以上《永樂大典》卷次原缺）

祠部

【宋會要】

16 祠部掌祠祭晝日、休假令、受諸州僧尼、道士、女冠、童行之（藉）〔籍〕，給剃度受戒文牒。以朝官一員主判。《兩朝國史志》：祠部判司事一人，以無職事朝官充。凡祠祀、享祭皆隸太常禮院，而天文、刻漏歸於司天監，本司但掌祠祭晝日、休假令、受諸州僧尼、道士、女冠、童行之籍，給剃度受戒文牒而已。（今）〔令〕史四人。元豐改（置）〔制〕，郎中、員外郎始實行本司事。提領度牒所附禮部郎中。通行四司。分案有二：曰道釋。凡臣僚陳乞墳寺，試撥經放，該遇聖節始賜紫衣師號，諸州宫觀、寺院、僧尼、道士、童行整會甲乙，十方住持教門事務，僧尼去失度牒改名回禮，僧道正、副遷補，拘收亡歿度牒，歸正換給，埋瘞等陣亡恩澤，陳乞比換紫衣師號，給降出賣書填翻改空名度牒等，皆屬之。曰詳定祠祭、太醫帳案。凡醫官磨勘八品駐泊差遣，太毉局生試補，祠祭奏告、奉安、祈禱，應道釋神祠加封賜額，諸色人陳乞廟令養老，侍從等除受奏舉毉人越試，宰執初除罷政遇大禮及知州帶安撫使、學士及管軍觀察使以上陳乞太毉助教等，拘催諸路僧道帳籍，皆屬之。又有製造（窠）〔案〕，掌製造、書寫、勘合綾紙度牒、紫衣師號及度牒庫官吏替上申請事。又有知雜、開拆司。吏額：主事一人，令史二人，手分九人，貼司七人。度牒庫隸焉。

太宗太平興（兵）〔國〕八年八月，詔曰：「先是，祠部給僧尼牒，並傳 17 送諸州長吏親給。如聞吏緣爲姦，募人以緡錢市取，齎以至外郡賣焉，得善價即付與之。自今所在宜奉行前詔，違者重致其罪。」

淳化四年八月，詔：「應僧人失墜無祠部，并經策試

〔一〕與其進場第：原作「與進其第」，據《職官分紀》卷一〇改。
〔二〕今歲：《長編》卷六八、《群書考索》後集卷三七作「今茲」。
〔三〕旦曰：原作「且」，據《長編》卷六八、《群書考索》後集卷三七改。
〔四〕考：原作「可」，據《職官分紀》卷一〇改。
〔五〕難：原作「不」，據《職官分紀》卷一〇改。

者，所在召住院僧二人保明無虚僞，具出家來歷夾名申奏，令祠部勘會出給，不得發遣僧人上京請領。若因巡禮，乞翻换祠部者聽。」

至道二年六月，詔祠部，今後諸處牒到許爲僧道者，奏裁。

三年六月，詔祠部正名令史不得揀抽往逐處。

真宗咸平二年七月，詔：「諸州比試童行，只得將僧帳內見管人數比試經業，具合格人數申奏，不得將已開落人出剩放度。」

大中祥符元年四月，詔：「(詞)〔祠〕部手分八人，遇文牒併多日限給三十道，稍稀二十道。每降到奏狀及申狀、僧尼、道士陳狀，並上曆排日行遣，畫時入遞。如怠慢過犯，牒開封府科罪。其本行手分，都省不得抽差。」

二年五月，詔：「僧尼、道士身死者，其紫衣、師號勅牒並令知州、通判批書還俗及身死年月納祠部。」

三年七月，詔：「祠部給僧尼、道士牒，將本州帳勘會注給訖，本州判官押書勾鑿。應僧尼遇恩澤試經中剃度童行給祠部者，將帳照證，亦勾鑿訖，遞送逐州。所給戒牒，如本人將到剃度受戒六念，勘會文帳印書給付。」

八月，詔：「今後開封府界逐年承天節試經及非時度放童行，其剃度牒委祠部一依外州例封送進奏院，發與開封府，勾逐寺主首取[18]保明狀，當官責領給付。」

十二月，詔祠部給剃度牒，並於(按)〔案〕檢計寺院法名若干人數，入(按)〔案〕收掌。

四年四月，詔：「道士、女冠如受僞命公憑，自今許翻换祠部正牒。」

五年閏十月，詔：「宫觀行者每年依例考試，未得退落，具試業等第、有無過犯聞奏。」

六年正月，詔：「京兩街僧録供三年造僧帳之時，其住房僧不得擅立院額入帳度童行。」

十月，詔：「祠部今後據逐處申納僧尼祠部六念牒，驗無虚詐，即與給戒牒，粘縫印遞往逐處給付。」

天禧二年閏四月，尚書祠部言：「絳州太平縣妙果院尼妙喜納祠部六念，州悮作亡尼例抹破，請翻换文牒。檢會編敕，止有失墜召保再給之條，今悮抹破即未有此例，欲自今應似此類並與翻换。」從之。

四年八月，河東路勸農使王允明言：「昨降五臺山普度童行祠部牒二千九百七十七道，給散外有三百四十道繳納。緣自華嚴寺至代州三程，隔騰、潤、蒗，若被人奪賣，難便根勘。欲乞今後五臺山祠部牒如有事故、還俗、逃亡、身死理合追納祠部牒者，令勾當寺務使臣書鑿毁抹訖，實封齎送代州。」從之。

五年二月，尚書祠部言：「每年承天節比試童行，並牒都進奏院遞送散給。近林特等奏請在京府界並送開封府，今後每年發放祠部，並乞條貫。有詔從之，然只稱提舉發遣普度牒。所有今年承天節比試童行，欲却依自來條貫施行。」詔三司與祠部同定奪以聞。19三司看詳：「每年披度給牒，自來祠部承例發放，別無拘管提舉關防。今請應承天節披度等專委三司（益）〔鹽〕鐵判勾官，於本司選勾覆官前後行六人專置司，與祠部手分同共發遣。應諸處奏到文狀，並批送三司，委開拆司依發放例置曆抄上，發與發遣司，委本司將祠部照證帳（按）〔案〕及宣勑條貫，勘會合度數，限半月內印押，通判部官發放。候給訖單狀到，勾銷元帳。候印押了，具道數實封發與開拆司入遞，赴當官點名給付。其發遣祠部司應承受奏狀，祠部並置曆抄上通押。如違稽滷莽，檢舉施行。其已受祠部沙彌受戒畢給牒，亦委發遣祠部官管勾印發遞付，並依祠部例。並非時內降祠部，本司預印空名紙，舊只本官書押，手分將與中書填寫後降勑，下司銷破，一依舊例。自來所管帳，今緣照證使用，慮恐損失不全，欲據今日已前帳並從三司差人點檢，如有損失，特與放罪。自天禧元年後帳見在者，般赴三司，置庫架閣。所有天禧元年已前帳，即據見在道數編排於金耀門文書庫架閣，今後並委三司承領。應雕板祠部戒牒，自今須本司官當面印造，置曆拘管通轉數目，經使、副簽押。印板纔印絕，封押於本司官處收掌。沙彌受戒後因巡禮到京，執祠部六念赴祠部送戒牒者，舊來直便給付，今緣已有條貫轉遞對官給付，自今更不得直給。應祠部自來合行事，並令與三司提舉官同共管20勾行遣。如祠部闕官，即提舉官一面發遣。」從之。

四月十九日，判三司鹽鐵勾院兼發〔遣〕祠部任中行言：「僧尼戒牒，自來祠部不晝時給遣，應使出家年深不得牒者甚多。伏緣未降勑已前甚有未得戒牒之人，望許經省陳狀，將天禧元年已來帳照證出給。其在京僧尼受戒年深未得牒者，據狀合召住院主首保明無虚僞，當面給牒。」從之。

二十七日，任中行又言：「逃亡、還俗僧尼祠部戒牒依例燒毀者，今緣本部在三司，火燭不便，今後欲只剪碎毀棄，收貯充公用。」從之。

仁宗天聖元年十月，判三司鹽鐵勾院兼發遣祠部張及言：「祠部本尚書局，只自林特起請，後來遂令勾院置司發遣。緣勾院是關防錢穀之司，日逐勾帳，收支浩瀚。其祠部管轄僧道帳籍日有生事，不惟煩併，兼礙點勘錢穀。欲乞依舊却復〔歸〕都省，所有主判官乞自朝廷選差，關防程限並依天禧五年二月九日敕施行。」從之，仍命祠部郎中、直史館楊嵎主判。

十二月，判祠部楊嵎言：「按天禧五年二月九日勑條貫，祠部事十條係更改外，止餘六道，又多載在編勑。所有諸路奏狀，乞依舊批送祠部承領、置文曆舊例，提舉關防。」從之。

三年三月，三司言：「勘會祠部天禧元年後所請朱紅表紙逐年數目不等，乞下祠部勒手分勘會，每牒合使表紙若干，每若干牒使朱紅一兩，委當職官再行比較，今後依此例入帳銷破。」從之。

四年五[21]月，權判祠部慎鏞言：「諸路納到事故僧道牒，看詳僞濫不少。只自任中行起請剪碎公用，深防奸詐，欲却依舊燒毁。若殘零不用文字，剪碎公用。」從之。

嘉祐六年正月，詔判祠部自今降勑差人，理合入資序，仍給添支錢十阡。事見「考功」門。

神宗熙寧二年九月五日，詔：「尚書祠部遍牒四京及諸道州、府、軍、監，今後應僧尼、道士、女冠身亡、事故，其元受披剃文牒、戒牒等，並仰逐處依舊例抹訖，更於行空處批鑿身亡、事故年月、因依，本州軍官押字用印訖，具狀繳連入遞，申納本部。仍仰本部即時具交收道數、年月，附遞回牒本州。州司候到，鈎銷照證。其繳到文牒等，即仰依舊詔施行。」

元豐二年十一月二十六日，尚書祠部(年)〔言〕：元豐元年出度僧牒九千三百六〔一〕，今年出七千九百四十二。先是，上欲知二年之數，詔祠部以聞故也。

五年六月十一日，詔：「自今紫衣、師名止令尚書祠部給牒，牒用綾紙。被受紫衣、師名者，納綾紙錢陸百。」是歲十月復詔，依度僧牒例用紙。

六年五月十一日，詔尚書祠部具去歲給度僧牒比元豐四年孰爲多少以聞。已而祠部以四年數比較，共多五千七百餘道，於是又詔自今給度僧牒如過每年數目，即未得印給，先具以聞。

六月三日，禮部言：「祠部給度僧牒，準詔及遞年數，即止按元豐三年六千三百九十四〔二〕、四年四千一百九十六、五年九千八百九十七，今取酌中之[22]數，欲以三年爲額。」從之。

十月三日，尚書禮部言：「祠部出度僧牒，以六千三百六十二爲額。今年已溢額千五百五十四，乞歲以一萬爲率。若踰數，乃以聞。」從之。

十二月九日，尚書禮部言：「度僧牒已立額歲給萬，今年已給九千一百二十七，額外並來年數。」

七年二月七日，門下省言：「度僧牒已著令，每道爲錢百三十千。檢會勑，夔州路轉運司每道三百千，以次減爲一百九十千。欲送中書省，價高處別取旨。」從之。

哲宗元祐元年四月二十六日，三省言：「尚書六曹職事閑劇不等，今欲減定員數。事至簡者，祠部減郎官一員。」從之。

二年三月九日，詔：「僧道身亡及還俗、事故，其度牒、六念戒牒，令所在官司先行毁抹，依舊繳申禮部。本部以籍拘管，置櫃盛貯。每季委郎官監送，於省外焚毁之。」

徽宗建中靖國元年八月二十三日，詔曰：「近諸處頒降空名度牒甚多，其價不一，蓋是自來未曾專置收賣關防

〔一〕三百六：《長編》卷三〇一作「三百六十」，疑此脱「十」字。
〔二〕九十四：《長編》卷三三五作「九十六」。

去處。仰自今後應在京官私出賣空名度牒、紫衣，並赴提舉京城所申賣，私下不得交易。內給降往諸路州軍，或數內有係在京出賣者准此。其合行事件，令本所條畫，疾速聞奏。」

十二月七日，詔：「祠部每年額合給一萬道，已降朝旨，每道價錢二百二十貫文，候賣到，每道撥錢二十貫文送京城所。可自來年(今)〔令〕尚書祠部於歲給數內支撥九百九道與京城所，充增到錢二十萬貫之數。所有前降 23 每道撥錢二十貫送京城所指揮更不施行。」

大觀二年八月二十一日，禮部尚書鄭久中等奏：「勘會祠部所管天下宮觀寺院，自來別無都籍拘載名額，遇有行遣，不免旋行根尋。今欲(署)〔置〕都籍拘載，先開都下，次畿輔，次諸路，隨路開逐州，隨州開縣鎮。一一取見從初創置因依、時代年月，中間廢興、更改名額及靈顯事跡所在去處，開具成書。」小貼子稱：「天下神祠廟宇數目不少，自來亦無都籍拘載，欲乞依此施行。」從之。

二十五日，上批：「法令者政治之大本，官私之所守。(令)〔今〕法出而姦生，令下而詐起，蓋官失守、人玩禁也。度牒之直，禁不得減，兼併權豪之家公然冒法，買不如價，至或高估物直，以相交易，是法不足以禁，而令有所不行也。自今度牒除年額所出、御前所用，增不得過常數之半。不如價交易，其錢沒官，已度爲僧道者皆還俗。由是而推之，應法令之在天下者違犯寡矣。其各遵守，毋或有違。仰御史臺覺察彈劾以聞。」

四年五月四日，臣僚上言：「伏見天下僧尼比之舊額約增十倍，不啻數十萬人。嘗究其源，乃緣尚書祠部歲出度牒幾三萬道，以其歲給數多，民間止直九十已下緡，遂致游手慵(隨)〔惰〕之輩或姦惡不逞之徒，皆得投跡於其間，故冒法以干有司者曾無虛(實)〔時〕。欲乞應天下宮觀寺院每歲撥放試經與夫尚書祠部所出度牒並權住三年，自大觀五年爲始，候年滿日並依舊。」詔 24 依奏，並權〔住〕三年。仍依紹聖元年數，應不依舊格增添撥放者並罷。令禮部限十日開具聞奏。

宣和二年六月十七日，三省、樞密院言：「奉聖旨，仰禮部遵守下項。如違，令御史臺彈奏，以違御筆論，尚書省互察。應天下每歲間年撥放試經、特旨等度牒、紫衣、師號並住五年給降，不以名額，並令住。印空准此。印板毀棄，候及五年取旨。雖奉御筆取索，亦稱無印造。應臣僚陳乞及特旨等，並不許賜宮觀名額。係德士寺院額、塔院黃籙准此。應官司庫務見管空名度牒、紫衣，並禮部毀抹。應見官司修釋氏宮觀，不許以龍爲飾及安鴟。已畢者免改。應天下釋氏宮觀，不得增置田產、侵奪民利。應恩澤陳乞賜度牒者，並不行。應舊寺院昨以姦人妄有申請，改軍作德士宮觀〔一〕，可除大相國宮外，却依舊爲寺院額。檢會第三項應官司庫務見管

〔一〕「軍」字疑誤。

空名度牒、紫衣，並送禮部毀抹。奉聖旨，已降指揮内第三項官司庫務見管空名度牒、紫衣並送禮部毀抹，止爲都下官司申明行下。」

十二月十二日，中書省送到宣義郎、權發遣福建路轉運判官公事柯暘奏：「臣竊覩迺者朝廷患度牒之弊，而詔止五年，在京官司祠部盡行毀抹，可謂長慮，以救一時之弊矣。臣巡歷至福州，體訪得民間初聞有此指揮，深恐例皆毀抹，遂賤價出賣，止於二十餘貫。繼聞止毀在京官司祠部，州縣依舊書填，其價頓增，今已不下百千，往往珍 25 藏，以邀厚利。增而不已，必有倍之，縱而不問，則利下爲甚，而於國家未聞有補。臣於去年三月二日陛對，亦有劄子敷陳利害，蒙陛下收採，若可行於今日。臣再相度，欲乞於書填日補納官錢一百貫。蓋民間元買止於五六十貫，官中輕用，所得亦不過此。今官中毀板住給，遂使民間所收賤價祠部得以倍增其直。又況所有者皆兼併豪右之家，方且待價，必厭其所欲然後售。若不於書填日令補納官錢一百貫，則是官司元給過民間祠部每道虧一百餘貫。諸路州軍尚存度牒在民間者不知其幾萬，在官司者不知其幾萬。民間度牒當令州縣拘收呈驗，籍定數目，並從州別給公據，以(挨)〔俟〕書填日照對鈎銷，杜絕姦弊。今價既高，尤資僞冒，安能盡獲，可不慮乎？官司度牒亦隨處籍見其數〔一〕，不得減價別給公據，於書填日免納官錢，庶幾民間有以準平，公私咸若，利害灼然。臣愚伏望陛下斷而行下，歲入無(患)〔慮〕百萬，歲終起發赴闕，實有補於國用，亦非損於民財。又臣巡歷至邵武軍，點檢得推院勘到僞造度牒，百姓陳樞等僞造過一百九十三道貨賣。又見禁一名陳祖孟供過買得襄陽府已獲人黄中等僞造度牒一道貨賣，其黄中等見在襄陽府推勘。以天下之廣，其所不獲者未易以數量也，蓋爲無關防。臣愚以謂將來印行祠部，欲乞朝廷相度，於後苑作織造異様綾帛在民間所無者印造，量其價以補其費，兼加以 26 字號，如舉人試卷然。令州軍如遇書填，並騰録字號一本，月終類聚，申部照對鈎銷。如有僞冒，即行根究，庶幾久遠，可以杜絕僞造之弊。」奉御筆：「度牒價直比聞增貴，姦人趨利，僞造必多，如邵武軍所勘可以槩見。宜令禮部詳度，將已降度牒在州縣未下、在民間未書填者，隨處籍見其數，量增價直，別給公據，以俟書填照對，杜絕姦弊，疾(連)〔速〕立法，取旨施行。内僞造度牒印板以違制論，官司不檢察，徒二年。」尚書省看詳：「僞造度牒除造官印外，僞度牒自合依僞印罪賞條法。至於降様造紙，監視印給，各有關防。其僞造度牒印板、印僞度牒，及書填官司不檢察者，理當專立嚴禁令。擬修下條：諸僞造度牒印板徒二年，已印者加一等，謂印成牒身而無印者。並許人告。諸僞造度牒而書填官司不檢察者徒一年。右入《政和詐僞勑》。告獲僞造度牒印板，〔賞〕錢一百貫。印成牒身而無印者加五十

〔一〕籍見其數：疑當作「籍其見數」。下文同。

貫。(石)〔右〕入《政和賞格》。」從之。

六年閏三月二十八日，尚書省言：「今措(署)〔置〕僧道度牒、紫衣、師號下項：一、度牒、紫衣、師號見今權住出給，比沿邊事措置糴本，暫許開板印造。雖有指揮印畢毀板，尚慮無以關防，(今)〔令〕禮部將今來所開新式印板申納尚書省，置櫃封鎖，遇有印造，具狀請降；印畢，限即時封記送納。一、應今日以前已給空名未曾書填度牒、紫衣、師號，在官者限一季申尚書省換納，在私者截自指揮到日更不行用。27 一、僞造〔度〕牒、紫衣、師號，從未有專一法禁。(令)〔今〕後有犯，並依詐僞制書科罪，流罪配五百里，徒罪配鄰州。一、見住給試經撥放等度牒、紫衣、師號，限滿更不追給。自限滿以後，並減半給賜，止係一道者全給。一、依倣將仕郎、校尉綾紙體制，別立度牒、紫衣、師號新式，令禮部依此開板，改用黃紙，如法印造，真楷書填。」奉御筆：「僧道度牒、紫衣、師號，歲久僞冒者衆，又昨因改更德士，姦僞益多，無以甄別，及舊式全無體制，非所以示敕命之重。可依前件措置施行。自今除應副新邊及糴買并合給若干本外[一]，更不取索。輒陳乞支降者，以違御筆論。雖奉專旨，並令禮部執奏不行。」

宣和七年六月二十一日，禮部言：「宣和二年六月十七日勅，天下每歲間年撥放試經、特旨等度牒、紫衣、師號，並住五年給降，印板毀棄，候及五年取旨。契勘今年六月十七日住給五年限滿，合行取旨。」詔更展三年。

高宗建炎二年五月八日，詔：「僞造度牒、紫衣、師號，並許同造及知情、引領、變賣人陳首，與免罪犯，依告獲給賞。其照牒公據如有僞冒，依條施行。」從禮部請也。

十一月三日，詔：「四字師號每道價二百貫，許犯公、私罪杖各一次聽贖，內私罪仍除盜及毆擊人外，餘(德)〔聽〕贖。」從禮部請也。

三年四月十三日，詔祠部郎官一員兼膳部，吏人減半。

八月十三日，詔户部侍郎葉份提領新法度牒，就用見今提〔舉〕茶鹽印行使。先是，尹東 28 等言僞造度牒之弊，尚書省措(署)〔置〕：「一、僞造度牒之人雕成一板，則摹印無窮，兼染成黃紙，便可印造。今欲改用綾紙，背造倣官告，如法書寫，本部官繫銜書押[二]，空留合書填去處。令禮部限一日立式申尚書省。一、乞令禮部依倣茶鹽鈔法，如遇給降諸州軍度牒等，並用簿題寫手本、料例、字號於綾紙後，別用朱印合同，降付逐路轉運(同)〔司〕，委本司官吏主行。一、應民間空頭未書填舊度牒、紫衣、師號，並限今來指揮到日官吏更不得書填，許赴禮部納換，每道量納綾紙工費錢，度牒一十貫，紫衣、師號五貫。一、檢會茶鹽法，僞造文引者當行處斬，許人捕，賞錢三百貫文。今來依新法給降度牒、紫衣、師號，理當嚴立法禁。如有詐僞，欲乞依僞造茶鹽引法施行。一、契勘今來改用新法度牒等事干財計，欲委侍從官一員專一提領。」並從之。

同日，詔榷貨務見賣度牒等，於即今價直上添入綾紙工費錢出賣。先是，提領所言：「度牒每道見賣一百一十貫，今添一十貫。紫衣見賣四十貫，師號每道見賣三十五貫，以上各添五貫文省。」故有是詔。

[一] 若干：原作「干若」，據文意乙。
[二] 銜：原作「御」，據文意改。

十六日，詔：「僞造度牒、紫衣、師號，其知情、貨賣、牙引及資給之家并勘驗，書填官司知而取受者，並罪加一等。若勘驗鹵莽，致有透漏，減三等，贓重者自從重。其知情、貨賣、牙引及資給之家如能告首，即與免罪犯外〔一〕，仍依今來指揮給賞。」

同日，詔新法度牒改用絹，令户部 29 應副。以提領所申，乞下兩浙轉運司起發年額綾應副使用，故有是命。

同日，户部侍郎葉份言：「改用新法度牒，今降半印合同號簿付給，降路分轉運司照驗書填。契勘其間有州軍相去轉運司隔一二千里，深恐地里遥遠，却致防阻。今欲更降合同號簿，一面付本路提刑司，許令願就一處勘驗書填。如翻改别路州軍者，即令本司於度牒背後分明真謹書寫某年月日，勘驗得别無虚僞，用印官押字，仍出給公據并摺角實封遞牒〔二〕，付客人賫執前去所指州軍照驗書填。如敢私拆，並依客人私拆翻改茶引法斷罪。仍增立賞錢作三百貫，先以官錢代支。所有逐時給付榷貨務出賣度牒等，亦乞令禮部給降合同號簿，就差本務使臣管押。其應副隨軍度牒等及御前取索，並乞開具所要路分，報禮部給降。」詔依，仍委左、右司度牒背後繫(御)〔銜〕押字，用本司印四印。

二十一日，詔：「提舉措置新法度牒等事所合用押號簿使臣，下吏部於得替待闕、已未參部大小使臣内踏逐指差，與免短使，先次赴任，具名申尚書省，給降付身。其請給、理任、券馬等，並依榷貨務前後已得指揮。」

同日，詔新法度牒，左、右司郎官於禮部侍郎後繫銜。左右司言，禮部書寫度牒，左右司郎官階銜在年月後，面背用印，致印文昏透不明，故有是命。

二十五日，詔：「新法度牒號簿付逐路提刑、轉運司，逐處公吏敢有邀阻 30 取受，許人告，從徒二年科罪。若官吏辨驗到僞造度牒等，每一火各轉一官資。」從葉份請也。

同日，詔：「民間未書填度牒等，計會州軍，行用錢物、妄作日前書填者，許人捕，依僞造度牒罪賞施行。」

十月十二日，詔：「今後令諸路轉運、提刑司遇有合書填度牒等，專委近上職級即時書填給付。如敢非理阻節乞取去處，並許越訴，者官當竄逐嶺南〔三〕，人吏並配海島。」

十一月十日，詔：「今後應書填新法度牒，官司候書填訖，當日出給公據付本人，於受戒處照驗，方許受戒。其私下輒擅書填人，欲依私拆遞牒法斷徒二年罪，賞錢三百貫文。」

同日，詔：「新法度牒如客人再行翻改往别路州軍者，許令經守臣陳狀，當官拆實封遞牒驗實，於公據後批鑿某州軍、某年月日，驗認别無虚僞，繫銜用印押字。仍别給摺角實封遞牒，當官面付客人，賫執前去所指州軍貨賣。如更願翻改，亦依此施行。」並從葉份請也。

〔一〕犯：原作「賞」，據前「建炎二年五月八日」條改。

〔二〕遞：原作「處」，據後「十一月十日」後之「同日」條改。

〔三〕者官：「者」字疑誤，或其上有脱文。

四年正月二十六日，詔：「應僧尼、道士、女冠願將已書填黄白紙度牒等赴禮部納换者聽，内度牒每道貼納工墨錢一十貫文省，紫衣、師號減半，令禮部一就書填。及有緣賊馬毁失度牒，經官自陳，給到公據，願就禮部納换者，亦令依此。」從葉份之請也。

二月十八日，户部侍郎兼提領度牒葉份言：「台州通判潘因權州日書填過假僞度牒等近二千道，許先赴壇受戒，每道貼錢四十貫，紫衣、師號減半。31今相度，如應僧道等賫到已書填黄白紙度牒，赴禮部納换。若驗得係是僞造，與免根究追改，依前件已降指揮，許令納貼錢書填。」詔從之。

五月二十一日，祠部員外郎章傑言：「自來(牒)〔度〕牒以《千字文》爲號。其間字號有犯俗間避忌者，交易之際例多退嫌，至或減損價直，今欲豁除字號共一百字。」從之。荒、弔、罪、羌、賴、毁、傷、短、悲、禍、惡、終、薄、顛、虧、疲、弱、傾、減、弊、刑、點、殆、辱、凋、饑、糟、糠、妄、悚、懼、恐、惶、駭、驢、騾、鳥、獸、駒、犢、誅、斬、盜、賊、叛、亡、孤、陋、愚、化、戎、闕、俗、過、改、難、克、非、陰、兢、盡、業、憂、去、賤、别、切、磨、離、退、移、禽、驅、輕、刻、因、杳、冥、庸、耻、逼、遣、落、獨、捕、獲、寡、志、驚、特、厥、倍、疏、寥、戚、莽、晦、魄、矯。皆以俗嫌忌故也。

七月二日，詔：「諸路僧道尼應因盜賊散失度牒，並許召保，限一季内於所在州軍自陳，保明申部，出給公據。」從禮部請也。

八月十五日，詔：「舊法未曾書填度牒，並更不行使用。在官者並令繳申禮部毁抹。」

同日，詔提領度牒所官吏並罷，官依省罷法。度牒事並撥歸禮部。

二十六日，詔：「今後祠部每料作五百道，據合要路分數目供申本部，備申朝廷，降黄牒下部修寫製造，仍差人前來請領。」

同日，詔：「今後遇有造成諸路度牒合同號(薄)〔簿〕，每路從本部直關吏部，限一日差小使臣一員管押。依昨申請到旨揮與免短使；其差出合破券馬等，並依榷貨務號簿使臣見行條法；每及千里與減一年磨勘。若闕，於巡幸所至州軍32差有物力使臣或衙前管押，其券馬依使臣例，候回日與免重難差使一次。」先是，提領度牒所置押號簿使臣，至是罷之。

紹興元年三月八日，詔：「文林郎、越州觀察推官章識看驗得沙彌利珊等度牒四十九道，並係僞印，與減二年磨勘，比類施行。」

七月六日，詔：「四川宣撫處置使司自行製造度牒出賣，應副使用，自今降旨揮到日住罷。今後如有合應副支使去處，即差使臣前來行在請降。」先是，知樞密院事、宣撫處置使張浚言：「恭稟聖訓便宜行事，見依倣朝廷給降體例，臣本司製造綾紙度牒，逐急支降應副贍軍使用，許於川、陝、京西路販賣，與已給度牒一衮行使，謹具奏知。」尚書省勘會：「行在見給降空名度牒係絹紙打背，禮部長貳、祠部郎官繫銜押字，面用祠部印，背後郎官繫銜押字，用左右司印。及隨度牒公據用半印合同，并用半印合同號簿給付降州軍。今來宣撫措置使用製造度牒既無逐處印記，又官員銜位并體式不同，切慮民不孚信，難於出賣，兼難以覺察僞詐。」故有是命。

十月十七日，詔：「應諸路州軍官吏能用心辨驗僞造，每火已經官司推勘斷遣了當，即將元驗獲官吏比提刑、轉運司推賞。如人吏不願轉資，許依貨賣、牙引告首支賞，仍以收到書填度牒等縻費錢内支給。」從禮部請也。本部言：「建炎三年八月十二日旨揮立到提刑、轉運司官吏辨驗僞造賞格，其餘 33 官吏未有明文。」故有是命。

二年四月十六日，詔自紹興二年天申節，諸路州軍童行依舊法試經。禮部員外郎兼祠部王居正言：「新法空名度牒等係依茶鹽鈔引法關防詐僞。今來童行試經合給度牒，係本部照奏出給，填名降下。元奏州軍追試中童行正身，同師當官驗實給付，欲更不用字號、料例公據、勘合號簿，其空名度牒等自合依舊。」從之。

四年八月十二日，詔：「今後應官吏能用心首先辨驗僞造新法度牒、紫衣、師號，不獲犯人，比獲犯人例每火轉一官資〔一〕，只與減半年磨勘，用爲酬賞。如人吏不願減年，每減半年支賞錢三十貫文，仍以收到書填度牒等縻費錢用支給。」從禮部請也。

六年七月，詔：「新法綾紙度牒除換給使用外，其餘今後更不給降。應童行試經並權住三年，仍自今年爲始。其已前年分未給之數，亦令住給。」

七年六月四日，詔度牒〔所〕：「應臣僚恩例及試經撥放并給降支使等，並依已降旨揮住給，雖奉特旨，令禮部執奏不行。」

閏十月二十四日，宰執進呈：「権貨務出賣祠部度牒，遠方不能就買，欲量付諸路。」上曰：「如此則州縣將科敷於百姓矣。」趙鼎等奏：「不責以限數，則無敷科之弊。」上曰：「宜嚴爲約束，毋使民受其患。」

十二年五月十四日，詔：「禮部度牒自五月十四日以後權住給降。其紫衣、師號除應副軍需外，餘並住給，仍依紹興七年六月四日旨揮施行。」

十三年正 34 月十五日，詔：「度牒並權住給降。行在自今月十六日，諸路州軍限指揮到日，先已支降度牒更不出賣，見在數拘收繳申尚書省。」二十五日，詔：未住賣以前收買度牒，既係未立限以前買到，自令書填。

十九年七月三日，上曰：「官不給賣度牒已十餘年，訪聞多有無度牒輒披剃者，可令禮部措置禁止，稍重其罪，仍許人告。」

二十四年六月二十二日，禮部乞賣紫衣、師號。從之。後殿進呈，上曰：「自紹興四年江上用兵，嘗措置出賣，以相資助，今可檢舉。」

二十五年八月二十六日，詔：「臣僚合得紫衣、師號恩例，令有司依條還給。宰執恩數除落職等拘礙外，其合檢舉者令有司檢舉，今後與免釐革。」先是住賣，（権）〔權〕停給賜，至是再行出賣，故有是命。

二十九年閏六月十九日，詔：「逐路運司每季取會諸州拘收亡僧度牒數目，有無未盡覆實。如有違戾，即行按

〔一〕火：原作「合」，據文意改。前職官一三之三〇云「每一火轉一官資」，是也。「火」與「伙」同。

劾。及從本部專一置籍檢察，歲終將全不申繳數少去處申尚書省，差監司體究因依。內知通取旨施行，僧道司主首、綱維從杖一百，科斷還俗。」

三十年二月一日，詔：「今後令禮部每歲將逐路州軍見在僧道人數并給納到度牒數目開項申臺省，令比類考據，摘其弊之尤者取旨施行。」

三十一年二月二十五日，詔：「復賣度牒，每道五百貫，綾紙錢一十貫。（雨）〔兩〕浙東、西路就行在左藏庫納錢給鈔，繳赴禮部書填。其淮東、淮西、江東、湖北、京西路并總領所，35福建、二廣、湖南、江西路各委本路提刑司出賣。如願以金銀依市價折筭者聽。其納到錢物除三總領所各就本處令樁管外，其餘每及一萬貫，差人管押，赴左藏庫送納樁管，不得侵移借兑。如違，依擅支封樁錢物法加等斷罪。」

紹興三十二年孝宗即位未改元。十月十九日，户部言：「諸路提刑司、總領所并諸州軍見賣度牒，元立每道價錢五百一十二貫，已展限兩月，每道權減作三百一十二貫出賣。今有限滿去處，欲乞再展兩月，關報管屬州軍、諸路總領所，并下禮部照會。」從之。

孝宗隆興二年三月十六日，臣僚言：「户部將未賣元降空名迪功郎、承信郎告、進武校尉綾紙，令逐路運司拘收繳納。今照上件官告綾紙，亦有已出賣數（日）〔目〕至多，當來州縣雖是將有力人户勸諭承買，其間有頑猾人户多方拖延，以圖幸免。今既拘收，復以度牒二萬道均下諸路。若於已承買官告之家一例均敷，則頑猾人户委是僥倖。欲乞下户部契勘當來未曾承買之人，即將今來度牒比其他合敷等第以十分爲率，增添立分。其已曾承買官告〔一〕、綾紙之家，其餘等第一例均敷，庶得均平。」從之。

乾道五年十二月九日，詔行在及諸路給賣度牒權行住賣，別聽指揮。

六年正月十三日，詔：「行在及諸路日下依舊給賣度牒，每道作四百貫，以見錢、會子中半請買。」

十四日，户部尚書曾懷等言：「自放行度牒，賣過36一十二萬餘道。今稽考免丁錢比未降度牒年分止增叁伍萬貫，顯是州縣作弊，公然侵隱。欲望行下諸路提刑司，委官檢察拘收，盡數入總制帳，每季起發〔二〕，仍開具括責到錢數，類聚一路總數，保明供申户部驅磨。」從之。

八年六月十二日，權禮部侍郎李彦穎言：「廬州僧惠寶、道隆將紫衣洗改作度牒，處州僧惠京將亡僧度牒改作新度牒，並行貨賣，其可見者三十道，今來皆已逃竄，即前後所賣不知幾何。以兩州觀之，四方萬里如此類者又不知其幾。乞令有司將見行條法申嚴行下，仍戒飭州縣，如有奉行不虔，將元失拘收去處令佐、當職官重行責罰，典押人

〔一〕其：似當作「除」。
〔二〕起：原作「超」，據《宋史全文》卷二五上改。

吏等一例斷勒。如人吏有賣受過錢物入己，計贓論〔罪〕，(乃)〔仍〕立板榜寺觀庵院，約束施行。」從之。

同日，中書門下省言，僧道身亡不繳納度牒等冒犯之弊，已約束申嚴外，詔諸路提刑分差官前去管下州縣，限一月根括盡絶，繳納禮部，仍具已括納數目申尚書省。

【續宋會要】

淳熙四年四月六日，詔禮部行下州軍，將日前未繳度牒、師號盡數依條限繳納，如隱漏不實，科罪。專委提刑司覺察，月具繳過數目申尚書省。

十月二日，詔應給降度牒每道作四百五十貫文，錢、會半之。既而臣僚言：「舊法每道價錢五百貫，乾道六年正月十三日指揮減37作四百貫。緣此富豪之家曾先請買〔一〕，增價出賣，有至五百貫以上者，乞稍復舊價。」故有是命。

十二月二日，詔：「禮部改(道)〔造〕紫衣、師號式樣，紫衣并二字、四字師號綾紙面上改織造(桅)〔梔〕子花各十二朵。内紫衣綾紙面上織造『文思院制敕紫衣綾』八字，其二字、四字師號綾紙面上織造『文思院制敕師號綾』八字，仍織字在綾上。應官司支使不盡、見行樁管師號并將來繳到，日下委長貳監視焚毁。」先是，四川制置使范成大言：「蜀中一度牒賣錢引七百一十道，一紫衣止賣錢引六七十道，少者三十四道〔二〕。小人貪十倍之利，又不費織作，止是揩改數字〔三〕，以冒法爲之。當令省部措置，止將上件四川逐司見在綾紙(放)〔於〕紙背批鑿給散年月及用印記，并置合同號簿勘同等以爲關防。」既而成大(人)〔入〕爲禮部尚書，復申前請，故有是命。

五年六月十四日，詔四川總領所出賣度牒，每道減作川錢引八百道。以四川總領所言：「本所度牒昨承指揮每道增作銅錢四百貫，紐折川錢引七百一十七道。近又承指揮每道銅錢增作四百五十貫，(細)〔紐〕折川錢引九百道，緣此無人承買，乞免增添。」故減之。

六年十月二十八日，知温州胡與可獲到劉端等僞造度〔牒〕九道，乞賜施行。上曰：「可令胡與可速疾根勘，具案聞奏。令江浙、福建路州軍多出文榜曉諭，如僧道有收買到劉端等僞造度牒，自指揮到，限兩月經所在官司陳首，與免科38罪。仍令户部、禮部照應紹興十二年獲楊真度牒體例，貼錢换給。如出限不首，許人告，依條斷罪。繳到度牒令禮部長貳焚毁。」

九年五月二日，詔禮部給降度牒一千道，就南庫出賣，每道五百貫，賣到錢銀、會子並於本庫樁管。以臣僚言，州軍繳到亡僧度牒並未曾對數换給，故有是詔。

十月六日，詔禮部遍牒諸州軍守臣并通、簽判，各將已拘收事故僧道度牒、師號並日下繳申，毋致隱匿。既而十三年三月二十三日，臣僚言：「伏覩累降聖旨指揮拘收事故僧道度牒，緣官吏奉行不虔，遂致因循隱匿，或洗改轉賣，或承代詭名，弊倖至多。今將逐處見管僧道數目，以遞年繳到事故度牒寫成册進呈，其所管數多而所繳數少，或累年並不申繳者，即乞付外措(署)〔置〕根究施行。」詔令禮部將申繳數多去處照會因依聞奏，仍催促各將已拘收到見管度牒依數發納。既而臣僚復論乞措置，詔令禮部遍牒諸路州軍守臣、簽判，遇有事故僧道度牒、師號，並即將盡數拘收，

〔一〕曾：疑當作「爭」。

〔二〕三十四：疑當作「三四十」。

〔三〕揩：原作「楷」，據文意改。

繳申尚書省。專委提刑司覺察，所部州軍奉行(減制)〔滅裂〕，按(刻)〔劾〕施行。

十三年十二月九日，詔祠部減令史一人，守當官三人，楷書二人。以司農少卿吴㶏議(滅)〔減〕冗食，下敕令所裁定，故有是命。

慶元四年五月十七日，詔：「今後僧道毁失度牒，從條限十日就本路提刑司投詞，下所屬州縣召本色二人、仍元受業寺觀〔一〕。法眷二人綱維、主首。委39保。如本寺觀無僧道，即僧道正司保明元牒有無批鑿過犯，申提刑司。令召左選官一員甘朝典狀批書印紙，及上等户三名結罪委保，從所在州軍具去失之因再加保明申提刑司，申禮部勘驗，出給公據，州軍不得擅給。」以濠州申，有僞爲雲遊，詐言去失，或水火焚棄。所在州軍但據僧司材保所供〔二〕，出給公據，圖謀住持，訹誘良民錢物。下禮部看詳，故有是命。

嘉定二年五月八日，臣僚言：「國家所以紓用度者，僧牒與鬻爵耳。鬻爵之冗濫臣未暇深攷，竊見儀曹案牘有光州、衢州、寧國府申，童行張宗德等買到度牒並係假僞。本部各已勘驗，假僞分明，節次行下，逐處根究。今踰半年，未見申到。朝廷近日嚴僞會之禁，而未知姦民僞造度牒，利害尤大。幸而事發，復悠悠若此，姦民何所憚而不爲哉！欲令禮部牒各州立限追捕，具案申朝廷，嚴與施行。其僞織造文思院綾、僞雕尚書省印、僞爲官吏書押者，皆當坐以重辟。官吏士庶能捕獲全火者，白身則與補官，選人則與改秩，京官則比附酬賞。凡官吏、僧道能審驗舉覺者，重賞酬之。其有容隱不舉覺而發於他處者，亦重寘之罰。仍令吏部與敕令所參定條法，行下諸路州郡，書之粉壁，庶幾姦人知無所遁，不敢輕犯典憲。」從之。(以上《永樂大典》卷一四六六五)

度牒庫

40高宗建炎四年正月二十三日，詔度牒庫印以「禮部度牒庫印」六字爲文。

八月二十六日，詔：「文思院打背度牒、紫衣、師號官吏，專置一司管辦。可罷監官一員，預發遣歸本院。手分二人，減一名；工匠五人，減三人。合存留手分、工匠，欲並撥歸度牒庫，(今)〔令〕監官兼行主管。」

同日，詔度牒庫專副、庫子四人並存留，抄寫人一名減罷。

同日，詔度牒庫監官一員，今後遇闕，申朝廷差填。先是從朝旨差權，故有是命。

紹興十八年十一月二十五日，詔：「度牒庫巡防兵士一十人，元係臨安府差撥，改於步軍司依立定人數差破。」從本庫請也。

三十一年五月二十九日，詔：「度牒庫依舊拘收元減罷雕字匠一名，與日支食錢外，所有打背、裁剪、碾呀匠更

〔一〕此注及下注原作正文，據文意改。
〔二〕材：疑當作「相」。本書食貨七〇之一六三：「每五至七户相保所供地畝稅數別無隱漏。」文例相同。

不招置，遇造作即行和雇，支食錢。」

同日，詔：「度牒庫料次錢每料支錢二百五十貫文，令户部先次空審，直下左藏庫，限日下支給應副使用，續行審會。」

同日，詔：「度牒庫上、下半年造限送比部驅磨，庫子依舊以二人爲額。」

同日，詔：「度牒庫復造度牒，其專知官等各添支別給食錢一季，於本庫料錢内支給，上曆除破，候住給降日住支。」專知官、手分每名各二百文，庫子、工匠每名一百文，巡防軍兵每名各十文，書寫楷書每名二百文。

孝宗隆興元年五月一日，詔隨龍武翼郎張玘特添差監度牒庫，理任、請給等並依正官例支破。

乾道六年二月二十日，禮部言：「見管度牒數少，得旨製造一萬道，準備支用。尋行下度牒庫41勘會，合用綾三百四十四匹。(自)〔目〕今本庫見在綾紙數少，乞下工部責限文思院織造。合行收買紙劄、朱紅、麵、炭物料，並顧工食錢若干，下户部取會行移，必致淹緩，乞户部先次作空審支降施行。」從之。

【續會要】

淳熙十年九月八日，度牒庫言：「元降指揮常樁管度牒一萬一千道，今來節次支取，止管一千九百六十一道，乞賜指揮施行。」詔禮部將前項已支用度牒，並照元降指揮補造圓備，依數樁管。

十三年七月二十一日，度牒庫言：「元降指揮常樁管度牒一萬四千道，今來節次支取，止管六百六十七道。」詔禮部將前項已支用度牒，並依數補造樁管。

十二月九日，詔度牒庫減兵(部)士二人。以司農少卿吳燠議減冗食，下敕令所裁定。故有是命。

淳熙十六年九月十九日，度牒庫言：「本庫樁管度牒一萬四百道〔一〕，節次支降過八千二百一十三道，見管二千一百八十七道，合行製造，補還樁管元數。」詔禮部將前項已支用度牒，並依數補造樁管，餘照應節次已降指揮施行。

紹熙三年閏二月三日，中書門下省言：「亡僧道度牒近年申繳數少，顯有弊倖。」詔禮部鏤板遍牒諸路州軍守臣、通、簽判，將事故僧道度牒常切括責拘收，逐旋據數申繳，毋容隱匿洗改作弊。如州軍奉行(減)〔滅〕裂，致有前項弊倖，即提刑司覺察，具名以聞。（以上《永樂大典》卷一四六五九）

膳部

【宋會要】

42《兩朝國史志》：膳部判司事一人，以無職事朝官充。凡供43御之膳羞、内外饔餼隸御厨，以他官勾當。陵廟牲豆酒膳、諸司供奉口味、親王以下常食料，皆分領他司，無所掌。令史二人。元豐改制，郎中、員外郎始實行本

〔一〕四百：原作「四千」，據下文支降數與現管數之和改。

司事，禮部郎官通行。分案有二〔一〕：曰祠祭生料知雜，掌祠祭奏告、牲牢禮（科）〔料〕、計度諸色食料及供賜冰，并御厨官吏到罷、人兵開收應干申請事件及諸案文書。曰宴設館客供進給賜，掌宴設賜宴、設酒食菓實、人使到闕及聖節齋筵入殿檢察酒菓實味，及大金、諸蕃國使人排辦供筵酒食、茶菓，及造乳酪、供進酒食、收藏（水）〔冰〕段，及牛羊司、翰林司官吏到罷〔二〕、人兵開收應申請事件。吏額：主事一人，令史一人，手分三人，貼司一人，御厨、翰林司、牛羊司隸焉。

《神宗正史・職官志》：膳部郎中、員外郎參掌供進酒膳、祠祭牲牢、禮料，凡本司所治之事。宴饗、筵設則同光禄寺官察視其善否，酒成則嘗而後敢進，藏冰供賜則頒其禁令。應所用物，皆前期計度，以關度支。分案七，設吏九。

哲宗紹聖元年八月八日，詔主客、膳部互置郎官一員兼領。

三年五月二十三日，詔：「御膳添監官，并令入内省差使臣管勾。常膳杈等輒開合見御膳者加役、流，其諸局工匠所造御膳滋味不和及諸不如法，三犯決替。」

高宗建炎三年四月十三日，詔祠部郎官一員兼膳部。同日，詔膳部吏人減半〔三〕。

紹興八年七月十八日，禮部言：「見今牛羊司宰供御膳羊每日一口供應，每44月收四十口爲額，内一十口充泛索使用。天章閣祖宗神御，每月酌獻羊以一十七口爲額。緣各有剩數，不住據牛羊司申乞，將贊剩數目充以後使用，令所買州軍權住收買。候將欲支供盡絶，即依已降指揮，行下元買州軍收買應副，申部、申明朝廷等降指揮，顯是紊煩。本部相度，今後牛羊司遇有贊剩羊口數目，令本司具確的數目申省部，審驗詣實，即行撥充別項使用。及遇有講筵非泛等合用羊口數内有剩數，亦令本司申明省部，改撥充數使用。」從之。

十二年八月十七日，詔：「供進皇太后每日常膳并生料每月實計用羊九十口，及節料節序添供，每年實計用一十八口，欲令兩浙轉運司收買，赴牛羊司交納宰供。所有闕少事件等，依例下臨安府市令司取索。」

孝宗乾道四年三月二十日，詔：「膳部將御厨逃走工匠、庫、院子等，并往他處劄移名糧。應逃走之人不以已未出違年限，並違百日内許令出首〔四〕，特與免罪，仍舊收管一次。合得諸般請給，從本厨關報糧審院，不候省寺經由，先次放行。如續次會問有不該錢物，依條回尅入官。」

六年五月二十四日，詔：「天申聖節齋筵，膳部驗察官吏並不支破御厨喫食，今後准此。」

〔一〕案：原作「掌」，據禮部、祠部等文例改。
〔二〕罷：原作「署」，據上文文例改。
〔三〕部吏：原作「吏部」，據文意乙。
〔四〕違：似當作「限」。

七月十九日，詔：「御厨權以四百人爲額，令招收敷額。今(從)〔後〕遇闕招填，據到人數赴膳部刺填。」

九年七月八日，詔今後遇祈禱禁屠宰，御厨早晚並進素膳。

【續宋會要】

45 淳熙三年十月十一日，詔自今遇祈禱禁屠宰，其皇后閤膳隨御膳進素。

十三年十二月九日，詔膳部減守當官一人。以司農(小)〔少〕卿吳燠議減冗食，下敕令所裁定。故有是命。（以上《永樂大典》卷一四六六五）

主客司〔一〕

【宋會要】

46《兩朝國史志》：主客判司事一人，以無職事朝官充。凡諸蕃朝聘、貢奉隸客省，本司無所掌。令史一人，驅使官一人。元豐改制，郎中、員外郎始實行本司事，禮部郎官通行。設案有一，曰知雜封襲朝貢案，掌諸蕃國入貢并每年頒賜交趾國曆日及勘會柴氏襲封事。吏額：主事一人，本部人吏兼；令史一人，手分二人，貼司二人〔二〕。

《神宗正史·職官志》：主客郎中、員外郎參掌諸蕃國朝貢。凡本司所治之事，契丹國遣使朝賀應接送館伴官所用儀物，皆預令有司爲之辦具。高麗亞契丹，其餘蕃國則按其等差以式給之。至則圖其形像，書其山川、風俗。若有封爵禮命之事，則承詔頒付。嵩、慶、懿陵祭享，崇義公承襲〔三〕，率主行之。分案四，設吏七。

哲宗元祐元年四月二十六日，三省言：「尚書六曹職事閑劇不等，除已減定員數〔四〕，事至簡者，以主客兼膳部。」從之。

六年七月十二日，兵部言：「《兵部格》，掌蕃夷官授官。《主客令》，蕃國進奉人陳乞轉授官職者取裁。即舊應除轉官者報所屬看詳，主客止合掌行蕃國進奉陳乞，其應緣進奉人陳乞授官盡合歸兵部。若舊來無例，創有陳乞，皆令主客取裁。誠恐化外進奉陳乞授官事體，曹部執掌未一，久遠互失參驗。欲自今不以曾未入貢及有例無例，應緣進奉人陳乞授官加恩，並令主客關報兵部。」從之。

紹聖元 47 年八月八日，詔主客、膳部互置郎官一員兼領。

高宗建炎三年四月十五日，詔禮部郎官一員兼主客。

同日，詔主客吏人減半。

孝宗乾道九年十一月三日，詔：「(令)〔今〕來交趾進奉

〔一〕主客司：原作「主客部」。按，宋代稱主客司，一般只稱主客，明代始稱主客部。《大典》據明制標目，今改。

〔二〕天頭屠寄原批：「《大典》卷(一)〔二〕萬二千三百九，又卷一萬四千六百六十五。」按，《大典》卷一四六六五之重文已被屠寄棄去，今未見。

〔三〕義：原作「儀」，據《宋史》卷一六三《職官志》三改。

〔四〕「數」字原在下句「事」字下，據《長編》卷三七六乙。

人到闕，特差識字巡視親事官四人在驛幾察事務。今後諸蕃入貢依此。」（以上《永樂大典》卷二二三○九）

宋會要輯稿　職官一四

兵部

【宋會要】

1兵部主車駕儀仗、鹵簿字圖及千牛備身、殿中省進馬名簿籍，春秋釋奠武成廟申請攝事官，禘祫儀仗。又天下〔名〕〔民〕兵奏籍皆上兵部〔一〕，及武舉人名籍，凡臣僚給卒供驅使者皆宣下。以京朝官二員主判。又有甲庫，主承受除拜武臣制敕。南曹國初廢，〔白〕〔北〕院、尚書銓、東西銓四司印有而無所掌。

《兩朝國史志》：兵部判部事一人，以兩制充。凡天下兵籍、武官選授及軍師卒戌之政令悉歸於樞密院，其選授小者又分領於三班，本曹但掌車駕儀仗、鹵簿字圖、春秋釋奠昭烈武成王廟及武人科舉之事，歲終以義勇、弓箭手、寨户之數上於朝。令史九人，甲庫令史二人，〔軀〕〔驅〕使官一人。元豐改制，具《職官志》。尚書一人，侍郎一人，郎官一人，兼職方。掌民兵、招置弓手，厢軍、蕃兵、剩員武士，校試武藝，金吾衛司人兵、大將出征、告廟、破賊露布、鹵簿、字圖及蕃夷屬户授官封襲之事。分案有十：曰賞功，曰民兵仗衛，曰厢兵，曰人從看詳，曰帳籍告身，曰武舉，曰蕃官，曰開拆，曰知雜，曰檢法。吏額：主事一人，令史一人，書令史六人，守當官十人，貼司二十人，私名五人，守闕習學九人。二十六年十一月，罷守闕習學，置手分一人。建炎二年，併衛尉寺隸焉。

太宗淳化元年三月，詔：「兵部所補蔭千牛、進馬、齋郎等，自今2須年十五已上、二十已下即得投狀。」

十一月，詔：「考試千牛、進馬，只令念《論語》十卷，逐卷取五科充試。以五十科爲終場，六通爲合格，隨科寫上净本。不通者即於卷内親書『念某科不通』字。」

康定元年十二月一日，以端明殿學士李淑判尚書兵部，殿中丞、史館檢討王洙同判兵部。時點差鄉兵，凡案籍並送兵部收管，故委淑領其事。淑又言洙先曾差在本部考定武舉，乞差同判，故并命之。

慶曆二年六月二十四日，詔：「兵部置籍，但係合破兵士者開坐逐家人數入籍。今後樞密院初降指揮差人之時，即時劄付本部，令兵部每季一次牒御史臺。内有剩破人數，有違條約，並許糾舉施行。」熙寧三年五月，從本部所請，更不關牒。

《神宗正史・職官志》：尚書兵部掌武舉、民兵、厢土軍、鹵簿及蕃夷官封承襲之事。凡聯其什伍而教之戰爲民兵，材不中禁衛而力足以充役爲厢軍，就其鄉井募以禦盜爲土軍，厢、禁、土軍因老疾而裁其功力之半爲剩員，羌戎

〔一〕「皆上兵部」四字疑當在下句之末。

附屬分隸邊將爲蕃兵，皆以名數置籍而頒行其禁令。文武官白直、宣借兵則給以式，應排辦仗衛則分鹵簿、造字圖。凡武選之制倣貢舉法。若遣大將出征、露布奏捷，必告於廟。凡其屬有三：曰職方，郡縣地圖、蕃夷歸附之事隸焉。曰駕部，輦路車乘、廄牧驛傳之事隸焉。曰庫部，軍器儀仗、鹵[3]簿供帳之事隸焉。元豐中釐正職事，惟民兵、馬政權隸樞密院，以俟法成而歸之。凡官十：尚書、侍郎各一人，四司郎中、員外郎各二人。《哲宗職官志》同。尚書掌〔武〕選、地圖、車輦、甲械之政令，而侍郎爲之貳。凡軍民以名籍統隸者，閱習按試、選募遷補及武學校定賞罰與本曹所治之事，則郎中、員外郎參掌之。應檢舉鉤稽者，前期以告其長貳。大禮則尚書充鹵簿使〔一〕，大祀則奉魚牲及俎〔二〕，視朝則侍郎執班簿對立，小祀則郎中、員外郎薦徹俎。分案九，設吏四十有七。《哲宗職官志》同。

神宗熙寧四(月)〔年〕九月五日，詔：「今後廣南東路、西路土丁、槍手，邕州峒丁，荆湖南北路土丁、弩手，夔州路義軍編寫成册，年終奏到樞密院。常留三年外，其三年已前即逐旋付尚書兵部收管，經久照會〔三〕。」

五年八月二十一日，詔令尚書兵部每季舉行應宣借兵士剩員新定人數，如有多占，以違制論。計庸重者，自從重。從權樞密副承旨張誠一之請也。

六年八月二十九日，詔：「在京諸司庫務等處所奏兵帳，令兵部類聚，半年一次繳申奏。」

十一月十一日，樞密院檢詳兵房文字黎侁言：「奉詔修定廣南東西路土丁條約，今具差免、教閱、禁約、遷補、捕盜條等事。」詔令尚書兵部施行。

八年九月十七日，詔：「以諸路教閱保甲隸兵部，增(制)〔置〕同判一員，主簿二員，勾當公事官十員，分定州軍，出入提舉。其罷諸州軍提舉官。」

九年五月[4]十六日，詔省罷兵部勾當公事官五員。

十二月十五日，詔：「諸路已籍民兵自來未供帳狀處，可令今後年終依例供兵部造帳申奏，令樞密院置册揭貼進納。」

十年六月二十一日，詔：「今後兵部主判即兼領職方〔四〕、駕部、庫部、兵部甲庫。其兼領去處自合依條例管勾，所有主部亦合準此。」從中書禮房所定也。

七月十七日，樞密副都承旨張誠一等言：「奉詔候兵部進義勇、保甲條貫，令修定以聞。今看詳，除合入一路一司及令敕施行外，重删修到敕五卷，總例一卷。」詔頒行。

元豐三年六月十五日，罷兵部幹當公事官。

〔一〕禮：原作「理」，據《宋史》卷一六三《職官志》三改。
〔二〕俎：原作「祖」，據《宋史》卷一六三《職官志》三改。
〔三〕經：原作「於」，據《長編》卷二二六改。
〔四〕今後：原作「後今」，據文意乙。

五年四月二十三日〔一〕，朝散郎、龍圖閣待制、知鄭州許將試兵部侍郎。侍郎自是始正除，尚書闕。

六月二十二日，詔(遁)〔遞〕馬券隸駕部，令兵部尚書以下書押券。

九月二十三日，詔應緣義勇、保甲事並隸樞密院，其餘民兵悉隸兵部。

六(月)〔年〕閏六月十二日，詔尚書兵部：「自今文臣待制、三省郎官、正言、監察御史、提點刑獄以上，武臣橫行及路分都監以上，各舉應武舉一人。」

哲宗元祐元年十月七日，兵部言：「欲乞今後應呈試武藝人依條合授品官者，從本部關吏部奏擬給告〔二〕，差使已下從本部蕃官例施行。」從之。

十二月七日，兵部言：「官制釐正事務各隸六曹諸司，唯帳籍案撥附行頭司。今欲隨事撥隸諸司，各歸合屬部。」從之。

二年二月八日，太師文彥博言：「廂軍舊隸樞密院，新制改隸兵部。且本5兵之府，豈可無籍。」樞密院言：「官制行，廂軍分隸户、兵、工三部，於户、兵、工部置籍揭帖。」詔逐部自今進册，以其副上樞密院，仍更互揭貼。

三年閏十二月十四日，詔：「陝西、河東蕃兵、蕃官，三路、廣西、川峽〔三〕、荆湖民兵及敢勇、效用之屬，並隸樞密院，兵部依舊主行。其餘路民兵令兵部依舊上尚書省。應小使臣初補及改轉〔四〕，並隸部擬鈔畫聞訖〔五〕，送樞密院降宣。」

六年七月十二日，兵部言：「自今蕃國欲不以曾未入貢及有例無例，應緣進奉人陳乞授官加恩，並令主客關報兵部。」從之。詳見「主客」門。

元符元年二月二十七日，兵部言：「呈試武藝人依敕限十二月以前到部。有疾故趁限不及期者，許令次年就試。緣其間不無違限稱疾病之人，若便與收試，即到部條限徒爲空文。乞召保官，經所屬自陳，給據保明，申兵部驗實，許次舉就試。」從之。

徽宗政和四年二月十四日，詔步軍司所管廂軍剩員，今(從)〔後〕令兵部郎官措置差撥。

高宗建炎二年四月二十四日，詔：「諸軍教閱，在法日差將校分番部押，其早教仍輪兵官一員巡按。比年以來，軍額既闕，州郡長(史)〔吏〕玩習，不務招填，教閱不精，兵官不切巡按，致諸軍人額不足，武藝退墮。今後將現闕額去處併撥入一等軍分，敷足舊額，以便教閱。」從臣寮請也。

〔一〕天頭原批：「寄案《大典》卷七千三百五作二十二日。」按，《大典》卷七三〇五之複文已被屠寄棄去，今未見。但屠氏據以校勘徐稿本門，間有改補，今從之，不再一一出校。

〔二〕給：原脱，據《長編》卷三八九補。

〔三〕川峽：原作一「陝」字，據《長編》卷四一九補改。

〔四〕初：原脱，據《長編》卷四一九補。

〔五〕隸：原作「吏」，據《長編》卷四一九改。

三年四月十三日，詔兵部郎官一員兼職方。

同日，詔兵部人吏減半。

同日，詔衛尉寺併歸兵部。

紹[6]興元年九月十八日，明堂赦文：「應軍員、兵級因戰鬭被傷，不任征役，未得減下衣糧，且令全分支給，候及一年即依條施行。十年九月十日以後除去「候及一年即依條施行」，却添入「所屬不得少有阻節」。歿於王事軍人，祖父母、父母、妻篤疾及年七十以上別無子孫供養者，所在勘會，特支與本營小分請受。如陣亡人依條合給多者，即從多給。應諸軍將校戰歿，在法母、妻年五十以上無子孫，願爲女冠，所屬者具奏。慮其有未及之人，官司以未應條法不許披剃、披戴。仰所在州軍如有上件人，年雖未及五十，亦許具奏。」其後四年九月十五日明堂赦同。七年九月二十二日明堂赦，添入「應諸軍揀下年老及不堪披帶軍兵，已取問願就州軍支給請受養老者，仰所在州軍按月支破合得請受，常切存恤，無令失所。應軍兵敢勇、效用之類因見陣亡歿，家無男夫，而祖父母、父母、妻年老及子孫幼小不能自存，如不該支破請給，並仰所在官司依鰥寡（孫）〔孤〕獨條存養。」十年九月明堂赦、十三年九月（明堂赦）、十一月八日南郊赦、十六年十一月十日南郊赦、十九年十一月十四日南郊赦、二十二年十一月十八日南郊赦、二十五年十一月十九日南郊赦、二十八年十一月二十三日南郊赦並同前制。內母、妻年五十以上願爲女冠一項，自十六年十一月十日南郊赦內不書。

十一月十二日，詔：「今後百司應收管軍兵，並[7]令申取朝廷指揮收管，不得陳乞改易家糧。」

二年二月十八日，詔：「故臣寮之家合破宣借兵給，令兵部置簿出給付身券頭，於行在糧料院出給。不係兵部付身、糧料院券頭，州縣並不得幫支。」從臣寮之請也。

閏四月八日，詔：「應臣寮之家宣借人，候兵部置（部）〔簿〕，出到付身，拖照舊請曆換給曆頭，所屬州軍批勘，仍將舊曆毀抹。」

三年四月五日，詔：「今後應差破送還人兵，據依條合得之數指定的實去處，依法借請。如敢妄指遠處，冒借請受者徒二年，按察官加一等，並不以赦原減，仍令監司常切檢察。」

五月十五日，兵部侍郎鄭滋言：「故臣寮之家見占破宣（借）兵士已滿五十年以上者，更不差破。」從之。

五年閏二月二十四日，詔：「諸路州軍將故臣寮之家合破宣借人，並依舊法。內有已及五十年已上者，（家）依格減半，餘依紹興二年二月十八日指揮施行。其請受文曆，仍照驗付身并糧料院文曆。如冒名承代，將請人并幫書人吏並從詐欺法科罪。」

七年十二月三日，詔：「逃亡軍兵既有赦限，及疎決所立條限〔一〕，免罪許收管，令逐處勘會詣實，保明申所屬。省部依疏決赦條收管，更不申取朝廷指揮。」

三十年二月一日，詔：「諸官司過數差占白直兵士及外借人，並仰日下拘收發遣。如有違戾，各從徒二年科罪，許被差借人經赴尚書省陳訴。」

紹興三十二年孝宗即位未改元。七月二十二日，詔兵部四司[8]主事、令史、承闕書令史各減一年出官。該遇皇帝登寶位也。

孝宗隆興元年六月二十日，詔：「諸軍官兵因戰鬬重傷廢疾不堪披帶之人，許令子弟、親戚承襲。」從江淮都督張浚請也。

七月二十六日，詔六部長貳除尚書不常置外，置兵部侍郎一員，兵部、駕部郎官一員兼領。從右諫議大夫王大寶等議也。

八月三日，兵部言：「依指揮條具併省吏額，兵、庫部人吏通額遷補。見管吏額并添置手分、貼司各一名，兵、庫部主事一名，兵部令史一名，庫部令史一名，書令史六人，守當官一十一人，正額一十人，添置一名。貼司二十一人，正額二十人，添置一名。私名五人。今乞減添置手分一名，添置貼司一名，正額貼司五人，入額私名二人，並從下裁減。將減下人數置籍，候有闕日依名次補填。」詔依，見在人且令依舊，將來遇闕，更不遷補。

乾道二年七月二十三日，詔：「令兵部檢坐合差破廂軍去處見行條法指揮，申嚴行下。今後不得輒差禁軍充〔鎮〕〔填〕廂軍窠役及過數差破，如有違戾去處，當議重寘典憲。」

三年七月二十二日，詔：「可劄下兵部，取索諸路州軍廂、禁軍見管人數，具帳聞奏。」

五年三月十六日，三省、樞密院言，諸路州軍斥堠、遞鋪并擺鋪軍兵傳送遞角，近來遲滯，所屬違戾。詔：「令兵部檢坐見行條法，申嚴行下，仍委本部常切驅磨檢察，將住滯違戾去處提舉主管官并巡轄使臣職位、姓名及鋪兵申朝廷取旨，重作行遣。」

[9]九月二十四日，詔：「將紹興三十一年以後軍興陣亡之家承受恩澤補官親屬，不以曾未經任，與依見從軍人蔭補子弟例，令吏、兵、刑部、殿前司照驗補授因依，並送元來軍分使喚，便與批放請給。」

〔六〕六年五月四日〔二〕，兵部言：「依指揮條具併省吏額，兵、庫部兩司人吏係通額遷補，目今以三十七人爲額，內私名三人無請。今減書令史一名、守當官二人、正貼司四人，通以三十人爲額。今來並從下敦減，候額內有闕日却依名次收補。」詔並依擬定，其減下人願依條比換名目者聽。

〔一〕疏：原作「所」，據下文改。
〔二〕「六」上原衍一「六」字，徑刪。

二十七日，詔將陝西、河東路敢勇、効用，川陝宣撫司擬補効用，川陝義兵，及歸明、歸正、歸附等人，并陣亡及借補應轉補進義校尉、守闕進義副尉、進武校尉、守闕進武副尉、下班祗應，並隸兵部。

八月十五日，權兵部尚書黄中等言：「本部近承指揮，將下班祗應并進義校尉、守闕進義副尉、進武校尉、守闕進武副尉撥隸兵部。緣兵、庫兩部自主事至貼司止有三十人爲額，委實人力不勝那容，差撥不行。欲乞量行差撥都官、殿前司職級、手分并添置貼司、楷書施行。」(照)〔詔〕令兵部於殿前司抽差舊管下班祗應文字人吏六名，赴部行遣。

七年六月十三日，詔兵部：「將歸正并曾(從)經從軍揀汰下班祗應年七十以上人，依大小使臣及副尉見行條法，放行注授合入添差差遣。其東西班見今應奉并吏職不曾從軍之人，自依舊法施 10 行。」

七月二十九日，詔差兵部侍郎、同主管步司崔憲政監試今年武舉進士弓馬。

十月二十八日，詔：「諸軍揀汰若不曾經添差、不曾赴任及雖赴任不曾終滿之人，今後到部，可並免呈武藝。」

八年四月八日，詔：「已唱名武舉進士内有本貫係潛藩之人，可令兵部比附文舉陞名。」

九年八月四日，詔：「令兵部行下諸處，今後進馬軍兵不得差効用，并守闕進勇副尉至下班祗應人充牽馬并執色合干人。」從樞密院請也。

十月十八日，詔：「令兵部遍牒諸路州軍等處，將申奏入遞機密要切文字並實封，於皮筒内外及文引止排字號，不得顯露事因。如違戾，取旨重作施行。」從樞密院請也。

【宋續會要】

11 淳熙元年正月十二日，詔：「外路諸軍下班祗應，自今許通理一十五年，特與行磨勘改轉。」以樞密院言三衙從軍下班祗應係行在護衛之人，昨降指揮通理十年磨勘，外路諸軍未有立定格法，故有是命。

十二月十三日，詔軍功副尉復隸兵部，吏職副尉依舊例隸都官〔一〕。以兵、刑部言：「已降指揮，軍功副尉依舊法隸都官，乾道六年五月曾降指揮令隸兵部。今來都官吏額已經裁減，人數不多，慮恐行遣差誤，其兵部人吏掌行歲久，諳曉格法。」故有是命。

二年七月十三日，兵部言：「弓馬子弟所以已行省罷，乞將守闕進勇副尉、進勇副尉名目人與添差諸州軍散祗候使臣不釐務一次，守闕進義副尉、進義副尉與添差諸州軍聽候使喚不釐務一次。仍立定任滿年限，每州通不得過二員。」詔依，並以三年爲任。

三年十二月十四日，中書門下省言：「已降指揮，大小使臣以姓類聚三代、鄉貫、年甲，置簿籍定，專委郎官從實點對，以革增減之弊。所有合屬兵、刑部人，亦合各委郎官

〔一〕「隸」字原無，據文意補。

一員置籍。」從之。

五年六月十四日，詔：「諸處守闕進勇副尉、進勇副尉所得減年，候轉至合理磨勘日，與依守闕進義副尉每一年比折得四個月零二十四日收使。如逐等資級人自川廣取馬，往返萬里，合得酬賞，亦乞依前項比折體例收使。」以兵部侍郎劉孝韙言：「紹興五年公據改作守闕進勇副尉，甲頭改作進勇副尉，雖正其名稱，而 12 遇得減半酬賞，依前不許收使。如三(衛)〔衙〕諸軍所管守闕進勇副尉，於春秋拍試內有推賞之人，然所得減年雖給公據，將來即無收使條法。蓋當來效用轉公據、甲頭(上)〔止〕係陝西、河東路招置，防托鄉里，不離本土，故不立理年磨勘之法，與今來事體不同。」故有是命。

六年六月二十六日，兵部尚書王希呂等言：「近吏部奏請措置，應使臣身故並令諸州軍批鑿身亡月日，內外諸軍使臣、將校，行在委承旨司，在外委總領所批鑿，違者坐以失覺察之罪，賞錢三百貫。其今日以前妄冒身故付身人，許兩月陳首，特與免罪。所有兵部應管下班祗應、副尉、效用補授進勇并守闕進勇副尉，及廂軍補授將校、節級，因功賞轉授名目之人，如遇身故，乞令諸路州軍并內外諸軍依前項指揮施行。」從之。

十二月十七日，兵部尚書王希呂言：「本部所管軍功或恩澤及歸正補授副尉并紹興三十一年以後歸正守闕進勇副尉名目之人，齎到付身，經部注授，往往經隔年歲。竊慮承代他人付身，妄説緣故，無憑考驗。今欲將前項補授副尉初參部或任滿後及三年以上赴部陳乞之人，並照應下班祗應參部條法。并副尉自補授及十年無故不陳乞者，亦依《乾道令》。又諸司主押官補下班祗應者屬兵部，前後循習，止據逐處保奏，下本處審問，於條法無更改，便申密院取旨放行。今乞一依《乾道吏卒令》，先令本處 13 申奏，次令本路轉運司保奏，仍令本部送進奏院契勘，并關刑寺約法，如無違礙，然後申上密院取旨。」上曰：「下班祗應條法詳備，副尉自合一體施行。如此則關防周密，不容欺弊，可依奏。」

八年二月十四日，都省言：「命官去失付身，召保從州軍保奏，吏部再行具奏，指揮下日出給照劄。其副尉去失付身，兵部止據州軍申到，徑自出給公據，放行注授，竊恐別生弊倖。」下兵部措置，既而本部乞將副尉去失補帖文字，如不係初補[一]，召本色見任小使臣以上兩員；如係初補及全去失，令召見任陞朝官二員、小使臣一員委保。本部有未去失以前申到，或朝廷付下參部録白可以(于)〔干〕照者，召見任陞朝官、小使臣各一員。其去失初補及全失付身之人，即令所屬州軍保奏，本部驗實再奏，候日出給公據。如不係初補，止令州軍取會保奏，免本部再奏。如諸軍所管人數，仍須將副尉委保。」從之。

[一] 不：原作「有」，據文意改。

十二年六月八日，詔：「子弟所補授名目已經添差任滿人，令兵部放行，參部注授合入差遣。」

八月二十七日，詔令二廣、荆湖、京西路副尉、下班添差滿有殘疾之人，願就本任及附近州軍養老者，令逐路帥、漕司審驗，申明給帖。既而兵部尚書宇文价言：「逐路添差任滿情願養老者多是委有殘疾，行履艱難，扶病遠來，在道數月，方得到承旨司審驗，送部陳乞。若是撥往他州，則又回歸前任去處，般移老幼，多致失所，間有未霑寸禄而斃於道路者。」故有是命。

十一月二十二日，南郊赦：「勘會昨吏部申明指揮，將二廣、湖南北、京西路 14 州軍見添差聽候使喚使臣内曾經從軍立功揀汰之人，任滿無力前來參部，並許經本任或寄居州軍陳乞添差指射五闕，本州保明申部，從上擬差。如同日有在部人指射，先注在部人。其兵部所管副尉、下班祗應即未該載，可令照應吏部已申明指揮陳乞施行。」十五年九月明堂赦同。

十三年七月十九日，兵部尚書宇文价言：「本部所管諸軍下班、副尉遷轉有四資格、有八資格、有十資格，各自不同。或五年、或十年、或十五年，方許轉行一資或兩資。從軍之人，既無戰功，止是坐守歲月以待遷轉。而軍中胥吏沮抑，不即保明，致年限過滿。近慶壽特恩，應下班、副尉各與理當三年磨勘。本部自承赦文，節次行下諸軍，催促帳狀，赴部給據。已給過一萬四千七百餘人，惟襄陽、金州、興元、興州等處未見申到。竊慮諸軍承行人吏準前邀阻稽緩，乞下諸軍主將，各限一月保明申部，以憑給帖遷補，使内外諸軍即霑恩賞。」從之。

二十九日，樞密院言：「四川、湖廣溪洞州軍、城堡等處承襲差遣之類，緣所補官資及遷補次第並各不同，往來取會，有妨給降付身。」詔兵部行下逐路安撫司，取見本路州軍沿邊承襲去處，逐一檢照元降指揮及承襲官資，并陞轉次第，委官詳加考訂，限一季置册繳申樞密院。

十二月九日，詔兵部、庫部共減守當官一人，正（帖）〔貼〕司一人，私名二人；職方、駕部共減守當官一人，私名一人。以司 15 農少卿吳燠議減冗食，下敕令所裁定，故有是命。

十四年三月十八日，兵部尚書宇文价言：「諸軍副尉磨勘，惟三衙軍將不住陳乞，在外諸軍多不具申。近據荆鄂都統司具到五百人，皆是補授二十餘年方與保明。内有差充將佐，在職日久，亦不給過差帖印曆。本部已據數給付外，照應近者諸軍所得慶壽理年恩賞須是起理實歷，將來方可對使。乞令樞密院遍行劄下，委主將根刷未受差帖印曆人，依紹興十年四月指揮，限一季盡數保明，申部出給施行。」從之。

十五年五月十六日，樞密院言：「兵部申，副尉陳乞出給功過印曆人，初離軍添差逐州軍指使不釐務二十二人。」詔令兵部依條出給施行，今後準此。

十六年正月二十一日，樞密院進呈：「兵部言諸軍申到副尉、下班祗應久在軍者約五百餘人，乞輳用慶壽賞放行磨勘。」上曰：「何澹乞將諸軍所得慶典賞作兩次對實歷收使，恐示人不廣，可並與放行。」

紹熙二年十一月二十七日，南郊赦：「應命官下班祗應、副尉，因罪特旨及依法合該展年磨勘、監當展任、降資、殿名次、展年參選、罰短使，並特與放免。」

同日，赦：「昨吏部申明指揮，將二廣、湖南北、京西路州軍見差置聽候使喚使臣内曾經從軍立功揀汰之人，任滿無力前來參部，並許經本任或寄居州軍陳乞指射五闕，保明申部，從上擬〔差〕。如同日有在部人指射，先注在部人。其兵部所管副尉、下班祗應 16 即未該載，可令照應吏部已申明指揮，陳乞施行。」

三年六月二十八日，兵部言：「職方、駕部兩司吏額共九人，又私名一人無請，等級最少，是致吏人遷轉太速。近有私名貼司纔因試中兩月之間，遂補至書令史。每遇貼司有闕，止是一名收試，不應揀試之法。其間人吏因罪降罰之人，亦是遞降不行，無以懲戒。照得禮、工兩部並係四司通額遷補，乞將職方、駕部吏額共一十人通入兵部、庫部吏額三十二人内，併作四十二人，衮同名次通額選補。所有遷補、解發年數等事，並從本部條格指揮施行，别無增損。」從之。

紹熙五年九月十四日，明堂赦文：「昨吏部申明指揮，將二廣、湖南北、京西路州軍見差置聽候使喚使臣内曾經從軍立功揀汰之人，任滿無力前來參部，並許經本任或寄居州軍陳乞指射五闕，保明申部，從上擬差。如同日有在部人指射，先注在部人。其兵部所管副尉、下班祗應未該載，可令照應吏部已申明指揮，陳乞施行。」嘉泰三年南郊赦、嘉定八年、十一年明堂赦亦如之。

慶元二年十二月二十六日，〔照〕〔詔〕：「今後諸色軍兵合該兩資陞轉之人，並依格法補轉，不得仍前援例陳乞一資作一資收使，雖降指揮，許行執奏。」

嘉泰三年十一月十一日，南郊赦文：「諸軍使臣及有名目軍士曾立十三處戰功之人，訪聞軍將利其請給優厚，抑令營運，歲久消折錢本，尅除請給，雖已癃老，不令離軍，有〔防〕〔妨〕注授。今後 17 年及癃老疾病之人，願離軍者聽，不得沮抑占留。」

同日，赦：「副尉昨降指揮曾經從軍立功及應副軍事，許不拘路分注授安撫司聽候差使。其下班祗應即未該載，令兵部一體施行。」開禧二年明堂赦亦如之。

同日，赦：「應命官下班祗應、副尉，因罪特旨及依法合該展期，或展年磨勘，監當展任，降資、殿降名次，展年參選，罰短使，並特與放免。其守闕進義副尉、進勇副尉内有因公罪降資之人，與照副尉一體原免。」

同日，赦：「淳熙三年已降指揮，〔諸〕軍揀汰大小使臣、校副尉、下班祗應曾經戰陣立功年七十以上，及委實殘疾無力赴部注授，令承旨司審驗詣實送兵部，與依守闕進義副尉請給則例減半，均撥州軍養老，以終其身。尚慮諸路州軍或有拖欠，致令失所，自今須管按月支破，副朝廷優恤之意。」嘉定八年、十一年明堂赦亦如之。

同日，赦：「諸軍揀汰離軍下班祗應内有曾立一十三處戰功之人，已降指揮許添差諸州軍添置聽候使唤不釐務差遣。可將副尉照應下班祗應節次已降指揮，放行添置差遣，仍衮同注授窠闕，即不過立定員額之數。」開禧二年明堂赦亦如之。赦：「諸軍大小使臣、校副尉、下班祗應因罪責降自効之人，雖已該赦叙復官資及已揀汰離軍，緣不曾聲説除落自効，致不支破本身（諸）〔請〕給，或礙注授差遣。除事干邊界或臨陣先遁外，令就所屬陳乞保明，申取朝廷指揮。」

開禧二年九月十三日，明堂赦文：「守闕進18義副尉至下班祗應立到一十三處戰功之人，已有節次指揮赦文，放行添差恩例任數，注授諸州軍添置聽候使唤，支破全分請給。其間有因前項戰功補授守闕進勇副尉名目之人，未有該載，理宜甄别。可將（以）〔似〕此之人照應已降赦文放行恩例任數，與副尉、下班祗應衮同注授添置使唤員闕，支破全分請給。」嘉定五年南郊赦、八年、十一年明堂赦亦如之。

同日，赦：「諸軍從軍揀汰守闕進義副尉、進勇副尉内有曾經捍禦待敵、出戍暴露、比拍事藝補授之人，自來未許參注，理合優卹。可令兵部於存留散祗候六十闕内，將似此之人衮同差注施行。」嘉定二年明堂赦、五年南郊赦並亦如之。

嘉定五年十一月二十日，南郊赦文：「副尉昨降指揮，曾經從軍立功及應副軍事，許不拘路分注授安撫司聽候差使。其下班祗應即未該載，可令兵部照應副尉已得指揮，一體施行。」八年、十一年明堂赦亦如之。

同日，赦：「揀汰離軍曾經立功應修武郎以上，見在部係親民資序、應材武格法、年六十以上人，可令吏部長貳銓量人材精力未衰堪充兵官者，與免呈試，仰依格法次第，許指射見榜親民都監、巡檢闕一次。」八年、十一年明堂赦亦如之。

六年七月十三日，樞密院言：「已降指揮劄下吏、兵部，將立定項目從軍受賞之人，許就本貫州軍召文臣陞朝官、武臣大使臣各一員委保，其保官及本州軍知通各甘追官勒停保明文狀申部，各免呈試注授。自降指揮之後，到部之人19全然稀少。竊慮知通、保官避免結罪，人吏覬覦請囑，故作邀阻，不爲保明，致使實曾從軍受賞之人不得到部注授差遣，甚非朝廷立法優卹之意。」詔：「今後應從軍受賞、應得已降指揮立定項目合參部之人，所召保官并知通止照舊法甘伏朝典保明，申部參注，免致親身立功之人使有阻滯。其有頂冒之人，自許諸色人指實陳告，並從見行條法指揮斷罪推賞施行。如或州軍官吏故爲邀阻，不行受理，保明申部，許人越訴，當議重行責罰。」

八年九月十五日，明堂赦文：「諸軍從軍揀汰守闕進義副尉、進勇副尉内，有曾經捍禦待敵、出戍暴露、比（柏）〔拍〕事藝補授之人，自來未許參注，理合優卹。可令兵部於存留散祗候八十闕内，將似此之人衮同差注。及有攝進勇副尉、同進勇副尉係在守闕進勇副尉之人，其間或有似此前項補授之人，可並許於上項存留闕内一體差注施行。」

十一年明堂赦亦如之。

同日，赦：「諸軍揀汰離軍下班祗應內，有曾經立到一十三處戰功之人，已降指揮許添差諸州軍添置聽候使喚不釐務差遣。可將副尉照應下班祗應節次已降指揮，放行添置差遣，仍衮同注授窠闕，即不過立定元額之數。守〔闕〕〔闕〕進義副尉準此。」十一年明堂赦亦如之。（以上《永樂大典》卷一四六六八）〔一〕

職方

【宋會要】

20 職方掌受諸州圖及圖經，以朝官一員主判。駕部、庫部二部皆無所掌，各以朝官一員主判。

太宗太平興國二年閏七月，有司上諸州所貢《閏年圖》。故事每三年一令天下貢地圖與版籍上尚書省，以閏月爲限。至是吳、晉悉平，奉圖來獻者州郡幾四百卷。

淳化四年，令諸州所上《閏年圖》自今再閏一造。又令畫工集諸州圖，用絹百匹合而畫之，爲天下之圖，藏祕閣。

真宗咸平四年八月，職方員外郎吳淑言：「諸州所納《閏年圖》合在職方收掌，近並納儀鸞司。竊以天下山川險要皆王室之祕奧，國家之急務，故《周禮》職方氏掌天下圖籍，又詔土訓，以夾王車。漢祖入關中，蕭何獨收秦圖籍〔二〕，由是周知天下險要，豈可忽而不顧？乞從今閏納到圖並送職方。又州郡地里犬牙相入，向者獨畫一州地形，即何以傅合他郡。乞今後令逐路轉運從今閏各畫本道諸州圖一面納職方，自是每經十年命一次畫圖送納。」從之。

大中祥符元年四月，龍圖閣待制戚綸請令脩圖經官先脩東巡所過州縣圖經進內，仍賜中書、樞密院、崇文院各一本，以備檢討。從之。自是凡車駕出處皆然。

三年十二月，詔重修定天下圖經，令職方遍牒諸州如法收掌，自今每閏依本録進。（以上《永樂大典》卷六一二五）

〔一〕《大典》卷次原缺，陳智超據《永樂大典目録》定於卷一四六六八（「部」字韻「兵部」目），今據補。
〔二〕獨：原作「猶」，據《長編》卷四九改。

宋會要輯稿　職官一五

刑部

【宋會要】

1 刑部主覆天下大辟已決公（按）〔案〕、旬奏獄狀，舉駁其不當者，及官員犯罪除免、經赦叙用，定奪雪理給牒。以朝官一員或二員主判。又有詳覆官，舊六員，亦京朝官充，淳化元年置，主定奪公事，分覆旬奏獄狀，後止三員。景德三年，別增一員，專舉駁大辟公案，共四員。又有法直官一員。

《兩朝國史志》：刑部判事二人，以御史知雜已上或朝官充。凡律令、刑法案覆讞禁之制今並存，掌覆天下大辟，舉其違失而駁正之，及詳定京朝官、三班、幕（府）〔職〕州縣官員犯解免、叙理出雪之事。詳覆官四人，法直官一人，並以選人充。令史十二人，驅使官一人。元豐改官制，舊審刑院、糾察在京刑獄司並歸刑部。尚書一人，侍郎一人，郎官一人，分左、右治事，左以詳覆，右以叙雪。吏額：主事一人，令史四人，書令史九人，守當官八人，貼司十八人。都官、比部、司門皆無所掌，各以朝官一員主判〔一〕。

太祖開寶七年，詔：「負犯選人應出雪牒，仰刑部具犯由，有無贓罰刑名罪贖，南曹審問判成。」

太宗雍熙四年十一月，詔應刑部、大理寺所斷諸道公（按）〔案〕，詳酌事理，可斷者即斷，不須駁回，更不重勘。

淳化元年五月，詔刑部置詳覆官六員〔二〕，專閱天下案牘。

真宗景德元年正月，詔：「今後每發赦書德音，差人到省抄寫勘讀。內川、廣、福建、荆湖七路並先以發遣。」

八月，詔刑部、大理寺，今後京朝官使臣公（按）〔案〕論決訖，具所犯情罪、刑名報審官、三班院。從度支副使馬景之奏也。

二年六月，詔審刑院、刑部，凡會問公事，並須公牒往來。

七月，上封者言：「刑部舉駁外州官吏失入死罪（按）〔案〕，準《斷獄律》，從徒流失入死罪者減三等〔三〕，徒二年半。公罪分四等定斷，官減外徒二年〔四〕，爲首者追官，餘三等徒罪並止罰銅。伏以法之**2**至重者死生之際，幕職州縣初歷宦途〔五〕，未諳吏事。長吏明知徒罪不至追官，但務因循，不自詳究。又雍熙三年七月赦，權判刑部張佖起請，失入死罪不許以官當贖，知州、通判並勒停。咸平二年

〔一〕以上二段原作小字，今改爲大字。
〔二〕六：原作「人」，據《長編》卷三一改。
〔三〕徒流：《長編》卷六〇無「徒」字。
〔四〕二年：《長編》卷六〇作「三年」。
〔五〕幕：原作「慕」，據《長編》卷六〇改。

編勅之時，輒從删去，致長吏漸無畏懼，輕用條章。乞自今失入死罪不至追官者斷官銜替，候放選日注僻遠小處官，連書幕職州縣官注小處，京官、朝官任知州、通判，知令録、幕職授遠處監當，其官高及武臣内職臨時取旨。」從之。

九月九日，詔御史臺差官勘事，量大小給限，牒報刑部提舉。

十四日，詔：「刑部每遇頒行赦令，並晝時分明謄寫勘讀。三司每部差五十人，以職員一人管押赴省，及盡取三館、祕閣楷書、官告院書吏分寫。仍於發赦半月前預牒抽差，人寫兩道，於第一幅背寫姓名。如稽緩鹵莽，有誤頒行，具名聞奏。審刑、大理寺降赦前十日，録官員名銜送刑部，至〔前〕一日時赴省，與詳覆、法直官分勘。每敕第一幅背書姓名，如差錯稽緩，有誤頒行，並行朝典。如非時發敕書不及預牒者，即時抽取，至日特差中使一人點檢催促了畢。」

三年十二月，詔：「刑部極刑案庫應奏到斷訖公（按）〔案〕，從銀臺司降下後，分與詳覆官看詳。内有不當，即行駁疏；若無不當，入庫置曆拘轄。遇有訴冤，檢取照證。專差令史一人知庫，法直雜事司簽書，詳覆官一員監掌，判部官通押。每官吏年滿，依曆交割，給付解由，候經 3 三年已上奏取指揮。宣敕、公用錢、紙庫各差令史一人，轉曆開閉支給亦差詳覆官一員掌。自今置曆，輪差令史二人，剩員二人，通晝夜在省，詳覆、法直官〔各〕一員押宿。」

四年十一月，詔：「刑部正名、承闕私名二十三人，今後諸處不得抽差。凡收私名，亦仰御史臺提舉試驗書札，收録姓名〔一〕。」

大中祥符二年五月，詔：「諸州奏獄空，須司理、州院、倚郭縣俱無囚繫，方爲獄空。每奏到，委刑部將旬奏禁狀一處點對。如應得元敕，特降詔奬諭。」

十二月，詔：「南曹選人投應合會問去處，令刑部據合定公私遺闕，贓濫罪名，須分明定奪。如有異同，令刑部、大理寺同商量，從長歸着報曹。」

四年閏五月，刑部言：「自來諸州旬申禁勘，設有用條不當，自可舉駁，不必別録按奏，乞自今只具單狀以聞。」從之。

五年五月，詔刑部，今後奏到斷訖禁軍大辟（按）〔案〕，具情罪申樞院。

十月，詔：「刑部斷奏命官、使臣、將校、軍人、色役公人，並於狀内『今詳』字下寫所犯罪人脚色。其『今詳』字所行法不用，止舊存留鋪法。命官、使臣、將校按犯輕重、赦前後、贓私罪引條書斷外，内公罪（是）〔實〕輕，不須條出罪名。合斷罪處須簡徑節（掠）〔畧〕合用格條，不須廣録閑詞，交雜款狀。所引格、敕亦須簡徑鋪坐。如外州斷奏不當，除失出入罪名，合行駁勘，其元檢勘官吏於奏狀止定罪名

〔一〕「名」下原衍「大」字，據文意删。

勘鞫外，有失出入杖已下及半年徒罪，只於斷狀署言，雖有失〔有〕〔出〕入，合不行4勘。」

六年七月，詔刑部，叙理人子細詳敕令〔按〕〔案〕狀者〔一〕，勘會申奏。

七年六月，詔：「外州失入死罪，經省寺舉駮勘斷官吏訖，令刑部明具駮難誤錯因依，下審刑院看〔詳〕，節〔掠〕〔畧〕送中書，降下刑部，牒與進奏院告報。」

八月，詔：「刑部今後專令詳覆、法直官具逐處奏到旬申大辟人數，置簿抄録拘管，候奏到斷訖，對簿勾銷〔二〕。限外不到及有〔注〕〔住〕滯，即勘會舉行。」

乾興元年仁宗已即位，未改元。十一月，詔：「諸處奏到見禁文狀并斷訖公〔按〕〔案〕，自來承進銀臺司先送中書，後送刑部看詳，虚滯日數。宜令承進銀臺司自今更不送中書，直送刑部。」

仁宗天聖元年十二月，知審刑院滕涉言：「當院每準吏部南曹連到刑部、大理寺牒，定奪選人公私罪名。內大理寺稱止是收理，别無勘到情款，或稱該赦釋放，無憑定奪，致南曹依條重移當院定奪。此蓋詳斷官避事，住滯選人。望自今如將可行定奪罪名依前避事不〔定詳〕〔詳定〕，從院司申舉。」詔流內銓南曹〔三〕，自今選人常例會問過犯公私罪名，仰止會問刑部，令本部檢定關報。

二年十月，判刑部燕肅言：「每赦書德音，即本部差書吏三百人謄寫，多是差錯，致外州錯認刑名，失行恩賞。乞自今宣訖，勒楷書寫本，詳斷官勘讀，匠人彫板印造發遞。」從之，仍差詳議、詳斷官各一員勘讀。

七年十一月，詔自今刑部不得接見賓客及縱入閒雜人。

十年五月十日，5詔：「法寺斷奏〔按〕〔案〕牘，舊以元勘〔按〕〔案〕納中書本房，歲久毀腐。自今委大理寺每斷奏後一月，實封關送刑〔部〕，遣吏别置簿曆管勾，立便於中書刑房點對承領，用堂印封送赴省，置庫架閣，無得交雜損失。如諸處合要照證，即上曆封送，常切拘收。內有連〔按〕〔案〕下三司者，亦繳封刑部，刑部每季差詳覆官一員提舉。〔苦〕〔若〕管勾、手分差替出官，並須交割。違者當行朝典。」

八月四日，刑部言：「本部凡追到已斷告敕，寄省司毀抹。近降編敕，令所在注毀，限十日申省。又附令敕，合追官如丁憂停任，舊告敕若兩任作一任，當〔牘〕〔牒〕刑部置簿拘管。只緣凡降斷並不計道數，即省司不見得曾與不曾丁憂停任，慮追索不足，因循散失，望申誡諸路晝時關送當部。」從之。

慶曆二年四月九日，刑部言：「凡承受審官院、三班院、吏部南曹會問諸色官員過犯度數，例委手分檢簿抄録，

〔一〕此句似有誤，其中「者」字似當作「看」而移至「詳」字上。

〔二〕「對」上原有「奏」字，乃承上句衍，據文意刪。後文職官一五之八：「候逐州奏案到日對簿勾銷」，與此同義。

〔三〕「流」字下原衍「內銓南曹自今選人常」九字，據文意刪。

主判官書牒迴報，多有漏畧。欲委詳覆官每季輪一員監勒檢閱，繫檢供報，著爲定制。」從之。

審刑院，淳化二年置，元豐三年八月併歸刑部。

糾察在京刑獄司，大中祥符二年置，元豐三年併歸刑部。

《神宗正史・職官志》：凡其屬有三：曰都官，軍大將及徒隸名籍之事隸焉；曰比部，鈎考帳籍及贓罰、欠負之事隸焉；曰司門，津梁、道路及國門幾察之事隸焉。舊以刑部覆大辟案，而增置審刑院詳讞，其京百司刑禁則隸糾察司。官制正名，悉歸刑部。凡 6 官十有三：尚書一人，侍郎二人，郎中、員外郎、刑部各二人，都官、比部、司門各一人。《哲宗職官志》設官十有二，尚書、侍郎各一人，餘同。

尚書、侍郎、郎中、員外郎。尚書掌天下刑獄之政令，而侍郎、(郎)中、員外郎分治其事。凡制勘、(案)〔按〕劾、審録、奏讞、糾察、程督則隸左，檢察、定奪、除雪、叙復、移放則隸右。格不載者，同尚書通領。其都官、比部、司門事亦如之。若御史臺或詔獄録問辟(因)〔囚〕及三品以上官以侍郎，餘以郎官。大祀則尚書涖誓，薦熟則奉大牲，大禮肆赦，則侍郎授赦書，承旨釋囚。分案八，設吏五十有二。《哲宗職官志》分案十二，置吏同。

神宗熙寧元年二月十六日，大理寺言：「敕閣自來輪差詳斷、法直官兼監〔一〕，半年一替。緣斷官日詣審刑院商量文字，及中書、樞密勾喚不定，難爲專一監守。欲乞專差檢法官二員監敕閣，更不輪管本寺紙庫、錢庫，簽書銓曹、審官院文字。及移法直官房依舊於閣下，仍差歸司官二人、府吏二人同共管勾。舊條審刑院、刑部〔二〕、大理寺不許賓客看謁及閒雜人出入，如有違犯，其賓客并接見官員並從違制科罰。乞并親戚不許入寺往還，所貴杜絶姦弊。」從之。

五月二日，知審刑院齊恢等言：「本司近年已來文案稍多，全藉官員曉夕斷奏。雖早入晚出，有大理寺一司常制，然其間不勤所職，往諸處看謁之人〔三〕，深慮廢事。欲乞今後應審刑院、大理寺官除休務假日外，其餘合入本司日分〔四〕，並不得於諸處看謁，所貴盡心職事，不 7 離官次。」從之。

十二月十三日，詔：「自今被舉試刑部、法寺官者，流内銓收闕便注正官。如就試人不中，别與差遣，並以後來到銓名次、資序注擬。」先是，每歲試刑法官必於二月八日。内有離任赴今試不及而稽留以待後試者，是致本任闕官常至半年。而就試不中，又法許復歸任，故銓部亦不敢使闕，州縣患之，故有是詔。

二年十二月二十四日，看詳銀臺司文字所言：「諸處

〔一〕「直」字原在「官」字下，據本卷後文職官一五之四二乙。
〔二〕「院、刑」二字原脱，據本卷職官一五之四二補。
〔三〕諸：原作「議」，據本卷職官一五之三一改。
〔四〕入：原作「人」，據本卷職官一五之三二改。

奏到大辟罪人斷訖文案，今後只申尚書刑部，仍令本部詳覆，候歲終具都數以聞。」從之。

三年三月二十四日，詔：「審刑院、大理、刑部詳議、詳斷、詳覆官初入以三年爲一任，再任以三十月爲一任，仍逐任理本資序。欲出，即與先任滿半年指射差遣，第三任滿出者仍與堂除，若本司更舉留者亦聽。若任内失錯稽違多、駮正少，即不許舉留。其審刑能駮正大理寺誤斷徒以上刑名，與等第酬獎；其失錯稽違者，責罰亦如之。刑部、大理寺並準此。遇南郊前一季許約法斷案外〔一〕，餘除朝旨送下急速公案外，更不得約法〔二〕。舊法奏斷絶，乞宣付史館，其罷之。其支賜都數比舊量與增添，致年終比較逐官斷罪有無失錯稽違及駮正刑名，分三等第給之。」

八月，令殿前、步軍司，今後大辟罪人，並如開封府條例，送糾察司録問。

十一月八日，詔尚書刑部：「諸州奏到災傷，朝廷差官體量安撫，及量輕重降不下司指揮，付逐處長吏收掌施 8 行，中書晝時上簿拘管。令置逐路災傷簿，委法直官專切封掌。凡遇送下捉賊酬獎，令一就檢簿定奪係與不係災傷，明具合該酬獎等文狀申奏。如有差錯，其本部官吏取旨，重寘之法。」

四年六月九日，中書刑房言：「刑部詳覆官如疏駮得諸處斷遣不當大辟罪，每一人與減一年磨勘。如失覆上件公事，每一人即展磨勘一年，累及四人即衝替。」從之。

七月二十七日，御史知雜鄧綰言：「乞諸州收禁大辟罪，晝時具單狀兩本申提刑司，本司繳連一本申刑部，本部上簿拘管，候逐州奏案到日對簿鈎銷。如有不到，即行勘會，仍委中書非時取索刑部拘管簿書點檢。」詔：「如已作大辟申刑部，後來勘得却非大辟，申刑部照會。」

八年，罷詳議、詳斷官親書節案，止令節署付吏，仍減議官一、斷官二。此據《職官志》，不得其月日〔三〕。

二月十八日，中書言：「堂後官王衮等編定命官四等過犯，乞付有司。更不置詳定命官過犯及看詳編配罪人所兩局，遇赦令，刑部比例定奪，上中書施行。」從之。

二十九日，審刑院詳議官、殿中丞朱大簡等言：「昨定審官西院差澶州都巡檢康昺不如法，御史臺劾大簡遷延不決，會赦衝替。緣大簡欲赴中書、樞密院巡白，以故稽期，非弛於職，而樞密院按置以法。」詔審刑院、大理寺，自今中書、樞密院送定公事，依條定奪，毋得巡白。

九年十二月二十二日，詔自今頒降條貫，并付刑部雕印行下。

9 十年五月十四日，刑部言：「諸處斷遣宣敕〔四〕，自

〔一〕法：原無，據《長編》卷二五七補。
〔二〕法：原無，據《長編》卷二五七補。
〔三〕按，《長編》卷二六七繫此事於熙寧八年八月二十六日乙卯。
〔四〕遣：原無，據《長編》卷二八二補。

經治平大水，頗多散失，亦有本處元不關到者；雖曾關到〔一〕，而吏胥隱漏，檢會之際，或容僥倖。至於官員犯罪并劫賊、僞造印三等公案，略不以時架閣。凡有取索，動經歲月，其間羇旅之人尤可矜憫。欲乞計會審官東西院〔二〕、流内銓并入内内侍省，取已斷官員宣敇與本部宣敇比對職位、姓名，如有漏落，更互抄録，以補其闕。仍重編排，自慶曆三年爲始〔三〕。其熙寧元年至九年終三年公案別架閣〔四〕，略具元犯因依、姓名申提點刑獄司類聚繳納，本部月輪詳覆官二員，與主簿更互計會合屬處抄録編排〔五〕。」從之。

元豐元年閏五月十二日，詔刑部、大理寺，自今奏舉習學公事，並舉曾試刑法得循兩資以上人。

十二月十八日，置大理獄〔六〕，詔天下奏案並刑部、審刑院詳斷。於是刑部言：「本部於斷案素所不習，應大理寺舊官吏令盡歸刑部，以大理寺詳斷官爲刑部詳斷官，仍以大理見斷案付之。」

二年二月三日，詔審刑院、刑部：「近因併差詳議、詳斷官人試院，積未斷公案五百餘道，罪人幽繫囹圄，日夜待命，豈宜淹滯留壅如此！其自今月三日後官吏並勒宿。」

六日，審刑院、刑部請以審官東院地爲審刑院，太常禮院地爲刑部詳斷司。從之。

〔二〕〔三〕月二十四日〔七〕，詔審刑院、刑部，自今留滯公案及二百道，官吏勒宿。《職官志》云：「是歲，詔審刑院、刑部官吏免宿直，如積案至二〔百〕即宿。」

四月二十六日，知審刑[10]院安燾言：「天下奏案視十年前增倍已上〔八〕，審刑院〔九〕、刑部詳議、詳斷官視舊員數頗減，乞復置詳議官一員。又詳議官偏簽刑部斷案〔一〇〕，職事不專。乞分議官六員，每案二員連簽。若情狀可疑，未麗於法，即議官通簽。如此則疑難之獄得盡，衆議明白，罪案不致留積。」詔增審刑院詳議、詳斷官各一員，罷刑部檢法官一員，餘如燾請。

五月八日，知審刑院安燾言：「比年詳議官以文案繁多，責重賞輕，除者多不願就。乞以二年爲一任，任滿減磨勘二年。自刑部差者已及成資，先依刑部任滿法推恩；未成資者，補及成資推恩後別理一任。」從之。

六月二十六日，詔：「審刑院、刑部遇科場及試刑法，流内銓、三班院人並於試前半月選官申中書，審刑院三人，刑部七人。候差試官畢，據闕差權正官，到限一月了絶已

〔一〕到：原無，據《長編》卷二八二補。
〔二〕計：原作「討」，據《長編》卷二八二改。
〔三〕三年：《長編》卷二八二作「二年」。
〔四〕此句不通，當有誤。《長編》卷二八二作「其熙寧十年以後公案別架閣」，與此差異甚大，俟考。
〔五〕更：原無，據《長編》卷二八二補。
〔六〕理：原作「辟」，據《長編》卷二九五改。
〔七〕三月：原作「二月」，據《長編》卷二九七改。
〔八〕上：原脱，據《長編》卷二九七補。
〔九〕「院」字上原衍一「部」字，據《長編》卷二九七删。
〔一〇〕「又」字下原衍「詳」字，據《長編》卷二九七删。

分文字，過限不支添給。」以刑法官多差考試，而候差權官，稽滯案牘，從逐司請也。

七月十六日，詔在京獄案有繫囚者，法官先斷奏。從知大理卿事崔台符請也。

八月十二日，中書言：「應朝旨置獄究治事〔一〕，欲委審刑院、刑部置簿管勾〔二〕，非特旨立限者及一季未奏，下所屬催促。無故稽留若行移迂緩，并所屬不催舉，並劾奏，責刑房季終點檢。」從之。

二十二日，詔：「刑部詳斷、檢法官再任，並二年爲一任，任滿詳斷官減磨勘二年，檢法官減一年。」以刑部言詳斷官、檢法官雖許再任，無願就者，故優其恩也。

11 詔增判刑部官俸視大理寺。據《職官志》，係元豐二年事。

三年，詔：「刑部、審刑院斷案及詳定事半年不能決者，以狀上中書（書）、樞密院。」此亦據《職官志》，不得其月。

正月七日，詔大理寺鞫罪人，依開封府例報糾察司。後大理寺乞旬具徒以上事報糾察司，許之，開封府准此。仍詔糾察司如察訪得雖非徒已上，而出入不當，許索文案點檢。

二十四日，詔：「審刑院、刑部斷議官自今歲終，具嘗失入徒、流罪五人已上或失入死罪者取旨。連簽者二人當一人，京朝官展磨勘年，幕職州縣官展考，或不與任滿指射差遣，或罷本年斷絶支賜，去官不免。」先是，熙寧十年嘗詔歲終比較取旨，而法未備故也。

八月九日，詔審刑院併歸刑部。以知院官判刑部，掌詳議、詳覆司事。其刑部主判官二員爲同判刑部，掌詳斷司事。詳議官爲刑部詳議官。

〔四〕〔五〕年七月十三日〔三〕，詔刑部貼例擬進公案並用奏鈔。其大理寺進呈公案更不上殿，並斷訖送刑部。貼例不可比用及罪不應法、輕重當取裁者，上中書省。

二十五日，詔：「叙復不以官高下，並歸尚書刑部。內合取旨及職任非吏部者，並上中書省。」

〔四年〕十一月八日〔四〕，詔罷刑部公案，半年一次法官赴中書斷絶。

五年二月，上批：「新判尚書刑部何正臣自擢置朝廷以來，未嘗踐履刑獄職任，可改差判尚書兵部，兼知審官東院。」

四月二十三日，太中大夫、大理卿崔台符守刑部侍郎〔五〕。侍郎自是始正除，尚書闕。

六月二十六日，詔：「自今 12 特旨衝替，無公案者，令

〔一〕獄：原脱，據《長編》卷二九九補。
〔二〕簿：原脱，據《長編》卷二九九補。
〔三〕五年：原作「四年」，據《長編》卷三二八改。下條亦同月事，見《長編》同卷。此二條當移後。
〔四〕四年：原無，據《長編》卷三一九補。
〔五〕天頭原批：「寄案，《大典》卷七千三百七引《續宋會要》云：『元豐正名，除大理卿崔台符爲之。』」按，屠寄所云見本書職官一六之一。

中書隨特旨定事理輕重；叙復者，不以官高下，並歸尚書刑部。」

六年三月六日，尚書刑部言：「舊刑部詳斷官公案斷訖，主管論議、改正、注日，方過詳議官覆議。有差失問難，並於檢尾批書，送斷官具記改正，上主判官審定，然後判成録奏。自二司並歸大理，斷官爲評事、司直，議官爲丞，所斷案草不由長貳。日者斷案類多差忒，欲乞分評事、司直與正爲斷司，丞與長貳爲議司。凡斷公案，先上正看詳當否，論難改正，簽印注日〔一〕，然後過議司覆議。如有批難，具記改正，長貳更加審定，然後判成録奏。」從之。

八月二十八日，尚書刑部言：「乞應吏部補授大理寺左斷刑官，先與刑部、大理寺長貳雜議可否，然後注擬。仍取經試得循資已上人充，正闕以丞補，丞闕以評事補。」詔刑部、吏部同著爲令。其後著令：「司直、評事闕，選尚書及侍郎左選人；丞闕，止選尚書左選人，仍經任司直或評事係親民資任者。已上二件，其初改官應入知縣人，亦選正闕；選丞或司直、評事，見係通判已上資序者。已上所選，仍不限見任。授訖未赴，即曾失入徒已上罪已決，或死罪若私罪情重及贓罪，或停替後未成任，各毋得入選。」

七年八月一日，門下省言：「刑部奏鈔，宣德郎樂京據例當作情理稍輕，不礙選注。京本坐言役法，本部不敢用例。」詔樂京情重，刑部引例不當。

十月一日，御史蹇序辰乞令 13 諸路提點刑獄司每季具已論決詳覆大辟事狀以聞，付刑部注籍，點檢案治失誤。詔提點刑獄司季申刑部。

八年十二月五日，刑部言：「令提刑司檢法官覆州縣官、小使臣等公罪杖以下案，申吏部、大理寺注籍，則法官可以專於讞獄。」從之。

哲宗元祐元年五月一日，三省言：「舊置糾察在京刑獄司，蓋欲察其違慢，所以加重獄事。向罷歸刑部，無復申明糾舉之制。請以異時糾察職事悉委御史臺刑察兼領，刑部毋得干預，其御史臺刑獄令尚書省右司糾察。」從之。

十三日，刑部言：「舊刑部覆大辟，係置詳覆司〔二〕。自官制行，詳覆案歸逐路提刑司，刑部不復詳覆，亦不置吏。今當復置詳覆案。」從之。

八月二十七日，詔：「將來明堂，刑部留郎官一員，免赴受誓戒，專一發遣斷敕文字。」

二年十月六日，罷吏、户、刑部長（長）貳保任郎官治狀法。初，文彦博建明，朝廷爲之定令，諫官論其非是，罷之。

四年五月九日，尚書省言六曹寺監吏額并關防約束：「欲罷吏籍案，内外役人增減等止合隨處行遣。應出職而入流，並直達吏部都官。欲罷配隸案，所掌配籍併歸刑部舉叙案。」從之。

〔一〕印：原作「即」，據《長編》卷三三四改。

〔二〕置：原作「直」，據《長編》卷三七七改。

七月二十七日，詔刑部：「今後有覆大辟不當，並先下本處分析，候到開具以聞。」

十月二十三日，刑部言：「《元豐刑部格》，制勘案主鞫獄，根究體量過犯。逐案所行，首尾相干，有合行事節，却行往復，顯見煩費。欲將制勘、體量案併**14**爲一案，所貴事體相照〔一〕。」從之。

五年七月二十六日，刑部言：「中書刑房條舊有刑部官歲終具失入徒、流罪五人，或失入死罪、或違限三分並取旨之法。自官制行，改貼『刑部官』字爲『大理寺官』。其大理寺官歲終比較，係刑部上都省取旨〔二〕，其『中書刑房』字當改作『刑部』。」從之。

九月二十二日，詔刑部：「今後官員犯公罪杖已下，依赦文及有正例別無違礙者，關吏部施行。」

三十日，詔：「應檢舉前任執政官，如丁憂者持服月日〔三〕，許通理期限。其罷執政官後因事落職降官，令中書省依條施行；責授散官〔四〕，令刑部檢舉。」

十二月二十七日，詔刑部（默）〔點〕檢大理寺差失，每兩件比三省點檢得一件，比較施行。

六年二月十日，詔：「文武官有犯同案、事干邊防軍政者，令刑部定斷申尚書省，仍三省、樞密院同取旨〔五〕。」

徽宗建中靖國元年七月十七日，中書省、尚書省勘會：「朝散大夫權刑部侍郎周鼎、承議郎刑部員外郎許端卿奏，乞應用元符敕編配過人內全行刪去『編配』者，與放逐便，其損減地理，及爲『刺面配』或『刺配』改爲『編管』之類者，一切改正等事。臣僚上言：『久來條制，凡用舊條已斷過，不得引新條追改。今已用元豐舊條斷過編配人，乃用刑部看詳新條改正。鼎爲刑官，盡以元豐之舊條爲重法而改之。命下刪改之日，姦人鼓（無）〔舞〕，顯屬挾情亂法，伏望早降睿旨黜責鼎等。』」詔周鼎降授朝奉大夫，許端卿降授奉議**15**郎。

崇寧二年二月二十九日，刑部狀：「看詳元豐官制，立都官吏籍案、配隸案，昨因元祐元年內頒降到門下中書後省元豐七年十二月進呈修立本部條，將配隸案、移放案撥併入刑部，隨事撥却行案一人。至元祐四年，修立到吏額指揮內，又將配隸案注籍撥入刑部，隨事撥却行案、不行案各一人，吏籍案全行廢罷，人吏亦行銷減。其所掌無選限吏人及內外役人廢置、增減、勘當出職等事，止隨處行遣。應出職而合入流各補授大將、軍將者，並直達吏部都官。再詳上項所廢事務，吏籍案事放在諸處，即已失總領，逐處亦不專一。除移放、編配人及受理詞狀點檢移放犯由一節係門下中書後省元豐七年修立進呈外，其餘併廢案分，即

〔一〕貴：原作「行」，據《長編》卷四三四改。
〔二〕部：原脫，據《長編》卷四四五補。
〔三〕持：原脫，據《長編》卷四四八補。
〔四〕責：原作「貴」，據《長編》卷四四八改。
〔五〕旨：原作「行」，據《長編》卷四五五改。

與屯田掌營田、職田、官莊，元祐改入户部，虞部掌金銀、坑冶、山澤，元祐改入金部，合行改正事體一般。所有都官吏籍、配隸案及人額合改正依《元豐官制格目》外，其移放、編配罪人及撥過吏人，欲乞依元豐七年已進呈條格，依舊隸刑部。」從之。

大觀元年八月二十九日，臣僚上言：「伏見刑部、大理寺官並緣李無咎事乖謬，而刑部又以納樣小黄錢指揮行下他路，惑亂衆聽。朝廷雖以降官，然其事傳播已廣，行遣未厭衆論。臣切惟刑曹、理寺實總邦之憲禁，其斷刑、議法必爲天下所取正。今朝廷已行之令，文牘甚明，前日已斷之人，姓名可見，而乃漫然不 16 省，輕移文牒，傳笑四方，有辱國體。若或議辟斷罪差繆若此，一成莫可追及，實死生舒慘之所繫，其爲害豈特此而已？況成命頒行，天下莫不聞知，朝廷省寺之重，使人緣此得以輕議，非所以嚴法令也。然刑部以二事失當，而錢法指揮尤爲惑衆，是罪固有輕重之不同，則罰亦宜從而異也。伏望聖慈更賜詳酌施行，二事失當官更降一官。」依下項：降授朝奉郎、試兵部尚書兼侍讀左膚降〔授〕承議郎，降授朝請大夫、尚書刑部郎中朱維降授朝散大夫，降授朝請郎、守尚書刑部員外郎游百揆降授朝散郎。

政和元年三月二十九日，左右司奏：「刑部狀：臣僚上言，乞今後別路委官定奪推治合要公案或勾人，並許所委官直牒追取。三追不報，雖五報不圓〔一〕，並許直申逐路提刑司取勘，仍申尚書刑部催促。如事干監司，即申尚書省乞行取勘。」詔：「所言實可杜絶推托姦倖，庶冤抑必得辨正，宜商量措置約束。」

七年四月十七日，刑部尚書（暮）慕容彦逢奏：「欲乞應命官犯罪合該全原勿論者，並限一月結絶。有故聽申所屬量度，仍申刑部照會。無故稽違，即從本部依條奏劾。如蒙聖允，乞詔有司立法施行。」從之。

宣和元年二月二十二日，詔：「分官設屬，以董庶務。比來偷惰不職，廢公營私。刑部吏人敢詐冒聖旨，侵紊賞罰，凡二十餘事，省部長貳屬官漫不省察，何足倚（辦）〔辦〕？仰尚書省具名取旨，悉行沙汰。薛 17 嗣昌能舉覺，可轉兩官，降詔奬諭。郎中張仲綱按發，轉兩官，以爲不職之勸。通議大夫、守刑部尚書、兼詳定一司敕令、《九域圖志》薛嗣昌，可特授正議大夫；朝議大夫、尚書刑部郎中張仲綱，可特授中奉大夫。」

五月四日，臣僚上言：「恭惟神宗皇帝躬堯舜之獨知，興文武之墜典，熙豐盛烈，粲然畢陳。陛下述而行之，彌二十年，元豐成憲，務在循守。而近者省曹尚敢公肆欺罔，違陛下已行之詔，害元豐已成之法，上下相蒙，增減制書，詐冒功賞。迹其情實，當在不赦之域。臣願據所聞以誦焉。臣伏見刑部今進擬案吏人職級七及第一等功，手分五及第

〔一〕「五」字似爲衍文。

一（第）〔等〕功，各陞一名。無名可陞，減半年出官。職級係使臣，減半年磨勘，選人（陛）〔陞〕半年名次，每歲（陛）〔陞〕不得過半年，有餘聽入流，比類用之。此元豐進擬案條格，已經崇寧看詳，而陛下詔令，所當循守，而不可衝改者也。政和八年十月，本部輒敢欺罔天聽，妄行奏請，稱除詳覆案已有賞罰條格外，有進擬案，若不陳請，慮無以懲勸，乞依詳覆案賞罰條格施行，別不衝改見行條法。臣勘會元豐進擬案已有上條分明，而本部稱未有條；（令）〔今〕來奏請實有衝改，而本部稱無衝改。欺罔詐冒，其罪明矣。且元豐詳覆案，依法，郎官駮正大辟一名減一年磨勘，吏人駮正失入大辟一名轉一資，無資可轉及不願者，出官日減一年磨勘。若進擬案則不然，職級駮正大辟七人 18 方依元豐法作七及第一等功減半年磨勘，已有政和七年分比較案牘照驗。今乃官吏上下相蒙，公肆欺罔，稱無條法，乞依詳覆賞。如此，即是進擬案依元豐舊法駮正大辟七人合減半年磨勘者，今則每名計賞，一名減一年，七人減七年，比舊增及十倍以上。元豐詳覆案條法稱吏人駮正失入大辟一名轉一資，無資可轉及不願者，出官日減一年磨勘。若進擬案依此推賞，已係衝改舊條，罪不可貸。然又有名爲就輕，其實僥倖之甚者。臣看詳本部元奏請，稱應轉資人吏係使臣者，每資只與減二年磨勘；係副尉者，依使臣法比折收使。如此，即是進擬案依元豐法駮正大辟七人合減半年磨勘者，今則每名計賞。若使臣、副尉駮正一名減二年，七名減十四年，比舊增及二十倍已上，詐冒欺誕，不已甚乎！刑部奏請乞依詳覆案法，係政和八年十月二十七日，若本部官吏於奏請以後有駮正大辟人數，方可依今年奏請每名減二年磨勘。今本部保明又復用逢格改法，將未曾奏請以前合得半年酬獎並減二年磨勘施行。本部既稱並不衝改見行法令，即是自來無條，何爲復用逢格改法，捨輕賞從重賞？案牘具在，罪狀甚明。近者本部具官吏推賞姓名，除使臣等十餘人外，其郎官數人一歲之間有通計減及十一年者，將欲關司勳覈實行賞。而人吏董詵、王拯、李寘等自知元係欺罔詐冒，19 慮他司或朝廷取索元條問難，發摘已罪，乃就關子中將元奏得旨全文擅滅却『別不衝改見行條法』八字，意欲官司不知，以遂其〔詐〕冒之志。郎官聶宇忽覺非便，堅執不肯簽書，對衆宣言，此正是增減制書，詐冒功賞，衝改元豐舊法，尋白長貳，罪狀遂彰。元奏請官若能循省前愆，投誠君父，自劾其罪，猶不失事君之義；迺復怙終遂非，借辭飾説，再罔天聽，妄亂奏請，稱勘會若依詳覆案元豐舊法亦恐太厚，乞與減半推賞。臣勘會本部元奏請，稱進擬案比之詳覆案事體頗重，今却稱若依詳覆案元豐舊法亦恐太厚。蓋本部但知欲蓋前愆，巧辭欺〔罔〕，以減半賞爲辭，殊不知元豐舊法增減一日不可也。往者國子監官妄奏衝改國子監條法，有害政體，陛下天威震赫，即正典刑，長（史）〔吏〕遞職與郡〔一〕，僚佐罷斥歸銓。今刑部妄奏賞格，係欺誕詐冒，暗衝元豐成法，增減制書，僥倖不發，厥罪甚大。若不痛行懲責，切慮欺罔之徒衝改舊法，以幸萬一，無所忌憚。欲望聖慈特降睿旨，取問聶宇，若果如臣言，乞將有罪官並行黜責。仍乞將人吏付司推鞫，已未推賞人，並行改正，一循元豐法令施行，所貴杜絶姦倖，人知所警。」詔薛嗣昌罷刑部（刑）尚書，落職提舉西京嵩山崇福宮，放謝辭。其元奏請指揮並改正，更不施行；人吏令大理寺取勘，具案聞奏。

四年三月二十七日，刑部尚書蔡懋奏乞編修獄案斷例。詔 20 令刑部編修大辟斷例，不得置局添破請給。

高宗建炎三年四月十三日，詔刑部郎官以二員爲額，吏人減半。

紹興四年五月二十三日，詔：「今後吏部奏抄刑部斷案，每抄案上省，限次日報御史臺。其間經涉日久，無故留滯，許本臺彈劾。」

七年七月二十八日，詔：「諸路州軍奏勘公事，令刑部開具稽滯尤甚三、五處申尚書省，取旨施行。」從刑部尚書胡交修請也。

二十一年七月二十五日，詔：「今後官員擅行科率及應因害民之事被罪情理深重者，依已降指揮，更不注知州軍監、通判、知縣差遣。內有所犯情輕之人，開具所犯因依，申取朝廷指揮施行。」

二十六年閏十月十三日，詔：「刑部見任郎官，依元豐舊法分左、右廳治事。今後依此。」先是，右司郎中汪應辰言：「國家累聖相授，民之犯于有司者常恐不得其情，故特致詳於聽斷之初；罰之施于有罪者常恐未當於理，故復加察於赦宥之際。是以參酌古意，並建官師，上下相維，內外相制，所以防閑攷覈者纖悉曲備，無所不至也。蓋在京之獄曰開封，曰御史，又置糾察司以幾其失。斷其刑者曰大理，曰刑部，又置審刑院以決其平。鞫之與讞，各司其局，初不相關，是非可否，有以相濟，無偏聽獨任之失。此臣所謂特致詳於聽斷之初也。至於赦令之行，其有罪者或叙復，或內徙，或縱釋之，其非辜者則爲之湔洗。內則命侍從、館閣之臣置司詳定，而昔之鞫與讞者皆無預焉；外之益、梓、夔、利去朝廷遠，則委之轉運、鈐轄司，而提點刑獄之官亦無預焉。蓋以獄訟之初既更其手，苟非以持平强恕爲心，則於有罪者或疾惡之太甚，於非辜者或遂非而不改，故分命他官，以盡至公。此臣所謂復加察於赦宥之際也。迨元豐中，更定官制，始以大理兼治獄事，而刑部如故。然而大理少卿二人，一以治獄，一以斷刑；刑部郎官四人，分爲左、右，左以詳覆，右以叙雪。雖同寮而異事，猶不失祖宗所以分職之意。本朝比之前世，獄刑號爲平者，蓋其並建官師，所以防閑攷覈有此具也。中興以來，百司庶府務從簡省，21 大理少卿往往止於一員，則治獄斷刑皆出於一，然則獄之有不得其情者，誰復爲之平反乎？刑部郎官或二員，或三員，而關掌職事初無分異，然則罰之有不當於理者，又將使誰爲之追改乎？望詔執事刑部、大理寺之官，雖未能盡復祖宗之舊，亦當遵用元豐定制，庶幾官各有守，人各有見，參而任之，反復詳盡，以稱陛下欽恤之意，亦以爲後世法。」詔令吏、刑部看詳，申尚書（尚）〔省〕取旨，故有是命。

二十七年二月（二月）二十一日，詔：「刑部郎官循行督遣，如勘鞫失實，事理妨礙，直行移送。今後御史點檢或有

〔一〕遞：疑當作「褫」。

移送公事，許依刑部已得指揮。」

三十年五月一日，詔：「刑部進擬案并大理寺右治獄法司、手分今後遇闕，許刑寺并六曹、寺監正貼司以上并大理寺左斷刑法司、本司正貼司以上，各令所屬保明無過犯、守行止之人，並依三衙人吏條法春秋附試，候試到合格人姓名，關送所屬收補。內進擬案主事遇闕，將本案試到人依名次遞遷。」先是，刑寺胥吏有闕，例是長貳臨期差官量試收補，或抽差填闕。至是臣寮有請，從之。

紹興三十二年孝宗已即位，未改元。七月二十一日，詔刑部四司主事、令史、承闕書令史各減一年出官。該遇皇帝登寶位也。

孝宗隆興元年五月十九日，編類聖政所言：「昨承指揮令兼敕令所，今本所已行省罷，其敕令所合依已降指揮併歸刑部。」從之。

七月二十六日，詔：「六部長貳除尚書不常置外，置刑部侍郎一員、郎官二員。」從右諫議大夫王大寶等議也。

八月三日，刑部言：「依指揮條具併省吏額，見管主事一名、令史四人、（盡）書令史九人、守當官八人、正貼司一十八人。今減守當官二人，正貼司三人。今將減罷 22 人籍定，以後有闕，依名次撥填。」詔依，見在人且令依舊，將來遇闕，更不遷補。

乾道元年五月二十四日，詔：「法令禁姦，理宜畫一。比年以來，旁緣出入，引例爲弊，殊失刑政之中。應今後犯罪者，有司並據情理直引條法定斷，更不奏裁。內刑名有疑，令刑部、大理寺看詳指定聞奏，永爲常法，仍行下諸路遵守施行。其刑〔部〕、大理寺見引用例册，令封鏁架閣，更不引用。仰刑部遍牒諸州，仍出榜曉諭。」

六月二十二日，詔：「將今後命官曾因臣僚監司論列按發、不曾經所司推勘體究之人，並免約法。贓私罪狀明白，送所司根勘，具案取旨。」從刑部侍郎方滋請也。

二年正月五日，詔：「今後人户除許越訴事外，餘並依條次第經由，各仰本處分明與奪，合行備坐所斷因依告示。如所斷不當，方許繳連告示，依法次第經由陳訴。若無結絶告示及已經理斷再行陳狀，並不得受理。如依前越訴，依法科罪。其已經官司陳訴，見爲行遣，不候結絶，又復經他處論理，即合更不施行。如依前違戾，重作行遣。仍令刑部鏤板遍牒行下。」

十月九日，中書門下省言：「已降指揮，（令）〔今〕後命官曾因臣僚監司論列按發、不曾經所司推勘體究之人，並免約法。臣僚論列贓私罪狀明白，送所司根勘，具奏取旨。今來州軍按發命官不曾經推勘，或體究未曾該載。」詔行下刑部、大理寺，應有州軍按發命官不曾經所司推勘體究之人，亦 23 依監司所按命官事體，並免約法施行。

三年十月十七日，詔令刑部檢坐累降諸路監司帥守州軍等處申奏文字書填實日指揮〔一〕，申嚴遍牒行下，日後尚敢違戾，當職官吏並重作行遣。先是，三省、樞密院勘會：「近來諸路州軍等處申奏文字多有違戾，或揭改添填，及諸處都統申奏亦各空日，是致難以稽考。」故有是命。

六年五月四日，中書門下省言：「刑部吏額遇有差出人名闕，今以次正貼司承權，支破七分請給，却於額外無請私名内差填正貼司名闕，顯是溢額。」詔令將應差出手分許以正貼承權支破七分手分請受，其正貼司職事只令本人兼行，更不差私名承填。

同日，刑部言：「依指揮條具併省吏額。本部所掌擬斷獄案等係是劇曹，除詳覆、糾察、進擬案係指差在外諳曉刑法人不得併省外，本部人吏見管四十人：主事一名，令史四人，書令史九人，守當官八人，今從下敦減一人；正貼司十八人，今從下敦減三人。本部除已減罷五人，通以三十五人爲額。其所減人數各係有請受正額之人，除敕令所見差人承權，候修書了畢，發遣歸部，却依名次罷權。其敦減人，並行遞攢，欲依名次給據，候將來額内有闕，依名次撥填施行。」詔並依擬定各從下裁減，將來見闕日，依名次撥填。其減下人願依條比換名目者聽。

八月十七日，刑部言：「近來勘鞫體量公事間有不當去處，雖於案後收坐，下監司、州軍等處依條施行，並不依條限取索，拖延致得該恩〔二〕，24或有離任及事故之人，方始回報。其間却稱見移文他處會問，動經歲月，不能結絶。今措置，應案後收坐官吏，仰被受去處即時行下所屬，將合收坐官吏具職位、姓名、事因，内有取伏辨之官，亦仰專差人監督共責，各除程限五日具申朝廷。若有拖延去處，從本部將被受官司開具因依，申朝廷先賜施行，庶得不致遷延，避免朝典。」從之。

九月十七日，詔令刑部行下諸路州軍，今後應有犯狂盜合編配之人，並於案内聲説有無家屬申奏。

七年十一月二十七日，詔（令）〔令〕刑部將乾道新修條令并申明户婚續降指揮編類成册，送敕令所看詳，鏤板遍牒施行。

九年閏正月十九日，都省勘會：「刑部獄案，見不住催促上省行遣。切慮〔投〕下文字之人不即依時赴省投納，或承受去處阻節留滯。欲令刑部專委郎官，將書印圓備合上省案狀，除緊急不可待時文字經赴案房投下外，日具單子計定件數，令當行人吏親身齎抱至都司當廳投下，都司畫時付案房。如有阻節退回，亦仰當廳執覆，都司聽置曆收附訖，令案房將所下文字點檢。或有住滯，赴廳呈稟，將投下文字人重行斷遣。若案房不即收留及別作阻節，並從提點申舉，依條施行。」從之。

三月二十二日，詔令刑部長貳、郎官并監察御史每月

〔一〕「坐」下原有「署」字，據文意删。諸：原脱，據注文補。
〔二〕致：疑當作「至」。

通輸一員，分作兩日往大理寺、臨安府親録囚徒，仍具名件聞奏。

七月三日，樞密院言：「勘會因[25]犯彊盜等配充屯駐諸軍重役之人，往往例皆短（少）〔小〕，或癃老殘疾，不堪執役，虛填闕額，理宜措置。」詔令刑部，自今後將配諸軍充重役人並免配屯駐軍，各隨所配地理遠近，分配諸州軍牢城收管。

【續會要】

淳熙四年正月二十三日，詔：「自今春秋頒進册，從刑部長貳點檢，無差錯漏落，方得繳（中）〔申〕。」以本部申到春秋頒進册〔一〕，多有錯漏，都省上其事，故有是詔。

二月十四日，刑部言：「每歲比試本部掌法胥吏，乞許六曹、寺監應係私名貼司以上附試。如遇手分有闕，先補試中人。如無試中人可差，許且依令法於六曹、寺監手分以上抽差。內有願比換副尉者，依本部專法比換。其諳曉次第人，依大理寺右治獄法司選留再（住）〔任〕條賞施行。如係從私名試中經差手分人，即于本部比換法上添『通入仕及十年方許比換』。」從之。

五月九日，刑部郎官梁總言：「昔韓琦在中書日，盡取斷例編次綱目，封縢謹掌，每當用例，必自閱之。竊謂今之斷例正亦（斷）類此，乞明詔刑部，以斷例委之長貳或郎官封鐍收掌，用則躬自取閱，庶幾定罪用刑在官而不在吏。」從之。

六月五日，詔：「刑部將擬斷案狀照自來體例依條擬定特旨，（中）〔申〕尚書省，仍抄録斷例在部，委長貳專一收掌照用。」以都省言：「刑部擬斷案狀，後來並不比例，係本部照情犯輕重臨時參酌擬定特旨申省取旨。近降指揮拘收斷例，自今斷案別無疑慮，依條申省取旨裁斷；如有情犯可疑合引例擬斷事件，申尚書省參[26]照。今來刑部將合奏裁案狀一例不擬特旨上省，照得已降指揮內即無令刑部不擬特旨之文，其本部自合依舊，於已降旨揮別無相妨。」故有是詔。

二十八日，詔：「刑部自今將情法相當、別無疑慮案狀依條施行外，有情犯可疑，即於已抄録在部例册內檢坐體例，比擬特旨申省。如與例輕重不等，亦令參酌擬斷，申取指揮。」既而中書省言：「諸路州軍申奏獄案，依已降指揮，刑部敕令所刪訂修立到斷例共九百五十餘件，左右司拘收掌管。自今刑部、大理寺斷案如無疑慮，依條申省取旨裁斷；有情犯可疑合引例擬斷事件，申省參照施行。仍抄録斷例在部，委長貳專一（狀）〔收〕掌。今刑部所申案狀雖有擬立特旨，並不曾檢坐體例申省。竊慮處斷輕重不倫，未應已降指揮。」故有是命。

八年七月四日，刑部侍郎賈選言：「乞自今刑寺駮勘取會獄案文字，令進奏院專置綠匣〔二〕，排列字號、月日、地理，當官發放。所至鋪分即時抽摘單傳，承受官司依條限具所會并施行因依，實書到發日時，用元發（緣）〔綠〕匣回報，庶幾違滯之處易於稽考。」從之。

十年八月十三日，刑部侍郎曾逮言：「乞下本部，自今

〔一〕秋：原脱，據正文補。
〔二〕綠：原作「録」，下文又訛作「緣」，並據本書職官二之五一改。

應擬貸刑名並開具斷例之相類者，然後酌其輕重，用小貼聲説，以取朝廷裁斷。如於重罪不失而小有不同，並免駁問，庶幾有司（如）〔加〕意參酌，謹以引用擬斷，以副陛下欽恤之意。」從之。

十二月十三日，詔：「刑部在役與投名人吏每遇銓試，並合附試刑法，合格者並超一等遷補，仍不得於大理抽差人吏行案，令刑部看詳措置以聞。」詳見「大理寺」。

十三年十二月九日，詔刑部并進擬案共減書令史一人，貼司二人，私名一人，主事一人。以司農少卿吳燠議減冗食，下敕令所裁定，故有是命。

淳熙十[27]六年十一月十八日，刑部侍郎吳博古言：「本部一司崇寧專法奏獄及緣法（令）〔令〕事應議者，召大理寺丞以下議。緣近有專降指揮，大理寺官不得出謁，以致未敢照用舊法。乞今後本部遇有合議刑名，許從舊法請大理寺官赴部商議。」從之。

紹熙元年十月十一日，大理正季洪言：「伏覩乾道（問）〔間〕臣僚申請，命官因監司州軍按發不曾經推勘或體究，後因到部截會，並免約法。指揮既行，咸以爲當，然猶有可議者。按章内稱曾差官體究，若備坐體究到事因，則據以約罪，人亦何辭。然其間蓋有止稱已曾體究，有司拘文，亦未免與之約法。或所犯狼籍，偶不言及曾經體究，遂致倖免，勢須行下取會，動涉歲月，復有留滯之歎。乞詔監司、郡守，今後按發官屬，如委曾體究到事因，不得泛言已曾體究，庶幾有司據憑約法，人自無辭。」從之。

紹（興）〔熙〕五年七月一日，登極赦文：「應命官因臣僚論列，或監司守倅（接）〔按〕發，不曾經取勘，一時約作過犯，可並與除落，依無過人例施行。」

九月十四日，明堂赦文：「應命官下班祗應、副尉，因罪特旨及依法合該展期或展年磨勘，監當展任、降資、殿降名次、展年參選、罰短使，並特與放免。」

同日，赦：「應命官犯公罪徒以下，案後收坐而案狀未到者，可以刑寺照赦定斷結絶。」

慶元六年五月十四日，詔：「命官曾經論列按（刻）〔劾〕降官放罷委無綰繫之人，日下批書放令離任。如妄作緣故，[28]不與批書，在内委御史臺覺察，在外令監司按劾，仍許被冤抑人及家屬越訴。」

二十五日，刑部員外郎王資之言：「大觀舊法，諸尚書省更造到春秋頒赦令格式二册，春以正月十五日、秋以七月十五日以前進入聽裁。南渡以來，刑部進呈頒降，至今不敢少怠。其間並是中外臣僚平居暇日議論精審，朝删夕改，然後建立朝〔一〕，臺諫、給舍咸以爲是，然後頒行。日來止是頒下州郡，而不及縣鎮。夫縣鎮於民爲最近，裁決公事，多致抵（抵）〔牾〕，獄訟以之不息，良民受害不少。乞今後遇春秋一頒鏤板，其縣鎮並同州郡一例頒降。」從之。

〔一〕建立朝：疑當作「建言於朝」。

嘉定十二年七月七日，臣僚言：「竊見大理寺右治獄法司間有闕人，即以正貼司就貢院收試。今刑部進擬案法司擬斷諸路州軍獄案，事體尤重，却以六曹寺監私名就試。此等入未久〔一〕，年齒尚幼，結連成黨，雷同入院，互相指教，僥緣偶中，即充法司，（詣）〔請〕給等依書令史例幫行，又且補授、轉官，賞典非輕，大爲僥倖。況私名既不練歷於擬斷，獄案必致差誤。乞將進擬案法司已補承信郎方得作闕，許六曹曾經貢院試中、已補（克）〔充〕正貼司之人，經刑部陳狀，就貢院附試。候試中，且令帶本處正貼司舊請，於進擬案習學，候已補官法司及一年離司，却行補正。」從之。

審刑院

【宋會要】

淳化二年置，在右掖門内。掌詳讞大理寺繫〔囚〕案牘而奏之。以朝官一人或二人知院事。有詳議官六人，以朝官[29]充，書令史十二人。先是，天下案牘先定於大理，覆之於刑部，太宗慮法吏舞文，因置審刑院於中書門之西。凡具獄案牘，先經大理斷讞；既定，關報審刑，知院與詳議官定成文草奏訖，下丞相府；（承）〔丞〕相又以聞，始命論決，蓋重慎之至也。

太宗淳化二年八月，以樞密直學士李昌齡知審刑院。初，散騎常侍徐鉉外族之女蕭氏與姑爲訟，法官議覆，依違鹵莽，皆坐遷謫。因置審刑院，命近臣領之。

四年六月，詔審刑院應罪人當坐極典公案，依法定斷後，内有情理可憫者，仰體量事理，別具奏聞。

真宗咸平元年三月，詔大理寺斷獄有合上請者，審刑院即行駁問，無得奏裁。

二年正月，權大理寺事尹玘言：「準至道三年二月李瑗起請，勑大理寺斷案，審刑院詳覆，各有程限。大理寺斷到公案，審刑院如必然用法未當〔二〕、出入刑名，須合改正者，即指出不當事節，分明劄問，不得妄有駁難。近見審刑院劄問大理寺，多不指出不當事件，只以疑詞覆問，致案牘稽遲，欲乞再申明。」詔審刑院，凡劄問刑名事節，一依前勑施行。

閏三月，詔審刑院每奏案，先具簡當法狀進入，以減奏讞之繁。

三年十一月，詔：「州府軍監旬奏禁狀，自今並送審刑院看詳，有滯留者以聞。」

五年四月二十四日，詔：「近日審刑院每有詳議，連書奏上，不能執正，多所依違。自今並須盡公結奏。」

六月二十二日，詔：「審刑院詳議官自今不限在職月日，但本官及三年無違闕，即引對遷官。」

〔一〕「入」下疑脱「院」字。

〔二〕必然：疑當作「必以」。

景德元年八月，詔審刑30院斷案牘，自今大事限十日，中事七日，小事五日。從御史知雜李濬之請也。

九月，詔：「律勑所著則條目有常，案問之詞則情狀不一。若法寺以無條議罪，比附或爽於重輕；中書以徑奏奉行〔一〕，須下有虧於審慎。至於仕進之伍〔二〕，偶挂刑名之書〔三〕，雖則已務從輕，如聞猶難自辨，則使有隱者何由上達，負屈者無以獲伸。將更盡於詳明，宜聊從於釐革。今後宜令審刑院進呈公案，一依舊例覆奏後，批所得指揮送中書，委自中書看詳。如刑名已得允當，即出勑。除具法寺斷語外，便以勑文處分，更不得録審刑院所批指揮。如是刑名未當，即仰中書別具進呈，務在平允，亦具法寺斷語出勑處分。」

四年七月，詔：「審刑院凡有法寺奏斷公案，皆具詳議奏覆。其今後宜令本院除官吏贓私踰濫〔四〕、爲事慘酷及有刑名疑悮者依舊奏覆，其餘刑名已得允當者即具封進，仍以黄帖子擬云『刑名已得允當，乞付中書門下施行』。」時王濟等上章乞廢審刑院，帝因令宰臣更爲約束。

大中祥符二年二月二十五日，詔審刑院、御史臺、開封府案牘速即斷奏，以方春慮淹繫也。

天禧五年二月九日，知審刑院宋綬言：「諸州刑奏並斷畢，無見留案牘。」詔奬綬等，仍賜緡錢，宣付史館〔五〕，群臣詣閤門上表賀。後奏斷絶，賜緡錢、付史館如例，而不上表賀。

仁宗天聖二年十月，審刑院滕涉言：「本院案牘稍多，每斷奏稽延，頗滯刑禁。欲乞每遇天慶、乾元等五節，前後各31一日并正節日共三日，住奏大辟公案，其餘公案只乞正節一日住奏。」從之。

景祐四年四月九日，右諫議大夫郎簡乞今後詳斷刑名未得允當，許勾斷官赴院詳議。詔審刑院有公事須商量，即詳議官與知院同書字勾喚。

嘉祐六年八月，徙審刑院于右掖門之西。院舊在長慶門東，併其地入中書而徙之。

十月十二日，知審刑院傅求言：「本院未便事件，如舊制審刑院元在右掖門内，易爲關防，今移出外臨街，與審官院、禮院相鄰，逐日車馬喧鬧。竊緣本院日有奏到公案不少，院門別無關防，欲乞依在京糾察司例，專差皇城司親事官二人把門，免致別有漏泄。本院剩員十人束縛文字。今來本院屋共六十餘間，雖有上下番剩員二人，難爲看管。乞於十人内特留四人看管屋宇、官物、公案等，仍乞依衆詳議官所破剩員例支給口食。」並從之。

神宗熙寧元年五月二日，知審刑院齊恢等言：「本司近年已來文案稍多，全藉官員曉夕斷奏。雖早入晚出，有

〔一〕徑：原作「經」，據《宋大詔令集》卷二〇一改。
〔二〕之伍：原作「士件」，據《宋大詔令集》卷二〇一改。
〔三〕「挂」下原有「州」字，據《宋大詔令集》卷二〇一删。
〔四〕「除」下原有「爲」字，據《長編》卷六六删。
〔五〕宣：原作「事」，據《長編》卷九七改。

大理寺一司常制，然其間不勤所職〔一〕、往諸處看謁之人，深慮廢事。欲乞今後應審刑院、大理寺官除休務假日外〔二〕，其餘合入本司日分並不得於諸處看謁，所貴盡心職事，不離官次。」從之。（以上《永樂大典》卷一四六七三，又卷一六六六五）〔三〕

法官〔四〕

【宋會要】太祖乾德四年八月十二日，詔：「應刑部、大理寺見任及[32]今後授官，並以三周年爲滿。如常在本司區別公事，至滿日便與轉官。如有疎遺，不在此任限。」

太宗太平興國七年八月，詔曰：「朕以刑法之官重難其選，如聞自來月給隨例折支，宜令三司，自今後少卿、郎中已上料錢，於三分中二分特支見錢，員外郎已下並全支見錢。如他官任刑法官者，亦依此例。」

（瑞）〔端〕拱二年十月，御劄：「朝臣、京官等，（今）〔令〕御史臺告諭：有明於格法者，許於閤門自陳，當議試可，送刑部、大理寺充職。其大理寺滿三年無遺闕，一依元敕改轉。」

真宗咸平二年三月，詔：「審刑院舉詳議官，自今宜令大理寺試斷案三十道，取引用詳明、操履無玷者充任。」初，宰臣張齊賢奏：「審刑院舊例，舉詳議官令刑部只試斷案二道，俱通，則便令赴職，仍多改賜章服。竊詳所斷案牘，皆取其事小者以試之，是以多聞中選。」真宗曰：「如此則求人不精，何以懲之？」齊賢因請釐革。

四月，知審刑院雷有終言：「大理寺斷官每有公案，定斷刑名，經申奏後，內降付審刑院詳議。其議官看詳或寺司定斷刑名重輕未允，即劄下本寺問難。其本斷官（路）〔畧〕無所執，隨而入狀改定，謂之『覺舉』。且法寺出入刑名，朝廷畧無劾問，甚非欽恤之義也。欲乞自今若將杖罪入徒或徒罪入杖〔五〕，其本斷官具名銜以聞，下本寺就勘取旨。或杖、笞罪遞互出入〔六〕，即依舊取覺舉官狀改正，更不行勘。」從之。

八月。判大理寺王欽若言：[33]「本司近日文奏甚簡，請止留詳斷官張維等八人，其張文普等四人望令省罷。」詔從之，文普等悉授近便知縣。

六年十二月，詔：「自今有乞試法律者，依元勑問律義十道外，更試斷徒已上公案十道。並於大理寺選斷過舊條

〔一〕然：原作「於」，據本卷職官一五之六改。
〔二〕假：原作「暇」，據本卷職官一五之六改。
〔三〕「又卷一六六六五」乃據本門首條屠寄眉批補。
〔四〕按，此門條目與本書刑法一之六二至六八「法律」門全同，但在《大典》不同卷，是《大典》兩用於二門。今仍其舊。
〔五〕入杖：原作「人杖」，據本書刑法一之六二改。
〔六〕互：原作「牙」，據本書刑法一之六二改。

律稍繁、重輕難等者，拆去元斷刑名、法狀、罪由，令本人自新別斷。若與元斷並同，即得爲通。如十道全通者，具狀奏聞(乞)〔訖〕，於刑獄要重處任使；六通已上者，亦奏加奬擢。五通已下，更不以聞。」

景德元年四月，詔：「御史臺、刑部、大理寺推直、詳覆、詳斷官年未滿，諸處不得輒有奏舉。」先是，推直官等有缺，即令兩省給、舍已上保舉而授之，至有憚於案牘，或別求舉奏改授他職，故有是詔。

二年三月二十四日，詔：「自今所舉大理寺斷官、刑部詳覆官已試斷案五道，遣官與二司互考。」又審刑院言：「準敕與刑部、大理寺詳定，自今投狀乞試格法，并審官院、流内銓等處引見時乞試人，並依元敕試律義十道合格外，更試斷案三道，兩道通者奏取進止。所有奏舉到詳覆、詳斷并揀選到法直官〔一〕，并審官、銓司引見時不曾乞試、特奉聖旨與試人等，止試斷案三道，通二道者爲合格。其兩項人所試斷案，以斷勅内取一人犯罪多者情欵與試，合得元斷刑名同，即爲通。如罪犯易見者，取兩人情款，與元斷刑名同，即爲通。仍依近敕，並差官與刑部、大理寺交(牙)〔互〕考試。」詔從所請，内試到三粗者，卷子仰繳連以聞，別取進止。其選到審刑、詳議官亦准 34 此。

五月，詔：「刑部自今每定試斷案人，前一日差詳覆官一人親往大理寺〔二〕，委判寺、少卿等臨時旋差斷官一人〔三〕，與差去官同於公案庫内揀選自來條件稍繁、輕重難等者公案〔四〕，即不得令手分檢取〔五〕。仍據所借道數，令判寺官實封，具公文晝時牒送刑部，只在本廳收掌，亦不得下所司收直〔六〕。候引試日，當面與同監試官驗認大理寺元封，拆開揀試，去却法狀、斷語，兼令詳覆官等同共監試，令所試人自新別斷。其餘通否次第，一依前後條貫施行。」

六月，詔：「刑部、大理寺、三司法直官、副法直官等，自來以令史轉充。自今應法直官、副法直官令銓司於見選人中選流内官一任成三考、幹謹無遺〔七〕、習書判者，具名引見，試斷案五道。差官與刑部、大理寺、三司交(牙)〔互〕考試，以可者充。三司、大理寺滿一年、刑部滿三年，無私罪，並與京官。」先是，端拱中樞密直學士寇準上言〔八〕，至是申明之。

九月，詔：「審刑院詳議、刑部詳覆、大理寺詳斷官自今任滿，如書罰四次已上，未得考課引對。其同簽連累者件析以聞，當酌其輕重差降任使。内供職無遺曠者，歲滿

〔一〕并：原無，據本書刑法一之六二補。
〔二〕詳：原脱，據本書刑法一之六三補。
〔三〕時：原脱，據本書刑法一之六三補。
〔四〕自「於公」至「者公」凡十九字，原脱，據本書刑法一之六三補。
〔五〕即：原作「則」，據本書刑法一之六三改。
〔六〕直：疑當作「置」。
〔七〕遺：原作「遣」，據本書刑法一之六三改。
〔八〕寇：原作「冠」，據本書刑法一之六三改。

優與升奬〔一〕。」

大中祥符元年正月，詔曰：「刑罰所施，益資乎審克；議讞之任〔二〕，當慎於選掄。咨乃仕進之流，能明科律之要，各宜自薦，式協旁求。應京朝官有閑習法令、歷任無贓濫者，許閤門進狀，當遣官考試。如有可採，即任以審刑院詳議官。」初，審刑院、刑部、大理寺皆闕屬官，累詔朝臣保任及較試，皆不中選，乃有是詔。

八月，知審刑院朱巽舉太子中允彭愈〔三〕、光禄寺丞張有則，又知 35 審刑院事劉國忠舉大理寺丞閻允恭堪充詳議官。詔刑部尚書温仲舒、給事中張秉同考試。而太子詹事、權判刑部慎從吉暨省寺衆官覆視仲舒等所試，通粗不同，而仲舒等又引禮部侍郎魏庠等前試大理寺丞裴常〔四〕、前武昌軍節度推官慎鍇、前荆南觀察推官崔育材所定通粗爲比。詔令百官集議。吏部侍郎張齊賢等議〔五〕，裴常、慎鍇亦不中程，詔奪其官，彭愈亦罷。

三年四月，權判大理寺王秉式言：「本寺官屬多避繁重，自今望令權詳斷官未替，不得别求任使。如實不明法律，委在寺官體量以聞，方許外任。正詳斷及檢法官年滿，亦俟替人，方得出寺。」從之，其權詳斷官以半年爲限。

六年四月，判大理寺王曾等言：「自咸平元年編敕後至大中祥符五年八月，續降詔敕千一百餘道，及諸路案内引到行用詔敕并新編敕、三司編敕、農田敕共三千六百餘道，内有約束一事而詔至五七者，條目既廣，慮檢據失於精詳，望差官删定。」詔令編敕所依咸平删録。

六月，詔：「自今應京朝幕職州縣官乞試斷案者，委考試官等躬親就庫密揀公案，親自封記，候試時於中更選合要道數，依元敕精加考試，不得仍前令庫胥簽檢，致有漏泄。其所試斷案須是引用格敕分明，方始定斷合用何罪，勿使鹵莽。如違，其所試官並重寘之法。其大理寺應係新舊草檢、宣敕等庫，自後並差官封鎖，毋使人吏 36 擅有開閉。」初，中書以試律人名進呈，宰臣王旦言：「從來已有差遣，或已授遠官，雖是法寺要人，恐涉規避，已不施行。其間預試而中選者，亦甚僥倖。緣選人未經六考，無兩人同罪薦舉，則無階升陟。此輩雖云詳練格法，或考試不精，則幸者多矣。或權於審刑院則例改章服，歲滿又加等差使〔六〕。以此，尤須得人盡公程試。」帝曰：「如卿所言誠有，所試斷案，往往先知，洎至定刑，則第曰合入徒罪、合入杖罪，即不指陳犯何條格，致得某罪。自今選官精加考試，仍更條約。」故有是詔〔七〕。

〔一〕升：原脱，據本書刑法一之六三補。
〔二〕議：原作「儀」，據本書刑法一之六三改。
〔三〕朱巽：原作「朱選」，據本書刑法一之六三改。
〔四〕舒：原作「書」，據本書刑法一之六三改。
〔五〕侍：原作「寺」，據本書刑法一之六三改。
〔六〕差：原脱，據本書刑法一之六四補。
〔七〕詔：原作「誥」，據本書刑法一之六四改。

十二月，大理寺又言：「舊制，審刑院詳議官、大理寺詳斷官三年滿無遺闕〔一〕，考課改官。景德中，詔歲滿四經書罰者，審官院以聞，量輕重殿降差使。如詳刑允當，優與升獎。向來審刑詳議官年滿，雖有責罰，亦優獲差使。而本寺詳斷官偶有責罰不及四次者，止授知縣，則是詳斷官資敘與監臨場務無異。況京朝官充刑部詳覆官、開封府諸曹參軍，任滿日並通判諸州。今本寺日有檢斷，鮮能無累，欲望歲滿書罰不及四次者授通判諸州，以勵官屬。」詔自今兩經書罰情輕者，奏取進止〔二〕。

八年閏六月，詔：「京官充刑部、大理寺職任及御史臺主簿、三司檢法官，不得便服街行及市肆下馬。委御史臺糾察之。」

十月，詔自今無得舉京朝官充大理寺檢法官。

天禧元年六月十四日，詔：「大理寺自來所舉官，內幕職、州縣官須及兩任六考。今後但歷任及五考已上，並許保舉〔三〕。」從本寺之請也。

二年正月，詔：「審刑院詳議官自今歲滿，並令中書依例差遣。」

二月，大理寺言：「準大中祥符七年九月敕，判寺盛度言：『本寺斷官八員，檢法官二員，近年權差官充，多不精習37法律。望依咸平二年敕，令審刑、大理寺、刑部衆官舉奏。』時詔依其請，令所舉須經兩任六考。今臣等參詳，準天禧元年五月敕，舉奏幕職州縣官但歷任及四考已上施行。本寺欲乞比類前敕，但歷任五考已上，並許保薦，仍於法官將滿前一月具名以聞。所冀精詳法律，得遂公平。」從之，仍令自今所舉官先送審刑院試律義五道〔四〕，具通否以聞。

閏四月，右正言劉燁上疏言：「在京刑法曹掾之官〔五〕，近日多因臣僚陳乞差授。自今望下銓曹精擇寒素之士，無得以權勢親屬充選。」從之。

四年四月三日，審刑院、刑部、大理寺言：「衆官參詳，今後斷官、法直官於年限未滿前先次舉官。內舉到幕職、州縣官，須曾有奏舉主者，先還審刑院試律義五道，得通三者。若斷官，即更試斷中小案一道，仍取斷敕合用律文者。如所試合得元斷敕，即申奏施行。如試律但通二已上，及斷案雖不合元斷刑名，但引用條法、節署案款稍知次第，亦自審刑院聞奏，送大理寺試案二十道，委判寺官保明〔六〕，具可否以聞。其法直官先試義外，并斷中小案，稍知使用條法次第，不必與元斷法狀一同，但參驗曾習法律者，並依

〔一〕大理寺：原作「大理少卿」，不可通，此處乃指大理寺之詳斷官，不涉少卿，下文言「本寺詳斷官」，是也，因改。
〔二〕止：原作「旨」，據《長編》卷八一改。
〔三〕保：原作「係」，據本書刑法一之六四改。
〔四〕送：原脱，據本書刑法一之六四補。
〔五〕刑法：原作「别注」，據本書刑法一之六四改。
〔六〕寺：原作「事」，據本書刑法一之六五改。

例以聞，送大理寺試公事三兩月，亦委判寺官保明可否以聞。後更不得舉京官充斷官。」詔從之。并刑部詳覆、法直官亦準此。

仁宗天聖元年三月，判大理寺張師德等言：「參詳詔條，選人求試充法官，自來下法38寺考試能否〔一〕。伏緣所試斷公案並是在寺府吏寫録行遣〔二〕，及掌管敕庫，皆知所犯罪人姓字并元斷刑名，苟或漏泄，即有誤精求。欲望自今並令御史臺考試。」從之，仍令審刑院、大理寺知判官内輪差一員〔三〕，與斷官一員赴御史臺同共考試。

二年六月，詔：「自今三司檢法官有闕，令流内銓依公揀選，保明以聞，其三司使副更不得保舉。」

八月十二日，詔：「審刑院今後所舉詳議官並須先會問本人，如願充職，方得奏舉。其年滿詳議官，候替人到交割，即得離院。」先是，同判貝州韓錫言：「昨爲審刑院舉充詳議官，准中書劄子發遣赴闕。臣今情願不就詳議官，乞仍舊任。」帝許之，因有是詔〔四〕。

十月，吏部流内銓磨勘到選人王揆等八人歷任功過，引見。仁宗曰：「内有逐任出入人罪者，今後勿差充刑獄官。」

三年四月，審刑院言：「近勑所舉詳議官並須會問本人，如願充職，方得奏舉。以此深煩往復，頗亦非便，自今乞更不會問。」從之。

四年十一月二十三日，詔：「今後舉到大理寺詳斷、檢法官，年滿日，且與一任家便知縣後，即與同判差遣。其見在寺官員，年滿日差遣，一依舊例施行。」

五年九月二十一日，中書門下言：「檢會去年十一月得旨：『今後大理寺詳斷官、檢法官年滿日，且與一任家便知縣後，即與同判差遣。』其今後舉到刑部詳覆官，年滿日欲依大理寺官例施行。」從之。

六年十二月八日，詔：「自今詳議官須是曾歷在京刑法司升朝官，方得奏舉充職。其詳斷、39詳覆、法直官亦須幕職州縣官内選舉精練格法者充〔五〕。如到職後却有法律生疏，稍涉私徇，其先舉官重寘之法。」

七年九月，詔：「今後所舉法官令審刑院、刑部、大理寺知院、主判官等，令同罪保舉。」

十一月，詔：「自今刑部、大理寺舉幕職、州縣官充詳覆、詳斷、法直官等，如職任内犯入己贓，其舉主並當同罪。或舉主不至追官、停任，及該赦原免并遇減降者，具情理取旨〔六〕，或降官秩，或降差遣。如職任外犯贓罪，於所犯人下減二等，更不取旨。若在任及離任後犯私罪，其舉主更不收理。」

〔一〕寺：原脱，據本書刑法一之六五補。
〔二〕寺：原脱，據本書刑法一之六五補。
〔三〕輪：原作「論」，據本書刑法一之六五改。
〔四〕詔：原重此字，據本書刑法一之六五删。
〔五〕格：原作「恪」，據本書刑法一之六五改。
〔六〕「情」下原衍一「取」字，據文意删。

九年二月，詔：「自今後所舉大理詳斷、法直官，須有出身令録已上，歷任中曾充司法或録事參軍或職官各成資官者〔一〕。詳斷、法直官闕〔二〕，並須先取索目前乞試斷案人但歷五考已上者，（今）〔令〕衆官將元試卷看詳，取其通數稍多、引用不失者，並許保舉，更不拘資品。若其間無人，或未知行止，即且依前項指揮舉官。其考試所舉之人，律義依舊只試五道，内問《疏義》二道，以二通已上爲中〔三〕。更試中小案三道，其案取約三道刑名，兼以重罪引用律條者合試。若得一通或二粗，即免試公事，便除京官。若試得一粗，或書劄稍堪引用有取者，亦與聞奏，送本寺試斷案三二十道，如堪充職任，本寺主判官已下保明以聞。其所試如重罪同，輕罪内差錯一件刑名，亦許爲同；或輕罪不同，重罪引用刑名正當，高下差誤一等，於杖、徒、40流、死刑名不差者，亦許爲粗。其法直官依舊試律義外，亦以舊案三道試鋪引法，仍以都引刑名條數十分爲率，得六分同者爲合格。試日，令審刑院差詳議官二員，大理寺差判寺或權少卿一員，〔赴〕御史臺同試。其所舉人，並須見在任及歷任曾有轉運、發運使一人〔四〕，或（太）〔文〕武升朝官二人同罪（奉）〔奏〕舉，依銓格合充舉主人數者，方得奏舉。若充大理寺詳斷、檢法官年滿日再任者〔五〕，亦聽。如轉官及三周年，便與磨勘，候再任滿日與折一任知縣，差家便通判。」自是刑部詳覆、法直官亦據此詔，從之。其合該轉官資年限即依舊例，如願再任者亦聽。

明道二年十一月，詔刑部：「天下旬奏公事，令法直官與詳覆官分定看詳。候二年滿日，如在任舉駁覆奏公事別無不了，即乞與轉京官〔六〕。更一年滿日，別舉官充替。」

景祐二年二月九日，中書門下言：「審刑院、大理寺、刑部當職官員供職懈慢，今後並須早入晚出。所有公案文字仰逐旋結絶，仍令御史臺覺察。」從之。

三年十一月三日，新荊湖北路轉運使司徒昌運言：「乞今後詳斷官滿日，依敕選充審刑詳議官。」詔：「自今審刑詳議官有闕，於年滿詳斷官内選充，免試公事。如未有年滿者，即於外任曾歷詳斷、詳覆官内保舉。曾出入人罪者勿舉。」

寶元元年六月，三司檢法官孫抗言〔七〕：「三司刑名之有疑者，乞如開封府例，許至大理寺商議。」從之。

康定元年三月七日，大理寺言：「據詳斷官郭昌等

〔一〕下「官」字恐爲「任」字之誤。
〔二〕「闕」字原在「詳」字上，據上下文意乙正。
〔三〕通：原作「道」，據本書刑法一之六六改。
〔四〕發運：「運」字原脱，據本書刑法一之六六補。
〔五〕日：原作「迎」，據本書刑法一之六六改。
〔六〕「乞」字疑衍，此是詔文，不當言「乞」。
〔七〕抗：原作「杭」，據《長編》卷一二二、《臨川文集》卷八九《廣西轉運使孫君墓碑》改。

狀〔一〕，今後案牘應係41法寺定斷者，其主行之人受賕者〔二〕，請以枉法論。」從之。

皇祐四年三月十四日，詔：「大理寺詳斷官自來大事限三十日，中事二十日〔三〕，小事十日，審刑院遞各減半。然不分有無禁囚，大懼炎暍之際〔四〕，待報淹久，起今四月，盡六月，案内係有禁囚者減限之半。其益、梓、利、夔、廣南東西、福建〔五〕、荆湖南等州軍〔六〕，即依急案例斷奏。」

嘉祐六年八月二十九日，詔：「審刑院、大理寺日有諸路州軍奏到公案，慮失於審慎，或致滯留，今後審刑院、大理寺詳議、詳斷官闕，（直）〔宜〕令知院、判寺少卿與學士院、御史臺、舍人院同罪輪舉法律精熟、論議通明之人以聞，餘依詔條。仍令詳議、詳斷官每至月終，各具所斷未了公案道數，承受月日，朱書大、中、小事元限月日，作單狀，仰知院、判寺少卿於次月五日以前類聚繳連以聞。其詳議、詳斷官更不得差諸處勾當。」

英宗治平元年十一月二日，中書門下言：「新差提點兩浙路刑獄公事賈壽言：『審刑院、大理寺詳斷諸色公案，並須詳定同進。如經奏斷後失錯，兩司官吏等並不在覺舉之限。然苟有失錯，不許自陳，則慮法官雖覺其失，懼於科罰，不肯自引其咎而就責，如此，則所枉之罪未必發露，徒使罪人枉陷重辟。已經奏斷，但於罪人未行決間，能自覺舉改正，許從律文原減之法。』檢會今年五月七日詔，審刑院詳議、刑部詳覆、大理寺詳斷官如斷案或定奪差失、雪罪不當，及失舉駮，曾經勘罰及三次者，並當責降。已上雖經赦降，並42理爲次數。如事係重大，或有涉情弊，雖只一次，亦當重行降黜。其檢法、法直官鋪條差失者，亦准此。及仰刑房置簿，畫時抄上，不得漏落。如次數合該責降，便仰檢舉施行。」詔：「今後所入事狀並須主判官等連簽。如三次改動刑名，元斷官、議官並理爲一次勘罰。其大理寺一司不在覺舉條，更不行用。及仰刑房置簿，如前勑施行。」

神宗熙寧元年二月十六日，大理寺言：「敕閣自來輪差詳斷、法直官兼監，半年一替。緣斷官詣審刑院商量文字，及中書、密院勾唤不定，難爲專一監守。欲乞專差檢法官二員監勑閣，更不輪管本寺紙庫、錢庫，簽書銓曹〔七〕、審官院文字。及移法直官房依舊於閣下，仍差歸司官二人、府史二人同共管勾〔八〕。舊條審刑院、刑部、大理寺不許賓

〔一〕狀：原脱，據本書刑法一之六六補。
〔二〕主：原作「生」，據本書刑法一之六六改。
〔三〕「中」下原衍「書」字，據本書刑法一之六六删。
〔四〕「大懼」至下文「禁囚」凡二十三字，原脱，據本書刑法一之六六補。又「暍」，原作「臘」，據《長編》卷一七二改。
〔五〕「福」字上原衍一「福」字，今删。
〔六〕「南」字疑衍，《長編》卷一七二無此字。
〔七〕「簽」下原衍「庫」字，據本卷前文職官一五之六删。
〔八〕「府」上原衍「庫」字，據本書刑法一之六七删。又「府史」，本書職官一五之六作「府吏」。

客看謁及閒雜人出入，如有違犯，其賓客并接見官員並從違制科罪。乞并親戚不許入寺往還，所貴杜絶姦弊。」從之。

五月六日，御史臺言：「看詳奏舉乞試法官等條制，今與審刑院、大理寺衆官將前後所降指揮參詳到六條，委得經久可行。所有今日以前應係試法官勑劄，乞更不行用。」從之。

三年三月二十五日，詔：「試用法官條貫〔一〕，候法官皆是新法試到人，即依此施行。立定試案、鋪刑名及考試等第式樣一卷，頒付刑寺及開封府、諸州，仍許私印出賣。」

九月，令考試法官所分爲三等考定所試之人，如無合入上等之人，即止 43 從本寺〔二〕。仍逐場未得駮放，合各具等第，通數以聞。

五年五月十四日，詔：「大理寺詳斷官每二人同共看詳定斷文案外，更於奏狀上繫銜，仍同點檢。」從本寺所請也。事具「大理寺」。（以上《永樂大典》卷一四六七三）

糾察在京刑獄司

【宋會要】

44 真宗大中祥符二年七月四日，詔曰：「國家精求化源，明慎刑典。況輦轂之下斯謂浩穰，獄訟之間尤爲繁劇，苟聽斷稍乖於閱實，則蒸黎或陷於非辜。伏念軫懷，當食興嘆，宜申條制，式示哀矜。輟軒墀近侍之臣，逮風憲繩違之士，察其枉橈，舉彼稽留，庶遵隱悼之規，以召和平之氣。宜差知制誥周起、侍御史趙湘糾察在京刑獄。其御史臺、開封府應在京刑禁之處，並仰糾察。其逐處斷遣徒已上罪人，旋具供報。內有未盡理及淹延者，並須追取元（按）〔案〕看詳，舉駮申奏。若是曠於舉職，致刑獄有所枉濫，別因事彰露，其所委官必當重寘之法。更有令條貫事件，仍仰擘畫開坐以聞。」先是。真宗謂宰臣曰：「如聞京師刑獄多是平允，去年六月開封府勘進士廖符，械繫庭中，暴裂其背，而鞫之無狀。炎暑之時，罪未見情，横罹虐罰，良可嗟惻。」故命特置官局以糾按之〔三〕。

十八日，詔給兩縣手力十人，步軍司剩員軍士四人。

十九日，詔：「應在京府刑獄司局，每日具已斷見禁輕重罪人因由供糾察司。其殿前馬步軍司徒已上，亦依此供報。應外廂巡凡有編管寄留人，每日一申，及責保、門留、守辜、産限、知在者，十日一申。若三司、開封府逐日結絶不了公事，送軍巡府院、廂界四排岸軍禁者，45 皆須明上印曆，於因由內別項開坐。若三司、御史臺別無禁繫，即十日一報糾察司。若有公事，亦報因由。」

〔一〕試：原作「詔」，據本書刑法一之六七改。
〔二〕寺：疑當作「等」。
〔三〕屠寄天頭原批：「《大典》卷一千一百十八，又卷一萬四千六百七十三。」按，後者已被屠寄删去，今未見。

八月三日，糾察在京刑獄周起等言：「在京刑禁不少，若止憑逐處案牘或節狀看詳，慮有曖昧，無由辯其枉濫。望詔在京應有刑獄處見禁已決人，如實屈抑及官吏非理拷掠〔一〕，情狀灼然冤枉者，並先詣糾察司陳狀。如經勘覆，實有枉濫，其原推斷官吏並嚴寘於法。如所訴不實，故欲翻變者，亦重行斷勘。其未經本司陳訴，不得輒詣檢鼓進狀。」從之。

四日，詔糾察官每日依審官院例，御厨給食。

九月，詔：「糾察刑獄官自今看詳日狀，如所犯稍重，及情理涉疑，禁繫稍多，淹延未斷，即仰暫勾罪人及碎狀，就本司審問。若至大辟及密切事務，即委糾察官一員就往審問。如至翻覆異同，即委移司推鞫。」

十月，詔糾察刑獄官如有公事上殿，即赴内殿起居，仍免常朝。

三年三月，糾察刑獄司言：「伏覩犯罪經赦後事發，准律有離之、正之之文。（令）〔今〕法司離、正之外，仍科本罪，用法似深。」帝曰：「比行赦宥，事發不免其罪，理合商量，但此事行之已久。」宰臣王旦曰：「經赦不自陳首，非有發露，無由離之、正之，所以律文有赦後不首之罪。且事有幽隱，而經赦既不自首，發則亦獲免罪〔二〕，於理非便。」遂令法寺參議以聞。

五年四月九日，詔：「應曾經糾察在京刑獄司申奏、下御史臺禁勘、大辟罪人法成公（按）〔案〕者，委御史臺於 46 郎中已上牒請録問訖，再於中書舍人以上、丞郎以上再請録問。」

二十五日，詔：「開封府見勘逐公事并於别處陳詞稱未盡理者，並且委本府照勘，詣實斷結。如已經勘斷及有違條貫日限者，别取旨。」

六年二月，詔糾察刑獄司録問大辟罪人，仰逐處并要切人悉送本司。

八年十二月，詔：「應在京諸處主掌刑獄官吏，如有與糾察司手分往還，仰覺察以聞。」

天禧三年十月，詔糾察刑獄司自今免鞫劾公事；如有定奪，即仍舊。先是，糾察官吕夷簡言：「本司累奉詔旨勘鞫定奪公事，或止將公（按）〔案〕詳閲，亦無妨礙。若勘鞫公事，即動須追逮罪人，辨證詞理，顯是兼置刑獄，不便。」故令止之。

仁宗天聖八年六月，詔自今御史臺凡有刑獄文字，更不供報糾察司。

嘉祐五年九月八日，詔備録大中祥符二年七月四日始置糾察在京刑獄司敕書下本司。今後每有差到官，令看詳遵守施行。

神宗熙寧三年八月，令殿前步軍司，今後大辟罪人，並

〔一〕理：原作「禮」，據《長編》卷七二改。

〔二〕「免」下原有「於」字，據《長編》卷七三刪。

如開封府條例，送糾察司録問。（以上《永樂大典》卷一一一一八）

都官員外郎[一]

【續宋會要】47《兩朝國史志》：都官，判司事一人，以無職事朝官充。凡俘隷簿録[二]、給衣糧醫藥之事，分領於他司[三]，本司無所掌。元豐改制，郎中、員外郎始實行本司事。

比部員外郎

【續宋會要】《兩朝國史志》：比部，判司事一人，以無職事朝官充。凡勾會内外賦斂、經費、出納、逋欠之政皆歸於三司句院、磨勘理欠司，本司無所掌。元豐改制，郎中、員外郎始實行本司事。

司門員外郎

【續宋會要】《兩朝國史志》：司門，判司事一人，以無職事（朝）官充。凡門關之政令、曉昏啓閉、發鑰納鎖，令行於皇城司、道路、津梁、州縣，本司無所掌。元豐改制，郎中、員外郎始實行本司事。（以上《永樂大典》卷七三一四）[四]

[一]「都官」下原有「部」字，按明代始稱「都官部」，宋代無此稱呼，今删。下「司門員外郎」同。
[二]俘：原作「浮」，據《群書考索》後集卷八改。
[三]句首原有「令」字，據《群書考索》後集卷八删。
[四]《大典》卷次，原稿版心標作「千三百十四」，「千」上脱「七」字，據《永樂大典目録》補。

宋會要輯稿　職官一六

刑部侍郎

【宋續會要】

1 元豐正名，除大理卿崔台符爲之〔一〕。

工部侍郎

【宋續會要】

元豐正名，初除熊本爲之。（以上《永樂大典》卷七三〇七）

屯田員外郎〔二〕

【續宋會要】

2《兩朝國史志》：屯田，判司事一人，以無職事朝官充。凡屯田之政令隸三司，本司無所掌。元豐改制，員外郎始實行本司事。

虞部員外郎

【續宋會要】

《兩朝國史志》：虞部，判司事一人，以無職事朝官充。凡虞衡之政令皆歸三司河渠案，後領于都水監，本司無所掌。3 元豐改制，員外郎始實行本司事。

《神宗正史·職官志》：虞部員外郎參掌山澤、苑囿、場冶之事，而舉行其禁令。若地産茶、鹽、礬及金、銀、銅、鐵、鉛、錫，則興置收採，以其課入歸於金部。猛獸、毒藥能害人者，皆屏去之。《哲宗職官志》同。

水部員外郎

【續宋會要】

《兩朝國史志》：水部，判司事一人，以無職事朝官充。凡川瀆、陂池、溝洫、河渠之政，國朝初隸三司河渠案，後領於水監，本司無所掌。元豐改制，員外郎始實行本司事。

《神宗正史·職官志》：水部員外郎參掌溝洫、津梁、舟楫、漕運之事，凡水之政令，若江淮河瀆、汴洛隄防決溢疏導(雍)〔壅〕底之約束，以時檢行，而計度其歲用之物。應修固不如法者有罰，即因其規畫措置能爲民利則賞之。《哲

〔一〕天頭屠寄批：「校注銷。」按，本條與本書職官一五之一一元豐五年「四月二十三日」條事同，但文不同，不當刪。

〔二〕「屯田」下原有「部」字，今刪。

宗職官志》同〔一〕。　（以上《永樂大典》卷七三一四）

軍器所

【宋會要】

4 舊置提點官二員，今同；提轄官六員，今二員；幹(辨)〔辦〕官二員，今一員；監造官六員，今二員；受給官二員，今一員；監門官二員，今一員。幹(辨)〔辦〕司手分一名，管幹關防覺察受給、大門交收官物等事。監造下人吏三人，主管行移文字。見今依數差撥，分三案行移。內一案掌行造作，計料軍器。一案掌行點勘人匠開收，并招收、轉補事務。一案書勘起請諸色物料。監門下人吏一名，承行文字，係點檢官物出入、搜檢人匠等事。

高宗建炎四年八月十七日，詔：「器甲所限十日結局，其官吏、工匠發歸元來去處，現在物料令提舉製造御前軍器所拘收。」

紹興二年閏四月十日，提舉製造御前軍器所韓肖胄言：「軍器所有幹辦官二員，主管文字官一員，於文武臣內差。切緣本所見役軍民工匠近千人，造作浩瀚，所有材料兼支給官物，給散錢米，全藉幹(辨)〔辦〕官往來計置、催促檢察。欲望選差有才力京朝官一員充本所幹(辨)〔辦〕公事，仍兼主管文字。所有請給人照見任，並依提轄官條例施行。」從之。

十月二十九日，詔令户部支降錢一萬貫，付軍器所打造手射弓二千張，專委韓肖胄、楊沂中提領措置。其合用工匠權於諸軍借差，仍量日支食錢，候打造了日發遣。如不足，許令和顧。

十二月七日，提舉製造御前軍器所言：「昨撥到韓世清下工匠五十餘人，改刺萬5全工匠，并撥到王冠等下軍兵一百人充雜役。下等工匠每月糧二石，添支錢八百文，每日食錢一百二十文，春冬衣依借支例。雜役兵匠每月糧二石五斗，每日食錢一百二十文，春冬衣依借支例。」工部勘會：「上件軍兵元因不堪披帶，揀充本所雜役。其所破請給若却優於披帶之人，顯屬未均。」詔新撥到雜役兵匠別立一等，每日食錢一百文，月糧一石七斗，依例准折。

三年四月九日，詔：「東西作坊作匠、人吏、物料併入軍器所，監官依省罷法。如人吏數多，令韓肖胄相度裁減。」

九月一日，提舉製造御前軍器所言：「先承朝旨踏逐別造軍器甲所，乞添差監造官一員。」從之。

同日，提舉製造御前軍器所言：「本所乞添差置監門官一員，監造官二員。今除監門官不須添置外，其監造官只乞添差一員。乞添置專副二名，手分三名，覆算司一名，

〔一〕此條之末原批：「寄案，徐輯《永樂大典》本《會要》工部一門殘闕，其署見此。」

庫經司一名，庫子三人，秤子一名，檢舉所貼司一名，覆算司一名。今除手分、覆筭司、庫經司、秤庫子更不須添差外，只乞添差專副一名，并提舉所添置(副)〔覆〕筭司一名，貼司一名。」並從之。

四年二月二十三日，工部言：「提舉製造御前軍器所劉岑乞將見管兵工内都作家、甲頭各與推恩一次，其餘工匠、行人、雜役並乞等第犒設事。本部勘當，欲將應造到軍器候及半年，委軍器監丞取索，逐一看驗是與不是精巧，有無拙墮駁退虧損工程，具精粗人匠等第，保 6 明申取朝廷賞罰施行。如半年内遇有支遣，亦依此委官點檢，報軍器監置簿，先次籍記，候及半年通行比較。」從之。

三月九日，詔更復置軍器所幹(辨)〔辦〕官一員。舊額二員，已復一員，以事務繁冗，從提舉官劉岑請也。

四月九日，提舉製造御前軍器所劉岑言：「見今製造諸色軍器浩瀚，全藉官吏協力辦事。今參照舊例，隨宜相度下項：一、本所舊額局官四員，監造軍器官二員，共六員。後來節次添差到三員，委是管幹不前，欲更復置監造軍器官一員，分認作分，監轄造作。一、本所舊額准備差使一十八員，昨緣置器甲所，令分減事務，並行減罷。今欲只乞復置准備差使二員，分委幹事及差出督促物料。一、本所舊額監門官二員，後減一員。緣本所給納官物浩瀚，并工匠一千九百餘人出入。欲乞更復置一員，分番輪宿，專在門首照管。一、本所人吏(回)〔四〕分之内所留不及一分，今來事務繁重，欲乞量行復置前行、後行、書奏各一名、貼司二人，相兼應辦。一、轄下提轄所等處舊額人吏共四十四人，昨裁減外，止有八人。今欲乞復置後行一名，監造軍器手分、書手各一名，受給手分、造帳司、庫經司各一名，大門書手一名，共七人。一、所乞復置官吏，其請給、人從等，並依見行條例施行。」詔第四項添二人，第五項添書手一名，餘從之。

十月三日，提舉製造御前軍器所言：「乞將見管本所萬全并 7 撥到作坊工匠，開具精巧之人，取衆推伏次第試驗保明，申提舉所審驗訖，内第二等人匠升作第一等，第三等升作第二等，仍支本等請受，今後每年一次依此。其逐等工匠見請每月添支，作具折麥食錢米數。」從之。

五年三月九日，都省言：「製造御前軍器所已隸工部，其日造軍器數目、出入官物浩瀚，理合措置。」詔令工部郎官、軍器監官日輪前去本所點檢監視。

十四日，詔：「製造御前軍器所行移文字，並(繫)〔繫〕工部官銜。其提舉所人吏量留一二名，候工部人吏知次第日罷，餘並減罷。幹辦公事一員許留存，銜内除去『提舉』二字。承受二員並依舊，提舉所印送禮部收管。」

七月二十四日，詔製造御前軍器所既隸工部，依例不隸臺察。

二十五日，荆湖南路轉運判官薛弼、徐與可言，爲湖南路無牛，乞蠲免軍器所拋買牛皮筋角未足之數。從之。

六年六月十八日，尚書省言：「軍器所昨緣添作，遂差顧工匠，增置官屬趁辦。今來軍器足備，已措置減放工匠，別立歲課，所有官吏亦合省罷。」詔：「幹辦、提轄、監造、受納、監門官各減一員。內幹辦官存留兼權人，受給下專副、庫子各減一名，提轄、監造併爲一所，職事通行管幹。監造下專副、手分並罷，合罷官依省罷法施行。」

七年九月二十二日，明堂赦：「應軍器所、軍器局工匠逃走，於今來赦限內出首者免罪外，仍所在州軍量支錢米，依舊支留充役〔一〕。」

8 十一月二日，詔：「諸州軍差到軍器所造弓弩人匠，依舊一年一替，(今)〔令〕本州差人前來交替。如內有不願交替之人，依舊造作，支破請給。」

十一月，詔：「軍器局廢罷，併歸軍器所，其人匠、物料等令提舉官楊忠憫等管押裝發，赴臨安府軍器所交割收受。」

八年九月二十九日，詔：「今來軍器所製造軍器不多，其諸路州軍元差到工匠並權發遣歸元來去處，仍仰户部各與依例支給盤纏。」

九年六月三十日，詔：「軍器所見造御前宣賜并起様器甲工匠王成等二十五人，已及十年工課，並皆趁辦，可依本所實該二年作家、甲頭例，各與轉一資。」

十二月九日，詔：「諸州軍歲額上供軍器遇納到日，仰帥司差計議官審驗最精及最不堪去處〔二〕，申朝廷取旨賞罰。」以臣寮言：「甲不堅密與無甲同〔三〕，器不犀利與無器同。欲令帥司督責其事，歲終比較所造精粗，量行賞罰。」故詔。

十年八月十六日，權工部侍郎晁謙之言：「今軍器所每及二年，方行比較推賞，當職官往往已經替移。與其必待二年然後檢舉，曷若以二年所得恩賞均得年終推恩。」詔令工部檢照前後賞格措置，具申尚書省。

十一年四月四日，臣寮言：「昨在京已有御前軍器所，就軍器監置局，別差提舉官，以內侍領之，更不屬工部，故不隸臺察。後因紹興五年罷提舉官，改隸工部，日輪本部郎官及軍器監官赴所點檢監視，即合依條隸屬臺察。伏乞
9 特降指揮，自今後工部所領製造軍器所并軍器案，並依本部所轄去處體例，依條隸臺察。」從之。

同日，臣寮言：「軍器所見役工匠四千五百餘人，數內二千九百餘人係近從諸路州軍差到。訪聞其間有老弱不堪工作之人，合行揀退，遣還元住去處，庶免冒占人數，虚支請受。」從之。

七月十七日，臣寮言：「昨降指揮，諸州軍作完工

〔一〕支留：似當作「存留」。
〔二〕不堪：原作「不勘」，據文意改。
〔三〕無甲：原作「無器」，據文意改。

匠〔一〕，盡令發赴軍器所充役。契勘見役人匠約四千餘人〔二〕，日支錢米，其費不貲。其間逃走、疾病、死亡殆無虚日，既有疾病、死亡之念，豈無父母妻子之情？使逃走者已遂其歸，而死亡者終抱恨而無已。」詔依，送所屬，限日下條具措置申尚書省。

九月十四日，詔：「軍器所幹辦、提轄、監造、受給、監門官罷任日，與堂除見闕差遣一次，立爲永法。」

十五年十二月十日，詔：「製造御前軍器所提轄官、監造官，並各以六員爲正額。見添差人與理作正差，通理到任月日，今後更不許添差。」

十六年三月十八日，提轄製造御前軍器所言：「製造諸色軍器，全藉人匠趁辦造作。其所管萬全作坊人匠，數年以來往往厭倦工役，將身逃走。欲乞將應今日已前逃亡工匠，特立首限百日，不以年歲深遠，並許出首。或内有刺破手面之人，亦許令赴所首身驗實。如委是正身，特與免罪，依舊額内收管，日下放行錢米。其限外出首之人，復罪如初。」從之。

〔二〕十三年九月二十八日〔三〕，詔：「御前軍器所紹興
10 二十二年製造過御前降様宣賜諸軍、朝廷樞密院泛抛諸色軍器及創造、添修、雅飾過大禮儀仗五輅等，並各精緻，依例合推恩賞。應本所官吏、專副、作典、甲頭、監作親事官，工部軍器案人吏、開入内中工匠，並特與轉一官資。内礙止法人，特與轉行。不及全年人，紐計推賞。餘人增（培）〔倍〕犒設一次。」

二十六年三月二十六日，工部言：「已造軍器數及諸州每歲發納物料，特與減免。所役工匠太多，亦令減（攻）〔放〕，發還諸州。本部尋據軍器所具到數目照會，欲將江東西、福建、兩浙路轉運司拖欠未起軍器物料並與除放，仍自二十六年爲始，據見認發數以三分爲率，權行減免一分。又本所人匠見實役八百六十四人，諸州差到一千五百四人，除本所人匠依舊外，欲將諸州差到人以三分爲率，於内減放一分。又契勘本所提轄、監造官即今額各六員，幹辦、受給、監門官、醫官各二員。今來既已減（於）〔放〕人匠，又免起物料，難以依舊差置。欲將本所提轄官減罷二員，監造官見闕二員，今後更不差人；幹辦、受給、監門、醫官各減一員，其合減官監令終滿（令）〔今〕任〔四〕，（任）滿更不差人。」詔依工匠人數以三分爲率，可減放二分，仍依例支破盤纏，與歸元來州軍。

二十八年正月二十七日，工部侍郎王綸言：「據提轄軍器所申，乞招刺萬全第一等、第二等四指揮各二百人，第

〔一〕作完：似當作「作院」。
〔二〕契勘：原作「契堪」，據文意改。
〔三〕二十三年：原作「十三年」。按下文云「紹興二十二年」，則此當爲「二十三年」。又本卷職官一六之二一所載紹興二十九年八月十九日詔書引文亦作「二十三年」。是此處脱「二」字，今補。
〔四〕「監」字疑衍。

三指揮一百人，東、西作坊工匠各二百人，趁辦急切[11]造作及分布諸處役使。本部切詳至所申乞招填人匠所費稍大，只乞將萬全第四指揮闕額三百五十二人，欲作三分爲率，與招填一分，其請給等並依見在人則例批放。」從之。

五月十一日，詔：「軍器所提轄、監造各減二員，醫官減罷，見今人令終滿今任，已差下替人依省罷法。諸州軍差到工匠量支盤費，發歸元來去處。」

二十九年閏六月九日，工部言：「軍器所見役人匠比舊數少，造作不前。若旋行招收，亦恐工役未致精熟。今措置，欲令兩浙東西路州府據昨發回兵匠揀選少壯者，限十日盡數發赴軍器所。其合支錢米等照應已降指揮，依舊支給，仍於本州係省錢内每名量支盤費。昨發回諸路人匠内如有不曾回州之人，限半月許令赴本所首身免罪，依舊收管，支破請給。如逐州府發到人匠不及元數，開具申取朝廷指揮。」從之。

八月十九日，詔：「御前軍器所紹興二十八年製作過諸色軍器及創造、添修、雅飾過大禮儀仗等，並依紹興二十三年九月二十八日例推恩[一]。」

三十年四月二十一日，樞密都承旨洪遵言：「被旨點檢措置軍器所，今措置合造炕弓屋、木架、地爐，并箭床及劍器甲庫木架、木床，乞下兩浙轉運司速行計料。一、契勘弓弩係是筋膠角木接搭[二]，正賴火氣去濕。緣自來火燭不許入庫，弓弩有失烘焙，止有地棚安頓，卑濕梅潤，積久薰蒸，兼四周明窗，風雨易入。[12]欲借諸庫例於本所蓋造炕弓高屋五間，並係七椽，四周安牕，牆壁以石灰泥飾。逐間造高架，隨架掘地爲爐，以塼甃之，上施鐵籠，日差人守火，遇夜提轄官監視撲滅。一、契勘椿管諸色箭在庫歲久，翎羽脱落，頭（苦）〔楛〕損動，并新造三色箭，其數浩瀚。并劍器甲庫所穿皮鐵甲舊止於地棚堆垛，地氣浸潤，往往斷爛。並欲造木床、木架安頓，庶幾不損器物。」從之。

七月二十四日，工部侍郎黄中言：「製造御前軍器所欲乞今後許令工部每季輪委郎官一員前去，將本所見管軍器物料赤曆抽摘點檢一兩庫。如有少剩及損壞物數，即將當行人追赴本部根究行遣，情重者送所屬依條施行，當職官具名申取朝廷指揮，庶幾可以盡革前弊。」詔令工部、軍器監依條檢察。

二十七日，詔：「軍器所見造軍器不得減尅物料，須管造作精緻。仍仰逐處常切點檢，候造致數[三]，將逐處色樣進呈試驗，若稍不如法，工部、軍器監、軍器所當職官吏等第重作責罰。」

八月十二日，軍器監言：「近承指揮置軍器所作匠，在

[一]「例」上原有「依」字，按句首已有「並依」二字，不當重複「依」字，今删。本書崇儒七之二一：「本所官吏依紹興二十七年例推恩。」句式與此正同。

[二]膠：原作「繆」，據文意改。《宋史》卷一九七《兵志》一一：「金、木、絲、枲、筋、膠、角、羽之材皆民力也。」

[三]致：似當作「至」。

京日舊額萬全兵匠三千七百人，東、西作坊工匠五千人。依指揮，萬全工匠以二千人、雜役兵士五百人爲額。今來見闕人數，以致造作不辦。乞令逃走兵匠依前降指揮立限百日，許令出首，特與免罪收管，放行請給；并萬全指揮、東、西作坊兵匠子弟，招收十五歲以上、三十歲以下，不及禁軍等樣、諳會⑬造作之人，補填名闕。本監契勘，東、西作坊兵匠在京日額管工匠五千人、雜役兵士九十六人爲額。自渡江後來，併在軍器所衮同造作。承准指揮，作坊工匠以一千六百人，每坊八百人、雜役兵士各四十八人爲額。闕數許行招填外，其東、西作坊逃走兵匠，乞依今來萬全出首日限，照應已降指揮體例收管施行。」從之。

九月二十五日，工部言：「已降指揮，令工部檢察軍器所合條具事件。一、軍器所諸作人匠，依法辨色入，申時放。監造、提轄、幹辦官亦合早入晚出，躬親督責點檢製造。其軍器監檢察，今後以每旬所造軍器名件請監、丞躬親看驗點定，封記用印。點檢訖，收入全成庫，以造作月日先後封記安頓，不得前後混雜。每旬於數內點定名件封記，赴本部看驗。如有製造不如法及不依元樣，追當行合干人行遣，重者送所屬，當職官具名取旨。或損壞名件如係新造，即勒作匠合干人估價，於逐人請給内陪價。若係年深樁管數目，令那融工物添修。有失愛護看管，合干人並依條斷法。一、軍器所監造官舊額六員，受給、監門官各二員。昨減放諸州差到人匠，監造官止以四員，監門、受給官各一員爲額。又承指揮，諸州工匠發歸元來去處，其監造官又減罷二員，見今止有監造官二員，監門、受給官各一員。後有兩浙諸州發到人匠并招刺闕額工匠，所管人匠數多，監官員少，受給、監官⑭各係獨員，今後復置監造官二員〔一〕，受給、監門官各一員。内監造官許於殿前、馬軍司各差諳會造作使臣一員，其理任、請給、人從、賞罰，並依見任監造官則例。候任滿，令逐司依此差官承替歸司。其監門、受給官乞從朝廷差官。本所造作降樣軍器，全藉知次第人指教，今欲令殿前、馬、步軍司各制差諳會造作軍匠各二人〔二〕，赴軍器所指教。除見請請給外，每人日添支食〔前〕〔錢〕三百，入曆批勘。其推賞、責罰，並依本所作甲頭體例。一、本所受給見管物料庫眼二十六座，并木炭場一座，及全成庫見管庫眼九座。各庫見管物浩瀚，本所衮同一曆拘管。切慮官物交互，難以驅刷，乞將受給、全成庫眼依見令排定字號，自今年冬季爲始，各行起置赤曆一道，經由軍器監印縫抄上，每日結押。并諸庫逐時收到出剩物料，別置一曆，依此結押。仍置都曆一道，拘管諸軍應管官物，每日抄轉收支物數，候至月終，通計申解赴監，依條結押。本部每季依條轉委郎官前去點檢，至年終開具通計收支見在物料、軍器名件，保明申監點對，次第申本部再行點

〔一〕今後：據文意及下文文例，似當作「今欲」。
〔二〕「制」字疑衍。下文「三十二年閏二月」條同樣句式亦無「制」字。

對，送比部驅磨。一、本所受給并(成全)〔全成〕庫舊額庫司各一名，先承指揮並行減罷，止於本所軍兵内選差識字人各一名承代庫經司祗應。今欲於本所見管兵匠内貼差三名，與見抄轉人同共管幹。所造諸色軍器，各行鐫記元造合干人、甲頭姓名，謂如刃紉、鐵甲鐫鑿，弓弩箭之類用朱(添)〔漆〕寫記。以憑檢察。本所工匠或闕，乞行和顧製造。其合支 15 錢米，從小工限則例申監，保明申部，關報户部，行下所屬入曆勘給。一、本所諸作作屋、官員廳舍并吏舍等屋不須檢修外，有作屋計一百五十三間，年歲深遠，木植損爛，兼工匠數多，(要)〔委〕是屋少。今欲令兩浙轉運司添蓋作屋五十間，於内修蓋炕弓庫屋七間并合用架子等，并將舊作屋一百五十間檢計修整施行。」並從之。

三十一年六月二十三日，詔：「軍器所幹辦官二員減一員，監造官四員減二員，受給官二員依舊，監門官二員減一員。所減員數如一季内合改官選人權行存留，候改官日罷；餘見任選人其後任改官，聽通理令任零月日，其舉官、考第依令任條法。」

八月十七日，詔：「御前軍器所紹興三十年製造過諸色軍器三百二十三萬六千九百四十二件，並各精緻，依紹興二十九年八月十九日例推恩。」

三十二年閏二月二十四日，樞密院機速房言：「靖康初，御前降到軍器，經百餘年全無損動，仰見祖宗時製造軍器例皆精絶，蓋緣監官得人。近來軍器所給到弓弩、鎧甲，往往經時未久，已皆損壞，不堪使用。緣監官多是貴戚勢要子弟爲之，將手高匠人令出買工錢入己，故縱減剋、偷盗作料出外捐惰，止令老弱之人充工匠。遇軍器元額未敷，却將損壞弓弩量行修整，將舊甲逐急穿弗，遂致臨時有悮使用。欲望自今後乞更不差貴戚勢要子弟充監官，止乞行下三衙選差 16 自來(暗)〔諳〕曉製造軍器之人，與理爲資任。每遇造到軍器，立界比試。如其間製造精妙者，量行推賞；如所造滅裂，勒令陪還元用物料工價外，更賜責罰。」吏、工部看詳：「欲並依所乞，所有製造滅裂更賜責罰一節，伏乞詳酌施行。今取到軍器監狀，契勘已承指揮，復置製造軍器所監造官二員，令殿前、馬、步軍司各差諳會造作使臣一員，從逐司申明，朝廷給降付身，候任滿令逐司依此差官承替歸司，不許占留、辭避。兼工作若有不任用及應更作，依法自合坐贓斷罪。其隱蔽應役兵匠不入役，亦法禁令〔一〕。欲依軍器監供到事理施行。」從之。

孝宗紹興三十二年未改元。六月二十三日，樞密院言：「聞軍器所工匠多有私役，反令出買工錢，更不趁役，致軍器不堪，理宜懲革。」詔：「工部長貳嚴切措置，盡行拘收，務要軍器精緻。如依前違戾，監官取旨黜責，合干人重行決配，委御史臺常切覺察彈劾。」

二十四日，詔：「軍器所措置提點官敘位在提轄、幹辦

〔一〕亦法禁令：似有脱誤。

官上，於入内都知、押班内差。」

二十九日，詔新添置提點軍器所可差李綽，仍改作提舉。

七月六日，詔：「御前軍器所可依舊例專隸提舉製造御前軍器所，所有隸工部等指揮更不施行。」

二十三日，詔：「造軍器合用筋角、牛皮、翎毛、鰾膠、箭笴之類，見令安撫司回易庫拘催收買。恐償直艱阻，自今後並免拘催，許客人徑赴御前軍器所中賣，令合干人依市價即 17 時支給見錢，不得減尅阻節。」

二十五日，詔：「製造御前軍器所依舊隸屬工部，近降指揮更不施行。」

八月六日，詔提點軍器所今後止於邊臣内差。

十月二十一日，詔：「户、工部軍器所萬全作坊并諸州軍差到兵匠、本所公吏等月米、口食米、月糧，特與依修内司工匠所請同敖，免至低下。諸處不得援例。」

隆興元年三月六日，右正言周操言：「軍器所舊額提轄、監造、受給官各二員，幹辦、監門官各一員，又添差提點官二員，提轄、幹辦官各一員，已爲過數。今覩吏部闕報，復差閤門祗候沈衎充提轄官填見闕，竊恐添官有費無益，欲乞追寢。」從之。

九月十六日，詔令軍器所，今後弩箭須管如法點銅打造，務要精緻。如依前滅裂，當職（吏官）〔官吏〕重作施行。先是張浚言軍器所發到弩箭不甚精緻，故有是詔。

二年四月四日，詔：「工部軍器所避役逃走人匠數多，仰本所多出文榜，限一月赴所首身，與免罪收管，依舊支破請給。」

五月四日，詔軍器所每日通輪提轄、監造、受給、監門官一員於本所宿。

乾道元年八月十七日，詔：「軍器所見造御前并朝廷宣賜諸色軍器數目浩瀚，近來工匠逃亡數多，見今闕額。（今）〔令〕工部行下本所招刺能造作工匠子弟補填萬全作坊指揮。已逃走人限百日出首，與免罪額外收管，依舊職名支破請給。」

四年四月二十五日，宰執進呈軍器所兵士與馬軍司人作鬧，陳俊 18 卿因奏：「御前軍器所聚衆四千餘人，所費不貲，不如併歸三司，物料、樣製，計其工匠，責以月納之數，赴御前交收，如此則所省太半，而皆有總轄。」上曰：「如此甚好，若遂分隸，即可罷此一司，官吏所省甚多。更俟三兩日思之，别降指揮。」

五月二十一日，詔軍器所，爲天氣炎熱，將造鐵甲去處並權減半數目，候八月一日依舊。

六月二十九日，詔：「製造御前軍器所可撥屬步軍司，令主管步軍司公事提點。所有監造官以二員爲額，受給、監門官以一員爲額，受給場專副以二人爲額，餘官吏並罷。」

七月八日，主管侍衛步軍司公事、提點製造御前軍器所王逵言：「步軍司事務繁冗，若日去本所提點，委是職事相妨。今選本司副將牛昌國，令催督造作及檢視出納，遇夜前去萬全作坊等指揮彈壓，照管烟火事務。依舊從軍，於本司官錢内支破添給，更不作闕。臣欲乞每三日或五日一次躬去提點。」從之。

同日，詔軍器所依舊隸屬工部。

十六日，詔：「製作御前軍器所可撥屬步軍司，令主步軍司公事王逵(令)〔以〕兼提點製作御前軍器所入銜。遇申發本所文字，依舊用提點製造御前軍器所印。」

十一月十一日，軍器所言：「目今造到全成軍器，每三日一次進呈，逐月有妨十日工役，乞逐旬併於旬假日進呈。」詔旬假前一日進呈。

五年六月二十三日，詔：「軍器所遇有監造官窠闕，許於殿前、馬、步軍司諸19軍將佐或使臣内，踏逐選差素曾諳曉軍器造作法度、有心力能部轄人，申乞指揮差填，以二年爲任。」以提點軍器所言：「從來差到監造官，往往係是在部之人，素不諳曉軍器樣製，止是據憑工匠造作，其間有不如法者，亦莫能知。」故有是詔。

十二月四日，工部侍郎姜詵言：「軍器所所造軍器并入納到諸路起(發)歲額物料，全藉軍器監檢察。若依前止令監造、受給場行移應報，委是無以稽考鈐束。今來本監已差長貳，所有合行事務自今依舊。」從之。

同日，詔：「御前軍器所依舊隸步軍司，其提點官令本司保明通曉製造軍器統制官一員差兼，仍不得有妨教閱。」

六年二月十二日，詔：「乾道三年、四年軍器所製造過諸色軍器合該依例推賞人，依已降指揮施行。」

同日，臣僚言：「竊見軍器所陳乞推賞循襲舊例，每二年推恩，自官屬而下至於專副、作典、一甲頭至工部軍器案人吏，並特轉一官，内礙止法人特與轉行。欲望展作三年推賞一次，内礙止法人依條回授，毋得轉行。」(促)〔從〕之。

三月四日，王友直奏：「軍器所推賞元係二年一次，今展作三年。其本所官係二年爲任，往往不該推賞，恐無以激勸。欲望將監造、監門、受給官並以三年爲任，内見任人通理到任月日。其間願二年成資者，聽行陳乞，比折減年，候及三年任滿日推恩。」詔監門、受給官並三年爲任，其賞紐計月日推恩，餘從之。

八月二20十六日，韓玉言：「軍器所舊來監造官六員，受給、監門官各二員，節次省罷，今止有監造、受給、監官各一員。緣本所兵匠僅四千人，見造軍器數多，乞添置監造官二員，提轄、受給、監門官各一員，文武通差。」詔令添置監造官二員。

九月六日，韓玉言：「今來見行打造三色鐵甲，數目浩瀚。又製造一石力手射弓，合用黃牛角并黃牛皮等物料。竊見淮南路一帶州軍正係出産去處，乞自行置場或差官收買，仍乞支降會子，每一十萬貫爲一料。」詔並依，令左藏南庫支撥會子。

十一日，韓玉言：「契勘軍器所除監造官已蒙朝廷添置二員外，乞更添置提轄、受給、監門官各一員。」從之。

七年四月二十九日，步軍司言：「契勘將打造到弩手甲葉逐日一次般擔赴軍器所呈納，委是相妨，欲依殿前司例以五日爲一次。」並從之。

八月十八日，詔差韓玉兼提點製造御前軍器所，孟俊卿歸軍，所在工匠令韓玉專一鈐束，措置造作。仍依舊隸步軍司。

九月十三日，中書門下省言：「軍器所元有幹辦官二員，專管錢物。後因步軍司提領，遂罷幹辦官。既罷之後，受給場致無鈐束，委有利害，欲乞復置幹辦官一員。」從之。

八年八月二十九日，工部言：「軍器所監造官元以三年爲任，受給、監門官並以二年爲任。緣提轄、幹辦係復置闕，未審幾年爲任。」詔提轄、幹辦依監造三年爲任。從提轄製造御前軍器所劉敦仁之21請也。

九年十二月十七日，御前軍器所申明：「大禮赦内一項：軍器所萬全指揮兵匠，因事逃亡及三年，限百日出首，依舊收管，支破請給，並免斷配。東、西作坊兵匠亦有逃亡，大理司勘當與萬全事體一同，合依此體例施行。」從之。

（以上《永樂大典》卷一〇九四三）

軍器局

【宋會要】

22高宗紹興七年正月一日，樞密院言：「軍器最爲朝廷目今急務，擬欲泛抛諸路州軍製造，恐搔擾於民，理宜措置。一、置軍器局一所，仍以製造御前23軍器局爲名，隸屬樞密院并工部，於建康府置局。一、令禮部鑄銅印一面，以『製造御前軍器局之印』九字爲文。一、提轄、監造、受給、監門共差置手分三人，貼司三人，請給、出職條法等，並依軍器所人吏施行，許本局於諸官司踏逐，指名抽取。」從之。

十月十四日，工部言：「諸路州軍自來依條合發上供歲額軍器，比緣製造滅裂，近差撥兩浙、江南東西、福建路工匠盡赴軍器局造作，其逐州合發軍器並免造。契勘〔諸〕路州軍所造軍器各有朝廷給降樣製，及逐州工匠已曾差赴軍器所造作三年，諳知制度，自可責辦精緻製造。今來總五路州軍工匠並就軍器局，所兩處造作，所用物料大段數多，難於收買，其逐州所總發物料往往赴發不足〔一〕，或却致人匠端閑。及差到工匠除本身請受外，每月添支食錢一百七十文，米二升半。且以軍器局一處言之，見役八月支

〔一〕赴：疑當作「起」。

錢一萬貫，米一千石，委是枉費鈔米。不唯蠹耗財計，至於拋買物料數多，不免搔擾。兼造作亦不敷逐路合發元立定軍器之數〔一〕，誠爲未便。欲乞將諸州工匠依舊發回，責令當職官措置，須管依樣如法造發。候（致）〔至〕，比較精粗，信賞必罰。」從之。

十一月，（照）〔詔〕：「軍器局廢罷，併歸軍器所，其人匠、物料等令提舉官楊忠憫等管押裝發，赴臨安府軍器所交割收管。」（以上《永樂大典》卷一九七八一）

弓弩院

24 開寶（元）〔九〕年置弓弩院〔二〕。舊在太平坊，後徙宣化坊。掌造弓弩、甲冑、器械、旗劍、御鐙之名物，以諸司使副、內侍二員監領，兵匠千四十二人。

真宗景德二年九月，詔：「弓弩院打造弓弩五作物料不等，其虎翼弩及竹胎、出跳、馬黃弩三作須上好牛筋、鰾膠，里沙角減輕弓團靶，馬黃弩許兼用羊馬筋。牛膠力軟，不得堅好，自今止用牛筋。（具）〔其〕添修弓（拏）〔弩〕，亦用次（用）〔等〕牛筋及脚筋。」十月，又令竹胎、手射、合蟬、牀子（拏）〔弩〕亦同此制。

四年四月，詔諸軍添旗號只支熜烙裁段花料，給令逐指揮縫造。

大中祥符五年六月，詔：「弓（拏）〔弩〕院打綻單抽、覆抽面捎靶壯寔、筋猗完全、胎木不（捐）〔損〕弓（拏）〔弩〕，並于元料外添物料、人功添修，堪任久遠施放。覆抽、單抽面損剥些小，及長短不等、大小節目高低帳勢不等，稍靶可損，並于元料外添修，充裹衣、放馬諸軍閱教。其胎木角面損折弓弩累經添修者，（折）〔許〕于皮角庫退材場送納。」

八年六月十五日，詔弓弩院所造戎器用全無者，以他物代之。

仁宗天聖八年八月，提舉司言：「弓（拏）〔弩〕院弩（椿）〔椿〕作（充）〔見〕闕工匠二十人，緣本作工課重難，自來招填不得，昨抽差事材場工匠六人造作弩（椿）〔椿〕，今已精熟，久遠堪充祇應，望割移名糧，歸院填闕。」從之。

嘉祐三年十二月三日，提舉司言：「後苑御弓箭庫抽取弓弩院工匠人二人赴庫造箭，寔違條制。」詔發遣歸，（乃刻）〔仍劾〕其官吏。

弓弩造箭院

【宋會要】

院在興國坊，掌造長箭、弩箭。舊有南、北造箭二庫，咸平六年合爲一院，隸弓弩院，以三班及內侍二人監，匠千

〔一〕數：原作「類」，據文意改。

〔二〕九：原作「元」，據《長編》卷一七改。

七十一人。

真宗天禧四年四月，詔南作坊之西偏舍宇爲弓弩造箭院。

神宗熙寧三年八月三日，詔提舉司劾治元買箭簳不堪及造箭院不合受納官吏。（以上《永樂大典》卷一六六六八）

侍郎

【宋續會要】

25 六部侍郎，宋以爲階官。至元豐官制行，始有職掌。元祐二年初置權侍郎，從四品。如未歷給事中、中書舍人及待制以上者，並帶「權」字，禄賜比諫議大夫。崇寧罷權侍郎。建炎四年五月，詔六曹復置權侍郎，如元祐故事，滿二年爲真〔一〕。（以上《永樂大典》卷七二九二）

〔一〕真：原作「貞」，據《宋史》卷一六三《職官志》三改。

宋會要輯稿　職官一七

御史臺〔一〕

1《兩朝國史志》〔二〕：御史臺：大夫、中丞、侍御史知雜事、侍御史、殿中侍御史、監察御史、殿中侍御史裏行、監察御史裏行、主簿。大夫國朝未嘗除，以中丞爲臺長。凡中丞無正員，則以兩省給諫權。自中丞以下，掌糾繩内外百官姦慝，肅清朝廷紀綱，大事則廷辯，小事則奏彈。以郎中、員外兼侍御史知雜事爲之貳。其屬有三院：一曰臺院，侍御史隸焉。二曰殿院，殿中侍御史隸焉。三曰察院，監察御史隸焉。凡祭祀、朝會則率其屬正百官之班序，以御史二人充左、右巡使，分糾不如法者。文官違失，右巡主之；武官違失，左巡主之。凡祭祀則兼監祭使。三院御史四人。官卑而入殿中侍御史、監察御史者謂之「裏行」，景祐元年置，以三丞以上嘗歷知縣人充。慶曆三年，以兩人爲額。凡文武常參班簿〔三〕、祿料、假告，皆巡使分掌。又別置推直官二人，專治獄事。凡推直有四推，曰臺一推、臺二推、殿一推、殿二推。主簿一人，掌受事發辰，勾檢稽失，兼簿書、錢穀之事。主事一人，令史十六人，主推四人，書吏四人，朝堂引贊官一人，副引贊官一人，知班三人，引事司一人，驅使官六人，四圍驅使官五人〔四〕。

中丞一人，秩從三品，總判臺事。侍御史一人，秩從六品。殿中侍御史二人，秩從七品，分糾朝班。殿中而上言事。監察御史六人，秩從七品，分領六察，隨事糾正，及監祭、定謚皆屬之。檢法官2一人，秩從八品。主簿一人，秩從八品。檢掌凡刑法、錢穀各一人，從八品。掌凡簿書及架閣。吏額：前司主管班次三人，引贊官兼令史一人，副引贊官兼令史一人，知班驅使官兼書令史五人，驅使官兼書令史五人，守闕驅使官五人，四推、主推各一人，書吏共三人。六察：户察，書吏四人，貼司三人；刑察，書吏二人，貼司二人；吏、禮察，書吏各二人，貼司各一人；兵、工察，書吏、貼司各一人。〔紹興〕二十六年十二月，詔六察貼司共存留六人，知雜司、法司各一人，後減六察書吏，共以八人爲額。以上《中興會要》。

3《神宗正史·職官志》：御史臺：大夫，從二品；中丞，從三品；侍御史，從六品，各一人。大夫掌肅正朝廷綱紀及以儀法糾治百官之罪失，而中丞、侍御史爲之貳。凡其屬有四：殿中侍御史二人，正七品，掌言事，分糾大朝會及朔望六參官班序。監察御史六人，從七品，掌以吏、户、

〔一〕原無此題，據現存《永樂大典》卷二六〇七總目補。本書職官五五亦有「御史臺」門，本在《大典》同一卷，應合。

〔二〕按，《大典》卷二六〇七此上尚有一段，今在本書職官五五之一。

〔三〕常：原作「嘗」，據《大典》卷二六〇七改。

〔四〕四圍：後文職官一七之一四及《長編》卷三四三皆作「四團」，疑是。

禮、兵、刑、工之事，分京百司而察其謬誤，及監祠祭、定謚。檢法官掌檢詳法律，主簿掌鈎考簿書，各一人，從八品。歲遣御史詣三省、樞密院檢察付受稽失，其應彈治事聽長貳或言事官論奏，非隸察官司亦如之〔一〕。應狀牒並參議連書，惟彈章則否，無所(開)〔關〕白。凡察事，小事則舉正，大事則糾劾，各籍記其多寡、當否，歲終條具殿最，以詔黜陟。大禮儀仗則中丞爲使。中都推鞫命官或重繫，旬以(囚)〔因〕由報臺，有詔獄則言，察官輪治。文武官卿監、防禦使以下到闕，授任之官應參謝辭者引見，御史體驗老疾，則試以拜起、書札。凡事經州縣、監司、寺監、省曹不能直者，受其訟焉。舊以中丞兼理檢使，侍御史兼知雜事，殿中侍御史兼左、右巡使，監察御史兼監祭使。及行官制，定員分職，實領其事，而使名悉罷。分案十有一，設吏四十有四。以上《續國朝會要》〔二〕。（以上《永樂大典》卷二六〇七）〔三〕

【宋會要】

5 真宗景德四年六月，詔翰林侍讀、侍講、樞密(真)〔直〕學士各舉常參官一員充御史。

八月，詔三院御史令本臺采聽聲譽，不稱職者(直)〔具〕名以聞。

大中祥符二年七月，詔右僕射張齊賢、户部尚書温仲舒、右丞向敏中、御史中丞王嗣宗、知雜御史盧琰，各舉材堪御史一人。

三年四月，詔：「御史臺今後委臺官勘事，如闕人，即申中書。」

四年八月，詔：「自今御史須文學優長、政治尤異者特加擢拜，遇慶恩不得以他官轉入。」

五年，詔三院御史除差出外任及在京涖它局之外，定以六員爲制。

九年二月，詔：「三院御史舊三年爲滿者，自今在臺供職並止二年。若曾糾彈公事，顯是修職，候滿日特升陟。如全無振舉者，當議比類對換别官外任差遣。仍令本臺勘會在職事狀及有無功過詣實以聞。」時殿中侍御史李餗援高弁、俞獻卿例求補外郡。中書言弁在職歲餘，以親老求歸侍，特命知淄州。獻卿累更任使，得知(穎)〔潁〕州。餗裁通判一任，入臺始周歲。元詔以三年爲限〔四〕，真宗因命差減年限。

天禧元年二月八日，詔：「御史臺除中丞、知雜、推直外，置侍御史已下六員，並不兼領職務，每月添支十五千，三年内不得差出。」

二年正月，御史中丞趙安仁言：「三院御史自今望並給御寶印紙曆，録彈奏事。」從之。

〔一〕隸：原作「吏」，據《大典》卷二六〇七改。
〔二〕此條之後原尚有「三京留守司御史臺」一條，係徐稿誤抄，因而錯簡，今已移至後文職官一七之三八該門之前，參彼處校記。
〔三〕《大典》卷次原缺，按《大典》此卷現存，據補。
〔四〕限：原作「例」，據《長編》卷八六改。

二月四日，詔右諫議大夫樂黄目、知制誥陳知微於常參官中舉公清强 6 明、材中御史者各一員。從御史中丞趙安仁之請也。

四年四月，詔知制誥祖士衡、錢易、御史〔知〕雜劉燁、直龍圖閣魯宗道、馮元，各於太常博士已上官舉御史一人。

十一月，殿中侍御史王耿言：「自今臺官或因譴累除差充知州依舊外，其充通判及監當官者，並望比類對换别官。」從之。時侍御史、知鳳翔府臧奎差客司宋炎與都巡檢使朱能教《柘枝》降通判寧州，仍爲御史。因耿言，以奎爲都官員外郎。

乾興元年正月，御史言見闕臺官三員，詔御史中丞王臻、知雜御史王曙于太常博士已上合入同判者各舉兩員充。

〔天聖〕七年八月〔一〕，上封者言：「舊制，三院御史供職後多出爲知州，近歲即差充省府判官、轉運使，或改賜章服。其間多由知縣舉充者，若至知州，已免三任通判。近王沿、李紘〔二〕、朱諫並是知縣，只一任省府推判官，便作轉運使副，賜金紫，深爲僥倖，乞自今請罷曾任知縣者。」

仁宗寶元二年十二月十五日，手詔付中書曰：「自今御史闕官，並依先朝舊制，具兩省班簿來上，朕自點一名令充御史，免憲司朋黨之欺。」先是，令中丞、知雜薦補御史之闕，而孔道輔舉姻家王素。仁宗以爲比周，故革其制而復故事，因令翰林學士丁度舉而易之。

慶曆二年正月，詔：「御史臺舉屬官，故事太常博士以上兩任通判，三人中御筆點一人。如聞難于得人，自今聽舉一任通判及三丞該磨勘者二人選之。」以中丞賈昌朝 7 上言也。

三年六月〔三〕，御史臺請選舉御史六員，而罷權推直官。從之。

四年八月，詔自今除臺官，毋得用見任輔臣所薦之人。

五年五月，御史梅摯等言：「臣等既不領他務，自來章奏劄子秖露白實封。竊覩本臺有出使、監察二印空閒，乞權借用。」詔如有合奏文字，許用本臺印行使。

皇祐二年十二月，詔自今如臺官相率上殿，並先申中書門下取旨。

三年十月，仁宗宣諭宰臣曰：「諫官、御史必用忠厚淳直、通明治體之人，以革澆薄之弊。」

嘉祐元年九月，出侍御史范師道知常州、殿中侍御史趙抃知睦州。中書雖有臺官二年出知州條，然久不用。宰臣劉沆特申明下臺，至是師道等有請而出之。

三年八月，詔今後舉臺官不拘在京與外任，並行舉奏。

四年五月，詔自來兩府大臣嘗所舉薦者不得爲臺官條從權中丞包拯之請也。

〔一〕天聖：原無，據《長編》卷一〇八補。

〔二〕李紘：原作「李絃」，據《長編》卷一〇八改。

〔三〕六月：按《長編》卷一四一繫於五月十七日癸未。

約除之。以慶曆嘗有此禁，而帝務推心大臣，故内降手詔除之。

英宗治平二年六月三日，命江東轉運判官、屯田員外郎范純仁爲殿中侍御史，權發遣三司〔鹽〕鐵判官、太常博士呂大防爲（鹽）〔監〕察御史裹行。皆英宗親選也。近制，御史有闕則命翰林學士與中丞、知雜迭舉二人，御筆點其一。至是闕兩員，舉者未上，内出純仁、大防姓名而命之。

三年二月十二日，中書門下言：「近詔翰林學士承旨張方平等，限一日内依條于太常博士已上曾歷一任通（前）〔判〕成資已上，或歷通判一年已上堪充三院御史，逐人保舉兩人以聞。如三丞 8 内有合該磨勘者，亦聽。」詔：「如少得資序合入三院御史之人，許于數内舉陞朝官知縣已上資序人一員充御史裹行。」侍御史、殿中侍御史、監察御史，舊制通爲言事官，間詔中丞、翰林學士舉之。

七月十四日，詔：「今後臺諫官並以二年爲一任。其言事稱職，有益時政者，候別指揮，仍候任滿日令中書勘會取旨。」

神宗熙寧二年七月六日，詔：「御史有闕，委中丞奏舉，不拘官職高下兼權〔一〕。如所舉非其人，令言事官覺察聞奏。」初，上患御史多不稱職，以所舉者資序所限，令具條貫進呈，而有是詔。

元豐元年七月一日，上批：「御史臺有定奪刑名及承詔治獄，皆有司所不能決者。丞屬須得人，乃可以弼佐官長，副朝廷欽卹之政。推直官虞肇〔二〕、馮如晦年齒衰遲，資性疲懦，不足稱辦職事，可並送審官東院，令本臺舉官以聞。」

（十二月）〔三年六月〕八日〔三〕，詔三院御史人增剩員四人。以舊止給六人番上故也。

〔二年十二月〕十二日〔四〕，御史舒亶言：「今法度之在天下，其官吏之治否猶有監司按視焉。至于京師之官府，乃漫不省治，而御史莫得行其職也。誠使應在京官司〔五〕，御史得以檢察按治，一切若監司之于郡縣，庶幾人知畏嚮，而法度有所維持，是亦《周官》之遺意。」詔取編敕所海行在京官司見行條貫并一時指揮，並録送御史臺。如官司有奉行違慢，即具彈奏。除中書、樞密院外，仍許暫索文字看詳。後御史中丞李定言：「乞依故事復置吏、兵、户、刑、禮、工六案，點檢在京官司文字。每案置吏二人，罷推直官 9 二員。」從之，仍增置臺官一員。《職官志》：中丞李定言：「故事，臺案有内外彈、雜事、四推、五使，六察獨廢，復置吏、兵、户、刑、禮、工六案，分行檢察，即繫之。」

元豐三年四月七日，詔太子中允、館閣校勘、監察御史裹行范鏜罷主管國子監；太子中允、權監察御史裹行黃顔

〔一〕官：原脱，據《宋史》卷一六四《職官志》四補。
〔二〕虞肇：原作「盧肇」，據《長編》卷二九〇改。
〔三〕三年六月：原作「十二月」，承前則爲元豐元年十二月，據《長編》卷三〇五改。
〔四〕二年十二月：原無，據《長編》卷三〇一補。
〔五〕司：原作「局」，據《長編》卷三〇一改。

知諫院，兼主管國子監；太子中允、權監察御史裏行何正臣爲館閣校勘，罷幹當三班院。以御史專領六察，故差遣悉罷。後鏜又自言見判尚書禮部，亦罷之。

十五日，御史臺言：「奉詔復置六察，在京官司今請以吏部及審官東、西院、三班院等隸吏察，户部、三司及司農寺等隸户察，刑部、大理寺、審刑院等隸刑察，兵部、武學等隸兵察，禮、祠部、太常寺等隸禮察，少府、將作等隸工察。」從之。

二十二日，權御史中丞李定言：「奉行朝廷法令以致之民者諸路監司，而無鈎考之法〔一〕。今御史臺分察官司違慢〔二〕，若推此法以察諸路監司，宜無不可者。以户案察轉運、提舉官，以刑案察提點刑獄，如此則内外官司各勤職事，朝廷法令不至隳廢。」從之。

二十七日，詔：「御史臺六察案官三年爲一任，以所糾劾官司稽違失職事多寡爲殿最，中書置簿，以時書之，任滿取旨陞黜。」

五月一日，詔：「御史臺復六察案，創法之始，職事甚劇，無容久闕正官，以稽功緒。其見闕御史二人，令李定限十日以名聞。月增添支錢，中丞二十千，察案御史十千。」初，御史臺請非應奏者從臺關所屬鞫罰吏人或改正，不許。又請諸路提舉官、提點刑獄 10 已隸臺檢察，開封府界提點、提舉司、發運、撥發、提舉、提點鹽事、糴便糧草、市易、鹽税、坑冶、鑄錢、茶場、淤田、營田司及河北屯田司、陝西制置解鹽司、經制熙河路邊防財用司、措置陝西緣邊四路邊防公事司外，都水監丞、同提舉買馬、監牧司、(鄜)〔麟〕府路軍馬司、諸路經略、總管、安撫、鈐轄司，亦合隸臺檢察。故有是命。

六月二日，御史臺言：「六察案點〔檢〕諸司庫務坊監，乞行劄子。」上批：「六察于諸司非統臨之官，在理不當行劄子。見頒式令，唯中書行聖旨用劄子。往時官府僭妄行遣，臺察自合糾正，而不知省察，尚有承妄申請，可劄與知。」

十月一日，御史臺言：「御史所分察案，每半年令中丞、知雜取旨更易。然御史到任月日先後不齊，其更易乞分上、下半年。」從之。

十一月六日，詔御史六員，令三員分領察案，三員專言事。

二十六日，御史臺言：「御史分領察事，逐員各領二案。而六案文字繁簡不同，難以次第分定，欲以一員領吏、工，一員領兵、刑，一員領户、禮。」從之。

五年正月二十二日，侍御史知雜事滿中行言：「元豐四年下半年終，御史分察案合取旨更易。」詔宇文昌齡領吏、工案，王祖道兵、刑案，豐稷户、禮案。

二月四日，權知開封府王安禮言：「本府奏斷公案，御史臺一例取索。竊以公事已奉旨斷，方更點檢，于體不順〔三〕，欲乞自今不許取索。」從之。後御史臺言：「刑察案

〔一〕而：原脱，據《長編》卷三〇三補。
〔二〕今：原作「令」，據《長編》卷三〇三改。
〔三〕體：原作「禮」，據《長編》卷三二三改。

于開封府取索公案，本府稱已準朝旨奏決公案，不許御史臺取索。看詳公事未結案，雖有人論訴，不許取【11】索。已結案係奏斷，本府又奏乞不許取索公事，則是事在官司，而所行稽違，許人赴臺理訴乃爲空文。若訪聞官司鍛鍊人罪，出入刑名，既無案卷，則無從考察，深恐六察之法文具實隳。」詔令開封府送公案與御史臺。

五月十一日，詔：「入内内侍省不隸御史臺六察，如有違慢，委言事御史彈奏。其尚書六曹分隸六察。」

十八日，詔兩省官各舉敏明不撓，可爲御史、宣德郎以上員二人。

六月十四日，詔尚書省得彈奏六察御史失職。

八月四日，詔三省、樞密院、秘書省、殿中、内侍、入内内侍省聽御史長官、言事御史彈糾。先是，置監察御史，分六察，隨所隸察省曹寺監，而三省至内侍省無所隸，故以長官、言事御史察之。

十一月一日，上批謂輔臣曰：「御史分察中都官事已多矣，又令案舉四方，將何以責治辨，且于體統非是。可罷御史察諸路官司，如有不職，令言事御史彈奏，著爲令。」

十二月十一日，詔：「御史臺秋、冬季序差御史一員，赴三省點檢諸房文字稽滯，毋得干預其事及見執政。」

六年正月三日，詔造軍器及戰車所不隸御史工察。

十七日，詔御史六察罷上、下半年更易法(一)。

二十四日，尚書省乞都司置御史房，主行彈糾御史察案失職并六察殿最簿。從之。

二月十八日，三省言：「御史臺六察案官以二年爲一任，欲置簿各書其劾糾之多寡、當否爲殿最，歲終條具，取旨陞黜，事重者隨事取旨。」從之。

三月四日，詔：「御史臺察官察諸司稽違，皆按法舉察。即諸司所施行失當，【12】雖無法，亦聽彈劾以聞。」

十七日，御史張汝賢言：「彈奏之文宜存大體，有司議罪欲察細微。乞自今察案劄子徑坐要切因依具彈辭進呈，別録照用情節條貫在後，以備聖問。」從之。

四月三日，御史翟思言：「法有漏泄察事者杖一百。臺分言、察，正欲使察官按法而治其稽違，而法所不及，理容可議，則有責在于言官。蓋言、察理勢相須，宜不與別司同體。況朝夕同見丞，雜議事，豈有所不聞，則事勢之實果亦不能自異(二)。臣欲乞除見推司事雖言事官不許與聞外，其餘言事官通知，不爲漏泄。」從之。

二十四日，尚書左、右司言：「御史臺察開封府不置承受條貫聚廳供呈曆，據刑部、編敕所定奪(三)，各言所察允當。然看詳敕意，止爲外州縣立法，于開封府似無所礙。其因臺察後旋置曆，亦御史所當察。」詔依刑部、編敕所定。

五月十一日，御史黃降等言(四)：「按《唐六典》，侍御

(一) 更：原脱，據《長編》卷三三二補。
(二) 亦：原無，據《長編》卷三三四補。
(三) 定奪：原脱，據《長編》卷三三四補。
(四) 黃降：原作「黃絳」，據《長編》卷三三五改。下二條同。

史糾舉百僚，推鞫獄訟；監察御史分察尚書六司〔一〕，糾其過失。今之言事官大率如唐侍御史之職，察官乃監察御史之職。國朝舊制有四推之名，而三院御史皆預領焉。今推鞫獄事獨付察官，而近準朝旨，又以六曹定奪公事亦送本察，即于檢察職事有嫌。兼言事御史于簽書行遣公事全然稀少，欲乞別定條制，以正分守。」詔令定奪文字送本曹〔二〕，如合再定，即送御史臺本察。

同日，御史黄降等又言：「事之最難者莫如疑獄，夫以州郡不能決而付之大理，大理不能決而付之刑部，刑部不能決而後付之御史臺，則非甚疑獄必不至付臺再定。若御【13】史聯事之衆，非如大理、刑部，必不能勝其責矣。近有旨定奪文字送本曹，如合再定，即送本察。臣愚以謂與奪刑名，事體重大，宜仍舊衆官參定，餘事則隨曹付察，如此則大小繁簡，皆得其稱，是正疑讞，罕有不當。」其後刑部請諸鞫獄，言事御史輪治，其定奪刑名則衆官參定，餘事隨曹付察。從之。

十九日，御史黄降言：「準《六察敕》，諸彈奏文字，本察官與丞、知雜通簽，即舊所領任内事，丞、知雜免簽書，諸案互察。止謂察官有舊領任内事合彈劾，于義有嫌，理當互送。（令）〔今〕諸案元不承互察妨礙事，既不相關，無從察舉。若一案有失，泛責諸案，乃是一官兼有六察之責，恐法意本不如此。大理寺取索互察官吏姓名，未敢供報。」詔自今諸案申臺移察，應申不申，從私坐，其互察除之。

六月一日，詔御史臺六察案各置御史一員。

閏六月十一日，御史臺言：「先準詔每半年輪御史一員，取摘三省諸房簿，點檢稽滯差失，未有輪差及置局取吏之法。」詔三省各一員，言事、察官序差，以本臺吏就逐省點檢。

十月四日，御史中丞黄履言：「準敕，諸鞫獄，言事御史輪治。緣御史共置九員，六員分領六察，其言事官止三員，欲乞言事、案察御史輪治。」從之。

七年正月二十三日，尚書左、右司狀：「御史房置簿，書御史六曹官糾劾之多寡、當否爲殿最，歲終取旨陞黜。御史房舉發逐察不當及失察不盡等事，歲終亦乞比較。」從之。

二月十七日，詔：「御史臺以侍御史知雜事爲侍御史，不帶『知雜【14】事』。以言事官爲殿中侍御史，六察官爲監察御史。侍御史恩數並如知雜事。左、右巡使及監祭使名並罷〔三〕，左右巡案令本臺隨事併入朝堂百司案，驅使官仍除去『四團』字，主簿、檢法官仍舊各一人。」

四月十九日，詔：「自今有司上獄空，令御史臺刑察按

〔一〕察：原作「案」，據《長編》卷三三五改。
〔二〕定：原脱，據《長編》卷三三五補。
〔三〕祭：原作「察」，據前文職官一七之一改。

實。」上以開封府、大理寺比歲務爲獄空，恐希賞不實也。

八月二十一日，詔寺監諸司應有稽違，係所轄省曹寺監失點檢者，亦令臺察彈奏。

哲宗元祐元年五月二日，三省言：「舊置糾察在京刑獄司，蓋欲它司總領，察其違擾，所以審重獄事。向罷歸刑部〔一〕，無復申明糾舉之制。請以異時糾察職事悉委御史臺刑察兼領〔二〕，刑部毋得干預〔三〕。其御史臺刑獄，令尚書省右司糾察。」從之。

二十三日，尚書省請六察旬奏改作季奏。從之。

二年五月二十六日，詔闕臺官，令學士院舉官二員，兩省諫議大夫以上同舉四員，御史中丞、侍御史同舉二員以聞。

（六年八月）〔三年六月八日〕〔四〕，詔左右司諫、正言、殿中侍御史、監察御史以陞朝官通判資序實歷一年以上人充。初，太皇太后宣諭曰：「近時臺諫官多是新進，未甚更事，所論不知朝廷大體，近于求名。可依祖宗故事，選用歷第二任通判人充。」司空呂公著言近制舉官不以資序，因檢會舊制而有是詔。

四年四月十八日，詔應臺察事已彈察後及一月以上遇赦降者，其稽違本罪不得原減。從（侍）侍御史盛陶言也。

（高宗紹興）〔哲宗紹聖〕元年〔五〕，臣僚言：「在京官司無
15 不隸六察者，惟糾察刑獄司職事獨歸御史。凡審問獄囚，事既親領，苟有不當，無復彈治，恐非嚴重獄事之意。又本臺刑獄皆朝廷所付治，輕重可否宜取決于上。今令右司糾察，甚非尊朝廷、正官名之意。」詔御史臺見領舊糾察司職事內合審録問者歸刑部右曹，餘悉仍舊。

六月十五日，詔：「差殿中侍御史井亮采就左司，郭知章就右司，同取索六曹四月以前未了文字，催促結絶。如違滯多日，或故作迂曲會問，或行遣不當者，人吏等第勘罪，郎官籍記姓名，類欵聞奏。」從左司諫翟思請也。

七月二十五日，監察御史劉拯言：「元豐中御史臺置六察案，治省曹及諸官司違慢，以防有司之弛墮不職者。元祐七年五月十八日立法，除事干刑名因陳訴外，餘未結絶，皆不得取索。至九月三日，因臣僚言其不便，方許取索一年已上未絶公案點檢。且元祐七年諸曹未絶事纔一千二百餘件，今蒙朝廷委御史點檢，總六千件，已四倍前日，其養成有司稽違之弊如此，望依元豐條。」從之。

二年四月七日，殿中侍御史郭知章、監察御史董敦逸言，乞循先帝之法，詔內外兩制及臺諫官等各舉才行一人。

〔一〕向：原作「令」，據《長編》卷三七七改。
〔二〕時：原作「議」，據《長編》卷三七七改。
〔三〕毋：原作「每」，據《長編》卷三七七改。
〔四〕三年六月八日：原作「六年八月」，據《長編》卷四一二改補。
〔五〕哲宗紹聖：原作「高宗紹興」。按以下數條所記井亮采、劉拯、郭知章、董敦逸諸人均爲北宋神宗至徽宗間人，不至南宋；又此數條前爲元祐、後爲元符，則此處之「高宗紹興」爲「哲宗紹聖」之誤無疑。下文「二年四月七日」條，據本書選舉二八之二六及《長編紀事本末》卷九三，正爲紹聖二年事。因改。

詔吏部尚書許將、户部尚書蔡京、御史中丞黄履、翰林學士蔡卞、翰林學士錢勰〔一〕、禮部尚書林希、户部侍郎王震，不拘資序，各舉堪備任使二員以聞。

二年四月二十七日，殿中侍御史董敦逸言：「請應隸本臺所察【16】處，依在京刑獄條例，許本察官非時就往點檢簿書。」詔自今每遇上、下半年，詣三省、樞密院點檢訖，許暫赴本察所隸官司檢察。是年十二月十七日，再降詔同此。

哲宗元符元年，詔復六察聞奏舊制。

二年，御史中丞安惇言：「元豐法，每半年輪臺官就三省點檢，各有日限，又恐文簿未明，須呼吏指説，難于限内詳究，詔許展日。元祐大臣不務悉心政事，遂改元條，聽于限内了畢。被差御史觀望，閲三四日便稱別無稽滯差失。竊恐因此（寢）〔寖〕失先朝遣官檢察之意。」詔並依元豐法。

徽宗崇寧元年十月十七日，詔御史臺糾察案依元豐格隸刑部，其元祐元年五月二十日指揮勿行。

二年八月二十四日，都省勘會：「臺官雖已分定所言職事，竊慮未至明白，除已降朝旨合遵守外，欲更申明行下。諫官職在拾遺補闕，凡朝政闕失，悉許論奏，則自宰臣至百官，自三省至百司，任非其人，事有失當，皆得（課）〔諫〕正。臺官職在繩愆糾繆，凡官司稽違，悉許彈奏，則（自）宰臣至百官，自三省至百司，不循法守，有罪當劾，皆得糾正。」從之。

四年六月二十七日，奉議郎、試御史中丞、兼侍讀朱諤劄子奏：「六察官彈治稽違不法，乃是本職。兼本臺條格内即並不該載察官賞罰，近蒙朝廷較考全年察事，量多者推賞，蓋出異恩。而察官不安職分，僥倖改法。臣（遇）〔愚〕欲乞今後全年比較，除察事分數至少合入殿法者依舊責罰外，其察事數【17】多之人更不推賞，庶使本臺察官各安職守，以逭倖賞之謗。」詔劄付御史臺照會。

大觀二年六月十六日，臣僚言：「御史臺分置六察，所以察治稽違，實紀綱法度之所賴。今殿中六尚以供奉爲職，事目繁重，尤當嚴整，而臺不得察。辟雍、大晟府，禮樂之所自出，亦不得檢視。至于筭學、太官局、翰林、儀鸞司，其爲職局無異于他司，悉皆援例免察，臣所未諭也。乞自今皆隸六察。」從之。

宣和元年三月十四日，中書省言：「臣僚上言：『恭惟陛下勵精庶政，凡曰御史，必親加除擢，方賴以伺察違法慢令之吏，庶以上廣陛下明目達聰。邇來官司職事曠闕，漫不省察，日甚一日，豈可概舉。若六察其以違法不當事件聞之朝廷，即送刑寺約法，其引赦原免者十常八九。間有朝廷灼見情犯，特令決罰，或不該赦宥者，又復遷延月日，以俟八節前後禁刑日結絶而已，如此則何憚而不爲姦哉！前後察彈治不法事件不知其幾章，而被決罰者百無一二。

〔一〕勰：原作「端」，據本書選舉二八之二六改。

行移往來，徒爲文具，官司翫習，恬不爲怪，是致本臺取索文字，率多稽滯滅裂，無復畏憚。臣恐臺綱不振，而陛下法度日以弛矣。朝廷若將六察所彈之事治胥輩，量其罪之小大，示以必罰，其違法慢令尤重者則取旨施行，如此則人人知警，官修其方，吏宿其業，紀綱復振，詔令必行，無敢弗虔者。檢會臣僚上言，伏見邇來官司因循苟簡，習爲常態，藐視臺察，若不足畏者。彼18意不過謂稽留失行，罪止罰金，一遇赦恩，又可原免，事之改正與否在己未有利害也，故一切頑悍如此。矧事有因不隸察官司牽制而不得行者，臺臣既難以催督，而稽違容倖官司又復得以爲辭，久而縱之，則蹈襲不虔者愈衆矣，豈不負陛下平日訓敕勉勵之意乎！臣猥當言責，目（都）〔覩〕斯弊，不勝憤懣，伏望睿旨嚴賜約束。自今官司稽違有累經彈奏而猶不治者，雖該赦恩，亦乞重賜責貶。見今隸察官司有稽違當改正、而不隸察官司合行報應結絶者，望從本臺催督，如或違慢，按罪以聞，所貴臺綱振肅，事無底滯。』」詔：「今後官司稽違，三經彈劾違慢如故者，吏人許直送大理寺，以違制論，餘依奏。臺察事大者，不以赦降原減，餘申明行下。」

〔紹興〕二十七年二月二十一日〔一〕，詔：「刑部郎官循行督遣，如勘鞫失實，事理妨礙，直行移送。今後御史點檢或有移送公事，許依刑部已得指揮。」

三十年四月二十七日〔二〕，詔以神宗命臺臣舉忠純體國之人補御史詔重刊于御史臺。

〔建炎元年〕六月四日〔三〕，詔察官職守今後依官制施行。

紹興元年九月十二日，侍御史沈與求言：「契勘省部百司稽違，許御史臺彈察。元豐中分置六察，察案書史歲終比較彈察稽違功績而賞罰之。昨因王黼用事，舊法遂廢。」詔並依舊法施行。

（三）〔二〕年十二月十七日〔四〕，詔御史臺全闕長貳，所有檢法官、主簿闕，特令殿中侍御史曾統奏辟。

三年正月十七日，詔：「御史19臺每季專委本察官一員，躬詣大理寺及應有刑職去處點檢禁囚，淹留不決或有冤濫，並（其）〔具〕當職官職位、姓名以聞。」

四月九日，三省進呈鄒況都堂審察，仍令上殿。上曰：「鄒浩之弟，故欲擢之〔五〕。」臣徐俯曰：「鄒浩亦有子柄。」上曰：「直臣之子，旌擢用之，使復爲御史言事，聳動四方，亦足爲國家之光也。」

六月五日，三省進呈：「殿中侍御史曾統除秘書少監，闕官，欲于監察御史鄭作肅、李長民二人中取旨差權。」上

〔一〕紹興：原無，據《宋史》卷二〇一《刑法志》三補。
〔二〕按，此條亦紹興事，見《中興小紀》卷三九、《玉海》卷一六二。
〔三〕建炎元年：原無，據李綱《梁谿集》卷一七八《建炎時政記》上補。以上三條時序錯亂，當移。
〔四〕二年：原作「三年」，據《建炎要録》卷六一改。
〔五〕欲擢：原作「飲榷」，據《中興小紀》卷一四改。

曰：「今有侍御史，殿中亦不必權，二人且令專于糾察。」

八月二十二日，御史臺主簿陳祖禮言：「謹按臺令，兩院御史有分（請）〔詣〕三省、密院取摘點檢之文，監察御史有輪詣尚書六曹按察之制。凡奉行稽違，付受差失，咸得糾彈。渡江之後，始不克行，孰謂公朝，尚兹闕典，乞依舊例施行。」從之。續本臺申：「檢準令節文，諸上下半年輪兩院御史四人就三省、樞密院取摘諸房文簿等點檢，中書、尚書省以仲月中旬，門下省、樞密院以仲月下旬。本臺勘會，依上條，自來中書省以仲月中旬，門下省以孟月下旬，合輪官兩員詣兩省點檢。今來門下省、中書省已并爲一省，本臺即未敢便依上條作兩省輪官前去。」詔依點檢中書省簿書條例施行。

十月十七日，御史臺言：「六察案日逐不住承受諸色論訴，本臺除已將海行敕令等檢用外，有事干一司條制者，合將逐處一司條法參照施行。緣隸察官司自來各將一司見行 20 條法及續降指揮編類成册，赴臺以備檢照。比年條册散失，諸處官司亦不復供檢。伏望許從本臺移文，應隸臺察官司將見一司條法及續降指揮重别編類，赴臺照用。今後如有續降指揮，亦乞依此關報施行。」從之。

二十四日，詔：「臨安府等處依開封府隸察條格，權隸臺察，候車駕回鑾日依舊。」

十一月十二日，殿中侍御史常同言：「國朝自元豐三年始置六察于御史臺，上自諸部寺監，下至倉場庫務，皆分隸焉，糾察稽違，以詔廢置，循名責實，百職修舉。崇寧以後，因人廢法，故皇城司以鄆王提領，閤門、客省〔一〕、四方館以内侍鄧文誥提領，皆申請不隸臺察，至今因之。而秘書省昨緣廢罷復置，本省申明畫一，亦乞不隸臺察。以一時申明而壞累朝之成憲，其可乎！契勘靖康中監察御史余應求嘗奏請，知閤門王植妄奏，以謂閤門與御史臺互彈，不合屬臺察。夫互彈者，朝班失儀耳。至于閤門簿籍、公案稽違差失，若不許本臺點檢取索，則慢令違法之事無所誰何，恐非立法之本意。欲望凡舊屬臺察官司並令遵依舊制。」從之。

四年九月十九日，侍御史魏矼言：「願詔三省、樞密院常切遵守舊典，遇（納）〔兩〕院御史詣省院檢察日，除實係機密邊事外，悉令取索點檢。如有違戾，即具彈奏，將當行人吏送所屬根治施行，庶幾稍知忌憚，可以杜絶姦欺。」詔並依祖宗自來條例施行。

十一月四日，監察御史張絢言〔二〕：「恭奉聖旨留治臺事，（通）〔適〕當君父臨 21（成）〔戎〕、臣子竭志圖報之秋，有所聞見，悉宜論奏。緣臣本臺即今别無有司關報，應幹事務無從稽察。望令留守司遇有承受朝廷文字及諸處採報，從權劄付臣照會。其留守本司處置事務，亦乞指揮許留守

〔一〕客：原作「賓」，據《建炎要録》卷七〇改。
〔二〕張絢：原作「張絇」，據《建炎要録》卷八一改。

司簽廳逐時關申本臺，庶幾千慮一得，或可裨助聽察。」從之。

（二）〔五〕年四月一日〔一〕，詔監察御史田如鼇可除郎官。因宣諭宰執曰：「臺臣耳目之官，朕未嘗不謹此選。然必試之六察，度其可用，方敢除言事官。」沈與求曰：「臺臣與朝廷分持紀綱，要須得沉厚練達之人，則論事不苟，可以仰副聖意。」上曰：「用沉厚練達之人極是，然朝廷與臺諫當爲一家，不可分而爲二。若朝廷所行，臺諫輒詆之，臺諫所論，朝廷輒沮之，則事何由濟？」趙鼎曰：「朝廷與臺諫實相爲表裏。仁宗朝王曾爲相〔二〕，韓琦爲司諫，一日琦至中書白事，曾謂琦曰：『高若訥輩擇利而行，范仲淹未免近名，如司諫章疏甚好。』以此見先賢用心不分彼此。」與求曰：「臣與趙鼎皆蒙陛下擢自臺臣，故敢詳論及此。」

孝宗隆興二年三月十三日，詔晁公武除樞密院檢詳諸房文字。先是，公武由吏部郎中除監察御史，公武言：「竊見慶曆中，詔自今臺官毋得用見任輔臣所薦之人。至嘉祐四年，詔自來大臣所舉薦者不得爲臺官條約除之。兩者俱載國書。哲宗初政，中旨除范純仁、蘇（輒）〔轍〕爲諫官，皆大臣呂公著、司馬光等所薦，蓋用嘉祐詔也。于是章惇曰：『故事執22政除所薦之人見爲臺諫者皆徙他官，不可違祖宗法。』蓋引慶曆詔也。議者謂公著、光雖賢，其事不可悉從。惇雖姦，其言不可盡棄。」

紹興二十一年正月二十一日〔三〕，宰執進呈乞差衢州守臣。上曰：「可差曹筠。臺諫無大過惡，當優假之，以來言者。」先是，筠任侍御史，以言失當罷，至是復用。（以上《永樂大典》卷一〇一六七）

御史中丞

【宋會要】

23太宗太平興國四年，以戶部郎中侯（隲）〔陟〕爲左諫議大夫、權御史中丞事。

雍熙三年七月，以屯田郎中、知制誥趙昌言爲御史中丞。知制誥正爲中丞始也。

端拱二年，右諫議大夫王化基權御史中丞事，始特定班制，正衙常參立中丞塼位，內殿起居立本官班。趙昌言拜御史中丞，太宗宴金明池，特召預焉。憲官從宴自昌言始也。

【宋會要】

真宗咸平五年五月，以禮部尚書温仲舒兼御史中丞。尚書兼中丞始也。

〔一〕五年：原作「二年」，據《建炎要録》卷八八改。

〔二〕王曾：原作「王旦」，按王旦於真宗朝已卒，今據《宋名臣言行録》前集卷五改。後「曾謂」原作「旦謂」，亦據改。又「相」原作「伯」，據《宋史·宰輔表》、《長編》諸書所記，仁宗景祐年間，王曾爲相，韓琦爲司諫，與此合，因改。

〔三〕本條亦爲誤置于此，當前移。

大中祥符元年十月，以御史中丞王嗣宗兼工部侍郎。時覃慶，故加兼官。

天禧元年十二月，以景靈宮副使、尚書右丞、兼宗正卿趙安仁爲御史中丞、兼尚書右丞。左、右丞兼中丞始也。

【宋會要】

至和三年五月十二日，權御史中丞張（昇）〔昪〕言：「蒙差判吏部流内銓，竊聞御史中丞久不領别司。」詔與免之。

【宋續會要】

神宗熙寧二年閏十一月，權御史中丞呂公著言：「今後除中丞者，如官不及諫議大夫，即乞更不帶官，只除權御史中丞，候罷日却與舊官。或朝廷推恩，即於舊官上[24]遷轉。」詔官未至諫議大夫，並守本職兼權。故事，官未至諫議大夫者，自正言而上皆除右諫議大夫。

九年十月五日，右正言、知制誥、知諫院鄧潤甫爲右諫議大夫、權御史中丞。近制除中丞，官未至諫議大夫者，並守本官職兼權，更不遷官。潤甫以宰相屬官，不可長憲府〔一〕，乃復遷右諫議大夫。

十一月七日，權御史中丞鄧潤甫言：「諸路置局編修制敕官，非假日不許看謁及接見賓客。今御史中丞以言事爲職，若須假日接見賓客，即無由聞知外事，乞免謁禁。」詔臺諫官兼局不許接見賓客處許見客。

元豐三年正月二十一日，詔權御史中丞李定兼職頗多，罷詳定重修編敕，以安燾代之。

四月二十七日，詔權御史中丞李定罷判太醫局除放欠負，以領察事也。

八月二十三日，詔自今朝廷所送御史臺公事，止令中丞與本察御史根治。

五年四月二十六日，承議郎、直龍圖閣徐禧知制誥、兼權中丞。初，召禧試知制誥，禧辭，不許。既就試，即命兼中丞。禧言：「中丞糾彈之官，赴舍人院行詞似有妨嫌，乞免赴直。」二十六日，詔禧守本官試中丞〔二〕。

七月三日，詔御史中丞舒亶舉任言事或察官十員。

六年六月九日，詔御史中丞、門下中書外省官各舉人材堪充言事或治察御史五員〔三〕。

七年三月十三日，御史中丞黄履乞與侍御史張汝賢同薦御史，從之。

二十一日，詔御史中丞雜壓在六曹侍郎[25]之上。

八年五月十二日，詔御史中丞黄履舉堪充監察御史二員以聞。

哲宗元祐元年正月十四日，詔御史中丞黄履、侍御史劉摯同舉御史二員。

二月二十二日，詔新除御史中丞劉摯，令舉監察御史

〔一〕憲：原脱，據《長編》卷二七八補。
〔二〕「詔」下原有「是」字，據《長編》卷三二五删。
〔三〕或：原作「政」，據《長編》卷三三五改。

二員。

二十八日，三省檢校上殿班〔一〕：御史中丞同侍御史或殿中〔二〕、監察御史一員，諫議大夫同司諫或正言一員〔三〕。今御史臺見闕侍御史，諫官見闕左諫議大夫。詔御史臺不限御史中丞、侍御史、殿中、監察御史，諫官不限同省〔四〕、別省，諫議大夫、司諫、正言各並許二人同上殿。

二年五月二日，詔御史中丞傅堯俞、侍御史王巖叟同舉監察御史二人〔五〕。

二十六日，詔：「闕臺官，令學士院舉官二員，兩省諫議大夫以上同舉四員，御史中丞、侍御史同舉二員以聞〔六〕。」

四年十二月二十二日〔七〕，監察御史、侍御史闕員〔八〕，詔御史中丞舉官二員；兩省諫議大夫已上未曾舉監察御史，同舉二員以聞。

六年閏八月十四日，御史中丞鄭雍言：「故事，御史有闕，詔本司薦屬官，以正名舉職〔九〕。自官制初行，御史中丞與兩省合舉。按今兩省官屬門下、中書，與聞政事，互舉既非故事，省官體更有嫌，乞止從本臺奏舉。如稍涉己私，即重行降黜。」詔御史中丞舉殿中侍御史二員，翰林學士、中書舍人同舉監察御史二員，給事中舉監察御史二員以聞〔一〇〕。

二十二日，御史中丞鄭雍言：「近奉旨令御史中丞舉殿中侍御史二員，翰林學士、中書舍人同舉監察御史二員，給事中舉監察御 26 史二員。臣謂風憲之地〔一一〕，責任所專，儻使官屬多由他司所薦，恐非朝廷責任之本意。如未許本臺專舉，且乞用故事專舉一次。如以御史員尚少，即用兩番互舉之法。」詔令御史中丞更舉監察御史二員以聞。

七年八月二十二月，詔令御史中丞、侍御史並翰林學士、中書舍人，各同舉臺官二員以聞。

元符元年七月十九日，詔御史中丞安惇舉堪充臺官二員以聞。

十一月十六日，詔御史中丞安惇舉監察御史二員以聞。

三年十一月六日，徽宗已即位，未改元。新授試御史中丞、修國史兼實録修撰王覿奏：「近準告授前件職，已告謝訖，見伺候正謝赴臺供職次。竊緣御史臺受詞訴及有六察等公事，難以分減日力赴史院；兼國史、實録並係宰臣提舉，

〔一〕校：原作「按」，據《長編》卷三六七改。
〔二〕同：原作「或」，據下文「大夫同司諫」例改。
〔三〕司諫：原倒，據《長編》卷三六七乙。
〔四〕限：原脱，據《長編》卷三六七補。
〔五〕二人：原作「一人」，據《長編》卷四〇〇改。
〔六〕同舉二員以聞：原脱，據本卷職官一七之一四補。
〔七〕「四年」句：原脱，據《長編》卷四三六補。其中「二十二日」原作「戊午」，據《會要》體例改換。
〔八〕監察御史侍御史：原脱，據《長編》卷四三六此條上文文意補。
〔九〕舉職：原作「衆議」，據《長編》卷四六五改。
〔一〇〕中：原脱，據《長編》卷四六五補。
〔一一〕謂：原作「爲」，據《長編》卷四六五改。

於臺職亦有妨嫌。所有修國史兼實録修撰，伏望特降睿旨，許令免罷。」詔覿依治平二年二月二十八日賈黯例，三五日一赴院。左正言任伯雨等言：「史院係宰相監修，今中丞乃爲屬官，朝夕相見，恐非所以重風憲、遠嫌疑之道。」二十六日，詔覿改除翰林學士。

徽宗政和三年正月十七日〔一〕，御史中丞王甫奏：「臣頃奉詔參詳官制格目。方事之初，嘗乞差總領官，仍乞避宰執，被旨委鄭居中，居中方領祠宫居家，不與朝廷政事。臣是時承乏諫路，不以糾察百官爲職，與之參詳，於理無嫌。臣今待罪憲臺，居中知樞密院，若尚與居中共事，實於分義有所 27 未安。欲望聖慈特降睿旨，許臣罷參詳官職事。」從之。

七年正月八日，朝請郎、試御史中丞陸藴奏：「臣嘗論列省臺寺監等官，應以親嫌合行回避，仰蒙聖恩曲垂聽覽，已降睿旨施行。」

【宋續會要】

高宗紹興八年正月十八日，御史中丞常同辭免支賜銀絹各一百五十疋兩。詔不允，令學士院降詔。

十二月二十四日，御史中丞勾龍如淵、右諫議大夫李誼、殿中侍御史鄭剛中奏：「今有朝廷利害，臣等欲於今月二十四日赴都堂見宰執商議。」從之。次日，又奏所議未盡，乞再於今月二十五日赴都堂商議。從之。

十四年五月二十日，詔：「紫宸殿上壽、集英殿宴，如至日闕中丞，牒官權攝。今後筵宴遇闕中丞準此。」

（三）〔二〕十六年九月二十七日，御史中丞湯鵬舉言：「近緣論列故相秦檜、孫塤等，不能仰體陛下終始禮遇大臣之意，乞除一在外宫觀。」詔：「鵬舉比乞追奪檜、塤等職名，所言甚公。然朕既已許其保全，義難中輟。今乃未喻朕意，遽求去位，豈所望哉！令學士院降詔不允，不得更有陳請。」

紹興三十二年十一月十五日，孝宗已即位，未改元。詔敷文閣待制辛次膺除御史中丞。

二十一日，詔次膺已（降）〔除〕中丞，殿中令閤門扶掖，殿上免拜。

孝宗乾道（元）〔九〕年六月十六日〔二〕，詔左諫議大夫姚憲可除御史中丞。憲奏：「伏蒙聖慈以臣除 28 御史中丞，賜銀絹各一百五十疋兩，臣不敢祇受。所有降下合同憑由司支賜銀絹文字二件，臣已繳連牒入内侍省收管外，伏乞睿照。」從之。（以上《永樂大典》卷八一二九）

【宋會要】

殿中侍御史〔三〕

〔一〕「日」下原衍一「詔」字，今删。

〔二〕九年：原作「元年」，據《宋史》卷三四《孝宗紀》二改。

〔三〕侍：原闕，據《宋史》卷一六四《職官志》四補。

㉙政和元年十月四日，臣僚言：「朝會之儀，祖宗例以殿中侍御史分糾朝班，元豐有著令。然每遇朝會前一日，殿中侍御史輪當臺宿，或不赴，例差監察御史或他官權攝，既非諳熟，往往自懼失儀，何暇彈糾。乞應朝會前一日，殿中侍御史當職或見推勘並免宿直，從本臺以次官權宿，所貴殿中職事振舉。」從之。

（建炎）〔紹興〕十三年二月四日〔一〕，御史臺言：「伏覩已降指揮，御垂拱殿四參官起居，并將來御文德、紫宸殿，依臺儀合用殿中侍御史二員分立，東西相向，糾彈失儀之官。緣目今止有殿中侍御史一員，欲乞每朝參，于監察御史内從上牒官權攝殿中侍御史職事。」從之。

【宋會要】

元祐六年四月二十四日，户部員外郎楊畏爲殿中侍御史，從中丞趙君錫舉也。五月二十日，楊畏以母老辭，從之，仍令君錫别舉官二員以聞。二十八日，詔楊畏依前降告命充殿中侍御史，從君錫再舉也。

政和三年正月二十四日，朝奉郎、殿中侍御史郭沔奏：「緣臣近論列儀鸞司監官柳忞等不安分守，擅乞增添俸給，及忞自投汙賤，躬取溺器等事，奉聖旨令臣再行分析。契勘臣昨論列柳忞等擅乞增添俸給等事，已于第一劄子中各條具忞等元初自陳因依訖。所有忞躬取溺器寔㉚狀，亦于去年十二月二十六日依奉聖旨具析奏申，稱衆臺臣見之。其時臺臣係侍御史洪彦昇、監察御史許尚志、方禧，與臣同在幕次中侍班次，並見柳忞前件事迹，咸有憤疾之語，蓋非止臣獨見而私爲之説也。惟臣狂瞽之志，動輒妄發，既乏剛明擊邪之論，但多滋蔓致訟之辭，遂使柳忞公然抵諱，還視臣前累奏事寔，殆盡虚妄。伏望特賜施行。」詔郭沔罷殿中侍御史，通判信州。（以上《永樂大典》卷一〇一七〇）

監察御史

【宋會要】

㉛宋初，御史多出外任，風憲之職以他官領之。太平興國三年，詔本司自薦屬官，俾正名舉職，用太常博士張巽爲監察御史。天禧元年，詔别置御史六員，不兼他職，月須一員奏事，專任彈舉，有急務聽非時入對。以殿中丞劉平爲監察御史，用新詔也。《長編》云：平爲鹽鐵判官，復兼省職〔二〕。天聖元年，上封者以爲言，乃用鞠詠、王軫爲察官。嘉祐四年，中丞韓絳請置裹行，從之。元豐五年〔三〕，詔秘書、殿中、内侍省不隸六察，如有違慢，委言事御史彈奏。七年，大正官名，以言事官爲殿中侍御史，六察官爲監察御史，掌

〔一〕紹興：原作「建炎」。按建炎無十三年，《建炎要録》卷一四八：紹興十三年二月四日壬戌，「上初御前殿，特引四參官起居」。即此條事。據改。

〔二〕此注原作大字，據文意改爲小字。

〔三〕元豐：原作「嘉祐」，據《長編》卷三二六改。

吏、户、禮、兵、刑、工之事及在京百司〔一〕，而察其謬誤。八年，詔監察御史兼言事，殿中侍御史兼察事。徽宗時，如辟雍、大〔成〕〔晟〕府等學、太官局、翰林、儀鸞司、東、西上〔閣〕〔閤〕門、客省、引進、四方館，皆不隸臺察。崇寧間，大臣欲其便〔已〕〔己〕，而南臺御史亦有不言事者。自大觀臣僚申請，而殿中六尚、辟雍、大晟府等學、太官局、翰林、儀鸞司皆隸六察。自余應求有言，而東、西上〔閣〕〔閤〕門、客省、引進、四方館復隸御史。

仁宗天聖四年五月，以太常丞桑慥授監察御史，出於中旨特除也。慥有至行，朝廷聞其名而特命之。

元豐〔五〕〔六〕年八月十日〔二〕，承事郎、太僕寺丞趙屼詔爲監察御史。屼以父抃年高無兼侍，乞免，從之。

元祐五年四月32八日，詔給事中鄭穆、中書舍人王巖叟、左、右諫議大夫劉安世、朱光〔庚〕〔庭〕同舉監察御史二員以聞。

六月二十二日，詔御史中丞蘇轍、侍御史孫升同舉監察御史二員以聞。

七月八日，三省言：「御史中丞蘇轍、侍御史孫升同舉到監察御史二員，内一員不曾實歷通判，不應條，一員與執政官礙親，令蘇轍、孫升同别舉官二員。」轍、升言：「檢會元祐三年六月九日尚書省劄子，三省同奉聖旨，左右司諫、左右正言、殿中侍御史、監察御史並用陞朝官通判資序實歷一年以上人，舉官準此。臣等竊見後來所用諫官如吴安詩、劉唐老、司馬康三人，並非實歷通判之人。緣上件所降朝旨係諫官、御史並用實歷通判一年，即無分别。今來人才難得之際，若臺官獨拘苛法，必至闕官。況自立法以來，前後本臺及兩制官並不曾舉到實歷通判可用一人以塞明詔，足見此法難以久行。伏乞特依近用諫官體例，於臣等前來所舉人中選擇除用，免致言事之官久闕不補。」詔依條别舉。

元豐〔六〕〔七〕年十二月二十五日〔三〕，詔門下中書外省官同舉言事御史二員〔四〕。

八年十月十七日，詔監察御史兼言事，殿中侍御史兼察事，仍減監察御史二員。

宣和三年三月二十三日，監察御史余應求言：「竊惟御史〔買〕〔置〕六察，所以肅紀綱、督曠怠，故上自省部寺監，下至百司庶府，皆隸焉。近年以來，迺有因臣僚陳乞不隸臺察者。以臣所職禮察33觀之，如東、西上〔閣〕〔閤〕門、客省、引進、四方館是也，則其他察又可知矣。今陛下既遵奉祖宗舊制，欲乞凡近年特許不隸臺察者並依舊制。」皆從之。

宣和三年七月二十四日，臣僚言：「著令，監察御史詣

〔一〕及：原無，據《群書考索》後集卷六補。
〔二〕六年：原作「五年」，據《長編》卷三三八改。
〔三〕七年：原作「六年」，據《長編》卷三五〇改。
〔四〕官：原脱，據《長編》卷三五〇補。又按，以下二條當移前。

三省、樞密院檢點簿書畢，聽往所隸官司點檢。近來因循，未嘗推行，致寺監庫務等處稽違廢弛，無復畏憚。」詔依元豐法。

高宗建炎元年五月，詔：「臺官隨從巡幸，許差破親隨，監察御史以上各二名，檢法官、主簿各一名，依親事官例日支食錢，候回鑾日罷。」

紹（興）〔聖〕二年十二月三日〔一〕，詔御史臺六察案復置監察御史三員分領。先是，元豐八年冬，詔減監察二員，令殿中侍御史兼領，而察官亦許言事，至是命復之。

同日，詔：「今後臺諫官並舉未陞朝官以上〔二〕，不拘資序。仍令翰林學士蔡京、御史中丞黃履各舉堪充監察御史官三員以聞。」

紹（興）〔聖〕三年七月二十二日，詔職事官監察御史已上因罪罷黜，並給告。從中書舍人葉祖洽請也。

紹（興）〔聖〕四年正月十七日，詔吏部尚書黃履、翰林學士承旨蔡京、翰林學士林希，各舉監察御史一員。

六月十四日，詔翰林學士承旨蔡京、翰林學士蔣之奇、權吏部尚書邢恕，各舉監察御史二員以聞。

十一月十七日，詔諫議大夫已上，各舉堪充監察御史一員。

紹興十一年十月二十八日，御史臺言：「檢準本臺令節文，諸監察御史闕，牒殿中侍御史權，仍奏知。每員止權一察，餘察官兼。若闕 34 員多，兩院御史分領。又總例節文稱，諸兩院御史者，謂殿中侍御史、監察御史。契勘監察御史即日止有一員，正管兵察，所有其餘察見今闕官。本臺除已依上條差殿中侍御史胡大明權禮、吏察、監察御史陳時舉兼戶、兵、刑、工察職事外，奏聞事。」從之。

紹興十三年九月二十二日，詔：「大禮依舊例差監察御史二員糾彈，其監察司手分依條例差三人點檢行遣，令給色號，依明堂大禮例，下所屬關借赦入壇殿號。」

十七年十月十七日，詔每遇季秋，差監察御史按視檢察永祐等攢宮。

紹興二十二年三月一日，詔：「今後遇得旨，令臺諫赴都堂議事，及特令薦舉、同看詳文字，監察御史並合干預。」

隆興二年八月十二日，詔每年秋季輪差監察御史檢察安穆皇后攢宮。

九月二十九日，監察御史王稽中言：「臣先自宮祠召赴行在，令內殿奏事，擢臣監察御史。王之望素昧平生，然士大夫皆言臣是之望所薦，臣不能必其然否。今之望既除執政，臣若不迴避，清議不容。況龔茂良亦係王之望所薦，今茂良既已迴避，乞改差臣宮觀或外任差遣，庶允師言。」

〔一〕紹聖：原作「紹興」，據《宋史全文》卷一三下改（《太平治迹統類》卷三〇載此事於元祐七年十二月，與此異）。又按，以下五條經查亦爲紹聖事，徑改。因字誤，《大典》遂誤編於此。

〔二〕未陞朝官以上：此語殊不可解，蓋自三公至初釋褐者，皆爲「未陞朝官以上」之人也。疑「未」字爲衍文。

詔：「王稽中乃朕親擢，非王之望所（屬）〔薦〕，不當過爲迴避。」

〔乾道〕八年正月二十二日〔一〕，詔令御史臺開具六察所隸覺察彈劾事件，并見今監察御史所分管職事，申尚書省。

二月七日，宰執進呈御史臺覺察彈劾事件，分隸六察。虞允文等奏曰：「從來覺察彈劾，殿中與長貳 35 通行，其六察則點檢所隸百司簿書之稽違耳，祖宗時監察御史却許言事。」上曰：「今既分隸六察，可許隨事彈奏。」自此臺綱肅清矣。

八日，詔：「御史臺覺察彈劾事件並分隸六察。今後如有違戾去處，許監察御史隨事具實狀覺察彈劾聞奏。」

【宋會要】

元豐三年正月十七日，監察御史丁執禮、權監察御史裏行舒亶、何正臣自劾赴景靈宮誤乘馬入偏門。詔釋之。執禮等固乞行法，上批可依所乞，從違令贖，而命卒不下。

（以上《永樂大典》卷一〇一七一）

【宋會要】〔二〕

國家每入閤、國忌，臨時差。六察：吏察、兵察、户察、刑察、禮察、工察。元豐中，神宗始置六察司于御史臺。（以上《永樂大典》卷二一二四六）

御史裏行

【宋會要】

36 神宗熙寧二年十月二十二日，詔三院御史及裏行今後有公事，並許直牒閤門上殿。從御史裏行張戩、程顥所奏也。

元豐四年六月十三日，詔監察御史裏行王祖道罰銅十斤，滿中行六斤。先是，判司農寺舒亶言：「本寺未了文字數百件，未了帳七千餘道，催罰錢三百九十餘千，未架閣文字七萬餘件，朝廷已送大理寺根究。伏緣建置六察，正以督治官司違慢爲職，今並不彈奏。」祖道、中行自劾，嘗權户察故也。

景祐元年四月二十四日〔三〕，御史中丞韓億等言：「竊見唐朝（魯）〔曾〕置御史裏行，欲乞於三丞內曾經知縣差使者舉充，候二年滿即與正御史，供職二年即與省府判官或轉運差遣。」從之，仍令韓億、楊偕各舉兩員聞奏。

〔一〕乾道：原無，據《宋史全文》卷二五下補。以下二條爲同時事，亦見《宋史全文》。

〔二〕此條原有旁批云：「寄案，《大典》卷二萬一千二百四十八引。」鈎在「宋會要」上。又天頭批：「夾注在『整肅矣』下。」按，屠寄所謂「整肅矣」實即上文乾道八年「二月七日」條末之「肅清矣」。廣雅書局清本即據屠寄此批，以本條爲「二月七日」條末之夾注。今省此條似爲「御史臺」門之序，其上尚有闕文，屠寄之處置非是。

〔三〕本條當移至「神宗熙寧」之前。

御史知雜

【宋會要】

舊制常以郎中、員外兼侍御史知雜事，專掌臺事。中丞闕，亦專判。元豐七年詔侍御史知雜事爲侍御史，不帶「知雜事」。今併入三院，推直官、檢法官、主簿並附。

仁宗皇祐四年五月十八日，御史知雜陳升之言：「蒙差同糾察在京刑獄，閤門俾赴垂拱殿起居，緣舊例著位外庭，兼領職局，未有赴内殿者。」詔與免之。

至和元年九月十二日，侍御史范師道首乞諫院及知雜御史，如當擢用，不計資任深淺，並且令任三司副使，其歷三部，方改授待制。詔今後諫官、知雜御史除改，旋取進止。

治平三年三 37 月，詔自今知雜御史衣緑者，告謝日令閤門取旨。先是，知雜呂景初判尚書刑部，仍賜五品服。初，景初衣緑，入謝既改賜章服，故有是詔。

元豐三年，詔：「中書官司違慢應面奏者，令御史臺丞、知雜同本察官上殿，或具聞奏，餘申中書。」

元豐五年，詔試起居舍人、兼崇政殿説書蔡卞試侍御史知雜事。先是，上欲以卞爲知雜御史，蔡確、王安禮皆以親嫌爲請。上曰：「已嘗面諭卞，卞亦以此辭，其人有守，必不肯蔽附。」故有是命。

元豐五年四月六日，詔侍御史知雜事滿中行罷臺職，爲直集賢院、知無爲軍。初，中行言：「王安禮奏，御史臺取籍記盜賊名簿，乃本府日用文書。及令分析，乃上言以臺牒别取簿數多，遂奏逐次止取一簿，隱落前奏虚稱『日用文書』一節，此乃安禮前後欺罔不實。」上以中行奏事不實不當，故絀之。《事文類聚》：宋以中丞爲長，知雜御史爲侍御史〔一〕。

（以上《永樂大典》卷一〇一七二）

三京留司御史臺〔二〕

三京留守司御史臺：西京於分司官内差一員權（闕）〔領〕，或特差官權判掌；南京止令留守通判權掌；後北京置臺，專差官領。今則三京皆有正官領之。以上《國朝會要》〔三〕。

38《兩朝國史志》：三京留司御史臺，管勾臺事各一人，以朝官以上充，掌拜表、行香，糾舉違失。凡（史）吏有令史、知班、驅使官、書吏各一人。以上《續國朝會要》。

真宗咸平六年四月，詔西京留守司御史臺置令史、驅使官二人祗應，按院管勾兩班。

大中祥符七年十一月，詔：「西京留守司御史臺，今後

〔一〕「知雜」句：原只作「知權」二字，據《古今事文類聚》新集卷一八本文改補。

〔二〕原無此題，徑添。

〔三〕以上一段原在本書職官一七之三《神宗正史・職官志》之後。查現存《永樂大典》卷二六〇七録《神宗正史・職官志》之後，即接録「三京留司御史臺」以下諸條。徐松輯録《會要》時，誤將此條與《神宗正史・職官志》連抄爲一塊，《兩朝國史志》以下另作一塊，以致造成錯簡，今據内容及《大典》原文移於此。

行香拜表，不以官班高下，止以知府兼留守爲首。」先是，刑部郎中、直昭文館趙湘知河南府，右諫議大夫陳象輿權御史臺事。象輿自以官高，立班湘上，衰老倨慢，本路轉運司以爲言，故有是命。

天禧四年四月，以翰林學士承旨、兵部侍郎晁迥進工部尚書、集賢院學士、判西京留司御史臺，迥累表引年求解近職故也。他官止云「權」，迥以三品，故云「判」。

仁宗慶曆五年九月，詔置南京留司御史臺。

七年六月二十一日，詔置北京留司御史臺，仍差太常少卿馬絳管勾。

皇祐三年正月十八日，以光禄少卿張子立權管勾西京留司御史臺公事。

至和元年七月二十一日，太子太師致仕杜衍言：「臣男訢秘書丞〔一〕、通判應天府，乞候成資日就差管勾南京留司御史臺公事〔二〕。」詔候今任滿差權，替年滿闕。衍以引年退居，仁宗卹其耆德，特從所請，非常例也。

嘉祐六年九月，以龍圖閣直學士、尚書工部侍郎李柬之[39]爲刑部侍郎〔三〕、集賢院學士、判西京留司御史臺。柬之以老自請，從之。以上《國朝會要》。

神宗熙寧二年十二月二十五日，詔：「令三京留司御史臺添權判或管勾官一員，仍差大卿監并職司以上差遣人，須精神不至昏昧、堪任釐務者充，三十箇月滿替。」三京留司御史臺皆有常員，至是增員以待卿監、監司之老者。國子監亦增之。及宮觀仍不限員，以待知州之老者。

三年正月二十六日，詔：「應乞留司御史臺差遣，除兩制以上臨時取旨外，餘候到闕體量定差。」

七月二十七日，詔：「應三京留司御史臺添支，大兩省、大卿監及職司資序人依本人見任官，知小郡、知州資序人依本人見任官通判例，武臣即比類施行。若遥郡已上罷任及遥郡南班官元係文資，内有功績殊異者，别取旨。」

四年四月十八日，新知許州、端明殿學士兼翰林侍讀學士、右諫議大夫司馬光權判西京留司御史臺。

元豐五年九月十六日，詔：「應尚書吏部陳乞留臺、宮觀，國子監人，年六十以上兼用執政官恩例者，通不得過三任。」

崇寧元年七月十一日，中書省言：「熙寧中詔臣僚歷監司、知州有衰老不任職者，使食宮觀俸給，自後添支屢經裁減，而諸州供給亦無定例。今以熙、豐以來條制，參立三京留司御史臺、國子監、諸州宮觀嶽廟提舉管勾等官添支例爲八等差。七十以下，不得過三任；七十以上，曾任侍御史[40]兩任，寺監長官及職司中散大夫以上一任。」從之。

（以上《永樂大典》卷二六〇七）〔四〕

〔一〕訢：原作「訴」，據《長編》卷一七六改。
〔二〕司：原作「守」，據《長編》卷一七六改。
〔三〕柬：原作「東」，據《長編》卷一九〇改。下同。
〔四〕《大典》卷次原缺，按《大典》此卷現存，今據補。

宋會要輯稿　職官一八

祕書省　一

【宋會要】**1** 祕書省掌常祀祝板。監闕，即以朝官判祕閣官兼充。

《兩朝國史志》：祕書省判省事一人，以判祕閣官兼。凡邦國經籍圖書悉歸祕閣，本省惟掌常祭祀祝板而已。書令史一人，楷書六人。太平興國二年，始建崇文院、昭文館、史館、集賢院，皆總爲崇文院。及建祕閣，亦在崇文院中。元豐五年，初以崇文院爲祕書省，事具《職官志》。舊建於禁中，紹興初復置，權寓臨安府法惠寺。洎十四年，創新省於天井巷之左。掌凡邦國經籍圖書、常祭祝板之事。監一人，秩正四品；少監一人，秩從五品；丞一人，秩從七品；著作郎一人，秩從七品；著作佐郎一人，秩正八品；校書郎、正字各二人，秩從八品。又參酌舊制，校書郎、正字召試學士院而後命之。自是採求闕文，補綴漏逸，而四庫書(箱)〔籍〕畧備。即祕書省復建史館，以修神宗、哲宗兩朝實録，選本省官兼檢討、校勘，以侍從官充修撰。五年〔一〕，倣唐十八學士之制，監、少、丞外，置著作郎、佐、祕書郎各二人，校書郎、正字通十二人，立爲定額。又移史館於省之側，別爲一所，以增重其事。至九年修《徽宗實録》，乃即史館開實録院。事具「實録院」。分案有四：曰經籍，曰祝板，曰知雜，曰太史。吏額：都孔目官一人，孔目官一人，四庫書直官一人，書直官一人，表奏官一人，書庫官一人，守當官二人，正名楷書五人，守闕一人，正係名六人，守**2**闕係名六人，監門官一人，以武臣充，專知官一人。太史局、文德殿鐘鼓院、測驗渾儀刻漏所，並皆隸焉。

太宗淳化元年八月，詔祕閣次三館，祕書省仍舊隸京百司。

二年二月，詔：「祕書省著作局掌撰祠祭祝文。今定《正辭録》三卷，令祕書省依此行用。」自後凡《正辭録》外有常例祭者，著作局分撰，或在京闕著作局官，亦有祕書丞、郎撰者。

真宗景德元年十二月，詔祕書省揀能書人寫祝板，委祕書監躬親點檢，謹楷不錯，方得進御書名。

四年，又令祕閣監書籍内臣同提點。

大中祥符九年，詔祕書監楊億判閣，兼祕書省事。億爲正監，不當更言判省閣，有司(憶)〔悮〕也。

《神宗正史・職官志》：祕書省：監，正四品；少監，從五品；丞，從七品。各一人。監掌書籍、國史、天文、曆數之事，少監爲之貳，而丞參領之。凡其屬有五：著作郎

〔一〕「五」上原衍「十」字，據《宋史》卷一六四《職官志》四刪。

一人，從七品；祕書郎、著作佐郎各二人，正八品；校書郎四人，正字二人，從八品。開修時政記、起居注，修纂日曆、祭祀祝辭，則著作郎、佐郎主之；刊寫分貯集賢院、史館、昭文館、祕閣經籍圖書，則祕書郎主之；編緝校定，正其脫悮，則祕書郎、正字主之。各以其職隸於長貳，惟日曆非編修官不預。歲於仲夏曝書，則給酒食費，諫官、御史及待制以上官畢赴。遇庚伏則前期遣中使喻旨，聽以早歸。大典禮則長貳預集議。國朝待遇儒臣非他司比，宴設賜予率循故事。三館、祕閣有學士判，直，或修撰、校【3】理、檢討官多領他司，寓直其中。元豐五年，職事官貼職悉罷。及官制行，立爲定員，釐正其事。分案四，設吏八，太史局隸焉。《哲宗正史·職官志》同。

神宗治平四年即位未改元。閏三月，御史吳申言：「竊見先朝宰相韓琦等所薦十人試館職，而開封府界提點陳汝羲別以奏對稱旨，亦與試，漸至冗濫。兼所試止於詩賦，非經國治民之急。乞參用兩制薦舉，仍策以經史及世務，勿用詩賦。」詔兩制詳定以聞。其後翰林學士王珪等言宜罷詩賦，如申言。乃詔自今館職試論一首、策一道。

熙寧二年十一月三日，置崇文院校書，始除河南府永安縣主簿邢恕。乃詔今後應選舉到可試用人，並令崇文院校書，以備朝廷訪問差使，候二年取旨，或除館職，或陞擢資任，或只與合入差遣。

三年五月十六日，詔崇文院校書邢恕與堂除近地試銜知縣。先是，同知諫院胡宗愈言：「崇文院校書如未歷外官及不滿任者，不得選舉。昨邢恕以新進士除校書，蓋是朝廷未有法制。近聞新進士緣此奔走權要，廣爲道地，乞自今須歷任乃除。」故上令罷恕。

四年十月二十九日，集賢院學士、史館修撰、判祕閣宋敏求言：「伏見前代崇建册府，廣收典籍，所以備人君覽觀而化成天下。今三館[一]、祕閣各有四部書，分經、史、子、集。其書類多訛舛，雖累加校正，而尚無善本。蓋讎校之時，論者以逐館幾四萬卷，卷數既多，難爲精密，務在速【4】畢，則每秩止用元寫本一再校而已，更無兼本照對，故藏書雖多而未及前代也。臣欲乞先以《前漢書·藝文志》內所有書廣求善本[二]，令在館供職官重復校正。既畢，然後校後漢時諸書。竊緣戰國以後及于兩漢皆是古書，文義簡奧，多有脫誤，須要諸本參定。欲乞依昨來校七史例，於京師及下諸路藏書之家，借本繕寫送官。俟其究精[三]，以次方及魏、晉，次及宋、齊以下。至唐則分爲數等，取其堪者則校正，餘皆置之，庶幾祕府文籍得以完善。」事竟不行。

六年八月九日，詔祠部員外郎、集賢校理、同修起居注劉瑾爲史館修撰，充河北都轉運使。史館修撰帶出自

[一] 今：原作「令」，據《長編》卷二二八改。
[二] 善：原脱，據《長編》卷二二八補。
[三] 究：《長編》卷二二八作「已」。

瑾始。

七年，詔置補寫所。

六月二十二日，監三館、祕閣言：「看詳崇文院孔目官孟壽安所陳，詔書内求訪到書籍只各一部，並未校正，乞行校正。仍差見補寫楷書二十人，將上件書鈔寫四部，均送逐館。乞應街市鏤板文字，供録一本看詳。有可留者，各印四本送逐館，合用紙墨、工食錢依例下度支支。乞不令諸處指定取索館閣書籍，並可與施行外，欲將借本書庫原書籍添入經、史、子、集書數足備及準備閲覽，其館閣書籍浩翰，若依所乞，慮難鈔録。科場借書，外面無本，方許於館閣權借。如遇殿試科場，即館閣一面供書入殿。」從之。

元豐元年十二月七日，祕閣校理蘇棁言：「每歲崇文楷書補寫四庫書，只令吏人比校，或致差悞。乞應在館諸官點5檢校定，而冀官各任責，兼足以討論百氏之書，開廣聞見。」遂命崇文院勘會四館書籍。昨因置編校所，逐館出借書籍供應校證，多拘收不到。應校勘官因此呼（嗦）〔索〕不係陪填蛀蚛補充逐庫書籍，却成交互。欲乞校勘官只許將已寫未裝及蛀蚛書看校，不許帶出。」從之。

二年四月十八日，翰林學士、右正言章惇判祕書省。

二年十一月十六日，集賢校理王子韶言：「閣宿官遇假日不許設火，亦無燈燭。緣舊日遇假多寡豁宿〔一〕，近來不許豁宿，冬月寒冷，宿直不便。乞依班房例，雖遇假休，量與給火。」從之。舊制，當宿官房，聽留燈火。

四年十一月，詔太中大夫、待制以上帶修撰者並罷。

是月，廢編修院入史館。

五年四月二十三日，詔：「自今更不除館職，見帶館職人依舊。如除職事官，校理以上轉一官，校勘減磨勘三年，校書減二年，並罷所帶職。」館職舊例，校理以上到館二年與通判，三年與知州。郎官已上遇大（理）〔禮〕許奏薦，及校勘已上每任堂除，到京請給俸供職，不常參，不入川廣，雜壓官同以職支破職食錢及御厨食之類。今既不除，此例悉罷。

四月二十六日，太中大夫、龍圖閣直學士、判將作監王益柔爲祕書監，奉議郎、集賢校理、知太常禮院林希爲承議郎、行祕書省著作佐郎，宣德郎、館閣校勘邢恕爲祕書省校書郎〔二〕。祕書監及著作佐郎、校書郎初除，故具載之。正字準此。

五月十一日，詔：「祕書省於三省用6申狀，尚書六曹用牒，不隸御史臺六察。如有違悞，委言事御史彈奏。」

八月四日，詔祕書省聽御史長官若言事御史彈奏。先是，置監察御史，分六察，隨所隸察省曹寺監，而三省至内侍省無所隸，故長官、言事御史察之。

十月十二日，詔祕書省正字以上中書省差。

〔一〕寡：疑當作「許」。《夢溪筆談》卷二三：「館閣每夜輪校官一人直宿，如有故不宿，則虚其夜，謂之『豁宿』。故事，不得過四，至第五日即須入宿。」是舊許豁宿也。

〔二〕邢恕：原作「林希」，據《長編》卷三二五改。

十一月十五日，宣德郎鄧忠臣爲祕書省正字。

六年三月四日，詔：「祕書省長貳毋得與著作修纂日曆事，進書奏狀即繫書。其關防漏泄，並依舊編修院法。」

六月四日，詔集議大典禮，令祕書省長貳與。

九月十四日，詔祕書省依諸司遇大忌日不作假，及不隨執政官早出。

七年五月一日，詔降授宣德郎葉祖洽爲祕書省校書郎。祖洽初除知湖州，以上批祖洽熙寧首榜高第，可與祕書省職事故也。

十七日，詔著作暫闕官，校書郎或正字兼權。

哲宗元祐元年三月二十八日，詔：「職事官許帶職，其班序、雜壓依職事官。如職高於寄禄官，並以職爲行、守、試。應緣職添支除酒外，餘不給。內集賢殿修撰、直龍圖閣、直集賢院、直祕閣、集賢校理以上職〔一〕，今後內外官並許帶。除職食錢并理任外，其餘恩數並依官制已前條貫。」

四月二日，祕書省言：「三館、祕閣內有係國子監印本書籍，乞今後有闕卷、蠹壞者，並令補印。及有新印書籍，亦牒本送逐館收藏。」從之。

十四日，詔曰：「朕惟古之君子，能長育人才，則天下喜樂之矣。《詩》曰：『既見君子，樂且有儀。』今夫蘭臺、延閣，皆圖 7 書祕記之所藏，而校讎、論譔，位序多闕。永惟祖宗樂育賢儁，嘗詔二府薦士，置之祕府，養其德器，以待試用，朕甚慕焉。執政大臣，吾之所甚重也，宜各舉文學政事行誼之臣可以充館閣之選者三人，亟以名聞，朕將考觀其才器而甄陞之。」

二十六日，詔：「執政官所舉充館閣人內有舉到選人者，如試中，與除祕書省正字，依太學博士例改官，候供職及四年除祕閣校理，未改官者須改官日除。」

五月，詔：「祕書省自有職事官，其舊帶職及今後除授校理以上職，並不供職。」

十月十六日，詔：「應試中館職者，內選人除試正字，改官、請俸等並依太學博士法；未陞朝官除校書郎〔二〕。正字供職四年除祕閣校理，仍候改寄禄官日除授；校書郎供職二年除集賢校理。祕書郎、著作佐郎比集賢、祕閣校理，著作郎比直集賢院、直祕閣。應校理以上未有兼領職事者，並於祕書省供職輪宿，依舊例給職食錢，并破御厨食。有兼領者，遇本省迎駕起居及議論事並預。」

二年六月八日，祕書省言：「昭文館黄本書籍已編了當，撥與祕閣收藏。其史館、集賢院未有上件書籍。祕閣定本內名件及卷秩多闕，見今祕閣黄本亦多有闕，有旨令先將定本補足闕少名件，校對無差，即先補寫祕閣黄本。內有印本者，印補充。乞在省官與供職校理分校祕閣所藏

〔一〕直祕閣集賢：原脱，據《長編》卷三七三補。

〔二〕校書郎：原作「祕閣校理」。按，《宋朝事實》卷九：「元祐初又立試中人館職法：選人除正字，京官除校書郎。」「京官」亦即此之「未陞朝官」，可見「祕閣校理」當作「校書郎」，因改。下文言「校書郎供職二年」，正承此句。

黃本書，補完校正，仍乞將《崇文總目》比較，無缺少書，即別造帳目。合[8]用黃、白池紙及裝背綾絹之類，依料次下合屬庫務供送。內館閣無本及不堪者，許於龍圖、天章、寶文閣、太清樓及諸官司關借。合要印本書，下國子監用黃紙印造。元係諸州軍印本，許從本省牒户部下本處印造。舊崇文院每月破公使錢七十貫，菜盤錢二十貫，欲比附共破錢四十貫充裝背、黃白、攧竹、麪糊所須之物并官員茶食果子之類費用。舊編校每月各破茶湯錢十貫，今本省官已有職錢，在館供職校理取朝旨。舊編校所楷書五十人，今乞差三十人，手分四人。抄寫人不許諸處抽差及免謄録，依所請外破錢，每月支三十貫。在館校理如無兼領，每月各支錢十貫。」

八月，祕書省言：「舊例逐員每日校對書籍功册葉背面二十一紙〔二〕。契勘既已校對黃本，其本省見置補寫書籍局合行減罷。」有旨校書功依例，補寫書籍局減罷。

十月十六日，詔祕書丞及三年除祕閣校理。

三年二月二十八日，詔：「唱名〔曰〕〔日〕，祕書丞、著作郎、佐郎、校書郎、正字依館職例入殿祗候。」

七月，太皇太后遺使賜館閣、祕書省官果實食物五十合，坤成節獻香合故也。興龍、坤成二節香合，祕書省長貳、待制已上自依本官例投進，祕書省比附館職及見帶職非職事官，依舊投進。

八月，以翰林學士、左朝議大夫、知制誥許將提舉黃本書籍，給食錢十貫。

九月，復試賢良極諫科于閣下。

十一月四日，三省言：「在京堂除差遣累有[9]增改，而吏部〔缺〕〔闕〕少官多，今裁定祕書省正字、館職校理以上並中書省差。」

四年正月二十六日，詔館閣官赴太常寺聽范鎮雅樂。

四月二十四日，太師文彦博與宰相、執政官同至祕閣觀書，因宴犒儒士。皇帝、太皇太后遣中使傳宣，賜太師、宰相已下茶一十二〔斤〕〔片〕，密雲龍十片，曾坑二片。御酒各二瓶，果子各一合。一十九楪。提舉黃本翰林學士茶七片，密雲龍六片，曾坑二片〔三〕。御酒一瓶，法酒一瓶，果子一合。一十五楪。都監法酒各一瓶，法糯酒各一瓶，果子各一合。一十五楪。監書庫官法酒一瓶，果子一合。一十五楪。

五月，祕書省言：「館閣久例，於曝書月分有飲食聚會，及請召兩制已上官。昨因住支公使錢，後來累年廢罷。乞今後每年許於曝書月分聚食一次，仍乞請尚書、學士、侍郎、待制至兩省，依太常觀樂近例，令所司移具變料赴省。仍約舊例，量破錢相兼支用。」有旨並依，仍特支錢一百貫文相兼支用。

是月，祕書省言：「《崇文總目》內書籍是將四館分書

〔二〕日：原作「月」，據《事實類苑》卷三一改。
〔三〕正文言「七片」，注文合計凡「八片」，當有一處誤。

併合著録，自來逐館分書多少不等，每處未有全依得《總目》内數目者。今既先用黄紙書一本充祕閣收藏，即自嘉祐中編校後來所寫書本尚猶未能足數，即今見行添補。欲將祕閣先退下舊白本及諸館分舊書或兼本者，亦依《崇文總目》編次一本，充史館收藏，其餘接續編次集賢、昭文。内集賢一本充諸處借取外，其餘更不得借[10]出。又江南、西川、荆南、兩浙等書並是祖宗初平僭僞收取入館，可惜散失將盡，今欲不拘全與不全，並於下庫收貯。内有唐朝零碎舊書，仍乞別藏祕閣。又近世書并家籍等，多是一時獻到，送付祕閣，乞別作一帳收係。内有名賢著述，亦別謄寫，其餘即於空閒庫分收管。」從之。

七月四日，吏部言：「祕書省官三年爲一任，復置館閣校勘、正字，四年成任。丞滿除祕閣校理，校書郎滿除集賢校理，並謂陞朝官知縣已上資序之人。餘除館閣校勘，候及上項官及資序改校理。校理已上資任依官制以前法，到館一年與通判，一任回并到館三年與知州，已係通判資序即二年與知州。祕書省官闕陞不用舉主，著作郎、佐郎、祕書郎並除陞朝官知縣已上資序人，祕書省牒吏部施行，餘如舊制。任滿日，著作郎除直集賢院，佐郎、祕書郎除集賢校理。」從之。

十二月，詔無出身人帶館職者特加「左」字。

五年六月四日，詔：「祕書省見校對黄本書籍未了，可添一員，以明州定海縣主簿秦觀充，三年理爲一任，滿日依太學博士條。」

七月，正字晁補之、李昭玘、陳察除校書郎，始用尚書省黄牒。自元豐官制行，祕書省官用告除授，至是始用黄牒。六年四月，太常博士陳祥道除正字，亦只降黄牒。

九月二日，祕書省言：「正字四年除祕閣校理，校書郎、著作佐郎任滿除集賢校理。正字張耒到省三年七月[一]，除著作佐郎；陳察、李昭[11]玘、晁補之合是三年七月，並除校書郎，乞用新職通理。」詔晁補之、李昭玘、陳察、張(來)〔耒〕並許將正字年月四日比三日，於今任用内通理[二]。

十六日，詔復置集賢院學士。六年八月十六日，以權工部侍郎李周爲之。詔集賢院學士如曾任權侍郎已上人充者，立班、雜壓並在太中大夫之上。

十二月十八日，殿中侍御史岑象求言：「近歲祕書省多務燕(間)〔閒〕，少親讎校，請定校讎之課。」詔令禮部、祕書省長貳詳度以聞。於是每員復命校册葉背面二十一紙，月終具奏。仍乞降考功，按唐祕書省式讎校。舊本書有注、錯多者，長功日十紙，中功日九紙，短功日八紙，錯少加二紙，無注又加二紙，再校各加初校三紙。其正字刊正各校三紙，(余)〔餘〕準此。事見《法鏡》。

[一] 耒：原作「來」，據《長編》卷四四三改。
[二] 「用」字疑衍。

六年二月十七日，詔兼它局官並間日入館。遇入館日，依條校對。從集賢校理、權判登聞檢院李德芻言，舊來兼它局者校書日十板也。

三月，祕書省言：「三館舊有都監兩員，並差内侍轉出大使臣。先準特旨差到供奉官王道、李永言，逐官並係内中(紙)〔祗〕應，有妨本省坐局。緣逐日楷書功課並有出納，並係都監專管，難爲時暫闕人，乞權依例添置一員。」詔令吏部權添差内臣大使臣一名。李永言使闕日，更不差人。

二十三日，詔：「賞花釣魚賜宴，祕書丞、校書郎、正字許赴坐。」舊制賞花、釣魚、賜宴，三館、祕閣修撰、直館、校理赴坐。

五月十二日，詔祕書省校書郎黃裳供職及二年，12 爲集賢校理。

六月，提舉黃本蘇軾言：「秘書省官每日校書背面二十一紙。準入内黃門黃洙傳聖旨，祕書省入伏午時住修文字，末伏依舊。欲乞於所校功課減半，候過末伏日依舊。」從之。

十月，祕書省言：「左宣德郎、充館閣校勘、權通判杭州廖正一先得朝旨，許通理在祕書省月日，依正字條施行。本館於元祐二年十一月八日供職，至今年十一月八日，通理已及四周年。」十一月，詔除祕閣校理。

七年三月七日，祕書省言：「本省節次添差到校對黃本書籍官共五員，即未有京朝官闕陞資序、選人改官及比附舊例立定年限遷除條式。」有旨承務郎以上到任三年理爲一任，與除正字，選人並依太學博士條改官。

四月四日，詔納皇后校對黃本，選人令陪位。從本省申請也。

五月，詔館職磨勘令吏部依監司職事官檢舉。

是月，詔：「權西京留守判官、祕書省校對黃本書籍常立特添差陳州州學教授，仍許通理校對黃本書籍月日，依太學博士改官。」

十二月，兵部言：「祕書省正字王任申都省，乞給假歸成都府般家赴任，乞於成都府差人。本部看詳般取家屬條，監、丞以下七人，雜壓正字在監、丞下，於條不該差。緣本官係館職，乞比監、丞差破。」有詔比附監、丞條行。

十九日，祕書省言：「高麗國近日進獻書册，訪聞多是異本，館閣所無，乞暫賜頒降，付本省立限謄本。乞即時進納元本〔一〕，別裝寫祕閣黃本書收藏。」13 詔降付祕書省，仍令本省謄寫校正二本送中書省、尚書省，及別謄寫校正二本送太清樓、天章閣收藏。

紹聖元年三月二十三日，殿中侍御史來之邵言：「集賢院學士之職，自先朝以來，體制與諸直館頗同。頃自李周以權侍郎罷，除集賢院學士，出守外郡，方有指揮曾任六曹侍郎者立班在太中大夫之上。其後奏薦班列，並同待

〔一〕乞：似當作「訖」，屬上讀。

制，望賜詳酌。」詔（令）〔今〕後除集賢院學士曾任權侍郎以上者，立班、雜壓、封贈在中散大夫之上，其餘恩數、儀制並依中散大夫。餘人立班、雜壓在中散大夫之下，蔭補依朝議大夫〔一〕，官高者從本條。

閏四月二日，詔罷祕書省校對黄本。以元祐所置，故罷之。

十月三日，詔自今館職依元豐例，許射吏部闕。

二年二月十六日，左宣德郎、校書郎葉濤爲著作佐郎。詔元祐四年七月著作郎、佐郎、祕書郎並除陞朝官知縣資序人指揮勿行。

三月一日，御史中丞黄履言：「校書郎葉濤爲著作佐郎，除陞朝官知縣資序人條不行。竊謂去年敕榜都堂，有前執政因人立法，因人亂法，今乃傚而行之。」而御史常安民亦論不當除授。詔濤依舊爲祕書郎。

四月，詔：「職事官罷帶職，非職事官仍舊許帶。易集賢院學士爲集賢殿修撰，直集賢院爲直祕閣，集賢校理爲祕閣校理，見帶人並改正。」

元符二年六月二十四日，大理少卿、同詳定一司敕令劉賡乞將官制敕令格式送三館、祕閣收藏。從[14]之。

十一月十三日，三省言：「按元豐五年四月詔，見帶館職人依舊，即不供職，如除職事官，校理以上轉一官，校勘減三年磨勘，校書減二年磨勘，並罷。今後更不許帶館職。」詔集賢殿修撰、直龍圖、直祕閣依舊外，餘依前詔。

三年四月九日，徽宗即位未改元。朝散郎、祕閣校理、知蘇州陳師錫爲朝請郎、殿中侍御史，以罷館職，故特遷一官。

十二月十二日，詔就祕書省置局，編修《國朝會要》。

徽宗崇寧二年五月四日，禮、户部言：「（校）〔祕〕書省見謄寫三館書籍充祕閣書，至今一十七年，裝褫成書共二千八十二部，所謄寫者據三館帳籍猶有一千二百一十三部，及闕卷二百八十九卷未寫。元立楷書係三十人額，每月各人支錢三貫五百文，每日寫字二千五百。若使工課如限内，即三十人所寫，除假外一年計可寫四百有餘萬字。今一十七年尚未寫畢，顯是自來點勘疏畧，致得因循，虚費請受，今來乞立程限。」從之。

五年二月七日，詔翰林學士、兩省官及館閣，今後並除進士出身〔人〕。

大觀三年正月二十八日，翰林學士强淵明奏：「册府聚古今圖書，九流百家莫不咸在，而本朝正史獨闕，《實録》則又止于太祖、太宗、真宗三朝，而仁宗、英宗、神宗、哲宗四朝《實録》不預焉。乞賜詔旨繕寫降付，具列於圖書之首。」詔以仁宗、英宗《實録》藏於祕閣，輒傳録者依實録院法。

四年五月七日，祕書監何志同奏：「《漢書》、《七略》凡爲書三萬[15]三千九十卷，隋所藏至三十七萬卷，唐開元間

〔一〕議：原作「儀」，據《却掃編》卷上改。

亦不下八萬九千六百卷。慶曆間，嘗命儒臣集四庫爲籍，名之曰《崇文總目》，凡三萬六百六十九卷。慶曆距今未遠也，試按籍而求之，十纔六七，號爲全備者，不過二萬餘卷，而脱簡斷編、亡散闕逸之數寖多。謂宜及今有所搜採，視慶曆舊録有未備者，頒其名數於天下，委逐路漕臣選文學博雅之士加意求訪。《總目》之外别有異書，並許借傳，或官給筆札，即其家傳之，就加校定，上之策府。此外更有諸處印本及學者自著之書、臣僚私家文集，願得藏之秘府者，皆許本省移文所屬印造取索。」從之。

政和四年四月十四日，龍圖閣學士、提舉醴泉觀、兼侍讀、編修國朝會要、詳定九域圖志、充編類御筆、禮制局詳議官蔡攸奏：「伏見祕閣所藏祖宗實録、國史，所有《真宗正史》與仁宗、英宗、神宗、哲宗《正史》、《實録》並闕。乞詔國史院、祕閣，見闕國史、實録，各繕寫一部，頒付本閣收藏，仍不許本省官及諸處關借鈔録。雖暴曬點校，亦不得輒將擎下閣。」詔令祕書省差人赴國史院書録，餘依奏。

同日，又奏：「本省官校勘書籍，元承朝旨，令長貳總領，丞、著作郎、祕書郎、著作佐郎、校書郎、正字每員日校書籍册葉背面二十一紙，以經、史、子、集次序成部分校。仍逐官各置課程簿一面，將校過書籍上簿，十日一次，具校過書籍名件、葉數申省，抄上都課程簿，委長貳點檢，至[16]月終類聚申尚書省。今點檢本省雖有都課程簿，從來不曾抄轉，如此無由關防校過功課。今欲乞令祕書省依已降指揮，在省官各印給課程簿一面，經籍按季專差人吏掌管，據在省官每旬具校過書籍名件、葉數申省，抄上都課程簿，委長貳點檢，至月終攢類都數申尚書省。所有課程簿如不抄轉，其掌管人吏從杖一百科罪，官員具名申尚書省，仍許御史臺及季點官取索點檢。又契勘祕書省見補完三館、祕閣書籍，元得朝旨先自昭文館爲始，續補祕閣等。臣看詳所補書籍合先將諸庫所有門類考校少剩相補外，據所闕數補完。如昭文館經史庫闕書，而集賢院經史庫有二部，即可以互相補完，更不須書寫。今相度，欲乞委祕書省先將三館、祕閣諸庫帳内部秩考校多寡，除留一部收藏本館外，餘均以次闕書館分互相補填訖。其尚有闕數，即依已降朝旨，先自昭文館爲始，續補以次館分。内有印版者即補印，更不鈔寫。如此，不惟減省功力，庶免重復。又契勘祕書省所隸昭文、史館、集賢、祕閣，所管職事關防書籍之類，各有奉行條令，自來併修入祕書省法，本省從來不曾釐析，亦不曾謄下逐處，致（防）〔妨〕檢用，顯未允當。欲乞令祕書省將昭文、史館、集賢、祕閣合用條令鈔録成册，頒降逐處，遵守施行。」並從之。

七月二十六日，蔡攸奏：「契勘祕書省大門，舊條差皇城司親事官節級一名、長[17]行五人把門，并投下文字，及提舉灑熄火燭、掌管頭刃，常是差填不足。今來已降指揮，書籍等出入並監門具單子搜檢出入等，若差人不足，即爲虚文而已。乞添差節級一名、長行三名，内二名識字，分兩番把門搜檢，并抄轉出入文曆，投下文字，及照管洒熄火燭，掌管頭刃。祗應日支食錢，依已得指揮。契勘三館、秘閣書籍庫係應奉掌管承受御前并朝廷取降書畫、古器、瑞物等及諸處關借書籍，並係庫子管勾。今來止有庫子三人，顯見勾當不前。及請給微薄，自來少有願就之人。欲乞昭文、史館、集賢院、祕閣每館各以庫子二人爲額，並委三館、祕閣依條招收，分送逐館庫祗應，其請給比附（大）〔太〕官局庫子則例支破。」從之。

五年四月八日，上詣景靈宮朝獻，還幸祕書省。詔曰：「延見多士，歷覽藏書之府，典謨訓誥與祖宗遺文皆在，又以館天下之儒學。而屋室淺狹，上漏旁穿，若不足以容，甚非稱太平右文之盛。可令書藝局重行修展，仍等第推恩支賜。」

十一日〔一〕，詔祕書省殿以右文殿爲名。本無集賢殿，其修撰改爲右文殿修撰〔二〕。

十三日，詔：「祕書省職事官并見在省貼職官各轉一官，選人比類施行，轉不行人回授有官、有服親。人吏、專知官各轉一官，有資各轉一資，無官資可轉，依條例比換支賜。」以駕幸推恩也。

八月十二日，詔祕書省移於他所，以其地爲明堂。

十一月七日，蔡攸奏：「契勘祕書省奉御筆 18 遷移於新左藏庫，本省見推寓西府空位〔三〕。緣祕書省舊在皇城內，其火禁並依皇城司法。今既遷出，未有法禁。今欲乞在省官冬月温硯火，每一直舍及聚廳處各共設一爐，翰林司一爐。其厨內造食火，食畢先次洒熄。直宿官許存留燈火，並置曆，輪差當日直宿人吏，與打火親事官監視取火及照管洒熄。若不應存留而輒存留者，徒二年。因而遺漏者，流三千里。雖應存留而隄防不嚴致遺漏者，亦同打火掌管人與同罪。當宿官吏、專副、巡防人減二等；雖落宿，與宿同，事理重者奏裁。如允所請，將來遷入新省，亦乞依此施行。兼契勘新省東牆外逼近居民，昨係左藏庫日已有開封府立定民間失火條令，仍乞依舊施行。」詔火禁並依皇城法。

六年二月七日，蔡攸奏：「祕書省長貳五日輪一員，正旦、寒食、冬至節假并入伏不輪，丞以下日輪一員直宿。若請假，即輪以次官，參假日補填。置曆抄轉，長貳每旬點檢覺察，月具直宿、請假官員數、職位、姓名報御史臺。人吏、諸色人直宿別置曆，日押當宿官，每旬長貳點檢覺察。如有請假事故，即當宿官驗寔給假，告報以次人，候參假日補填。職掌二人，孔目官、專副至守當官通輪。楷書人二名，正名楷書至守闕通輪。裝界作一名，庫子二人，翰林司一

〔一〕按，《燕翼詒謀録》卷四記此事於政和六年四月，《群書考索》後集卷一〇、《文獻通考》卷五四並同。但《玉海》卷一六〇作「政和五年四月十一日」，年月與此相同。

〔二〕右：原作「古」，據《玉海》卷一六〇改。

〔三〕推：似當作「權」。

名，厨子一名，親事官四人，剩員五人。」從之。

八日，詔：「道録院見隸屬鴻臚寺。本寺掌蕃夷朝貢等事，金狄之教正[19]當純治之，其道教當改隸祕書省。」

七年五月四日，詔宣和殿學士蔡攸專一提舉祕書省。

十一月十四日，祕書省校書郎孫覿奏：「太宗建崇文院，爲藏書之所。景祐中，仁宗詔儒臣即祕書省所藏編次條目，所得書以類分門，賜名《崇文總目》。神宗始以崇文院爲祕書省，釐正官名，獨四庫書尚循《崇文》舊目。頃因臣僚建言，訪求遺書。今累年所得，《總目》之外凡數百家，幾萬餘卷。乞依景祐故事，詔祕書省官以所訪遺書討論譔次，增入《總目》，合爲一書〔一〕。乞別製美名，以更《崇文》之號。」從之。仍命覿及著作郎倪濤、校書郎汪藻〔二〕、劉彦適譔次，曰《祕書總目》。

八年正月二十六日，提舉秘書省道録院蔡攸言：「踏逐到閶闔門外西排岸司止有小屋二十餘間，及相鄰軍器所垛木場地步，可以修蓋提舉祕書省左右街道録院。」從之。

四月二十九日，尚書工部員外郎滕康奏：「乞祕閣四部之書以祕書郎掌之〔三〕，列史館于左，以法東觀。凡四庫之書，以校書郎、正字掌之，分總刊正出納之事。」從之。

九月十七日，臣僚上言：「臣伏覩方今天下太平，濟濟多士，上自常伯，下逮百執，宜左則左，宜右則右，無施不可。惟館職之任，議者每患其難，豈非清官美職皆萃于是，而搢紳儒者責望爲重歟。且祕書丞清官也，術業不修若姚萃者爲之，可乎？校書郎美職也，行義無聞若孫畬者爲之，可乎？吳次賓之趣操卑汙，胡國瑞之專事口吻，丁彬、馬[20]之美之才資闒茸，葉域之問學膚淺，憑恃門閥有如趙永裔，夤緣親黨有如周審言。又其甚者，如孫悟之傲狠暴戾，嘗麗刑書。然則澄汰之道，庸可已乎！至如總領之任，尤須老成，雖躐取科名而學術未優，資望素輕而懦不更事，如鄭億年者，乃爲少監，誠恐未足以壓服多士也。」詔鄭億年已降處分除祕閣修撰、提點上清（實録）〔寶籙〕宫外，餘姚萃等九人並罷，送吏部與合入差遣。

重和元年十二月十四日，中書省言：「勘會中書熙寧館職條，校理已上到館一年與通判，一任回并到館三年並與知州。如已係通判資序，即二年與知州。自奉行官制後來，其祕書省官即未有立定到省年限許理資任之法。今以熙寧舊法參酌，擬（參）〔修〕下條：諸著作郎至佐郎到任及一年、承務郎以上任校書郎及二年，與理通判資序。著作郎、佐郎以上滿三年與理知州資序，及二年與理通判資序。已係通判資序及二年、校書郎已係通判資序及三年者，准此。右入《三省尚書吏部通用（今）〔令〕》。」詔依。

宣和二年七月二十五日，臣僚上言：「伏覩近修立《三

〔一〕書：原作「卷」，據《文獻通考》卷一七四改。
〔二〕書：原作「官」，據《文獻通考》卷一七四改。
〔三〕郎：原脱，據《玉海》卷一六五補。

省吏部通用令》，係以熙寧舊法參酌詳定。臣竊觀熙寧館職條，〔校〕理以上到館一年與通判，一任回并到館三年並與知州，已係通判資序即二年與知州，未嘗有許理寔歷通判、知州資序之文。熙寧間任館閣者不過三數人而已，尚乃靳惜如此。今右文之時，儲養英旄，人才輩出，自21校書、著作以上皆得寔理通判、知州資序，臣竊以謂過矣。伏望聖慈特降睿旨，應館職除擢不以次，及許陞等除知、通差遣外，其理資序指揮乞賜詳酌施行。」詔依奏，並依熙寧法。

九月二十三日，祕書省奏：「今來新省已成，未有巡防洒熄兵級，乞下侍衛步軍差撥防守。」詔依奏差三十人。

十一月十三日，中書省言：「祕書省官令中書省立定員額，將上取旨。中書省檢會元豐年除監一員、少監一員，或只除少監二員、丞一員。及供到《皇宋館閣録》卷第四叙事：元豐五年五月釐正官制，崇文院易以祕書省之榜。官屬監一、少監一、丞一、著作郎一、佐郎二、校書郎四、正字二。勘會元豐四年曾除佐郎三員，別無定制。今立定員額下項：監、少監、丞欲並依元豐舊制，著作郎、佐郎欲四員爲額，校書郎欲二員爲額，正字欲四員爲額。」詔依擬定，以先到人爲額。今後遇闕差填額外人，候別有差遣，更不差人。

十二月二十二日，守侍御史張申奏：「臣竊觀祕書新省宏壯華麗，乞詔鴻儒撰述記序，刻之翠琰，特頒宸翰，賜以名額。」詔差王安中撰。

三年九月二十日，祕書少監翁彦深等奏：「契勘三館、祕閣、集賢庫唐人文集至多，本朝名臣大抵以文章顯，罕得與祕府之藏，蓋由自來不曾取索。欲乞下諸路轉運司取索建隆以來名臣文集，委所屬州、府、軍、監繕寫，起發赴祕書省收入帳籍，以垂不朽。」從之。

四年二月二十九22日，東上閤門奏：「勘會將來聖駕幸祕書省，賜茶聽旨。如有旨賜茶，合赴官赴坐外，所有本省監、少赴坐，取聖旨。」詔祕書省官並赴坐。

三月二日，幸祕書省，御提舉廳事，再宣三公〔一〕、宰執、親王、使相、從官觀御府書畫。既至，上起就書(按)〔案〕斜倚觀，設(按)〔案〕御榻前，尋丈許。左右發篋出御書畫，公、宰、親王、使相、執政人賜御書畫各二軸、十體書一册。公、宰、使相有別被賜者不在此數。於是上顧少保蔡攸，分賜從官已下。羣臣環聚雜遝，肩摩跡纍，至或闖首人中，争先覩之爲快。少保攸手自付予，人得御畫、行書、草書各一紙。又出祖宗御書及宸筆所摹名畫與古畫、法書，令得縱觀。從官復(還)〔環〕聚雜遝，餘官有不得前者，捧所賜拱立人後。上顧見，詔左右益設書桉東間，指畫所置處，俾皆得與觀，以示恩意。此四字聖語云。左右奔走設案唯謹。上命保和殿學士蔡翛持真宗皇帝御製御書《聖祖降臨記》及宸筆所摹展子虔畫《北齊文宣幸晉陽圖》，於所設桉展示，既迺出御墨賜羣

〔一〕三公：原作「二公」。天頭原批：「『二』疑『三』。」今改。

臣。靈臺郎奏辰正，三公、宰執已下逡巡請退。蓋辰正則將進膳。上命以墨付太宰黼分賜，皆拜庭下，以次出。是日再宣觀御府書畫，賜御書畫，公、宰至侍從已下凡五十六人，庶官特召者九人。初，車駕將幸祕書省，命提舉官選日以聞，宰相先〔朝〕〔期〕按視。前臨幸一日，祕書省官、提舉官屬習儀於本省。至日，開省西便門東御廊上。便門非臨幸不開。質明，提舉官已下至正字及貼職道史官以次班祕 23 書省門外，西向北上。車駕出宣德門，從駕官如常儀。車駕垂至西便門，在省官迎駕，再拜。是日，特宣太師至，亦迎駕祕書省門外。輦入，皇帝御道山堂幄次俟班齊。羣臣既班右文殿下，皇帝御殿，閤門奏宣太師致仕蔡京至。起居畢，在省官再拜起居。祕書少監少前，提舉三館、祕閣梁師成以手詔授祕書少監致詞。復位，在廷皆再拜。迺移幸祕閣，宣羣臣觀書及古器。累朝國史、寶訓、御製皆設祕閣下。自宰執至，在省官立庭下，班首奏聖躬萬福。再宣示手詔訖，以次陞，皆得以縱目。上再御右文殿賜茶，侍從官已上賜坐殿上，祕書少監已下用中墪坐東廡〔一〕。太學賜茶止設席。起，趨庭下，在省官再拜謝恩退。在省官轉官、賜章服者皆臚傳，謂之喝賜，時車駕已興。上御提舉廳事，別宣召臣僚觀御府書畫。傳呼「置笏」，皆置笏。及入，方罄折庭下，詔毋拜，喝「不要拜」〔二〕，以次陞。既受賜，皆再拜庭下，以次出。錫服者受賜殿門外。祕書少監翁彦深、王時雍、管勾彫造《祥應記》劉偘、提舉祕書省管勾文字馮温舒、徐時彦皆改賜章服。進膳已，車駕幸太學。

四月十八日，詔：「朕若稽古訓，祗率先猷。肆命臣工，載新祕府。比因萬機之暇，命駕臨觀。重惟三館圖書之富，而歷歲滋久，簡編脱落，字畫訛舛，較其卷秩，尚多逸遺，甚非所以示崇儒右文之意，朕甚憫焉。迺命建局，以補緝校正文籍爲名，設官綜理，募工繕寫，一置宣和殿，一置太清樓，一置祕閣，仍俾提舉祕書省官兼領其事。凡所資用，悉出内帑，毋費有司，庶成一代之典，顧不韙與。」

同日，又詔：「24 朕惟祕閣，古號藏室。爰自書契以來，河洛之文，三墳、五典、八索、九丘之書，下至諸子百家之説，收羅藴崇，皆存不廢。若乃綜理經籍，考合異同，與夫掌邦典、方志之職官悉備焉。粵我太宗皇帝，底定區宇，作新斯文，屢下詔書，訪求士逸，册府四部之藏，庶幾乎古。歷歲寖久，有司翫習，多致散缺，私室所閟，庶或不傳。豈宜承平，尚有闕典？可令郡縣搜訪，許士民以家藏書自陳，當優與支賜。或有未見之書，寔可觀采，即命以官。若訪求最多州縣，亦具名聞，庶稱朕表章闡繹之意。」

五月六日，提舉祕書省言：「三代以來古文奇字見於鍾鼎銘識，至若紀述一時之事，亦著在金石遺刻，願詔諸路博訪。」從之。

六年九月十九日，中書省言：「補完校正御前文籍，欲

〔一〕東廡：《麟臺故事》卷五作「兩廡」。
〔二〕「喝不要拜」四字原作小字，按文，此非注，今改作正文大字。

併歸祕書省，止令館職校勘。」從之。

七年二月二十日，提舉祕書省所奏〔一〕：「據祕書省申，契勘本省昨蒙措置到監門官二員，緣見任人各係兼職，并非時差出外路勾當，不得專一在局，深慮别致闕誤。乞添差監門使臣二員，輪番宿直，許本省踏逐小使臣差填，其請給、人從等並依三館、祕閣書籍庫兼監門官體例，已降指揮施行。」詔依奏。已上《續宋會要》。

高宗建炎三年四月十三日，詔祕書省權罷。

紹興元年二月十九日，詔復置祕書省，權以祕書監或少監一員，丞、著作郎、著作佐郎各一員，校書、正字各二員爲額。

四月十四日，詔：「祕書省合撰樂章、贊頌、【25】敕葬輓祭文〔二〕、夏國人使到驛宴設教坊白語、删潤經詞及答高麗書本，並依舊制，長貳分諸官撰〔三〕。」

同日，詔：「祕書省所轄太史局、測驗渾儀刻漏所、文德殿鐘鼓院，長、貳、丞、郎輪季詣點檢。內有係在禁中置局者，前期報皇城司及經由門户，聽入。」

同日，詔：「本省官正字通除京朝官、選人，內選人到任一年有四考，許自陳，據狀奏聞。如合入官，其省官不替人。」隆興元年八月七日，詔祕書省正字張宋卿乞將前任連州教授兩考零一箇月二十七日通理今任月日成考〔四〕。又，乾道三年五月二十五日，詔正字李遠乞將總護使司監犒設錢物庫零考五十五日通理今任七箇月零二十二日，揍及一年，歷任實及四考改官。並特依。

同日，詔祕書省權置書庫官二人，楷書十人，候就緒日，具元額申尚書省裁定。

十五日，詔：「祕閣書除禁中外，並不許本省官及諸處關借，雖奉特旨，亦不許。」紹興二年三月十九日太常寺及四月十六日講筵所各請關借書籍，詔特從之。

六月十二日，詔：「應祠祭天地〔五〕、社稷祝文，令祕書省依舊修撰書寫請降。」先是，罷祕書省，令禮部郎官并太常博士分撰。至是復之。

十一月七日，詔：「祕書省依舊制日輪官一員止宿。遇請假驗寔，即以次官，長貳五日一次點宿。」

二年三月十六日，詔：「祕書省降下書籍依舊制分四庫撥充祕閣，置進帳、副帳、門牌庫經一本。仍分官日校二十一板，於卷【26】尾親書『臣某校訖』。仍置課程簿，每月結押，旬申本省。入伏傳宣住校。」詳見「〔校〕勘書籍」門。

三年五月十三日，禮部言：「祕書省人〔吏〕額比附史館，以點檢文字孔目官、四庫書直官、書直(言)〔官〕、表奏官、書庫官各一名，守當官二人，正名楷書三人，守闕一人，

〔一〕「所」字疑衍。
〔二〕輓：原作「勅」，據《南宋館閣録》卷五、《梁谿漫志》卷二改。
〔三〕諸：原作「請」，據《南宋館閣録》卷五改。
〔四〕此句「詔」字及下文「詔正字」之「詔」字並疑衍。
〔五〕祠：原作「祀」，據《南宋館閣録》卷五改。

正係名五人，守闕係名五人，投名人不限人數。已上點檢文字以孔目官遞遷補充，理二年半出將仕郎；正名楷書至頭名，理七年出將仕郎。孔目官至守闕請給，並依史館支破。正係名、守闕係名、投名人不限數，並不支破請給。其立到前項守闕以上人額，據見在人名目高下比附〔一〕，從上撥填試補，同等者以試補年月先後。其點檢文字依舊爲都孔目官。」從之。先是，有詔許本省權置書庫官、楷書共一十二人，權住遷補，候就緒日具元額裁定遷補。繼而正名楷書王孝忠等狀，乞依舊遷補，至是禮部裁定，故有是命。

六月十九日，詔：「祕書省添補正名楷書二人，共作五人，依年限補至頭名，理四年出將仕郎。」

四年四月十六日，詔館職除郎官見兼著作郎二員外，仍以六員爲額。

六月十八日，詔祕書省增置祕書郎、著作佐郎各一員，校書郎、正字各二員。從禮部侍郎陳與義之請也。

五年八月三日，詔館職依祖宗故事通以十八人爲額，著作郎二員，祕書郎二員，著作佐郎二員，校書郎、正字通除一十二員。

九月四日，詔進士唱名日，除省試官外，館職依舊制殿上侍立。自政和以來浸 27 紊舊制，令立殿下，至是著作佐郎李懋有請，從之。

六年八月四日，詔四庫書直官依史館第二名書庫官例入品。

八年八月二十一日，詔史館添差校勘官一員，以正字常明兼充。從給事中兼史館修撰勾濤之請也。

九年九月四日，詔祕書省官讎校《國朝會要》，逐官每月添給茶湯錢二十貫文。

十三年二月一日，詔：「祕書省依故事，四庫書籍各輪本省官二員掌管，不許借出。」

七月八日，詔：「祕書省依麟臺故事，每歲曝書會，令臨安府排辦，正言已上及舊係館職、行在貼職皆赴坐。」從知臨安府王㬇之請也。

十二月十二日，詔兩浙轉運司建祕書省。先是復省，止寓法惠寺，至是重建，從祕書丞嚴抑之請也。

十四年三月二十九日，詔：「諸州軍應有開板書籍，並用黃紙印造一部，發赴祕書省。」

五月，賜御書「祕閣」、「右文殿」牌，仍詔將作監米友仁書「道山堂」額。

七日，詔祕書省火禁並依皇城法。至十五年五月八日，詔人吏宿房并門首過夜，聽留燈火。

二十八日，祕書省復置補寫所。以祕閣成，書寫校勘黃本書籍也。本省條具：「一、舊制書寫、楷書並係本省守闕係名、正係名各五十人爲額。一、楷書課程舊制每日書寫二千字，遇入冬書寫一千五百字，並各置工課手曆，每日

〔一〕「人」字下原衍「不」字，今刪。

抄轉書勘點檢，月終結押長貳。一、本所管有點檢文字一名，雜務書庫官一名，書勘、書庫官二人，並於本省人吏内選差，其行移取會等並書押本[28]省長貳、丞郎。一、合用紙札等並下雜買務收買。」詔守闕係名、正係名通舊管各置一十人爲額，餘並從之。

七月九日，祕書少監游操等上表，請車駕幸祕書省。詔令學士院給降敕書。

二十七日，車駕幸祕書省。其日常御殿，知閤門官以下并内侍知省、御帶、修注、樞密院諸房、逐房副（丞）〔承〕旨、諸司祗應、武功大夫以下一班鬬班立定，分引宰臣、使相、樞密、侍從、兩制、正任宗室遥郡以上，履笏相向立。閤門報班齊，皇帝出，殿下鳴鞭，行門禁衛諸親從、内侍省執骨朵使臣並迎駕，自贊常起居，次知閤門官以下宣名常起居。皇帝坐次，宰臣以下鬬班宣名常起居，次管軍一班宣名常起居。皇帝起，鳴鞭。乘輦將至祕書省，本省官吏并實録院官吏迎聖駕起居訖，皇帝至道山堂御幄降輦。俟進食畢，催班右文殿下。先知閤門官以下并内侍知省、御帶、修注、祗應官等面北立定，報引宰臣、使相、樞密、侍從、正任以上殿下相向立定，并報引提舉祕書省以下相向立定。皇帝坐，先知閤門官以下并内侍知省、御帶等宣名奏萬福訖，各歸侍立祗應位。知閤門官殿上當頭奏宣到太師、魏國公秦檜以下，次舍人分引太師以下宣名奏萬福訖，知閤門官宣陞殿，再揖，太師以下躬兩拜訖，分引至殿下，揖，陞殿侍立。次提舉祕書省官以下宣名奏萬福訖，且立定，候御藥降階，以手詔授提舉祕書省官，跪授訖，提舉祕書省[29]官以下兩拜訖，退。皇帝起詣秘閣，宣羣臣觀累朝御書〔一〕、御製、書畫、古器等。祕書少監以下（閣）〔閤〕下侍立。俟觀書訖，先退，赴右文殿立班定，皇帝復坐右文殿。候殿上御藥傳旨宣坐，賜茶如儀。分引太師以下并合赴坐官面殿揖躬兩拜訖，分陞席後立定〔二〕。次分引祕書少監以下揖躬兩拜訖，分陞兩廊席後立。俟賜茶訖，降階，逐班各兩拜退。如殿上御藥傳旨，或有推恩，或改賜章服官，引當殿兩拜謝恩訖，退殿門外，服所賜。皇帝起，歸幄更衣。臣僚繫鞋，從駕還内如來儀。是日，詔祕書省、實録院官各轉一官，祕書少監仍緋章服，并御書扇。監修國史、提舉實録院、太師、尚書左僕射秦檜，依昨監學成書體例推恩，令學士院檢舉降制。又詔祕書省、實録院人吏，及諸廳供檢文字，天文官、三省樞密院供檢至諸色祗應等人，如有官人與減二年磨勘〔三〕；内未有名目人，依國子監例賜錢六百貫文。皆以幸省恩也。

二十六年十二月二十九日，詔：「祕書省額内正係名、守闕係名共減罷六人，各以七人爲額。其召募權楷書二人，私名一人，並減罷。」以裁定百司吏額也。

二十九年三月，詔：「祕書省人吏正係名以上，依六曹

〔一〕「觀」下原有「其」，據《南宋館閣録》卷六删。

〔二〕立：原作「直」，據《南宋館閣録》卷六改。

〔三〕二年：《南宋館閣録》卷六作「一年」。

正名貼司例，七年比換副尉。」其後臣僚言：「今後除六曹寺監人吏特與七年比換外，其餘申請並依舊制。」從之。以上《中興會要》。

孝宗紹興三十二年已即位，未改元。十一月二日，詔：「館職學官，祖宗設此，儲養人材。朕亦欲待方來之秀，不可定員數。」見「國子監」門。

十二[30]月八日，詔祕書省職掌各減一年出官。該遇皇帝登寶位也。

隆興元年五月七日，詔：「祕書省人吏自入仕遷至都孔目官滿一年半零半月，通入仕及二十五年以上，依條解發出職。」祕書少監胡銓等言：「本省人吏舊制係兩項出職：一項守當官補至都孔目官理二年半，一項正名楷書頭名理四年。並不理年限，解發出職。昨勅令所將兩項條法併作一項，修到條，諸正名楷書自補授至遷補都孔目官年滿日通及二十年以上許出職。又條，都孔目官滿一年半零半箇月出職。緣却有至解發出職日方及六年，若依新法以二十年出職，即是坐占職級名闕一十四年，積壓下名，遷補不行。檢準《紹興重修勅》，諸稱省者，謂門下中書後省、尚書六曹、祕書省。今來六曹人吏有自入仕補至主事，通入仕及二十年出職去處。緣本省依條係與六曹一等官司，乞依六曹例，通入仕及二十年解發出職，庶得下名遷補通流，不致積壓。」吏部勘會：「照得六曹主事出職格法內，有立定理頭名主事年限，及通理入仕有用二十年或二十五年解發補官，體例不等。今欲將祕書省人吏比附六部閑曹去處，自入仕遷至都孔目官滿一年半零半箇月，通入仕及二十五年以上，依條解發出職，補將仕郎。」從之。

十九日，詔：「祕書省係育材之地，且以七員爲額，不妨兼領他局。」

八月三日，祕書省狀：「依指揮條具併省吏額，[31]見管人吏乞將額內正係名七人、守闕係名七人從下各減一名，共減二人，今後各以六人爲額。所有遞減正係名、守闕係名，緣爲已經試補，遇將來額內有闕，却依名次從上撥填。」詔依，見在人且令依舊，將來遇闕，更不還補。

八日，詔祕書省除少監、秘丞外，以七員爲額。

同日，詔：「左從政郎、祕書省正字鄭伯熊差監潭州南嶽廟，依昨罷敕令所删定官日例許通理，候合改官，依今任條格施行。」以伯熊言：「久病之餘，羸劣已甚。已降指揮省官七員爲額，乞行減罷，陶鑄嶽廟差遣一次。」故有是命。

二年閏十一月三日，詔今後館職並依祖宗舊法，更不立額。以中書門下省奏：「館職係祖宗育材之地，近因立額，至召試之人無闕可差。」故有是命。

乾道元年正月二十日，詔：「館職，朕所以招延天下之英俊，以待顯擢。苟不親吏事，知民情，則將來何以備公卿之任？可今後更迭補外，歷試而用，以稱朕樂育寔材之意。」

八月五日，祕書少監陳巖肖等言：「祕書省轄下太史局，每歲箋注到大、小曆日，小本依年例令榷貨務雕印出賣，大本止是印造頒賜畢，發送太史收管，便爲無用之物。其漕司雕造上件印板，費用不貲。又緣印匠遞年循習，衷私印造出外，侵奪官課。乞自今後大本曆日頒賜數足，將上件曆板下太史局，候曆日進呈畢，牒送榷貨務措置定價，出賣施行。」從之。

二年三月十三日，詔吳王、益王府教官，可32於館職中擇可兼權者差一員。

四年十月十一日，禮部員外郎李燾言：「乞舉行嶽鎮、海瀆、先農、先蠶、風師、雨師、雷神，並復舊典樂章，報祕書省修撰。」從之。詳見「祠祭樂章」門。

十一月二十八日，詔左正議大夫、守尚書右僕射、同中書門下平章事、兼樞密使、兼提舉修四朝國史、兼制國用使陳俊卿，兼提舉編修國朝會要。

十二月三日，祕書少監汪大猷等言：「本省編〔省〕〔修〕《國朝會要》，每遇提舉官開院過局，乞就本省道山堂充聚呈文字位次。其合排辦，亦不別差諸司官，止就委國史日曆所見今提舉承受諸司官排辦施行。」從之。

同日，詔國史院日曆所都大提舉諸司李綽差兼編修國朝會要都大提舉諸司，國史院日曆所承受李嶸差兼編修國朝會要承受，國史院日曆所主管諸司王允修差兼編修國朝會要主管諸司。

七日，國史院日曆所都大提舉諸司李綽狀：「準尚書省劄子，就差編修國朝會要都大提舉諸司。今有合申請事件：行移文字，乞以『編修國朝會要都大提舉諸司』爲名，合用印記乞就用見領『國史院都大提舉諸司』印記行使。已降指揮，就委國史日曆所提舉承受諸司官外，所有逐處人吏、諸色人等，並乞就差見管人吏等相兼祗應。將來開局，每月提舉官并本所官屬過局及遇節序茶酒等，欲乞並依國史日曆所提舉諸司前後已得指揮體例施行。」並從之。

九日，國史院日曆所主管諸司33王允修狀：「準尚書省劄子，就差編修國朝會要主管諸司。今有合申請事件：行移乞以『編修國朝會要主管諸司』爲名，合用印記欲乞就用『國史院主管諸司』印記行使，合差人吏就差國史院諸司人吏等相兼祗應。合行事件，欲乞〔並依〕國史日曆所主管諸〔司〕前後已得指揮體例施行。」從之。

五年四月二日，祕書少監汪大猷等言：「蔡攸所修《國朝會要》，除將熙寧十年以前章得象、王珪所修重加刪潤外，其自元豐至政和止修得帝系、后妃、吉禮三門，其嘉禮以下本省見行續修。竊見蔡攸所修吉禮，緣當時議論好惡不同，或妄有刪改，以迎合時好，故其間去取有不可盡循者。乞許令本省重照實録諸書再加刪定，務歸至當。兼今來續修斷自神宗以來，其《五朝會要》内有熙寧十年内事，亦合重行編入，以《續修國朝會要》爲名，庶得神宗一朝事實首尾相貫，可以稽考。」從之。

六年五月一日，祕書少監李燾等言：「依已〔得〕指揮，見行擇日進呈《四朝會要》，有申請事件：一、將來御殿進呈《會要》合用儀範，今乞下閤門修定施行。一、進呈依例合進讀第一卷上五板。昨來乾道二年進呈太上皇帝《聖政》日，係差祕書少監汪大猷，今乞差官施行。一、今來進呈《會要》，其合行事并進畢請御封赴祕閣安奉，及留中小本合進納御前，欲並乞就委編修會要都大提舉承受諸司官施行。進書日擡擎輦官并本省祗應人，內有無勑號之 34 人，今欲乞前期具人數、姓名保明報皇城司關請牌號，候事畢納繳。」詔進讀官差李燾，餘並依。

六日，詔以八日御殿進呈《四朝會要》、《光堯壽聖太上皇帝玉牒》，合用儀範令閤門修定。閤（前）〔門〕條具，進御如乾道二年九月二十九日上《三朝帝紀》〔一〕、《光堯壽聖太上皇帝聖政》之儀。內報引祕書省、玉牒所官以下，并引提舉官於殿下西向立定，與二年引騎導官、禮儀使、親王、太子入殿不同。又次舍人引提舉官、進讀官以下一班宣名常起居訖，提舉官、進讀官以下且殿下面西立定，與二年分引太子至修書官一班起居不同。

九日，詔：「祕書省上《四朝會要》，修書官吏各轉一官，減磨勘一年，餘人等第轉官、減磨勘、支賜有差。」

閏五月一日，中書門下省言，《國朝會要》已修至靖康年。詔令自建炎元年接續修至乾道五年。

八月戊日〔二〕，祕書省言：「得旨，《國朝會要》令自建炎元年接續修至乾道五年，本省今條具合行事件：一、編修《國朝會要》，今降指揮令起自建炎元年，接續修至乾道五年。所有照修文字，合用太上皇帝、今上皇帝《日曆》參照編修，今（訖）〔乞〕許從本省移文國史日曆所關借照用施行。今來編修事干國史，所有漏泄條禁并取索內外官司合用（昭）編修文字，欲乞並依前後已得指揮施行。所有提舉官開局、過局，館職聚議文字，其合行事一就委見今提舉承受諸司官，依乾道四年十二月三日已降指揮施行。」35 從之。

十一月六日，祕書省言：「本省編修《國朝會要》，已降指揮自建炎元年接續修至乾道五年。續準指揮，許逐旋關用建炎以後《日曆》編修。緣其間多經去取，未爲詳備。欲望特降指揮，在內令六部行下所屬，在外令諸路監司行下所管州軍，將建炎元年以後至乾道五年終應被受詔書及聖旨指揮，內百司限一月，外路州軍限一季，並錄全文赴省送納，照用編修，所貴大典不致疏畧。」從之。

九年三月二十六日，祕書少監陳騤等言：「奉旨續修太上皇帝會要，取索內外官司自建炎元年以後應申請畫降、被受改更聖旨指揮，參照本末，編類成書。其諸處視爲閑慢，或作緣故不行供報。伏望嚴限，依應回報。如違，依見行條法施行。」詔依，仍限五日回報。

〔一〕「九月」上原有「閏」字，據《宋史》卷三三《孝宗紀》一刪。乾道二年無閏月。
〔二〕戊日：疑誤。

十月二十一日〔一〕，祕書少監陳騤等言：「恭奉指揮，編類建炎以後會要，經今三年有餘，已編修至紹興三十二年六月十一日成書，欲乞敷奏，擇日進呈，乞以《國朝中興會要》爲名。」從之。

八月二十五日，詔祕書〔省〕進呈《國朝中興會要》。

九月六日，進書，禮儀並依乾道六年已得指揮。

九月二十三日，詔已修進《會要》、《玉牒》，係光堯壽聖憲天體道太上皇帝中興盛典，可特依下項推恩。下項載在「玉牒所」。

二十八日，祕書少監陳騤等言：「恭依先降指揮，編修建炎已後會要，今已修至紹興三十二年六月十一日成書，進呈了畢。所有今上皇帝即位起修，合行接續編類。其應已36行事件，並乞依修進《國朝中興會要》前後已得指揮施行。」從之。（以上《永樂大典》卷一一九四三）

祕書省 二

【宋續會要】

37淳熙二年十一月十一日，詔撫州童子王克勤賜童子出身，授從事郎，祕書省讀書。

三年七月八日，祕書少監陳騤等言：「本省編修《今上皇帝會要》，合要內外官司被受指揮參照編類，移文取索，多不供報，有妨修纂，乞立限行下諸處。」詔限三日回報，違戾去處開具當行人吏姓名申尚書省。

五年六月九日，祕書省上《中興館閣書目》七十卷，《序例》一卷。

十八日，（昭）〔詔〕：「祕書省暴書會久廢，自今年舉此故事，令臨安府排辦。」既而祕書少監鄭丙言：「乞依紹興十三年指揮，自大學士至直祕閣，自六曹尚書、御史中丞至正言及本省正字已上，及舊係館職并行在貼職官，並預坐。」從之。

七月六日，祕書省言：「昨乞將諸庫寫本書籍有損蠹殘闕者再校正書寫，得旨令開具合寫部帙并約所支書寫人食錢數目申尚書省。今約計合書寫五千萬字，用錢五千貫省，乞檢照前請施行。」從之。

九月十二日，車駕幸祕書省。先是，九月一日詔以是日幸祕書省。如值雨，許張雨具。四日，詔提舉國史院、編修國朝會要所史浩〔二〕、提舉國史日曆所趙雄免起居從駕，先往祕書省迎駕立班，俟回，從駕還內。又詔令文臣臺諫并在京及臨安府官見任直祕閣修撰、右文殿修撰，及曾任前件職見寄職人并曾任館職人、武臣閤門舍人，並令立班迎駕起居。祕書監陳騤等言：「車駕38幸省，祕閣鋪設祖

〔一〕十月：《南宋館閣録》卷四亦云陳騤此奏在十月。然細審此奏，係在成書之初、進呈之前。下文言九月六日進書，則此奏不得在十月，疑「十」爲「七」之誤。《玉海》卷五一亦云七月成書。

〔二〕詔：原作「照」，據《南宋館閣續録》卷六改。

宗御書、古器等，乞差本省知次第人吏四人、書庫子二人，專在秘閣前後往來照管，乞關禁衛牌號〔一〕。」從之。十一日，宰執先詣省閲視。十二日，皇帝升輦鳴鞭，降東階，出後殿門，至御厨南駐輦。樂人念致語、口號，作樂，進行出北宫門。將至祕書省，提舉國史院官并提舉國史日曆所官，秘書省國史院官、臺官、右文殿修撰等，閤門舍人，並迎駕起居訖。皇帝入祕書省門，至右文殿上降輦，鳴鞭歸幄。閤門報引知閤門官并簿書官、宣贊舍人以下并修注、樞密院逐房副承旨、諸司祗應官、御帶、環衛官并幹辦皇城司官一班斷班面殿立。閤門引秘書省、國史院官、臺官、右文殿修撰等，閤門舍人殿下相向立。次報引宰執、使相、侍從、正任并管軍殿下相向立，次閤門提點報引皇太子赴殿下東壁面西立。閤門奏班齊，皇帝服靴袍出，鳴鞭。行門、禁衛等并入内省執骨朵使臣並迎駕，自奏聖躬萬福。皇帝坐，舍人揖知閤門官以下宣名奏萬福訖。知閤門官、修注官升殿侍立，當祗應官各歸祗應位，餘官並分出。知閤門官殿上躬奏宣到皇太子以下，舍人、提點分引皇太子以下面殿斷班立，宣名奏萬福訖，直身立。知閤門官殿上躬詣承旨訖，臨階東壁面西，宣曰升殿，再揖，躬身兩拜訖，直身立。舍人、提點分引升殿，相向侍立。次引祕書省、國史院官、臺官、右文殿修撰等、閤門舍人一班宣名奏萬[39]福訖，班退。皇帝起，鳴鞭，詣祕閣。舍人、提點等分引皇太子、宰臣、使相、執政、侍從、正任并管軍，分由東西廊赴祕閣前階上稍南〔二〕，分東西相向立〔三〕。知閤門官、修注官隨宜侍立，秘書省、國史院官、臺官、右文殿修撰等、閤門舍人於秘閣階下分東西相向立。御龍直繖扇於祕閣門相近排設〔四〕，行門於秘閣前階下分東西排立，禁衛等並右文殿下依舊排立。知閤門官二員前導皇帝入祕閣東壁，觀累朝御書等。次前導西壁，觀訖，前導皇帝赴御座前，少立。知閤門官祕閣前宣曰羣臣觀累朝御書等，祕書省、國史院官〔五〕、臺官、右文殿修撰等、閤門舍人依舊侍立。皇帝首以太上皇帝所書《琴賦》宣示羣臣，仍宣諭曰：「此鍾、王所不及。」羣臣觀訖，再拜謝。簿書官二員并提點引皇太子、宰臣、使相、執政、侍從、正任并管軍入祕閣，先東壁觀訖，引於御座後過觀西壁書，許皇太子等畧展觀。訖，退。皇帝歸幄，進早膳。

是日，賜宴于祕書省。知閤、權管軍、臺諫、見任祕書省、國史院官、閤門舍人，及在京及臨安府見任直祕閣、祕閣修撰、右文殿修撰，及曾任前件職見寄職并前館職，俱賜坐。其日，諸司排當備右文殿，入内官喝排定，行門、禁衛等排立定，簿書官、宣贊舍人以下、樞密院諸房、逐房副承

〔一〕牌：原脱，據《南宋館閣續録》卷六補。
〔二〕由：原作「内」，據《南宋館閣續録》卷六改。
〔三〕相向：原倒，據《南宋館閣續録》卷六乙。
〔四〕「祕閣」下原衍一「閤」字，據《南宋館閣續録》卷六删。
〔五〕「官」下原有「導」字，據《南宋館閣續録》卷六删。

旨、諸司祇應官、御帶、環衛官、皇城司官一班鬭班面殿立。閤門報引宰執、使相、侍從、管軍、知閤門并正任、祕書監、起居舍人、祕書省40官、國史院官、臺官、閤門舍人殿下相向立，次提點引皇太子殿下東壁面西立。閤門奏班齊，皇帝出，鳴鞭。行門、禁衛等并入內省執骨朵使臣並迎駕，自奏聖躬萬福。皇帝坐，先簿書官、宣贊舍人以下、樞密院諸房、逐房副承旨、諸司祇應官、御帶、環衛官一班奏聖躬萬福，各歸侍立祇應位。舍人、提點等分引皇太子以下與坐官一班〔一〕，依坐次橫行，宣名奏聖躬萬福，贊名就坐。贊拜，兩拜訖，贊就坐，皇太子以下殿上赴座官分引升殿〔二〕，席後立。祕書省、國史院官、臺官、閤門舍人赴兩廊席後立。次樂人自奏聖躬萬福。次看盞人稍前謝，上殿兩拜，次進御茶牀。殿侍酹酒訖，贊就坐，皇太子以下并兩廊並就坐。進第一盞酒，簿書官、宣贊舍人等並躬身揖，贊進酒，皇太子以下并兩廊並起立席後。看盞人喝送御酒，皇帝聽樂飲酒訖，贊就坐，皇太子以下并兩廊並就坐。次行皇太子、宰執、使相酒，次行執政官以下并兩廊酒。宣勸賜赴坐官生果子各一盤。酒三盞畢，內侍喝賜酒食，簿書官、宣贊舍人以下、御帶環衛官等、皇城司官、樞密院諸房、逐房副承旨、諸司祇應官，內侍贊拜，兩拜，謝訖，各歸侍立祇應位。進第四盞酒，簿書官、宣贊舍人等並躬身揖，贊進酒，皇太子以下兩廊並起立席後。看盞人喝送御酒，皇帝聽樂飲酒，以盞宣視，先東壁，次西壁，各隨所向，臣僚躬身應喏，直身立。次贊就坐，皇太子以下并兩41廊並就坐。次行皇太子、宰臣、使相酒，傳旨勸，執盞起離位，內侍、簿書官、宣贊舍人等稱傳宣飲盡。皇太子、宰臣、使相躬身飲訖，傳旨不拜。宣贊舍人等承旨揖，皇太子、宰臣、使相躬身，贊不拜。贊就坐，皇太子、宰臣、使相並就坐。次行執政官以下并兩廊酒，亦傳旨宣勸，並執盞起離(立)〔位〕，內侍、宣贊舍人等稱傳旨飲盡。執政以下并兩廊並躬身飲訖，宣贊舍人等贊拜，兩拜訖就坐。宣勸御帶、環衛官酒果，飲訖，赴當殿兩拜謝訖，各歸侍立位。次進第五盞酒，不宣視盞。次行皇太子、宰臣、使相酒，次行執政官以下并兩廊酒，宣勸並如上儀。宴禮畢，樂作，舉御茶牀。皇太子以下起降階，并兩廊赴坐官當殿兩拜分出。次樂人謝祇應，兩拜。皇帝起，鳴鞭，歸幄還內。

同日，詔：「祕書省、國史院官各轉一官，選人與改合入官。讀書王克勤與轉一資〔三〕，祕書監、少監各賜紫章服。有官供檢人吏并三省供檢有官人各減二年磨勘，無官供檢承接人吏等并三省禮房支犒設一次。幸省禮成，宰臣史浩率文武百僚拜表於文德殿。」

十三日，內出御製云：「比以秋日臨幸秘書省，因成近

〔一〕官：原作「宮」，據《南宋館閣續録》卷六改。
〔二〕官：原無，據《南宋館閣續録》卷六補。
〔三〕讀：原作「諸」，據《南宋館閣續録》卷六改。

體詩一首，賜丞相史浩以下：玉軸牙籤焕寶章，簪紳列侍映秋光。宴開芸閣儒風盛，坐對蓬山逸興長。稽古右文慙菲德，禮賢下士法前王。欲臻至治觀熙洽，更罄嘉猷爲贊襄。」宰執以下咸有賡載。

同日，詔右丞相、提舉國史史浩，參知政事、權監修國史【42】趙雄各轉一官，辭不拜。以車駕幸省故也。

十四日，詔祕書省以所印《中興館閣書目》二十部進入，餘給赴坐官各一部。

六年二月三日，祕書監鄭丙等言：「編修《今上皇帝會要》成書，乞依國史日曆所已降指揮，每月支降錢一百七十貫文，募工書寫。」從之。

四月二十四日，宰執進呈祕書郎宇文价劄子：「堂兄子震新除祕書丞，乞迴避。」上曰：「館閣自不須迴避。」趙雄曰：「誠如聖諭。但丞、郎職事緊切相關，欲除著作佐郎，小著班在祕書郎下，但稍清耳。」上曰：「可。」

七月十八日，祕書省上《今上皇帝會要》一百五十八卷。

九月二十三日，詔自今暴書會並用七月七日。

八年三月十八日，詔祕書省模勒祖宗御書并名賢墨跡上石。先是，祕書少監趙汝愚等言：「本省有累朝御書并歷代名賢墨跡，竊慮歲久，或致蠹弊，乞依祕閣舊來體例，模勒上石。」故有是命。

閏三月五日，宰執進呈：「祕書省言舊制唱名，祕書省官侍立殿上。今省官多爲解試、省試考官，却合待罪殿下。」上曰：「記得唱名了，若爲一班。」乃特令上殿侍立。十一年同此。

九年七月六日，吏部尚書、同修國史鄭丙言：「祕書省暴書會常以少監主席，今偶闕官，合以丞、郎著庭官主席。」詔祕書丞主席。既而十三年祕書監沈揆爲疾在朝假，亦詔以祕書丞主席。

十年三月十六日，國史院言：「近準詔旨，要見本朝名臣列傳姓名。今來書寫目録繳申中書門下省外，契勘本院所【43】有國史、實録文字，自來(上)〔止〕供本院官檢閲，即非善本，難以進呈。竊恐不測宣取，書寫未及，乞下祕書省，遇有宣取，權借閣本供應。」詔依所乞，更令簽出卷目，遇要觀覽，只指卷宣取。

七月六日，祕書省言：「今歲暴書會以久旱祈禱，非臣子燕會時，乞權免坐。」從之。十四年亦以闕雨，本省奏乞免坐。

十一年六月二十七日，詔暴書會今歲改用七月九日。以本省言是歲七日係朝獻日分，侍從、兩省官從駕往回，有妨會集，乞移日故也。

十二年正月六日，詔步軍司：「自今如有不測遺漏，逼近祕書省去處，於比近營寨差救火官兵一百人前去防護。候殿前司官兵到來，却行交替。」以本省言：「祕閣寶藏祖宗御製、《日曆》、《會要》。近緣寶蓮山居民遺漏，發牌報應，殿前司官兵營寨稍遠，比至，火勢已息。」故有是命。

五月二十六日，詔祕書省讀書王克勤，令赴吏部依格出官。以右正言蔣繼周言：「克勤祕書省讀書，請給、人從視正字之半。竊(録)〔禄〕十有餘歲，考其宦年，亦不下二十，猶且不知去就。或謂其初補官用晏殊故事，殊在景德初以童子俊秀賜進士出身，權爲祕書省正字，祕閣讀書。克勤賜童子出身，固與殊字不同〔一〕。日來嘗買侍妾，怒而徙之，殊之元夕不出遊觀，必不爲此。坐糜廩禄，且自附于館職之列，祇益其過。乞將克勤赴部，依格出官。」故有是命。

十三年二月八日，令祕閣繕寫《洪範政鑒》一本進納。

九月二十七日，祕書郎莫叔光言：「乞詔諸路監司、諸郡守臣，各以本路本郡書目解發至祕書省，聽本省以《中興書目》點對。如有未收之書，即下本處取索印本，廣祕府之儲。」詔令祕書省將未收書籍徑自關取。

十月九日，祕書監沈揆等言：「昨奉聖旨接續編修《今上皇帝會要》，今自淳熙元年正月至淳熙十年 44 十二月修纂已成。伏覩淳熙十二年七月十一日國史院奏請，乞將所修列傳俟《玉牒》、《會要》奏書日同時上進，得旨依。今來史院所修列傳已成書，見今擇日抄進，乞將本省所修十年《會要》依已降指揮同時進呈。」從之。

十一月二十一日，祕書省上《今上皇帝會要》一百三十卷。

十二月九日，詔：「祕書省吏額内正係名、守闕係名各減一人，編修會要存留點檢文字一人、書庫官二人。自今都孔目官年滿日存留一人，從上遞趲已存留人一人，赴部注授。使臣專知官一人，例兼供給文字，且令依舊，候離司日，供檢文字更不作闕。諸色人兵、厨子減一人，翰林司減一人。潛火殿前司差到一十人内減二人，步軍司差到一十七人内減三人，并步軍司元擘曆九人内減二人，臨安府差到將兵二十人内減四人，厢軍二十九人内減六人，看閣軍員六人内減一人。所減人數且令依舊，候離司、事故，更不作闕。其人兵亦許存留，如事故更不差(入)〔人〕。」以司農少卿吴燠議減冗食，下勅令所裁定，故有是命。

十六日，祕書監沈揆等言：「續修《今上皇帝會要》，自淳熙元年正月修至淳熙十年十二月，已進呈了畢。所有已後年分當接續起修，合要内外官司淳熙十一年以後應申請畫降、被受聖旨指揮并逐處聖旨簿，參照編類。其應干(合)合行事件，並合依前後編修會要已得指揮施行。今自淳熙十一年正月一日起修，依例合行開局。」詔並依，其 45 會要參照指揮，令内外官司疾速回報。

十五年七月七日，祕書省言：「暴書會今歲係在高宗皇帝服制之内，乞權免。」從之。（以上《永樂大典》卷一一九四四）

著作佐郎

【宋會要】

46 乾道三年七月，梁克家奏曰：「著作佐郎劉焞久在館閣，以拘資格除郎不行，乞稍遷。」遂除。

〔一〕字：似當作「事」。

王安中，字履道，自號初寮先生。政和中以文學知名，除宗學博士。有密薦於上者，除著作佐郎。

李邴，字漢老。伯父昭玘，字成季，元祐名士，與晁、張爲徒，嘗爲柱史。邴才學能世其家，政和末，除書局，遷著作佐郎。（以上《永樂大典》卷七三二〇）

祕閣

【宋會要】

47 太宗端拱元年五月，詔就崇文院中堂建秘閣，擇三館真本書籍萬餘卷及内出古畫、墨跡藏其中。凡史館先貯天文、占候、讖諱、方術書五千一十二卷，圖畫百十四軸〔一〕，盡付秘閣。有晉王羲之、獻之、庾亮、蕭子雲、唐太宗、〔元〕〔玄〕宗、顔真卿、歐陽詢、柳公權、懷素、懷仁墨迹，顧愷之畫維摩詰像、韓幹馬、薛稷鶴、戴崧牛及近代東丹王李贊華千角鹿、西川黃筌白兔〔二〕，亦一時之妙也。

是月，以吏部侍郎李至兼秘書監及提轄秘閣供御圖書，直史館宋泌兼直秘閣，史館檢討杜鎬充校理，此蓋設官之始也。案《六典》，秘書省中外三閣掌典圖書、古今文字，皆在禁中，兩漢或徙金馬門外，歷代不常其處。唐季亂離，中原多故，百王之書蕩盡，蘭臺、延閣，空存名號。太宗崇尚儒術，屢下詔購書及先賢墨迹，小則償以金帛，大則授官，未數年間，充牣書府。至是建閣，命官專領之。自後常以丞、郎、學士兼祕書監，即領閣事。

六月，以殿中丞夏侯嘉貞爲右正言〔三〕、直史館兼直秘閣。嘉〔正〕〔貞〕嘗爲《洞庭賦》〔四〕，爲右散騎常侍徐鉉所稱，由此帝知其名。詔試禁中，稱旨，特有是命。

八月，命内品裴愈監秘閣圖書。先是，秘閣事務皆稟李至處分，監圖書官皆不關預。自是至遂牒愈，本閣小事一面奏取旨，餘皆至專決焉。

是月，秘閣言：「見管供御書籍及點檢鈔寫、封鎖庫門，出納公事，今乞兼委直閣宋泌、校理杜鎬與裴愈同共句當。今後直閣〔五〕、校理及監圖書官内有差出，即令遞相交割，其閣常以最上一員相承勾當，永爲定式。」從之。自後直閣、校理皆如此制。咸平後，入者始不領事務。

二年，詔秘閣定置典書、楷書各五人，寫御書十人。其後減典書二人，又增楷書三人，别置裝裁匠十二人。

七月，以御書《急就章》藏於秘閣。

淳化元年七月，内降御草書詩十首，故實二紙，又出御製詩文凡四十一卷，並藏于秘閣。

八月一日，李至請右僕射李昉、吏部尚書宋琪、左散騎

〔一〕百十四：原作「百四十」，據《麟臺故事》卷一、《職官分紀》卷一五、《文獻通考》卷一七四、《玉海》卷一六三改。
〔二〕黃筌：原作「黃鷹」，據《麟臺故事》卷一改。
〔三〕嘉貞：原作「嘉正」，據《長編》卷二九改。下同。
〔四〕庭：原作「廷」，據《長編》卷二九改。
〔五〕閣：原作「館」，據《職官分紀》卷一五改。

常侍徐鉉及翰林學士、諸曹侍郎、給事、諫議、舍人等詣閣觀御書圖籍。帝知之，即詔内品裴愈就賜御筵，出書籍令縱觀，盡醉而罷。二日，又召權御史中丞王化基及三館學士縱觀，賜宴如前。

二十一日，李至等言曰：「王者藏書之府，自漢置未央宫，即有麒麟、天禄閣，命劉向、揚雄典校，謂之中書，即内庫書也。後漢藏之東觀，皆在禁中也。至桓帝始置祕書監，掌禁中圖書祕記，謂之祕書。及魏文帝分祕書爲中書，而祕書監掌藝文圖籍之事。後以祕書屬少府，故王肅表論祕書不應屬少府，魏之祕書即漢之東觀，因是不屬少府。而蘭臺亦藏書，故薛夏卿云蘭臺爲外臺，祕書爲内閣。晉、宋已還，皆有兹號。晉孝武好文〔一〕，令祕書郎徐廣料祕閣四部三 48 萬餘卷。宋謝靈運爲祕書監，補其遺逸。遭齊兵火，經籍散亡。梁江子一亦請歸祕閣觀書。隋煬帝即位，寫祕閣之書，分爲三品，於觀文殿東西廊貯之。然則兹閣之設，其來尚矣。及唐開元五年，亦於乾元殿東廊寫四庫書以充内庫，命散騎常侍褚無量、祕書監馬懷素總其事。至十三年，乃以集仙殿爲集賢殿，因置集賢書院。雖沿革不常，而祕閣之書皆置之於内也。自唐室陵夷之後，經籍文物流離百年。國家承平，復興經籍，三館之書，購求漸備。陛下復建祕閣，以藏奇書〔二〕，總群經之博要〔三〕，資乙夜之觀覽，斯實出於宸心，非因羣下之議也。況睿藻宸翰，盈編積簡，則其奥祕非復與羣司爲比。然自建置之後，寒暑再周，官司未詳所處。乞降明詔，令與三館並列。至於高下之次，先後之稱，亦乞著爲定式。其祕書省既無書籍，元隸京百司，請如舊制。」詔：「朕肇興祕府，典掌羣書，仍選名儒，入直於内，文籍大備，粲然可觀，處中禁以宏開，非外司之爲比。自今祕閣宜次三館，其祕書省依舊屬京百司〔四〕。」王應麟《玉海》注云：初但有直史館，至是新置〔五〕，有直昭文館〔六〕、直集賢院，備三館之職〔七〕。

三年五月，詔增脩祕閣。先是，度崇文院之中堂爲祕閣址，而層構未立，書籍止扃偏廳廡内，至是始命脩之。

八月，閣成，帝作贊賜之，宰臣李昉等請刻石閣下。李至上表引唐祕書省有薛稷畫鶴、郎餘令畫鳳、賀知章草書，當時目爲三絶。又引顔真卿請肅宗題「放生池」碑額，及近時翰林學士承旨蘇易簡乞飛白書「玉堂之署」爲比〔八〕，願賜新額，以光祕府。詔中書、樞密院近臣觀新閣，又賜上尊酒，大官供膳。是日，遣中使齎御飛白書「祕閣」二字以賜，李至、李昉等相率詣便庭稱謝。退就飲宴，三館學士預焉。

〔一〕孝武：原脱「孝」字，據《麟臺故事》卷一補。
〔二〕奇：原作「其」，據《麟臺故事》卷一改。
〔三〕群：原作「郡」，據《麟臺故事》卷一改。
〔四〕舊：原脱，據《麟臺故事》卷一補。
〔五〕置：原作「制」，據《玉海》卷一六三改。
〔六〕直昭：原作「照」，據《玉海》卷一六三補改。
〔七〕之職：原脱，據《玉海》卷一六三補。
〔八〕時：原無，據《麟臺故事》卷五補。

又賜御贊〔一〕，以美其事。李至上表請以御製贊刻石秘閣，帝以宰臣前已陳請，又重違至意，詔曰：「近以延閣載新，萬機多暇，聊書贊詠，以美成功。所紀徽猷，深虞漏畧，出於乘輿，豈足多稱。遽覽封章，願刊穹石，垂於不朽，良積厚顔。其贊并序，朕兼爲親書并篆額，以旌祕省〔二〕。」

九月，幸新祕閣。帝登閣觀群書齊整，喜謂侍臣曰：「喪亂已來，經籍散失，周孔之教，將墜於地。朕即位之後，多方收拾，抄寫購募，今方及數萬卷，千古治亂之道並在其中矣。」即召侍臣賜坐，命酒三行，仍召三館學士預坐。日晚還宮，顧昭宣使王繼恩曰：「爾可召傅潛、戴興，令至閣下，恣觀書籍，給御酒與諸將飲宴。」潛等皆典禁兵，帝欲其知文儒之盛故也。

十月，遣中使李懷節以御草書《千字文》一卷付祕閣，李至請於御製《祕閣贊》碑陰模勒上石。帝曰：「《千字文》偶然閑寫，因令勒石，李至更欲鐫勒，且非垂世立教之文。《孝經》一書，乃百行之本，朕當親爲書寫，勒在碑陰可也。」

四年，詔畫工用絹百匹，集諸州圖〔三〕，畫爲天下圖，[49]藏祕閣。

五年六月，命內供奉官藍敏正齎御草書五軸藏祕閣。詔史館脩撰張佖與三館、祕閣學士觀焉。

至道元年正月，水部郎中、直祕閣朱昂等言：「御製《祕閣贊》碑已建立，臣等忝官秘府，願以爵里附於祕書監李至之下刊刻。」從之。王應麟《玉海》注言：興國二年以先賢墨跡、淳化以新集法帖，至道以飛白十軸藏祕閣。真宗咸平二年六月，詔童子邵煥於祕閣讀書。初，興國八年，命呂文仲爲翰林侍讀，寓直御書院，以備顧問，名秩猶未崇。咸平二年七月丙午，以兵侍楊徽之、户侍夏侯嶠爲侍讀學士〔四〕，祭酒邢昺爲侍講學士，班秩禄賜次翰林學士。設直廬於祕閣，侍讀更直，侍講長上，召見訪問，或至中夕。

〔咸平二年〕八月〔五〕，詔翰林侍讀學士楊徽之等赴職，賜宴于祕閣，兩制、館閣皆預，帝作七言詩賜之。

五年七月，幸祕閣閲羣書。王應麟《玉海》注云：咸平中，就閣脩太祖國史。五年，奉安太宗文集。

景德四年五月，詔分內藏西庫地廣祕閣。時購書籍，真宗以其地迫隘故也。

大中祥符九年九月，詔以祕監楊億判祕閣事。自後兩省五品以上官不兼監者，止云判閣，其祕書省事亦掌焉。

仁宗嘉祐三年三月，以光禄卿張子憲、趙良規、掌禹錫、齊廓〔六〕、張子思並直祕閣。先是，子憲等皆爲太常少卿、直祕閣，當遷諫議大夫。而中書以謂諫議大夫不可多除，故並遷正卿。而故事大卿監無帶館職者，至是特爲請

〔一〕贊：原作「詩」，據《麟臺故事》卷五改。按，觀下文，亦是贊而非詩。

〔二〕「祕」下原有「書」字，據《麟臺故事》卷五删。

〔三〕圖：原脱，據《玉海》卷一四補。

〔四〕户侍：原作「户部」，《長編》卷四五作「户部侍郎」。按「户部」非官名，當作「户侍」，與上句相對。「户侍」即「户部侍郎」省稱。

〔五〕咸平二年：原無，據上條注文及《長編》卷四五補。

〔六〕廓：原作「郭」，據《長編》卷一八七改。

而還之。

國初，書止萬二千卷。祕閣之建，圖籍大備，至仁宗時，三萬六千二百卷。

熙寧四年十月二十九日，判祕閣宋敏求言：「三館、祕閣四部書多訛舛，請校讎，自前漢始。」事寢。

元祐元年四月十四日，詔蘭臺、延閣位序多闕，命大臣各舉三人。

二年六月，以昭文館黃本書分藏祕閣。

三年九月，復試賢良于閣下。

四年四月二十四日，太師文彥博與宰輔至祕閣觀書，宴儒士。

徽宗即位，二年重脩祕閣，崇寧元年成。

二年五月，祕閣書裝褫共二千八十二部〔一〕。王應麟《玉海》云：紹興十三年十二月十一日，詔重建祕書省。十四年五月，賜御書「祕閣」、「右文殿」榜。又詔將作監米友仁書「道山堂」牓。右文殿五間，門三間。殿後祕閣五間，高四丈，中設御坐、御案、脚踏、羅帕褥，御屏畫出水龍，閣上木雕朱漆殿，奉安《聖政》、《會要》、《日曆》、御製、御札等。閣前有拜閣臺，接右文殿。閣後道山堂五楹。二十八日，祕書省復置補寫所，初，熙寧七年置補寫所。以秘閣成，寫校勘黃本書籍也。七月二十七日丙子，幸祕閣，觀御書、御製。淳熙五年九月壬申，幸石渠，在祕閣後，長五丈，廣一丈五尺，乾道九年少監陳騤立。紹定五年七月，重建祕閣。（以上《永樂大典》卷二一八三七）

集賢院

【宋會要】

50 太平興國二年，始建崇文院、昭文館、集賢院，皆總爲崇文院。

崇文院

【宋會要】

凡昭文館、史館、集賢院三館事務總爲崇文院〔二〕。宋朝從唐制，昭文館、集賢殿置大學士，史館有監修國史，皆宰相兼領。昭文、集賢又置學士、直學士，史館、集賢置修撰，史館有直館、檢討，集賢有直院、校理，崇文院有檢討、校書，皆以佗官領之。初，昭文、集賢學士，史館脩撰，取最上一員判館院事，今亦以佗官分判。初，昭文館隸門下省，史館寓於集賢，後合爲一矣。

太祖建隆元年二月，詔改弘文館爲昭文館。

太宗太平興國二年，太宗幸三館，顧左右曰：「是豈足以蓄天下圖書、待天下之賢俊邪！」即日詔有司度左昇龍門東北車府地爲三館，命内侍督工徒晨夜兼作，其棟宇之制皆帝所親授。自舉役，車駕凡再臨幸。

三年二月丙辰朔成〔三〕，有司奏功畢，乃下詔曰：「國

〔一〕按，自「國初」至此八條，同於《玉海》卷一六三。其文簡畧，與上文風格不同，但仍爲《會要》文，以紀日用數字知之。蓋《玉海》據《會要》而有所節略，《大典》又抄自《玉海》。

〔二〕此句原用小字書，今改爲正文。

〔三〕「丙辰朔」三字當是《大典》據《玉海》卷一六八添。

家聿新崇構，大集群書，宜錫嘉名，以光策府。其三館新脩書院宜爲崇文院。」又詔敞園苑，植花木，引溝水以溉之。西序啓便門，以備臨幸。自梁遷汴都，舊制未備。（正）〔貞〕明中，始於今右長慶門東北小屋數十間爲三館，即後廢西館是也。湫隘卑陋〔一〕，僅庇風雨。周盧徼道〔二〕，出於其旁，衛士騶卒，朝夕喧雜。每受詔撰述，皆移佗所，至是改置焉〔三〕。院既成，盡遷西館之書，分爲兩廊貯焉。以東廊爲昭文書庫，南廊爲集賢書庫，西廊分經、史、子、集四部，爲史館書庫，凡六庫書籍正、副本僅八萬卷。初，乾德中得書萬三千卷；開寶中平吳，得書二萬卷，參以舊書，爲八萬卷。凡六庫書籍，皆以類相從。是年，兩浙錢俶歸朝，遣使收其書籍送館閣，用雕木爲架，以青綾帊冪之〔四〕，簡册之府翕然一變矣。

是月十六日，帝幸新崇文院，觀羣書久之，詔宰相、親王恣其檢閲問難。少頃，召降王劉鋹、李煜至，亦令縱觀。因即中堂宴從臣，盡醉而罷。

三年十二月，以趙州隆平縣主簿王著爲衛尉寺丞、史館祗候。王著善史書、小學，至是帝以字書訛舛，欲令學士删定，少能通者。左右或薦著，故令隸史館，且俾刊正《切韻》，遂有是命。

八年七月，以新及第進士吴鉉爲大理評事、史館勘書。

八月，以國子監主簿楊文舉爲國子監丞、史館編脩。

雍熙四年四月，以著作佐郎宋炎爲史館校勘、編脩。

五年正月，以殿中侍御史柴成務爲户部員外郎、直史館，監察御史宋鎬爲右拾遺、直史館。館職無帶臺官者，皆換之〔五〕。

淳化元年二月，詔自今遊宴宣召直館，其集賢、祕閣校理並令預會。先是，帝宴近臣於後苑，三館學士悉預。李宗諤任集賢校理，閤門吏拒之，不得入。宗諤獻詩述其事，故有是詔。直館、脩撰、校理之職，51 名數雖異，職務畧同，閤門拒校理不得預宴，蓋吏之失也。

八月二十五日，以起居舍人、直史館吕祐之，左司諫、直史館趙昂，金部員外郎、直史館安德裕，虞部員外郎、直史館勾中正，並直昭文館。先是但有直史館，至是始命祐之等分直昭文館，備三館之職也。

二十六日，以太子中允和嶹直集賢院。集賢舊無直院之名，惟江南李氏嘗以朝士任之，至是始置，從新制也。

十一月，以右司諫梁周翰爲史館脩撰，從翰林學士宋白等薦其有良史之材也。周翰廣順初擢進士第，善屬文，不樂外官吏職。白等以爲言，而有是命。

二年十月，以殿中丞郭延澤、太子右贊善大夫董元亨

〔一〕陋：原作「庳」，據《職官分紀》卷一五改。
〔二〕徼：原作「繳」，據《長編》卷一九改。
〔三〕改：原作「故」，據《職官分紀》卷一五改。
〔四〕冪：原作「幕」，據《玉海》卷一六八改。
〔五〕換：原作「授」，據《職官分紀》卷一五改。

並爲史館檢討。延澤等俱以門蔭好學，帝聞其名，詔宰臣問以經史大義，對皆如旨，故有是命。

是月，以直史館李宗諤直昭文館，避其父監脩國史故也。

三年三月十一日，以左司諫韓國華、左正言潘太初、襄王府翊善、起居郎夏侯嶠、趙王府記室參軍、左司諫宋泌兼直昭文館。國華、太初爲三司判官，因對自陳，雖諫官、省職不得從遊宴，故並有是命。告謝之日，適值後苑賞花，便令預宴，皆出特恩也。舊例三司帶職者不兼直館，至是國華等皆以判官兼充職，從新例也。

至道三年七月，詔虞部員外郎董元亨依前充史館檢討。檢討、脩撰二職皆不帶外任，元亨時出知漳州罷職，至是始代歸，復授焉。

真宗咸平元年五月，以刑部員外郎致仕陳充守舊官，直昭文館。充前以疾休致，至是痊愈，復其職。

十一月，命內品劉崇超監秘閣圖書、三館書籍。崇文院舊令內臣一員監掌書鑰，不參館事。時命裴愈掌之，歲久圖籍不整，故命崇超。其後因循，與判館聯書掌事，甚非舊制。

十二月，命司封郎中、知制誥朱昂與莊宅使、勝州刺史劉承珪、比部員外郎、秘閣校理杜鎬點檢三館、祕閣書籍。二年春，上新編書目。詔以昂爲吏部郎中，承珪爲北作坊使，鎬直祕閣，錫金紫以旌之。帝謂宰臣曰：「近聞圖書之府甚不整齊，假借之餘，散失尤多，兼讎校不精，傳聞差悞。自今差官校勘及掌書史，卿等嚴行約束，杜絕因循。」昂等上言，四部書爲朝臣所借者凡四百六十卷。詔除諸王宮給本抄寫外，餘並督還之。

二年七月，幸崇文院，召祕書監楊徽之、集賢院學士錢若水等，開書庫（編）〔徧〕閱群書，登祕閣觀太宗御製書墨跡。真宗甚惻愴。降閣，召侍臣，頒賜三館、祕閣職官銀器、衣着各有差。

五年七月，幸三館，閱四庫書久之，賜直官、校理器帛有差，又賜書吏緡錢。

景德三年五月，詔京朝官帶三館職事、自用登位恩改官後未曾叙遷及衣綠至二十年者，悉以名聞。先是，館閣官多不時進用。自帝即位後，雖經郊祀，例不進秩，故有累年不遷改者。至是內出，各付宰臣進擬焉。

四年，宴館閣 52 官于院。

大中祥符二年正月，以職方員外郎、祕閣校理、監舒州靈仙觀舒雅直昭文館。先是，雅嘗薦王欽若〔一〕，至是欽若上言，故有是命。

四年九月，兼祕書監向敏中、判昭文館晁迥等上言，請集聖製〔二〕，藏於館閣。詔以述作非工，除已刻石銘記等，

〔一〕「嘗」下原有「慰」字，據《長編》卷七一刪。
〔二〕請：原作「講」，據《玉海》卷三〇改。

勉依所請，自(餘)〔余〕登位已來，內出雜文篇什或宣賜者，並令依次抄録，藏於龍圖閣、三館、祕閣，不得與太宗皇帝文集並處。五年四月，始降御集文頌歌詩十五卷藏之。

八年五月，翰林學士陳彭年言：「唐制，中書門下兩省，宮城之内有内省，宮城之外有外省。今請據祕閣舊定屋數重脩爲内院〔一〕，奉安太宗聖容、御書、供御書籍、天文圖畫，四廊並充書庫及史館日曆庫。直館、校理宿直、校勘，及抄寫書籍〔二〕，雕造印板，並就外院。其外院於左右掖門外就近脩蓋。別置三館書庫，其三館書籍名目候將來分擘正副本，取便安置。」從之。時宮城申嚴火禁甚峻，臣僚寓宿寒冱，食飲非便，因命有司檢討故事而改之。

天禧元年八月，詔崇文外院以三館爲額。

五年十二月，命内殿崇班皇甫繼明同勾當三館祕閣公事。先是，劉崇超在館止云監三館書籍、祕閣圖書。崇超與王欽若厚善，丁謂爲相，惡之，遂引繼明與崇超同掌，因爲同勾當公事。内臣與大學士同職，時論非之。

仁宗天聖四年五月，樞密副使、尚書左丞張士遜言：「臣男大理評事友直幼親筆硯，望令於館閣校勘。」詔友直且於館閣讀書，自今館閣校勘更不得添置。

五年二月，以大理評事、館閣校勘王琪僉書南京留守判官公事，特令帶館閣校勘外任。校勘官無有帶外任者，時晏殊奏辟琪，特有是命。

八月，詔監三館祕閣自今依舊例只置一員。時西京左藏庫副使劉崇超卒，特有是詔。

十月，同太后幸。上曰：「三館書校《開元〔四録〕》所失甚衆〔三〕，宜加求募，進及三百餘卷以上者，賜出身。」直史館謝泌言：「圖書未有次序，請依唐薛稷、沈佺期、武平一、馬懷素人掌一庫。」上嘉之，命泌等分領〔四〕。

九年三月十一日，參知政事陳堯佐言：「館閣抄書筆吏數少，請增募五十人。」從之。

十一月四日，詔京朝官任館職事者自外歸，須一周年已上始許再補外任。

十一月八日，詔徙三館于崇文院。舊在左掖門内、左昇龍門外，前則三館，後構祕閣，分藏群書。自大中祥符四年宮城延燔，以寫録編籍，權徙右掖門外道北〔五〕。至是仁宗以逼近市闤，非多士討論之所，命還舊所焉。時大臣有以表賀者，亦優詔答之。

〔一〕爲内院：原脱，據《麟臺故事》卷一補。
〔二〕及抄寫：原僅有「抄」字，據《麟臺故事》卷一補。
〔三〕四録：原脱，據《玉海》卷一六八補。按《開元四録》即開元中所修《群書四部録》，又簡稱《開元四部録》。
〔四〕等：原脱，據《玉海》卷一六八補。
〔五〕徙右：原作「從左」，據《長編》卷一一〇、《職官分紀》卷一五、《玉海》卷一六五改。

慶曆三年十一月(十九)〔二十六〕日〔一〕，詔：「自今見任、前任兩府及大兩省已上官，不得陳乞子弟親戚館職并讀書之類。進士三人已上一任回，無過犯者，許進著述召試，取優等者充。或遇館閣闕官，取曾有兩府二人、大兩省三人同罪舉充者，仍取著述看(祥)〔詳〕試補。」

皇祐五年正月，詔館閣官已嘗爲知53州者，自今且與提點刑獄。

至和二年四月二十九日，詔今後檢討更不得舉試館職。

八月十四日，翰林學士承旨孫抃等言：「勘會史院脩日曆，有檢討官三兩員在本院刊脩。今本院全闕檢討官，乞差大理(平)〔評〕事韓維充。」詔維充史館檢討。

嘉祐二年十二月十一日，詔：「今後大臣舉館職，令中書且與籍記舉狀，候在館員數稍少，即於數内選實有文行、爲衆所稱者取旨與試。仍令學士院精加考校，公定優劣，不得假借等第。」從諫官陳升之言也。

四年二月，置館閣編定書籍官。

九月，詔以内藏西庫地還崇文院。

六年十二月二十三日，賜輔臣、兩制、館閣官宴于崇文院，宰臣韓琦以下刻石記于院之西壁。先是，詔置編定編校一員，據崇文院《總目》刊正補寫。至是寫校畢，凡黄本六千四百九十六卷，白本二千九百五十四卷，上之。

八年七月二十三日，監脩國史韓琦言：「史院日曆未脩者積十餘年，今將修先朝實録，而日録未備，檢討闕官，請以祠部員外郎直祕閣呂夏卿、太子中允祕閣校理韓維兼職。」詔以夏卿、維並兼史館檢討。

神宗熙寧二年十一月三日，詔：「今後應選舉到可試用人，並令崇文院校書，以備朝廷訪問差使。候二年取旨，或除館職，或升擢資任，或只與合入差遣。」時初除前河南府永安縣主簿邢恕爲校書。閏十一月壬寅，張載爲之〔二〕。

三年五月十六日，詔崇文院校書邢恕與堂除近地試銜知縣。(恕)以祕書丞、集賢校理、同知諫院胡宗愈言：「崇文院校書如未歷外官，及不滿任者，不得選舉。」上以恕未曾任〔外〕官，故有是詔。

九年九月四日，中書門下言：「前勾當三館祕閣黄守熙自陳編排近及百年書籍，乞久任提點慈孝寺，或提點奉先寺。」詔許再任，賞其勞也。

元豐五年初，以崇文院爲祕書省。

哲宗元祐五年九月十六日，復置集賢院學士。紹聖二年四月三日戊辰〔三〕，易爲集賢殿脩撰。徽宗政和六年四

〔一〕二十六日：原作「十九日」。按，《長編》卷一四五繫此詔於十一月十九日癸未，但李燾原注云：「《會要》以爲十一月二十六日詔。」據此，《會要》原作「二十六日」，此「十九日」乃後人據《長編》改。今回改。

〔二〕此句抄自《玉海》卷一六八。

〔三〕此條亦抄自《玉海》卷一六八。

月〔一〕，改右文。

編脩院

【宋會要】宋置崇文院。自後脩國史、會要，名曰編脩院。詳見「崇文院」下。

國史院

【宋會要】紹興初，實録、國史皆寓史館。後罷史館，遇脩實録即置實録院，遇脩國史即置國史院。二十八年七月，以脩神宗、哲宗、徽宗正史置院，脩史一人，同脩史一人，編脩官二人，吏以實録院人兼。

高宗紹興二十八年七月十九日，詔置脩國史院，脩神宗、哲宗、徽宗三朝正史。先是，紹興十年十二月十三日，提舉官言：「神宗、哲宗兩朝正史欲候《徽宗實録》書成之日，通將三朝事實考據，別行脩定，即置國史院。」至是始有是命。

八月十四日，詔置國史 54 院，差宰臣湯思退監脩國史，吏部尚書賀允中、兵部侍郎周麟之並差兼同修國史，吏部員外郎葉謙亨、胡沂、秘書省校書郎汪澈並差兼國史院編修官，保康軍承宣使張見道差充國史院都大提舉諸司，幹辦御藥院林肇差充國史院承受，入内内侍省東頭供奉官楊興祖、楊珩差充國史院主管諸司。

二十五日，詔脩國史、同脩國史通以二員，編脩官以四員爲額。

九月十三日，詔國史院取會省曹寺監等處，並依紹興元年四月九日史館指揮。

同日，詔國子監并諸路轉運司所管州縣應有印板書籍去處，各印造一部送國史院。

二十九年閏六月八日，宰臣湯思退言，提領國史院過局給食錢并供檢、楷書〔二〕，欲乞並罷。從之。

是月十四日，同修國史賀允中等請並罷史官過局給食，供檢楷書添支食錢。從之。

八月二十四日，詔：「國史院宰臣提舉，置修國史、同脩國史共二員，編修官二員，都大提舉諸司官、承受官、諸司官各一員，人吏存留一半。修史成，繳進日罷局。」從給舍裁定也。

同日，詔：「書局料次等錢今後更不支降，每月於激賞庫各支錢一百貫文充逐處公用，合用紙札等依舊例雜買務收買供送。」

同日，詔：「諸書局有官吏人、校副尉等，並發遣歸部。内國史院係脩三朝國史，特許從上存留知次第、有名目人

〔一〕「四月」下：《玉海》卷一六八有「六日」二字，但該書卷一六五又作「十日」。

〔二〕據下條，「書」下似脱「添支食錢」。

四人。」

同日，詔三省堂後、樞密院官見兼諸局供檢、點檢、主管文字之類並罷。

二十六日，詔館職不兼史院，過局諸司排食酒果錢並罷。從其請也。

十一月十九日，詔國史院編類迎奉徽宗梓宮事實，以《祐陵迎奉録》爲名，於顯仁皇太后神主祔廟以前進呈，奉安於敷文閣。先是，詔脩皇太后回鑾及迎奉徽宗梓宮事實。時以東朝萬壽，吉凶之禮不可相襲，先以《回鑾事實》上進，始有是命。

二十六日，詔進呈《永祐陵迎奉録》〔一〕，依太常寺、閤門擬定儀注。前二日奏告景靈宮神御前，並於侍從内差官一員〔二〕。其日，迎奉《永祐陵迎奉録》腰舁於國史院安設。俟援衛並輦官排立定，本院排辦香火畢，質明，御史臺、閤門、太常寺分引國史院官，並常服黑帶，詣香案前立定。次禮直官引監修國史官并提舉承受官詣香案前立班定。禮直官揖躬拜，監修國史官詣香案前搢笏，三上香，執笏，退，復位立。禮直官揖躬拜訖，監修國史官并提舉承受官升詣《永祐陵迎奉録》前，分東西相向立。次本院官側身在東，西向立。本院率輦官捧擎《永祐陵迎奉録》腰輿進行，親事官援衛。次引監修國史官、提舉承受官并本院官後從。至秘書省門外，乘馬從入和寧門，至合下馬處，執笏步從，經由北宮門。其應合赴立班官並入和寧門，經由北宮門至天章閣。俟將至天章閣，御史臺、閤門、太常寺分引文武百官，文臣用釐務通直郎以上及行在見任寺監主簿承務郎以上職事官趂赴，内武臣保義郎以上。並常服黑帶，迎《永祐陵迎奉録》。兩拜訖，權退。如值雨，地面霑濕，迎拜官更不迎拜。後從官至天章閣，本院官捧遷《永祐陵迎奉録》升閣，詣敷文閣，權安奉側座。援衛、輦官更互排立，後從官權退幕次，俟時立班行安奉禮。後從官並諸色祗應人等，如值雨，許施雨具。其後從官至合下馬處，免步從安奉。其日安奉時前用文武百官並服常服吉帶〔三〕，俟天章閣於閣下排辦香火畢，提舉承受官往來照管。次御史臺、閤門、太常寺分引文武百官詣徽宗神御殿下〔四〕，北向立班定。次禮直官引監脩國史官詣本閣閣下香案之東〔五〕，西向立定，剋擇官報時及，俟本閣安奉《永祐陵迎奉録》訖，次引監修國史官降階立定。禮直官揖躬拜，監修國史官拜，在位官再拜訖，次引監修國史官詣香案前搢笏，三上香，執笏，降階復位立。禮直官揖躬拜，監脩國史官拜，在位官皆再

〔一〕永：原無，據下文及《南宋館閣録》卷四補，以與下文一致。

〔二〕員：原脱，據《南宋館閣録》卷四補。

〔三〕自「史院安設」至此句「其日安奉時」共四百餘字原脱，據《南宋館閣録》卷四補。《南宋館閣録》云見《中興會要》，與此文出處相同，正可據補。

〔四〕徽：原作「神」，據《南宋館閣録》卷四改。

〔五〕「國史官詣」之下原有「殿下北向立定禮直□拜引監修國史院官詣」凡十八字，乃涉上文而衍，今據《南宋館閣録》卷四删。

拜訖，班退。援衛、輦官以次退。

孝宗隆興元年正月十六日，詔尚書右僕射史浩提舉修三朝國史。

五月十九日，編類聖政所狀：「接續脩纂功勳臣僚、忠臣義士事跡，合併歸國史院，欲實封用印牒送。」從之。

七[55]月二十三日，詔尚書右僕射湯思退提領修《三朝國史》。思退以父名「舉」辭免，故改爲提領。

八月十七日，國史院狀：「依指揮條具併省吏額，見管一十三人，緣修《三朝正史》、《徽宗寬恤詔條》、《欽宗實録》，事體繁重，乞且令依舊。候就緒，從本院斟酌裁減。」從之。

十月六日，詔劉夙兼國史院編修官。夙初被命，自陳：「上件職係是三朝信史，近年以起居郎、舍人及秘書少監兼之，所以尊國史、重纂述，不輕選授也。如夙小官，素來荒陋，偶以私計丐祠，忽有此命，實所不安。欲望敷奏，寢罷前命。」得旨依所乞。臣僚言：「竊聞劉夙近除兼國史院編修官，力辭不就，今又以母老見乞祠禄差遣。臣詢之朝列，皆謂夙文學優長，議論堅正，難以許遂閑外。欲望特降指揮，且令依舊供職，少副公論。」從之。

乾道(三)〔元〕年三月二十一日〔一〕，詔參知政事虞允文兼權提舉修三朝國史。中興以來參政兼提舉始此。

五月七日，國史院、日曆所、編類聖政都大提舉諸司狀：「昨國史院都大提舉諸司依先降指揮差置點檢文字一名，主管文字二人，於紹興二十九年九月內一時減罷主管文字一名。自後節次準旨差兼國史、日曆所并編類聖政都大提舉諸司，係應辦三局事務，委是人力不勝。止乞將昨國史院都大提舉諸司充置吏額，復差主管文字一名，通作三人祗應。所有請給等，並依本所見今主管文字則例支破。」從之。

二年(閏)九月二十九日〔二〕，國史院、日曆所上《三朝帝紀》、《光堯壽聖太上皇帝聖政》。閤門條具：其日，皇帝專御垂拱殿坐。先儀鸞司於殿上東壁稍南設置《三朝帝紀》卓子、香案、香爐、香餅、香合、香匙、褥位等，又於《帝紀》卓子北設置《光堯壽聖太上皇帝聖政》卓子、褥位。知閤門官二員前導，簿書官二員自殿門外接引《三朝帝紀》、《光堯壽聖太上皇帝聖政》腰輿入殿，至殿東階下，禁衛西立定。腰輿不置地，前導知閤并前引簿書官歸立班位。國史院、國史日曆所、編類聖政點檢文字以下各隨腰輿入殿，各於腰輿西一行

〔一〕元年：原作「三年」。按，據《宋史》卷二一三《宰輔表》四，虞允文以乾道元年三月十一日庚戌除參知政事，同年八月罷。則此「三年」當爲「元年」之誤，因改。

〔二〕九月：原作「閏九月」，《南宋館閣録》卷四、《玉海》卷四六載此事亦有「閏」字。然據陳垣《二十史朔閏表》，乾道二年並無閏月。又《宋史》卷三三《孝宗紀》一載：乾道二年九月「己巳（二十九日），魏杞等上神宗、哲宗、徽宗《三朝帝紀》、《太上皇聖政》」，正與此條所述相合，足證此事在九月，而非「閏九月」，「閏」字乃衍文。疑《中興會要》已誤衍此字。《中興會要》爲陳騤主修，故其所編《南宋館閣録》亦誤，王應麟又承其誤。今删。

立，候閤門報引騎導官并國史院、國史日曆所、編類聖政官以下，并提舉官、禮儀使，次引親王，次引皇太子入殿，於殿下分東西相向立定。曰修注隨知閤門官已下起居。閤門附内侍進班齊牌。皇帝服履袍出宮，殿下鳴鞭。禁衛諸班直、親從等并入内省執骨朵使臣，國史院、國史日曆所、編類聖政點檢文字已下，并腰輿下輦官并迎駕，自贊常起居。内攀腰輿輦官不拜，(上)〔止〕應喏。皇帝坐，先御帶、環衛官已下一班宣名常起居。各歸東朵殿侍立。次讀奏目，知閤門官已下并樞密都副承旨、修注、樞密院諸房、逐房副承旨、提點、同提點、承受兼祗應、諸司祗應武功大夫已下一班鬬班常起居。讀奏目，知閤升殿讀奏目，知閤、都承旨、修注升東朵殿侍立，餘各歸侍立祗應位。次管軍一班宣名常起居，並起，東朵56殿侍立。次行門常起居。次舍人分引皇太子、親王、提舉官、禮儀使、騎導官、國史院、國史日曆所、編類聖政官已下一班宣名常起居訖。皇太子升殿東階，赴殿上東壁侍立。國史院、國史日曆所、編類聖政提(衆)〔舉〕官、禮儀使、進讀《帝紀》官、進讀《聖政》官已下並殿下面西侍立，餘官並分出。次入内官下殿，詣《三朝帝紀》并《光堯壽聖太上皇帝聖政》腰輿前，各取進呈書匣上殿，於殿上東壁卓子上各置定。知閤門官自御坐上前導皇帝起，詣《帝紀》香案前褥位立定。閤門提點奏請上香，再上香，三上香訖。又奏請拜，皇帝再拜訖。次前導皇帝詣《聖政》卓子褥位立，閤門提點奏請拜，皇帝再拜訖。前導皇帝復歸御坐，知閤赴東朵殿侍立。次舍人揖，提舉官、禮儀使、進讀官升殿，於御坐東侍立。俟入内官進卓子，提舉修帝紀官、禮儀使并進讀官稍前立。分進讀官於御前過西壁，東向立。國史院提舉諸司官至《帝紀》匣前搢笏，啓封開鑰訖，出笏，歸侍立位。國史院承受官搢笏，於《帝紀》匣内取册轉授提舉官，搢笏，捧册，置御卓子上，出笏。皇帝起，於御坐前立。提舉諸司官、承受官分東西立，並搢笏。揭册訖，出笏，進讀官搢笏，取篦子指讀。逐板揭册並如上儀。俟進讀册畢，進讀官執篦子且立。提舉官搢笏，收册，復授承受官訖，出笏。如再有進讀册，如上儀。俟進讀訖，皇帝復坐。進讀官置篦子於御卓子上，出笏，却過東壁，降東階，於殿下東壁面西立。國史日曆所、編類聖政提舉官、禮儀使稍前立，進讀官進讀如前儀。入内官徹卓子，皇太子降東階退，提舉官、禮儀使、進讀官並降東階下殿，東壁面西立。候提舉諸司官鑰匣訖，入内官捧匣下殿，置於腰輿上，儀鸞司徹香案等。舍人引國史院、國史日曆所、編類聖政提舉官、禮儀使一班當殿立定，引直身〔一〕，各出班告謝訖，歸位。兩拜訖，各且躬身。如有宣諭，御藥下殿宣諭訖，再兩拜訖，舍人引赴殿下面西立。次引國史院、國史日曆所、編類聖政官已下一班告謝，兩拜。如傳旨謝恩，舍人承旨訖，贊謝恩。再拜訖，並退。次引國史院、國史日曆所、編類聖政提舉諸司官承受已下一班，次

〔一〕直：原作「置」，據《南宋館閣録》卷四所載紹興二十八年十一月上《徽宗實録》儀注改（乾道儀注即仿紹興儀注）。

引點檢文字已下一班，各謝恩兩拜訖，歸位立。如傳旨宣坐賜茶，合赴坐。提舉官、禮儀使賜茶如儀。賜茶畢，次舍人報閤門無公事。皇帝起還宮，殿下鳴鞭。知閤門官前導，簿書官前引腰輿出殿，至殿門外權安奉，餘並如儀。官吏推恩見「聖政日曆所」門。

十一月二十七日，起居舍人、兼國史院編修官洪邁等言：「勘會《欽宗實録》昨降指揮，候修成《日曆》，發赴國史院編修。今來《日曆》已修纂畢，合發赴本院修纂。」從之。

十二月二日，禮部員外郎、兼國史院編修官、兼實録院檢討官胡元質言：「五朝正史久已大成，而神宗、哲宗、徽宗三朝 57 之史開院纂輯，累年于兹。臣竊惟靖康繼宣和之後，以功緒本末則相關，以歲月久近則相繼。伏望將今來所修《欽宗實録》，立之課程，尅以期限，併修帝紀繳進，名爲《四朝國史》。成書之後，薦之宗（祐）〔祏〕，與天無極。」從之。

三年三月二十五日，起居舍人、兼同修國史、兼實録院同修撰洪邁等言：「國史院得旨修纂《哲宗（實）〔寶〕訓》，今已成書。竊見已降指揮，令玉牒所投進祖宗《玉牒》、《仙源積慶圖》。檢準紹興二十八年三月内，《神宗寶訓》係與玉牒所《仙源積慶圖》同日投進，今欲將《哲宗寶訓》依舊例與玉牒所同日進呈。本所條具，進呈《哲宗寶訓》合繕寫二本，内一本俟進呈畢迎奉於徽猷閣安奉，小本留中，依例就委本院承受官傳進。一、今來進呈《寶訓》，乞依例差本院官進讀第一册從上五板。一、所有合行體例，欲乞太常寺同本院參酌討論施行。一、進呈安奉《寶訓》，合差都大主管官一員，乞依例就差本院都大提舉諸司官。并將來應合行排辦事件，亦乞就委本院都大提舉諸司承受、主管諸司條具施行。一、進書前期，提舉官依例詣本院觀書，乞令本院天文官選定日分施行。一、合用紙札、收買裝背物帛并諸雜支費等，止乞下左藏庫量支降錢三百貫應副使用。」並從之。

四月二十六日，詔以五月六日進呈三祖下《仙源積慶圖》、太宗、真宗《玉牒》、《哲宗寶訓》。儀注見「玉牒所」門。

六月十四日，國史院言：「已進呈《哲宗寶訓》了畢，其修書官吏合該推恩，得旨依乾道二年十月二十一日已裁減進書推恩體例。今參酌擬定，修書官吏各轉一官，更減一年磨勘。及經修不經進見行在供職官，並各與轉一官。在外官減二年磨勘。兩該賞人，止從一處推恩。餘人等第支賜。」從之。

九月十三日〔一〕，翰林學士劉珙進讀《三朝寶訓》，至淳化五年太宗謂近臣曰：「《太祖實録》或云多有漏落〔二〕，當命官重修。」因嘆史官才難。蘇易簡曰：「大凡史官宜去愛憎，猜嫌無避。今人多不欲修史，蓋善惡之間懼其子孫見

〔一〕按《宋史全文》卷二三上載此條，誤繫於紹興三十一年九月。
〔二〕實：原作「寶」，據《中興兩朝聖政》卷四六改。

之爲罅隙。近者扈蒙修史，蒙爲人怯懦，多疑忌，故其史傳多有脱落，甚非直筆。」上曰：「善惡無遺，史臣之職也。」奏云：「史官以學識爲先，文采次之。苟史官有學識〔一〕，安得愛憎、怯懦、疑忌？」上曰：「史官要識、要學、要才，三者兼之。」

四年三月二十四日，詔：「實録院進呈《欽宗實録》并本紀了畢日，併入國史院，一就修纂四朝正史。」從同修國史、兼實録院修撰洪邁請也。

四月二十四日，尚書右僕射、提舉修三朝國史、提舉實録院蔣芾言：「國史院見修《三朝國史》志、傳，依乾道二年十二月二日指揮，併修欽宗一朝，名爲《四朝國史》。所有臣提舉職事，欲依已降指揮，以『提舉修四朝國史』爲名。」從之。

六月十五日，詔國史院添置編修官兩員。提舉修四朝國史蔣芾言〔二〕：「《四朝國史》自紹興二十八年 58 開院，至今十有一年，僅成帝紀，所有諸志并傳文字卷帙最繁，並未曾措辭。謹按本朝修太祖、太宗、真宗三朝正史，不過四年。修仁宗、英宗兩朝正史，不過五年。今四朝史既踰十年，而志、傳茫然未有次序。臣已將諸志分委所屬修纂，惟是編修官舊係四員，後來裁減其半，臣欲量事添置一員。」故有是命。

十二月九日，起居舍人、兼國史院編修官胡元質等言：「契勘祕書丞、國史院編修官劉季裴除著作佐郎，今於《哲宗實録》内檢照司馬康等體例，合依舊兼本院編脩官。」從之。

五年九月三日，詔胡元質兼同修國史，本院更添置編修官三員。繼而起居舍人、兼權中書舍人、兼國史院編修官胡元質奏：「伏蒙恩命兼同修國史，嘗具奏辭免，不允。臣竊以史官分職，考之故事，記注官少有兼同修者。緣昨者胡銓任起居郎兼權中書舍人日，嘗陞同修，自是以來，沿襲爲例。竊恐朝廷用此近例，遂俾臣陞兼是職。伏念臣昨於去年七月奏對，乞朝廷凡所施行，一切屏絶已行之例，誤蒙嘉納，嘗降指揮，至今遵守。臣備數後省，比有援例以請之事，臣不敢不駁，臣豈有言之於前而躬自蹈其非於後？欲望聖慈追寢成命。」詔依舊充編修官。

十二月二十三日，秘書少監、兼國史院編修官李燾言：「伏見《四朝正史》開院已踰十年，臣備員編修，亦二年有餘。除去年進呈《欽宗紀》草，繼與本院官分定志、傳名件，每月不闕課程。然臣竊謂若只如見今次第，即正史之成殆未可期。緣正史當據實録，又緣實録往往差誤，史官自合旁采異聞，考驗增損。謹按《神宗實録》三次重修，朱墨相攻，是非易見，雖事跡尚多脱遺，比後來實録已是不同。《哲宗實録》亦兩次重修。兼臣先因《續資治通（監）

〔一〕識：原作「職」，據《中興兩朝聖政》卷四六改。
〔二〕芾：原作「市」，據《宋史》卷三八四《蔣芾傳》、《南宋館閣録》卷七改。

〔鑑〕長編》頗嘗收集、參究實録外，畧得一二。惟是《徽宗實録》疎舛特甚，難遂準憑下筆。若務速成，不計臧否，只須取四朝實録分散事迹，添未立諸傳，并綴緝諸志，數月間亦粗可了。但恐因循滅裂，終致人言。況史院官遷改去住不常，所見人人殊異，又未嘗對面商榷，互相點檢，文字浩瀚，何由速成？臣頃因轉對，嘗(其)〔具〕奏章，乞依祖宗典故，就委史院官重修《徽宗實録》，蓋欲及今文字未至十分淪落，更著意收拾，同力整齊，庶幾正史他日傳信不疑，未蒙施行。重念臣去年進呈《欽宗紀》草，乞免推賞，幸蒙特賜矜允。猥因進《續資治通鑑長編》，自建隆訖治平，凡一百八卷，乃蒙誤恩，特與增秩，每懼不稱陛下奬擢之意。其治平以來自合依詔旨接續修進，乞特許臣專意討論徽宗一朝事迹，纂述《長編》。《長編》既具，即可助成正史。」從之。

六年五月四日，國史院狀：「依指揮條具併省吏額，見管一十一人，欲將書庫官邢彦德減罷，以一十人爲額。」從之。

七年二月十一日，國史院言：「見編 59 修《四朝正史》，合要神宗、哲宗昨在京所修正史帝紀、志、傳并四朝聖旨御筆及應干詔旨御筆文字，本院晝降到指揮，許令投獻。昨據資州助教楊志發繳進元祐宰臣呂大防家所藏神宗、哲宗兩朝御筆并元祐皇太后遺誥，已蒙朝廷將楊志發特補榮州文學出官。欲乞將楊志發推恩事理鏤板，遍下諸路州軍，專委知通多出文榜曉諭搜訪，許令投獻，優與推恩。如文字詳備者，并知通推恩。」從之。

淳熙元年七月二十三日，右丞相曾懷提舉國史院。提舉例以右丞相兼，或以參知政事權，自後不書。

五年十月二十五日，翰林學士、知制誥、兼修國史周必大言：「被命纂脩《四朝正史》，賴同僚協力，裒類事實，粗見功緒。今當下筆之際，事體尤難。前朝國史雖是衆人分撰，然當時案牘可以稽據，是非可以詢問，貴成一手，不至訛舛。南渡以來，文籍殘闕，往往搜求散軼，考證同異，若非參合衆智，深慮不相照應，抵牾者多。嘗與衆議分手撰述，每遇一志一傳成篇，並令在院官互相修潤，庶幾首尾貫穿，體製歸一，無思慮不周之患。乞降指揮遵守。」從之。

七年十二月十二日，國史院上神宗皇帝、哲宗皇帝、徽宗皇帝、欽宗皇帝正史志一百八十卷。

十年七月十七日，李燾言：「今史官猶有闕員，乞選兼職少者委任之，庶幾專力，速成大典。」從之。

八月二十六日，起居舍人、兼國史院編修官趙彦中言：「國史明得失之迹，所以信萬世之傳也。陛下因近臣之言，趣就史功。以臣愚見，中更建炎多故，史籍散軼，事難盡詳〔一〕，綱維本末，必有可考。乞詔諸儒，凡群臣當立傳者，其於忠邪善惡大節之際，苟可考證，必令分明，但使襃貶昭然，勿顧其子孫之怨，庶幾萬世之下有所考信。」

〔一〕詳：原作「許」，據文意改。

從之。

十二年二月六日，宰執進呈右司員外郎尤袤兼國史院編修官，上曰：「李燾去後，史院未有修史官。若李燾在此，不知今已成書否。」王淮等奏亦未遽成，更有諸傳未畢，如妃主等傳闕畧尚多。上曰：「若無所據，姑闕之。」因顧梁克家曰：「可以此意宣諭史院。」

七月九日，通議大夫、充敷文閣待制、提舉佑神觀、兼侍講、兼同修國史洪邁言：「自到局之後，約畧稽考，據院吏所具，除紀、志已進呈外，當立傳者千三百人，其間妃嬪、親王、公主、宗室幾當其半。然家世本末、履歷始終不可見者十而七八，必俟究得其實然後爲書，誠恐日引月長，無由可畢。乞下本院，許據只今所有事狀，依倣前代諸史體例，分類載述，不必人爲一傳。其內外臣僚或有官雖顯貴而無事蹟可書，正如漢世劉舍、薛澤、許昌之徒，位至丞相，而司馬遷、班固不爲立傳，於事亦無所闕。今來亦乞倣此，悉行删去。其未畢者，乞詔提舉宰臣量立程限，責本院官併力修纂，俟將來《玉牒》、《會要》奏書之日，同時上進，庶[60]幾累朝信史，早有汗青之期。」從之。八月二十七日，邁再申前請。詔限一年内修纂投進。

十三年八月十九日，敷文閣直學士、正議大夫、提舉佑神觀、兼侍講、兼同脩國史、兼直學士院洪邁言：「頃嘗奏陳，乞候脩纂《四朝國史》了畢日，將九朝三項國史合爲一書，已蒙聖意開納。今臣所修書計列傳八百八十，目即已成七百餘傳，所餘不多，度至十月可以畢事。所有元乞接續編撰九朝史事，乞先降指揮，容臣（挨）〔俟〕命下之日，從本院預牒在外州軍搜訪遺書逸事，候今冬投進見修書畢，然後别取旨擇日開院。」從之。

十一月二十一日，國史院上《四朝國史》列傳一百三十五卷〔一〕。

十二月九日，詔國史院減書庫官一人，楷書二人。以司農少卿吳燠議減冗食，下敕令所裁定，故有是命。

嘉泰三年五月十六日，資政殿學士傅伯壽言：「竊惟國史雖據金匱石室之藏，然天下散失舊聞，亦不可不網羅也。中興以來，修《徽宗實録》則采元符詔旨，修《四朝國史》則采《續資治通鑑》及《東都事畧》。今孝宗、光宗實録已成，將修《三朝正史》。自建炎丁未至於紹熙甲寅六十八年，典册所書固已燦然，其間豈無登載漏脱、傳聞異同之患？凡事有舊記述，可不廣取而參考乎？今史館所收《三朝北盟會編》、《中興遺史》、《中興小曆》三書，恐如此之類尚多有之。臣以爲宜發明詔，廣加求訪。如有以書聞者，下之史館看詳，果有可采，少賜旌賞。其有家不能繕寫者，官給以筆札。庶幾群言畢萃，正史不日可成矣。本朝國史例皆無表，則歲月久遠，將無所考。臣愚謂宜依唐之史，增立年表。至如天文、律曆、五行最爲深遠，非素精者

〔一〕五：原脱，據《南宋館閣續録》卷四、《玉海》卷四六補。

不能下筆。故《晉書》三志則屬之李淳風，而《唐志》則屬之劉羲叟。臣愚謂宜精求其人，使修三志，庶幾表志與紀傳並傳，以成萬代之信史，豈不美歟！」從之。

四年三月四日，起居郎莫子純奏：「竊見史院修進三朝實録，臣僚列傳類多遺闕。推原其故，蓋以歲月深遠，向之爲史官者既失於紀載，後之爲史官者又以耳目不相接，無以知其人之實。乞明詔史院，今後有合立傳臣僚，於致仕贈官之後，即從史院行下所屬州郡，取索其家但干文字發送著庭；仍檢照日曆内有無彈奏、薦舉文字，參考立傳。庶幾賢佞不殽，美惡並著，以爲異日作史之備。」從之。

實録院

【宋會要】

紹興初，實録、國史皆寓史館。後罷史館，遇脩實録即置實録院，遇脩國史即置國史院。九年二月，以脩神宗、哲宗、徽宗實録，始置院，以宰臣一員提舉，修撰、同修撰、檢討官無定員。檢討官以本省官或他官兼，而修撰官如史館例。吏額：點檢文字一人，書庫官八人，楷書四人。先以秘書省人就差，後從本院差焉。

高宗紹興七年閏十月十四日，詔：「史館見修纂[61]聖文仁德顯孝皇帝日曆，依祖宗實録體格，據見到文字逐旋攢類，候有接續添入，仍以實録爲名。」以著作郎何掄言：「日曆以事繫日，以日繫月，比之祖宗實録，格目尤詳，首末不全，編次無日。」故有是命。

九年二月二十二日，詔：「史館見修《徽宗實録》，以實録院爲名，置提舉官一員，修撰、同修撰、檢討官無定員，應干事件並依史館例。」先是，建炎元年五月八日，詔史館重修神宗、哲宗實録。至紹興六年五月，先編次神宗書成，進呈推恩，史館官吏各特轉行一官，更減三年磨勘。内首尾修書不經進官并修書不全首尾官，各特轉行一官，更減三年磨勘。開院供職官特轉行一官。都大提舉諸司、承受、諸司官各特轉行一官，更減二年磨勘。本院點檢文字、書庫官、楷書、進奏官各特轉行一官資，更減三年磨勘。選人比類循資施行。其餘支賜有差。至八年九月内哲宗書成，推恩如進《神宗實録》之制。至十年七月十四日，又詔史館修《徽宗實録》。至二十八年八月十一日，先成六十卷進呈，其推恩依進《神宗實録》例。以上皆史館，至是始置院也。

同日，詔將史館前廳充實録院，作角門通過史館并秘書省。

同日，詔實録院下禮部關借奉使印一面行使，候結局日送納。

同日，詔：「實録院修撰、同修撰、(修)史館修撰各差破二人，檢討官依史館校勘、著作郎、佐各差一名。其所差楷書并本院有官人吏，並依史館下楷書已得指揮。」

同日，詔：「實録院依史館例已差三省供檢文字各二人外，每省各更差二人。」

同日，詔宰臣秦檜兼提舉實録院。其脩撰、同修撰、檢討官，並令秦檜辟差。

是日，以禮部員外郎劉昉爲檢討官。

四月二十八日，詔實録院漏泄許人告，賞錢二百貫。

同日，詔令諸州長吏詢訪先朝宰執、侍從、臺諫及其子孫有知當時故實及收藏先帝宸翰，並令抄録繳申。有補史事，從本院保明，優加旌賞。

同日，詔實録院遵用景德中脩太祖、太宗正史體例，每編及二年，先具草本進呈。

五月五日，詔實録院合用錢物，並從本院別行關取支使。先是，就史館開院，就史館錢物支使。（令）〔今〕別行置院，故有是命。

同日，詔：「實録院人吏就差史館、秘書省人吏相兼祗應。仍依條招收私名四人，專一書寫實録文字，請給依史館楷書例。」

同日，詔：「實録院合取會内諸司文字，從本院報皇城司，關出入宫門色號一十道。」

同日，詔：「實録院置翰林司厨子、裝界作各一名〔一〕，及下步軍司差撥看管兵士六人，並與史館相兼逐色人祗應。」

十年二月二十九日，詔：「史館提舉諸司、承受等并官吏並併歸實録院，依舊接續支破見請給，其本院每月添破犒設錢更不支破。」以罷史館也。

四月十九日，詔權吏部侍郎范同兼實録院修撰。始除修撰官也。

二十一日，詔實録院就編 62 徽宗御製，令禮部行下諸路州軍搜訪送院。從檢討官朱翌之請也。

八月十九日，詔進呈《徽宗實録》，並依閤門擬定儀注。其日常御殿禁衛諸班直、親從、親兵等繖扇從物并内侍省執骨朵使臣，排立如儀。御馬不入。儀鸞司設香案、褥位於殿上東壁，香火入内省使臣排辦。實録院擎檐牀入於殿東階下稍南。禁衛西排列，點檢文字使臣、書庫官並履笏。於檐牀西一行立，俟引進書官入殿，於殿下西向立定。内侍傳排立〔定〕。皇帝服履袍出，殿下鳴鞭。禁衛諸班直、親從、親兵等并内侍省執骨朵使臣、實録院點檢文字使臣、書庫官、擎檐牀親事官並迎駕，自贊常起居。皇帝坐，内侍省押班、御帶以下以次常起居畢，舍人引提舉實録院官以下一班重行，宣名常起居訖，於殿下西向立。入内省官四員下殿，詣檐牀前，檐牀匣不置地。取匣上殿，於殿上東南壁面北捧匣立。提舉實録院諸司官一員，面西，搢笏，面南啓封開鏁訖，出笏，退歸位。承受一員，至匣前搢笏，於匣内取書，（複）〔復〕置香案上，出笏，歸位。皇帝起，詣香案前，面東三上香，兩拜訖，復歸御坐。舍人揖提舉實録院、修撰官升殿

〔一〕裝：原作「製」。按《南宋館閣録》卷一〇，祕書省人吏有裝界作，據改。

東，面西向立定。餘官止殿下。內侍進御卓子，提舉實録院、修撰官近前，承受搢笏，於香案上取書册捧納。提舉實録院官搢笏接册，置御卓子上。分修撰官一員，過西面進讀。皇帝起，叉手看《實録》。進呈畢，修撰官當御前却過東(西)〔面〕。提舉(録)〔實〕録院官收實録册，却傳承受，搢笏接訖，提舉實録院官出笏，皇帝復歸御坐。承受捧書入匣，入內省官捧書匣下殿，內侍撤御卓子。提舉實録院、脩撰官降階，舍人接引，當殿與進書官合一行，重行立定，揖躬，贊各祗候，直身立。如傳旨謝恩，先修撰官以下，次提舉實録院諸司官以上，次點檢文字使臣以下，逐班兩拜謝訖退。如傳旨賜茶，引合赴坐官賜茶如儀。舍人報閤門無公事，皇帝起，鳴鞭還內。

十一年七月，詔參知政事范同兼修實録。

十四日，詔：「實録院進呈《徽宗實録》了畢，修撰、檢討官各特轉行一官，更減二年磨勘。首尾修書不經進書官，并脩書不全首尾官，各特轉行一官，更減二年磨勘。開院在院供職官特轉行一官。都大提舉諸司、承受、諸司官各特轉行一官，更減二年磨勘。實録院點檢文字、書庫官、楷書、進奏官各特轉行一官資，更減三年磨勘。選人比類循資施行。三省、樞密院專差供檢文字，三省禮房職級行遣人各特轉行一官資，更減二年磨勘。應合寄資人仍寄資，守當官、守闕減半，點檢、催驅、印房依條施行。專差承發巡白文字各與減二年磨勘，願支賜者依昨進《哲宗實録》例。三省轉資人候入正額日與支破請給。諸廳供檢、楷書、引接、提舉諸司下人吏各特轉一官資，內礙止法人依條回授。[63]天文官各與減二年磨勘。應該今來轉官、減年內未有官、未有名目及未合收使人，並候有官或有名目日，依今降指揮特作轉官資減半數目收使。磨勘年限不同人，依四年法比折，內減年願依條回授者聽。實録院守門親事官、庫子、裝界作、投送文字大程官、親事官、厨子、儀鸞翰林司兵士、提舉諸司、承受諸司下背印、投送文字親事官、軍典、兵士、剩員、潛火兵級各特轉一資。內不願轉資人，令〔實〕録院於雜支錢內各支二十貫。秘書省經修書不經進書使臣人吏犒設一次〔一〕。」

十七年五月十八日，詔：「實録院依車輅院祇候庫例，於殿前司城內營寨差撥救火軍兵二百人，遇有風燭，即時赴院救護。」

十二月二十九日，詔右承奉郎、新差(書)〔樞〕密院編修官、權實録院檢討官周紫芝權綴樞密院編修官班次。

二十二年六月四日，詔實録院監門每月支破別給錢三十貫，食直錢一十貫。

二十七年七月七日，尚書右僕射湯思退差提舉實録院。緣「舉」字係思退父名，詔改作「提領」。

十一月二十六日，中書舍人周麟之兼實録院同修撰。

〔一〕人吏犒設：原作「人使犒設」，據文意改。

始除同修撰也。

二十八年七月五日，詔進呈安奉《徽宗實録》，差實録院都大提舉諸司張見道充都大主管官。

同日，詔差左僕射沈該充進呈安奉《徽宗實録》禮儀使。

十一日，詔編修《徽宗實録》八月十一日進呈，太常寺同本院討論儀制。前一日，於秘書省道山堂設幄，權行安奉，用儀仗、樂人、僧道法事作樂，更互排立，禮儀使、提領實録院官、編修《徽宗實録》官屬等宿衛。一、進書日，宰執、使相、侍從、臺諫、兩省官、知閤、禮官并南班宗室及編修實録官騎導，禮儀使、提領實録院官騎從，本所提舉諸司官并承受官、主管諸司官往來照管。一、前二日，奏告景靈宮。從太常寺具窠目，申中書門下省降敕差官。一、合用教坊、鈞容直樂人各百人，細仗二百人，援衛親從官二百人，並裝着儀注全〔一〕，并威儀僧道共二百人，並前一日就宿衛處依禮例更互排立，并至日迎奉及安奉，更互作樂。及合用擡擎綵結殿子、腰舁輦官，裝着儀注全，下御輦院計會本院合用人數差撥。一、安奉日，令（節）〔御〕史臺、閤門、太常寺集百官於敷文閣立班安奉。一、應行事官自宰執至諸司職掌，支破進呈安奉日喫食，及前一日宿衛官屬等早晚喫食，並令臨安府專委官及差（衛）〔衙〕前計會排辦。一、合用儀衛燭籠六十對，并執擎人一百二十人，管押二人，令都大提舉諸司下皇城司差辦。一、騎導官并編修實録官屬等闕馬，從所屬報殿前司時暫差撥，於行事前二日到，事畢發還。一、人吏并諸色祗應人前一日宿衛并至日食錢等錢，並依禮例從實録院提舉諸司官比擬支破。一、進呈日若不測值雨，許令導從官并諸色祗應人施雨具。或地 64 下濕潤，並免步導、步從，徑詣垂拱殿門外幕次。所有腰舁匣等合用油絹帕傘，令臨安府前期計會諸司備辦。一、進呈日，諸司祗應人内有無敕號之人，令逐處前期開具人數、姓名，保明報皇城司，翌日放令出入。次日皇帝不視事，有司作休務假一日。並從之。

二十一日，（紹）〔詔〕：「編修《徽宗實録》成書〔二〕，并先修《實録》六十卷内，有添修制册及臣僚立傳等事，依故事通著見（令）〔今〕實録院官臣等名銜，具表繳進。」先是，紹興十一年内提舉官宰臣秦檜進呈先修到實録六十卷，降付本院。至是成書，故有是命。

八月七日，詔：「今月十一日進呈《徽宗實録》，並依閤門擬定儀注。」其日不視事，俟有司排當，備垂拱殿排立。禁衛諸班直、親從等排立如儀。儀鸞司設香案等并褥位於殿上東壁，知閤門官前導。簿書官二員，自殿門接引腰輿，並履笏。至殿東堦下稍南禁衛西立定，實録院點檢文字以下隨腰輿入殿，腰輿西一行立。俟閤門報引騎導官并實録院

〔一〕注：原作「法」，據文意改。參下文。

〔二〕徽宗：原作「微宗」，徑改。

修撰官、同修撰官以下，次報引禮儀使、提領官入殿，並履笏。於殿下分東西相向立定。閤門附内侍進班齊牌。皇帝服履袍出宫，殿下鳴鞭，禁衛諸班直、親從并内侍省執骨朵使臣、實録院點檢文字以下并擎腰輿輦官並迎駕，自贊常起居。内擎腰輿輦官不拜，止應(諾)〔喏〕。皇帝坐，内侍省押班、御帶以下一班履笏。常起居。各居殿上侍立。次知閤門官以下并樞密都承旨、修注、樞密院諸房、逐房副承旨、提點、同提點、承受、諸司祗應武功大夫以下並履笏一班，闕班宣名常起居。樞密院承旨、修注升東殿侍立，餘各歸侍立祇應位。知閤門升殿，讀奏目。次管軍一班履笏。宣名常起居，並起東朵殿侍立。次行門常起居，次舍人分引禮儀使、提領官、執政官、修撰官、同修撰官以下并騎導官一班履笏。宣名常起居訖。禮儀使、提領官、執政官、修撰官、同修撰官、檢討官殿下(西)〔面〕西立，餘官並分出。次入内官下殿，詣腰輿前取匣上殿，於殿上東壁卓子上置定。知閤門官前導皇帝起，詣《徽宗皇帝實録》香案前褥位上面東立。閤門提點奏請三上香訖，又奏請拜，皇帝再拜訖，知閤門官前導，復歸御坐。舍人揖禮儀使、提領官、執政官、修撰官、同修撰官並升殿侍立。俟入内官進御卓子，提領官、修撰官、同修撰官近前立定。修撰官於御前過西壁，向東立。提舉諸司官至匣前搢笏，啓封開鎖訖，出笏，歸侍立。承受官搢笏，於匣内取《實録》訖，轉授提領官訖〔一〕，出笏。提領官搢笏，接册，置御卓子上，出笏。皇帝起，於御座前立。提舉諸司官過西壁，與承受官並搢笏揭册訖，出笏。修撰官搢笏，取篦子指讀。逐板揭册並如上儀。俟進讀畢，修撰官執篦子且立。提領官搢笏，收册，復授承受官訖〔二〕，出笏。如再有進讀册，並如上儀。俟65進《實録》訖，皇帝復座。修撰官置篦子於御卓子上，出笏，却過東壁。提領官歸侍立，俟入内官徹御卓子，禮儀使、提領官以下並降東階下殿，東壁面西立。承受官捧《實録》册復入匣，提舉諸司官鎖匣訖，入内官捧匣下殿，置於腰輿，儀鸞司徹香案等。舍人領禮儀使、提領官當殿立定，引直身，各出班告謝訖，歸位立。揖躬身，贊拜，兩拜訖，贊各祗候，直身立。如有宣(御諭)〔諭，御〕藥下殿宣諭訖，揖躬，贊拜，兩拜訖，贊各祗候，直身立，舍人引歸殿下面西立。次引修撰官以下一班告謝，兩拜。如傳旨謝恩，舍人、承旨、修撰官以下一班兩拜，謝恩訖，修撰官、同修撰官殿下面西立，檢討官以下並先退。次引提舉諸司官、承受官以下一班，次引實録院點檢文字以下一班，各謝恩兩拜，謝訖，歸位立。如傳旨宣坐賜茶，合赴坐官賜茶如儀。賜茶畢，次舍人報閤門無公事，皇帝起還宫，殿下鳴鞭。知閤門官前導，簿書官前引腰舁出殿退。

十二日，詔：「進呈《徽宗皇帝實録》了畢，所有宿衛、進呈、安奉被差官吏、諸色人，並依例支破銀絹，内兩該支賜人從一多給。」主管諸司具：「一、宿衛、進呈、安奉三節

〔一〕授：原作「受」，據《南宋館閣録》卷四改。

〔二〕授承受：原作「受承授」，據《南宋館閣録》卷四乙。

次人數，每一節次修撰二員，每員銀絹各五十疋兩。檢討官三員，每員各四十疋兩。三省、樞密院供檢五人，每員各一十疋兩。提領官下供檢計二人，每人各一十疋兩。三省點檢六人，每人共七疋兩。三省禮房主事計一十九人，每人各五疋兩。實録院供檢文字二人，每人各六疋兩。點檢文字一人，各五疋兩。提領官下楷書五人，每人各四疋兩。實録院監門使臣，各四疋兩。三省禮房守當官、守闕四十九人，每人三疋兩。實録院書庫官八人，各三疋兩。實録院楷書、雜務使臣共六人，各（疋二）〔二疋〕兩。實録院投進文字、通引官、進奏官、庫子、裝界作、守門親事官、大程官三十三人，各絹一疋。都大提舉諸司一員，銀絹各七十疋兩。承受御藥一員，銀絹各五十疋兩。諸司官二員，銀絹各三十疋兩。提舉諸司下催促應辦使臣、點檢文字職級五人，每人銀絹各一十疋兩。提舉諸司下禮直官、主管文字七人，每人銀絹各五疋兩。承受并諸司下使臣、人吏六人，每人銀絹各四疋兩。提舉諸司、承受、主管諸司下快行親從一十九人，各絹二疋。一、宿衛、安奉二節次人數，每一節次扶侍捧匣官八員，每員銀絹各一十疋兩。臨安府通判方擴各一十疋兩。提舉諸司下尅擇官銀絹各七疋兩。諸司下翰林、儀鸞司御厨人員七人，每人絹三疋。諸司下翰林司御厨工匠、庫院子、儀鸞司工匠共四十三人，每人絹二疋。一、敷文閣官吏。昨安奉《神宗皇帝寶訓》，顯謨閣官吏係支一節次銀絹。今來事體一同，比擬到内幹辦官二員，每員銀絹各三十疋兩。權幹辦官二員，每員銀絹各（十一五）〔一十五〕疋 66 兩。掌庫、典事共五人，各絹二疋，銀一兩。手分、貼書共五人，每人銀絹各二疋兩。一、奏告行事官一節次，執政官共三員，每員銀絹各一百疋兩。侍從一十一員，每員銀絹各三十疋兩。臺諫五員，每員銀絹各二十疋兩。以上銀三千八百八十六兩，絹四千三百一十八疋。」從之。

二十日，詔：「實録院藏《徽宗實録》副本，不許諸官司關借謄寫，及臣僚之家私自傳誦。」

二十九日，（紹）〔詔〕：「實録院進呈《徽宗實録》了畢，一行官吏依進《仙源類譜》推恩例。本院官五員，各特轉行一官，更減三年磨勘。諸司承受官四員，各特轉行一官，更減二年磨勘。内張見道係承宣使，許回授。經修不經進見行在供職官一員〔一〕，特轉行一官，更減二年磨勘。本院供檢點文字、書庫官、楷書、進奏官等十九人，各特轉行一官，更減三年磨勘。内主管錢物使臣、進奏官與轉行一官資。書庫官入仕及七年以上，特與依例比換進義副尉。提領官下供檢二人，各特與轉行一官資，更減二年磨勘。願支賜者，並依玉牒所例。三省、樞密院供檢九十九人，元得轉行一官，減二年磨勘，已降指揮並減半推賞，各特減三年磨勘。守當官、守闕減半，點檢、催驅、印房依條施行。承接

〔一〕見行在：原作「見見行」，據後文職官一八之六八改。

巡白文字與減一(半)〔年〕磨勘。礙止法人依條回授，願支賜者依例。時政記房主管文字五人，隸屬禮房。昨進書係減二年磨勘，已(減)〔准〕指揮減半推賞，各特減一年磨勘，願支賜者依例。天文官吴繹一名，特轉一官。諸廳楷書、提舉諸司、承受諸司下人吏十八人，各特轉一官資。應該今來逐項轉官，減年內未有官、未有名目及未合收使人，並候有官〔一〕、有名目日，依今來指揮特作轉官資，減年數目收使。磨勘年限不同人，(法)〔依〕四年法比折。內減年願依條回(受)〔授〕者(廳)〔聽〕。守門親事官、通引官、庫子、兵級等六十三人，各特轉一資。內不願轉資人，令於雜支錢內支錢二十貫。」

孝宗乾道二年十二月十四日，起居舍人、兼權直學士院、兼國史院編修官、兼權中書舍人洪邁等言：「已降指揮，《欽宗日曆》可免進呈，發付國史院，依例修纂實録。今檢會國朝典故，申請下項：一、遇修實録則置實録院。一、元符三年八月哲宗祔廟，九月內詔國史院修纂實録。今更不置局，止就國史院修纂。一、行移文字以實録院爲名，就用國史院(記印)〔印記〕。一、更不添置官，止以見今國史院官兼充。一、乞差提舉實録院官。一、同修撰官乞差見今國史院編修官。一、檢討官乞差見今編修官，提舉諸司、承受、主管諸司官亦乞就差國史院提舉諸司、承受、主管諸司官。一、所有官屬更不添支食錢。一、合要修書人吏并諸色(等人)〔人等〕及提舉諸司、承受諸司下人吏等，止就差逐色人相兼，更不添支食錢，亦不增添人額。一、所有公使錢就國史院錢內支破，更不添支。其合用 67 紙札等，並依昨修《徽宗實録》已得指揮施行。一、合用參照文字已係日曆所節次搜訪到，今乞劄下本所盡數發赴本院。其本所經修日曆官(曆)〔吏〕，候本院進呈實録日，並行開具姓名，取旨施行。一、更有合要臣僚之家照用文字，乞從本院行下搜訪。一、依已降指揮擇日開院，天文官吴澤等選到十二月十九日。一、每月提舉官過局，乞就用國史院日分，更不别行排辦。一、今來所修《欽宗皇帝實録》，乞令本院限一年內修纂進呈。」詔並依。魏(犯)〔玘〕兼權提舉實録院，洪邁兼實録院同修撰。

三年五月十一日，起居舍人、兼權中書舍人、兼同修國史、實録院同修撰洪邁言：「得旨編修欽宗實録、正史，除日曆所發到《靖康日曆》及汪藻所編《靖康要録》并一時野史雜説與故臣家搜訪到文字外，緣歲月益久，十不存一。雖靖康首尾不過歲餘，然徽宗朝大臣多終於是年，其在今録皆當立傳，詢之其家，已不可得，欲訪之故臣遺老，則存者無幾。寖寖不問，則史策脱畧，漫無〔綱〕紀。竊見前敷文閣待制致仕孫覿在靖康中實爲臺諫、侍從，親識當時之人，親見當時之事。其年雖老，筆力不衰。乞詔覿以其所聞見撰爲蔡京、王黼、童貫、蔡攸、梁師成、譚(植)〔稹〕、朱

〔一〕候：原作「後」，據文意并參同類文字用語改。

(酈)〔勔〕、种師道、何㮚、劉延慶、聶昌、譚世勣等列傳；及一朝議論事蹟，凡國史、實録所當書者，皆令條列，上送本院。庶幾遺文故事得以畢集，不至放失舊聞，以闕大典。」從之。

八月十二日，左朝奉郎致仕孫覿奏：「被旨令撰蔡京、王黼等列傳。伏見《神宗實録》藏之金匱久矣，紹聖以來，兩經刊削，今有二書。臣今被旨所當書者皆誤社稷大惡，更無記注、日曆爲根據，而出於一夫之手。他日怨家仇人襲紹聖之跡，指爲誹謗，吠聲之衆，群起而攻之，臣腰領不足以薦鈇鉞。奉詔(暢)〔惕〕然，以樂爲懼。況列傳之體，合得州里、世次、出身、踐歷歲月終始，移文所屬督責報應，皆非臣所能(辯)〔辦〕。欲望察臣衰謝，非宣力之時，而私家亦非修史之地。今欲自蔡京以下臣所親睹事迹有實狀者旋行記憶，每得十數事，則繕寫續申實録院，以備史官採擇。乞免臣下筆作傳，以逭越職出位之咎。」從之。

十月十四日，詔：「孫覿繳到蔡京事實，降付國史實録院。」

十二月十一日，中書舍人、兼同脩國史、兼實録院修撰洪邁言：「實録〔院〕昨於去年十二月十四日奉旨修《欽宗實録》，限一年内修纂進呈。臣據著作局發到《靖康日曆》及續行搜訪到當時事蹟，以事繫日，盡行編類，勢須子細披褥〔一〕，推見端緒，乃敢記述。兼有行下他處取索文字，未能齊到。今來已及一年，欲望更賜指揮，展限一季，許於明年三四月間同國史院修成帝紀，一併擇日投進，貴得一朝信史可以傳後。」從之。

四年三月二十四日，洪邁言：「昨被旨修纂《欽宗實録》，今來已獲成書，68欲於四月内并《欽宗本紀》一併投進。如蒙開可，乞下太史局擇日。候進書了畢日，將實録院立限結局，併入國史院，一就修纂《四朝正史》施行。」從之。

二十六日，尚書右僕射、兼樞密使、提舉修三朝國史、提舉實録院蔣芾言：「得旨於四月内進呈《欽宗實録》并《本紀》者。臣竊念書固不可不修，既成不可不進。然一遇進書，虛文浮費不可勝舉，有(奉)〔奏〕告之禮、權安奉之禮、宿衛之禮、迎奉之禮、進呈之禮、安奉之禮、拜表之禮，謂之節次。自宰相而下至於百執事之人，相與講禮，文武導從，(伏)〔仗〕衛羅列，教坊、鈞容直作樂，僧道威儀，各執其物，至數百人。支賜重疊，下周臺隸，銀絹錢物，費用浩瀚。檢照國朝政事，凡進實録，不過宰臣率史官詣崇政殿以獻而已。紹興十年，進《徽宗御集》，始下有司參酌討論典禮。於是置禮儀使，爲安奉、宿衛等制。其後因仍，遂以爲例，皆非故事，當從釐正。況欽宗即位才一年，一朝事實皆可痛哭，尤不當引用舊制。今次進書，所有禮文支賜請一切罷去，

〔一〕褥：疑誤。

止令本院官進呈。」從之。

四月十二日，中書舍人、兼同修國史、兼實録院修撰洪邁，右司員外郎、兼國史院編修官、兼實録院檢討官胡元質言：「實録院已降指揮進呈《欽宗實録》并《帝紀》合用儀範，乞下閤門修定外，所有申請事件：一、依自來體例，修撰官進讀《實録》第一卷從上五板。一、俟進呈畢，依例繕寫小本，承受官進納御府。一、俟進呈畢，欲乞委本院都大提舉諸司、承受官請御封一面，赴龍圖、天章等閣權行安奉。一、合用擡擎親事官三十人，管押人員一名，欲乞報皇城司差撥。合用牌號，令一面關請施行。一、進呈日經由和寧門、南北宮門，至垂拱殿門。竊慮祗應人内有無敕號之人，欲前期具人數、姓名保（明）報皇城司，至日放令入出。一、進呈日若不測（植）〔值〕雨，所有腰拶匣合用油絹帕襆，令臨安府前期應副施行。一、依已降指揮，俟進呈畢，將實録院限五日結局。」並從之。

十八日，閤門狀：「已降指揮，四月二十三日進呈《欽宗實録》并《帝紀》，合用儀範乞下閤門修定。」閤門條具，進御如乾道六年五月八日進呈《四朝會要》之儀。

五月四日，國史院言：「實録院進呈《欽宗實録》并《帝紀》了畢，一行官史、諸色人等可依去年玉牒所已裁減例推恩施行。内修日曆官吏除右僕射蔣芾已辭免外，餘各特減二年磨勘。本院今依已降指揮并去年玉牒所（以）〔已〕裁減體例，開具合推恩官吏、諸色（等人）〔人等〕下項：經修進官、提舉諸司并承受官各特轉行一官，更減一（半）〔年〕磨勘。内李綽許回授。經修不經進見行在供職内侍官特轉行一官，經修不經進在外官特減二年磨勘，主管諸司官王允修特轉行一官。開實録院日，日曆所發到《欽 69 宗日曆》，在職官曾經脩（曆日）〔日曆〕見行在供職官各特減二年磨勘，實録院修書人吏各特轉一官，更減一年磨勘。日曆所元發到日曆人吏各特減二年磨勘，内願支賜者依例施行。餘人等第推恩。」

十三日，宰執進呈禮部員外郎、兼國史院編修官李燾劄子：「伏覩降旨，進呈《欽宗實録》并《帝紀》畢，一行官吏並推恩，燾亦該特轉一官，仍減一年磨勘者。竊惟《實録》成書推恩自有故事，固不當辭。而燾元不與脩《實録》，但與修本紀，則轉一官、減一年磨勘，誠非所當得。蓋脩史先進呈帝紀自淳化始。凡所以先進呈者，群臣筆削或有失當，因取決於聖裁，故號爲「進呈紀草」，其推恩則必（特）〔待〕志傳俱成。雖徽宗醲於用賞，亦未遽改此故事。《神宗正史》及《哲宗正史》成書，在崇寧三年及宣和四年，凡修史官姓名及推恩等第，可考而知。政和以後，或異前聞，然文字散逸，所載官職往往差誤，（以）〔已〕難準憑，要當以熙寧爲正。謹按熙寧十年七月進呈仁宗、英宗兩朝紀草，其進讀、顧問、賜坐、賜茶並如儀，獨無推恩指揮，其推恩乃至元豐五年六月。參照首尾，證驗明白，則燾於今日不當冒受此賞，質諸（儀）〔義〕理，豈不曉然。兼燾亦非敢終辭此賞，姑待成書，乃可議也。謹按太祖、太宗、真宗三朝史，天聖五年二月修，至八年六月成，凡歷四年。仁宗、英宗兩朝史，熙寧十年五月脩〔一〕，至元豐四年六月成，凡歷五年。今修神宗、哲宗、徽宗及欽宗四朝史，已踰十年，則其書自當趣成。苟燾尚得被數牛馬走〔二〕，姑待成書，徐加恩賞，既有故事可遵，燾又安敢飾説固辭。若於今日便與修《實録》官同轉一官，減一年磨勘，則誠爲不可。伏乞敷奏，追還新命。」上曰：「説得極有理。」蔣芾奏曰：「陛下若從其請，亦可以激勉貪鄙之士。」上曰：「極是，宜從之。」

五年十二月二十三日，秘書少監(監)、國史院編修官李燾言：「竊見太平興國三年初修《太祖實録》，命李昉、扈蒙、李穆、郭贄、宋白、董淳、趙鄰幾同修，而沈倫監修，五年成書。及(減)〔咸〕平元年，真宗謂倫所修事多漏畧，乃詔錢若水、王禹偁、李宗諤、梁顥、趙安仁重加刊修，呂端及李沆監修，二年書成。前録文武臣僚止九十一傳，沆整其闕繆，合成一百四傳。凡得姓受禪、平僭僞、更法制皆創行紀述，視前録稍詳，而真宗猶謂未備。大中祥符九年，復詔趙安仁、晁迥、陳彭年、夏竦〔三〕、崔遵度同脩，王旦監脩，明年書成。蓋自興國至祥符前後凡三修。《太宗實録》，初修於至道二年，再脩於大中祥符九年。祖宗實録皆不但一修，此故事也。《神宗實録》初修於元祐，再修於紹聖，又修於元符，至紹興初凡四修。《哲宗實録》初修於元祐，再修於紹聖。惟神宗、哲宗兩朝所以四脩、再修，則與太祖、太宗異，蓋不獨於事實有所漏畧而已，又輒以私意變亂是非，紹興初不得不 70 爲辯白也。誣謗雖則辯白，而漏畧固在，然猶愈乎近所脩《徽宗實録》。蓋《徽宗實録》疎舛特甚，非前二録比，凡臣僚除罷年月，最易知者，其顛倒錯亂，往往志不可曉〔四〕，況其難知者乎！史院前已得旨脩《四朝正史》，竊緣修正史當據實録。實録儻若誤不可據，則史官自合旁采博取，考驗增損。今實録既疎舛若此，最難以準憑下筆。苟謂開院今已十年有餘，當亟奏篇，則因仍綴緝，亦可粗成卷秩，然臣終不敢也。況徽宗一朝大典，治忽所關最大，若不就今文字未盡淪落，尚可著意收拾，同力整頓，日復一日，必至是非混亂，忠義枉遭埋没，姦諛反得恣睢，史官之罪大矣。臣竊願陛下特降指揮，用太祖、太宗故事，將《徽宗實録》重加刊修，更不别置司局，只委史院官取前所修實録子細看詳〔五〕，是則存之，非則去之，闕則補之，誤則改之。宜從元符三年正月至十二月，每事開具何者爲是，何者爲非，何者爲闕，何者爲誤，今合如何删脩，仍進呈取旨。若一年義例既定，則餘年自可倣此編集，此一無甚難者，但須檢勘全備、辨證精審耳。實録先具，正史便當趣成。今

〔一〕十：原脱，據《長編》卷二八二補。
〔二〕被：似當作「備」。
〔三〕竦：原缺，據《長編》卷八六補。
〔四〕志：似當作「意」。
〔五〕詳：原作「祥」，據《宋史全文》卷二五上改。

不治其本源，而導其末流，臣決知其不可也。」從之。

六年二月二十四日，秘書少監、兼國史院編修官李燾言：「昨具奏乞重脩《徽宗實禄》，已得旨依。今畧具元符三年正月乙卯至三月合增損事迹凡二十一條，謹繕寫進呈，仍乞下史官參詳筆削。」從之。

四月七日，國史院言：「檢準臣僚劄子，乞依祖宗典故重修《徽宗實録》。一、檢會國朝典故，遇脩實録則置實録院，今乞依修哲宗、欽宗實録體例，止就國史院修。一、行移取會文字，以實録院爲（爲）〔名〕，就用國史院印記。一、更不添置官，提舉實録官依典故差見今提舉《四朝國史》官充，修撰、同修撰差見今修國史、同修國史，檢討官差見今編修官，提舉諸司、承受、主管諸司官亦就差國史院提舉諸司、承受、主管諸司。一、所有官屬更不添支食錢。一、合要脩書人吏并諸色（等人）〔人等〕及提舉諸司、承受諸司下人吏等，止就差國史院逐色相兼，更不添支食錢。一、公使錢就於國史院錢内支破，其合用紙札照例據實數關取。一、今來重修《徽宗實録》，依倣昨來重脩神宗、哲宗《實録》體例，限以二年成書。一、搜訪取索文字之類，並乞依昨脩《徽宗實録》前後已得指揮施行。」並從之。

淳熙三年四月十六日，詔重修《徽宗實録》，限一年成書。

四年三月九日，實録院上重脩《徽宗皇帝實録》二百卷，《考異》二十五卷，《目録》二十五卷。

十九日，李燾言：「實録院官吏當來係差國史院官吏相兼，今來書成結局，合行罷兼。」從之。

十五年三月十一日，翰林學士、兼脩國史洪邁言：「檢照國朝典故，累聖祔廟之後，即詔國史院修纂實録。今來聖神武文憲孝皇帝靈駕發引有日，乞 71 令本院候祔廟畢取指揮，擇日開院。其官吏並乞就用國史院官吏爲之，更不添置員闕，亦不增給食錢之類。如蒙開允，其合行事件容臣逐一開具，申尚書省施行。」從之。既而五月本院申請：「一、檢照修《徽宗皇帝實録》典故，係史館修纂。今依已降指揮，就國史院脩纂。一、行移取會文字等，依典故以實録院爲名，其印記就用國史院印記。一、乞依累朝典故，差提舉實録（官院）〔院官〕係就差提舉國史院官，脩撰、同脩撰官就差脩國史、同脩國史官，檢討官就差本院編修官，提舉諸司、承受、主管諸司官亦就差國史院提舉諸司、承受、主管諸司，並降敕差。一、依已降指揮擇日開院，今乞依徽宗、欽宗《實録》體例，（今）〔令〕本院天文官選定日分，照例施行。一、乞朝廷劄下日曆所，將前來所進副本并應干合用文字等盡數發赴本院修纂〔一〕。一、申奏行移并取索文字約束等，並依國史院前後已得指揮施行。一、合要高宗皇帝朝曾任宰執、侍從、卿少、監少應職事官等被受或收藏御製、御筆、手詔及奏議、章疏、劄子并制誥、日記、家

〔一〕所：原脱，據後文職官一八之七三「七月二十日」條補。

集、碑誌、行狀、謚議事迹之類，委守臣躬親詢訪。如逐官其間有已物故者，詢其家子弟取索。如部帙稍多，差人前去抄録，及委官點對，津發赴院。仍許投獻，優賜鈔帛，多者推賞。一、今來修纂實録，合要自建炎以來至紹興三十二年應干朝報、六曹寺監題名，并吏部增添省罷員闕、户部州郡户口數目，敕令所增改删除條法、國信所奉使名銜國書，欲乞並從本院取索，抄録照使。如供報違限，隱漏不實，乞依紹興元年四月八日史館已得指揮施行。一、脩書人吏并諸色人及提舉諸司、承受、主管諸司下人吏等，止乞就國史院逐色人相兼祗應。一、每月提舉官過局，乞就用過國史院日分，更不别行排辦。一、今來修纂實録，所有紙札、公使錢更不别行申請，止乞就用國史院紙札、公使錢支破，候將來書成日，别行申請施行。」從之。

六月十八日，國史院言：「已降聖旨指揮修《高宗皇帝實録》，有申請事件下項、一、已降聖旨指揮編脩《九朝國史》，以國史院爲名。續準淳熙十五年五月二十三日已降聖旨指揮修《高宗皇帝實録》，依累朝典故，以實録院爲名。今來所修《九朝國史》，乞權行住修，候實録成書日，别行申請朝廷指揮施行。一、行移文字依典故以實録院爲名，就用國史院印記行使。一、提舉國史院乞改差充提舉實録院。一、修國史、同修國史乞改差充實録院脩撰、同脩撰。一、國史院編脩官乞改差充實録院檢討官，都大提舉諸司、承受、主管諸司亦改差充實録院都大提舉諸司、承受、主管諸司官，並降敕差。一、國史院見今官吏、諸色人等及都大提舉諸司、承受、主管諸司下人吏、諸色人等，更不添置員闕，亦不72增添食錢，止與接續幫勘見請給。一、實録院合用公使錢、紙札等及應合行事件，並乞依國史院前後已得指揮體例施行。一、今來開院，依已降指揮選定日分，報所屬照例施行。一、都大提舉諸司下應合行事件等，乞依逐處申請到已得指揮體例施行。一、合要日曆副本并搜訪、取索諸司内外等處應干合用文字等，並乞依淳熙十五年五月二十三日已得指揮施行。」從之。

十九日，詔實録院依典故編修高宗皇帝御製。既而實録院言：「編修高宗皇帝御製，合要臣僚士庶之家并僧道等處應被受或收藏高宗皇帝御製、御筆、手詔及詩、頌、雜文、注解經義等文字照使。内行在從本院取索抄録，其臨安府并諸州軍，乞令逐路轉運司搜訪。仍出賞募人投獻，如稍有多者，優與推恩。」從之。

淳熙十六年七月九日，臣僚言：「恭覩去歲詔脩《高宗實録》，權停國史，併力此書，兼纂高宗皇帝御集，以嚴焕章之奉，實我宋中興之盛事。竊見向來《四朝國史》列傳久不成書，專置修史，立以年限，始克進御。今此事大體重，非四朝列傳之比。欲乞命官專脩，勿兼冗職，稍增員屬，而處以洽識博聞之士，量立年限，而使無玩歲愒日之圖，則建炎、紹興之編與《堯典》而並傳矣。」從之。

紹熙元年七月八日，詔參知政事葛邲權提舉實録院。

十二月十三日，詔參知政事胡晉臣提舉實録院。

四年二月十六日，詔右丞相葛邲提舉實録院。

五年正月二十四日，詔參知政事陳騤權提舉實録院。

十一月二日，吏部尚書、兼實録院脩撰鄭僑等言：「本院修纂《高宗皇帝實録》，竊緣日曆所書間有疎畧去處，合於三省、樞密院、(從)〔後〕省、御史臺、諫院及百司等處取索案牘等文字，欲乞朝廷劄下逐處，應本院(闕)〔關〕借文字，晝時檢尋應副，以憑修纂。又照得今來所欲取索案牘等處，内三省、樞密院、後省、御史臺、諫院文字最係緊切，其逐處先差下人專一檢尋應副，仍先以姓名關報本院。如能究心，不致鹵莽稽滯，候書成日，許從本院保明與推賞。又竊聞御史臺、諫院、後省逐時將章奏、指揮等編録成册，最爲詳備，本院亦合關借，欲乞併賜指揮施行。」從之。

二十八日，中書舍人陳傅良言：「史事至重，不宜以他官兼領。今史院檢討皆是兼局，更出迭入，有同傳舍。至修撰亦以從臣兼之，事不淹久，往往去掌機政，一朝鉅典，無由就緒。今職名中有祕閣脩撰、右文殿修撰并舊有史館校勘等，正是三館修書官名，自郎、察、(鄉)〔卿〕、監補外之人，皆得除授。若將此二三職名置爲史官，以二年爲任，自史館校勘之類供職稍遷祕閣修撰，又稍遷右文殿修撰，在院少亦七五年。俟有勞績，雖就遷次對如李燾、洪邁兼領可也，則是史館與郎、察、(鄉)〔卿〕、監可以馴至從班，事體畧同，有專官之效，無 73 冷局之嫌，庶幾大典責成有人。」詔實録院檢討申尚書省。

慶元元年正月十一日，臣僚言：「竊惟《高宗實録》開院已及七年，功緒悠悠，汗青無日。竊見累朝置院修成實録，所占年月少者止及二年，多者不過五六年，便見成書。今高宗一朝通計三十六年，自淳熙十五年肇端刊緝，至今已踰六年，脩撰、檢討官共計三十一員，而所修者僅及八九年爾。又緣史官選改去住不常〔一〕，已修下者亦多首尾不接，未成年分，終恐放墜堙塞，使貽謨盛德，不以時著較，甚非聖朝所以追遠揚烈、昭示萬世之意。竊見故事，從來修書必立程限。謹按乾興元年十一月判史館李維及修撰宋綬言：『當館舊四人，今只臣等二人，欲望擇館閣官二員充編修官。』遂詔集賢校理王舉正、館閣校理李淑同共編修。所修凡一十三年，限明年秋季修畢。且據乾興故事，十三年文字限三季書成，今高宗三十六年之事，除已修成外，所餘二十餘年，用乾興程限爲準，止合於一年半内了畢。兼擾攘多故，最大節目倍費考詳者，如南京即位，揚州渡江，復辟之功，親征之舉，與夫僞楚、僞齊叛將群盜之擾，行臺、分鎮措置守禦之方，隆佑過江西，車駕幸明、浙，收復河南，迎奉梓宮，和戰議論之異同，治軍理財之本末，如此等事，止在建炎、紹興之初。自十三年和議已定之後，别無甚更革施置。整比收簇，稍加刊正，不至甚難。乞檢用故事，嚴

〔一〕選改：似當作「遷改」。

立近限，庶幾上下奮興，畢精殫力，大典早得成就，使中興以來鴻猷偉績，早與日月並垂，宗社幸甚。」詔權置檢討官三員，限一年了畢。

七月二十日，實録院言：「勘會已降聖旨指揮，依國朝典故，令擇日開院脩纂《孝宗皇帝實録》。申請下項：一、行移取會文字等依典故以實録院爲名，其印記就用國史院印記。一、乞依累朝典故，提舉實録院官、脩撰、同修撰、檢討官、提舉諸司、承受、主管諸司並就見今差定員額爲之。一、依已降指揮擇日開院，乞依修纂《高宗皇帝實録》體例，令本院天文官選定日分，照例施行。一、欲乞朝廷劄下日曆所，將前來所進副本并應合干用文字等盡數發赴本院修纂。一、申奏行移并取索文字約束等，並依國史院并本院前後已得指揮體例施行。一、今來合要孝宗皇帝朝曾任宰執、侍從、卿少、監少職事等官及武臣刺史以上并内侍都知、押班應被受收藏御製、御筆、手詔及奏議、章疏、劄子并制誥、日記[一]、家集、碑誌、行狀、謚議事迹之類，委守臣躬親詢訪。如逐官其間有已物故者，詢其家子孫取索。如部帙稍多，就差人前去抄録，及委官點檢，津發赴院。仍許投獻，優賜錢帛，多者推賞。一、今來修纂實録，合要自紹興二十三年六月以後至淳熙十六年二月以前應干朝報、六曹寺監題名，并吏部增添 74 省罷員闕、户部州郡户口數目、敕令所增改删除條法、國信所奉使名銜國書，欲乞並從本院取索，抄録照使。如供報違限，隱漏不實，亦乞依紹興元年四月八日史館已得指揮施行。一、合要修書人吏并諸色人等及提舉諸司、承受、主管諸司下人吏等，止乞就今來本院逐色人相兼祗應。一、今來修纂實録，所有紙札、公使錢更不創行申請，止乞就用本院紙札、公使錢支破，候將來書成日，別行申請施行。一、今來申請畫一内如有未盡事件，續具申請施行。」從之。

十二月十八日，詔令實録院依典故編修孝宗皇帝御製。

二年七月十四日，實録院言：「淳熙十五年六月二十七日，奉旨編修《高宗皇帝御集》，即已行下諸路州軍搜訪。今已累年，雖間有繳進，而名件甚少。今乞下内侍省，於曾任德壽宮提舉、提點之家，御製、御筆、手札、石刻等文字搜訪，應有寶藏真本，并元有抄録下但干文字，並令抄録，徑送本院，并内諸司及臣僚士庶之家、應僧道有被受或收得前件御製等文字者，内外官司從本院取索，諸州軍委守貳遍下所管縣鎮、城寨、宮觀、寺院等處搜訪，(俟)〔挨〕排年月抄録，點對無差漏，實封申發本院。如無處，亦取詣實文狀供申。乞令逐路轉運司催促，月具有無供申。仍令三省、樞密院將建炎、紹興所得御筆盡行録送，以憑編類，庶幾早得就緒。」從之。(以上《永樂大典》卷一六六五〇)

[一]「及」下原衍「奏詔」二字，「章疏」原作「草疏」，「日記」原作「日紀」，並據前文職官一八之七一删改。

監修國史

【宋會要】

75 趙普，太祖乾德二年正月，以門下侍郎、平章事、集賢殿大學士監修國史。故事，宰相兼職皆内降制處分，今止用勑，非舊典也。

薛居正，開寶六年四月，重修《五代史》，吏部侍郎、參知政事，命監修。時宰相趙普猶帶監修國史，不月餘普罷，居正入相，遂監修國史。

太宗至道三年，修《太祖實録》。時宰臣呂端雖帶監修國史而不預焉。其後重修《太祖實録》，遂詔呂端與錢若水等同修。端罷相，李沆繼成焉。

王旦，真宗景德二年監修國史畢士安卒，時寇準止領集賢殿大學士，遂命參知政事王旦權領史館事，實爲監修國史之職。後旦爲相，雖未兼監修，其領史職如故。

四年，詔修《兩朝國史》，宰臣王旦爲監修國史，亦不宣制。國史成，旦遂令監修如故。

仁宗乾興元年未改元。十二月，命司徒、兼侍中、監修國史馮拯專切提舉監修《真宗實録》。拯卒，王欽若爲相，又命提舉編修。

天聖五年二月，命宰臣監修國史王曾提舉修《真宗國史》。修兩朝史時王旦未領監修，故特授詔，曾已監修而再授勅爲提舉，蓋一時之制也。

慶曆三年三月，制以宰臣呂夷簡罷相，守司徒，監修國史。罷相而帶宰相任，優延老臣也。

九月，以宰臣章得象監修國史。唐制，監修國史、館殿大學士皆降制書。本朝自趙普後或止以敕除，非故事也。初，以呂夷簡罷相，爲守司徒，猶帶監修。得象止除昭文館大學士，至夷簡 76 致仕，得象始領之。

至和二年六月，制以宰臣集賢殿大學士劉沆監修國史〔一〕。初除文彦博爲昭文館大學士，富弼監修國史，弼乃在舊相劉沆之上。咸平四年故事，呂蒙正爲昭文館大學士，李沆監修國史，向敏中集賢殿大學士。今所除蓋學士承旨楊察之誤，尋帖麻改正之。

嘉祐元年十二月，命宰臣文彦博監修國史。初，除彦博爲昭文館大學士，止兼譯經潤文使，以劉沆爲監修國史。至是沆罷，彦博始帶監修國史。

〔熙寧〕十年五月〔二〕，命宰臣吳充監修仁宗〔三〕、英宗兩朝國史。元豐三年三月十一日，充罷，命王珪提舉。五年六月，史成，珪賜銀絹千、對衣、金帶，改官，聽辭免，賜一子緋章服。（以上《永樂大典》卷一〇一六三）

〔一〕大：原脱，據《職官分紀》卷一五改。
〔二〕熙寧：原無，據《職官分紀》卷一五補。
〔三〕吳：原作「呂」，據《職官分紀》卷一五改。

史官

【宋會要】

77 司馬光。熙寧二年十月九日，翰林學士司馬光言：「近領史館脩撰，所有龍圖閣抄寫國史一部，欲乞依仁宗時所降指揮本院收掌，并新修仁宗、英宗《寔録》亦各寫一本留本院。」從之。

王孝迪。宣和四年六月十五日，太宰王黼等表奏《哲宗皇帝正史》帝紀、表、志、傳總二百一十卷。詔提舉官王黼、脩史官吏部尚書王孝迪等並轉兩官。（以上《永樂大典》卷一〇一六一）

脩撰

【宋會要】

78 哲宗元祐元年三月二十八日，詔：「集賢殿修撰、直龍圖閣、直集賢院、直秘閣、集賢校理已上職，今後内外官並許帶。」

紹聖二年四月三日，詔：「職事官罷帶職，非職事官仍舊許帶。易集賢院學士爲集賢殿脩撰，直集賢院爲直祕閣，集賢校理爲秘閣校理，見帶人並改正。」

徽宗政和六年四月十日，御筆：「集賢殿，無此名，祕書省殿以右文殿爲名，見任集賢殿脩撰並改作右文殿脩撰。」

高宗建炎四年五月十一日，詔集英殿脩撰鄭僑年改除直祕閣，依舊添差泉州通判[一]。以臣僚言：「祖宗以來崇尚館閣，直館、校理居職之久次者始遷爲脩撰，亦有進擢欲至侍從而爲之者[二]。元祐、紹聖間，六曹侍郎帶權、守者平出則除是職，其重如之。故貼職補外，直館而下則有任通判差遣者矣，未有以脩撰而爲通判者也。況集英脩撰在右文之上，居貼職之首，一轉而爲待制。若使俯就通判差（遺）〔遣〕，輕重不倫，實違舊章。」故有是命。

紹興元年十月十四日，臣僚言：「近見起居舍人侯延慶除右文殿脩撰，今又聞太常少卿蘇遲、樞密檢詳諸房文字歐陽懋並除待制與郡，衆論皆以爲疑。少卿位在左、右司員外郎之下，檢詳又在其下，今繇少卿、檢詳除待制以出，則自左、右司郎官以上或有補外，不知朝廷何以處之？望詔大臣議所以處之，使協公論。」詔蘇遲、歐陽懋並除集賢殿脩撰與郡，侯延慶降充祕閣脩撰。（以上《永樂大典》卷一六四六八）

【宋會要】

故事，史館每月撰日曆，皆判館與修撰官、直館官分季撰録[三]，藏於本館。國初循舊制，皆脩撰官、直館官分季

[一] 泉州：《建炎要録》卷三三作「宣州」。

[二] 「欲」字似爲衍文。

[三] 「直館」原脱「館」字，「分季」原作「分功」，據《職官分紀》卷一五補改。下文「直館官」同。

脩纂，其後止修撰官及判館撰次焉。太平興國中，直史館趙鄰幾、呂蒙正、范杲皆曾脩撰〔一〕。自後以直館員多，遂止修撰官編纂。淳化四年，翰林學士宋湜止帶脩國史，亦嘗脩日曆。

太宗端拱二年五月，史館（年）〔言〕：「當館舊例差知書庫劉褭抄録報狀，供應攢日曆。今緣宣命，不得抄録諸州雜報，竊慮有悮編脩。」詔史官仍舊逐一抄録。

淳化四年十二月，太宗問宰臣：「今館中修撰是誰？」參知政事蘇易簡對曰：「楊徽之、張佖、梁周翰。」帝曰：「史才甚難，在乎善惡必書，務摭實而去憎愛，斯爲良史矣。」

至道三年十一月，以直昭文館李若拙爲史館脩撰。若拙上書自陳，乃命學士院試制誥三道，因有兹命。

真宗咸平三年九月，監脩國史李沆言：「學士院一十九司合關報詔書等文字編修日曆，望頒朝命，申誡攸司。」從之。

四年八月，詔進奏院每五日一具報狀實封上史館。

五年十月，鹽鐵使王嗣宗言：「自今三司奏事有可紀者，請令判使一人撰録送史館。」79 詔以三司務繁，若日有著撰，必妨公務，可令逐季録送。

大中祥符二年十一月，詔史館別置楷書二人，專掌抄寫日曆，月給錢千五百、米二石，春冬衣賜。實理五選〔二〕，候年滿日授外官，勒留，遇恩重與遷轉，永不出外官。時朝旨以所修日曆多涉機秘之事故也。

九年八月，以刑部郎中高紳爲史館脩撰。紳即樞密使王欽若所引，不令修纂，止命權判吏部銓。未幾紳求外郡，尋授直昭文館。自是領修撰者須兩省五品以上方掌修撰〔三〕。天聖元年，石中立以户部郎中充史館修撰，有司引紳例，亦不修日曆。

天禧元年三月二十四日，以刑部郎中、史館修撰高紳直昭文館、知越州。故事，修撰補外任則罷，故命换職。

乾興元年仁宗即位未改元。五月，詔史館見修先朝日曆，委判館官已下疾速脩撰。史館修書皆無定所，至是遂請權就宣徽院修寫，及令翰林、儀鸞司御厨供應。從之。

十一月，判館李維、脩撰宋綬言：「當館修撰官舊四人，今只臣等二人。伏緣先朝文字自大中祥符元年已後至今並未曾撰集，卷秩浩大，程限甚邇，欲望擇館閣官二員充編修官。」遂詔集賢校理王舉正、館閣校勘李淑同共編修。舉正等所集盡真宗朝而罷。

仁宗天聖元年十月，史館言：「日曆勒留官時鈞、周應昌自陳大中祥符二年入仕，至今十五年，祇應真宗一朝日曆了畢。緣元條不出外官，伏見楷書抄寫中書、樞密《時政記》、《起居注》與《日曆》事體同，並出外官。當館看詳，若

〔一〕杲：原作「果」，據《職官分紀》卷一五改。
〔二〕理：原脱，據《麟臺故事》卷四改。
〔三〕須：原作「頒」，據《職官分紀》卷一五改。

不令出官，今後無人承替，欲望特與除授外官。自今寫日曆楷書亦須候及十五年滿方除外官。」從之。

皇祐三年三月四日，詔新差知亳州、翰林侍讀學士、兼龍圖閣直學士、給事中宋祁授集賢殿修撰。以故事史館修撰不外領，故易之也，仍就任刊定新編《唐書》〔一〕。

嘉祐四年九月，史館修撰歐陽修言：「史之爲書，以紀朝廷政事得失及臣下善惡功過，宜藏之有司。往時史官以本朝正史進入禁中，而焚其草，令史院惟守空司而已。乞詔龍圖閣別寫一本下編修院，以備討閱故事。」從之。

神宗熙寧二年十月九日，翰林學士司馬光言：「近領史館修撰，所有龍圖閣抄寫國史一部。欲乞依仁宗時所降指揮付本院收掌，并新修仁宗、英宗《實録》亦各寫一本留本院。」從之。（以上《永樂大典》卷一六四六九）

會要所

【宋會要】80 淳熙十六年三月十一日，秘書省言：「本省編修會要，已進呈至淳熙十年十二月。自淳熙十一年正月至淳熙十六年正月，見今接續編修。仍自今年二月二日起修《今上皇帝會要》，其合行事件乞依前後已得指揮。」從之。

紹熙元年七月八日，詔參知政事葛邲權提舉編修國朝會要。

十二月十二日，詔參知政事胡晉臣權提舉編修國朝會要。

三年五月四日，祕書丞、兼實録院檢討官沈有開等言：「恭依已降指揮，至尊壽皇聖帝《會要》與《聖政》同日進呈，今具下項：今來進呈《會要》合繕寫進册三本，内一本俟進呈畢迎奉於祕閣安奉，一本恭進至尊壽皇聖帝，一本留中，乞依例委承受官傳進。今來進呈《會要》合差都大主管一員，乞就差本省都大〔提〕舉諸司官，並將來宿衛、迎奉、安奉應合行排辦事務，亦乞就委。《會要》將來進呈，前期提舉官以上觀書，欲乞依例率在朝前館職趁赴。俟進呈畢，乞於祕閣上會要殿子内那移安奉。今來進呈《會要》係皇帝恭進至尊壽皇聖帝，合用表文乞下學士院預期制撰。恭進《會要》六複，合用黄羅套封，乞委承受官進請御名，降下封複，以俟恭進。」並從之。

十二月二十三日，祕書省上《至尊壽皇聖帝會要》八十卷。詳見「修書」，儀注見「玉牒所」。

四年四月八日，81 詔右丞相葛邲提舉編修國朝會要。

七月二十五日，祕書省言：「本省舊有專知官一名，係主管應干錢穀官物，從本省於副尉内指名踏逐抽差。當時未曾畫到交替指揮，是致雜務使臣連界掌管，因而失陷官物。本省已將舊界雜務使臣牒歸吏部，別行踏逐，乞依《寺監通用令》，專知官以二年立界。如是界滿日，從本省舊制

〔一〕刊：原作「刑」，據《玉海》卷一六五改。

再行踏逐抽差，庶使交替有期，所掌官物易得明白。」從之。

五年正月二十四日，詔參知政事陳騤權提舉編修國朝會要。（以上《永樂大典》卷一〇九四〇）

太史局

【宋會要】

82 太史局，舊名司天監，元豐官制行，改今名。《兩朝國史志》：司天監：監、丞、主簿、春官正、夏官正、中官正、秋官正、冬官正〔一〕、靈臺郎、保章正、挈壺正。監及少闕，則置判監事二人，以五官正以上充。禮生五人、曆生一人〔二〕。丞、主簿及五官正以下皆守其職，掌察天文祥異、鐘鼓刻漏，寫造曆書，供諸壇祠祀（告）祭告神名、位版、畫日〔三〕。天文院掌渾儀臺，晝夜測驗辰象，以白於監。測驗注記二人，刻擇官八人，監生無定員，押更十五人，學生三十人。鐘鼓院掌鐘鼓刻漏、進牌之事。節級三人，直官三人，雞唱三人，學生三十六人。

《神宗正史・職官志》：太史局掌占天文及風雲氣候，凡〔祭〕祀、冠婚、喪葬則擇所用日。其官有令，有正，有春官、夏官、（秋）〔中〕官、秋官、冬官正，有丞，有直長，有靈臺郎，有保章正，而選五官正以上業優考深者二人爲判及同判局。保章正五年、直長至令十年一遷〔四〕，惟靈臺郎試中乃遷，而挈壺正無遷法〔五〕。其別局有天文院、鐘鼓院、測驗渾儀刻漏所〔六〕、印曆所，皆主占驗、曆法。《哲宗正史・職官志》同。

熙寧二年二月，提舉司天監司馬光言：「前代以來，流星或大如杯斗，或有光燭地，或有聲如雷動人耳目者，方記於史籍以爲災異。宋朝舊制，司天監天文院、翰林天文院、測驗渾儀所，每夜專差學生數人臺上四面瞻望流星，逐次以聞，及關報史館。緣流星每夜有之，不可勝數，本不繫國家 83 休咎，雖令瞻望，亦不能盡記，虛費人工，別無所益。況測驗渾儀，近置刻漏，及專用渾儀考察七政，以課諸曆疎密，委實無暇更瞻望流星雲氣。欲乞今後流星雲氣迹狀或異，及於占書有占驗者，委兩天文院具休咎以聞，迹狀關報史館外，其測驗渾儀所更不令瞻望流星雲氣。」從之。

六月，提舉所言：「乞今後應司天監官員、監生、學生、諸色人等，除有朝廷指揮或本監差遣外，並不得擅入皇親宮院，其皇親亦不得擅勾喚。如違，並當嚴斷。若犯別條刑名者，自從重法。」從之。

閏十一月十七日，詔提舉所：「今後每歲春秋，委提舉官與判監及測驗官，夜於渾儀臺上指（門）〔問〕逐人在天星

〔一〕冬官正：原闕，據《宋史》卷一六五《職官志》五「司天監」條補。
〔二〕禮生五人曆生一人：《宋史》卷一六五《職官志》五作「禮生四人、曆生四人」。
〔三〕畫日：原作「晝日」，據《職官分紀》卷一七改。
〔四〕「令」原作「今」，「遷」原作「選」，據《宋史》卷一六四《職官志》四改。
〔五〕遷：原作「選」，據《宋史》卷一六四《職官志》四改。
〔六〕驗：原脱，據《宋史》卷一六四《職官志》四補。

宿。若(門)〔問〕士不識五星以上者，降充額外學生。今後每遇兩天文院及渾儀所正名學生有闕，先於額外監生、學生内揀試點識周天星座，取及八分已上最精熟者，不以上名下次補充。其因過犯降充在額外者，若經三年以上別無過犯，並許揀試。其因疾患及不識天星降在額外者，若經一年以上，所患痊癒及習識精熟者，亦許揀試。若額外監生、學生無可揀選，許於守闕學生内依此揀試補充。逐處正名學生仍候補入兩月以上祗應，本屬官員保明，方支本處請給。若自補充三處正色以後五周年已上，習筭、天文、三式經書精熟，許乞試，〔試〕中補充監生，仍舊祗應。其不經試中在天星宿者，不許應天文科。應翰林天文院 84 并鐘鼓院學生闕人，並須以本監人子孫補充，曾兩犯私罪者亦不得補充。若已在翰林天文院并鐘鼓院，今後兩犯私罪，並勒出，於本監額外收管。今後節級雖年限滿，別無私罪，元不曾試中三科者，並須量試一科藝業十道，内及四通以上者方得轉充保章正，仍在逐年本科額内。不(才)〔中〕者，更候一周年已上，再許就試。」

熙寧三年十二月，詔：「司天監每有占候，須依經具吉凶以聞。如隱情不言善惡，有人駮難，蒙昧朝廷，判監已下並劾罪以聞。」

四年二月二十三日，詔：「民間毋得私印造曆日，令司天監選官，官自印賣，其所得之息均給在監官屬。」以近罷差本監官在京庫務及倉場監門也。

元豐元年十二月二十三日，提舉司天監所言：「先被旨，應館閣所藏及私家所有陰陽之書，並録本校定，置庫收掌。今編成七百一十九卷，乞上殿進呈。」從之。

三年三月十一日，詔：「自今歲降大小曆本付川、廣、福建、江、浙、荆湖路轉運司印賣，不得抑配。其錢歲終市輕齎物付綱送曆日所〔一〕，餘路聽商人指定路分賣。」

六月十三日，詔權判司天監丁洵、權同主管司天監周琮各補一子若孫充額外學生。洵二十九年不磨勘〔二〕，琮領監事二十六年，未嘗爲子孫乞恩，故皆及之。

四年十一月二十六日，詔翰林侍讀學士〔三〕、朝奉大夫、知審官東院錢藻兼提舉司天監。

五年六月十六日，詔司天監曆筭、天文、三式 85 三科令、丞、主簿並減罷。以冬官正王賡言，因減罷司天監官監倉草場門，故增置三令、丞、主簿，於職事無補故也。

六年七月十八日，太史局保章正馮士安等言：「大内南景靈宮建神御殿，西創尚書省。緣大内爲陽宅，景靈宮爲陰宅，依經刑在西方，禍在南方，福在北方，德在東方。準《二宅經》，犯北則報南，脩東則治西。今犯刑、禍，宜急治東北則吉。」詔送秘書省，勒太史局衆官定，士安等所言

〔一〕錢：原作「前」，據《長編》卷三〇三改。
〔二〕勘：原作「堪」，據《長編》卷三〇五改。
〔三〕士：原作「生」，據《長編》卷三二二改。

脩造乃私宅法〔一〕。既而本局官言：「今國家建神御殿、尚書省，經國體，相地宜，擇時日而後治功〔二〕，其報治法不可用。」詔士安等各降一資。

徽宗崇寧四年十二月五日，太史局瞻望學生并鐘鼓院〔三〕、翰林天文局浮漏下學生、工匠等，自今後年及七十并六十歲以上眼昏脚疾之人，並與帶舊請給，額外養老收管。

政和八年六月二十九日，起居郎李彌遜奏：「太史局天文院、崇天臺、渾儀所隸祕書省。今來頒朔布政，既建府設官，則太史局等處慮合撥隸明堂頒朔布政府，庶幾體統相承，治以類舉。」從之。

宣和二年二月二十五日，中奉大夫、提舉襲慶府仙源縣景靈宮太極觀魏伯脩奏：「聖朝建宮設局，陰陽經書，著於太史。遇有選卜，必先避國、帝拘忌之日。如甲日爲受氣，庚日、辛日尅姓，乙未大墓、乙丑小墓等日，皆不可用。非特國家，至於士庶，亦從五姓，各推五行而避之。況今禮樂法度加惠四方，車書渾同，華夷共86貫，獨陰陽考卜之法未及天下，致太史經書內禁忌之日公然選用。天下之地莫非王土，豈容中外有別乎！伏乞立法，應官司考卜遇甲、庚、辛及乙未、乙丑日，（某）〔其〕餘應選之日，委本局開具，依此添入。不許選用，著於甲令，頒之天下。」取到太史局狀：「契勘應本路州軍並是國家事，凡用日時，隨其事宜，合行選擇，回避皇帝年命及國音、尅姓、受氣、大小墓無妨礙外，其餘方可隨事選擇所宜所忌，用事吉日。」從之。

九月，詔太史局測驗渾儀刻漏所合臺節級與卒伍同例，自今後改作司辰。

四年五月二十七日，判太史局周彤奏：「乞今後應諸路轉運司每年收到曆日浄利錢，並限次年四月一日已前，依條起發上京送納盡絶。如違，令本路轉運司取索點檢，究治施行。」詔違限如上供法。

靖康元年七月十七日，詔太史局：「自今後應諸處勾喚并取索事干天文〔文〕字等，先具奏聞，聽旨前去。」

閏十一月二十一日，詔：「天文局、翰林天文官係屬應奉御前天文休咎之人，並不許諸官司踏逐指名抽差。雖被到不拘常制特旨等許差指揮，並不發遣。太史局同。」

高宗建炎元年五月六日，詔：「今後如有太陽、太陰、五星躔度凌犯，或非泛星雲氣候等，所主休咎災福，令太史局、翰林天文局依經書實具聞奏。如敢隱蔽，當從軍法。」

二年二月二日，詔天文局、太史局，自今後除奏報御前外，並不許報諸處。

六月二十六87日，詔：「翰林天文局、太史局瞻望學生見闕頗多，可於太史局等處逐急指名抽差，補填見闕。

〔一〕乃：原作「及」，據《長編》卷三三七改。

〔二〕治：《長編》卷三三七作「致」。

〔三〕句首似脱「詔」字。

到局依條合得例物，令行在左藏庫等處限一日支給。所有逐局已取窠闕，仰太史局却於額外人内踏逐補填，候回鑾日依舊試補。」

三年三月二日，詔〔一〕：「《紀元曆經》等文字〔二〕，如人户收到并習學之家特與放罪，赴行在太史局送納，當議優與推恩。」行在太史局言：合要《紀元曆經本立成》二册，《宣明曆經本立成》二册〔三〕，《崇天曆經本立成》二册，《大衍曆經本立成》二册，《大宋天文書》并《目録》一十六册，《景祐乾象占》三十册，《乙巳占》一十册，《乙巳畧例》一十二册，《古今通占》三十册，《圖本六壬遁甲太乙》一十三册，《天文總論》一十二册，《握掌占》一十册，《風角集》二册，《地理新書》一十册〔四〕，《四季萬年曆》四册。編造下來年庚戌歲頒賜兵民庶《曆本草降》六册，《運氣纂》一册，《洪範政鑑》一十三册，《祥累》三册。故有是命。

四月十三日，詔翰林天文局併歸太史局。

五月十四日，詔：「太史局天文官吴師顔、郭中泰、吕璨，自今後許將帶學生内中止宿，祗備宣問天象。」

紹興元年三月十八日，詔《乾象通鑑》與舊書參用〔五〕，差訛並依經改正。太史局言：「入内内侍省東頭供奉官、幹辦御（樂）〔藥〕院邵謂付下天文官吴師顔等奏：臣等承御前降到《乾象通鑑》一百卷，謹校勘到差訛去處，畧舉數事，開具下項：一、鎮星居心，本是『大人有喜』，却作『有憂』。一、鎮星犯房，本是『兵憂』，却作『兵 88 慶』。一、歲星占内漏南方之宿所主。一、周天星座内漏虎賁一占。一、軍南門星合在奎宿内，却作婁宿度内，并雜座星入宿度並差。一、月占内『大縮』字却作『大漏』字。一、右旗本是九星，却作十星。一、二星合後漏（慧）〔彗〕、孛二占。一、太尊、虎賁、軍門並是黄星，進賢係黑星，並作『赤星』。一、晉元帝應驗王敦舉兵逼京師，本是禍及忠賢，却作『福』字。已上開具外，其餘即與本局見行《乾象占書》所主災禍頗同，所定是實。」故有是命。

二年六月十四日，詔：「西安進士陳元助製造到刻漏一座，已送尚書省。元助男特令太史局量試，補充額内局生，依條支破請給。」從宰臣吕頤浩請也。

七月四日，詔：「太史局生李繼宗、宋公庠、趙祺爲演求紀元立成法，推步氣朔七政，可以頒朔，特並補保章正，差充太史局同知筭造。」

三年正月二十三日，詔：「今後曆日須管於十月上旬頒降了當，仍以四本作兩次入遞，其賣到錢赴行在榷貨務送納。」提點廣南東路轉運判官章傑言〔六〕：「國家歲頒曆

〔一〕詔：原作「紹」，據《玉海》卷三改。
〔二〕紀：原作「記」，據《玉海》卷三改。
〔三〕此句原無，據本書職官三一之六補。
〔四〕理：原作「里」，據《玉海》卷三改。
〔五〕與：原作「興」，據《玉海》卷三改。
〔六〕東：原脱，據本書職官三一之六補。

日，以賜群臣〔一〕，外曁監司郡守。唯是嶺外遐遠〔二〕，郵傳稽壅，每歲賜曆及降下曆日様，常是春深方到，歲初數月莫知晦朔之辨〔三〕。」故有是命。

七月六日，詔曆日所合書天文等事，令太史局依舊每月實封供申。

九月十一日，詔太史局依舊每月具天文祥異實封供申中書門下後省。從起居郎曾統請也。

十一月二十九日，詔：「太史局額外學生，並依本 89 局試補子弟舊法，許召募草澤投試。」

十二月一日，詔太史局額外學生以十人爲額。舊法各以三十人爲額，分兩番祗應，至是省之。

五年閏二月十日，詔：「太史局重造新曆，布衣陳得一支破保義郎券一道，月給厨食錢二十貫文。親隨一名，支破進武副〔尉〕券一道，日支食錢二百文。太史局判局輪過局一名，日支食錢五百文。筭造官每人各日支食錢四百文，司辰、局學生、人吏，每人各於見今食錢上每日貼支食錢三百文，並不理爲名色次數。内陳得一并親隨下户部出給券曆，并本所合用攢造曆書紙札、油炭之類，并逐時聚議犒設合用雜支錢，每月批錢一百貫文。」從秘書少監朱震請也。

九年五月六日，詔太史局禮生頭名滿五年，通到局及二十年，與補進義副尉。秘書省申明，太史局禮生乞依翰林天文局、醫官局人（史）〔吏〕出職條法。禮部勘會，欲將太史局禮生補至頭名及五年，通到局及二十年，與補進義副尉，不與指射差遣。勑令所看詳：「元豐法，禮生係頭名及三年，通入仕一十五年，補進義副尉。所攀天文、醫官局係前行滿三年，通到局及十年，與補進義副尉，仍指射優輕差遣一次。又緣太史局與天文局係一般官司，兼天文局手分止是一名爲額，易得出職，太史局却係六人爲額，以禮、曆生遞遷至頭名，方許出職，雖無干（炤）〔照〕，其禮生亦合立定出職條法。」故有是命。

十年八月十 90 日，詔：「太史局額外學生，依本局所申，權行收試一次，候召募試補了當，如日後再有闕，即依自來試法。」先是，太史局言：「本局額外學生權以十人爲額，紹興三年十一月二十九日指揮，並依本局試補子弟舊法，召募草澤人投試。自降指揮到今八年，外人懼見試法，兼請受微薄，無人投試。今來欲權召募草澤之人，曆筭者於《宣明》、《大衍》、《崇天》三經大曆内，能習一經氣節一年；三式者試驗《六壬大經》〔四〕、五行法、四課、三傳，決斷神將所主災福；天文者試驗在天二十八宿及質問天星。如試驗得中，補額外學生，填舊額人數，庶得不致闕悮。」故有是命。

〔一〕群：原作「郡」，據本書職官三一之六改。
〔二〕外：原作「山」，據本書職官三一之六改。
〔三〕「月」原作「日」，據文意改。「辨」原作「辯」，據本書職官三一之六改。
〔四〕式：原抄作「試」，又圈去，據本書職官三一之七改。

十二年十月十七日，詔：「太史局額外學生通見額權以二十五人爲額。仍召募草澤〔一〕，遵依紹興十年八月十日已降指揮〔二〕，再行試補一次。」

十一月七日，詔四院司辰請給，令户部措置增添。户部看詳：「今據糧料院申，太史天文局、鐘鼓院、渾儀刻漏所見管司辰等，所請不一。在京舊請并昨自車駕巡幸，各人添破日支食錢二百一十文，月支贍家錢三貫文外，今欲將太史局額外學生每月增錢五貫文，司辰、局學生每月增錢四貫文。陰陽官、刻漏所局學生、天文局司辰、太史〔局〕生、玉漏學生、鐘鼓院局學生，舊法學生每月增錢三貫文，太史局禮曆生、守闕禮生每月增錢二貫文。並於見請贍家錢内增添，併作一色，仍自今降指揮日爲始。」從之。

同日，詔太史局額 91 外學生額依舊制。祕書少監秦熺言：「額外學生，熙豐舊法以五十人爲額，紹興三年十一月權以十人爲額，分布不行。」故有是命。

十二月二十七日，詔：「太史局除子弟依條合行附試全經，仍許召募草澤，遵依紹興十年八月十日已降指揮，再行試補一次。」從本局請也。

十三年二月十二日，詔：「降賜曆日自紹興十四年爲始〔三〕，依舊例申樞密院降宣，附局入遞，頒賜在外知州、府、軍、監及監司臣僚。」軍興以來，久不舉行，至是因廣西漕臣李紹祖之請，從之。

十四年三月十一日，詔：「翰林天文局瞻望天象學生，依法太史局額内學生内試填。其太史局添數不多〔四〕，可特於太史局天文院額外學生内指差，填見闕權名祗應，依鐘鼓院守闕權名學生例添破請給，候試補到正〔八〕〔人〕發遣。今後准此。」

二十年七月五日，詔武經郎吴師顏可罷判太史局，送吏部，與江西監當差遣。

二十七年正月九日，太史局待守闕禮生三名減罷，候額内有闕日，依名次撥填。太史局行遣文字禮〔曆〕生三名、曆生一名，守闕禮生二名〔五〕，共六名爲額。至是以裁吏額，故有是命。

五月二日，詔：「太史局見管額外局學生，自今後遇有事故不赴及試充額内之人，所有退下名闕，從本局關報所屬開落名糧，更不招收試補。自後止遵依勑令所脩到格法，以十人爲定數。若將來額外學生依格法有闕日，即依條試補施行。」從本局請也。

三十一年六 92 月二十二日，詔太〔使〕〔史〕局官瞻視鹵莽，奏彗星不見，各降一官。

紹興三十二年孝宗已即位，未改元。六月十三日，詔太史

〔一〕「仍」原作「曾」，「草」原作「莫」，據本書職官三一之七改。
〔二〕遵：原作「尊」，據本書職官三一之七改。
〔三〕曆：原脱，據本書職官三一之八補。
〔四〕添：原作「天」，據本書職官三一之八改。
〔五〕守：原脱，據本書職官三一之八補。

局每日輪差主管文德殿鐘鼓院官一員，司辰、直官、局學生內通輪二人，赴德壽宮祇應。

隆興元年七月十二日，詔判太史局李繼宗特降一官。以臣僚言近日天出變異，繼宗不即奏聞，故有是命。

十三日，詔：「天文局官王伯祚以天象之見，不即奏聞，緣臣僚奏陳，方始具奏，特降一官。」從殿中侍御史周操請也。

八月十七日，太史局言：「依指揮，條具併省吏額。本局天文院司辰、額內瞻望局學生各十人，各減二人；額外局學生三十人，減六人。並以試補到司月日從下裁減。司曆曆生六人，減一人；行遣文字人吏禮、曆生四人，即無可減。」從之。

十月十二日，詔：「太史局靈臺郎楊覺民、祖世賢、李彥通、張仲該遇覃恩轉官，合轉直長，有（疑）〔礙〕本局試法，候試補直長了日收使。」

乾道四年五月十三日，禮部言：「太史局每歲箋注到曆日，承指揮下兩浙轉運司雕造訖，將板送秘書省印造，頒賜交趾國及內外臣僚外，板即無用。昨祕書省申請到，將運司版送榷貨務印造，乞除去『臣』字，每本立價三百文出賣。專委提轄檢察，不得盜印。」從之。

十一月三日，祕書少監汪大猷等言：「契勘近得旨，令祕書省根究來年己丑歲太陰九道宿度，箋注御覽諳實。本省累集太史局官赴省參攷，各執己見，93 互有不同。伏見朝廷考定新舊曆法，曾差單時、禮部程大昌、李燾同往太史局測驗〔一〕，備知疎密詳悉。今欲兼差單時等三員，就御史臺或本省同共監集局官參筭，早見諳實。」詔差單時、程大昌、李燾就御史臺同共集局官參筭〔二〕。

六年二月十一日，禮部言：「太史局昨降指揮，權用《乾道曆》推筭乾道六年庚寅歲頒賜曆日，所有乾道七年辛卯歲曆日，未審合用是何曆推筭？」詔更用《乾道曆》推筭十年〔三〕。

八年二月六日，禮部言：「亦准指揮〔四〕，權用《乾道曆》推筭乾道八年頒賜曆日，所有乾道九年癸巳歲曆日，未審合用是何曆書推筭？」詔更權用《乾道曆》推筭一年。以上《乾道會要》。

測驗渾儀刻漏所〔五〕

高宗紹興二年九月七日，太史局令丁師仁等言：「依元降渾儀法式製造渾儀，所有《法要》九冊，見在天文局權

〔一〕燾：原作「壽」，據本書職官三一之八改。下同。
〔二〕筭：原作「等」，據本書職官三一之八改。
〔三〕十年：據下條，似當作「一年」。
〔四〕亦：似當作「近」。
〔五〕按，以下二細目插於「太史局」文中，抄作正文，蓋《大典》已如此，今改作小標題。本卷之末亦有相同之內容，應合於彼。

掌〔一〕，欲乞關借〔二〕，參照使用〔三〕。」詔依，仍限一月製造了畢。

三年十二月一日，詔測驗渾儀刻漏所學生以十人爲額。舊法以三十人爲額，分番祗應，至是省之。

二十七年正月九日，詔：「渾儀刻漏所手分一名，緣本所係與太史局衮同祗應，可減罷，今後更不差置。」以裁定吏額也。以上《中興會要》。

孝宗隆興元年八月十七日，本所言，司辰額内瞻望局學生十人，乞減二人。從之。以減吏額故也。以上《乾道會要》。

鐘鼓院

高宗紹興三年十二月一日，詔文德殿鐘鼓院學生以十人爲額〔四〕。舊法以三十人爲額，分兩番祗應，至是省[94]之。

二十年八月十一日，詔：「文德殿鐘鼓院以二十人爲額，依法試驗差取。如不足，於太史局額外學生内，依天文局法指差權名，填闕祗應，請給等並依天文局體例，候試補到正人發遣。」

二十七年正月九日，詔：「鐘鼓院手分一名，緣本所係與太史局衮同祗應，可減罷，今後更不差人。」以裁定吏額也。以上《中興會要》。

孝宗隆興元年八月十七日，本院言，司辰、局學生二十

人，乞減二人。從之。以減吏額故也。以上《乾道會要》。

淳熙元年三月十一日〔五〕，樞密院檢詳諸房文字柴瑾等(官)〔言〕：「太史局學生子弟附試五場，並係曆筭一科，即無試天文、三式二科之人。近來曆筭異同，交蝕差錯，皆藝業不精所致。欲將學生六人取三人，子弟四十八人取十人爲合格，餘並黜落。候將來精習三科，别行附試，各選三通爲合格。」從之。

四月二十三日，禮部言：「太史局安奉天地、祖宗、日月、星辰、嶽瀆諸位神版，乞各用匣盛貯，嚴潔安奉。每遇祠祭，將合設神位版别匣盛貯。祠前一日，用腰擗擎，覆以黄帕，奉赴祠所，設幄安奉，以俟鋪設行禮。」從之。著作佐郎楊恂言，諸神位版重疊堆積，不稱寅奉之意。事下禮部，故有此請。

七月十六日，詔荆大聲推避職事，可罰俸兩月，吳澤、劉孝榮特與放罪。以大聲狀乞不干預奏日蝕事故也。

十月二十六日，祕書省言：「太史局官藝業不精，推步(車)〔輒〕繆。昨乾道九年五月一日定日蝕不驗，今[95]又稱十一月朔日蝕十分，恐有差誤。乞令判局官以下凡在局

〔一〕掌：原脱，據本書職官三一之九補。
〔二〕關：原作「闕」，據本書職官三一之九改。
〔三〕照：原作「昭」，據本書職官三一之九改。
〔四〕文：原作「德」，據本書職官三一之九改。
〔五〕以下仍爲「太史局」之文，乃李心傳續修。

者，各以已具推筭時刻分數申省，將來攷校中否，以行陟(點)〔黜〕。」從之。既而十一月四日，詔吳澤等八人推筭互有不同，及稱無已見者五十三人，並令祕書省責戒勵。仍根究元造曆人，罰俸一月。

十二月五日，詔太史局許召草澤人混試。國子司業戴先言：「太史局類試局生止差局官考試，優庇子弟，收補在局，無緣藝業精熟。欲依紹(熙)〔興〕三年、十年、十二年指揮，召草澤人就試，庶得公選。」故有是命。

二年四月十六日，太史局言：「乞自今遇曆生闕，許於諸處司辰、局學生試補。其試中曆生人再試中局生一資，候至頭名，方許補充司曆出職。」從之。

十月十四日，執政進呈太史局官制。上曰：「古者日官居卿以底日，今太史局官制太輕。且如醫官有大夫數階，太史局無之。可創大夫階如醫官保安、和安之類，庶幾稍重其事。」先是，吳澤乞改換章服。上因宣諭執政曰：「太史局官名秩太卑微，今醫官往往兼遥郡之職，又似過於優厚。」龔茂良等奏：「太史乃古羲和之官，歷代沿革不同。至國朝，或用他官兼判，嘗有同判之名，以朝官充掌。今秪置局令及五官正，視古爲輕，欲令祕書省討論典故以聞。」至是進呈。

四年五月二十五日，詔：「太史局官序、服色、磨勘、請給、奏薦、封贈等，可並依醫官見行格法。」

八月十四日，詔：「太史局丞許服緋，挈壺正至局 96 丞若充判太史局帶『權』字、冬官正至春官正服紫紅鞓，並依醫官見行格法。」

九月一日，詔：「太史局正、令兩階今已除去，其局令李繼宗係隨龍〔一〕，可特與換中官大夫，局令吳澤可特與換冬官大夫，並依舊判太史局。」

四日，詔：「太史局等處曾經試中額內學生祗應實及五年，與補局生。額內外局生比試挈壺正、靈臺郎試直長，可自來年依在京法，應合格並補充。」測驗渾儀刻漏所同。

五年五月二十四日，詔：「太史局等處官生、學生可用《紀元曆》，依已降指揮附試。」六月一日，詔太史局子弟并草澤，特令與今來官生附試。

七年六月十日，詔太史局天文官四員內差一員充主管翰林天文局官外，自今天文官止以三員爲額。上以翰林天文官循習弛慢，掌事不專，皆由太史局無主管專提督官，故有是詔。

九月十一日，詔：「太史局等處額內局學生年及七十以上願養老者，聽帶本身請給養老。」測驗渾儀刻漏所同。

〔一〕係：原作「孫」，「孫隨龍」似爲一人姓名。按宋人所謂「隨龍」，乃特指事奉皇帝從藩邸、東宮直至登極之人，因此宋代未見有以「隨龍」爲名者。「孫」應爲「係」之誤。據《宋史全文》卷二五下載：乾道八年二月「己酉，詔隨龍判太史局李繼宗兩該德壽宮應奉轉三官。」則李繼宗正是孝宗隨龍人，故此云「李繼宗係隨龍」。此與《長編》卷四八八言「趙世長係隨龍，特與恩澤五資」，句式正相同，因改。

九年正月二十六日，詔：「太史局額外祠祭局學生以二十人爲額。見闕八人，可令本局諸院官生子弟輪用《統元曆》〔一〕，於今歲春場附試，合格人撥填正闕。自後遇闕三人，依此收試。」

十年四月二十二日，吏部言：「判太史局李繼宗、吳澤奏薦事，臣僚奏乞(今)〔令〕給舍參酌祖宗法制詳議。」詔吏部勘當以聞。自後奏薦皆不舉行。

十月十三日，尚書省言淳熙十一年甲辰歲曆日内有錯字。詔李繼宗放罷，吳[97]澤、荆大聲、劉孝榮各特降一官，令臨安府根追書寫及雕字人各一名，從杖一百科罪。

十二年九月十七日，詔太史局冬官正劉孝榮特展二年磨勘。以祕書省言：「太史局隸本省，孝榮擅經朝廷陳乞男居仁渾儀所主管官差遣，輒用私劄以《七曜細行》文字私傳出外，封送省官，意望相庇。廢棄法令，有礙條禁，乞賜懲治。」故有是命。

十四年二月十九日，詔太史局減守闕禮生一人。以司農少卿吳燠議減冗食，下敕令所裁定，故有是命。

九月二十二日，詔：「判太史局并主管官遇闕，並於筭造官内陞差。靈臺郎試補直長，子弟試補額外學生，可自來春銓試爲始，三年一次，用《崇天》、《紀元》、《統元曆》輪試。其攷試官輒徇私曲，或告論鞫勘不實，並依條科罪，不以蔭論〔二〕。應子弟曾犯刑決刺劄者，不許收試。」以上《孝宗會要》。

紹熙二年二月十六日，詔：「今年春銓，太史局子弟附試，緣爲大禮年分，闕人應奉，可依條應三通一粗合格者，並特與收取一次。從上補完額外學生，撥填見闕，餘人並作守闕額外學生，候有正闕日依名次撥入，方許支破請給。日後不得援例。」

同日，詔：「太史局改造《會元新曆》有勞，劉孝榮特差判太史局，男學生劉景仁特與補挈壺正。内吳澤、荆大聲、周端友、劉居仁、吳天錫、欒中道、朱希孟、錢華國、蓋孝(楊)〔揚〕各特減二年磨勘。」

三年三月十六日，詔：「承信郎周彦端爲先在太史局曾習禁書[98]之人，可特與換補太史局挈壺正，候鐘鼓院主管筭造官及渾儀所主管官有闕日，令(大)〔太〕史局差填。」

七月二十四日，詔秉義郎楊忠輔特換(捕)〔補〕太史局直長，承節郎趙涣特換補保章正，文學石萬特換補挈壺正。逐人爲通曉曆書，並差權同知筭造，請給依正官例支破。

八月二日，詔秉義郎楊忠輔與改換太史局丞。以上《光宗會要》。

紹熙五年閏十月十九日，詔提舉太史局差權户部侍郎

〔一〕統元曆：原作「統天曆」。按當作「元」，《統元曆》紹興中造，孝宗時仍用之，見《宋史》卷八一《律曆志》一四。《統天曆》則寧宗慶元中所造，見《宋史》卷四八《天文志》一。

〔二〕以：原脱，據文意補。《建炎以來朝野雜記》乙集卷一四：「傳報朝廷機密事，流三千里，配千里，不以蔭論。」文句相同。

薛叔似。既而叔似言：「檢照(宋)〔本〕朝典故，司天監差大兩省一員提舉，合用印令鑄造。今來提舉太史局正是舉行宋朝故事，合用印記乞下文思院鑄造，以『提舉太史局印』六字爲文。凡係占候公事，各令屬官依久例自奏外，餘並取提舉指揮。今來置提舉官，所有日奏及合申去處，亦合照(宋)〔本〕朝典故令屬官自奏申外，如遇有天象、風雲、氣候等凌犯，占屬官書下休咎申提舉官。提舉官或徑乞入對，或具奏狀密封投進。所有奏狀乞於通政司用黃袋[一]，具提舉太史局臣姓名封，許非時進，直達御前拆封。太史局久隸祕書省，今來從臣僚請舉行故事，差提舉官。設或躔度稍異，自當入告，以圖消弭外，其餘合行事件，並乞依舊隸祕書省施行，令關牒提舉所照應。所有合置辦黃袋及紙札之類，乞逐季於臨安府關支錢一十貫文，付本局置曆收附支用。提舉所合有行遣文字吏人二名，相兼行遣，除本身請給外，每月特添破 99 茶湯錢六貫文，逐月於太史局大曆內幫支。司天監初差大兩省一員提舉，令取索日後條貫看詳遵守。內有未便事，即具奏請。」從之。

慶元元年十月四日，辛執進呈：太史局提舉官薛叔似以臣僚論罷，所掌天文祥異不可時暫闕官。上曰：「係近日創置，今不須差。有合奏報事，依舊例徑行申奏。」余端禮等奏：「謹遵聖訓。」

慶元二年四月十四日，臣僚言：「國家祭祀，遣官分職，非不嚴切，而御書天地、祖宗神位，無官主之，未盡尊敬之義。乞令太史局差專一主管。」從之。初以學生鄧浩主管，未久特補挈壺正，請給依鐘鼓院主管官則例支破。後四年二月，詔保章正、充鐘鼓院星漏官尹士通特改差太史局主管御書神位官，與鄧浩以二員爲額。見任人且令依舊，日後遇事故更不作闕。

四年八月五日，詔太史局占候須管祕書省官逐時覺察，毋令隱匿。

五年二月六日，司農、太府寺審定編類請給總籍條冊：「太史局天文官等所幫一百二十餘員，緣當來謂之有官人，不曾裁減。淳熙四年所幫九十三人，今見幫一百二十五人，比之淳熙四年已多三十二人。若不限制，將來又恐源源不已。欲將太史局、天文局、鐘鼓院官至局學生通以一百人爲額。見在人且令依舊，日後事故，更不作闕。其所減人數，令太史局官公共相度，條具申尚書省。」詔依，日後輒敢巧作緣故，添置闕額，雖劃到指揮，仰户部執奏，更 100 不施行。如糧料院隱庇，不即具申户部，擅自批放請給，官吏一例重行責罰。既而太史局言：「參照條具，判局官四員，主管翰林天文局一員，天文官三員，鐘鼓院主管官二員，同知筭造六員，共二十職，係永任。內同知筭造五職，自今天文官主管官相兼外，秤漏官一員，曆筭官三員，主管御書神位官一員，見任官二十員，及西點天文日狀官

[一] 通政司：當爲「通進司」之誤，明代始置通政司。

二員，主管影表官一員，主管刻漏官一員，主管書籍官一員，星漏官二員，依條理任。二項計三十二職，見任官二十七員，今乞以二十七員立爲定額。天文院渾儀所司辰額内瞻望局學生兩院一十人爲額，共二十人。天文院額外祠祭局學生一十八人爲額，書寫御覽曆生三人爲額，鐘鼓院司辰、局學生一十五人爲額，翰林天文局司辰額内瞻望局學（士）〔生〕一十五人爲額，特補玉漏學生二人爲額。」從之。

嘉泰元年四月十九日，詔將舊開元宫并内侍楊榮顯所居並改充太史局，舊太史局併入太歲殿。

嘉定四年八月十三日，祕書省著作郎丁端祖言：「太史局專法，局生與靈臺郎皆合試補。靈臺郎候及二年，遇直長（閣）〔闕〕，須候曆筭[一]、天文，選取藝業最優者充直長，不許理年磨勘。淳熙四年，朝廷嘗令吏、禮部、祕書省參酌比擬條具。續准指揮，局生與靈臺郎依太史局專法，候試中方許轉補，成法（照）〔昭〕然。今局生試補既皆碌碌庸人，而靈臺郎過直長皆用泛賞轉行，101 而試補之法遂廢，冀其推步之精詳、節候之不差，難矣。乞降睿旨，凡局生轉挈壺正、靈臺郎轉直長，先須選擇考官，試其藝業，委見精通，方許轉行。如畧無可采，不許徇情充數，且令習學，再試考中，續令序遷，庶幾凡在局者不致苟簡，坐縻廩稍。」從之。

八年四月二十七日，臣僚言：「兩年以來，太史所占天文妖異之變，遷就飾説。乞詔旨戒敕太史局，自今占天，須管一一作經按古，具吉凶聞奏。倘隱情誣合，或將私寫占驗文書牽合爲證，委御史臺覺察彈奏，必罰無貸。庶幾仰稱陛下兢業畏天之誠，亦得以先事省憂，消弭災變。」從之。

（以上《永樂大典》卷一九七七八）

國史日曆所

【續宋會要】

102 淳熙元年六月一日，著作郎（本）〔木〕待問言：「本所見修太上皇帝日曆[二]，乞下六曹合屬等處，俾遵舊制關報本所，仍從本所逐時取索檢照。如有漏落不報，即依專法施行。」詔如違戾去處，令本所具當行人吏姓名申尚書省。

三年二月二十四日，祕書監李燾言：「太上皇帝《日曆》成書，已擇日進呈。其合立臣僚傳，尚有取索未足去處，見行催促，候到即類聚修立，續行添入。」從之。

三月三日，國史日曆所上《光堯壽聖憲天體道性仁誠德經武緯文太上皇帝日曆》一千卷。詳見「修書」。

九月八日，祕書少監陳騤等言：「本所見修《今上皇帝日曆》，法禁嚴密，乞檢會玉牒所、敕令所例，給降黃榜赴所約（來）〔束〕。」從之。

六年三月十八日，國史日曆所修《今上皇帝日曆》，成

[一] 候：似當作「試」。
[二] 見：原作「建」，據文意改。

一千一百五十五卷。詳見「修書」。

十四年正月三日，詔：「國史日曆103所吏額：待闕楷書五人，內減二人；存留書庫官減一人，止存留點檢文字一人，書庫官二人，通以三人爲額，候離司到部罷。」以司農少卿吴燠議減冗食，下敕令所裁定，故有是命。

十六年二月二十七日，國史日曆所言：「本所見修至尊壽皇〔聖〕帝《日曆》，昨於淳熙六年三月內奏知篇秩，已修至淳熙四年十二月終。今再自淳熙五年正月一日接續修纂，乞以《至尊壽皇聖帝日曆》爲名。今上皇帝登極，始生符瑞，及初封、進封、出閤以至登寶位，及藩邸〔一〕、東宮舊僚編類申所。」從之。

三月十一日，秘書省言：「今上皇帝《會要》自今年二月二日以後接續起修，所有開局日分，乞下太史局選定施行。其應干合行事件，依前後已得指揮。」從之。

二十一日，國史日曆所言：「編類壽皇聖帝典章法度，乞以《至尊壽皇聖帝聖政》爲名。今來編聖政，乞從舊例就監修國史提舉，以『提舉編類聖政』繫銜。所修聖政文字，欲乞每月就監修國史過局日，聚議供呈。今來起修聖政文字合行開局，乞下太史局選定日分。昨來本所進修《光堯壽聖太上皇帝聖政》，添置檢討官二員，以館職兼，仍以『兼國史日曆所編類聖政檢討官』繫銜，即不干預修纂日曆。本所官祕書監少、著作郎佐同預編類，就用本所應干國史文字照使。應干行移，係令日曆所人吏充行遣。其取會文字并漏泄條禁，並依本所前後已得指揮，仍乞就用日曆所印記104行使。檢討官二員，合破御厨第三等折食錢，不理爲名色次數。修著官吏每季合破修書紙劄、朱紅并入冬煖硯木炭，並依本所修書已得指揮，行下雜買務、臨安府支取。及遇節取給茶酒并月節酒，從本所報諸司照會施行。修纂聖政文字浩瀚，本所人吏除見管額外，更不添置。如遇文字冗併日，依例雇工書寫。及應干支用，合於公使錢內支破，依例每月入曆批勘一百貫文，充前項支遣。合用修書紙札、朱紅、物帛等，從本所逐旋具的確合用數目呈稟監修國史，下雜買務收買應副。本所應有合行事件，乞依昨修聖政前後已得指揮施行。」從之。

閏五月一日，詔知樞密院事、兼參知政事王藺權監修國史。

六月十六日，秘書省著作佐郎黄唐等言：「國史日曆所見接續修纂《至尊壽皇聖帝日曆》，乞依體例責限成書，庶幾聖時典章早得進呈。」詔依，仍限半年。既而七月九日，黄唐等言：「本所修纂《至尊壽皇聖帝日曆》，每月依例止修一月。今來接續編類自淳熙五年〔正〕正月至十六年，計一十年零一個月。乞依淳熙五年七月指揮，每月旋行奏知，庶使官吏以爲課程，早得辦集。日曆內有三省宣諭聖語、中書門下省《時政記》、樞院《時政記》聖語、中書門下省

〔一〕及：似當作「乞」。

《起居注》，未降下月分，乞下逐處催促施行。一、修纂日曆見闕淳熙十三年正月至十六年正月分御殿排日，乞下閤門疾速編類送所。一、合將105昨來奏知《日曆》篇帙起自紹興三十二年六月十一日〔一〕，至淳熙四年十二月，與自今接續所修《日曆》通爲一書，寫成副本，約爲二千卷。依淳熙六年體〔例〕，每卷約五千字，雇工錢四百五十文，紙四十五張，刷黄紙二張，共合用雇工錢九百貫文，三省紙九萬張，刷黄紙四千張，乞劄付户部下所屬依數應副。一、日曆内合用修立臣僚傳，文臣宰執至卿監、武臣自使相至刺史，合行取索行狀、墓誌尚未到者，乞下禮部遍牒所在取索。如内有曾經請謚者，許本所一面移文太常寺，逐旋關借墓誌、行狀照用。一、修寫副本就緒日，續行條具書寫進册禮例，申請投進。一、所修日曆事干取索，務要詳備，委是浩繁。照得淳熙六年奏篇帙，係祕書省人相兼攢類書寫，更不支破請給，每月於户部支降錢一百七十貫文充貼支食錢，今乞依例支給。」並從之。

十二月二十六日〔二〕，祕書監楊萬里等言：「國史日曆所修寫《至尊壽皇聖帝日曆》，進册三本，合行事件下項：照得今來修寫進册，每本約計一千五百餘萬字，三本共計合用雇工錢九千餘貫，乞下户部直支會子，并支欄界朱紅三百兩，每本用貢餘紙四萬五千張，内小本一部用二萬二千五百張，并裝〔背〕物帛等。本所裝界匠三人趣辦欄界，委是不前，乞下臨安府差撥五名併手趁辦。今來進呈《日曆》，乞並依淳熙三年進呈《日曆》體例施行，務從簡省。」詔雇工錢、朱紅106令户部支給，紙并裝背物帛仰臨安府應副，餘並依。續具申請：「今來御殿進呈《至尊壽皇聖帝日曆》，依禮例合進讀第一卷上五版，自來係修撰官進讀，乞差官施行。合用泛支錢物，依淳熙三年體例從省減半，合支給一千五百貫，欲下户部於左藏庫支供。將來進呈了畢，所有留中小本依例就委本所承受官傳進。皇帝恭進《至尊壽皇聖帝日曆》，本所作八十複，合用黄羅套封，委本所承受官進請御名，降下封複，以俟恭進。合用表文，欲乞下學士院修撰。」詔並依，進讀官差楊萬里。

八月十六日，國史日曆所上《至尊壽皇聖帝日曆》二千卷。詳見「修書」門。

紹熙五年閏十月十六日，祕書省著作郎王容等言：「本所修纂《太上皇帝日曆》并《〔今〕上皇帝日曆》，合行申請：一、本所見修《太上皇帝日曆》，依已降指揮，自〔淳〕熙十六年二月二日起修，見行修纂。今欲候將來書成日，申請進呈，仍以『太上皇帝日曆』爲名。一、恭覩今上皇帝登極，修纂《日曆》合自紹熙五年七月五日起修，所有開局日

〔一〕日曆篇帙：按原稿先作「日曆篇帙」，又鈎乙作「篇帙日曆」，然據文意，當以「日曆篇帙」爲是。後文職官一八之二〇七：嘉泰二年十一月「十六日，奏《今上皇帝日曆》五百一十卷篇帙」，是也。今據改。

〔二〕十二月：疑有誤。詳此條内容，乃是在《日曆》未修成上進之前。據下條，進呈此書是在八月十六日，則此條不應在其後。

分，欲乞下太史局選定。一、合要登寶位及藩邸盛迹等事，并應干合照修文字，乞朝廷劄下隨龍祗應官屬、藩邸舊僚，限在日近編類申所。一、本所舊有提舉諸司、承受、御藥、主管諸司官，今來更不差置。所有開局并將來進書合行事件，乞就便差實録院提舉諸司官等相兼排辦施行。」並從之。

慶元元年八月十八日，祕書107省著作郎(玉)〔王〕奭等言：「本所見修《太上皇帝日曆》，自淳熙十六年二月至紹熙五年七月，乞依例責限修纂成書，庶得聖父一朝典册早遂進呈。」詔限一年。

二年九月二十一日，兵部尚書張叔椿言：「爰自陛下即位以來，臨朝聽政，一言一動，則左右史書之。延英漏下，每對宰臣，所得聖語則有《時政記》載之。至於詔令謨訓，賞罰刑政，降授拜罷，則有日曆所記之。獨於皇帝始生符瑞、潛邸聖德事蹟，顧乃闕而未備。恭覩國史，列聖相承，皆是登大位後劄付潛邸臣僚，俾之討論，纂日修呈，然後付之玉牒所、史館，特書大書，將使鏤之玉牒，藏之金匱，以爲子孫萬世之大寶。」既而内侍王德謙言：「恭惟上聖之作，必有異聞。德謙備數宮中，一一親得其實，紀述聖德，別具册恭載進呈，乞宣付(使)〔史〕館。」並從之。

六年二月二十二日，國史日曆所上《聖安壽仁太上皇帝日曆》三百卷。詳見「修書」門。

嘉泰二年十一月十四日，祕書監曾喚等言：「昨來進呈《聖安壽仁太上皇帝日曆》，緣其間多有重複紛錯，欲乞再行修潤，進呈壽康宮。并宮中《日曆》小本各一部，乞降下本所重別書寫傳進，仍乞以《光宗皇帝日曆》爲名。」從之。

十六日，奏《今上皇帝日曆》五百一十卷篇帙。詳見「修書」門。

嘉定二年三月十三日〔一〕，右正言黄中言：「史者國之大典，所以垂勸戒而示萬世者也。然史院之編修以《日曆》爲根柢，《日曆》之紀次以《時政記》、《起居108注》與諸司之關報爲依據。今《起居注》所述不過除日、辭見及常程奏請之類，聖君之言動、大臣之謀議事關得失者皆不録，《時政記》亦然。然則欲盡記國之大體，以傳示無窮，胡可得哉！昔歐陽修上疏，乞特詔修《時政記》、《起居注》之臣並書德音宣諭，臣下奏對之語，其他大事許史院據聞見書之，可謂得置史之本意矣。欲望明降睿旨，自今《時政記》、《起居注》悉用此法修述，庶幾朝廷之事本末明備，可示勸懲。臣昨備位著庭，竊見陛下初元《日曆》所載龍飛事迹甚爲踈畧。時權臣用事，欲盡奄爲己功，阿附之徒竄易舊文，併焚其藁。不知先皇之付託、祖后之擁祐、大臣之奉行，天下共知，焉可誣也！然不及今刊定，何以傳信方來？欲望仍降睿旨，(今)〔令〕日曆所亟加討論，日下釐正。又韓侂胄平

〔一〕二年：《玉海》卷四七作「三年」。

章當國，事變實多，妄開兵端，流毒生民，事係社稷，不宜闕遺。遲之數年，文牒散失，跡狀何由顯白？乞令日曆所及時哀集始終事節并所見聞，詳加銓次。若《時政記》、《起居注》或有稽違，許申提舉日曆所催請。仍望明諭大臣，每歲終必稽修纂所至，考其詳畧而察其勤墮，庶幾筆削有程，而史職舉矣。」從之。

十四年五月九日，奏改正今上皇帝《日曆》五百一十卷篇帙。

十五年九月八日，詔：「玉牒所、國史日曆所、會要所、實録院、敕令所提舉官、同提舉官下供檢文字，今後正差有官人，以三年爲任，除自舊合（德）〔得〕月給外，仍與幫行 109 本身請俸。」既而續具申請，許於得替、待闕、見任、已未到部大小使臣、選人、校副尉及內外諸百官司，不以有無拘礙，踏逐祗應，與理爲資任，通理前任月日。其官司兼權人不妨本職祗應，與理在司、在職月日，帶行見請請給。內在部人不妨注（按）〔授〕，已有差遣及將來別授到新任之人，並許權上件職事，候闕到日，許令前去之任，仍舊兼權。或不願赴上新任，許行辟止。若有私計不便之人，許令一面解罷，別行差人承填，並以三年爲任。所有諸般請給等，並自被差到所日，不以名色次序幫勘支給。從之。（以上《永樂大典》卷一〇九四〇）

天文院〔一〕

110 天文院，掌渾儀臺晝夜測驗辰象，以白于監。測驗注記二人，刻擇官八人，監生無定員，押更十五人，學生三十人。天文院。

鍾鼓院〔二〕

鍾鼓院，掌文德殿鍾鼓樓刻漏、進牌之事。節級三人，直官三人，雞唱三人，學生三十六人。

高宗紹興三年十二月一日，詔文德殿鍾鼓院學生以十人爲額。舊法以三十人爲額，分兩番祗應，至是省之。

二十年八月十一日，詔：「文德殿鍾〔鼓〕院以二十人爲額，依法試驗差取。如不足，於太史局額外學生內，依天文局法指差權名，填闕祗應，請給等並〔依〕天文局體例，候試補到正人發遣。」

二十七年正月，詔：「鍾鼓院手分一名，緣本所係與太史局衮同祗應，可減罷，今後更不差人。」以裁定吏額也。

孝宗隆興元年八月十七日，本院言司辰、局學生二十人，乞減二人〔三〕，從之。以減吏額故也。

〔一〕原無此題，今添。下題同。此條又見本書職官三一之三。
〔二〕以下二細目，本卷前文亦有，可互參。
〔三〕二：原作「工」，據本書職官三一之九改。

淳熙四年九【111】月四日，詔：「鍾鼓院曾經試中額内學生祗應實及五年，與補局生。額内外局生比試挈壺正、靈臺郎試直長，可自來年依在京法，應合格並補充。」

七年九月十三日〔一〕，詔：「鍾鼓院額内局學生〔年〕及七十以上願養老者，聽帶本身請給養老，退下名闕依條補填。」鍾鼓院。（以上《永樂大典》卷一六六六五）

刻漏所

【宋會要】

【112】高宗紹興三年十二月一日，詔測驗渾儀刻漏所學生以十人爲額。舊法以三十人爲額，分番祇應，至是省之。

（二日十年）〔二十七年〕正月九日〔二〕，詔：「渾儀刻漏所手分一名，緣本所係與太史局衮同祇應，可減罷，今後更不差置。」以裁定吏額也。（以上《永樂大典》卷一〇九四〇）

〔一〕十三日：本卷前文職官一八之九六作「十一日」。
〔二〕二十七年：原作「二日十年」，據本書職官三一之九改。

宋會要輯稿　職官一九

殿中省

【宋會要】

1監、少監、監丞各一人。監掌供奉天子玉食、醫藥、服御、幄帟、輿輦、舍次之政令。少監爲之貳，丞參領之。凡總六局：曰尚食，掌膳羞之事；曰尚藥，掌和劑診候之事；曰尚醞，掌酒醴之事；曰尚衣，掌衣服、冠冕之事；曰尚舍，掌次舍、幄帟之事；曰尚輦，掌輿輦之事。六尚各有典御二人，奉御六人或四人，監門二人或一人。又尚食有膳工，尚藥有醫師，尚醞有酒工，尚衣有衣徒，尚舍有幕士，尚輦有正供等，皆分隸其局。又置提舉六尚局及管幹官一員。舊殿中省判省事一人，以無職事朝官充。雖有六尚局，名別而事存，凡官隨局而移，不領于本省。所掌唯郊祀、元日、冬至天子御殿，及禘祫后廟、神主赴太廟，供其繖扇，而殿中監視秘書監，爲寄祿官而已。元豐中，神宗欲復建此官，而度禁中未有其地，但詔御輦院不隸省寺，令專達焉。初，權太府卿林顏因按内藏庫，見乘輿服御雜貯百物中，乃乞復殿中省六尚，以嚴奉至尊。於是徽宗乃出先朝所度《殿中省圖》，命三省行之，而其法皆左正言姚祐所裁定，是歲崇寧二年也。三年，蔡京上《修成殿中省六尚局供奉庫務勅令格式》并《看詳》，凡六十卷，仍冠以「崇寧」爲名。政和元年，殿中省高伸上《編定六尚供奉式》。靖康元年，詔六尚局並依祖宗法。又詔：「六尚局既罷，格内歲貢品物萬數，尚爲民害，非祖宗舊制，其並除之。」

御藥院，勾當官無常員，以入内内侍充。掌按驗秘方，以時劑和藥品，以2進御及供奉禁中之用。舊制，勾當御藥院遷官至遥領團練、防禦者，謂之暗轉，干冒恩澤，浸不可止。嘉祐五年，詔御藥院内臣如當轉出而特留者，俟其出，計所留歲月優遷之，更不許累計所遷資序。非勾當御藥院而留者，其出更不推恩。典八人，藥童十一人，匠七人〔一〕。崇寧二年并入殿中省。

尚衣庫使、副使。舊曰内衣庫，大中祥符二年改。監官二人，以内侍、三班充，掌駕頭、服御、繖扇之名物。凡御殿、大禮前一日，請乘輿、衮冕、鎮圭、袍服於禁中，以待進御。事已，復還内庫。典一人，匠四人，掌庫十人。

内衣物庫，在文德殿後，太平興國二年置受納匹段庫〔二〕，受納綾錦、西川鹿胎、綾、羅、絹匹段，大中祥〔符〕元年併入。監官二人，以京朝官并内侍充。舊三人，以諸司使、副及三班、内侍充。掌受納錦綺羅綾、色帛、銀器、腰束帶料，造年支準備衣服，以待班賜諸王、宗室、文武近臣、禁軍將校時服，并給宰臣、親王、皇親、使相生日器(弊)〔幣〕，兩府臣僚、百官、皇親轉官中謝、朝辭特賜，及大遼諸外國人使辭見銀器、射弓、衣帶。典八人，

〔一〕「匠七人」三字原作小字，據《宋史》卷一六四《職官志》四改爲大字。
〔二〕匹：原作「匠」，據《宋史》卷一六四《職官志》四改。

掌庫三十一人。

新衣庫，在太平坊。監官二人，以諸司使、副、三班及内侍充，掌受錦綺、雜帛、衣服之物，以備給賜及邦國儀注之用，併受納衣服以賜諸司丁匠、諸軍。監門二人，以三班使臣充。典十人，掌庫五十五人。

朝服法物庫，太平興國二年置。後分三庫，一在天安殿後，一在右掖門内北廊，一在正陽門外。監官二人，以諸司使、副及三班、内侍充，掌百官朝服、諸司儀仗之名物。典三人，掌庫三十人。已上崇寧二年併入殿中省。舊有裁造院、針線院、雜賣場，後省併入。

《兩朝國史志》：殿中省判省事一人，以無職事朝官充。舊有六尚之局，名别而事存。今尚食 3 歸御厨，尚藥歸醫官院，尚衣歸尚衣庫，尚舍歸儀鸞司，尚乘歸騏驥院内（安）〔鞍〕轡庫，尚輦歸輦院，其官隨局而移，皆不（令）〔領〕於本省，省司所掌惟郊祀、元日、冬至天子御殿及禘祫后廟、神主赴太廟繖扇而已。書令史三人，都知二人。

太宗太平興國六年五月，詔殿中省細仗着黄人自今令着碧。

端拱元年，詔殿中省書令史舊七人，自今減爲三人。

淳化三年二月，詔：「殿中省押當儀注官，今後遇入閤如闕官，令御史臺於見任朝官内牒差攝訖奏。」

至道元年三月，詔：「殿中省於御街東面庫屋内以三間爲庫貯法物，一間爲省局，一間爲吏舍，本省職掌番宿看守。」

真宗大中祥符元年八月，詔：「步軍司差官剩員二人，於殿中省巡宿，看管法物庫。」以上《國朝會要》。

神宗熙寧四年十二月十四日，詔：「殿中省所管儀仗、法物撥與太僕寺管係，正名丞闕職掌，隨所主事件赴本處指教，同共祗應。其見在役及三年已上人且依舊試補，選限出官，差有職事臣僚兼判，向去更不補入。」

元豐五年五月十一日，詔：「殿中省於三省用申狀，尚書六曹用牒，不隸御史臺六察。如有違慢，委言事御史彈奏〔一〕。」

六月二十七日，詳定官制所言：「御輦院乞依舊隸太僕寺，其輿輦及應供奉事隸殿中省。」從之，惟御輦院不隸省寺。

七月二十四日，詔御輦院既未有所隸，宜令專達。時上欲釐正殿中省職事，置六尚，如唐故事。度禁中地 4 未有置省之所，故有是詔。

八月四日，詔殿中省聽御史長官若言事御史彈糾。先是，監察御史分六案，隨所隸察省曹寺監，而三省至内侍省無所隸，故以長官、言事御史察之。

哲宗元符元年十一月二日，詔：「御輦院官係進乘輿，最爲親近。今梁吉者出自軍伍，似非所宜，可令吏部審會，

〔一〕言事：原倒，據《長編》卷三二六乙。

別行選差〔一〕。自今闕官准此。」

徽宗崇寧二年二月十二日，中書省修立到殿中監尚食、尚藥、尚醞、尚衣、尚舍、尚輦官制等下項：殿中監掌供奉天子玉食、醫藥、服御、幄帟、輦輿、舍次之政令，總六尚局而修其職。監一人，少監一人，丞一人，簿一人，令史二人，書令史六人，貼書十二人。尚食局掌供御膳羞品嘗之事。典御二人，奉御六人，監門二人，膳工二百人，膳徒三十人，食醫四人，司珍六十人，掌庫二人，雜役三十人，庫典十二人，典事二人，局史六人，書吏七人。以御厨、翰林司凡供御事悉釐入尚食局，以直下事釐爲太官局〔二〕，太官令主之。太官令增一人，通舊監御厨官爲四人。以今御厨內臣武官監官四人釐爲奉御，增置二人，通爲六人。增監門二人。唐有食醫，以辨飲食禁忌，今置四人。以供御工匠百八十人，并都虞候已下，餘令本分擘□(大)〔太〕官外，擇精熟人入尚食局，通爲膳工，共置二百人。(託)〔托〕盤院子以三十人爲膳徒，以專知爲掌庫，以庫子爲庫典，以押司官爲典事，以(分手)〔手分〕爲局史，以書手爲書(史)〔吏〕，並量定人數，餘人太官。5 內翰林司供御人員等並爲司珍，於局內別置一處，本局官通管。尚藥局掌供奉御藥、和劑診候之事。典御二人，奉御四人，監門二人，醫師二人，御醫四人，醫正四人，醫佐四人，藥童二十人，封人三人，藥工十人，掌庫二人，庫典七人，局長一人，典事二人，局史四人，直史四人，書吏三人，貼書十人。今以御藥院凡供御湯藥之事釐爲尚藥局，餘事分釐入他局外，御藥院舊無監官，今供藥餌，事體爲重，增置內臣監官四員爲奉御。以醫官使上名有功效者爲醫師，醫官使爲御藥，副使爲醫正，醫官爲醫佐，雜役、秤子、搗碾之類爲藥工，檢點文字爲局長，押司官爲典事，前行爲局史，後行爲直史，貼司爲書吏，守闕貼司爲貼書，封角人爲封人。尚醞局，掌供奉酒醴之事。典御二人，奉御四人，監門二人，酒人十五人，酒工五十人，掌庫二人，庫典五人，局史三人，書吏二人。應法酒庫(庫)供御事並釐爲尚醞局，增置監官內臣四員爲奉御，以供御庫酒匠爲酒人，炊淘之類爲酒工，餘依諸司名外，應法酒庫非供御事並依舊，監官亦合依舊。炊匠十人，今增五人，共爲酒人。長行剩子三十九人，今增十一人，爲酒工。尚衣局，掌供御衣服、冠冕之事。典御二人，奉御四人，監門二人，掌庫二人，衣徒三十人，典事二人，局史五人，書吏二人，貼書五人，庫典十人，縫人十二人，典功二十人，染人七人。以今尚衣庫所主事分釐爲尚衣局，6 除扇筤釐入尚輦，衮冕、法服合降付本局置庫收掌，并御藥院供應御衣、帽子、幞頭等釐入局外，置監官內臣或武臣爲奉御，通作四員。押司官爲典事，手分爲局史。舊御藥院有貼司，今隨事釐

〔一〕行選：原倒，據《長編》卷五〇四乙。
〔二〕直下：疑有誤。太官局：原脱，據本卷後文職官一九之八所載「御厨翰林司併入太官局」補。

二名入局爲書吏，守闕釐入五人爲貼書。本庫舊有裁縫匠二人，通御藥院，今增十二人爲縫人。舊庫有供御裹三人及御藥院有裹幞頭帽子五人，造靴作一名，腰帶作二人，靴履作、犀作各一人，今通作二十人爲典功。舊染御服一人，切慮太少，今通作七人爲染人。專副共爲掌庫，庫子共爲庫典，尚衣無雜役使，今定爲二十人爲衣徒。尚舍局，掌供御幄帟張設之事。典御二人，奉御四人，監門二人，幕士一百人，正供五十人，次供五十人，掌庫十人，庫典六人，局史二人，書吏二人。以儀鸞司應供御事并入尚舍局，增置監官内臣四員爲奉御，其餘應供諸處並各依舊爲儀鸞司，見今監官並依舊。所有本局工匠人今量定人數，恐未均足，今本局官更分合用人，立爲（立）〔定〕額。以舊供御人爲幕士，以次供御爲正供，以搭材爲次供。尚輦局，掌供御輦事。典御二人，奉御四人，監官一人，正供二百二十人，次供一百三十人，下都一千人，知庫二人，典庫一十人，典事一人，局史二人，書吏三人。以御輦院事釐爲尚輦局，增置内臣監官四員爲奉御，仍以尚衣庫扇筤釐入。其正供御、次供御、下都三色人舊亦祗應殿閣使用，[7]今雖約定人數，恐未均足，合本局將應供御人分定釐入本局外，將餘人併入車輅院。今後應付批降取索及合供應諸處，並增減量定人數，令車輅院充應外，舊御輦院吏人數少，今特添三人，一人職級充典事，二人貼司充書吏，釐舊來二人額爲局史。其知糧司更不專置，只於（分手）〔手分〕或貼司内差充。其六局別更有釐正事在他局内，如乳酪院之類，候於寺監取索到，續行釐入。殿中監今擬定在列曹侍郎之上，少監序位欲在秘書監之下，丞欲在諸寺丞之上。提舉六尚局欲在副都知之下、閤門使之上，六尚管勾欲在樞密院（丞）〔承〕旨之上、押班之下，六尚典御欲在樞密副（丞）〔承〕旨之上。詔：「六尚局各添置管勾一員。内典御已增置一員外，共置提舉六尚局一員，以入内省官充。雜壓殿中監在正議大夫之下，提舉六尚在延福宮使之上。餘依擬定。」

十四日，殿中省言：「本省掌供奉天子玉食、醫藥、服御、幄帟、輦輿、舍次之政令，總六尚局而修其職。置令史二人，書令史六人，貼司十二人。切緣專掌供進之事，所繫甚重，與他司事體不同。今建局之初，全藉諳練行遣謹畏之人，須合於寺監内外官司選擇抽取，即作以曾有抽取之人。若不割隸名籍，不得專一祗應。今乞特許不依常制指名抽取，如礙本處前後一切條禁、彈奏、科罪，更不發遣指揮，並乞依今來指揮，仍割隸（各）〔名〕籍。」從之。

同日，殿中監言：「本監今來行[8]移文字，乞依祕書省例，以殿中省爲名。」從之。

五月六日，詔殿中省官並赴内朝立班。

九日，詔：「御藥院可候（省）〔殿〕中省六尚建局日，除供御湯藥事釐歸尚藥局，又供應御衣等釐歸尚衣局外，其崇恩宮等處供應及排辦香表、國信禮物、御試舉人、臣僚夏藥并自來應干事務等，並依舊主行，仍改名内藥局。其見勾當官已係六尚職事者，令兼勾當，依舊禁中供職，今後新差到官準此。」

同日，詔：「殿中省食直錢内，尚輦局典御、奉御仍破第三等御厨食，餘依舊。提舉四十貫，管勾三十五貫，典御三十貫，奉御二十貫。」

十一日，詔差兩制二員選試尚藥局醫官，並依試診御脈醫官條例施行。

十四日，詔：「已置尚食局，其御厨、翰林司併入太官局。太官令五員，見勾當御厨官夏倜、王遵、張大忠並改充勾當太官局，黄滂改充太官令。其見今光禄寺太官令亦依此改入本局，惟掌祠事。翰林司供御事已併入尚食局，餘事合存留翰林司，并見任官依舊。已置尚衣局，合併尚衣庫入祗候庫，見任官併入祗候庫。已置尚輦局，御輦院供御事已併入尚輦局，餘事併入車輅院。除已差充六尚局官外，御輦院改爲中車院，更不併入車輅院，監官改爲勾當中車院。」

二十一日，詔應殿中省官並赴内朝。閤門擬定在工部侍郎西別班立，少監以下各重行。

二十三日，詔：「殿中省監治一省之事，凡事干他司，若奏申牒帖，皆專總之，9 少監爲之貳。提舉官總六尚之事，凡事不干外司，若承宣旨供奉應辦及事係宫禁，皆專總之，與少監不相統屬。監、少與提舉官行移以牒，管勾、典御皆具狀申省。」

二十六日，殿中省言：「今月二十八日太后受册，并六月五日皇后受册，所有本省合點檢儀仗、排立次第，緣今來未有立定官吏入殿點檢條貫，欲乞特降指揮，許本省官將帶人吏三人於習儀日并至日入殿點檢施行。」從之。

三年二月二十九日，蔡京言：「奉詔令講議司修立六尚局條約聞奏〔一〕，謹以元陳請畫一事件并稽考參酌，創爲約束，删潤修立成《殿中省提舉所六尚局供奉庫敕令格式》并《看詳》，共六十卷。内不可著爲永法者，存爲「申明」。事干兩局以上者，總爲「殿中省通用」，仍冠以「崇寧」爲名。所有應干條畫、起請、續降、申明及合用舊司條法，已係新書編載者更不行用，不係新書收載，各令依舊引用。」從之。

五年正月十六日，詔六尚局供奉庫物見拋降諸州軍歲貢已起發在路者，即令赴京送納，餘並停貢。

大觀三年十一月一日，中書省、樞密院同詔下項〔二〕：一、應緣御馬事依大輦例隸尚輦局，仍差前班大使臣二員充奉御，前有人吏并騎御馬直、教駿人兵，更不添置，餘並如舊制。一、御馬隸殿中省尚輦局，凡大禮朝會、車駕行幸供進并入殿排立、引從之類，典、奉御主之，(具)〔其〕調養、賞罰事依舊左、右騏驥院官管勾。一、典御令尚輦典 10 御兼領，奉御令中書省取旨差。一、奉御宿值依本局見行條

〔一〕議：原作「儀」，據《宋史》卷一六一《職官志》一改。
〔二〕詔：疑當作「奏」。

法。一、行遣事務令本局人吏兼管。一、每季令殿中省官依條檢察。一、未盡事件令殿中省條畫聞奏，奉御筆關送中書省。」詔差任渥、黄晉。

十二月二十六日，提舉六尚局所言：「朝廷肇建殿中省六尚局，自崇寧三年至今已及五年，官各安職，應奉有緒。伏覩殿中省大觀二年八月内，因殿中監宋昇檢舉奏請，就本省監、少、丞、簿廳安置題名記畢工，誠爲儒者之幸。況本省官自提舉、管勾、典、奉御至監門悉自上選，非材幹詳敏之人必不得預。臣雖不才，濫叨器使，即未曾陳乞刻石以記姓名，置於治所室壁，似乎闕典，未稱朝廷設官創局之意，欲乞許令安立。所有差取人物并管勾官吏等，並乞從本所依昨安置殿中（書）〔省〕題名記逐次所得朝旨施行。」詔依，差姚祐撰文，李時雍書。

政和元年十一月十七日，殿中監高伸等言，准詔編定《六尚供奉式》，今已成書。詔殿中監、少、丞、簿劉瑗等各與轉一官，内劉瑗依條回授。手分、書寫人共一十一人，内使臣三人，各轉一官，餘八人候有名目轉一資，餘等第支賜。

二年十二月二十八日，殿中省奏：「檢會《通用令》，諸受殿中省若六局所會事急速者，即日回報。契勘供奉庫取會文字，亦干供奉，未曾立定日限。欲乞今後應官司承省局若供奉庫取會事急速者限即日，餘限三日回報，有緣故不得過十日。11如有稽遲，其合干人從本省牒大理寺究治施行。」從之。

三年正月二十五日，詔：「殿中省尚食局收使臣王淑等欠家事備償價錢，在京使臣令諸司糧料院等處，在外使臣令本路所屬官司，請受内一面依條尅納入官。今後准此。」

六月八日，殿中省言：「供奉庫係專一受貯諸州歲貢六尚供奉之物，多是貢發違期，兼到闕其間有不堪或短少之數，不免移文催促補貢。蓋緣自來移文止作常程轉遞，致有留滯，即未有立定約束。今相度，欲乞今後應省局并供奉庫下諸路催促貢物，並入馬遞，其承受州並限三日回報施行。如涉稽違，從本省牒逐路監司究治施行，庶幾歲貢之物易爲辦集，不致闕悮。」從之。

五年六月二十九日，試殿中監、詳定六尚供奉勅令兼詳定一司勅令高伸等言：「昨奉朝旨，以尚食局《食醫纂要》淆雜不可奉行，令將食飲禁忌及不可同食者編修爲《食禁經》。尋以諸家醫經討論參酌，創行詳定，修成《食禁經》一部，計三卷，《對修尚食局等處禁約》一卷，冠以『政和』爲名。謹隨表進呈，如得允當，乞下本所鏤板頒降。」從之。

八年三月十六日，殿中省言：「奉詔取責供具諸路歲貢六尚供奉物内，除年計合用數外，並令裁減施行。本省恭依御筆供具到年計合用物數，其貢發限約束等，乞依見歲貢法施行，所有其餘貢物並合裁減，乞下本省鏤板遍牒頒降施行。」詔依，有司輒敢陳請復貢，以12違御筆論。

宣和二年五月十日，殿中省言：「據供奉庫狀，勘會泛買六尚所須之物，專係供使用〔一〕，與歲貢物色事體頗同。所有用袋、入匣、封記、選擇及違限、退送、稽程等，並乞比附歲貢條例施行。」從之。

欽宗靖康元年正月四日，詔六尚局並依祖宗法。

八月十九日，詔：「六尚局既罷，其格内歲貢品物萬數極多，尚爲民害，非祖宗舊法，可並除之。」（以上《永樂大典》卷一一九四七）

御藥院〔二〕

13 御藥院，在崇政殿後，至道三年置。大中祥符八年，移於崇政殿門外東華門南。寶元二年九月，復移於殿後東廡，皆按局秘方合和御藥，專奉禁中之用，及別供御膳。若御試舉人，別（長）〔掌〕頒示考官等條貫，監彌（政）〔封〕之事。初以入内内侍三人勾當，（政）〔後〕參用士人。天聖中又置上御藥及上御藥供奉，多至九人，後皆罷之。今止以入内供奉四人通領，有藥童十二人。

《兩朝國史志》：御藥院勾當官無常員，以入内内侍充，掌按驗秘方，以時劑和藥品，以進御及供奉禁中之用。勾當御藥院遷官至遥領團練、防禦者，謂之閤轉，干冒恩澤，寖不可止。嘉祐五年，詔御藥院内臣如當轉出而特留者，俟其出，計所留歲月優遷之，更不許累計所遷資序〔三〕。非勾當御藥院而留者，其出更不推恩。典八人，藥童十一人，匠七人。舊置幹辦官四員，以入内内侍充，今置同。舊置典事二人，局史二人，書史四人，貼書七人，守闕貼書不限人數，今置同，惟是守闕貼書一十五人。分掌職事：生熟藥案，〔掌〕日常承準應奉御前取索湯藥，排辦賜臣僚夏、臘藥，供奉宣賜宮禁、生日、節序物色等。雜事案，掌行差取排辦御試舉人，殿内應干一行合用人物等，并郊祀大禮使人到闕筵宴，取會諸處合用禮儀節次等，書寫御覽，修寫排辦崇奉祖宗香表，齋僧、設浴、看經，製造供進御服、御裹、腰束帶等，并日常應奉本院常程諸般事務。開拆司，承受諸處投下應干文字，付合行案分行移發放。

仁宗天聖四年，詔上御藥供奉藍元用等並特許叙赦封蔭。上御藥供奉，近内出此名，其資序比内殿崇班，故元用等換其恩例。

六年二月十二日，詔閤門上御藥供奉藍元用、張懷德、羅崇勳並只充上御藥，落「供奉」二字。

明道二年四月十八日，詔上御藥供奉今後更不差置。

景祐二年十二月三日，詔前後殿都知、押班親戚不得差勾當御藥院。

嘉祐元年十二月八日，御藥院言：「（珍）〔診〕御脈醫官

〔一〕「供」下似當有「御」字。
〔二〕原無此題，徑添。
〔三〕計：原作「寄」，據前文職官一九之二及《宋史》卷一六四《職官志》四改。

使張昭明差出曹州看醫，勘會條制不得差出。乞自今後如差醫官出外宣醫者，乞於不係診御脈醫官内差撥，所貴不致闕人祗應。」從之。

五年十一月，詔：「勾當御藥院内臣如當轉出外而特留者，俟其出，計所留歲月優遷之，更不許累寄所遷資序。非勾當御藥院而留者，其出更不推恩。」初，御史中丞趙槩言：「勾當御藥院有遷官至遥領團練、防禦使者，謂之閣轉，若不别立規制，竊慮干冒恩澤，寖不可 14 止。」故條約之。

《神宗正史・職官志》：御藥院勾當官四人，以入内内侍充，掌制藥以進御，又供禁中之用，凡藥嘗而後進。有奏方書，則集國醫按驗以聞。饋進膳羞、祭祀朝會、燕饗行幸，則扶侍左右。廷試進士，則主行其禁令，封印卷首而給納之。歲時酌獻陵園、春夏頒中外藥及元日、生辰致契丹國禮幣，則前期爲之辦具。宮省慶賜亦如之。凡五年進一官。分案三，設吏八。

神宗治平四年未改元。七月十九日，樞密院勘(合)〔會〕嘉祐五年十一月已降指揮，今後内臣更不許理大使臣資序。内勾當御藥院使臣如合轉大使臣出外特留者，即直候出外日，據留住歲月，比類優與遷轉。應今日已前已理資序者，並依已得指揮，仍今後更不再與遷理資序。從之。

熙寧三年正月十三日，入内内侍省言：「自今應御前逐急取借官物等，令聽喚使臣先將白劄子經御藥院覆奏。」從之。初，皇城使快行親從官矯旨於新衣庫取官帕，事覺，論如法。三司請付入内内侍省具爲約束，故有是命。

二十八日，詔：「將來於集英殿御試舉人，其臣僚及考校并諸司幕次，依今來御藥院圖子内相度貼定去處。應合行事件，令御藥院檢舉施行。」

三月五日，詔中書門下，令别定御試舉人封彌式樣送御藥院。仍仰本院謄録兩本，分送初、覆考官。

八年八月三日，詔：「勾當御藥院李舜舉服勤左右，多歷年所，檢身奉上，最爲慤謹，令依舊御藥院供職。仍候將來南郊，特許依見寄官資序奏一子官，餘人不得援例。」先是，舜舉乞解御藥院補外，上以其已寄諸司副使資序，不預南郊奏薦，特有是命。

九月六日，詔今後勾當御藥院使臣滿五周年與轉一官，仍不隔磨勘。

元豐三年六月二十二日，詔醫官使以下診御脈并御藥院祗應者隸御藥院。

四年三月十七日，詔幹當御藥院竇仕宣等、押領醫官本殿祇候老宗元等，減磨勘年有差。以皇太后服藥累月康復也。

哲宗元祐六年閏八月十四日，詔：「今後管勾御藥院使臣年滿合該轉官，如未係皇城使者，非有特旨，不許改轉遥郡。」

徽宗崇寧二年五月九日，詔：「御藥院可候殿中省六尚建局日，除供到湯藥事釐歸尚藥局，及供應御衣等釐歸尚衣局外，其崇恩宮等處供應及排辦香表、國信禮物、御試舉人、臣僚夏藥并自來應干事務，並依舊主行，仍改名内藥局。其見勾當官已係六尚職事者，令兼勾當，依舊禁中(共)〔供〕職，今後新差到官準此。」

高宗建炎四年六月七日，詔：「御藥院見管書寫崇奉祖宗表詞待詔等八人，(今)〔令〕本院依舊各自收管，出職、請給等並依御書院條例施行，遇闕召收試補學生。今後準此。餘依大觀二年七月十七日已降指揮施行。」

紹興元年六月二十二日，詔：「御藥院自今後遇道君太上皇帝本命，依令【15】檢舉設獄。」

四年十月十九日，御藥院言：「本院取賜宮禁生日、節序等物色，今來已差留守司及留六宮，兼本院已奏分留人吏等看守官物，隨從六宮。所有留(往)〔住〕六宮生日、節序等物色，今來合與不合取賜排辦。」詔許取賜。

十一年九月八日，御藥院典事王偁等言：「本院元豐令，幹辦官差出及解罷，不得奏(訖)〔乞〕本院未經試中吏人，恩澤各轉一資，共不得過三人。自來本院官每遇解罷，遵依上條具奏，與曾經差使人各轉一資，不得過三人。欲乞許依舊遵用本院元豐條法體例，將解罷恩澤陳乞收使施行。」從之。

十三年正月二十八日，詔：「御藥院封題書藝學李升依御書院舊法滿十年出職，補保義郎。緣渡江之後無已前年代干照文字，出職未得，今爲書寫崇奉祖宗表詞等，在院已實及二十三年有餘，特與依已降指揮遞減一官，補授名目出職。今後封題學生轉至書藝學，衹應十年，依此補授出職。」

十五年四月二十五日，詔：「御藥院今後修設大會錢，止輪送諸寺院齋僧，更不修設大會。」

五月二十一日，詔：「幹辦御藥院王溥職事全不用心，可送吏部與合入差遣。」

二十年七月二十七日，詔：「御藥院供進湯藥方書不許傳録出外。如違，徒二年。幹辦官不覺察，同罪。許人告捉，賞錢五百貫。」

三十一年十一月四日，御藥院言：「今來車駕巡幸，如緩急遇有修合湯藥，合用火燭烘焙藥材等，乞下提點六宮事務所權暫請火赴院，事畢灑熄。緣今來提點六宮事務官未曾差置，止有主管大内公事。今欲乞將行宮本院合用火燭報本處請領，事畢灑熄。」從之。

孝宗乾道七年五月十八日，詔：「今後得旨取索錢物，於元取索日子内繫寫，(仰)〔御〕藥院官印押。仍令御藥院置往回曆，分明批寫所取物色名件、斤兩數目，及本庫批上已支同依照會〔一〕。」

九年正月六日，詔：「每遇人使到闕，幹辦御藥院官與

〔一〕同依：似當作「因依」。

閤門官應奉事體一同，可特與依閤門等處體例，每及十番轉一官，仍自幹辦本院日爲始。」

淳熙九年五月二十五日，詔：「御藥院諸工匠係專一應奉乘輿、服御等物色，特與依製造御前軍器處例，不得追呼於他處官司造作，并諸般科敷行役等。」

十三年十二月九日，詔御藥院減縷金作、頭冠作、戎具作各一人，腰帶作、小木作各一人。以司農少卿吳燠議減冗食，下勑令所裁定，故有是命。御藥院。（以上《永樂大典》卷一六六六五）

御輦院

【宋會要】16御輦院，在右承天門外，掌乘輿、步輦供奉及宮闈車乘之事，以諸司使及內侍三人監。供御指揮使一人，副兵馬使三人，輦官九十二人，主分番擎御輦。次供御輦官七十七人，主分番荷御衣箱。下都軍使四人，副兵馬使三人，輦官五百七十八人，分給宮中及戚里(眉)〔肩〕輿。車院兵士八十九人，掌禁中及諸宮院駕車。

真宗大中祥符九(十)〔年〕四月，詔御輦院：「自來提舉諸司庫務司依例揀選轉填供御、次供御、輦官，並各引見，支賜例物。今來轉填闕額輦官人數，只轉收姓名，即不曾揀選，依例送軍頭司引見、支賜。或因過犯改易，不得隨例引見。」

仁宗天聖元年閏九月，詔：「御輦院舊管供御輦官九十一人，都虞候、軍使、副兵馬使各一人，十將、管押節級各三人，祗應節級七人。今揀選添填供〔御〕輦官十三人，員僚二人，十將、節級各三人，與舊管供御人員相兼管押，以備皇太后駕出祗應。」

二年二月，詔御輦院添置供御并次供御、將虞候名目，以節級依次轉補。

神宗熙寧初，有司定太皇太后出入，排大安輦、行龍擔子各一，隨行衣褥全。管押擡擎并執擎從物祗應，其裝著儀注冬夏與應奉聖駕同，一百四人供御，充管押擡擎祗應，五十人次供御，五十五人下都。皇太后出入排六龍輿一乘，隨行衣褥全。管押擡擎并執擎從物祗應，其裝著儀注冬夏與應奉聖駕同，六十四人供御，二十三人次供御，五十五人下都。

高宗紹興二年十一月二十三日，詔：「行在御輦院輦官食錢〔一〕、犒設並係應天府立定，依禁衛則例支破。內食錢累經裁定，所有元降支給指揮則例因昨兵火散失，可依曆內明州對到犒設并糧料院出到小曆內人員長行已請日支錢米等第則例，今後執用批勘。」

四年七月四日，御輦院言：「本院下都并車子院共元額一千五百人，即今見管止有二百九十餘人。今來故王府

〔一〕食錢：原作「錢食」，據下文乙。

等處見於本院差取，若行發遣，竊慮闕人內中役使。欲乞自今後除大長公主、公主外，應故王府、宮院外宅等，除見占人更不抽攔，候至替期及逃亡、事故、歸院，其闕額並權住差填，候額足日依舊。」從之。

五年十月十三日，詔：「御輦院見今界滿副知徐易依專條末帳入省，不候審覆，先次補進武副尉〔一〕。應日立界，充專知官。候界滿將合轉承信郎恩例止減二年磨勘，依(便)〔使〕臣比折。見管人各依名次遞遷。其專、副並應今年十月一日立界。今後專知官界滿，通及七年有餘，依徐易出補減年外，如有少短年限人，並依條展減。」先是，本院據副知徐易等狀：「本院公吏元額七人，遞遷至副知，二年界滿，依本院(東)〔專〕條末帳入省，不候審覆，先次補進武副尉，充專知官。應日立界，〔界〕滿轉承信郎，自來即無通理年限。昨緣敕令所審覆省記專條，前界人吏不知首尾，供作一十四年。今來已經裁減，立定四人爲額，係八年出職，比元理出職短少六年。乞 17 比附寺監人吏出職有餘少入仕年限條法，每欠一年磨勘，每展及五年，降一資，軍大將十年。」敕令所貼黃雖依供到事理貼説外，即未有許依旨揮，令本院如遇遞遷出職，具因依申明朝廷施行。今來副知徐易今年九月終界滿，依敕令所貼，副知界滿短少不及十年，合補進武副尉，并專知官界滿，合轉承信郎。緣有短少年限，未有指揮。本院契勘公吏已經裁減人額，難以依舊出補。故有是命。

九年八月二十六日，詔御輦院更差正額武臣監官一員。舊制，本院監官四員，建炎三年裁減，以二員爲額，內一員差入內官，一員差武臣。至是以事繁冗，從本院請也。

十一年六月二日，詔：「御輦院所管輦官等有犯，勘責罪狀，同職官簽書，仍從長官依條書斷。若犯杖以上，或事應追究者，送所屬。諸應差破當直輦官，輒於數外差占，妄作緣由差占同。徒二年。即干託差借及借之，罪亦如之。諸幹辦官當內宿，遇實有緣故若病患，聽給假，即牒以次官趁赴，參假日補填。」並從兵部請也。

十一月七日，詔：「御輦院輦官犯罪，合行移降左右廂店宅務。今後令本院行下步軍司，比附在京日店宅務一般軍分收管。」

十二年正月二十九日，詔：「供御輦院遇闕，令本院量度合用人數，於次供御、應奉下都輦官指揮使、長行內，揀選投名實及三年、五十歲以上〔二〕、兩眼各一十五步見指明、走跳得、無腋氣殘疾外，權依供御等(僕)樣插兩指板，過犯已滿之人揀試〔三〕，申尚書兵部，限日審驗填闕，放行請給。」供御輦官依本院條以三百人爲額，遇闕，於次供御輦官選年四十歲以上、投名實及三年指揮使至長行，升揀無

〔一〕「尉」字上原衍「武副」二字，今删。
〔二〕以上：據情理及下條，似當作「以下」。
〔三〕揀：原作「陳」，據下條文例改。

過犯、及五尺七寸五分等樣、兩眼各一十五步見指明、走跳得、〔無〕腋氣殘疾，呈驗訖，申尚書兵部審驗揀填。本院言難得似此之人，故有是命。

同日，詔：「供御輦官從本院量度合用人數〔一〕，於應奉下都輦官十將至長行內，揀選投名實及三年、五十歲已下，權依次供御等樣，插兩指板，過犯已滿之人揀試，申尚書兵部，限日下審驗，充填闕額，放行請給。」供御輦官依本院專條以五百人爲額，遇闕，於應奉下都省内選年及四十歲已上、投名實及三年十將至長行，升揀無過犯、五尺六寸五分等樣。本院言難得應格之人，故有是命。

同日，詔：「應奉下都兩營輦官闕人，先次招填二百人，依條揀試不係河東、河北、陝西并沿邊、化外歸明、傜人，年二十歲，依見今等樣插一指板。及依在京措置體例，招收微有杖痕之人，逐旋申解尚書兵部，限日下審驗刺填收管，依已招新人則例支破請給。」應奉下都兩營輦官，依本院專條共以一千三百三十人爲額。及依條遇闕，招置揀試不係河東、河北、陝西并沿邊、化外歸明、傜人外，年二十歲，無杖痕，及〔三〕〔五〕尺五寸五分已上等樣，兩眼各一十五步見指明，走跳得，無腋氣殘疾。本院呈驗揀選訖，封臂解赴尚〔書〕兵部審驗刺填。本院言今難得等〔樣〕之人，故有是命。

四月二十八日，御[18]輦院言：「下都輦官二百人，依條五尺五寸五分等樣，權插板一指招刺。即目行在難得年二十及上件等樣之人，欲乞特降指揮，將見招人降已插一指板外，更插板一指，庶幾易爲招填。」從之。

十二月二十九日，詔：「製造大輦成，已降指揮於殿前司差檢巡防潛火軍兵五十人，管押人在内，分番晝夜巡警防護，〔令〕〔令〕權隸御輦院管轄。若有罪犯，牒本司施行。仍不得別行占破差使，如違，依私役禁軍法科罪。」

同日，詔：「供御、次供御、下都輦官權以共一千人爲額，供御營二百人，次供御營一百五十人，下都營六百五十人。」先是，本院言：「本院專條共以二千六百三十人爲額，今來行在除應奉輦官并官健依已降指揮權併歸下都營外，即目三營見管止有六百三十八人。今來又造到大輦一乘，每番差輦官九十二人，五番合用四百六十人，委是闕人。」故有是命。

同日，詔：「御輦院見闕供御、次供御輦官，令殿前司、馬步軍司於所管指揮内十將至長行内揀不係三路、沿邊、傜人，年四十歲已下，不曾犯贓盜，及五赤七寸五分并五赤六寸五分等樣，各一十五步見指明，走跳得，無腋氣殘疾之人，割籍充填闕額。其請給、衣賜據見今職名，各從多給，糧審院日下放行，仍免申兵部審驗，從本院改刺。如有一

〔一〕「供御」上疑脱「次」字，下文「供御輦官」亦當作「次供御輦官」。考本書所述，御輦院輦官分爲供御、次供御、下都（又稱「應奉下都」）三色，上條言降格揀選供御，此條言揀試次供御，下條言揀試下都，層次分明。若此條無「次」字，則與上條無異，且多自相矛盾。

切拘礙，且依今降指揮施行。」以大輦成，本院言闕人祗應也。

同日，詔：「下都營依紹興十二年正月二十九日并四月十三日降指揮招置，支破請給。如有不插板及五尺五寸五分等樣之人，依在京體例給與例物，每名支錢五貫文。令户部據合用數目，逐旋入本院曆内先次批勘椿管，招刺支給。」

同日，詔：「御輦院令翰林院差撥醫官一名，每月支給合藥錢七貫文。後有闕，准此。」

同日，詔：「御輦院監官界終無遺闕，與減二年磨勘。」在京日本院監官四員爲額，依治平法界終無遺闕，減二年磨勘。昨緣敕令所審覆本院省記條册，别無干照見得，推賞不行，故有是命。

同日，詔：「御輦院令户部每月於本院曆内批勘池表紙五十張〔一〕，大歛表紙一百紙，小表紙二百張，毛頭紙五百張，朱紅一兩，於左藏庫請領，應副行遣、造帳等使用。」

十四年四月二十八日，詔：「御輦院差破白直輦官，如輒於數外占破，或擅行差借，已有斷罪條法。自今後若不遵奉，並許依所差人數、所破請給紐贓斷罪。」

五月四日，詔：「御輦院下都輦官長行周明犯徒罪斷訖，移降步軍司，比附在京店宅務一般軍分收管。今後遇有犯徒罪之人依此。」先是，臨安府斷訖，仍降作指揮下名，故有是命。

十一月一日，詔：「御輦院御輦官添作二百五十人爲額，所闕人數從本院於次供御、下都應管人内相視揀選人材堪充應奉之人填闕。其次供御輦官止依舊一百五十人爲額，見闕人數亦於下都輦官内相視揀選充填，仍免申駕部審驗，所有請給，令糧審院依則例日下放行。如今後闕人准此。其下都見闕人數，依前後已降指揮招填。」從本院請 19 也。

十七年四月十八日，詔：「御輦院所管輦官忠佐至長行爲係應奉人，今後年及七十，與將帶身分請給，本營執役養老。」

十九年四月二十七日，詔：「御輦院專知官曹穎候專知官滿日，充手分名目補填短少年月，所有本人副知界滿合補進武副尉，候專知官界滿，依紹興五年十月十二日已降指揮補授施行。其請給依舊接續批勘。今後本院公吏如有短少年月之人依此。」本院手分、押司、副知官、專知官四人爲額，遞遷至副知界，合先次補進武副尉，留充專知官，界滿減二年磨勘。依紹興五年十月十二日專降指揮，係通及七年有餘出職。其曹穎自入仕至將來專知官界滿出職，止及五年有餘，其短少年月合行補填。本院言，若令曹穎作專、副、押司官補填，即衝改立界月日，及有礙以次年滿人遞遷，兼本人所少年係元充手分日短少，故有是命。

〔一〕於：原作「餘」，據文意改。

二十六年三月二十七日，詔：「御輦院見今專知官一名敦減作副知，以次人依此遞減。儹罷人吏令本院先次出給公據，候額内有闕，依名次收補。」以裁定百司吏額也。

三十年正月十七日，詔：「御輦院下都輦官減一百人，令兵部比擬一般請受軍分安排，願放停者聽。」兵部契勘：步軍司神衛軍額請給相同，可以比擬安排。欲將前項所減人除願就放停人給據放停外，有其餘數目，令御輦院開其姓名〔一〕，一面移交步軍司照會收管，充填上件軍分。從之。

二十五日，詔：「御輦院下都特減作五百人爲額，今後不許增置招填。」本院供御、次供御、下都共以一千人爲額，供御二百五十人，次供御一百五十人，下都六百人爲額，至是減之。

三十二年三月三日，詔：「御輦院副知朱愿特與依已降指揮補進武副尉出職。今後本院副知闕，遷押司官充，依舊入（任）〔仕〕及七年有餘出補。」本院狀：「據副知朱愿狀，昨於紹興二十一年十二月内試補充本院手分，遞遷押司官。自紹興二十三年十月一日充副知至界滿，及充專知官未滿間，省減吏額，將愿敦作副知。緣愿自入仕至今實及十年有零，伏見本院公吏元額四人，前後並依專法及紹興五年十月十三日已降指揮通及七年有餘，補進武副尉，減二年磨勘，依使臣法比折出職〔二〕。切詳元有專副二人掌管官物，今來敦減，止愿一名掌管，比之日前事務繁重，已是過三年有零，並無分毫闕誤。」故有是命。

孝宗紹興三十二年未改元。六月十七日，詔：「御輦院庫屋等經雨損漏，并庫眼圍牆見今傾側，仰兩浙轉運司日下如法修整，今後每季差人赴院檢計修整施行。」

隆興元年七月二十三日，詔：「文思院依樣製造到平輦一乘，并條衣褥事件等，可赴御輦院交割施行。」

乾道六年七月二十四日，詔御輦院權以七百人爲額，並令招收。本院契勘，供御、次供御、下都元以九百人爲額，内供御二百五十人，次供御一百五十人，下都五百人。今準前項指揮，欲乞將供御以二百二十人〔三〕、次供御以一百三十人、下都 20 以三百五十人爲額。

九月二日，臣僚言：「今年郊祀，儀仗、五輅稍備盛禮。舊制，禮成，皇帝自端成殿備法駕御大安輦還内，登門肆赦。近有以大安輦費用稍多，頗欲綿蕝。竊惟遇三歲郊見，國之鉅典，豈可愛惜小費，輕議更張？乞將來郊祀並用五輅、大安輦，一如舊儀，庶幾禮文全盛，仰稱聖主欽崇之意。」從之。

淳熙十二年八月一日，樞密院言：「御輦院申：將來郊祀大禮，本院排辦大輦、逍遥、平輦、腰輿、小輿及差撥肩

〔一〕其：似當作「具」。
〔二〕比折：原作「比所」，據文意改。
〔三〕「人」上原有「八」字。按前後所述輦官人數均爲整數，此「八」字當是衍文，今删。

擎頭冠、八寶、(王)〔玉〕爵并執打御前十閤分從物人員，輦官等應奉。數内大輦合前九十日教閱，八寶合前六十日教閱，繖扇合前四十日教習，並係殿前司、步軍司差到兵級(輿)〔與〕輦官相兼教習祇應，務要慣熟，至時應奉，不致生疎。今已依淳熙三年已降指揮體例，每日添破食錢，内輦輿下差到職掌各五百文，本院副知人吏各四百文，大輦下都大人員、教頭、大押番各三百文，輦官兵級各二百文，八寶、繖扇下貼差到兵級營寨頗遠，各人量行添破食錢一百文。並就本院曆内批勘，仍不理爲名色次數，自起教日支給，住教日罷。」從之。

同日，又言：「將來郊禮，承降到大輦上新製踏道一座，比之舊管踏道其樣製稍重，亦合增添長闊尺寸。若依舊例，每番差破八人肩擎，五番共差四十人祇應，竊恐人力不勝。今乞每番添破四人肩擎，五番計添二十人，共差六十人祇應。并添差副都大人員一名同共管轄。其添破日支食錢，乞依昨本院曆内已批勘過人員并輦官等則例支破〔一〕。」從之。

十三年十二月九日，詔御輦院減次供御輦官二十人〔二〕，下都輦官三十人〔三〕。以司農少卿吳燠議減冗食，下敕令所裁定，故有是命。(以上《永樂大典》卷一六六六七)

〔一〕則例：原作「則依」，據文意改。
〔二〕官：原無，據文意補。
〔三〕下：原脱，據前文補。

宋會要輯稿　職官二〇

宗正寺

【宋會要】

❶宗正寺，掌奉宗廟、諸陵薦享，司宗室之籍。丞、簿以上通簽寺事。又有太廟、后廟宮闈令各一人，以內侍充。後改入內內侍充。

《兩朝國史志》：宗正寺判寺事二人，以宗姓兩制以上充，闕則以宗姓朝官以上知丞事。掌奉宗廟、諸陵薦享之事，司皇族之籍。主簿一員，以京官充。室長、齋郎無常數〔一〕。楷書四人，府吏二人，驅使官九人，廟直官一人。太廟、后廟宮闈令三人，以入內內侍充。修玉牒官無定員，掌修皇帝玉牒，序宗派，紀族屬，歲撰宗室子名以進。典三人，楷書四人。陵臺令，以京朝官一員知永安縣，兼令事〔二〕。又諸陵有副使、都監，以內臣充。元豐改制，所掌與舊署同，事具《職官志》。卿一人，秩正四品。少卿一人，秩從五品。丞一人，秩從七品。簿一人，秩從八品。掌凡宗室賜名立名、生亡嫁娶注籍，纂修三祖下宗藩慶系文字。紹興十二年，以修玉牒，別創玉牒所，凡修纂，卿、少、丞皆與焉。詳見「玉牒所」。設案二：曰屬籍，曰知雜。吏額：胥長一人，胥史一人，胥佐二人，貼書二人，楷書一人〔三〕。

太祖開寶六年正月，以右千牛衛將軍趙崇濟爲宗正少卿。凡寺官皆宗姓爲之，時文班闕宗姓，故命崇濟。

太宗淳化三年八月，詔兩廟齋宮令本司常切灑掃修葺，仍令御史糾察。

真宗咸平二年正月，徙宗正寺於延祐坊。先是，置於闕前廊下，以地勢湫窄，故徙之，仍建樓❷以藏宗籍。

景德二年五月，命太常博士趙湘、殿中丞趙稹同判宗正寺。真宗以宗正職奉陵廟，其任至重。是歲趙安易卒，帝慎擇宗姓朝臣有才望者領其事，以申嚴恭之意。湘時知興元，稹知通州，皆有治聲，驛召而命之。又賜三品服，銀二百兩，月俸皆見緡，仍別賜錢十千。

七月，詔兩廟常令併除穢污，務在嚴潔，委宗正躬親提舉。

十一月，詔兩廟差皇城司親事官，並一年一替。

三年七月，詔：「太廟殿上不得令人夜宿止，只在兩廊下，其宮闈令各在本廟止宿。」

九月，宗正寺言：「新葬一品墳，已差守墳户，每有申報，望就近取河南府指揮。」從之。

四年正月，詔：「應諸司祠祭行事官，自今不得於太廟

〔一〕「室」原作「宗」，「常」原作「掌」，據《文獻通考》卷五五改。
〔二〕兼：原作「無」，據文意改。《長編》卷六六：景德四年七月，「置陵臺令，兼知永安縣事。」換言之，知永安縣兼陵臺令。
〔三〕楷書一人：《宋史》卷一六四《職官志》四宗正寺條作「楷書二人」。

宿齋。每大(祀)〔祠〕祭，用本廟室長、(齊)〔齋〕郎十二人捧俎，令宗正寺預先告報，毋得闕事。」

七月，詔：「太廟除中書門下行事許乘馬入東神門，自餘並禁止。如雨，許乘馬入東〔神〕門〔一〕，從者外門止。」

大中祥符三年三月，詔：「宗廟新置帳設什物，令宗正寺提舉收掌，不得借出外。」

五年八月，詔：「太廟祭前一日，少府監洗滌祭器，令行事官一員躬親監視。」

六年五月，宗正寺言：「太廟後次北近西至后廟有屋舍，不(賞)〔當〕緊要，乞差使臣相度，開展寺基。」從之。

十一月，詔：「太廟每親行禮，於裸瓚前先上香，其香案設於牙盤前。若臣僚行禮，亦設香案於牙盤前。」

七年八月二十三日，詔御史臺不得抽宗正寺職掌。

二十[3]七日，宗正寺言：「太廟齋郎、室長自今請於預五大饗行事無遺闕者減一選。全不赴行事者殿一選，遇恩不得放選注官。」從之。

八年二月，詔〔二〕：宗正寺火〔三〕，有司奉屬籍〔四〕、玉牒置他舍，故得無損。即日命鹽鐵副使段曄擇地營建寺，初在延和坊，至是詔徙福善坊。自今判寺臣僚不得將家屬居止。又詔：自今兩廟郊社如遇祭告，委監(寮)〔祭〕官嚴切鈐束，俟禮畢息火燭。舊以無事管勾，故多差老疾者爲宮闈令，自今委内侍省擇幹事者代之，每三年無遺闕，即與酬奬，仍著爲令。

四月，禮院言：「宮闈令係本職，常有祗應，不同攝事臣僚。望自今有父母喪給(暇)〔假〕三日，期喪二日，餘並一日。如遇祠祭行事，内侍省權差人，假滿依舊。」從之。

九月二十三日，賜宗正寺殿名曰「玉牒殿」，堂曰「屬籍堂」。

十月，知宗正寺趙世長言，宮闈令欲與本寺官通簽行遣公事。宰臣王旦奏：「宗正卿是趙安仁，總領寺事，恐難與内侍通簽，望令仍舊。」帝曰：「不若依宮觀例，凡事令趙世長與宮闈令同狀申，趙安仁據狀單書行遣。」

十一月，兵部侍郎、兼宗正卿趙安仁言：「新修宗正寺將畢，請以《聖祖降臨記》并皇宋玉牒、諸王屬籍自玉清昭應宮移於本寺堂殿内秘藏，仍以漆匣檐牀、紅羅帕冪〔五〕，用輦官擡擎，依玉册例差人前導。其諸王屬籍用寬衣軍人擡擎，以紫羅帕冪，寺官躬親迎奉。」從之。

九年二月，詔宗正寺宜令三司每月給公使錢十五千。

[4]是月，出度支員外郎、權知宗正寺趙世長知河陽，令太子右贊善大夫趙廓權宗正寺丞。時本寺言陵廟行禮闕

〔一〕「神」字原脱，據上文補。
〔二〕此「詔」字疑衍。《長編》卷八四無此字。
〔三〕火：原脱，據《長編》卷八四補。
〔四〕屬：原脱，據《長編》卷八四補。
〔五〕冪：原作「幕」。按當作「冪」，「帕冪」用以遮蓋玉牒、屬籍等，故用人擡擎，幕則非是，因改。下文「紫羅帕冪」同。

官〔一〕，令大宗正卿一員，少卿、丞各二員，主簿一員。時止趙安仁兼卿，世長知寺事，帝曰：「安仁嘗參宰府，與世長列銜非便。」王旦請自今命京官兼主簿，郎中已下兼丞〔二〕，給、舍已下兼少卿，丞、郎已上兼卿，以爲永制。世長知事數年，忽令兼丞，亦似無謂。王嗣宗嘗言世長父用成坐贓死〔三〕，不當使之司宗正，望授外郡。帝然之。自是若卿闕，即丞以下行寺事，而無知、判之名。

三月，詔侍衛步軍司選剩員兵士二十人，節級二人，供宗正寺巡宿，三年一替。

天禧元年十一月，以衛尉寺丞趙鼎兼宗正寺主簿〔四〕。鼎通判原州，召還，特有兹授，其月給食錢、廪米咸優常數。

仁宗乾興元年十一月，宗正寺言：「入内供奉官秦懷志自陳先差勾當后廟，兼充本廟宫(聞)〔闈〕令。秩滿，乞酬獎。」詔特與遷一資，自今勾當年滿，更不改轉。

天聖七年四月，詔宗正寺：「應宫宅皇屬男年十八、女年十五，令管勾宫宅所申本寺，牒入内内侍省差勾當婚姻人計會本宫宅，尋訪衣冠士族非工商雜類及曾犯罪惡之家，人材、年(幾)〔紀〕相當，即具姓名、鄉貫、住止并三代銜迴牒本寺，本寺更切審訪詣實以聞。候得旨，即送入内内侍省引見。」

康定元年十二月十三日，同判太常寺宋祁言：「太廟内神御物册盝牀等不用之物甚多，金銀萬5餘兩。欲乞拆剥金銀，仍以宗正寺西太廟宫闈令廨建神御庫，令宗正寺就領其事。」從之。

嘉祐三年五月，詔宗正寺：「自今白身人娶宗室女，須三代有官或父祖(常)〔嘗〕任升朝官而告敕見存者，仍召京朝官委保之。其已在任者，三代雖不盡官，亦聽。」

六年十月，詔知宗正寺即管勾本司公事。遇祠祭，許見官屬。時以英宗知寺事，故下此制。

是月，詔以太常南舊府司爲知宗正寺廨。

八年正月，以新修宗正寺廨爲太常寺。先是，以英宗知寺事，故特置廨〔五〕，而帝固辭，乃復以爲太常寺。

《神宗正史·職官志》：宗正卿正四品，少卿從五品，丞從七品，主簿從八品，各一人，掌修纂牒譜、圖籍之事。凡編年以紀帝系，而載其曆數及朝廷政令之因革者，爲玉牒；序同姓之親，而第其五屬之戚疎者，爲屬籍；具其官爵、功罪、生死及宗婦族姓與男若女者，爲譜；推其所自出，至於子孫而列其名位者，爲《宗藩慶系録》；考定世次，枝分派别，而歸於本統者，爲《仙源積慶圖》。録一歲，圖三歲，牒、譜、籍十歲，皆修纂以進。凡宗子生應授官者，撰名以上司封。國朝置大宗正司，以統皇屬，故寺長貳不專以

〔一〕「闕」字原脱，據《長編》卷八六補。
〔二〕已下：原作「已上」，據《宋史》卷一六四《職官志》四改。
〔三〕世長父：原作「文」，據《長編》卷八六補改。
〔四〕「寺」下原有「卿」字，據《記纂淵海》卷三一删。
〔五〕置：原脱，據《職官分紀》卷一八補。

國姓，其典領職事止於如此。分案二，設吏六。《哲宗正史·職官志》同。

神宗熙寧二年十二月二十三日，詔：「近制皇族非（祖）〔祖〕免以下更不賜名授官，只令應舉。今後如遇生男女及有死亡者，即令關報。逐祖下襲公爵者，令各置籍纂録，6歲終上玉牒所。其未出宮者，仰依舊入大小學。」

三年六月八日，詔：「今後應有外居皇親投下表章，並閤門收接通進。舊居舍屋，仰宗正寺勘會本宮院兒女多、屋宇少者，攢那均給。」

元豐六年六月二十九日，詔：「宗正寺修玉牒，照用日曆所文字，並指定所書事，令本所節録。其關防漏泄，並依日曆所法。」

九月十一日，詔以監察御史楊畏爲宗正寺丞。仍詔宗正寺除長貳外，自今更不專差國姓官，蓋自有宗司以統皇族也。

哲宗元祐元年正月九日，宗正寺言：「玉牒官黄履奏，自神宗皇帝登位已來，玉牒、屬籍、類譜並未修，欲乞將合編年分自熙寧十年至元豐八年三月初五日終[一]，準式編修。」從之。

九月十六日，宗正寺言：「既許主簿通管寺事，竊恐亦合依太常寺、國子監例止通管雜務，其編纂圖書乞依舊例丞纂修。」從之。

六年八月十二日，監察御史安鼎言：「宗正寺屬籍有號『宗藩慶緒』者，按『慶緒』二字是唐安禄山子之名，今以爲皇朝本支牒譜之目，其爲繆戾甚矣，乞賜改易。」詔改名「宗藩慶系録」。

七年九月十四日，宗正寺言：「本寺令，宗室無服親（運）〔連〕名非上下同者，如『立之』與『宗立』之類，及音同字異，皆聽撰。祖宗祖免已上親見依上件令文撰賜名外，今來非祖免親既許本家撰名，竊慮員數日增，取名漸多，若令依上條一一照對迴避，必至拘礙，訓撰不行。今欲乞令太祖、太宗、秦王下7子孫無服親，各於本祖下即依令文撰名；若係別祖下無服親，除所連名自合別取字外，餘雖犯別祖下本字，並許用，所貴久遠，訓撰得行。」又言：「宗室撰名，自來並用兩字。內取一字相連，所以別源派，序昭穆也。昨自熙寧中立法非祖宗（祖）〔祖〕免親更不賜名授官後來，逐時準大宗正司關到本家所撰名，多是重疊，有至數人而共一名者；又或與別房尊長名諱相犯，或兄弟不相連名，或只取一字爲名而偏傍不相連者。名稱混淆，難以分別昭穆之序。竊恐年祀寖久，流派逾遠，譜籍漸無統紀。除重疊共一名者，昨來寺司申請，已得朝旨見令改撰外，所有犯別房尊長名諱、兄弟不相連名并以一字爲名，恐亦合改撰。欲乞宗正司告示逐宮院[二]，將見今名犯尊長諱并

[一] 自：原作「同」，據《長編》卷三六四改。
[二] 「宗正司告示」五字原無，據《長編》卷四七七、《愧郯録》卷一引此文補。

字不相連及單名者並令改撰，仍從本寺定取一相連字取名稍寬者關宗正司，令依倣撰名，所貴稍得齊一。」並從之。

二十七日，宗正寺言：「《玉牒》、《宗藩慶系録》、《仙源積慶圖》卷秩已多，内宗室子有未名而卒者，但曰『不及名』，既無官爵事迹可考，止欲於其父名之下總計其數注入〔一〕，宗室女早卒者亦如之。」詔可。

紹聖三年五月十三日，宗正寺言：「請太祖下有服親外，其餘並連『伯』字，太宗下子孫連『季』字，人數未多，乞依前詔止連一字，用初賜『不』字訓名，庶幾不致違戾。」又宗正寺丞宋景年言〔二〕：「請宗室賜名及非（祖）〔袒〕免親本家命名，於本祖下有服親，雖音同字異，並避；於本祖下無服親及別祖下有服親〔三〕，即音同 8 字異，許用；於別祖下無服親，非連名，即雖本字，亦許用。其稱祖者，以宣祖支子秦王下爲一祖，太祖支子越王、楚王各爲一祖，太宗支子魏王、昭成太子、魯、陳、蔡、韓、吳王下各爲一祖。其連名者，隨祖宗之支子而下，雖兄弟數多，並爲一字相連，庶幾分祖字稍寬，不致乖戾。」從之。

徽宗崇寧三年十月十四日，宗正寺丞徐處仁言：「准令，宗室、宗婦、宗女應修纂事迹，歲九月上旬關大宗正司取索。又《仙源積慶圖》每三年、《宗藩慶系録》每一年，並於歲旦關送内閣奏聞。明年合進圖册，已依令關大宗正司及河南〔四〕、應天府敦宗院〔五〕，請皆立朝會〔六〕。」從之。

大觀三年三月二十一日，詔宗室並依行第連名，如連「士」字、「之」字之類。其單名者限十日改正。

政和三年正月十九日，宗正寺奏：「訓撰宗室名，『之』字子從『公』，『子』字子從『伯』，『不』字子從『善』。『公』字、『伯』字、『善』字之子，乞依『公』字等例許撰連名。」從之。

六年六月十六日，知鄧州、京西南路安撫使許份言：「竊以宗正掌國屬籍，而所掌祖簿凡二十有一。宗室蕃衍，而遷除、婚姻等有司全缺關報，致注鑿失實，無所稽考，修纂《玉牒》、《類譜》、《宗藩慶系録》、《仙源積慶圖》，每旋行取索，祖簿幾成虛文。乞許令宗正寺重別取索，增廣（秋）〔秩〕數編録。應有合注鑿之事，内則吏部、大宗正司、諸宮院，外則外宗正司及宗室所（任）〔在〕州軍，日下關報銷鑿，稽遲者嚴立法禁。」詔依所奏增廣秩數，仍令宗正少卿閭 9 丘籲措置。

八月十四日，宗正少卿閭丘籲奏：「修纂玉牒、屬籍，欲自祖宗以來每朝皇子、皇女及親賢、〔棣〕華宅各爲一秩，三祖下十九宮院，太祖皇帝下以德、惟、從、世、令、子、伯、

〔一〕止：原作「正」，據《長編》卷四七七改。
〔二〕宋景年：原作「宗景年」，據《愧郯録》卷二改。景年此奏在五月十九日。
〔三〕「雖音同」至「有服親」凡二十一字原脱，據《愧郯録》卷二補。
〔四〕令：原脱，據文意及上文「准令」補。
〔五〕宗：原作「崇」。按《宋史》卷一九《徽宗紀》一：崇寧元年十一月「置西、南兩京宗正司及敦宗院」，據改。
〔六〕朝：似當作「期」。

師，太宗皇帝下以元、允、宗、仲、士、不、善、汝，魏王下以德、承、克、叔、之、公、彥，各依昭穆次序，分位增廣秩數。如有不連名及連名與別祖字行稱呼交互有礙者，並限三日改正。」從之。

七年八月十四日，宗正少卿閭丘籲言：「爲許份奏乞重別取索增廣玉牒、屬籍、祖簿秩數等畫一內一項，宗室、宗女生亡、遷轉、出適，宗婦成禮，合其三代名銜〔一〕、成禮月日等報寺，入鑿祖簿。有司多不畫時關報，自來未〔立〕法禁。緣大宗正司、西南兩外宗正司不報已有立定杖八十斷罪，乞今後供報漏落，官司、人吏並依已立內、外宗正司斷罪約束指揮施行。若外住及外任宗室失申，罪亦如之。仍委大宗正司每日一次據宗室所檢舉行下〔二〕，并報本所以憑銷鑿。」從之。

宣和四年二月二十九日，宗正少卿趙子崧奏：「神宗、哲宗兩朝帝系、類譜未曾編纂，乞就寺委官。」詔差子崧。至九月成書進呈，送宗正寺玉牒殿寶藏，詔子崧特轉一官。

五年七月十一日，臣僚言：「宗正所以崇奉玉牒。元豐董正治官，虛長貳不除，專以丞聽寺事，蓋與太常、祕書號爲三丞。其選甚清，自來率用館閣英俊，以重屬籍之寄。比來用人寖輕，頗失本旨。請今後宗正丞依太常、祕書丞選[10]差。」

欽宗靖康元年五月十八日，詔宗正寺丞替成資闕。

高宗建炎三年四月十三日，詔太常少卿一員兼宗正少卿，丞、簿並罷。

同日，詔宗正寺吏人減半。

紹興二年七月二十八日，太常少卿、兼宗正少卿李易言：「本寺昨緣渡江，散失玉牒、祖簿等文字。今相度，欲乞令大宗正司、西南兩京外宗正司及內東門司，委自逐司取會應在州、軍、縣、鎮寄居（侍）〔待〕闕、見任并隨司南班外官等，同宗室三代生亡年月日時〔三〕、官爵及叔伯弟姪兒孫等，并宗女出嫁，夫係何官位、姓名，宗婦係何人家女，逐一開具保明報寺。本寺置籍，依逐祖字號宮院編類成策。如續次有生亡等事，并有軍前回歸之人，亦行報寺，以憑書注入籍，免致散漫。」從之。

三年四月二日，宗正寺言：「據西外宗正司申，州、軍、縣、鎮等處，本司各無統攝，難以取會。本寺今相度，欲令大宗正司、兩外宗正司依元立宗支式樣關牒諸路運司，移文行下諸處，委本處見任宗室或見任官一員取索縣、鎮、州、軍次第申轉運司，轉運司再行保明詣實，申所管宗正司驗認，無僞冒差漏，報本寺以憑編類修纂。」從之。

六月二十三日，知大宗正丞謝伋言：「宗正之掌圖牒，所以分源流之遠近，定世次之疎戚。比年以來，雖間置卿，

〔一〕其：似當作「具」。
〔二〕每日：疑誤，或應作「每月」。
〔三〕同：似當作「自」。

漫不省察。宣和之間，有乞附屬籍而非宗室者，令圖是也〔一〕。近年以來，亦有詐稱宗室而興兵者，不薆是也〔二〕。遠慮過防，必於無事之11際；世系遠近，當使天下明知之。漢律，郡國歲因計上宗室名籍。今宗正有寺而無官，以太常兼治，望令宗正寺下州縣取索名籍，編修玉牒；或爲宗室世系名籍遠近之序，頒〔之〕天下〔三〕。」不惟有礙御寶條令〔四〕，竊慮若使天下明知宗支名籍、服屬遠近，必致浸生僞冒，官司無以考證。兼近日根勘僞徐王，緣不知服屬遠近，遂至敗露。禮部（令）〔今〕勘當，欲依今來所陳事理施行。朝旨送禮部行下宗正寺，依已降指揮，候諸路取索〔關〕報到，編修成籍日申尚書省。

九月十四日，詔取索宗室生亡、官爵、嫁娶等事，（遂）〔逐〕州專委通判一員。

十二月九日，詔復置宗正少卿一員。

四年九月十日，宗正少卿范沖言：「宗正寺依條訓撰宗室賜名，具〔有〕無重疊申吏部、學士院看定，咨報中書省取旨施行。緣渡江之後，散失簿籍，無憑照據重疊。欲乞自今後如遇訓名，本寺撰訖，從本寺行下大宗司勘會，如有重疊，別行改撰。」從之。

五年五月二十六日〔五〕，詔宗正寺少卿依一般寺、監，破衣糧親事官四人。

閏二月二十七日，詔復置宗正寺丞一員，仍除知婺州金華縣孫緯填闕。以緯收得宗枝事迹，諳曉編類修纂屬籍次第，從宗正少卿范沖請也。

四月二十六日，宗正少卿范沖等言：「宗枝文字參合照應，編類修纂，共成下項：一、欲以《仙源慶系屬籍總要》爲名。一、太祖皇帝、太宗皇帝。一、秦王。一、母氏。一、始生。一、宗婦。一、宗女。一、宮院。一、官12爵。一、壽考。一、賜謚。如可依此修纂，乞降下遵守。」從之。

五月七日，宗正少卿范沖等言：「本寺見遵依聖旨編類修纂《仙源慶系屬籍總要》，有申請事件。」並從之。「一、今來將已降指揮宗正司取索報到宗室等家狀，與本寺丞孫緯收到從來宗支等文字一處參照，編類修纂。所有應宗司未取索繳報到州軍去處，欲乞朝廷嚴賜行下三京宗司，依元立到式樣催督，（遠）〔速〕行取索勘驗，保明報寺。一、合用紙劄、朱紅，今欲據每月合用數目，從本寺直牒臨安府收買供送。一、本寺除職級見有二人外，其舊額手分、貼書、楷書各四人，並各減半了當。今來止有知雜、屬籍兩案内手分各有壹名，欲於主行編修屬籍案内復置手分一名，於

〔一〕令圖：本書帝系六之四作「令國」。

〔二〕是也：原倒，據本書帝系六之四乙。

〔三〕「或爲」句，本書帝系六之四作「或先爲宗室世系表頒之天下」。

〔四〕按，據帝系六之三，謝伋奏至「頒之天下」止，與「不惟」以下文意不相連，其上當有脱文，且是另一條。文中所言「僞徐王」乃紹興二年事，見《建炎要録》卷五八。

〔五〕五月：疑當作「正月」，因下條爲閏二月。

本寺守(闕)〔闕〕貼書内不候及年，先次隔等便行試補填闕一次。如無合格之人，即於諸寺監庫務及應干官司去處踏逐指差。内抽差到人候及一年，若不願歸司者，即與撥填入額，其請給、遷補、出職並依本寺見行條法。一、乞下左藏庫量行支降錢三百貫文，付寺充和顧及審量食錢并雜支使用。其使不足，申乞接續支降。」

六月十六日，詔宗正寺編修到太祖皇帝慶系，令先次進呈。

八月二十四日，宗正寺丞孫緯言：「修纂祖宗慶系，宗室所供文字即無皇后與公主，似爲闕典。緯欲將本家收到本朝諸書檢討編類，别作一項修入《慶系總要》。」從之。

十一月二日，詔：「宗正寺編【13】類修纂《仙源慶系屬籍總要》，已投進了當，專一修纂官寺丞孫緯與轉一官，胥長、胥史各支絹五疋，胥佐三疋，貼書、楷書二疋。」

七年七月二十四日，宗正寺言：「太祖皇帝下『希』字子欲連作『與』字，太宗皇帝下『崇』字子欲連作『必』字，親賢宅『居』字子欲連作『多』字。〔棣〕華宅『卿』字子欲連作『茂』字，魏王下『夫』字子欲連作『時』字。」從之。

八年十二月十七日，詔：「宗正寺編修太祖、太宗、秦王下《仙源慶系屬籍總要》令接續修纂，合行事件並依已得指揮。」本寺少卿張絢言：「昨來編修太祖、太宗、秦王下《仙源慶系屬籍總要》，今來已及二年有餘，諸處文字漸多，若不乘時接續修纂，切慮歲久文書浩渺，卒難考正，編類費工，欲將續到宗室事迹與已編修屬籍，再行參合照應編纂。」故有是命。

九年八月十五日，詔令東京留守司搜訪屬籍文字繳申尚書省，從司封員外郎薛嘉言請也〔一〕。

十年閏六月二十九日，宗正少卿江公亮等言：「承朝廷送下搜訪到東京已經進呈《宗藩慶緒録》并宗室班位、宗女宗婦簿，共一十五册，約二千餘板。本寺再行參照得與近來取會應諸路報到事迹等各有異同，及缺文差訛去處頗多，委是文字浩大，卒難盡行編修。今欲乞依紹興五年本寺丞孫緯已編修進呈體例，將《太祖皇帝慶系》先次進呈，其《太宗皇帝慶系》并《秦王慶系》續行編修進呈。兼契勘紹興五年係修寫二本，一本進【14】入，一本在寺崇奉。今檢準在京日進呈玉牒條例，係入内内侍省差承受官一員進呈畢，迎奉安奉。今來編修到亦係祖宗慶系，今乞比附進玉牒條例，更不乞差承受官外，止乞(今)〔令〕本寺官進呈訖，迎奉赴寺安奉。」從之。

十一年八月十一日，詔：「宗正寺編修太祖皇帝下《仙源慶系屬籍》已進呈訖，少卿江公亮、丞邵大受各與減磨勘二年，人吏量行犒設。」

二十六年十二月二十日，詔：「宗正寺復置胥佐一名，守闕貼書二人，額外習學貼書二人，並行減罷。其胥佐、貼

〔一〕司封：原倒，據文意乙。

書依名次敦減，候有闕，次第收補。」以裁定百司吏額也。

二十八年四月，詔宗正寺修纂《宗藩慶系録》，候將來接續進呈《仙源積慶圖》日一就進呈。

二十九年閏六月十六日，詔：「宗正寺胥長滿五年，通入仕及三十年，依太常寺條格體例補將仕郎，依條解發出職。」

八月二十三日，詔玉牒所宰臣提舉，依舊修書官一員，同宗正卿、丞修纂，更不置檢討官。

三十二年閏二月二十九日，宗正寺簿除不預修纂玉牒外〔一〕，其餘職事相兼管幹，更不支破折食錢。以上《中興會要》。

紹興三十二年孝宗已即位，未改元。十一月二十四日，詔宗正寺職掌減一年出官，該遇皇帝登寶位也。

孝宗（興隆）〔隆興〕元年七月二十六日，詔宗正寺併省主簿一員，見任人許終滿今任，已差下〔人〕依省罷法。從右諫議大夫王大寶等議也。

八月三日，宗正寺狀：「依指揮條 15 具併省吏額，見管胥長一，胥史一，胥佐二人，貼書二人，楷書二人，今乞從下減楷書一。」詔依，見在人且依舊，將來遇闕，更不遷補。

二年閏十一月二十七日，詔宗正寺丞、簿今後並依舊制。以上《乾道會要》。

玉牒所　宮闈令　陵臺令〔二〕。（以上《永樂大典》卷一三七三八）〔三〕。

大宗正司

【宋會要】

16 仁宗慶曆四年二月二十三日，大宗正司請自今後皇族凡有違慢過失，並從本司取勘施行。從之。

至和二年五月，以皇子汝南郡王子右領軍衛大將軍宗師爲嚴州刺史，北海郡王子右監門衛大將軍宗喬爲右領軍衛大將軍，皆以其父領大宗正久，因乾元節推恩特遷之，後毋得爲例。今大宗正司每歲有與子減磨勘恩例，乃緣其制也。允讓、允弼領大宗正在景祐三年七月，汝南郡王即允讓，北海郡王即允弼也〔四〕。

嘉祐六年正月七日，判大宗正事允弼言：「自創置本司，所降宣敕、劄子指揮及約束條貫甚多，獨未編脩，欲望差潭王宮教授周孟陽、燕王宮伴讀李田與臣編修〔五〕。對讀裝寫，乞差都監任修古監勒。」從之。

英宗治平元年六月十三日，詔：「夫明德以親九族，正

〔一〕句首似脱「詔」字。

〔二〕此上九字當爲三子目，或是抄者已將其文另抄，此處僅存其目。又，「玉牒所」見本書職官二〇之四二。

〔三〕按，原稿作卷一三三三八，陳智超據《永樂大典目録》改，今從之。此卷爲「寺」字韻、「宗正寺」目。

〔四〕北海：原作「扶風」，據《長編》卷一七九、《宋史》卷二四五《宗室傳》二改。

〔五〕修：原作「條」，據《長編》卷一九三改。

家而刑萬邦，古先哲王，罔不由此。朕嗣守丕業，率循舊章。惟皇屬之敦和，命宗臣而董正。惟累聖承繼，百年盛隆，荷宗社之慶靈，茂本支而蕃衍。念其性本於仁厚，宜廣學以勤脩；顧其日益於衆多，必增員而統理。故外已詔於儒學，各選於經師；而內仍擇於親賢，共司於屬籍。庶乎叶贊其職，並修厥官。糾乃非違，先以正而爲率；勉夫怠墮，惟其善而是從。式乎于休，以副予意。」英宗既命增皇親宮院學官，以謂宗室之盛數倍於前，而宗正司事亦煩多，乃增置同知大宗正[17]事一員，選宗惠爲之，仍降是詔。

九月二十五日，判大宗正事允弼等言，詳定到皇親聽書等賞罰規式。詔依所定施行。

三年四月，以懷州團練使宗惠爲恩州刺史，罷同知宗正事，止其朝參。坐女僕相告訐語不順故也。

是月，以密州觀察使宗旦同知大宗正司事。

大宗正司[一]，景祐三年置。熙寧三年五月，併管勾睦親、廣親并提舉郡縣主宅所歸大宗正司。

《神宗正史·職官志》：大宗正司知及同知官各一人，以宗室團練使以上充。丞二人，以文臣升朝官以上充。掌宗室之教法、政令，以行藝訓道而敦睦之，受其辨訴之事而糾其失，微罪則先劾以聞。即法例有疑不能決者，同上殿取裁。若宮邸因事出入，日書於籍，季終類奏，歲録其存亡之數報宗正寺。記室一人，典箋奏；講書、教授十有二人，分位講教，兼領小學之事。自熙寧初置丞，省記室、講授員，增給以禄。而大宗正歲與子若孫推恩，及十年則加褒賞。由是宗子屢有中進士第者，人自矜飭，以勸學焉。分案五，設吏十有一。《哲宗正史·職官志》同。

神宗熙寧元年二月一日，以皇伯吉州團練使宗惠權同管勾大宗正司事，候允弼服闋日依舊。

三年二月，中書門下言，大宗正司請置丞二員于睦親、廣親宅。從之。命都官員外郎張稚圭知丞事，繼以光禄寺丞李德芻同知丞事。

五月十八日，廢管勾睦親、廣親并提舉郡縣主宅所，歸大宗正司。從知宗正丞張稚圭請也。[18]先是，宗室舉動皆爲管勾内臣所拘制，稚圭始請罷之，上令并罷郡縣主宅提舉。

六月十四日，大宗正司言：「併省管勾睦親[二]、廣親并提舉郡縣主等宅所，並令本司依例一面管勾。今有合行約束及廢置八事，乞指揮。」詔内除應諸色人并婢嫗犯杖罪以下乞從本司一面勘斷不行外，餘並從之。《實録》止云廢置八事，不載事目。

四年二月六日，同知大宗正丞李德芻言：「欲乞自今後皇親應有内外親族吉凶弔省合出入事件，編成則例，更

[一] 大宗正司：原無，據文意補。《長編》卷二一九：景祐三年七月「乙未，初置大宗正司」。

[二] 併：原作「行」，據《長編》卷二一二改。

不逐旋奏知及日申本司，只令勾當使臣置曆抄上，赴大宗正司簽押。其榜子每月類聚奏聞。」從之。

五年七月六日，詔自今宗室犯過失杖以下，委宗正司劾奏。

二十二日，知大宗正司宗旦言：「宗室所投文字或違例礙條，退回即生謗怨。或情有可憐，而例無其事；或事涉違冒，而理或可容。乞自今有疑難事，許上殿敷奏，或許同見執政稟議。」從之。

八年三月六日，詔宗室換官及外居者，隸大宗正司管勾。

五月六日，詔：「知大宗正司官及十年取旨，仍歲與一子若孫遥郡刺史以下官，減二年磨勘。」

七月二日，皇伯、昭信軍節度使、知大宗正事宗旦降授彰化軍節度觀察留後、忻州防禦使，同知大宗正事宗惠降授霸州團練使，坐不察世居陰謀，乃有此責。同知大宗正丞事宋靖國、諸王宮記室參軍王慥皆坐累，奪官一秩。

九年五月十四日，中書門下言：「大宗正司官候管勾及十周 19 年取旨。勘會同知大宗正司宗惠，治平元年六月差同知大宗正事，至熙寧二年七月再差同知〔一〕，所是先管勾月日，合與不合通理？」詔許自權同管勾年月通理，仍依宗旦例展二年取旨。

元豐三年八月二十六日，詔：「判大宗正司宗旦舊例添厨食料，雖有後條銜革，可以見領宗正特給之。他官雖等、非職事同者，無得援爲例。」

五年二月十五日，武昌軍節度觀察留後、同知大宗正宗惠進封江夏郡王、知大宗正，武勝軍節度觀察留後宗晟同知大宗正。

十一月十八日，詔大宗正司不隸六曹，其丞屬聽中書省取旨差。

七年六月二十七日，以安化軍節度使、同知大宗正事、高密郡王宗晟知大宗正事，相州觀察使宗景同知大宗正事。

哲宗元祐三年四月二十六日，詔宗室嫁娶，依舊制大宗正司勘驗。

四年，詔宗室越本司訴事者罪之。

紹聖元年七月七日，詔：「知大宗正司（宗正司）宗晟管勾實及十年，合得恩澤特與回授長男吉州防禦使仲御，除府州觀察使。」

二年八月七日，三省奏事，上曰：「皇族狃習富貴，或弗能以禮法飭其下，獨同判大宗正司宗景家法甚嚴，茲可佳也。」輔臣對曰：「宗景領宗事十餘年〔二〕，職事亦修，聞

〔一〕熙寧：原無，按此「二年」乃指熙寧二年，見本書帝系四之一八，據補（據前文及本書帝系四之一七、一八，宗惠以治平元年六月同知大宗正事，三年四月罷，熙寧元年二月權同管勾大宗正司事，二年七月復爲同知。通計權同管勾，至熙寧九年五月正及十周年）。

〔二〕宗景：原作「景□」，據前後文乙補。

其德性安和，不以爵禄自驕，可以勸率宗親。」上曰：「可加使相，仍進封郡王。」制以(宋)〔宗〕景可特授開府儀同三司、判大宗正事，特封濟陰郡王。

三年七月十一日，禮部言：「乞宗室 20 祖免親授外官人，若未曾參部者，並依宗室例，令大宗正司管轄。」從之。

徽宗宣和四年三月二十日，尚書省言：「判大宗正事、江夏郡王仲爰等奏，本司自熙、豐而來，三司至六曹非相統攝，於本司皆行公牒。昨來吏部司封不依上條，於政和五年創行請申〔一〕，將合取會事務不行公牒，直押貼子，付本司取(嗦)〔索〕。緣本司即非司封所隸，既非所轄，自當公牒取會。欲望降旨，令司封遵依元豐舊制施行。」從之。

舊置判大宗正事、同判大宗正事、知大宗正事、同知大宗正事、知大宗正丞事、同知大宗正丞事各一員，今置判大宗正事、知大宗正丞各一員。舊置主押官一名，押司官一名，前行一名，後行一十二人，正名貼司一十一人，守闕正名貼司四人，私名貼司一十人，今置主押官一名，押司官一名，前行一名，後行七名，正名貼司一名，守闕正名貼司一名〔二〕，掌本司事務。士案，係掌行南班宗室磨勘、轉官、襲封及緦麻、祖免親嫁娶房卧錢，宗室賜名、授官，宗女夫乞官，郡、縣主奏薦，遺表恩澤，宗室乞岳廟差遣、换官，降生立名等事務。户案，係掌行南班宗室請受，非祖免以下親降生、分割財産，嫁娶房卧錢并宗室出磨添破，陳乞孤遺錢米，并覈實諸路孤遺錢米等事務。儀案，係掌行宗室朝參，主奉祠事，陳乞入道爲尼，及太廟五饗三獻、奏告等行事差官，并宗室聽請〔三〕、量試、贈官，南班差藥院等事務。兵案，係掌行宗室差親事官兵士、21 省馬等事務。刑案，係掌行宗室陳乞叙官，除落過名，作過犯罪拘管、鎖閉年滿放免等事務。工案，係掌宗室外住修造，本司應雜事務。

高宗建炎三年四月六日，知大宗正丞孫逸言：「南班環衛官宗室，已降指揮權於洪州置司，所有宗室及本司官吏請給并居住屋宇，乞依先置司江寧府已得畫一指揮施行。請給乞令本路轉運司於上供錢内應副，屋宇乞從本司於本州係官屋舍并寺觀内量行摽撥。」從之。

十四日，知大宗正事仲琮言：「昨因皇帝駐蹕南京，即(令)〔令〕本司先次敦率南班宗室渡江，前來江寧府權行置司。契勘江寧府邊江疆界，逐時兵馬往來駐劄，少得係官屋宇，見今宗室分撥在寺舍居止。緣本司所管宗室類多南班近屬，伏望特令於僻静去處如本路信州或江西路(處)〔虔〕州權行置司，令宗室往彼居住。若謂環衛官不當遠去闕庭，即乞依已得指揮，令臣選擇老成有德行者十數人，留行在以奉朝請。其家屬除願留自隨者外，其餘只令與衆宗室於所指州居住。所有宗室并本司官吏請給等，並乞依昨

〔一〕請申：按文例當作「申請」。
〔二〕「守闕」句：原無。屠寄天頭原批：「『貼司一名』下脱『守闕正名貼司一名』。」據補。
〔三〕請：似當作「讀」。

來移司江寧府已得劃一指揮。」詔依，令虔州置司。

七月三日，知大宗正丞洪子陽言：「在京南班宗室前往東南擇寬廣州郡置司居住，本司遂陳乞前來建康府。當時隨逐本司南班宗室共三十餘員，其餘願留京師者，朝廷亦許之。自此本司遂分爲兩處，凡行移及朝廷諸處取 22 會文字事干兩處者，其應報多不得圓備，不免遞中往復，至于再三，可以結絶，動至經年，近者數月。人吏更番往來，則互有不知首尾之托。況今日京師糴貴百倍，其他物價類皆翔湧，宗室何可久留？乞令在京宗室與本司依舊併而爲一，庶無行移往返、人吏更番之弊，宗室易爲檢束。」知宗仲琮契勘：若將東京本司并在彼南班宗室與行司併而爲一，則宗室無致散漫，人吏便於行遣。從之。

四年六月八日，大宗正司言：「西外宗室已到南雄州置司，月支錢三千餘貫，米二千餘石。大宗正司移廣州，未見得合支數目，雖許用上供錢，見並無合用錢米。」詔：「士㒟并南班官除合破使臣、人從依已降指揮並減半外，仍仰本路漕臣將合支請給那融應副。」

十月十二日，大宗正行司言：「近被旨虔州置司，切慮到彼，官司無憑應副，道路迢遠，難以旋行申請。候到吉州或體訪得虔州若有瘴氣，或有盜賊逼近，欲乞臨時擇穩便州府，逐急遷移前去，其宗室并官吏等請給，令本路轉運司并本州應副。有旨並依。先據知虔州守倅親來報虜騎已至萬安縣〔一〕，州民驚擾，勢相逼脅，慮有不測，本司已往廣州置司訖，其宗室并本司官吏等請給、屋宇等，令本路轉運司并所至州府，並令應副施行。」從之。

紹興元年十月九日，中書門下省言：「大宗正司見在廣州，西外宗正司已移司湖州，南外宗正司見在泉州置司，23 所有行在宗子見今無官管轄。」詔行在權置宗正一司，差趙仲蒸權行主管。

二十日，權主管行在宗正司趙仲蒸言：「被旨差充上件職，並不辟置官屬，欲乞正差手分一名、貼司二名充行遣文字。」從之。

(二)〔三〕年正月十四日〔二〕，尚書省言：「大宗正司在京日止係一司，差近上宗室主判。昨因巡幸，權移廣州置司。續降指揮，以行在宗室無官管轄，權置宗正司，差官一員權主管。緣一司案牘並在廣州，其宗子等陳乞請受、補官、恩澤、婚嫁等事，行移取會，往復留滯。及有不遵條法賭博、私醞、搔擾官司宗子，合要近上宗室充正官彈壓。兼廣州見管南班宗室並係近屬，理合移赴行在。」詔：「仲湜除兼判大宗正事，士㒟除同知，仍令仲湜將帶濮安懿王園廟官屬等，士㒟并見管宗室官屬等並赴行在。候到，其行在宗正司官吏並罷。」

四月十八日，詔：「諸宗室非袒免親詐稱袒免親陳乞

〔一〕知虔州守倅：「知」字似爲衍文，蓋「守倅」已是知州、通判之合稱也。
〔二〕三年：原作「二年」，據《建炎要録》卷六二改。

起支請受者，論如詐欺法。宗正司保明審驗不寔，與同罪。著爲令。」以户部言宗室有詐稱袒免親，妄經所屬陳乞給曆，放行請受故也。

六月二十一日，知臨安府盧知原言：「訪聞大宗正司及南班宗室，自今逐旋前來行在。緣修建宅舍尚未了當，全無安泊去處，欲將同文館及明慶寺廊屋應副，候修造了畢依舊。」詔從之，即不得多占間數及損壞屋宇。

十〔二〕月二十四日〔一〕，大宗正司言修蓋新宮，乞依舊以睦親宅爲名。從之。

四年正月十[24]五日，檢校少保、光山軍節度使、同知大宗正事士㒟言：「大宗正司以臣叙銜在同知大宗正事令時之上，緣令時於臣爲兄，今躋次非宜，尊卑失序，難以風勵宗屬。竊見祖宗法，大宗正司官三員，如仲爰係判，仲湙係知，仲羲係同知，皆以職事相壓。今臣與令時並係同知，自合以臣在令時之下。況頃先父仲御係節度使同知，而宗粹係觀察使爲知宗，其宗粹係先父仲御族叔，遂以尊卑相壓，更不論官序，乞賜改正。」從之，仍令學士院降詔。

正月二十九日，寧遠軍承宣使、同知行在大宗正事、安定郡王令時言：「准大宗正司牒，士㒟奏乞叙銜在令時之下，有旨特依。契勘在閨門之内，則有長幼之序，於朝廷自有官資高下之列。今宗正司正當奉行條令，風勵宗室，若使冒處，有礙官制，伏乞改正。」詔不允。

二月二十六日，吏部言：「大宗正司所乞宗室到部注擬，既本司見今未有干照見得服紀，自合令參部人指定宫院三代名諱會問。」從之。

十月十二日，知大宗正丞胡如壎言：「本司前後蒙朝廷送到有罪合拘管宗子人數不少，今來本司已得從便指揮，若將帶隨行，切慮道途難以照顧，别致生事。欲乞將見拘管人先次發赴(而)西、南兩外宗正司拘收，庶免疎失。」從之。

五年六月十六日，詔知大宗正丞事依宗正寺丞，作職事官支破請給。

七月四日，同知大宗正事士㒟言〔二〕：「近除安定郡王令玒同知行在大[25]宗正事。令玒雖係觀察使，於士㒟爲族兄，欲乞叙位在令玒下。」從之，仍令學士院降詔。

九月十一日，知大宗正事、嗣濮王仲湜言，乞將本司人吏依行在百司例支破贍家食錢。糧料院狀：「檢準敕，自今日已後官司更敢輒稱養贍不著，乞增添請受，以違制論。雖有請降到指揮，亦仰户部執奏不行。契勘大宗正司乞支破人吏贍家食錢，委有礙前項指揮。」詔特依宗正寺人吏等第支破贍家食錢，仍免執奏。

六年四月十三日，禮部言：「非袒免宗室訓名，係宗正司報宗正寺。如今後宗正(事)〔寺〕參照得却有同名宗室，

〔一〕十二月：原作「十月」，據《建炎要録》卷七一補。此亦三年事。
〔二〕同：原脱，據下文補。

乞令本寺分明開説重疊因依，報大宗正司別行點定，回報宗正寺施行。」從之。

八月三日，同知大宗正事士㒟言：「伏覩安定郡王令慶同知大宗正事，有司循習故常，以官序列士㒟於令慶之上。緣士㒟視令慶爲族兄，若從常制，實乖恩義。況令時、令玒亦緣官序不倫，已曾陳乞令士㒟序位逐官之下。欲望許令令慶序位在士㒟之上。」從之，仍令學士院降詔奬諭。

八年五月二十二日，詔仲儡除知大宗正事，人從除直省官外〔一〕，並特依仲湜體例施行。

十年二月七日，臣寮言：「伏覩近降指揮，許侍從官舉所知各兩人，獨於宗族未許薦拔。欲望許兩宗官亦各舉所知宗室三數人，以待朝廷任使。」詔許各薦二人。

十一年四月三日，光山軍承宣使、同知大宗正事士樽言：「伏覩臣寮奏乞宗官各 26 舉所知宗室三數人，以待朝廷任使。紹興十年二月七日，有旨許各薦二人。士樽承乏大宗，竊慮亦合依準上件指揮，宗子才能之士協于公議者，具名上聞，以備任使，庶幾仰副朝廷敦〔勉〕激勸之意。」從之。

九月四日，同知大宗正事士夽、士樽言：「行司間有公事不可專決者，申請往來，定成留滯。欲望許士夽等自今後輪那前赴行在大宗正司稟議，庶免別致生事。」詔遇有職事赴行在，本司令奏取指揮。

十二年五月六日，知大宗正事、權主奉濮安懿王祠事士夽言：「行在睦親宅趁赴朝參南班宗室，元係一十七員，今止有一十三員。後來雖申取指揮，令士街等赴行在趁赴朝參，又緣士街等並以病免。今相度，欲乞據見闕員數，於紹興府行司南班宗室内選擇循中規矩、別無疾病、可以趁朝參之人，具名申取朝廷指揮。仍乞今後遇有行在睦親宅赴朝之宗室事故，准此施行，庶免逐時紊煩。」從之。

十三年二月二日，詔：「今來見行正殿等禮儀，其宗室正任與外官正任係間班起居，可將紹興府大宗正司正任並發赴行在，令奉朝請。」

閏四月四日，詔：「今後〔字〕〔宗〕子除依條合該賜名人外，其餘並限一季，本家具名一二十字，經所屬陳乞，申大宗正司點定爲名。」以宗正少卿段拂等言宗室名犯重疊者多，故有是詔。

十一月三日，知大宗正事、權主奉濮安懿王祠事士夽言：「宗司近承准玉牒所取會宗子、27 宗女、宗婦年甲、三代等事。本司遷徙以來，文籍散落，雖逐旋供報，往往未得圓備。兼自出京之後，宗子寓居四方者，其所生子孫分散仕宦，而間有未曾申明本司者。欲望下諸路轉運司，（令）〔令〕所在州縣不以寄居見任，應及請錢米宗子，各具是何宫院及三代、年甲、兒女嫁娶誰氏等，申行在大宗正司并紹興府行司注籍照會。應今後宗子參部或赴官，或經過置司

〔一〕直：原作「置」，按宋有直省官，爲諸府賓贊，却無「置省官」之目，因改。

處，並令參見宗官，仍具脚色狀一本赴司供納，不唯有以稽考，亦足以見其履歷、能否。如有功罪顯著之人，聽具名申尚書省，以備朝廷升黜。或有違戾者，亦乞具犯人奏劾施行，庶使人人自重，可以關防，仰副陛下置司糾合之意。」從之。

十五年八月二十二日，同知大宗正事士䅳言：「南班宗室在外居住人，若非換官，其出入並依在宮法。今在外各無門禁，欲望今後外居南班宗室有犯約束，取旨拘收入宮居住。如情理稍重，奏裁。」從之。

十六年二月九日，詔同知大宗正司士䅳職事修舉，可與減三年磨勘。

十七年二月二十日，詔知大宗正司士夽職事修舉，可特轉行一官。

九月十七日，知大宗正事、權主奉濮安懿王祠事士夽言：「大宗正司在東京日，自有置司去處。近年以來，遷徙不安，只於宗官廨宇内隨宜擗截，委實窄隘，丞官亦無治事之所。緣本司所掌内外諸州軍宗室、宗婦、宗女，生亡、嫁娶、補官、請給及諸錢米帳狀干照 28 等文字，事體至重，左近接連居民草屋，寅夕不便，欲望踏逐寬廣去處修蓋。或未有去處，乞下臨安府相驗見今置司處，如有居民接連，依倉場庫務事體除(折)〔拆〕，量空地〔一〕。及廨舍内蓆草屋，亦乞改修瓦屋，免致疎虞。」詔令臨安府措置。

十九日，詔福州觀察使士䅳罷同知大宗正事、提舉江州太平興國宮。職事不修，累致詞訴故也。

十九年九月十八日，詔：「華州觀察使士街差同知大宗正事，令行在供職。所有差破宣借兵士并請給等，並依士夽、士䅳已得指揮施行。」

二十年八月十二日，詔皇叔泉州觀察使、同知大宗正事士街特授安慶軍承宣使，依前知大宗正事。以磨勘應遷也。

十六日，安德軍節度使、(聞)〔開〕府儀同三司、萬壽觀使、權主奉濮安懿王祠事士夽言：「臣陛辭之日，恭聆玉音，論及行在宗官。今有臣所知廉州防禦使士籛游心藝文，練習世務，若蒙差填在宗官見闕員數，委之表率，必能展盡所長，以副識拔。」詔從之。

二十二年七月二十五日，詔：「同知大宗正事士籛應住支支賜、賞賜米麥、公使請給等，並特依士夽已降指揮全行支破。」

十二月十一日，詔大宗正司并紹興府行司知宗，權通以兩員爲額，士夽闕更不差官。

二十三年閏十二月四日，詔同知大宗正事士籛職事修舉，依士夽例與轉行一官。

二十四年九月二十七日，禮部言：「萬壽觀申：檢準大宗正司條，遇元日、寒食、中 29 元、十月朔、冬至，差南班

〔一〕「量」下疑脱「留」字。

官詣萬壽觀朝拜。緣本觀後殿見安奉會聖宮章武殿祖宗神御，合與不合朝拜？」尋下太常寺勘會：「每遇元日、寒食、中元、十月朔、冬至，差南班宗室朝拜萬壽觀，已有立定條法外，所有萬壽觀後殿見安奉會聖宮章武殿祖宗神御，其所差南班宗室亦合朝拜。緣本寺自來未有該載朝〔拜〕儀式，今隨宜修立：是日，令所差南班宗室先詣萬壽觀殿下兩拜訖，詣香案前搢笏，三上香，執笏，復位。再兩拜訖，退。次詣後殿會聖宮章武殿下朝拜，上香，並如朝拜萬壽觀之儀。」從之。

二十六年三月二十八日，詔：「大宗正司不限文武，如有忠義孝友、文行廉謹、政事剛明，可以立治功，可以爲時用，薦之於朝，以備顧問。」先是，安定郡王令衿奏請故也。

二十七年正月二十五日，知大宗正丞喻樗言：「近降指揮，宗子、宗女、宗婦應干恩數合請於宗司者，其申陳及保明等事狀，專命臣寮分門編類，立爲定式。緣上件事理並隸本司所掌。」詔令敕令所同本司官編類。

二十九年三月十七日，安慶軍節度使、同知大宗正事士籛言：「與親兄士街同任宗事，而兄士街見係承宣使。自來宗司文移以官高下列銜，乞依士儴例於士（銜）〔街〕之下列銜。」從之。

三十年四月九日，詔：「恩平郡王璩已除判大宗正事，其合行事、恩數、請給，並依見行條令及士儴例施行。」

九月九日，安德軍節度使、同知大宗正事士街[30]言：「合破內知客一員，乞依同知士籛下內知客添給茶湯錢一十五貫，并合破抱笏祗應〔一〕。伏覩同知士籛下差到殿侍充抱笏祗應，見放行驛料。今來已差到殿侍四人，即不敢援例，止乞每月各人特添給茶湯錢一十貫。」從之。

三十一年二月二十一日，詔令大宗正司選擇保明宗室二員，代西、南外兩司見任人。先是，臣寮言：「西、南外宗置司泉、福，所以糾合天支，訓飭同姓也。比有漳州百姓黃瓊商販南番，其父客死異鄉，物貨並已乾沒，空舟來歸。所有逋負，官司追索，（佑）〔估〕賣其舟。知宗士衎借名承買，必有委曲。小（人）〔民〕迫切不能訴於州縣、監司，此所以不遠數千里，銜冤抱枉，投匭而赴愬。比聞朝廷行下本路提刑，雖先給還其舟，而前人所負倍稱之息，蓋有未易償者，如此，則是舟必折而入於知宗之家，臣恐小民無以自免。乞令有司立法，如兩宗司今後興販番舶，並有斷罪之文，并晝降每歲往泉南議事指揮亦乞寢罷。況兩司知宗在任年深，欲乞別選宗英往代其任。」故也。

三月六日，臣寮言：「近詔大宗正司選擇保明宗室二員，代西、南外兩宗司見任人。臣切謂兩外宗司本以訓飭同姓，使知禮義而表率，今聞貪冒不止，是豈置司之本意？今日南班至少，昨亦盡令居內，以奉朝請。今雖保明二員，

〔一〕抱笏：原作「袍笏」。按本書帝系、禮等門及《補編》多處均作「抱笏祗應」，據改。下句同。

若專於南班，則不過見在十餘人。以臣管見，擇內外文臣宗室之廉正者。況文臣宗室之除自有故事，31所宜遵守，不必拘於近例。」詔令三省選差文臣宗室一次。

孝宗紹興三十二年未改元。十月十八日，詔皇叔蘄州防禦使士豢揍用恩平郡王璩減年磨勘轉官指揮更不施行。以起居郎、兼權中書舍人周必大奏，南班正任十年一轉，須用實歷，無回授法故也。

隆興元年二月二十七日，安慶軍節度使、同知大宗正事士籛奏：「臣竊見方今邊埸未寧，調度尚繁，法行當自親近始。臣契勘生日支賜、郊祀賞給最爲優厚，欲乞並各權行減半，書表、客司、宣借兵士各乞量減。」從之。

六月九日，同知大宗正事、安定郡王令詪言：「契勘宗子、宗女、宗婦陳乞請受，出給料曆，法令太密，行移往復遲滯，遂致失所，合行奏稟下項：一、孤遺錢米乞從本司據憑省部關牒、州郡保奏，依法施行。一、袒免以下宗女若夫亡及休離歸宗，陳請孤遺錢米，不以有無子孫，特與批放。一、初出官人并選人改官出給請受文曆，若依元申明先關諸司審計司驅考，緣審計司於本司即非所隸，應報遲緩。欲乞特免本司關會一節，候本司牒到，令太府寺徑行驅考施行。」户部看詳，欲依本官所乞事理。從之。

九月七日，大宗正司言：「依指揮條具併省吏額。本司除主押官、押司官、前行外，於後行及正名貼司內從下各減一名。」從之。

二年正月二十七日，令詪言：「本司專掌屬籍，自渡江後，文字散逸，修纂未備。乞從本司立式，繳牒諸路轉運32司，行下所屬州郡，取索見任、寄居、待闕并無官宗室、宗女、宗婦，依式供具家狀，限半年類聚，齎赴本司，以憑編類。如取索違限，及供報不圓，并許本司申請朝廷指揮施行。」從之。

二月一日，大宗正司言：「太常寺報到差南班宗室太廟行事官，本司置籍輪差，往往稱疾請假。慮至期誤事，遇有請假，欲從本司差以次官行事外，依原降指揮宣醫。如見得託疾，從宣醫官徑申朝廷，乞賜行遣。」從之。

乾道五年八月十三日，同知大宗正事士銖言：「本司諸宮院元差宿直醫官三員，近降指揮減罷，止差小方脈一員。今乞依紹興府大宗正行司例，更存留大方脈一員。」從之。

七年十月十六日，詔：「紹興府大宗正行司可併歸行在大宗正司，其見任并已差下官屬並依省罷法。恩平郡王璩改判西外宗正事。」

外宗正司

【宋會要】

33崇寧元年，蔡京申請：「宗室既許分居兩京、輔郡，乞於兩京置外宗正司，擇宗室賢者管幹，逐處一人。仍於本州通判、職官内選二人兼領丞、簿〔一〕。凡外任宗室事不干州縣者〔二〕，外宗正受理。」大觀三年罷〔三〕，政和二年復置。中興南渡後，南外置司泉州，西外置司福州，丞係倅兼，簿係僉判兼。紹興府亦有宗正司，乾道七年省紹興府宗司隸行在。

紹興（二年六月七日）〔二十六年七月二日〕〔四〕，知西外宗正事士衎言：「西、南兩外宗司相去不遠，鈐束訓導，事體一同，有未便者，理合商議〔五〕，望許兩司宗官每年一次往來商議職事。」從之。

隆興元年，刑部言：「大宗正司奏，犯罪宗子雙月送西外，隻月送南外〔六〕。本部看詳，欲依所乞〔七〕。」從之。（以上《永樂大典》卷一一〇二）

敦宗院

【宋會要】

34 徽宗崇寧元年十一月十二日，提舉講議司宰臣蔡京等言：「追考神宗詔書，條具宗室事當今可行者，乞付本司立法。一、祖免外兩世貧無官者〔八〕，既不賜官，又不量試，故熙寧詔書惟賜田土，此服屬既盡而恩有不可已者也。今宗室未食祿者，與夫宗女未嫁者甚衆，世數既遠，祿不可及，乞依熙寧詔書賜田。其田並於兩京近輔沿流州軍取應未賣官田物業撥充。每州府各置宗室官莊，專差文武官各一員〔九〕，與逐州通判同行管幹。逐縣仰縣兼管，仍差指使二員。所收錢物並付係省倉庫收貯，每歲量入爲出，常於三分內樁留一分，以待水旱。約服屬遠近，每月量支俸料，宗女量給嫁資。仍立定則例〔一〇〕，量支婚嫁喪葬之費。其逐州自今後應有沒官田產物業更不出賣，並撥入官莊。其管幹官并指使並增俸料，若能擘畫增衍，量立賞典，或致虧欠，亦立罰格。仍先於京西北路撥田一萬頃，並從本司立法行下。一、宗室舊來在宮有出入之限，有不許外交之禁，宮門有機察之令〔一一〕。今疏屬外居〔一二〕，僅遍都下，積日滋久，殆不能容。出入無禁，交游不節，往往冒法犯禁。其貧不能給者甚於齊民，無資產以仰事俯育，無室廬以庇風雨。若不居之兩京，散之近郡，立關防機察之令，或一有非意犯

〔一〕兼領：原作「經理」，據《翰苑新書》前集卷三〇引《中興會要》改。
〔二〕不：原作「下」，據下文「徽宗崇寧元年十一月十二日」條改。
〔三〕大觀三年：《宋史》卷一六四《職官志》四大宗正司條作「大觀四年」，但《翰苑新書》引此文亦作三年。
〔四〕二十六年七月二日：原作「二年六月七日」，據本卷職官二〇之四〇及《建炎要録》卷一七三改。
〔五〕合：原作「有」，據本卷職官二〇之四〇改。
〔六〕上二句「雙月」、「隻月」，原作「雙日」、「隻日」，據本卷職官二〇之四〇改。
〔七〕所：原脱，據《翰苑新書》前集卷三〇補。
〔八〕祖：原作「祖」，據《宋朝事實》卷八改。
〔九〕專：原作「轉」，據《宋朝事實》卷八改。
〔一〇〕例：原作「列」，據《宋朝事實》卷八改。
〔一一〕「令」上原有「義」字，據《宋朝事實》卷八删。
〔一二〕疏：原脱，據《宋朝事實》卷八補。

法，則勢有不可已者。今請非袒免親以下兩世除北京外，欲分於西京、南京近輔或沿流便近居止，各隨州郡大小創置屋宇，仍先自西京爲始。每處置敦宗院，差文臣一員、武臣一員管幹，參酌在京宮院法禁可施行者頒下。應無父母兄弟，見任將軍、副使以上官者，許令前去。若有父母兄弟而願去，或無而不願者，聽從便。依外官赴任立法，量破舟船接人。仍乞先下（太）〔大〕宗正司取索願出外宗室職位及家屬數目，行下西京并本路轉運司，踏逐係官舍屋。如無官舍，即擇寬廣、去市井稍遠去處，相度修蓋，約人數計口給屋，量數先次蓋造。一、宗室今既許分〔居〕兩京、輔郡，乞於兩京置外宗正司，當擇宗室之賢者管幹，逐處各置一人。仍自朝廷於本州通判、職官内選差二人兼領丞、簿，以主其事。凡外（住）〔任〕宗室事不干州縣者，外宗正司受理，干涉外人即送所屬推治。其宗正司官吏受乞財物，凡有違犯，並依外官法。其一宗約束，及人從、俸給，並從本司參酌立法行下。一、今雖置學立師，爲量試之法，然所學未廣，遽使出長入治，必未能守法奉令，而至瘝官廢職。伏請依熙寧文武官試出官法，再試經義，中選者許令出官。若再試不中者，止許在宮院，使食其禄。其試法從本司參定。」並從之。

三年九月二十九日，南京留守司言：「準《外宗正司令》，宗室許於公使庫寄造酒。今已到宗室三[35]百二十五人，若男或女十歲已下者，合與不合造酒？」詔五歲以下不造，十五以下減半。

十月十四日，宗正寺丞徐處仁言：「準令，應脩纂宗室事迹，每歲九月上旬（開）〔關〕大宗正司取索，宗正司報寺即無日限。又河南府、應天府敦宗院宗室亦合於大宗正司取索，仍乞大宗正司將應干報寺條令下外宗正司照會。」大宗正司言：應天、河南府敦宗院宗室合修纂事迹，乞量立限外，令宗正司回報。詔限至十月十三日。

二十九日，詔諸州縣宗室官莊租課，如人户願計價納當月中等實價者聽。

五年正月十七日，詔：「兩京近置敦宗院，所以親睦宗族，愛養孤幼，法意甚善。有司督趣，不取情願，致親戚睽離，感傷和氣。可看詳元法，寬舒立文。如只願居（宗）〔京〕師，即不得抑勒發遣。令提舉（而）〔西〕、南京外宗正司取責兩敦宗院有無願居京師之人，如有，即仰依條支破盤纏、人（般）〔船〕，發遣上京。所屬官司抑勒者，以違制論。今後依此。」

大觀元年七月二十八日，詔奉義郎、南京敦宗院大學教授張戣轉一官。以宗子釋褐，教養有方故也。

二年八月二十二日，詔：「保州皇族子孫於屬雖遠，然未有仁而遺其親者也。比聞皇族之孫未官者餘三十人，或貧乏不能自存，已令置敦宗院。其六房内各擇最長年二十以上者與三班奉職二人，一房及六人以上者加一人，並添差監當差遣。」

三年三月二十三日，詔曰：「比置院于別都，增學于宮邸，廩其無禄而教養其未命者，累年于兹。宗子之在別都，或輕犯法，吏弗能禁，民以爲擾。師儒之官殆相倍蓰，而就學者寡。官冗而事煩，宜有裁適，以法永久。應兩京敦宗院并官吏並罷，（左）〔在〕院宗室令所屬限兩月依官序差人（般）〔船〕，給驛券，津置赴闕；無官者依監當官例。其官莊財用並令常平司拘收封樁，舍屋並撥充公宇。應兩京宗室到闕，許就睦親、廣親宅并傍近舍屋居止，每員所占依自來條例。應宗學并博士、正、録員數，及南班官、無官宗室及第出身等推恩條格，令編修聖政（禄）所限十日，重加詳定以聞。」

政和二年七月八日，詔曰：「國家承平日久，宗族蕃衍盛大。服屬既遠，禄爵有所不及，而貧乏至或不能自存。昨詔有司分食兩京，爲立廩稍之格，申以庠序之教，朕心庶幾焉。日者有司將升等者削其令，給禄賜者裁其數，千錢石粟，試而後給，丁憂事故，阻格不與，廢敦宗，罷學校，流寓輦轂，無室廬以居，失敦叙之意甚矣。應宗室並依大觀三年四月以前處分，其敦宗院屋宇，可下所屬，速令繕葺。歲收田租，支外有餘，婚嫁、喪葬、月給，量與增數。丁憂事故，不得住給。訪聞應有官人以員多闕少，三二年不得差遣，頗致匱困，朕甚憫之。應該出官待次半年以上，無闕注擬，及停廢替黜已經一期，可各隨本資序注授一處，各令 36 之任，支與請給，仍與人從之半，不滿十人全破。更不釐務，依在任法，每州不得過二人。願待次注授者自依舊法。所在登科試中人，並與添差。」

八月十二日，知西外宗正事士暕奏：「應兩京敦宗院宗子有文藝行實，衆所共知者，許外宗正官考察以聞，量材録用。其或敗群亂衆〔一〕，違犯禮法者，乞依（太）〔大〕宗正司（以）〔已〕得指揮，量行庭訓。」從之。

十六日，士暕又奏：「乞應（祖）〔袒〕免親宗女無祖父母、父母、夫殁無子孫、本官無期親以上食禄者，許入敦宗院（君）〔居〕住，身分料錢外，與量支錢米。至再嫁，比附非（祖）〔袒〕免親宗女再嫁錢數支給。已上並支宗室財用。」詔依，内再嫁許給錢一次。

三年正月二十三日，西京外宗正司狀：「契勘敦宗院宗女有祖父母、父母俱亡，在室及聽離歸宗人，見有親兄弟、伯叔或親姪在敦宗院，往往不肯同居，便要別作一位。本司今相度，乞應敦宗院宗女祖父母、父母俱亡，見在室，及聽離并夫殁歸宗者，並令於在院親兄弟、伯叔或親姪位同居。如在院無期服以上親可以同居，即令於在院服屬稍近宗室位次鄰近別給屋二間居住。有姊妹者，並同居。」從之。

四年六月三日，南京外宗正司奏：「檢承勑節文：西京、南京復置敦宗院，其合置官屬等，並依大觀三年四月以

〔一〕群：原作「郡」，據文意改。

前指揮施行。本司今來修葺到敦宗院舍屋共一千四百二十七間，依元降朝旨分擗作一十六宮院，並已了當。財用司錢物已得足備，到院宗子并緣婚嫁應用什物並（以）〔已〕豐足外，有未到院宗子四十八位，屋宇預行修葺，並已足辦；及勸誘宗子已入大小學人二百一十五員。今來復置敦宗院事務，委是就緒。」詔知南京外宗正事、管勾宗室財用及博士等各特轉官，宗正丞、管勾敦宗院各減三年磨勘。

六年四月十九日，西京外宗正司奏：「兩京敦宗院每緣省親、參部、赴試，往往到闕散處在外，違犯約束者衆。乞令兩京敦宗院給公據起離，除省親者在所省親處外，其參部者欲權在本宮院尊長位，赴試者欲待試於本宅宗學。如沿路違程，不赴注籍，非時出入而不經申判者，即望遣還外司，或殿試一次，或再入學，方聽擬注，或依學法先入自訟齋。所屬尊長、本學長諭縱令在外違犯而不遵（鈴）〔鈐〕束者，聽具名奏劾。」從之。

八年四月十四日，詔：「見在兩京敦宗院宗室，並依舊兩京居止，如有已起離者，令大宗正司疾速遣還，並依崇寧法。」據此詔，日前當有復居京師指揮，今檢未獲。

宣和二年八月四日，詔西、南京敦宗院：「崇寧立法已備，自大觀續降衝改，浸失本旨。廩給之厚頗踰袒免親，合鼇務人坐享厚禄，不復注授，既違先帝（辦）〔辨〕親疏等降、使之從官以成就其材之意。南敦宗院有田四萬四千頃，房廊二萬三千六百餘間，而日患不給，爲法之久，殆不能守。西、南37敦宗院自今可並依崇寧舊法，應續降申明衝改凡係崇寧舊法所不載者，並更不施行。崇寧法於公庫寄造酒及遇節管設，仍並罷。見在院人依崇寧法，不合入院者特免改正外，依大宗正司條法，不應支破請給或食料者，據本院見請減半給之。其合鼇務官到院滿一年，未鼇務官自合赴部日滿三年不注授者，本位錢米等並住給。所有財用令外宗正司管勾財用官樁留，逐歲令用〔過〕實數，以十分爲率，更留二分寬剩，餘並令逐路諸司隨用。原本缺。業錢物元合屬處拘收，具數聽旨。」

三年六月二十七日，增置西、南外敦宗院教授各一員。

高宗建炎元年八月一日，知南外宗正事趙士㒟言：「近往淮甸措置就糧去處，今來唯有揚州寬廣，粗可安集。緣本州路當衝要，又所管止有三縣，素號闕乏，竊恐緩急難以應辦。契勘揚州與潤州對岸相去止隔一水，若於潤州置司安存宗室，不獨淮甸財用咫尺，兼亦良便。」詔南外宗室往鎮江府，西外宗室往揚州，東京宗室往江寧府。

二年正月九日，詔：「西外宗室令泰州、高郵軍居住。趙令廌差知西外宗正事，主管泰州宗子。趙士從添差同知西外宗正事，主管高郵軍宗子。」

三年六月六日，詔：「宗室女、宗婦散漫無依，仰州縣長貳支給錢米，津發赴所屬。有官人發赴吏部，無官人發赴西、南兩京敦宗院。如州縣奉行滅裂，即許越訴。」

十二月二十日，知南外宗正事士樽言〔一〕：「昨被旨，許緩急將帶一行宗子官吏等從便遷徙州郡，就請錢糧。今來本司已自顧海船般載宗室等，移司前去泉州就錢糧，所有宗室、官吏請給等，乞下泉州應副。」從之。

紹興元年九月十九日，中書舍人胡交修等言〔二〕：「嗣濮王仲湜乞權將南外宗正司與西外宗正司合爲一司〔三〕，裁減官吏等事，今具申請畫一：一、南外宗正司見在泉州置司，即今見受宗子一百二十二人，宗女一百二十六人，宗婦七十八人，所生母一十三人。官屬知宗令廌，主受財用（言）〔官〕韓協、陸機先，財用司指使賀琮、孫康。主受財用官并指使乞並罷。主受敦宗院官等邵壙、李泳只乞存留一員，敦宗院指使智修請兼監親睦庫，敦宗院監門官王德，一員見闕，只乞差一員，兼檢察宗子錢米，餘一員減罷。兼監親睦庫係財用司指使，已罷。人吏宗正司六人，財用司四人，敦宗院二人，親睦庫子二人，只乞留書吏一名，副書吏一名，貼司一名，財用司人吏並罷，敦宗院留手分一名，親睦庫子留一名。西外宗正司即今見受宗子九十五人，宗女四十九人，宗婦三十人，所生母二人。官屬知宗士持，主受財用官二員，已差下張世才，即今未到任，一員見闕。主受敦宗院胡宗懿、王子濬，敦宗院教授侯文仲，監親睦倉庫劉昇，監敦宗院門路闢，財用司指使曹泑、張察。人吏宗正司六[38]人，敦宗院二人，財用司六人，敦宗院監門下軍典一名，親睦倉（亦）〔下〕攢司一名，庫子二人，財用司兩指使下軍典各一名。若將西外宗子併入南外宗正司，其西外宗正司官吏各並罷。又臣僚上言，（各）〔合〕罷宗正司財用官，其宗室請給係轉運司將上件錢物應副。今來財用一司官吏合行減罷，所有逐月檢察宗室錢米，乞令敦宗院監門官兼行檢察施行。（監）〔交〕修等契勘：南外宗正司見在泉州置司，其原本缺。見受宗子等人數，本處錢糧已是贍養不給。若便將西外宗正司併爲一司，顯見錢糧無可應副，兼所受宗子等無處安泊。所有南外宗正司乞減官吏等欲並依所乞外，其西外宗正司舊置司內本司官吏等，欲比附南外宗正司裁減官吏等事理施行。」從之。

二年三月四日，臣僚言：「伏覩舊制，置西、南外敦宗院，爲孤遺無官宗子屬籍，敦宗院每一口月給米一碩、錢二貫。有出官或隨侍者，申所屬。離敦宗院，落籍住支。伏見建炎初登極大赦數內，西、南兩京無官宗子往往收執敦宗院所請孤遺券曆，任所勘給，顯是冒濫。今欲乞行下諸路州郡，若見任人以此冒濫者，並仰截日住支，候任滿日申所屬勘給。」戶部勘當：「見任差遺之人自有本任合得請給，其本房人口月給錢米，依條自合支給。」從之。

〔一〕士樽：原缺，據《建炎要録》卷三〇補。
〔二〕胡交修：原作「胡文修」，據《建炎要録》卷四七改。
〔三〕上「外」至「合」十一字原缺。按《建炎要録》卷四七記此事云「嗣濮王仲湜請合西、南外宗正爲一司」，據其意補。

四月二十二日，兩浙轉運判官梁汝嘉言〔一〕：「應宗室文曆，並經由南、西兩宗正司，召同宗有服人兩員保明，宗正司覈實批上，州縣方得勘支。」户部勘當：「欲下諸路州軍，依已降指揮召本官尊長或無服紀宗室大使臣兩員，如無大使臣，即召宗室小使臣三員結除名之罪，批書印紙及官告了當，批上請受文曆，及乞委逐州長（史）〔吏〕驗實，方得放行。」從之。

閏四月二十日，知南外宗正事趙令廣言：「敦宗院許置教授一員教（遵）〔導〕宗子，昨緣前宗室士樽申明，得旨更不差注，止就州學教授兼領。（與）〔契〕勘本司所管宗子人數衆多，比緣兵火之後，全（之）〔乏〕教導。契勘西外宗正司所管宗子全少，見依舊法專置教官一員。今來本司人數既多，往往聽從勸率，務學向善。欲望依西外宗正司見行舊法，置敦宗院教授一員，庶幾教導宗子，不致失學。請給、人從，乞依州學教授條例施行。」詔依西外敦宗院許置教官。

三年五月十二日，知泉州謝（客）〔克〕家言：「泉州賦入素爲微薄，不足支用，南外宗子支費尤爲急闕。緣本路止有提刑、市舶、常平司錢物，各有專法，不許他用。其南外宗室等請受，雖被旨令轉運司支撥上供銀價錢二萬貫應副，自去年七月支到十一月終外，自十二月至今年終尚闕錢六萬二千四百餘貫，欲乞給降。」詔令禮部給降福建路空名度牒二百五十道，專充前項支使。

五年閏二月二十三日，詔皇叔眉州防禦使、知西外宗正司士樽特與轉39正任觀察使。以通判福州、權西外宗正丞郭三成言：「士樽終滿三年，任内無遺闕，所總宗室並無犯徒以上罪，乞送吏部勘當。」本部申，正任刺史以上轉官並係朝廷除授，特有是旨。

三月三日，詔：「西外敦宗院赴任宗子，雖不般家屬前去，如至任所在十程之内〔二〕，亦便行住罷本房人口錢米。如在十程之外，即計程限一月内般取。如違限，更不得支給錢米。南外宗正司依此。」

七月十七日，添差通判湖州趙子偁言：「欲乞將諸州宗室，令逐州空閑官屋，如無，以官地蓋造屋宇，拘在一處。内選差尊長一人鈐束，檢察僞冒。仍差監門官一員，禁止出入。年未及十五歲附入州小學，十五歲以上入大學，依學生月給錢米，仍許依進士科舉法取應。未出官者亦許入學聽讀，實及一年方許參選，庶可教養成材，上副陛下敦叙之意。」從之。

六年三月二十六日，南外宗正司言：「檢準崇寧《外宗正司令》〔三〕，諸外宗正丞以本州通判、簿以職官兼領，又令

〔一〕梁汝嘉：原作「梁汝家」，據《建炎要録》卷五一改。按汝嘉除兩浙運判在此年二月。
〔二〕任所：原作「住所」，據文意改。
〔三〕令：原脱，據文意補。本書帝系五之一八：崇寧三年「九月二十九日，南京留守司言：『准《外宗正司令》』云云。」是即崇寧《外宗正司令》也。

諸丞、簿取旨差。契勘本司見闕宗簿一員，已牒左朝請郎、就差簽書平海軍節度判官廳公事朱缶權行主管，本官委是協力，欲望朝廷正行差注兼領。」從之。

八年三月十八日，鄧州觀察使士樽言：「外宗正司自艱難以來遷徙不常，在院宗子有失師訓，數年纔有定居，即分大小學隨材教導。其間稍有向學能文者，未聞激勸之方。欲乞應敦宗院宗子在學實及二年，文藝卓然，衆所推譽，委自教授保明，宗官考實，申奏朝廷，乞特免文解一次，即不敢比附量試之人補授官資。」詔令逐司每年各舉一名。

十三年十二月四日，禮部言：「臣僚乞於逐路漕臣置司所在各置一敦宗院，而因委之提舉。本部措置，欲令大宗正司行下諸路轉運司，委州縣取會。凡（遇）〔寓〕居宗室，令州軍勘驗詣實。如依條願歸兩外司，計程量給路費，立限一月起發，經過去處無故不得住過五日。其未能歸司者，欲遵依紹興五年七月十七日指揮施行。或無官舍，即從本州措置，權於寺宇作宮院居住，限一月遷入。應出違日限，並住行支給錢米。所有自東京續到之人，亦乞依此。仍下刑部鏤版，遍牒州縣施行。」從之。

十四年十二月十九日，詔：「知西外宗正事士慷訓導宗子，率循規矩，俾試有司，合格者衆。惇叙之効，備見究心，可特與轉行一官。」

十六年十一月二十四日，上諭輔臣曰：「南外宗正司士源將滿，可與合得恩澤，別選差替人。宗官得人則宗室皆循理，不得其人則綱紀廢弛，遂致侵（優）〔擾〕州縣，宜在謹擇之。」

十八年七月五日，大宗正司言：「據南外宗正司敦宗院都尊長趙子竧并宗子等一百一十六人狀，伏覩知南外宗正事、泉州觀察使趙士琣到任近及一年，克立恩威，革去舊弊，孤遺老幼，各循義方。子竧等竊慮朝廷別有峻40擢，使宗子等有失依賴，乞候今任滿日，許令再任一次。」詔令再任。

二十六年三月二十八日，詔：「西、南兩外司不限文武，如有忠義孝友，文行廉謹，政事剛明，可以立治功，可以爲時用，薦之於朝，以備顧問。」先是，安定郡王令衿奏請故也。

七月二日，保寧軍承宣使、知西外宗正事士衎言：「西、南兩外宗司相去不遠，凡所申請及鈐束訓導宗子事體一同。其間有未便於事者，理合商議，欲望許兩司宗官每年一次往來商議職事。」從之。

三十年九月十三日，士衎又言：「西外敦宗院都尊長文之供職十年，教誘同宗，留心學校，前後科舉無不綴者。緣本人見免文解，乞將文之依本院前都尊長左之例使（郊）〔效〕一官，有以激勵。」從之。

同日，詔：「秉義郎主管敦宗院劉機、成忠郎監敦宗院門張深特令再任，守闕進武副尉林愿留充本司點檢文字，依大宗正司格法支破請給，理爲資任。」從知西外宗正事士衍乞依南外宗正司例故也。

孝宗紹興三十二年未改元。十月十三日，知南外宗正事趙子游奏：「檢照紹興元年九月十九日勑，嗣濮王仲湜奏裁減南外宗正司官吏，數内主管敦宗院官二員，監門官二員，各留一員，餘並罷。」

隆興元年七月四日，南外宗正司言：「違限未嫁宗女，乞特與展一年。如限滿未嫁，依舊支錢米。所有歸宗之人，亦乞寬限一年出嫁，庶可從容議親。」從之。

八月十四日，詔行在及紹興府宗正司教授、紹興府主管財用〔一〕、宗丞各減一員。從臣僚議減吏額之請也。

十月二十四日，刑部言：「大宗正司奏，應宗子犯罪鏁閉，依已降指揮分送西、南兩外宗正司。今諸路州軍勘奏犯罪宗子，得旨令本司庭訓訖鏁閉。若令本處差人押赴本司，却行差人管押分送兩外司，亦恐往復經涉，道路不便。欲乞今後原奏州軍承降指揮到日，徑自差人管押前去，雙月送西外司，隻月送南外司。本部看詳，欲依所乞。」從之。

乾道二年正月二十五〔日〕，户部、禮部言：「知南外宗正事趙不猷奏，諸州宗室尊長不過檢察僞冒請受，至於犯法，莫敢誰何。欲乞將在外宗子應有罪犯，並聽本州尊長量行訓治。本部勘當，除宗子所犯情理深重合取旨外，餘欲依所乞施行。」從之。

二年十一月十七日，皇弟少保、静江軍節度使、判大宗正事、恩平郡王璩言：「紹興府大宗正行司昨差宗丞一員，財用一員，宫教二員。近裁減宗丞、宫教各一員，以本司財用兼充宗丞職事。竊緣主管宗室財用係專一檢察幫書，應南班宗室行司官吏請給係屬本司所隸，若令財用兼充宗丞職事，委有妨嫌，欲乞將行司宗丞職事令宫教兼權。」從之。

七年四月十二日，宰執進呈士輵薦令德可爲宗官。上曰：「可差知南外宗正司事。」虞〔充〕〔允〕文奏曰：「行在、紹興、西、南外置宗正司四，蜀中 41 獨無，亦是闕典。」上曰：「蜀中宗子豈無不率教者，西、南外兩司可移其一於蜀。」允文奏曰：「容臣等討論取旨。」

五月四日，宰執進呈宗正元置司指揮。允文奏曰：「陛下以紹興密邇行都，不置宗司亦可。今考元置司之由，蓋紹興三年臨安未有屋宇，權行分擘居住。」上曰：「紹興若無此一司，宗子何所隸屬。」允文奏曰：「紹興管南班三二員，令隸行在大宗正司可也。」上曰：「可移於蜀。」（以上《永樂大典》卷一六六六六）

玉牒所

【續宋會要】

42 玉牒所。淳熙元年十一月十一日，詔差宗正寺簿樓鍔時暫點檢《宗藩慶系録》并《真宗皇帝玉牒》〔二〕，權以檢

〔一〕「主管」上「紹興府」三字疑衍，此主管財用官乃紹興府宗正司之主管財用，而非紹興府之主管財用。

〔二〕宗：原作「宋」，據文意改。

討爲名。以《真宗皇帝玉牒》成書，闕官點檢，本寺乞差官時暫通攝，故有是命。

十二月十六日，玉牒所上新修《三祖下五世宗藩慶系録》[一]、《真宗皇帝玉牒》，詔於龍圖閣安奉。詳見「修書」。

二年十一月六日，宗正少卿程叔達言：「玉牒修書止以實録、帝紀爲則，其旁見他書者未敢廣取，恐未詳盡。乞下修書官屬，許參考諸書修入。」事下國史實録院議，本院請除《會要》、《聖政》、《政要》、《寶訓》、《訓典》係史館藏書，合許參照修入外，其他傳記、碑刻竊恐登載未實，難以照用。從之。

四年三月九日，玉牒所上《仁宗皇帝玉牒》、《今上皇帝玉牒》，官吏照例推恩。詳見「修書」。

四月六日，詔《仁宗皇帝玉牒》自天聖十年，《今上皇帝玉牒》自乾道九年以後接續修纂。

七月三十日，宗正寺言：「乞將本殿背印親事官三人，更令皇城司選差親事官一名，共作四名，充玉牒殿掌管官物庫子，分番宿直。」從之。

五年十月八日，玉牒所上《三祖下第六世仙源類譜》、《仁宗皇帝玉牒》，官吏照例推恩。詳見「修書」。

十二月十五日，兼修玉牒官王希呂等言：「三祖下第七世以後《仙源類譜》并《仁宗皇帝玉牒》，自慶曆二年以後合接續編修之。」

七年四月三日，玉牒所上《仁宗皇帝玉牒》、《哲宗皇帝玉牒》，官吏照 43 例推恩。詳見「修書」。

十二年四月十五日，中書舍人、兼修玉牒官王信等言：「玉牒殿昨承乾道八年六月内聖旨指揮，專差内侍二員、武臣一員、專副二人專一掌管，本所更不干預。今來本殿去失官物，若不措置差官逐時點檢，竊恐仍前循習弛慢不便。竊見太廟奉安所所管殿室法物等，係太常寺每季輪差寺官點檢，具有無損失申朝廷。本所欲依太常寺體例，每季差本所官一員赴殿，同幹辦官點檢。」從之。

十三年十月九日，給事中、兼修玉牒官王信等言：「本所恭修《仁宗皇帝玉牒》，自皇祐四年至嘉祐八年已成一朝，并英宗皇帝一朝《玉牒》及《三祖下第六世宗藩慶系録》已成書，未經進呈。伏覩國史院已承指揮，今冬投進《四朝國史·列傳》，乞許令本所與國史院一就同日進呈。」從之。繼於十一月二十一日進呈，推恩等詳見「修書」。

十二月九日，詔玉牒所減手分二人，守門親事官二人。既而以司農少卿吳煥議減冗食，下敕令所裁定，故有是命[二]。

數，庶幾爲評事者不以舉員爲念，俾得以一意職業。詔依，今後遇斷刑少卿全年闕官，其合舉改官員數，至歲終

[一]「下」：下原有「上」字，據《玉海》卷五一刪。
[二]「裁定故有是命」六字原脱。按本書中從吳煥議減冗員之同類條文共數十條，均云「下敕令所裁定故有是命」，今據補。

許大理卿補舉〔一〕。

淳熙十六年閏五月一日，詔右丞相留正提舉編修玉牒。

二十四日，玉牒所言：「恭覩今上皇帝登寶位，本所合自皇帝誕聖之後編修《玉牒》，申請下項：一、今來編修今上皇帝《玉牒》，合書注誕聖以後符瑞，及聽讀聖德、初封冠禮、并納夫人及44節次加封食邑，册立皇太子至登庸位應干麻制〔二〕、册文、典禮，及辭免批答等事跡，欲乞朝廷劄下隨龍官屬等逐一取降，編類申所。一、合要今上皇帝即位以後三省、樞密院并中書門下後省應經修進宣諭聖語、《時政記》、《起居注》照用，乞從本所依年分旋於逐處關借副本藁草，赴所抄録，照應編修。一、欲從本所行下六曹寺監等處，將每遇承受應干續降聖旨指揮及改更詔條事件等，並限日下關報赴所。如有差漏，乞依史館已得指揮施行。」從之。

十一月十六日，宗正少卿耿秉等言：「本所恭修到《至尊壽皇聖帝玉牒》，係自乾道九年接續起修至淳熙九年，計一十年，並已成書。欲候《日曆》進書日，許令一就同日進呈。」從之。

十二月三日，玉牒所言：「進呈《至尊壽皇聖帝玉牒》，下項：合用匣仗、梵板、羅紙、帕複等，乞依體式令文思院製造。留中及投進重華宮本并副本，係用貢餘三省紙書寫，朱紅欄界，乞從本所具數報雜買務收買。合用顧工、雜支等錢，欲依淳熙七年例支降二千貫，乞下户部於左藏庫支供。」從之。「合進讀第一册上五版，欲乞將來恭進重華宮日，用羅本進讀。其恭進本令都大主管官、承受官授重華宮提舉、提點官進入。《玉牒》羅本欲候進呈畢，迎奉回玉牒殿幄次權行安奉，以俟恭進重華宮。進讀畢，迎奉於玉牒殿正行奉安。依例修玉牒官進讀第一册上五版，今來見闕45修玉牒官，欲乞就差以次官進讀。皇帝恭進《至尊壽皇聖帝玉牒》，本所編類作一十二帕〔三〕，合製造黃羅套封，預前就委本所承受官進請御名，降下封複，以俟恭進。其合用表文，乞下學士院預期製造。所有留中本，依例至日令本所承受官傳進。依自來進書體例，閤門修定儀範，合差點檢、職級、手分入殿起居及往回照管。合用品服，欲乞從本所報文思院，照應昨進呈《玉牒》、《慶系》體例制造，赴所給散施行。」並從之。

紹熙元年三月十六日，宗正少卿耿秉等言：「本所見編修今上皇帝玉牒、會要，皇后家世、三代名銜并始生年月日時、行第，及符瑞、初封并節次加封年月日等事迹，照應編修，欲乞朝廷劄下本所，移文本殿提舉、承受官逐一取降

〔一〕「數庶幾爲評事」至「大理卿補舉」一段，原緊接上條「下敕令所」。審此數句乃言大理評事舉員，與玉牒所無涉，當是他處之文錯簡在此。今分出俟考。

〔二〕登庸位：「位」字疑衍，或「庸」當作「寶」。

〔三〕帕：似當作「帙」。

付所。」從之。

八月十六日，玉牒所上《至尊壽皇聖帝玉牒》。官吏推恩詳見「修書」。

三年四月七日，吏部侍郎、兼修玉牒官羅點等言：「本所接續修纂《至尊壽皇聖帝玉牒》，係自淳熙十年以後至十六年二月一日，將以成書，欲候國史、日曆所進呈《聖政》日，許令一就同日進呈。所有合行事件，乞並依紹熙元年體例施行。」從之。

十一月二日，閤門言：「十一月十四日，垂拱殿進呈《至尊壽皇聖帝玉牒》、《聖政》、《會要》，從閤門修定禮儀節次如後：其日，皇帝御垂拱殿坐，候有司排備。儀鸞司於殿上東壁稍南設至尊壽皇聖帝《玉牒》、《聖政》、《會要》卓子，并設拜褥訖。知閤門官二員 46 前導，簿書官二員自殿門前引《玉牒》、《聖政》、《會要》腰輿入殿，分東、西壁禁衛前立定。腰輿不置地。玉牒、聖政、會要所點檢文字以下並靴、笏。隨腰輿入殿，於腰輿西一行立。閤門報引玉牒、聖政、會要所提舉官、禮儀使以下并騎導官、親王以下並靴笏。入殿，於殿下分東西相向立定。皇帝服靴袍，出宮。禁衛等并玉牒、聖政、會要所點檢文字以下并腰輿下人並迎駕，自贊常起居。內掣腰輿輦官不拜，止應喏。皇帝坐，知閤門官以下次第常起居。次舍人分引玉牒、聖政、會要所提舉官、禮儀使并騎導官、親王、執政官以下，并進讀官及玉牒、聖政、會要所官一班常起居訖。玉牒、聖政、會要所提舉官、禮儀使、執政官、進讀官、玉牒、聖政、會要所官并殿東階下面西立，餘官並出殿。次入內官，詣《玉牒》、《聖政》、《會要》腰輿前，腰輿置地。各取合進呈書匣捧升殿，於殿上東壁卓子上各置定。玉牒匣在南，聖政匣在中，會要匣在北。知閤門官二員前導，皇帝起，詣褥位東向立，再拜訖，前導復歸御坐次。舍人(撥)〔引〕玉牒、聖政、會要所提舉官、禮儀使、執政官并進讀官升殿，於御坐東面西侍立。玉牒、聖政、會要所官殿下依舊立。俟入內官進御卓子，玉牒所提舉官并進讀玉牒官稍前立，分進讀玉牒官於御前過西壁面東立。玉牒所提舉諸司官於玉牒匣前搢笏，啓封，開鎖訖，出笏，歸侍立位。玉牒所承受官搢笏，於匣內取册轉 47 授〔提舉官〕。提舉官搢笏接訖，承受官出笏，提舉官捧册置御卓子上，出笏。皇帝起，於御坐前立。提舉諸司官、承受官分東西相向立，並搢笏。揭册訖，出笏。進讀玉牒官搢笏，稍前取篦子指讀。逐板揭册指讀，並如上儀。俟進讀畢，皇帝復坐。進讀玉牒官置篦子於御卓子上，出笏，却於御前過東壁，降東階下殿東壁面西立。提舉官搢笏，收册，復授〔承受官〕。承受官搢笏，接訖，提舉官出笏，稍後立。承受官捧册入匣訖，出笏。提舉諸司官搢笏，歸匣訖，出笏，歸位立。次聖政所，次會要所，並如上儀。入內官撤御卓子，捧匣下殿，置腰輿上。玉牒、聖政、會要所提舉官并執政官並降東階下殿東壁面西立。舍人引玉牒、聖政、會要所提舉官、禮儀使一班當殿立定，各出班稱謝訖，歸位立〔一〕。贊兩拜，如御藥下殿宣答，聽宣答訖，兩拜，舍人引赴東壁面西立。次玉牒、聖政、會要所官一班當殿立定，引班首出班，稱謝訖，歸位，兩拜。如傳旨謝恩，兩拜訖，不該賜茶官先退。次引提舉諸司官并承受官以下一班當殿立，兩拜訖，並歸位立。次引玉牒、聖政、會要所點檢文字以下一班，如上儀。如傳旨宣坐，賜茶，合赴坐官賜茶如儀。俟賜茶訖，皇帝起，還宮。」

十一月七日，御史臺、閤門、太常寺言：「十一月十四日進呈《至尊壽皇聖帝玉牒》、《聖政》、《會要》，所有安奉、迎奉儀注，今同共修定下項：前期，儀鸞司同臨安府於玉牒所玉牒殿設權安奉玉牒幄次，又設提 48 舉官等並玉牒所官及文武百官幕次於玉牒所内外，又於玉牒所門外設《聖政》、《會要》幄次，又於祕書省設權安奉《聖政》、《會要》幄次，又於祕書省内外設提舉官等及文武百官幕次，并於垂拱殿門外設權安奉《玉牒》、《聖政》、《會要》幄次。進呈前一日絕早，玉牒所、國史日曆所、祕書省提舉官、都大主管官、承受官、諸司官以下，玉牒所官、國史日曆所官、祕書省官，各赴逐處幕次。俟儀衛、儀仗、樂人、輦官等排立定，御史臺、閤門、太常寺於祕書省引國史日曆所官詣權安奉《聖政》幄前，北向立班；次禮直官引提舉官詣幄前，北向立班，皆再拜。提舉官升詣《聖政》香案前上香，降階復位立。提舉官以下皆再拜訖，退歸幕次宿衛。《會要》、《玉牒》如上儀。迎奉并進呈：其日五更，騎導等官先赴祕書省幕次，并合赴祕書省儀衛、儀仗、輦官、樂人等並排立定。御史臺、閤門、太常寺分引宰執、親王、使相、侍從、臺諫、兩省官、知閤、禮官、國史日曆所、祕書省官、南班宗室，詣權安奉《聖政》、《會要》幄前北向立，提舉官以下皆再拜訖。分引提舉官各升詣《聖政》、《會要》香案前上香，降階復位立，提舉官以下皆再拜退。引提舉官升詣幄前，分東西相向立。次引親王、使相、執政、侍從、臺諫、兩省官、知閤、禮官、國史日曆所、祕書省官、南班宗室以次出，分左右乘馬騎導。次輦官捧擎《聖政》、《會要》腰輿進行。儀衛、儀仗、樂人作樂前引。次引提舉官，乘馬騎 49 從至玉牒所門外，《聖政》、《會要》腰輿權入幄次。其玉牒所行禮，並如上儀訖。次引騎導官，並分左右乘馬騎導。次《玉牒》腰輿進行，次《聖政》、《會要》腰輿進行，儀衛、儀仗、樂人作樂前引。次引提舉官，並乘馬騎從入和寧門，至合下馬處，導從官執笏步導，步從至垂拱殿門外幄次。儀衛、儀仗、樂人等各於幄前排立，以俟垂拱殿進呈畢，出殿門。親王、使相、執政、（使）〔侍〕從、臺諫、兩省官、知閤、禮官、玉牒所、國史日曆所、祕書省、南班宗室合騎導官，分左右執笏步導，輦官捧擎《玉牒》、《聖政》、《會要》腰輿進行，儀衛、儀仗、樂人作樂前引，提舉官執笏步從。至合上馬處上馬，騎導騎從。出和寧門，至玉牒所。提舉玉牒官并玉牒所官並下馬，執笏，導

〔一〕歸：原脱，據本條下文所述補。

從《玉牒》，內提舉會要官並國史日曆所、祕書省及應導從官，並以次騎導、騎從《聖政》、《會要》赴祕書省。詣玉牒殿幄次，權安奉訖。俟儀衛、儀仗、樂人、輂官等排立定，提舉官并本所官詣玉牒殿下北向立。提舉官升，詣香案前上香，復位立。提舉官以下皆再拜訖，班退。俟《聖政》、《會要》將至祕書省門，文武百官于門內立班，內文臣釐務通直郎以上、見任寺監主簿承務郎已上職事官，武臣修武郎以上官。迎拜。導從官至祕書省門，並下馬，執笏。導從詣祕（閤）〔閣〕下幄次，權安奉訖，權退。內恭進《至尊壽皇聖帝聖政》、《會要》，本所官迎奉，詣右文殿幄次內權安奉。儀衛、儀仗、樂人、輂官等排立定，御史臺、閤門、50太（堂）〔常〕寺分引親王、使相、執政、侍從、臺諫、兩省官、知閤門、禮官、國史日曆所、祕書省官、南班宗室詣（閤）〔閣〕下，北向立。次禮直官引提舉會要官詣（閤）〔閣〕下，北向立，詣《聖政》香案前上香，次詣《會要》香案前上香，復位立。在位官皆再拜訖，輂官捧擎《聖政》、《會要》，知閤、禮官導引升（閤）〔閣〕，權安奉側座。俟安奉時將至，引文武百官詣（閤）〔閣〕下，北向立。提舉會要官詣（閤）〔閣〕下香案之東，西向立。俟報時及，祕（閤）〔閣〕正安奉《聖政》、《會要》畢，提舉會要官降階北向立，在位官皆再拜。提舉會要官詣《聖政》香案前上香，次詣《會要》香案前上香，降階復位立，在位官皆再拜訖，班退。

安奉《至尊壽皇聖帝玉牒》：其日，俟恭進重華宮訖，內侍官捧《玉牒》置於腰輿，輂官捧擎腰輿以次出。御史臺、閤門、太常寺分引親王、使相、執政、侍從、臺諫、兩省官、知閤、禮官、玉牒所官、南班宗室詣重華殿門外，左右執笏步導，儀衛、儀仗、樂人作樂前引。提舉官執笏步從，出重華宮門外，並上馬，騎導、騎從。將至玉牒所門，文武百官於殿門外立班，內文臣釐務通直（都）〔郎〕已上、見任寺監主簿承務郎已上職事官，武臣修武郎已上。迎拜。導從官至玉牒所，並下馬，執笏導從。至玉牒殿下稍南，北向立。禮直官引提舉官詣幄前，西向立。俟擎《玉牒》升殿入幄，權安奉側座。安奉時將至，文武百官詣殿下，北向立；提舉官詣幄前，西向立。俟報時及，正安奉玉牒畢，提舉官降階，北向立，在〔位〕官51皆（再）再拜。提舉官升詣香案前上香，降階復位立。在位官皆再拜訖，班退。」

三年十一月二十三日，玉牒所上《至尊壽皇聖帝玉牒》，官吏照紹熙元年體例減半推恩。

慶元三年二月五日，進呈《神宗皇帝玉牒》八十卷。詳見「修書」下。

六年二月二十二日，進呈《聖安壽仁太上皇帝玉牒》四十卷。詳見「修書」下。

嘉泰三年三月二十五日，玉牒所言：「進呈《徽宗皇帝玉牒》，依例提舉官、禮儀使詣所觀書。今來參知政事許及之、參知政事袁説友並曾兼本所修玉牒官，欲乞一就請詣觀書。」從之。

四月十七日，上《徽宗皇帝玉牒》一百二十卷。詳見「修書」下。

四年八月九日，上《今上皇帝玉牒》五十卷。詳見「修書」下。

開禧元年正月二十五日，玉牒所言：「玉牒殿安奉祖宗《玉牒》，官物浩瀚，全藉軍兵晝夜巡警防護。近雖差撥到看管軍兵，盡皆癃老昏耄，如遇不測風燭，難以倚仗。今來除殿前司已承指揮差到一百二人，不問遠近風燭，依前赴所守護外，今措置日後如遇比近去處不測風燭，(今)〔令〕本司更行別差軍兵二百人，準備般挈防護役使。」從之。

四月十一日，宗正寺主簿常褚奏：「臣聞古者史氏大事書之於策，今之《玉牒》是也。竊觀先朝修進《玉牒》，必以后德始末附載卷後，所以重天合，章母道，並天地垂不朽也。恭惟憲聖慈烈皇后厚德承乾，皇明儷日，密輔烈祖，大業中興。助決睿謨，長子主器，參定文命，克授神孫。陛 52 下嗣興，實賴擁立。儀刑四世，揖遜三朝，功烈巍巍，卓冠前古，固宜大書特書不一書，比隆烈祖，昭示萬世。粤自紹興丁丑，因進《高宗玉牒》，僅紀世系與夫正位中闈之事而已。自後歷年事實，未有登載，誠爲闕典。且丁丑所進盡紹興二年以前(書)〔事〕也，乃書憲聖紹(事)〔興〕十三年事，先期附載，似非紀事之體。緣已經進，難以改移，欲乞明詔玉牒所日下詳稽后德，亟加述纂，併移前所附載於成書之後，庶幾先後有序，以備思陵一朝玉牒之藏，抑顯我國家母后仁聖之盛。」從之。互見「修書」下。

閏八月二十四日，上《欽宗皇帝玉牒》二十册，《憲聖慈烈皇后聖德事迹》一十册。詳見「修書」下。

嘉定四年十月一日，禮部尚書、兼修玉牒官章穎等言：「備數玉牒脩纂，供職以來，畧閲數十年間已進之書及日下將進之草，其體制容有未定，所書凡例亦多乖牾。蓋玉牒專書一代大事，視昔遷、固，實爲帝紀，而元降格目内分十條。若盡用遷、固帝紀之體，誠爲太簡。然而職以文士，徹之聖聰，金縢寶匣，藏於祕殿，若止一切沿襲案牘之詞，如書『軍人口累重大錢』，如書『宗子濟夫爲患，行孝救母』等語，登之簡册，似不雅馴，穎等所謂體制之未定者此也。至於每年之事有當書而不書者，如嘉泰元年三月二十八日之火，此大災也而不書；雪寒陰雨，放房地錢，此細事也而累書之。若此之類，不勝其多，則書不書，未有定例也。科舉之詔，53 三歲一下，而或書，或不書。金國使命每歲三遣，而或併書以名，或分書而及其官。若此之類，不勝其多，則所書之法未有定例也，所謂凡〔例〕之乖牾者此也。今欲得稍變案牘鄙俚之語，使之成文可讀可傳，定爲玉牒之體制。仍欲開具某事爲當書，某事爲不當書，即於逐事著成數語，仍編成一册，定爲玉牒之凡例。如此，則自此以往，上下官吏遵爲成式，先後編集不至異同。至有非常之事，即俾修纂之人自立言辭，鋪叙本末，隨事删潤，以爲成書，庶幾寶藏，傳之萬世，不負聖朝任使之意。乞明降指揮，以憑修定。」從之。

六年二月二十五日，禮部侍郎、兼中書舍人、兼修玉牒官范之柔等言：「本所昨承指揮編修宣祖皇帝以後宗派，除已於淳熙五年進呈《第六世仙源類譜》外，所有《第七世仙源類譜》已及三十餘年，未經進呈，今來編脩，並已成書。并今上皇帝《玉牒》，除自誕聖、即位至慶元六年已行修進外，今續自嘉泰元年修至開禧元年，計五年，亦已成書。伏覩近承指揮，刊正《玉牒》辨誣之書，繕寫附進，欲乞許令本所進呈。」從之。（以上《永樂大典》卷二二八五六）〔一〕

54 紹興二十年二月九日，知臨安府宋貺相度〔二〕，欲將舊車輅院地步改造玉牒所及宗正寺。從之，以玉牒所檢討官王曮有請也〔三〕。

二十六年十月二十三日，玉牒所言：「本所編（言）修祖宗并今上皇帝《玉牒》，將來進呈畢，依舊制合於玉牒殿安奉。今來若別創建，用工不少，欲就本所見今廳堂地段及牆外空地，令漕司（改）相度改建。」從之。（以上《永樂大典》卷一〇九四〇）〔四〕

修玉牒官

【宋會要】

55 修玉牒官，掌帝籍玉牒及皇族親屬昭穆之序。唐本宗正之職，開成後始別置修玉牒官。以上《國朝會要》。紹興十二年，襲舊制始建玉牒所〔五〕，以宰臣一人提舉。修玉牒官一人，以侍從兼。凡宗正卿、少而下，悉與修纂。分案有五，設吏一十人。以上《中興會要》。

太宗至道初，詔刑部郎中張洎與駕部郎中、史館修撰梁周翰同編皇屬籍。未成，張洎卒，止周翰領其事。

真宗咸平初，詔于宗正寺建屬籍樓，又詔督修玉牒。周翰又奏宗正卿趙安易同領其事，遂于秘閣廳編纂之。

四年正月，修玉牒官宗正卿趙安易、知制誥梁周翰上《新修皇屬籍》三十三卷。詔宗正寺仍令接續編纂。凡玉牒書以銷金花白羅紙〔六〕、金軸，銷金紅羅褾，帶複黑漆金飾匣〔七〕、紅錦裹〔八〕、金鏁鑰。屬籍諸王書以銷金白綾紙、

〔一〕按，據本門首頁屠寄眉批，淳熙十三年以前各條又見《大典》卷一〇九四〇。

〔二〕貺：原作「祝」，據《咸淳臨安志》卷六改。

〔三〕曮：原作「儼」，據《咸淳臨安志》卷六改。

〔四〕按，原稿以上二條單作一頁，乃屠寄自《大典》卷一〇九四〇剪來，見其眉批。此卷此門其他部分因與上文同，已被屠寄棄去。

〔五〕「玉牒所」三字原無，蓋《會要》原書標目爲「玉牒所」，故正文省此三字。今標目已變，無此三字則文意不明，因據《宋史》卷一六四《職官志》四補。

〔六〕玉：原作「白」，據《玉海》卷五一改。

〔七〕複：原作「服」，據《玉海》卷五一、《楓窗小牘》卷下改。下同。《記纂淵海》卷二九作「復」。按此「複」字疑用同「袱」。本卷後文職官二〇之六二述《玉牒》自來用「銷金羅紙匣袱」等，字正作「袱」。「袱」謂包匣之布也。黑：《玉海》卷五一、《楓窗小牘》卷下作「墨」。

〔八〕裹：原作「裏」，據《職官分紀》卷一八、《楓窗小牘》卷下、《記纂淵海》卷二九改。下「錦裹」同。

銀軸頭、紅錦褾、帶紅羅複黑漆塗銀飾匣、錦裹、銀鏁鑰。公侯以下白綾紙，牙軸，餘如諸王。

大中祥符六年正月，判宗正寺趙世長、趙可封言：「有唐修玉牒官李衢等奏，以聖唐玉牒與史册並驅，乞于玉牒之上特創嘉名。尋詔以『皇唐玉牒』爲名。今乞于皇屬籍之上别崇懿號。」詔以《皇宋玉牒》爲名，又令屬籍别録一本，送秘閣收藏，用備檢討。

五月，趙世長又請降御製《聖祖降臨記》付當寺，秘于玉牒樓。從之。

六月十一日，中書門下言：「宗正寺奏，准制册德妃爲皇后，合編入屬籍者。伏以位正六宮，母儀萬國，作配之禮既展于國容，(民)〔名〕氏之源必登于皇籍，請依宗正寺所請降下。」從之。

八年，詔建玉牒殿、屬籍堂于新寺，命宗正卿趙安仁重脩玉牒、屬籍。安仁又上《仙源積慶圖》，詔歲寫一本藏龍圖閣。

十二月，兼宗正卿趙安仁言：「宗正寺每年編脩《玉牒》，自親王已下，只會問逐宫監宫使臣及管勾南(供)北宅，所供到轉遷官封爵秩多不周備。乞自今並令中書、樞密院具録舊銜及加恩新命下寺。」從之。

九年三月，趙安仁言：「按有唐故事，祖宗《玉牒》皆首載混元皇帝，今乞以御製《聖祖降臨記》冠于列聖《玉牒》。及别修皇朝新譜〔一〕，如唐《天潢源派譜》，亦乞别製大名。」又請以知制誥劉筠、夏竦爲宗正寺修玉牒官。並從之。自後皆置脩玉牒官一員，或二員。

天禧元年二月，趙安仁言：「宗正寺所掌宗廟祠祭及編修玉牒、屬籍，並未有經書文籍檢閲故寔，除《通典》、會要及前代親屬圖牒文字，欲將本寺公用錢寫置外，其國子監印本書籍乞各賜一本。」從之。

二年二月，兼宗正卿趙安仁言：「臣修玉牒，望詔史館據所借國史紀傳付臣抄録，即封還史館。」詔安仁與晁迥就史館據合要事(日)〔目〕抄録。真宗以國史當祕藏，安仁洎迥皆元修史官，故從之。

仁宗天聖三年正月，宗正寺言：「制命故中書令郭崇孫女立爲皇 56 后，合修皇帝玉牒，請以皇后事迹依例編修。」從之。

景祐元年五月十九日，〔知〕制誥、宗正寺修玉牒官李淑言：「檢會前修玉牒官馮元亦是兼編脩會要，蓋緣國史、玉牒事節須要照會，所以只就編修院修纂。其同修玉牒官趙良規亦是就來商量文字。今除依例施行外，欲以編修院廳西(閤)〔閣〕子充修纂之所。趙良規如入院日，望令給食及茶湯供應。」從之。

寶元二年十月六日，翰林侍讀學士李淑言：「奉敕修宗正寺玉牒、屬籍，令先次修纂成皇帝《玉牒》二卷，皇子籍

〔一〕新：原作「所」，據《長編》卷八六改。

一卷，具浄草進呈。并悼獻太子名元祐，咸平中薨，今緣玉牒修纂，欲自此後只書『祐』字。」從之。

康定元年五月九日，宗正寺修玉牒所言：「列聖《玉牒》欲今後一年一次貼修，十年一次兑换。及卷本一十二卷，合送宗正寺本殿奉安；册本一十二册，欲留中備聖覽。」從之。

至和元年十一月，詔：「宗正寺故事，屬籍十年一修。今雖及八年，而宗支蕃衍，其增修之。」以上《國朝會要》。

神宗熙寧元年十一月四日，玉牒所上《仁宗皇帝玉牒》四卷，《英宗皇帝玉牒》四卷。

三年六月，詔玉牒所于舊三班院置局。後徙編修院。

十八日，宗正寺言：「每歲正月一日裝寫《仙源積慶圖》、《宗藩慶緒録》各一本，供送龍圖閣、天章閣、寳文閣。祖宗〔非〕祖免親更不賜名授官，一依外官之法，合與不合修入圖册？」詔送太常禮院詳定。禮官言：「聖王之于其族，上殺下殺而殫于六世，所以明親疎之異也。親道雖盡，猶且記其源流，百世不紊，所以著世系之同也。親疎異則恩禮不得不異，世系同則圖籍不得不同，二者並行而不相悖，親親之義備矣。《禮》：『四世緦服，服之窮也；五世祖免，殺同姓也；六世，親屬竭矣〔一〕。庶姓别于上而戚單于下，婚姻可以通乎？繫之以姓而弗别，綴之以食而弗殊，百世而婚姻不通，周道然也。』鄭康成注：『繫之弗别，謂若今宗室屬籍。』蓋據漢宗正歲上名籍，與禮經合。又《户令》：皇宗祖廟雖毁，其子孫皆于宗正寺附籍，自外悉依百姓，惟每年總户口帳送宗正寺。此則《户令》之文，又與古制合也。以此言之，遠近之恩固宜有差降，而譜牒之記不可以不存。況朝廷釐改皇族授官之制，而祖免外親統宗襲爵，進預科選，遷官給俸，事事優異，悉不與外官匹庶同法，是則屬雖疎而恩禮不絶。若圖籍湮落，則無以審其所從而爲遠久之證。所有祖宗非祖免親，乞依舊修寫入《仙源積慶圖》、《宗藩慶緒録》。其在外者，委宗正寺逐年取索附籍。」從之。

哲宗元祐元年十月二十五日，尚書省言：「承議郎、宗正寺丞王鞏奏：『宗正寺條例，皇帝玉牒十年一進，修玉牒官並以學士典領。《玉牒》自熙寧中翰林學士范鎮等一進之後，神宗《玉牒》至今未修。《仙源類譜》自翰林學士張方平慶曆年進書之後〔二〕，僅五十年並無成書。自奉行官制，分 57 隸宗正寺官，又復累年未果成。其神宗朝已上文字，臣近已進呈奉安畢，今合修纂皇帝《玉牒》、《類譜》等。臣以十年進書之期尚遠，恐寺官因循，異時復成曠墜，請别立法：宗正寺修纂等書，其玉牒官每二年一具草繳進，其會問未足，不得過進期兩季〔三〕。《類譜》等亦二年一具草，候

〔一〕竭：原脱，據《長編》卷二一二補。
〔二〕進：原脱，據《長編》卷三九〇補。
〔三〕期：原脱，據《長編》卷三九〇補。

及十年類聚修纂成書，進呈奉安如故事，庶幾國朝大典永無廢墜。』」從之。

二年五月二十五日，宗正寺言：「被旨修纂濮安懿王以下屬籍，故例以宣祖皇帝之子爲卷首，次即以宗從高下爲之序。今若以濮王爲卷首，則先後不倫，請以慶曆以前薨卒宗室屬籍與今所修屬籍相照，通計卷第。應籍已進者更不重進，止于目録逐卷增注『舊籍』二字，及將舊籍卷目改貼，與先籍通計其數，庶有所分别及不紊昭穆次序。將來接續更修，並請依此。」從之。

元符二年正月二十六日，宗正寺丞陳覺民言：「乞將先帝《玉牒》内聖政，令本寺修玉牒官抄寫，封送國史院。」從之。

徽宗崇寧三年十月三十日，命刑部尚書管師仁重修《神宗皇帝玉牒》，及看詳《哲宗皇帝玉牒》。

大觀二年八月一日，禮部狀：「太常寺申，奉安《玉牒》歸本殿，今參酌禮例：至日，差大臣一員赴寺告遷、奉安、燒香，稱禮儀使，差近上内侍一員充都大管勾。」詔禮儀使一員，差太師、左僕射、兼門下侍郎蔡京；都大管勾一員，差延福宫使、建雄軍節度觀察留後、知内侍省、管勾太廟黄經臣。

政和二年二月八日，詔：「神宗皇帝玉牒局官吏可依下項：提舉官何執中與男志同轉一官，蔡京轉一官回授有官有服親，修纂官鄭久中、蔡薿各轉一官，内鄭久中許回授有官有服親。人吏點檢文字、楷書等有官人各轉一官，有資人各轉一資，無資可轉人及有違礙，比類支賜。不經進書減半，選人依條施行。」

五年三月二十九日，太師、魯國公、提舉修史蔡京等奏：「重修到《哲宗皇帝玉牒》，已具進納。乞降付本院，依《神宗皇帝玉牒》例，于宗正寺取舊《玉牒》並匣，别書寫封進請寶訖，擇日迎引于玉牒殿奉安。」詔依所奏。

九月十二日，奉安玉牒。

八年九月二十日，太僕卿閭丘籲奏：「祖宗已來蕃衍盛大，玉牒簿止是二十一秩，不能盡載，今以宣祖後太祖、太宗、魏王分三祖編纂。至政和六年，太祖下九十九秩，太宗下二百六十九秩，魏王下一百四十八秩，乞付宗正寺。」從之。以上《續國朝會要》。

高宗紹興十一年十月十三日，宗正寺丞邵大受奏〔一〕：「嘗講求宗正寺舊掌之書，其目有四：曰《皇帝玉牒》，曰《仙源積慶圖》，曰《宗藩慶系録》，曰《宗枝屬籍》。頃因建炎南渡，寺官失職，悉舉四書于江滸而逸之。今重加修舉，書成，賜名《仙源慶系屬籍總要》，合《圖》、《録》、《屬籍》三者而一之，固無愧于昔矣。獨《玉牒》一書未經修舉，宜下

〔一〕邵大受：原作「鄧大受」，據《建炎要録》卷一四二、《宋史》卷一六四《職官志》四「玉牒所」條改。

民間立賞搜訪所遺逸之書〔一〕，俾[58]先朝秘册復獲崇奉。仍詔有司討論舊制，修纂陛下踐阼《玉牒》，以正九族，以壯本支，備中興之盛典，立萬世之宏規。」從之。

十一月二日，宗正少卿江公亮等言：「已降聖旨指揮，下有司討論舊制，修纂皇帝《玉牒》。欲望朝廷明降指揮，下典禮有司討論施行〔二〕。」詔令吏部、宗正寺同共討論，申尚書省。

十二年五月九日，吏部條具下項：「一、本所合用印記，欲乞就用宗正寺印記行使。一、本所係修崇今上皇帝《玉牒》，事體至重，所有行移文字，欲除三省、樞密院用狀申外，餘並用牒。如(是)〔事〕干取索整會，乞依勅令所押貼子及暫換合干人赴所整會文字，應報官司並限日下回報。一、在京玉牒所係就宗正寺置局，今屋宇窄隘，欲乞令臨安府就本寺添展擗截，或別行踏逐。一、祖宗以來編修皇帝《玉牒》，差置官屬，除就差宗正寺官外，亦有選差侍從兼領。一、今踏逐到玉牒所舊人王亨一名，係是政和間曾經修書之人，見係寄理承節郎、新差温台州海内巡檢，見在臨安府待闕，欲乞時暫差本人權充本所點檢文字。所有合破請給，乞依宗正寺胥長見請給則例支破外，仍乞每月添破特支錢二十貫文，并于本寺大曆内批勘，候本官闕到日發遣前去之任。一、在京玉牒所人吏係就差宗正寺人吏，乞依舊例。一、今來編修皇帝《玉牒》，緣本寺止有少卿、丞、簿，即今共三員爲額。依祖宗故事，合從朝廷選差官施行。一、乞差三省人充供檢等文字，依見今史館、寔録院體例施行。一、已申乞先次辟差本寺人吏外，更乞就所隸曹部量差當行人職級、手分四五人相兼祇應。一、乞差直殿官一員充本所承受官，請降皇帝誕聖後來授官、冠禮、出閤、出宫、節次轉官、除拜、差遣，并皇后生年月日、納夫人年月日、封册皇后制誥，并皇子賜名、授官、冠禮、出閤、出宫、節次轉官，及皇女(生)年月日、下降年月日事迹，并主管進呈玉牒、排辦奉安一行事務。一、乞差通引官，專一投下取會諸官司等文字。今欲招收三兩人，所有身分請給等，並乞依見今敕令所通引官體例施行。」從之。

十(一)〔二〕年十二月二十六日〔三〕，詔宰臣秦檜提舉編修玉牒所，就差宗正少卿、丞、簿三員爲額，同修書官編修玉牒文字。始開局也。

十二年六月四日，試起居舍人、兼充修玉牒官楊愿等言：「契勘玉牒所見遵依聖旨指揮，編修今上皇帝《玉牒》，所有合書注皇族宗枝昭穆數内，所有宗正寺取會到事迹全

〔一〕搜訪：原作「搜等」，據《宋史》卷一六四《職官志》四改。

〔二〕典禮：此二字似爲衍文。

〔三〕十二年：原作「十一年」。按，本門前文職官三之五五云：「紹興十二年，襲舊制始建〔玉牒所〕。」《建炎以來朝野雜記》乙集卷一五、《宋史》卷一六四《職官志》四、《咸淳臨安志》卷六等説均同。又《建炎要録》卷一四六載秦檜提舉玉牒所於紹興十二年七月，並注云：「秦檜兼提舉，本所題名在此月。」本條云「始開局」，則應在十二年，因改。

未圓備，及恐後來別有轉官、生亡，理宜別行取會。欲乞從本所立式，下大宗正司及西、南兩京外宗正司及主管親賢宅并吳王、益王府應所管宗室，並日下依式疾速取索，并逐路轉運司下諸州軍及管下縣鎮，將應見任、寄居、待闕宗室，並仰依此施行。仍令逐處各勘驗，委無僞冒差漏不 59 寔，保明回報。行在官司、兩外宗正司限五日，轉運司限半月。若當行官吏不點檢回滯去處，及供報不依式，漏落不圓，欲乞將當職官申取朝廷指揮施行，其人吏送所屬杖一百科罪，所貴有以考實。」從之。

七月十二日，試起居舍人、兼充修玉牒官楊愿等劄子：「勘會玉牒所事干國體，最爲機密。今檢準御寶令，漏泄玉牒宗枝，並依軍法。無本所依史館例〔一〕，諸處投下文字及納貼子整會事節人，並于所門外計會把門人，轉入係整會文字，如呼叫聽入，輒入者流三千里。凡所見聞因而漏泄，並當軍令。欲乞朝廷依史館例給降黃榜一道，付本所張掛，約束施行。」從之。

二十六年八月二日，詔：「玉牒所點檢文字候呂滋滿日，依舊例差宗正寺胥長吳握充填。今後遇闕依此。」胥長吳握狀：「本所開局之初，依已降指揮差玉牒所舊人王亨，元係宗正寺胥長，充點檢文字，因本人自陳解罷。續承紹興十四年五月三日指揮，正差宗正寺胥長劉侁充點檢文字。本人身故，本所節次差過本寺胥長徐士明、康昇承權。方欲申明朝廷正行差填間，逐人並皆身故，有進義校尉謝彦文、呂滋陳乞，一時創行差充點檢文字，作二年一次名闕。」故有是命。

閏十月二十七日，玉牒所言：「契勘本所已建造玉牒殿，并殿門外祖宗屬籍堂，合用金書牌額，乞以『玉牒之殿』、『玉牒殿門』各四字爲名，其屬籍堂乞以『祖宗屬籍之堂』六字爲名。依在京例，合請降御書，乞委自本所都大諸司并承受官取降製造施行。」從之。

二十七年三月十八日，詔《中興聖統》移就玉牒殿奉安。先是，未建玉牒所，權于景靈宮天興殿奉安。至是宰臣有請，從之。

四月十五日，詔《仙源積慶圖》加修纂〔二〕。以舊制三年一進也。

二十九年閏六月八日，詔玉牒所過局給食、楷書添支等食錢並罷。從史官賀允中等請也。

八月二十三日，詔：「玉牒所併入宗正寺，更不置修玉牒官、檢討官，以本寺少卿及丞同領編修事，本寺主簿更不干預。見今玉牒所手分存留兩名外，餘司封差到人及玉牒所額外吏人，三省、樞密院堂後官兼供〔檢〕、檢討、點檢、主管文字之類並罷。」以給舍、臺諫議減冗費也。

同日，詔：「玉牒所宰臣提舉，依舊修書官一員，同宗

〔一〕無：似當作「兼」。
〔二〕「加」上疑脱「續」字。

正卿、丞修纂，更不置檢討官。」

三十年十一月二十九日，詔：「宗正寺胥長、玉牒所點檢文字吳握年滿，依例時暫存留祗應，不妨以次人承替，候將來進書安奉畢日罷。」從本所請也。以上《中興會要》。

紹興三十二年孝宗已即位，未改元。六月二十一日，詔尚書左僕射陳康伯提舉編修玉牒。

八月八日，玉牒所言：「恭遇今上皇帝登寶位，本所合自皇帝誕聖之後編修《玉牒》，正要有司關報被受指揮（詔）〔照〕應修纂。近來六曹寺監等處每遇承受續降指揮及改更詔條，並限 60 日下關報赴所，月終各齎本處承受聖旨簿赴所點對。如有隱漏，乞將當行人申取朝廷指揮施行。」從之。

隆興元年正月十一日，中書舍人、兼修玉牒官唐文若、宗正少卿何俌、丞徐人傑言：「本所見編修今上皇帝《玉牒》，附修皇后事迹，合要安穆皇后始生年月日時、行第及應干德行、祥瑞、三代名銜、鄉貫、納夫人、初封、節次加封，并降生皇子、皇女各人生年月日時，及追册皇后、崩年月日、追上謚號、祔廟等照用編脩，乞降指揮下本所移文取會。」詔從之。

二年六月二十六日，宗正少卿胡銓、丞林邵言：「玉牒所、宗正寺恭遇今上皇帝登極，并三皇子大王授封册，事體至重，並合于祖宗《仙源積慶圖》內修注。並太祖下伯、師字行，太宗下善、汝（事）〔字〕行，魏王下彥、夫字行，昭穆世系，委寔蕃衍，亦合接續修入。候書成，繕寫圖本進呈。」從之。

閏十一月十六日，詔：「玉牒所提舉官、左僕射陳康伯將來過所，爲拜跪有妨，特免朝拜。」

乾道二年正月二十四日，詔尚書右僕射湯思退提領編修玉牒。思退以父名「舉」，辭免，故改爲提領。

三年三月二十日，權工部侍郎、兼修玉牒官薛良朋、宗正少卿胡沂、丞劉大辯、主簿劉季裴言：「本所編修《三祖下仙源積慶圖》，舊例三年一次進呈。昨自紹興二十八年進呈之後，至今九年。今來本所再自宣祖皇帝恭修至今上皇帝，洎皇太子、皇子、皇孫世裔，三祖下共二十八大軸，得旨許與《真宗皇帝玉牒》同《太上皇帝聖政》擇日進呈。今來《聖政》已進呈訖，兼《真宗皇帝玉牒》已用銷金紙修寫、梵版裝背訖，又恭修到太宗皇帝一朝《玉牒》成書，欲乞敷奏，一就擇日進呈。」從之。

四月二十六日，閤門狀：「依已降指揮，修定五月六日進呈《三祖下仙源積慶圖》、《太宗皇帝玉牒》、《真宗皇帝玉牒》、《哲宗皇帝寶訓》，節次閤門條具進御，如二年九月二十九日進《三朝帝紀》之儀〔一〕。內皇太子并提舉官、禮儀使、親王、執政起居訖，皇太子先退，與二年不同。

〔一〕九月：原作「閏九月」，按乾道二年無閏九月，此「閏」字乃衍文，詳見本書職官一八之五五校記。

五月二十四日，修玉牒官薛良朋等言：「本所見修纂光堯壽聖太上皇帝并今上皇帝《玉牒》及《類譜》等文字外，合依元降指揮接續修纂仁宗皇帝一朝并真宗皇帝十年已後一朝《玉牒》，欲乞依自來體例，開局修纂。」從之。

六月十四日，玉牒所言：「已進呈《三祖下仙源積慶圖》、太宗皇帝、真宗皇帝《玉牒》了畢，其修書官吏各合該推恩，得旨依乾道二年十月二十一日已裁減進書推恩體例。今參酌擬定：修書官吏各轉一官，更減一年磨勘，及經修不經進、見在供職官並各與轉一官，在外官減二年磨勘，兩該賞人止從一處推恩，餘人等第支賜。」從之。

五年十二月九日，吏部侍郎、兼修玉牒官陳彌作、宗正少卿胡襄、丞陸之望、主簿林同言：「本所依已降指揮，供修到《光堯壽聖太上皇帝玉牒》，61 係自紹興三年接續起修至紹興十二年，並已成書。竊緣本所昨自紹興二十七年首進之後，今已及一十二年，未經再進，欲望敷奏，許令進呈。」從之。

二十三日，修玉牒官陳彌作等言：「昨進呈安奉《光堯壽聖太上皇帝玉牒》，係自誕聖修至紹興二年，並用銷金白羅紙書寫，金鍍銀梵板裝背。今來進呈光堯壽聖太上皇帝十年《玉牒》，合依樣製造。」從之。

六年五月四日，玉牒所狀：「依指揮條具併省吏額：見管人吏一十人〔一〕，并通引官二人，今減罷點檢文字一人，并通引官二人，以一十人爲額。其逐人欲乞權候進呈《光堯壽聖太上皇帝玉牒》畢日罷。」詔依，各從下裁減，將來見闕日，依名次撥填。

六月，詔以八日御殿進呈《四朝會要》、《光堯壽聖太上皇帝玉牒》。儀注見《四朝會要》「祕書省」門。

九月，詔：「玉牒所上《光堯壽聖太上皇帝玉牒》，修書官吏各轉一官，減磨勘一年，餘人等第轉官、減磨勘、支賜有差。」

十一月十七日，詔自今後玉牒所火禁，並依祕書省條法指揮。

七年三月八日，詔：「玉牒所于主管文字内從下減一人，却從上存留通引官一人。其減罷人候有闕日，依舊撥填。」以本所通引官訴六年四月裁減指揮隱庇，故有是命。

八年六月十六日，詔玉牒所玉牒殿主管香火官差内侍三員，武臣一員，並改作幹辦玉牒所玉牒殿。繼差内侍高品玉牒所主管諸司高思聰、入内内侍省内侍殿頭張詠幹辦玉牒所玉牒殿。思聰等〔二〕：「今參酌條具合行事件下項：一、乞以玉牒所玉牒殿爲名，所有行移合用印記乞下文思院鑄造，以『幹辦玉牒所印』六字爲文。一、玉牒殿内見今安奉祖宗《玉牒》并《仙源積慶圖》，應干官物乞令本所見管人逐一抄劄交割，付思聰等差人專一掌管。每遇旦望

〔一〕一十人：疑當作「十一人」，否則下文裁減後之人數不合。

〔二〕據文意，「等」字後當有「奏」或「言」字。

等，乞令思聰等燒香朝拜，開殿點檢官物。事畢，令本殿幹辦官一面臣名封鏁，并掌管匙鑰。一、玉牒殿内應干官物，自來未曾專一差人掌管，今來創行幹辦，欲乞差專、副二人。内專知官一名，(從)〔乞〕于校副尉内踏逐，報所屬差取，三年爲界，滿日發遣，後遇闕依此。内副知一名，乞就差玉牒所諸司手分相兼。如無有名目人，止(專)〔差〕充專知官，却差白身人吏一名充代副知祗應。一、欲乞仝差到武臣，每日專輪一員，在所宿直。所有直舍，乞就用諸司官直舍，移文兩浙運司，差人赴所計置掛截。一、思聰等昨來充玉牒殿香火官，獲旨令本處支月給錢一十五貫。緣本所別無所管官錢，今欲乞于見請曆内按月依數幫給。所差專副或白身人吏別無立定請給，乞依玉牒所諸司手分見批勘則例支破。内相兼祗應手分，委是職事重疊，乞添支錢五貫，令本所支給。所有行移紙札，乞依見今玉牒所諸司例，令雜買務支供。一、所有合用背印、投送文字，欲乞令皇城司 62 乞撥親事官三人祗應〔一〕，並年替〔二〕，遇闕報本所差填。所有逐人合帶宮門號，乞于皇城司支請。一、契勘本所見今差破庫子、儀鸞司、翰林司潛火軍兵，欲乞並令分番值宿。一、本所見管本殿官物等，乞令後令本所守門親事官將出入之人並行搜檢。」從之。

九年四月二十四日，權禮部尚書、兼修玉牒官胡沂等言：「本所見恭修光堯壽聖憲天體道太上皇帝一朝《玉牒》并今上皇帝《玉牒》，自誕聖後起修已及五年，自來並用鍍金銀梵版，銷金羅紙匣袱等，乞下文思院製辦。」從之。

七月十五日，修玉牒官胡沂等言：「本所見修《玉牒》，今已恭修光堯壽聖憲天體道太上皇帝一朝成書。今上皇帝自誕聖、即位起修。近已得旨製造羅紙等，見上繕寫〔三〕，欲乞取旨擇日進呈。」從之。

八月二十五日，詔：「玉牒所進呈光堯壽聖憲天體道太上皇帝、今上皇帝《玉牒》用九月六日，進書禮儀並依乾道六年已得指揮。」

二十八日，臣僚劄子：「檢照元豐五年進書推賞，惟是〔提〕領官各遷一官，其餘檢討、檢詳官及一年已上者減磨勘三年，未滿一年者減磨勘二年，離局者遞減一等。參酌前後，此爲中制。今次《玉牒》、《會要》書成，所有合推賞典，比之異時事體稍重。欲乞除提舉官合得恩數外，餘官吏乞從有司考其供職先後月日，及一年以上者與轉一官，未及一年者減三年磨勘，稍塞僥倖之門，庶知名器之重。」從之。

九月二十三日，詔：「已修進《會要》、《玉牒》係光堯壽聖憲天體道太上皇帝中興盛典，可特依下項推恩：修書官各特與轉行一官，内選人與改入官，經修不經進官并内侍

〔一〕乞撥：似當作「差撥」。
〔二〕「年」上似脱一數字。
〔三〕上：疑當作「正」。

官各特與減三年磨勘，内選人比類施行。都大提舉諸司并承受主管諸司官各特與轉行一官，礙止法人依條回授。本所點檢文字、檢書等各特與轉行一官，願换支賜者依例施行。三省吏禮房提點、點檢、都録事至書令史、守當官、守闕各特與減二年磨勘，内守當官、守闕減半，點檢諸驅印房依條施行，願换支賜者依例施行。天文官特與減二年磨勘。提舉諸司、承受諸司下人吏各特與減一年磨勘，守門親事官、庫子、兵級等各特與犒設一次，經修不經進使臣、人吏特與犒設，減三分之一。應該今來轉官減年内未有官、未有名目及未合收使人，並候有官、有名目日，依今來指揮，特作轉官資、減年數目收使。磨勘年限不同人依四年法比折，内減年礙止法人願依條回授者聽。」

十月四日，修玉牒官胡沂言：「本(作)〔所〕(作)〔昨〕恭修《真宗皇帝玉牒》，已進呈自誕聖至景德四年，并今來修進今上皇帝《玉牒》，自誕聖至乾道三年，已行安奉了畢。見修纂《真宗皇帝玉牒》外，所有今上皇帝玉牒亦合自乾道四年以後再行接續修纂，欲依自來體例開局施行。」從之。

十一月八日，禮部尚書、兼修玉 63 牒官胡沂等言：「本所依已降指揮，接續修纂《真宗皇帝玉牒》，今上皇帝《玉牒》係自乾道四年起修。近來官司應報節署，乞劄下六曹關報應干合屬去處，依應回申，仍月終齎承受聖旨簿赴所點對。其回慢及所報差漏去處，即乞依紹興元年四月指揮施行。」從之。以上《乾道會要》。(以上《永樂大典》卷二二八五七)

宋會要輯稿　職官二一

光祿寺

【宋會要】

1 光祿寺：元豐以後，太官令、法酒庫、內酒坊、御廚、太官物料庫[一]、翰林司、牛羊司、牛羊供應所、乳酪院、油醋庫、外物料庫併（此入）〔入此〕門。餘見「諸司庫務」。

掌供祠祭酒醴、果實、脯醢、醯菹、薪炭及點饌進胙，以朝官一員判寺。《兩朝國史志》：古者其屬有（大）〔太〕官、珍羞、良醞、掌醢四局，今分隸御廚、法酒庫。古者祭祀百神，則省牲鑊、濯溉，三公攝祭爲終獻，今並以他官攝。本寺但掌供祠祭酒（祭）醴、果實、脯醢、醯菹、薪炭及點饌進胙之事。府史四人，驅使官二人，供官一十五人。元豐改制，具載《職官志》。

太祖開寶六年十二月，詔：「祠祭禮料香幣等，委諸司官躬親檢點，置庫封掌。祠日交付使臣，不得令職掌將置本舍。」

真宗景德二年十一月，詔：「宗廟祭饗神食禮料，令光祿寺偏牒諸司，須嚴潔揀選上好物供應。其神食於御廚選差饌造，委本寺點檢。」

（太）〔大〕中祥符元年三月，詔：「光祿寺祠祭家事，令逐處於神廚泥飾編整，不得逐旋般赴。其齋宮神廚置鑰收掌。」

二年二月，詔步軍司餘剩員軍士三五人看管公宇[二]，擡舁禮料。凡祭祀果子料物於諸庫務請領，其判寺官不得寄家於寺宇內。

三年五月，詔光祿寺，應祠祀合用脯醢、瓜虀、豆醬，逐旋於御廚請領。

四年正月，內出銀沙羅十五枚，付光祿寺置庫收掌，備天地宗廟奠酒之用。

十月，**2** 詔：「光祿寺廨所藏祠祭禮料法物，令置庫收貯，務要嚴潔。」

《神宗正史·職官志》：光祿寺卿，從四品；少卿，正六品；丞，正八品；主簿，從八品；太官令，正九品。各一人。太官令掌供膳，主簿掌（釣）〔鈎〕考簿書。凡供進之物，頒其禁令而檢察之。祭祀牲牢、酒齊、鬱鬯及榛栗、脯脩、魚鹽、菱芡之名數，率前期戒有司辦具。若奉牲告充告備，及省牲鑊[三]、濯溉，取明水、明火，割牲，實樽彝、籩豆、簠簋，皆太官令白卿，以時涖其事。朝會、宴享，則察視而糾其闕失。應給賜酒食多寡以式。分案五，設吏十，總局八。

《哲宗正史·職官志》：總局十，內有（大）〔太〕官令，掌膳羞割烹之事。凡供進

[一] 太：原作「大」，據《宋史》卷一六四《職官志》四改。

[二] 餘：似當作「遣」、「差」之類。

[三] 省：原作「賞」，據上文改。

膳羞，則辨其名物，視饍食之宜，而謹其水火之齊。祭祀則供明水、火，取毛血牲體，以爲鼎俎之實。朝會、宴享，則供其酒饍。凡給賜，視其品秩，以爲之等。元祐元年罷，二年復置。又有太官物料庫，掌預備饍食、薦羞之物，以供太官之用。辨其名數，而會其出入。造法酒以待進御，祠祭給賜，則歸法酒庫。《哲宗正史·職官志》云：掌以式法授酒材，視其厚薄之齊，而謹其出納之政。凡祭祀，供五齊、三酒，以寔罇罍。造常酒以待餘用，則歸内酒坊。《哲宗正史·職官志》同。供饍羞及内外饔餼，則歸御厨。《哲宗正史·職官志》不載御厨。供酒及茶、果實，則歸翰林司。《哲宗正史·職官志》同。繫飼牛羊，則歸牛羊司。《哲宗正史·職官志》云：牛羊司、牛羊供應所，掌供大中小祀之牲牷，及太官宴饗 3 膳羞之用。供造酥酪，則歸乳酪院。《哲宗正史·職官志》同。供造油醢截，則歸油醋庫。《哲宗正史·職官志》同。頒給油鹽米麵，則歸外物料庫。《哲宗正史·職官志》云：掌收儲米鹽雜物，以待膳食之須。凡百司頒給者，取具焉。

神宗熙寧三年五月二十一日，制置三司條例司言：「諸路科買上供羊〔一〕，而民間勞費不細。河北榷場買契丹羊數萬，至牛羊司則死損及半，屢更法不能止，一歲公私之費，共四十餘萬。仍令牛羊司棧養羊常滿三千口爲額〔二〕，省其費用十之四〔三〕。」從之。

六月二十三日，三司言：「勾當法酒庫陳世卿等狀：『每年宮觀道場設醮，合用法酒等，管勾使臣申三司下本庫支供，每處差人逐旋津般往彼祗應，多作弊倖，偷減移易，勾收空瓶，動經月餘，破却功役。乞下逐宮觀開坐一年中常定齋醮及非汎道場合使酒色額數目申省，下本庫給曆。令彼處上曆，以瓶赴庫請領，依臣僚俸酒醴例支給。如合用瓶，亦具數預申省，下庫支撥，本處附帳。』省司看詳，欲除非汎道場，即令本庫依舊例供送外，一年中常定道場等，乞如所請。」從之。奉慈觀、萬壽觀、後苑、天章閣、延福宮、廣聖宮、景靈宮、崇先觀、醴泉觀、集禧觀、延祥觀、建隆觀、東太一宮、西太一宮、慶寧宮〔四〕。

五年正月九日，廢内物料庫入御厨〔五〕，從編修三司敕孫亶請也。

八年三月六日，三司言：「勘會都茶鹽院久爲支納事叢，將茶、鹽各立逐界典例分管。今鹽界罷支京東西 4 府界鹽〔六〕，并減出賣鹽貨，移陝西鹽鈔入市易務下界管勾，但給諸軍馬鹽而已〔七〕，别無事務，虚占人吏。欲乞將茶界復爲茶庫，鹽界廢罷，其支納煎造並令外物料庫管勾。」從之。

十年二月，以内侍押班(右)〔石〕得一管勾翰林司。

元豐二年八月二十三日，太常寺言：「奉詔，祠祭以法酒庫、内酒坊酒實諸樽罍，以代五齊、三酒。今法酒庫酒曰供御，曰祠祭，曰常供；内酒坊酒曰法糯，曰糯，曰常料，各

〔一〕科：原作「料」，據本書職官二一之一二改。羊：原無，據本條補。
〔二〕仍令牛羊司：原無，據本書職官二一之一二補。
〔三〕十：原無，據本書職官二一之一二補。
〔四〕此注原作大字書寫，據文意改作小注。
〔五〕廢内：原倒，據《長編》卷二二九乙。
〔六〕罷支：原作「支罷」，據本書職官五之六八乙。
〔七〕諸：原作「請」，據本書職官五之六八改。

三等。糯酒、常料酒，止給諸軍吏工技人〔一〕，以奉天地宗廟社稷，恐非致恭盡物之義。乞止以三法酒及法糯酒奉祠祭。」從之。

五年六月二十七日，詳定官制所言：「牛羊司隸光禄寺，其養牛、乳牛兵匠人入牛羊司。」從之。

六年十月十二日，光禄卿呂嘉問言：「光禄掌酒醴，祠祭寔尊罍〔二〕，相承用法酒庫三色法酒，以代《周禮》所謂五齊、三酒，恐不足以上稱陛下崇祀之意〔三〕。近於法酒庫、内酒坊，以醖酒法式考之《禮經》五齊、三酒。今醅酒，其齊，冬以二十五日，春秋十五日，夏十日，撥醅甕而浮蟻湧於面，今謂之撥醅，豈其所謂泛齊邪？既接取撥醅，其下齊汁與滓相將，今謂之醅芽，豈其所謂醴齊邪〔四〕？既取醅芽，置篘其中，其齊葱白色入焉，今謂之帶醅酒，豈其所謂盎齊邪？冬一月，春秋二十日，夏十日，醅色變而微赤，豈其所謂緹齊邪？冬三十五日，春秋二十五日，夏十五日外，撥開醅面觀之〔五〕，上清下沉，豈其所謂沉齊邪？今朝廷因 5 事而醖造者，蓋事酒也。今踰歲成熟蒸醖者，蓋昔酒也。同天節上壽燕所供臘醅酒者，皆冬醖夏成，蓋清酒也。此皆酒，非所謂齊也。是知齊者，因自然之齊，故稱名；酒者，成就而人功爲多，故稱物。故享神以齊，養人以酒，竊恐典禮如此。又《司尊彝》曰：醴齊縮酌，盎齊涚酌。依經傳，則泛齊、醴齊以事酒和之，用茅縮酌；其盎齊、緹齊、沈齊，則以清酒和之，不用茅縮酌。如此，則所用五齊不多，而供具亦甚易。蓋醖酒料次不一〔六〕，此五種者成而皆自然。伏望聖斷，以今之所造酒與典禮相參審，或不至差謬，乞自今年郊廟供奉。」上批：「嘉問論證自有理處。今宗廟所實尊彝，酒齊未備，就且如其説用之，於理無害。」

哲宗元祐元年五月十二日，詔罷太官令〔七〕，從禮部請也。

六月九日，光禄少卿趙令鑠言：「自來宮闈令當出神主，參畢升殿。其光禄閲視之官，亦合先行參神之禮。欲下禮部，凡祠事，光禄卿豫升壇殿，點視實設禮料，依宮闈令先行致恭再拜，然後升壇陳設。」從之。

二年正月十五日，詔復置太官令一員，從光禄卿趙令鑠請也。

三年，詔長、貳互置。

十一月四日，三省言：「在京堂除差遣，累有增改，而吏部闕少官多。今令牛羊司吏部差，俸錢依在京分數。」從之。

〔一〕「吏」下原有「史」字，據《長編》卷二九九刪。
〔二〕罍：原作「壘」，據《長編》卷三四〇改。
〔三〕上：原作「土」，據《長編》卷三四〇改。
〔四〕醴齊：原作「齊醴」，據《長編》卷三四〇乙。
〔五〕觀之：原無，據《長編》卷三四〇補。
〔六〕蓋：原作「盎」，據《長編》卷三四〇改。
〔七〕官：原作「宮」，據《長編》卷三七八改。

紹聖三年正月二十四日，詔翰林司武臣令三省選差。

五月二十三日，詔：「御賜差添監官，并令入內省差。使臣管勾常膳等，輒開合見御膳者，6並加役流。其諸局工匠所造御膳，滋味不和及諸不如法，三犯決替。」

徽宗崇寧二年正月七日，詔置六尚局。內尚醞局掌供御酒醞之事。詳見「殿中省」。

五月十四日，詔：「已置尚食局，其御厨、翰林司併入太官局。太官令五員，見勾當御厨官夏倜、王遵、張太忠並改充勾當太官局；黃滂改充太官令。其見今光禄寺太官令亦依此改入本局，惟掌祠事。翰林司供御事已併入尚食局，餘事合存留翰林司，并見任官依舊。」

同日，詔見今光禄寺太官令亦依此改入本局，惟掌祠事。

五年二月四日，詔法酒外庫併歸法酒庫，官吏並罷。

同日，詔：「勾當翰林司使臣一員、法酒庫小使臣一員，勾當太官局兼內物料庫小使臣二員，係創置去處，令本轄官司相度，將職事撥併〔一〕。如不闕事，可以減罷者罷。其增添到員數者並罷。」

大觀三年十二月五日，詔罷法酒外庫，官物併歸內庫。

政和元年三月二十日，詔牛羊司監門，今後朝廷選差文武官充。

六年二月二十四日，監察御史王桓言：「祭祀牢醴之具皆掌於光禄〔二〕，而寺官未嘗臨視，失事神之恭。乞大祠以光禄卿、少卿，朔祭及中祠以丞、簿監視宰割，禮畢頒胙。有故及小祠，聽宮闈令或太祝奉禮攝。」從之。

欽宗靖康元年正月四日，詔六尚局並依祖宗法。衛尉寺尚舍局同此詔〔三〕。

五月十六日，詔：「御膳早晚尚進百餘件，方今府庫殫竭，朕不身先，何以率天下？7今後可供進六十件。」

十八日，詔太官令並替成資闕。

八月十九日，詔：「六尚局既罷，其格內歲貢品物萬數極多，尚爲民害，非祖宗舊法，可並除之。」衛尉寺尚舍局同此詔。

高宗建炎三年五月十九日，詔光禄寺併歸禮部，以並罷寺監也。

六月二十六日，詔光禄寺舊行祠祭排辦供應事務並歸太常寺。

紹興二十三年二月十七日，詔置光禄寺丞一員。以臣僚言祠祭禮料並歸市司，雜擾不虔故也。

六月十日，詔：「工部鑄造光禄寺印一面行使，并差胥佐一名，貼司一名。其光禄寺丞請給、人從，並依太府寺寺丞人吏見今請給則例支破。」從光禄寺丞徐璉之請也。已上《中興會要》。

孝宗隆興元年七月二十六日，詔光禄寺併歸太常寺兼

〔一〕撥：原作「發」，據本書職官二六之一六改。
〔二〕醴：原作「禮」，據《宋史》卷一六四《職官志》四改。
〔三〕尚：原無，據本書職官二一之七補。

領，丞一員罷。從右諫議大夫王大寶等議也〔一〕。

八月三日，光祿寺狀：「見管吏人三員，胥佐一名，見行批換副尉，候了日離寺。貼司二人，合併歸太常寺。」從之。（以上《永樂大典》卷一三七三七）〔二〕

翰林司

【宋會要】

8 翰林司在大寧門內，掌供御酒茗湯果及游幸宴會、內外筵設，兼掌翰林院執役者之名籍，而奏其番宿。勾當官四員，以諸司使、副使及內侍充。兵校三百人，藥童十一人。

淳熙元年九月四日，翰林司言：「見排辦將來車駕幸玉津園文武臣宴射，檢照本司省記條册內，無上件排辦事節。乞依紹興十九年指揮車駕詣諸宮觀等處對御筵宴施行。」從之。

二年正月十二日，詔翰林司每遇祀祭，供設神食，支冰雪一千五百斤。從太常少卿顔度請也。

四年十二月九日，詔翰林司：「今來車駕幸茅灘，所有排辦事件，並依宴射對御筵宴排辦。」

五年五月十日，詔翰林司：「自今專知官遇闕，令本司副知界滿日，各特與留充專知官立界一次。」

九月十日，詔翰林司：「車駕幸秘書省，對御賜酒五盞，並依恭謝排辦。今後準此。」

十三年十二月九日，詔翰林司減人兵三十人。以司農少卿吳燠議減冗食，下敕令所裁定，故有是命。

十四年十二月二十四日，翰林司狀：「已降指揮，正旦使人到闕，就殿東朵殿設素幄引見辭，賜茶。所有本司合排辦事件：一、御前進茶金稜掐湯醆，并宰臣賜茶金稜掐湯醆，已降指揮，並改用白成銀稜。一、御燎子内有朱紅漆卓杌等，并使人入見拆書朱紅漆卓子，並乞改用 9 黄素衣子遮圍。一、諸色祇應人並合服著紫衫，繫黄帶子。」詔見辭進茶不用托子，餘依。

十五年八月二十九日，詔翰林司將見闕人兵二十二人，特令招（牧）〔收〕本司子弟剌填數額。

淳熙十六年二月二日，詔翰林司每日輪差監官一員、人吏二人、供御人一十人，赴重華宮直應奉〔三〕。

紹熙元年三月二十三日，詔：「承信郎、翰林司專知官徐積界滿，在司應奉有勞，發遣歸部日，特與占差遣一次。今後準此。」

十二月十四日，臣僚言：「欲乞今後使人賜宴燕之際，殿上仍舊郎官檢視。其三節人從果食，差翰林司使臣一員

〔一〕王大寶：原作「王太寶」，據《宋史》卷三九〇《劉章傳》改。
〔二〕《大典》卷次原誤作「一萬三千三百三十七」。按，據《永樂大典目録》，此卷爲「使」字韻，與光禄寺無關，「光祿寺」目在卷一萬三千七百三十七，因改。下卷「衛尉寺」亦同。
〔三〕直：似當作「番直」。

檢點。」從之。

二年十月二十八日，進呈翰林司何閏等養老。葛邲奏曰：「檢照指揮，年及七十，方令養老。何閏等年皆未及，又給以全分。」上曰：「年雖未及七十，却有疾病，不任役使，亦當聽其養老，但請給與減半。今後準此。」

紹熙五年十一月九日，詔：「翰林司人兵等每月見請月糧口食米，可與於御輦院人兵殘敖內支。自今後按月依此施行。」（以上《永樂大典》卷一一二二五）

牛羊司〔一〕

【宋會要】10牛羊司在普寧坊，掌畜牧羔羊棧飼，以給烹宰之用。景德中，牛羊之孳乳者，詔無得宰殺。又以每歲冬首蕃殺爲賜，傷生頗甚，令代以八節羊。又河東舊有孳生羊務，而市羊於民，死者令民償之。咸平六年，真宗以其煩擾罷之。以京朝官、諸司使、副及三班三人，監廣牧二指揮千一百二十六人。

真宗咸平五年十二月，帝謂宰臣曰：「御厨歲費羊數萬口，市於陝西，頗爲煩擾。近年北面榷場貿易頗多，尚慮失於豢牧。」呂蒙正言：「洛陽南境有廣成川，地曠遠而水草美，可爲牧地。」命遣使視之。

六年五月，詔：「牛羊司招置軍士，但年二十已上，無疾少壯、堪牧放者，不拘人材，即與招收。」

十一月，詔廢河東孳生羊務。先是，轉運司請於民處配市，有死亡者令民償之，頗有勞擾。乃選使乘傳，取所償數，體量停廢。

景德元年三月，詔：「牛羊司廣牧指揮如闕員僚，即於本指揮揀年勞〔二〕、能部轄十將補副都頭，即不差殿侍權管。節級軍士月給麻屨，合與月糧同曆勘支。」

二年六月，詔牛羊司：「外羣送納死羊及諸處取索羊肉、羊羓，並須每口實定斤重，出抄申破，不得止憑估羊節級懸估。」

十月，詔：「外羣死羊，委側近縣尉監造羓送官。其頭、肚五月至七月埋瘞，三月至九月量估價出賣。」

三年十二月，詔：「牛羊11司畜孳乳者，並放牧之，無得宰殺。」

四年六月，詔：「牛羊司牧羊，少失羊決罰之數：一口至三口，羣頭笞四十，牧子加一等。四口至六口，羣頭杖六十。七口至十口，羣頭杖七十，巡羊十將笞三十。十口至十五口，羣頭杖八十已上，牧子遞加一等，巡羊十將杖六十，員僚笞三十。十五口至二十口，牧子徒一年，配外州牢城；羣頭杖一百，降充牧子；巡羊十將杖八十，降一資；員僚杖六十。二十口已上，牧子徒一年半，羣頭徒一年，並

〔一〕原無此題，徑補。
〔二〕「年勞」上似脫「有」字。

配遠惡州府；十將杖一百，降二資；員僚杖八十，降一資；巡羊使臣奏勘替，與降等差遣。」

大中祥符三年四月，詔：「牛羊司每年棧羊三萬三千口，委監官揀少嫩者棧圈，均兼供應。四月至十一月，每支百口給棧羊五十口；十二月至三月，每支百口給七十口。」

五月，詔：「每秋棧羊入圈，每圈給三司印曆抄上，候宰殺時，每日輪一圈供殺。每年比較，棧羊須二十三斤已上，草羊四月至十一月肥月十五斤已上，十二月至三月瘦月十二斤已上，即殺。」

五年九月，詔：「中牟牧羊羣頭、牧子所請月糧，如全帶外羣者，只支米豆二色，月給醬菜錢二百，麻履錢一百。十一月至二月，借皮裘一，至三月一日納官。牧羊使臣給軍士五人當直。」

十二月，詔：「中牟縣牧羊造羓，九月一日至正月終，令津般赴京，自餘送皮剥所賣錢入官。」

天禧四年六月，詔：「牛羊司三棧圈自今只差三班使臣，不令内侍 12 省差人勾當。」

仁宗天聖八年，提舉司言：「牛羊司每月宣賜臣僚添厨、月俸、節料草棧羊，多不一併請領，却令本司出給寄羊曆，逐旋請領，仍破官中草豆養餵。欲望自今每月支賜，並限十日依色額請領出圈。出限不請，(今)〔令〕本司將元支文字繳送三司毁抹，更不支給。」從之。

嘉祐四年六月二十九日，詔省牛羊司西北棧圈官四員。

神宗熙寧三年五月二十一日，制置三司條例司言：「諸路科買上供羊，民間勞費不細。河北榷場買契丹羊數萬，至牛羊司則死損及半，屢更法不能止〔一〕。一歲公私之費，共四十餘萬貫。乞募屠户，官預給錢〔二〕，以時日供羊，人多樂從〔三〕，得以充足年計〔四〕。仍令牛羊司棧養羊常滿三千口爲額，省其費十之四〔五〕。」從之。

高宗建炎三年四月十三日，詔乳酪院併入牛羊司。

四年十一月十三日，詔牛羊司兵級權以七十人爲額。以本司見管兵級四十六人，見闕二十四人，故有是命。

同日，詔：「牛羊司見闕軍兵，許招收一十人填闕一次。其請給依無舊曆人兵則例，及招軍例物，止支錢五貫文，於本司收到碎肉頭肚等錢内支給。」

同日，牛羊司言：「本司省記條法，頭副指揮使〔六〕、都頭、副都頭、節級爲資級。今來本司(上)〔止〕有都頭、副都

〔一〕屢更法不能止：原作「屢更不從止」，據本卷前文職官二一之三及《長編》卷二一一補改。

〔二〕錢：原作「約」，據《長編》卷二一一改。

〔三〕人多樂從：此節文字似有矛盾，蓋前云「乞」，則其事尚未施行，何來「人多樂從」？考《長編》所載，知《會要》於此處删改不當，以致不通。然其文字頗異，不便補正，讀者參詳之可也。

〔四〕計：原作「許」，據《長編》卷二一一改。

〔五〕費：原作「實」，據《長編》卷二一一改。

〔六〕「頭」字當衍，觀下文可見。

頭，其副指揮使並未曾遷補。欲副指揮使依見行條法遷補施行，各與支破本等請給。」從之。

紹興四年二月七日，詔臨安府修蓋滌宮，遇祀昊天上帝，合用牛犢【13】入滌養餧。

八年七月十八日，詔：「今後牛羊司遇有儹剩羊口數目，令本司具的確數目，（本）〔申〕省部審驗詣實，即行撥充别項使用。及遇有講筵并非泛等合用羊口，數内有剩數，亦令本司申明省部，改撥充數使用。」禮部言：「見今牛羊司宰供御膳羊，每日宰羊一口供應，每月依已降指揮，收四十口爲額，内一十口充泛索使用；天章閣祖宗神御，每月酌獻羊以一十七口爲額。緣泛索羊往往不曾赴牛羊司取索宰供，及神御羊亦有剩數。緣不住據牛羊司申，乞將上件儹剩羊口數目以後充御膳并神御羊使用，令所買州軍權住收買。候將欲支供盡絶，即却依已降指揮行下元買州軍收買，應副使用。申部申明朝廷，等降指揮，顯見紊煩。」故有是命。

十二年八月十七日，詔：「供進皇太后每日常膳并生料，每月實計用羊九十口，及節料、節序添供，每年實計用羊一十八口。令兩浙轉運司收買赴司，交納宰供。所有闕少事件等，依例下臨安府市（令）〔易〕司取索。」從本司請也。

十三年三月二十六日，詔：「牛羊司權以元減定七十人額内，將見闕人數許行招收一次。合得請給，並依本司《禄格》則例支破。内月糧料錢與口食錢米，從一多給。」

十二月九日，詔：「臨安府限一日收買羊一百口，猪三十口，赴牛羊司養餧，準備使用。其供使過猪羊，從本司報臨安府，限次日收買，補發數足。」從本司請也。

十五年三月【14】二十九日，詔：「牛羊司許令招收兵級二十人，通以九十人爲額。副知、貼司各與添置一名，内副知仍將目今頭名手分遞遷。其退下手分名闕，於無違礙諸司官踏逐抽差一次。日後遇闕，召募貼司揀試充填，依條遞遷。副知如界滿，自到司入仕及十年以上，别無贓私罪犯及無官物綰繫，許依條解發出職〔一〕。」從本司請也。

二十九年八月十九日，詔：「牛羊司有不堪宰殺及有宰殺下不堪供奉羊口，令監官躬親驗實，牒送臨安府，依市價三分減一分出賣。收到錢令本府赴左藏庫送納，守取朱鈔，牒送本司照會。」

淳熙十四年八月二十七日，詔：「牛羊司減手分一人，節（給）〔級〕一人，曹司一人，宰手四人，羣頭二人，兵士七人。」先是，牛羊司副知一人，手分二人，貼司一人，副指揮使一人，正都頭一人，副都頭一人，節級四人，揣子二人，曹司二人，秤子二人，宰手一十五人，承局一人，門子一人，牛羊承羣頭七人〔二〕，兵士五十三人。於是司農少卿吳燠請減冗食，下敕令所裁定，而有是命。

〔一〕依條：原作「依依」，據文意改。本書職官門多處言「依條解發出職」。

〔二〕「牛羊承」三字疑衍。

嘉定十四年正月二十一日，禮部言：「牛羊司申，人員張椿等日常宰供御膳及酌獻神御食料祇應，委是事務繁重，乞照御厨、翰林、儀鸞司等處支給雪寒錢。」詔依嘉定三年四月十六日指揮，照諸州軍例減半支給。（以上《永樂大典》卷一一一九）

乳酪院

15 乳酪院隸左騏驥院，掌供御厨乳餅酪酥。舊有南北兩院，差監官。景德二年合爲一，以騏驥院監官專副兼充。乳匠七人。

真宗大中祥符五年五月，詔：「北乳酪院節級工匠并養餵長行，依南院例，支端午紫平絹衫，十月皂綿袍各一領。」

七年正月，詔：「自今乳酪院應管乳餅酥酪等，置計帳上三司點勾。所有監收乳汁、變造乳餅酥酪，每月輪教駿員僚一名勾當。」（以上《永樂大典》卷一六六六七）

宋會要輯稿　職官二二

衛尉寺

【宋會要】

1 衛尉寺(令)〔今〕無所掌。以朝官一員判寺事。《兩朝國史志》：衛尉寺判寺事一人，以郎官以上充。凡武庫、武器並歸內庫及軍器庫，以它官及內寺典領，守宮歸儀鸞司，本寺無所掌。府史二人。元豐改制，事具《職官志》。

神宗熙寧四年十二月一日，詔衛尉寺行事京官并大禮押當祇應，並撥屬審官東院〔一〕。

《神宗正史・職官志》：衛尉寺卿，從四品；少卿，正六品；丞，正八品；主簿，從八品。各一人。掌甲械儀物之事。凡內外作坊輸兵器，則辨其名數，驗其良窳，選納以歸七庫安置，曝涼有法。若進御頒給，則按籍而出之。供帳什物，率視(比)〔此〕驗察焉。大禮則設帷宮、帳次，陳鹵簿；宴享賓客，供幕帟、茵席；而祭祀朝會，則及其羽儀、節鉞、金鼓。必具以時閱視，有敝則修於少府、軍器監。歲終上計帳於兵部。分案四，設吏十，總局十有三。儲甲械則歸內弓箭庫、南外庫、軍器五庫，《哲宗正史・職官志》云：內弓箭庫、南外庫、軍器衣甲庫、軍器弓槍庫、軍器弩劍箭庫。掌弓帳則歸儀鸞司，《哲宗正史・職官志》同。貯什物則歸軍器什物庫、宣德門什物庫，《哲宗正史・職官志》：軍器什物庫、宣德門什物庫，掌收貯什物，給用則按籍而領之。大禮板木庫。《哲宗正史・職官志》不載大禮板木庫。選募吏卒以給用〔二〕，則歸左右金吾街仗司、六軍儀仗司。《哲宗正史・職官志》稱左右金吾街仗司、左右金吾仗司，掌 2 清道、徼巡、排列奉引儀仗，以肅禁衛。凡儀物以時修飭〔三〕，選募人兵而校其遷補之事。

治平四年神宗已即位，未改元〔四〕。正月八日，詔都大提點軍器庫所：「今年所支諸處添差巡檢下衣甲器械等〔五〕，內除衣甲更不支給外，其餘器械據合支分數〔六〕，依例支給。」

神宗熙寧元年八月，詔減罷都大提舉內軍器庫文臣一員。

二十六日，詔入內副都知張若水提點內弓箭、軍器等庫。

是月，樞密院言：「監內弓槍庫承制楊安道、入內供奉官李孝基等，近以不職降黜，令提舉內軍器庫所別舉官。」詔：「今後令樞密院差內供奉官，仍委入內內侍省選定。」續詔樞密院於前班內臣中選差一員。

十月九日，詔：「儀鸞司多不整齊，令提舉司舉文臣一

〔一〕屬：原脱，據下文同條補。按此條爲重文，且不當置於此，可刪。
〔二〕募：原作「幕」，據《宋史》卷一六四《職官志》四改。
〔三〕飭：原作「飾」，據《宋史》卷一六四《職官志》四改。
〔四〕未：原無，據《宋史》卷一四《神宗本紀》一補。
〔五〕年：本書食貨五二之二六作「來」。
〔六〕器械：原倒，據本書食貨五二之二六乙。

員，同共勾當，却替使臣一員〔一〕。」

二年六月二十一日，詔令都大提點内弓箭庫：「揀到係修衣甲槍刀器械等，重行編排。内多少名件製造精巧、可以添修使用，若干名件怯弱不堪添修、合行變轉，各立庫眼排垛，件析以聞。」

十一月十七日，駕部郎中宋仲容等言：「奉詔點檢儀鸞司見在陳設，理合具申請事件。欲乞下内東門司先置内中取借官物簿，今後每有取借之物，更不得令工匠以白狀請領〔二〕，須門司官吏印押關牒〔三〕，本司方得分付。限五日内具公文給還，抽取關牒，毁抹入案，勾銷文簿。其經久占使什物去處，每至故舊，仍仰分明送還，正行取借新鮮什物充使。仍委 3 本司別置門司供借官物文簿，凡有取借官物，分明抄上。每遇新界交割，仰將上件文簿及所借關牒與門司文簿一處照會交割。本司每月具門司月内及自前取借未還陳設什物，件析以聞，降付門司照會給還。」詔從之，仍令儀鸞司每半年一次具取借未還名件以聞。仲容等磨勘到兩界所少官物，皆蠲除之，其監官等第責罰。

三年十二月二十三日，三司言：「儀鸞司闕條氈三千，乞下河東製造。」上批：「前日提舉司言，物料庫、牛羊司所畜氈毛，舊以給宗室嫁娶，昨一例折支錢，今已委積數萬斤，皆同糞壤。三司不以見在物料爲之，而遠勤民力於河東。可令據見在并自今所收白羊毛擀造。其褥骨之類，即許用黑毛代之。」

四年十二月一日，詔衛尉寺行事京官并大禮押當祇應，並撥屬審官東院。

六年正月一日，中書言：「欲以市易務上下界、商稅院、翰林圖畫院、雜買務雜買場、諸宮觀真儀法從、南郊太廟家事府司檢校等庫、都亭懷遠驛、三糧料院、内軍器五庫隸都大提舉諸司庫務。」上批〔四〕：「内軍器五庫官物貯積多在宫禁，及收内降物，兼自有提舉官點檢，可不隸提舉諸司庫務〔五〕。」

二月十六日，詔：「人使緣程到闕，應館驛頓宿位次，令儀鸞帳設司不得以諸處地圖供應。」

七月十三日，詔置内弓箭南庫，儲御前所修製軍器，仍別差官提舉。

八年五月十二日，都大提舉内弓箭軍器等庫所張茂則言：「轄下四庫軍器不堪。緣逐庫監、專只以二年爲界，方欲整齊，各又交替。乞今後軍器四庫監官以三年爲界，任滿日如出納整齊，排垛物色與帳籍差 4 互〔六〕，并專副界滿，並許當所保明，等第酬奬。」從之。

〔一〕一員：原作「具員」，據本卷職官二二之八改。
〔二〕領：原脱，據本卷職官二二之八補。
〔三〕「須」上原有「務在」二字，據本卷職官二二之八删。
〔四〕「市易務」至「上批」一段原脱，據《長編》卷二四二補。
〔五〕諸：原作「語」，據《長編》卷二四二改。
〔六〕「差」上疑脱「無」字。

元豐五年九月十七日，詔：「內弓箭、南內外兩庫軍器什物止供御寶帳及本庫帳，毋以帳供兵部、衛尉寺。」

哲宗紹聖三年正月二十四日，詔儀鸞司武臣令三省選差。

元符二年五月十六日，兵、刑部乞立儀鸞司係公人盜本司官物若知情藏買及爲隱寄典賣者編配告賞法〔一〕。應官司差借儀鸞司人物者，權同監臨，事畢令人齎還。從之。

徽宗崇寧二年正月七日，詔置六尚局，尚舍局掌供御幄帟、張設之事。詳見「殿中省」〔二〕。

政和五年十月九日，詔：「儀鸞司兵匠即今闕人役使，可將原係本司工匠緣事降配及投換之人，令兵部剗刷，並行拘收赴司，依舊職名收管。仍自到司日，權免對曆，先次勘給逐等請給。」

七年六月八日，詔：「金吾街仗司依格差大使臣係武翼大夫以上〔三〕。不許差小使臣，已差者罷。」

高宗建炎三年四月十三日，詔衛尉寺并歸兵部。（以上《永樂大典》卷一三七三七）〔四〕

儀鸞司〔五〕

【宋會要】

5 儀鸞司在拱宸門外嘉平坊，掌奉乘輿親祠郊廟、朝會、巡幸、宴（響）〔饗〕及內庭供帳之事。大中祥符九年，分儀〔鸞〕司庫爲三，一曰金銀器皿、帟幕什物之第一第二等者，二曰香燭、帟幕什物之第三第四等者，三曰氈油、床椅、鐵器雜物。勾當官五員，以京朝官、諸司使副及內侍充〔六〕。兵校及匠二百九十一人，官小一百一十四人。

真宗咸平四年八月，詔：「諸州所上閏年圖，自今每兩閏一造，每三次納儀鸞司。即一次納職方，換職方舊圖，却付儀鸞司。其諸路轉運司即十年一造。」

大中祥符七年二月，詔儀鸞司：「今後應係諸處排當取索什物合供應者，須具數上簿，方得供應。用訖，勾收入庫，鑿簿收掌。」

七月，臣僚言：「儀鸞司遺火之時，屋舍連屬，毀拆不逮。復內庭庫務至甚擁隘，如儀鸞司簾幕、牀榻之類，不須逼近宮殿。乞速命使臣相度以聞。」從之。

八年正月，三司言：「不堪什物萬五百七十八，欲差使臣一員，專副二人，於左右掖門西廊下置庫立界，受納揀選。內有止是顏色故暗及有破損、堪任縫補者，即蹙併收管。遇勑葬并閑慢處排當，所須什物及修造處要遮圍青布等使用，並令儀鸞司於揀什物庫請借供使。」從之。

〔一〕典賣：原作「典買」，據《長編》卷五一〇改。
〔二〕殿中省：原作「殿省中」，據本書職官一一之六乙。
〔三〕街：原作「衛」，據本書職官二二之一三改。
〔四〕《大典》卷次原誤標爲「卷一萬三千三百三十七」，據《永樂大典目録》改。
〔五〕原無此題，徑補。
〔六〕使副：原倒，據《文獻通考》卷五五乙。

十一月，詔：「儀鸞司庫屋移出拱宸門外，自今本司人員、工匠、官小并雜役兵士等，每遇崇德、長春、天安、會慶、崇政殿等及延福宮、後 6 苑并内中非時宴會，或遇駕出，將擎隨駕物色，入内祇應，並許就便入拱宸門供應。仍令本司供數，與本門人員點檢出入。若中書、樞密、宣徽、學士院、秘閣、三館筵設供應，及左藏、内藏、皇城司、軍器庫、舊酒坊等處或非時祇應，並於東華門左右掖門出入。其本司監官逐日出入，内侍使臣等即依舊例於拱宸門出入，諸司使、副使等於朝門出入。」

九年二月，三司言：「儀鸞司管錦繡銀泥青素帳設什物，名件浩瀚，供應不少，自來只一司置庫收管，色額庫分交雜，不得整齊。今欲委本司判官與提舉庫務朝臣、使臣同計會監官，將帳管什物相度，分擘各庫收掌。」事下鹽鐵判官嚴國祥，與提舉庫務、儀鸞司相度，分作三庫，别立專副、曹司、庫子。其監官、工匠依前通同管勾，排當去處，同共祇應。從之。凡金銀器物及第一第二等帳設什物、房卧物、地衣、舞筵作一庫。契丹三番什物及第三第四等什物、蠟燭、銜香、乳香作一庫。所有三番使到(關)〔闕〕什物，非時不得别用。鐵器、木植家事、木椅、丁索、氈帳、亭殿竹木胎骨頭手窠木、營房屋庫油涼笠作一庫。初，林特議分作四庫，監官監稱分庫，而監主通管之稍便。真宗令丁謂諭特更議悠久行之，因言：「不如條約愛惜官物。且如道場中，凡用錦繡供養，勾當使臣先自取用鋪設，往往踐履。因思衛紹欽勾當時，〔一〕一夕聞黄門喧鬧，乃紹欽奪取錦褥，盡以紫絁者代 7 之。至如魏昭裔監厨，内中小底數移换食品，昭裔告之曰：『食味不嘉，即可爲笞責當局者；若食品即素定〔二〕，不敢輒易也。』當官如此，執守亦是不易。」

天禧元年六月，三司言：「儀鸞司送到副知任信爲受工匠吳斌錢，將所欠釘索子虚作入庫，其監官各有不躬親點檢之罪，亦合取勘。緣由舉送官，顯是點檢彰露。欲令本司今後每出納官物，委監官躬親於庫門點檢給納，見支納訖，方得書字。」詔自今令三司勘會，如是因監官點檢發覺，即與免勘。

仁宗天聖元年四月，定奪所言：「臘燭舊例並係儀鸞司掌管，自大中祥符七年三司奏，除内中取索依舊令供外，餘於三司開拆司置庫收支，就差監門檢法官勾當，及差專知官、庫子，費用不少。又儀鸞司揀出故舊什物，亦止本司收管。自大中祥符七年後，三司起請，專差使臣、專副、庫子、兵士於左掖門東占射行廊，爲揀什物庫受納，十年止及百十事件，枉費不少。欲乞依舊撥歸本司，附帳收管，只今準例支遣。」從之。

五年七月，三司言：「將來南郊，請差儀鸞司兵士五千人，望依舊例差三千二百四十七人。」從之。

八年五月，開封府言：「昨勘儀鸞司工匠戴用盜貨官

〔二〕即：似當作「既」。

物，乃因工匠少欠官物，以請受尅折填納，故致偷盜。緣本司最處重難，工匠三百餘人，不分都分，更(牙)〔互〕差撥，多不整齊。乞下本司揀選，分都分。」事下三司與提舉司同定奪聞奏。遂請：「將南北兩[8]營分四都，均人員部轄。若供應差使，一依舊例，衮同部轄。北營爲第一第二都，南營爲第三第四都。兼勘會本司元額都虞候一人，正、副指揮使一人。今定每營用指揮使、副指揮使各一人，都虞候更不添填，却添正指揮使一人。其員僚十將已下，並據元額分管。今後請踐官物、筵宴供應侵盜官物工匠，官小，乞杖配遠處。或同情盜物反告官者，並免罪，量支賞錢。其告捉者，長行轉節級，人員、節級於本職上遷轉。其支賞錢，以犯事人家財充；不足，以儀鸞司頭子錢充。所盜官物估直錢五千至十千，長行轉節級，賞錢五千；人員捉獲工匠，只賞錢五千。所盜一千至五千，告捉者不以人員長行，只賞錢五千。一千以下，賞錢三千。應窠坐久占帳設什物，自來只憑工匠請往祗應。今後欲具數目，牒與逐處交領。如要迴換，亦須牒赴儀鸞司。」從之。

神宗熙寧元年十月九日，詔：「儀鸞司多不整齊，令提舉司舉文臣一員同共勾當，却替使臣一員。」

二年十一月十七日，駕部郎中宋仲容等言：「奉詔點檢儀鸞司見在陳設，并具合申請事件。欲乞下內東門司先置內中取借官物簿，今後每有取借之物，更不得令工匠以白狀請領，須門司官吏印押關牒，本司方得分付。限五日內具公文給還，抽取關牒，毀抹入案，勾銷文簿。其經久占使什物去處，每至故舊，仍仰分明送還，正行取借新鮮什物充使。仍委本司[9]別置門司供借官物文簿，凡有取借官物，分明抄上。每遇新界交割，仰將上件文簿及所借關牒與門司文簿一處照會交割。本司每月具門司月內及自前取借未還陳設什物，件析以聞，降付門司照會給還。」詔從之，仍令儀鸞司每半年一次具取借未還名件以聞。仲容等磨勘到兩界所少官物，皆蠲除之，其監官等第責罰。

六年二月十六日，詔：「人使緣程到闕，應館驛頓宿位次，令儀鸞司帳設司不得以諸處地圖供應。」

高宗紹興三年七月二十日，詔：「儀鸞司將本司慣熟手高工匠先行籍定五十人，充專一應奉御前排辦。如有事故之人，於以次工匠內差填。今後諸官司於籍定工匠數內指名抽差，並不發遣，止從本司差撥前去。雖承降到特旨及衝改本司一切條禁，具令發遣，更不許執奏占留一切指揮，並從本司未得發遣，申取朝(庭)〔廷〕指揮。」本司言籍舊管人匠七百人，近蒙裁減九十人爲額，差撥不足，故特有是命。

二十九年四月十三日，詔：「儀鸞司幹辦官今後差武臣，其請給、理任、酬賞，並依本司省記條法。」

三十一年二月三日，詔：「儀鸞司陳設凡有破損，並申尚書省。俟劄下運司及臨安府，方許以新易舊。」先是，一年有至五易者，故有是命。

孝宗乾道元年三月五日，儀鸞司言：「本司所管工匠，舊額七百人，權以三百五十人爲額。今闕八十餘人，常日排辦及差赴德壽宮應奉、國信 10 所闕人分布，乞依條填額。」從之。

五(年)〔月〕二十七日，詔：「儀鸞司官使臣滿二年替，與減一年半磨勘；内侍官滿三年，減二年半磨勘。」從吏部檢坐《紹興格》也。

十月四日，詔：「會慶聖節使人朝見，若二十一日值雨，拆去山樓，難以絞縛裝綵，趁次日上壽。所有逐殿山樓並不拆去，内垂拱殿山樓照應隔門高下，隨宜將山樓下厦向高絞縛，以顯籠門作樂，兩不相妨。」

二年七月七日，儀鸞司言：「本(所)〔司〕所管人匠見闕三十餘人，將來大禮，竊慮闕人。乞除崇奉所在并内中齪門供内儀鸞外，其餘應合破儀鸞司工匠去處，權住發遣，候本司招填日依舊。」從之。

十月十七日，詔會慶節及日後使人見辭筵宴等，所設爐火並免供設。

六年七月十九日，詔：「儀鸞司所管人匠昨係三百五十人爲額，令招收敷額，自後遇闕日招填。」

淳熙二年十一月二十一日，詔：「儀鸞司不般新油幕出外，因致失火，看管等人已行斷配，其本司幹辦官林恕特降兩官。」

十四年七月七日，詔儀鸞司〔減〕工匠三十人。以司農少卿吴燠議減冗食，下敕令所裁定，故有是命。

慶元二年二月二十一日，儀鸞司言：「本司所管排辦應奉慈福宮、重華宮、壽康宮并御前及使人到闕并崇奉去處，應干排辦事務最爲繁劇，所管支遣官物浩瀚，其專、副名闕係踏逐他處之人到司，並皆生疎，深恐誤事。今竊見本司押司官王汝翼諳練排辦事務，乞 11 候專知官邵良輔界滿日，更不踏逐填闕，止令王汝翼先次兼權。却候押司官年滿日，出職補受名目了日，正行差填名闕，兼點檢文字祗應。所有立界、請給〔一〕、酬賞等，並依今來專副見行條法施行，庶得應奉排辦支遣各無稽誤。」詔從之。

三年六月二十日，儀鸞司言：「本司舊管人匠并撥到尚舍局人匠共以七百人爲額，緣節次承降指揮裁減，至今權以二百七十人爲額，即目見管二百一十五人。於内見有皇城司、御輦院等處差取到司充填額内工匠，并本司工匠見宣借到壽康宮并御前閤子庫、榮觀堂、南廊庫等處共六十二人，實占祗應，並不趁赴本司工役外，止有一百五十三人，充日逐應奉朝殿供掇坐杌，張打御繖涼笠，及入冬供設御爐炭火，四孟朝獻及聖節并正旦使人到(關)〔闕〕絞縛山樓、釘設祗應郊祀大禮排辦事務，比之遞年，工役倍增，委是人力不勝，至期難以辦集。今來工匠，於二百七十人額内，見闕五十五人。若行招刺敷額，必至生疎，卒難教習，

〔一〕請：原作「謂」，據文意改。

有誤役使，兼又升降支破例物。欲乞將前項見闕人數依紹興十三年所降指揮體例，止於兩浙轉運司限半月下本路諸州軍，保明選差諳練絞縛、訂設、結造、綵帛，手高少壯，有行止、家累，無過犯軍兵五十五人，發遣赴司，並依見今職名收管。仍分擘請給文曆前來，比照本司合請名色，從一多給施行。如有一切條禁，特依今來指 12 揮發遣赴司(工)〔供〕役，不許占留，庶得排辦不致闕誤。」詔特於兩浙轉運司依數選差，限半月發遣，不許執奏。

嘉定五年八月六日，儀鸞司言：「本司拘押官物使臣、專知官，副知名闕，並是外處人差到司供職，不諳事務。乞自今後遇有名闕，止就差本司見在專副今來界滿轉授使臣之人充填。如在該職未該轉授使臣，且令先次兼權，候授告了日，正行填闕。內有專副界滿遇闕，未該轉補使臣人，更與存留，接續一次，候補授使臣了日，差充拘押官物使臣。所有以後退下專副名闕，却差本司押司官兼權，亦候年滿補授名目，正行差填。或值專副兩名前後界滿，以次差前行相兼掌管，候正差充專副。遇有拘押官物使臣闕，亦乞先次兼權，候補授使臣了日，正行差充。拘押官物使臣滿日離司，其兼權職事，亦不添破請給。如日後外人欲來承填上件名闕，許令本司執奏不行。逐項名闕，正行差填了日，所有理任、請給、酬賞等，並依本司見行條法施行。」詔從之。

金吾街仗司 (一)

【宋會要】

13 金吾街仗司有左右金吾引駕仗，掌殿內宿衛、車駕巡幸勘箭喝探之事，及送諸道旌節度使迎受(二)。又有左右街司，掌街鼓、警場清道、請納皷契、巡徼衢肆、糾視違犯。判街仗司官各一人，並以將軍以上充。其屬有左右仗孔目、勾押、引駕官、都押衙、勾晝、都知、節級、四色⿰禾暴矟官、知箭門仗官、探頭等，又有兵士，左右仗各五十三人。左右街司有孔目、表奏官，兵士各百二十人。

太宗淳化五年八月，左神武大將軍、權判左右金吾街仗魏丕以新募街司從人千餘人引對崇政殿，太宗親選得五百七十人。其中取身品優者二人爲等，分四營，營設五都，都有員僚、節級，一如禁兵之制。軍頭四，黥面，給例物。命六宅使田守信權知右街事。帝以京師浩穰，街司巡警先用禁軍非舊制，特命左右街各置千人，優以廩給，使傳呼備盜。至是始分營部，仍令魏丕更召募，以充入其數焉。

至道元年八月，以西京作坊副使閻承翰、內殿崇班劉

(一) 原無此題，徑補。

(二) 此句似當作「及送諸道旌節，節度使迎受」，脱一「節」字。《宋史》卷一五〇《輿服志》二「旌節」條云：「神宗熙寧五年，詔新建節并移鎮，並降敕太常寺排比旌節，下左、右金吾街仗司、騏驥院給執擊人員、鞍馬。」是送旌節之事也。

承蘊爲左右金吾都監，勾當本街事。帝以京邑浩穰，姦豪所萃，復新（慕）〔募〕公人二千，以四營處之，資於總轄；仍以郊禋洎皇太子仗衛至繁，時趙延進、魏丕皆耆年，恐不辦集，故特命之。

真宗大中祥符三年七月，右金吾街仗言：「請以順天門官宅充本司公廨。」從之。

七年六月，左右金吾引駕仗言：「文德殿[illegible]稍堂自來衙日14祭饗，今緣禁止燃火。」詔令依舊祭饗。

仁宗天聖六年六月，詔充右金吾街仗司孔目、勾押、表奏官自補正名，並三周年後與勒留燃〔一〕。

嘉祐二年二月十五日，御史臺言：「勾當左右金吾街仗、六軍儀仗司宋郁多請病假，每起居橫行，旋請官充攝，多有失儀。」詔：「今後於未有差遣諸司使副、承制、崇班内，差諸司使攝大將軍，副使、承制、崇班攝將軍，共不得過二十人。每月大將軍支食錢七千，將軍五千。差六軍兵士四人當直，候有差遣，別差人充攝。」

高宗紹興二年三月二十八日，詔：「左右金吾街仗司共通立二百人爲額，衮同差使。如遇額管不足，許令招刺補填。」先是，幹辦左右金吾街仗司、武畧大夫趙璹等言：「乞左右金吾街仗司元額各八百人，權各裁定作一百五十人爲額。內有管額不足人數，許從逐司招刺補填。」兵部尋取到左右金吾街仗司狀：「逐司人兵元額：左右街司各五百五十人，左右仗司〔各〕二百五十人，應副内宿唱和更籌并差赴宰執、侍從官等處當直從使，除累年逃亡及昨緣渡江不到人外，即目左街司有七十三人，仗司有三十人，右街司有四十八人，仗司有二十九人。比之元額十分內，左街仗司共有一分，右街仗司共不及一分。兼即目應副窠差去處，合用三百八十五人。見今所管人兵，逐（同）〔司〕共止有一百八十人。今相度，欲乞將左右街司元額各五百五十人權各裁減作一15百人，左右仗司元額各二百五十人，權各裁減作五十人爲額。」故有是命。

三年八月十八日，詔金吾街仗左右兩司各以一百五十人爲額。

二十八年十月二十七日，詔左右街仗兩司人兵各以一百七十五人爲額。

淳熙六年十二月十三日，詔左金吾街仗司見闕人數，令招刺補填祇應。以本司言：「奉紹興二十六年十二月二十七日指揮〔二〕，權以一百七十五人爲額，見今闕四十五人，乞行招填。」故有是命。

十四年三月十五日，詔金吾街仗司減人兵九十八人。以司農少卿吴燠議減冗食，下敕令所裁定，故有是命。

紹熙三年七月八日，兵部言：「左右金吾街仗司申，準淳熙十四年十月四日指揮，裁減左街仗司以一百三十一

〔一〕燃：疑誤。
〔二〕奉：原誤在上句「以」字下，據文意移。

人、右街仗司以一百二十一人爲額。緣節次有逃亡事故，見闕二十四人。逐司所管人兵並係差充應奉内宿唱和更籌及宰執、侍從、臺諫、給舍等官下當直，合行招刺補填。」從之。

慶元元年十二月二十七日，兵部言：「左右金吾街仗司昨在京日，各以八百人爲額，從紹興二十六年十月二十七日指揮，權各以一百七十五人爲額。準淳熙十四年十月四日指揮，敕令所將逐司見管人兵立爲定額，左司以一百三十一人爲額，右司以一百二十一人爲額。目今左司見闕九人，右司見闕一十人，兩司共實闕一十九人，乞行招刺。以招刺到日爲始，依例支破口食錢米。16其招軍例物（依）自來體例，更不支降。」（詔）招填一十九人。

六年，闕二十九人，復請招刺，亦許之。（以上《永樂大典》卷一一〇六）

太常寺

【宋會要】

17太常寺掌社稷及武成王廟、諸壇齋宮習樂之事。判寺官一人或二人，以諸司三品以上充。又有太祝、奉禮郎、掌奉祭祀，郊社令、掌坐、齋郎、協律郎。領大樂局、鼓吹等院。（以上《永樂大典》卷一三七三一）

【續會要】（一）

18太常寺皆以禁林之長主判，皆以兩制（統）〔充〕。而禮院自有判院（二）、同判院。祥符中，符瑞繁縟，別建禮儀院，輔臣主判，而知制誥爲知院。天禧末，罷知院。天聖中，省禮儀院，而寺與禮院事舊不相兼（三）。康定元年，置判寺、同判寺，並兼禮儀事。元豐正名，始專其職焉。《職畧》。卿掌禮樂、郊廟、社稷、壇壝、陵寢之事。元祐，詔太常寺置長貳，餘寺監長貳並互置。中興，併省寺監，獨存太常，又命太常兼（中）〔宗〕正。紹興復。隆興元年，詔光禄寺併歸（大）〔太〕常寺兼領，丞二員罷。掌社稷及武成王廟、諸壇齋宮習樂之事。元祐元年，呂純禮爲少卿，御史論門廕得官不可任奉常，於是外補。中興建炎三年，詔太常少卿一員兼宗正少卿（四）。皇祐中，詔特差近上知禮官一員兼丞事，御史李泌之請也。

（一）按，以下一段文字是否全爲《續國朝會要》之文甚可疑。據《群書考索》後集卷九、《記纂淵海》卷三一，自「太常寺皆以」至「專其職焉」出《職略》（按：即宋熊克《聖朝職略》），惟其中小注「皆以兩制充」一句爲「《續會要》云」；自「卿掌禮樂」至「長貳並互置」出《會要》；自「中興併省」至「紹興復」出《中興會要》；自「隆興元年」至「習樂之事」出《孝宗會要》；自「元祐元年」至「於是外補」出《續會要》；自「中興建炎」至「兼宗正少卿」出《中興會要》；自「皇祐中」至「之請也」出《職略》；「建炎三年省丞，紹興三年復置」二句則出《中興會要》。今《輯稿》所録者或是《大典》抄合《群書考索》等書，誤標爲《續會要》，又或是徐松手下書吏之誤。

（二）禮院：原作「花院」，據《群書考索》後集卷九改。

（三）相：原作「用」，據《群書考索》後集卷九改。

（四）兼宗正少卿：原作「兼中宗少卿」，據《群書考索》後集卷九改。

《職署》。建炎三年省丞，紹興三年復置〔一〕。（以上《永樂大典》卷七三九八）

齋郎

【宋會要】

19太祖建隆四年六月，詔：「尚書禮部所補太廟、郊社齋郎，自今每歲以十五人爲額。其蔭補人並須年貌合格，試念書精熟。如經覆試引驗，不合元勑，其本司官並當貶降。」

乾德五年九月，虞部郎中趙元拱、國子監丞高延緒坐試齋郎念經不實，覆試差互，元拱責授倉部員外郎，延緒國子監主簿。

雍熙二年，詔：「尚書禮部自今補到齋郎，皆旋（其）〔具〕姓名，關報宗正寺。」

真宗大中祥符六年七月，詔：「郊社齋郎經三次行事，方得投狀注擬。如欲隨父兄出外，並須奏聽朝旨。」十二月，詔：「新補齋郎候禮部給牒，即赴太常寺公參。」事具「太常寺」。

七年八月，權判宗正寺趙世長言：「自今齋郎、室長每年預太廟五大享無遺闕者，特放一選；如一年内全不到行事者，殿一選；只一兩次行事者，勒守本出身選。仍遇郊禋，不在減放之限。」從之。

天禧元年九月，詔太廟齋郎令銓司依大中祥符六年七月條貫郊社齋郎指揮施行。

五年十一月，詔：「自今齋郎乞改補充室長、掌坐者，令（部）〔禮〕部於奏狀内具投狀月日。如内有丁憂者，即除服制外，據投狀月日已前，將兩頭零月日合爲一周年，通計實理年限，申奏改補。并銓曹磨勘時，内有丁憂者，亦依此例，通將服制前後零月日如及一周年，與作一選施行。」

乾興元年五月，仁宗20已即位，未改元。吏部銓言：「準格，郊社齋郎補奏後五年，轉掌坐；改補後五年，附奏，年滿勑下，復一選集。欲望自今年滿不曾改補者，此類選並依諸色違礙選人體例施行。」從之。

仁宗天聖四年閏五月，詔：「自今後所補室長、齋郎，並依例赴宗正寺公參。」

九月，尚書禮部言：「太廟齋郎乞改補，多違《長定格》年限，當部即從選人施行。看詳多不知格文立年限改補。欲望每年終録格文下都進奏院，牒諸路轉運司，令告示：有隨父兄在官，或鄉寄居住者，如補授後及《長定格》内年限，並仰赴當部投狀改補。如年及格，遇恩放選，赴南曹投狀，更不在改補之限。若未欲參選，亦須依格改補，庶免時有殿選。其在京居止者，即禮部告示。」從之。

八年九月，尚書禮部言：「臣僚奏薦骨肉補齋郎者，近

〔一〕三年：原作「二年」，據《群書考索》後集卷九改。又，此下屠寄批注「以上續會要」五字，因前已標有，今不取。以下似此者並同。

年多有增添年幾，以就合格。欲望自今並於奏狀内明言所奏人詣實年幾，其進納斛㪷人亦於元陳狀内聲説。」從之。

慶曆四年四月，詔：「致仕官之子孫授試銜齋郎，年及格者，與免選，除近便官。」

嘉祐六年十一月二十七日，詔室長、齋郎年及二十已上，即令公參行事。（以上《永樂大典》卷七三二〇）

挽郎

【宋會要】

21 乾興元年八月，仁宗已即位，未改元。翰林學士承旨李維、學士晏殊等言：「至道中，太宗皇帝山陵時，宋白、梁周翰各奏姪男補充永熙陵挽郎。臣維有外甥之子王竦，臣殊有堂弟之孫詢，欲各補充永定陵挽郎。」從之。

仁宗天聖元年正月，流内銓言：「據永定陵挽郎王竦稱，蒙恩補授，赴山陵行事，別無遺闕，係是放選。乞比齋郎例注官。銓司檢詳《長定格》，齋郎、挽郎並是一類出身人，欲令王竦依齋郎例，許於南曹投狀。」從之。《會要》。

（以上《永樂大典》卷七三二七）

禮儀院

【宋會要】

22 唐制有知禮儀院、禮儀使之目，自建中後，惟郊祀權置禮儀使，事畢即停。國初，止以禮院掌其事。雍熙初封禪，別命學士常參官七人同詳定儀注，事畢即罷。大中（詳）〔祥〕符元年東封，又命學士、待制五人與判禮院李維、孫奭、姜嶼詳定儀注，事畢，遂不廢局。汾陰、聖祖降奉祀並然。

真宗大中祥符六年八月，詔以起居院詳定所爲禮儀院，命兵部侍郎趙安仁、翰林學士陳彭年同知院。初置詳定所，即命彭年領其事，以彭年修《起居注》，故命就起居院爲官局。《長編》注：詳定所自元年四月置，至六年八月庚午改名禮儀 23 院，徙起居院於三館。

七年二月，以參知政事丁謂判禮儀院，而陳彭年知院如故。先是，趙安仁與彭年同知院，至是安仁罷領事，止命謂與彭年領之。自是多以參知政事一員判院，以學士、丞郎諸三品以上一員知院。揭榜刻印，移文他局，悉以銀臺司爲準。若中書、樞密院判院，則移文諸司，自宣徽院、御史臺以下，皆用劄子。其後別置院於右掖門外。凡行禮皆用儀仗法物。有不合典禮者，悉裁定制度。内外書奏中書禮房所主者，悉付之。擇三司、京百司胥史以充其令史，又令禮部禮直官分番祗應，諸司輪番赴院祗應。急速公事，皆填印紙札子，即時行遣。時朝廷奉祠祭尤謹，凡作一事件，纖微委曲，多所規創。

六月，詔：「禮儀院應行遣儀式：於宣徽院行頭子、御史（頭）〔臺〕行牒處，禮儀院並劄送。如不是中書、密院大臣判，即並行公牒，庫務依舊行劄子。於三司行帖處，並劄付。於行牒處，亦牒。係祇應禮儀、儀仗、祠祭司分，亦劄送。於諸路轉運司，并兩京、諸州府，或行牒，或行劄子。應干議請事於中書、樞密院，即申狀。如傳聖旨或常程小事，即依閤門例寫劄子，用印送所屬房分。應干詳定儀注仗衛祀祭公事，合寫到進呈者，如屬中書，即具劄子次第商量，附中書進呈。如係抽差執儀兵士鞍馬，屬密院，亦依此附進。應每遇行禮逼促，即逐急施行。令告報逐處，依閤門劄子例，用印發遣。如行下文字後，逐處報應未備者，批送逐處，重行供析。及諸處有所申稟，亦即時翻録。行遣不及者，批與指揮。應自東封後，凡行大禮，係太常禮院及詳定所逐時文字，今來禮儀院並偏索，一處編録收掌，准備檢閱。其諸司禮儀條制事件，亦合分明編録。應干禮儀、儀仗、祠祭及緣行禮事，委逐處看詳見今祇應儀式，如有未便事件，從本司擘劃起請，申禮儀院參議改更。應儀仗禮服緣行禮所用放逐處，各取一事件看驗。如有故闇不任整飾者，送三司，令本案判官管勾修整。內未合典禮事件，即別定制度。應遇皇帝升壇行禮，其升壇殿諸司祇應人衣服冠幘，令別遣一番，封(春)〔椿〕管係。如有制度不如法者，即便參定。應帳設什物緣行禮及壇殿所用，令儀鸞司造撰一番，別庫封椿，常時不得雜用。應諸司各祇應手分，每日常輪一人，祇候緩急勾喚指揮公事。應每遇行禮合升壇殿祇應諸司職掌等，令於習儀前五日，各具逐處差定人數、姓名，赴禮儀院。合要公用錢，依禮院例，月給十千。應禮儀院主押人，月特支錢三千，前後行二千。其押到守闕人，須入仕及三周年，即依例給食直、筆墨錢。後三周年，曾經祇應大禮無過闕，即牒御史臺試書札，補逐處正名，叙理勞考。如功過杖已下一次〔一〕，殿一年；如遇文字併多，聽於館閣楷書、諸司守闕內選差抄 24 寫。」

天禧元年三月，樞密使王欽若言：「禮儀院實司容典，以奉禋祀。創置已來，皆參知政事兼判。昨者宣讀天書之際，臣受詔權令管勾，方當大禮，不敢固辭。今請別選官以總其事。」詔欽若兼領之。

仁宗天聖元年四月，樞密副使張士遜等言：「禮儀院占公人二十二人，歲費錢千七百餘貫，非泛行禮支給在外，日逐行遣祇應不多。詳定儀制，久來屬太常禮院管勾，今請停罷。所有承受宣敕、行遣公案諸般文字，並付禮院。」乃詔罷禮儀院，以知禮儀院、翰林學士晏殊，龍圖閣直學士馮元爲判太常禮院，同判太常禮院官爲同知院。太常禮院，典禮所自出，大中祥符中〔二〕，又增置禮儀院，以輔臣領其事，至是始罷之。（以上《永樂大典》卷一六六五三）

大晟府

25 國朝禮樂掌於奉常。崇寧初，置局議大樂，樂成，置

〔一〕功過：似當作「過犯」。
〔二〕中：原無，據《長編》卷一〇〇補。

府建官以司之，禮、樂始分爲二。府在宣德門外天街之東，隸禮部，序列與寺監同，在太常寺之次。以大司樂、典樂爲長、貳；次曰大樂令，秩比丞；其次曰主簿，曰協律郎。又有按協聲律、製撰文字、運譜等官，以京朝官、選人或白衣士人通樂律者爲之。又差武臣監府門及大樂法物庫。又有侍從及内省近侍官提舉。所典六案：曰大樂，曰鼓吹，曰宴樂，曰法物，曰知雜，曰掌法。其所轄則鈐轄教坊所及教坊。吏屬則有胥長、胥史、胥佐、貼書，掌官物者則有專知、副知、庫子，工屬則有樂正、樂師、色長、上工、中工、下工、舞師云。

徽宗崇寧四年八月二十七日，詔曰：「廼者得隱逸之士於草茅之賤，獲《英》《莖》之器於受命之邦。適時之宜，以身爲度，鑄鼎以起律，因律以制器，按協於廷，八音克諧。新樂宜賜名曰《大晟》，其舊(藥)〔樂〕勿用。」

五年九月二十日，詔曰：「樂不作久矣。朕承先志，述而作之，建官分屬，設府庀徒，以成一代之制。而近者省廢，併之禮官。夫舜命夔典樂，命伯夷典禮，各分所守，其大晟府名可復[26]舊。」是年二月，嘗省内外冗官，大晟府省廢恐亦在是月，至此有復舊之詔。

大觀四年八月十一日，詔：「大晟官徒廩給繁厚，未適其中。自今省樂令一員，監官二員，吏祿並視(大)〔太〕常格。」

宣和二年七月十六日，詔：「大晟府近歲添置按協聲律及製撰，殊爲冗濫，白身滿歲即補迪功郎，僥倖爲甚，可並罷。在任者依省罷法。」

八月十五日，詔罷大晟府製造所。

十八日，尚書省言：「奉詔，在所及諸路樂工，舊制上係免行，後來增破請給，必爲冗濫，可並依舊制。内在京樂工，遇朝會祠事日，特與支給食錢，仍立定人額。本府檢會舊來祠祭共四十三次，今來年中祠祭及明堂頒朔布政通計八十一次，并非泛應奉在外。教習食錢，見依本府格令外，今措置到朝會祠事日，特支食錢下項：上、中、下樂工、舞師各一百文，色長二百文，副樂正、樂師共六人，各三百文，樂正共二人，各五百文。本府見管樂工六百三十五人〔一〕，舞師一百五十人，共計七百八十五人。今欲用見管七百八十五人立爲定額，今後便不添人。其不足人，乞依例借教坊樂人并守闕舞師。契勘破教習食錢，每年都計支六千四百六十一貫五百八十文。樂正年終每名共支錢四十貫文，副樂正年終每名共支錢一十貫二百文，樂師年終每名共支錢三貫九百文，運譜年終每名共支錢三貫九百文。樂正二人，每名每月料錢十貫文，米麥各一碩，春冬衣絹[27]共一十疋，綿一十兩，單羅公服一領，夾羅公服共二領。副樂正二人，每名每月料錢八貫文，米麥各一碩，春冬衣絹共七疋，綿八兩，單公服一領，夾公服共二領。樂師四人，每名

〔一〕樂工：原作「樂正」，據前後文改。

每月料錢六貫文〔一〕，米一碩，麥五斗，春冬衣絹共六疋，單公服一領，夾公服共二領。運譜并色長共四十四人，每名每月料錢五貫文，米一碩，麥五斗，春冬衣絹共四疋，單羅公服一領，夾羅公服共二領。上工一百六十人，每名每月料錢四貫文，米一碩，春冬衣絹二疋。中工一百五十八人，每名每月料錢三貫文，米一碩，春冬衣絹共二疋。下工并舞師共四百十九人，每名每月料錢二貫文，米一碩，春冬衣絹共二疋。已上都計錢五萬四千二百八貫三百二十文。檢承崇寧五年十一月勑令，諸樂工教習日支食錢。後稍精熟，免日教。遇大禮、大朝會前一月，大祠前半月，中祠前十日，小祠前五日教習。各前期在家習學，止赴大寺協律廳草按一日，并臺官按樂一日。」詔：「教習草按樂日分，並依未置府以前舊制。遇依舊制合破按樂日分，並特依崇寧五年十一月條支破食錢。」

七年十二月二十二日，詔罷大晟府并教樂所。（以上《永樂大典》卷次原缺）

教坊

【宋會要】 28 國朝凡大宴、曲宴，應奉車駕游幸，則皆引從。及賜大臣宗室筵設，並用之。置使一人，副使二人，都色長四人，色長二人，高班都知二人，都知四人。第一部十一人，第二部二十四人，第三部六人，第四部五十四人，貼部九十八人。舊使至貼部止二百四人，復增高班都知已下，皆執色。雜劇二十四人，版二十人，歌二人，琵琶二十一人，箜篌二人，笙十一人，箏十八人，觱篥十二人，笛十二人，方響十一人，羯鼓三人，杖鼓二十九人，大鼓七人，五絃四人。別有排樂三十九人，掌譔文字一人。

太祖開寶八年四月二十九日，教坊使衛得仁年老乞外官，引後唐故事，希領郡。帝謂宰相曰：「用伶人爲刺史，此亂世事，焉可法耶？此輩止宜於樂部中選授。」乃以爲太常寺太樂 29 局令。

太（常）〔宗〕太平興國三年十月二十九日，詔：「兩浙所進淮海王伶人馬國安等百餘人，俾教坊肄習之；馬迎恩等四十五人，賜錢叙。」

四年三月二十一日，成都府傳送伶官五人，令教坊肄習之。

七年五月二日，以秦府伶官二十人肄教坊，餘縱之。

雍熙二年八月二十四日，教坊使郭守忠上言求外任，帝賜以束帛，因謂宰相曰：「朕承累朝喪亂之後，所以勵精爲治，祈寒暑雨，未嘗自便，蓋恐政事壅滯。今天下安治，自謂勞苦有效矣，若以酒樂自娛，則萬務將壅，百姓何所訴哉！然守忠之情，亦可念也。」宋琪等對曰：「陛下求理切至，未嘗游心宴樂，俳優之徒無所施其技，故守忠求外任以

〔一〕料：原作「糧」，據上文改。

自效。」

端拱元年八月，出教坊伶官二十六人，補諸州鎮將。

真宗咸平六年正月八日，以教坊使郭守忠爲鄭州團練副使，以其請老，遂授散秩。

景德三年九月六日，御含元殿，閱視翌日大宴百戲。有竿木戲，婦人立身如戲槊。帝曰：「豈婦人所宜爲？」遽令退去。

大中祥符三年十二月，詔教坊優詞，令使副與掌撰文字人修定。

六年正月，詔：「教坊入内祗應，委副使提轄〔一〕，不得妄有陳乞。例進兒男，許於使副處陳狀，具所習曲調按試。精通及好人材，即開析體例實封，於内東門以通。覆驗不同，使副並同嚴斷。今後祗應及十五年已上，藝事精通，即許經使副陳狀按試，責同色人連名委保聞奏。候同入内祗應，即別具聞奏，當議改轉，[30]或加服色。使副不爲行遣，許於登聞鼓院投狀。凡祗應畢，賜茶酒，謝恩便退。非喚名宣問，不得近前。」

天禧三年十二月二十三日，詔：「自今賜契丹及高麗使御筵，其樂人語詞，教坊令舍人院撰，開封府衙前令直館撰。」以承前樂工致語未合程式也。以上《國朝會要》。

高宗建炎二年二月二十日，詔：「自來以内侍官二員兼鈐轄教坊〔二〕，蓋太平無事時故事。近緣内侍官更代，失於檢察，仍帶前項兼領，實雖廢而名尚存。所有内侍鈐轄教坊名闕可減罷，更不差置。」

紹興十四年二月十日，鈐轄鈞容直所言：「被旨，條具祖宗以來置教坊典故。舊有鈐轄教坊所，官鈐轄二員，係入内内侍省奏差本省供奉官以下充。吏額：點檢文字、前行各一名，後行三人，貼司二人，教坊手分、貼司各二人。舊額樂人四百一十六人，使副三人，管幹教坊公事人員一十三人。内都色長二人，兼管轄排樂，色長、都部頭各二人，部頭三人，副部頭一人，長行四百人。樂藝色目人：琵琶一十五人，雙韻子、五絃各二人，箏一十二人，箜篌三人，簫二十人，笙一十二人，觱篥八十人，笛七十人，方響一十五人，頭板二人，拍板、參軍各一十二人，雜劇八十人，杖鼓七十人〔三〕，大鼓一十五人，羯鼓三人，製撰文字、同製撰文字各一人，排樂六十人，内節級二人。籍定應奉諸色人：左右蹴毬等軍各五十四人，左右百戲軍遇燕差一百人。隊舞小兒，隊舞女童。如集英[31]殿大宴，天申節尚書省齋筵，上元節宣德門露臺上隊舞，並前期點集揀選合用人數入教坊。」從之。

三十一年六月十二日，詔教坊日下罷，並令逐便。以上《中興會要》。

〔一〕使：原作「候」，據《補編》頁八五六改。
〔二〕二員：《建炎要録》卷一三、《宋史全文》卷一六下作「一員」。
〔三〕鼓：原作「頭」，據《補編》頁八五六改。

雲韶部

雲韶部者，黄門樂也。開寶中，平嶺表，擇廣州内臣之聰警者，得八十人，令於教坊習樂藝，賜名曰簫韶部。雍熙初，改曰雲韶部。有主樂内品三十人，歌三人，雜劇二十四人，琵琶四人，笙四人，箏四人，板四人，方響三人，觱篥八人，笛七人，杖鼓七人，羯鼓二人，大鼓二人，傀儡八人。每上元觀燈、上巳端午觀水戲，皆命作樂於宫中。遇南至、元正、清明、春秋觀社之節，親王内中宴射，則亦用之。奏大曲十三。一曰中呂宫《萬年歡》，二曰黄鍾宫《中和樂》，三曰南呂宫《普天獻壽》，此曲亦太宗所製〔一〕，四曰正宫《梁州》，五曰林鍾商《泛清波》，六曰雙調《大定樂》，七曰小石調《喜新春》，八曰越調《胡渭州》，九曰大石調《清平樂》，十曰般涉調《長壽仙》，十一曰高平調《罷金鉦》，十二曰中呂調《緑腰》，十三曰仙呂調《綵雲歸》。樂用琵琶、觱篥、笛、方響、杖鼓、羯鼓、大鼓、拍板，雜劇用傀儡。以上《國朝會要》。

鈞容直〔二〕

鈞容直者，軍樂也。有内侍一人或二人監領。有押班二人，執樂二百三十二人。舊有百三十六人，景德三年加歌二人，雜劇四十人，板十人，琵琶七人，笙九人，箏九人，觱篥四十五人，笛三十五人，方響十一人，杖鼓三十四人，大鼓八人，羯鼓三人，喝誕十人，小樂器一人，排樂四十人，掌撰詞一人。太平興國三年，詔籍軍中之善樂者，命曰引龍直，每巡省、遊幸、親征，則騎導車駕而奏樂。若御樓觀燈、賜酺，或賞花、習射、觀稼，則亦與[32]教坊同應奉。賜酺，則載第一山車。端拱二年，又選捧日、天武、拱聖軍曉暢音律者，增多其數，以中使監視，藩臣以樂工上貢者亦隸之。淳化三年，改名鈞容直，取鈞天之義。初用樂工同雲韶部。大中祥符五年，因鼓工温用之請，增龜兹部如教坊。其奉天書及四宫觀，皆用之。又有東西班樂，亦太平興國中選東西班習樂者。樂器獨用銀字觱篥、小笛、小笙，每騎從車駕而奏樂，或巡方則夜奏於行宫殿庭〔三〕。又諸軍皆有善樂者，每車駕親祀迴，則衣緋緑衣，自青城至朱雀門，列於御道之左右，奏樂迎奉，其聲相屬，聞十數里。或軍中宴設，亦奏之。復有掉刀、槍牌、蕃歌等，不常其數。及置清衛軍，選習樂者，令鈞容直教之，内侍主其事。其園苑賜會及館待契丹使，有親從親事樂及開封府衙前樂。園苑又分用諸軍樂。諸州皆有衙前樂營。以上《國朝會要》。

高宗紹興九年四月二十一日，上謂輔臣曰：「聞殿司召募鈞容直樂工，頗屬搔擾。除軍中舊人存留外，可更不添募。」先是，楊存中以鈞容班舊管四百人，今止有六十九人，乞進逐收補〔四〕，權以二百人爲額。雖已得指揮添募，

〔一〕亦：原作「並」，據《宋史》卷一四二《樂志》一七改。
〔二〕直：原無，據正文補。
〔三〕行：原脱，據《宋史》卷一四二《樂志》一七補。
〔四〕進逐：似當作「逐旋」。

後聞搔擾，遂降詔止之。

十四年二月十四日，宰執進呈鈞容直乞推賞，上曰：「只可與支賜，仍作第一次祇應有勞。今後並依此體例，庶絶後來希望。」

三十年正月十八日，詔：「鈞容班可罷，令殿前司比擬一般班直安排。元係諸處差到，發歸元來去處。內老弱病患人，給據放停。」**33** 罷二百一十六人，並給據逐便。依揀汰効用例，併行勘支兩月請給。以上《中興會要》〔一〕。《續會要》、《乾道會要》無此門。

四夷樂

太祖乾德四年七月，鎮州進伶官二十八人，善習高麗部樂，賜衣物銀帶，遣歸本道。

太宗雍熙四年，帝以北戎侵軼，惡軍中習蕃歌以雜華樂，詔諸道禁止之。

至道元年三月二十六日，定州言：「新羅没蕃人二人，自契丹亡歸。」傳送闕下，帝召見便殿，皆手持大螺，如五升器，稱在契丹十一年，教令學吹此者凡五十輩。帝令吹之，重濁奮厲，大率如角。問其曲，云《單于》。並賜衣服、緡錢，隸軍籍。

九月三日，西南蕃王龍漢璓遣使龍光進率西南牂牁諸蠻來貢方物〔二〕。帝召其使，詢以地理風俗，因令作本國歌舞。一人吹瓢笙如蚊蚋，良久，數十輩連袂宛轉，而以足頓地爲節。問其曲，譯者對曰《水曲》。詔加漢璓等官，厚賜使者遣還〔三〕。以上《國朝會要》。

神宗元豐六年五月二十三日，召見米脂寨所降蕃樂人四十二人，奏樂於崇政殿。以三班借職王恩等六人差監在京閑慢庫務門及舊城門，蕃敢勇三十六人與茶酒新班殿侍。以上《續國朝會要》。《中興會要》、《乾道會要》無此門。（以上《永樂大典》卷六一三三）〔四〕

郊社局〔五〕

34 嘉祐元年十二月五日，置郊社局令一員，命將作監主簿石祖元爲之。神宗熙寧元年十月二十二日，太常寺

〔一〕以上：原倒，據文意乙。

〔二〕率：原作「奉」，據《宋史》卷四九六《蠻夷傳》四《西南諸夷傳》改。

〔三〕厚：原作「原」，據文意改。

〔四〕按，原稿此條之後有徐松批補二條：《會要》：教坊樂工兩厢設龜兹部，帝上馬進毬，樂作。毬飛道門，立繡旗以記其籌，擊鼓三聲而止。乃駐馬廷中，羣臣立，下馬再拜，稱萬歲。羣臣打毬，止擂大鼓，諸王酌酒于帝馬前進奉。帝爲飲酒，奏樂。打毬三籌乃罷。餘曲宴、賞花、習射、觀稼，凡所遊幸，但奏樂，行酒、雜劇。《會要》：樂器有琵琶、五絃、箏、箜篌、笙、簫、篳篥、笛、方響、杖鼓、羯鼓、大鼓、拍板。

〔五〕此頁之前空白處又有徐松批語云：「管句○松按《續會要》：元豐以後郊社令、太廟令、籍田令、宮闈令、提點管句郊廟祭器所、南郊太廟祭器庫、提點朝服法物庫所、朝服法物庫、南郊什物庫、鈐轄教坊所、諸陵祠墳所併入此門。餘見『諸司庫務』。《大典》卷一萬九千三百六十七。」今按，此所謂「併入此門」謂「太常寺」門。所引《續會要》應移爲「太常寺」門序文。

言：「郊社局令張伯世言，局有郊社之名，而不主四郊之事。按《唐六典》，兩京郊社局令各一人，掌五郊、社稷、明堂之位。然則郊社令通掌五郊之事，寔存典據。乞自今郊社令勾當四郊壇壝之事，使得巡視提舉，官正其名，郊兆完潔。」從之。

太社局

熙寧三年五月，詔以太常禮院爲審官西院，其禮院歸太常寺。置籍田司、太社局。

附〔一〕：太常卿一人，秩正四品；少卿一人，秩從五品；丞一人，秩從七品；博士一人，秩正八品；主簿一人，秩從八品；籍田令一人，秩正九品；太社令一人，秩正九品。分案有九，曰禮儀，掌討論大慶典禮、神祠道釋加封、臣僚襲封定謚、檢舉忌辰。曰祠祭〔二〕，掌大中小祠祀祭差行事官，并酒齊、幣帛、蠟燭、禮料。曰壇廟〔三〕，掌行室壇、廟域、陵寢。曰（太）〔大〕樂，掌（太）〔大〕樂、教習樂舞〔四〕、鼓吹、警場。曰法物，掌給納朝、祭服。曰廩犧，掌歲中祠祭牲牢羊豕滌室。曰太醫，掌臣僚陳乞醫人，補充太醫助教等。曰掌法，曰知雜，並掌本寺條制雜務。吏額：贊引使臣四人，禮直官二人，副禮直官二人，贊者八人，守闕贊者八人，私名贊者七人，胥長一人，胥史一人，胥佐四人，貼司一人〔五〕，書表司一人，祠祭局供官十五人〔六〕，祭器司供官十二人，大樂禮器庫專知官二人，樂正三人。太廟奉安所、太社局、牛羊司、祇候庫、諸攢宮司並隸焉。

大樂局

大樂局，令、丞至守闕樂工凡三百四十一人。乾興元年十二月，詔大樂、鼓吹兩局樂工、祠祭院供官及通引官，自今凡係額外守闕投（各）〔名〕人，並未得牒逐處放免行户色役。候額内有闕，撥填名次後，方得放免行户及縣前色役。仍定樂工等名額，以爲久制。時仁宗即位未改元。

鼓吹局

鼓吹局，令、丞至守闕樂工凡百二十七人，祠祭院府史、郊社直官至守闕供官凡五十二人，通引官六人。（以上《永樂大典》卷一九七七九）

〔一〕按，以下一段，原稿緊接上文書寫，今分。此段應移爲「太常寺」門序文。
〔二〕祠：原作「祀」，據《宋史》卷一六四《職官志》四改。
〔三〕壇：原作「坦」，據《宋史》卷一六四《職官志》四改。下句同。
〔四〕習：原作「齊」，據《宋史》卷一六四《職官志》四改。
〔五〕司：原作「書」，據《宋史》卷一六四《職官志》四改。
〔六〕局：原無，據《宋史》卷一六四《職官志》四補。

太醫局〔一〕

【宋會要】

35 太醫局，秦、漢屬少府，有令、丞。晉以屬宗正，過江以給門下省。北齊時統于太常。唐太宗八局，此隸其一。有令、丞各二人，府二人，史四人，主藥八人，藥童二十四人，醫監四人，醫正八人，藥園師二人，藥園生八人，掌固四人。太醫令掌諸藥療之法，丞爲之(二)〔貳〕。其屬有四，曰醫師、針師、按摩師、呪禁師，皆有博士以教之。其考試登用，如國子監之法。凡醫正、醫工療人病疾，以其全多少而書之，以爲考課。藥園師以待種蒔收採諸藥。醫博士一人，助教一人，醫師二十人，工三百人〔二〕，生四十人，典藥二人〔三〕。針博士、助教各一人，針師十人，針工二十人，針生二十人〔四〕。按摩博士一人，師四人，工十六人，生十五人。呪禁博士一人，師二人，工八人，生十人〔五〕。宋朝于嘉祐中損益古制，而定名額。

太宗淳化三年五月，詔以民多疾疫，令太醫局選良醫十人，給錢五十千，爲市藥之宜〔六〕，分遣于京城要害處，聽都人之言病者，給以湯藥。扶疾而至者，即(珍)〔診〕視，仍遣内侍一人按行之。

仁宗慶曆四年三月二十五日，詔國子監于翰林院選能講説醫書三五人爲醫師，於武成王廟講説《素問》、《難經》等文字。召京城習學生徒聽學。本監奏：「以儒者講學之地，不宜令醫官講説對列。竊見唐制，太常寺有八局，太醫隸焉，有博士以教之。其考試登用，如國子監之法。乞令太常寺管勾施行。所有合借經書，即令本寺移文，于當監取索應付。」詔付太常寺施行。

八月二十二日，太常寺言：「近置太醫局，領屬本寺。昨令權就鼓吹局講説，今招到諸科生徒已八十餘人，其鼓吹局三間窄隘，兼逼南郊，每日教樂，講説不便。欲乞移就武成王廟。」從之。

至和三年四月十七日，同知太常禮院兼寺丞王起言：「乞下諸路州軍提刑、轉運司，各令博訪有藝醫人委可保用者，約道里遠近，與盤纏，發令赴闕，送本局校其藝能。或顯有學術，堪任録用者，即優與安排，以廣醫道。或類聚一書，上輔聖朝憂人愛物之心。竊慮其間安于鄉閭，規避赴闕者，其所屬處亦不得蓋庇。如無，即具結罪供報。」從之。

〔一〕太醫局：原作「太醫院」。按宋無此名，金代始稱太醫院，元、明因之。今據《宋史》卷一六四《職官志》四改。又《大典》雖作「院」字，但其文仍入卷一萬九千七百八十「局」字韻。
〔二〕三百人：《職官分紀》卷一八作「一百人」。
〔三〕典藥：原作「典學」，據《職官分紀》卷一八改。
〔四〕針：原作「引」，據《職官分紀》卷一八改。
〔五〕生十人：原無，據《職官分紀》卷一八補。
〔六〕宜：似當作「直」。

《職官分紀》〔一〕：宋熙寧八年〔二〕，以提舉太醫局所爲額。九年，以秀州華亭縣主簿陳應之管勾太醫局〔三〕。五月，詔中書禮局修《太醫局式》，候修定，即移市易務賣藥所往彼看詳。太醫局今更不隸太常寺，別置提舉一員、判局二員〔四〕，判局選差知醫事者充。是月，以知制誥熊本提舉太醫局，改差提舉太醫局單驤充管勾。仍令修葺舊司農寺，充醫學公宇〔五〕。有司相度，寺屋興修浩大，乞將舊朝集院修蓋。從之。八月，改差前秀州華亭縣主簿、管勾太醫局陳應之知太醫丞公事〔六〕，仍今後以朝官充判，京官充管勾〔七〕，選人知丞事，通不得過三員。或俱是丞，即以官高者發遣。元祐《官品令》：太醫丞 36 從七品。

嘉祐五年四月二十六日，太常寺言：「准詔，詳定太醫局學生人數永額。勘會先試中學生新舊人共一百六十一人，請以百二十人爲額。數外有四十一人，又以經中試見在人數，今具額内及守闕人數以聞。仍乞今後年十五以上，方許投名充醫生。雖在局聽讀及一周年，須候額内本科有闕，即選試收補。又自來攷試，唯問《難經》、《素問》、《巢氏》、《聖惠方》大義十道。今詳《神農本草》于醫經中最爲切用，自來多不習讀。欲乞自今後每遇考試，于問義十道中兼問《本草》大義三兩道。如雖通他經，于《本草》全不通者，亦不預收補。仍令本局常切講習。又眼、瘡腫、口齒、針、書禁五科，所習醫全少，比之大小方脈醫書，頗爲僥倖。欲乞今後對義及七通已上方爲合格。其金鏃、書禁、傷折併爲一科。」並從之。大方脈以四十人爲額，有三十五人，闕七人〔八〕；風科以三十人爲額，有六十六人，餘三十六人補充守闕；小方脈三十人爲額，有三十八人，餘八人補充守闕；産科以四人爲額，有一人，缺三人；眼科以六人爲額，有五人，缺一人；瘡腫科以四人爲額，有八人，餘四人補充守缺；口齒、咽喉科以四人爲額，有六人，餘二人補充守缺；金鏃兼書禁科以一名爲額，見有一名；金鏃兼傷折以一名爲額，有三人，餘二人補充守缺。

六年二月一日，太常寺言：「知亳州李徽之乞下外州軍選試醫學，救療軍民疾病事。檢會《太醫局勅》，應在京習醫人欲本局聽（局）〔讀〕者，許于本寺投家狀，召命官使臣或翰林醫官、醫學一員保明，仍令三人已上結爲一保〔九〕，候聽讀及一年，試問經義十道，内得五道者，即本寺給牒，補充本局學生。兼准近條，以一百二十人爲額。今看詳，欲乞諸道州府比（副）〔附〕太醫局例，召習醫生徒，以本州軍投納家狀，召命官或醫學博士、助教一員保明，亦三人已上結爲保。逐處選官管勾，令醫學博士教習醫書。後及一年，委官比試經義，及五道者，本州給貼，補充學生，與免州

〔一〕按，以下注文至「從之」止原作正文大字，今改爲小字。
〔二〕熙寧：原作「慶曆」，據《職官分紀》卷一八改。
〔三〕華：原作「軍」，據《職官分紀》卷一八改。
〔四〕「判局二員」四字原脱，據《職官分紀》卷一八補。
〔五〕宇：原作「事」，據本書職官二二之三七改。
〔六〕知：原脱，據《職官分紀》卷一八補。
〔七〕「判京官充」四字原脱，據《職官分紀》卷一八、本書職官二二之七補。
〔八〕後二數相加與總數不符，三者必有一誤。
〔九〕保：原作「條」，據下文改。

縣醫行祗應。大郡以十(年)〔人〕爲額，内小方脈三人。小郡七人，内小方脈三人。仍與官屋五七間，充講習學。候本州醫學博士、助教有缺，即選醫業精熟、累有功效者差補。如不經官學試中者，更不得充醫學博士、助教。如此，(只)〔足〕激勸外郡習學之人稍知方學，醫療生民。」從之。試格令于逐科所習醫書内共問義十道，以五道已上爲合格。其試醫生大方脈：《難經》一部，《素問》一部，二十四卷。小方脈：《難經》一部，《巢氏》六卷，《太平聖惠方》一宗共一十二卷。

英宗治平元年四月十一日，太常寺言：「太醫局申，隰州進士申及甫授試國子四門助教、兼太醫局丞；晉州醫學博士武泰，荆門軍醫助教(候)〔侯〕昱並授試國子四門助教、太醫局祗應。所有申及甫係太醫局丞，欲要本局書押。寺司體量武 37 泰醫術精深，欲乞兼太醫局丞，與申及甫同簽押兼講説。其(候)〔侯〕昱亦乞授太醫正祗應。」詔申及甫依所請，武泰、(候)〔侯〕昱差太醫局正。

七月五日，詔以國子四門助教、太醫局祗應鄭叔熊改試將作監主簿，不理選限，仍支賜錢五十千，(遺)〔遣〕令自便。近臣薦其善醫，遂召入太醫局。叔熊辭以母老，不願在局，故恩賜遣之。以上《國朝(爲)〔會〕要》。

《神宗正史·職官志》：太醫局，熙寧九年置，以熊本提舉，大理寺丞單驤管勾。後詔勿隸太常寺，置提舉一、判局二，判局選知醫事者爲之。科置教授一，選翰林醫官以下與上等學生及在外良醫爲之。學生常以春試，取合格者三百人爲額。太學、律學、武學生、諸營將士疾病，輪往治之。各給印紙，書其狀，歲終稽其功緒，爲三等第補之。上等月給錢十五千，毋過二十人；中等十千，毋過三十人；下等五千，毋過五十人。失多者罰黜之，受兵校錢物者論如監臨(疆)〔彊〕乞取法。三學生願與者聽受，而禁邀求者。及官制行，隸太常禮部。《哲宗正史·職官志》同。已見太常寺叙篇。

神宗熙寧四年四月二十二日，置太醫丞，請給、佩魚視殿中省尚藥奉御，叙班其下，以處醫官之産科、小方脈者。不使爲尚藥奉御也。

五年七月，太常寺言：「太醫局以武成王廟建武學，合徙置他處。遂相城西扁鵲廟，可就置局。」從之。

六年六月二十三日，詔：「妃、主[一]、臣僚等不得奏乞太醫局醫生并百姓醫人等，送醫官院上簿，收姓名後試驗。」

八年十二月，提舉(大)〔太〕醫局、大理寺丞單驤言：「本局係朝廷創置，所有合申請事件，乞許申中書。」而太常寺言，乞立提舉太醫局所爲額，並從之。

九年三月五日，以秀州華亭縣主簿陳應之管勾太醫局。

五月，詔中書禮房修《太醫局式》，候修定，即市易務賣

[一] 妃主：原作「妃生」，據文意改。「主」謂「公主」。

藥所往彼看詳。太醫局更不隸太常寺，別置提舉一員，判局二員。其判局選差知醫事者充〔一〕。

十四日，詔罷熟藥庫合藥所，其應御前諸處取索俵散藥等，及所減人吏，並隸合賣藥所。本所仍改入太醫局，以光禄寺丞程公孫、三班奉職朱道濟管勾合賣太醫局藥。

是月，以知制誥熊本提舉太醫局，改差提舉太醫局單驤充管勾。仍令修葺舊司農寺，充醫學公宇。有司相度，寺屋興修浩大，乞將舊朝集院修蓋。從之。

八月二十五日，知制誥熊本言：「乞改差前秀州華亭縣主簿、管勾太醫局陳應之知太醫丞公事。仍乞今後以朝官充判，京官充管勾，選人知丞事，通不得過二員〔二〕。或俱是丞，即以官高者發遣。」從之。

九月，詔太醫局合治瘴藥三十種，遣使臣齎付安南行營總管司。

元豐元年四月二十一日，詔太醫局選醫生十人，給官局熟藥，乘驛詣曹村決河，醫治見役兵夫。

三年四月二十七日，詔權御史中丞李定罷判太醫局，除放欠負，以領察事38也。同日，起居舍人、史館修撰陳睦提舉太醫局。

五年，行官制，以太醫局隸太常禮部。

六年正月二十三日，詔太醫局選醫生八人，令四廂使臣各轄二人，凡商旅與窮獨被病者，録名醫治。會其全失，爲賞罰法，人月支合藥錢二千。從兩浙(展)〔轉〕運副使許懋請也。

哲宗元祐八年四月二十六日，詔曰：「訪聞近日在京軍民難得醫藥，令開封府體訪。如委是人多病患，可措置于太醫局選差醫人，就班直軍營、坊巷，分認地分診治。本府那官提舉合藥并日支食錢，于御前寄收封樁錢内等支破。候患人稀少，即罷。」

紹聖元年四月九日，詔：「訪聞在京軍民疾病者衆，令開封府關太醫局取熟藥療治。逐廂使臣、學生並給錢有差。」

元符三年徽宗即位未改元。三月二十一日，詔以太醫局生差醫生，分詣閭巷醫治。

徽宗崇寧三年六月二十日，講議司奏：「熙寧九年詔旨，興置太醫局，教養生員，分治三學、諸軍疾病，歲盡比較，等第給錢。今來除別置醫學教養上醫外，其本局並合興復。」從之。

大觀元年二月六日，臣僚言：「伏見開封府參軍曹炤雖是門廕，止有醫治，嘗以罪改官，無因自進，遂假方伎，交結權要，爲進取之謀。行術京師，以藥笥自隨，裒取遺謝，非士人之比，不可責以廉隅。今預縉紳之列，名寔未正，士論耻之。參軍以議法律、治獄訟爲職，而炤見兼太醫局丞，

〔一〕句末原衍「從之」二字，據本書職官二二之三六删。

〔二〕二員：《職官分紀》卷一八作「三員」。

條禁與官不同。〔望伏〕〔伏望〕還〔詔〕〔炤〕太醫而罷其府官，庶幾巫醫卜相之徒，亦安分守。」詔曹炤罷前件差遣，依舊太醫局丞。

政和元年五月十二日，詳定重修勑令所言：「太醫局狀，奉議郎、太醫局正程容〔程〕〔陳〕乞請給、序位、人從比附寺監丞體例施行。户部勘當，已得朝旨，依少府、將作、軍器、都水監丞則例支破。所有立班序位，欲比擬在都水監丞之下。」從之。

八月十八日，中書省言：「太醫局令、正、丞係創置，舊法並朝廷差選士人，即非吏部員闕。除令已降指揮，今後並朝廷差人外，丞未有指揮。」詔太醫局丞今後朝廷差人。

三年閏四月一日，尚書省言：「檢會太醫令裴宗元乞就太醫局復置太醫學，並依大觀已行條例施行。奉聖旨依。外方難得醫藥，在京醫學等員數甚多，並令尚書省措置。契勘翰林院見今醫官至祗候七百餘員，並無職事，諸路駐泊額止百餘員，令立較試之法，隨所試中高下分遣。諸路州軍有大小遠近之殊，而醫有大、小方脈、産、眼、口齒、針、〔産〕〔瘡〕、金鏃之別。今以州郡分爲八等，以醫分爲八科下項： 三京七人，大方脈二人，小方脈、産、眼、針、瘡各一人； 帥府六人，大方脈二人，小方脈、産、眼各一人〔一〕； 上州四人，大方脈二人，小方脈、産各一人； 中州三人，大方脈二人，小方脈一人； 下州三人，大方脈二人，小方脈一人； 次遠二人，大方脈一人〔二〕，小方脈一人； 遠二人，大、小方脈 39 各一人。醫職、醫工醫治吏軍民，任滿比較，痊安八分以上，以下項醫過人數十分爲率： 千人以上，或起死得生十人以上，雖不及八分，免試，仍減三年磨勘，願以磨勘改換服色者聽。 五百人以〔上〕免試，仍陞注官一等； 三百人以上，陞注官一等，願換免試者聽。 死失三分以上，以下項醫治過人數十分爲率： 千人以上，展一年磨勘； 五百人以上，展二年磨勘； 不滿五百人，展三年磨勘。 一、應見在翰林院自祗候以上，許就試注官。 于翰林院投狀，牒送醫學類聚，〔闕〕〔關〕貢院較試，出榜申奏，于禮部注授。 一、諸州書醫職、醫工曆不驗寔，冒妄虚僞者杖一百，吏人勒停； 有情弊者加二等，吏人編管五百里。 乞取者以自盗論。」從之。

〔宣和二年〕七月二十一日〔三〕，詔：「先帝董正治官，太醫局丞、教授，學生員額立〔四〕，成憲具存。 今醫局之外復建醫學，既違元豐舊制； 舍選之法，本示教養，今又醫學生賜第之後，盡官州縣，不復〔貴〕〔責〕以醫術，平昔考選，遂成虚文。 在京醫學可並罷。 應醫學三舍生，舊係内外學籍，願入學者，上、内舍並特令于見醫學舍額上降一舍，外

〔一〕以上各科人數相加僅五人，與總數六人不符，當有脱誤。

〔二〕「大」下原有「小」字，當是衍文，今删。

〔三〕宣和二年：原無，據本書崇儒三之二五補。《宋史》卷二二《徽宗紀》四：宣和二年七月「己未，罷醫、算學」，即據此詔。

〔四〕立：原脱，據本書崇儒三之二五補。

舍許通理醫學，校定入學。令禮部、國子監限五日條具聞奏。官吏依〔旨〕〔省〕罷法，合當除者，别與差遣。文籍、田産、應干錢物，並併歸國子監。」

八月二十五日〔一〕，禮部、翰林醫官局言：「奉詔：『立醫官額。使、副，元豐舊額共肆員，今自和安大夫至翰林醫官凡十四階，額内外總一百十有七人〔二〕。直局至祗候，元豐舊額共一百四十二人，今自醫効至祗候，凡八階，並不立額，見在職者總九百七十九人，冗濫莫此之甚。應額外人可特免改正，郎以三十員，大夫以二十員，醫効至祗候以三百人，並爲額，額外人依已降待詔等指揮例施行〔三〕。見帶遥郡人請給等，并應醫官入品及依官户，並依元豐法。比附元豐法不該入品、依官户者，並改正。醫効以下，分立員額，令禮部同翰林醫官局條畫聞奏。』今條畫到下項：一、今准指揮，醫効至祗候以三百人爲額。一、擬立下項人額：醫効，元豐額四人，今以七人爲額；醫痊，元豐額六人，今定以十人爲額；醫愈、醫證、醫診係創立階，今併入醫候至祗候額内，通作二百八十三人爲額。以上通醫效、醫痊八階共立三百人爲額。醫效七人，醫痊十人，大方脈兼風科一百五十三人，小方脈二十四人，針科一十四人，眼科一十六人，産科一十八人〔四〕，瘡腫科一十四人，金鏃科三十二人，口齒兼咽喉科共一十二人。」從之。

宣和二年九月十八日，詔：「醫職初官，兩遷便至陞朝，因依僥倖，遂添醫證、醫愈、醫診三階〔五〕。然請給、恩數一同朝官，顯爲太優。自今請給並依醫候條例施行。」

十一月四日，中書省、尚書省言：「外州軍奏補醫職無立定人數，隨場試補醫學祗候，未審合與不合依今年八月十三日指揮，依待詔等指揮例，候銷及額，方得收40補。」詔外州軍奏補醫職罷。

高宗建炎四年十二月十三日，上曰：「昨日醫官已指揮令罷内宿，以爲妄亂干請之戒。」先是，醫官童從善乞作診御脈祗應，翰林院具到從善係瘡腫科，不應格法，得旨更不施行。

紹興元年十一月十二日，診御脈、判太醫局樊彦端言：「近東京差到太醫局生九人，欲乞收管在局，依祖宗舊法，專一醫治殿前馬步軍三司、諸軍班直。遇有緩急病患，依本局自來立定條法，差撥逐處醫治。」從之。

六年六月二十六日，詔：「醫官局近收試到新補醫官及續到局人，未經差遣，可令本局將先會到合破駐泊去處，不以輕重遠近，理到局次序，與差注一次。」

〔一〕此亦宣和二年事，文中所引之詔乃宣和二年八月十二日降，見本書職官三六之一〇二。

〔二〕内：原脱，據本書職官三六之一〇二補。

〔三〕額外人：原脱「額」字，據本書職官三六之一〇二補。

〔四〕一十八：原作「一十六」，據本書職官三六之一〇三改。若作「十六」，則不足「三百人」之數。

〔五〕醫診：原脱，據上條補。

十二年十一月二十一日，詔：「醫官局生員額並依舊制。内局生請給，令户部措置，量行增添，申尚書省。」户部尋取到糧料院狀，具到太醫局局生見勘在京請給則例，并依應措置，量行增添錢數：「大方脈科、風科每月各請食錢二貫文，内有職事五人充堂長、齋長、司書、司門、齋諭，各添月俸錢一貫文。月内經差醫治殿前馬步三司、禁衛諸班直等，局生添破合藥錢三貫文，不經差人勿給。今欲量增添食錢二貫文，通共食錢四貫文。産科、瘡腫科兼傷折科、小方脈科、鍼科、灸科、眼科、口齒科兼咽喉科，金鏃科兼書禁科，每月各食錢一貫二百文。内産科、瘡腫科、傷折科每月内經差醫治局生添破合藥錢三貫，并小方脈科、鍼科兼灸科、眼科兼咽喉科、金鏃科兼書禁科，月内經差醫治局生添破合藥錢二貫文。今欲量行增添食錢一貫八百文，通共食錢三貫文。」並從之。

二十年十二月二十五日，詔：「將來臣僚奏試醫人并太醫局生附試〔一〕，可令就本局專一鏁試，務要嚴革弊倖。應合行事件，令條具申尚書省。」

三十一年，詔：「太醫局選試醫生，差大方脈科或風科共四員通行出題攷校，支破公使錢一百五十貫。」舊制，分科差官及合破公使三百六十貫〔二〕，至是省之。以上《中興會要》。

孝宗隆興元年八月十四日，太醫局狀：「依指揮，條具併省本局醫官八十八人，醫生一百一人，並欲減半。據本局稱〔三〕，除無醫官外，止有諸科局生。大方脈科一百二十人，見管三十四人；風科八十人，見管四十七人；小方脈科二十人，見管六人；眼科二十人，見管五人；瘡腫兼傷折科二十人，見管一人；産科十人，見管一人；口齒兼咽喉科一十人，見管三人；鍼灸科一十人，全闕；金鏃兼書禁科一十人，見管一人。乞將大方脈科見管人爲額，小方脈已下科目元額並減半。」從之。

乾道元年二月十六日，詔：「太醫局選試醫生，并臣僚奏試醫補醫官名目，差大方脈科、風科共四員通行出題攷校，支破公使錢二百五十貫。」按舊制，分科差官及合破公使三百六十貫，至是省之。

三年三月十九日，[41] 詔：「除十四日已降指揮立額諸醫官存留外，餘人並在局祗應直日太醫局(及生)〔生及〕局醫生並罷，今後更不試補。」先是，宰執進呈國用事，數内一項，醫官請錢甚多。上曰：「此輩最無用，亦可省減。」故有是命。

七年十二月二十三日，宰執進呈太醫局生乞附省試試補，虞允文等奏曰：「醫人入仕之路三，有試補，有蔭補，有薦補。今獨試補之法廢，恐庶民習醫者無進取之望，不復

〔一〕奏試：原作「言試」，據下文「淳熙五年」條改。
〔二〕合：原作「四」，據下文「乾道元年」條改。
〔三〕稱：原作「稍」，據文意改。

讀醫書。且局生請給，歲不過四千緡，國用司省之過矣。」上曰然，于是詔更不置局，依舊存留醫學科，可令逐舉附試。

八年正月二日，詔：「太醫局更不置局，依舊存留醫學科。逐舉許行赴試〔一〕，權令太常寺掌行。其試補約束等，依已降指揮。」

九年，詔：「太醫局選試醫生，差〔太〕〔大〕方脈科或風科共四員通行出題攷校，支破公使錢一百五十貫。」舊制，分科差官及合破公使錢三百六十貫，元年指揮已省作二百五十貫〔二〕，至是又省之。以上《乾道會要》。

淳熙五年正月七日，禮部言：「據太常寺申，醫生并〔局〕生并臣僚奏試醫人，附省試別試所解發。所有出題攷校試官，每科雖合差二員，緣就試人數不多，乞依淳熙四年指揮，通差大方脈或風科共四員。中書、門下省行下翰林醫官局，取索有出身郎及大夫以上姓名，于引試前二日點差，降敕令宣押入院。合用經書，下國子監、臨安府醫院關借。附試所公使錢係臨安府報點檢所，下所屬應副。」從之。以上《孝宗會要》。

紹熙二年七月十九日，詔復置太醫局。九月三日，詔：封樁庫地一段空閒，令〔展〕〔轉〕運使修蓋，充太醫局。

八月二十三日，禮部言：「太常寺檢照太醫局舊法下項：本局官二員，朝官充判，京官爲主管，選人爲丞。未罷局之前，止差一員。教授四員，于翰林醫官内差權。吏額四人，未罷局之前，係前行一人，手分一人。後來權令〔大〕〔太〕常寺掌行，存留一人行遣。局生以三百人爲額，裁減作一百三十一人。未罷局之前，八十五人。銅印壹顆，乞以『紹熙太醫局記』六字爲文。」詔和安大夫、診御脈周昭判太醫局，太醫丞可于選人内選差。教授、翰林良醫、診御脈能蒙，翰林醫證李九齡、高永年，提舉翰林院李宗回，差主管太醫局。吏額依未罷局前人數，局生以一百人爲額。餘並依。

三十日，詔：「入内〔内〕侍省東頭供奉官、主管太醫局鄧璘可改作提點太醫局。」

十月十四日，禮部言：「太常寺看詳到太醫局申請下項：一、乞以提點太醫局爲名，鑄造印記。今欲止令就用目今所領本職印〔許〕〔記〕，不必別行鑄造。一、乞差人吏三人，點檢文字一名。今欲令提點官遇有行移文字，就用所領本職人吏兼行，或止用本局人吏，亦不致闕事。一、乞差破齎擎案牘兵士四人，乞止令于步軍司差破兵士二人。一、乞將太醫局應有行移申請事節，並申提點官取旨施 42 行。一、乞將提點官月給職錢等，依太醫局主管局官則例，幫勘支破，不隸省、臺、曹、部、寺、監等處。今乞依國朝典故，太醫局隸太常禮部。遇有申請合行事件及取索供報，

〔一〕逐舉：原作「遂學」，據上條改。
〔二〕二：原作「三」，據上文「乾道元年」條改。

並照應未罷局前體例施行。」從之。既而御史臺言：「近降指揮，提點太醫局申請事節，並申提點官取旨施行，與不隸省、臺、曹、部、寺、監等處，取索簿籍供報。今若不隸三省，則將來試選醫官、補授太醫、助教等事，亦可不由朝省，徑自施行。獨以不隸省、臺、曹、部、寺、監一事，有礙成法，誠不可行。」從之。

三年二月十九日，禮部言：「今指定到太醫局申，淳熙十六年銓試中待補習學醫生〔一〕，今來復置太醫局，本局參照舊法，申明朝廷，乞將上件名色改作銓試中太醫局習學生〔二〕。已赴紹熙元年省試。內有不中之人，每乞省試年分徑赴省試，更不再赴銓試。」從之。

二十四日，臣僚言：「銓試中待補習學醫生，今來已改作銓試中太醫局習學生，不限人數取放。蓋將盡取合格，以足所立員額之數。緣所差試官除假故避親外，諸科共不過十人，可以揣度，陰相計會。今欲候會題之時，每道令出題官多供二三十件，從監試官對衆抽摘，依格給與。且倍嚴懷挾、傳義、代筆之禁。其將來試三場，亦合以第一場定去留。所供墨義大義等題目，倣此施行。其第二、第三場，每題亦合多供三五件，抽摘出題，庶幾少革冒濫之弊。」從之。

四月十二日，詔：「今已復置太醫局，從舊格法試補醫人，其淳熙十五年九月十日試補醫人指揮更不施行。判局以下三年爲任，教授以下二年爲任。如教授數內教導有方，可令太醫局保明，存留再任。餘並依未罷局前已降指揮。」

二十八日，禮部言：「太醫局申，提點官不應干涉本局事務。照得提點太醫局係屬承受，所有每遇勘當申請并出給收使太醫助教等應干事務，自來係朝廷批送禮部，行下太常寺，勘當行移，其提點太醫局即不合干預。今欲從所乞施行。」從之。

十一月二十日，詔：「太醫局缺少什物，令取會本局數目，差人計料製造。」

四年九月二日，詔：「太醫局奉安神應王、善濟公，每遇春秋二祭，太常寺差官行事。并九月九日神應王生日，令臨安府支錢二百貫文，充祠祭、齋醮使用，逐年准此。」以上《光宗會要》。

慶元元年二月二十六日，詔：「太醫局教導生員、試選醫官，性命所繫，豈宜苟簡？見行試法，帶入經方數部，許就試所撿閱，因此諸生都不記念，其弊寖久。今後並不許攜帶經書入試。」以太常寺有請故也。

九月二十九日，翰林醫候管震言：「醫官補授有四色，曰特補，曰奏薦，曰臣僚奏試，曰局生鎖試。自局生出官者，係經三場試中，號爲廣場人，許充試官。其特補、奏薦、

〔一〕中：原無，據下條補。
〔二〕學：原作「醫」，據下條改。

奏試，紹興初間止就醫官局答(默)〔墨〕義數篇而已，故不爲廣場人。比年以來，43既將臣僚奏試之人與局生並附貢院，一(休)〔體〕出題，赴試三場合格，方許出官，此謂廣場可也。本局循習舊例，每差試官，止以局生補授爲廣場人，其餘不得預差。殊不知向來以局生補授者，歷年既久，事故死亡，目今止有十數輩，往往可以(偏)〔遍〕囑，殊非公道。今乞將比年奏試曾與局生一例三場赴試合格出官之人，通爲廣場人數，如遇有試，令醫官局盡其員數，備申朝廷點差，以絶私弊。」從之。

四年二月八日，太常寺言：「慶元三年六月十九日指揮，究見滲漏登耗，合行撙節。數内翰林醫官、太醫局人吏、學生委是數多，若不量行裁減，顯是虚費錢物。今看詳，將太醫局元立局生一百人爲額，今欲十分爲率，減去四分，以六十人立爲定額。」從之。

既而本局開具：「未罷局以前局生以三百人爲額。至紹熙二年九月内，復置局生，以一百人爲額：大方脈科以三十人，風科以三十人，小方脈科以十人，産科、眼科、口齒兼咽喉科、瘡腫兼傷折科、〔針〕兼灸科、金鏃兼書禁科各以五人爲額。目今本局見管(生)〔額〕内局生，大方脈科二十六人，風科三十人。請給三分減去一分，每人三貫六百六十六文。風科二十三人，即無請給。小方脈科三人，産科二人，眼科一人，口齒兼咽喉科一人，瘡腫兼傷折科二人，請給三分減去一分，每人二貫文。已上並係額内局生之數，針兼灸科、金鏃兼書禁科額内局生見闕。今承指揮，將太醫局元立局生一百人爲額減去四分，以六十人立爲定額。本局今欲分撥大方脈科、風科各以二十人，小方脈科以五人，産科、眼科、口齒兼咽喉科各以三人，瘡腫兼傷折科，針兼灸科，金鏃兼書禁科各以二人，已上計六十人爲額。」從之。

嘉泰三年九月二十四日，詔：「醫生試中日，即理爲給帖月日，寔及三年，方(試)〔許〕就省試。」先是，禮部奏：「太醫局局生陳天麟等狀：『伏覩在法，諸習醫生試中局生，理爲給帖日，寔及三年，方令附省試。』緣本局前政官吏一時失于稽攷，誤以給帖之日方擬寔歷。局生文帖係屬省、部奏鈔畫聞，次第行移圓備，方與給帖。其或經由官司滯留，或遇假故，致受貼月日有不及三年之限，是無罪而殿舉也。」至是從之。以上《寧宗會要》。

紹熙元年正月七日〔一〕，翰林院言：「醫官局申，該遇淳熙十六年二月四日覃恩。今措置下項：一、今來醫官該遇覃恩展官，若該赦日如是解官持服并停廢，或不得到局，及曾用上件赦恩序復官資之人，欲乞並不在今來展官之限。一、醫官該遇覃恩展官，如是未曾依條赴局試驗供給

〔一〕按，以下二條在《大典》中當屬另一細目（如「醫官」），故年代與上文不相接。

之人，欲乞先次出給展官公據，候公職參局了日改展。其已降指揮放行合該展官之人，如該赦日別無前項事故，並具申所屬，改展施行。一，照得紹興三十二年醫官能蒙等該遇覃恩展官〔一〕，與不隔44磨勘。今來醫官所得覃恩展官，未審合與不合隔磨勘？」詔與不隔磨勘，餘依。

二月一日，詔醫官能蒙、李九齡每日御前醫藥祗應，特與免今春點試官一次。以上《光宗會要》。（以上《永樂大典》卷一九七八〇）

〔一〕蒙：原作「說」，據下「二月一日」條改。

宋會要輯稿　職官二三

太僕寺 (一)

車輅院

【宋會要】

❶車輅院，舊不載，御輦院掌乘輿步輦供奉及宮闈車乘之事。神宗正名，廢群牧司，供乘輿法物則歸車輅院。有監官三員。一員內侍，一員文臣京朝官，一員武臣。

建炎三年罷。紹興十二年，因前東京車輅院人吏王道陳（迄）〔乞〕，遂詔車輅院官吏依舊例減半差。

淳熙六年五月七日，詔：「今歲明堂大禮，添修五輅，差內侍官一員提點。」

八月十日，詔：「車輅院見教習五輅大平車，除玉輅教車見入麗正門裏教習，其餘金、象、革、木四輅并駕士軍兵等，可自十一日以後，並令入麗正門裏閱習三日。」

嘉泰三年六月二十七日，吏部言：「乞將兵部長貳如每歲車輅院有所轄（遷）〔選〕人三員以上，許各薦舉一員，與監官、監門官通行薦舉。」從之。先是，監車輅院門王琳言：「竊見淳熙七年二月二十三日舉員指揮，該載在京六曹寺監長貳如所轄選人三員以上，許各舉改官二員。緣當來集議之時，本院監官、監門官俱係使臣，未曾堂除，通差選人，是致於指揮內，止稱若兵部長貳各舉車輅院官一員，送部勘當。」故有是命。

開禧二年正月十七日，都省言：「前監門行車❷輅院門王琳狀：車輅院官依在京日例，任滿無遺闕，減三年磨勘。數內監內官一員(二)，後來方始通差選人。上件賞格，監官每次替移，並已陳乞收使，獨監門官前後多是使臣，注授因循，有失檢照前後指揮，任滿陳乞一例推賞。琳昨在任日，乞照前後已降指揮，與減磨勘，以舉考及格離任半年。欲望指揮，同在京局務門官例霑微賞。」從之。

騏驥院

【宋會要】

元豐二年七月二十一日，詔：「左騏驥院地狹，馬多病死。其以舊養牛院、擊鞠院、左騏驥院營、御厨營地爲左騏驥院，仍取昨廢左右天廐坊屋材增修。徙左騏驥院營、御厨營於廢營。」

淳熙二年正月二十七日，詔：「左右騏驥院監官依舊堂除。」

七月二日，詔：「左右騏驥院自今將御前馬院割移名

(一) 原無此總題，按宋官制，以下細目屬太僕寺，因補。
(二) 監內：似當作「監門」。

糧，教駿内或有闕額，不得便行招刺。候御前馬院保明到人刺訖，發遣着役。」

六年五月七日，樞密院奏：「左右騏驥院申，本直以一百三十一人爲額，見闕三十七人。乞下殿前司，于（供）〔拱〕聖、驍騎指揮内將虞候至長行年四十已下，以過犯少人内差撥。」詔兵部行下所屬，與揀填十人。既而十五年八月五日，本院又言：「近降指揮，裁減作一十一人爲額。今來除出職、事故、〔年〕及、放停及揀充班直，見闕四十人。」詔許揀填二十人。

十四年四月九日，詔：「左騏驥院減騎御馬一十人、教駿四十三人，右騏驥院減馬直一十人、教駿三十七人。」以司農少卿吴燠議減冗食，下敕令所裁定，故有是命。

紹熙二年五月九日，騎御馬左右直言：「本直人兵元額管一百三十一人，近裁減作一百一十一人。今來除出補、事故、年及、停放并揀充班直養老外，止見管六十四人，見闕四十七人。乞下殿前司，照所闕人數，於拱聖、驍騎指揮内撥填赴直。」詔揀填二十人。

慶元二年十一月二十八日，兵部言：「左右騏驥院騎御馬左右直元額管一百三十一人，淳熙十四年，敕令所裁減作一百一十一人爲額，係應奉常朝殿及車駕行幸等事。今兩直止有管四十四人，見闕六十七人。《元豐令》：諸本直長行遇闕，合於殿前司拱聖、驍騎指揮内將虞候至長行、非三路人揀選配填。」詔令揀填三十人。（以上《永樂大典》卷一六六六七）

養象所

【宋會要】3 養象所在玉津園東北，掌豢養馴象，每四月送象於應天府寧陵縣西汴北陂放牧，九月復歸。歲令玉津園布種象食茭草十五頃。

太祖乾德五年八月，有大象一自南來，至京十餘日。命差許州奉化兵五百人執之，置養象所。其後有吴越、交趾、廣、韶諸州所進四十五（頃）〔頭〕。

真宗天禧五年正月，玉津園養象所言：「舊管象四十六，今止三頭，望下交州，取以足數。」詔知廣州段曄規度，如有，即以進來，勿須宣索。

神宗熙寧六年七月，詔頒《南郊教象儀制》。凡七馴象，御札降闕應天府寧陵縣，九月旦發赴京。所用轉光旗十五，銅沙羅一，鼓十，乘騎人七，簇引旗鼓人三十一。排引日，選馴象六，在六引之前〔一〕，行中道，分左右，各備鞍、蓮花座、紫羅繡韂、蕉盤、鈴鐸、杏葉絡頭〔二〕。一人騎，四人簇引，並花脚烏巾、緋絁青纓桃錦絡縫四褛衣，塗金雙鹿帶。一内侍押象，繡衣執撾。

〔一〕六：原脱，據本書職官二三之一〇補。
〔二〕絡：原作「六」，據本書職官二三之一〇改。

淳熙十六年十二月八日，宰執進呈兵部申乞收買馴象。上曰：「見設象所，經從騷擾不可言，不如且已。將來郊祀，不用亦可。」（以上《永樂大典》卷一〇九四〇）

群牧司

【宋會要】

4 舊有群牧制置使，以樞密使領之。嘉祐五年八月，以權陝西轉運副使薛向專領本路監牧及買馬公事，相度原州德順軍置買馬場。其同州沙苑監并鳳翔府牧地勾當使臣，更不下羣牧司舉官，並令薛向保薦。（以上《永樂大典》卷一三三二八）

【宋會要】

5 舊制，國馬之政，皆騏驥二院監官專之。咸平三年，置羣牧司，領内外廄牧之政，自騏驥院而下皆聽焉。羣牧制置使：景德四年八月，以兵部侍郎、知樞密院事陳堯叟兼羣牧制置使。時内侍省副都知閻承翰爲都監，（直）〔真〕宗議以堯叟充使。堯叟自陳：「居近密之職，而與承翰聯事，合避輿議〔一〕。」帝曰：「國馬，戎事之本，宜得大臣總領，不可辭也。」自是常以樞臣領之。同羣牧制置使：不常置，曾歷中書、樞密院及使相、宣徽、節度使爲之。羣牧使：咸平三年九月，以樞密直學士、主客郎中陳堯叟爲制置羣牧使。凡内外廄牧之事，皆領焉。四年，堯叟同知樞密院事，以禮部郎中、知制誥薛映充使。景德四年，復命堯叟爲羣牧制置使，因以制置羣牧使爲羣牧使。大中祥符四年，知制誥朱巽帶使職出知江陵府。五年，巽以擅牒給驛馬被劾，解使職，自是不復有外任兼領者。同羣牧使：不常置，以待制以上爲之。羣牧副使：景德三年七月，以内侍省左班副都知閻承翰爲之。天禧元年十月，以樞密都承旨楊崇勳爲之。羣牧 6 都監：大中祥符三年八月，以入内内侍省副都知張繼能爲之。羣牧判官：景德二年，以著作郎王（曉）〔曙〕爲之。四年九月，增置一員，以太子中允田穀充。後每歲更出諸州巡防，監點鞍馬。

真宗咸平三年十月，制置羣牧使陳堯叟請令諸州有監牧處，知州、知軍、通判兼管内羣牧事。從之。

六年四月，令河北轉運使兼羣牧事。

景德二年七月，羣牧判官、著作佐郎王曙上《羣牧故事》六卷，乞藏於本司，以備詳閱。真宗覽之，嘉其詳博，特允所請，仍詔獎之。

四年十月，羣牧制置使陳堯叟言：「本司事多，其常程文字，請止書檢。其帖牒令羣牧使、副、判官印書施行。」從之。

十一月二十二日，羣牧制置使請易河北諸軍牝馬三千餘匹，送諸監。從之。

〔一〕避：原作「選」，據《長編》卷六六改。

大中祥符三年六月，詔：「羣牧司更不置本司提點院務坊監公事所名目，其本行公人并行遣過文案，並委羣牧司指揮。」

五年二月，羣牧制置(使)〔司〕言：「本司事務頗繁，望令羣牧使已下，每日巳時前，就本司同商議。其有兼職者，許巳時後赴他局。」從之。仍每月賜錢五十千，充公用。

是月，羣牧制置司言：「自來凡制置改更事，並先下兩騏驥院監官或坊監使臣定奪久遠便宜，方與羣牧司官員商量，連書申奏。今養馬務移於栢家莊充牧養，監坊連書，奏可施行。尋聞官吏使臣翻有異論，深屬未便。乞自今應有同共商量，連書擘畫改革事狀，於簽書時許立異議，從 7 長施行，即不得於申奏後却稱事理未當。如違，乞科違制之罪。」從之。

仁宗天聖七年二月七日，詔：「羣牧制置使今後不得自舉判官，只候朝廷差人。」

景祐二年十月十三日，詔以奉國軍留後、檢校太保、同知樞密院事王德用兼羣牧制置使。今後只差同知樞密院、樞密副使以下充制置使。制置使屢罷而復置，明道二年五月十二日，嘗罷而復置。寶元二年五月二十三日，又罷而復置。

慶曆七年二月七日，制置使王貽永言：「本司先因詳定所減罷副使二員、都監二員、判官一員，比來頗闕官分管職事。請自今以使、副各一員，都監、判官各二員爲定制。」從之。

皇祐元年六月，以翰林侍讀學士梁適爲同羣牧使。羣牧使舊止一員，學士彭乘已爲使，此特置之。

三年八月，詔：「羣牧判官自今以朝臣歷一任知州，館職一任通判者爲之，即不得干託保薦及有陳乞。」

至和元年七月十七日，差龍圖閣直學士呂公弼同羣牧使。權添此一員，後不得爲例。

英宗治平元年二月二十一日，樞密使張昇言〔一〕：「以疾在假日久，其羣牧制置使印在同制置使孫抃處，今抃已致仕。」詔差樞密副使胡宿權領，候昇參假日還之。

二年三月十七日，權三司使呂公弼言，乞於前任羣牧使合破兵級內權留十人〔二〕。以其三任羣牧使，特與教駿兵士七人，不得爲例。

六月，以樞密副使陳升之權羣牧制置使。

治平四 8 年六月十七日，神宗即位未改元。詔：「同(川)〔州〕沙苑監令隸陝西提舉監牧司，本監使臣亦合選舉，更不屬左廂提點。」

十九日，羣牧司言：「欲令河北、河東、陝西有都總管處，各於本路就近摽撥係官草地，置監一所。令陝西監牧司將買到馬約定年額，牽送上京外，據餘數逐旋分撥與諸

〔一〕昇：原作「昪」，據《宋宰輔編年録》卷五改。下同。

〔二〕兵級：原作「兵給」，據文意改。

路馬監。久遠既成倫序，即本路馬軍可以自辦。」詔遣官同逐路帥臣度地置監，羣牧司判官劉航河北，屯田郎中孫珪河東，監牧司判官李師錫陝西。

八月，詔：「羣牧〔官〕〔司〕判官自來多是到任一年，遷三司、開封府判官、推官。今後並令滿三年，如職事修舉，即與此等差遣。」

同日，上宣諭樞密院使文彥博曰：「馬政未盡善，羣牧使、判官非其人，且不久任，無以責成效〔一〕。令中書擇人充使，卿舉判官〔二〕，俾之久任，冀國馬蕃息，以給騎兵。」《神宗職官志》：羣牧司有制置使，樞密院使領之。

二十七日，詔羣牧判官劉航、比部員外郎崔台符編修《羣牧司條貫》，仍將唐令并本朝故事看詳，如有合行增損删定事件，旋奏取旨。

神宗熙寧元年二月，詔：「今後羣牧使、副各置一員，都監兩員，並專管勾本司，更不兼釐他務，仍並久任。」

八月，羣牧司言：「請兼監牧通判並三年一更，以馬死數定其課。即能在任與諸監使臣協心，幹集有勞，滿日應賞者，委羣牧司保明，聽再任。兼監牧司知州誅賞準此。」從之。

九月十六日，司封郎中劉航爲河南監牧使，比部員外郎崔台符爲 9 河北監牧使。先是，樞密院言：「本朝初以左右騏驥院總司國馬，景德中始增置羣牧使、副、都監、判官，以領廐牧之政。使領雖重，不聞躬自巡察，有所更制，馬不蕃息。今欲專任責成，分置官局。」乃詔：「河北、河南分置監牧使各一員，都監各一員，並以三年爲任。將河南、河北馬監並爲孳生監，仍量度宜畜牧之地放牧。在外諸監馬分屬兩使，各令久任，以責成效。所有合行更制利害，並令所差官參酌條例以聞。」其官廨，河北於大名府，河南於河中府修建，後徙西京。諸監官吏，委監牧使奏舉按劾，仍不隸羣牧司，專屬制置使總領。以司封郎中劉航充河南監牧使，比部員外郎崔台符權河北監牧使〔三〕。（復）〔後〕又詔隸樞密院，不領於制置使，仍省羣牧都監一員。《神宗實録》及朱墨本止省都監一員，而五年八月羣牧司言，熙寧元年九月省副使及判官都監各一員，與此不同。

（二）〔三〕年五月〔四〕，羣牧判官王誨上《馬政條貫》，行之。

五年八月十三日，羣牧司言：「熙寧元年九月內，省本司副使及判官、都監各一員，後刊本司編敕，更不載副使。今復差起居舍人、充史館修撰、兼樞密都承旨曾孝寬兼充羣牧副使。檢會舊敕，使、副共爲一條。欲乞於見行新編敕條每『使』字下並添入『副』字施行。」從之。

〔一〕責：原脱，據《群書會元截江網》卷二五補。
〔二〕卿：原作「彦博」，據《群書會元截江網》卷二五改。
〔三〕按，本條至此以上所録《大典》卷一一一九之文，屠寄在原稿上據《大典》卷一三三二八有所改補，今從之。具體改補之處見影印本。
〔四〕三年：原作「二年」，據本書兵二四之一九、刑法一之七改。

十二月二十一日，詔起居舍人、史館修撰、兼樞密都承旨、羣牧副使曾孝寬爲龍圖閣待制，同爲羣牧使。

六年七月，詔頒《南郊教象儀制》。凡七馴象，御札降闕應天府寧陵縣〔一〕，九月旦發赴京。所用轉光旗十五，銅沙羅一，鼓十，乘騎人七，簇引旗鼓人三十一。排引日，選馴象六，在六引之前，10行中道，分左右，各備鞍、蓮花座〔二〕、紫羅繡韉、蕉盤、鈴鐸〔三〕、杏葉絡頭。一人騎，四人簇引〔四〕，並花脚烏巾、緋絁青櫻桃錦絡縫四褛衣〔五〕、塗金雙鹿帶。一內侍押象，繡衣執撾。

八年閏四月五日，詔沙苑監今復屬羣牧司，餘北京、元城等八監並廢罷之。時廢河南、河北兩監牧司，故有是詔。

七月十七日，詔權羣牧判官、祠部員外郎韓宗師改屯田員外郎。初，御史蔡承禧言：「宗師自提舉常平入爲羣牧判官，故事，不改右曹。恐中書官吏以宗師宰相子，故私徇取悦。」詔御史臺定奪，而御史臺以正羣牧判官改左曹，而宗師乃權也，止當改右曹，爲轉運判官。舊例，依常調但轉右曹。今宗師以第二任通判資序權羣牧判官，與轉運判官爲一等，而本房乃引正羣牧判官例，改左曹非是，故命改正。

八月三日，詔：「牧養監裁減兵員，其將校委步軍司比類軍分移隸，兵士依廢左右天廄坊例施行。」從羣牧司所請也。

九年九月十七日，詔：「今後樞密都承旨兼羣牧使，副都承旨兼羣牧副使，更不兼別差遣。」

十年正月十九日，詔：「羣牧都監自今與副使互置。近已除張誠一副使，宋有志宜罷，其闕更不差人。」

九月二十四日，羣牧司言：「欲乞今後轄下院監使臣，並自到任月日，實理三期，每一期一次比較。其公人等比較，亦令隨監官月日，則自齊一。如非時替移，即將一年以十分爲率，計零考月日，紐計分數比較。」從之。

元豐二年11三月二十二日，詔權發遣羣牧判官、太子中允王欽臣坐違法擅移所部官〔六〕，罰銅十斤。

九月四日，上批：「三司認還羣牧司舊支券馬糜費錢，昨雖裁折絹爲七萬緡，而遷延固吝，未肯備償。蓋未經他官會校，故彼此時有爭辨。可差太常丞吳安持，限一月根磨未罷以前五年諸費用，紐見錢畫一，與三司當職官連書以聞。」

三年正月二十七日，羣牧司言：「收廢監租課等錢共一百一十六萬緡有奇。」詔羣牧使韓縝、副使張誠一並賜銀

〔一〕札：原作「禮」，據本書職官二三之三改。本條應入「養象所」類。

〔二〕蓮：原脱，據本書職官二三之三補。

〔三〕鈴：原作「鈐」，據本書職官二三之三改。

〔四〕引：原脱，據本書職官二三之三補。

〔五〕「絁」原作「袘」，「櫻桃」原作「纓挑」，並據本書職官二三之三改。《輟耕録》卷二三有青櫻桃錦褾，可見當作「青櫻桃」。

〔六〕移：原脱，據《長編》卷二九七補。

絹各三百兩疋，共賜錢五千緡，令樞密院均給官吏。

二十八日，詔羣牧廢監及諸軍班收地租課積年逋欠，遣太常博士路昌衡、秘書丞王得臣與逐路轉運司、開封府界提點司，按租地依鄉原例定租課，據歲輸之物，酌三年中價爲準。及合納見錢，付逐司爲年額。若催趣違滯，以擅支封樁錢法論。

二月十四日，三司使李承之等言：「三司負羣牧司券馬糜費錢百二十八萬二千七百緡，自熙寧五年至元豐二年，費三司芻粟錢五十一萬七千五百七十緡外，合償錢七十六萬五千二百二十緡。奉詔蠲其半，猶負錢三十八萬二千五百六十緡。」詔三司限三年撥還。自元豐三年後，三司歲當〔償〕羣牧司券馬糜費錢二十一萬三千七百八十緡，除芻粟錢六萬四千六百九十緡外，都計錢十四萬九千八十緡。詔歲以十萬緡償羣牧司，餘特除之。初，自熙寧五年後，歲四月至八 12 月，京師諸班直、諸軍馬不出牧，歲費三司芻粟，自五年至元豐二年，爲錢五十一萬餘緡。三司請取於羣牧司，既命官校定，而羣牧司歲罷券馬，以嘉祐五年、六年、八年，治平二年、三年、四年，熙寧五年、七年、八年，凡九年通計之，歲省三司錢二百萬緡，亦命官校定。至是計所費芻粟錢物外，定三司當償羣牧之數。

三月二十五日，詔增置羣牧都監一員。

四月二十一日，罷羣牧行司，復置提舉買馬監牧司。

六月二十四日，詔河北沿邊州軍禁軍闕額米歸羣牧司封樁。

五年五月一日，官制行，廢羣牧〔制〕置使，以職事歸太僕寺。（以上《永樂大典》卷一一一九）

13〔治平四年〕十一月十四日〔一〕，環慶路經略使李肅之、鄜延路經略使陸詵〔二〕、陝西制置解鹽判官李師錫言：「本路無係官草地，又密通西界，難以興置馬監。其同州沙苑監近割屬陝西監牧司，可以增添牧馬。」詔：「陝西四路都總管司更不興置馬監〔三〕，仰陝西監牧司廣市善馬〔四〕，務令蕃息，以備逐路諸軍闕馬〔五〕。」又詔河東路都總管司於太原府交城縣置馬監。先是，遣比部員外郎崔台符往河東路按官田，將以牧馬。汾州舊牧地 14 三千二百頃，其中有民先佃者，令納芻豆〔六〕，仍候來年春於沙苑監移牝牡五百疋〔七〕，往本監牧養。

〔一〕治平四年：原無，按此條又見《補編》頁四二〇，乃治平四年事，據補。此段天頭原批：「添在『以給騎兵』下，在本卷第八葉後半第二行。」按即本門前文治平四年八月「同日」條。

〔二〕陸詵：原作「路詵」，據《補編》頁四二〇改。按陸詵，《宋史》有傳。

〔三〕監：原脱，據《補編》頁四二〇補。

〔四〕市：原作「布」，據《補編》頁四二〇改。

〔五〕闕：原作「關」，據《補編》頁四二〇改。

〔六〕令納：原作「給以」，據《補編》頁四二〇改。

〔七〕牡：原作「壯」，據《補編》頁四二〇改。

〔熙寧元年九月〕十九日〔一〕，詔河北、河南監牧使統領外監，更不隸羣牧制置使，隸樞密院。

十月四日，樞密院先奉聖旨：「河南、河北諸監分屬監牧使按劾，更不隸羣牧司及制置使。」詔今後並申樞密院。

八日，河南、河北監牧使劉航、崔台符言：「奉詔置廨宇，河南於河中府，河北於大名府。本司都監乞就使廨同修。」詔都監河南於西京，河北於北京，占空閑廨宇居止。如闕少，量行添修。仍令劉航、崔台符於京官以上各舉二人，供奉官以上各舉二名，充本司勾當公事。先是上旨〔二〕：「劉航、崔台符所管地分廣大，相去遼遠，若非許令舉一二屬官與之協力〔三〕，則獨力往 15 來，恐難辦事。可令於文臣京官已上、武臣供奉官已上舉二三人，充本司勾當公事，並理合入資序，使之身親監牧。十數年後，歲考漸深，或授以逐州通判，或授以本司都監，委之以事權，責之以功效，庶幾共濟，早見成績。」乃有是詔。

二年二月二十二日，詔選差館閣校勘王存、顧臨於羣牧司檢尋祖帳。舊管河南、河北兩監牧司所總諸監牧馬草地，令詳具逐監四至、的寔頃畝聞奏。

五月十六日，河北監牧使崔台符言：「諸馬監各有奇巧工匠〔四〕，及有會樂藝者不少，欲乞盡揀送本州換廂軍。」從之。

十月十六日，河南監牧使劉航言：「自治平四年正月差粟子嶺提舉採石回，差河北計會四帥創置坊監，又陝西經畧使司勾當公事，往來鄜延，與西人議事，并赴夏國封册〔五〕，在京押伴。竊緣河南監牧一司已成倫理，伏望詳酌，今後特免差也。」詔押伴以駕部郎中李直躬代之。

四年六月一日，羣牧制置使文彦博言：「羣牧之官，近制不許兼領他職。今權河北監牧使周革兼本路提點刑獄，詳讞一路刑名，加之按察事務繁委，必妨馬政，乞罷兼領。」從之。

五年十二月二十一日，詔起居舍人、史館修撰、兼樞密都承旨、羣牧副使曾孝寬爲龍圖閣待制、同羣牧使。

八年四月二十九日，詔沙苑監隸羣牧司〔六〕，餘八監及河南、北兩監牧司並廢。以中書、樞密院言：「河南、北十二監，自熙寧二年至五年，歲出馬千六百四 16 十匹〔七〕，可給騎兵者二百六十四，餘止堪給馬鋪。兩監牧歲費及所占牧地約收租錢總五十三萬九千六百三十八緡，計所得馬爲

〔一〕熙寧元年九月：原無，據《補編》頁四二〇補。此條天頭原批云：「『權河北監牧使』宜接此條。」意即此條當接于本門前文熙寧元年九月十六日條之後。按《輯稿》本門前半抄自《大典》卷一一一九，此下則抄自《大典》卷一三三二八，兩部分側重點不同，年月不相銜接，不可徑合，今仍其舊。

〔二〕先：原作「於」，據《補編》頁四二〇改。

〔三〕力：原脱，據《補編》頁四二〇補。

〔四〕「馬監」下原有「牧」字，「巧」原作「功」，據《補編》頁四二一删改。

〔五〕夏國：原作「行在」，據《補編》頁四二一改。

〔六〕隸：原脱，據《補編》頁四二一補。

〔七〕匹：原作「匠」，據《宋史》卷一九八《兵志》一二改。

錢三萬六千四百九十六緡而已，得不補失。」故廢之，以其馬配軍及招人牧養〔一〕，以次支馬（餔）〔鋪〕。病患駒子，就便出貨，價錢及租牧地利爲市易司遞年茶本〔二〕，餘（籍）〔藉〕常平帳出息，以充售馬之直。

閏四月五日，詔沙苑監牧復屬羣牧司，餘北京、元城等八監並廢罷之。時廢河南、河北兩監牧司，故有是詔。

十六日，詔罷太原等監，依罷河南、河北監牧指揮，應河東、河南監牧令提舉開封府界諸縣鎮公事蔡確，河北監牧令都大提舉黃御河、同主管外都水監丞程昉專切勾當。

九年九月十七日，詔：自今後樞密都承旨兼羣牧使、副都承旨兼副使，更不兼别遣差。

十年正月十九日，詔羣牧都監自今與副使互置。

元豐二年二月二十九日，經制熙河路邊防財用司言：「岷州麻川〔三〕、荔川、閭川寨、通遠軍熟羊寨，乞置牧養十監，募兵爲監牧指揮〔四〕。其營田乞依官莊例，募永濟卒二百人。其永濟卒通千人爲額，以給十六官莊、四營田工役。其請給並從本司自辦。」從之。

三年四月二十一日，罷羣牧行司，復置提舉買馬監牧司。羣牧行司未詳元置〔五〕。

五年七月二十四日，命鳳翔府（軨）〔鈐〕轄王君萬專主管熙河路新置監牧，及給散蕃部馬種。

六年六月一日，上批：「牧馬重事，經始之際，非左右近[17]臣專總其政，隨事奏稟，付之有司，未易營辦。今日霧澤陂牧馬所造法，且於畿内置十監。俟其就緒，推廣諸路施行。可差樞密都承旨張誠一、副都承旨張山甫專提舉經度制置牧馬，條畫奏稟施行。依五路保甲例，權不隸尚書駕部及太僕寺。有當自朝廷處分者，樞密院施行。」

八月十一日，提舉經度制置牧馬司言：「已遣官往諸路選買牝馬上京，乞逐路專責監司一員提舉。」從之。諸路差提點刑獄官，開封府界差提點官。

八年八月二十六日，罷府界新置牧馬監，提舉經度制置牧馬司〔六〕、崇儀副使温從吉降一官，提舉牧馬司、樞密都承旨張誠一罰銅二十斤。初，樞密副都承旨曹誦言：「朝廷用從吉法，置孳生馬監，得駒少而死損多，請委比較。」至是稽考如誦言，故罷之，仍有是責。

哲宗元祐元年十二月十四日，詔：「應緣内外馬事，舊係羣牧司管勾者，專隸太僕寺，直達樞密院〔七〕，更不經由尚書省及駕部。餘並依官制。」

〔一〕「招人牧養」四字原脱，據《補編》頁四二一補。
〔二〕牧：原作「收」，據《補編》頁四二一改。
〔三〕麻川：原作「床川」，據《元豐九域志》卷三改。
〔四〕爲：原脱，據《長編》卷二九六補。
〔五〕按，《宋史》卷一九八《兵志》一二云：熙寧「十年，又置羣牧行司，以往來督市馬者。」
〔六〕馬：原脱，據《補編》頁四二二補。
〔七〕達：原作「隸」，據《補編》頁四二二改。

六年六月九日，樞密院言：「新復十監〔一〕，其所生駒既不足以補死損之馬〔二〕，又多低小，不應軍格。令選差知馬政大使臣二員，分詣左右廂諸監，詢訪利害，與提舉官詳究事狀，同赴太僕寺講議聞奏。」從之。

紹聖元年六月二十六日，右正言張商英言：「先朝廢河北、京西等處馬監〔三〕，募民租佃，而議養馬於涇渭汧隴之間，未及施行。元祐初，收已租之田，復置監牧，行之九年，死生（嬴）〔贏〕壯，不足相18補。而又買馬官本失陷〔四〕，殆無文書可攷。太僕卿少牽制恩舊〔五〕，謬悠行遣。望選官會計虧贏，熟講馬政，以修武備。」詔送太僕寺。元祐事未見〔六〕。

七月二十七日，太僕寺言：「先朝元豐六年，於畿內置十監。緣初置監日，馬多地少，又功力不足，故難孳畜，首尾方及二年廢罷。今府界牧地除占佃外，尚三千餘頃，草苗滋茂。乞依元豐指揮，於府界置孳生監。」從之。以莊宅副使麥文昞、內殿崇班王景儉充提舉，踏逐置監去處，約度將來馬數，選差殿侍，分定匹數，專一管勾。其比較賞罰合行事，令逐官條畫，申太僕寺。候及三年比較，見得蕃息，推之外監施行。

元符二年閏九月二十三日，詔：「同州沙苑監依舊撥屬提舉陝西等路買馬司，仍以提舉陝西等路買馬監牧司爲名。」

徽宗大觀三年十二月十四日，詔：「內外祠廟獻馬，往往骨格越常，皮毛異衆。可立法拘收，不得支遣，專充京畿孳生馬監用〔七〕。」

四年三月六日，樞密都承旨郭天信等奏：「準朝旨，諸州納到祠廟獻馬，送孳生監養。訪聞諸州見有獻到馬數不少，緣等候差人，多致稽留。乞今後立法，應收到獻馬，並限三日內起發〔八〕。」詔送兵部立法，申樞密院。本部擬修下條：諸祠廟獻馬，限一日申所屬州，本州三日內具毛色齒歲，差人依程牽赴提舉京畿監牧司送納。從之。（以上《永樂大典》卷一三三二八）

淇水二監

【宋會要】

19元祐六年閏八月十八日，太僕寺言：「衛州淇水監乞改爲第一監，牧養孳生群馬。復置第二監，牧養調習雜犬馬二千疋。」並從之。（以上《永樂大典》卷一九五二二）

〔一〕十：原作「司」，據《補編》頁四二二改。
〔二〕既：原作「數」，據《補編》頁四二二改。
〔三〕監：原脱，據《補編》頁四二二補。
〔四〕本：原作「兵」，據本書兵二一之二八改。
〔五〕卿少：原倒，據《補編》頁四二二乙。
〔六〕見：原缺，據《補編》頁四二二補。
〔七〕用：原作「司」，據《補編》頁四二二改。
〔八〕並：原作「正」，據《補編》頁四二二改。

宋會要輯稿　職官二四

大理寺

1 大理寺掌斷天下奏獄，以朝官一員或二員判寺事，一員權少卿事。國初，置正、丞、評事，皆有定員。其後擇常參官兼正，京官兼丞，謂之詳斷官。詳斷舊六人，後加至十二人〔一〕。咸平二年又省去兼正、丞之名，別取幕職州縣官爲法直官，二人，改京官即爲檢法官。自餘互見「審刑院」及見「法官」門。

《兩朝國史志》：大理寺判寺事一人，少卿一人，並以朝官以上充。凡獄訟之事，隨官司決劾，本寺不復聽訊〔二〕，但掌斷天下奏獄，送審刑院詳訖，同書以上于朝〔三〕。詳斷官八人，以京官充。法直官二人，以幕府州縣官充，改京官則爲檢法官。府史承闕三十五人。元豐二年改制，及官制行因之。左斷刑：卿一人，秩從四品；少卿一人，秩正六品；正一人，從七品；丞二人，秩正八品；司直一人，秩正八品；評事八人，秩正八品。內卿、司直兼管右治獄事。紹興三十一年減（平）〔評〕事三人。右治獄：少卿一人，正一人，丞二人。監門二人，內一人係內侍，一人武臣充。檢法使臣一人，都轄使臣一人，並武臣小使臣充。

左斷刑分案有三：曰磨勘，掌批會吏部等處改官事；曰宣黃，掌宣單應干斷訖命官指揮；曰分簿，掌行分探諸案文字。設司有四：曰表奏議，掌拘（摧）〔催〕詳斷案八房斷議獄案，兼旬申月奏；曰開拆，掌收接應干投下文字；曰知雜，掌本司諸雜務事；曰法司，掌諸處批下參詳文字。又有詳斷**2**案八房，專掌定斷諸路申奏獄案等。又有勑庫，掌收管架閣文書。吏額：胥長一人，胥史三人，胥佐二十人〔四〕，貼書六人，楷書十四人。右治獄分案有四：曰左右寺案，掌斷訖公事、案後收理追贓等；曰驅磨，掌驅磨兩推官錢、官物、文書；曰檢法，掌檢斷左右推獄案并供檢應用條法；曰知雜，掌應干雜物之類。又有開拆司、表奏司、左右推，其左右推主鞫勘諸處送下公事及定奪等〔五〕。吏額：前司胥史一人，胥佐九人，表奏司一人、貼書三人，左右推胥史二人，胥佐八人，般押推司四人、貼書四人。

宋太祖建隆二年八月，以工部尚書竇儀兼判大理寺事。故事，臺省長官兼判公事，得言判某官事。如晉朝尚書左丞（催）〔崔〕杞兼判太常寺事是也。若止言寺事，則其屬丞、正並可行之。翰林學士竇儀兼判太常寺事，又兼判

〔一〕至：原無，據《宋史》卷一六五《職官志》五補。又「十二人」，《宋史》作「十一人」。
〔二〕訊：原作「計」，據《宋史》卷一六五《職官志》五改。
〔三〕書：《宋史》卷一六五《職官志》五作「署」。
〔四〕二十人：《宋史》卷一六五《職官志》五作「三十人」。
〔五〕及：原作「又」，據《宋史》卷一六五《職官志》五改。

大理寺事〔一〕，並新例也。

太宗雍熙四年三月，詔：「大理寺官本寺祗應公事者，自今月俸並給見錢。」

淳化元年九月，詔：「大理寺詳斷、檢法、法直官，自今十月一日及端午，並給時服。」

二年八月，詔：「大理寺自今點檢公案內（楷）〔揩〕改字涉要害，即時聞奏。」

三年五月，詔：「大理寺依舊輪府史二人宿直，同判寺以上至法直官輪一人押宿。歸司勒留官，亦準府史例。」

七月，詔大理寺職掌內日差二人，於中書、審刑院承案。

十月，詔：「大理寺斷官有周親已下服者，依令給假，積滯公案。自今如在家者，攢葬訖公參，【3】聞哀者給假三日，婚姻亦假三日。小可疾病不妨看案者，於所居發遣。」

五年四月，詔：「南曹會問選人犯過者，委大理寺疾速回報。」

至道三年十一月，大理寺請增置寫宣黄吏十七人，從之。

真宗咸平二年六月，詔：「大理寺斷官每二人連簽，如失錯，一等科罪。」

八月，詔大理寺詳斷官以八人爲額。

五年四月，詔：「近日大理寺每有詳議，連書奏上，不能執正，多所依違。自今並須盡公結奏。」

六月，詔：「大理寺權少卿、詳斷官自今不限在職月日，但本官及三年無遺闕，即引對轉官。」

是月，以兵部郎中查陶爲祕書少監〔二〕、判大理寺，代朱搏。初，中書以搏議法不當，請用陶。真宗曰：「比聞陶亦深文。」宰相言：「熟習法令，如陶之比者甚鮮。」遂可之。

景德二年七月，詔大理寺，應官員、諸色人不得放入。

大中祥符二年二月，詔大理寺，應御史臺、開封府案牓速即斷奏。以方春，慮淹繫也。

八月，詔：「住給大理寺逐月充〔均〕定、公用茶，自今逐月特給公用錢二百三十千。二百六十二千均定給本寺官吏，三千四百充公用錢。」俄又令於本寺閣住錢內，更支十千充公用。

十月，詔定大理寺官食錢，判寺一人十五千，少卿一人十二千，斷官八人十千，法直官二人六千。

三年四月，詔：「大理寺詳斷、檢法官如供職年滿，須替人到，即得出寺。」

五年九月，詔大理寺詳斷官每人差剩員一人當直。

天禧二年九月，詔：「大理寺自今後應係宣黄、草檢并元案及寫録未成文字等，【4】或值至晚，紙數稍多，抄寫未畢，只（今）〔令〕逐手分納在本寺斷官處收掌。須見文字道

〔一〕句首原有「儀」字，顯與上句重複，據《群書考索》後集卷九删。

〔二〕郎中：原作「尚書」，據《長編》卷五二改。

數足與不足，及點檢得住滯未了文檢，催促本寺手分疾速寫録，無致稽遲。」

五年六月，詔定大理寺餐錢月二百六十千，均給衆官。其員缺在假者，留充公用。從本司之請也。

仁宗天聖七（月）〔年〕九月十九日，司封員外郎趙廓言：「臣嘗判大理寺，每有急案，並衆官看詳，上書本斷及連簽官二員施行。怱遽之際，頗慮漏落。它官既不書位，亦恐因循。欲望自今應集衆官詳斷者，悉令（着）〔署〕名。若刑名失錯，一例勘罰。」從之。

嘉祐六年三月，詔：「大理寺命官有不當書罪而捃拾文致者，本處官吏並鞫罪以聞。」

七年十一月二十八日，詔：「大理寺詳斷官再任五年，滿日與理爲兩任。所有許再任三年，滿日與□□年□□□□更不施行〔一〕。」

《神宗正史·職官志》：大理寺置卿一人，少卿二人，正二人，推丞四人，斷丞六人，司直六人，評事十有二人，主簿二人。卿掌刑獄、斷讞、推鞫之事。凡職務分左右：奏劾命官、將校及大辟囚以下以疑請讞者，隸左斷刑〔二〕，則司直、評事詳斷，丞議而正審之。若在京百司事當推治，或特旨委勘及係官之物應追究者〔三〕，隸右治獄，則丞專推鞫。少卿分領其事，而卿總焉。凡刑獄應稟議者〔四〕，請尚書省〔五〕；即被旨推鞫及情犯重者，卿同所隸官上殿奏裁。若獄空或斷絶，則刑部驗實以聞〔六〕。凡分案十有一，設吏六十有九。《哲 5 宗正史·職官志》分案十一，餘同。

神宗熙寧五年五月十四日，大理寺（官）〔言〕：「舊條，詳斷官八員爲定制，每二人連簽同看詳。如有失錯，本斷官與連簽官一等科罪。勘會舊來定斷公案，或不詳審，及有積滯，蓋是文案稍多，斷官員少。今來新法試中八人，欲乞增置斷官二員，以爲定制。所（有）〔貴〕久遠不致淹留差失。兼自來連簽官雖有條約，並承例不同看詳文案，只候本斷官斷，草檢書字後，雖主判與審刑院改動刑名，以至奏上，更不經由連簽官，深屬不便。乞依條，詳斷官每二人同共看詳，定斷文案外，更於奏狀上繫銜，仍同點檢。所貴二人協（立）〔力〕，遞相照管文字。」從之。

七年十一月四日，檢正中書五房公事李承之言：「檢會刑部、大理寺斷覆官元額十二員，熙寧五年增置二員，今又置習學公事九員。三、二年間，皆改京官。乞裁定諸司合置員數。」詔：「大理寺詳斷及習學官自今無過十四員，刑部詳覆及習學官無過六員。額外人數滿不補。」《職官志》云：七年，置詳斷官十四，詳覆習學官六，與《實録》數目不同。今兩存之。

〔一〕此句似應爲「滿日與減□年磨勘指揮更不施行」。
〔二〕隸：原作「者」，據《宋史》卷一六五《職官志》五改。
〔三〕特：原作「時」，據《宋史》卷一六五《職官志》五改。
〔四〕稟：《宋史》卷一六五《職官志》五作「審」。
〔五〕請尚書省：《宋史》卷一六五《職官志》五作「上刑部」。
〔六〕刑部：《宋史》卷一六五《職官志》五作「御史」。

元豐元年閏正月九日，詔：「大理寺自今奏舉習學公事，並舉曾試刑法、得循兩資以上人。」

四月三日，詔大理寺行銓院案吏與增禄，仍行倉法。

八月二十五日，詔：「大理寺習學公事聽分半分文字〔一〕，未滿半年，勿令斷品官贓案〔二〕。候成考，委官審察，如任斷官等，即保明，依正斷官例，候有闕與【6】差。選人通理習學滿二年以上，仍通計歷任成四考，有舉主二人，與依兩任四考條轉合入京朝官，並令別理資任。如未嘗有歷任考第，即候通理習學并詳斷等官共四年，亦准此。已係京朝官充習學者，並依詳斷等官理任條行之。」

十二月十八日，中書言：「奉詔〔三〕，開封府司録司及左右軍巡院刑獄皆本府公事，而三司、諸寺監等凡有禁繫，並送三院，繫囚猥多，難以隔訊。又盛暑疾氣熏染，多致死亡〔四〕。官司各執所見，吏屬苦於諮稟，因緣留滯，動涉歲時，深爲未便。參稽故事，宜屬理官。今請復置大理獄，應三司及寺監等公事，除本司公人杖笞非追究者隨處裁決，餘並送大理獄結斷。其應奏者并天下奏案，並令刑部、審刑院詳斷。大理寺置卿一人、少卿二人、丞四人專主推鞫，檢法官二人，餘悉罷。應合行事，委本寺詳具以聞。」從之。以權知審刑院、尚書度支郎中崔台符爲右諫議大夫、知大理卿事，屯田郎中、直史館、權發遣江淮等路發運副使蹇周輔，太常博士、權判都水監楊汲爲少卿。丞及檢法官，令舉官以聞。初，上謂國初廢大理獄非是，以問孫洙。洙對合旨。至是，命台符等作大理寺，工萬七千，十七日而成。作於元年十二月之戊辰，訖於二年正月之甲申。以楹計凡三百六十有三，度地於馳道之西。宋用臣經其制，秦士禹司其役，史臣李清臣爲記。

二十二日，詔：「大理寺官吏并公案等，並【7】歸刑部。其當送大理獄結斷事，自來年正月後，依十八日詔施行。」

二年正月九日，詔：「舊隷三司、寺監承受斷遣或送府司、軍巡院禁勘公事，非提點倉場司、四排岸司徒以上罪及合追究公事舊送三司者，並送大理寺。」從本寺請也。

十七日，知大理卿崔台符言：「乞自今大理勘事內有情法不稱者，許依三司條例斷奏。事若重密，仍依審刑院、三司、開封府例，上殿奏裁。」從之。

十八日，詔大理寺：「日者修舉墜典，釐正職業，俾治官府獄事。前代章程湮滅歲久，不可復知。今所圖畫，皆以義起，椎輪規模〔五〕，不少寬假，必難稱辦。苟官吏各懷顧忌，於驅遣之際，或致逡巡，則稽留弊害，無易前者。本

〔一〕聽：原作「廳」，據《長編》卷二九一改。
〔二〕品：原作「入」，據《長編》卷二九一改。
〔三〕奉：原作「秦」，據《長編》卷二九五改。
〔四〕致：原脱，據《長編》卷二九五補。
〔五〕椎輪：原作「推論」，據《長編》卷二九六改。

寺承事勘鞫，可且依准制院及御史臺例〔一〕，不供報糾察司〔二〕，斷訖，徒以上旬具犯由申中書〔三〕、樞密院、刑房。候置司及一年別取旨。」其後及一年，乃復詔依開封府例〔四〕，供報糾察司。《職官志》云：崔台符等言，寺囚待報者多，詔京師具獄有繫囚者，斷奏先下。

二十七日，詔大理少卿資任視三司判官，丞視轉運判官。又詔大理寺置幹當公事官二員，以大小使臣充。《職官志》云：崔台符言：「請增置主簿一員。」其年月檢未見，今附此。

二月十五日，詔大理寺官屬可依御史臺例，禁出謁及見賓客。

十六日，知大理卿崔台符言：「流以下罪，長貳親録問決遣。其大辟罪，乞牒御史臺，選差曾任親民常參官一員審問〔五〕。即特旨推8勘，罪至大辟或命官，即臨時取旨差官。」詔大辟罪牒御史臺差官，赴糾察司審覆，餘如所請。後又詔報御史臺差官，同糾察司就寺審覆。

二十二日，詔大理寺月具見禁及已決罪人數，申中書省。

三月八日，詔：「大理寺長、貳、丞、簿家屬既不在治所，如遇休暇，宜止各輪一員在寺，餘歸休沐，庶可經久，人無憚倦。著爲令。」

九月十七日，詔：「翰林學士李清臣所撰《大理寺記》，凡朝廷修廢官事之本末小大，無不該載。惟台符等首被選掄，考舉墜典，能剸遣滯訟，獄無淹囚，獨不得掛名其間，尚爲闕漏，宜送清臣增入。」

三年正月七日，詔大理寺鞫罪人，依開封府例，報糾察司。後大理寺乞旬具徒以上事報糾察司，許之。開封府准此。仍詔糾察司〔六〕，如察訪得雖非徒以上而出入不當，許索文案點檢。

四年十一月二十一日，詔大理寺左聽已畫旨公案，批送門下省。

五年正月十二日，詔自今毋以大理寺官爲試官。

四月七日，大理卿崔台符言本寺獄空，詔送史館。台符減磨勘二年，少卿韓晉卿、楊汲一年。《職官志》云：其後獄屢空，令御史按實，降勑獎諭焉。

五月一日，〔詔〕大理寺官差承務郎以上。如無，即差選人充正官，立行、守、試請受法。

七日，詔以朝奉郎莫君陳等九人爲大理寺丞，宣德郎張仲穎等十二人爲評事，朝奉郎程嗣先等四人爲司直。先是，復置大理獄，有詔已差卿少，自餘丞及檢9法官，令舉官以聞，至是始差官也。

七月三日，詔罷大理寺官赴中書省讞案。自今每歲一

〔一〕准：原作「推」，據《長編》卷二九六改。
〔二〕供：原作「從」，據《宋史》卷一六五《職官志》五改。
〔三〕「徒」原作「並」，「旬」原作「司」，據《長編》卷二九六改。
〔四〕復：原作「役」，據《長編》卷二九六改。
〔五〕參：原作「差」，據《長編》卷二九六改。
〔六〕詔：原作「照」，據《長編》卷三〇二改。

次，就本寺以見在案盡數斷絶，上中書取旨。

二十一日，大理寺絶斷公案官吏共賜四百千，次第均給之。

十月六日，詔：「大理寺獄空，吏人量與支賜。自今大理卿免假日入，止令治獄少卿、推丞更直。」

六年三月六日，尚書刑部言〔一〕：「舊刑官、詳斷官分公案斷訖，主判官論議改正注日，方過詳議官覆議。有差失問難，並於檢尾批書，送斷官具記改正〔二〕，上主判官審定〔三〕，然後判成録奏。自三司並歸大理，斷官爲評事、司直，議官爲丞，所斷案草不由長貳，日者斷案，類多差忒。欲乞分評事〔四〕、司直與正爲斷司，丞與長貳爲議司。凡斷公案，先上正看詳當否，論難改正，簽印注日，然後過議司覆議。如有批難，具記改正，長貳更加審定，然後判成録奏。」從之。

六月十三日，詔：「大理寺刑名疑慮及情法不稱奏裁公案，送定斷官看詳。如非疑慮，情法不稱，並免收坐。」從本寺請也。

八月二十八日，尚書刑部言〔五〕：「乞應吏部補授大理寺左斷刑官，先與刑部、大理寺長貳雜議可否，然後注擬。仍取經試得循資以上人充，正闕以丞補，丞闕以評事補。」詔刑部、吏部同立法著爲令〔六〕。其後著令：司直、評事闕，選尚書及侍郎左選人；丞闕，止選尚書左選人，仍經任司直或評事、係親民資任者。已上二件，其初改官應入知縣人，亦選。正闕，選丞或司直、評事見係 10 通判以上資序者。以上所選，仍不限見任、授訖未赴。即曾失入徒以上罪已決或死罪，若私罪情重及贓罪，或停替後未成任，各毋得入選〔七〕。

七年六月三日，御史蹇序辰言：「去年五月，舉行大理寺長貳親訊獄及十日慮囚格。聞長貳並不親慮問，望更按實。」詔大理寺分析。

六日，御史劉拯乞大理寺、開封府左右厢軍巡撫院皆置門簿，凡追送人，具人數、事目，知在斷放，並朱書結絶。從之。

八年六月十一日，尚書省言：「乞自今大理寺事干推斷應奏及尚書省者，更不先申本曹。」從之。

十二月十五日，刑部言：「提刑司檢法官覆州縣官〔八〕、小使臣等公罪杖以下案〔九〕，申吏、刑部〔一〇〕、大理寺注籍，

〔一〕言：原脱，據《長編》卷三三四補。
〔二〕記：原作「訖」，據《長編》卷三三四改。
〔三〕主：原作「注」，據《長編》卷三三四改。
〔四〕評：原作「平」，據《長編》卷三三四改。
〔五〕刑：原作「祠」，據《長編》卷三三八改。
〔六〕立法：原脱，據《長編》卷三三八補。
〔七〕毋得：原缺，據《長編》卷三三八補。
〔八〕提：原脱，據《長編》卷三六二補。
〔九〕案：原作「按」，據《長編》卷三六二改。
〔一〇〕刑：原脱，據《長編》卷三六二補。

則法官可以專於讞獄。」從之。

哲宗元祐元年正月十日，三省言：「大理寺右治獄近勘斷公事全少，其見管官屬、吏人、獄級名額依舊，虛糜廩禄。欲左右兩推并爲一推，并減官吏冗員。」從之。

四月四日，詔：「大理寺左斷刑架閣庫專委主簿主管，其餘臺寺監有架閣處依此。」

十八日，詔：「大理寺除左斷刑丞外，其餘寺監簿並中書省差。」

五月十二日，詔：「大理寺公案日限，大事減十日，中事、小事各減五日。」

二年五月十六日，刑部言：「大理少卿杜純請省斷官，且仍舊額省評事二員，以十二員爲額。」

三年五月二日，三省言：「大理寺右治獄並罷，請依三司舊例，於户部置推勘檢法官，治在京官司應干錢穀公事。」從之。

十[11]六日，詔寺監省員，大理寺並置長貳。

四年十二月二十四日，刑部言：「大理寺官，舊條惟曾任外處官失入徒以上已決或失入死罪，方不預選。新條又添入任大理官失斷徒以上三人或死罪一人[一]，亦不在選限。竊以大理日斷天下疑案，案牘既繁，不無錯誤。又況容有疑於輕重之間，若因問難改斷，亦爲差失，則人數太窄。竊慮精彊諳習之人，偶以礙格，不得預選。欲乞於條内改三人作五人，改一人作二人。」從之。

五年八月十三日，大理寺言：「丞有闕，乞於司直内通行差權。」從之，仍於承務郎以上選差。

六年五月十二日，大理寺言：「斷案若定奪事，卿、少卿、正應避者，免簽書；若俱應避者，牒開封府。」並從之。

閏八月十五日，大理寺評事梁子奇言：「官員犯罪，應坐舉主者[二]。乞今後會問到合斷人，依舊取勘定斷。又犯罪者與大理寺官曾薦舉之人，乞本寺丞、司直、評事依元祐編勑被差檢法有嫌聽回避法，許自陳，別差官定斷。」從之。

十二月三日，詔：「大理寺人吏並許依舊法，三年一試斷案[三]，次第推恩。」

紹聖元年七月九日，御史中丞黄履言：「大理天下之平，而斷刑之官，選任尤重。先皇帝振修百度，初立選試之法，第一等取數常艱，最爲精密。惟中等得入大理爲斷刑官，自是文士始有預試中選者。以故奏案之上，皆理官躬閱斷案，多所雪活，舞文之吏，不能移奪。元祐中，以大理斷刑官恩典常重，故責考[12]任舉主，而增以嘗歷刑法官與縣令優課爲奏舉法，其試入優等者不得預焉。欲自今專用先朝選試之法，删去嘗歷刑法官、縣令優課條。自非試預

[一] 失：原作「又」，據《長編》卷四三六改。
[二] 主：原脱，據《長編》卷四六五補。
[三] 「三年一試」原脱，「斷」下原衍「法」字，據《長編》卷四六八補删。

上選者，不得爲斷刑官。庶乎官得其人，而職事舉矣。」監察御史郭知章亦乞用熙寧、元豐試法。詔令刑部、大理寺依元豐選試推恩法立條。

二年七月二十三日，詔大理寺復置右治獄，仍具元豐舊例添置官屬員數。

二十八日，詔：「大理寺復置右治獄官。內置司直一員，於左斷刑部差〔一〕，餘依元豐年員數差置。」

八月十三日，試大理卿路昌衡言：「欲令本寺丞據員數分左右推，有翻異即左移右推，右移左推，亦如開封府三院翻變公事改送別院。若再有翻異，即乞申朝廷差官審問，或送御史臺推究，更不與開封府互勘。庶事得其實，可革互送挾讎之弊。應勘鞫公事，乞不許地分探報，適足生事。」從之。

三年六月一日，御史中丞黄履、監察御史蔡蹈言：「近詔以大理寺申請，自今御史臺彈察諸司違法稽滯等人，候朝廷批降大理寺，從本寺牒元舉發處，令責限取索，送寺書斷。緣本臺綱紀之地，豈可代有司區區應報？請應彈察諸司違慢等事，依元豐舊例，止從大理寺取索約法，官司各安分守。」從之。

十月十三日，大理寺權少卿李延寧言：「司直、評事乞復用元豐選差之法。」從之。

元符元年三月十九日，大理寺言：「乞應大理寺、開封府承受內降 13 公事，並依旨勘斷，各不得奏請移送。」從之。

四月十四日，大理寺言：「應奏斷公事，乞依開封府專條，不許諸處取索。」從之。

徽宗崇寧四年，詔大理寺官諸司輒奏辟者，以違制論。

五年六月七日，詔大理寺獄空，大理卿李孝稱、大理少卿馬防各特轉一官。

大觀二年正月二十四日，大理寺言：「見禁公事，並已勘斷了當，即日獄空。」詔依崇寧五年六月三日例推恩，馬防、崔直躬特與轉行。

七月九日，臣僚言：「竊見大理寺決獄，以其職事所當爲者較計積累，以爲功勞。一歲之內，率當五六遷，人皆指目，謂之僥倖，誠不可以久行。宜參酌，裁爲定制，須其任滿，考校功實，量（嘉）〔加〕遷陟，庶合中道。」詔今後賜束帛或降勑書獎諭。

政和二年七月四日，詔大理卿曹調提舉南京鴻慶宮，少卿任良弼知密州。以言者論「比來大理任用非人，迎合曲法用情」故也。

八月二十九日，刑部侍郎馬防等言：「熙寧有法官再任酬獎，至於許其三四者，豈非爲官得其人則正可久任，而賞或在所不吝。今雖有再任法，而（酌）〔酬〕獎與初任無異，而又〔有〕奏舉之制以高其選，所願留者十無一二，而（承）

〔一〕部：疑衍。

〔丞〕、評事益難其人矣。欲乞申詔有司，講明前後條制，刑部、大理事候法官任滿，共擇其職事修舉、人材可録者奏舉再任，增其酬奬，理爲堂除。大約常留一半舊人，使後來者有所諮承。」詔依奏，仍許就任(闕)〔關〕陞，理本等資序〔一〕。

三年十月二十一 14 日，尚書省言：「大理寺斷洋州宗永案，元斷該赦外杖六十，因問難改斷處死，係評事劉元長。又斷德州張道案，元斷杖八十，因問難改斷杖一百，係評事康公裕。」詔各降一官。

四年五月二十六日，大理寺言：「乞今後本寺應抽差人吏在外，委提刑司下本處，限一日發遣。如敢以事占留，及違限不遣，計程從本寺具因依申尚書省，取旨施行。如已支破遞馬倉券前來，若在路托疾，令所在州縣差人監押赴寺，仍不許他司截留抽差。若他司申請到(例)特行截差指揮，亦乞從本寺執奏，却行拘欄，歸寺祗應。」從之。

六月五日，大理寺奏：「乞應諸司庫務緣公事合行追究之人，並許本寺直行勾追，本處限日下發遣。如官司輒敢容庇不發遣，並科杖一百，從本寺申尚書省取旨，先次勘斷。庶幾百司稍知刑獄官司有所畏。」詔依，所至官司輒敢不即發遣，以違制論。

五年四月三十日，大理卿侍其傳言：「熙、豐間，本寺嘗置習學公事四員，乞復置。長、貳立課程，正、丞同指教。」從之。

宣和元年二月十一日，中書省言：「大理寺斷配軍聶青等九人逃走劫盜，徒罪不赦，因問難改斷該全原，所斷委是不當。」詔(無)〔元〕斷官評事李平仲特降一官。

三年十月二十二日，臣僚言：「伏覩五月二十二日勅，梁俊公事，大理寺引用條法不當，丞、評各降兩官，長、貳各降一官。續奉指揮，連簽丞、評各降一官。又九月十八日勅，董弼公事，15 大理寺違慢，長、貳、元斷丞、評各罰銅十斤。昨來吏部爲指揮內止及長、貳、丞、評，而不及正，於是大理正尉遲紹先者獨不與降罰之坐，臣竊疑焉。在《刑統・名例》，有四等坐罪之法，其説謂：假如大理寺斷事有違，即大理卿是長官，少卿及正是通判官，丞是判官，府史是掌典。據此，則大理正又不應獨免。又《官制格目》：評事、司直、檢法詳斷，丞議，正審，少卿分領其事，而卿總焉。據此，則大理正又不應獨免。第恐坐罪之法，前日勅文偶失該載耳。其大理正尉遲紹先當時實與簽書，伏望聖慈特降睿旨，依前降指揮，一例降一官、罰銅施行，庶盡法意，而於公議爲允。」詔大理正尉遲紹先特降一官。

六年二月三日，大理寺言：「應今後斷不隸寺監、合行理納官錢物之人，內都下人送諸廂，外路人送元來處監理。」從之。

七年四月七日，詔：「大理寺奉公不撓，獄無淹留。大理卿陳迪可視待制官，令中書省取索，量度輕重，特與

〔一〕等：原無，據《宋史》卷一六五《職官志》五補。

推恩。」

十八日，詔：「大理寺官評事以上，並差試中刑法人，見任人並罷。」以言者論「比歲選任非人，議法不中」，故有是詔。

十二月二十二日，詔：「大理寺、開封府承受文字，自今後依令送朝廷，守舊法施行，不得乞降特旨遣斷。」

欽宗靖康元年五月十八日，詔大理正並替成（次）資闕。

高宗建炎三年四月十三日，詔：「大理斷刑治獄少卿、寺正各（減）一員，斷刑寺正六員減三員，治獄寺丞減二員，16斷刑司直兼治獄司直，其寺簿并治獄司直並罷。吏人並三分減一。」

紹興元年二月三日，詔：「大理評事趙公爟隨逐行在，雖非試中刑法，緣本寺斷刑官獨有本人，候到任及一年，通歷任成五考，有舉官三員，從長貳保明，特與改合入官。」以寺官改法官〔一〕，止係試刑法中等第二等下有改官法〔二〕，因本寺請，特有是命。

三月七日，詔：「評事闕，委本寺長貳依舊制選擇應格人赴刑部議定，申朝廷差填。如應格人不足，即踏逐實諳練刑法人權充。」從刑部尚書胡直孺請也。

七月二十二日，大理寺言：「依已得指揮，道君太上皇帝本命，令檢舉設獄。今乞從本寺就獄糧曆內作料次，經糧審院批勘，下左藏庫，每料支錢二十貫，收買設物使用。」從之。

〔二年〕閏四月二十六日〔三〕，權刑部侍郎王衣言：「大理寺官屬，其堂除選人任大理（寺）〔司〕直、評事，除試法官中等第二等下已有改官法外，餘人未有立定改官之法。今乞堂除選（一）人任大理司直、評事，到寺供職二年，通理三考，有舉改官人三員，與改合入官。」詔令吏部限三日立法，申尚書省。

八月十二日，詔大理正、斷刑、治獄丞共七員窠闕，依舊堂除差人。先是，寺監丞及法寺官堂除差人，以呂頤浩言，依舊法，歸吏部注擬，已而無應格之人。至是吏部建請：「大理正、丞資望甚高，異時除授郎官、卿少之選，欲望仍舊堂除。」故有是詔。詳見「吏部」。

九月二十六日，詔令17大理寺選差使臣一員，充監門官，具姓名申尚書省。仍令內侍省專差內侍官一員，常切在門檢察。以本寺言：「本寺合差監門內侍官二員，專一在門守宿，檢察出入。今止差到一員，又趁赴朝殿祗應及（專）〔傳〕宣出入。自來備禮到寺，委是虛文。望於樞密院見管使臣內選差有行止謹愿官一員，充監門官，一年一替。」故有是命。

十月五日，詔：「大理寺使臣公吏，應官司及奉使官輒

〔一〕改法官：疑當作「改官法」，因寺官即法官。

〔二〕下有：原作「有不」，據下「閏四月」條改。又「中等」、「等」字疑衍。

〔三〕二年：原脱，按閏四月在紹興二年，據補。此下八月、九月二條亦爲二年事，見《建炎要録》卷五七、五八。

指差者，並從杖一百科罪。仍仰本寺執奏，更不發遣。」從本寺請也。

十一月十七日，大理寺言：「踏逐到承信郎馮熙積充監門官，與内侍官互輪當日宿直幾察。乞於本寺贓罰錢内支錢七貫充茶湯錢外，每月别給食錢一十五貫，於本寺公吏請給曆内批勘。」從之。

三年六月十八日，詔：「大理寺監門使臣與内侍官一員，並仰每日常切在門檢察。遇夜，許分番宿直。其内侍官與免趁赴朝殿祗應及傳宣出入之類。」從大理請也。

七月九日，詔：「大理寺手分、獄子，令本寺於外州軍差撥，不得更於臨安府抽差。其已差過本府手分、獄子，候外州軍差到日，對替發遣。」

二十二日，詔：「大理寺見破獄子，每人特令户部每月各添支米六斗。」

十一月十五日，詔：「大理寺職級張昭亮、顧琦、使臣王慶並許依例，不妨參部注授差遣。」昭亮以成忠郎任大理寺左推職級，琦以保義郎任大理寺右推職級，慶以成忠郎爲捉事使臣，共有陳乞故也。

18 四年正月八日，詔：「大理寺務要嚴密，慮有聽探語言，漏泄獄情，其本寺許用元豐六年二月右治獄指揮，係公人漏泄獄情，杖一百。及許用《大觀開封府六曹通用勑》『諸左右獄内祗應人謂獄子、行人、座婆、醫人之類，但可傳達漏泄者皆是。並三人爲一保，如通言語漏泄者，情重者杖罪五百里編管，徒罪配千里牢城。同保人失覺察，各杖八十勒停，永不收叙，即經停而别投名者，許人告』條法。仍有告獲似此之人，賞錢五十貫。」先因渡江散失，後省記到前項節文，經尚書左右司看詳，以上件指揮無元降年月日，全文貼説不行，至是寺官有請，故有是命。其後視爲虚文，無復畏憚。至五月二十九日，本寺措置，如請求行用、傳達獄情申乞，又立一百貫，以贓罰錢先次充賞。亦從之。

四月十日，刑部言：「大理寺丞劉掄等狀：『本寺丞、評事議斷刑名有差失者，歲立比較法。去年責罰差失寺丞孫光庭降一官，評事張仲奭送遠小監當。切詳祖宗以來自有比較法，差失死罪，至滿其數，乃該比較。仍須因朝廷問難改正者，方理爲數。或因刑部改正，則以名件比折。及所差失死罪徒杖刑名，各以其數多少，遞相比折以計差失死罪，各有差等。及在赦降前者，不理爲數。所有比較法，重者止於選人展年改官，京官不得當年對減磨勘，或斷絶賞給。若一歲丞、評事差失死罪皆滿其數，不以人數，盡行責罰；若皆 **19** 無差失，即盡無責罰。今來比較法不以（多）〔其〕數多寡、刑名輕重，又赦降前後，每歲須要丞、評事兩員被罰，其罰又比舊日至重。若一歲皆無差失，而偶失出入笞杖刑者，依近法亦須責罰丞、評事兩員。若皆失出入數多，亦止責罰丞、評事兩員。以三歲論之，（承）〔丞〕三員盡當降官，評事八員，被罰者幾半。況本寺職事繁重，使一歲所斷，皆無分毫差失，止得減一年或半年磨勘。依今來比較法，則四歲之勞不足以賞一日之責，委於人情法意未盡。』都省送下刑部，本部看詳，昨立到比較法，每歲具兩員最多者取旨責罰，不以差失多寡爲限，顯與比較舊格法意不同，理合別行修立。」從之。　六年五月二十六日，刑部狀：「看詳先擬立到比較差失最多者，具官職姓名上省，取旨責罰等條法，緣所立條内別無立定每歲差失多寡該比較之數明文。謂如評事八員爲額，内七員別無差失不當，一員稍有差失，責罰亦不能逃。兼（等）〔寺〕丞四員，分議八員評事案狀，即是寺丞所議，比之評事所斷，案狀倍多，其差失刑名，理宜分別立文。今欲擬立下條：『諸大理寺丞、評事斷議刑名，每歲於次年正月行下，取會差失名件比較。死罪二人，寺丞三人。或流徒罪六人，刺配同。寺丞八人。失出者二人當一人，以上執議不同建白者非〔一〕。具官職、姓名上都省，取旨責罰。』右入刑部。今係於本條内『比較』字下删去『最多者』字并注文，計一十【20】八字，却添入『死罪二人，寺丞三人。或流徒罪六人，刺配同。寺丞八人。失出者二人當一人，以上執議不同建白者非〔二〕。』計三十九字，衝改元修不行。」詔從之。

十六日，大理少卿元衮言〔三〕，左斷刑等處乞破紙札，户部供在京元破紙數：池表紙九千七百九十八張，大表紙一萬二千張，小紙一萬三千五百張，黄紙五千四十九張。詔依東京所破紙數減半支給，仍令所屬作兩次申户部勘支。

七月六日，詔：「大理寺評事今後依格差試中刑法（等一）〔第二〕等上人外〔四〕，其第二等下人，令刑寺議，申朝廷除授。」舊法：差試中刑法（等）〔第〕二等上人充，第二等下人係刑寺選議保明，關吏部差注。近年少有試中及格之人，遂試中第三等以下人，亦蒙除授。故有是命。

八月十四日，詔：「大理寺左斷刑人吏，依右治獄已得紹興二年十月五日指揮施行，不許諸處指差。雖畫降指揮，亦令執奏。」

十月二十一日，參知政事沈與求言：「親兄夢求昨任湖州歸安縣主簿〔五〕，爲本州按發不合循舊例令鄉書手家人當直等事，送常州根勘，已結斷訖。竊慮奏案上，臣忝執政，恐有司觀望。望付刑寺，依公約法施行。」從之。

九月八日〔六〕，詔：「大理寺推司如遇省臺點檢，若止係行遣稽違失錯，別無取受情弊及出入人罪，所犯情輕，許與贖罰上簿。若杖以下罪，非情輕合行斷決，依臨安府例，將當行正領人斷決外，其餘連書人行下本寺，【21】依條施

〔一〕建：原作「巡」，據《建炎要録》卷一〇一改。
〔二〕「執」原作「乾」，「建」原作「巡」，據《建炎要録》卷一〇一改。
〔三〕少：原脱，據《建炎要録》卷七四及本書禮四四之二〇，元衮自紹興二年至其亡均任大理少卿，因補。
〔四〕「第」原作「等」，據文意改。「二」原作「一」，據下文改。
〔五〕夢：原作「薨」，據《建炎要録》卷一〇六改。
〔六〕按，此月日與上條不相接，當是紹興五年之九月八日，下條爲五年事，即承此條。但無確據，姑仍其舊。

行。」從本寺請也。

〔五年〕十月五日〔一〕，著作佐郎張九成言：「理官欲計若干人立爲定數，凡天下獄案來上，序其先後，輪次看詳。凡活幾人，並減磨勘。」詔令刑部勘當，申尚書省。

〔七〕〔六〕年五月五日〔二〕，詔：「大理寺丞勘吏部人吏种永和等公事，行遣迂枉，故作〔注〕〔住〕滯，其當行官吏理合懲戒。少卿張滙、正趙公權各特罰銅十斤，丞林慤、都轄張昭亮各降一官，職級、推司並令臨安府從杖一百科斷。」

十五日，詔刑寺：「今後應議刑不同，限次日稟白刑部。若所斷未定，則刑部長貳限兩日率法寺官赴堂稟決。」中書門下省勘會：「元豐五年十二月十一日尚書省批下大理寺正杜純奏：『〔訖〕〔乞〕今後本寺斷獄，凡有可疑欲稟白者，先委所議及連簽官，事大者衆官斷議官各述己見，共爲一狀，須要的確指定，不得疑設兩端。然後自正以上，書鑿欲從某議，後不可從，即各注所見，從長定斷。終不能同，先以衆議納刑部，約日稟白；〔人〕〔仍〕未可斷，則納尚書省，約日稟決。』十一月二十一日送刑部〔三〕，依所申施行。今來刑寺凡有疑案，情法未相當者，不曾遵依上項指揮，次第稟白與決，只行問難，遂致淹延刑禁。」故有是命。

六月九日，中書門下省奏：「勘會大理寺獄空，已降詔奬諭。大理寺近緣住〔滿〕〔滯〕公事，官吏降官罰銅，並與改正。」

八年四月二日，宰執進呈□□議郎周三畏、右宣教郎周聿除大理少卿〔四〕。上曰：「須仁恕老成者爲之。宣、 22
政間，作此官者皆觀望以成獄事，深可戒也。」

【宋會要】

十二年六月二十六日，臣僚上言：「近覩關報，大理寺丞葉庭珪除大理正。庭珪前日爲丞，乃治獄之丞，今日爲正，實斷刑之正。斷刑職事與治獄異，祖宗舊制，必以試中人爲之。庭珪資歷頗深，初無他過，徒以不閑三尺，於格有礙。」詔別與差遣。

十四年九月十四日，宰執進呈大理寺詞訴公事，上曰：「此皆官吏弛慢所致，可委長貳據所訴親加審察，如非其人，可與沙汰。又聞獄吏多非舊人，只以諸州人吏充，逐時更替，漏泄獄情，極爲不便。蓋理寺非州縣之比，尤在詳察。可密令長貳措置，應人吏須久於執役，不得非時更替。」

十月十一日，宰執進呈刑部侍郎周三畏措置大理寺人吏抽差約束、增添請給等事。上因宣諭曰：「斷刑評事，須

〔一〕五年：原無，據《建炎要録》卷九四補。

〔二〕六年：原作「七年」。按，本條稱「少卿張滙」，考《建炎要録》卷一〇二、一〇五，紹興六年六月張滙仍爲大理少卿，而至九月已爲兩浙轉運副使，是「七年」當作「六年」。又，下條據《建炎要録》卷一〇一，乃紹興六年五月事，即承此條之年月，更可證當作「六年」。因改。

〔三〕十一月：按上文言「十二月」，此處不當反爲十一月，兩處當有一誤。

〔四〕少：原作「寺」，據《建炎要録》卷一一九改。

是盡公，人命所係，豈可容心於其間？可令刑部長貳常切覺察聞奏。」

十七年五月二十日，右承議郎〔一〕、行大理寺丞陳良（韓）〔翰〕候今任滿日再任。從之，仍詔法寺斷刑官自今願再任者聽。

二十年八月五日，詔：「大理寺刑獄所在，與景靈宮、太一宮相近，令臨安府擇空地移置，如法修蓋。舊基撥入景靈宮。」監察御史湯允恭言：「今百司一新，獨大理獄湫隘非便，望敕有司量加修葺。」乃有是命。

九月一日，詔：「起造大理寺，可一就於所移地段內，量行蓋造吏院。23 自治獄都轄至推司家屬，並令就院內居住，嚴其出入之禁。」從寺丞石邦哲請也。

二十五年十一月二十四日，內降手詔曰：「廷尉爲天下平，而年來法寺惟事旬白，探大臣旨意，輕重其罪，致民無所措手足，玩文弄法，莫此爲甚。比恐尚爾任情，（函）〔亟〕罷舊吏。所冀端方之士詳覈審復，一切以法而不以心，俾無冤濫，副朕丁寧之諭。」二十六年十月二日，少卿楊揆請刊手詔，置於本寺，從之。

二十六年正月二十八日，執政進呈劉嶸、何溁、楊邦弼擬除大理寺官。上曰：「理寺都無出身官，正宜參用士人。」於是嶸除大理正，溁、邦弼除大理寺丞。

九月二十七日，上諭宰臣沈該等曰：「大理寺人命所繫，近聞吏人多計囑受賕，深爲不便。舊來京師最是棘寺

知法，不敢作過。不知今日請給比京師如何？若祿薄，須量增其數，然後可以責其守法。蓋緣重祿有犯，其罪不輕。」該等奏：「今日吏祿比京師曾增添。」上曰：「不然。此間物貴，雖已增俸，未必足用，可更令有司相度量增。」已而户部言：「欲據見請十分爲率，量增二分。」從之。

十月一日，大理少卿楊揆奏：「檢準一司敕，諸刑名疑慮及情法不稱並奏裁；事若重密，仍許上殿。乞自今後，遇本司有重密公事，許依前件條制，上殿陳奏。」從之。

二十七年四月二十五日，詔：「六曹寺監正名貼司、大理寺右治獄抽差正名貼司到寺及補正並及七年，許比換副尉。其應攀引 24 六曹、寺監比換去處依此〔二〕。」先是及三年比換，至是以爲太優，故改之。

十月四日，詔：「近累有官員雪訴冤抑，多是元係大理寺勘斷。其本寺官觀望挾情，已行罷黜，所有舊吏顯有妨礙。將大理寺右治獄人吏當出職人日下解罷〔三〕，與注授差遣，其已有差遣人，並限十日前去外州縣待闕外，有原係大理寺右治獄人吏，已出職而在行在其他官司充役者準此。」從刑部侍郎徐林等請也。

二十九年四月六日，詔：「大理評事賈選等四人未更

〔一〕句首當有脱文，據前後類似條文之例，疑脱「宰執進呈」或「執政進呈」四字。

〔二〕比：原作「批」，據上下文意改。

〔三〕日：原作「目」，據《建炎要録》卷一七八改。

外任，並與補外。仍自今雖係試中，必須歷任，方得除授。」從侍御史朱倬請也。

三十年四月十八日，詔：「大理寺般押推司請(授)[受]比承勘推司減三分之一，仍展二年，方補副尉。」少卿張運言：「本寺推司係承勘重密公事，所以優支請受，到寺三年，即補副尉。內有般押推司六名，止是抄寫文字及賫已勘就案款呈押，難以一例。」故有是命。

二十四日，詔：「大理寺治獄合置檢法使臣一員，許本寺踏逐外路州軍曾充法司、出職補攝諸州助教名目人充。候到寺滿二年，依推法司人吏體例，通理入仕遷補以來至年勞補攝助教及八年以上，與補進武副尉酬賞。」從少卿張運之請也。

五月一日，詔：「刑部進擬案并大理寺右治獄法司、(守)[手]分，今後遇闕，許刑部并六曹、寺監正貼司以上，并大理寺左斷刑法司、本司貼司以上，各令所屬保明無過犯守行止之人，並依三 25 衙人吏條法，春秋附試。候試到合格人姓名，關送所屬收補。內進擬案主事遇闕，將本案試到人依名次遞遷。」先是，刑寺胥吏有闕，例是長貳臨期差官，量試收補，或抽差填闕。至是臣僚有請，從之。

七月十一日，詔：「大理寺官拘催贓罰錢，比附諸州知通拘收無額錢例〔一〕，每年催到一萬貫以上，少卿減一年磨勘，至四年止；干預管庫文簿官減半年磨勘，至二年止。不及一萬貫，更不推賞。日後措置拘收，並撥納激賞庫，別項樁管。」先是大理寺贓罰錢準紹興六年指揮，令每旬赴左藏庫送納，而積年所入無幾，率皆失陷。大理少卿張運到任，不半年間，拘催贓罰錢二十萬緡，於是少卿減四年磨勘，干預管庫文簿官減二年磨勘，非首尾干預官以錢數紐計推賞，因有是命。

紹興三十二年孝宗即位未改元。十一月二十四日，詔大理寺職掌減一年出官。該遇皇帝登寶位也。

孝宗隆興元年七月二十六日，詔：「大理寺係刑獄之地，可依今來所置員數。」從右諫議大夫王大寶等議也。

八月三日，大理寺狀：「依指揮，條具并省吏額。左斷刑見管人吏：胥長一名，胥史三人，胥佐二十人，貼書六人，楷書一十三人。今乞減胥佐三人，貼書二人，楷書二人，已上共減七人。右治獄見管吏額：前司胥史一名，胥佐并正貼書共十六名。今減胥佐二人，貼書一名。左右推胥史二人，并胥佐、貼書共十八人。今減 26 貼書二人。已上共減五人。乞候有闕日，依名次補填。」詔依。見在人且令依舊，將來遇闕，更不遷補。

二年二月八日，臣僚上言：「廷尉，天下之平，國朝以來，知審刑院、判大理寺各以儒臣爲之，所以重其選。逮熙寧中，始定刑法六場格式，仍許進士就試。元豐官制行，而大理之官備，自非更歷州縣，諳練人情，洞曉法意者，未易

〔一〕例：原缺，據文意補。

居此。竊見方今大理之官，初官試中刑法，多除評事，自評事改秩，即除寺丞，繼而遷正，遷郎，雖卿少亦可以循次而進。問以法意，揆以民事，或未兩盡。由是推之，雖試中刑法，必待歷任，然後除評事，自評事改秩，再歷外任，然後除丞，方爲允當。望詔大臣參酌，立爲成法，使才格相當，便於除授，庶幾隸棘寺者，法意、人情無不通貫，天下之獄舉得其平矣。」從之。

閏十一月九日，詔大理評事八員爲額。先是，大理評事鞏衍等言：「伏見評事之職，檢斷天下獄案，並係躬自節案，親書斷語，最爲勞苦，與其他差遣不同。舊額評事十四員，後來節次減作五員；斷刑寺丞舊額六員，又減作兩員。雖各竭力盡心，晝夜看詳書斷，實以官數累減，奏案益多，檢斷不辦。今來冬至詔書之後，在寺合斷案狀二百餘道，切慮有稽違之限，乞行量復員數。」故有是命。

十二月十二日，大理寺申：「今年郊祀大禮，依條合於受誓戒前一月，除假故，減元限之半起首，排日斷絶。本寺已申降指揮，將合趁辦獄案[27]於今年十一月內盡行斷決了當。今來郊祀大禮，用獻歲上辛。緣受誓戒日分在近，兼見在刑寺公案已入住斷條限，即難以再行排日斷絶。今欲將應見在寺並已斷上朝省未得指揮獄案住斷。候赦，依條限定斷施行。」從之。

乾道元年五月二十四日，詔：「法令禁姦，理宜畫一。比年以來，旁緣出入，引例爲弊，殊失刑政之中。應今後犯罪者，有司並據情理，直引條法定斷，更不奏裁。內刑名有疑，令刑部、大理寺看詳，指定聞奏，永爲常法。仍行下諸路，遵守施行。其刑部、大理寺引見用例册令封鏁架閣，更不引用。仰刑部遍牒諸州，大字出榜曉諭。」

二年六月十六日，臣僚上言：「近日臣僚奏請，『近年所用法吏，多是一時偶中科目，於法意初非明習，於人情又不通曉。欲乞遇評事有闕，許刑部長貳將銓試斷案曾中高等，或曾任外任檢法官、州郡刑獄官，申朝廷通行除授。』五月十一日，奉旨依。臣仰惟祖宗立法，垂之萬世，試中刑法人方許踏逐入寺，所以公天下之選。以故大理寺左斷刑官雖有員闕，不曾試中刑法之人，終莫得而覬也。今若將曾任州郡刑獄官便許申朝廷除授，臣見怙權者或以勢得，高資者或以貨取，私暱親黨，容受請求，紛紛籍籍，莫之能遏，甚非祖宗立法之意。」詔五月十一日所降指揮更不施行。

十九日，詔刑部、大理寺：「應有州軍按發命官，不曾經所司推勘體究之人，亦[28]依監司所按命官事體，並免約法施行。」

十一月十四日，詔：「大理寺治獄貼書充推司一年，通理正貼書年月日共七年比换。斷刑胥長滿一年八箇月，通入仕及二十五年，許依條解發，更不用下名約理。」從少卿劉敏求請也。

十二月二日，詔大理寺：「今後獄案到寺，滿一百五十張爲大案，一百五十張以下爲中案，不滿二十張爲小案。

斷議限並依紹興三十一年八月十六日指揮〔一〕,(主)〔立〕定日限。内外路并右治獄,大案斷議限三十日,中案斷議限二十二日,小案斷議限七日。臨安府大案斷議限二十五日,中案斷議限十二日,小案斷議限七日。」以刑部狀:「都省白劄子,理會斷案日限等,送部看詳,申尚書省。本部下大理寺看詳,據本寺專法,一、寺正領評事、司直爲詳斷司,少卿領寺丞爲詳議司,卿總之。一、諸路奏到獄案,滿二百張以上爲大案,斷限三十日;二百張以下爲中案,斷限二十日,議司各減半;不滿十張爲小案,斷限七日,議司三日。并開封府、御史臺申奏案狀,如係大案,斷限二十日,議司減半;如係中案,斷限十日〔二〕,議司五日;若小案,斷限七日,議司三日。如斷上刑部等處再退下,各減元限之半。紹興三十年十月四日,尚書省劄子:臨安府案狀,權依開封府日限施行。奉聖旨依。紹興八年五月二日都省劄子:大理寺獄案二百張以上爲大案,限四十五日;二百張以下爲中案,限三十日;29不滿十張爲小案,限十日。欲大案權減十日,并中案權減五日外,其餘日限並減三分之一。紹興三十一年八月十六日勑:刑部狀,欲將大理寺大案更權減五日,中案各權減三日。奉聖旨依。乾道二年五月十一日勑〔三〕:刑部侍郎方滋劄子,大理寺左斷刑(丞)〔承〕受獄案,檢準程限尚寬。今欲擬定下項:外路及右治獄大案,元限三十日,今減作二十日,二百張以上;中案,元限二十二日,今減作十四日,二百張以下;小案,元限七日,今減作三日,十張以下。臨安府大案,元限二十五日,今減作十六日,二百張以上;中案,元限十二日,今減作八日,二百張以下;小案,元限十日,今減作三日,十張以上。奉聖旨依。寺官參詳白劄子陳請事理,契勘本寺專發諸路奏到獄案,滿二百張以上爲大案,斷議限四十五日;二百張以下爲中案,斷議限三十日;不滿十張爲(十)〔小〕案,斷議限十日。臨安府、御史臺申奏案狀,大案斷議限三十日,中案斷議限十五日,小案斷議限十日。續承紹興八年五月二日并紹興三十一年八月十六日、乾道二年五月十一日指揮,節次裁減外,見今外路及右治獄大案斷議限二十日,中案斷議限十四日,小案斷議限三日。臨安府大案斷議限十六日,中案斷議限八日,小案斷議限三日。緣本寺承受諸路并臨安府右治獄申奏到案狀,並係斷議官躬親書斷,若依乾道二年五月十一日指揮30所減日限,委是(大)〔太〕窄,切慮趁辦不前,却致遲延。今看詳,欲依白劄子所乞事理。」故有是命。

三年二月四日,大理寺卿陳彌作言:「臣供職之日,臨安府廂界解到犯私鹽二十斤,次日推司解到欠糧綱錢人,五日一限,並無送納。又解到殿前司軍人争鬭公事,臣爲

〔一〕三:原作「二」,按本條下文兩處均作「三」,從改。
〔二〕如係中案斷限:原作「如議中斷案限」,據上文改。
〔三〕二:原作「三」,據下文改。

之驚駭。夫天子之獄，尊嚴如天，乃令使投牒押到，有同縣道，虧損國威，莫此爲甚。欲乞日後有涉情理巨蠹及經州縣推勘翻異者，方許取旨送下，其餘並照祖宗條法施行。」上曰：「極好。軍人相争送寺，此是楊存中私意。必是當時軍人犯罪，臨安府不得理者，遂爲此例。今除去甚善。」上云：「天獄須是嚴肅，卿所奏頗得體，可依所奏。」

十七日，陳彌作言：「檢準本寺勑，諸流以下罪刑名疑慮及情法不稱，並奏裁；事若重密，仍許上殿。本寺雖已準前件指揮，自來例須申省，乞行敷奏，恐致稽緩。欲望遇有重密公事，許依本寺專法，徑乞上殿，免致緩不及事。」從之。

四年五月二日，大理少卿周自强言：「右治獄有都轄一名，通管兩推，元係本寺踏逐指差。今來都轄胥介年滿，見行發遣赴部。照對本寺兩推共管推司八名，專行推鞫，又有職級二名，專一總轄。所有都轄一名，委實無用，欲行減罷。」從之。

五年正月二十八日，刑部看詳臣僚所乞：「自今後如監司郡守委官體究公事，如申勘到案狀到寺，若見得體究不實，即(令)〔令〕刑寺將元體究官於案後收 31 坐施行。如得允當，即乞行下刑寺，遵守施行。」從之。

四月二十七日，詔大理寺復置主簿一員，以起居舍人胡元質請也。

六年七月二十八日，考功員外郎、兼權大理少卿韓彦古言：「本寺專法：推吏被差到寺三年，通入仕及八年，不曾犯贓私罪及無出入人罪，與補進武副尉〔一〕。如推鞫慣熟，謹畏得力，許選留再一任三年，與減六(半)〔年〕磨勘；及有官人，即理合入資任。竊詳立法之意，欲令胥吏希覬酬賞，人知顧藉。今來損減酬賞，並三年一替，不許再留，不惟有失祖宗立法之意，深恐天獄推吏更易頻併，不知事體，愈無顧藉。與其損賞，不若嚴罰。今後大理寺推吏酬賞理任，欲乞並依祖宗舊法。如於獄事受財，不以赦降原減，自首官當，及不得用已斷罪名併計。如犯枉法，仍籍没家財。并乞立爲本寺專法，庶幾獄吏祗肅，民以不冤。」從之。

同日，韓彦古言：「大理寺捉事使臣下家人院長，多是違法存留負犯之人，並出榜放散外，乞依舊來畫降指揮，下臨安府，每季輪差使臣一員，赴寺祗應。所貴緩急不致闕誤。」從之。

七年二月三日，詔：「今後大理寺將應承受到斷案(降)〔除〕旬休外，餘并不理假故，通作元限行遣。仍令勑令所修立成法。」

三月七日，詔令刑部將右治獄、臨安府比元立案限並減半。刑部侍郎王秬等劄子〔二〕：「契勘大理寺案限，右治

〔一〕進武：原作「武進」，據《宋史》卷一六九《職官志》九乙。

〔二〕秬：原作「柜」，據周必大《文忠集》卷一〇〇改。

獄大案一百五十張以上，三十日；中案一百五十張以下，二32十二日；小案二十張以下，七日。臨安府案限依開封府法，大案二十五日，中案十二日，小案七日。近者準刑部間或批下急限約法，或三兩日，或半日〔一〕，或只今，臨安府案又作急限案。實緣刑部案狀下寺，在路已經隔半日，及付當斷評事看閱一兩遍，方見犯情節，付楷書節草，再納評事，評事草出刑名，鋪引條貫，却納寺丞、正、卿、少逐處，次第往回批難，議定刑名，却再付楷書謄録浄本節案法狀申部。緣有節次經由，自非數日不能了辦。如係大案，紙數、項目既多，又非中案之比，大則事干性命，小則刑名差（玄）〔互〕，利害非輕。今來右治獄、臨安府案不敢依元限，欲〔乞〕於元來案限減三分之一，如此已是緊促。〔及〕乞將省部約法，除事干急速、不可稽留者取朝廷指揮外，其餘急約法、急看詳，乞量寬日限。庶幾日力不至太促，得以詳細，免致差誤。」故有是命。

四月七日，詔：「今後諸處有合送大理寺公事，並申取朝廷指揮。其本寺見勘公事内有不應送寺者，並移送臨安府。」大理少卿崔紱劄子：「契勘大理寺右治獄合專一承受内降朝旨重密公事，及推究六曹寺監所轄庫務及内外諸司侵欺盜用官物，及民間有冤抑事，訴申朝廷，許送本寺推治外，其餘不應前項條法，並乞免行送寺。庶幾囹圄肅清，事體嚴重。」故有是命。

九年三月二十二日，左諫議大夫姚憲言：「伏以大理號爲天獄，雖隸于刑部，昨紹33興二十七年，因臣僚有請，乞刑部月輪長貳一員，赴大理寺録囚徒。後來勑令所看詳，只（令）〔令〕取（嗦）〔索〕公案點檢。臣以謂凡具獄來上，刑部長貳但視其長案而已，不曾親臨慮問，亦何繇知其委有冤濫，獄囚果有冤抑，亦何繇而伸訴？是審問一節，徒爲文具。欲望特降指揮，凡大理寺禁囚，每月令刑部長貳一員下寺，親録囚徒。」詔令刑部長貳、郎官并監察御史每月通輪一員，分作兩日，往大理寺、臨安府親録囚徒，仍具名件聞奏。

六月三日，臣僚劄子言：「廷尉乃天下持平之府也，議法定令，莫不由之，苟有缺失，則姦吏得以舞文矣。今内外有司、州郡各有專降條法，雖紹興二十三年間曾經取會，因循磨滅散失，見存無幾。況取會之後，經隔二十餘年，逐處又有衝改續降不一。自今遇有獄事，（施）〔旋〕行取會，或爲訛隱，文移往（覆）〔復〕，動涉旬月，不無稽弊。乞令刑部遍下諸路，責令近日編類申發，不許仍前滅裂。候到，於刑部、大理寺各存一本，以備擬斷。」從之。以上《乾道會要》。

淳熙元年六月四日，臣僚言：「在法，鞫獄録問、檢法而與罪人若干繫人有親嫌應避者，自陳改差。崇寧二年，大理寺申請，除有服親及曾經薦舉，或有讎怨者許避外，餘更不避。非所以別嫌遠疑，欲將上項申請指揮更不施行。」

〔一〕半日：原作「半月」，據文意改。若作「半月」，則非「急限」矣。

從之。

十二月二日，詔：「大理寺捉事兩使臣下，量各存留守闕捉事人五人，準備追捕使唤。遇捉事人有闕，依名次填補入額。」34從本寺請也。

三年五月七日，大理正李端友言：「本寺左斷刑人吏未有禁入酒肆之文，乞依右治獄禁止。」詔令勑令所立法。

十一月八日，刑部言：「乞自今大理寺丞、評事等斷議刑名，遇有差失，令本部置簿籍定，每歲正月比較，開具職位、姓名上都省取旨責罰。如無差失，依條推賞。若該責罰，其當年減年磨勘更不推賞。」從之。

五年十一月九日，詔：「自今軍民相争公事，除殿前、馬、步軍司依已降旨送大理寺外，其餘諸司并將兵並令臨安府理斷。」十年三月，復詔：「步軍司宣効與百姓相争，更不送大理寺，令臨安府依條理斷。」

六年四月九日，詔：「般押推司改充承勘推司〔一〕，並依分踏逐，即不得用職級以下親戚充應。內貼書三名，依舊存留，更不裁減。推司各人月添料錢三貫，米一石。」大理卿賈選言：「本寺推司一十二名，內占四名充般押推司。其承勘推司兩推各止四名，趁辦不及。乞將般押推司四名依舊改作承勘推司，所有見役般押推司聽其終滿，不許更行差人。又前司人吏係胥史一名，胥佐六名，貼書四名，守闕貼書四名，次第試補至胥史年滿，補授出職。紹興二十六年指揮，將正貼書一名、無請給守闕貼書四名減罷，合以胥史一名，胥佐六名，貼書三名爲額。目今止有胥史一名，胥佐三名，見闕胥佐三名，正貼書三名。緣無正貼書試胥佐，又無守闕人試正貼書，止係逐急差人承權。將35來胥佐遞遷爲胥史，年滿出職之後，既無胥史繫書點檢，又無正名胥佐掌行文案，若一切差人承權，難以倚仗〔二〕。乞於胥佐六名内減二名，正貼書三名内減一名，共減有請給胥佐、貼書三名，却置無請給守闕貼書二名。遇胥史闕，胥佐試補；胥佐闕，正貼書試補；正貼書闕，守闕貼書試補。又推獄皆行重禄法，而月給止一十一貫五百文，米六㪷，春冬並無綿絹。今乞月添錢四貫，米四㪷，春冬衣絹二(胥)〔疋〕、綿五兩。」故有是命。

九年二月十五日，大理卿潘謹珪言：「本寺胥佐闕則貼司試補，職級闕則胥佐試補。近年多緣請託，徒有引試之名，曾無較藝之實。乞(今)〔令〕本寺合就試補之人，每歲附類試所收試，出題考校，將合格姓名關報本寺，遇有闕日，依取中名次遷補。」詔依見行條試補，嚴加幾察，務革前弊。既而十年十二月十三日，勑令所删定(宏)〔官〕程宏圖言：「刑部、大理寺胥史，比來初無就試人，只自私名入役，及别司抽差，遞遷以至出職，未嘗曉法，而部中進擬案(入)〔人〕吏多於寺中抽差。乞應刑部、大理寺在役與投名人吏

〔一〕推司：原作「諸司」，據後文改。
〔二〕倚仗：原作「倚伏」，據文意改。

而遇銓試，並令附試刑法，取合格者，與超一等遷補，以勸習法。仍乞禁止刑部，不得於大理寺抽差人吏行案。」上曰：「諸司人吏皆試，大理寺如何不試？ 可令刑部看詳措置。」

十二月十三日，詔吏部：「將承節郎杜文俊實歷月日内與展二年磨勘，更有似此之人依此。 自今大理寺差到 36 推司、法司、胥佐滿三年，無格内過犯，通入仕須實及六年，與補守闕進武副尉。」以中書、門下省言：「《政和都官格》：大理寺右治獄推司、法司、胥佐並爲内外差到有出職人吏充者，滿三年不曾犯私罪情重及贓罪，無失出入徒以上罪，通元差處入仕未及八年，補守闕進武副尉；及八年，補進武副尉。 今來吏部奏鈔承節郎杜文俊磨勘事，照得杜文俊初補及借稱元係排岸司私名習學，於紹興二十六年九月内，大理寺抽差充本寺貼書。 後及一年，差充推司，滿三年，通入仕實及四年。 今來引用本寺推司法，滿三年，通入仕未及八年，補守闕（武進）〔進武〕副尉，實爲僥倖，難以便行磨勘。」故有是命。

十年五月十九日，詔自今評事差除，並依舊法。 先是，刑部尚書謝廓然言：「欲自今試中大法人，先令經諸路憲司檢法官，然後授以評事。」上曰：「試法人便除評事，太爲僥冒。」從之。 已而大理少卿吳宗旦等言：「久闕評事兩員，緣朝廷既按資格，又選才望，難乎其人。 今有儒林郎、南安軍教授錢宇，以進士擢第，又應刑法，已應資格。 雖未作檢法，緣上件指揮乃是近日臣僚建請，即非舊制。」上曰：「舊法如何？」王淮等對曰：「舊法：試中刑法人未經外任，不得除大理評事。 改除再歷外任，方得除授。」遂除宇評事。

十三年七月二十八日，大理寺丞沈樞言：「今日省、臺、寺、監百司局務各有專法，昨因紹興十九年臣僚申請，委刑部關會行在應干官司〔一〕，前後被受立到專法，抄録全文，編類成册，付之法寺，以 37 憑（尊）〔遵〕用。 自此至今，幾四十年，歲月寖久，湮没無傳。 本寺凡遇各司公吏等人有犯罪戾，不過取會各司有無專一斷罪條法，類多隱匿，淹延不報，致使有罪或得漏網。 乞下刑部關會省、臺、寺、監諸百官司抄録各（法）〔司〕專法，委官對讀，取無隱漏，申納刑部，付下大理寺左斷刑，庶幾凡遇送下勘到各司公事，便可據法檢斷。」從之。

九月四日，詔大理寺左斷刑減胥佐一人，楷書三人，私名二人；右治獄減貼書一人。 以司農少卿吳燠議減冗食，下敕令所裁定，故有是命。

十月二日，臣僚言：「伏覩淳熙五年指揮，凡軍民因爭致訟，徑送大理寺者。 每見軍民鬭訟，率因醉酒或賭博聚戲，至廂巡收領，即解棘寺，有司畧加對證，曲直便可立判。 所謂齊民者隨所抵罪，受杖而去。 若軍人則多有名目，在

〔一〕干：原作「于」，據文意改。

法下班祇(罪)〔候〕以上犯罪，不論輕重，必具案聞奏，遂致拘繫，動輒踰月，方得結絶。比之百姓即時釋放，似於人情爲甚偏。乞今後每遇廂解公事，有官資軍人所犯杖一百以下罪，止令大理寺具事因申樞密院，徑行決遣。若徒罪以上，方許依條奏案。」從之。

十二月三日，詔：「今後得旨推勘公事，内有干連人，合先摘斷，仰逐旋申取朝廷指揮。」

十四年正月二十九日，朝散郎、守大理少卿王渥言：「乞將治獄法司、手分，許從本寺久來專法，於内外諸處踏逐(暗)〔諳〕曉刑法人充應，理賞施行。」從之。

四月二十五日，臣僚言：「祖宗成 38 法，大理寺右治獄專一承受内降朝旨重密公事。近日六曹、寺監事無巨細，雜然送寺，多不取旨。起於乾道七年五月曾懷劄子稱：『六曹所行文字，最關利害，其間有情弊合行根究事件，若候申取朝廷指揮，竊慮事致彰露，犯人東西。乞先次送大理寺，申朝廷照會。』自此百司主以婚田末事〔一〕，驅磨細務，數十爲(郡)〔羣〕，關留旬日，更不取旨。乞今後令百司遵用祖宗成法，六曹所行有關利害犯人，且送州縣寄禁，候得旨續取上。」從之。

十六年三月四日，詔：「廷尉天下之平，日來官吏出入無時，賓客日有請囑，泄漏之弊，無以隔絶。日後不得接見賓客，雖假日亦不得出謁。如有堂白公事，止申朝廷。司直、寺簿亦令就寺居止。」十月五日，詔大理寺官許休日出謁。

十二月三日，監察御史林大中言〔二〕：「乾道七年四月，聖旨指揮：『今後諸處有合送大理寺公事，並取朝旨指揮。』及淳熙十四年四月臣僚劄子：『婚田末事，驅磨細務，不當瀆擾天獄。其六曹所行有關利害，欲令取旨送寺。』其説未爲不當。然去年有南藥局庫子張謹偷盜本局湯藥，太府寺牒解臨安府究治，府司檢準《在京通用令》，諸官司事應推斷者送大理寺，或於官物有犯者准此，遂將張瑾押還。近時六曹、寺監庫務情弊稍多，所轄之官重於取旨，欲送大理寺，則礙指揮而不敢；欲送臨安府及兩屬縣，則執《通用令》而不受。臣以謂：六曹、寺監所轄如 39 有情弊，各稟白其長貳，酌量事理輕重。其輕者姑送府縣，其稍重者徑送大理寺，其最重者取旨送寺，重作施行，庶幾百司知懼，姦弊戢〔三〕。」詔遵依乾道七年四月七日指揮，其情理輕者送臨安府并兩屬縣施行。

紹熙元年十一月二十八日，中書舍人倪思等言：「臣僚奏，凡今天下之獄，讞決論竟，至大理寺而止，宜於除用之制小有更易。謂如評事八員，其四員既用試中刑法人，則其四員宜擇用改官歷知縣一任、有政績人。又臣僚奏，

〔一〕主：似當作「並」。
〔二〕林大中：原作「林文中」，據《宋史》卷三九三《林大中傳》改。
〔三〕「戢」下疑脱「止」字。

大理寺官宜參用儒者。所差評事八員，内以四員選有出身，曾任檢法、滿三考、有舉主、無過犯人，其四員仍舊差試中刑法人。並須實歷評事兩任，斷獄委無失錯，然後序遷丞、正。奉旨，（令）〔令〕後省、都司同共看詳。臣等竊見四方獄案來上，聚於棘寺甚多。若止用四員試刑法評事擬斷，却慮力有不給。照得寺官内有司直、主簿各一員，皆無職事，而斷絶例亦推賞。今欲依舊存試刑法評事八員外，其司直、主簿自今後選用有出身、曾歷任人，各以兼評事繫（御）〔銜〕，將見今評事八人已擬斷文字分作兩廳，與之點檢。如所見無疑，則於擬案内同（御）〔銜〕具申所屬；或有情誼未安，則許述所見，與長貳商量，庶得情法兩盡。至若遷轉太速，今欲非曾任司法若檢法官、成資任人，雖曾試中刑法，未得除授評事。其已爲評事者，改官後必有四考，在内方許遷丞，在外方許授通判。如此則資 40 歷稍深，不致大段超躐。」從之。

二年正月九日，臣僚〔言〕：「大理寺簿及司直既已令兼評事，參訪公案，欲乞今後除授大理寺簿，須有出身、曾作知縣之人；所有司直，亦必有出身、曾作縣令，或司法、檢法及獄官一任，或試斷案魁而經任人，或通差改官已作邑人。庶幾事體相稱，不失吏法之意。」從之。

九月二十三日，宰執進呈大理寺見闕長貳，留正奏：「斷刑卿少，極難得人。欲令侍從各薦舉一二人。」上曰：「他輩號爲曉法，反有失錯。大抵用刑須要原情，情通法亦通。法家多拘，更採公論擇人極是。」詔：「大理寺左斷刑見闕長貳，緣係掌斷諸路獄案去處，事務繁重，不可時暫闕官。令侍從於曾任卿、監、郎官内選差可爲斷刑長貳一二人，限兩日聞奏。」

十月十六日，詔：「大理寺長貳遵依已降指揮，申嚴禁止，官屬非旬休日不得出謁。其外人無故輒入，依法施行。委御史臺常切覺察。」以監察御史何異論奏，故有是命。

光宗紹熙五年七月十日，詔：「大理寺官遇有奉使職事，許令出入。」以大理少卿鄭湜言：「被旨充登寶位報金國使，合赴都亭驛閑習儀範等事〔一〕。」故有是命。

閏十月二十二日，詔：「大理寺推司抽差到寺，不以在寺曾無推勘或貼勘看定公事，並展作到寺五年推賞。法司同。其再任人，與依舊法。」舊法：大理寺右治獄推司於内外抽差到寺，滿三年，不曾犯私罪情重及贓罪，無出入人徒以上罪，通入仕八年，補進武副尉；未及八年，通入仕 41 須及六年，補守闕進武副尉。以臣僚有請：「近日獄事稀少，若與舊法一概推賞，委是太濫。」下刑部看詳，已得允當，故有是命。

寧宗慶元元年十二月四日，詔：「大理評事舉主改官，自依舊制。紹熙三年馬大同奏請指揮内，刑部長貳通舉在外獄官一節，更不施行。」

〔一〕驛：原作「擇」，據文意改。

三年七月二十七日，臣僚言：「大理寺左斷刑，天下奏案之所聚，人命死生，刑名出入，皆於此決。一失其平，是非訛舛，生死倒置，冤濫可勝言哉！竊見州郡勘鞫大辟公事，除正犯人外，知證干連者又不知幾人。自初勘以至圓結，有經涉一二年者。比至奏案到寺，定斷行下，又須數月。若係川、廣，即往反動涉年歲。每勘一大辟公事，自始至末，不下二三年，方得斷遣。今聞大理寺遇有發下獄案，數目壅併，詳斷不及。吏輩慮恐省部催促問難，多是搜尋些少不圓情節，申乞取會，便將名件銷豁，作已結絶之類。殊不知一經取會，遠地往反又是一二年，是致州郡刑獄多有淹延，盛夏隆冬，飢寒疾疫，囚繫者（瘦）〔瘐〕死，監留者失業，召民怨而傷和氣，莫此爲甚。竊見法寺斷獄自有條限，明降指揮〔一〕，今後大理寺遇有承受到獄案，須管照應條限定斷。若大情未圓，亦須指定申部，委自郎官躬親審究得委礙大情，即立限取會。若（正）〔止〕係小節不圓，於大情別無相妨，即下本寺，限在三日内定斷回報。其未圓小節，從本寺一面取會，續次行遣外，有本寺斷上刑42部獄案，其間有問難不完情節，合退下寺重別看詳者，並限一日回申。仍委御史臺不測取索本寺文簿點檢，若所斷獄案出違條限，及不應取會而輒以小節不圓申乞照會者，並將當行人吏重斷。甚者降名停勒，隨所犯輕重，勘酌施行。」從之。

四年十月三日，大理司直富琯言：「大理寺獄案，乞今後從本寺於逐季仲月定日斷絶。」從之。初，琯有請，下刑寺看詳，云：「每歲分上、下半年兩次斷絶獄案，并吏部舊來係春秋兩試鎖院前，本寺定日斷絶，歲計四次。後因吏部不曾秋試，本寺亦不曾斷絶，目今每歲只係三次。今琯奏請於逐季仲月立爲斷絶之制，即係每歲仍舊四次斷決，委得允當。」故從其請。

五年五月六日，詔：「大理評事改官人願作邑者，與堂除知縣。如改官後已滿考、願再留者，雖至寺丞、正，亦須滿考後方許授添差通判。若改官未及考、不曾任知縣，已任通判人，須再歷差遣兩考。及丞、正已任知縣或通判人，方許差州郡。」以臣僚言：「乞評事改官之後，必使親民，更迭注授知縣一次。」故有是命。

嘉泰三年五月二日，臣僚言：「國家文武二科之外，曰制科，曰宏詞，曰教官，應者不常，間亦闕而不取。至若科目，有可爲速化之資，爭趨競進，初不深責其實，已而倏入（函）〔亟〕去。又若甚畧其用，而未免於取以空名者，今之試刑法是也。左右平之置，自漢以來號爲緊官，所以議獄而詳刑，責任至不輕43也，以是待文學、法理之士而精其選焉。今而歲必有試，雖立爲通粗否之五等，以定考校，而通多粗少者取之，粗多否多者亦取之，焉在其爲選之精也？既而入寺，一閲獄案，茫如煙海，始（徒）〔從〕寺官之先進者而問津焉。迨其習熟，汲汲外補，視棘寺如傳舍，以法律爲

〔一〕句首似脱一字，如「乞」、「請」之類。

假涂，今日易秩，則明日請邑以行矣。舊制，任是官者率六七年，官宿其業，則知所盡心矣。欲乞將試中刑法人入爲評事，已用舉主改秩，必實歷二考，方許注縣。及作縣滿三考，又入爲評事。更出迭入，畧亦相當。評事之員不至取具臨時，在位者亦安於所職，而無苟且之心。循名責實，不爲無補。」從之。

七月五日，大理卿周珌言：「右治獄專以鞫治不法爲職，左右兩獄所管推級十有四名，專一承勘朝廷送下重密公事，全藉諳練謹信，可以倚仗之人，庶免交通漏泄之弊。在職五年或八年，則計其歲月推賞，小者副尉，大則補官。立法之意，蓋以責之者重，故待之者優，是豈可以輕付不根之人，以爲僥倖之地哉？舊法皆内外官司踏逐曾經推鞫之人，指名抽差。比年以來，妄意希賞之人宛轉營求，其間多是平時奔走使令之人，又有曾經罪罷，亦復竄身其中。其於推鞫，全不諳習，遇有公事，束手無能，仰成他人，僥倖歲滿，推賞而去，此何理哉！欲今後推司有闕，從本寺踏逐外路州軍吏人年四十以上、諳曉推勘、無過犯之人，從本州及提刑司次第保明，解發前來執役。其行在百司胥佐以上，年及四十，曾經被差推勘 44 公事〔一〕、無過犯人，亦許踏逐指差外，其餘並不許抽差。庶幾少革前弊，不至虚費禄賞，以養無用之人。其有一界五年内不曾承過公事五件以上，界滿更不推賞。」從之。既而户部侍郎、兼同詳定勑令官李訦言：「治獄推吏，舊法三年無過，與補副尉。紹熙間展作五年，續又要每名承過公事五件，方得推賞。緣棘寺有管推司一十二名，似此則棘寺五年之内共有公事六十件，方將應格。比年以來，刑清訟簡，公事稀少，吏輩爲見難該推賞，往往多以私計不便陳乞回州，更换不一，（過）〔遇〕被抽差，又多避免。竊慮因此闕誤，有所未便。昨嘗據左右推司樓栱民等陳乞，於五年上更添一二年，通作六年或七年爲滿，不拘公事件數推賞，使人有所希慕出職，不至徒勞而無成也。乞特從所乞施行。」詔：「今後推司到寺曾作六年，理爲界滿。不拘承過公事件數，照應舊法推賞。内有在寺滿五年，如本名下斷過公事五件，即照紹熙五年十一月已降指揮推賞施行。」

八月十四日，大理少卿張孝曾言：「竊見薦舉之弊，亦已至矣，獨棘寺選人改官之制尚存。仕者以序相推，至於遜避；舉者知所當舉，無所怵迫。故凡爲（評廷）〔廷評〕者，惟知盡心職業，而薦舉一事曾不以累其心。近者臣僚有請，欲通舉外路檢法官，蓋爲薦員有餘而然〔二〕。」吏部勘當〔三〕，偶（遣）〔遺〕「有餘」二字，宗正寺改正，故有是詔。（以上《永樂大典》卷一三七三五）

〔一〕勘下原衍一「勘」字，據文意删。

〔二〕按，以上文意未完，當有闕文。本書職官二〇之四三「十二月九日」條後有一段錯簡之殘文，其内容與此相同，疑是本條之脱文。但文字不能相接，不便移動，可互參。

〔三〕「吏部勘當」以下數句述宗正寺事，與上文不相干，當是他處之文錯簡在此。

宋會要輯稿　職官二五

鴻臚寺

【宋會要】

1《兩朝國史志》：鴻臚寺，判寺事一人，以朝官以上充。凡四夷朝貢、宴享、送迎之事，分隸於往來國信所、都亭、懷遠驛、禮賓院。本寺但掌祭祀、朝會前資致仕、蕃客進奉官、僧道耆壽陪位，享拜周六廟三陵，公主妃主以下喪葬，差官監護，給其所用鹵簿，文武官薨卒賻贈之事。府史三人，驅使官一人。元豐改制，事具載《職官志》。

真宗景德四年閏五月，命内殿崇班、閤門祗候林文攝鴻臚卿，館伴大食、占城國進奉使。

九月，詔定詔葬賻贈體例。事具「詔葬賻贈」。

十月，詔鴻臚寺凡有奏報，並於通進司投下。

大中祥符八年五月，命供奉官、閤門祗候史祐之攝鴻臚少卿，接伴注輦國進奉人使。

九月，判鴻臚寺張復言：「請纂集大中祥符八年已後朝貢諸國，繪畫其冠服，采録其風俗，爲《大宋四夷述職圖》，上以表聖主之懷柔，下以備史官之廣記。」從之。及復撰成，止注輦一國而已。真宗曰：「國朝以來，四夷入貢久矣，今此纂述太爲漏畧。」遂令本寺别加編録，而卒不及成。

仁宗天聖九年正月十二日，資政殿學士晏殊上言：「伏見占城、龜兹、沙州、邛部川蠻入貢，或（絜）〔挈〕家而至，瞻望輿駕，縱遊宫觀。臣聞先朝曾有詔書，凡四夷朝貢至京，委館伴官詢其風俗，别爲圖録。兹詔廢格，因循未舉。望下有司按先朝故事施行。」從之。

《神宗正史·職官志》：鴻臚寺卿，從2四品；少卿，正六品；丞，正八品；主簿，從八品。各一人。掌賓客及凶儀之事。凡諸蕃國使至，則視其禮命之等，授以館舍，而頒其見辭、宴設、給賜之式於主典之官，戒有司辦具。有貢物，則前期具數報四方館，預備押當吏卒以進。定崇義公封襲。嵩、慶、懿陵廟，則命官以時致享。凡凶儀之節，宗室以服，大臣以品，率辨其喪紀，以詔奠臨、葬送、賻贈之制。應中都道釋祠廟及籍帳除附之禁令，皆隸屬焉。分案三，設吏九。總都亭西驛、同文館及管勾所，《哲宗正史·職官志》：都亭西驛掌河西蕃部貢奉之事〔一〕，同文館掌高麗使命〔二〕，各有管勾所。禮賓院、《哲宗正史·職官志》：掌回鶻、吐蕃、党項、女真等國朝貢館設，及互市譯語之事。懷遠驛、《哲宗正史·職官志》：掌南蕃交州、西蕃龜兹、大石、于闐、甘、沙、宗哥等國貢奉之事〔三〕。提點寺務司，《哲宗正史·職官志》：在京寺務司及提點所，掌諸寺殿宇、廟廡葺治之事。及建隆、醴泉、萬壽、奉慈、中太一、集禧觀、崇真、資聖宫院提點

〔一〕貢奉之事：原無，據《宋史》卷一六五《職官志》五補。
〔二〕掌：原作「堂」，據《宋史》卷一六五《職官志》五改。
〔三〕貢奉之事：原無，據《宋史》卷一六五《職官志》五補。

所，《哲宗正史·職官志》：中太一、建隆等宮觀，各置提點所，掌殿宇、齋宮、器用、儀物、陳設、錢幣之事。凡拾有三。《哲宗正史·職官志》所隸官司十二，別出左右街僧録司，掌寺院僧尼帳籍及僧官補授之事；傳法院，掌譯經文。餘並同前志。

神宗熙寧元年二月，都亭西驛所言：「夏國告哀人至，奉詔，延州及引伴使臣比常多差人編攔至驛，常切覺察，不得諸色人通接言語。今差到巡宿人，欲令盡日不【3】歸營，只在驛外坐鋪照管，遇夜巡警，及令使臣長上在彼提舉。今後準此。」從之。

十二月十七日，權發遣開封府判官、專管勾使院公事李孝孫言：「應僧尼道士女冠等合納官衣鉢錢物等，並撥充寺務司送納，相兼支用。今後不許諸處陳乞侵奪。」從之。

是月，詔在京寺務司今後隸屬開封府，只令使院判官管轄。

二年正月十一日，權發遣開封府判官、專管勾使院公事李孝孫言：「相國寺依舊許百姓出立課額，入寺務司相兼支用，委寔公私之利。」從之。

三年五月二十九日，新作來遠驛，以舊馬軍都虞候公廨增葺，爲待蕃客之所。

四年三月十九日，詔廢印經院，其經板付杭州，令僧了然主持。了然復固辭。明年八月，乃以付京顯聖寺聖壽禪院，令主僧懷謹認印造流行。

十二月十一日，詔：「鴻臚寺所管式假、護葬、賻贈、朝拜、仲享，並令太常禮院行遣。其押當即令四方館差人。其寺差有職事臣僚兼判，更不別置人吏。」

六年正月一日，中書言，欲以都亭驛隸都大提舉諸司庫務，詔從之。

八月三日，詳定庫務利害所言：「禮賓院事務全少，亦無支納。每諸蕃進奉人至，自專差官置局主領；逐時販馬〔一〕，自押赴群牧司。本院司縱有行遣，寔亦文具，因緣取賂，以困遠人。今令本院量度合用公人，立爲定額，增其請給〔二〕。因事受錢者，以近降河倉法坐之，庶絶其弊〔三〕。」詔下三司施行。

七年正月，差入內【4】內侍省內東頭供奉官張士良兼勾當同文館。

三月，差資善堂後行蘇士安相兼同文館主管官物、行遣文字祗應。

十一月十二日，客省言：「懷遠驛有提舉汴河（提）〔堤〕岸霍翔在驛寓止，續有溪洞蠻人向仕旋等至，以一翔在，即離驛。竊謂朝廷館待四夷，不止於懷遠一驛，他處率無許容臣僚休舍之例。欲乞應本省所轄諸驛，並不令臣僚安

〔一〕逐：原作「遂」，據本書職官二五之七同條改。
〔二〕增其請給：原作「以增其請」，據本書職官二五之七同條改。
〔三〕絶：原作「明」，據本書職官二五之七同條改。

下。」從之。先是，嘉祐中有余良肱安泊，後以爲例，至是罷之。

八年閏四月十八日，詔：「諸處不許指占都亭西驛三位舍屋，在驛官吏不得於見祇應行人處收買物色，占役工匠。」

七月二日，詔：「寺務司差入内供奉官梁從政提點，今後更不屬開封府使院判官管轄。」以一司不須隸兩處，從梁從政所請也。

二十三日，提點寺務司梁從政言：「本司既不屬開封府使院判官管轄，即隸與不隸開封府？及尼非寺務司所管，出憑例經由本司，止合從逐處主首三綱申開封府施行。」詔寺務司依提舉十禪院體例施行，餘並從之。

九年四月四日，詔省罷禮賓院，監官與依併廢州縣條施行。

十年十月十八日，入内内侍宋鼎臣等言：「奉詔，每五日一往同文館，教閲招箭班殿侍。如有諸國進奉人在館，即權赴瓊林苑。本館言，近制不許指占，然時暫往就射垛教閲，即非指占置局。乞自朝廷指揮。」詔只於同文館教閲。

元豐元年十月三日，參知政事元絳參定傳法 5 院新編《法寶録》。先是，譯經僧日稱死，同譯僧惠詢等皆不能繼，乞罷譯場。仍詔令在院習學，續修寶元以後《法寶録》，候有通達義理梵僧，依舊翻〔譚〕〔譯〕。

二年六月十〔十〕〔一〕日[一]，參知政事蔡確參定編修傳法院《法寶録》。

三年十月九日，詳定官制所言：「譯經僧官有授試光禄、鴻臚卿、少卿者，今除散階已罷外，其帶卿、少官名實有妨礙。欲乞以授試卿者改賜譯經三藏大法師[二]，試少卿者改賜譯經三藏法師。」詳見「僧官」門。

五年七月八日，詔譯經潤文使、同譯經潤文並罷[三]，自今令禮部尚書領之，廢譯經使司印。

哲宗元祐二年，詔提舉、提點集禧、醴泉等宮觀，除檢校官物，月押簿書外，餘並鴻臚寺專行。尋以遇行幸，一司應奉不能辦，罷之。

徽宗崇寧二年四月二十二日，講議司言：「高麗貢舉方物[四]，自過界沿路及應沿内外差官接引管押儀制、供須賜與及但干排辦事節，皆從管勾所檢勘，依條格申所轄鴻臚寺。其本寺不以事體大小，只聲説别無條例，皆不與奪，只騰申主客而已。欲乞今後高麗、夏國凡遇入貢過界，應干排備所須之事，並令管勾同文館所、都亭西驛所屬曹部施行，更不經申鴻臚寺。」詔依元豐官制改正。

[一] 十一：原作「十十」，據《長編》卷二九八改。
[二] 上句「卿少」至此句「以授」十二字原脱，據《補編》頁三二三補。
[三] 「譯經潤文使同」六字原脱，據《長編》卷三二八補。按「同譯經潤文」又稱「同譯經潤文使」，皆真宗始置，無此六字則不可通。
[四] 貢舉：疑當作「貢奉」。

高宗建炎三年四月十三日，詔鴻臚寺併歸禮部。

紹興二十五年十月六日，詔左朝散郎朱敦儒除鴻臚少卿。是月二十三日，敦儒以臣僚言章依舊致仕，後不復置。以上《中興會要》。《乾道會要》無此門。（以上《永樂大典》卷一三七三八）

禮賓院

6 禮賓院在歸德坊，掌蕃夷朝貢、互市，以閤門祗候已上及三班内侍二人監。舊有蕃驛院，景德三年併入。又有監生料内侍二人，復省。領回鶻、吐蕃、党項、女真、南蠻、蕃客，通事各二人。

真宗咸平元年十一月，詔：「蕃部進賣馬，請價錢外，所給馬絹茶每匹二斤，老弱騾馬一斤。令禮賓院每二千斤請赴院置庫收管，當面給散。」

十二月，詔禮賓院，賣馬蕃部朝辭茶酒錢等，于祗候庫支賜。

景德二年十月，詔禮賓院：「蕃部、蠻人欲請生料者，折券則例計數支與，取便饌食。」

大中祥符二年二月，詔禮賓院：「每蕃戎酋長忿爭，本
7 院官多不在彼條理，自今留官一員止宿。」

十一月，禮賓院言：「回紇僧花藏貢奉赴闕，乞赴五臺山(贍)〔瞻〕禮。」真宗曰：「戎羯之人崇尚釋教，亦中國之利也。可給資糧，聽其請。」

十二月，禮賓院言：「西州進奉回紇李順與西南蕃(人)〔入〕貢從人鬬死，欲押赴開封府，依蕃部例和斷，收償命價。」從之。

三年九月，詔禮賓院：「進賣馬蕃部引到日，令翰林司賜茶酒。」

九年正月，集賢校理張師德言：「近奉詔館伴高麗使，所差伴宴及管勾皆近上臣僚，未有定式。欲乞起今外國人使到闕，先令有司詳酌儀式。」從之。

天禧三年三月，詔禮賓院，今後不得以外國人充通事。時有開封府民訟通事辛榮本夏州子弟，投禮賓院充小蕃通事〔一〕，虛稱在京人，府移禮賓院，稱無條約。詔以榮累該赦宥，免杖黥面配海州牢城〔二〕。因有是詔。

五年三月，詔禮賓院，自來引諸州軍蕃部原缺見並上殿，進呈(奉)〔奏〕目劄子，自今並令原缺門原缺。

仁宗天聖八年十月，詔禮賓院，自今引見蕃部，止近上百人入見，餘于本院依例賜食酒。

神宗熙寧六年八月三日，詳定庫務利害所言：「禮賓院事務全少，亦無支納。每諸蕃進奉人至，自專差官置局主領；逐時販馬，自押馬赴群牧司〔三〕。本院司屬縱有行遣，寔亦文具，因緣取賂，以困遠人。今令本院量合用公人

〔一〕院：原脱，據《長編》卷九三補。
〔二〕杖黥面：原缺，據《長編》卷九三補。
〔三〕「自」下原衍「有」字，又脱「赴」字，並據本書職官二五之三改補。

立爲定額，增其請給。因事受錢者，以近降河倉法坐之，庶絶其弊。」詔下三司施行。

九年四月四日，詔省罷禮賓院，監官與依併廢州縣條施行。（以上《永樂大典》卷一六六六九）

寺務司

【宋會要】

8 寺務司，掌京城大寺殿宇、廊舍補葺，聽命於開封府。以内侍一人提點，三班一人監。

課利司

【宋會要】

9 課利司，雍熙四年置，掌京城諸寺、邸店、莊園課利之物。聽命於三司，以寺務司官兼掌。

真宗大中祥符六年十月，詔：「寺務、課利司掠房錢，三司親事官自今後每一年一替。若親事官輒敢請求占留，其寺務司及三司並各劾罪嚴斷。」

英宗治平三年五月四日，勾當府司檢校庫及點檢所許章上寺務司收支錢物，并有裁損及更張事節，詔開封府指揮寺務司施行。

神宗熙寧元年十二月十七日，權發遣開封府判官、專管勾使院公事李孝孫言：「應僧尼、道士、女冠等合納官衣鉢錢物等，並撥充寺務司〔一〕。今後隸屬開封府，只令使院判官管轄。」

二年正月十一日，權發遣開封府判官、專管勾使院公事李孝孫言：「相國寺依舊許百姓出立課額，入寺務司相兼支用，委實公私之利。」從之。

八年七月二日，詔：「寺務司差入内供奉官梁從政提點，今後更不屬開封府使院判官管轄。」以一司不須隸兩處，從梁從政所請也。

七月二十三日，提點寺務司梁從政言：「本司既不屬開封府使院判官管轄，即隸與不隸開封府？及尼非寺務司所管，出公憑例經由本司，（正）〔止〕合從逐處主首三綱申開封府施行。」詔寺務司依提舉十禪院體例施行，餘並從之。

九年五月十四日，提舉在京寺務司言：「大相 10 國寺泗州院近火發，雖即行撲滅，緣僧院與寺庭閭閻相接，深爲未便。乞拆僧院逼近之屋，遶寺庭高築遮火牆。」從之。（以上《永樂大典》卷一一二五）

同文館〔二〕

【中興會要】

11 同文館，在延秋坊，熙寧中創置，以待高麗國進奉人

〔一〕充：原作「元」，據本書職官二五之三改。
〔二〕原無此題，徑添。

使。舍宇二百七十八間，看館執役者二十二人，後減十二人。

神宗熙寧七年正月，差入内内侍省内東頭供奉官張士良兼勾當同文館。

三月，差資善堂後行蘇士安相兼本館主管官物〔一〕、行遣文字祗應。

十年十月十八日，入内内侍宋鼎臣言：「奉詔，每五日一次往同文館教閲招箭班殿侍。如有諸國進奉人在館，即權赴瓊林苑。本館言近制不許指占，然時暫往彼就射垛教閲，即非指占置局。乞自朝廷指揮。」詔只於同文館教閲。

高宗建炎三年四月十三日，詔主管同文館並罷。

紹興三年二月四日，詔：「行在同文館改用法慧寺，令盧知原與本路漕臣同共疾速計置，應副修葺。」

四月十五日，詔同文館依舊存留。先是，高麗奏遣使進奉，遂差官取接。至是國信所申：「高麗進奉所牒，一行到洪州洋内，猛風打破舟船。風信已禍〔二〕，恐日久不便抽差，人兵官吏等並發遣歸元來去處。即（去）〔未〕審同文館所合與不合結罷。」故有是命。（以上《永樂大典》卷一一三〇六）

〔一〕物：原脱，據本書職官二五之四補。
〔二〕已禍：似當作「已過」。

宋會要輯稿　職官二六

司農寺

【宋會要】

1 司農寺，掌供籍田九種，及諸祀〔供〕豕及蔬果、明房油、平糴之事〔一〕，止以常參官二人判寺事。熙寧三年，上以常平新法付寺，始重其任焉。《兩朝國史志》：司農寺判寺事二人，以兩制或朝官以上充；主簿一人，以選人充。官制行，寺監不治外事，司農寺舊職悉歸户部右曹〔二〕。府史一人，驅使官四人，常平案前行一人，後行八人。但掌籍田九種、大中小祀供豕及蔬果、明房油、平糴、利農之事。卿一人，秩從四品；少卿一人，秩從五品；丞一人，秩正八品；簿一人，秩從八品。設案有五，並掌上中下界、户部和糴場收糴米斛〔三〕、拘催諸州軍糴本錢銀並（入）〔人〕糧馬料、拘催糧草綱運及排岸司事務。內第五案仍兼知雜案、開拆司。吏額：胥長一人，胥史一人，胥佐五人，貼司三人。

真宗咸平四年五月，詔司農寺：「每歲祠祭，用猪口肫胉生肉，令牛羊司別圈豢養。須純黑無群〔四〕，計重三十斤以下、二十斤以上者充。」

景德三年正月，詔御史知雜王濟兼權判司農寺，比部員外郎孫崇諫同權判。崇諫本官料錢支見錢，每月賜添支錢七千。時言事者以爲：「古有常平倉，今請於京東西、河北、河東、陝西、江淮、兩浙各留上供錢，專付司農寺係帳，三司不問出入，委轉運司每州舉幕職州縣官一人專主之。價賤則加糴，價貴則 2 減糴。候及十年，數有增，即以元價還三司，足以廣惠民、防備災沴。」詔三司集議，請依所奏。其河北、河東、陝西緣邊州府，更令轉運司詳可否以聞。從之。

仁宗嘉祐四年二月，詔以天下廣惠倉隸司農寺。

英宗治平三年六月，詔司農寺置主簿一員。

《神宗正史・職官志》：司農寺卿，從四品；少卿，正六品；丞，正八品；主簿，從八品，各一人。掌倉儲委積、苑囿之事〔五〕。惟主簿專典簿書，寺監亦如之〔六〕。歲運糧至京都，遣官檢視名色，同前受而分納於倉廩〔七〕，輸藁秸

〔一〕糴：原作「糶」，據《宋史》卷一六五《職官志》五改。下文「平糴」同。

〔二〕職：原作「制」，據《宋史》卷一六五《職官志》五改。

〔三〕「掌」下疑脱「監」字。「户部」原作「户户」，據文意改。按《宋史》卷一六五《職官志》五述南宋司農寺職掌云：「分案五，南北省倉草料場、和糴場隸焉。監倉官分上中下界，司其出納。諸場皆置監官。」又《補編》頁六三〇載：「行在三倉、户部和糴場……收糴米斛，各有立定歲額。」是司農寺監上中下界省倉及户部和糴場收糴米斛也。

〔四〕群：疑誤。

〔五〕掌倉儲：原作「賞倉」，據《宋史》卷一六五《職官志》五改補。

〔六〕寺監亦如之：此五字不可解，疑是衍文。

〔七〕同前：疑誤或衍。

則戒所隸場閲而納之，歲具封樁、月具見存數以聞。給兵食則具樣進呈。若因出納而受賄，盜欺刻取，揭其禁令〔一〕，聽人告，雖會赦不宥。有負失，則計其虧數以報倉部。凡苑囿游幸排比及薦享進御、頒賜植藏之物，與造麴蘖、給薪炭，皆戒有司以時辦具。總倉二十有四。《哲宗正史·職官志》云：總倉二十有五〔二〕，掌九穀廩藏之事，以給官吏、軍兵禄食之用。凡綱運、受納及封樁支用，月具數以報司農〔三〕。場十，《哲宗正史·職官志》云：草場十有二，掌受京畿芻秸〔四〕，以給內外飼秣。四排岸司，掌水運、舟船送納雇直之事。園苑四。玉津、瑞聖、宜春、瓊林，掌種植蔬蒔以待供進，修飾亭宇以備遊幸宴設〔五〕。舊以常平、廣惠倉隸司農寺，而置提點倉場司領中都儲積。及官制行，寺監不治外事，遂修唐典，正其職秩。分案六，設吏十有八，而下卸司、掌受納綱運。水磨務、掌水磑磨麥。都麴院〔六〕、掌造麴，以供酒醴之用〔七〕。內柴炭庫、掌儲薪炭，以給宮城及宿衛班直之賜予〔八〕。炭場掌儲炭，以供百司之用〔九〕。隸焉。

神宗熙寧二年二月十六日，詔：「四園苑近已選差官提舉，更不隸三司并提舉司，仍 3 差權發遣三司鹽鐵判官張道宗同提舉。」

三月二十六日，詔：「今後諸處奏請擘畫常平、廣惠倉錢斛，並直〔申〕司農寺。」從本寺之請也。時有下三司關牒司農，故寺司以爲言，而有是旨。

閏十一月十四日，詔：「今後諸處逐旬降雨雪，更不聞奏，並只於次旬內發狀申司農寺。如內有遲違者，亦仰本寺催促，常令齊足，類聚收附，準備朝廷取索。」從看詳銀臺司文字所請也。

三年正月二十六日，三司言：「提點倉場所勘會城南新置抽税炭場，城南、京西税炭場共三場，給納柴炭萬數浩瀚。其監官多差初參班未曾歷任，并高年昏昧，有過犯或軍班并押綱軍大將、吏人等出職使臣，致事不整齊。欲乞逐場添差文官各一員，與使臣同管。自來每場合差使臣二員，乞減其一。仍下審官院選差合入知縣或第二任資序人，其有舉主〔一〇〕、歷任無過犯。若是軍班等出職，不至年高昏昧，有舉主、無過犯者，亦聽。仍截定年月，立界交割。及比類見今諸倉界監官條例，與理資任，支破添給。」從之。

三月，詔：「今月後四排岸司直屬三司管轄，更不申送公事赴提點倉場所。」從三司所請也。

五月，制置三司條例司言：「常平新法宜付司農寺，乞

〔一〕揭：《宋史》卷一六五《職官志》五作「嚴」，當是。
〔二〕本句原作正文書寫，據文意改爲小注。
〔三〕月：原無，據《宋史》卷一六五《職官志》五補。
〔四〕受：原脱，據《宋史》卷一六五《職官志》五補。
〔五〕設：原作「説」，據《宋史》卷一六五《職官志》五改。
〔六〕都：原無，據《宋史》卷一六五《職官志》五補。
〔七〕醴：原作「澧」，據《宋史》卷一六五《職官志》五改。
〔八〕班直：原作「直班」，據《宋史》卷一六五《職官志》五乙。
〔九〕之用：原脱，據《宋史》卷一六五《職官志》五補。
〔一〇〕其：似當作「具」。

選官主判，兼領田役水利事。」乃命太子中允、集賢校理呂惠卿同判司農寺，改秘書丞、集賢校理、先同判寺胡宗愈爲兼判。仍候兩制有官可差，即改差一員。

六月，詔：「司農寺具五 4 月中諸路所降雨澤聞奏，自今後常切點檢察訪，如有旱澇特甚州軍，具狀申奏。」

七日，制置三司條例司言：「開封府百姓納草，兵士五千人，所差數常不足，蓋止以逐年科納草數多少差撥。緣輸納擁併，全（籍）〔藉〕衆力挑撥積疊，方免住滯，及不損壞官物。欲乞剗刷裝卸兵士[一]、倉草場剩員，常以四千人爲額。如不足，許差在京府界厢禁軍。候納及分數，以次減放。又請每正草場增朝臣、使臣各一員，并舊爲八員；左右騏驥、天駟監、天廄等三草場及應坊監便草場，各增京朝官一員同受納。」從之。

七月十三日，三司言：「乞係奏舉勾當東西排岸監官任滿得替，並與家便差遣。」詔：「東岸與先次指射家便差遣，舊與堂除例更不施行。其東岸右職滿，舉合入親民大使臣充，依文臣例酬奬。」

八月三日，詔：「司農寺置丞一人，與主簿通爲二員。仰本寺舉通判已下、不係入川廣人充。」以同判司農寺呂惠卿奏「司農寺新法兼領農田水利、差役舉行，應接條目已多，乞賜增置丞、簿」故也。

二十七日，詔：「近令司農寺專主天下常平、廣惠倉、農田水利、差役事，今後每歲終具下項事節聞奏。如有未盡事理，更增損指揮。天下常平、廣惠倉見在錢斛若干數目，夏秋青苗錢散過若干數目，合收若干斛斗，已納若干，未納若干，倚閣若干。糴到諸色斛斗若干，斗直若干，出糶過若干，都收息錢若干，賑貸過若干。天下水利興修過若干處所，5 役過若干人功，若干兵功，若干民功。淤溉到田若干頃畝，增到税賦若干數目。天下農田開闢到若干生荒地土，增到若干税賦。天下差役更改過若干事件，寬減得若干民力。」

九月二十五日，三司詳定：「在京船般倉專副、所由、斗子、書司、守門人等，如因倉事取受糧綱及請人錢物，并應在京諸司係公之人，因倉事取受專典、斗級并因綱運事取受糧綱錢物，並許贓不滿一百徒一年，每一百加一等，一千流二千里，每一千加一等罪，止流三千里。所有共受分贓入己者，併計所受坐罪，仍分首從。其引領、過度并行用錢者，於首罪下減二等。已上決訖，徒罪皆刺配五百里外牢城，流罪皆刺配千里外牢城。滿十千即受贓，爲首者刺配沙門島。已上若計贓未受，其取與、引領、過度人各減本罪一等。爲首者依上條刺配，內合配沙門島者配廣南牢城。仍許諸色人陳告，犯人該徒賞錢百千，流罪二百千，配沙門島三百千；若係公之人，給賞外更轉一資。其賞錢並先以官錢代支，一面拘收受贓及元引領、過度并行用錢人

[一] 剗：原作「刻」，據《長編》卷二一二改。

家財充填，不足即與除破。其元〔引〕領、過度及行用并受贓人亦許陳首，依條免罪給賞。」從之。

十一月，制置三司條例司言：「都官員外郎劉昭遠等言：竊見在京諸倉立界以來，有百萬界與五大界兩法，雖各有所便，亦各不無所害。其百萬界所便者，（木）〔米〕麥馬料各別立界，無雜色分占廒【6】屋與虛增界數；其不便者，逐界斛斗散在諸倉，官吏疲於奔走，致給受不精。其五大界所便者，逐界倉廒附近，官吏易爲管勾；其所不便者，兼納雜色，分占廒屋，并虛增起界數。今欲於百萬界去官吏之疲勞，而取其人糧馬料之各異，於五大界取倉分之附近，而去其占廒增數之未便，改立新五界法，并舊條約束。」並詔三司依所定施行。

十九日，詔見任倉界官除朝廷擢用外，不許諸處奏舉差遣。

二十三日，三司條例司言：「諸軍班所請月糧，先已坐倉收糴。近降指揮並支十斗，慮元定價小，欲自龍神衛及諸司，每石等第增錢收糴。」從之。

十二月六日，詔：「支給軍糧，並依近降指揮，十斗足數。卸納綱運，亦仰兩平交量。如違元量，斗級並行科決。每倉各置一石斛，遇盤量官物，傾於其中比較，免致高下。其守諸倉斗子三百九十人，今並是正身祗應，逐月更不赴提舉所探差，只委下卸司依名次差撥。既免虛占人數，住滯綱運，兼支破倉錢各得均濟。如倉分輒敢虛闕斛斗數

目，多索斗子，即委下卸司點檢，申本所勘斷干繫人等。仍告示諸軍船及諸司，如遇請糧，並須隔日令逐指揮抱曆曹司赴合支倉分，投下所請糧倉數目單子，以憑約度抽索。今後斗子人數，其逐界更不得差斗子隔宿往逐營告報開倉，只令合支界分預先關申殿前、馬、步軍司合支軍次，令逐司一面差人告報開倉請領【7】日分。」

四年正月二十三日，兵部員外郎兼侍御史知雜事鄧綰判司農寺〔一〕。

三月四日，詔：「罷三司奏舉諸倉監門使臣，止令三班院選未滿六十歲、無贓罪使臣充。其酬獎如奏舉例施行。」

四月十九日，詔：「自今天下上雨雪狀，逐月進繳以聞。」

六月四日，詳定編修敕令所言：「刪定官周直孺狀：『竊見在京麴院自來酒户沽賣不常，難及祖額，累經更張，未究利害。推究其原，在於麴數過多，酒數亦因而多。多則價賤〔二〕，價賤則人户折其利。爲今之法，宜減其數，增其價，使酒有限而必售，則人無耗折之苦，而官額不虧矣。請以一百八十萬斤爲足額，遇閏年則添踏十五萬斤。舊價每斤一百六十八文，請增作二百文省。舊法以八十五爲

〔一〕綰：原作「官」，據《宋史》卷一六五《職官志》五改。
〔二〕多則價賤：原作「則價錢」，據本書職官二六之三四補改。下句「價賤」同。

陌，請並紐計省錢〔一〕，便於出入。舊額二百二十二萬斤，約計錢三十七萬貫，今額一百八十萬斤，計錢三十六萬貫。三年一閏，十五萬斤計三萬貫，又減小麥萬餘石及人工，並不虧元額錢數。況免賒麴酒户納少官錢〔二〕、借賃契書及公私費用〔三〕，不過每斤添至十文，令用麴無餘〔四〕，官物無積。況國初麴價二百文、八十五陌，太平興國六年始減五十。』并具到酒户情願事件。（令）〔今〕本所看詳直孺所請，後更立合行條例以聞。」詔付麴院，並依所定施行。

八月四日，三司言：「欲將京北排岸司權令京西排岸司就便兼行管勾，所貴主轄得雜般舟船，催驅卸納綱（柱）〔梢〕，不敢（注）〔住〕滯。」從之。

十一月8二十八日，司農寺言：「乞將諸處賣到户絶田土錢，從本司移助諸路常平糴本〔五〕。」從之。

十二月十六日，詔添置主簿一員，令本寺舉官。

五年四月二十五日，中書門下言：「户房今欲立定，應三炭場逐界監官文資、使臣各一員，今後並委審官東院、三班院選差親（氏）〔民〕資序人充。如無親民資序人，許於第二任監當人内選差。使臣每月添支錢十千。當直剩員六人〔六〕，（侯）〔候〕本界納足日，（今）〔令〕提點倉場所探減一員，只留守支。並三年理爲一任，五年以上理爲兩任。其減罷人如二年以上，理一任京朝官，仍與先次使臣免短使，並近地差遣。不及二年，並與近地差遣，仍理元到院月日。」從之。

五月二十五日，權三司度支副使沈起言：「在京三排岸司，内京西、京南事務甚簡，只差文臣一員勾當。唯東排岸司歲管糧綱、般上供斛斗四百萬石，及雜般綱運，比之兩司，最爲煩要。自來舉差文武官各一員沿河勾當諸般公事，尚輪一員出入。近兼委斷押糧綱軍大將、殿侍等杖罪以下公事，則日有推鞫禁繫，須藉曉文法之人。乞今後京東排岸司所差武臣，奏舉文臣一員同共勾當。」從之。

七月十八日，詔：「司農寺增置丞、主簿四員，仍自今輪出入，按察逐州保甲。」

六年，以司農寺所總事衆，間遣屬官出視諸路〔七〕，力有不給，乃置勾當公事官，以葉康直、江衍、時孝孫、袁默爲之。

七年，司農寺言：「所主行農田水利、免役、保9甲之法，而官吏推行多違法意，及元法措置未盡〔八〕。欲牓諭官私，使人陳述〔九〕；官司違法，從寺按察。」

二月，勾當更置水碾磨事梅宰言：「所有工匠、材料、

〔一〕紐：原作「細」，據《長編》卷二二四改。
〔二〕酒户：原倒，據《長編》卷二二四乙。
〔三〕借：原作「任」，據《長編》卷二二四改。
〔四〕令：原作「今」，據《長編》卷二二四改。
〔五〕糴本：原脱「本」字，據《長編》卷二二八補。
〔六〕六人：原誤合爲一「交」字，據本書食貨五四之一一改。
〔七〕「視」下原有「使」字，據《長編》卷二四八删。
〔八〕元：原脱，據《長編》卷二四八補。
〔九〕使：原無，據《宋史》卷一六五《職官志》五補。

地步等，若逐次舉申，竊恐稽延，難以集事。乞許於將作監權指名抽差工匠，并請撥材料。」詔將作監差人應副，餘依所請。

四月二十五日，詔：「司農寺罷賒糴粳米，令三司盡數轉輸河北路常平司，以備賑濟。」

五月十五日，詔：「司農寺主簿、勾當公事官，自今非有朝旨，無得差出。仍減四員，令本寺具各存減員數以聞。」

九月一日，詔：「應已興修水利，宜令寺司置籍拘管。如朝廷差官出外，即仰申中書相度，指揮所差官取索，因便體訪。如有不當，即按驗以聞。」

八年三月五日，詔：「今後在京倉場所官任滿并成考〔一〕，合該批書印紙曆子，只委提點倉場所一面勘會，依條式批書。」

三月，詔：「在京倉庫立界滿，如勾當及二十箇月，與理爲一任。若不及，即與新界專副別立界勾當〔二〕。」

六月二十三日，都提舉市易司言〔三〕：「城南并新置炭場，自來受納石塘河綱炭，并支遣抽税〔四〕，係提點倉場所管轄。石塘河綱運既已廢罷〔五〕，年計炭數納税，又從本司管認抽税，官炭與商税事體一般〔六〕，合隸本司，別無干係提點倉場所事節。欲乞撥隸本司管轄，監官仍令奏舉。」從之。

九年四月十四日，中書門下言：「廣濟河催遣輦運張士澄申，準朝旨，令依舊行運。乞復置京北排岸司官一員 10 管勾。」從之，仍令本司奏舉。

二十九日，詔：「諸在京府界倉庫所供月季年帳，並於合滿後，依限申省。月季帳二十五日，半年帳四十日，年帳五十日。如違，依《編敕》倉庫申州法〔七〕。」

六月二十四日，判司農寺熊本言：「乞取索本寺一司敕式，選官重行看詳修定。」詔只就本寺選屬官一員編修，令熊本提舉。

八月九日，詔中書門下：「訪聞司農寺見出賣天下祠廟，辱國黷神，此爲甚者。可速遍指揮，更不施行。其司農寺官吏下開封府問狀，仍令自今司農寺市易司應改更條法、創請事件，可並進呈取進旨〔八〕，不得一面擬進行下。」

十二月四日，詔：「自今司農寺置丞四員，内丞一員通管三局，餘三員并增主簿三員分管三局。其勾當公事官並罷。」

二十六日，詔：「自來逐年糧綱起運，每五日一次，具

〔一〕官：原作「管」，據本卷後文職官二六之二七改。
〔二〕「即」原作「印」，「專」原缺，據本書食貨六二之一二改補。
〔三〕市易：原缺，據本書食貨五四之一一補。
〔四〕「炭并支」三字原缺，據本書食貨五四之一一補。
〔五〕既已：原缺，據本書食貨五四之一一補。
〔六〕官：原作「客」，據本書食貨五四之一一改。
〔七〕依：原作「限」，據本書食貨六二之一二改。
〔八〕「旨」上原衍「進」字，據《長編》卷二二七删。

卸納到汴河糧斛數目申奏，至住運日住奏，自今廢罷之。」

十年二月二十七日，詔：「司農寺丞及提舉常平倉官，並選嘗歷知縣令、考課優等人。」

四月十六日，司農寺言：「勾當公事王覺同江南西路監司、提舉司相度，興國軍永興縣民每税錢一出役錢一，今減二分。」詔減五分。

元豐元年正月十五日，詔：「諸路州軍闕雨雪，或雨雪過多，委提舉司月一申中書進呈〔一〕，令司農寺注籍。」

二十二日，詔司農寺：「應常平存留一半錢穀糶糴數目，每歲終類聚，於次年春季點檢，仍開具逐路以聞。」

二月二十五日，詔：「諸城、寨、11堡、鎮常平錢穀已給十日，具數申司農寺，歲終上都數。」

三月二十二日，判司農寺蔡確言：「本寺典領新法，事務繁重，非諸寺監之比。官屬雖以才選，而並不别理資任。欲乞丞、主簿並二年理一任。别除差遣者，須候成任〔二〕，遇有員闕，除朝廷特差外，丞選於主簿，比轉運判官；都丞選於諸局丞，比提點刑獄。其資淺者，差權與權發遣。」詔候理正運判以上資序，三年爲一任。仍令中書立法。

五月二日，司農寺言：「諸路蠶麥豐熟，乞下提舉司，以積欠錢穀量直折納。」從之。

七月十一日，判司農寺蔡確請令三局丞、主簿不妨職事〔三〕，兼删修本寺條例。從之。

二十五日，提點在京倉場所言：「在京諸倉有名額重疊者，乞改易。其延豐、永濟、廣積、廣濟各第一倉依舊名外，欲以延豐第二爲元豐倉，永濟第二爲永豐倉，廣積南倉爲大盈倉，廣濟税倉爲廣阜倉〔四〕。」從之。

九月七日，詔：「自今常平、免役、坊場等錢物，諸處申奏，得旨移用，並送司農寺。」

十一日，司農寺請諸秋熟處，民户積欠常平、免役等錢穀三分以上，聽量增錢折納〔五〕。從之。

十四日，司農寺請自今以存留一半錢所糴糧斛别爲一項，更不與常平舊管同估價〔六〕。從之。

十月三日，司農寺請：「自今年八月降朝旨後，諸路因行役法，實用軍人請受，比較所代役人雇食等錢，歲終具數，申寺撥還。」從之。

九日，詔司農寺：「令諸路提舉司，應常平金帛絲綿並許變易〔七〕。如變12易不行，促令依條變轉。如市價賤，即以本州逐色元價，以貴賤衮同紐計，所虧不及一分，並許出賣，不得抑配。如出賣不售，即具如何經畫，申寺相度，或

〔一〕進：原脱，據《長編》卷二八七補。
〔二〕候：原作「侯」，據《長編》卷二八八改。
〔三〕職：原脱，據《長編》卷二九〇補。
〔四〕税：原脱，據《長編》卷二九〇補。
〔五〕量：原作「重」，據《長編》卷二九二改。又「錢」，《長編》作「鈔」。
〔六〕估：原作「沽」，據《長編》卷二九二改。
〔七〕「絲綿」二字原誤置於下句「變易不行」下，據《長編》卷二九三移正。

兑充上供錢數。其餘物準此。」

十三日，御史中丞、判司農寺蔡確言：「常平舊敕多已衝改，免役等法素未編定〔一〕。今除合删修爲敕外，所定約束小者爲令，其名數式樣之類爲式。乞以『元豐司農敕令式』爲目。」從之。

十二月十九日，詔：「自今司農寺除本寺官請受及吏人衣糧、食鹽依舊三司支給，餘支本寺所管常平、免役頭子、壓零等錢。」從判寺蔡確請也。

二年正月十四日，詔：「司農寺市易、淤田、水利司封樁糧斛，並兑换與河北糴便司，更不許置。」

八月六日，權發遣司農寺都丞吳雍言：「淮浙（運）〔連〕歲豐稔穀賤，乞借逐路積剩免役、坊場錢，就並河州縣鎮增糴秔米，常與別司倉儲兑换。如向去價稍高，兑充上供。」下司農寺，請如雍議，先以常平所留之半，并散下不盡錢充糴本，次以坊場、免役餘錢，坊場留半，免役錢留二分。從之。

十九日，上批：「蜀中見積司農錢〔二〕，可選官經制，運至陝西並塞要郡封樁糴本〔三〕。」遂命司農寺主簿李元輔往〔四〕，仍令立耗折分數以聞。

九月二十九日，司農寺上《元豐司農敕令式》十五卷〔五〕，詔行之〔六〕。

同日，詔：「鬻官監、場務錢屬三司外，鄉村場務買名錢依舊入司農寺〔七〕。」時三司言：「人13户買撲官監及非折酬衙前場務，所增收錢並合入三司帳。」而司農寺以謂：「官（鹽）〔監〕、場務外，皆是新法拘收錢，不當入三司，乞留以助募役。兼歲入百萬緡，於市易務封樁，若失此錢，恐不能繼。」争辨久之，乃從司農寺之請也。

十二月二十三日，詔：「諸路應發坊場錢百萬緡，令司農寺分定逐路年額，立限於内藏庫寄納。」

三年二月一日，編《司農寺敕》成。

四月三日，詔：「兩浙路減罷耆、户長、壯丁、坊正，并撥還支酬衙前、度牒等錢百二十餘萬緡，其變市金帛，輸司農寺封樁。」從都丞吳雍請也。

二十三日，詔：「司農寺改更常平、免役、坊場等事，有干大法者，不得輒下相度，並先奏取旨。」

六月五日，詔：「司農寺移邊遠鎮、城、寨常平錢輸本州者，聽民除步乘錢，著爲法。」

七月二十八日，權發遣司農都丞吳雍言：「乞置局，會天下役書，删除煩複，支酬庸直，比較輕重，擬成式樣，下逐

〔一〕素：原作「案」，據《長編》卷二九三改。

〔二〕蜀：原作「局」，據《長編》卷二九九改。

〔三〕並：原脱，據《長編》卷二九九補。「並」通「傍」。

〔四〕遂：原作「逐」，據《長編》卷二九九改。

〔五〕「元豐」下原無「司農」二字，「敕」原作「教」，據《長編》卷三〇〇補改。

〔六〕「詔行之」之下原有「同日，詔鬻官監、場務買名錢，依舊入司農寺。上《元豐教令式》十五卷，詔行之」數句，與本條及下條重，今删。

〔七〕「錢屬三司外鄉村場務」九字原脱，據《長編》卷三〇〇補。

路講求報應，再加删定。」從之。又言：「差官考存留耆壯雇直等支酬衙前錢物，計置聚之京師，或移轉沿邊，變易金穀。」詔提舉司限一季具數以聞。

八月一日，太常博士、權發遣司農都丞吴雍言：「議定淮、浙兩路役書，減冗占千三百餘人，裁省錢二十八萬四千九百餘緡，會定歲用有寬剩錢一百四萬餘緡。諸路役書多此類。乞先自近京三兩路脩定，下諸路依倣報應。」從之，令吴雍與司農寺主判詳定。

九月二十八日，詔都大提 14 舉淤田并官莊並隸司農寺。

四年正月十八日，詔：「遣司農寺主簿李元輔往蜀中，經制見在司農錢，變運出關，至陝西沿邊要郡樁管。其有起發物帛，並於鳳翔府、秦州等處樁管，令本路提舉司拘收。內有合行遷徙變轉，即具措置事件，及契勘折耗數目以聞。」

四月十八日，都大提點在京倉場司言：「汴河糧綱，歲運六百餘萬石，及司農寺起發淮、浙米四十餘萬石，並於沿汴倉分納，乞於萬盈、廣衍兩倉增廒屋四百間。」詔遣開封府推官曾孝廉按視，具圖以聞。

同日，詔：「權發遣三司度支副使、兼措置河北糴便塞周輔兼提舉江南西路、廣南東路鹽事，體量主行鹽事監司之不勝任者。置兩局于司農寺。」

五月十九日，詔：「成都府、梓州、利州路，自今年常平積剩並坊場司農寺合起發錢，截自李元輔回日，每季委提舉司易物帛，赴陝西兩路提舉司重變轉，於邊要州郡樁管。」

六月十一日，判司農寺舒亶言：「司農寺前後積滯文字，不惟本寺失於催舉，兼諸路提舉司多是因循。其提舉官已有條，歲終分三等考校。乞自今以提舉司承受本寺文字，歲終以十分爲率，會計結絶件數。」從之。

十五日，又言：「伏見本寺除帳司外，三局總十二案，係丞四員，主簿六員。其逐局事有煩簡，則官屬亦當裁減。欲乞止置丞一員，三局各置主簿一員，餘並減罷〔一〕。」詔從之，令本寺主判官於見任官內選留，或別舉 15 官。

五年，行官制，寺監不治外事，司農寺舊職務悉歸户部右曹。

七月二十八日，詔進呈糧樣舊屬倉界，自今歸司農寺。

六年二月二十七日，都提舉汴河隄岸司言：「丁字河水磨近爲浚蔡河開斷水口，妨闕茶磨。本司相度，通津門外汴河去自盟河咫尺，自盟河下流入淮，於公私無害。欲置水磨百盤〔二〕，放退水入自盟河。」從之。

七年三月五日，司農少卿廉正臣、董詵自言：「先提點在京倉場，首尾六年，收出剩糧三十四萬石，草二百五十九

〔一〕餘：原作「余」，據《長編》卷三一三改。
〔二〕盤：原作「般」，據《長編》卷三三三改。

萬束。」詔並賜紫章服。

十月十一日，尚書吏部言：「經制變運川峽路常平積剩錢〔一〕，所增息錢二百三十二萬緡〔二〕，乞推恩。」詔李元輔遷兩官，及史君俞、張茂先（侯）〔候〕改官日各遷一官，減二年磨勘。劉何、虞仲荀減磨勘年月有差〔三〕。

哲宗元祐二年三月六日，詔：「粳米上中下、麥料上下諸界，舊隸三司舉官，其令戶部奏辟，著爲令。」

三年二月七日，詔罷修金明池橋殿。以時寒恤工徒也〔四〕。

五月十六日，詔司農寺置長貳。

十一月四日，三省言：「在京堂除差遣累有增改〔五〕，而吏部闕少官多。令裁定排岸司吏部差，俸錢依在京分數。」從之。

五年，以本寺主簿兼檢法。

六年四月二十一日，司農寺言：「請依太府寺，令官司不許抽差本寺人吏。雖（奏）〔奉〕特旨及不許執奏留，亦聽執奏不發遣。」從之。

八月，復置提轄修倉所。至紹聖元年，三省言：「自復修倉所，所修屋宇較未置以前 16 不甚相遠。」詔罷所置官屬，事歸將作監。

九月二十七日，戶部言：「準敕，復置水磨。今踏逐到京索天源河，措置修立。」從之，仍差右通直郎孫迥提舉。

紹聖四年二月九日，司農寺言：「本寺事務繁多，止有丞一員，管勾不給。其主簿一員，專管簿書、檢法外，別無分治事務。欲乞減罷主簿，添差丞一員，通管寺事。令一員兼主簿職事，一員兼本寺給納。」從之。

徽宗建中靖國元年四月十二日，戶部言：「發運司乞，真、揚、楚、泗州排岸司今後依資次，定差准備人管押綱運。若稱病患，所屬官司看驗得實，即一面別差人權押。其病患之人，令隨元合得綱分將治，候痊安日，即行交割管押。所貴今後不敢推免，杜絕弊倖。本部今相度，欲依所申事理施行。」從之。

崇寧五年二月四日，詔：「京西都水磨務監門小使臣一員，係創置去處。（今）〔令〕本轄官司相度，將職事撥併，如不闕事，可以減罷者罷，其係增添到員數者並罷〔六〕。」

大觀四年六月二十四日，詔：「委官於富國倉接字廒取到小麥樣共十四貼，參比六月七日拱聖第四旨揮已請出小麥色額，大段不同。蓋是合干人失於預行（攪伴）〔攪拌〕，並不持平支遣，理當懲戒。司農寺官各特降一官。」

政和五年八月十四日，臣僚言：「切見諸倉米麥一十

〔一〕峽：原作「陜」，據本書食貨五三之一三改。
〔二〕三十二：本書食貨五三之一三作「九十二」。
〔三〕月：原脱，據本書食貨五三之一三補。
〔四〕工：原作「二」，據《長編》卷四〇八改。
〔五〕除：原脱，據《長編》卷四一七改。
〔六〕「者並罷」三字原脱，據本書職官二一之六同詔之文補。

八界，合差正官三十六員。今止有一十三員，而二十三員率皆權攝。去年每倉又添差監官一員，到今一十七倉，正官止有三員，餘皆權攝官，17 盡是得替待次之人緣干請而得，爲時暫（切）〔竊〕禄之計，其於職事，必不盡心。若自今即除正官，使人人盡心竭力以本職，則事可舉而弊可去矣。」詔：「米麥監官令司農寺長貳疾速奏舉。内監倉官九處，令吏部速行差注。」

六年閏正月二十二日，權發遣兩浙路轉運副使應安道言：「本路浙西諸州除杭州、鎮江府已有專排岸兼管船場公事外，有常、秀、湖州、平江府，自來只是兵官兼管。切緣今來奉行直達法之初，每年不下起發斛斗三十二綱，唯藉排岸官專一管幹。津遣綱運，并整葺舟船，應副裝發御前物色至多，若令兵官兼管，委是不得專一。欲乞逐州各專置排岸一員，兼管船場公事。仍從本司於文武臣内踏逐奏辟。」從之。

宣和七年十二月二十一日，詔：「擷芳、擷景園所並罷歸龍德太一宫專治所。擷景東園官吏人物並罷，地歸京城；西園撥屬京城所，地賜鄭紳。瓊林、宜春苑並罷，並依元豐官制歸所屬。」

欽宗靖康元年二月六日，詔：「比年以來，京城拘收拆毁居民屋室甚衆，至今無所安居。應苑囿宫觀有可廢與民者，三省、樞密院速條具以聞。」

高宗建炎三年四月十三日，詔：「罷司農寺，内本寺掌行諸倉支納、諸路起到上供糧斛、諸草場交納税草，行下所屬倉界、草場，交納支遣事物，撥隸倉部。」

紹興三年十二月九日，詔復置司農寺丞二員。户部條畫，下禮部鑄造司農寺丞印，仍乞以「某 18 寺丞之印」六字爲文。一、行移文字於本部用申狀，於所轄場務用貼。一、所轄庫務如點撿得有違慢事件，申本部施行。一、請給人從，依大理、宗正丞則例支破。内親事官招置一名。一、逐季取索所管庫務帳曆，驅磨有無侵欺失陷文狀，保明申部。一、每丞下招置手分二名、貼書一名行遣文字，請給並依宗正寺人吏支破。一、南北省倉、草料、和糴場隸司農寺。詔並從之。

同日，詔：「司農寺丞每月將諸倉見在斛斗，約度色額高下，品定合支自宰執已下至厢軍諸色人等月糧口食，定樣供呈，行下糧料院。并應辦禁中月俸、節季粳米，及申乞支給折麥錢數。倉場給納、和糴場收糴，並行親詣檢掣點檢，及檢察稽滯違法糧斛、草料。綱運入門⿵門首〔一〕，隨事報寺丞，催督排岸司日下看步拘轄卸納，撿察搜空，覆驗濕潤，估剥虧欠。」

四年五月二十六日，詔司農寺卿、少各特復置一員。

七月二十七日，詔：「復置司農寺。倉部昨併到司農寺所行支納糧斛、草料等事務，并撥到手分等，並依舊歸本

〔一〕⿵門首：按字書不見此字，疑是「門首」合爲一字，宋人常言「門首」，意即門前。

寺掌行祇應。其餘應干合行事件，令本寺遵依舊制施行。」

七年七月二十五日，尚書省勘會：「司農寺舊額，職級、手分共一十八人，至頭名滿三年出官。緣即今裁減，止一十人，比舊少八人。若依舊額人數年限出職，顯屬僥倖。」詔出職年限令敕令所重別看詳，申尚書省。敕令所看詳：「本寺舊額依政和五年二月六日指[19]揮，主管官滿三年無遺闕，通入仕及二十五年，補承信郎。昨因復置本寺，見今人吏止有一十一人，不及原額之數。今來胥長雖已依舊年限出職，理留添展年限。今欲將司農寺人吏遷補至胥長滿五年，無遺闕，通入仕及二十五年，與補承信郎。候將來事務依舊，敷足吏額日，與依舊年限出職。」從之。

十年十月，詔司農寺復置主簿一員。

二十三年六月五日，詔：「江東西、湖南北、淮南路諸州軍，今後起發米斛綱運至下卸處[一]，差募文武官校副尉并未出官選人及不應差出官，依見行酬賞指揮上各與三分内減一分[二]。」先是，諸路依節次所降指揮，押人已有等第推賞。内除兩浙已是適中，餘路分舊立賞典稍優，故有是命。

十八日，詔：「應倉庫交卸綱運折欠，並即時具名色數目，申解所屬。見得有侵盜貿易之弊，即送大理寺，推治其過誤損失，並押下元起綱處，依法施行。」先是，止送排岸司監繫，故有是命。

二十六年十二月十九日，詔司農寺胥長一名，胥史二名，並依舊。胥佐六人減一人，貼司六人減二人，私名二人並減罷。以裁定百司吏額也[三]。

孝宗隆興元年八月三日，司農寺狀：「依指揮，條具併省吏額。見管胥長一名，胥吏二人，胥佐五人，貼司四人。今減貼司一人，將年老胥佐焦通開落，却令以次人依條試補。」詔見在人且令依舊制，將〔來〕遇闕，更不遷補。

二十三日，詔司農寺併省主簿[20]一員。見任人許終滿今任[四]，已差下人依省罷法。從右諫議大夫王大寶等議也。

二年閏十一月二十七日，詔司農寺丞、簿今後並依舊制。

乾道三年二月十三日，詔：「今後糧綱有欠，並從司農寺一面斷遣監納。如情犯深重，事須推勘，送大理寺。及押綱有官之人，照應祖宗條法，送大理寺推勘施行。」

三月八日，司農少卿莫濟言：「行在省倉上中下界見管(擅)〔椿〕積支遺米一百三十餘萬石，廒屋並各盈滿，見有兩浙、江東起發綱運及收糴米斛，別無廒眼盛貯。竊見近降指揮罷太醫局，契勘上件屋宇，緣與省倉中界相鄰，兼通

[一]「斛綱」二字原作「料無」，據本書食貨四四之四、又四八之三及《補編》頁五七七改。
[二]上：原作「止」，據本書食貨四四之四改。
[三]吏：原作「使」，據本書職官一八之二九、又二〇之一四改。
[四]許：原作「計」，據文意、參同類文字用語改。

河步，欲望撥〔副〕〔付〕司農寺安頓米斛。」從之。

八年八月二十二日，詔：「司農寺日下差㪷子五十人，并合用斛斗，於今月二十三日絶早赴豐儲倉，伺候差官前去盤量。」

淳熙七年正月二十二日，司農寺言：「本寺吏額一十八名，今止一十一名，内胥長一名，胥吏二名，胥佐五名，貼司三名。乞於本寺見管貼司内陞二名權胥佐，退下名闕許差人承權。」從之。

淳熙九年七月十九日，詔差右司員外郎王公衮提領豐儲倉樁管米。既而八月三日，公衮條具合行事件：「一、事干財賦，難以就用左右司印記，乞下文思院鑄銅印一顆，以『〔題〕〔提〕領豐儲倉所印』七字爲文。一、本所樁管米散〔左〕〔在〕諸倉，乞抽摘盤量的實數目，令監官認數，别廒封樁鎖閉。提領官不時點檢，非奉朝廷指揮，不許支撥。21別置赤曆，提領官結押，不許衮同司農寺收支經常米數一曆收係。一、外州軍起到樁管米及糴到米，合從司農寺差官盤量交收訖，據納到數目報本所樁管。一、諸倉有樁管米處，其監官、監門官等遇考任滿，所屬批書外，亦合於本所批書有無少欠。一、委官盤量米斛，本所别無所轄官屬，欲於諸倉監官内差委，隔倉盤量。所有盤量脚費，於諸倉見管百陌錢内支破。一、臨安府諸門并長安閘，遇有州軍起發綱運米〔解〕〔斛〕，合具的實米數色額、押人姓名，前來關報。一、本所行遣人吏，欲於六曹、寺監等處踏逐指差職級一人、主管文字一人、貼司一人。於兩浙轉運司差撥能書算手分一人，專一攢筭驅磨。並與理爲在司在職月日，仍各依元差來〔元〕〔去〕處名次遷補，解發出官。候事畢日，發遣元來去處。每日添破食錢并行遣紙札等，並依提領封樁庫已得指揮施行。」並從之。

慶元四年十月三日，新權發遣泰州陳希點言：「竊惟中外無事，爲國慮者，當有從容暇豫之謀，不當徇目前迫切之計。臣昨負丞農寺，竊見一歲合用斛斗，其數不少。除兩浙七州、江東四州歲運米外，其餘全仰兩浙糴降本錢，收糴軍人回糴及客人中糴米斛，以爲歲計。當淳熙初元，州郡歲額錢共計一百六十八萬緡，是時年豐米〔錢〕〔賤〕，楮〔弊〕〔幣〕方重，錢無他用，故不聞有迫蹙之患。自淳熙末年集議減免，以寬州郡，降爲一百五十三萬。慶22元初年，復減衢州之額爲一百五十一萬〔一〕，其間又有虚額無錢及收〔糶〕〔糴〕馬料等數，其實〔糶〕〔糴〕米止一百四十萬餘緡。使歲得中熟，州郡無欠，猶可支吾。近年以來，乃日有不足之慮，諸倉約支不能兼月，官吏惶惶，每懼乏興。至於借撥樁積，以救期限，使窮匱闕乏之聲日聞于朝廷，是豈中外無事之時所宜有哉？臣嘗迹其故，致此者，州郡發錢，雖號錢會中半，而温、處、台三郡水運不通，盡用楮〔弊〕〔幣〕，通

〔一〕衢州：疑當作「諸州」，此處不應單言衢州，且此一州之額亦不可能至一百五十一萬緡。

計諸郡三分中僅得一分見錢。而見錢出門有禁，所糴客米並用官會支發。年來(弊)〔幣〕輕，折閱已甚。浙西出米之地，僅得六百二三十文。商旅以此(細)〔紐〕筭，暗增米價，是一百萬緡僅得八十萬緡之用。自紹熙二年户部歲於農寺借撥十萬緡，前後通借已七十萬緡。自慶元改元，每歲又撥二萬四千緡充趙開府供給，共計七萬二千緡。雖公家之財皆爲公家之用，然指定之數不可復削。今乞劄下户部，應農寺錢物除糴米外，今後歲借錢十萬緡，并請給錢二萬四千緡，並不(計)〔許〕借撥。諸州每歲發錢有欠及分數者，乞至歲終做户部申明朝廷議罰，使州郡畧知警畏，以救失陷之弊，庶幾國計稍可支吾，官吏得以任責。」從之。

嘉定八年正月二十五日，詔：「司農、太府寺承受使臣，只從各寺踏逐，户部給帖，放行請受，不理資任。」（以上《永樂大典》卷一三七三九）

提點倉草場所

23 在汴陽坊，以閤門祇候以上二人充。大中祥符中，嘗別置都大〔提〕舉官二員，以朝官、諸司使充。九年省。

真宗咸平五年二月，詔提點倉草場官於本轄修倉指揮内，差十人隨行指使〔一〕。

景德四年五月，詔：「在京頭子錢庫令提點司兼管，以勾押官充專知，不須別差三司軍大將。」

大中祥符四年五月，詔提點倉場，如諸倉場送到公事罪人，值夜權寄禁府司，次日送三司。

六年三月二日，詔：「提點倉場所每年候東河起運一齊，立粳米兩 24 界，依例具合立倉分名額，乞差京朝官使臣二人、專副二人。專知官即從省司下衙司定差，副知令開封府依例差遣。隨從監官分頭受納，直至守給支遣漏底。」

十六日，詔提點倉場所：「若綱運到岸，諸倉驗斛㪷濕惡，即時監鏁綱官、梢工攤曬乾，比元樣受納。若有少欠欺弊，即委本所勘罪科斷。」

五月，詔：「倉草場監官押宿，如的疾患不任事，即預具公文，報提點所勘會，下次監官押宿。如違，科違制之罪。若輪當押宿官，遇起居日，權免朝參。須平明方得開門，所在粉壁曉示。」

八月六日，詔：「諸倉斛㪷，每月委三司取樣，定三等給糧。每出納之時，不得令㪷子家人、經紀百姓入倉貼量，並須兩平量，率不得虧損官私。仍令提點使臣覺察，抽拔點檢。如敢減剋，送三司治罪。常令入倉按視，須飽敖收貯；支給者須逐敖漏底，不得接便多開敖眼。如點檢見有畸零斛㪷占敖妨卸，即送三司追勘情罪。諸色人不得於倉

〔一〕指使：原作「指揮使」。按宋制，達到一定級別的高級文武臣許差軍吏隨侍，稱爲「隨行指使」。如《范文正公奏議》卷下云「臣有隨行指使右班殿直王貴」，是也。據刪「揮」字。

内糴市軍糧，許人糾告酬獎。仰三司、殿前馬步軍司曉示，不得於倉内賣籌，科違制之罪。」

十八日，詔：「京諸倉占㪷子一人，草場差剩員一人，於提點所祗候取索文字，催驅司勾當，不得差承局節級。」

十二月，詔：「太府寺給㪷四百〔一〕，付提點倉場官火印後，付諸倉附帳收管，監官置曆收貯。每支納，旋給㪷子，事畢後收。」

七年五月，詔：「監倉朝臣、使臣，自起納守支漏底日，委提點官具有無功過 25 報三司。及奏，方得發遣歸審官、三班院。」

七月，詔京常平倉令提點官依諸倉例鈐轄。

八月，詔：「京草場令監場使臣每日部領專副往還巡覷，仍於監門置曆書押，每五日一赴提點官通僉押。」

八年正月，以西上閤門使夏守贇都大提點倉草場〔二〕。先是，守贇以崇儀使與閤門祗候劉承渥、李居中同提點倉場，至是遷秩，故命差降之。仍令承渥等每公事謄申守贇〔三〕，不得連簽。

十一月，詔：「在京倉草場，如宣旨并三司使取索都管見在數目，即得實封供報；自餘官員及提轄使臣取索，不得供報。如違，當行極斷。」

九年六月，以西上閤門使夏守贇都大提舉諸司庫務。罷都大提點在京倉草場官，止命使臣二員提點。

天禧元年七月，詔：「今後倉草場支遣官物漏底，先具月日申三司，於沿河諸倉未當支給界分監官内權差一員，及於京東下卸司抽差兵級，計會監門使臣子細搜檢。如有隱藏未支官物，即具數目申報，劾本界監、專、所由之罪。若搜檢得別無隱藏官物，即具保明申報。如搜檢鹵莽，亦當初罪。」先是，左天廐舍既申漏底，而主吏潛匿官物，分而有之。尋捕得區斷，三司乞賜條約，故有是命。

仁宗天聖六年五月，審刑院、大理寺言：「權三司使范雍等言：『勘會近日諸界監官兩夜或四夜一次本倉場押宿，至日多稱不安，乞請宿假，逐旋施行訖。今來專副倣傚，亦多不宿。其監官無故不 26 宿，自有違制之罪。其專副不宿，未有正條。切緣倉場所管物浩瀚，全（籍）〔藉〕監專押宿。切慮今後專副轉更頑慢，無故不宿，乞下法司，降下合斷刑名條貫。』寺司衆官參詳，欲乞今後諸倉場專副不赴守宿，亦依諸司庫務專副不宿，於違制杖一百上定斷。」從之。

七年三月，三司言：「提點倉場所狀：『所管倉場庫務去處少〔四〕，日有給納糧草、錢穀、官物，萬數浩瀚。及四河卸納綱船（乞）〔訖〕日，將領手分行遣，自早至暮，分頭往來

〔一〕府：原作「守」，據本書職官二七之二一改。

〔二〕贇：原作「鬵」，據《長編》卷八四改。都大提點倉草場：《長編》作「都大提舉草場」。

〔三〕謄：原作「騰」，據《長編》卷八四改。

〔四〕少：似當作「不少」。

點檢，催驅發遣，方免住滯，全（籍）〔藉〕慣熟得力手分行遣。本司勾押官年滿，元準條貫遞遷歸省外，所有守闕後行自來承例，只於排岸司船般諸倉額定人内抽取，或招收百姓充填闕額。兼抽取却上件額内，曹司逐處又須致重別招填名闕，各是生疎人，二年内方始稍諳行遣。本所元額後行五人，欲乞依三糧料院例，於本司守仕人數内，令逐手分委保在司年深、諳會行遣、無過犯者各一名，給帖收充正名貼司。如有後行名闕，即於其中揀試，充填闕額祗應，今後更不於外處抽差者。』省司欲依本所擘畫，據額定後行人數，每人收補貼司一（帖）名。候有後行名闕，依省司體例，揀試書筭公事。」從之。

嘉祐八年八月十二日，倉場所言：「乞下三司等處，將雜犯合配本城人配填裝卸指揮闕額人數。」詔三司、開封府并京東、京西、陝西、河東、河北、淮南轉運司，將轄下雜犯合配本城罪人配填在京裝 27 卸指揮，才候數足即止。

九月，詔：「自今提點倉草場臣寮每月詣倉點檢，令依樣潔浄。如稍違，監官及提點臣寮坐罪。諸軍班妄有退嫌，不時請領，及於倉場喧争，管押人從軍法。」從權御史中丞王疇之奏也。疇奏：「殿前左右番長行等請糧，以米與進樣不同，乃不肯請。自餘班直見此，亦皆散去。至翌日蒙詔，三司支訖，而朝廷兩不窮問。臣以謂宜爲將來之防，使倉場戒懼，軍衆齊一，以全威愛而銷驕慢，不可蓋掩而已。」乃有是詔。

英宗治平元年八月十七日，三司言：「提點倉場薛仲孺等隔驀界分，支諸班直月糧，有違條制。」詔罷仲孺等，以提舉河北便糴李希逸代之。

神宗熙寧三年三月，三司言：「都大提點倉場所言：『準條，諸司庫務、坊監、場院、倉場、園苑如無杖印去處，即申解赴省及合屬管轄去處。内倉草場、四排岸司、蔡河上下等申送本所。緣元不係管（處轄）〔轄處〕，逐處排岸司各自有杖印，欲乞令直屬省庭。本所自來凡有公事，過在東排司寄禁一節事理〔一〕，具合仍舊。所乞差撥兵士功役，申取省司指揮施行。』欲依所請。」從之。

八年三月五日，詔：「今後在京倉場所官任滿并成考，合該批書印紙曆子，只委提點倉場所一面勘會，依條式批書。」（以上《永樂大典》卷一〇九四〇）

四排岸司〔二〕

【宋會要】

28 東司在廣濟坊，掌汴河東運江淮等路綱船輸納，及糧運至京師，分定諸倉交卸。領廣濟裝卸役卒五指揮，以備卸綱牽駕。以京朝官二人勾當。西司在順城坊，領汴河上鏁，以京朝官一人勾當，裝卸指揮五伯二人。南司在建

〔一〕此句文意不明，疑有誤。
〔二〕原無此題，據正文內容補。

寧坊，領惠民河、蔡河，以京朝官一人勾當，廣濟兩指揮一千人爲額。北司在崇慶坊，建隆三年置，領廣濟河，以京朝官一人勾當。廣濟一十五指揮，元額七千五百人，並在曹、鄆、濟等州并廣濟軍住營。每年春初，準催綱司差配，上綱執役。

真宗景德四年五月，詔京東排岸司：「自今糧綱到京下卸，若梢工少欠應禁勘者，即時點檢逐船家事，交管在岸。如該替者，差人對曆交數，仍具牒報泗州排岸。」

仁宗皇祐四年七月，詔排岸司兵士日支三十文，其罷五日特支。

神宗熙寧三年三月，詔：「今後四排岸司直屬三司管轄，更不申送公事赴提點倉場所。」從三司所奏也。事具「提點倉場所」門。

七月十三日，三司言：「乞係奏舉勾當東西排岸司監官任滿得替，並與家便差遣。」詔：「東岸與先次指射家便差遣，西岸與先次家便差遣，舊與堂除例更不施行。其東岸右職滿，舉合入親民大使臣充，依文臣例酬奬。」

四年八月四日，三司言：「欲將京北排(案)〔岸〕司權令京西排岸司就便 29 兼行管勾，所貴主轄得雜般舟船，催驅卸納綱(稍)〔梢〕[一]，不敢住滯。」從之。

五年五月二十五日，權三司度支副使沈起言：「在京三排岸司，内京南、京西事務甚簡，只差文臣一員勾當。唯東排岸司歲管糧綱、般上供斛㪷四百萬石，及雜般綱運，比之兩司，最爲煩要。自來舉差文武官各一員，緣河勾當諸般公事，常輪一員出入。近兼委斷押糧綱軍大將、殿侍等杖罪以下公事，則日有推鞫禁繫，須藉曉文法之人。乞今後京東排岸司所差武臣奏舉文臣一員同共勾當。」從之。

九年四月十三日，中書門下言：「廣濟河催遣輦運張士澄申，準朝旨，令依舊行運。乞復置京北排岸司官一員管勾。」從之，仍令本司(奉)〔奏〕舉。

高宗建炎二年八月二日，詔：「揚州排岸司人吏，非所轄官司等輒行追呼，杖一百。沿流在京排岸司依此。」以司農卿黄鍔言：「車駕駐蹕揚州，諸路起發赴行在下卸綱運不少，全藉排岸司官吏協力幹辦。訪聞他司及權勢之家，以差船打河道爲名，妄亂追呼監繫，致敗闕一司職事。乞立定斷罪刑名。」故也。

紹興三年十一月五日，詔：「臨安府排岸司添文官一員，手分一名。其闕從朝廷差人。綱運少欠，本府撥散從官監追。所有本司見管軍兵内，有諸處占礙，並仰日下拘收招填。事干禁勘，只就本府刑獄施行。」以知府梁汝嘉請專置行在排岸司故也。

四年九月二十二日，詔：「今後綱運如作弊供申，虛冒 30 不實，用情盜糶博易，以他物或入水拌和損濕，及納外少欠糴填，限外有礙所立分釐，令排岸司並將犯人并押綱申

[一] 納：原脱，據本書職官二六之七補。

解大理寺根究，依法施行。如綱運所給日限未滿，未合申解大理寺間，若有事干刑禁，或杖罪以下，並依紹興三年已降指揮，就臨安府施行。」從本司請也。本司言：「昨在京日，諸路納到糧斛綱運少欠填納，所欠一分五釐以下，並批發往元裝發州軍拆會補發。如少欠一分五釐以上，即排岸司依直達條法，限十日監填納。如限滿填納所欠尚礙分釐，申解大理寺，根究致欠情弊，依本寺專法及海行條法斷罪。」故有是命。

七年八月二十二日，詔：「行在建康府置文臣排岸司監官一員，以行在排岸司爲名，依本府排岸司請給，從行在勘給，二年爲任。仍許招置手分二人，依行在省倉手分請給推行倉法。」從户部侍郎梁汝嘉之請也。

八年七月二十四日，詔：「行在排岸司比附在京日，添置前行一名書押文字，依條遷補。其請給依本司手分，每月添錢三貫文，米貳㪷五勝。仍招置貼司二名，依南北倉攢司請給。遇職級手分有闕，次第試補。」從監官右承務郎陳鼎之請也。

二十九年七月八日，詔：「行在排岸司見監繫米綱管押人并綱梢等，見欠十石以下人，日下蠲放。三十石以下，令司農寺各責保知在，出外填納。」

孝宗乾道六年三月五日，臣寮言：「行在排岸司有管下卸兵士一 31 百七十餘人，專以諸倉卸納綱運爲名。應綱運並係諸倉脚子自行卸納，所謂下卸兵士，（正）〔止〕是借使諸處。每遇諸倉支遣，即來攙籌争斛，乘勢作弊。欲乞盡行廢罷。」詔令步軍司拘收，充填厢軍使唤。如内有老疾不堪之人，仰從本司開具姓名，申尚書省。

淳熙四年正月一日，詔排岸司官依舊堂除。詳見「侍左」。

十四年三月二十五日，詔排岸司減軍斗一十五人，廣濟兵士五人。以司農少卿吴（焕）〔燠〕議減冗食，下敕令所裁定，故有是命。

寧宗開禧三年七月四日，臣僚言：「獄者人命所繫，不可以私置也。今農寺之排岸司，亦有獄焉。大率皆諸州縣之欠綱運而不納者，亦有所欠甚微而禁至數月者。且州縣之獄，飲食、季點、慮囚、濯盪、醫藥各有其法。今排岸司無獄之規法，而有獄之桎梏。況尋丈之地，而聚百人之衆，春夏之交，人氣薰蒸，必有死於非命者矣。乞嚴禁，不得擅置私獄。凡有綱欠至多，將合干人照條施行，仍下元州縣補發。其少欠者，與責保立限監納；如更抵頑，則寄禁於赤縣，照條懲戒。或更擅置私獄，仰農寺常切覺察以聞，將排岸官吏重寘典憲。」從之。（以上《永樂大典》卷一一一四）

下卸司〔一〕

【宋會要】

32 下卸司，領裝卸五指揮，以供其役。京朝官一員監，

〔一〕原無此題，徑補。

或倉界守給官兼管勾。

神宗熙寧三年十二月六日，詔：「諸倉㪷子三百九十人，並正身祗候，逐月更不赴提舉所探差，只委下卸司依名次差撥。既免虚占人數，住滯綱運，兼支破食錢各得均濟。如倉分輒敢虚闕斛㪷數目，多索㪷子，即委下卸司點檢申舉。」

九年十二月二十六日，詔：「自來逐年糧綱起運，每五日一次，具卸納到汴河糧斛數目申奏，至住運日住奏，自今廢罷之。」（以上《永樂大典》卷一一一一五）

都麯院

33 都麯院在敦義坊，掌造粗細二等麯，給内酒坊及出鬻收直。以京朝官、諸司使、副使或内侍二人充。

太宗至道三年三月，詔：「麯院每㪷麥收麯六斤四兩正數，如有出剩，亦須收附。」

七月，詔：「左右軍酒户，如户下小博士脚店欠酒錢，許麯院催理，仍舊于諸厢寄留。」

真宗咸平元年五月，詔：「開封、祥符兩縣去京五十里外村坊道店酒務，並令依舊各隨縣分界至管屬，不得一例停閉。其郭橋道（士）〔市〕鎮酒務勾當人等，更敢放賣交引，許人户于京城五十里内醞酒開沽，侵佔麯院課利，其勾當人等並科違制之罪。」

四年十月，詔麯院踏麯部役員僚〔一〕，依舊例不給食錢。

景德元年三月，詔：「每年踏麯，委麯院預奏，別差高品一員，與監官先將麥十石踏造貯充樣，候踏麯之時比驗。如不緊寔，專副人匠決停，監官抵罪。每踏麯時，於逐敖置牌，書踏造年月，新舊別貯。差皇城親事官二人把門。其賣麯官、監官兩秤平賣，不得虧損官私。如受情欠出官麯，許人陳告嚴斷。若賒秤者，至年終具酒户姓名若干、價錢若干，夾細帳申三司紐定。每旬收歷、每日申三司狀、每月秤麯帳或付麯院。」

八月，詔：「麯院自今據賒秤麯價會勘，須將家業抵當，三五户連保，與限本年内賒。次年春麯，須舊錢足，方秤新麯。每年炒焦作專差三司軍將一人監，以給到木札與監官同點檢，書料供燒。須匀赤色，不得以生麥拌和，以致麯不堪醞釀。如柴數有剩，收充迴數，無得侵欺。仍令三司、本判官至時巡覷，如見弛慢，勘逐施行。應閉敖庫，須監官躬親，如不躬親，許人陳告。秤賣麯須依公均配整碎。每請麯，先分推〔二〕，以牌子抽探，以次支寔，不得虧壓斤兩。仍于排岸司差雜職一人，公吏小可罪犯，量情決罰。」

三年四月，詔：「麯院兑敖屋四十間，充每年貯麥倉。別差監官二人，掌納才畢，交與本院管係。」

〔一〕踏麯：原倒，據下文諸條乙。
〔二〕推：似當作「堆」。

四年六月，詔：「踏造麯樣，委監官看字呈三司，令使、副、34判官看字麯上，給收充樣。」

八月，詔定磨焦麥料例、功限、功錢，令麯院永爲定制。凡磨小麥四萬石，用驢六百頭，步磨三十盤，每料磨五百碩。四更動磨，未時磨絶。役兵士四百二十八人，十二日畢。磨麥四萬碩，收麪三百二十二萬七千三百九十二斤，踏麯九十一萬六千六百三十五斤半。又傭雇百姓匠三人充作頭，二十三人充拌和板頭，脱蘸炒焦，六人充踏匠。每年踏内酒坊法糯麯七萬四千三百四十二片，計用小麥二千一百六十五碩，磨十盤，三十一作，收麪十四萬三百四十八斤。合須鍛磨匠于八作司抽差。

大中祥符元年九月，詔：「麯院踏麯乾日，奏差内臣一人赴院秤取千斤，別庫收掌，制撲寔收出剩之數〔一〕。」

三年七月，詔：「麯院每年給(蘭)〔藺〕蓆百領充鋪襯，不得于酒户借擂攪〔二〕。」

天聖七年五月，提舉諸司庫務言：「點檢麯院每年造細麯，使麥四萬碩。本院不盡收麯數入官，止以二百五十萬斤爲額。逐年雖收出剩，又數目不等。尋下本院監官監轄秤量，變磨麥三碩，收到麩麪，酌中取收少數比附，顯見大有虧失麯額。今欲別差官，與麯院監官依當司擘畫事理，同共監権，收變麯額。」從之。

十二月，提舉司言：「欲將麯院見使麯模樣造大小薄厚一等三百三枚，用火印記號，以三枚分送三司、提舉司，付本院收掌充樣外，三百枚赴作供使。候造麯時，先取麥三碩，依例令人匠對官炒變踏造。各以一碩送三司、提舉司，留本院收附。如此立定程式，至麯成日，即見得都大寔收斤重萬數，不致走縮侵欺，易爲點檢。」從之。

神宗熙寧四年六月四日，詳定編修敕令式所言：「删定官周直孺狀：『竊見在京麯院自來酒户沽賣不常，難及祖額，累經更張，未究利害。推究其原，在于麯數過多〔三〕，酒數亦因而多。多則價賤，價賤則人户折其利。爲今之法，宜減其數，增其價，使酒有限而必售，則人無耗折之苦，而官額不虧矣。請以一百八十萬斤爲定額，遇閏年則添踏十五萬斤。舊價每斤一百六十八文，請增作二百文省。舊法以八十五爲陌，請並紐計省錢，便于出入。舊額二百二十二萬斤，約計錢三十七萬貫〔四〕。今額一百八十萬斤，計錢三十六萬貫。三年一閏，十五萬斤計三萬貫文，又減小麥萬餘碩及人功，並不虧元額錢數。況免賒麯酒户納少官錢，借賃契書及公私費用，不過每斤添支十文，令用麯無餘，官物無積。況國初麯價二百文，八十五陌，太平興國六年始減五十。』并具到酒户情願事件。今本所看詳直孺所

〔一〕制撲：按此詞又見《長編》卷四九四、《國朝諸臣奏議》卷九一顔復奏，本書職官二七之四六又作「制樸」，其意大致爲規劃、計劃、制訂之類。

〔二〕「借」字之前或後當脱一字。

〔三〕數：原作「院」，據本書職官二六之七改。

〔四〕約：原作「納」，據《長編》卷二二四改。

請，後更立合行條例以聞。」詔付麯院，並依所定施行。（以上《永樂大典》卷一六六六九）

宋會要輯稿　職官二七

太府寺

【宋會要】

[1] 太府寺，掌供祠祭香幣、帨巾、神位席〔一〕、造斗秤升尺。以常參官一員判寺，別置同判寺或同勾當官一員領斗秤務〔二〕。監官二人，以三班或内侍充。《兩朝國史志》：太府寺判寺事一人，以兩制或帶職朝官充；同判寺一人，以京朝官充。凡財貨廩藏貿易、四方貢賦、百官俸秩，今皆隸三司，本寺但掌供祠祭香幣、帨巾、神位席及造斗秤升尺而已。府史三人，驅使官一人，後行二人，監斗秤務官二人，以三班使臣充。法物都知二人。卿一人，秩從四品；少卿一人，秩正六品；丞三人，秩正八品；主簿一人，秩從八品。設案有七，第一、第二案掌批給官員請受文曆、宗室孤遺錢米，及諸司局所請給，四糧審院隸焉。第三、第四案掌支買三省、樞密院、六部等處所須錢物，雜買務、雜賣場、編估局、打套局、交引庫、祗候庫隸焉。第五、第六案掌拘催左（臧）〔藏〕庫交納浙東等處起發入臨安府門綱運錢物，逐路押綱官酬賞，左藏東、西庫隸焉。藥案掌催促點檢雜買務、收買藥材所、和劑局修和湯藥，應副諸局給賣，和劑局、雜買務、藥材所隸焉。又有監交案，掌隨逐丞、簿赴左藏庫監交看驗綱運錢物。吏額：胥長一人，胥史二人，胥佐一十七人，貼司四人，書狀司一人。

太宗至道元年二月，詔太府寺：「凡給諸色秤量，並須監[2]官次第精緻較定，明勒都料專監姓名。或有輕重失中不合法，則其本寺官員并使臣等並劾以聞，當重寘朝典。」

真宗大中祥符二年五月，三司請下太府寺造一斤及五斤秤，以便市肆所用。從之。

六年十月，詔太府寺：「今祠祭合用香，並於内侍省請付行禮官。」

十二月，詔：「祠祭合用香，令太府寺主之。前一月具數牒翰林院，差内侍一人，與監修官修合。仍勾本寺手分一人，封印送寺，封掌供用。」

是月，又詔太府寺給㪷四百，付提點倉場官火印後，付諸倉。

《神宗正史・職官志》：太府寺卿，從四品；少卿，正六品，各一人。丞，正八品；主簿，從八品，各二人。掌財貨給納、貿易之事。凡貨賄輸京都者，至則別而受之。供君之用及待邊費，則歸於内藏；供國之用及待經費，則歸

〔一〕神：原作「祠」，據《宋史》卷一六五《職官志》五改。

〔二〕同勾當：原作「同管勾當」。按宋差遣有「同勾當」、「同管勾」，此處衍一字。王珪《華陽集》卷五八《王懿敏公素墓誌銘》有「同勾當太府寺斗秤務」，今據刪「管」字。

於左藏。應禄賜皆按法給曆，令以曆從有司檢察，書其名數，鈎覆而後給焉。供奉之物，則承旨以進，審奏得畫，乃聽除之。若頒畿内軍衣，則前期定日，遣將校部其營兵請跋，月具支費之數以聞。凡商賈之賦，小賈即門征之，大賈則輸於務。貨有不售，則平其價鬻於平準，乘時賖貸，以濟民用。若質取於官，則給用多寡，各從其抵。歲則以香、茶、鹽鈔募人入豆穀於邊州。即京都用物有闕，預報度支。凡課入，以盈虧定殿最，行賞罰。大祀，晨祼則卿置幣，奠玉則入陳玉帛。太府舊領祠祭香幣、帨巾、位席、造㪷秤升尺而已，及官名正職事[一]。

《哲宗正史3·職官志》云：所隸官司二十有四，内汴河上下鏁、蔡河上下鏁分四局。又有交引庫，掌給印出納交引錢鈔之事。受財賦之入，則歸左藏、内藏庫。左藏庫受財賦之入，以待邦國之經費，供官吏、軍兵廩禄、賜予。内藏庫掌受歲計之餘積，以待邦國非常之用。金玉、良貨賄，則歸奉宸庫。掌供奉内庭，凡金玉、珠寶[二]、良貨賄藏焉。御在賜予[三]，則歸祗候庫。掌受錢帛、器皿、衣服，以備傳詔頒給及殿庭賜予。蕃貢、市舶香藥、寶石，則歸香藥庫。諸道所輸布，則歸布庫。掌受諸道輸納之布，辨其名器[四]，以待給用。江、湖、淮、浙、建、劍茶，則歸茶庫。以給翰林諸司及賞賚、出鬻。雜輸之物，則歸雜物庫。攷其名數，以給禄賜，則歸糧料院。掌以法式頒廩禄[五]，凡文武百官、諸司、諸軍俸料，以券準給。復以法式鈎磨，則歸專句司。掌審其給受之數，以法式鈎磨。商賈之賦，則歸都商税務。掌京城商旅之算，以輸于左藏。船筏之征，則歸汴、蔡河鏁。時其貴賤，以平百貨，則歸市易上界。掌斂市之不售、貨之滯於民用者，乘時貿易，以平百物之價。飛錢給券，以通邊糴，則歸市易下界。聽民質取，以濟緩急，則歸抵當所。散其積滯，以藥拯病，則歸熟藥所。民居官(盧)〔廬〕，裁其僦直，則歸店宅務。掌官屋及邸店計直出僦及修造繕完之事[六]。因衆所利，資其不給，則歸石炭場。免民行役，官自和市，則歸雜買務。掌和市百物，凡宫禁[七]、官府所須，以待供納。斥其餘幣，以利公私，則歸雜賣場。掌受内外幣餘之物，計直以待出貨，或準折支用。凡官吏籍帳及出納刑賞之事，皆隸焉。

治平四年神宗即位未改元。正月十七日，三司言，乞内藏庫錢三十萬緡助山陵支費。從之。

二月，三司言，乞4銀三十萬兩，準備支賜。(今)〔令〕内藏庫除依嘉祐八年所支銀外，更支與銀五萬兩。

九月，三司言：「左右廂店宅務見管席屋子合盡拆去，今後更不令修蓋。乞令街道司常切覺察兩廂店宅務，今後

[一]此句疑有誤，似當作「及官制行，始正職事」。
[二]「珠」字原脱，據《宋史》卷一六五《職官志》五補。
[三]「在」字疑誤，似當作「旨」。
[四]名器：《宋史》卷一六五《職官志》五作「名物」。
[五]掌：原作「宰」，據《宋史》卷一六五《職官志》五改。
[六]邸：原作「抵」，據《宋史》卷一六五《職官志》五改。
[七]宫：原作「官」，據《宋史》卷一六五《職官志》五改。

不得將街坊白地出賃，及復令人搭蓋席棚屋子，妨礙車馬過往。如稍違犯，申乞根勘。」從之。

神宗熙寧元年二月，三司言：「祗候庫近遺失官物，官吏劾罪。緣本庫每日支出物色，赴軍頭司、閤門等處，準備對御取索支賜，全藉監官得力。乞減罷內臣一員，從提舉司、三司輪舉京朝官、使臣，及令入內內侍省選差曾經庫務勾當內臣各一員。其監門透漏，亦乞下三班院差人衝替。」從之。

七月十三日，提舉在京諸司庫務王珪等言：「左藏庫自來匹帛與金銀錢等分庫，各有專副人員等。惟是監官四員通管，日輪一員在金銀錢帛庫支納。既更互不定〔一〕，則容公人等乘間生弊。乞將南、北兩庫添差文資一員，各令監管〔二〕。內南庫文資一，使臣二，北庫文資、使臣各一。其新添官仍乞下三司、提舉司輪舉。其請給、酬獎，並依本庫舊例施行。自今年十月立界，所（遺）〔貴〕逐庫各得監官專一管勾，息絕欺弊。監門即仍通管。」詔減一小使臣，添文資朝臣，餘並從之。

十月十三日，詔諸路轉運司，自今三司支移上供錢幣，並以聞。以上批：「諸路歲輸內藏庫錢帛常不足，咎在三司暗移用，而轉運司不敢違。雖已旨揮，以慶曆中上供 5 爲永額，可更嚴約束。」故也。

十六日，入內內侍省言：「奉宸庫珠子已鑽串結裹，都一十五等樣，計二千三百四十三萬六千五百六十九顆。」詔入內內侍省：「候有因便勾當內臣，附帶與河北沿邊安撫都監王臨，就彼估價，分擘與四榷場出賣，或折博銀。其錢、銀別封樁，準備買馬。」

十二月十三日，詔：「內香藥庫監官、專、副得替，收到出剩，更不理爲勞績。但界內別無欠少，及損惡官物，帳籍憑由齊整，末帳入省〔三〕，監官與先次指射合入差遣。若有諸色人偷侵官物，及點檢不得整齊，或帳籍憑由積滯，並差人交替，候官物、帳籍齊足，監官方得與住程差遣〔四〕，專、副別與勾當。其監門使臣兩次搜獲偷盜官物，與家便差遣；三次以上，與先次家便差遣。如兩次透漏官物，估價不及十千，差人衝替。若出入官物不晝時抄上，及差互透漏估價十千以上，不以度數，並根勘以聞，與降等遠地差遣。如又係兩次透漏者〔五〕，候歸班日，委三班院將衝替與降等遠地差遣比較〔六〕，從一重差使。」

二年正月十九日，上宣諭曰：「近見內藏庫帳，文具而已，其財物出入，全無關防。先支龍腦珠子付榷貨務出賣，經數年不納價錢，亦無拘收。嘗聞太宗朝，內藏財貨每千

〔一〕互：原作「至」，據本書食貨五一之二五改。
〔二〕管：原作「官」，據本書食貨五一之二五改。
〔三〕末：原作「未」，據本書食貨五二之六改。
〔四〕住：原作「注監」，據本書食貨五二之六刪改。
〔五〕如又：原作「又如」，據本書食貨五二之六乙。
〔六〕遠地：原作「地遠」，據本書食貨五二之六乙。

計，用一牙錢記之。每物所用錢異其色，他人莫曉也。貯於匣中，置之御閣，以參驗文帳中數。晚年，嘗出其錢以示真宗曰：『善保此足矣。』今守藏内臣皆不曉帳籍關防之 6 法，當擇人領之。」即命勾當御藥院李舜舉代其不職者。

三月十一日，上曰：「近閲内藏庫奏，外州有遺牙前一人專納金七錢者。」因言牙前傷農，令制置三司條例司講求利害立法。

九月三日，詔：「令在京榷貨務封樁折斛錢内借支與在京府界縣分等收糴斛㪷，據糴到數，充來年淮南發運司上供年額。所借過錢，即令發運司却據錢數收買金銀絹帛，送還本務，以免歲計般輦不足也。」

六日，制置三司條例司言：「乞令江淮等路發運司於六路諸雜上供錢内截留三二百萬貫，令糴買上供之物。其借過内藏庫錢，及變轉過合係内藏庫年額物帛，却令發運司認數，逐旋送納。」從之。

二十六日，上批：「内庫近年諸路所納金銀甚耗減，蓋歲無入額，故三司得以時有移易。今若以諸路歲上供内庫金銀撥赴三司，朝廷酌一中數，令三司歲認送納，内庫封樁，如此爲便。」其後復詔依舊悉輸内藏庫，仍歲具一帳申三司拘催内庫錢帛案。

二十七日，詔三司旨揮，諸路金銀數並納左藏庫。逐年支金三百兩，銀五十萬兩，赴内藏庫，永爲年額。

十月一日，詔江淮發運司：「今後應截留内藏庫物移用，即時具數，關牒本庫照會。」

是月，詔：「江南等路提點銀銅坑冶司所轄金銀場冶收到金銀課利〔一〕，今後並依久例，盡數入内藏庫，委所屬州軍至次年春季起發，赴庫交納。及仰提點坑冶司每年據場冶申到所 7 收金銀細數，攢寫爲一帳，申三司拘催内藏庫錢帛案。其拘催案據帳照勘訖，翻録下内藏庫置籍抄上〔二〕，候年終納絶勾銷訖，具狀以聞。及申拘催案，如過期綱運未至，即申舉催促。其他路分場冶不係江南等路提點坑冶司所轄者，即仰本路提點刑獄司準此施行。」

三年三月十四日，詔併在京甆器、藥蜜兩庫入雜物庫，留藥蜜庫官一員管勾，雜物庫官別與合入差遣。

十月二十五日，三司言：「近乞舉榷貨務監官文臣兩員，使臣一員。奉詔舉小使臣一員，緣舊條舉大使臣勾當。」詔今後於大、小使臣内通選奏舉。

四年正月十二日，出榷貨務錢五十萬貫，助糴陝西軍糧。復以京東支與河北封樁紬絹三十萬疋、錢十萬貫還榷貨務。

五月四日，同勾當開封府司録司檢校庫吳安持言〔三〕：「本庫檢校小兒財物〔四〕，月給錢，歲給衣，逮及長成，或至

〔一〕銅：原脱，據本書食貨五一之六補。
〔二〕内藏庫置籍：原作「内庫庫薄」，據本書食貨五一之六改補。
〔三〕「開封府」原脱，「持」原作「特」，據《長編》卷二二三補改。
〔四〕小兒：本書職官二七之六三同，《長編》卷二二三作「孤幼」。

罄竭，非朝廷愛民本意。乞將見寄金銀、見錢依常平等倉例，召人先入抵當，請領出息，以給元檢校人户。」詔千貫已下並如所請施行。

六月，詔：「尚衣庫官物等併入内衣物庫，仍改内衣物庫爲尚衣庫。更據本庫所管御衣、駕頭、扇筤，并應管諸般官物，立便般赴内衣物庫。」

十一月十一日，權發遣開封府推官晁端彦言：「雜供庫支費浩大，歲約九千餘貫〔一〕，已裁減三分之一。乞下左藏庫借錢爲本，依古公廨錢及今檢校庫召人借錢出息，却候償剩撥還。」詔左藏庫支錢 8 七萬貫爲本。

十二月十一日，詔太府寺所管神幣歸太常寺，斗秤歸文思院。

五年二月十七日，三司奏：「準詔，與内藏庫議，自今撥鹽税錢及歲別出錢六十萬，赴左藏庫給用。」從之。

同日，内藏庫言：「勘會饒、池、江、建等州遞年額鑄錢一百五萬貫，并額外增剩錢，久來並係内藏庫送納。每年支撥年退錢六十萬貫，并三年一次支南郊錢一百萬貫，赴三司支用，顯見往復。欲乞下三司，今後年額鑄錢一百五萬貫内，支撥一十一萬六千六百六十六貫六百六十七文，并饒、池、江、建州錢監鑄到額外剩錢，並赴本庫送納外，餘錢并令左藏庫受納，更不令本庫逐年退錢六十萬貫，并每次南郊撥賞錢一百萬貫與三司。仍乞減放兵士、庫、搯子〔二〕、節級共二十人歸左藏庫〔三〕，每日只輪差庫、搯子三人赴庫祗應。如遇諸處支納錢，實據合使人數，逐旋於左藏庫計會勾喚。」從之。

四月三日，抵當所言：「在京人户係屬司録司，乞令司録司同共管勾，催促本所錢。」從之。

七月五日，詔：「併榷貨務入市易務，將市易務作上界，以榷貨務作下界，仍以東西務爲名。所有公人，即將榷貨務舊額并市易務新添人户量行均定。」從提舉市易務所請也。

二十三日，詔給武學錢萬貫，送檢校庫出息，以供公用。九年七月〔四〕，武學請收還本錢，遂罷。

十一月二十七日，詔給國子監錢二萬貫，送檢校庫出息，以供公用。

六年四月二十四日，詔 9 給律學錢萬貫，送檢校庫出息，以供公用。並從其請也。

十二月十八日，都水監言：乞將本監錢一萬五千貫，送抵當所出息供用。從之。

二十六日，軍器監言：乞將本監錢一萬九千餘貫依武學例，送府司出息供用。從之。

二十七日，詔：「市易司市利錢量留支用外，十萬貫並

〔一〕歲：原脱，據《長編》卷二三二補。
〔二〕搯：《長編》卷二三〇作「掐」。
〔三〕二十人：《長編》卷二三〇作「三十人」。
〔四〕九年：原作「五年」，據本卷後文職官二七之六五改。

送抵當所出息，準備支充吏禄。其抵當所令都提舉市易統轄，罷勾當曹官一員，却置勾當公事二員專切檢校。」

七年正月(七)〔十九〕日〔一〕，知大名府韓絳言：「本路安撫司累歲封樁紬絹，或致陳腐，乞下轉運司，用新紬絹或錢銀對易，或依市易法，令民入抵出息。其餘經略、安撫司封樁物，亦乞依此。」從之。

七月十八日，上批：「惠州阜民錢監，治平四年置，所鑄錢係内藏庫歲額〔二〕，止自前年以内藏庫歲額移撥與轉運司買銅。今既有羨餘，宜復歸内藏庫。」

十月二十六日，三司使章惇乞借内藏庫錢五百萬緡，令市易司選能幹之人，分往四路，入中算請鹽引，及乘賤計置糴買。詔借二百萬緡。

十一月十一日，詔：「諸河鏁監官年滿無違闕〔三〕，使臣陞一季名次，選人免試，家便差遣。若課利增過祖額一分，使臣仍減一年磨勘，選人先次指射差遣；過二分者，使臣仍減二年磨勘，選人循一資。其有虧欠者，依諸州課利場務法。」

十七日，詔：「諸河鏁監官並舉三班使臣及選人，不限資序，已替在任人充。如無可舉人，即關所屬，準此選差有舉主。」

10 十二月八日，内藏庫乞令三司分二年償借過買鈔錢帛三百萬，從之。

八年二月十四日，三司言：「前勾當在京雜賣場王頤乞廢罷本場，及將内香藥西庫併歸雜賣場。看詳内香藥西庫難以併罷外，緣近準朝旨，三司與市易務上界相通物貨，上界已遷過永豐倉，廒屋倍多，可以盛貯。凡賣官物，皆合撥入本務。兩界諸處閑雜物色專有編估官員，其合充官用者，自今可令諸處請撥；合充折支者，亦合依茶、布之類，各就本庫務請領。豈須更般赴雜賣場，然後支給？既置編估官，即今後無復更似日前廣有積滯物色〔四〕，其雜賣場委實可以廢罷。」從之。

二十四日，詔布庫自常樂坊移置閶闔門外順城坊。五月，省司契勘：「京東路淮陽軍、徐州每年起發布共七萬疋上京，除三千匹充軍裝外，有六萬七千匹充折府界諸縣上三等人户體量和買草。兼勘會近準朝旨，白馬、管城、韋城、(昨)〔胙〕城、新鄭五縣隸府界，其添買草數所用布帛數多，布庫自來將已前積留布數相添支使。今來本庫别無準備布數，年額數目支用不足。乞行計度省司，(今)〔令〕將熙寧六年分支折過布數約度，每年除舊數外，更令要布五萬匹，相添支俵人户。欲乞下京東東、西路轉運司，分認所轄下出産布帛州軍科買，每年依數起發上京，應副支用。」

〔一〕十九日：原作「七日」，據本書食貨三七之一八、《補編》頁八八一及《長編》卷二四九改。
〔二〕係：原無，據《長編》卷二五四補。
〔三〕監：原作「鹽」，據文意改。下條即作「監」。
〔四〕即今：原注「原本缺」，據本書食貨五四之一八補。

從之。

二十五日，都提舉市易司言：「乞借奉宸庫象牙、犀角、真珠，直總二十萬緡，於榷 11 場交易。至明年終償見錢。」從之。

三月六日，詔茶界復爲茶庫。

六月一日，内藏庫言：「楚、濠州運絹三千匹，實本庫歲納之數，三司迺令寄納於左藏庫。乞詔三司遵守條制，毋下諸庫寄納〔一〕。」上批：「係内庫路分上供錢帛〔二〕，三司毋得別作名目移寄，致虧年額。」

九月十九日，内藏庫言：「池、江州錢監自熙寧六年增鑄錢額，多借給諸司，歲輸不及額。乞不許諸司借支，逐州預具所鑄數關報。」從之。

二十六日，詔：「司農寺歲支坊場錢二十萬緡〔三〕，都提舉市易司歲支息錢二十萬緡，償内藏庫。」以内藏庫具元年以來諸司直借錢物以聞故也。

十月十八日，三司請自今廣南東路除留買銅、鉛、錫上供内藏庫錢外，更於所鑄錢内發折二錢十萬緡赴内藏庫。從之。

二十三日，復置雜賣場。初，三司請廢雜賣場，中書户房以爲不便，下三司，而三司議與前異，乃復置。詔三司官上簿〔四〕。

中書請出錢二百萬緡〔五〕，散在江、淮等七路，遇穀賤糴充年計外，遇價貴，亦許量減價糶〔六〕。從之。

十年正月二十二日，專勾司言：「乞下殿前、馬、步軍司管轄諸庫内，踏逐抽差軍曹司一十人，分番赴司，相兼行遣抄寫文字。」詔令專勾司踏逐抽差軍曹司六人，給與本營紙筆錢。

三月八日，詔：「自來布庫每日將鐵牌請鑰，及本庫收鑰，却將鐵牌於垂拱殿前窗子内進。今後依在外諸庫務例，只令本庫官收掌〔七〕，更不於鑰匙庫請納。」京師在外庫務鏁鑰，並 12 監官監門收掌，惟布庫相承於大内鑰匙庫請納。至是編修内諸司勑文所以爲請而罷之。

元豐元年四月二十四日，三司言：「（大）〔太〕醫局熟藥所熙寧九年六月開局，至十年六月收息錢二萬五千餘緡，計倍息。」詔監官光禄寺丞程公孫、殿直朱道濟減磨勘三年，依條給賞。自今二年一比較。

二年六月九日，權發遣三司使李承之等言：「文武官、

〔一〕庫：原作「軍」，據《長編》卷二六五改。
〔二〕分：原無，據《長編》卷二六五補。
〔三〕二十萬：《長編》卷二六八作「三十萬」。
〔四〕官：原作「宫」，據《長編》卷二六九改。
〔五〕按，此條原稿與上條相連，但究其内容，與上條實不相干，《長編》卷二六九亦作爲另一條收録。又此條所述平糴事亦非太府寺職掌，《會要》原文當無此條。蓋因《長編》二條相接，《大典》編者不察，誤據《長編》補入。姑予分條保留。
〔六〕糶：原作「糴」，據《長編》卷二六九改。
〔七〕「務例只令本庫」六字原脱，據本書食貨五二之三四補。

諸司人請受及外縣諸軍衣賜賞給，先經專審司，直批勘於糧料院。（令）〔今〕欲並令先赴糧料院批勘，次送專審司驅磨。」從之。合馬、步軍兩院爲一，置兩專審司，分領百官、諸軍請受。

七月二十一日，詔：「在京開封府界見封樁闕額諸軍請受，可並送內藏庫別封樁。」

十二月二十三日，詔：「諸路應發坊場錢百萬緡，令司農寺分定逐路年額，立限於內藏庫寄納。」

三年三月二十四日，都大提舉（道）〔導〕洛通汴司宋用臣言：「近泗州置場，堆垛商貨，本司船承攬般載，將欲至京。乞以通津水門外順成倉爲堆垛場。」從之。是歲五月二十二日，詔改都大提舉導洛通汴〔司〕爲汴河堤岸司。

四年四月十九日，詔茶場司條令中書別立抵當法。先是，特旨令市易司罷除請官錢，令民用金帛抵當，公私便之，故欲推廣其法也。

八月七日，後苑房廊所言〔一〕：「取蔡河南房廊屋并舊左騏驥院地修蓋〔二〕，寄囤蔡河賈人穀及堆垛六路百貨。」從之。

十五日，都大提舉汴河堤岸宋用臣言：「本13司沿汴及京城所房廊地，並召人僦，納官課，紙、紅花、麻、布、酵行皆隸本所，爲堆垛場。（令）〔今〕馮景拘攔賣紙及送紙行班文昌於開封府，侵奪課額。欲乞據本司以立逐行外，餘令馮景拘攔，所貴課額各辦。」詔：八月已前，已賃堤岸司及京城所房屋堆垛物在地者，更不起遣。餘毋得妄拘攔〔三〕，搔擾行市。

五年（五）〔正〕月二十九日〔四〕，都提舉市易司賈青言：「市易既革去結保賒請之弊，專以平準物價及金銀之類抵當，誠爲良法。乞推抵當法，行之畿縣。」從之。

七月二十三日，詔諸門（今）〔令〕商稅院統轄。

二十八日，詔：「進呈衣樣，舊屬左藏庫，自今歸（大）〔太〕府寺。」

十月二十六日，詔給內藏庫錢百萬緡，與熙河路；尚書户部右曹錢百萬緡，與鄜延路。及令吳雍發陝西諸司及封樁錢三百萬緡，分與環慶、涇原、秦鳳三路，計置糧草。

十一月十五日，新知湖州聞丘孝直言：「伏見在京置四抵當所，（計）〔許〕以金帛質當見錢，月息一分。欲望推行於諸路州縣。其無市易官處，就委場務官兼監，以歲終得息多寡爲賞格。」

六年正月十九日，太府寺〔言〕：「抵當之法，纔行於畿邑，外邑殊未施行。今欲乞許將諸路常平司市易賒借錢及寬剩錢，五路各借十萬緡，餘路各借五萬緡，充抵當本錢。」從之。

〔一〕廊：原作「廓」，據本書食貨一七之二六改。
〔二〕「南」原作「房」，「左」原作「在」，據《長編》卷三一五改。
〔三〕妄：原作「委」，據《長編》卷三一五改。
〔四〕正月：原作「五月」，據《長編》卷三二二改。

九月十九日，詔：「應輸內藏庫金銀錢帛〔一〕，如出違本年，或轉移他用，論如擅支封樁錢法。」

十月三日，詔：「自今幹當內藏庫內臣大使臣，非朝廷差命，不許 14 奏辟差遣〔二〕。」

十一月十六日，開封府言：「據司録司抵當免行所言〔三〕，熙寧十年始立年額，其賞罰條約依三萬緡以上場務法。自元豐元年至五年併增，當立新額。」户部詳度，欲酌中用元豐二年三萬九千七百緡爲新額。從之。

七年正月十九日，詔奉宸庫選玉造磬。從協律郎榮咨道請也。

四月十二日，户部乞改市易下界依舊爲榷貨務，其上界爲市易務。從之。

二十二日，詔給鄜延路功賞，左藏庫絹六萬，元豐庫四萬。

六月九日，詔：「河東、鄜延、環慶路各發户馬二千匹。河東路可就給本路，鄜延路以永興軍等路，環慶路以秦鳳等路。其少數即以開封府界户馬。如尚少，內鄜延路仍以京西路坊郭户馬。所發馬官買者給元價，私買者三等：上三十千，中二十五千，下二十千。以解鹽司賣鹽錢、阜財監應副市易錢先借支。開封府界以左藏庫錢，餘以本路錢。專管勾官，開封府界委范峋，河東范純粹，秦鳳等路李察，永興軍等路葉康直。其買過户馬限三年。」

八月二十四日，詔：「諸路提舉常平司存留一半見錢，以二分爲市易、抵當。」

八年七月二日，詔：「諸鎮寨市易、抵當並罷，仍立法。」

哲宗元(佑)〔祐〕二年三月六日，詔：「商税院、左藏南北庫，中書省差官；糧料院、諸司諸軍專計司、左右廂店宅務、香藥庫、北抵當所，舊隸三司舉官，其令户部奏辟。著爲令。」

三年四月二日，詔：「倉部審覆理欠憑由案，及印發 15 鈔引事，歸比部、太府寺。」

五月十六日，詔太府寺置長貳，餘寺監長貳互置。

六月二十四日，詔：「在京都商税院，以天聖年所收歲課爲額〔四〕。」元祐初，户部用五年併增法立新額，至是言者論之，而有是詔。

十一月四日，三省言：「在京堂除差遣，累有增改，而吏部闕少官多。今裁定，左藏庫、商税院中書省差。」

五年五月二十八日，户部言：「乞太府長貳每月各分巡轄下庫務一兩處，點檢簿曆官物，具有無舉發改正事件申省〔五〕，即不得豫定時日。所點檢事却有姦弊發露者，點

〔一〕金銀：原作「金錢」，據《長編》卷三三九改。
〔二〕許：原脱，據《長編》卷三四〇補。
〔三〕司録司：原脱下「司」字，據《長編》卷三四一補。
〔四〕歲：原作「藏」，據《長編》卷四一二改。
〔五〕發：原作「法」，據《長編》卷四四二改。

檢官本部奏劾。」詔左藏南北庫、榷貨務、商税院依此。

九月二日，户部言：「請令大宗正司具合請生日支賜宗室及宗室女職位名稱，并係所生月日及合給支賜條例，關(大)〔太〕府寺。」從之。

二十五日，户部言：「勘會請給，糧料院、審計司只得拖曆批勘，餘並聽太府寺旨揮。仍令本寺指定，依某年月日條式〔一〕，合支名目則例、月分、姓名、貫伯石斗錢米數〔二〕，下所屬糧審院勘驗批放。如係無法式，或雖有法式而事理疑惑，不能決者，即申度支取決。不得泛言依條施行，逐處亦不得承受。已上違者徒二年，仍不以赦降原減。」從之。

六年九月十二日，詔：「自元祐六年，每歲於内藏庫支緡錢五十萬，或以紬絹金銀相度支兑，赴元豐庫樁管，補助沿邊軍須等支費。」

紹聖元年閏四月十二日，三省言京師疾疫，詔太醫局熟藥所即其家診視，給散16湯藥。

五月十五日，門下、中書後省言：「左藏南北庫、元豐庫係元祐後來收入中書省差人，欲復歸吏部差注。」詔左藏南北庫、元豐〔庫〕仍舊中書省差人。

七月二十七日，侍御史來之邵、監察御史劉拯等乞復免行錢法。章惇等奏曰：「行人多詣尚書省陳狀，願出錢免行，則民間固便之。願下開封府問行人之欲復者。」上曰：「須從民便，不願免行者勿彊也。」又曰：「如寬剩錢，亦何須取之？朝廷安待此以佐用邪！」詔差開封府司録參軍陳厚取問行人，願納錢免行，即具舊條措置聞奏，不得抑勒；及收寬剩毋過一分。

十二月二十二日，户部言開封府措置到免行錢。從之，仍自明年正月一日爲始。

二年八月二十七日，詔：「今後指射諸司庫務吏人，雖有特旨，不許指射糧勾院名闕。」

三年四月十七日，户部尚書蔡京言：「香藥庫等處應出賣之物甚多，久賣不售。請給公據，募商人沿邊入中糧草，赴户部等請。」從之。

元符元年二月五日，户部言：「左右厢店宅務監官賞罰，乞著爲令。」從之。

三月九日，户部言：「乞令吏部選差熟藥所監官一員。」從之。

七月九日，詔增置太府丞一員。

二年二月二日，户部言：「河北東路提舉常平司奏，乞將本路諸州管下外鎮並依元豐舊法，興置抵當。」從之。

元符三年徽宗即位未改元。五月十七日，太府少卿賈種民言：「乞將户部右曹、太府寺市易案並改爲平準案，所有市易務名，亦合17依案名改爲平準。」從之。詳見「市易上下界」、「都提舉市易司」。

〔一〕式：原作「試」，據《長編》卷四四八改。

〔二〕米：原脱，據本書食貨五一之三六補。

崇寧元年八月二十七日，太府少卿鄭僅言：「竊見朝廷歲用金不少，每下諸路和買，不免搔擾。欲乞應内外抵當庫出限不贖金，更不估賣，並赴元豐庫送納，以備朝廷支用。所有抵當本錢如有闕少，却於内外户部右曹所隸封樁錢内應副。候金稍有餘，即依舊估賣。」從之。

十月六日，户部員外郎周彦質言：「熟藥所買諸色生藥，今相度，乞從本所計度合要逐州軍所買藥，申本部，下逐處樁留上供錢收買，計置上京交納訖，却於本所錢内撥還。仍委提舉司常切催促。其逐州軍遞年所收買熟藥，若計置本州土産藥材附押前來，合本州計定元買價直，并所費錢數，具狀解發到所，依數支還熟藥前去。」從之。

二年三月三日，監榷貨務錢升等言：「創添新法茶鹽文字，竊慮只用見使印一顆，别有相妨，轉見留滯。今相度，欲乞下合屬去處，添鑄印一顆，以『榷貨務茶鹽記』六字爲名。」從之。

五月九日，吏部尚書何執中言：「太醫熟藥所，其惠甚大，當（摧）〔推〕之天下凡有市易務置處。外局以監官兼領。」從之。

十四日，詔尚衣局合併尚衣庫入祗候庫，見任官併入祗候庫。是歲正月七日，詔置六尚局，以尚衣庫所主事分釐爲尚衣局，故有是詔。

十二月二日，講（義）〔議〕司言：「解池未壞以前，官給解鹽鈔，募客人入納糧草，還以鈔鹽。今解鹽未復，其鈔尚循舊法，給解鹽文[18]鈔，客人齎赴京。解池既無解鹽支還，并河北文鈔賣與在京交引，鋪户乘時邀利，賤價收買，致緣邊入納艱阻，客人虧折財本，浸壞鈔法，合行措置。乞依熙寧、元豐置買鈔所，别以他物折博。乞於榷貨務置買鈔所，差榷貨務監官二員，别選差使臣或選人三員，同共專一管勾，换易客人文鈔。應客人賫到鈔，並以末鹽鈔并東北一分鹽鈔及度牒、官告、雜物等支换。其合要吏人、手分、庫子等，令榷貨物那移差撥。」從之。

三年五月七日，中書、尚書省言：「榷貨務買鈔所自崇寧二年十二月四日奉行新法後來，至今年四月十九日終，客人鋪户投下到陝西、河北文鈔，换易過東南末鹽等，共計錢五百一萬一千三百八十三貫四百一十五文。」詔監官並轉一官，内選人循兩資。

四年六月二十三日，（摧）〔榷〕貨務買鈔所言：「奉旨：交子並依舊法路分兼諸路通行，其在京及京畿行用等旨揮，更不施行。錢引依此印造。諸路用錢引，四川依舊施行。其已行交子，漸次以錢引兑换。官吏等併歸買鈔所，共爲一局，合用『榷貨務買鈔所』朱記。所有舊交子務銅朱記一面，乞下少府監毁棄。所有『在京提舉交子官印』鑄印一十面，今合改作『提舉錢引之印』六字爲文。『在京交子務交子記』八字銅朱記一十面，今改作『榷貨務買鈔所錢引記』九字爲文。乞下本監改鑄降下。」從之。

十二月十九日，詔：「左藏庫支收官物浩瀚，非[19]諸庫務可比，其專典專禄廩差厚〔一〕。從初置吏，緣職役稍重，故優立遞遷、出職酬賞。近日人吏等避見給納繁重，寅緣求屬，帶行本庫諸般請給，及理爲在司月日并滿界終遞遷，出職酬奬，却於營造處添給食錢、犒設、恩澤等，充代小分軍司輕簡職役，巧避繁難。可速降旨揮，（恩）〔應〕在京納給官司，有係額内重禄專典秤掐庫給，見權抽差在諸處占使，未經落籍者，限旨揮到，直行勾欄歸本庫務。如官司輒敢占恡，不即發遣，及今後更有抽取，並仰御史臺彈奏以聞。」

五年二月四日，詔罷炭場，添置受納軟炭小使臣，雜買物置交易官〔二〕。

同日，詔：「監都茶庫選人一員，監外香藥庫門小使臣一員，南抵當所賣木炭小使臣一員，係創置去處〔三〕。令本轄官司相度，將職事撥併。如不闕事，可以減罷者罷〔四〕，其係增添到員數者並罷〔五〕。」

同日，詔：「在京增添抵當四所，見係八所，依舊併作四抵當所，官吏罷。」

同日，詔：「諸路抵當所，可令提刑司相度，户口繁庶、職事多處即存留。餘令監當官兼管勾，仍具狀聞奏。」

大觀二年七月九日，臣僚言：「竊見榷貨務筭鈔，以其職事所當爲者較計積累，以爲功勞，一歲之内，率當五六遷，人皆指目，謂之僥倖，誠不可以久行。宜參酌裁爲定制，須其任滿，考校功實，量加遷陟，庶合中道。」詔（令）〔今〕後賜束帛或降勑書奬諭。

三年三月十九日，詔：「諸路會府依舊復置熟藥所，仍差抵當庫監官兼管。20 藥材有闕，即（開）〔關〕和劑局修合應副。」

四年六月三十日，江南東路提舉常平司奏：「抵當庫出限不贖銀等，承朝旨，依抵當金法，更不估賣，赴大觀庫送納。緣檢揀起發金銀等更不分別高下色額，竊慮因此致官吏等別有抵换。乞告賞立法禁約。」户部看詳：「今後所起發及團併處，當職官吏躬親封押，即當聲説係幾分金若干，銀當具述山澤或雜白之類各若干，匹帛即言州土、長闊丈尺斤重，如此頗有關防。欲下京畿諸路提舉常平司依此。」詔依户部所申。

政和元年二月三日，詔：「朝奉大夫苗仲淑管勾在京賣鈔場，就榷貨務置局。承議郎張仲英管勾永興軍賣鈔場〔六〕。各以三年爲任，不許辭避。如任滿推行有方，別無遺闕，即依榷貨務元豐舊條推賞。見任人別有差遣。」

〔一〕下「專」字疑衍。

〔二〕物：疑當作「務」。

〔三〕去：原作「本」，據本書職官二一之六改。

〔四〕上「罷」字原作「罪」，據本書職官二一之六改。

〔五〕並：原脱，據本書職官二一之六補。

〔六〕張仲英：似當作「張仲英」。本書食貨五五之四六政和六年有提舉陝西平貨張仲英，疑即此人。

三月一日，詔：「諸路抵當出限不贖金銀、珠子并有匹綾羅紬絹〔一〕，令起發赴大觀西庫送納。其元當本錢，却於本路諸司封樁錢内撥還。」

五月二日，詔四川羨餘錢物，依舊歸左藏庫。

十一月二十日，内藏庫言：「近年以來，錢寶數少，欲乞除河北、川路匹帛并進奉絹依舊起發外，其餘路分州軍合起年額紬絹，自政和二年爲始，權行折變見錢起發，赴庫樁管，專一應奉取索。」從之。

二年七月八日，詔：「今後和劑局歲用藥材，並先於在京官庫據見在數取撥。如無及不足，即前一年春季計度一歲所用之數，招誘客人，以出産堪[21]好材料，令興販前來申賣〔二〕。至年終買不足，即據所闕數，令户部下出産處，以封樁錢和買。限當年冬季以前附綱起發，到大觀庫送納，聽本局據合用數取撥。」

二十三日，太僕寺丞李孝昌言：「竊見抵當所所當金銀，自來只是約秤分兩，珠子亦不暇細數；謂如當銀五十兩只作四十八九兩之類。出限入官，赴他庫送納，亦只以當時近重數爲定〔三〕，更不收係出剩之數。却慮因緣偷盜，欲乞今後抵當所出限金銀、珠子，並仰當官重別點檢，秤盤分兩數目。其珠子仍分大小色額，收上文曆，方得赴他處送納。庶得關防，不致偷盜。」從之。

三年二月十六日，户部尚書劉炳言：「左藏庫歲用羅數多，兩浙路係出羅路分，乞令本路將合發夏税細數計價〔四〕，比折堪好羅帛，依上供條限起發，即無增虧。」從之。

七月十五日，陝西運判陳建言：「竊見利州路文、龍二州係緣邊州郡，所管外鎮寨不少，相去州縣三、二百里，各有民居寨户及商旅往還。并他州縣有外鎮，相去州縣地遠。設遇有疾病之人，本處無醫藥，往往損失者衆。乞應州縣外鎮寨有置官處，並許於本州縣取買熟藥出賣。」從之。

四年四月十一日，尚書省言：「兩修合藥所，五出賣藥所，蓋本《周官》醫官，救萬民之疾苦。今只以都城東壁、西壁、南壁、北壁并商税院東出賣熟藥所名之，甚非元創局惠民之意。矧今局事不隸太醫所，欲乞更兩修合藥所曰醫藥和劑局，五出[22]賣藥所曰醫藥惠民局。」從之。

五年正月二十三日，詔：「内藏庫每歲起諸路坊場錢一百萬貫文送納，不如期到庫。可差左司郎官一員，專一催促勾銷，月具揭貼進呈，仍自今來爲始。」

六年，户部言：「舊左藏庫分南北兩庫，今來依圖樣修建新庫，係是面南，東西修蓋兩庫。仍乞候了畢，以東西庫爲名。」從之。

閏正月二十六日，户部言：「京邑之大，生齒繁衆，薪

〔一〕有匹：似當作「布匹」。
〔二〕申賣：似當作「中賣」。
〔三〕近重：似當作「斤重」。
〔四〕細數：似當作「紐數」。

炭之用，民所甚急。朝廷置場出賣，本以抑兼併而惠平民。然畿内與京西北路歲入之數，以折計之者纔七十萬〔一〕，嚴冬祈寒，有足慮者。令淮南與京東路提舉常平司歲用上供錢各售十五萬，以滿百萬之數。」從之。

十月十八日，開封尹王革言：「都下石炭，私場之家並無停積，竊慮下流官司阻節。欲望下提舉措置炭事所司，今後沿流官司不得阻節邀攔，及抑勒炭船，多行搔擾。許客人經尚書省陳訴。」詔依，敢有阻節，以違御筆論。

宣和二年八月十七日，詔：「比遣官點檢榷貨務，自重和元年十一月至宣和二年六月，一年之間，珠子、金銀、匹帛、錢物收支不明，及違御筆支用過見錢共踰千萬。有司覈實來上，殊駭聞聽。可特免推治，監官李適、宋經臣、錢瑗、陳次收並除名勒停，李適展三期叙，仍送千里外州軍編管。差魏伯芻監榷貨務，日下供職。」

九月十八日，左右司奏：「劄刷折鈔官物并編估局〔二〕，係管勾結絶榷貨務殘零諸色舊鈔，支筭雜物 23 套事，自宣和元年五月上旬算請五百貫，計五套，後來並無客人算請。」詔：「劄刷折鈔官物并編估局官吏並罷，并歸榷貨務管勾。差文武官各一員管勾打套新法香藥并編估折鈔。」

三年三月三日，提點内藏庫奏：「契勘諸路州軍應起發内藏錢物〔三〕，多不依條先具綱解遞報，致妨注籍拘催。若其管押人沿路或致疎虞，本庫無由檢察。乞今後諸路州軍應起發本庫錢帛寶貨，並須依條先具綱解姓名、數物〔四〕、支發月日入遞，轉報提點所并本庫照合注籍，庶可關防，革去情弊。兼恐沿路轉遞文移，或致沉墜，欲自支發綱運後，於一月内節次三具綱解供報。」從之。

十一月二十一日，臣僚言：「太府寺丞，頃在元豐止有三員，後至崇寧，因太府少卿吳黯申明，稱是添置出藥局凡有七所，非有專一往來點檢之官，恐無以幾察情弊，置專行點檢七局寺丞一員。中間朝廷嘗患冗員，徒費廪禄，遂行減罷。繼而樓异再申吳黯之請，乃復添置如初。今局廢已久，其添置之官欲望減罷，只令太府丞依倣熙、豐差官分隸點檢。」詔減罷，依元豐法。

七年四月十日，中書省、尚書省言：「京畿諸路抵當出限銀，自來逐處一面鉟銷浄銀，起發上京。後（色）〔免〕鉟銷，只令來納庫務，鉟銷浄銀樁管。如此，則抵當人户不許計囑合干人〔五〕，將有銅錫銀盡赴官中抵當，却致虧損官本，並未有約束關防。」詔令京畿并諸路常平司，（過）〔遇〕所部 24 州軍有抵當庫，官吏將〔出〕限銀對元抵當錢本，看驗

〔一〕按，「以折計之」，其意不明，「折」非重量單位，疑當作「秤」。《長編》卷四六五：元祐六年閏八月，户部言：「在京諸炭場監官，界終受納炭不及八十萬秤」。是炭以「秤」計重。古者一秤爲十五斤。

〔二〕折鈔：原作「抄折」，據下文詔語改。

〔三〕發：原作「務」，據下文改。

〔四〕數物：似當作「物數」。

〔五〕不許：似當作「不免」。

鋌銷鋌銀，依條起發。如有虧損官中本息，將元受抵當合干人除依條均陪外，並斷杖八十。今後人户□到抵當銀〔一〕，並仰子細辨認色額高下定價。（取）敢非理阻節、不令典當者，杖一百。

十九日，都省言：「講議司奏，内降臣僚劄子及杭州裏外市户吳禧等狀，乞納錢免行事。看詳州縣行户立價，定時旬價直，令在任官下行買物，蓋知物價低昂，以防虧損。貪暴之（利）〔吏〕冒法倚勢，非理掻擾，諸州公使庫尤甚。至有少欠行人物價數千緡，（緡）〔經〕隔歲月，不曾支還。如金、銀、匹帛等行，往往停閉店肆，逃竄改業。開封府自紹聖間復行元豐法，令人户納免行錢，公私便之。今相度，欲依所乞，（今）〔令〕兩浙路依杭州已降免行指揮，立爲永法。諸路州縣依此。其立定合納錢數，務要輕於當行日陪費之數，體倣開封府見行條法，立定拘催。」從之。其後講議司條畫到下項：「一、州縣行户自來多是備見官中掻擾，無錢陪備，致將鋪席停閉，致有見闕行户。今既罷供應，合候逐行人户歸業，依舊開張日，依元降指揮酌中立定。即不得先次審量，立定行户名目、出納錢數。其四方商旅、村户時暫將物色入市貨賣，許與買人從便交易，行户不得障固。如違，依彊市法科罪。一、所立免行錢，如日後復有增添户數，或有銷折錢本，改業不行開張人户，若不隨元立定錢數紐計，隨户增減，恐 25 未得均當。欲立以逐行元出錢隨户增減。如金行係十户，每户出錢一貫，十户出錢十貫，減二户，出錢八貫。若增一户，出錢九貫。若增及十一户，共出錢十一貫之類。一、州縣行户定時旬價直，蓋欲令知物價低昂，以防虧損。及折納、折變、破帳、估贓之類，自合依舊供申。其歲計抛科和買之物，合本州置場，比市價量添錢和買，亦合遵依見行條法。一、在京所收免行錢，依法許收一分寬剩錢支使。今來外路係令封樁，即合更收寬剩錢數。一、今來所納免行錢，亦合依條省常平給納法，每貫收頭子錢五文足。既未有支用窠名，合隨正錢封樁。一、今來行遣拘催免行錢，令州縣市令司户案掌行，量支食錢。候推行就緒，令提刑司隨所收錢數多寡，量行立定，申取朝廷指揮施行。一、見任官員買飲食、衣着之類，不免於本處行市收買。雖名爲不使時估，只用市價，然所買之物，或暗增斤兩，或大量丈尺，或純要上等之物。行市既係所部，不無畏懼，恐行户依前受弊。仰諸路監司、廉訪使臣常切覺察按治，如違，許人户（經）〔徑〕詣尚書省越訴，取旨重行黜責。一、諸路除帥府及監司置司所在軍州已推行外，其餘州縣，欲令提刑司一體推行。仍依元降指揮，委官同本州縣知通、令佐立定合納錢數保奏。」詔並依。内和買歲計上供等物，如以貢餘及準備爲名，數外收買者，所剩坐贓論。

五月十九日，詔：「講議司近措置免行錢更不起發上京，令逐路提點刑獄司拘收封樁，每季 26 具數申尚書省。」

〔一〕所缺字或當作「交」。

十二月二十一日，詔：「已降處分，州縣行户止令納免行錢。其見任官合買物色，令依在市實直收買，以寬民力。訪聞州縣奉行弗虔，尚用時估收買，顯見違戾。可令諸路提刑司約束，如違戾，按劾以聞，並計贓以自盜論。」

同日，詔在京官私房錢並減二分。

同日，罷都茶場，依舊歸朝廷。

欽宗靖康元年正月三日，詔：「方今軍興，應内外官司局所，除存留後苑作（紙）〔祇〕備道君皇帝外，其餘一切依熙、豐法，錢物並納左藏庫。」令三省、樞密院條具，凡一百五處皆罷之。

十八日，詔罷諸郡免行錢。

三月二十三日，内藏庫言：「本庫自太平興國三年肇建，至大中祥符四年，御製御書立銘。其貯積經費外，餘財所以募士戍邊，振乏固本，皆有成法。比年諸路歲入坑冶金銀至爲稀少。檢準熙寧二年聖旨，應江南等路提點（刑）〔銀〕銅坑冶司所收金銀課利，今後並依久例，盡數上供入本庫。其他路場冶不係坑冶司所轄者，仰本路提點刑獄司依此施行。元祐中，户部尚書李常乞留三分充轉運司支費，餘七分納内庫，以此歲入漸致虧減。本庫曩曾具奏，得旨依祖宗法。後來有司不能體置内府之意，將合納諸路金銀作新舊坑冶分擘，於（木）〔大〕觀東庫送納，因此侵漁蠹耗，及將應管金銀盡充金國犒軍使用，更無見在。僅二百年收積，一旦費竭，誠恐緩急有誤支用。欲乞復依舊例，將諸路坑冶金銀不分新 27 舊興廢，並遵祖宗舊法，赴内庫送納。」從之。

四月十四日，詔：「都城物價未平，來者尚少，入門猪、羊及應干合税物色，並權更免税一季。」

七月二十七日，詔：「今後户部、太府寺長貳當職官并本庫官吏俸錢，候在京官吏支散並足〔一〕，方得支散。」從户部尚書梅執禮之請也。

高宗建炎三年四月十三日，詔罷太府寺，撥隸金部。

紹興元年五月二十三日，詔承奉郎章億守太府寺丞〔二〕，措置印給茶鹽鈔引。

二年四月十三日，詔：「太府寺丞措置印給茶鹽鈔引，每月支破鈔紙三二百張，令交引庫以料次收買應副。」

三年六月六日，詔：「今後使臣、校、副尉等元在諸軍下使唤，遇揀退發歸部，並須申取朝廷發遣，方許出給請受文曆。令吏部於本人付身上分明批鑿係某軍揀放，不堪披帶。給曆已後，仍令諸軍不得再行收管。」先是，使臣等身在軍中，爲係已有差遣，參部不合給曆，往往告求統制、統領等官，一面出給公據，發遣參部，陳乞出給請受曆頭。給曆之後，本軍却行拘收，依舊祇應，故有是命。

十一月一日，詔添置太府（丞）〔寺〕丞一員。户部條

〔一〕吏支：原作「支吏」，據《宋史》卷一六五《職官志》五乙。
〔二〕億：原作「德」，據《宋史》卷一六五《職官志》五及《建炎要録》卷四四改。

畫：「下禮部鑄造太府寺丞印，仍乞以『太府寺丞之印』六字爲文〔一〕。一、行移文字於本部用狀申，於所轄場務用貼。一、所管庫務如點檢得有違慢事件，申本部施行。一、請給人從依本寺丞及大理寺、宗正丞則例支破。內親事官招置一名。一、逐季取索所管庫務帳曆，28審驗驅磨有無侵欺失陷文狀，保明申部。一、每丞下招置手分二名，貼書一名，行遣文字。請給並依宗正寺人吏支破。一、左藏東西庫、諸軍諸司糧審院、雜買務、祗候庫隸太府寺丞。」並從之。

十二月九日，詔太府寺復添置丞一員。

四年五月二十六日，詔太府卿、少各特復置一員〔二〕。

同日，太府寺言：「本寺舊額，副尉三人，係掌架閣什物庫，及遇有不下司密切急速取索利害文字，并監催官物。今來比舊稍簡，欲乞止差破一名，許從本寺踏逐有心力、慣熟副尉充。候差訖，申部照會。所有請給，乞依户部承受副尉見請則例支破，附曆批勘。」從之。

同日，太府寺言：「舊額，准備差使使臣五員，係吏部差小使臣充。准備差使所隸庫務闕官，逐急承權。緣今來所管庫務比舊數少，難以依舊差破。今欲乞量差一員，從本寺踏逐有心力、可以倚仗之人，以備緩急委使。與支破本寺券錢，附曆批勘。」從之。

五年三月十三日，詔太府寺「將審會吏部公文，依審覆錢法，用匣實封，赴郎官廳投下。審訖，限次日回報，實封下寺。如公據內開説不圓，本寺未得收使」。從太府少卿沈昭遠之請也。

七年六月三日，詔太府寺卿、少（廳）〔聽〕薦舉本局官充京官。先是，户部侍郎王俣言：「刑部長貳，大理卿、少，已依元豐舊法，許舉本部官充京官。所有户部長貳，司農卿、少，合依例薦舉。」詔依。至是監熟藥南所孫敞、熊叔阮各以隸屬29太府，未有薦舉明文有請，從之。

九年五月二十六日，太府少卿施坰等言〔三〕：「本寺節次申陳，承降旨揮，差置胥佐一十七人。緣所掌事務盡干出納，及勘支官中錢物，事屬永久。目今本寺見役正名胥佐止及元額一半，其餘逐急差人權管，係是交引庫併到印造鈔引帖司，并近新到寺之人，例各不曉條法，未諳行遣，試補不行。見今所役人雖窮日力，不勝其事，多是因而逃竄。今相度，欲將前項開具昨添置（併）〔并〕事故差出見（聞）〔闕〕胥佐，從本寺於無違礙官司踏逐抽差，填闕一次，支破本等請給。內填正人闕，候及一年，量試補正。填差出闕人候正人到日罷，日後有闕，依條試補。所（責）〔貴〕可以責辦，不致曠闕。」詔將事故人名闕依所乞施行。

十月五日，太府寺言：「契勘六曹寺監，依舊法許募私

〔一〕太府寺丞：原作「某寺丞」。按「某」字爲省稱，但作「某」則無六字，今改爲全稱。
〔二〕少：原無，據《宋史》卷一六五《職官志》五及《建炎要録》卷七六補。
〔三〕施坰：原作「施炯」，據《建炎要録》卷一二五改。

〔司〕〔名〕年十六已上人，選試書劄習學，不許支破請給。遇正貼司闕，差權及依條試補。伏覩六曹并司農寺等處，近各已承降旨揮，立定人數，許行召募。本寺吏額合置私名三十人，自復置後來，未曾立額召募。伏望朝廷許本寺依法司農寺等處已降旨揮，於舊額内召募私名一十人。」詔從之。

十年十一月，詔：「左宣教郎鄭昌齡除太府寺主簿，填復置闕。所有本官請給、人從、白直，並依太常寺已得指揮。」

十一年正月十日，詔交引庫書押鈔引寺丞兩員，遇合推賞，各與減磨勘二年。先是，每歲收茶鹽錢一千三百萬貫，30本庫監官及書押鈔引寺丞一員各減二年磨勘。復置太府寺，添置寺丞一員，合行分受，故有是命。

三月二十九日，詔：「太府寺丞三員既衮同分押鈔引，合一體推賞。」先是，寺丞二員已降旨揮，遇推賞，各減二年磨勘。復差右承事郎王循友一員，在旨揮之後，故有是命。

十三年五月十六日，太府少卿林大聲等言：「本寺手分内見闕四人，并差出一名闕。爲見管貼書例各新入，未諳行遣次第，並無可以試補之人，乞行拘收舊人填闕。若見在官司之人，候本寺公文到，並限日下發遣，充下名收管，不許影占。如尚不足，即于内外官司踏逐抽差，填闕一次，支破見請請給。内填差出名闕人，候正人歸寺日，發遣歸元來去處。餘人候及一年，試入正額。」詔：「除不許拘差本寺曾經作過、開落停罷及所轄庫務人外，依所乞拘收踏逐一次。仍令本寺職級、手分委保不係曾經本寺作過停罷之人，方得拘收填闕。」

十三年九月十三日，詔：「太府寺胥長依格應出職，權降一等出官。謂如承信郎降一等，補進武校尉。自餘依紹興出職條法施行。若將來本寺吏額依舊，即合照應舊法施行。」先是，尚書省據太府寺申：本寺胥長宋亮年滿，乞出職。後批：「勘會太府寺見管吏額與昔日不同，送詳定一司勑令所參酌立法。尋行取索到本寺狀，稱昨在京日，本寺吏額胥長等九十人。紹興四年間復置，本寺見管四31十一人爲額，係與昔日不同。本所契勘太府寺胥長出職年限，合補名目，《大觀寺監通用鼇正侍郎右選格》係是印本，舊法已載，不須修立外，所有今來見管吏額比舊例減半，即與昔日不同。」故有是命。

二十七年十二月十九日，詔：「太府寺胥長年滿，如無遺闕，依司農寺胥長已得旨揮出職補官；若有遺闕，即降等補進武校尉。所是入仕年限，自依本條。」從刑部請也。

二十九年十月二十六日，詔：「應罷任使臣、校副尉繳曆，不曾批書印紙，亦不將到舊曆，止有給到公據，開説在任所請給名色數目、起支住請年月日、有無侵欠、已繳舊曆拘收毀抹入官之文圓備之人，依本官所乞，召在部有姓名本等保官二員，委保實係繳納在官，即自行隱匿，詐冒不實，甘依建炎三年六月八日去失已降旨揮，批書保官印紙，照應先次給曆，繼續移文罷任州軍。如會到不曾繳納，或有侵欠不該錢物，即依見行條法。如公據内開説不圓，雖批書印紙亦有不圓，更無給到公據，即依節次已降旨揮，並候勘會到舊曆歸着，方許給曆。及有批書印紙，開説所請名件則例、起支住請年月日、有無侵欠，無拘收券曆入官之文，却有給到公據、見得券曆歸着之人，照應給曆外，所是州軍不批書印紙，從本寺行下究治。」從户部請也。

紹興三十二年十一月三十日，孝宗即位未改元。詔太府寺人吏職掌減一年出官。

孝宗隆[32]興元年正月十九日，都省勘會：「歸正官乞出料錢文曆，近來並是具狀，直經朝廷，顯屬紊煩，兼恐無以稽考。」詔令户部曉示，應給曆之人，並經户部陳理。本部日下取索真本付身照驗，詣實指定，申尚書省，行下所屬出給施行。

五月四日，都省勘會：「歸正官乞給料錢文曆，已降旨揮，並經户部陳理，日下取索付身，照驗出給。今來本部執用紹興三十一年十二月二十二日旨揮，將付身内無『首先』二字之人不行出給。」詔令户部並行出給。仍依已降旨揮，分明曉示，具狀經本部陳理施行。

七月二十六日，詔太府寺併省主簿一員，見任人許終滿今任，已差下人依省罷法。從右諫議大夫王大寶等議也。

八月三日，太府寺狀：「依旨揮，條具併省吏額。見管胥長一名，胥史二人，胥佐一十七人，正貼書四人，書狀司一名。今減胥佐二人，正貼司二人，書狀司一名。」（照）〔詔〕依，見在人且令依舊，將來遇闕，更不遷補。

二年二月三十日，太府少卿馮（万）〔方〕言：「選人罷任繳曆，不曾批書印紙，亦不將到舊曆，止有給到公據内稱説選人舊請、在任有無侵欠、其文曆已行拘收毁抹入官圓備之人，許召京朝官一員，依前項已降旨揮結罪，批書保官印紙訖，先次給曆，繼續取會罷任州軍。如報到却與原給公據異同，其保官從太府寺具因依申省部，行下大理寺，依前項旨揮斷罪施行，其出給過文曆却行改正。元給公[33]據不實，州軍當行官吏行下提刑司根究，依條施行。其不曾批書到拘收毁抹文曆之人，亦無給到公據，見得舊曆歸着，並依見行條法旨揮施行。」從之。

閏十一月二十七日，詔太府寺丞、簿今後並依舊制。

乾道三年三月一日，太府少卿魯訔言：「左藏庫逐時申解州軍發到錢物内，有侵移少欠等，乞依司農寺已降旨揮，將銜校綱梢等無官少欠之人從本寺一面斷遣，行下所屬庫分監納。如情犯深重，及押綱有官之人，照應條法，送大理寺推勘施行。」從之。

七月四日，中書門下言：「臣僚白劄子，訪聞榷貨務見在諸色物件，往往與曆數目不同，乞行差官從頭點數秤盤，據正數收入文曆。」詔差太府寺主簿馬希言。

淳熙四年七月十七日，詔臨安府於和劑局西本府醋庫地段修蓋太府寺。以舊太府寺爲封樁庫故也。

十五年六月十八日，詔敕令所官屋改充太府寺。從本寺請也。按：《續會要》元豐以後，左藏庫、内藏庫、奉宸庫、祗候庫、香藥庫、布庫、茶庫、雜物庫、糧料院、專句司、都商税務、汴河上下鏁、蔡河上下鏁、榷貨務、交引庫、抵當所、和劑局、惠民局、石炭場、雜買務、雜賣場、諸司庫務併入此門〔二〕。（以上《永樂大典》卷一三七三二）

都商税院

34 都商税院在義和坊，掌京城商賈廊店市收。并以京朝（京）〔官〕、諸司使副、三班三人監，所領有攔税數錢之名。

太宗至道元年十月，詔都商税院：「每客旅 35 將雜物香藥執地頭引者，不問一年上下，只作有引税二十錢，無引者税七十五錢，仍毁引隨帳送勾。」

二年二月，詔：「商税院收税頭子錢，五百已上一文，一貫二文，月終隨帳申三司。」

真宗咸平二年九月，詔：「官給折錢物買賣並不收税。」

三年十一月，詔：「應以銀寄蕃部首領，聽人糾告。犯者家財盡底没官，以所犯物賞告者。」

六年八月，詔：「臣僚隨行銀器行李，悉免税。即不得夾帶客旅銀器。如違，三分以一分給告者，二分没官。」

景德三年二月，詔：「以銀出入，並每兩税四十錢，出引放行。若賣馬蕃部，帶銀向西者，券内具數，驗認施行。」

四月，詔：「商税院捉到漏税物，三分抽罰一分。内以半没官，半充賞。」

大中祥符二年五月，詔：「商税院每于太府寺請㪷秤升尺出賣，具帳申三司，十日一轉文曆。」

六月，詔：「禁城門每收税錢，仰次日將曆及錢送商税院，委本監官將門曆點數，批曆赴門。」

八月，詔：「京城買賣牛、驢、騾、馬、駱駝，須當日商税院上簿，限三日納税印契。如不申官，准漏税條抽罰。」

十二月，詔商税院：「每告築新城外偷税私宰猪、羊屠户，依偷税例斷遣，追毁宰殺什物。仍委廂巡邏察。」

三年五月，詔：「商税院並依版榜例收税，仍取脚地引看驗；如無引，每千收税三倍。若一千已下竹木、席箔、籠物，只委監新城門使臣點檢，就門收税。一千已上，依舊于商税院納錢。官員出入隨行衣服，非販鬻者，不須收税。村民入京貨鬻，百錢已下，與免。如以香末出城，每斤税二錢。」

六年四月，詔：「回紇賣馬價錢，依舊令鋪户將券照證，批鑿所賣價錢，報商税院，不得通同謾税。違者，委本院覺察捉搦，許牙人告論勘罪。若偷税物，只于鋪户處設官。若有市物，亦鋪户一面認税。引券外物色，鋪户具數赴院納税，出印（納）〔約〕付蕃部收執。其進賣鞍馬，請到券

〔二〕此注原作大字書寫，據文意改爲小注。此當是《會要》編者原注。

錢例物，禮賓院即時具免税狀報。仍令本院取(間)〔問〕有無券外物錢名件，報商税院。」

七年四月，詔商税院：「應知情、同情偷税公人攔頭，並許經官陳首，原其罪。」

仁宗嘉祐四年十一月，減罷在京商税院見管人數。内有續添并創添額外人數，下闕。（以上《永樂大典》卷一六六六九）

都提舉市易司〔一〕

36都提舉市易司，在太平坊，總轄内外市易務。初置提舉官一員，亦置同提舉。後多以三司、户部副使兼領。

神宗熙寧五年三月二十六日，詔：「在京市易務選差監官二員，37提舉官一員，勾當公事官一員。」事具「市易務」。

熙寧六年十二月十四日，詔：「都提舉市易司管轄在京免行所人户，許令本司受理陳訴搔擾詞狀，點檢官司違犯新法。」從本司所乞也。

九年正月二十五日，詔都提舉市易司，自今不得賒請錢貨與皇親及官員公人。先是手詔：「近禁止賒法，係行下幾處，及從是何月日施行，違者有何刑名，可具奏聞。」至是中書奏請，故有是詔〔二〕。

四月五日，都提舉市易司言：「奉詔支撥金六千兩，應副安南道，將物貨五十萬與淤田水利司作糴本。緣所支錢物貫萬數多，(别)别無撥還指揮。今上界少闕錢本，欲乞支給末鹽(抄)〔鈔〕五十萬貫，轉變作本。」從之。

十一月三日，詔都提舉市易司：「今日以前賒請過錢物，限外送納本息已足，其罰錢並與免放；本息未足者，更展半年，足日準此。諸路詔到日以前見欠罰錢人户〔三〕，亦準此。」

二十八日，都提舉市易司言：「自置市易務，上界所用本錢並是新法末鹽等錢，及於内藏庫借撥到五百萬貫作本。内五十萬貫與河北收糴斛㪷封樁外，三百五十萬貫已還，止有一百萬貫係未撥還。及準朝旨，自十年爲頭年，每年於息錢内撥二十萬貫，赴内藏庫送納。今見在本錢除官員將物貨變轉外，只有四百一十六萬餘貫，深慮朝廷非汎取撥。乞除每年已認錢二十萬入内藏庫外，乞歲終更辦十萬貫，準備朝廷支用，今後乞免非時取撥。若三五間更有儹積錢數〔四〕，即從本司别具取旨。」從之。

熙寧三年二月十一日〔五〕，38同管勾秦鳳路經略機宜文字王韶言：「欲本路置市易司，借官錢爲本，稍籠商賈之利，即一歲之入亦不下一二十萬貫。」詔令「將本司見管西川交子差人往彼轉易物貨，赴沿邊置場，與西蕃市易。如

〔一〕原無此題，徑補。
〔二〕「故」原無，「詔」原作「旨」，據本書食貨三七之二四、《補編》頁八八四補改。
〔三〕詔：原脱，據本書食貨三七之二四、《補編》頁八八四補。
〔四〕自「十萬貫準備」至此句「更有儹」凡二十五字原脱，據本書食貨三七之二五、《補編》頁八八四補。
〔五〕按，下文與上文年月不相接，當是出自不同門目。

合選差官，王韶同管勾。及應有經畫事件，並仰轉運司從長相度施行，仍件具以聞。」

五年三月二十八日，贊善大夫、三司户部判官呂嘉問提舉在京市易務。

七月十四日，詔在京商税院、雜賣場、雜賣務並隸提舉市易務。

六年十月二日，詔改提舉在京市易務爲都提舉市易司，應諸州市易務隸焉。

十二月十三日，詔：「在京免行錢如有訴未便者，都提舉市易司受理以聞。」

七年九月九日，詔詳定行户利害所〔一〕：「諸行應有不同者，定歸一行供輸，仍隸都提舉市易司。」

十月十六日，詔提舉市易司歲舉京官五員。

十二月二十四日，都提舉市易司言：「市易上界積貨逼近民居煙火，乞移於永豐倉。已得旨按行倉屋，兩河之間最爲要便，唯去税務少遠。今麗景門外沿城面河官柴場隸都水監，乞以爲河税務場，那監官一員輪直。如商人貨願中官者，監官就新場點檢，關税錢送商税院。」從之。

八年〔三〕〔二〕月三日〔二〕，都提舉市易司言：「乞以諸路市易務隸本司。許本司移用錢物，度人物要會處，分諸路監官置局，隨土地所産、商旅所聚，與貨之滯於民者，皆得收斂〔三〕。」從之。

二十四日，詔諸路市易委轉運司提舉〔四〕，仍置同39提舉官。從都提舉市易司請也〔五〕。

二十五日，詔諸路同提舉市易官任滿更不差人，並令轉運司官提舉。

九年正月二十二日，中書門下言：「都提舉市易司申，杭州市易務課息比較，立定酬獎。第一等：同提舉官孫迪轉一官，賜錢百千；第二等：兼提舉、權轉運使王庭老減二年磨勘〔六〕，勾當公事曹彦候及三考日循一資；第三等以下官吏依在京市易務次第支賞〔七〕。」從之。

五月六日，都提舉市易司言：「本司統轄抵當官錢，然檢（較）〔校〕庫自隸開封府，若本庫留滯差失，無緣檢舉，乞撥屬本司。其事關開封府，即依舊隸府，其餘應干事務，並歸本司統轄。」從之。

十年十月二十一日，尚書司勳員外郎、都提舉市易司呂嘉問爲司封員外郎、直昭文館、知江寧府，賜錢三百千。以嘉問領市易，自熙寧九年十月，凡收息錢百四十一萬餘緡故也。

〔一〕「户」下原衍「部」字，據《長編》卷二五六删。

〔二〕二月：原作「三月」，據《長編》卷二六〇改。下兩條亦爲二月事，並見《長編》同卷。

〔三〕皆：原脱，據《長編》卷二六〇補。

〔四〕諸：原作「詔」，據《長編》卷二六〇改。

〔五〕都：原脱，據《長編》卷二六〇補。

〔六〕使：原作「司」，據《長編》卷二七二改。又《長編》無「權」字。

〔七〕依：原脱，據《長編》卷二七二補。

元豐元年三月二十三日，詔諸路提舉市易官二年一比較取裁。

八月十三日，詔諸路提舉市易官並依前逐年比較酬奬。

九月，賜刑部郎中、都提舉市易王居卿紫章服。

十一月二十六日，都提舉市易司言：「本司遣官以物貨往諸路變轉，乞十萬緡以上限二年，二十萬緡以上限三年。如一年內索及三分〔一〕，依遞年比較推恩。限滿索及八分以上，與理爲任。過限不及立定分數者，不在酬奬理任之限，仍先停支官吏請給。」從之。

二年正月二十六日，詔鎮南軍節度推官彭持爲秘書省著 40 作佐郎〔二〕。以持提舉兩浙市易司歲餘〔三〕，收息錢十九萬緡，特賞之。

四年十二月八日，都提舉市易司賈青乞於新舊城內外置四抵當所，委官專主管，罷市易上界等處抵當，以便內外民户，從之。（以上《永樂大典》卷一一一二四）

提舉在京諸司庫務司〔四〕

【宋會要】 41 提舉在京諸司庫務司，以朝臣、諸司使副二員提舉。自天聖後，亦有二員或五員，不常其數，今止二員。凡京城諸司庫務、場院、坊作共七十四所，隸提舉司。內太廟家事庫、官告綾紙庫、太府㪷秤務、少府祭器法物庫、國學賣書庫、皇城冰井務、軍器什物庫、府司點檢所，事在本屬，各有總統。今録提舉司爲首，所領者列於次。後置都提舉市易司庫務，事干者改隸焉。

真宗景德二年十月，命龍圖閣待制戚綸、宮苑使劉承珪都大提舉諸司庫務。言者以庫務百三十餘所，出納多不整齊，又三司事叢，無由按視，故置此職。凡三司計度、染練造作、配買修補、變轉物色，委朝官使臣往庫務與本監官取文帳點檢，仍不住經畧巡轄。如三司失照管，又積弊公事，並委所司制置以聞。三年內如大有更改利益事，特與酬奬。

三年五月，詔：「應庫務等官，非公事不得到提舉司，若有公事合與本轄官商議者勿拘。」

四年四月，詔：「上封者言，京師庫務出納淹留，官物不得整齊，蓋監臨弛慢，致人受弊。宜令三司與提舉庫務官司議條約，量庫務繁簡以置監官，永爲定式。有不堪其任者，具狀以聞，並與改易。自此考秩未滿，不得差出。」

五月，又令定奪諸司庫務公人數及請受則例，自今著爲定額。

大中 42 祥符元年二月，詔：「諸司庫務監官兩員已上

〔一〕如一年：原脱，據《長編》卷二九四補。又「三分」，《長編》作「二分」。
〔二〕「鎮」原作「正」，「持」原作「特」，並據《長編》卷二九六改。
〔三〕持：原作「特」，據《長編》卷二九六改。
〔四〕原無此題，徑補。

處，並令一員押宿，一員處令與監門使臣輪宿。如無監門，只監官一員，并雖有兩員而一員當内直或假故者，即與專副輪宿。若監官廨宇在庫務内居住，亦須每夜抄記宿曆。其同監外居者，更不輪宿。」

五年四月，詔：「諸司庫務監官如當守宿，的有事故不赴者，具狀以聞。提舉諸司庫務司、皇城司常切覺察，如有同監在本廨宇居住者，即依元年二月詔命指揮。」

七月，詔：「内外諸司庫務見有差使臣權勾當處，以其所任非正，皆不用心，兼有未合入者權假名目，動踰年歲未滿替者，不唯濳啓倖門，兼庫務因兹不得整肅。宜令樞密院遍取索及半年已上者，嚴降條約。」

七年二月，詔：「令皇城司及在京諸司庫務、倉草場無留火燭。如致延燔，所犯人洎官吏悉坐斬刑，番休者減一等。廟社亦如之，遇祭告，則委監祭約束。」又詔：「提舉朝臣、使臣，自今逐日分往庫務提點體量。内監官及監門官通方幹辦，或慢公不親事者，密具名聞。專典公人欺官擾人、住滯文字者，即時決杖。應合條約，更與三司商議奏裁。」

六月三日，詔：「諸司庫務監官頗有畏懦不才者，令三司具名以聞。」先是，言事者以庫務監官多未歷事者，致有侵弊，故命選任，仍别定條約。

七日，詔：「諸司庫務委監官躬親點檢本處帳管官物，如有累界交割到并見在數多，若無支用、陳損不堪供須諸般閑[43]物或畸零事件，並令件析供報。提舉司相度，依元詔施行。仍令今後常切點檢，旋具申報。」

八年二月，詔：「在京諸司庫務倉場，委逐處監官簡選公人，有累作過犯不逞之人，籍名以聞。其巡護兵士數少處益之。」

閏六月，詔：「諸司庫務金帛緡錢，如有使臣傳宣取索，仰依例畫時應副，即不得將見在都數及將不係取索之物妄有比類供報。如有違犯，專副、手分處死，監官除名決配。」舊制，庫務司物雖三司使不得知其總數。因丁謂在三司日言：「凡干計度，須見實數」，遂可其奏，仍令親書取索，實封收掌，副使以下不得預聞。今凡使臣取索支賜，監專盡數供報，仍羅列色類，比方多少，頗失條約，故申戒之。

七月，提舉庫務官藍繼宗言：「準詔，每到庫務點檢不便事件，合行條約改更，並與三司同議以聞，自後皆依詔施行。切緣有至不便事，及三司元規畫不當，失於拘檢官物者，更難與三司議，望許臣等上殿敷奏。若常程不便事，即與三司同議。」從之。

是月，藍繼宗等言：「都監院見係提舉庫務、都大提點倉場所提轄，欲乞就歸一處。」詔只令提舉庫務司提轄。

九年正月，提舉諸司庫務司言：「諸司庫務公人，先準宣屬本司管，每有闕額，逐旋〔招〕填。其所招公人，自來各有元等身等尺寸，數内諸色工匠須及五尺一寸已上。今相度，匠人止要手藝造作，不須拘身等尺寸。欲望所招填闕工匠，不拘等樣，但無殘患，（諸）〔諳〕44會造作，少壯得力者，並許招收。」從之。

天禧元年六月，提舉諸司庫務夏守贇言：「先準宣，諸司庫務係經揀占留人，內犯贓者，更不得轉補。今詳從初起請，比要戒勵公人。然或有（目）〔日〕前犯贓經斷，存留收管，後來改過，祗應得力者，若以曾犯贓罪，永不轉遷，不惟無以激勸，兼且久占職名，壓却轉補。又有辦及場務，各戀優輕，避見年滿，收充三司軍將，却入重難差使。如此，則是犯贓負罪之人翻爲僥倖，守分檢身之吏永不轉遷。匪惟事理相殊，抑亦未得均濟。欲乞應曾犯贓罪、得力曹司公人等，如元犯只杖罪已下，存留後來及三年，能改過自新，並與依本處年限遞遷。如三年內再作贓私過犯，改配重難去處。」從之。

二年四月六日，提舉諸司庫務藍繼宗言：「揀選諸司軍人庫子等，本額四萬七千九百六十六人，見管三萬六千三百八十八人〔一〕。今簡選得三萬三千九百二十一人仍舊充役〔二〕，一千九百五十四人放停，五百一十三人減衣糧之半。」從之。

三年六月，詔：「應在內諸司庫務見管公人，并令五人爲保。委得守慎行止，不作過非，連坐繳奏；若自來兇惡累犯者，分析以聞。今後同保人常切覺察，如有兇惡難鈐轄之人，許人員同保告官斷罪。若遞相隱庇，因事買罣，重寘之法。」

仁宗天聖二年十二月，提舉諸司庫務劉曄等言：「本司總轄錢帛，日有急速公事，並干條制，須藉知次第人主行。劉承珪45提舉之日，曾於額外差殿直周鋭簽書點檢。後只額定前行一人，後行四人，手分十人。舊於三司定名抽差，近來三司依名牒送赴司，不經揀選，須至到司才及三年，又乞轉資出職，諸事因循，不能專一。（有所）〔所有〕手分又係守闕後行，才知次第，却爲在省闕人，依次合當轉補。亦有書劄低次、公事生疏者，不免抽換，不任祗應。今欲乞依舊額，將見管人體量揀留外，別定姓名抽取，割屬提舉司立額祗應，並與即目請受。只令勾押官候及五年、無贓私過犯，與奉職，餘人等依例轉補，更不三年一度轉資。所是手分緣未有請受，候三年執行公事精熟，別無贓私罪，特與飦料後行請受。」事下三司，請如曄奏，從之。

七年六月，詔：「三司使、副使子弟多乞監在京諸庫務，雖部分不同，其如文字相干，上下難爲點檢。自今更不令勾當在京錢穀場務。如不管錢穀處，即許差遣。」

十月，提舉諸司庫務司言：「每往逐處點檢公事，將帶勾押官已下隨行祗應。欲乞依入內內侍省等處例，支借官馬，勾押官、前、後行五人各一匹，仍破草料。」詔許前行已上支與。

〔一〕管：原作「舊」，據《長編》卷九一改。
〔二〕二十一：原作「二十二」，據《長編》卷九一改。按作「二十二」則總數不符。

八年六月，提舉諸司庫務馬季良言：「京茶庫，東西窑務、抽稅竹木箔場、三炭場、牛羊司棧圈、供庖務、三水磨，舊不係提舉，欲乞依諸司例，撥屬提舉司點檢。」從之。

十月，提舉諸司庫務司言：「每車駕行幸、筵宴大禮，及契丹使到闕，並是庫務祗應，却無提舉。勘會法酒庫 46 近供秋宴酒千七百瓶，止收空瓶四百二十，見行根逐。請自後從本司舉察祗應。」從之。

十一月，提舉諸司庫務司言：「南郊，欲下三班院權差使臣才人赴司〔一〕，準備庫務闕官處權監。」從之。

慶曆六年八月二十七日，提舉諸司庫務司宋祁言：「檢會《編敕》，委本司體量轄下監官、監門使臣有通方幹辦及慢公違越人等，密具能否以聞。緣所轄庫務官員數多，兼常有庫務行人點檢制樸〔二〕、驅磨等事務，除本司并勾當公事張仲庸分治外，其餘覆檢舍屋、抄劄倒榻材植、監金銀斤兩物件等，綱運責勒攢造絕界分文帳等，就便或揀選本轄官員，不妨本職勾當，即不見得逐人出身、歷任功過勞績，慮差管勾事務未誠盡理〔三〕。欲乞應今後審官、三班院、入內內侍兩省等處差到本轄庫務監官、監門等，候見赴職，委本司行遣，取索逐人出身、歷任，赴司管係。或有差遣公事，詳酌選差。」從之。

皇祐五年九月，罷提舉勾當公事官。

嘉祐二年十月，詔提舉諸司庫務司汰諸司人老疾不堪執役者，仍自今三年一汰之。

五年八月五日，詔提舉司：「今後內侍凡有差遣於諸司庫務取索及借官物，並須躬親投下文字，其逐庫務亦候見使臣，方得差人供赴，仍於使臣當面送納。違者，罪在取借官物使臣，及合屬庫務監官、干繫專副庫級。」

英宗治平二年，提舉諸司庫務王珪言：「本司與三司所部凡一百二處，其額例 47 自嘉祐七年秋差都官郎中許遵重脩，迄今三年，始成三司諸案，看詳別無牴牾。所編提舉司并三司額例，計一百五冊，及都冊二十五冊上進，仍乞賜別立新名。」詔以《在京諸司庫務條式》爲名。

〔六月〕二十六日〔四〕，以尚書刑部郎中張師顏同提舉在京諸司庫務。初，兩浙轉運使、司封員外郎韓縝上言：「景德中，朝廷置提舉諸司庫務司，以朝臣及諸司使副二員領之〔五〕。近年此局，常用顯官。詞禁清華固非奔走之任，武臣內侍多是職位已高，雖欲躬親，體亦未便。臣伏望檢尋景德中始置提舉司之意，及當時所定條約，俾復其舊，則衆務畢舉。」詔添差合入職司朝臣一員同提舉，故有是命。

治平四年四月十八日，同提舉張師顏言：「轄下庫務，各有庫眼庫經，收貯抄上在庫官物。自來庫務爲見上件庫

〔一〕才人：疑是「十人」。
〔二〕制樸：按此詞，本書職官二六之三四、《長編》卷四九四作「制撲」。
〔三〕誠：疑誤。
〔四〕六月：原脱，據《長編》卷二〇五補。
〔五〕使副：原作「副使」，據《長編》卷二〇五乙。

經開說，作過不得，遇有給納，不於日下抄轉，意欲常令在庫官物不知見在實數，致官司緩急無由點檢。監官因循，其弊最甚，蓋自來未有指定庫經條約。檢會條制，應收支官物畫時抄上省印收支文曆，如違，其干繫官吏並從違制，分公私故失定斷外，雖該赦書、德音疏決及去官不原。乞今後諸司監務所管庫經，如本庫有支收不畫時抄上者，並用此條。內有一般官物在數庫內收貯，置都庫經拘轄去處，亦乞準此。」詔三司施行。時神宗已即位，未改元。

熙寧二年十一月，新差知定州李肅之言：「臣近提舉諸司庫務，所 48 管七十三處，官物浩瀚，出納繁擁。自張師顏同提舉，方稍畏懼。緣師顏獨力，無暇頻到逐處點檢，欲乞選差强幹朝臣、曾任通判已上人兩員充提舉司勾當，各分定庫務，每季遍到逐處點檢。候季終具別無欺弊、官物(季)〔委〕得整齊，及體量監官能否，與本司同以聞。兼在京諸庫務監官，自來審官院並差親民以上資序人，近來多有臣寮陳乞初任監當人。乞今後雖以恩例陳乞，須是曾經一任以上，方許。」詔從之，仍差都官郎中沈衡、著作佐郎張端各理本資序，充提舉司勾當公事。

六月八日，提舉諸司庫務司言：「奉詔勘會諸司工匠，分爲三等，仍於逐等分上、中、下。其第九等七百餘人，悉皆無藝。」詔並放停。

三年六月八日，三司言：「勘會提舉諸司庫務所管七十二處，所差勾當公事官只是每季點檢官物整齊，其有積壓、陳損官物及未便事理，合係三司變轉擘畫。乞指揮提舉司勾當公事官，今後庫務官物有積壓、陳損及公私未便事理，因季點檢，可以詢究，除申本司外，其一般事狀申三司，以憑相度施行。」詔三司將在京諸司庫務分作四窠，令三司并提舉司勾當公事官員每半年一次輪轉，各點檢一窠。餘依所請施行。

七月十七日，詔：「提舉司勾當公事官，今後不得擅詣諸司庫務點檢，及取索文字、勾追公人。如違，仰提舉司取勘以聞。」先是，中旨：「近因李肅之擘畫提舉司置勾當公事官二 49 人〔一〕，令本司指使勾當。是爲屬吏，諸事須當一稟提舉官處分。訪聞日近極不守職任，滋大事體〔二〕，擅行公牒，越薦申報，紊亂職守，有失等威，可與條約。」故也。

（以上《永樂大典》卷一一一八）

榷貨務都茶場

50《朝野類要》〔三〕：「提轄左藏庫、文思院、榷貨務、雜(買)〔賣〕場，謂之『四轄』，亦爲儲材之地〔四〕。」

〔一〕「置」下原有「局」字，據《長編》卷二一三刪。
〔二〕滋：原作「茲」，據《長編》卷二一三改。
〔三〕此條文字，屠寄眉批指示夾注在下文「併入榷貨務」下，今仍舊。《大典》録於此，蓋作爲以下「四轄」之小序。此書爲理宗時人趙升作。
〔四〕材：原作「財」，據《朝野類要》卷二改。

建置沿革〔一〕　榷貨務都茶場　《四朝志》：榷貨務掌折博斛斗金帛之屬。《會要》：以朝官、諸司使副、内侍二人監。太平興國中，以先平嶺南及交趾，諸國入貢，通關市，議於京師置榷易院。大中祥符中，併入榷貨務。中興、孝宗《會要》：建炎中興，又創都茶場，給賣茶引，隨行在所於榷貨務置場。雖分兩司，而提轄、監官並通銜管幹。建炎四年，詔：榷貨務都茶場依舊隸左右司〔二〕，其提領措置並罷。其都茶場，仍令提轄榷貨務官兼行提轄〔三〕。尋徙越州一務場於建康，又併真州一務場歸建康。紹興五年，詔建康、鎮江兩務場只是給賣鈔引。三十二年，詔三省令後選差文臣充監官，更不差武臣。乾道六年，詔依舊通差武臣。《題名》：先是，課入不立額，惟視舊歲爲等差。是歲，始盷分，有定數。歲總爲錢二百四十萬萬，行都受藏之所爲數八十萬萬，于建康者一百二十萬萬，于鎮江者四十萬萬。

雜買務雜賣場

《會要》〔四〕：雜買務舊曰市買司，太平興國四年改。至道中廢，咸平中復置。以京朝及三班、内侍三人監，掌和市百物，凡宮禁官物所需，以時供納。雜賣場〔五〕，景德四年置，掌受内外弊餘之物，計直以待出貨，或準折支用。以内侍及三班 51 二人監，後亦差文武朝官。《中興會要》：紹興六年〔六〕，詔雜買務雜賣場置提轄官一員〔七〕。

左藏庫

《題名》：掌受四方財賦之入，以待邦國之經費。其原蓋起於周，職内主賦入，職歲主賦出，而邦布之入出，則外府又主之，皆其職也。晉始置左右藏令。唐于左右藏分建東西庫，以太府少卿知出納於左長慶門之東。國初，左藏止一庫，置使領焉〔八〕。《會要》及《續會要》：太平興國二年，分爲二庫。淳化三年，分置左右藏，各二庫。四年，廢右併入左。政和六年，修新庫，以東西爲名。

中興、孝宗《會要》：中興，因仍東西庫，各以文臣監，武臣同監，其東幣帛絁紬之屬在焉〔九〕，其西金銀泉券絲纊之屬在焉。紹興二十七年，詔户部於轄下丞、簿内選一員兼

〔一〕自此以下「四轄」之文，非《宋會要》原文，而是《大典》據《群書考索》卷一二編寫（「建置沿革」四字爲《大典》所加）。原書每條之出處（如《四朝志》等）以小字注於該條之末，《大典》則移於該條之前，故屠寄於書名旁加點，並批示將其倒置（如《群書考索》之式）。
〔二〕隸：原作「例」，據《群書考索》後集卷一二改。
〔三〕榷：原作「司」，據《群書考索》後集卷一二改。
〔四〕按，《群書考索》後集卷一二原文作「以《四朝志》、《會要》纂」，《大典》改作「會要」二字，不確。
〔五〕場：原作「務」，據《長編》卷六五改（《群書考索》已誤）。
〔六〕紹：原作「詔」，據《群書考索》後集卷一二改。
〔七〕置：原脱，據《群書考索》後集卷一二補。
〔八〕置使領焉：原無，據《群書考索》後集卷一二補。
〔九〕絁紬：原作「绝細」，據《文獻通考》卷六〇改。

充左藏庫提轄，此提轄所由始〔一〕。孝宗即位，詔將御前椿管激賞庫撥歸左藏庫，以左藏南庫爲名，專一椿管，應副軍期支遣。於是有東西南三庫。《題名》〔二〕：尋罷南庫〔三〕。大抵國家用度，多靡于贍兵。西蜀、湖廣、江淮之賦，類歸四總領所，以餉諸屯〔四〕，其送京者殆亡幾，唯閩、浙悉輸焉。東西庫歲入，以端計者率百四十萬，以緡計者率二千萬，給遣稱是，而大軍居十之七。宮禁、百司禄賜裁三之〔五〕，間有非泛浩繁之費〔六〕，則請于朝，往往出内帑封椿以補所缺。監官凡五人，分帑而治。舊以京朝爲之，而今則唯才是用，故四選通得入。

文思院〔七〕

《四朝志》及《會要》：太平興國三年置，掌造金銀犀玉工巧之物，金綵繪素裝鈿 **52** 之飾，以供輿輦、册寶、法物及凡器服之用，隸少府監。熙寧三年，詔文思院兩界監官立定文臣一員，武臣一員，並朝廷選差。其内侍勾當官並罷。中興、孝宗《會要》：紹興三年，詔少府監併歸工部〔八〕，其文思院上下界監官從工部辟差。工部言：「所轄文思院，舊分上下界，監官三員，内文臣一員係京朝官。上界造作金銀珠玉，下界造作銅鐵竹木雜料，欲依舊分爲上、下界。」從之。隆興二年，詔併禮物局入文思院〔九〕。（以上《永樂大典》卷二一二三一）

供奉

【宋會要】

54（雍）〔淳〕熙二年八月十四日〔一〇〕，詔：「提領左藏南庫供進金一萬兩，銀五萬兩，絹一萬疋，度牒五十道，充將來德壽宮册寶支使。」

十月八日，詔：「將來詣德壽宮行慶壽禮，可令提領南庫排辦金一萬兩，銀五萬兩，錢一十萬貫，絹一萬疋，度牒五十道，前期於本宮交納。」九年慶壽同。

淳熙五年七月九日，詔左藏封椿庫取金二千兩，供奉德壽宮。六年正月同。

〔一〕此提轄：原脱，據《群書考索》後集卷一二補。
〔二〕題名：原作「自後」，據《群書考索》後集卷一二改。
〔三〕罷：原作「羅」，據《群書考索》後集卷一二改。
〔四〕餉：原作「均」，據《群書考索》後集卷一二改。
〔五〕三：原作「予」，據《群書考索》後集卷一二改。
〔六〕費：原作「貴」，據《群書考索》後集卷一二改。
〔七〕天頭原批：「復，校銷。」按文思院不隸太府寺，而隸少府監，本書職官二九之一專有「文思院」一門。但此處並非複文，且在「四轄」之内，今仍存之。
〔八〕工部：原無，據《群書考索》後集卷八補。
〔九〕按，此條之後，原稿録有不知是何類書之文數百字，多與宋朝無關，亦無《宋會要》之文，蓋書吏誤抄。天頭原批：「以下删存不鈔。」今據删。
〔一〇〕淳熙：原作「雍熙」。按左藏南庫爲孝宗始置，德壽宮爲高宗退居之宮，知此條乃孝宗事；又據《文獻通考》卷二五二，淳熙二年加上高宗尊號，行七十壽禮，皆與本條合，因改。

六年正月十七日，詔：「自淳熙六年，每年添置生白大花川綾一百五十疋，限八月内進納德壽宮。」

五月七日，詔左藏南庫取錢五萬貫，供奉德壽宮。七年四月同。

七年十一月二十六日，詔左藏南庫取金七千兩，銀三萬兩，錢一十萬貫，絹一萬匹，度牒五十道，供奉德壽宮。

八年閏三月二十八日，詔左藏南庫自四月爲始，每月以會子一萬七百六十九貫五百八十文供奉德壽宮。

九年正月二十一日，詔封樁庫取銀四萬兩，供奉德壽宮。六月九日，詔禮部取度牒二十道，供奉太上皇后。八月二十一日，詔左藏南庫以會子一十萬貫供奉德壽宮。爲明堂大禮故也。九月十六日，詔封樁庫取銀四萬兩，供奉德壽宮。十年正月二十六日、九月十七日，自後十一年至十四年並同。

十一年七月二十六日，詔封樁庫取會子十萬貫，供奉太上皇帝使用。

十二年十月二十三日，詔封樁庫取會子十五 55 萬貫，供奉太上皇帝、太上皇后。爲郊禮故也。十一月二十三日，詔封樁庫取會子五萬貫，供奉太上皇帝、太上皇后。爲郊禮畢恭謝故也。

十三年四月十六日，詔封樁庫取會子五萬貫，供奉太上皇帝、太上皇后使用。二十九日，詔：「封樁庫支銀六萬兩，赴内藏庫供納，充五月一日恭請太上皇帝、太上皇后使用。」十二月四日，詔封樁庫取會子十五萬貫，供奉太上皇帝、太上皇后使用。

十四年三月二十九日，詔封樁庫取會子十五萬貫，供奉太上皇帝、太上皇后使用。十一月十四日，詔：「冬至舊例供奉錢四萬貫，可日下進納德壽宮。恭奉皇太后聖旨，昨來有司供納大行太上皇帝生料，並令住供。」十九日，詔：「除依顯仁皇后例，供奉皇太后外，仍依太上皇后例，供奉生辰金銀。遇冬、年、寒食節例供奉外，更供奉德壽宮錢一萬二千貫，充官吏、宿衛、親從、親事官、軍兵等月給支用。」十二月二十一日，詔：「每遇冬、年、寒食節，各供送德壽宮錢一萬五千貫，充官吏、宿衛、親從、親事官、軍兵等節料使用。」

十五年八月二十五日，詔封樁庫取會子十五萬貫，供奉皇太后。以明堂大禮故也。九月十九日，詔封樁庫支銀三萬兩，赴内藏庫交納，供奉皇太后。十二月二十六日，詔封樁庫取會子十五萬貫，供奉皇太后使用。

十六年正月二十一日，詔封樁庫支銀三萬兩，赴内藏庫交納，供奉皇太后使用。

56 雍熙三年〔一〕，置入内供奉官。大中祥符二年二月宣，入内内侍省供奉官改爲入内内侍省内東西頭供奉官。

〔一〕按，此條年代與上文不相接，當是《大典》從他處抄來插於此。

内侍省供奉官亦同此例〔一〕。（以上《永樂大典》卷一三〇五六）〔二〕

糧料院〔三〕

57 高宗建炎三年七月四日，詔：「行在諸軍糧料院人吏，依諸司糧料院例，每日添破食錢二百文。如今後逃亡，從杖一百科罪。因事逃亡，仍勒停，並許（入）〔人〕告，賞錢五十貫，首身減三等。」從監官宋輝之請也。

紹興元年正月十四日，詔：「諸路差隨行在軍兵，各許借衣。内禁軍春、冬絹二匹，廂軍等絹一匹。舊有衣糧文曆人，合依元請則例；新給曆之人，春、冬衣賜依出軍例，並支一半。如一年不及元借數，即依所借則例。」

七月二十三日，詔：「行在廂軍、禁軍綿並一等借支一十兩，新給曆 58 人綿亦支一半。其《令》内元不載支綿去處，更不支給。」

二年七月二十三日，（請）〔諸〕軍糧料院申：「調弓箭手、民義兵，係《禄令》並不該載衣賜年例借支綿絹之人，合依例批勘。」從之。

九月七日，詔：「今後在外積併請給，不得積留于行在併請。雖有專降指揮，亦令户部執奏。」

十日，詔：「諸司糧料院主押官一名、前行四人、後行一（人十）〔十人〕，貼司四人，諸軍糧料院都主押官一名、前行四人、後行十人、貼司三人爲額。今來減罷及已後罷役之人，仍不得在外點縫寫曆，充諸處抱曆過勘。如違，從徒一年科罪，每名賞錢一百貫〔四〕，以犯人家財充。」

十月十六日，詔：「諸司、諸軍糧料院、審計司監官，每遇闕官，逐急權差，每月支錢三十貫文。權不滿月，計日支給。見支食錢三百文罷。」

十一月十五日，詔：「糧料院見占破殿前、馬、步軍司彈壓禁軍，仰步軍司差權廂軍抵替，歸逐司教閲。如所差廂軍未足，將禁軍從上軍分逐旋對數抵替歸司。」

十二月十四日，步軍司言：「本司所管廂軍，別無空閑之人。切緣本司近承指揮，撥到文思院雜役等人。欲逐處各差一十人，内部（豁）〔轄〕官僚一名，計四十人，赴四糧審院彈壓，依已降指揮，抵替見占禁軍。」從之。

三年三月八日，詔：「應行在請給文曆券旁，僞造及詐冒盜請官物，並犯輕者，並徒三年，有官人除名勒停，送廣南編管，永不收叙；諸色人刺配廣南。許人告捕，内有官人轉兩官，無官人補進義副（使）〔尉〕。不願補官資，支賞錢一千貫，以犯人家財充；不足，以官錢代支。其幫書經歷

〔一〕内侍省供奉官：原脱，據《事物紀原》卷五補。

〔二〕《大典》卷次原缺，據《永樂大典目録》卷三五補。

〔三〕「糧料院」後原批：「寄案：《宋志》三司使、太府寺兩出糧料院，蓋以元豐後罷三司并户部，而糧料院并入太府寺也。徐輯不分，非是。今析中興以後事隸太府，從《宋志》互見之例。」按，《宋會要》「糧料院」不分北宋、南宋通作一門，《大典》録於卷一六六六九，屠寄分割爲二處（北宋部分在本書職官五之六五至六六），反責「徐輯不分」，非是。

〔四〕「每名」上似當有「許人告」之類文字。

官司，如能點檢敗獲，依此推賞。故縱者與同罪，失點檢杖一百。盜請官物數多，或所犯情重者，犯人及幫書經歷官吏申奏取旨，其告捕人亦當格外優加推賞。」

三年八月三日，詔：「糧料院人吏今後敢于諸軍詭名收係，或影帶執役，並許諸色人告，賞錢三百貫文〔二〕，以犯事人家財充。仍令户部先以官錢代支。其犯人並從徒一年科罪。諸軍如是糧料院人吏敢有陳乞差撥，或私輒收係在軍，及影帶執役，其統制、統領並取旨行遣。」

五年八月十八日，臣僚言：「切惟國家之賦禄，以糧審院爲關鍵；糧審之勘給，以法令爲承式。故幅紙之書一經過勘，主藏之吏奉行惟謹，所憑者此而已。近年以來，冒請多勘，姦蠹百出。雖每置于理，而犯法不衰。臣嘗詢究其弊，蓋有三焉：條法散亡，指揮不一，官司無所執守，其弊一也；正名吏人推故出外，而使權者書曆，其弊二也；請人書鋪違法幫勘，其弊三也。逐院遵用條令甚多，並無官本。欲乞官中量破紙札工食之費，委自院官，通將見行條法并前後續降申請，顧人真謹編集成册，次第經由太府、户部看詳點對，用印給付遵用。其續降申請，令參照前後文意，如有牴牾疑惑，即開具指定，申明户部。本部不能決者，則申明朝【59】廷，可否行下。仍今後有申請或續降，凡目雖多，逐一開說，不用『等』字、『及』字之類，庶幾事理明白，革去疑惑，俾猾吏不得加損毫釐于批勘之際，則一弊革矣。逐院胥吏正名，皆有官或出職之人，愛惜身計。故每有違法幫勘，則必推故出外，以避繫書。既迫日限，令權人書曆批放。事發之日，權人竄去，而正名以不曾繫書，遂免〔建〕〔逮〕治。緣此吏人與抱券者通同作弊，及其事敗，無從勘正。今宜自朝廷諸房至户部、太府，無故不得勾追院吏。如有合行追呼，其所直之窠，雖令權人時暫書曆批放，依舊勒令正名繫書。如有違法，並須即時申首根治，則二弊革矣。至于抱券請人違法幫勘，雖有條法，若所請官物稍多，或累次違犯，或係從來作過之人，並乞許逐院具名申〔法〕〔發〕户部，備申朝廷，重賜施行，不以赦原，則三弊革矣。」並從之。

七年十二月七日，詔：「糧審院監官任滿改移後不滿界，并已滿未罷，許依南北倉監官例，計日推賞。」從院官鮑琚等請也。

十二年十一月十日，尚書省勘會已降指揮，太平州置分差糧料院監官一員。詔江彭年創勘置闕。

二十九年十一月二十九日，詔：「諸司糧料院人吏，依到院年月日先後名次，〔時〕〔特〕與撥填五人入額一次。」以本院有請，下太府寺勘會。本寺檢準紹興十四年九月二十六日指揮，諸司糧料院人吏遇闕，許召募貼司權〔允〕〔充〕後行。候及一年，與本院見役人〔兖〕〔衮〕同試補正額，依條遷補。至是特有是命。

〔二〕文：原作「錢」，據本書職官二七之六一改。

孝宗隆興元年十一月十五日，户部言：「淮西總領所〔一〕、通判池州黄尚文兼幹辦户部分差審計司職事〔二〕，乞依行在正官例，減半推賞。若不滿任，亦乞許計日施行〔三〕。」從之。

二年七月二日，諸軍糧料院王正己言：「切見軍士立功，獲陞轉資級，報本院注籍之後，往往半年方得省寺經由。乞詔有司嚴立近限，太府、司農下諸軍糧料院置曆發放，以三日爲期。其或違慢，委自長貳覺察行罰。」從之。

乾道三年閏七月二十二日，中書門下省言：「分差鎮江建康府諸軍糧料院、鄂州户部糧料院、四川總領所分差户部魚關糧料院，已上尚書左選〔四〕，並注通判、知縣資序人。四川總領所分差利州户部糧料院，侍郎左選注職官，次從政、修職郎，次迪功郎，並撥歸吏部。」詔今後並令堂除，依行在糧料院格法差人。

六年十二月十八日，臣寮言：「行在糧審院所掌頒降到條格指揮，經今歲久，並皆散漫，别無印造條册檢照。乞行下敕令所，將合用《禄令》及前後申明指揮編類成册，付糧審院。仍以一本付度支，以憑參照。及日後百司關報到請給指揮，並仰置册用印，即時抄録，從本部不測點檢。」從之。

淳熙四年十一月十六日，詔：「自今分差糧料院許過差薦舉知縣〔五〕、已（除）〔降〕指揮令吏部注通判、理作堂除之人。」吏部尚書韓元吉言：「監分差鎮江60府諸軍司糧料院、監分差建康府諸軍糧料院、監鄂州户部糧料院、總領四川財賦軍馬錢糧所幹辦行在分差户部利州糧料院、總領四川財賦軍馬錢糧所幹辦行在分差户部魚關糧料院窠闕，舊係堂除。昨淳熙二年二月八日，發下吏部，本部申明，差注通判資序（人）以上人，仍不破選，亦不通差。緣通判資序以上人，自有（舍）〔合〕入通判等差遣，多不願就。契勘行在六院官止注宦歷知縣一任人，今分差糧料院却注通判資序以上人，更不破選，輕重不均。欲將分差糧料院闕依破格通判格法，出闕滿半年，無本等人願就，許破格注第二任知縣資序人，仍不作選闕，或乞依舊堂除。」故有是詔。

七年七月二十九日，吏部、刑部措置：「欲將淮東西、湖廣總領所應軍前分差糧料院人吏，依元降指揮立定人數，令總領所將逐處見役後行，依行在四糧審院收補條格，衮同試補，排定名次充役。如闕人，毋得以游手無根人或就部陳狀差撥前去，止令總領所召募無過犯、諳曉批放之人，揀試充役。候遷補轉至頭名，鄂州、建康、鎮江分差糧審院及十年，池州、江州及十五年，與補守闕進義副尉出職，仍並推行重禄。逐處糧審院職（給）〔級〕各一名，欲于行

〔一〕「所」下似脱一職銜。
〔二〕審：原無，據本書職官二七之六二補。
〔三〕日：原無，據本書職官二七之六二補。
〔四〕左選：原作「方選」，據文意及字形改。
〔五〕過差：疑當作「通差」。

在四糧料院正額人吏内選差，隔別點檢，批勘審放。候及二年，差人抵替，歸元來去處。」從之。以臣僚言：「在外諸路總領所支遣錢糧，雖分差糧審院幫勘，然糧料止是吏部注(受)〔授〕，審計院官以逐州通判兼權，其人吏止于州郡指差，三年一替。遇有名闕，初非以州郡見役人吏不諳曉幫勘，既無請給，又無守年限補，未免乞取。望(時)〔將〕在外差糧料院官及糧審院人吏，一依行在見行格法除授差補。所補人吏，須經總領所試驗。乞申嚴重禄之法，庶幾軍人免至減剋。」故有是請。

十二年十二月九日，詔諸軍糧料院減兵士二人。以司農少卿吴燠議減冗食，下敕令所裁定，故有是命。（以上《永樂大典》卷一六六六九）

審計司

【宋會要】

61 高宗建炎元年五月十一日，詔：「諸司專司、諸軍專司『專』字下犯御名同音者〔一〕，改作諸軍、諸司審計司。」

紹興元年九月十日，詔：「審計司主押官一員，前行二人，後行七人，貼司三人爲額。今來減罷及已後罷役之人，不得在外點縫寫曆，充諸處抱曆。如違，徒一年，每名賞錢一百貫，以犯人家財充。」

十月五日，詔：「今後應合差破兵級人從去處，並報所隸軍馬司正行差撥填闕。若係踏逐差、無舊請，及諸處減罷發遣，正身不到所隸軍馬司之人，並不支破請給。」從諸司審計司管適可之請也。

十六日，詔：「審計司監官每遇闕官，逐急差權，每月支錢三十貫文。權不滿月，計日支給。見支食錢三百文罷〔二〕。」

十一月十五日，詔：「審計司見占破殿前、馬、步軍司彈壓禁軍，仰步軍司差撥廂軍抵替，歸逐司教閱。如所差廂軍未足，將禁軍從上軍分逐旋對數抵替歸司。」詳見「糧料院」門。

三年二月七日，詔：「監行在諸司審計司何汝能與減二年磨勘，都主押官李祐與補守闕進義副尉，更不支給賞錢。」以驗獲指改綾紙僞冒故也。

八月三日，詔：「審計司人吏今後敢於諸軍詭名收係，或影帶執役，並許諸色人告，賞錢三百貫文，以犯事人家財充。仍令户部先以官錢代支。其犯人並從徒一年科罪。諸軍如是審計司人吏敢有 62 陳乞差撥，或私輒收係在軍，及影帶執役，其統制、統領並取旨行遣。」

七年十二月七日，詔：「審計司監官任滿，合得減三年磨勘，依南北倉監官例，計日推賞。」

孝宗隆興元年八月十七日，詔〔三〕：「諸司審計司狀，見管吏額九人，今將貼書一名減罷，即將末名後行一名敦

〔一〕按，指「專勾司」之「勾」字。
〔二〕見支：原無，據本書職官二七之五八補。
〔三〕按，據文意及下條文例，「詔」字疑爲衍文。

充貼司，係八名爲額。」

同日，諸軍審計司狀：「見管人吏十人，依入仕年月先後，裁減二人。其諸司糧料院所差人吏，乞自今後更不差撥。」詔見在人且令依舊，將來遇闕，更不遷補撥填。

十一月十五日，户部言：「淮西總領所〔一〕、通判池州黄尚文兼幹辦户部分差審計司職事，乞依行在正官例，減半推賞。若不滿任，亦乞計日施行。」從之。

乾道六年十二月十八日，臣寮言：「乞編類前後申明指揮，編類作册，付糧審院。」從之。詳見「糧料院」門。

淳熙十四年正月二十四日，詔：「諸司審計司、諸軍審計司各減兵士三人。」以司農少卿吳燠議減冗食〔二〕，下敕令所裁定，故有是命。

慶元元年十一月十九日，户部言：「幹辦諸司審計司商飛卿申，乞將〔王〕〔玉〕津園、儀鸞司、修内司人兵工匠，如遇年七十以上，委的昏耄殘疾，不任執役之人，方許撥出額外養老。依三衙諸軍例，止支減半請給。仍乞立定額外養老人數，遇有闕，方許撥出填補。本部照得養老人日後若有收使資級轉行，止依元養老日職名批放本處減半請給。或特降指揮，亦乞不許批放全分。其已養老人遷 63 轉准此。」詔從之。（以上《永樂大典》卷一一〇七）

抵當免行所　又名抵當所

【宋會要】

64 抵當免行所，在府司檢校庫，舊隸府，後屬都提舉市易司，以官錢召人抵當出息。凡五案：檢校小兒錢爲一，開封府雜供庫爲一，國子監、律、武學爲一，軍器、都水監爲一，市易務爲一，并受免行錢。

神宗熙寧四年五月四日，同勾當司録司檢校庫吳安持言〔三〕：「本庫檢校小兒財物，月給錢，歲給衣，逮及長成，或至罄竭，非朝廷愛民本意。乞將見寄金銀、見錢依常平等倉例，召人先入抵當，請領出息，以給元檢校人户。」詔千貫已下並如所請施行。

十一月十一日，權發遣開封府推官晁端彦言：「雜 65 供庫支費浩大，歲約九千餘貫〔四〕，已裁減三分之一。乞下左藏庫借錢爲本，依古公廨錢及今檢校庫〔五〕，召人借錢出息，却候儹剩撥還。」詔左藏庫支錢七萬貫爲本。

五年正月十二日，詔差吳安持與本府户曹孫迪專一置局〔六〕，管句息錢支納。

四月三日，抵當所言：「在京人户係屬司録司，乞令司録司共管勾催促本所錢。」從之。

〔一〕「所」下似脱一職銜。
〔二〕議：原無，據本書職官二七之六〇補。
〔三〕持：原作「特」，據《長編》卷二二三改。
〔四〕約：原作「均」，據《長編》卷二二三改。
〔五〕及：原作「支」，據《長編》卷二二三改。
〔六〕「持」原作「特」，「孫」原作「遜」，據《長編》卷二二三改。

七月二十二日，詔給武學錢萬貫，送檢校庫出息，以供公用。九年七月，武學請收還本錢，遂罷。

十一月二十七日，詔給國子監錢二萬貫，送檢校庫出息，以供公用。

六年四月二十四日，詔給律學錢萬貫，送檢校庫出息，以供公用。並從其請也。

十二月十八日，都水監言：乞將本監錢一萬五千貫，送抵當所出息供用。從之。

二十六日，軍器監言：乞將本監錢一萬九千餘貫依武學例，送府司出息供用。從之。

二十七日，詔：「市易司市利錢量留支用外，十萬貫並送抵當所出息，准備支充吏禄。其抵當所令都提舉市易統轄，罷句當曹官一員，却置句當公事兩員專切檢估。」

九年五月六日，都提舉市易司言：「本司統轄抵當官錢，然檢校庫自隸開封府，若本庫留滯差失，無緣檢舉，乞撥屬本司。其事關開封府，即依舊隸府，其餘應干事務，並歸本司統轄。」從之。《續會要》作抵當所，附太府寺；《中興會要》以後無此門。（以上《永樂大典》卷一〇九四二）

惠民和劑局

66 高宗紹興六年正月四日，詔置藥局，以(惠)行在太醫局熟藥東西南北四所爲名。內將藥局一所以和劑局爲名。從户部侍郎王俣之請也〔一〕。

同日，詔：「和劑局置監官，文武各一員，差京朝官或大使臣，依雜賣場請給。熟藥所各差小使臣或選(入)〔人〕一員，除請受外，月支錢一十二貫。遇入局日，支食錢二百五十文。」是年七月十六日，朝旨：「和劑局熟藥所監官，每月從本部于一文息錢内，添支犒設錢一十貫文。」

同日，詔：「賣到藥錢，每五日一次，送納藥材所，聽就支用藥材價錢外，將見在錢納雜買務。」

同日，詔：「熟藥局并和劑局，令臨安府差撥兵級巡防。内和劑局一十人，賣藥局各四人。」

同日，詔：「熟藥四所分輪雙隻日啓閉。遇啓，即出賣湯藥；遇閉，即計算前一日賣到錢數〔二〕，編排見在。」

是年二月二十三日，朝旨：「今後交跋到熟藥，虚稱闕絶者，並從太府寺覺察，從杖一百科罪。」

同日，詔：「和劑局般擔藥至熟藥所，並輪差巡防兵士，令本局量破脚錢，以藥息錢支給。」十月四日，詔每人日支五十文，于頭子錢内支給。又三月六日朝旨：「和劑局令步軍司更行選差少壯兵士一十五人，節(給)〔級〕一人，赴局充般擔雜用。每人日支食錢五十文，内東所添作七十文，西所一百文，于本局降到料次内支給。」從本局請也。

十月四日，詔：「今後除本局合藥縻費外，其應干(管)

〔一〕王俣：原作「吳昊」，據《建炎要録》卷九七改。
〔二〕一日：原倒，據文意乙。

〔官〕司等處錢物並罷，不許應副。雖奉特旨，亦令户部執奏。」

同日，詔：「和劑局差專知官一名，手分二人，書手二人，生熟藥庫子、秤子各一名；熟藥所各差專知官一名，書手一名，賣藥庫子三人，依法召募。內專知官于校副尉內踏逐。其請給並依雜賣場見請則例，專知官添給錢一十五貫，每日食錢三百文；手分料錢一十二貫，每日食錢二百文；書手、庫子每月料錢八貫，每日食錢一百八十文。並推行倉法，內專知官與理當重格。」是年十月八日，朝旨：「和劑局專副知、手分並日支食錢三百文，書手二百五十文，庫子、秤子二百五十文。熟藥所專庫、書手等，並依此則例。」並從太府寺請增添也。

同日，詔：「雜買務收買藥材，依雜賣場例，每貫收頭子錢二十文省，市例錢五文足，應副脚剩錢等雜支使用。置曆收支，年終將剩數併入息錢。所有熟藥所納錢看掐，並依左藏庫條法。其納到錢就支藥材價錢外，餘並行樁管。」

同日，詔：「和劑局合用工錢，每料五百貫文，申太府寺降帖，下雜買務支給。」

同日，詔：「藥局印記，『和劑局記』[67]四字爲文，熟藥東西南北四所各以『之記』六字爲文。」

同日，詔：「撰合假藥、僞造貼子印記，作官藥貨賣，並依僞造條法。」

同日，詔：「熟藥所、和劑局監專公吏輪留宿直，遇夜民間緩急贖藥，不即出賣，從杖一百科罪。」

同日，詔：「藥局作匠，並不得占使，如違，從杖一百科罪。經時乃坐，許諸色人經部越訴。」

同日，詔：「和劑局藥材令雜買務收買，仍就令太府寺准備差使兼雜買務監門，機察錢物出入。除本身請給外，每月添支和劑局監門官日支食錢一色。」

二十五日，詔：「藥局修合并辨驗藥材官，令本部于醫官局并有官人及在外有名目醫流內踏逐申差。其請給(衣)〔依〕和劑局監官例，添破茶湯錢八貫文。如係有官人，亦與理爲資任。」九月二十五日，南北所各添書手、庫子各一人。

九年二月五日，詔：「和劑局、熟藥所監官任滿，京朝官、使臣並減二年磨勘，選人循一資。監門官、辨驗藥材官任滿，諸局所專副界滿，並減一年磨勘。如監官、監門、醫官任內有礙賞罪名，及專副有曠缺事件，並不推賞。若不滿任，即比附推賞。」

十年三月二十三日，詔：「熟藥所監官依編估局，每月各添給錢一十貫，于本部一文息錢內支給。」

十八年閏八月二十三日，朝旨：「熟藥所依在京改作太平惠民局。」

二十一年閏四月二日，詔：「諸路常平司行下會府州軍，將熟藥所並改作太平惠民局。」

十二月十七日，詔將太平惠民局監本藥方印頒諸路。

二十六年十月二十一日，詔：「惠民、和劑局，令户部委官相驗，將陳損舊藥並行毀棄。」以太府少卿林覺言「監專畏避陪償，不肯依條申請」故也。

十一月八日，詔：「和劑局修合官、雜買務辨驗藥材官，下翰林院，于近上醫官内選差，保明申户部審寔申差。和劑局修合官一員、雜買務辨驗藥材官一員，請給、人從、理任、酬賞，並依辨驗官見行條法。如或所辨驗藥材僞(監)〔濫〕，修合粗弱不如法，並從省寺點檢，申取朝廷指揮。見任文臣候選差醫官日並罷，内正官依省罷法。」以上《中興會要》。

孝宗隆興元年五月二十八日，詔令户部行下所屬，將今歲合發三衙官兵暑藥目下計置津發。先期差官，趁末伏以前到軍前。樞密院差使臣一員管押去，都督府差官給散。其行在諸軍夏藥，亦合勘量修製支散。以都省言：「和劑局逐年所支三衙官兵夏藥二十餘萬貼，軍身既已在外，切慮本局循例，就此支付本寨，理宜措置。」故有是命。

同日，詔：「和劑局所管藥材，内有貴細物，除偷出門一節，已有監官、親事官搜檢罪賞外，其局内有肉藥之類，若專典、作匠、公吏等緣事入局，輒將食用者，許人告，賞錢二十貫。監臨不覺察同罪。」

同日，詔：「雜買務收買藥材并收支錢，專置庫眼盛時〔一〕。及臨安府税務遇有客旅販到藥材，關報和劑局，依68市價收買。仍令和劑局約度月用數目，除行在庫務并市舶務有見在名件取撥應副外，據寔缺數報雜買務收買。遇有藥物入門，令臨安府與免收税。」

乾道元年三月五日，户部言：「淮西總領楊倓奏：『契勘淮西總領所惠民局及雜賣場，止是出賣藥物，事(物)〔務〕不多，乞將雜賣場併令惠民局官兼管。』本部勘當，欲依所乞，合以『監總領淮西江東軍馬錢糧所太平惠民局兼監行宫雜賣場』稱呼。所有減罷去處，其已差下人並依省罷法施行。」從之。以上《乾道會要》。（以上《永樂大典》卷一九七八〇）

脩合賣藥所

【續會要】

69 宋政和四年，尚書省言：「修合、賣藥所，本《周官》醫師救民之意。今只以都城四壁并商税院東出賣熟藥〔二〕，非創置惠民之意。矧今局事不隸太醫〔三〕。」（以上《永樂大典》卷一一〇八）

〔一〕盛時：疑當作「盛貯」。本書食貨二七之三六：「如臨安府都監倉庫眼盛貯不盡」，是也。

〔二〕壁：原作「璧」，據《古今事文類聚》新集卷三六改。

〔三〕按，此處文意未完，本書職官二七之二一有此條之全文，此句以下云：「矧今局事不隸太醫所，欲乞更兩修合藥所曰醫藥和劑局，五出賣藥所曰醫藥惠民局。從之。」但本條節略太甚，上文文字亦不同，不便徑行補入。

編估局

【宋會要】

70 編估局。高宗紹興七年正月二十八日，户部言：「欲將三路發到市舶香藥雜物，依舊令左藏東西庫、榷貨務交納外，其編估職事，乞隔委左藏庫監門官一員兼；其打套職事，乞委本府寺交引庫監官兼。」從之。

九年六月四日，詔：「打套局監官如任内職事別無曠闕不了事件，依藥局監官賞格，任滿，京朝官、使臣並與減二年磨勘，選人循一資，仍許計日推賞。如三年爲任之人，若及二年以上，並全給賞。所〔是〕編估局官係左藏庫中門官兼本門，已有賞格，更不推賞。」

二十一日，詔：「編估局官一員，專一編打三路市舶司香藥物貨并諸州軍起到無用贓罰衣服等。自來納訖，牒到本局，官吏將帶行牙人前去，就庫編揀等第色額，差南綱牙人等同本司看估時值價錢訖，供申尚書金部，符下太府寺，請寺丞一員覆估訖，徑申金部提振郎中廳審驗了當，申金部。内市舶香藥物貨等連估帳符下打套局，將合打套名件一一交跋打套。如不是打套之物，符下雜賣場，徑行赴左藏庫交跋，赴場出賣。其不堪支遣無用衣物等，脩審覆訖，省部供申朝廷指揮，日下依此行下打套局，一面交跋打套，及雜賣場徑行交跋出賣施行。」

同日，詔置編估官一員，請給人從酬奬並依打套官例。初以左藏庫中門官兼，至是以户部言事務繁劇，故有是命。

十一年三月八日，詔將編估打套局移出左藏庫外，於南倉之北置局。以上《中興會要》。宋朝《續會要》無此門，《乾道會要》□編估打套〔句〕〔局〕。

孝宗隆興元年八月十七日，右諫議大夫王大寶等言：「見議併省人吏，内編估局額管手分二人，難以省減；打套局見管人吏二人，庫經司一人，編估打套局門見管人吏一人，各不及分數。」詔依，見在人且令依舊，將來遇闕，更不遷補撥填。

十月三日，右承〔值〕〔直〕郎、監〔偏〕〔編〕估打套局門何倬，左從政郎、監雜買務雜賣場門趙粹中奏：「元降指揮，雜買務雜賣場門請給、人從，依左藏庫監門官；編估打套局門請給、人從，依雜買務雜賣場監門官。獨有賞典未曾陳乞，亦乞依左藏庫門體例施行。」從之。以上《乾道會要》。

淳熙三年二月十二日，詔編估打套局專知官，令以副尉赴都官注擬。從大理正晏受請也。詳見「職掌」。

四年正月一日，詔編估打套局官依舊堂除。（以上《永樂大典》卷一九七八一）

宋會要輯稿　職官二八

國子監

【宋會要】

1 國子監掌經術教授、薦送之事，闕祭酒、司業則以朝官判監事。祭酒一人，秩從四品；司業一〔人〕，秩正六品；丞一人，秩正八品；主簿一人，秩從八品；太學博士三人，秩從八品；學正一人，秩正九品；學録一人，秩正九品。紹興二十六年〔一〕，增正、録各一人。三十一年，減博士一人，正、録各一人。國子博士一人，秩從八品；正、録各一人，秩正九品。書庫官一人，三十一年減罷。武學博士一人，秩從八品；教諭一人，秩正九品。案有三：曰厨庫，掌太學錢糧及頒降書籍條册；曰學案，掌文武學公私補試、上舍發解試，升補考選行藝；曰知雜，掌監學雜務等。吏額：胥長一人，胥史一人，胥佐六人，貼書六人。二十六年，罷胥史一人，胥佐一人，減貼書二人。

太祖建隆三年六月，詔文宣王廟依儀制，令立戟十六支。是月，以國子監初開讀書，賜判監左諫議大夫崔頌并監生酒果。

太宗太平興國九年六月，詔：「國子監所解舉人，自今但負勤苦，有父兄居官食禄，不在本貫鄉里居止，監司諳知行止，便可收補發解，不必附監聽讀，即不得收不係食禄之家。」

雍熙三年十一月，以國子監丞胡令問、清州録事參軍李説爲右贊善大夫、國學校勘。

四年十月，詔：「國子監應賣書價錢，依舊置帳，本監支用，三司不得管係。」

至道二年八月，國子監請畫《三禮圖》於壁，從之。明年七月，畫畢，因詔文宣王、十哲、七十二賢像並加繪飾。

三年十二月，詔：「國子監經書，外州不得私造印板。」

《宋史·太宗紀》：淳化五年十一月丙寅，上幸國子監，賜直講孫奭五品服。因幸武成王廟，復幸國子監，令奭講《尚書·説命》三篇。至「事不師古，以克永世，匪説攸聞」，上曰：「誠哉是言也！」上意欲切勵輔臣，因嘆曰：「天以良弼賚商，朕獨不得耶？」遂飲從官酒，別賜奭束帛。

真宗景德二年五月，真宗幸國子監，召從臣、學官賜座，歷覽書庫，觀群書漆板及匠者模刻，問祭酒邢昺板數幾何，昺曰〔二〕：「國初印板止及四千，今僅至十萬，經史義疏悉備。曩時儒生中能具書疏者，百無一二，縱得本而力不能繕寫。今士庶家藏典籍者多矣，乃儒者逢時之幸也。」真宗曰：「雖國家崇尚儒術，然非四方無事，亦何以臻此。」且以書庫迫隘，與錢俶居第相接，因命易第中隙地十步以益之。

〔一〕紹興：原作「元豐」，按宋代年號有二十六年者唯紹興，因改。

〔二〕「板數幾何昺」五字原脱，據《玉海》卷四三補。

十一月，命翰林侍講學士邢昺、户部侍郎張雍、龍圖閣待制杜鎬、諸王府侍講孫奭於京朝、幕職、州縣官中薦儒術該博，士行端良，堪充國子監直講者十人。太子洗馬張潁等試經義于學士院而命之，用所薦也。

三年五月，詔國子監學官料錢並支見錢。《山堂考索》：景德四年二月癸酉，就西京建太祖神御，又置國子監、武成王廟。祥符二年四月辛卯，令國子監舉服勤詞學、經明行 2 修進士、諸科各十人。前詔止開封府洎所過州軍，至是本監上言，故及之。

四年二月，詔河南府規度地位，修建國學。候成日，當置學官講説，并賜經書。

大中祥符二年四月二十四日，詔國子監學官每夜輪一員押宿。

二十八日，詔：「凡補應出身求差遣者，須先於國學聽讀二年，滿日具名牒，審官院試驗。如年及二十五以上，不願在監聽讀者，依敕考試所業，具名以聞。」

五年九月十五日，詔：「國學見印經書，降付諸路出賣，計綱讀領，所有價錢，於軍資庫送納。」

十六日，國子監請就文宣王殿北建閣藏太宗皇帝御書〔一〕，及以皇帝御製《祥瑞論》、《勤政論》、《俗吏辯》刻石，從之。

明年六月，閣上梁，命近臣臨觀。設會，帝作七言詩賜之，又賜二帝御書、御集模本、太宗墨迹銷金扇四，祕之閣上，詔王曾撰記。

七年四月，詔：「步軍司選神衛剩員十人、節級一人，赴國子監洒掃，不得別有占役。月給醬菜錢二百文。」

六月十六日，以三班奉職鄭檢爲襄州鄧城縣主簿、國子監説書。檢明經善誦，朝士以其名聞，試于國學而命焉。

八月，詔：「國子監學生應子弟在監習業者〔二〕，除實是開封府外，每人召京朝官二人爲保識，然後收試。其保官須具印狀赴監。」

天禧五年五月，詔：自今國子監止差官兩員主判。時三司使李士衡爲其子奉禮郎丕旦求掌國學事，詔不許，因條約焉。

七月，内殿承制、兼管勾國子監劉崇超言：「本監管經書六十六件印板，内《孝經》、《論語》、《爾雅》、《禮記》、《春秋》、《文選》、《初學記》、《六（貼）〔帖〕》、《韻對》、《爾雅釋文》等十件，年深訛闕，字體不全，有妨印造。昨禮部（貢）貢院取到《孝經》、《論語》、《爾雅》、《禮記》、《春秋》，皆李鶚所書舊本，乞差直講官重看，槅本彫造。内《文選》只是五臣注本，切見李善所注該博，乞令直講官校本，別雕李善注本。其《初學記》、《六帖》、《韻對》、《爾雅釋文》等四件，須重寫雕印。」並從之。《儒學警悟》：張文節公初爲龍圖閣待制，求判國子監。真宗問王魏公：「國子清閒，無聽事，知白豈不長於治劇，欲自便邪？」魏公

〔一〕建：原作「闕」，據《玉海》卷一一二改。

〔二〕生：原作「士」，據《長編》卷八三改。

對：「知白博學，通曉民政，但其所守素清，而廉於進取，故爾。」上曰：「若此正好爲中執法。」乃命以右諫議大夫，除御史中丞。上用人如此，景德、天禧間，所以名臣多也。文節以龍圖閣待制知審官院〔一〕，糾察在京刑獄，出知青州，還朝，(知)〔始〕領國子監。此云初爲龍圖閣待制，求判國子監，非也。

乾(熙)〔興〕元年仁宗即位未改元。十一月，命龍圖閣直學士馮元同判國子監，自今更不差近下京朝官管當。初，近臣子第任京朝官者，多求監事，至是始有釐正。《山堂考索》：壬午，國子監舊制，皆用近臣及宿儒典領。近歲頗任貴遊子(第)〔弟〕之初仕者，與管庫資序畧均。壬辰，始命馮元同判國子監。仍詔自今無得差補蔭京朝官。

仁宗天聖元年八月，國子監言：「本監書庫雖有學官及 3 内臣劉崇超、皇甫繼明管勾，又緣崇超等各有兼職，罕曾到監，請以殿頭裴愈專監。」從之，仍令崇超等提舉〔二〕。《長編》：天聖元年冬十月癸亥，增國子監進士解額二十人。

三年二月，國子監言：「準中書劄子，《文選》、《六帖》、《初學記》、《韻對》、《四時纂要》、《齊民要術》等印板，令本監出賣。今詳上件《文選》、《初學記》、《六帖》、《韻對》並抄集小説，本監不合印賣。今舊板訛闕，欲更不雕造。」從之。

十月二十四日，判國子監孫奭、馮元等言：「近召河南縣主簿郭稹充直講，却令發遣歸任，所闕直講，別擇官以聞。臣等知稹文學優長，履行修謹，欲望且令在監分經講誦。」詔以稹爲國學説書，仍詔自今於參選人内保奏，不得抽差見在任官。

四年九月十二日，詔：「講學久廢，執卷者不知經義，蓋激勸之未至也。」詔判監孫奭、馮元於外任京朝官中同奏舉三五人，深明經義、長於講説、歷任無(人已)〔入已〕贓罪者，具名(已)〔以〕聞。

十六日，詔：「將來南省考試諸科舉人，令貢院召明習經義，長於講説，及三經已上者，於試官處量行試問。如實明經旨，即具姓名以聞，送國子監(在)〔再〕行試驗，誠有可採，當與甄擢。」

九年，詔重脩國子監，命内侍張懷言、宋永誠典作。又以禮賢宅西北隅地并舍宇賜本監，以廣學室。

景祐二年三月十三日，天章閣待制孫祖德言：「竊以國子監房(郎)〔廊〕殿宇、印板書籍家事不少，欲乞於直講京官内差一員，充監丞、主簿公事。」詔於學官内差兼領，仍於在監京朝官内選定以聞。

五年四月二十五日，判國子監鄭戩乞蓋講書并更衣殿，從之。《長編》：天聖七年八月甲午，詔國子監進士自今以五十人爲額。

寶元二年十月十三日，侍御史方偕言：「今後所舉京朝官、幕職州縣官充國子監直講，乞歷任中不曾犯私罪，或公罪杖以下者，方許保薦。及就轉京朝官後，再供職四年，許理爲一任。其見在監京朝官，亦乞勘會舉到監及就轉後

〔一〕官院：原倒，據《宋史》卷三一〇《張知白傳》乙。
〔二〕本條以上文字原抄作小注，據文意改爲正文。

年月施行。」詔自今改官後供職四年，只與外任差遣。從之〔一〕。

康定元年正月七日，判國子監葉清臣言：「乞於開封府管内摽田五十頃充學糧，本監差官給納。」從之。

六月五日，葉清臣又言：「今後國子監學官有闕，令本監官於外任州縣幕職官内，舉實有文行者充。」詔從之，其天章閣侍講、諸王府侍講、諸宫教授、伴讀、説書，自今並不得兼國子監直講之職。

慶曆元年五月，同管勾國子監梁適言：「近制：本監舉人無户籍者，聽召京朝（言）〔官〕有出身者保三人，無出身者保二人。今秋賦在近，而遠方寒士難於求保，欲請應見任并在銓幕職州縣官，非技術流外及歷任無贓人，並聽爲保。」從之。《長編》：慶曆元年八月癸巳，詔國子監今歲解發進士，諸科各特增二十人。

三年二月，國子監言：「自今補説書官〔二〕，請以四人爲定額。及歲所試監生不 **4** 合格，且留聽讀，三試不中者黜之。仍請立四門學，以士庶子弟爲生員，以廣招延之路。」並從之。

十月，詔以玉清昭應宫田二十二頃賜國子監。

四年二月七日，詔以上清宫田園邸店賜國子監。《長編》：慶曆四年十一月戊午朔，判國子監余靖言：「臣伏見先降敕命并貢舉條制，國子監生徒聽讀滿五百日，方許取應，每十人之中與解三人。其諸路州、軍、府、監並各立學，及置縣學，本貫人並以入學聽習三百日〔三〕，舊得解人百日已上，方許取應。後來雖有敕命，曾到省舉人與免聽讀，内新人顯有事故給假，並與勘會除破。其如今非畫一，難以久行。切以國家興建學校，所以獎育俊秀而訓導之〔四〕，由是廣學宫，頒學田，使其專心道義，以思入官之術。伏緣朝廷所賜莊園、房錢等，贍之有限，而來者無窮。若偏加稟給，則支費不充〔五〕；若自營口腹，則貧寠者衆。日有定數，不敢不來，非其本心，同於驅役。古之勸學，初不如此。臣以爲廣黌舍，所以待有志之士；去日限，所以寬食貧之人。國家有厲賢之風，寒士得帶經之便。欲乞應國子監、太學生徒，如有情願聽讀滿五百日，即依先降敕命，將來取解，十人之中與解三人。其不滿五百日者，並依舊額取解應舉。所有開封府及天下州軍立州學處，亦取情願聽讀，更不限以日數。所貴寒士營生務學，不失其所。」乃詔罷天下學生員聽讀日限。元豐二年十二月戊戌〔六〕，詔：自今解發進士〔七〕，太學以五百人，開封府以百人爲額。舊制：開封府三百三十五人，國子監百六十人。熙寧八年合爲一，以解額通取。至是復分，而太學生數多，故損開封解額以益之。

皇祐四年五月六日，詔：「國子監直講，今後須選舉通明經義、德行純至、有老成之器、年四十以上、可與胄子爲模範者充〔八〕。」時京師浮薄之輩多依附近臣，薦充此職，講（隸）〔肄〕之地，殆成虚設，故有是詔。

五年七月，詔國子監：「如聞監生多以補牒貿鬻於人，

〔一〕「從之」二字疑衍。

〔二〕補：原作「備」，據《長編》卷一三九改。

〔三〕聽：原作「所」，據《長編》卷一五三改。

〔四〕獎：原作「將入」，據《長編》卷一五三改。

〔五〕充：原作「克」，據《長編》卷一五三改。

〔六〕元豐二年：原無，據《長編》卷三〇一補。

〔七〕發：原作「撥」，據《長編》卷三一〇改。

〔八〕此下原有屠寄批注：「《大典》卷一萬九千二百四十同。」

使流寓無行之士，冒試於有司，其加察驗之。」《長編》〔一〕：皇祐五年七月戊子，又詔：「開封府、國子監進士，自今每一百人解十五人。其試官親嫌，令府、監互相送，若兩處俱有親嫌，即送別頭。」

至和二年十二月十八日，詔國子監：「自今學官改官後，以三年爲一任，願留者聽之，仍不理資考。」

嘉祐三年五月，管勾國子監吳中復言：「舊制，每遇科場，即補試廣文太學館監生。近詔間歲貢舉，須前一年補試。比至科場，多就京師私買監牒，易名就試，及旋冒畿内户貫，以圖進取，非所以待遠方孤寒之意。請自今遇科場，補試監生如故，仍以四百五十人爲額。」從之。

（七）〔六〕月〔二〕，詔：「國子監生員纔四百五十人，而遠方孤寒之士多在京師，其更增一百五十人。」

四年七月，以秘書省校書郎致仕孔旼爲國子監直講〔三〕。以近臣言其素有行義而 5 命之。

九月十九日，管勾國子監范師道言：「本監元額學官八人，見止六人，伏見應制科錢藻頃因應舉講書中等〔四〕，已有朝旨，候一任迴與直講。近應中制科，欲乞令藻帶新官赴監説書。」從之。（以上《永樂大典》卷一九五〇一）

【宋會要】

英宗治平二年七月，以三班差使、殿侍崔公度爲和州防禦推官，充國子監直講。以宰臣韓琦言其守道甚篤，文章雄奇贍逸故也〔五〕。

三年四月，詔：「今後補試監生，只就六月内了當，更不許舉人陳狀乞展限。」從國子監請也。先是，元年補到監生六百人，有百一十道至三年無人請領，又去失二十道。勘會自來補試，只於六月内了結，監牒上姓名、三代，取候舉人來請時，旋書填給付。近歲爲多在七月，比畢，則已鎖試院，遂爲預書之，乃致有餘，因緣生弊，仍有是請。

是月，國子監直講黎錞言：「本監有元年所餘監牒一百六十道，無人請領。蓋舉人多有占籍開封府，而無意求補，聊隨衆就試，或復夾帶無藝之人同在場屋。故奏名之後，却不請領，虚名（人）〔入〕額。檢會祥符三年本監奏稱：《六典》，學生初入學，行束脩之禮於其師。國初以來，但補爲生者，即納束脩二千，屬監司公用。又言：監生及第後納錢，謂之『光監』，然實是初入學見師之禮，本非光監。乞令舉人補監生，並各先納錢二千，方許就試。如此，則非實願補試，必不肯至。若補中，更不納光監錢。」從之。

六月，國子監言：「本監每月支舊書庫賣書錢充衆官食錢、庫子糧課、剩員醬菜錢，并編修院、醫書所、諫院、雕

〔一〕「長編」二字原無，按下文乃引自《長編》卷一七五，據補。

〔二〕六月：原作「七月」，按《長編》卷一八七於上條之末記此事，注云：「又增百五十人乃六月丙寅。」據改。六月丙寅即六月二十七日。

〔三〕旼：原作「攸」，據《宋史》卷四五七《孔旼傳》改。

〔四〕制科：原作「制料」，據文意改。

〔五〕雄奇贍逸：原作「雖奇瞻逸」，據《長編》卷二〇五改。

造《前漢》所等錢，共一百四十二貫七百五十文省。乞將本監官食錢、庫子糧課、剩員醬菜錢并印書匠工錢，係本監事，即於賣書錢内支；其餘公用錢，並乞於左藏庫支撥。所有書庫支遺餘錢，即依條每半年納左藏庫。」詔：「今後將本監賣書錢盡納左藏庫。所合支用錢，並令三司勘會，出給曆子，下左藏庫支。」

《神宗正史·職官志》：國子監祭酒，從四品；司業，正六品；丞，正八品；主簿，從八品。各一人。太學博士十有二人。博士十人，舊係國子監直講。元豐三年，詔改爲太學博士，每經二人。正、録各五人，武學博士二人，律學博士、正各一人。博士，從八品；正、録，並正九品。而太學録五人，武學正、録各一人，選學生無視品。祭酒、司業，掌三學之教法政令，而監之事則丞與焉〔一〕。分經講授，審覆行藝，則博士主之；舉行學規，以次考選，則正主之；糾不如規者，論選士以告於正，則録主之。凡入學，先驗所隸州公據，歲於孟月〔試〕中，則補充外舍。月書行藝，季論其可選者，取歲終校定，具注於籍。春秋補内舍，間歲補上舍，則命官覆試，視其校定之數，參驗而叙進之〔二〕。若學諭、直學及齋長、諭闕，則選校正生6充。凡試，以文武習業考藝，以齋學規罰考行，皆通取以較定陞補。歲計所隸齋生陞降多寡爲殿最，加賞罰。惟律學試以議刑（繼）〔斷〕獄，無較定法，雖已仕者聽肄習焉。車駕幸學，則官屬率諸生班迎，即行在距學百步亦如之。舊有判、同判、管勾監及直講官，其程督課試，率多文具。熙寧初，詔用經術取士，廣闢黌舍，分爲三學〔三〕，增置生徒，總二千八百人。日給以食，皆有賜錢充費，而刊印給納書籍有官，療治疾苦有醫。朝廷育才，於斯爲盛。及元豐中，復正官名，分案八，設吏十〔四〕。

《哲宗正史·職官志》：國子監祭酒、司業、丞、主簿各一人。祭酒掌國子監、太學、武學、律學、小學之政令，司業爲之貳，丞參領監事。凡諸生之隸于太學者，分三舍。齋長、諭月書其行藝于籍，行謂率教不戾規矩，藝謂治經程文。季終考於學諭，十日考于學録，二十日考于學正，三十日考于博士，又三十日考於長貳。歲終取外舍生百人，内舍三十人，校定奏聞，以定覆試。視其校定之數，參驗而叙進之。凡私試，孟月經義，仲月論，季月策。公試，初場以經義，次場以論、策。試上舍如省試法。凡内舍行藝與所試之等俱優者，爲上舍上等，取旨命以官；一優一平爲中，留俟殿試；一優一否或俱平爲下，留俟省試。惟國子生不預考選。凡課試、升黜、教導之事，長貳皆總焉。車駕幸學，則率官屬、諸生班迎〔五〕，即行在距學百步亦如之。凡釋奠于先聖先師及武成王，則率官屬、諸生共薦獻之禮。

〔一〕焉：原作「正」，據《群書考索》後集卷一一改。
〔二〕「驗」原作「駁」，「之」原作「人」，據《宋史》卷一六五《職官志》五改。
〔三〕三：原作「二」，據《宋史》卷一六五《職官志》五改。
〔四〕十：原無，據《宋史》卷一六五《職官志》五補。
〔五〕「諸」上原有「率」字，據《宋史》卷一六五《職官志》五删。

歲計所隸三舍生升降多寡之數，以爲學官之殿最賞罰。官屬：(大)〔太〕學博士十人，掌分經講授，考校程文，以德行道藝訓導學者。學正五人，掌舉行學規，凡諸生之戾規矩者，待以五等之罰。學録五人，掌佐學正糾不如規者。職事〔一〕：學録五人，掌與正、録通掌學規。學諭二十人，掌以所授經傳諭諸生，及專講《論語》、《孟子》。直學四人，掌諸生之籍及幾察出入。每齋置長一人，掌表率齋生。凡戾規矩者，糾以齋規五等之罰。其在外有顯過而證驗明者，亦聽糾之，不許以自首赦恩原免。月考齋生行藝，著于籍。諭一人，掌(左)〔佐〕齋長道諭諸生。武學博士二人，學諭二人，掌以兵法、七書、弓馬、武藝訓誘學者。律學博士二人，掌傳授法律及校試之事。小學置職事教諭二人，掌訓導及考校責罰。學長二人〔二〕，掌序齒位，糾不如儀者。集正二人，掌籍諸生名氏〔三〕，糾程課不逮者。凡諸學生徒皆有定數。元祐初，置《春秋》博士。三年，罷命官正、録，止以上、内舍生充選。後復置命官學正二員，博士兼行規矩職事，添置掌儀以糾之。減學諭、直學員數及律學博士一員。紹聖改元，復元豐學制，命官學職悉仍舊云。

神宗熙寧元年正月，諫官滕庠言：「慶曆中，太學内舍生二百員，並官給日食。近年每人只月支錢三百文添厨，其餘自造，比 7 舊所費殊寡。即今補試諸生一百五十人，方撥四五十人入學，足二百員，其餘試中未入學者，尚百餘人。遠方孤寒，待次多日，却歸鄉里，奔馳道路。今太學齋舍空閑甚多，欲乞增置生員一百人，作三百數。況本監歲收租課足以供(瞻)〔贍〕。」又諫官吳申言：「今太學生徒以二百人爲限，其數嗇狹，遠方之士，逾年待次。伏乞學生不限員數，庶使嚮儒日盛，流化天下。」詔申、庠再參定。申等欲於内舍生二百人外，增一百員名；外舍生逐旋補試，且令入齋聽讀，仍不破官中貼厨錢。候内舍生有闕，即將外舍生撥填。如此則有廣朝廷育才之意，亦不違先降學制。從之。

五月，國子監言：「自來補試國學監生，以六百人爲額。今科場三年一開，竊見開封府、國學各增解名三分之一，四方士人以此盛集京師。欲乞監生人數亦展一分，以九百人爲額。」從之。

六月，又言：「訪聞舉人欲來本監投下家狀，緣條制，每人用京朝官兩員委保，不得過五人。欲乞亦許通用流外曾歷任無贓罪選人，仍乞職官令録許保三人，判司簿尉許保二人。所冀舉人依限早就試補。」詔進納及流外出身不許保任，餘並從之。《職官志》：元豐三年，詔：「自今奏舉太學博士，先以所業進呈。」五年，詔國子監官差承務郎以上，闕即差選人充正官，立行、守、試請奉法。八年，詔罷太學保任同罪法。

二年二月，臣僚上言：「乞今後天下州郡學舉人欲補

〔一〕事：原作「士」，據《宋史》卷一六五《職官志》五改。
〔二〕長：原作「掌」，據《宋史》卷一六五《職官志》五改。
〔三〕籍：原作「集」，據《宋史》卷一六五《職官志》五改。

試于國子監，並(元)〔先〕於本處投狀。官司契勘合得貢舉條制，及體訪無僞濫，即給公憑，令自赴監，更不用在京保官。此稍近鄉舉里選之法。」詔：「國子監按驗不虛，令五人至三人遞相委保，如是假冒，甘(勤)〔勒〕出科場，即與施行。其品官之家隨侍子弟，即於隨侍處依此召官委保。」

十二月二十四日，詔：「三京國子監添同判一員，差知州有資序人已上，須精神不至昏昧、堪任釐務者充。以三十箇月滿替。」

四年七月二十八日，詔：「國子監直講，自來執政所舉，或國子監又或中書選差，候將來有闕，於兩制、臺閣所舉五路學官内，考所業優者差。」

十月十七日，中書門下言：「近制，增廣(大)〔太〕學，益置生員，除主判官外，直講以十員爲額，每二員共講一經。委中書選差，或主判官奏舉，以三年爲任。選人到監五年，與轉京官。或教導有方，或職事不修，並委主判官聞奏，當議陞黜。其生員分三等，以初入學生員爲外舍，不限員；自外舍陞内舍，内舍陞上舍，上舍以一百員，内舍以二百員爲限。其生員各治一經，從所講之官講授。主判官、直講逐月考試，試到優等舉業，並申納中書。學正、學録、學諭仍於上舍人内逐經選二員充。如學行卓然尤異者，委主判及直講保明聞奏，中書考察，取旨除官。其有職事者授官訖，仍舊管勾，候直講、教授有闕，次第選充。其 8 主判、直講、職事、生員並第增添支食錢。」從之。

二十八日，詔殿中丞宋靖國、贊善大夫呂嘉問相度錫慶院建太學。從御史知雜鄧綰所請也。綰言：「國子監粗容春秋釋奠，齋庖之室不足以容諸生。至於太學，即未嘗營建，止是假錫慶院西北隅廊屋數十間，逼窄湫隘，又官司未嘗葺治。今大新學制，學者聞風，坌然畢集，恐不足以容。乞特賜錫慶院爲太學。」故命相其地建之。

是月，詔：「國子監直講自中書門下選差，及本監主判官奏舉，不拘資序，任滿與堂除合入差遣。又到監一年，通計歷任及五考，即與轉官。如教導有方，實爲士人之所歸嚮，委主判官保明以聞，及中書門下考察，許令再任。其職事不修者，許令中書門下及主判官檢察取旨，不候任滿差替。」

十一月十五日，國子監言：「新制增廣生員，其有管勾官，亦藉其材幹。請以著作佐郎楊完爲監丞，馬硫爲主簿〔一〕。」從之。

二十七日，管勾國子監公事常秩言：「取索在監直講等前後所出策論題，考校諸生試卷，定到優劣等第。」詔焦千之等五人並罷職，與堂除合入差遣。

十二月一日，詔每年益以錢四千貫賜國子監，以增置學官、生員歲用不足也。

五年十二月，詔國子監主判官，待制已上差判，餘並管

〔一〕硫：似當作「琉」，元豐有名「馬琉」者，見《長編》卷三一三。

勾本監公事。

八年八月一日，臣僚上言：「國子監保試只試一場，一千五百餘卷，學官八員，計榜出之日，只以二日考畢。雖恐滯舉人，而考較必須精審。」詔國子監今後寬定日限。

九年二月二日，脩貢舉勑式練亨甫言：「自來諸路舉人，於開封府冒貫户名應舉，計會書鋪，行用錢物，以少約之，亦不下六七千。被告訐，則抵犯刑憲終身。有司雖明知僞冒，終不能禁止。今來國學、開封府既是併試，將兩處解通取舉人，宜皆願於國學補試應舉。緣補試多不中者，若不用貫户，則無處試，是猶未免前日之弊也。今欲遇科場，除國子監三舍生外，並令實通鄉貫，十人爲一保，召保官一員，委保於國子監，納光監錢三千，給牒應舉。其錢充試院及期集賜錢等支用。如此施行，不唯公私皆便，兼俾士人進身之初，無僞冒犯之累，稍趨行實，其(餘)〔於〕風化，不爲無助。兼國子自來請監牒納光監錢二千一百六十文，今既與免補試貫户煩費，只令納錢三千，則人情樂然，極爲便利。」從之。

十一月二十五日，知諫院黃履言：「國子監每歲賜錢一萬四千貫，供贍外舍生及諸般支用。切見本監有編勑、經義、光監三等錢共及萬貫見在，欲乞并自已後收到，令本監逐旋置房廊莊課。候將來置及歲賜錢數，則三等錢依舊樁管及充監用，而歲賜錢可罷。」從之。

十年二月十三日，詔：「國子監上舍生自今應補中後，在學實及二年，無犯學規第二等已上過，委主判同學官保明，與免解，從 9 上不得過三十人。內於貢舉自合免解者，與免省試一次。已該免解後，又在學及二周年已上，別無公私過者，並免省試。」

元豐元年正月十一日，詔國子監丞、主簿省一員。

十七日，詔：「自今學官，非公筵不得預妓樂會。」從知永興軍呂公孺請也。

十二月五日，建州進士虞蕃上書言：「太學官不公，校試諸生陞補有私驗〔一〕。其赴太學，常以巳入而午出。陛下日覽萬機，書筵勸講，尚不數年而講畢。今講官講《周禮》七年，纔及四卷。」又言：「《論語》、《孟子》，道德之所在，陛下設科，使參大經，今未始有講。乞令講官依諸司例早入監，仍集諸生問答，間日一升堂，伏臘假不停説書。及非假故，毋因循廢講。」詔不公事，委開封府根治以聞；內申請事，(今)〔令〕國子監主判官相度。

二年二月十七日，判國子監李定言：「直講以傳授經術爲職，乞不令管規矩事。」從之。

五月二十二日，詔權御史中丞李定同根治太學獄。

七月一日，同判國子監張璪言：「太學内舍、上舍生中選者，免解試，或免禮部試。舊以直講考校，不無挾情，容有私取。請自今補内舍、上舍，皆自朝廷差官考校。」詔送

〔一〕有：原脱，據《長編》卷二九五補。

詳定學制所。

八月二十二日，詔益太學生員舍爲八十齋，每齋屋五間，命入内東頭供奉官宋用臣主管脩展。

二十九日，詔看詳太學條制所，以國學條貫與見脩學制定爲《國子監一司勑式》〔一〕。

九月二十五日，右正言、知制誥張璪判將作監。上批：「璪見領審官東院、國子監，朝廷方議增嚴太學規矩，非久頒降，須賴主判之官以時督察，庶幾成就。東院注擬差遣，檢省條例職事頗多，宜改差璪同判將作監，（今）〔令〕專意推行學制。」

十二月十八日，御史中丞李定等言：「切以取士兼察行藝，則是古者鄉里之選。蓋藝可以一日而校，行則非歷歲月不可考。今酌《周官》書考賓興之意，爲太學三舍選察陞補之法，上《國子監勑式令》并《學令》凡百四十條。」詔行之。初，太學生（擅）〔檀〕宗益上書言：「太學教養之策有七：一、尊講官；二、重正録；三、正三舍；四、擇長諭；五、增小學；六、嚴責罰；七、崇司業。」上覽其言，以爲可行，命定與畢仲衍、蔡京、范鏜、張璪同立法，至是上之。太學置齋舍八十齋，齋容三十人，外舍生二千，内舍生三百，上舍生百，總爲二千四百。生員入學，本貫若所在州給文據，試而後入。月一私試，歲一公試，補内舍生；間歲又一試，補上舍生。謄録封彌，如貢舉法。而上舍，則學官不與考較。諸齋月書學生行藝，以帥教不戾規矩爲行，治經程文合格爲藝。齋長諭、學録、學正、直講、主判官以次考察籍記。公試外舍生入第一、第二等，參以所書行藝，預籍者陞内舍。内舍生試入優、平二等，參以行藝，陞上舍。合三等俱優爲上，一優一平爲中，俱平若一優一否爲下。上等命以官，中等免禮部試，下等免[10]解〔二〕，以陞補及行藝進退，計人數多寡，爲學官之賞罰。緣陞舍爲姦者，論如違制律，不用去官赦原。學正增爲五人，學録增爲十人，學長諭以學生爲之〔三〕。

三年正月十七日，詔改國子監直講爲太學博士，每經二人。

十九日，增國子監歲賜錢萬五千緡。以國子監言「歲費錢三萬七千緡，而所入纔二萬三千緡」故也。

二十七日，詔：「國子監莊田、屋租並隸逐路轉運司、開封府界提點司，依錢穀數認見錢，歲送納監。」

二月九日，詔國子監罷書庫官，復置主簿，增監厨使臣各一員。增歲賜公使錢并舊爲千緡，增巡宿剩員并舊爲二百人。並從之，以看詳學制所請也。

二十三日，詔自今奏舉太學博士，先取所業進入。

四月二十八日，詔增國子監歲賜錢六千緡。初給外舍

〔一〕以：原作「有」，據《長編》卷二九九改。
〔二〕免解：原作「免試」，據《長編》卷三〇一改。
〔三〕此句《長編》卷三〇一作「學録參以學生爲之」。

生食，人月爲錢八百五十，至是增至一千一百故也。

五月三日，編脩學制所言：「奉旨立勢要及國子監、太學官親屬許不以鄉貫就開封府應舉之法。臣等看詳，監以國子爲名，而無國子教養之實，恐未稱朝廷建學育才之意。乞應勢要官親戚，並令入監聽讀，以二百人爲額，解發毋過四十人。」從之。

八月十九日，進士蕭之美上《直言策》，其一言：「太學博士有《易經》，而講者或兩人同講一經，而一善一否，則一人爲講義而分講之；或未嘗治經，則假手爲講義以講之。」詔中書本房立法。

四年七月二十七日，國子監言：「學生入學，乞令同縣五人以上爲保。如犯第一等罰，不覺舉者與同罪。許人告，賞錢三百。若未入學以前違礙，亦準貢舉法。」從之。

五年正月十七日，太學言：「生員萬臯等五人曾經屏斥，未嘗叙雪，而改名補試入學。」詔並斥出學，實殿一舉。今後妄冒入學者，徒一年。

五月一日，詔：「國子監官差承務郎以上，如無，即差選人充正官〔一〕，立行、守、試請受法。」

十一日，詔起居舍人蔡卞兼權國子司業。先是有詔：「近緣差除，罷主判處新官未到，官局廢事，如太學之類，可速差官權領。」故有是命。

六年三月二十二日，上批：「太學博士員闕進呈，以劉槩、黄裳爲太學博士。」此據御集〔二〕。三月二十二日〔三〕，神宗改正官制，員闕多歸吏部，以謂不可毫髮增損。曾孝寬以吏部尚書對，戒飭甚峻。孝寬云：「適有一事欲奏稟。比有太學博士闕，一人臣以爲可以與選，而無恩例；一人臣以爲不可爲，〔而〕以恩例當得。法行之初，不敢申請，故欲面稟。蓋可與選者，狀元葉祖洽，乃無恩例，不可占射；不可爲者，獲賊改官人黄希〔四〕，以恩例當在祖洽之上。」神宗默然，即日批付中書：「太學博士並堂選。」此據曾氏《南遊記舊》〔五〕。按：八月十六日，乃自鄆州召孝寬爲尚書，此時未也。又八月二十二日，祖洽見任國子監丞罰銅〔六〕，《記舊》必誤，或誤指黄裳爲祖洽也。

五月八日，國子司業朱服言：「養士莫盛 11 於太學，而士鮮能知射。今武學教場隸本監，欲聽學生每遇假日習射。」從之。

八月十二日，前舒州桐城縣尉周諤言，欲罷試太學博士，選於教官；教官則選試於上舍、内舍及改科以來有出身進士。又乞嚴太學補試之法，士嘗與鄉書者，不必補而後入。詔中書省記姓名。

七年八月二十二日，權國子司業朱服言：「天下郡縣之學皆隸本監，四方之士多出太學。將來禮部試，慮諸路舉人群集京師，自以不在學籍，無糾禁稽察之法，循緣舊習，浮縱寡耻。兼本學生交雜，相爲掩蔽，難以辨究。乞應

〔一〕「即差」句：原作「郎差遣選人差正官」，據《長編》卷三二六改。

〔二〕以下一段原作大字，今改爲小字，此乃《長編》卷三三四李燾原注。

〔三〕三月：《長編》卷三三四作「二月」。

〔四〕黄希：《長編》卷三三四作「董希」。

〔五〕曾氏南：原無，據《長編》卷三三四補。

〔六〕任：原作「在」，據《長編》卷三三四改。

舉人到京，或有顯過，虧損行義，若博弈鬭訟，使酒不撿，造爲飛語，謗訕朝政，委本監檢校聞奏，比附學規殿舉。」從之。

八年十月十八日，禮部言：「舉人有永停取應及殿舉未滿，未得入學者，欲令應舉入學。」從之。

十二月二日，詔罷太學保任同罪法。

哲宗元祐元年三月十四日，詔：「太學每歲公試，使司業、博士主之，如春秋補試法。」前此鎖院如科場制，諫官以爲言故也。

四月十七日，國子監言：「太學生員犯規，屏出學，情輕滿三年，及告假踰限除籍者，自來並各依條補試入學。今來該登極(太)〔大〕赦，其犯學規未得入學人，情理可矜者，取朝廷指揮，依舊入學。本條即無補試之法。欲乞爲兩等，其身自犯者，仍依《學令》補試入學；其係與保人連坐者，更不補試。」從之。

五月二日，左司諫王巖叟言：「太學生乞罷一年之限，補中人並許應舉。」詔國子監立法。

十二日，詔試給事中兼侍講孫覺、試祕書少監顧臨、通直郎充崇政殿説書程頤，同國子監長貳看詳修立《國子監太學條例》。

六月十八日，詔太學置《春秋》博士一員，令本監長貳奏舉。

七月十日，看詳編修國子監太學條例所奏：「乞太學生今次科場，但元豐三年興學後在學通及一年者，許取應。内因假違限落籍生員，慮歲遠，其中不無違冒。今欲乞將應落籍該取應之人，令召命官一員，或在學生員二人保識，赴國子監照驗。」從之。

八月十二日，詔以鄆州處士王大臨爲太學録。以司馬光薦大臨通經術，而嘗召不起故也。

二年六月二十六日，禮部、國子監言：「止善齋學生虞承於元豐元年中曾告論本學升補事〔一〕，請特賜屏斥。」從之。

七月八日，詔内外學官選年三十已上歷任人充。從御史中丞胡宗愈請也。

三年五月十六日，詔國子監置長貳，餘寺監長貳並互置。

七月二十六日，詔朝請郎盛僑依舊國子司業。僑自司業除楊王府侍講，國子監奏留，從太學生之請故也。

四年六月十八日，詔：「今後太學正録，並依熙寧法選上舍生充；上舍闕，選内舍生。其見在人候任滿日罷，已差下人別與差遣。」

五年十二月十八日，殿中侍御史岑象求言：「國子監生員無叩問 12 師資之益，學官不以訓導爲己任，及聞補試，伺察不嚴，不無假手之弊。」詔禮部相度以聞。六年九

〔一〕升：原作「外」，據《長編》卷四〇二改。

月五日，本部言：「欲令生員遇有請益，許見長貳。仍詔生員以所納齋課於講堂上指諭〔一〕。并委博士逐月遍巡所隸齋，詢考學生所業〔二〕。凡私試不鎖宿，欲令不罷講説。」從之。

六年九月六日，禮部言：「應補外舍附私試大義日，願試詩賦者附第二場。仍各爲號，博士鎖宿。自引試日後，別限考校。千人以上限止十日，每少百人，減一日。人數雖少，即不得減過五日。取文理通者爲合格。長貳與考校封彌官同驗號拆封，注籍曉示，仍申三省、禮部。」從之。

十月八日，詔兖州録事參軍郭真卿添監國子監書庫〔三〕，不得爲例〔四〕。

十五日，朝獻景靈宫退，幸國子監，詣至聖文宣王殿行釋奠禮，一獻再拜。幸太學，御敦化堂，召宰臣、執政官、親王、從臣賜坐，禮部、太常寺、本監官承務郎以上侍立，承務郎以下、三學生坐于東西廡。侍講吴安詩執經，國子祭酒豐稷講《尚書·無逸》終篇。復命宰臣以下至三學生坐，賜茶。國子監進書籍凡十七部軸，上命留《論語》、《孟子》各一部。遂幸昭烈武成王廟，酌獻肅揖。禮畢，還内。是日，賜豐稷三品服，本監官學官等賜帛有差。先是，翰林學士范百禄轉對，請視學，故有是舉。《長編》：哲宗元祐七年六月癸丑，禮部狀：「近準都省批狀，勘會開封府遇科場歲，多有四方舉人冒貫畿縣户名取應。及太學生員依條須在學及一年，方預就試。其間有未及一年之人，亦不免有寄貫取應之弊。檢會舊制，國子監取應舉人，先於廣文館補試，給牒取應。今欲復置廣文館生員。今再行看詳，開封府進士解額一百人，即乞依舊外，將本府諸科二百人并國子生四十人，共爲二百四十人解額，並撥屬廣文館。廣文館生員以三百四十人爲額〔五〕。並國子監狀，太學生員上舍一百人，内舍三百人，外舍二千人。元祐五年發解國學舉人，每五人四厘二毫一忽解一人〔六〕。」詔依禮部所申。今後太學舉人并國子監生解發，並依元祐五年發解取人分數施行〔七〕。

紹聖元年三月四日，詔今後内外學官選進士出身及經明行脩人充。

九日，監察御史郭知章言：「先皇帝隆尚儒術，增廣庠序，設三舍之法，應上舍生上等中選者，有取旨推恩之例。然擇之至精，俟之至久，故其得者亦難。自元豐以來，十餘年間，上舍生推恩者林自一名而已。誘進激勸之法，莫善於此。元祐新令，推恩之例已罷，士論惜之。宜復元豐上舍推恩之例。」詔：「太學合格上舍生上等推恩，免省試。每次科場不得過二人，仍附春榜人數。餘依元豐二年十二月指揮。」

閏四月七日，詔：「太學合格上舍生，並依元豐二年

〔一〕「仍」字原缺，「詔」原作「召」，並據《宋史》卷一六五《職官志》五改補。
〔二〕詢：原無，據《宋史》卷一六五《職官志》五補。
〔三〕真：《長編》卷四六七作「直」。
〔四〕例：原作「印」，據《長編》卷四六七改。
〔五〕三百四十人：原作「二千四百人」，據《長編》卷四七四改。
〔六〕五人：原作「五十人」，據《長編》卷四七四改。
〔七〕祐：原作「佑」，據《長編》卷四七四改。

法。內上舍上等該推恩注官者，每年不得過二人；免省者，每舉不得過五人；[13]免解者，每舉不得過二十人。仍充省試發解額內人數，並依補中年月高下爲次。其元祐法勿用。餘三舍升補等法，令禮部、國子監推行舊制。」《職官志》：紹聖元年，又詔：「內外學官選進士出身及經明行修人。」又詔學官並召試，國子監長貳、臺諫官、外監司皆許薦舉。二月甲午，罷廣文館解額，及將國子生四十人發還本監。從之。

五月十三日，左司諫翟思言：「熙寧初，除諸路學官，與更置太學博士、正録，雖有朝廷特除，然類令國子監長貳薦舉，索所業攷第高下，以次除授。復立試法，以覈材實。其進士發解、省試、廷試在十五人內，太學上舍、內舍職事者，並令召試。不在此例，許投所業，國子監考覈，方與召命。雖取之甚難，然一時所得，皆公議之所與。元祐以來，罷去試法，特行除授。請自今除學官依舊法召試，更不令自投所業，在內許國子監長貳、臺諫官，外則監司，皆得薦舉，上副陛下教養之意。」從之。

哲宗元符元年正月（三日）〔二十六日〕〔一〕，詔：「有官人許入太學充監生，於二百人額內，不得過四十人。」

二月十六日，刑部言：「右治獄勘到得解進士蘇天民與高茂待補太學外舍生，國子司業詹文妄作逐人自首，牒送所屬。」詔蘇天民、高茂各分送鄰州編管，詹文特衝替。

四月二十七日，國子監言：「乞今後科場及太學公私試，將所存留三分解額均作十分，先取二《禮》合格人，不得過五分，次取他經。」從之。

七月二十一日，中書舍人趙挺之言：「考試教導之官願增爲五經，國子監請試兩經，試卷各爲字號，取俱入等者爲合格。」詔今後試三經，餘從之。

二年五月十七日，太學生楊昊等言：「本學式令〔二〕，一遵元豐法度，獨解名元額未蒙舉行。」詔依元豐七年例分數取人。

九月二十一日，詔：「太學上舍推恩，並依元豐法。所有用元祐法考察試中上舍人，與免文解。」

元符元年七月七日〔三〕，詔學官歲一試。

八月十七日，禮部、國子監言：「請太學三舍生祖父母、父母在，九年不歸者，許自陳，給假省侍。」從之。

〔紹聖元年〕九月十二日〔四〕，詔：「太學三舍生，今後並依元豐學制，重行考察，依舊條推恩。」從三省請也。

二年二月二日〔五〕，國子司業龔原等言：「太學公試，除依元豐舊制差長貳監試，輪差博士五員入院外，乞朝廷

〔一〕二十六日：原作「三日」，據《長編》卷四九四改。
〔二〕式：原作「試」，據《長編》卷五一〇改。
〔三〕七日：《長編》卷五〇〇繫於三日己酉。又，自此條以下年月多失次，且每脱年號，蓋《大典》雜抄拼合而成。
〔四〕紹聖元年：原無，按《宋史》卷一六五《職官志》五，此爲紹聖元年事，據補。
〔五〕按，據《群書考索》後集卷二八，此爲紹聖二年事。

差官五員同共考校。」從之。

三日，禮部言：「國子司業盛次仲等言，太學上舍生係元豐學制考察試中，依元豐者，只依元祐條與免解。本部看詳，内舍逐次考察公試，緣已是各隨新舊條制陞補，其内舍生已全用元豐學制。外舍生考察陞補充内舍之人，自合依元豐條考察。及試上舍外，内舍學生已係用元豐學制，自外舍考察後，却用元祐公試入等陞補作内舍者，並依舊充内舍。候補中上舍該推恩日，只依元祐法。」從之。

五月十八日，國子監言：「14應本學正録係奏舉職官、知縣、縣令人已經陞改後差者，並依元豐舊例，與理合入資序。」從之。

六月十七日〔一〕，右正言劉拯言：「太學博士並朝廷選除，正録有闕，亦從試補。」詔令國子監約元豐條立法以聞。

十月二十九日，禮部言：「乞下國子監，自來年春季，仍舊季補。」從之。《職官志》：元符二年，罷《春秋》博士。三年，詔辟雍置司成、司業各一員。四年，詔：「辟雍待四方貢士，在國之郊，太學教養上舍生，在王城之内，内外既殊，高下未倫。辟雍有司成，在侍郎之次；國子有祭酒、司業，列于卿少。事體不順，合行釐正。改辟雍司成爲太學司成，總國子監及内外學事。凡學之事，皆許專達。仍立學官謁禁。」

〔元符〕三年徽宗即位未改元。三月十一日〔二〕，禮部言：「太學生請長假，乞依元豐四年二月二十九日指揮，除出程限。」從之。

十一月二十七日，詔復置《春秋》博士。崇寧元年省罷〔三〕。

十二月二十一日，禮部言：「考功員外郎朱彦奏：『乞太學今後四季補試外舍生，只就本學考校，仍罷謄録，依元豐舊法施行。』國子監勘會元豐《學令》，補試外舍生係試大義一場。今比元豐法，係增添論一場，依太學私試，差丞、簿封彌，律學巡鋪指揮監門。」從之。

七月二十五日，禮部言：「國子監生員，乞將前舉科場後已曾在學一年、後請假、見上簿待闕生員，許令作在學人取應。」從之。

九月十五日，三省言：「太學生自元祐改用詩賦以來，不得專意經術。又試補之際，察視不嚴，考校之官，不復精選，取人猥多，致後來補中之人，無闕可撥，動須歲月，方得入學。今既罷詩賦，專用經術，又撥開封府解額盡歸太學，其在學解額既優，即所教養之士豈當尚如元豐興學之初？應日前在學生，並乞重行補試。」（照）〔詔〕：「依元豐舊例，應係籍生員，今年冬及來春補外舍，並自朝廷差官考校。已係籍人，所取不得過三分，新補不得過一分半。已係籍人經補試一次不中者，再試，並依新補人例。」

二十三日，詳定重修勑令所請依舊令國子監印賣編修

〔一〕按，據《長編紀事本末》卷一〇一、《長編》卷四八六，劉拯以紹聖元年十月除右正言，至二年十二月改右司諫，則此條仍爲紹聖二年無疑。又據此可知，此前之二條、此後之一條亦爲紹聖二年事。

〔二〕元符：原無，據「徽宗即位」補。

〔三〕元年：原作「七年」，據《宋史》卷一六五《職官志》五改。

勑〔令〕格式，命官并習刑法人許置。

十月八日，詔：「太學上舍生並免再試，其恩例各依舊條。內舍人除元豐年陞補人免試外，餘並令再試。如再試中，即與依舊充內舍。所有今舉得解生員，并元豐年補中外舍人，亦並免再試。」

〔紹聖三年〕十二月十八日〔一〕，翰林學士承旨、詳定國子監條制蔡京言：「奉勑詳定國子監三學並外州軍學制，今修成《太學勑令式》二十三册，以『紹聖新修』爲名。」詔以來年正月一日頒行。

建中靖國元年十月七日，臣僚言：「伏覩熙寧、元豐中所除太學官，並係朝廷高選。自元祐中除授冗濫，紹聖中患之，遂復舉行學官選法，其元祐所除無出身人充內外學官者一切罷去。而近者內外學官除授復輕，欲望見今無出身人別與合入差[15]遣，一依元豐選格施行。伏覩神宗皇帝重修太學，嚴立選試之法，考校官雖委太學博士，至其餘試院官，却有自朝廷選差，及於內侍省差官，關防嚴密。自元祐中，一切廢弛。紹聖中，置院差官，痛革元祐之弊。而近者因臣僚上言，罷去此法，至今（大）〔太〕學鏁試關防之法至爲苟簡。欲望選補外舍生，一依元豐舊法。伏覩神考元立三舍生及國子生員額，各有多寡，以爲陞進人材之序，並有意義。今來國子監起請，以借內舍生及國子生員（闕）〔闕〕增收外舍生未合撥入人數，及將在學年月滿、參長假學生勒住，不令依名次撥入，却先撥年月未滿之人，即非元豐所立條意。乞改正施行。」從之。

崇寧元年十月二十七日，宰臣蔡京言：「奉詔，天下皆興學貢士，以三舍考選法遍行天下，聽每三年貢人太學〔二〕。上舍試仍別爲考，分爲三等。若試中上等，補充太學上舍；試中〔中〕等、下等者，補充內舍，餘爲外舍生。仍建外學於王國之南，待其歲考行藝，陞之太學。今具外學條件：外學官屬司業一人、丞一人、博士十人、學正五人、學録五人，職事人係學生充。學録五人、學諭十人、直學二人，齋長、齋諭每齋各一人。外舍生三千人，太學上舍一百人，內舍三百人。欲候將來貢試到合格人，即增上舍作二百人，內舍作六百人。處上舍、內舍於太學，處外舍於外學。外學置齋一百，講堂四，每齋五間，三十人。太學自訟齋合移於外學別置。諸路定到並入外學，（侯）〔候〕依法考選校試合格，升之太學，爲上舍、內舍生。見今太學外舍生，且令依舊在太學，候將來外學成日，別取旨揮。外學並依太學勑、令、格、式施行。」從之。

二年二月二十九日，臣僚言：「乞詔有司，每遇有制書、手詔、告詞，並同賞功罰罪事跡，録付進奏院〔三〕。本院以印本送太學并諸州軍，委博士、教授揭示諸生。」從之。

〔一〕紹聖三年：原無，據《群書考索》後集卷二八補。按，自上文「七月二十五日」條起疑均爲紹聖三年事。
〔二〕年：原作「行」，據《宋史》卷一六五《職官志》五改。
〔三〕進奏院：原作「准奏院」，據文意改。

三年正月九日，中書舍人薛昂言：「竊見太學外舍生日破錢二十八文，内舍又加二文，米、麵、蔬、肉、薪炭、料物之直盡在其中。契勘朝廷歲賜錢三萬五千貫贍給生員，每年支用不盡。欲望特詔添給太學上舍、内舍、外舍月給食錢，各添四百文。」

十一月四日，幸太學，遂幸辟廱。詔國子司業吳絪等轉官、改官、循資、賜章服，文武學生授官、免省試、免文解、賜帛有差。先是，十月六日，禮部太常(司)〔寺〕參酌脩定儀注，皇帝詣國子監，謁至聖文宣王。陳設：有司豫設皇帝行禮御幄於廟殿之東，南向。又設宰臣已下從官及禮部、祠部郎中、太常講筵官、本監并太學官幕次於國子監門外近東，量地之宜。至日，太常設籩豆、酒爵、香燈等各於神位前，如儀。行事：其日，皇帝服靴袍，乘輦將至，禮、祠部郎官、太常、本監并太學官、學生迎駕起居。車駕由國子監門入，至御幄降輦。皇帝歸御幄，禮直官、太常博士、太常卿【16】立於御幄前，東向。禮直官、通事舍人引宰臣、親王、開府儀同三司、執政官、御史臺、太常寺，閤門引尚書、侍郎、兩省侍從官、殿中監以上、宗室正任以上、武臣觀察使以上，并起居郎、舍人、講筵官、禮、祠部郎官、太常、本監并太學官各入殿庭，北向，重行立定。閤門報班齊，太常卿詣御幄前，俛伏跪奏：「太常卿臣某言：請皇帝行酌獻之禮。」奏訖，俛伏，興。簾捲，禮直官、太常博士、太常卿前導，皇帝出幄，陞自東階，詣至(神)〔聖〕文宣王神座前。太常卿奏請皇帝跪，又奏上香，再上香，三上香。侍臣執爵詣酒尊所，太官令酌酒，以授侍臣。侍臣跪，以爵進，皇帝受爵，三祭酒，奠爵，俛伏，興。太常卿奏再拜，皇帝再拜。贊者曰拜，在位官皆再拜。太常卿前導，皇帝降自東階，歸御幄，簾垂。太常卿詣御幄前，俛伏跪奏：「太常卿臣某言：禮畢。」奏訖，俛伏，興。簾捲，皇帝出幄，乘輦赴太學。禮、祠部郎官、太常丞、博士，及本監、太學官分詣殿上配坐十哲及兩廊從祀分奠如常儀。幸太學，所司豫於敦化堂之後設次一，又設次一於堂上稍北當中兩間，南向，内鋪御座。又設宰臣、親王、開(封)府儀同三司、執政官以下，至殿中監及觀察使，宗室正任以上，並起居郎、舍人、講筵講書、執經官、禮、祠部郎官、太常、本監并太學官坐于御座之南東西，重行異位。太學生座於東西兩廊，俱相向，并北上。又設宰臣以下從官次於中門之外。至日，皇帝於文宣王廟酌獻禮畢，乘輦幸太學，入至敦化堂。上降輦入次，簾垂，更衣，幞頭、義襴[一]。禮直官、通事舍人引講官與侍立官同入[二]，就堂下北向位，皆繫鞋[三]。講書、執經官、學生各於堂下東西相向立。候閤門報班齊，皇帝出次，陞御座。班首奏

[一] 義：原作「儀」。按宋人衣服不見有「儀襴」，而有義襴。如《東京夢華録》卷七：「紫寬衫、黃義襴」。《容齋隨筆》卷八「人物以義爲名」條：「衣裳器物亦然，在首曰義髻，在衣曰義襴、義領。」是「儀」當作「義」，因改。

[二] 「與」字原在「引」下，據《宋史》卷一一四《禮志》一七乙。

[三] 皆繫鞋：原在上句「講官」下，據《宋史》卷一一四《禮志》一七乙。

聖躬萬福，應在位皆躬身應喏訖。閤門使詣御座前承旨〔一〕，臨階西向宣陞堂訖，退。通事舍人喝拜，宰臣、親王、開府儀同三司、執政官、尚書、侍郎、兩省侍從官、殿中監以上〔二〕，及禮、祠部郎中，太常、本學、本監官重行北向再拜訖，分左右陞堂，各就位後少立。起居郎、舍人分左右侍立。禮直官、通事舍人引講書及執經官就北向位，班首奏聖躬萬福。閤門使宣陞堂，舍人喝拜，講書及執經官再拜訖，分東西陞堂，分立於御座左右，講書官在西，東向〔三〕，執經官在東，西向，相對。學生就北向位〔四〕。舍人喝拜，在位者俱再拜，分立於東西兩廊，皆北上。内侍進書案〔五〕，以書授執經官，稍前，進於案上。舍人喝拜，就坐，宰臣以下并堂上坐。座位圖〔六〕，閤門供進。講書官講畢，通事舍人曰「可起」，群臣皆起，並降階，分東西相向立。執經官降階，講書官於御座前致（祠）〔詞〕訖，降階北向。通事舍人喝拜，如有宣答，即再喝拜。起居舍人降階，並歸本班。閤門使宣坐賜茶，通事舍人、禮直官引宰臣以下至起居郎、舍人、講書、執經、禮、祠部郎官、太常、本【17】監并太學官各就北向位〔七〕。通事舍人喝拜，宰臣以下再拜訖陞堂，各立於位後。學生各就北向位。通事舍人喝再拜，應在位皆再拜訖，各分東西廊，以北爲上立。舍人喝「各就坐」，上下皆就座。賜茶畢，禮直官、通事舍人引堂上官降階，就北向位。通事舍人喝拜，在位官俱再拜訖，禮直官、通事舍人引以次出。學生就北向位，通事舍人喝拜，學生俱再拜訖，退。若有特旨，臨時謝恩。皇帝降座，還次以俟。皇帝服靴袍，乘輿赴辟廱，禮部郎官、太常寺、太學官並赴陪位立班，其太學生並赴辟廱。皇帝詣至聖文宣王殿東御幄前，簾捲，皇帝出幄，禮直官、太常博士、太常卿前導皇帝陞殿，詣至聖文宣王香案前。太常卿奏：請皇帝上香，再上香，三上香。又奏請再拜，皇帝再拜。贊者曰拜，在位官皆再拜訖。禮直官、太常博士、太常卿前導皇帝臨御幄，簾垂以俟。皇帝幸辟廱訖，還内如來儀。從之。

十六日，宰臣蔡京等言：「伏覩車駕臨幸辟廱，親書手詔，面賜國子司業吳絪等。乞下有司模勒刊石，頒賜諸路州學。」從之。

四年七月一日，詔罷三京國子監官，各置司業一員。

五年正月二十四日，詔罷書、畫、筭、醫學，令附於國子監。

大觀元年三月二十四日，翰林學士薛昂言：「按《唐六典》，國子監有博士、助教。乞置國子博士四員，國子正、録

〔一〕「承」上原有「班首」二字，據《宋史》卷一一四《禮志》一七删。
〔二〕「殿」上原有「從」字，參前文删。
〔三〕西東：原倒，據《宋史》卷一一四《禮志》一七乙。
〔四〕位：原作「立」，據《宋史》卷一一四《禮志》一七改。
〔五〕案：原作「按」，據《宋史》卷一一四《禮志》一七改。
〔六〕「圖」下原有「進」字，據《宋史》卷一一四《禮志》一七删。
〔七〕位：原作「立」，據《宋史》卷一一四《禮志》一七改。

各二員，與太學官分掌教導。」從之。

九月十五日，又言：「乞國子、太學、辟廱博士共置二十員，各以《易》、《詩》、《書》、《周禮》、《禮記》爲定額。國子并太學每經一員，辟廱二員，并選元始經登科人〔一〕。」從之。

二年五月二十日，中書省據學制局狀：「奉御筆：『古之學者三年通一經，至十五年則五經皆通。熙寧中，迪士以經術，期之尚淺〔二〕，故止專一經。今已三十餘年，士益習矣，思得多聞博習之才，而慮專門之流弊。可自今學生願兼他經者聽之。兼經多者，計所多量立陞進之法，使天下全材異能得以進焉。』尚書省劄付學制局，脩立到諸學生本經外願兼一經或二經等條。奉御筆：『比閱所著法，頗密而難行。士固有皓首終身通一經不能究者，兼習五經，蓋以待博識多聞之才，是爲難能，不可立爲常法。應兼三經以上，所在學考選校定在學一年，取分數多、八行之中兼有行實，每路歲貢二人入太學，長貳審試以聞，量材拔用。其在學生願兼一經者聽。』臣等今依御筆旨揮，修立兼經之制。經術深妙，既令兼治，恐當更俟以漸。今修立，諸學生本經外願兼一經或二經者聽。臣等看詳，本經之外各兼一經，則五經已有二十五色。謂如本經治《易》，而所兼或《詩》、《書》，或《周禮》、《禮記》之類。又有兼二經，則其色額又多。若於試卷內明見其色額之異，則就試人姓名灼然可見。又況州郡人少去處，則私弊尤難關防。今將本經與所兼經每季輪與一經就18試，謂如本經治《易》，而兼治《詩》，則正月試《易》義，四月試《詩》義之類。則卷子內不見色額之異，可以久遠通行，不致私弊。今脩立諸私試經義，以所習經及兼經輪以一經就試。右並入《太學、辟廱、諸路州學通用令》。臣等看詳，今來兼經既係別爲獎勸之制，則所兼之經多少不同，所應之人有無不一。若試選兼經之法一槩施於州郡之學，則節目既多，事難齊一。況州郡學校私試已閱習其文藝，至貢士舉院試筆，別爲一項，逐經分場引試，庶得要而易行，可以經久。免試《論語》、《孟子》，以中二經爲上等，一經而在十名內者爲中等，餘爲下等，別牓曉示。諸內舍生兼經曾入第二等以上者，聽與貢士兼經人同試。諸兼經雖試中，而本經不與貢士舉陞補者，不在類聚比校之限。右並入《太學、辟廱通用令》。貢士舉院試兼經，每經十五號取合格者一號。右入《太學、辟廱通用格》。諸兼經人初入州學，以狀自陳，別爲一籍。曾入第二等已上者，其所中經，候陞貢日，教授據籍契勘，（例）〔列〕於貢狀。右入《諸路州學令》。諸兼經人曾預貢士舉，院試入上中下三等者，遇釋褐或殿試唱名日，別作一項，具名聞奏。右入《太學、辟廱通用令》。御試唱名〔三〕，若上舍釋褐人，曾與貢士舉，院試兼經（人）〔入〕上

〔一〕始經：似當作「治經」。
〔二〕之尚淺：原缺，據《宋大詔令集》卷一五七補。
〔三〕試：原作「史」，據文意改。

等者，與陞一甲。本甲上名不及十名者，仍通陞十名；中等陞十名，下等陞五名。已上如係第一甲者，即便不陞。仍並與内外學官之選。右入《三省通用令》。」從之。

八月二十七日，上批：「國子監印造監本書籍，差舛頗多，兼版缺之處，筆吏書填，不成文理，頒行州縣，錫賜外夷，訛謬何以垂示？仰大司成專一管勾，分委國子監、太學、辟廱官屬正、録、博士、書庫官分定工程，責以歲月，刪改校正，疾速刓補。内大段損缺者，重別雕造。仍於每集版（未）〔末〕注入今來校勘官職位、姓名。候一切了畢，印造一監〔一〕，令尚書禮部覆行抽摘點檢，具有無差舛，保明聞奏。今後新行書籍，仰强淵明不得奏乞差官置局。今貼改《毛詩》一册降出。」

三年四月八日，知樞密院事鄭居中等言：「脩立到《國子監太學辟廱勑令格式、申明、一時旨揮》，乞冠以『大觀重修』爲名，付尚書禮部頒降。」從之。第一卷内爲國子生隨行親若及一年，其吏部出官試可與免。《職官志》：詔諸路贍學餘錢，並起發在京學事支用。

四年二月九日，禮部尚書鄭久中、大司成汪澥等言：「大觀二年國子生校定，契勘展季升補之人，公試分數若不理爲内舍考察，緣本條與四季人通取，及言外舍生公試應升補，即是四季、三季之人包括在内。如合依辟廱疏説，即去年國子生校定却行改正，移易升黜，慮致繁紊，兼被去取之人互有詞説，乞截自今後施行。」從之。

八月十二日，詔：「博士太學五員，國子五員，辟廱十員，率以二人共講一經。又[19]如國子博士專掌訓導，國子生隨行親生員既少，職事甚簡。兼國子生隨行親並處太學，可就委太學博士兼領。其國子博士並省，并辟廱博士亦省五員，以五員爲定額。命官正、録太學各三員，辟廱各五員。其學録自有學生充職之人，可（大）〔太〕學省命官學録一員，辟廱省命官學録二員，國子命官正、録各二員。今既省博士，即命官正、録亦難專設，可就委太學正、録兼領。辟廱自有學生直學四人，其命官直學可省。辟廱見差巡檢使臣一員，兵士一百人，本以修置辟廱之時權宜設置，巡察賊盜，自後因之，爲永遠窠名，專令管幹辟廱地分。不唯地分狹小，職事太簡，兼自有城南巡檢管認地分，顯屬冗占官兵。其辟廱專置巡檢官兵可行省罷。國子監監庫官，元豐、紹聖間並不曾設置，自崇寧二年創差一員後來，辟廱援例，所管事務不多。可就委指使主管，庫官省罷。國子監公厨使臣，《紹聖格》止二員，崇寧後來，養外舍於辟廱，太學生員數少，公厨事務頗簡，於崇寧四年添置一員，顯屬員冗，可省後來復置官一員。私試謄録，起自近歲，元豐、紹聖曾所未聞。太學、辟廱月試可並依《紹聖格》施行，更不謄録。」

閏八月二日，尚書省言：「勘會吏部見行選試學官，除

〔一〕一監：似當作「一部」。

教授係投所業，見依條收試施行，其試太學博士、正、録，係取應選人奏擬召試。若令吏部逐旋奏擬召試，切慮趁試不及。」詔令吏部將應選合該召試之人，一面曉示召試。

二十三日，詔裁減國學長貳歲舉改官，大司成十五員，祭酒、司業各八員。

政和元年五月七日，詔兩學博士、正、録依元豐舊制選試，朝廷除授。

二年正月二十七日，臣僚言：「元豐六年，召試學官六十餘人，而所取纔四人，皆一時知名士，程文具在，至今人皆誦之。大觀四年、政和元年秋試學官，大率三人取一，校之元豐，無慮數倍。乞自今學官每十人取一。」從之。

五月二十二日，詔：「大司成張邦昌降兩官，提舉西京嵩山崇福宮。國子祭酒路瓘、國子司業韋壽隆、耿南仲並降兩官，送吏部。」皆以訓導無素，生徒犯法，故黜之。

八月十一日，臣僚言：「師儒之官，比年立試選之法，歸之吏部。陛下旋命參以選格，皆自朝廷除授，獨試學官之法尚未聞罷去。士之由學校以進者，上舍不入上五名，升補不與上十名，殿試不在甲科，職事未嘗與選，與夫公試不與上三名之類，往往無復學官之選。夫選之如是之難，而一試之僥倖，迺遂得之，則其難易不等，又曉然矣。伏望罷去試選之法，悉取於學校。」從之。

三年四月三日，宣義郎黃冠言：「今天下士自鄉而陞之縣學，自縣而陞之州，則通謂之選士，其自稱則曰外舍生；而陞之內舍，則謂之俊士，其自稱則曰內舍生；而貢之辟廱，然後謂之貢士，其自稱也亦以[20]是。世之商賈、工技、巫醫、卜筮盜進士之名者，固不待禁而止矣。」從之。

閏四月四日，手詔：「近覽(大)〔太〕學生私試程文，詞繁理寡，體格卑弱，言雖多而意不逮。一幅或二百言，用『之』字凡二十有六。爲文之陋，於此爲甚。自今太學辟廱師儒校試考選，日後有犯，黜之。文理縱復合格，亦居下流。」

五月二十四日，詔：「太學、辟廱有官學生，如升補上等，依有官人附貢士升二等差遣，賜上舍出身；文行優者，取旨推恩。」從大司成劉嗣明請也。

七月六日，尚書省言：「檢會從事郎、陳州教授李瑮狀：自崇寧元年補試入太學，四年十一月緣父蔭補(大)〔太〕廟齋郎。大觀元年第一等升補內舍，當年累成上舍上等校定。政和元年赴上舍第三人，合釋褐人數。承朝旨，合候殿試。政和二年殿試，賜第一等上舍及第。伏覩《學令》節文，諸有官貢士附試合格者，上等升二等差遣。及同年有官附試上等人李綱已蒙推恩了當。」詔李瑮依李綱例，與承務郎，仍除國子博士。

十二日，臣僚上言：「今後應學生非實有請益，而輒至師長位，因而有所干請者，嚴行規罰。」詔依奏，有犯依學規第一等罰。

四年四月九日，詔：「辟廱、太學按樂于庭，八音克諧。

司成劉嗣明班序、恩數可依直學士例，司業以下並轉一官，選人循兩資，學生量與推恩。仍召兩學生赴公相聽宣示。」

五月二十四日，吏部言：「勘會近承敕，蔭補入官人在學及一年，許參選。本部相度，欲乞除太學人合理入學月日外，其在諸州軍府入學年月之人，並不理。」從之。

六月十三日，尚書省言：「契勘諸州升貢士，其奏狀並貢籍自來多隨貢士秋間同到辟廱，本學旋行點檢貢狀，間有不合升貢之人，遂行駁退回州。不唯本人道途往返勞役，及有因而飾非，妄亂陳訴，致虧士行。」詔令諸州候升補上舍畢，限十日具應貢之人，依貢狀式急遞至辟廱，預先點檢。若有違礙，限當日入遞，行下本州，更不升貢。

九月二十三日，臣僚言：「伏見大觀學法，職事受賂，已有明禁。邇者（大）〔太〕學、小學教諭受賕□□論，而州縣學校獨未及之。」詔太學辟雍、州縣學職事人應受賂，並依政和四年二月三日小學旨揮。茶果酒食之類皆是。

五年二月一日，詔：「禮部尚書白時中、侍郎張崇、員外郎翁彥深、尚佐均、大司成劉嗣明、國子司業陳詢、監丞高述各降三官，嗣明知（穎）〔潁〕州，詢送吏部。」以言者論其申請，欲以國子兩與上舍者，並依太學內舍三試之法，陞選太優。尋令供析，故有是命。

四月五日，將（坐）〔作〕監陳奇言：「昨因繕脩國子監三學，竊見監門內舊有碑石，刊《建隆三年重修監記》，逮今一百五十餘年，碑亭巍然，與門牆殿閣例皆欹漏。今修完已見次第，雖已許建亭立碑，緣未曾差書撰官。」詔差馮熙載書撰。

二十四日，國子 21 監、辟廱奏：「臣僚言，自今後士人有犯規制，屏之。待其改過自新，於屏斥年限不復犯罪，然後可復收於籍。詔令國子監、辟廱立法。今修立下條：諸學生於屏斥限內犯罪而經決，而情輕及經贖、會恩原者，杖罪別理三年，徒罪五年，以犯日爲始。教授審量，提舉學事司驗實聽入。即犯不孝不悌、假名代筆、緣學士請託〔一〕，若有私及受贓者，不在審量之限。」從之。

九月二十七日，大司成馮熙載等言：「昨來國子監奏請，長貳遇入局日分陞諸堂，月詣五齋。」詔辟廱依此。

六年七月二十一日，詔以御書大成殿榜付國子監揭之，仍許宰執、侍從往觀。明年，大司成王孝迪請模刻入石，置首善閣下〔二〕，從之。

八月八日，臣僚言：「願詔中外師儒之官，詳誨誘之方，明考選之法。凡程校文藝，大槩以熙、豐爲標準，體制各隨其所長。務得通經篤學之士，黜浮僞剽竊之文，以矯揉之，庶得真材實能，以待朝廷之用。」詔劄下太學、國子監、辟廱。

十五日，詔令太學、辟廱、提舉學事司：「自今有人材

〔一〕學士：似當作「學事」。

〔二〕首：原脱，據《玉海》卷一一二補。

拔俗者，不待攷選校定之數，具實狀以聞，朕將不次用之。」

十二月二十二日，詔：「有官無出身、雜出身通仕、登仕、將仕郎、校尉，許入學作國子生，許附貢士。」

七年四月十四日，禮部擬脩下條：「諸移籍入太學者，爲國子生隨行親，應通理月日，考試校定者。其歲首私試，不理諸州學生。謂隨行入學者。雖於法應移籍入太學，而本年在學已及三季已上者，候歲終，本州校定試畢，聽移。」從之。

八月十五日，臣僚言：「臣近以國子有官人，於法貢在學一年，方許參選。近年往往身不在學，但將告假月日通理成數，有失法意。」詔自今除月給及依令合給假外，特給假仍補填。

十八日，新提舉河東路學事王格言：「伏覩崇寧初，令建辟廱于郊，以處貢士及外舍生。立太學於國，以處上、內舍。由州、郡而貢之辟廱，由辟廱而陞之太學。法行之初，上、內舍之選未衆，故外舍有校定者，許留太學；而無校定者，出辟廱。比年以來，上、內舍人日以增積，而太學又有國子隨行親并小學生，人數已多，居處迫隘。欲望降旨，今後外舍生有無較定，並居辟廱，而陞補上、內舍，乃入太學。」從之。

八年五月二十四日，詔：「兩學博士、正、録并諸州教授兼用元豐試法，仍止試一經。」吏部供到元豐法：進士第一甲，或省試十名內，或府、監發解五名內，或太學公、私試三名內，或季試兩次爲第一人，或上舍、內舍生，或曾充經諭以上職掌，或投所業乞試，並聽試。入上等注博士，中等、下等注正、録。即人多闕少，願注諸州教授者聽。

九月七日，尚書省言：「近奉御筆，在學諸生兼治《內經》、道經，兼《莊子》、《列子》未有博士教導。欲太學、辟廱各差通《內經》、《莊子》、《列子》二人充博士。」上從之。

宣和元年三月十四日，尚[22]書兵部員外郎李熙靖言：「臣伏見學官自正、録而上則出告，辟廱命官直學給勑而已，則是選任雖同，而輕重頓異。臣初見辟廱除命官直學，固嘗用告矣，望許仍舊。」詔今後辟廱直學，依正、録、博士給告。大觀四年八月十二日，已罷命官直學，尋復置，指揮撿未獲。

二年八月二十五日，大司成黃齊言：「契勘內外學因所隨親移籍學生，多是體探別學人當年分數不多，遂於歲終急移名籍前去。昨政和七年四月十五日雖立條法，緣止係不理歲首分數，及非隨行親入學有三季以上校定，候歲終本州校定訖，聽移入國子學，即未該載元係隨行親及士著人移在應合入學之文。」禮部契勘，乞依元昨隨行親移籍入太學法施行，即無違礙。從之。

三年二月二十日，詔：「罷天下三舍。太學以三舍考選，開封府及諸路以科舉取士。州縣未行三舍以前，應置學官及養士去處，並依元豐舊制。太學生並撥填太學舊額，辟廱舊額入太學者，撥入額外，依舊制遇闕填。國子生及諸內舍上等校定人，願入太學者，與免補試。辟廱官屬並罷。」

三月九日，國子監言，太學官吏已降指揮，並依元豐法。吏部供到國子監未行三舍已前，依元豐法，合差太學博士一十員，太學正五員，太學録五員。見今員數：太學博士七員，内二員係講道經，於宣和元年置；太學正三員，太學録三員。國子博士五員，國子正二員，國子録二員。除講道經博士二員見別作施行外，詔國子博士、正、録改充太學博士、正、録。

閏五月十三日，吏部言：「嘗取索《元豐官制敕令格式》，將加省察，而遺編斷簡，字畫磨滅，秩序差互，殆不可考。」詔《元豐敕令格式》令國子監雕印頒降。

四年二月二十四日，國子祭酒韋壽隆言：「太學録林致用等劄子，有司崇飾先聖，廟貌輪奂一新，仰願鑾輿臨幸。」詔許伏闕上表陳請。

三月(一)〔二〕日〔一〕，駕幸太學。是日，先幸祕書省，進講畢，幸太學，御敦化堂，命官講説，延見多士，賜詔并賜御製《宣聖贊》〔二〕，以祭酒韋壽隆爲給事中，司業權邦彦爲左司員外郎，轉一官，賜章服。乃幸精微、造士二齋，徧視諸生書几。至聚爐之地，嘉其(隸)〔肄〕業之勤，憫其寒苦，因命開府儀同三司梁師成總領，重緝其舍。是月四日，壽隆等拜表稱賀。十一日，詔以是月二日臨幸太學，國子監丞、簿、太學博士、正、録各轉一官。選人如歷任及四考，與改合入官，三考以下循兩資。權官支絹三十疋。國子監書庫官循兩資，武學博士、學諭、律學博士、學正轉一官，選人循兩資。太學公厨、國子監指使各轉一官，内權官支絹十疋。三學醫人并與太醫助教，不理選限。太學釋褐守年鄭行可等九人並與諸州教授，免省試。李彦輔、曹據、丁祉並賜上舍出身。釋褐學生孔端朝爲係先聖子㉓孫，賜上舍出身。釋褐事人内舍、外舍生已該免解，並免省試。内舍生何希等一十人並與免解。武學免省試、俟殿試范約與補承職郎，賜公服。上舍生合赴將來省試魏之轉等五人並與免省試〔三〕。内舍合赴將來省試郭禔等六人並與免解。太學職事賜帛有差。國子監人吏有官資人，各轉一官資；無資可轉，依條比換支賜。諸色祗應人支賜錢一千貫文。

五年十一月十四日，國子祭酒蔣存誠等言：「竊見御注《冲虚至德真經》、《南華真經》未蒙頒降，見係學生誦習，及學諭講説。乞許行雕印，頒之學校。」從之。

七年十一月十三日，臣僚言：「熙、豐間，博士未嘗除代。近年以來，到任席未暖而代者已至，率三人而守一闕。若從正、録第遷，則博士可免除代，與熙寧、元豐無異矣。所有新除太學博士胡世將、周利建乞改除正、録，俟將來陞爲博士。」從之。

〔一〕二日：原作「一日」，按《宋史》卷二二《徽宗紀》四、《群書考索》後集卷二七引《長編》均作三月二日辛酉，據改。

〔二〕「聖」下原有「殿」字，據《玉海》卷一一三删。

〔三〕轉：疑當作「輔」。

欽宗靖康元年二月十五日，國子司業黄哲等以太學諸生伏闕上書，上章待罪。詔：「朝廷方開言路，通下情，士人伏闕上書，乃忠義所激，學官何爲自疑？可速安職。」仍曉諭諸生，使明知之。

五月十日，左諫議大夫馮澥言：「比者朝廷罷元祐學術之禁，不專王氏之學，六經之旨，惟其説是者取之，不主於一，甚盛舉也。今太學校試，在上者或主一偏之説，在下者或執一偏之見，上下譊譊，甚非開設學校、教養多士之意也。願詔有司，布告中外，凡（孝）〔考〕校去取，不得專主元祐之學，亦不得專主王氏之學。或傳注、或己説，惟其説之當理而已。其有司輒敢以私好惡去取，乞重賜黜責。」從之。

十八日，詔太學博士替成資闕。（以上《永樂大典》卷一九五○二）

【宋會要】

高宗建炎三年四月十三日，詔國子監併歸禮部。

紹興三年六月二十四日，詔：「駐蹕所在，因國子監復養生徒，置博士二員。」

十二年十一月十二日，詔置祭酒、司業各一人。宋《職官志》：紹興十二年，置祭酒、司業各一人。十二年，太學成，增置博士、正、録，參用元祐、紹聖監學法，修立監學新法。詔國子博士、正、録通治諸齋。學官闕，從本監選舉。其後，監學博士、正、録增減不齊，兼攝並置不一。至隆興以後，正、録不兼權，祭酒、司業並置，復書庫官。又定國子博士一員，太學博士三員，正、録共四員，學官之制始定。淳熙四年，置監門官一員，兼管石經閣，以不釐務使臣充。以後相承不改。

十三年二月二十三日，詔有司將元祐、紹聖監學法并見行條法一處參定，修立監學新法，悠久遵守。從本監請也。

五月十六日，詔國子監生不以已未出官，權以八十人爲額。先是，比部郎中林保有請，國子監勘會，舊國子生二百人爲額，内有官人不得過四十人，故有是命。

同日，詔置國子博士、24正、録各一員。

六月十二日，詔春秋所試教官，令歸國子監一就收試。先是，在京日，本監有補試、公試、上舍發解試，其教官附逐院收試。自紹興二年復試教官，權附春秋銓試。至是司業高（閲）〔閌〕請依舊法，故有是命。

七月四日，詔復置國子監書庫官一員。

七月，詔國子博士、正、録並令通治諸齋。從司業高閌請也。

十二月十日，國子監狀：「勘會已降指揮，學官闕，從本監選舉有儒行、衆所推譽官，由朝廷差權，候正官到即罷。今監見闕太學博士一員，乞差左迪功郎、充樞密院編修官魏元若兼權；國子正一員，乞差左從事郎、充臨安府府學教授林大鼐兼權；太學録一員，乞差左迪功郎、新差浙西安撫司準備差使陳夔兼權。」並從之。

十一日，詔國子監、太學生並給綾紙監帖。知（穎）〔潁〕

州熊彥詩言：「竊見嘉祐、治平間，太學養士，補試中選者謂之監生，人給監帖，畫以中旨，右以贊詞，告戒丁寧，待之甚厚。當時士人有在此選，皆（實）〔寶〕藏其帖，傳之子孫，以爲榮遇。近於知饒州事周綰得其父爲監生時帖，寫以文綾，疊以監印，如告身制度。所模石刻連粘在前，望下國子監依倣當時制度，以給諸生，以示國家待士之意。」上曰：「學校者人材所自出，人才須素養。太宗皇帝置二館，養天下士；至仁廟朝，人才輩出，爲朝廷用。」秦檜曰：「國朝崇儒重道，變故以來，士人雖陷虜者，往往能守節義，乃教育之効也。」上曰：「極是。五代之季，學校不修，故當時士人多無名節。今日若不興崇學校，將來安得人才可用耶！彥詩所請，宜從之。」

十六年五月十六日，詔國子博士、正、録各置一員。

同日，詔：「國子監生有官人如習讀及一年不犯規罰，自今取解外，若公、私試兩入等，及赴部，許從本監保明申部，與免銓試，依格注授。如或三入第二等，或一中第一等，或與魁選，並從本監保奏，特與比附銓試格法推恩。」

同日，詔：「國子生免住本貫學，只令依條召京朝官二員委保。如有本貫公據，免召保官，並補試，別爲考校。仍倣慶曆取解例，每十人取三人，零分計數約取。人材不足，就試人計數聽闕五釐。」

同日，詔：「國子、太學生依條住學及年，不犯第二等以上規罰，體倣補試取人分數發解，仍別立號。」

同日，（試）〔詔〕：「文武職事官本宗同居五服内，并異居大功以上親釐務官，文臣京官、武臣朝官以上本宗同居小功以上親，不限已未有官，並許補入學。除不陞舍不許差充職事外，並依太學法。遇公、私試，聽與太學生衮同考校。若所隨親替移，聽改充太學生，仍通理年月，試罰校定〔一〕。」並從國子司業高閌之請也。

七月十一日，詔：「已降旨揮，太學生以一千人爲額。今年秋試額外補中之人，依紹興十三年所降旨揮，許令待闕。候見闕日，與參長假人對撥。至科場年，25 許赴監，依不滿年人例取應，仍自來春住補。候科場了畢，有闕日，依條檢舉施行。」從本監請也。

十七年十二月二十八日，詔：「國子監書庫官今後許禮部長貳薦舉，仍理作職司收使。」從吏部請〔也〕。

二十年七月九日，詔：「國子監書庫官徐樗乞赴國子監取解，令兩浙轉運司收試。」

二十七年七月十一日，詔：「今後太學、武學，每歲春季補試一次，於三月内鎖院。遇省試年分，即用四月。立爲永制。」

二十九年十二月二十三日，詔國子監、太學正、録以四員爲額。舊係四員，紹興二十六年添置二員，至是乃有是命。

〔一〕試罰：「罰」字疑誤。

三十年正月五日，詔國學進士減三年免解。在法：諸州進士得解，省試下十八年免解，國學進士及十二年免解。紹興二十八年十一月郊祀赦，諸州紹興十三年到省進士，許赴紹興三十年省試，係比舊法減三年與免解，其國學進士止用舊法。至是改之。

三十一年，詔國子監書庫官減一員。

紹興三十二年孝宗已即位，未改元。十一月二日，詔：「館職、學官，祖宗設此儲養人材，朕亦欲待方來之秀，不可定員。」先是，殿中侍御史張震言：「國子監已減罷正、録二員，太學博士一員，書庫官一員，武學諭一員。今日復置正、録，是開冗官之源。」故有是命。

孝宗隆興元年三月二十三日，詔特許開補一次，其取到人，候有闕撥填。先是，都省勘會：「近因臣僚上言，太學每歲補試，無益事實，虛令遠近之士歲歲奔走道途。欲自今舉以後，應省試年分，於二三月間許開補一次。已降指揮依奏。今歲未合補試，緣赴省試下第之人，已皆留此待試。詔令禮部取見有無闕額，申尚書省，特與開補一次。據國子監申，自今即無闕額。乞將學免假在假一百餘人作闕開補。」故有是命。

二十六日，禮部言：「太學生邵南一等狀：『恭遇登極赦書，應在籍學生與免文解一次。南一等於降赦日并科舉前實係在籍，乞依赦給據，以憑後舉選試。』今據國子監申，邵南一等五十七人參長假日，雖有違限，降赦日並係未經除籍人數。」緣去年國子監以免解試，詔邵南一等依條除籍，與免文解一次。

七月二十六日，詔：「國子監正、録二員，併太學正、録依舊兼領，主簿一員兼書庫。見任人許終滿今任，已差下人依省罷法。」從右諫議大夫王大寶等議也。

同日，國子監狀：「依旨揮，條具併省吏額。見管胥長一名，胥（左）〔佐〕五名，貼書四名，欲乞從下減貼書一名。」詔依，見在人且令依舊，將來遇闕，更不選補。

二年十二月四日，詔國子正、録今後正行差官，更不兼權。

乾道元年三月七日，禮部狀：「據國子監申，太學收補並係遵用舊法，補試入學，即無別行撥入條法。止緣隆興元年六月内一時指揮，依士庶封事，罷太學補試，以諸州解發舉人赴省試下者，隨闕額 26 多少，撥入本監。今指定，若永罷補試，止撥省試下進士，即四方未曾得解士人，更無可以入學之望，難以杜絶士人詞訴。欲乞遵用隆興元年三月七日旨揮，候省試了畢日開補。仍乞以本學在籍過省人數爲額取放，立爲定制，委是合得祖宗舊法。」從之。

二年六月十四日，禮部言：「太學補試，人數猥多，遂致喧競。欲遇省試年分，將當年諸州請到文解到省試下，并以前曾經得解之人，許行補試。仍將太學過省闕額補填取放，即不得額外別行增添名數。待補國子生，欲將有期親在朝作清要官，謂太學博士館及監察御史以上〔一〕。許牒子弟作待補國子補試，別號考校外，如在學太學生遇有期親在朝作清要官，却改作國子生取應，仍〔別〕號考校。若國子生所隨親替移，亦依此改作太學生。」從之。

四年八月九日，國子監發解所狀：「勘會已降指揮，滿年不滿年國子、太學生孤經應乞析分混試，及有避親孤經別試所牒還太院收試之人，並依已降指揮，止避所避之官，互送別位，依次考校。今來本所發解，若有似此之人，乞依前項已降指揮，許行附試。」從之。

十一月十一日，國子監言：「元許見任職事官以上牒大功以上親，作待補國子，赴發解試，即乾道五年國子補試，合依上項待補國子解試，屬牒送施行。所有召保、替移、許牒等事，一依國子發解條法施行。」從之。

五年四月二十二日，禮部言：「寧國府免解進士宋佖乞放行補試。契勘宋佖係是藩邸州軍，曾該覃恩免解，即係曾到省人。欲比附已前得解試下之人，(今)〔令〕赴國子監補試一次。如有似此之人，亦乞依此收試。內有陳乞補試，不曾給到本府公據，又無申撥之人，乞令召保，放行收試。如試中，行下本州勘會，或有詐冒，亦乞駁放殿舉施行。」從之。

六年六月二十三日，詔：「太學武學生員見有闕額，特與放行今年秋補一次。仍不以得解人爲限，並依乾道二年以前指揮體例施行。其武學增作一百人爲額。今後太學闕二百人，武學闕三十人，取旨試補。」

七年正月九日，國子監言：「契勘紹興十三年十月二十一日已降指揮，補試中選學生，取旨，下所屬給降素白綾紙付監，依倣祖宗制度，贊詞書填給付。照得自復興太學，補中學生其贊詞有『復興太學』四字，今來已是興復日久，乞許令本監重別改撰贊詞書填。」從之。

三月八日，著作佐郎劉焞除國子司業、兼太子侍讀。宰臣梁克家奏曰：「劉焞久在館閣，以拘資格，除郎不行。乞稍遷擢，以重宮僚之選〔二〕。」上曰：「郎官外更有何官可遷？」虞允文奏曰：「國子司業見闕。緣隆興併省指揮，不許添與祭酒並除。」上曰：「司業乃祭酒之貳，並置何妨？可特除國子司業。」

十一月二十三日，詔國子監復置書庫官一員。

八年正月 27 二日，詔：「應國學進士不曾請舉、該覃恩免解之人，後來如實得解，并曾經外路請舉、後來入學、該覃恩免解之人，並理爲一免。」

五月一日，國子監言：「據太學正、録所申到正特奏名、唱名、長假等共二百一十七人闕額，並據湖州州學生劉謙等狀，伏覩朝廷常年省試後放行太學補試一次，乞早賜放行。本監契勘，既太學申到闕額共二百一十七人，欲依

〔一〕「館」字似爲衍文。

〔二〕宮僚：原作「官僚」，據文意改。

乾道六年已降指揮，開補施行。」從之。

九年六月十二日，中書門下省言：「國子博士舊係一員，太學博士舊係三員，今各止一員；正、録見共六員。」詔沈揆、梁汝永並改除太學博士，其退下太學正、録闕，更不除人。

淳熙四年六月十五日，以國子監新建太上皇帝御書石經閣成，是日，監學官赴和寧門外，奉迎御書「光堯御書石經之閣」八字碑至國子監。參知政事李彦穎等率文武百官於監門外立班奉迎，至閣安奉。

十月三日，國子監言：「乞下臨安府，於本府見任不釐務使臣内踏逐一員，充本監監門，兼管石經閣并本學指使祗應。除合支請給外，日添支食錢三百文。」從之。國子監舊有指使一員，係本監長貳奏舉小使臣充，後減罷。至是，本監以新建石經閣，故有此請。

十三年十二月九日，詔國子監減貼書一人。以司農少卿吳燠議減冗書食，下敕令所裁定，故有是命。

光宗紹熙四年四月二日，國子監補試所言：「承已降指揮，本院有合避親之人，並送别院收試。若將來别試所有避親孤經發迴(大)〔本〕院收試之人，欲乞從自來試院體例，止避所避之官，互送别位，依公精加考校。」從之。

寧宗嘉泰四年二月十三日，吏部言：「國子監申，長貳歲各舉書庫官一員改官，即無銜改。兼書庫官係是獨員，其舉狀别無人攙奪。緣近降指揮，限年受薦。竊見六部架閣官見經部陳乞施行，今本監書庫官改官事體，與架閣一同。乞本監長貳歲各舉書庫一員改官，免拘限年受薦之法。本部竊照國子監長貳歲舉書庫官一員，既是專舉，即無人攙奪。若拘近降指揮，少有應得前項指揮之人，舉員遂成虚設。乞將先次照應嘉泰三年五月二十三日指揮，聽從便薦舉。」從之。互見「六曹雜録」。

嘉定七年五月二日，臣僚言：「國家開設學校，收拾四方寒畯之士，教育以成其材，冀爲異日之用。如聞近時多事燕集，疊石起山，鑿池建閣，修飾外觀，迭務矜勝。爲費既廣，才用易乏，於是士之初參者，率皆責以苛禮，貧無從出，未免奔走假貸，遲回數月而未敢前。是豈國家教養之本意？竊聞淳熙初，蕭之敏爲祭酒，立定初參則例，徧牓爐亭，頗得中制。歲月寖久，更改任情，但欲求多，不念貧窶，因仍成風，士以爲病。乞行下國子監，諮訪老成，撿尋舊例，削去後來所增之數，庶俾天下寒士纔得預選，便 28 可參學，以仰副治朝作成人才之意。」從之。（以上《永樂大典》卷一九五〇三）

監學教授

【宋會要】

29 宋朝置國子監直講〔一〕，以掌教授。至道二年，邢

〔一〕屠寄眉批：「添在『管係』下，在首頁前半第十六行。」按，指本卷職官二八之一「雍熙四年十月」條。

昺、張雍、林鎬、孫奭於京朝幕職州縣官中薦儒術該博、士行端良、堪充國子監直講者十人，太子洗馬張隸等試經義于學士院而命之。（以上《永樂大典》卷一九二四〇）

昭文館〔一〕

【宋會要】

30 淳化元年八月二十五日，以呂祐之等直昭文館。

廣文館

【宋會要】

廣文館，舊《會要》不載，今附于國子監。

哲宗元祐七年六月十三日，都省言：「開封府遇科場歲，多有四方舉人冒貫畿縣户名取應。及太學生員依條須在學及一年，方預就試，其間有未及年之人，亦不免有寄貫取應之弊。檢會舊制，國子監取應舉人，先於廣文館補試，給牒取應。今欲復置廣文館生員，令禮部立法。」既而禮部修立一十九條：一、開封府舉人投下取應文字，限試補廣文館生員鎖院前納畢，違者更不在收接之限。如有事故服制節目拘礙〔二〕，若至八月一日合該投下文字者，許令家人親屬投狀，召命官二員委保，亦聽收接。一、諸補生員〔三〕，以二千四百人爲額。一、解額：開封府一百人，如投下文字不及千人以上，即每十人聽收一名。廣文館二百四十人，以補中生員每十人發解一名。一、試補生員於科場歲六月五日鎖院，委主司定日引試。一、進士願補生員者，並召命官二員委保，連家狀經本貫投狀。勘會不礙貢舉條制，保明給公據收執，同家保狀、試卷赴國子監投納。若不在本貫者，經所在移文勘會其見住處。有品官係有服之親，即召承務郎以上二員保實別無違礙，聽免勘會，亦給公據就試。一、進士殿限未滿，及 31 因屏斥出學未及三年者，並不得就補生員。一、試補生員三分以上爲保，謂非相容隱人及緦麻以上親。一、試補生員家保狀、公據、試卷，限鎖院前一月納畢，五日前長貳集保引驗。有疾故者，鎖院前投狀再引。一、引試生員三場，第一場：習經義者，大經義二道，《論語》或《孟子》義一道；習詩、賦者，試律詩、律賦各一首。第二場：並論一首。第三場：並子史時務策一道。並取文理通者爲合格。一、緣試補生員條所不載者，並依貢舉法。一、給生員公據，國子監候封到合格名籍，依籍内姓名，照家狀年甲、三代書鑿給付。一、生員公據，並注鄉貫、三代、年甲。自補中榜出後，限十日各正身(付)〔赴〕監請領，違限勿給。一、生員假借、買賣公據取應者，杖一百。許人告，賞錢五十千。一，生員若去失公據，

〔一〕此條爲屠寄鈎除，旁批云：「複，校銷。」今查本書職官一八之五一雖有内容相同之條，但文字不同。以其爲《宋會要》之文，今仍保留。按内容，此條應編入本書職官一八「秘書省」之中。

〔二〕節目：原作「即日」，據《長編》卷四七四改。

〔三〕諸：原無，據《長編》卷四七四補。

不在別給取應之限，因水、火、盜賊毀失者比。一、生員於開科場年七月内，齎元授公據赴國子監照驗，投納家狀、試卷請解，其公據並行毀抹。如請解不中，即別聽試補。一、生員取原家保狀、試卷，國子監置簿受納，點檢卷及家狀，中間如不同，或不依式者退换，至鎖院日封送試院。一、生員所納家保狀、卷首并卷紙之類，並依國子監進士例。一、舉人詐冒開封府户籍取應者，杖一百。許人告，賞錢五十貫。雖已及第，並行駁放。保官及本屬官吏、里鄰、書鋪知情，并與《户籍令》詐冒者並與同罪，同保人並殿二舉。一、開封府舉人已於本府投下文 32 字，更不得就補廣文館生員。違者依貢舉兩處應舉法〔一〕。」從之。

紹聖二年〔三〕〔二〕月二十八日〔二〕，臣僚言：「以廣文館二百四十人解名散於逐路解額，除五路外，淮、浙、福建、荆湖、川、廣等共一十三路，計一百七十餘州軍，逐處應舉人數不齊。若只據人數增添，即一州所添甚有過多。如欲徧及，即每州軍只添得一人，或至兩人。兼本監亦曾將外路就試二十五人解一人處約量增添，及將諸州軍人數比較，終是未得均當。竊慮施行之後，多寡不均，鄰路比州互相攀援。今欲乞將來科場，罷廣文館解額。其開封府諸科解額，依熙寧、元豐條例存留在本州，及將國子生四十人發還國子監。」從之。（以上《永樂大典》卷一一三〇六）

〔一〕應舉：原無，據《長編》卷四七四補。

〔二〕二月：原作「三月」。按《群書考索》後集卷二九記此事於紹聖二年二月甲午，即二十八日，知此處「三月」乃「二月」之誤（若三月即無甲午），因改。

宋會要輯稿　職官二九

少府監〔一〕

文思院〔二〕

【宋會要】❶文思院，太平興國三年置，掌金銀、犀玉工巧之物，金綵、繪素裝鈿之飾，以供輿輦、册寶、法物及凡器服之用，隸少府監〔三〕。監官四人，以京朝官、諸〔司〕使副、内侍三班充。別有監門二人，亦内侍三班充。領作三十二：打作、稜作、鈒作、渡金作、鍍作、釘子作、（王）〔玉〕作、玳瑁作、銀泥作、碾砑作、釘腰帶作、生色作、裝鑾作、藤作、拔條作、滾洗作、雜釘作、場裹作、扇子作、平畫作、裹劍作、面花作、花作、犀作、結條作、捏塑作、旋作、牙作、銷金作、鏤金作、雕木作、打魚作。又有額外一十作，元係後苑造作所割屬，曰繡作、裁縫作、真珠作、絲鞋作、琥珀作、弓稍作、打絃作、拍金作、珊金作、剋絲作。計匠二指揮，提轄官一員，通管上、下界職事。上界監官、監門官各一員，手分二人，庫經司、花料司門司、專知官、秤、庫子，各一名。分掌事〔務〕：修造案，承行諸官司申請，造作金銀、珠玉、犀象、玳瑁等，應奉生活文字。庫經司、花料司，承行計（科）〔料〕諸官司造作生活帳狀，及抄轉收支赤曆。專知官，掌收支官物、攢具帳狀，催趁造作生活。秤子，掌管秤盤，收支官物。庫子，掌管收支見在官物。門司，掌管本門收支出入官物，抄轉赤曆。下界監官、監門官各一員，手分三人，庫經司、花料司門司、專副、秤、庫子各一名。分掌事務：修造案，承行諸官司申請，造作綾錦、漆木、銅鐵生活，并織造官誥、度牒等生活文字。庫經司、花料司，承行計料諸官司造作生活帳狀，及抄轉收支赤曆。專、副，掌管收支官物，攢具帳狀，催趁造作生活。秤子，掌管秤盤，收支官物。庫子，掌管收支見在官物。門司，掌管本門收支出入官物，抄轉赤曆。

真宗咸平三年三月，詔：「文思院打造内中金銀器物，並送内東門司看驗，交納三司。所造金銀，令左藏庫別將一兩赴三司封記爲樣。每料内鑿一隻年月、工匠、秤子姓名、色號，赴三司定樣，進呈交納。其支賜金銀、腰束帶、器物，類定金分鏊秤比。所管工匠，委監官點檢，趁逐功課，不得輒借影占，違者許人陳告。」

景德四年八月，詔：「文思院銷鎔金銀，令本院差人員、工匠赴左藏庫看揀一等金銀，封樣歸院。監官當面看驗，別無不同，即銷鎔打造。及置帳別貯七等金樣，每内降

〔一〕原無此總題，據宋官制補。
〔二〕題下原批：「寄案：徐輯《永樂大典》本《會要》闕少府監，其官屬見此。」
〔三〕天頭原批：「寄案：《大典》卷二萬一千二百三十三引《四朝志》同。」

到金銀，各差行人看驗，即不得支次金、雜白銀。每月輪不監作員僚一名，在大門與使臣搜檢。」

十一月，詔：「文思院銷鎔所每百兩金破大耗二錢半，銀破五錢。」

大中祥符元年正月，詔文思院打造銀器，每百兩給木炭七秤，烏梅四兩。

三年八月，三司言：「文思院造契丹使及臣僚金銀帶、蹀躞等，自今並封定逐樣，於左藏庫送納。所（責）〔貴〕止絕弊倖。」從之。

仁宗天聖三年十二月，詔：「皇城司差親事官四人，於文思院銷鎔所把門搜撿，更不差本院工匠。」

四年二月，勾當文思院李保懿言：「乞依拱宸門外西作例，差識字親事官與在院人員同共監作，主掌官物，隨界交替。內打、鈒、稜、鎢、鍍金五作各一人，釘子、拔條、場裹、裹劍四作共❷二人〔一〕，生色、裝鑾、捩洗、腰帶、雜釘、扇子、平畫、碾砑、藤、漆、小木、牙、玉、旋、校、糊粘、結條、錯磨、鐵、玳瑁、花、面花、真珠、銀遲、雕木二十五作共三人。及依舊例，令監門使臣二人分監中大門，至晚放作絕後，一人止宿者，却管句兩門公事。」

七年十二月，詔：「文思院造作金銀生活，近頻有告論工匠入外（科）〔料〕添和金銀及諸姦弊。自今許人告捉。如得金一兩，支賞錢二千；銀一兩，支一（阡）〔千〕。」

神宗熙寧二年五月二十六日，詔：「所造朱書篆玉冊寶并一行法物，冊合於中書省，寶合於門下省安置，只令文思院安置廳內封鎖，監官提舉照管。」

熙寧三年，詔：「文思院兩界監官立定文臣一員，武臣一員，並朝廷選差。其內侍勾當官並罷〔二〕。」

九年四月四日，三司上言：「東西兩坊雜（科）〔料〕三千餘作併入文思院，委是繁重。乞添差京朝官一員，通管上、下界。每月合添食錢三千，賞罰並依舊條。」從之。

高宗紹興元年七月十一日，文思院奏：「製造明堂大禮翰林司應奉器皿，太常寺排辦合用朝祭冠服、竹冊、祭器等，及不住有拋降料次〔三〕。兼本院上、下界併爲一院，并撥併到東西八作司、事材場、綾錦院，各有造作，事務繁冗。又緣大禮期限逼促，欲將合用物料應承受官司並限一日應副，所貴易爲辦集。」從之。

八月三日，工部奏：「文思院見造明堂大禮法物，除分擘官工製造外，所有合行和雇錢，欲乞下戶部限日下支給和雇，趁限造作。」從之。

三年三月七日，工部言：「本部所轄文思院舊係分上、下界，兩院監官各三員，內文臣一員係京朝官。監門官各二員。其上界造作金銀、珠玉，下界造銅鐵、竹木、雜料生

〔一〕裹劍：原脱「裹」字，據上頁改。

〔二〕天頭原批：「寄案：《大典》卷二萬一千二百三十三引《四朝志》同。」

〔三〕拋：原作「抛」，不成字，據文意及字形改。後文職官二〇之五「遇有抛降造作」，正作「拋」。

活。昨在京日，兩院相去稍遠，以隔姦弊。今本院更不分上、下界，所造金銀生活與銅鐵交雜，無以檢察。兼又撥併到皮場、綾錦院、事材場、東西八作司、少府監鑄印司六局共爲一處，事務繁冗。欲乞令文思院依舊分爲上、下界，各差監官、監門官一員，庶幾各認所管事務，不致交雜。其監官於文武臣内通差，文臣差京朝官，武臣差大小使臣。自來係少府監辟差，今來少府監已併歸工部，合係本部使闕辟差。」從之。《中興會要》。

十月十六日，幹辦文思院上界于淙言：「本院係造金銀等生活，其門闕人守把，搜檢出入。緣在京係步軍司差厢軍一十人，每月一替，欲乞依例差撥。」從之。

五年三月五日，工部言：「據文思院下界申，見承官告院牒，諸色官告萬數浩瀚，繫告青白絲線帶子係用機織造，闕少人匠，織造不前。今相度，乞將封贈并焚黄告除四品以上及職事官監察御史以上並用絲線帶子，其餘官依造空名官告料，權用碧綠綾帶子充代，每五十條爲一料。其合用工料，令户部量審支給，候將來告命稀空日依舊。」從之。

五月七日，工部言：「近承指揮，措置織造官告、度牒綾。除已令文思院見行織造，緣今來諸軍功賞并官員陞改、支降度牒所用綾帛浩瀚，應辦不前。欲乞下逐路轉運司措置織造，每年共造十萬匹，候及二萬匹，逐旋送納，仍自紹興3五年秋季爲始。」從之。

六年正月七日，提轄文思院上下界鄭績言：「伏覩近降敕命：『上自中禁，下暨庶邦，並不得以金爲飾。』本院所造天寧、乾龍、天申聖節功德疏金鍍銀軸、銷金複帕、褾帶，學士院取造綾羅紙，及應（拋）〔抛〕降料造御爐，内司應奉舊用鍍金名件，祗候庫依格支賜班直、行門等諸色渾間金鍍銀腰帶，國書匣合，鑄節度、承宣、觀察使以上牌印，依法式合用鍍金，兼造隨寶册縷金褾子，合與不合依舊？」詔功德疏軸頭、褾帶、複帕改用生色外，餘依舊制。」

七年五月二十四日，詔寧德皇后謚寶依禮例用金鑄造。先是，令文思院用玉造聖文仁德顯孝皇帝〔一〕、顯肅皇后鄭氏寶二顆。太常寺契勘國朝禮例，諸后謚寶，曾垂簾聽政用玉，其不曾垂簾聽政止用金，故有是詔。

十二年六月十四日，工部言：「乞下皇城司，依已降指揮，差撥識字親事官四人充上、下界監作祗應。仍每季一替，分番止宿，隸屬本部。以造作金銀、犀玉、綾羅錦帛生活盡係貴細寶貨物色，（金）〔全〕藉覺察關防，庶幾有以革絕姦弊。」從之。

十六年三月五日，詔：「文思院上、下界共置請納拘押官物生活官一員，仍差樞密院使臣。理任、請給等並依本院監門官例。」從權工部侍郎錢時敏請也。

二十六年閏十月二十四日，工部言：「據將作監申，乞將文思院今後遇有造作緊切生活，許令本院先次約度，預

〔一〕德：原作「慈」，據《宋史》卷二八《高宗紀》五改。

借工物支用。若文思院輒敢將工物過正料數預借，並計贓坐罪。本部今勘當，依所乞事理施行。所有過正料借支計贓坐罪一節，緣自來關借工物，候正料下日出豁，如有少數，自合貼支；如有大支數目，即回納入官。所乞過正料預借計贓坐罪一節，即難以施行。」從之。

十二月三日，工部言：「據文思院下界申〔一〕，本院逐時造作諸官司應奉生活最爲重害，即日對工除豁，所支工錢低小，其手高人匠往往不肯前來就雇。緣上界已免對工除豁，其下界亦合一體。今欲依已降指揮，立定工限，作分錢數，與免對工除豁支破工錢，庶得易爲和雇手高人匠造作生活。」從之。

三十一年四月九日，權工部侍郎、兼侍講黄中言：「文思院前後所造諸百官司金銀腰帶、束帶、器皿之類，從來止是本院造作，成釘了當，方赴元申請官司送納。及至日後添修換造，却有換易并折兩重，元造官司及收掌去處並不任責，暗折官物，動以萬計，有司無以稽考，深屬未便。今相度，欲自後遇有諸司申請添修換造金銀腰帶、束帶、器皿之類，並勒令文思院合（千）〔干〕人先就所收掌官司當官折剥，看驗秤製。見得的實兩重，然後赴院，重別委官監視鉟銷造作。俟造作了當，鐫鑿年月、兩重、監專、作匠姓名訖，賫赴元申請官司，當官交秤實净金銀數目，方得成釘。如日後添修換造稍有欠折金銀兩數，即勒令元收掌官司合干人陪償，庶幾盡革前弊。」從之。

十六日，權工部侍郎、兼侍講黄中言：「昨户部措置（置）文思院造作諸百官司鍍金器物，令監造禮物處搬截屋三間，委【4】太府寺官一員，別勾追作匠，同本院監官監視鍍造。今據文思院上界提轄監官王依等言，今年係明堂大禮年分，應辦諸百官司添修換造生活數目至多，往往多是鍍造之物。兼本院監官止是獨員，若赴禮物局鍍造，委是實妨礙本院造作。乞下户部，委官權就本院夾截作屋，別行追唤作匠，同共監視，庶得兩不相妨。大禮了畢，却行依舊赴禮物局鍍造。」從之。

孝宗隆興二年六月七日，詔禮物局併入文思院〔二〕，元差人吏並罷，仍委葉顒檢察措置。先是，侍御史尹穡上言：「禮物局歲遣使所用禮物亦有定限，別置一局差官，每歲開結局官吏請給、酬賞費耗，乞行廢罷。」故有是命。

二十六日，尚書左司郎中葉顒〔言〕：「得旨，檢察措置文思院。今照得兩界法式工限經隔年深，比今製造大小輕重不等，合行委官重行修立。兩界監官廨，合難與本院鄰牆〔三〕，兩門司人吏緣舊例遞遷本院手分，是致同情。乞令別募有行止人申部收補，不與本院人吏遞遷。」並從之。

〔乾道〕五年三月四日〔四〕，詔：「文武官誥身及僧道度

〔一〕下：原脱，據下文文意補。
〔二〕屠寄眉批：「《大典》卷二萬一千二百三十一引《中興會要》同。」
〔三〕此句疑有誤。
〔四〕乾道：原脱，據本書職官一一之七三補。

牒，並依舊式，以『文思院制敕綾』六字織造〔一〕，復行舊法。」以工部侍郎姜詵言：「自罷文思院制敕綾，用諸州雜花綾，假冒犯禁者多，乞依舊法。」故有是詔。

淳熙三年正月十七日，詔內藏庫給藥犀下文思院，專充製造官告軸頭使用。先是有旨，自今官告院闕犀象軸頭，並令工部申取朝廷指揮，更不於行市及舶司收買〔二〕。至是文思院申，乞支降。

九年三月十日，詔監文思院上界葉薿放罷，專庫羅茂等並決配。以本院打造禮物金銀合支工錢，除剋以充糜費，且失覺察偷盜，棘寺具獄來上故也。

五月二十六日，工部言：「文思院上界近興大獄，尋下將作監條具措置，令行革弊事件。數內一項：上界所管金銀、珠玉、犀象等官物浩瀚，全（籍）〔藉〕專副掌管。本院雖有紹興十四年指揮，許行踏逐曾經歷庫務、有行止小使臣、校尉一名充專知官，二年爲界，（蒲）〔滿〕無違闕，減二年磨勘。小使臣、校尉畏懼重難，累年無人肯就，止令手分時暫兼權，致工匠等通同作弊。今乞照下界例，從都官權於副尉內擬差專知官一名赴院管幹。所有酬賞、請給等，並從上界專知官已得指揮，候有使臣日仍舊。」從之。

七月十三日，將作監條具措置文思院革弊事件下項：一、兩院造作雖有作家、官工掌管，監官、專、副監視，往往關防不盡，致行人匠偷盜。今乞應人匠各令送飯，不得非時出作；及令監作親事官專一在兩院作下機察監視，遇晚看驗，秤盤點對數足，入庫訖，方得放作，不得於作下別立小庫寄收。如有違犯，密切令監作赴省部陳告。一、打造器物，係臨安府籍定鋪户一十名，監視鉟銷，交付作匠，以免夾雜。近緣前界作弊，止差浮泛牙人。（令）〔今〕欲下臨安府拘集元來鋪户，周而復始。日後遇（關）〔闕〕，從本院報臨安府踏逐撥填，各正身赴院（有）〔看〕驗。一、作匠入作時，合用金銀各支一色，令鋪户看驗色額秤盤。遇晚收作，令鋪户將器物再行看驗。元【5】色額秤盤數足，方得入庫，同專副封鎖。一、兩院各用工錢，乞委官同文思院官躬親監視，當官支散。一、兩院手分，近來往往令兼權專副，致通同作弊。乞自今並不許兼權專副。其秤、庫子、門司、手分合干人等，並不許親屬在院執役，及作過曾經斷勒人并私名不得入院。一、昨禮物局製造正旦生辰禮物、人使衣帶，自來係户部牒臨安府使臣院長火下及本地分都監巡警造作，機察工匠。今乞照應禮物局體例，每遇造作，具申省、監，牒臨安府仍舊差撥。一、文思院上界打造金銀器皿，自來止憑作家和雇百姓作匠，承攬掌管金銀等，拘轄人匠造作，以致作弊。今乞將合用打作作頭等，令本院召募有家業及五百貫以上人充。仍召臨安府元籍定有物力金銀鋪户二名委保。如有作過人，令保人均陪。若召募未

〔一〕綾：原脱，據下文補。
〔二〕於：原作「知」，據本書食貨三七之三六改。

足，即令籍定前項鋪户權行隔別，承攬掌管。」並從之。

九月九日，詔：「文思院上、下界拘押官就差轉運司見差指使，每月依本使臣兼局例，量與添給錢酒。」

十二年十一月五日，前將作監朱安國條上文思院三事：「一、侵欺失陷之弊起於轉料，乞令自今不得轉料。仍備坐隆興二年左司郎中葉顒所立限，行下御史臺，牒文思兩界，遇有拋降造作，分別緊切、常程項目，當日申工察，照限檢舉。如或留滯，徑牒所隸，先將承行人吏斷罪。違一日者杖一百，違三日者勒罷。俾經由應辦官司知所警懼，則立限之法可以必行。一、舊來拋降金銀，專以製造器皿，至於給散工食則例用一色(具)〔見〕錢，故金銀出入，莫非官物，門頭易爲關防。近來所支工錢，(當)〔常〕是紐折金銀，專庫、工匠得以影帶出入，並緣爲奸。乞令户部自今文思兩界除打造器物合支金銀外，雇工食錢並給一色錢會支散，庶免影帶偷竊之弊。一、皇城司差親從官二名，充本院監作，每一季一替。自以與監官不相統攝，動輒脅持，及與合(千)〔干〕人兵共爲奸利。乞自今罷差親從官監作[一]，以除去奸盜之根本。」並從之。

十三年正月二十七日，工部侍郎李昌圖言：「文思院昨承淳熙九年九月十六日指揮，令別置金銀、雇工、雜物新曆抄轉。自後本院雖曾別置，却迺仍舊謄過舊曆尾虚椿數目，是致無從稽考。乞令將作監取索本院應管赤曆，逐一點對驅磨實管官物數目，截日創新，起置抄轉。所是舊管文曆權行架閣，庶得易爲稽考。」從之。

同日，工部侍郎李昌圖又言：「文思院省記條格，門司遷貼司，貼司遷手分，手分遷押司官，押司官頭名滿三年，補進武副尉。過江以後，不差押司官，其專知官係都官差撥，緣此手分既無可轉補，門司又不得遞遷，公事絶無希覬。乞自門司而上，次第遷補。知、副知以二年爲界，通理十七年，許補進義副尉。庶幾人吏有所(雇籍)〔顧藉〕，不敢冒法。」從之。

三月十日，工部言：「乞令文思院遇支請到料次工錢，即申將作監，從本監轉委丞、簿，同本院提轄監官監視支散。於舊來循例椿留二分半工錢之内，以半分給還工匠。其[6]餘二分，以頭子錢爲名，一分專備工匠急闕借兑，一分充諸雜緣公縻費使用。不許妄亂從私支破，各置赤曆，分明抄轉，日書提轄監官，月終申解將作監，驅磨點對結押。其工匠急闕借兑一分錢數，正料到院，日下撥還。委本監常切檢察，如於已存留三分之外，別有分文(滅)〔減〕尅，許工匠徑赴本部陳訴。」從之。新除將作監何澹〔言〕：「文思院有所謂雜支錢者，每工錢一貫椿留二百五十文在院[二]，謂之二分半錢，以充諸雜縻費。如般擔脚剩、補填折閲、額外庸雇、緩急犒設、非時修整之類，皆是緣公之費，

[一] 罷：原作「後」，據《宋史全文》卷二七下改。
[二] 工錢：原作「二錢」，據上文改。

勢不能免。乞將上件錢以半分給還工匠，二分存留在院。」下工部勘當，而有是請。

閏七月二日，詔：「文思院上、下界併爲一門出入，以上界監門充外門監官，下界監門充中門監官。」從工部侍郎李昌圖請也。

十月六日，令本院上、下界印併爲一面，以「文思院印」爲文，提轄掌之。兩院門記併爲一面，以「文思院門之記」爲文，大門監官掌之。

十四年四月七日，文思院言：「一歲合織綾一千八百匹，用絲三萬五千餘兩。近年止蒙户部支到生絲一萬五千兩或二萬兩，止可織綾八百餘匹。每遇大典禮恩賞，出給告命擁併，遂行陳(情)〔請〕，用雜花綾紙。乞歲支生絲三萬兩，織造綾一千五百餘匹。」從之。

九月二十九日，詔：「文思院上界減巡防兵士二人，下界減造作工匠五人，大門兵士二人。」先是，上界專知官一人，手分二人，庫經司兼花料司一人，秤子一人，庫子一人；工匠一十三人，巡防兵士六人；下界手分三人，庫經司兼花料司一人，門司一人，秤子一人，庫子一人，鑄印司篆文官、副篆文官各一人，鑄印司工匠三人，造作工匠三十三人，大門兵士十人。於是司農少卿吴燠請減冗食，下勅令所裁定，而有是命。

紹熙三年五月二十六日，提轄文思院林復言：「本院舊差皇城司親事官四名守把搜檢，不合使之監視打造，(遂)〔遂〕致反有偷盜，因而罷去。見今止令臨安府厢軍守把，無足倚(伏)〔仗〕。」工部、將作監看詳：「差皇城司兵士四名，專一搜檢兩門出入。其食錢欲於兩院一分雜支錢內，依史館把門親事官例支破。所有見差步軍司、臨安府守把厢軍，欲依舊存留，充兩門守把，遇夜巡防。」從之。

嘉定四年七月十六日，臣僚言：「古人設官分職，有長有屬，非徒以備數也。今四提轄官所以總財貨出納之權，居長者不領其事，爲屬者專其權於己，此其爲弊久矣。姑以文思一院言之，凡所製造出入，監官自專，而轄長若無聞焉。上而曰部，曰監，止憑文移，無所參驗，甚非祖宗創立提轄院官之意。今欲乞將見管金銀錢物，令轄長照元管實數點檢，應干錢物出入，先經轄長判押，然後同共支散。凡有造作器皿，提轄官不時下院點檢。其提轄官不能悉心舉職，亦乞嚴加責罰。若是，則監官得以自明，轄官不爲虚設。自餘三(割)轄，未免間有此弊，乞併令提轄官主其綱領。」從之。

染院〔一〕

【宋會要】

7 西内染院，在金城坊舊日染坊。太平興國三年，分爲東、西二染院。咸平六年，有司上言「西院水宜於染練」，

〔一〕原無此題，徑添。

遂併之。掌染絲、帛、條、線、繩、革、紙、藤之屬。以京朝官、諸司使副、內侍一人監，別以三班一人監門，領匠六百十三人。西染色院，在金城坊，掌受染色之物，以給染院之用。太平興國二年，置東染色庫。三年，又置西染色庫。咸平二年，省東庫。以京朝官及三班二人監，兵士十七人。

(大)〔太〕宗淳化元年七月，詔：「染院染帛，除內中取索仍舊以紅花染外，自餘並給蘇木。」

真宗咸平二年正月，詔：「每年染院端午、冬衣、十月一日、承天節、春衣五料，自今三司自二月一日後，預將五料數目支付，依次出染。至八月終管足。」

四年七月，詔：「染院染物，須依元定料例染褫，(下)〔不〕得增減物料。如偷兑抵換，(提)〔捉〕獲及陳告得知贓驗明白者，杖配外州。」

大中祥符八年三月，詔：「都大提舉諸司庫務司，取元併染院文字看詳，及親相視見今染院及三司乞移入舊東染院利害，件析以聞。」當司相度：「東院舍屋數少，地位窄狹，柴蒿場并工匠營房相去遥遠，俱不便近。欲只就西院開水池五所，置斗門放水，充洗濯物帛，(過)〔遇〕使即開斗門，夜間下棧鏁閉。本院內金水河兩岸，即創置短牆遮護，不許放入濁污河水。遂勒本院相度。據專典軍員兵匠衆狀稱，若開小池，置斗門，放水洗澤疋段，遇水渾濁，退入護龍河，旋放清水。常程染練日，一兩度換水；大段染練日，須至三度換水。約使金水河五十分中一二分，久遠委不悮事，亦無礬水顏色相犯。櫃水河一道，長二十二步，深四尺，闊三尺。洗澤疋段池五所，各長二丈五尺，闊六尺，深五尺，放水深一尺五寸。退水渠一道，長五十二步，深七尺，闊四尺，內二十二步捲甃。今相度，只稍闊二尺。護河牆百二十六堵，各五尺。東院地位窄狹，河水細小。西院去請柴蒿場務，遠者五里已下，日般三五轉，人匠不破功。東院則近無柴蒿場，去城西諸場務請柴蒿約十二里至十四里有零，日般一轉。西院工匠至本院約一里已來，東院營往迴約二十八里，每日守門去，辰時方到，申時放作，酉時到營。如是放晚，趨門不及，無處安泊。又據壕塞計料到，開(握)〔掘〕櫃水河、洗澤池、退水渠并護河牆，擗掠舊金水河，約(後)〔使〕千七百九十八工，諸作約使條磚九萬一(十)〔千〕二百口，方磚四千口。斗門一十一座，約使金口石柱子二十二條，各長五尺，徑一尺二寸；座子石二十二段，各自方一尺五寸，厚五寸；厭柱石二十二段，各長二尺，闊一尺二寸，厚五寸；約使栢連長三十五條，栢木二條。泥飾護河小牆，使麥䴷六十三束已上。除諸作約計到功料共三千七百四十五工。」並從之。

神宗熙寧二年十月四日，三司言：「監西染院皇甫宗憲等言，竊見在京見賣漬污浙絹，第一等浙絹每疋一千二百至四百，綵絹每疋只一千已來，顯是 8 受賜之人皆願生帛，兼省官中虛費人工材用。今後如遇支賜諸般例物衣服綵絹，如願請生帛者，即乞換支漬污及第一等浙絹，實爲官私之便。」從之。

綾錦院

【宋會要】

綾錦院在昭慶坊。乾德四年，以平蜀所得錦工二百人，置內綾院。太平興國二年，分東、西二院。端拱元年，合爲一。以京朝官、諸司使副、內侍三人監領，兵匠千三十四人。太宗(辛)〔幸〕西綾錦院，命近臣從觀織室機杼。咸平元年，令改織絹。

真宗大中祥符六年十一月，詔：「綾錦院月供物料帳，除前帳如見在依舊攢計外，別立項，具某月日至某日織造若干數，於某庫送納，長闊斤重料例，不須更椿應在。」

神宗熙寧七年十月五日，詔：「減罷綾錦院工匠。仍候額內有闕，即令本院勘會的實合要造作得力人，却申三司勾抽，歸院填闕。如或非汎生活，即須先於差出閑慢處抽那，不足方申三司權抽。造作了日，發遣歸本處。」

文繡院

【宋會要】

崇寧三年三月八日，試殿中少監張康伯言：「今朝廷自乘輿服御至於賓客、祭祀用繡，皆有定式，而有司獨無纂繡之工。每遇造作，皆委之閭巷市井婦人之手，或付之尼寺，而使取直焉。今鍛鍊、織紝、紉縫之事，皆各有院，院各有工，而於繡獨無。欲乞置繡院一所，招刺繡工三百人，仍下諸路選擇善繡匠人，以爲工師。候教習有成，優與酬獎。」詔依，仍以文繡院爲名。

裁造院

【宋會要】

裁造院，舊在利仁坊，後徙延康坊。掌裁製衣服，以供邦國之用。初有針綵院，左藏庫有縫造針工，給裁縫之役。乾德四年始置此院，以京朝官、三班內侍二人監，別以三班一人監門，領匠二百六十七人。

真宗景德三年三月，詔罷裁造院執針女工。本院所管什物，每季作帳上三司。

七月，詔：諸王宮院所占工匠，定名差往，不得替換。

大中祥符三年七月，詔：「裁造院於步軍司抽剩員二十人，巡宿看管官物，遞相覺察，每季一替。」舊十月一界，差剩員爲捧疊衣物者，不須別差。

五年二月，詔：「裁造院自今應承受房卧及繡造物色，本院繡造不逮者，分於奉節指揮及百姓繡户，支工錢令繡造。即不得抑勒差配，更不令三尼寺繡造。須監官當面支散工錢，無縱減刻。其皇城司所繡生活，係內降細繡，止令裁造院匠了當，即不得影占繡匠。」

八年閏六月，賜裁造院人員緡錢。先是，本院言：「自來每三年一界交割，第賜緡錢，今已四年，乞依例給。」故有是賜。

仁宗天聖三年四月，詔：「裁造院自今止絶官僚，不得就本院蟗請衣服段子，止將逐節界造到衣服領段，共作五限交納。」（以上《永樂大典》卷一六六六八）

宋會要輯稿　職官三〇

將作監〔一〕

提舉修内司

【宋會要】〔二〕

1 提舉修内司，領雄武兵士千人，供皇城内宫省垣宇繕脩之事。

真宗天禧四年六月，詔：「自今後修内司差内侍省使臣二人，入内内侍省使臣一人勾當。」從本省之請也。

仁宗嘉祐三年六月二十一日，以入内内侍省内侍都知史志聰、副都知任守忠爲都大提舉内中修造。先是，修皇儀殿西廡〔三〕，而三司言禁中營造多虚占名役及大費材料〔四〕，故命志聰等總領之。

九月五日，以勾當皇城司、入内内侍省副都知鄧保吉，文思使、帶御器械李繼和提舉東西華門已南諸處修造。先是，三司言：「道以入内都知史志聰〔五〕、任守忠都大提舉内中修造，而志聰、守中言，内中並係宫禁，所掌提舉其諸處殿庭門户、庫務城壁之類，從來修葺自係皇城司管轄。省司相度，大内自紫宸、垂拱、集英殿以北，崇政殿以南，連接後苑，以至延福、廣聖宫、龍圖、天章、寶文閣，並接近宫省，乞分令志聰等管勾。東西華門以南〔六〕，并宣祐門東直北至拱宸門東，及右銀臺門北至廣聖宫南諸處，乞令皇城司管勾。皇城司官九員，慮通管則不能專一，乞數内專差兩員提舉。」故有是命。

六年閏八月六日，入内副都知甘昭吉言：「准勑，差都大提舉内中修造。勘會自來係兩員提舉，欲乞差勾當御藥院使臣一員同共提舉。」詔差入 **2** 内東頭供奉官、勾當御藥院王世寧同提舉。

英宗治平二年九月，罷皇城司提舉修造官，命入内内侍省副都知石全育、入内内侍省押班李繼和都大提舉在内修造。又命同提舉諸司庫務、刑部郎中張師顔督促修内司官員。

四年閏三月十四日，詔差同提舉諸司庫務張師顔專切提舉在内修造。先是，禁中雨水之後，有所繕治，令師顔同三司户部修造判官張徹領其事。至是，以葺完有緒，仍專命師顔總之。

神宗熙寧元年二月，詔：「提舉在内修造差入内押班

〔一〕原無此總題，據宋官制補。

〔二〕此下原批：「寄案：徐輯《永樂大典》本《會要》闕將作監，其屬見此。」

〔三〕「皇」下原有「城」字，據《長編》卷一八七删。

〔四〕占：原無，據《長編》卷一八七補。

〔五〕道：似當作「前」。

〔六〕西：原無，據上文補。

張若水，仍今後止以一員爲定制。」

二年閏十一月，詔：「在内修造係宫殿門，委提舉内中修造所主領，其係皇城司内宫殿門外者，或令提舉在内修造所施行。」

三年二月，提舉在内修造司張茂則、張師顔等舉司門員外郎張仲勾當修内（内）〔司〕。詔止令奏舉三班使臣一人充，從初詔也。

高宗紹興元年十二月一日，詔：「修内司工匠已降指揮，每日添支食錢一百文，可每日更添支一百文，仍自除降指揮日起支。」

三年正月十二日，詔：「修内司見造御前軍器，其掌管官物使臣、人吏等，並不許諸官司踏逐指差，拘留截欄，應副它處。如承受傳宣、内降朝旨等指揮，令本司遵執，更不發遣，亦不回報，止具奏知。」

十九年二月七日，詔：「自紹興六年臨安府每月供納内修内司添修生活錢三千貫〔一〕，即今别無修造去處，可自二月爲始免3供。」

二十年正月十五日，詔：「（宣）〔修〕内司并潛火人兵共一千五百人，可減五百人，撥赴（部）〔步〕軍司，充填雇募使唤。」

八月一日，詔御前祗應蔣璆、修内司管押造作張竦各特補授進武副尉，依舊祗應。以璆、竦進狀：「各在修内司一十五年，别無出職補官條法。自顯仁皇后上仙，宣押入殿祗應及差往攢宫修奉，並無違悞。應本司使臣、作家、甲頭並轉官資了當，唯臣等二人爲係白身，止給到公據，收使未得。欲將前項勞効并在司月日，乞依修内司押司官蓋世顯年勞出職體例。」故有是命。

孝宗隆興元年正月十七日，詔：「殿司已在舊司置司，其東華門外新司，却令依舊交割，付修内司。」

八月十三日，宰執進呈内外諸司官吏減省員數。上曰：「内諸司兵卒頗多，修内司尤甚，可減三百人。餘間有闕額去處，並住招填。」宰臣陳康伯等稱贊而退。密院降指揮減罷人數，仍撥下一等軍分收管。

乾道元年八月十二日，詔：「皇子立爲皇太子，其宫室、官屬、儀物、制度，並令有司討論以聞。所有宫室，下兩浙轉運司、臨安府同修内司踏逐地段，先次彩畫制度、間架圖樣進呈訖，疾速差撥人匠，如法蓋造施行。」

三年六月十五日，修内司奏：「契勘垂拱、紫宸、祥曦殿并逐殿門廊、朵殿等，每日聖駕經由緊切去處，屬轉運司、臨安府分認，遇有損動，臨時委官前來修整。竊慮事不專一，或致滅裂。欲乞逐司將見管認去處，專委官4撿計修整。仍令取責合干人有無損動牢實軍令文狀，及乞將所差官隨任交替，庶有責辦，不敢推避。」詔依，如所差官任滿無疎虞，與減二年磨勘。

〔一〕内修内司：前「内」字似爲衍文。

七年八月五日，詔令於麗正門裏東壁慢道上修蓋太子宫門一座，所屬委官計料，如法修蓋。

八年三月十三日，詔：「修内司自乾道元年四月至今將及七年，造納過軍器一百五十三萬餘件，並各精緻。提舉官趙志忠特與轉景福殿使，提轄官特與轉行兩官，幹辦官二員各(時)〔特〕轉行一官，使臣六人各減三年磨勘。」

九年閏正月九日，臨安府少尹莫濛言：「得旨，後殿門係駕出門户，其屋宇低小，逍遥子入出妨礙。」詔令工部日下委官計會修内司，照輦院合用高低丈赤相視計料，重別修蓋。

淳熙元年三月二十八日，詔：「皇城司差撥識字黃院子八人，專充修内提轄司實占巡視使喚。遇有修造，隨工匠去處關入，巡視稽察。劄移名糧，就本司曆内幫勘。如有多病癃老、不堪祗應之人，依本司兵匠例，與帶舊請養老。日後遇闕，依此差填。」

十一年四月二十三日，詔：「修内司提轄兼臨安府、兩浙轉運司承受張思温降一官，今後提轄修内司不得兼承受臨安府并運司職事。」先是，思温提轄修内司，承受臨安府、兩浙轉運司，職事干涉，因緣爲奸。正月内，指揮付臨安府，將朱五、孫玘、王燁根勘，爲造屋侵街，有違約束，逐項疏鑿。數内朱五係百姓，租賃李珪 5 房廊居住。其李珪見係承節郎，王燁見任忠訓郎，孫玘見權左一廂都監。除孫玘罰俸兩月外，餘人各追賞錢三百貫。仍依思恭約束〔一〕，以奏授思温，取旨各降一官。方施行之初，都人皆以爲中旨，既而體訪，悉由思温挾私報讎，直以己意付之，有司奉行，視同内降。又侵占吳山伍子胥廟基，併取廟後天申節及大禮等法物庫，拆毁展闢周圍爲堂室園池，甃砌則盜用官甎，般運則私役部曲，爲察官所糾，故有是命。

八月十九日，詔入内内侍省合同憑由司出給合同憑由，前去封樁庫，取會子二萬五千貫文，充修内司製造點綱鑿子神勁弩箭一百萬隻第四料工物錢使用〔二〕。

十三年閏七月十三日，詔：「修内司工匠人兵，臨安府不係揀中禁軍，今後遇有逃亡事故，未得收填。月具人數，申三省、樞密院。」

十五年九月十八日，詔德壽宮雄武兵級等，並撥歸修内司。

十月十二日，詔：「修蓋皇太后殿闕工役人，其德壽宮先降付步軍司雄武兵級二百一十五人，並依舊撥歸修内司。」

十六年正月二十八日，詔：「自乾道以後創置修内司等處兼安撫司、轉運司準備差遣人，元非舊例，可並罷，今後更不差人。」

二月十日，樞密院言：「提舉修内司承受鄧磽申，本司

〔一〕此句文意不明，「思恭」或是「思溫」之誤。
〔二〕綱：疑當作「鋼」。

額管潛火雄武七百人，内事故九人外，近承重華宮指揮，於修内司差撥雄武兵級二百二十六人過宮祗應。所有退下并事故潛火名闕共二百 6 三十五人，已於今年二月内將德壽宮元撥到雄武兵級内充填上件名闕了當。其逐人合得潛火食錢，報所屬改正，依例幫勘。今後遇闕，於見在下司不係潛火人内準此撥填施行。」從之。（以上《永樂大典》卷一一一八）

東西八作司 [一]

【宋會要】 7 東西八作司，舊分兩使，止一司。太平興國二年，分兩司。景德四年，併一司，監官通掌。天聖元年，始分置官局，東司在安仁坊，西司在安定坊。勾當官各三人，以諸司使副及内侍充。其八作曰泥作、赤白作、桐油作、石作、瓦作、竹作、塼作、井作。又有廣備指揮，主城之事。總二十一作，曰大木作、鋸匠作、小木作、皮作、大爐作、小爐作、麻作、石作、塼作、泥作、井作、赤白作、桶作、瓦作、竹作、猛火油作、釘鉸作、火藥作、金火作、青窑作、窟子作。二坊領雜役廣備四指揮，工匠三指揮。

真宗景德四年六月，三司提舉司請以東西八作司、街道司併爲東西八作一司，選差使臣勾當。真宗曰：「工作甚衆，事任非輕，若此併合，恐將來不濟，又却改更。宜令三司將逐日勾當事件相度，須久遠通濟，即可所奏。」十月，詔：「八作司兵士功役，今後牆紙師木杴塹模，並支係官動使，勿令斂掠置買。」

大中祥符二年六月，詔：「自今八作司凡有營造，並先定地圖，然後興工，不得隨時改革。若有不便改作者，皆須奏裁。」先是，遣使修吳國長公主院，使人互執所見，屢有改易，勞費頗甚。帝聞之，令劾罪而條約之。

三年二月，詔：「八作司見管押司官、前後行、曹司等，自今不得抽差，及割名糧隸它處。」

四年八月，詔：「八作司官揀諳會書筭、勾 8 當得事殿侍十人，分擘應副監修。如不足，即旋於殿前司抽取。若一月内修及五十間，支食直錢三千；只添修及五十間，即支一千五百。各置功課曆，每日抄上，赴提點修造官通押。候三年勾當無不了，下三司比較磨勘申奏，與改轉酬獎。」

五年九月，詔：「抽差殿侍在八作司監修勾當，合給食直錢者，若填疊道路、修殿宇樓臺難計功料者，亦令比類支給。」

六年二月，詔：「八作司製造竹作家事，收到竹白、竹梢，每斤估錢六分，令貨市，充公使之費。」

四月，詔：「八作司父兄子弟會作藝者，聽相承於本司射糧充工匠，仍許取便同居。若差出向外監修，只將帶逐

[一] 原無此題，徑補。

色作頭往彼，不得更抽工匠。自外抽來役兵，有疾患者，速差醫官治療。」

七年三月，八作司言：「當司先差殿侍五十人，分監在京修造，率多曠慢。望委本司按罪笞責。」帝曰：「殿侍緣係諸班，本司區斷，事理非便。自今如小有過犯，取狀戒約放免。若初犯情理難恕及再犯者，奏裁。」

四月，八作司言：「本司工匠，自今應將帶出外，望不定名抽取，免（今）〔令〕僥倖妨役。」從之。

六月，詔：「八作司指揮使差當直兵士二人，員僚一人，於効役雜役指揮内抽差。逐季一替，不得影占工匠。」

十月，詔：「八作司諸處修造，先差人員檢計，據合銷工匠作分，逐旋差那應副，不得一併抽占人數。」

九年七月，詔八作司：應在京修造，自八月朔悉權罷之。以郊禮在近，供億繁多故也。

仁宗【9】天聖元年正月，勾當八作司田承説言：「本司所轄廣備兵士及八作司長行，内有善工藝匠人，多本司監官占充當直。欲乞自今後，監官當直兵士依數下步軍司，於借事六軍内差破，更不得就本司轄下抽差。」從之。

二月，三司言：「虎翼水軍昨營房雨浸，踏移高阜，其舊房屋六百五十間，合拆材植磚瓦四十一萬，稱準本司劄子六十五道，取射支使。切緣在京修造，三司並依八作檢計到合使物料應副，其八作司又將別窠名官物直撥支使，提點修造司無憑關防。欲乞今後應係修造所使物料，須計料申省，撥支下數，請領供使。其合納物色，並令入納，不得直取射支使。如違，官吏科違制之罪。」從之。

三月，詔：「自今應陳乞及傳宣修蓋，並須下三司檢計合銷人功材料數支。候見三司文字，方得支付。」時仁宗宣諭宮中：「近逐急修屋，多内臣直傳宣諸處，不由三司勘會，大破工料，採木之處山谷漸深。宜與約束，勿令枉費。」故有此詔。

五月，田承説言：「本司修造四百三十餘處，累年不結絶，監修人員請出官物，破耗侵欺。今點檢到殿侍蘇玉等一十人，並盗官物逃走。檢會元併兩司爲一之時，計有左右廂橋道提點、堤河城壕街渠都大管勾修造，窠坐兵士凡六處，監官十六人，以爲冗食，便以三人代其勾當。監官元食錢不過三五千，今五人月請錢百千；殿侍八十四人，月百二十六千。更有非時差三司大【10】將、軍將、使臣，添給衣服。若比未併合之時，備見虧官太甚。每檢計提點，並無新收舊管官物，已支見在文帳。欲乞將東、西兩司却分管勾，每司只差諸司使、副使或閤門祇候一員，内臣一員，添支錢十五千，日輪一員在司點檢文字，一員諸處點檢脩蓋。請到官物，別置曆，具日逐提點次第，同共僉押，逐月具修蓋已未功課上三司。所有殿侍八十四人，乞催促了當，覆檢訖，逐旋歸班。」事下三司，與提舉司定奪經久利害以聞。（二）〔三〕司言：「承説所乞分爲二司，今若每旬只差二員，亦恐管勾不逮。今請分爲兩司，以正陽門、景龍門直南北爲界。每司選差監官三員，內二員諸司使副或閤門祗應，一員內臣，逐月添支錢十三千。疾患差出，即權差官。每日一員在司點檢，二員出外催促。逐司置曆，具巡曆催促過去處，抄上簽押，每月終申三司，更令比較舉行。如監官弛慢，信縱拖延，及致欺盜，從三司申奏勘罪，重寘於法。又所請諸軍營，只令指揮使點檢，所（責）〔貴〕監修人員畏懼，不與匠人盜官物。如出軍營，即殿前馬步軍司差人點檢。軍營班直，更令本軍軍廂主、都虞候點檢催促。今詳所請，未窮弊源。只如諸軍營房一指揮，各及五七百間，近年凡乞添修，並以全指揮計料，或小可墊漏，一齊拆修翻蓋。今請應諸軍班營房、廨宇損墊，合行添脩，先令指揮使等躬親閱視，詣實保明，狀上殿前馬步軍、軍頭司； 庫務司
11 庫務倉場、坊院園苑舍屋等處，即令本庫務監專人員具詣實狀，上提舉庫務倉場司； 應騏驥院、馬監、親從親事營、院子營等處，即令本處監專人員具詣實狀，上羣牧、皇城司； 應寺院宮觀除不係官修殿院外，其合官修者，即本寺綱維具詣實狀，上僧道録寺務司，點檢保明，上開封府； 應南宮北宅，即本宅勾當使臣具詣實狀，上管勾司宅所。並逐處委不干礙官覆行點檢，具無虛誑狀上本司，移牒三司檢修。應內侍諸班院，自來逐人直申三司。今後如合係官修舍屋廨宇，即令本班勾當使臣相度，具結罪狀，上本屬入內內侍省、內侍省再行勘會，如得詣實，即牒三司檢修。仍下八作司，今後應檢計去處，須監官躬親部押諸作點檢修蓋。如有堪好者夾帶在內，即檢舉劾罪；若修未久便有不堪，即鞫治元監官、作匠。其檢計文帳，三司點檢却有大計料者，申勘奏科罰，並以違制論。先是，修蓋舍屋，每聞在處多不牢固。今緣添差監官點檢，須要牢固。仍令各司將見修三五間舍屋以所破功料，須委監修相度日用功力，計定功限，永爲定式。今後所修舍屋、橋道，舊條若修後一年墊陷〔一〕，元修都料作頭定罪，止杖一百，二年內減一等，未滿三年又減一等，監修者又減一等。如歲月未久，具名聞奏嚴斷。雖差出改轉，及經赦恩，亦仰根逐，劾罪以聞。今差監官點檢催促，須是盡料修蓋，久遠牢壯。今後應修
12 蓋舍屋、橋道等才了，書寫記號板訖，如修後未五年墊陷，並以前條年分下逐年遞減一等斷遣，遇赦不原。又舊來一司管勾，故多積壓拖延。今八作司每至年終，將一年印曆內應修造去處間架已未數，及催過功役有無剩役減料，狀上三司，將兩司修造去處比並。如剩功有餘減，理爲勞績；若全然曠職，舉奏勘責，衝替歸班，降等差遣。又八作司諸處修蓋，各量事差撥兵匠。今後須具已修未了，及全然未修處，以元檢計日月，（俟）〔挨〕排資次，置簿拘管，尅日了當。除傳宣緊急及營房外，並以三司帖到司月日依次置簿，抄上結絶。須一處畢手，方撥以次。如官吏一事有違，並以違制論。應公主、郡縣主宅，自來合係官修者，如

〔一〕陷：原作「限」，據下文改。

廳堂、舍屋等損墊，合行添修，即勾當使臣相度，具結罪畫圖進呈。依得旨，即下入內內侍省，差內臣管勾修蓋。方計間數，其勾當使臣，並乞依上奏不以實條斷罪。候修蓋了，具料例帳上三司，別差內臣點檢保明，申三司。又據所奏，乞依舊差使臣、三司軍大將監修。二十間已下，只差本處人員、監官監修點檢；二十間已上至一二百間，差三司大將、軍將；二百間已上，差使臣。三司檢會淳化四年閏十月詔，監修舍屋，若數不多，只委監官、專副計料添修。大中祥符四年九月詔，又令揀抽殿侍應副監修，不足，即於殿前司抽取。九年五月，詔：『八作司監修殿侍，每人主處三五處，令[13]每人專監一處，仍從三司給與印紙曆子抄上。候三年滿，別無違礙，官吏保明申奏。第一等與班行，第二等與三班差使，第三等與外江押運。』天禧二年正月，樞密院劄子：在京監修依殿侍例，每月支食直錢一千五百，守涷申功不支。如監五十間，相如食直錢三千〔一〕。今詳承說所定間同。其二十間已上至一二百間，差大將、軍將監修，伏緣間例數多，材料不少，今除將軍班在營者依舊例人員監修外，更不差殿侍〔二〕。二十間已下，及泥飾甃砌，只委本處監官、人員管勾，更不差軍大將。如無監官、人員，即合近便監管使臣相兼管勾。二十間已上至百間，差三司軍大將，三年一替。至滿日，八作司磨勘，如無員闕，保明申奏。若三年都修五百間之上，與轉一資；三百間已上至五百間，與第一等優輕差遣；一百間已上至三百間，與第二等優輕差遣。若稍有過犯，拖延偷減，劾罪施行外，送衝衙〔三〕，與第一等重難差遣。百間已上，於三班差借奉職、殿直。監修了日，八作司磨勘，無偷盜少欠，不依得元限了當〔四〕，百間已上至三百間，與免短使，依例在程差遣；三百間已上，不計多少，與免短使，合入遠者與近地，合入近者與家便。如信縱偷減，不依功(科)〔料〕，即劾罪申奏，與小可邊遠差使。所有軍大將食錢，依殿侍例，修造月支五百〔五〕。如一月內修及五間〔六〕，及支三十〔七〕。使臣修造月日支二年〔八〕，如一月修及五十間，亦支四千。其八[14]作司北營使，令東八作司監官居，仍於右廂內踏逐空閑廨宇，充西八作司監官居。所有見今監修四百五十三處，三司近奏差內殿崇班李知常、閤門祗候杜敏管勾提點，催促立限津般退材，攢造文帳上三司。若是南郊大禮，即令兩司共同祗應。」並從之。遂令兩司監官各三員，東司差崇儀副使田承說、禮賓副使張承渥、內殿崇班石惟清，西司

〔一〕相如：似當作「相加」。
〔二〕殿侍：原作「殿行」，據上文改。
〔三〕衝衙：疑誤。
〔四〕不依得：似當作「又依得」。
〔五〕五百：據上文，似當作「一千五百」。
〔六〕五間：據上文，似當作「五十間」。
〔七〕及支三十：似當作「亦支三千」。
〔八〕日支二年：似當作「月支二千」。

差禮賓副使李德明、内殿崇班王中立、閤門祇應張士寧〔一〕。

仁宗天聖元年九月二十一日，詔：「近分東、西八作司爲兩司，各定差監官三人。内有疾患差出，並權差監官。」

康定二年七月二十二日，權知開封府賈昌朝言：「昨差内臣二人，以司乘輿出入除道。近胥吏掠取民錢，已行科斷。乞依舊止令東、西八作司管勾。每遇乘輿出，令所差使臣即時關報八作司及左右軍巡院祇應除道。」從之。

嘉祐七年十月，三司言：「乞應係修造，監修官吏如要兵匠人數，並須申三司乞差，不得直具申奏，或申中書、樞密院。如違，所乞事理更不施行，官吏並從三司劾罪，官員使臣具案以聞，乞行朝典。」從之。

英宗治平二年二月六日，三司言：「東、西八作司使臣各一員，大使臣各二員，内朝臣已係三司舉外，大使臣不係三司舉。並二年一替，滿日無遺闕，與指射差遣。乞依朝臣例，委本司保舉，仍乞更不差内臣勾當。」從之。

神宗熙寧二年三月，三司言：「東、西八作司監官[15]舊六員，頃因霖雨，添差使臣八員。省司既已編排緊慢，〔今〕〔令〕作番次修造，則以自八作司正監官六員，準備專大將二十員，提點修造司官二員分巡勾當。上件使臣，欲乞兩司各留二員，餘並廢罷。如後有大段修造，即自臨時奏乞，下三班院選差。所有兩司依條幫各輪一員在司外〔二〕，餘各二員，逐日躬親提點，催督修造，及諸處檢計。仍今後五日一次，具已未修間數投過。及未了工限，單狀申省，以憑點檢行遣。其點檢司官二員，亦令逐日躬親提點催促。如稍違慢，劾奏，乞行朝典。」從之。

十月二日，以修感慈塔都計料楊琰爲茶酒班殿侍、三班差使，減三年磨勘，充八作司指揮使。初，八作司度修感慈塔用工三十四萬六千八百六十，琰度減十八。至是畢功，上以其材可用，故命之。

四年十一月二日，詔選差諳會修造臣六員〔三〕，勾當東西八作司，不得差兼他處職局。（以上《永樂大典》卷一一一九）

提點修造司〔四〕

【宋會要】

[16]提點修造司，舊在普惠坊，後徙顯仁坊。掌督京城營繕及畿縣屯兵營舍脩葺之事。太平興國七年置，淳化三年分左右廂，隸東西八作司。五年，復析置，以諸司使及内侍二人提舉。

太宗淳化四年閏十月，詔：「提點修造司自今在京監修屋舍，若間數不多，不須差人去處，只委本處監官、專副等計料添修。」

仁宗乾興元年四月，三司言：「提點修造司申，去年十

〔一〕祇應：似當作「祗候」。
〔二〕條幫：似當作「條例」。
〔三〕諳：原作「諸」，據文意改。
〔四〕原無此題，徑補。

二月諸處修造文帳，省司點檢，有二千六百七十八處。内四百三十四處已修去，供破料文帳二千一百五十四處。見修造處，蓋是兵匠拖延，切藉催促，方獲辦事。緣本司使臣兼提點在京諸倉場并四排岸下鏁公事，不得專一催促點檢。欲乞特差閤門祗候及内臣共二員，專管勾一司事。」從之。

至和元年九月，詔：「比聞差官繕修京師官舍，其初多廣計功料，既而指羡餘以邀賞，故所修不得完久。自今須實計功料，申三司。如七年内損隳者，其監修官吏、工匠並劾罪以聞。」

英宗治平二年八月十五日，命成都府路轉運使王舉元都大提舉在京修造。英宗以近歲京師屋多不至堅固，至是因水災當完理，命選强幹之臣，置局督察，故自成都召舉元委之。

神宗熙寧二年五月二十八日，罷提點修造司。所有應係修造公事，並只 17 令三司點檢修造所（營）〔管〕勾施行。

（以上《永樂大典》卷一一一八）

都水監〔一〕

溝河司

【宋會要】〔二〕

18 溝河司，天聖四年，閤門祗候、府界提點公事張君平擘畫置司，仍專差官一員，與府界提點官同共管勾府界并南京、宿、亳等州軍溝洫、河道。至寶元二年省罷，只令隨處官員、令、佐等與府界提點司并轉運司各認地分管勾。掌每年開淘溝河，人夫、兵士、功料不定。

熙寧九年五月十七日，詔罷開封府界溝河司。以開濬河道已成，故省專官，而隸都水提舉焉。餘見「排岸催綱司」下。

街道司

【宋會要】

街道司，掌治京師道路，以奉乘輿出入。勾當官二員，以大使臣或三班使臣領之。

仁宗嘉祐二年十二月二十六日〔三〕，管勾街道司公事寇利亨言：「乞招置兵士五百人，充街道司指揮功役。更不立等杖，委本司招置少壯堪充功役之人。所有請受例物，乞行支給。」詔置五百人爲額，立充街道指揮。例物每人交錢二千〔四〕，青衫子一領，請受即依保節例支給。仍不許宣借及諸處抽差，并本司官員當直。餘從之。

〔一〕原無此總題，據宋官制補。

〔二〕此下原批：「寄案：徐輯《永樂大典》本《會要》闕都水監，其屬官見此。」

〔三〕二十六日：屠寄眉批：「寄案《大典》卷一萬七千三百七十六作『二十三日』。」

〔四〕交錢：似當作「支錢」。

英宗治平三年七月九日，都水監言：「除街道司事只令申監依條例施行外，若街道并渠壕、河道等事，但係干百姓，合行檢量定奪去處，令監司委街道司及本監指使，并移牒開封府，差曹官同共檢量，定奪利害，連書申監。如百姓合有罪犯，牒送開封19府斷決。若干人衆及詞未明事理，乞本監那同判監已下一員，計會開封府那推官同共定奪施行。不得差委街道司監官管勾定奪諸般公事，並不得承受行遣。」從之。

神宗熙寧五年正月四日，都水監言：「今勘會，將作監準敕，東、西八作司更不管勾街道，只委街道司一面管勾。如本司闕人，即令申都水監，權下有處抽差。勘會每遇車駕行幸并人使到闕，自來係東、西八作司各差三二百人，與街道司兵士同共打并街道。兼街道司自前曾於裝卸東窯務、步軍司宣效六軍差兵士同共功役，今街道司闕人，看詳其裝卸東窯務各有重役，難差撥外，乞今後只於步軍司宣効六軍共差四百人。候見本司文移勾抽，即依所定人數差撥往彼〔一〕。才候了日，畫時發遣。」詔：「今後如遇打併街道，祇應委的闕人，即得移文步軍司，權暫抽差。不得將小可功役妄行關牒。仍下步軍司，才候逐次打併街道了日，立便抽欄。」以上《宋朝會要》。《續會要》附都水監，中興以後無此門。

（以上《永樂大典》卷一一一九）

〔一〕「差撥」下，屠寄誤添「外，乞今後只於步軍司効六軍共差四百人候見本司文移即依所定人數差撥」一段文字。按，此是重文，今刪。

宋會要輯稿　職官三一

司天監

【宋會要】

1 太宗太平興國六年三月，召司天臺學生鄭昭晏、石昌裔、徐旦、史序、東守吉等五人試于殿前，並授司天臺主簿。

八年三月，命判國子監陳鄂權（司）天臺事（臺事）。

端拱元年九月，以秋官正苗守信爲太子中允、判司天監，以監丞丁文景爲冬官正副之，以判司天監、太常博士馬韶爲德安州應城縣令，以同判監春官正楚芝蘭爲蔡州遂平縣令。

至道元年十一月，以殿中丞、同判司天監苗守信權知司天少監，判監事，立於本品之下。

十一月十八日，詔：「司天監五官正磨勘，非次（至）改官至殿中丞（正）〔止〕，以後只加檢校官。」

二年九月，以直秘閣、崇文院檢討杜鎬，直史館、判三司勾院曾致堯，秘閣校理戚綸，同共條貫司天臺職及諸色人。先是，致堯考試凡百有六人，命止取五人，故復命同議優劣。

真宗景德元年正月，詔：「司天監、翰林天文院職官、學生，諸色人，自今不得出入臣庶家課算休咎，傳寫《細行星曆》及諸般陰陽文字。如違，並當嚴斷。許人陳告，厚與酬獎。其學生已下令三人爲一保，互相覺察。同保有犯，連坐之。保内陳告，亦與酬獎。」

八月，詔：「司天監官求試親屬本業，須南郊慶澤，方得以聞。」

二年六月，詔曰：「靈臺列職，歷代選能，宜設等差，用伸甄别。今後司天監考試合格人，詳比優劣，賜監生及出身。其曆筭學所賜出身，素來優異，須本業該熟，方應兹選。宜委本監精加考較其所試通否，保明以聞。其所試監生及出身人，候三年祗應，本業增廣，别無違闕，則取旨。所置監生，仍在學生之上，月終俸緡。」

八月三日，詔：「司天知星與氣朔三式、《周易》等學，各專其業，承前有事，都令集議，列名雖衆，於理無益。自今後皆據所習藝業，同共定議。仍令常勤學業，務在精通。」

二十三日，諭樞密院曰：「河朔屯軍處所差占候司天官，訪（問）〔聞〕每先與州縣官議奏聞事。今後每有占候，如合令邊臣知者，即實封申報。如所占不在地分，合申奏者，即實封以聞。此外更不得别有供報。」

四年六月，以進士祝庶幾爲司天靈臺郎。庶幾蘇州人，累赴鄉舉，不中第。頗通象緯之學，至是求試所習，故有是命。

九月，司天監言：「殿前刻漏報時雞唱，唐朝舊皆有詞。朱梁以來，因而廢棄。今止唱《和音歌》，望特詔別製新詞習唱。自今每大禮，御殿登樓，入閤內宴，晝改時、夜改更，則用之；常時改刻改點，則不用。」詔付兩制詳定。學士晁迥等言：「按《周禮》有鷄人之職，始惟呼旦，取象司晨。此有經據，實可收採。其所進鷄唱舊詞，已加詳正，望付本監習用。」從之。

十一月，以益州習天文人楊皡爲司天靈臺郎。時巡撫使聞其藝，薦之，召赴司天監，試曆術而命焉。

大中祥符三年閏二月，[2]司天冬官正韓顯符造銅候儀成。詔顯符選學生中可教者，傳授其業。

九月，詔：「司天監官丁憂仍不持服，自今仰本監具名以聞。」

五年八月，詔：「今後倉場庫務門，令司天監差官輪次，具名申中書。若差押衣襖者，當一次差遣。」

七年七月，詔：「司天學生不得更注外官。其本監職官出官者，不得帶陰陽天文書出外。學生如陳本業陰陽星辰曆筭，並不得直進文狀，須經本監委判監官看詳，實有藝業，即具狀以聞，當差官看驗。若事該天象，別有異見，即許實封以聞。如開封不是天象文字，以違制坐之。」

八月，詔：「司天監先差職官二員，於鍾鼓樓下專掌漏刻時辰，每月支食錢三千。自今須晝夜輪一員在樓下，專管時辰，不得差互。」

天禧三年二月，詔司天監具析保章(政)〔正〕、靈臺郎、主簿轉(管)〔官〕年月，及自來有無過犯以聞。

乾興元年仁宗已即位，未改元。九月，司天監丞徐起等言：「御樓及登寶位兩次覃恩，乞依京朝官例改轉。」詔罷之，仍告示：「今後司天監及諸伎術官等，並不得依京朝官例磨勘，(如)〔加〕階轉官。」蓋抑雜類而別流品也。

十二月，詔：「今後司天監五官正不得依京朝官例差監庫務。見監當者，候滿日差替。」先是，中官正杜貽範、丁慎言皆依京朝官例監當庫務，至是罷之。

天聖元年五月，禮院言：「司天監選四季祠祭晝日，先上禮儀院呈進，候降指揮，本監再具申奏，事涉繁紊。自今止委本監依例選定。」從之。

七月，權判司天監宋行古言：「於在監子弟內揀試有行止、無過犯、年十七已上，約四十二人，並補守闕。候三年有闕，補正名。」從之。

三年九月，詔：「司天監自今後每詳定公事，須依經據，不得臨時旋有移改，仍取知委狀以聞。」時有妄陳災異，互有異同者，故戒之。

五年三月，詔司天監：「近日多有閑人僧道於監中出入止宿，私習乾象。又街市小術之人，妄談天道災祥，動惑人民。令開封府密切捉捕，嚴行止絶。」

景祐元年五月一日，新授江南東路轉運使蔣堂言：「竊見司天監所置官屬，所以觀習天文，占候風氣。今訪聞日官之輩，不思慎密，乞嚴行戒勵。」仁宗令下提舉司天監官取戒勵，今後不得漏泄軍令文狀。

寶元二年二月二十八日，以司天監主簿元軫累言星變，慮兵寇在河東分野，乞設警備，因其自陳，遷司天監丞。

（定康）〔康定〕二年十二月二日，權知司天少監、判監事楊惟德以災異有中，及修定《萬年曆》成，詔除司天少監。

慶曆五年六月一日，詔司天監保章正至五官正自今聽十年一遷官。

至和元年十二月，詔司天監天文筭術官自今毋得出入臣僚之家。景德初已有此詔。

二年正月，以威武軍節度推官劉抃爲司天監丞，以判流内銓賈黯言其「多挾陰陽卜術，以遊權貴之門」也。抃累自❸求免，許之。

嘉祐五年七月，權判司天監周琮言：「正月一日，大流星出畢昴，色如火，宜備胡虜。」後以交趾寇廣南，爲預言之應，詔：「琮本言胡虜，今盜起南方，即非驗。自今無得妄引災福，儌求恩澤。」

英宗治平三年五月，詔：「司天監官自今不差監諸倉門。監丞已下，月俸皆給見錢。常以九員給事河東等路總管及麟府軍馬，二歲一代。又歲差一員，押賜衣襖。」

十月，馬軍副都指揮使賈逵言：請三路經畧司天監官不得與諸色祗應人往還。詔並令逐處發遣赴闕，與在京差遣。

十二月，詔：「今後司天監差大兩省一員提舉，仍下提舉所取索前後條貫，看詳遵守。内有未便事，即具奏請。凡係占候公事，各令屬官依久例自奏外，其餘公事並取提舉指揮。應五官正已上，許升廳參見；監丞已下，並令庭參。月給食錢十千，合用印令鑄造。」

又太史局舊名司天監，元豐官制行，改今名。《兩朝國史志》：司天監，監、丞、主簿、春官正、夏官正、中官正、秋官正、冬官正、靈臺郎、保章正、挈壺正。監及少監闕，則置判監事二人，以五官正以上充。禮生五人，曆生一人〔一〕。丞、主簿及五官正以下，皆守其職。掌察天文祥異、鍾鼓刻漏、寫造曆書，供諸壇祀祭告神名位版、畫日。天文院，掌渾儀臺，晝夜測驗辰象，以白于監。測驗注記二人，刻擇官八人。監生無定員，押更十五人，學生三十人。鍾鼓院，掌鍾鼓刻漏、進牌之事，節級三人，直官三人，鷄唱三人，學生三十六人。《神宗正史·職官志》：太史局，掌占天文及風雲氣候，祭祀、冠婚喪葬，則擇所用日。其官有令、有正，有春官、夏官、中官、秋官、冬官正，有丞、有直長，有靈臺郎、有保章正，而選五官正以上、業優考深者二人爲判及同判局。保章正五年，直長至今十年一選，惟靈臺郎試中乃遷，而挈壺正無遷法。其別局有天文院、鍾鼓院、測驗渾儀刻漏所、印曆所，皆主占驗曆法。

〔一〕五人、一人：《宋史》卷一六五《職官志》五作「四人」、「四人」。

熙寧二年二月，提舉司天監司馬光言：「前代以來，流星或如盃斗，或有光燭地，或有聲如雷，動人耳目者，方記於文館，以爲災異。宋朝舊制，司天監天文院、翰林天文院、測驗渾儀所，每夜專差學生數人，臺立四面，瞻望流星，逐次以聞，及關報史館。緣流星每夜有之，不可勝數，本不繫國家休咎，雖令瞻望，豈又能盡記？虚費人工，别無所益。況測驗渾儀近置刻漏，及專用渾儀考察七政，以課諸曆疎密，委實無暇更瞻望流星雲氣。欲乞今後流星雲氣迹狀或異，及於占書有占驗者，委兩天文院具休咎以聞，迹狀關報史館外，其測驗渾儀所更不令瞻望流星雲氣。」從之。

六月，提舉所言：「乞今後應司天監官員、監生、學生、諸色人等，除有朝廷指揮，或本監差遣外，並不得擅入皇親宮院，其皇親亦不得擅勾喚。如違，並當嚴斷。若犯别條刑名者，自從 **4** 重法。」從之。

閏十一月十七日，詔提舉所：「今後每歲春秋，委提舉官與判監及測驗官夜於渾儀臺上指問逐人在天星宿。若問士不識五以上者，降充額外學生。今後每遇兩天文院及渾儀所正名學生有闕，先于額外監生、學生内揀試，點識周天星座，取及八分以上最精熟者，不以上名下次補充。其因過犯降充在額外者，若經三年以上，别無過犯，並許揀試。其因疾患，及不識天星，降在額外者，若經一年以上，所患痊瘉及習識精熟者，亦許揀試。若額外監生、學生無可揀選，許於守（關）〔闕〕學生内依此揀試，補充逐處正名學生。仍候補入兩月以上祗應，本屬官員保明，方支本處請給。若自補充二處正色以後，五周年以上，習筭天文三式經書精熟〔一〕，許乞試，試中補充監生，仍舊祗應。其不經試中在天星宿者〔二〕，不許應天文科。應翰林天文院并鍾鼓院學生闕人，並須以本監人子孫補充〔三〕。曾兩犯私罪者，亦不得補充。若已在翰林天文院并鍾鼓院，今後兩犯私罪，並勒出，於本監額外收管。今後節級雖年限滿，别無私罪，元不曾試中三科者〔四〕，並須量試一科藝業〔五〕，十道内及四道以上者，方得轉充保章正，仍在逐年本科額内。不中者，更候一周年已上，再許就試。」

熙寧三年十二月，詔：「司天監每有占候，須依經，具吉凶以聞。如隱情不言善惡，有人駁難，蒙昧朝廷，判監已下並劾罪以聞〔六〕。」

四年二月二十三日，詔：「民間毋得私印造曆日，令司天監選官，官自印賣。其所得之息，均給在監官屬。」以近罷差本監官在京庫務及倉場監門也。

元豐元年十二月二十三日，提舉司天監所言：「先被

〔一〕式：原作「或」，據本書職官一八之八三改。
〔二〕不：原作「取」，據本書職官一八之八三改。
〔三〕人：原作「依」，據本書職官一八之八四改。
〔四〕曾：原作「得」，據本書職官一八之八四改。
〔五〕須：原作「試」，據本書職官一八之八四改。
〔六〕劾：原作「刻」，據本書職官一八之八四改。

旨〔一〕，應館閣所藏及私家所有陰陽之書，並録本校定，置庫收掌。今編成七百一十九卷，乞上殿進呈。」從之。

三年（二）〔三〕月十一日〔二〕，詔：「自今歲降大小曆本，付川、廣、福建、江、浙、荆湖路轉運司印賣，不得抑配。其錢歲終市輕齎物，附綱送曆日所。餘路聽商人指定路分賣。」

六月十三日，詔權判司天監丁洵、權同主管司天監周琮各補一子若孫充額外學生。洵二十九年不磨勘，琮領監事二十六年，未（常）〔嘗〕爲子孫乞恩，故皆及之。

四年十一月二十八日〔三〕，詔翰林侍讀學士、朝奉大夫、知審官東院錢藻兼提舉司天監。

五年六月十六日，詔司天監曆筭、天文、三式三科，令、丞、主簿並減罷。以冬官正王賡言，因減罷司天監官監倉草場門，故增置三令、丞、主簿，於職事無補故也。

六年七月十八日，太史局保章正馮士安等言：「大内南景靈宮建神御殿，西創尚書省，緣大内爲陽宅，景靈宮爲陰宅，依經，刑在西方，禍在南方，福在北方，德在東方。準《二宅經》〔四〕，犯北則報南，修東則治西。今犯刑、禍，宜急治東北則吉。」詔送祕書省，勒太史局衆官定〔五〕，士安等所言**5**修造乃私宅法〔六〕。既而本局官言：「今國家建神御殿、尚書省，經國體、相地宜、擇時日而後治功，其報治法不可用。」詔士安等各降一資〔七〕。

徽宗崇寧四年十二月五日，〔詔〕：「太史局瞻望學生并鍾鼓院、翰林天文局浮漏下學生〔八〕、工匠等，自今後年及七十，并六十歲以上眼昏脚疾之人，並與帶舊請給，額外養老收管。」

政和八年六月二十九日，起居郎李彌遜奏〔九〕：「太史局天文院、崇天臺〔一〇〕、渾儀所隸祕書省。今後頒朔布政，既建府設官，則太史局等處慮合撥隸明堂頒朔布政府〔一一〕，庶幾體統相成，治以類舉。」從之。

宣和二年二月二十五日，中奉大夫、提舉襲慶府仙源縣景靈宮太極觀魏伯修奏：「聖朝建官設局，陰陽經書，著于太史，遇有選卜〔一二〕，必先避國〔一三〕、帝拘忌之日。如甲日爲受氣，庚日、辛日尅姓，乙未大墓〔一四〕，乙丑小墓等日，

〔一〕「旨」下原有「意」字，據本書職官一八之八四刪。
〔二〕三月：原作「二月」，據《長編》卷三〇三改。
〔三〕二十八日：本書職官一八之八四作「二十六日」。
〔四〕準：原脱，據《長編》卷三三七補。
〔五〕勒：原作「勤」，據《長編》卷三三七改。
〔六〕乃：原作「及」，據《長編》卷三三七改。
〔七〕等：原脱，據《長編》卷三三七補。
〔八〕生：原作「士」，據本書職官一八之八五改。
〔九〕郎：原作「注」，據本書職官一八之八五改。
〔一〇〕天：原作「文」，據本書職官一八之八五改。
〔一一〕隸：原作「定」，據本書職官一八之八五改。
〔一二〕遇：原作「過」，據本書職官一八之八五改。
〔一三〕先：原作「有」，據本書職官一八之八五改。
〔一四〕大：原作「火」，據本書職官一八之八五改。

皆不可用。非特國家，至於士庶，亦從五姓各推五行而避之〔一〕。況今禮樂法度，加惠四方，車書混同，華夷共貫〔二〕，獨陰陽考卜之法，未及天下，致太史經書内禁忌之日，公然選用。天下之地，莫非王土，豈容中外有別乎？伏乞立法，應官司考卜，遇甲、庚、辛及乙未、乙丑日，其餘應選之日〔三〕，委本局開具，依此添入。不許選用，著于甲令，頒之天下。」取到太史局狀：「契勘應本路州軍並是國家事，凡用日時，隨其事宜，合行選擇，回避皇帝年命及國音、尅姓、受氣、大小墓無妨礙外，其餘方可隨事選擇所宜所忌用事吉日。」從之。

九月，詔：「太史局測驗渾儀刻漏所合臺節級與卒伍同例，自今後改作司辰。」

四年五月二十七日，判太史局周彤奏：「乞今後應諸路轉運司每年收到曆日淨利錢，並限次年四月一日已前依條起發上京，送納盡絶。如違，令本路轉運司取索點檢，究治施行。」詔違限如上供法。

靖康元年七月十七日，詔太史局：「自今後應諸處勾喚，并取索事干天文文字等，先具奏聞，聽旨前去。」

閏十一月二十一日，詔：「天文局、翰林天文官係屬應奉御前天文休咎之人，並不許諸官司踏逐，指名抽差。雖被到不拘常制特旨等許差指揮，並不發遣。太史局同。」

高宗建炎元年五月六日，詔：「今後如有太陽、太陰、五星纏度凌犯，或非泛星雲氣候等，所主休咎災福，令太史局、翰林天文局依經書實具奏聞。如敢隱蔽，當從軍法。」

二年二月二日，詔天文局、太史局自今後除奏報御前外，並不許報諸處。

六月二十六日，詔：「翰林院天文局瞻望學生見闕頗多，可於太史局等處逐急指名抽差，補填見闕。到局依條合得例物，令行在左藏庫等處限一日支給。所有逐局已取窠闕，仰太史局却於額外人内踏逐補填，候回鑾日依舊試補。」

三年三月二日，詔：「《紀元曆經》等文字，如人户收到并習學之家，特與放罪，赴行在太史局送 6 納，當議優與推恩。」行在太史局言：合要《紀元曆經本立成》二册，《宣明曆經本立成》二册，《崇天曆經本立成》二册，《太衍曆經本立成》二册，《大宋天文書》并目録一十六册，《景祐乾象占》三十册，《乙巳占》一十册，《乙巳畧例》一十二册，《古今通占》三十册，《圖本六壬遁甲太一》一十三册〔四〕，《天文總論》一十二册，《握掌占》一十册，《風角集》二册，《地理新書》一十册，《四季萬年曆》四册，編造下來年庚戌歲頒賜兵民庶《曆本草降》六册，《運氣纂》一册，《洪範政鑒》一十三册，《祥異》三册。故有是命。

〔一〕各：原作「名」，據本書職官一八之八五改。
〔二〕夷：原作「英」，據本書職官一八之八五改。
〔三〕餘：原作「飲」，據本書職官一八之八六改。
〔四〕「本」上原有「一」字，據本書職官一八之八七删。

四月十三日，詔翰林天文局併歸太史局。

五月十四日，詔：「太史局天文官吳師顔、郭中泰、呂璨，自今後許將帶學生内中止宿，祇備宣問天象。」

紹興元年三月十八日，詔：「《乾象通鑑》與舊書參用差訛，並依經改正。」太史局言：「準入内内侍省東頭供奉官、幹辦御藥院邵諤付下天文官吳師顔等奏：『臣等承御前降到《乾象通鑑》一百卷，謹校勘到差訛去處，畧舉數事，開具下項：一、鎮星居心，本是『大人有喜』，却作『有憂』。一、鎮星犯房，本是『兵憂』，却作『兵慶』〔一〕。一、歲星占内漏南方之宿所主。一、周天星座内漏虎賁一占〔二〕。一、軍南門星合爲奎宿度内，却作婁宿度内，并雜坐星入宿，度數並差。一、月占内『大縮』〔子〕〔字〕，却作『大漏』字。一、右旗本是九星，却作十星。一、二星合後漏彗、孛二占。一、太尊、虎賁、軍門並是黄星，進賢係黑星，並作『赤星』。一、晉元帝應驗王敦舉兵逼京師，本是禍及忠賢，却作『福』字。』已上開具外，其餘即與本局見行《乾象占書》所主災福頗同，所定是實。」故有是命。

二年六月十四日，詔：「西安進士陳元助製造到刻漏一座，已送尚書省。元助男特令太史局量試，補充額内局生，依條支破請給。」從宰臣呂頤浩請也。

七月四日，詔：「太史局生李繼宗、宋公庠、趙祺爲演求紀元立成法，推步氣朔七政，可以頒朔，特並補保章正，差充太史局同知筭造。」

三年正月二十三日，詔：「今後曆日須管于十月上旬頒降了當。仍以四本作兩次入遞，其賣到錢赴行在榷貨務送納。」提點廣南東路轉運判官章傑言：「國家歲頒曆日，以賜群臣，外暨監司郡守。唯嶺外遐遠，郵傳稽壅，每歲賜曆及降下曆日樣，常是春深方到，歲初數月〔三〕，莫知晦朔之辨。」故有是命。

七月六日，詔曆日所合書天文等事，令太史局依舊每月實封供申。

九月十一日，詔太史局依舊每月具天文祥異實封供申中書門下後省。從起居郎曾統請也。

十一月二十九日，詔：「太史局額外學生，並依本局試補子弟舊法，許召募草澤投試。」

十二月一日，詔太史局額外學生以十人爲額。舊法各以三十人爲額，分兩番祇應，至是省之。

五年閏二月十日，詔：「太史局重造新曆，布衣陳得一支破保義郎券一道，月給厨 **7** 食錢二十貫文。親隨一名，支破進武副尉券一道，日支食錢二百文。太史局判局輪過局一名，日支食錢五百文。筭造官每人各日支食錢四百文〔四〕。司辰、局學生、人吏每人各於見今食錢上，每日貼支

〔一〕兵：原作「近」，據本書職官一八之八七改。
〔二〕漏：原脱，據本書職官一八之八八補。
〔三〕月：原作「日」，據文意改。
〔四〕食：原脱，據本書職官一八之八九補。

食錢三百文，並不理爲名色次數。内陳得一並親隨，下户部出給券曆，并本所合用攢造曆書紙札、油炭之類，并逐時聚議犒設合用雜支錢，每月批勘錢一百貫文。」從秘書少監朱震請也。

九年五月六日，詔：「太史局禮生頭名滿五年，通到局及二十年，與補進義副尉。」祕書省申明，太史局禮生乞依翰林天文局、醫官局人吏出職條法。禮部勘會，欲將太史局禮生補至頭名及五年，通到局及二十年，與補進義副尉，不與指射差遣〔一〕。勑令所看詳〔二〕：「元豐法，禮生係頭名及三年，通入仕一十五年，補進義副尉。所攀天文、醫官局係前行滿三年，通到局及十年，與補進義副尉，仍指射優輕差遣一次。又緣太史局與天文局係一般官司，兼天文局手分止是一名爲額，易得出職，太史局却係六人爲額，以禮曆生遞遷至頭名〔三〕，方許出職。雖無干（炤）〔照〕，其禮生亦令立定出職條法。」故有是命。

十年八月十日，詔：「太史局額外學生，依本局所申，權行收試一次。候召募試補了當，如日後再有闕，即依自來試法。」先是，太史局言：「本局額外學生，權以十人爲額。紹興三年十一月二十九日指揮，並依本局試補子弟舊法，召募草澤人投試。自降指揮，到今八年，外人懼見試法，兼請受微薄，無人投試。今來欲權召募草澤之人，曆筭者於《宣明》、《大衍》、《崇天》三經大曆内能習一經氣節一年；三式者試驗《六壬大經》、五行法、四課、三傳，決斷神將所主災福；天文者試驗在天二十八宿，及質問天星。如試驗得中，補額外學生，填舊額人數，庶得不致闕誤。」故有是命。

十二年十月十七日，詔：「太史局額外學生通見額權以二十五人爲額。仍召募草澤，遵依紹興十年八月十日已降指揮，再行試補一次。」

十一月七日，詔四院司辰請給，令户部措置增添。户部看詳：「今據糧料院申，太史天文局、鍾鼓院、渾儀刻漏所見管司辰等，所請不一。在京舊請并昨自車駕巡幸，各人添破日支食錢二百一十文，月支贍家錢三貫文外，今欲將太史局額外學生每月增錢五貫文，司辰、局學生每月增錢四貫文。陰陽官、刻漏所局學生，天文局司辰、太史〔局〕生、玉漏學生，鍾鼓院局學生，舊法學生每月增錢三貫文，太史局禮曆生、守闕禮生每月增錢二貫文。並於見請贍家錢内增添，併作一色。仍自今降指揮日爲始。」從之。

同日，詔太史局額外學生人額依舊制。祕書少監秦熺言：「額外學生，熙豐舊法以五十人爲額。紹興三年十一月，權以十人爲額，分布不行。」故有是命。

十二8月二十七日，詔：「太史局除子弟依條合行附

〔一〕不：原作「下」，據本書職官一八之八九改。
〔二〕看：原作「勘」，據本書職官一八之八九改。
〔三〕遞：原作「逅」，據本書職官一八之八九改。

試全經，仍許召募草澤，遵依紹興十年八月十日已降指揮，再行補試一次。」從本局請也。

十三年二月十二日，詔：「降賜曆日，自紹興十四年爲始，依舊例申樞密院降宣，附局入遞，頒賜在外知州、府、軍、監及監司臣僚。」軍興以來，久不舉行，至是因廣西漕臣李紹祖之請，從之。

十四年三月十一日，詔：「翰林天文局瞻望天象學生，依法太史局額内學生内試填。其太史局添數不多，可特於太史局天文院額外學生内指差〔一〕，填見闕權名祗應，依鍾鼓院守闕權名學生例添破請給，候試補到正人發遣。今後準此。」

二十年七月五日，詔：「武經郎吳師顔可罷判太史局，送吏部，與江西監當差遣。」

二十七年正月九日，〔詔〕：「太史局待守闕禮生三名減罷，候額内有闕日，依名次撥填。太史局行遣文字禮（曆）生三名，曆生一名，守闕禮生二名，共六名爲額。」至是以裁吏額，故有是命。

五月（是）〔二〕日〔二〕，詔：「太史局見管額外局學生，自今後遇有事故不赴及試充額内之人，所有退下名闕，從本局關報所屬，開落名糧，更不招收試補。自後止遵依敕令所修到格法，以十人爲定數。若將來額外學生依格法有闕日〔三〕，即依條試補施行。」從本局請也。

三十一年六月二十二日，詔：「太史局官瞻視鹵莽，奏彗星不見，各降一官。」

紹興三十二年孝宗初即位，未改元。六月十三日，詔：「太史局每日輪差主管文德殿鍾鼓院官一員〔四〕，司辰、直官、局學生内通輪二人，赴德壽宮祗應。」

隆興元年七月十二日，詔判太史局李繼宗特降一官。以臣僚言近日天出變異，繼宗不即奏聞，故有是命。

十三日，詔：「天文局官王伯祚以天象之見，不即奏聞，緣臣僚奏陳，方始具奏，特降一官。」從殿中侍御史周操請也。

八月十七日，太史局言：「依指揮，條具併省吏額。本局天文院司辰、額内瞻望局學生各十人，各減二人；額外局學生三十人，減六人。並以試補到司月日從下裁減。司曆曆生六人，減一人。行遣文字人吏禮曆生四人，即無可減。」從之。

十月十二日，詔：「太史局靈臺郎楊覺民、祖世賢、李彦通、張仲該遇覃恩轉官，合轉直長，有礙本局試法，候試補直長了日收使。」

乾道四年五月十三日，禮部言：「太史局每歲箋注到

〔一〕特：原作「持」，據本書職官一八之九一改。
〔二〕二日：原作「是日」，據本書職官一八之九一改。
〔三〕格：原作「額」，據本書職官一八之九一改。
〔四〕日：原作「人」，據本書職官一八之九二改。

曆日，承指揮下兩浙轉運司雕造訖〔一〕，將板送祕書省印造，頒賜交趾國及內外臣僚外，板即無用。昨祕書省申請到，將運司板送榷貨務印造，乞除去『臣』字〔二〕，每本立價三百文出賣。專委提轄檢察，不得盜印。」從之。

十一月三日，祕書少監汪大猷等言：「契勘近得旨，令祕書省根究來年己丑歲太陰九道宿度〔三〕，箋注御覽詣實。本省累集太史局官赴省參攷，各執己見，互有不同。伏見朝廷考定新舊曆法，9 曾差單時〔四〕、禮部程大昌、李燾同往太史局測驗，備知疎密詳悉。今欲兼差單時等三人，就御史臺或本省同共監集局官參筭，早見詣實。」詔差單時、程大昌、李燾就御史臺同共集局官參筭。

六年二月十一日，禮部言：「太史局昨降指揮，權用《乾道曆》推筭乾道六年庚寅歲頒賜曆日。所有乾道七年辛卯歲曆日，未審合用是何曆推筭？」詔更用《乾道曆》推筭（十）〔一〕年。

（八月二十六日）〔八年二月六日〕〔五〕，禮部言：「亦准指揮〔六〕，權用《乾道曆》推筭乾道八年頒賜曆日。所有乾道九年癸巳歲曆日，未審合用是何曆書推筭？」詔更權用《乾道曆》推筭一年。

測驗渾儀刻漏所

高宗紹興二年九月七日，太史局令丁師仁等言：「依元降渾儀法式製造渾儀，所有《法要》九冊，見在天文局權掌。欲乞關借，參照使用。」詔依，仍限一月製造了畢。

三年十二月一日，詔測驗渾儀刻漏所學生以十人爲額。舊法以三十人爲額〔七〕，分兩番祗應，至是省之。

二十七年正月九日，詔：「渾儀刻漏所手分一名，緣本所係與太史局衮同祗應，可減罷，今後更不差置。」以裁定吏額也。

孝宗隆興元年八月十七日，本所言，司辰額內瞻望局學生十人，乞減二人。從之。以減吏額故也。

鍾鼓院

高宗紹興三年十二月一日，詔文德殿鍾鼓院學生以十人爲額。舊法以三十人爲額，分兩番祗應，至是省之。

〔二〕十年八月十一日〔八〕，詔：「文德殿鍾鼓院以二十人爲額，依法試驗差取。如不足，於太史局額外學生內，依天文局法，指差權名，填闕祗應。請給等並依天文局體例，候試補到正人發遣。」

〔一〕承：原作「丞」，據本書職官一八之九二改。
〔二〕除：原作「降」，據本書職官一八之九二改。
〔三〕年：原作「立」，據本書職官一八之九二改。
〔四〕「曾」下原衍「曾」字，據本書職官一八之九三删。
〔五〕八年二月六日：原作「八月二十六日」，據本書職官一八之九三改。
〔六〕亦：似當作「近」。
〔七〕十：原脱，據本書職官一八之九三補。
〔八〕二十年：原作「十年」，據本書職官一八之九四、又一八之一一〇補。

二十七年正月九日，詔：「鍾鼓院手分一名，緣本所係與太史局衮同祗應，可減罷，今後更不差人。」以裁定吏額也。

孝宗隆興元年八月十七日，本院言，司辰、局學生二十人，乞減二人。從之。以減吏額故也。（以上《永樂大典》卷一九五一四）

宋會要輯稿　職官三二

殿前司侍衛馬步軍司〔一〕

【宋會要】1殿前司，掌殿前諸班、諸直及步騎諸指揮之名籍，及訓練之政令。國初，有都點檢、副都點檢之名，在都指揮使之上，後不復置。其屬吏之名並如侍衛司，而都指揮使、都虞候三局吏人之數各有差降。

《兩朝國史志》：殿前司都指揮使、副都指揮使、都虞候、副都虞候，掌殿前諸〔班〕直及步騎諸指揮之名籍，及訓練之政令。國初，有都點檢、副都點檢之名，在都指揮使之上，後不復置。都指揮使司孔目官、勾押官、押司官、開拆官各一人，前行六人，後行十八人，通引官十一人；都虞候司勾押官一人，前行一人，後行一人，通引官一人；主管殿前司一員，都吏、副都吏、典史、副典史各一名，書吏六人，典書二十一人，副典書二十人，抄寫四人。分掌事務：兵案，掌諸軍班功賞、大教轉資、內外轉補、排連新舊行門拍試、換官等事差使。磨勘案，掌過茶殿侍年滿出職，使人到闕差入驛殿侍，諸宮院下差抱笏殿侍，并磨勘奏補逐班祇應參班。倉案，關支諸軍班應干請受，尚書省齋筵并使人到闕差祇應人等。騎肯案，主管諸軍班教閲，收支將校兵級鞍馬，關請軍兵軍器并衣甲，請納將校朱記。推案，勘鞫、取會、追呼諸軍班諸般詞狀公事，差替諸處倉場庫務巡防兵級等，收捉審驗逃走人。兵法司，檢引條法。開拆2司，收接詞狀及諸處發到文字等。

太祖乾德四年六月，保寧軍節度觀察留後、虎捷左右厢都虞候、權侍衛步軍司公事王繼勳爲部曲所訟〔二〕，付中書鞫之。制授彰國軍兩使留後，罷兵權。以右金吾衛使杜審瓊權知步軍司公事〔三〕。

真宗景德元年十一月，詔：「殿前、侍衛司，自今孔目官已下有闕，不得擅自轉補及改名〔四〕，並奏聽朝旨。」先是，殿前司吏人無定制，只本司增移補置。至是真宗令都指揮使高瓊等重定員數以聞，故有是詔。

三年八月，詔殿前、侍衛馬步軍典級不得求授外職。

大中祥符四年八月二十一日，詔殿前司東西班增置押班二人。

十月，帝宣示知樞密院王欽若等曰：「昨日殿前都指揮使曹璨言，本司孔目官出職，其依次勾押官亦乞一例出充班行。且殿前、侍衛諸司孔目官已下，皆掌軍兵之事，若輒令出職，事亦非便。況曾降宣命條約，並令轉至孔目官

〔一〕原無此題，據正文內容補。
〔二〕部：原作「步」，據《長編》卷七改。
〔三〕右金吾衛使：《長編》卷七作「左金吾衛大將軍」。
〔四〕補：原脱，據《長編》卷五八補。

五週年，年及五十以上，方許出職安排。樞密院當誌之，不可輒隳此制，仍明諭曹璨知之。」

八年六月四日，詔：「殿前、侍衛軍司如非時宣取兵士，候見御寶文字，乃得交付；如無，即畫時奏取進止。所降宣命，仍仰本官躬親收掌，不得轉付所司。每遇轉遷，遞相交授。」先是，宮城遺燼之夕，宣召諸軍，皆即時奔赴。帝諭以爲皇族之衆，非時召集，宜有符驗，因條約之。

仁宗慶曆元年十月，詔殿前、馬、步司，應西界人先隸軍籍者，具名【3】以聞。初，夏州人韓懷亮更名福，爲神衛軍士。樞密院慮刺探朝廷機事，乃下開封府鞫狀。而福自元昊未叛時內附，隸神衛軍，破白豹城有勞，補承局，非元昊所使刺事者。詔特遷一資，仍令察捕諜人之在京城者，而降是詔。

五年六月二十七日，詔：「殿前、馬、步軍今後所奏本司公事，除係常程依舊例轉奏外，如有非汎擘畫急速公事，後殿祇候罷，便令免杖子窄衣上殿。若非本司公事，別陳利見，即關報閤門，依例上殿，更不取旨。」

六年五月，詔：「殿前司自今引試武藝人，文武臣僚子孫與補班行。若諸軍班，即聽於軍籍就遷之。」

嘉祐七年五月，詔：「自今殿前都、副指揮使唯許奏親子孫一人爲閤門祇候，餘皆罷之。其嘗管軍，已奏子孫爲閤門祇候者，雖遷至殿前，止許轉一官。」先是，步軍副都指揮使馬懷德奏子仲良爲閤門祇候，御史陳經以謂濫恩，不可以爲例，故釐革之。

《神宗正史・職官志》：殿前司、侍衛馬軍司、侍衛步軍司都指揮使、副都指揮使、都虞候各一人〔一〕，以節度使爲都指揮使，而副都指揮使、都虞候無定員，以刺史以上充。備則通治，闕則互攝。掌禁衛軍之政令，隨其官名所隸而分領之。訓練、宿衛、戍守及軍事之賞罰，皆行以法而治其獄訟。若情不中法，則稟奏聽旨。兼統制四廂軍，御便殿則入侍仗下。熙寧中裁定神衛剩員萬有千人，建官置局總領，以均役。官制正名，歸步軍【4】司。設吏：殿前司二十有八，馬軍司十有八，步軍司二十有四，各分案六。

《哲宗正史・職官志》：殿前司掌殿前諸班直及步騎諸指揮之名籍，凡統制、訓練、番衛、戍守、遷補、賞罰，皆總其政令。入則侍衛殿陛，出則扈從乘輿。大禮則提點編排，整肅禁衛、鹵簿儀仗，掌宿衛之事。騎軍有殿前指揮使、內殿直、散員、散指揮、散都頭、散祇候、金槍班、東西班、散直、鈞容直及捧日以下諸軍指揮。步軍有御龍直、骨鍨子直、弓箭直、弩直及天武以下諸軍指揮。諸班有都虞候、都虞候指揮使、都知、副都知、押班。御龍諸直有四直都虞候，本直各有都虞候、指揮使、副指揮使、都頭、副都頭、十將、將虞候。騎軍、步軍有捧日〔二〕、天武左右四廂都

〔一〕「候」下原衍「司」字，徑刪。

〔二〕捧：原作「揮」，據《宋史》卷一六六《職官志》六改。

指揮使，捧日、天武左右廂各有都指揮使。每軍有都指揮使、都虞候，每指揮有指揮使、副指揮使，每都有軍使、副兵馬使、十將、將虞候、承局、押官，各以其職隸于殿前司。侍衛親軍馬軍司掌馬軍諸指揮之名籍，凡統制、訓練、番衛、戍守、遷補、賞罰，皆總其政令。侍衛扈從及大禮宿衛，如殿前司官。所領馬軍，自龍衛而下，有左右四廂都指揮使，龍衛左右廂各有都指揮使。每軍有都指揮使、都虞候〔一〕，每指揮有指揮使、副指揮使，每都有軍使、副兵馬使、十將、將虞候、承局、押官，各以其職隸于馬軍司。侍衛親軍步軍司掌步軍諸指揮之名籍，凡統制、訓練、番衛、戍守、遷補、賞罰，皆總其政令。侍衛扈從 5 及大禮宿衛，如殿前司官。所領步軍，自神衛而下，有左右四廂都指揮使，神衛左右廂各有都指揮使。每軍有都指揮使、都虞候，每指揮有指揮使、副指揮使，每都有都頭、副都頭、十將、將虞候、承局、押官，各以其職隸于步軍司。其分案置吏，與《神宗志》同。

神宗熙寧三年八月十八日，詔殿前、馬、步軍司，今後大辟罪人，並如開封府條例，送糾察司録問。

九年四月二日，殿前都指揮使郝質等言，往軍器監與權判監劉奉世等會議軍器。上批：「殿前、馬、步軍三帥，朝廷待遇，禮繼二府，事體至重。寺監小官，豈可呼召，使赴期會？尊卑倒植，理勢不順，自今止令移文定議。」

元豐元年十月四日，左侍禁賈裕爲閤門祗候。先是，賈逵以經畫鄜延邊事得子祐閤門祗候，後除殿前副指揮使，以例乞除裕閤職，詔止遷一官。至是逵再乞，上批：「裕元令與閤職，以遺逵經畫邊事，特（特）〔與〕推恩。今逵所乞，乃除殿帥恩例，可依所奏，其轉官宣命追毁〔二〕。」

二年正月二十一日，上批：「侍衛步軍司所管東京司備軍借事，聞自來差科無優重之別，勞逸頗偏，一出於主轄官受囑私意。間雖有守公之人，亦患無法守以拒干請〔三〕。宜依昨詳定剩員差科例，委燕達具約束條目，送承旨司看詳聞奏頒降。其備軍借事〔四〕，隸步軍司差使。」

六月十七日，上批：「馬軍都虞候、權主管步軍司燕達自蒞職以來，訓齊士伍，日以加進，宜與一子閤門祗候。」

6 三年四月四日，上批：「殿前、侍衛馬、步軍司，今歲春首有緣舊例以不該移降過犯簡退諸軍，有年三十五以下、武藝及本軍中等以上者，並許依舊名次收管，仍令逐司再拍試。」

五年七月五日，殿前司言：「殿侍有千二百五人，自補授至今，不參班。乞委諸路監司取索，除蕃夷、歸明、傜人應仕本土，及有專條許留本處者，及年小痼疾，委官司保明聽依舊外，餘並發歸班，仍立限。」從之。

〔一〕虞：原無，據《宋史》卷一六六《職官志》六補。
〔二〕命：原無，據《長編》卷二九三補。
〔三〕守：原無，據《長編》卷二九六補。
〔四〕其：原作「具」，據《長編》卷二九六改。

哲宗紹聖元年二月二日，詔雄州團練使張利一罷新除捧日天武四廂都指揮使。以中書舍人呂希純言利一係反逆家，不可使宿衛，右司諫朱勃亦言利一無邊功，乃(罷)〔罷〕之。

十一月二十二日，引進副使宋球言：「殿前司舊有寬衣天武一指揮，駕出禁衛圍子，常日守把在内諸門，熙寧中廢。乞復置寬衣一指揮，或於天武本軍内以一指揮爲之。」詔禁圍合用天武人兵，令殿前司遇闕選填。

三年五月六日，詔：「殿前指揮使金槍、弩手班、龍旗直所減人額及排定班分，並依元豐七年九月詔旨。殿前司指揮使左右班槍手可各以五人爲額。并金槍留七十五人，弩手班、龍旗直各二十人外，餘悉改充弓箭手。仍以弩手班排稱東第四，龍旗直爲第五班，並候將來轉員後施行。」

徽宗元符三年二月二十一日，詔樞密院具曾任管軍及堪充管軍人姓名以聞。

六月二十七日，差樞密副都承旨曹誘權勾當馬步軍司公事。7 以曹誦護靈駕西行故也。

政和四年六月八日，禮制局奏：「中書舍人陳邦光(甲)〔申〕，管軍爲武臣極任，今乃不入品序，止以本官爲次等，欲望特詔有司參酌釐正。詔送禮制局。本局取到管軍臣僚稱呼等階，今定殿前都〔指〕揮使在節度使之上，殿前副都指揮使在正任觀察留後之上，馬軍都指揮使、馬軍副都指揮使在正任觀察使之上，殿前都虞候、馬軍都虞候、步軍都虞候在正任防禦使之上，捧日天武四廂都指揮使、龍神衛四廂都指揮使在正任團練使之上。」從之。

六年三月二日，〔詔〕：「殿侍更名爲祗應，元指揮以差在臣僚宗室下及州縣指使，難以當殿侍之稱，遂改以今名。今有司見行並不分别差在諸班應奉去處，並稱祗應，顯是差互不當，合申明行下，及取索誤行差互去處聞奏。」殿前司供到東西班管下班殿侍、祗應稱呼人數下項：一，東第一、第二、第三、第四、第五班係披帶班，見管共九百四十人，内二百八十八人差出。諸軍揀填到人，不許外注差遣，並係殿庭應奉人數，作殿侍稱呼；時暫差出，却作祗應稱呼。諸色武藝呈試及保甲等補授之人差出外任，作披帶祗應稱呼；如在班差使，却作殿侍稱呼。一、茶酒新班、舊班并西第一、第二班見管共一千一百六十七人，四十二人在班應奉朝殿祗應，並隨班分，作殿侍稱呼。一千一百二十五人任諸路任使等差遣，及未到班公參之人，並 8 隨班分，作祗應稱呼。一、招箭班見管三十二人，並作殿侍稱呼。殿前司又供到樞密院政和三年二月指揮：奉聖旨，殿侍應奉人依舊外，其非應奉人，各隨班分，改殿侍作祗應。奉聖旨，依殿前司供到狀内事理申明行下。其政和三年二月指揮更不施行。

七年七月二十三日，太尉、殿前都指揮使高俅奏：「奉御筆，恩數等並依執政(言)〔官〕例施行。續蒙差到尚書省散祗候一十人、樞密院承引官二十一人。竊緣上祗候係朝廷差使之人，況臣見領軍政，已有人從，理實未安。欲望並免差破。」詔依所乞。

高宗建炎二年七月七日，詔：「班直並不許輒經他處陳狀，僥求差遣，及逃竄在諸統兵官下使喚。如違，並依軍法施行。如有差占去處，限三日發遣歸殿前司，免罪，依舊收管。仍令殿前司常切遵守。」

四年五月二十日，上因論行門遷轉，諭宰執曰〔一〕：「此輩令挽弓弩，至累石率仰射，僅能施放，畧不能及遠，誠爲無用。欲改此法，止令射親。蓋兵器之利無過弓矢。」張守曰：「弧矢之利以威天下，其法爲最古。」

六月二十一日，詔：「侍衛馬步軍緣行在地氣卑濕病患人，令户部日下支錢，修合湯藥調治。如給散數多，許申乞接續支降。」

七月三十日，詔：「諸軍使臣、効用軍兵，今後輒投别軍者，使臣特除名勒停，永不收叙，効用軍兵並依軍兵法。統制、統領、將佐容縱收留，亦重行典憲。」

八月三日，神武中軍統制辛永宗言：「被旨，9 令神武中軍更選親兵，通舊管作六百人，不隸禁衛所，朱師閔、李永志主管，辛永宗提舉，分作三番入内祗應。乞令主管官每夜輪一員，於禁中直宿。」從之。

紹興元年十月二十二日，樞密院言：「郭仲荀乞初除管軍恩例，吏部擬申當得閤職。」上曰：「祖宗待三衙之厚如此。」直柔曰：「祖宗時，三衙用邊功、戚里、班行各一人，蓋有指意。」上曰：「參用戚里，固是祖宗法，然窒礙處多，恐不可用。」頤浩等退而歎曰：「此宣諭可爲後世法。」

十一月十三日，詔：「郭仲荀建炎二年任殿前都指揮使，序位在節度使之上，特與依節度使法，封贈三代。」

二年八月十二日，臣僚言：「自古盛主，雖用文德，必有親兵，專掌宿衛。成王即政，周公指虎賁與常伯同戒于王，欲其知恤虎賁者，猶今侍衛親軍也。康王初立，太保俾齊侯呂伋以虎賁百人迎于南門。呂伋者，太公望子，自諸侯入典親兵，猶今殿前、馬、步軍都帥也。勳德世臣，總司禁旅，虎賁鋭士，宿衛王公，其爲國家慮深遠矣。本朝監觀前代，命三衙分掌親軍，雖崇寧間舊規猶在，及至高俅以恩得用，軍政廢弛，遂以陵夷。伏望深考祖宗選擇禁旅之法，修明軍政，威服四方，上嚴宸極。」詔令殿前、侍衛馬、步軍司同共措置，申樞密院。

九月六日，進呈〔臣〕僚論周公作《立政》，言虎賁綴衣之士，謂今日宜添置禁衛。是日，三省、密院具三衙及親兵人數奏稟，上曰：「此論與朕意不同。彼但見承平 10 儀衛之盛，今殿陛侍衛人亦不少。然一衛士請給，可（瞻）〔贍〕三四兵。朕命楊沂中治神武中軍，此皆宿衛兵也。卿等可與措置，增修鞍馬器械，乃爲先務。」

三年六月五日，詔：「三衙總提禁旅，躬赴宿衛，事體

〔一〕宰執：原倒，據文意乙。

尤重。除舊制自合遵守外，自今後應出入，並具聞奏。」

十二日，步軍司言：「本司人吏副典書，舊法，逃走及一日降下名，滿百日落籍，永不收叙。昨宣和年間，本司一時申請，歲月並許出首，至今不曾衝改。近來人吏多是避怕職事繁難，或因功賞文字擁併，避免逃走，稍似希少，却行出首。緣本司並行軍政，若不別作擘畫，使在司守職之人無以分別。今乞將見逃走人吏副典書許限一月，經本司出首，與免罪，依舊名目收管，支破請給。限滿不首，永不收叙。日後逃走之人，並依舊法施行。」從之。

八月十七日，權主管殿前司郭仲荀等言：「三衙管軍，依舊分輪内宿，別無宿止去處。欲望下修内司，於南宮門裏殿門外，修蓋瓦屋三間充宿舍。」從之。

十一月四日，神武中軍統制、兼權殿前司公事、兼提舉宿衛親兵楊沂中言：「所管宿衛親兵事體頗重，近來逃走，多是往諸軍下冒名，顯屬紊亂軍政。乞應有軍馬去處，今後如有宿衛親兵逃走到軍，並不得收留，立使收捉赴本所。如輒收留，許從覺察，申朝廷，將合干人并主兵官重賜施行。」詔今後班直宿衛親兵逃走，輒投別軍，並依建炎四年七月已降指揮施行。令尚11書刑部遍牒合屬去處。

四年八月十二日，樞密院言：「殿前司見管額外下班祗應，依條合入帥司，充聽候差使。其上件窠闕，諸路元無定額人數，昨降指揮，每路以四人爲額，本司尚有額外七十九人未有差遣。」詔逐路帥司各增置聽候差使四人，令殿前司依條差撥，通作八人爲額。其差注等事件，並依見行條法。

五年閏二月二十五日，詔管軍例遇救火日免朝參。

十二月一日，樞密院言：已罷神武軍號，中軍權隸殿前司。詔楊沂中差權主管殿前司公事，應本軍統制、統領改充殿前司統制、統領官，餘官依此。

六年正月二十七日，宰執進呈邊順乞外任劄子，趙鼎曰〔一〕：「祖宗舊制，三衙用邊臣、戚里及軍班出身各一人，所以示激勸也。」上曰：「戚里未有可以當此任者。然近上戚里既擢用後，或有罪戾，罰之則傷恩，貸之則廢法，故不得不謹也。唐用宗室爲宰相，本朝宗室雖有賢才，不過侍從而止〔二〕，乃所以安全之也。」

七年七月五日，樞密院言：「殿前司所隸諸班直禁旅，自祖宗以來，專充扈衛，事體非輕。元額三千六百餘人，比年以來，因出職換官并事故，及將來理年出職外，其所有止五百餘人，比照元額，闕及九分。雖有宿衛親兵，緣與班直禁衛各別，所有諸班直衛士闕數，理宜措置講畫。」楊沂中參酌措畫聞奏〔三〕。

八年四月二十八日，詔令三衙管軍依舊通輪内宿。内

〔一〕趙：原作「官」，據《建炎要録》卷九七改。

〔二〕止：原作「上」，據《建炎要録》卷九七改。

〔三〕句首似脫「詔」字。

楊沂中令保明近上統【12】制官一員在内守宿，諸班直宿衛親兵並聽節制〔一〕。

四年〔二〕，以控鶴六百三十人歸中宫位下。泰定四年，復立司秩，仍正四品。達魯花赤二員，佩三珠；虎符都指揮使二員，佩三珠；虎符副指揮使二員，佩雙珠；虎符知事一員，提控案牘一員，令史四人，譯史通事各一人，奏差二人。其屬：百户所、儀從庫。

【續會要】

【13】馬步軍、殿前司。淳熙二年正月二十九日，詔三衙管軍人依舊堂除。

十一月十五日，殿前司副都指揮使王友直言：「本司使臣張政陳乞磨勘，吏部更不牒會本司，徑自追當行人，又牒大理寺追人赴寺。乞令吏部將不圓去處牒會本司，從實回報，免行發遣。日後如有似此事件，亦乞依此施行。」從之。

十二月二十五日，慶壽赦：「武臣曾任三衙及都統制、歷事太上皇帝之人轉一官。内年七十以上人轉兩官，礙止法人依條回授，令州縣長吏致禮存問。」

五年九月十日，詔臨安府、轉運司：「自今後殿前司買到軍器、軍須物料、木弓弩等，照應户部免税公據許買數目，即便放行。」從殿帥王友直請也。

六年正月十七日，殿前副都指揮使郭棣言〔三〕：「四川西兵、諸州寄招并額外効用等五千二百餘人，可以訓練逐色武藝。所有合用衣甲軍器什物，欲於殿前司衙後置殿前司都作院一所，追集諸軍見用人匠打造。其諸軍合造軍器，亦乞併入都作院製造。」從之。

十八日，步軍司言：「諸軍應管衣甲器械軍須什物，合補造闕少之數。緣軍器人匠係隊牌上籍定入隊，准備帶甲及輜重火頭，有礙新降指揮，未敢差撥入作。乞降旨，候年終别换隊牌，許重行團結工匠，於步軍司創立都作院，令五軍工匠【14】日逐趁赴入作。」從之。既而十四年九月，步帥梁師雄言：「椿辦軍器，别無闕少，所創立都作院，欲將『都』字除落，仍舊止作本司作院，應副日後續有闕用軍器，隨宜置造使用。」從之。

九月五日，户部言：「通仕郎劉三傑乞换〔貳〕〔武〕資，已與换成忠郎，差殿前司訓練官。緣本人係創乞從軍人，未有許支請給則例。」詔爲係文資换武，特支衙官五人例券錢。

二十三日，馬軍司言：「本司財賦，歲收一萬六十餘貫，所有赤曆，乞每月解赴行在司驅磨印押，將曆尾支使不

〔一〕並聽節制：原脱，據《建炎要録》卷一一九補。

〔二〕自此以下至「儀從庫」乃《元史》卷八九《百官志》五之文，《大典》誤編在此。

〔三〕郭棣：「棣」字原缺。按《宋史全文》卷二六下，此時殿前副都指揮使爲郭棣，據補。《永樂大典》避明成祖諱，故缺「棣」字。本卷凡「郭」字下作缺字者並同。

盡錢措置軍器。」從之。

十月三日，詔：「使人到闕伴射官，自今於殿前、馬、步三司通輪，保明選差。」

十二月十七日，詔：「三衙主帥趁赴朝參等，今來雪凍，道路登陟，可權乘轎。」

七年二月二十七日，殿前司言：「乞於諸軍額外不管事訓練官將佐内，揀有材幹人，管幹本司諸般差使。廉勤者許額外陞差。」從之。

八年三月五日，殿前司言：「本司今年春季陞加官兵一萬七百六十七人，内遊奕軍尤多，其統領官趙邦寧訓練有方，乞與推賞。」詔轉一官。

四月二日，侍衛步軍都虞候岳建壽言：「本司差置軍馬司人吏，從來於諸軍隊外効用選擇。其主行文字動干軍政，而名籍各隸逐軍將隊所管，不敢盡實行移。乞立定三十四人爲額，於兵帳内作本司軍馬人數，别立偏帳。其名籍更不（穎）〔隸〕軍將所管，日後有闕，却於諸軍踏逐差填。」從之。

五月二十六日，詔三衙推吏與舊【15】司推案人吏，每歲衮同輪轉。以殿帥郭〔棣〕言：「三衙推吏並不移替，有至一二十年者，諸軍觀望。」故有是詔。

十一月二十六日，殿前副都指揮使郭〔棣〕言：「内外諸軍（過）〔遇〕有兵將官等窠闕，往往計囑關節，僥求陞差，孤寒久次之人，無從寸進，何以激厲？乞自今遇有統制、統領官闕，合從主帥銓量人材，保明陞差外，正將有闕，令統制、統領於副將内選擇；副將有闕，令統制、統領、正將於準備將内選擇；準備將闕，令統制、統領、正、副將於訓練官内選擇；訓練官闕，令統制、統領、正、副、準備將於（隊）部隊將内選擇，結罪保明，解赴主帥，審察可否施行。」詔依，其馬、步軍司并江上及四川諸軍依此施行。

十二月二十七日，馬軍司言：「承指揮，於朝廷樁管米内取撥一萬石，付殿前司；五千石，步軍司。各委官就逐軍置場，每斗只作二百七十文省出糶。所有馬軍舊司，亦有口累重大官兵之家，乞依例支撥米五百石，付本司出糶。」從之。

九年正月二十五日，殿前司言：「乞將中軍日後合輪差本司三隊官兵免行差撥，（今）〔令〕諸軍輪環差撥施行，庶幾本軍專以防護皇城，免致悮事。」從之。以内西邊遺火，本軍闕人防護宮門、省部，故有是請。

二月十四日，步軍司言：「照得諸軍部隊將、押擁隊悉係一等職事，其馬軍部隊將見於印紙内繫帶批書，唯步軍押擁止作準備使喚批書。乞將步軍司諸軍步軍押隊内有使臣名目之人，照應殿前司體例，並從本司出給隊將差帖，批上印紙。」從之。

五【16】月六日，詔下班祗應依舊撥屬殿前司。下班祗應舊隸殿前司，乾道六年指揮撥隸兵部，至是復撥隸焉。

十一年二月二日，詔殿前、馬、步軍司：「今後因病身故官兵，具軍額、職次、姓名，保明有無家累，報所屬，即時於大曆内開落（各）〔名〕糧，隨曆批勘請給兩月，趁次旬宣限支給。」

五月二十二日，詔：「武翼大夫、步軍司左軍統制張國珍兩經差權本司職事，任責非輕，別無曠弛，可特轉一官。」

十一月十七日，詔：「隨賀金國正旦國信所馬軍行司將官、軍兵二十七人，並發遣歸司，仍不理爲差充奉使次數。内將官一名，特支犒設錢二十貫，軍兵特支犒設錢一十貫，並令户部支給。」以盱眙軍言泗州報來歲正旦生辰人彼此權止一年，故有是詔。

十二年〔二月〕（二十一）〔二十二〕日〔一〕，殿中侍御史陳賈言：「國家財計之入，率費於養軍，然軍之隸卒伍者，所得常不能以贍給，而自將佐等而上之，則有至數十百倍之多。今以一軍論之，自主帥而下，曰統制，曰統領，曰正將，曰副將，曰準備將，其員有定序，蓋不容增其員而紊其職。今諸軍額外員闕冗濫之費，姑取殿、步兩司言之：殿司額外自統制而至準備將凡一百二十員，而數内護聖步軍至添統制三員；步司額外自統領而至準備將亦一十八員。兩司歲支除逐官本身請俸外，供給茶、酒、湯猶不下一十八緡。養軍之須，固已不貲，而額外重費，又復如此，無惑乎財計之不裕也。且以增創額外，謂可儲養將才耶？然諸軍或有闕員，未見取之於此。若**17**謂其人不足以與採擇，則高廩厚俸，自不宜輕以畀之。臣嘗反覆以思，不曉所謂。乞軫念國計，責實軍政，將内外諸軍額外名色，自今以往，一切（注）〔住〕差。其見在冗食之人，少賜甄別。如有可備軍官之選則存留，以俟正官有闕日補之；或其人不任使令，亦乞隨宜澄汰，勿使渾雜，無補國事。」從之。

十三年十月八日，詔：「殿前司每歲認納内庫坊場錢四分爲率，推免一分，仍與放一界。日後毋得再有陳乞。」

十二月九日，詔步軍司差使案減貼司一人。以司農少卿吳燠請減冗食，下敕令所裁定，故有是命。

十四年六月七日，詔：「馬軍行司今後不得仍前私借人馬舟船。如有違戾，重作施行。」從添差兩（淅）〔浙〕西路安撫司準（條）〔備〕將領張師孟請也。

九月十五日，詔：「三衙、江上諸軍都統制司添差屬官，並依建康府已得指揮，更不差人。其差下人，從省罷法。」先是，四月十二日，建康都統制郭鈞等言，本司添差屬官，所請供給占破白直官兵等數多，實難應辦。詔除見任添差人令終滿今任，日後更不差人。至是樞密院檢坐詔旨奏聞，故是有命。

十五年正月二日，殿前副都指揮使郭〔棣〕言：「馬軍司及四川、江上諸軍都統司屬官内，皆有主管機宜文字一員，唯本司未有上件差置員闕，止有書寫機宜文字。乞依馬軍司及四川、江上諸軍帥司例，差置主管機宜文字一員。

〔一〕「二月」原脱，「二十二」原作「二十一」，據《宋史全文》卷二七下補改。

其見任并已差下人，並改作上件稱呼繫銜。所有書寫機宜文字，乞用建康都統司體例辟置親屬 [18] 一次，庶幾可委以心腹，令掌管軍機利害文字，委是兩便。」從之。

八月十七日，殿前副都指揮使郭鈞言：「本司潛火官兵并牙兵等人，昨降指揮，於策選鋒軍差定官兵八百人，分作兩番使唤。照得所差牙兵當時係於步軍三將摘揀到彊壯人充應，今措置，將見使唤潛火、牙兵存留人一百人，發下七百人歸策選鋒軍將隊收管，趁赴教閲。其闕，欲令神勇軍舊牙兵隊内抽摘二百人，及選鋒前軍、右軍、遊奕軍、左軍、後軍差三百人，共六百人，分作三番使唤。及於諸軍差不入隊二百人應副諸雜役使，庶幾各於軍將不致妨廢教閲。及□新差到牙兵支給(船)〔般〕家錢，移就本司廨舍後寨内及錢湖門外寨内居住。」從之。

紹熙元年十月十六日，臣僚言[一]：「諸軍額外員闕冗濫之費甚於州縣，姑取殿、步兩司言之：殿司額外自統制而(制)〔至〕準備將凡一百二十員，數内護聖步軍至添統制三員；步司額外自統制而至準備將亦十八員。養軍之須，固已不貲，而額外重費，又復如此。乞將内外諸軍額外名色一切(注)〔住〕差，其見在冗食之人，如有可備軍官之選則存留，以俟正官有闕日差補；或其人不任使令，亦乞隨宜澄汰。」從之。

二年六月七日，詔：「訪聞殿、步司戰馬，百司官吏輒行私借乘騎，顯屬違戾。仰主帥日下禁止，毋得狥情應副。如或仍前借差，具名聞奏。」

四年十二月十一日，殿前副都指揮使郭杲言：「諸班直、[19] 行門長入祗候、宫殿打織擊鞭年代上名等居班，祖宗著令爲階級、次序，如有侵犯，當時斟量輕重，照條(繼)〔斷〕罪。近有祗應年滿，合該出職換官之人，於引見推恩授賜訖，未授告命間，輒敢挾念日前私恨，恃賴已换官，離班在外，尋覓舊管合干人并上名等，讎恨欺陵，甚者至於毆打，委是有壞紀律，使見在班人觀望循習，利害非輕。乞今後如有似此之人，許從本司收領，具録情犯，申明朝廷取旨，責降施行。庶幾換官之人有以畏憚，不致敗壞禁班紀律。」從之。

慶元四年十一月十二日，臣僚言：「遞年以來，三衙人吏專以經營差充奉使及接送伴所引接、書表司等職事，蓋是軍中財賦、兵帳、軍器及朝廷施行等事，皆知子細，往往漏泄，以(圓)〔圖〕厚利。至有一年之内，凡遇接送使人，皆在抽差之數者。檢照指揮，百司吏人皆可抽差，何獨必欲三衙吏人使令？兼聞虜使尋常所帶書表之屬，例不得過三次，蓋亦是關防人情密熟之弊。乞劄下三衙帥臣，今後不得發遣吏人往奉使所及接送伴所。雖指名踏逐，仰備坐今來約束指揮回報，不得發遣。」從之。

[一] 按以下奏實爲前淳熙十二年二月陳賈奏之節文，或是臣僚引述陳賈之奏，《會要》節録誤作臣僚奏。

嘉泰元年十一月三日，宰執進呈殿帥郭倪乞撥豐儲倉米一萬石，冬至前支散口累重大官兵。已得御筆依，謝深甫奏：「殿司若欲額外(俯)〔撫〕存軍士，主帥自合措置，不應請於朝廷。兼自來無此例，今若開端，後必爲例。」上曰：「極是。如郭倪奏陳欲將雄効及軍中 20 子弟招填効用，有壞孝宗法度，誠爲難行。」深甫奏：「此一事利害極大，前後帥臣專欲以此市恩，不知壞國家法度。陛下聖明，洞知底蘊。天下事一一留聖意如此，天下亦不難治。孝宗家法，萬世當守。今借撥米事，冬節已近，且與權借撥一萬石。候來春依數糴還，日後不得爲例。」

嘉定二年二月一日，樞密院言：「殿前司、步軍司申，都城火政最爲急務，大内與太廟、三省盡在府城南隅，每遇忌辰，兩司管軍悉赴景靈宮行香，設有風燭，救排非便。欲乞自今後忌辰，令殿前、步軍司管軍分輪一員詣景靈宮行香，一員專一祗備不測，庶幾緩急不致誤事。」從之。

八年十二月十二日，殿前司言：「準樞密院劄子，檢會知梧州鄭炎奏：『比年以來，往往軍帥多以胥吏備數，一(且)〔旦〕遽補官，未幾又躐進，其姦則足以欺罔，其貪則足以尅剥，士卒之心不平，莫不深被其害。皆軍帥狥一時之顔情，而不知軍旅之爲重。欲乞自今以往，胥吏非有軍功，不許徑補軍官。』照得三衙、江上諸軍胥吏，係於各軍差撥充應，自後軍帥倚爲腹心，每遇差除，即乞改撥，隨行不久，便與陞差職事。雖有前項指揮，在朝無籍可考，合行措置。劄付本司，開具本司及諸軍統制、統領、將隊司等處見今充役胥吏職位、姓名、所請錢米等數目，行下所屬，令行置旁批勘，却減落兵籍。日後如遇開收陞轉，並仰具申樞密院。本司照得差軍馬軍行司等 21 人專一掌行應(千)〔干〕軍務事件，從來於諸軍選擇諳曉書筭行移之人充應，所行一事一件，動干軍政，實爲利害。蓋緣名籍各隸逐軍將隊所管，若將逐人於本司兵帳兵籍内令項批出，不唯革絶妨嫌，日後亦無假借差之弊。仍將合得諸般請給、衣糧、大禮賞給，其餘非泛賞給等，並照大軍例支給，及照逐人見請例，於各軍曆内分擘，別立偏帳，委官幫勘，按旬依宣限支請俵散。遇有功賞、轉資請等，照應資格循例轉行。其名籍更不隸軍將隊所管，從便居住。如有闕額，許於諸軍踏逐差填。或有因事替罷之人，乞存留在司別役，許令遇赦牽復。今開具見管人數、職次、請給則例：馬軍司提點文字一名，見闕；點檢文字元管二名，見闕一名，見管一名，正額効用、白身，日請食錢三百文，口食米三升，大禮賞二貫文例。諸案職級元管二名，見闕一名，見管一名，正額効用、白身，日請食錢三百文，口食米三升，大禮賞二貫文例。諸案：吏曹案，元管一十三人，見闕貼司一名，見管一十二人：主押二人，一名舊管効用，白身，日請食錢三百文，口食米三升，大禮賞二貫文例；一名額外効用、守闕進勇副尉，日請食錢二百五十文，米二升，大禮賞二貫文例。手分五人，一名正額効用、進勇副尉，日請食錢三百文，米三升，大禮賞二貫文例；一名額外効用、守闕進勇副尉，日請食錢二百五十文，米二升，大禮賞二貫文例；22三名並係額外効用、白身，日請食錢一百文，米二升五合。每月折麥錢七百二十文[一]，糧米三斗，春冬衣絹各二疋，冬加綿一十二兩，大禮賞一十五貫文例。貼司見管五人，並額外効用、白身，日請食錢一百文，米二升五合。每月折麥錢七百二十文，糧米三斗，春冬衣絹各二疋，冬加綿一十二兩，大禮賞一十五貫文例。兵馬案，元管一十四人，見闕貼司一人，見管一十二人：主押二人，一名正額効用、守闕進勇副尉，日請食錢三百文，米三升，大禮賞二貫文例；一名額外効用、白身，日請食錢一百文，米二升五合。每月折麥錢七百二十文，糧米三斗，春冬衣絹各二疋，冬加綿一十二兩，大禮賞一十五貫文例。手分見管六人，四人並正額効用、白身，日請食錢三百文，米三升，大禮賞二貫文例；二人並額外効用、白身，日請食錢一百文，米二升五合。每月折麥錢七百二十文，糧米三斗，春冬衣絹各二疋，冬加綿一十二兩，大禮賞一十五貫文例。貼司見管四人，見闕二人，一名舊管効用、白身，日請食錢三百文，米三升，大禮賞二貫文例；一名額外効用、守闕進勇副尉，日請食錢二百五十文，米二升，大禮賞二貫文例；二人並額外効用、白身，日請食錢一百文，米二升五合。每月折麥錢七百二十文，糧米三斗，春冬衣絹各二疋，冬加綿一十二兩，大禮賞一十五貫文例。倉推案，元管一十三人：主押二人，內一名係23權差典書孫再榮，時暫管幹。見闕貼司二人，見管一十人。主押見管一名，正額効用、白身，日請食錢三百文，米三升，大禮賞二貫文例。手分見管五人，一名正額効用、進勇副尉，日請錢三百文，米三升，大禮賞二貫文例；一名係正額効用、白身，日請食錢三百文，米三升，大禮賞二貫文例；三人並額外効用、白身，日請食錢一百文，米二升五合。每月折麥錢七百二十文，糧米三斗，春冬衣絹各二疋，冬加綿一十二兩，大禮賞一十五貫文例。貼司見管四人，見闕二人，二人並額外効用[二]、白身，日請食錢一百文，米二升五合。每月折麥錢七百二十文，糧米三斗，春冬衣絹各二疋，冬加綿一十二兩，大禮賞一十五貫文例。發遞司，手分一名，正額効用、白身，日請食錢三百文，米三升，大禮賞二貫文例。開拆司，職級一員，正額効用、守闕進勇副尉，日請錢三百文，米三升，大禮賞二貫文例。主押二人，額外効用、白身，日請錢一百文，米二升五合。每月折麥錢七百二十文，糧米三斗，春冬衣絹各二疋，冬加綿一十二兩，大禮賞一十五貫文例。手分見管二人，並額外効用、白身，日請食錢一百文，米二升五合。每月折麥錢七百二十文，糧米三斗，春冬衣絹各二疋，冬加綿一十二兩，大禮賞一十五貫文例。轉

[一] 七：原無，據下文補。

[二] 額外：原作「正額」。按，據前後文日請食錢及米數之例，此處應是額外効用，因改。

行司，點檢文字一員，額外効用、守闕進勇副尉，日請食錢二百五十文，米二升，大禮賞二貫文例。職級一員，正額 24 効用、白身，日請食錢三百文，米三升，大禮賞二貫文例。主押二人，一名正額効用、白身，日請食錢三百文，米三升，大禮賞二貫文例。中軍一名，額外効用、守闕進勇副尉，日請食錢二百五十文，米二升，大禮賞二貫文例。手分見管六人，一名正額効用、守闕進勇副尉，日請食錢三百文，米三升，大禮賞二貫文例；二人並正額外効用〔一〕，各日請食錢二百五十文，米二升，大禮賞二貫文例；一名額外効用、進勇副尉，日請食錢三百文，米二升，大禮賞二貫文例；二人並額外効用、白身，日請食錢一百文，米二升五合。每月折麥錢七百二十文，糧米三斗，春冬衣絹各二疋，冬加綿一十二兩，大禮賞一十五貫文例。貼司見管六人，一名使臣、守闕進勇副尉，日請食錢四百二十六文；一名額外効用、攝進勇副尉，日請食錢二百五十文，米二升，大禮賞二貫文例；四人並額外効用、白身，日請食錢一百文，米二升五合，每〔月〕折麥錢七百二十文，糧米三斗，春冬衣絹各二疋，冬加綿一十二兩，大禮賞一十五貫文例。所有諸軍統制、統領、將隊司並舊司共一千三百七十八人，於內多是進牌內籍定正帶甲、準備帶甲備差人數。今來若行置旁分擘，減落兵籍，竊恐人數太多。欲將逐人請給，仍舊各軍曆內幫勘。」〔照〕〔詔〕依條具到事理，立爲定額，理充見管人數。其請給等各照逐人見請則例，令行置旁批勘。仍仰今後不許巧作 25 名色，陞差職事。如遇陞轉開收，申取朝廷指揮。（以上《永樂大典》卷一一〇三三）

行宮禁衛所

【宋會要】

26 高宗建炎四年二月一日，行宮禁衛所言：「入出皇城宮殿門等勅號，近緣散漫，已承指揮改造。欲乞從本所出牓，自二月五日爲頭，限三日，令官司等處賫舊號納換。出限不納，其舊號更不行使。如輒帶者，從杖一百科罪。」詔依，輒帶以違制科罪，今後准此。

十二日，行宮禁衛所言：「被旨，應官司自給號記，不許以黃色爲號，聽用他色，即不得入皇城門。如違，並以違制論。今來已改給號，慮官司未能遍知，故有違犯，欲乞刑部遍牒施行。」從之。

二十四日，詔：「行宮禁衛所已給散勅號，並不許代名借 27 帶。其借及借之者，並以違制科罪。許諸色人告捉，每名賞錢一百貫，日下於御前錢內支給。」

五月十七日，詔：「行宮禁衛所使臣、人吏等，可住罷贍家錢，特與依舊支破每日劵錢。其餘官司不得援例。」

〔一〕正額外効用：按，據前後文日請食錢及米數例，似當作「額外効用、守闕進勇副尉」。

七月十七日，行宮禁衛所言：「被旨，禁衛所改給牌子，入出皇城宮殿門，令本所條具立法。本所契勘，應去失牌子人，杖一百，陪償價錢十貫。即將帶牌子逃走，主司官并臣僚隱瞞，不即舉行，杖八十。去失減二等。知情容庇，或諸色人故爲偷盗牌子，規求賞贖，並從徒一年科罪。」從之。

主管禁衛所

【宋會要】紹興元年二月三日，幹辦皇城司馮益等言：「禁衛所昨緣闕官，差皇城司官權領主管禁衛所，時暫申請，以行宮禁衛所爲名。其所掌職事，各隨事分隸主管。今若以禁衛所職事併歸行宮禁衛所主管，本處使臣、人吏等係皇城司，即不經歷自來禁衛職事。所有行宮禁衛所，乞改爲行在皇城司稱呼。其主管禁衛所，依舊欲存留主管官一員，使臣一名，手分二人，裝界作畫人各一名外，餘並減罷。」從之。

三年正月二十一日，主管禁衛所言：「禁衛班直等服著緋、緑羅紅盤鵰背子，因居民沿火燒毀。」詔令臨安府造緋背子三千領，緑背子一千領。其合用羅，仰户部以絹代充。

十三年五月八日，兵部員外郎錢時敏言：「伏覩《皇朝鹵簿圖記》，凡遇郊祀，其仗内 28 馬步導從之人，悉以禁軍諸班直、捧日、天武、拱聖、驍騎等軍充焉。自頃用兵以來，禁旅衛兵頗多闕額。雖昨因臣僚有請，欲先將神龍衛上四軍旋次招填，以充扈從宿衛之數，然逮今累年，諸路州軍所招之數，未及三分之一。欲望檢舉前詔，申飭有司，併與神勇、寧朔等軍增廣招置，以補儀衛之缺。設或今次大禮未能遽足其數，亦乞預委殿前司選差，以字圖分認儀物，前期教閲，務於習熟。」詔令殿前、馬、步軍司將招填到人充將來大禮使用，餘依。

十四年十一月四日，主管禁衛所言：「四孟朝獻，車駕至景靈宮，報引陪位官入殿，其禁衛正是擺拽未定，班路擁遏。若俟禁衛排立定報引班次，顯是立班遲緩。欲乞今後俟催班時，令禁衛所使臣二人，於櫺星門外指撥禁衛，通放班路。」從之。

三十一年四月二十三日，臣僚言：「車駕行幸，從衛禁旅每以若干人爲一列，相去若干步。其當乘馬前導者，悉豫上其數，命有司舉繪爲圖，先一月以聞。別具副本，報御史臺。有不如令，及不在圖中而(輙)〔輒〕冒至者，許有司即糾之。蔽而不言者，令御史臺覺察，請其罪〔一〕。」詔劄與禁衛所。

孝宗紹興三十二年未改元。八月十日，禮部、太常寺言：「已降詔書，奉上太上皇帝、太上皇后尊號。所有册

〔一〕請：似當作「論」。

寶，合隨車駕經由道路，於禁衛前陳列迎奉，赴德壽宮行禮。」從之。乾道六年加上尊號，並同此制。

隆興元年正月十五日，詔禁衛所：「今後車駕詣29德壽宮起居，可於見窠差隨從。禁衛班直、（新）〔親〕從內，減一千人隨從。」

淳熙三年十一月二十八日，詔禁衛所，將來太一宮對御，本宮便門作行宮殿門垂拱殿門法〔一〕。

十三年十二月九日，詔禁衛所減投送文字親事官一人，背印親事官一人。以司農少卿吳燠議減冗食，下敕令所裁定，故有是命。

十五年五月十四日，詔後殿視事，排立班直、親從裁減一百五十人。以權禮部侍郎尤袤等言「今外朝、內朝皆未臨御，竊詳後殿及延和殿地窄隘，難以排立」，下禁衛所條具，故有是詔。（以上《永樂大典》卷一〇九四三）

差使剩員所　神衛剩員所

【宋會要】

30剩員，舊隸步軍司，熙寧中專置，所以拘轄差使，命提點倉庫草場沈希顏勾當，後亦命步軍司兼領。

熙寧九年六月十九日，樞密院言：「差使剩員所係分擘典領步軍司事，合依本司例申牒諸處。緣條貫須得受戶部公文，方得差撥。況兵部係屬尚書省，合用申狀。」從之。

八月五日，樞密院言：「乞在京職事官准朝旨差出勾當，其見破當直兵士、剩員，願將帶前去當隨行人數者聽。仍委合屬去處，候見公文，照會差撥。」從之。

二十一日，樞密院言：「差使剩員所乞今後故臣僚之家所破兵士剩員，有年高、病患、不堪祗應之人，并申兵部，乞行差換。本部依條限五日內關報，牒所差司分施行。若勘會得係申兵部月日時辰，後來放停走死，即行填替。」

二十六日，樞密院言：「據差使剩員所申，准朝旨，委取會所差兵士與剩員一處看詳，重行裁定，各立窠名，編成條式，付之有司，遵守施行。下項去處所管兵士、剩員內有冗占人數，未得均一。今來定奪，合留人數外，其餘委是冗占，合行裁減。諸處不得更執自來條例及元降指揮，却行添差。仍乞下本處照會，立爲條式。」從之。

哲宗元祐八年十月二十九日，兵部言：「左驍衛大將軍、德州防禦使、提舉亳州明道宮劉斌前任侍衛親軍步軍都虞候、信州團練使日，依條被宣借人數，今來未有明文，乞比類施行。本部契〔勘〕苗授以節度使留十五人，徐誠以刺史留八31人，以此約之，團練使可留十人，防禦使可留一十二人，觀察使、兩使留後十三人。」從之。

元符元年八月，置步軍司差使剩員所，以文臣陞朝官二員管勾，隸兵部。

〔一〕作：似當作「依」。

徽宗政和三年閏四月二十六日，殿前都虞候姚古奏：「步軍司廂軍剩員比年以來增添差使窠闕甚多，致分布不足。數内當直人依格以官序占，若有兼職者，軍馬司差，令格備具。其間又有專降指揮，不理爲一處窠名。緣此侵占，官司虛有文移。見今廂軍剩員窠名，其合使三萬二千二百八十五人，已差二萬七千四百五十九人，見闕四千八百二十六人。乞將步軍司見今應差兵士、剩員窠名，除宰執、親王、三省、樞密院、使相、兩省知省、節度使并帶御器械應差人及諸宣借并四人已下當直人外，餘並令步軍司各以十分爲率，將當直人坐闕二分并窠坐非泛人坐闕三分權住差填。候向去人數稍寬，即依舊。其兼職當直人並於馬軍司差，餘正減罷已上，雖日後遇有專降指揮，亦乞候步軍司諸窠名差填足日，三分中差一分應副。所貴即目免致闕悮。」又奏：「差使兵士、剩員係分三等揀差，雖有法許於本等人指名抽差去處，緣往往互相踏逐，移文繁冗。除宰執、親王、三省、樞密院、使相、兩省知省、節度使并帶御器械應差人及諸宣借外，餘並乞今後不許指名抽差。」又奏：「自來官員差破兵士、剩員，遇有新到并替罷事故之類，別無**32**所屬關報。所有差索，止憑逐官白狀，亦無印憑，致步軍司難以信驗。其間或有多占之數，亦無以照會。乞將今後應差破步軍司兵士、剩員，除宰執、親王、三省、樞密院、使相、節度使外，其餘官差人，於步軍司以《千字文》爲號，置合同曆子一道，遇差人執赴步軍司，照會差填。如有差移、替罷、事故，各開具的實月日，合破、已占、見闕人數，軍分姓名，并將見占人因事發遣者，各限三日申所屬。其所屬亦（見）〔限〕一日關報步軍司。無所屬者，並申合屬曹部。如有違滯去處，乞令有司各立條禁。」並從之。

五年七月三日，步軍司言：「本司所管兵士、剩員闕人差使，蒙下東京等路州縣刬刷剩員四千人，至今未見差刷到一名。竊緣見今諸處窠名内例皆闕人，無可補填。欲乞差大使臣二員，分詣逐路刬刷。」從之。

高宗紹興四年正月十二日，詔：「今後應行在官等合破兵士及諸色人從，如所屬差撥不足，並與依數批勘錢米等，許從本官雇募，仍隨宜支給。」

二十七年正月二十八日，兵部言：「臣僚之家，合破宣借人兵内有逃亡事故之人，並不照應條法，依舊批勘支破錢米。欲乞下諸路州軍，今後每遇幫支，仰取索付身并券曆，照驗（指）〔詣〕實，將見存人兵依條支給。如有逃亡事故之人，仰日下依條開落。如違及冒名承代，請人并幫書人吏並依詐欺法科罪。」詔依，仍令逐路轉運司常切覺察，刑部徧牒施行。

八月九日，**33**臣僚言：「竊見諸路州軍所管廂禁軍皆有定額，禁軍日合教閱，在法不許差出。比年以來，軍政隳壞，且如監司赴任、替移，例於管下州軍差撥廂軍接送，廂軍不足，則以禁軍填之。既畢之後，不發回元差州軍，並各拘留在司椿管，謂之簽廳兵士，別給口券，所費不貲。或借以般家屬，或借以送行李，或借寄居當直，或借親舊私役。不過斂一時之虛譽，然耗蠹國用，敗壞軍政，莫此爲甚。欲望詳察，付有司照見行條法，下逐路監司，將見樁管在簽廳兵士日下盡數發歸元差去處。今後監司接送，據依條合破人數，分下諸州差撥。候接送回日，即時發回逐州。仍專委帥臣覺察，庶幾兵無冗食，官無妄費，禁軍教閲之法，不爲虛文。」從之。

三十年正月二十一日，侍衛步軍司言：「得旨，修内司并潛火人兵共一千五百人，可減五百人，撥赴步軍司，充填雇募使唤。今欲除願放停并發歸元來去處外，將發遣到人依舊職名，並撥歸本司廂備軍指揮寄營收管。内將職名、請給稍高人充新招宣効，餘充備軍，各依則例，支破請給。仍將前項人遇有撥填顧募不足去處，逐旋輪流差撥。有犯，依廂軍條法斷罪施行。」從之。

三十一年正月五日，臣僚言：「竊惟諸郡之置禁旅，本以嚴武備而扞寇盜。曩時固有邊郡更戍之役，自南渡以來，不聞有是事，千百爲群，仰食公上，工匠役作、蒼頭小兒雜厠其間。爲郡將者，徒務收 34 爲衙兵，名曰水下，次供私役。甚者至於有其名而無其人，則有所謂虛券者；有其人而非其真，則有所謂詭名者。而掌兵之官，又或與軍校輩利其衣糧而私有之。加以諸軍揀汰養老分下諸州者，每歲增添，又復不已。臣恐數年之後，卒伍多於農夫矣。今州郡之間，月糧不足，則取之加耗；春衣不足，則例皆折錢。競取屬邑，遣官督責，急於星火，預借夏税，侵耗上供。欲望自今後，如遇均下諸州招填三衙闕額之人，不得收在水下，次供私役，及將虛券、詭名，委守臣日下根刷改正。」從之。

孝宗乾道六年八月二十八日，步軍司言：「殿前、馬、步軍司逃走首身人兵，解赴承旨司等驗，内有不及等仗短小人，撥付臨安府充廂軍。欲乞改送本司，刺填左右武肅指揮。内有雜犯人，刺填忠靖指揮。收到人合得錢米，依昨臨安府先撥到本司充填顧募人則例，日支食錢一百文，米二升半。非惟不須支破衣賜綿絹，亦貴差使不致闕誤。」從之。

七年二月八日，宰執進呈殿前司舊司人數，虞允文奏曰：「趁朝參人多五十歲者，惟諸處窠占皆少壯人。大抵舊司人請給優厚，且少壯者多。若悉以充雜役，誠爲可惜。」上曰：「然。昨議殿司揀汰人，別立軍分，充諸處占破，却選舊司少壯人帶甲入隊，此説甚善。不惟汰去者有所歸，而少壯人入隊教閲，不虛費請給，一舉而兩得也。」（以上《永樂大典》卷一〇九四二）

御營使

【宋會要】

35 孝宗隆興元年六月二十二日，詔浙西副總管李寶差兼御營統制官，措置浙西海道。

二十三日，御營使楊存中言：「已降指揮，車駕候秋涼日進發，金路先往江上措置營寨，并點檢沿江一帶守備事務。乞差御營提舉一行事務一員，先次起發前去。」詔楊偰差充御營提舉一行事務。

同日，楊存中言：「先次起發，往建康府措置營寨，點檢沿江一帶守備事務。合行事件，乞依昨御營宿衛使前後已得指揮。數內屬官乞差主管機宜文字一員，幹辦公事、准備差遣各二員，准備使喚乞通差八員。行遣文字，乞差主管文字六人，書寫文字四人，書奏二人。並許於六曹內外官司或使臣、校副尉及白身人，不以有無拘礙，指名抽差。一行官屬等請受，於所至州軍批勘。如在鎮江、建康，乞於總領所、糧料院照券批勘。」及又乞差點檢醫藥（餘）〔飯〕食官一員，請給並依准備差遣已得指揮施行。並從之。

同日，御營提舉一行事務楊偰言：「乞比附參贊軍事唐文若已得指揮，差屬官一員外，使臣、人吏比唐文若更乞減三分之一，不拘常制指差。其一行請給券食錢、贍家錢、借請等，亦乞依唐文若已得指揮施行。」從之。

二十四日，詔殿前司諸軍並令撥隸御營使、和義郡王楊存中使喚。

七月十九日，御營使楊存中言：「昨奉祠日，除旦望起居、筵宴從駕上壽外，36 餘並免赴。今來差充御營使，所有常朝起居及本職奏事，乞聽許引對。」從之。

九月二十一日，詔：「御營使楊存中依舊宮觀，其見管軍馬可撥歸殿司。」從其請也。

十月七日，詔：「御營使楊存中已乞解罷，依舊奉祠，限五日結局。所有屬官，元係見任、兼職，並令歸職任。」（以上《永樂大典》卷一三三二二）

都統制

【宋會要】

37 建炎元年六月二十六日，劉光世言：「朝廷設一統制，體貌非輕。今因諸路起兵，有自稱爲統制者；有州縣起發勤王人兵，管押一二百人，亦差充統制者；有諸道都總管及諸司妄稱便宜差充統制者。今乞除行在及中都主兵官朝廷差充統制官外，餘並罷。內已撥屬御營使司等軍馬，其舊稱統制者，並委御營使司都統制據其所管軍馬，改爲管押官或部押官之類。」從之。

紹興十一年四月二十七日，詔：「韓世忠、張俊、岳飛已除樞密使副，其舊領宣撫等司可罷。遇出師，臨時取旨。其宣撫等司見今所管統制、統領官〔一〕、將副以上，並改充御前統制、統領官、將副，隸樞密院。各帶『御前』字入銜，

〔一〕官：原作「管」，據本書職官四一之三四改。

有司鑄印給付。且令依舊駐劄，將來調發，並三（者）〔省〕、樞密院得旨施行。仍令逐司統制官等，各以職次高下，輪替入見。委賞功司將未了功賞疾速取旨推恩。」

二十三年閏十二月十七日，詔：「三衙管軍及御前諸軍都統制官保明逐軍統制官，供職滿十年，無公私過犯之人，申樞密院取旨，與轉行一官。至承宣使，依條回授。」

二十八年三月十七日，詔：「田師中除太尉已八年，并有昨來遣發官兵李道等收捕猺賊楊再（與）〔興〕功賞未曾推恩，可併與轉一官。」制太尉、定江軍節度使、鄂州駐劄御前諸軍都統制、提領營田田師中可特授開府儀同三司。

二十九年閏 38 六月十七日，詔：「龍神衛四廂都指揮使、寧武軍承宣使、步軍司第一將統制官戚方已陞都統制，可改第一將作前軍。」

八月八日，詔右武大夫、和州防禦使、殿前司統制賈和仲改添差權發遣兩浙西路馬步軍副都總管、常州駐劄，請給、人從依正官，仍免借減。和仲以母老乞外任故也。

三十一年五月十二日，鎮江府駐劄御前水軍副統制李輔等六人令離軍，別與外路總管、都監等差遣。以都統制劉錡奏輔等從軍歲久，累立戰功，今金瘡發動，寔難從軍故也。

三十二年五月十七日，詔：「魏勝守海州，歷時暴露，忠義可嘉，可除山東路忠義軍都統制，依舊知海州。令户部出給料錢、文曆。」

隆興二年三月二十七日，詔應諸軍并樞密院、都督府創置副都統制可並罷，只作統制官。

八月五日，臣僚上言：「臣聞，自古謂將帥國之司命，社稷之存亡繫焉，人主所當注意而不可忽者也。當其柬拔之際，若使以賄賂得之，則賢否混淆，功罪倒置矣。唐李錡納賂於李齊運而得觀察使〔一〕，其後錡以浙西一道反；梁段凝納賂於趙、張而得招討使，其後凝以禁軍十萬降。皆已然之明戒也。近見關報，大理寺勘到魏尚係左軍統制，要帶閤職，於今年四月內問錢糧司游寔等處，取到所管衆軍口食錢三千五百貫文，買金一百兩，并將自己銀一百七十五兩，託黃自得尋討關節，求帶閤職，可不嚴行懲戒？欲 39 望將魏尚重作行遣，降指揮，今後敢有受財，爲諸將營求差遣，贓滿者，當以軍法從事，雖權貴不引蔭。」從之。

乾道元年二月二十日，詔：「應内外諸軍統制、將佐等，除定員外，並行減罷。今後輒作名目，增重員闕，内委御史臺，外委總領常切糾察，按劾以聞。差與被差之人，並加重罰。」從淮西江東總領楊倓之請也。

十一月十二日，詔：「興州駐劄御前中軍統制吳挺近已自陳，除落熙河路經畧安撫使，理宜優別。可特與陞差本軍都統制，填吳拱舊（關）〔闕〕。」

二年正月二十六日，詔郢州防禦使、帶御器械、侍衛馬

〔一〕錡：原作「騎」，據《新唐書·李齊運傳》改。下同。

軍司前軍統制顧暉罷帶御器械并統制，與在外差遣。以主管侍衛馬軍司公事戚方奏暉(叙)〔馭〕衆慘酷，治事不公，難以存留在任，故有是命。

二月二十二日，宰執進呈戚方申審陞差統領官孟俊充統制，副將董苑充統領。洪适等奏曰：「孟俊今年九月方及三年，董苑充統領係陞二等。」上曰：「孟俊可(衣)〔依〕差。董苑陞二等，恐後求援例，且已之。」上〔又〕曰：「立定年限，省多少事，亦是良法。」

十月十六日，詔：「諸路御前諸軍都統制，自後除總領、監司、郡守，應有職事許行報謁外，其餘賓客並不許謁見。」

三年五月六日，宰執進呈汪應辰奏：「吳璘以病，呼其子援至興州，今病未愈。」上曰：「萬一吳璘不起，誰可以代之？」又謂虞允文曰：「卿(言前)〔前言〕任天錫可代吳璘，亦是。」允文奏曰：「不(職)〔識〕任天錫。頃在山前，聞諸將士多服之。」臣[40]芾奏曰：「聞其人已老，亦是宿將。」上曰：「可召赴行在，試觀其人。」上又曰：「近又召王貴、張平、姚志、吳勝等，一無可使者。俟其歸朝廷，宜行舉者賞罰，以(驚)〔警〕諸將，使他日無敢以不才之人爲統制官也。」

十八日，宰執進呈陳天麟奏：「荆南都統制王宣病久，近邊報不一，恐緩急悞事。」上曰：「此事當如何？」臣芾奏曰：「不得已，且差員琦爲副都統，就便同管軍。俟王宣病愈，却(制)〔別〕相度。」上曰：「如此甚善，便可行下。」

六月四日，上宣諭宰臣曰：「吳璘病亟，諸將未有可代之者。昨召任天錫外，聞其人已老，萬一不堪，何人可用？且令汪應辰移制置於利州，時暫節制諸軍馬，朝廷却徐擇其人。」陳俊卿奏曰：「諸將極難得人。且如知洋州、都統制王權，亦未甚愜衆論。」上曰：「朕亦知之。但無其人，當時且令往，朕朝夕亦不放心。」虞允文奏曰：「此人淮西兩敗事，如何可用？」「誠是誠是」。於是有旨，以吳勝爲利州東路都統制，王權召赴行在。

閏七月一日，上宣諭宰執曰：「朕欲令後江上諸軍各置副都統一員，令兼領軍事。豈惟儲他日統帥，亦使主將有顧忌〔一〕，不敢專擅作過。」葉顒等奏曰：「甚善。」

六日，宰執進呈：戚方守鎮江，御軍無法，惟務掊尅，侵盜入己。(入)〔上〕曰：「戚方朕初極委任之，至加以旄鉞。方所爲皆負朕如此。卿等可(惜)〔措〕置理會，(遺)〔遣〕官體究。可降指揮，召赴行在。」方既到，除提舉佑神觀。軍中聞方罷，莫不呼舞，中外嘆仰上之英斷。臣杞又奏曰：「[41]昨日得旨，欲置諸軍副都統，未知合差何人？」上曰：「鎮江郭綱如何〔二〕？」臣芾奏：「臣詢問得郭綱甚好。又嘗問郭振，亦稱之。」上曰：「更待詢問，來日呈。」於是

〔一〕主：原作「王」，據《宋史全文》卷二四下改。

〔二〕郭綱：按，周必大《文忠集》、《群書考索》、《文獻通考》、《玉海》等文獻多作「郭剛」，本書食貨、蕃夷等門及《補編》亦作「剛」字，似當以「剛」爲正。

(翼)〔翌〕日郭綱除鎮江副都統制。

十三日，宰執進呈郭綱除鎮江軍副都統制已供職，上曰：「郭綱之除，聞鎮江軍中甚喜。」葉顒等奏曰：「郭綱甚廉，軍中素所推服。」

十七日，三省、樞密院奏：「勘會已(絳)〔降〕指揮，復置在外諸軍副都統制，裨贊主帥商(義)〔議〕軍事，覺察姦弊。今措置約束下(頃)〔項〕：一、合以副都(統)制稱呼，(呼)更不給印。一、應干本司文字，與都統制連(御)〔銜〕申發。一、調發軍馬，並聽都統制指揮，或有違戾，奏劾取旨。一、差撥親隨衙兵并馬，並稟都統制差撥。一、每月支供給錢一百八十貫。一、差破(日)〔白〕直四十人。」並從之。

二十八日，詔武節大夫、利州路駐劄御前中軍統制郭訢降授武功大夫。以供其人馬數失實也。

八月八日，詔鎮江府駐劄御前右軍統制官李直與放罷。以隱落本軍官錢，主帥體究得實也。

二十六日，詔：「諸軍統制、統領官子弟，不許就本軍任主兵差遣。如委有材武戰功，可以任事，令赴宣武司呈試兩易。」從虞允文之請也。

四年三月二十七日，虞允文言：「據利州西路駐劄御前諸軍都統制任天錫申，所管軍馬比諸路最多，邊面闊遠，事務繁劇，止有幹辦公事一員，委是闕官協濟。乞依荆鄂都統司例，差置主管機宜文字一員，幹辦公事一員。」從之。

42 八月二十八日，四方館狀：「進奏院繳申到外任臣僚九月旦表，內武功大夫、達州刺史、鎮江府駐劄御前諸軍副都統制郭綱，武功大夫、(逮)〔建〕康府駐劄御前諸軍副都統制張榮，契勘逐官官職未應合上表章，進奏院稱逐官職事係比將副以上，今來本館未敢繳進。」詔今後都統制、副都統制並與投進。

十一月二十二日，詔：「時俊不候總領所審驗，私行收刺効用，顯屬專擅，可特落軍職。」

十二月二十四日，利州西路駐劄御前諸軍都統制員琦劄子奏：「乞依建康、鎮江例，每軍并都統制司各乞置酒庫一所，趁辦取息，專一置造軍器，激犒軍馬。」從之。

五年三月十一日，詔：「利州防禦使、興州駐劄御前諸軍都統制任天錫在軍侵用官錢數萬計，四川宣撫使虞允文奏劾來上，可責授忠州團練副使。」

四月六日，四川宣撫使王炎劄子奏：「臣面蒙聖訓，令於在外及諸軍偏裨或小官內選擇人材，將來可以管幹軍馬者，以姓名聞奏。臣已恭依。前路或有選擇到人，乞且令帶行新舊請給，差充宣撫司準備統制、統領將官、准備將，各添(文)〔支〕小券一道。俟試以職事，果堪任使，即具姓名聞奏。」從之。

十月十一日，王炎劄子奏：「臣契勘昨來川路三都統並係隨駐劄州軍繫銜，(金)〔今〕來利州東、西路已降指揮併作一路，金、房、開、達四州分隸了當。目今員琦在興州，吳拱在興元府，王承祖在金州駐劄，其階銜內員琦 43 尚帶利州西路，吴拱尚帶利州東路，王承祖尚帶金房開達州副都統制，委是名稱未正。望將川路三都統並隨駐劄州軍繫銜。兼契勘員琦、吴拱是用印記，已係興州、興元府駐劄御前諸軍都統制印，不合别鑄外，其金州都統制印記，乞以『金州駐劄御前諸軍都統制印』一十二字爲文，下所屬别行鑄造降下。」詔依奏，吴拱充興元府，員琦充興州，並駐劄御前諸軍都統制；王承祖充金州駐劄御前諸軍副都統制。

六年九月十九日，英州刺史、差充池州駐劄御前諸軍都統制吴總内殿朝辭奏事〔一〕，上曰：「將帥難得人，故文臣中擇卿。將帥須先民事，然後統軍。」

十二月十七日，詔：「今後諸軍統兵官遇闕，須管依次陞差。如有人材超異，仰具名申奏取旨。每月請到銀，並依變賣實數俵散，不得令合干人減尅侵盜，并將見錢兑换會子。仍令都統制常切約束，總領所不住覺察，如或違戾，即時具奏。」從臣僚之請也。

七年二月十六日，詔：「從來帥臣循習舊弊，於改除之際，額外多差將佐之屬，以示私恩。可令内外諸軍除合用員額外，餘日(不)〔下〕並罷。今後除准備將以上遇有陞差，依指揮令赴樞密院總領所審察，其訓練官以下，並須依公選差，於當日具所差人職次、姓名申樞密院。如有違戾，主帥及被差人並以違制論。」

六月二十一日，樞密院奏：「勘會江上駐劄諸軍統制、統領、將官，如遇揀汰，元無[44]例帶外任差遣(反)〔及〕例帶低小之人。見今總領所與使臣一例衮同分撥，添差諸州軍聽候使唤，委無甄别，未稱朝廷優恤之意，理宜措置。」詔：「今後統制官與添差外路正將，統領與副將，正將與准備將，將領與諸州軍都監，小使臣與監押。若係横行以上官序，或歸正人，仰主帥開具保明，申樞密院取旨。」

八月四日，詔：「諸軍統(領)〔制〕、統領揀汰罷軍，内無例帶或例帶低小之人，自後統制官與添差路分副都監，統領官添差正將，餘依乾道七年六月二十一日指揮。」

八年六月三日，宰執進呈葉衡劄子，乞將楊展除落統制官「權」字。上曰：「楊展於職事之間留意，可作職事修舉，特與陞差。」

十月三日，宰執進呈：「乞行下諸軍，將統制官到訓練官並取索脚色一本〔二〕，繳申樞密院籍記，以備照用。」上曰：「莫若作兩(頃)〔項〕降指揮，遇陞差便供脚色一本；其統制令供一本，置籍繳申。」

九年閏正月六日，宰執進呈馬軍司陞差統領官張遇爲統制，梁克家等奏曰：「比張遇赴都堂審察，見其人衰老庸繆。」上曰：「統制(言)〔官〕不可苟任，異時大節皆於此乎選。使其有謀畧，老固無害；若老且繆，則無所用。」

七月二十四日，宰執進呈護聖步軍王世雄改除，上

〔一〕池州：原作「他州」，據《宋史全文》卷二五上改。

〔二〕「到」字疑衍。

曰：「此軍統制官，乃儲大帥之地，不可不遴選其人。」

十月一日，樞密院奏：「殿前司申，訪聞忠毅軍額外統領蕭從仁九月二十六日將官兵四十五人，騎馬，帶弓箭前去鹽官縣[45]以來打圍，至今未見歸寨。」詔蕭從仁特降一官。

淳熙元年四月七日，知廣州司馬伋言：「本路帥司水軍以千人彈壓海道，有統領一員，無副將管轄。舊有統轄一員窠闕，久不差人。其餘隊將之屬，皆是强盜中選而爲之，實難倚托。乞於本州東南第十一將正、副將中令一員兼水軍副統領。」從之。

五月六日，詔：「秉義郎、興元府駐劄御前中軍馬軍第一將正將党松年比因奏事，議論可嘉，特陞差興元府駐劄御前前軍統領。」

二年七月二十日，詔：「諸軍應管財賦，添修造（造）作之類，專令逐軍統領一員提點出納。遇支使，統制判押單狀，統領方得收支，不許擅自關撥。江上諸軍准此。」從殿帥王（友）直之請也。

三年二月十八日，詔：「自今諸軍陞差兵官，內統制徑行津發，赴樞密院審察。」

十月八日，詔：「四川諸軍同統制、同統領闕並罷，見任人且令依舊，自今遇闕，更不差填。」

四年二月八日，詔：「鎮江、建康府、池、鄂州都統司御前水軍、沿海制置司、武鋒軍，各於所管水軍正、副將內，選擇大使臣以上，能統衆，曾於海道立功之人，保明一員，申樞密院。」以備差廣州水軍統領也。

二十三日，詔：「荆鄂駐劄御前諸軍，自今可作鄂州江陵府駐劄御前諸軍。其都統制依舊以『鄂州駐劄』，副都統制以『江陵府駐劄』繫銜。」以荆南府依舊爲江陵府故也。

四月三日，詔：「四川諸軍自今陞差將佐，可抽摘一二名赴樞密院[46]審察。」先是，四川諸軍除統制官，已令津發赴樞密院審察外，餘官未有明降指揮。上曰：「恐帥司去屯軍處稍遠。若抽摘一二名赴樞密院審察，則主帥自不敢措私意於其間。」故有是詔。

十月十三日，詔：「三衙、江上、四川諸軍統制、統領官，並發赴樞密院審察。自將副以下，聽一面陞差。仍令樞密院不測取旨，點摘前來審察。」從樞密院奏也。

七年二月八日，詔：「興元府都統制田世卿所部五軍，依三衙、江上諸軍例，每軍差置統制官一員，統領官二員。餘照應陞差格法指揮。」

八年五月一日，詔：「侍從官及內外待制、學士以上，各舉統制、統領一二人，具名來上，賞罰照應已降指揮。」初以樞密院得旨，令江上、四川軍中統制、統領內人才少壯、武藝精彊，沉鷙有謀，諳曉軍政者，主帥擇三二人，具名保明，赴樞密院審察。如稱所舉，受進賢之賞；儻或不然，坐謬舉之罰。老弱者，依公揀汰聞奏。至是，故有是命。

九年正月十七日，詔江上都統制自今進奉會慶節馬，並令發赴樞密承旨司繳進。

二月二十九日，殿前副都指揮使郭〔棣〕言：「護聖步軍統制官，十年間易者十一，前後皆是除帥，得此軍者，自謂即日超躐，不過時暫假途。乞自後遇有闕帥去處，乞不拘軍分除授。其護聖步軍統制，亦許其統領官内選差。」從之。

十年十月十六日，詔：「自今在外統帥初到，將前政軍器對數點檢，遇有損壞，即時修補，47毋致輕有改作，枉費工料。」

十一年六月二十四日，臣僚言：「雷州水軍僅二百餘人，其統領一員，係經畧司辟差窠闕。今經畧司既差正統領，又差副權統領，又差權副將、訓練之屬，官愈多而事愈不辦，乞悉行減罷。」詔日後不得更作名目，創差權官。

十二年二月二十三日，詔：「應除授在外駐劄御前諸軍都統制、副都統制，如階官未至陞朝官者，與帶陞朝官。」

十四年九月十五日，詔：「三衙、江上諸軍都統制司添差屬官，除見任人令終滿，日後更不差人。其差下人，從省罷法。」建康都統制郭鈞等言：「添差屬官，所請供給、占破白直官兵等數多，實難應辦。」故有是命。

十一月十日，殿前副都指揮使郭〔棣〕言：「策選鋒軍見闕統制官，竊見環衛官馮湛練歷可任，緣係環衛官，不敢辟置，乞自聖裁。」詔特從之。

紹〔興〕〔熙〕二年五月二十五日，詔：「今後諸軍統制官召赴行在，别有除授者，其闕聽候指揮。」

紹〔興〕〔熙〕五年九月十四日，主管侍衛馬軍行司公事張〔帥〕〔師〕顔言：「伏覩累降詔旨，令侍從、監司選舉將帥，實爲社稷之計也。欲乞下諸路監司并管軍主帥，於本路所管統制官内，公共選舉有智畧、廉潔、堪〔究〕〔充〕將帥之人一二員，具申朝廷審察。如或可采，籍記姓名，以備他時將帥之用。如不應所舉，甘坐謬舉之罪。」從之。

慶元三年二月十四日，詔：「殿、步司、四川諸軍兵官見依舊法陞差外，其馬軍行司、江上諸軍今48後統制至準備將，仰照舊例格法、節次指揮，委主帥依公選擇陞差，不得循情，有害軍政。解赴總領所，或不係總領置司去處，委自守臣並審覆保明，申樞密院取旨陞差。内統制、統領不測點摘前來，審觀人材識畧，或試以武藝。其紹熙四年正月十七日令主帥解發三人赴總領選擇一名指揮，更不施行。」

嘉泰元年五月二十八日，詔：「淳熙十二年指揮：『應駐劄御前諸軍都統制、副都統制，如階官未至陞朝者，與帶陞朝官。』可自今後三衙除未至副使者，與轉副使。」

四年三月十四日，樞密院言：「三衙、沿江、蜀道凡十三處，軍中自擁隊、營隊、訓練將副以至統領、統制，主帥雖得專陞差之權，自準備將以下，俱聽統制保舉。異時擢帥，亦不過以統制曾爲環列者充之，是統制距主帥一級耳。今承平日久，非曩時戰功之舊，至有校尉爲統制者。夫既非偉才，驟居是職，志得意滿，貪殘驕肆，兵卒嗟怨，正以此也。乞自今統制官闕，令主帥擇統領官權其職事，一年之後，軍政無闕，方許申奏正差。或已試無效，聽別差就權；或統領年限未及，軍帥保明陞差，除補滿年限外，亦更與差權統制一年。委無過犯，方得正差。」從之。

開禧二年正月十日，臣僚言：「比年以來，主帥無（持）〔特〕立之操，將校有不安分之求。求者慮其員之足而無所致其力，太監則亦不敢求之以正員〔一〕，而（子）〔予〕之以額外。夫以額外爲名，則不齒於正49員可也，而今與正員並列；不計其資格可也，而今資格居上，偶正員有闕，則他人不敢踰。乞申飭諸軍，除見陞差人許令姑存外，日後統制、統領及自餘將校，並見闕差人，即不許預先以額外名目陞差。」從之。

四月二十四日，詔：「三衙、江上、四川諸軍，今後遇有欲不次陞差之人，須於奏狀内稱説委是才能卓（赴）〔越〕、智勇過人，應得已降指揮，主帥結罪保明申奏，即與越格陞差。殿、步司（走）〔赴〕都堂審察，江上、四川諸軍並赴宣撫司。」

嘉定九年正月二十五日，樞密院言：「勘會三衙、江上諸軍統制、統領、將佐離軍，各有立定逐路添差差遣，其許浦水軍及淮東安撫司彊勇軍，未有立定格法。」詔許浦水軍都統司照鎮江都統司，淮東安撫司彊勇軍照江州都統司，各立定見行離軍添差立功次數，均撥逐路合入差遣施行。

十年十二月九日，臣僚言：「竊見所至都統司有計議，有機宜，復有幹辦公事，幕府森嚴，獨蜀自比歲裁減計議、機宜，僅存幹辦一闕。推尋初意，不過謂兵興以後，用度窘乏，徒費廩給。然一經省員，無與上下共議，殊乏機謀之助。今以江上諸戎司較之，兵數孰爲多寡，事權孰爲重輕？而蜀之四戎司，何爲獨嗇於此！要必幕客重而後司存重，司存重而後可望其折衝於外，伸威於虜也。乞明詔有司，仍復蜀之四都統司屬官一闕，遴選碩材，以重久虚之選。其於今日守圍之計〔二〕，有補非淺。」詔沔50州、興元府、金州都統司、利州副都統司各增置準備差遣一員。仍令樞密院差注右選有出身經任人充。

十六年九月十日，樞密院言：「勘會興國軍駐劄御前防江水步軍官兵並以招足，戰舡、軍器亦已整備，合差置統制官一員部轄，措置教練，防守江面。」詔劉武俊特差充興國軍駐劄御前防江水軍統制，兼統轄防江步軍，專一任責，措置訓練。（以上《永樂大典》卷一三五八三）〔三〕

御馬院

【宋會要】

〔一〕太監：疑誤。
〔二〕守圍：似當作「守圉」。
〔三〕《大典》卷次原缺，據《永樂大典目録》卷三六補。

51高宗建炎三年六月五日，詔：「御馬院合破草料，依昨升陽宮例，據每日合批請數目〔一〕，令所屬差人赴院交納。」

四年七月十八日，詔：「行在左、右騏驥院差教駿馬五十人赴御前馬院，養餧御馬祗應，添作二百五十人爲額，聽本院於諸處踏逐，指名差取，日下發遣。」

紹興十三年閏四月十四日，詔：「殿前司寄養御前良馬，見破十分草料，自閏四月一日已後，每馬減乾草八分，止支破二分〔二〕。至九月一日，聽本院關報，依舊支請。今後每年四月一日依此。」

七月十二日，詔尚書禮部下所52屬鑄印一面，以「御(爲)〔馬〕院之印」五字爲文行使。舊來借用騏驥院印，至是始有是命也。

同日，詔：「御前馬院差置手分四人，副知一名，兼前行，書勘行遣文字。所差手分、副知，於内外諸官司指名抽差；不足，聽本院召募試補。今後副知、手分有闕，並令以次人遞(選)〔遷〕。其手分候遞遷充副知日，與補進義副尉。副知滿三年，與補進武副尉出職。今來副知係創行差置，未有遞遷人，將差到院及二年，依手分遞遷副知法補授立界。所有見相兼祗應騏驥院手分二人，就差充填上(下)件手分窠闕祗應。」從本院請也。

同日，詔：「御前馬院於内外官司係公人内踏逐，指名抽差二人，充庫子祗應。及副知、手分、庫子諸般請給，並依祗候庫子例。内庫〔子〕、副知無衣人，春冬各添人絹二疋，冬加綿十兩。」

同日，詔：「餘杭、南蕩兩監許各差手分二人，於四人内通選差一名充副知，兼前行祗應。其副知補授理年，並依本院副知體例格法，仍降一等補授。初補副知，與補進義副尉。界滿三年，與補進(義)〔武〕副尉出職。」

十四年二月三日，詔：「南蕩并餘杭門縣界牧馬兩監合破草料，依舊行在批勘，令户部措置水陸近便富陽縣、餘杭縣，照旁就支。仍令逐縣依例差人津般，赴本監交納。如兩縣支破不足，於比近縣分揍數供納。」

十六年十月二日，詔：「御前馬院諸處差到養馬軍兵并教駿公吏月糧口食米，特與依御厨工匠等見請倉界敖分一等支給。内教駿新給曆及無曆人，並特依有舊曆人例，支破本等身分請給。日後差到人準此。」

同日，詔：「御前馬院軍兵人吏，今後有逃走并見走未出首人，如遇捉獲，依法施行外，其首身合依舊收管之人，止支無曆人例請給。候及三年，方許支破本等身分請給。」

十七年五月四日，詔：「御前馬院可差管草料使臣二人，手分三人，許已未到部使臣、校尉及無違礙官司人吏或白身人内指差。内手分請給，並依入内省手分見請則例支

〔一〕請：原作「諳」，據《補編》頁四一一改。
〔二〕止：原作「正」，據文意改。

破。白身人自差到實及七年，與補進武副尉出職。有名目人實及七年，與轉一官資。日後年滿之人，願留者聽，請給、理年、酬獎仍舊。所有管草料使臣請給、理任，並依主管回易庫管幹官物使臣已得指揮施行〔一〕。」

十九年十二月二十三日，詔：「御前馬院見管胡羊，令户部行下勘給官司，大羊每口日支料四升，羔兒每口支料二升，就本院御前草料曆内批勘，所屬依例供送。日後遇有收支羊數，聽本院關報支給。」

二十三年十一月十六日，詔：「殿前司寄養御前馬驢二百三十頭，令户部行下勘給官司，每頭支草半束、料五升，就本處寄養御前良馬草料曆内批勘。今後遇有開收，並依良馬體例，關報糧審院支破施行。」

二十七年正月二十六日，詔：「御前馬院見管御馬，令户部行下勘給官司，每疋每日添次黑豆二升，就草料曆内批勘，所屬依例供送。日後遇有收支馬數，聽本院關報施行。」

五月三日，詔：「良馬院見闕諳曉馬性人養飼，樞密院可下吳璘〔二〕，令選差陝西軍兵 53 二百人，分擘請受〔三〕，將帶家屬，沿路批支口券，差官管押前來，赴殿前司交割。仍每年發五人，填事故闕。」

二十八年六月二十三日，詔：「見支破御馬院御馬并羊驢日供大麥，除御馬依舊支破本色大麥外，其餘羊、驢，可改支稻穀。」

孝宗紹興三十二年十月五日，未改元。詔：「御前馬院見管教駿，緣德壽宮并皇子三王府差過五十餘人，即目闕人差使。令依見(抬)〔招〕填指揮，招刺五十人，限一月差赴御前馬院填闕。今後遇闕，依已降指揮施行。」騏驥院同此制。

八日，詔：「太上皇帝御羊、馬，難以令本宮差人請草料，令尚書省行下合屬去處，可依建炎三年以後累降指揮，差人供送赴院。所差脚户，仰臨安府量支代雇錢。仍籍定姓名輪差，與免諸般差使。」

十五日，監草料場孫朔言：「伏覩臨安府差脚夫般擔草料，供送御馬院，臨安府每日差脚夫五十八名，委是搔擾。竊見良馬院亦係御馬數，每月依宣限日，自差人赴草料場支請。今來乞依良馬院立定宣限日分，令本院官差人支請。不唯公私兩便，又可革供送代雇之弊〔四〕。」下户部相度，欲依本官所乞事理施行。

隆興元年八月十七日，御馬院狀申：「依指揮，條具併省吏額。本院見管副知兼前行一名，手分四人。欲於數内減手分一名，止以副知兼前行一名，手分三人，共四人爲額。」詔見在人且令依舊，將來遇闕，更不遷補發填〔五〕。

〔一〕物：原脱，據《補編》頁四一二補。
〔二〕密：原脱，據《補編》頁四一二補。
〔三〕擘：原作「臂」，據《補編》頁四一二改。
〔四〕革：原作「隔」，據《補編》頁四一二改。
〔五〕發：似當作「撥」。

乾道二年三月十四日，户部侍郎林安宅言：「大理寺參詳引例弊事内，有騎御馬直人兵，依《元豐令》，自長行排連至十將，補内外院坊監，或厢軍將校者聽。緣自渡江以來，不曾排連遷補，皆係泛恩補授。十將人已立定年限出職，有押官、承局、將虞候並援例，乞依條指射内外坊監，或厢軍將校出職。照得前項引例旨揮，雖係一時申請，日後似此陳乞之人，合要照使，理難修爲成法，止合作申明，存留照用。乞下兵部施行。」從之。

四年七月十六日，詔：「左驍衛上將軍王權往淮西，與淮南路計度轉運副使沈夏、權發遣和州胡昉同措置不係民田荒坡、水草地，牧養御駒馬。」

十一月十四日，詔：「騎御馬直將校、軍兵，自被差到直等及二十年之人，令户部放行全分時服。」以騎御馬直指揮使朱成等乞依班直支破時服全分，故有是命也。

十九日，詔：「御前南蕩孳生馬監可罷。見管馬數，令承旨司審驗火印，撥付殿前、步軍司。其所占地段，令轉運司拘收，行下所屬，依條召人請佃。内有侵占民地，仰照驗的確契據分明，即行給還。」

淳熙元年五月二十三日，詔：「自今殿前司應(應)差赴御馬院祗應使臣内，帶將副已上軍職者，並令充額外，不得占破正闕，人從等與減半支破。如願發遣趁赴本軍管幹者聽。」

六月九日，御前馬院言：「本院手分，各理到院及七年，補授進武副尉出職，委是僥倖。欲將手分窠闕依原降指揮，於内外無違礙官司并主管官司領職局或御前馬院司人吏内踏逐指差。及將見管貼司試補，候至頭名，與改作職級。及三年，通到 54 院及一十年，與補授名目出職。如年代不及，許令依舊在職，補理及〔年〕，方許解發。」從之。

二十四日，詔：「御前馬院計定一年合買草料價錢，報左藏庫上庫，先次一併支，却令轉運司撥還。」其後左藏南庫言：「淳熙元年至四年分，御馬院節次於本庫借過草料錢，兩浙轉運司除撥還外，有未還錢一十一萬餘貫，積壓拖欠。淳熙五年三月四日指揮，就西庫支取。乞以後年分依此施行。」從之。

十四年七月二十八日，詔御馬院減養馬軍兵四十人，教駿二十人。以司農少卿吳燠議減冗食，下敕令所裁定，故有是命。

淳熙十六年四月一日，詔：「御前馬院使臣罷軍中兼職。其統制、統領、正副將願歸軍，依舊職次；不願歸軍，别聽指揮。準備將至効用，並依舊騎習御馬祗應。」

紹熙四年七月一日，御前馬院言：「照得養馬軍兵不時宣押牽拽鞍馬，入出禁中祗應。近來殿前、馬、步三司却將有過犯、不守行止之人窠差赴院(滇)〔填〕闕，是致作過，有妨役使。乞今後三司軍兵數内，遇有逃亡、事故名闕，從本院於逐司不入隊人内指名差取。如本院軍兵、教駿等養馬子弟內有及等仗〔一〕、願投軍之人，從本院送逐司，依等仗格法招刺，承填名闕。庶幾諳曉本院養馬次第，可以使喚，不致逃避。」從之。

慶元三年四月二十五日，殿前司言：「御前馬院騎習御馬使臣、效用并養馬軍兵，遇有事故名闕，並照體例，指名踏逐，差撥填闕。照得淳熙元年正月指揮，裁減定御前馬院習馬使、效，以一百二十人爲額；良御馬院養馬軍兵，以七百八十人爲額。指揮內即無遇闕許行踏逐之文。至紹熙四年七月指揮，止是養馬軍兵遇闕，於逐司不入隊人內指差，及招收本院教駿子弟收刺承填，亦無踏逐使、效之文。後來本院遇軍兵名闕，並係招收教駿子弟，承填了當。今來本院陳請，習馬使、效并養馬軍兵並應奉御前，竊恐刷差作過、癃老、殘疾之人填闕。乞今後將習馬使、效、養馬軍兵名闕一例許從自來體例，指名踏逐。」詔：「今後令御馬院遇闕，踏逐差取，仍依公審實。或委曾作過及妨嫌回避、財物絹繫、老疾之人，發遣歸軍，別作指名差換。」

嘉定十四年二月十八日，樞密院言：「據御馬院申，使、效、軍兵、教駿多是三衙官兵內差取到院祗應，所是逐人籍請，仍舊在各司曆內幫勘支請。竊慮人籍異處，是致幫勘請人等隱落、逃亡、身故人數，冒請錢米，因而別生姦弊。欲將各人籍請分擘赴院，令曆幫勘。已劄下殿前、步、馬三司并御馬院，日下公共相度，申樞密院。御馬院外，有三衙取到使、效〔二〕，左右騏驥院招刺到，其籍請見在本院曆內幫勘外，有三衙取到使、效、軍兵，其籍請亦在各司幫勘。本院遇有逃亡、事故等人，即便關報逐司開落。今準前項密院劄內事理，若將各人籍請分擘赴院，令曆幫勘，委是從宜。所有使、效、軍兵內，有該請家口累重添支錢，并每月券食錢，係錢會中半，每貫有優潤四十文省，及入冬二次各人雪寒錢二貫文，并有 55 事故，遺留下妻口，兩月日守孝錢米，及孤遺養濟錢米等人，舊例係逐司支破。」詔依御馬院相度到事理施行。

省馬院

【宋會要】

宋置省馬院。淳熙元年四月八日，詔步軍司差撥過省馬院充養馬使喚人請給，依殿前、馬軍司分擘體例施行。

三年二月八日，詔：「管轄省馬院官，委都、副承旨於樞密院準備差使、使喚內選差，半年一替。」（以上《永樂大典》卷一六六六七）

〔一〕仗：原作「伏」，據文意改。
〔二〕效：原缺，據文意補。

宋會要輯稿　職官三三

環衛

【宋會要】

❶孝宗隆興二年四月二十六日，上諭宰執曰：「環衛官欲參酌祖宗，選用將帥，以崇武節，外建方鎮，内列環尹，品式備具。近來環衛久不除授，非所以儲材而均任也。可依舊制，應以材畧聞，堪任將帥，及久勤軍事，暫歸休佚之人，並爲環衛官。更不換授，止令兼領。如節度使則領左右金吾衛上將軍，承宣使即領左右衛上將軍之類，並依著令。其朝參、職事、俸給、人從，並令有司日下條具。」先是，宰執進呈太常少卿洪适等討論到環衛官故事，乞令有司同共相度。湯思退奏：「環衛官唐時有職事，本朝無職事。祖宗舊制，自方鎮罷，皆歸環衛。」上曰：「討論得極詳備。在内則兼帶，在外則不帶，如今之閤職。請俸據所帶之官添支，正如文臣館閣。平時在環衛中，庶見得人材。令有司條具，以十員爲額。朝參侍殿，並依御帶體例。宗室不在此制，仍不差戚里及非戰功人。除改差主兵官合不領環衛，如行在差兼職事，如幹辦皇城司、帶御器械之類，仍許兼領。若今後除授不依元降指揮，並許繳劾，可著爲令。」

二十五日，詔令臨安府依畫到脩蓋環衛官宅子圖本，内三十間蓋二位，以待正任觀察使以上；二十一間蓋四位，以待餘環衛官，不得別官指占。

乾道二年四月一日，詔：「環衛中郎將至郎將，請給、人從、出職、恩例，并差破親事官，並依將❷軍已得指揮。應環衛官批書印紙，可並屬殿前司。」

三年二月二十六日，執政内殿進呈：「環衛官元有指揮不許差戚里，前日已得旨，差潘才卿，有礙元降指揮。」上曰：「卿等如此理會，甚善。」

七年十一月二十一日，宰執進呈右監門衛郎將鄭仁傑差遣，上曰：「環衛官却不當帶出。」虞允文奏曰：「正如聖諭。仁傑止帶閤門祗候。」上因宣諭：「武臣貼職止有兩等，朕欲增廣其名，他日除外任者，因以寵之。卿等可檢照典故具呈。」

八年四月十三日，上諭宰執曰：「環衛官戚世明軍政甚脩，可除右千牛衛將軍，專令訓練士兵。姚公贊可除右監門衛中郎將，依舊殿前司前軍統領。每遇宣入禁中，賜酒食，統領官不得而與，故除之。成光延可除步軍司中軍統制，依舊環衛官。以同赴闕之人，皆以任用，今以此試其事。」梁克家奏曰：「陛下(侍)〔待〕遇將帥，恩意重輕，曲盡如此，將見人人感奮矣。」

七月二十七日，中書門下省奏：「勘會環衛官係行在職任，既除授在外差遣，自不合於銜内依舊帶行。」詔令吏部申明行下。

淳熙二年正月二十九日，詔環衛官依舊堂除。

四月二十三日，詔自今除中郎將，令陞殿侍立。

三年二月二十四日，詔：「諸環衛官正除授軍中差遣或外任者，並不許銜内帶行。内環衛不差戚里及非戰功人。」先是，二年閏九月十六日，詔敕令所增脩此法。至是上之，故有是詔。已而又詔：「環衛官指揮内，不差 3 非戰功人一項，更不施行。」

四年二月二十三日，詔立環衛官格：節度使除左右金吾衛上將軍、左右衛上將軍，承宣使、觀察使除諸衛上將軍，防禦使、刺史、通侍大夫至右武大夫除諸衛大將軍，武功大夫至武翼大夫除諸衛將軍，正侍郎至右武郎、武功郎、武翼郎除中郎將，宣贊舍人、敦武郎已下除左右郎將。

十年七月十七日，吏部言：「武經郎、閤門祗候王去惡除環衛官，欲將所帶閤職除比文臣帶職在京差遣例，權行除落。候將來除授外任差遣日，却與依舊帶行。日後轉官，依見行條法指揮。」從之。去惡既除環衛官，申審閤門祗候合與不合寄職，下本部看詳。本部勘會：「敦武郎、閤門祗候該磨勘轉官，如係閤門見供職人轉〔武〕翼郎，帶行閤門宣贊舍人。如不係見供職人，即行除落。去惡昨任秉義郎，特授敦武郎、閤門祗候，即非磨勘轉官。」故有此請。

十三年七月十八日，詔環衛官雜壓在監察御史之上者，令依條牒門客試。

十五年六月十二日，進呈環衛官趙廓乞依任壽吉例，以遥郡帶大將軍。上曰：「近制，除環衛官，止論階官高下，更不該載遥郡。任壽吉以遥郡帶大將軍，係是差誤，可改正，任千牛衛將軍。」

紹熙元年十一月二十二日，宰執奏事之次，上曰：「任世安除環衛官〔一〕，裴良顯瓚與外任〔二〕，留此闕以儲將材。自今官高者除帶御器械，小者除環衛官。」

二年正月二十二日，左武 4 衛郎將盛雄飛言：「環衛官每除，合破省馬一疋，立爲定例。房緡欲下臨安府，每月將軍支三十貫，中郎將二十貫。到任供職，經歷考第，不應於殿前司批書印紙，乞就樞密院批書。每遇朝殿，將軍見破宮門、皇城門號各三道。如係郎將，只破宮門、皇城門號各一道。欲乞郎將更行添破二道。」從之。

四月二日，知樞密院葛邲奏：「環衛官秦世輔、任世安皆念歸，不若稍令更迭。」上曰：「此輩在軍中請受厚，來此驕墮，不如令更迭爲是。」

嘉泰元年十月十三日，臣僚言：「恭覩孝宗皇〔帝〕歲在隆興，特降詔旨，有曰：『朕仰惟祖宗選用將帥，以崇武節，外建方鎮，内列環尹，品式備具。近來環尹久不除授，非所以儲才而均任也。可依舊制，應以才畧聞，堪任將帥，

〔一〕任世安：原作「任安世」，據下文及《止齋集》卷一三乙。

〔二〕裴良顯瓚：按周必大《文忠集》卷六五《吏部尚書鄭公丙神道碑》，淳熙中有裴良顯，或即此人，則「瓚」字或是衍文，又或「瓚」上尚有脱文。

及久勤軍事，暫歸休逸之人，並爲環衛官。共以十員爲額，宗室不在此制，仍不差戚里及非戰功之人。若今後除授不依元降指揮，並許繳劾，仍著爲令。』仰惟聖心留意環尹之職者，蓋以兼收廣覽，使之日在左右，得以周知其武才，他日選用，可以得人。聖謨宏遠，垂訓後世，可不恪意遵守！比年以來，居是官者類皆庸瑣，規圖薦引，不以才武爲先，僥倖序進，不以選擇爲急，充員具位，指日望遷，一遇將帥之闕，競萌僥冒之意。如執券責償，志在必得，纔不滿欲，遂懷觖望。不知祖宗爲官擇人，豈爲爾輩貪得冒進之地乎！此風寖淫，殆不可長。乞今後除授環衛官，悉遵 5
孝宗詔旨，精加選擇，不得輕授。仍乞下臣此章，風厲在列，各安厥次，毋懷苟得之心。其或有抱（員）〔負〕奇偉，可備委寄，朝廷自加旌擢；若或〔碌〕碌無庸，專事交結，以覬進用，有違聖訓之人，仍仰即日引退。如更不遵戒（救）〔敕〕，偃然冒居，貪戀無恥，臣當次第按劾，乞賜重行黜罰。庶幾環尹之官，莫非將帥之選。」從之。

嘉定二年十一月二十六日，臣僚言：「環衛仰法將壘，密儲才望，故隆興討論十員之制，謂非才任將帥、久勤軍事者，不在此選。近年以來，闒茸無聞之人，皆得厠跡其間，至於緩急選將，傍徨四顧，鮮克勝任，徒有乏才之歎。乞降旨，自今環衛官專以他處曾爲兵將而有功績，及名將子孫之有才畧者。儻更有躁進之徒，僥踰干請，雖已頒成命，亦許輔臣執奏，給舍繳駁，臺諫論列，不容冒濫，務在必行。」從之。（以上《永樂大典》卷一五三一五）

六軍諸衛

【宋會要】

6 龍武、羽林、神武六軍，掌郊祀、朝會儀仗。（會儀仗）判司官一人，以判金吾街仗將軍兼領〔一〕。左右各三軍。其局有排仗通直官〔二〕、大將軍〔三〕、儀仗押當、催驅、（驚）〔警〕場、喝探、節級、探頭等。諸衙自左右衛以下官，名存而事廢。長史以流外官任。其蕃酋官名舊有歸德、懷化大將軍、郎將〔四〕、司候、司階、司戈。後又增保定〔五〕、清遠、奉義、歸義、廣化之名，爲六等。將軍而下又增武寧、安化、奉華、保順之名，爲五等。大將軍又有寧遠、保安、保寧，其將軍又有懷德、奉化，郎將有懷忠、武安，司候有保忠，司階有保和、保順，司戈有順化、安德，皆以蠻夷朝貢受官者充之〔六〕。

〔一〕街：原作「衛」，據《玉海》卷一三九改。
〔二〕局：疑當作「屬」。
〔三〕大將軍：「軍」字疑衍。《宋史》卷一四六《儀衛志》四述六軍儀仗有排仗通直官、排仗大將，是也。《政和五禮新儀》卷一二有「排仗通直官二人、大將軍二人」，然其下文亦只作「大將」，是「軍」字乃衍文。
〔四〕郎：原作「節」，據《盤洲文集》卷四三改。
〔五〕又：原作「有」，據《盤洲文集》卷四三改。
〔六〕以：原作「有」，據《盤洲文集》卷四三改。

真宗咸平五年十一月，制加楚王元佐羽林軍上將軍，餘如故。舊制，左右羽林、龍武、神武爲六軍，各置統軍，無上將軍之名。此蓋有司誤也。

天禧元年三月，御史臺言：「常朝武官止一二人，或請告，則絶班，欲增補之。」詔擇内職之疲老者充。遂以莊宅使慕容德琛爲右監門衛大將軍，西京左藏庫使孫正辭爲右領軍衛將軍〔一〕，崇儀使劉守節爲右屯衛將軍〔二〕，東染院使韓景佑爲右監門衛將軍，供備庫使宋可信〔三〕、郭仁浦爲右千牛衛將軍，供奉官、閤門祇候錢昺、宗崇勳、王玉、馮處正、宋接華、張文德並爲太子右監門率府率。

英宗治平三年九月三日，詔今後六軍更不除上將軍〔四〕。先是，誤除六統軍爲上將軍，自是改正。

《哲宗7正史·職官志》：左右金吾衛、左右衛、左右驍衛、武衛、屯衛、領軍衛〔五〕、監門衛、千牛衛上將軍。左右金吾以下諸衛大將軍、諸衛將軍爲環衛官〔六〕。

神宗熙寧二年四月十六日，詔：「差攝南班官，今後只樞密院降劄子差攝訖，關御史臺、閤門。如正除南班官，即中書降敕告。」

三年七月六日，樞密院言：「今後攝南班有闕，欲于見在院知州軍、路分都監以上得替未有差遣人内從上差攝。如不足，即于審官西院除坐事替回、合降差遣及今任有過并年未三十、未合入親民差遣人外，取未有差遣人定差〔七〕。」詔：「今後有闕，先差陝西、河東任滿替回或礙親放罷、前後曾有戰功路分都監至知城堡寨崇班以上。如不足，即依今擬定施行。」

欽宗靖康元年四月五日，御史中丞陳過庭言：「切惟祖宗時，將帥建節，不輕授人〔八〕。自崇、觀以來，啓僥倖之路，雖胥史、廝役〔九〕，間亦濫除，坐糜國用，百倍他官〔一〇〕。今陛下循名責實，恭簡節用〔一一〕，以身率四海，凡任節度使者，人人願自貶損，以從德化，特重于自陳耳。近因范訥有請，願歸環衛〔一二〕，授以上將軍。制命一頒，衆皆歡抃。嘗聞藝祖削平禍亂，一日罷諸節度悉歸環衛，而人無異議者，分當然也。欲望指揮所屬詳加裁度，除宗室及實有軍功人別作措置外，其餘並依訥例，換授施行，以協天下公議。」詔令（史）〔吏〕部除宗室外，開具内外節度使姓名、元除授因依聞奏。

〔一〕「京」原作「涼」，「軍」原脱，據《盤洲文集》卷四三改補。
〔二〕儀：原作「義」，據《盤洲文集》卷四三改。
〔三〕宋可信：《盤洲文集》卷四三作「宋可言」。
〔四〕今：原脱，據《職官分紀》卷三五補。
〔五〕「領軍衛」下原衍「左衛」二字，據《宋史》卷一六六《職官志》六刪。
〔六〕環：原脱，據《宋史》卷一六六《職官志》六補。
〔七〕取：原作「敢」，據《長編》卷二一三改。
〔八〕授：原作「受」，據本書職官六一之二〇改。
〔九〕廝：原作「廁」，據本書職官六一之二〇改。
〔一〇〕倍：原作「陪」，據本書職官六一之二〇改。
〔一一〕節：原脱，據本書職官六一之二〇補。
〔一二〕願：原脱，據本書職官六一之二〇補。

十七日，制以少傅、安武軍節度使錢 8 景臻〔一〕，鎮安軍節度使、開府儀同三司劉宗元爲左金吾衛上將軍；檢校太保、保信軍節度使劉敷，（校）〔檢〕校少師、武成軍節度使劉敏，嚮德軍節度使張楙，岳陽軍節度使王舜臣〔二〕，檢校少傅、應道軍節度使朱孝孫，檢校少保、瀘川軍節度使錢忱，並爲右金吾衛上將軍。並以戊午詔書换授也。

三衛

【宋會要】

9 徽宗崇寧四年二月十日，中書省言：「《周官》宮正掌王公之戒令糾禁，以時比宮中次舍之衆寡，爲之版以待〔三〕，夕擊（析）〔柝〕而比之。又宮伯掌王宮之士庶子。蓋王宮之内有士庶子爲衛，而庶子者，非王族則功臣之世賢者之類，王以自近而衛焉，故休戚一體，上下親而内外察。逮漢以郎執戟宿衛殿中，舉衣冠子弟充選。至唐遂分三衛五府，其法詳密。今殿庭設（伏）〔仗〕悉以禁（族）〔旅〕，而士庶子之法未能如古。欲倣前世，擇賢德之後，勳戚之裔，以侍軒（陸）〔陛〕，庶幾先王宿衛之意。今倣古修立三衛郎一員，治一府之事，秩比（大）〔太〕中大夫；三衛中郎爲之貳〔四〕，文武各一員，秩比朝議大夫。日率其屬直于殿陛。長在左，立于起居郎之前；貳分左右，文東武西，在都承旨之後。仗退〔五〕，治事于府。博士二員，秩比承議郎；主簿一員，秩比宣德郎。博士掌教導，校試親、勳、翊衛郎程文，講書武藝。親衛府郎十員，秩比朝奉郎；中郎十員，秩比承議郎。勳衛府郎十員，秩比通直郎；中郎十員，秩比宣德郎。翊衛府郎二十員，秩比宣議郎；中郎二十員，秩比承事郎。親、勳、翊衛文武各四十員，分左右侍立。官給衣帶，紫羅義襴窄衫，鍍金雙鹿束帶，執長柄八瓣骨朵。親衛郎立於殿上兩傍，勳衛郎立於朵殿，翊衛郎立于兩堦衛士之前。三衛郎依給舍，中郎依少卿，餘依寺丞。一、親衛官許后妃、嬪御之家有服親，10 及翰林學士并管軍正任觀察使以上子孫。一、勳衛官許勳臣之世，賢德之後有服親，應（大）〔太〕中大夫以上及正任團練使、遥郡觀察使以上。一、翊衛官許卿監、正任刺史、遥郡團練使以上，並以親兄弟、子孫試充。一、三衛官直退，皆入府誦書。各占一經一書，月以私試，（李）〔季〕一公試，習武藝者許赴武學。一、三衛官許年十八以上、人材秀整武班郎，兼有材武之人，親衛許承務郎以上大使臣，勳衛許通選人小使臣。各召六曹郎官、武臣正任團練使以上二員保明。文臣令（大）〔太〕學官，武臣令武學官試，合格人以聞，三省審差。一、犯惡逆之家

〔一〕安武軍：原作「安撫軍」，據《宋史》卷二三《欽宗紀》改。
〔二〕岳陽：原作「兵陽」，據《靖康要録》卷四改。
〔三〕爲之版：原無，據《周禮注疏》卷三補。
〔四〕中郎爲之貳：原作「郎中之前」，據《宋史》卷一六六《職官志》六改。
〔五〕仗：原作「伏」，據《宋史》卷一六六《職官志》六改。

若編管人子孫親兄弟及上書邪等、歸明、篤廢疾并歷任曾犯贓罪徒以上，及三路極邊、川、傜人，元祐姦黨五服内親屬，不許保明充三衛官。一、冒試者處斬。若違法保任者，以違制論，不以赦降原減；已在官者，不以首原。一、諸衛郎每三人已上結爲一保，(之)〔互〕相覺舉。雖非同保，知其有犯亦同。一、三衛郎知同保有犯惡逆，係元祐姦黨五服内親屬若編管子孫親兄弟，及上書邪等、歸明、極邊三路、川、傜人而不告者，處斬。一、諸衛官每保夜以一員直宿，有故若於令應給假者免。一、文臣試衛官法，公私試依此。第一場本經或《論》、《孟》義三道，私試減一道。第二場時務策一道。一、武臣試衛官法，公私試依此。第一場《七書》義二道，或策一道。第二場弓馬，依武學補試法。一、三衛府令史 11 一員，書令史二員，貼書四員，守闕貼書四員，並依殿中省法。一、試諸衛郎取成文理稍通者爲合格。有闕並試補臣僚，不在以恩例陳乞之限。一、諸衛郎三年爲任，任滿無遺闕，三衛府保明聞奏，中郎升郎，翊衛郎升勳衛中郎，以次遞升。願充諸衛郎者，召保官，赴吏部投納家保狀。吏部類聚，及三十人以上，申尚書省差官試。」從之。

二十六日，詔三衛郎爲三衛侍郎〔一〕。

六月一日，詔祖宗諸后及妃嬪之家，具本宗堪充諸衛官以聞〔二〕。

八月十六日，詔(二)〔三〕衛博士今後並差文臣。（以上《永樂大典》卷一五三一八）

〔一〕衛侍：原倒，據《宋史》卷一六六《職官志》六乙。
〔二〕具：原作「其」，據《宋史》卷一六六《職官志》六改。